麦读
MyRead

走向上的路　追求正义与智慧

合同通则

—— 原理与案例 ——

Theory and Cases

THE GENERAL PROVISIONS OF

CONTRACTS

杨巍 著

中国民主法制出版社

全国百佳图书出版单位

前　　言

　　合同法是市场活动和司法实践中最为活跃的法律。2021 年《民法典》施行后，"合同编"代替了原《合同法》成为合同法律规范的基本渊源。2023 年颁行的《民法典合同编通则解释》构成合同法领域中最重要的司法解释之一。上述法律及司法解释作为合同法领域的实定法，其规范目的、规范内容及适用难点是本书的主要内容。本书是一本关于合同通则理论和案例的体系书，其目标读者是法学专业本科生、研究生以及法律实务工作者(法官、检察官、律师等)。

　　从两大法系合同法著述的特点来看，英美法系国家基于判例法特点，其著述在体系构建、原理阐释等方面均以案例研究为基本线索。代表性著述如 Melvin A. Eisenberg《合同法基础原理》、E. Allan Farnsworth《美国合同法》等。大陆法系虽以成文法为法律的主要渊源，但其著述并非仅介绍抽象、枯燥的理论，而是也大量运用案例研究方法，以达成"理论为骨、案例为肉"的效果。代表性著述如 Dieter Medicus《德国债法总论》、Hein Kötz《德国合同法》等。

　　在借鉴现有著述成功经验的基础上，本书采取了一些"特别的"写作方法，体现出以下两方面的特点：

　　第一，本书的最大特色是包含丰富的案例。本书意图将理论知识与实务案例以某种适当方式相结合，以实现融贯理论与实务的效果。本书运用案例的主要形式如下：其一，展现实务的多样性，避免对法条望文生义。例如针对"认定构成无效格式条款的司法意见"和"认定不构成无效格式条款的司法意见"列举多个实例；针对"支持违约金数额调整的司法意见"和"不支持违约金数额调整的司法意见"列举多个实例；等等。其二，以具体案型对理论知识点予以说明，界定法律解释的限度。例如关于违约损害赔偿中的"实际损失"，真实案例中认定的因承租人违约造成出租人装修费用的浪费、为防止损失扩大而支出的减损费用等，以及对请求赔偿律师费的处理。其三，由典型案例引出未解决之争点。例如基于对"空床费协议案"的讨论，阐述了"忠诚协议"是否构成合同的问题；基于对"天价宾利车赔偿案"的讨论，阐述了"轻微欺诈"应否及如何适用惩罚性赔偿的问题；等等。其四，自《人民法院案例选》等官方刊物选取 50 个"疑难案例"。虽然这些案例不是指导案例或公报案例，其中的裁判意见并非严格意义上的实务主流意见，但因其案情具有典型意义，故列出供读者进一步思考研究之用。

本书选取案例遵循以下标准：一是最高人民法院指导案例、公报案例和最高人民法院裁判意见尽量全面搜集；二是对相同案型选取较高级别法院的裁判意见；三是在最高人民法院和高级人民法院无同类案例的前提下，选取中级人民法院和基层人民法院有讨论价值的特殊案型；四是最高人民法院相关刊物（如《人民司法》《民商事审判指导》等）所载案例，优先选取。本书案例来源于中国裁判文书网、北大法宝案例库、威科先行案例库及《人民司法》等纸质载体。

第二，本书以阐述合同通则基本原理为主，对各种学说争议予以略写。本书内容主要采取解释论视角，对立法论问题较少涉及。本书以《民法典》及相关司法解释为实定法基础，介绍合同通则的基本原理，解读相关法条的涵义及适用。本书一般不对各种学说争议予以详尽展开，而采取以下形式处理：其一，对无法回避的重要学说争议、现行法无规定的重要制度，以"学说争议""拓展"等形式展现，为读者提供进一步学习的线索。其二，对必要性不明显的相关争议，在注释中仅以"相关学理意见参见……""肯定说参见……；否定说参见……""相反观点参见……"等形式展现，以方便读者查阅相关文献，但对各学说具体内容不作展开。其三，借鉴法条评注的写作特点，以"穷尽问题而非穷尽资料"为目标，尽量提炼出实务中的现实问题并提供解决方案，而非对现有文献作全面梳理。

希望本书能给研习合同法的读者提供真切、有效的启发和帮助，并对国内的合同法研究有所助益。

杨巍

2024 年 5 月 5 日于珞珈山·枫园

缩略语

序列号	简称	全称
		一、法律
1	《民法典》	《中华人民共和国民法典》(2020 年 5 月 28 日第十三届全国人民代表大会第三次会议通过)
2	《民法通则》	《中华人民共和国民法通则》(2009 年 8 月 27 日第十一届全国人民代表大会常务委员会第十次会议修正,自 2021 年 1 月 1 日起废止)
3	《合同法》	《中华人民共和国合同法》(1999 年 3 月 15 日第九届全国人民代表大会第二次会议通过,自 2021 年 1 月 1 日起废止)
4	《公司法》	《中华人民共和国公司法》(2023 年 12 月 29 日第十四届全国人民代表大会常务委员会第七次会议第二次修订)
5	《证券法》	《中华人民共和国证券法》(2019 年 12 月 28 日第十三届全国人民代表大会常务委员会第十五次会议第二次修订)
6	《保险法》	《中华人民共和国保险法》(2015 年 4 月 24 日第十二届全国人民代表大会常务委员会第十四次会议第三次修正)
7	《票据法》	《中华人民共和国票据法》(2004 年 8 月 28 日第十届全国人民代表大会常务委员会第十一次会议修正)
8	《破产法》	《中华人民共和国企业破产法》(2006 年 8 月 27 日第十届全国人民代表大会常务委员会第二十三次会议通过)

（续表）

序列号	简称	全称
9	《海商法》	《中华人民共和国海商法》（1992 年 11 月 7 日第七届全国人民代表大会常务委员会第二十八次会议通过）
10	《消费者权益保护法》	《中华人民共和国消费者权益保护法》（2013 年 10 月 25 日第十二届全国人民代表大会常务委员会第五次会议第二次修正）
11	《电子签名法》	《中华人民共和国电子签名法》（2019 年 4 月 23 日第十三届全国人民代表大会常务委员会第十次会议第二次修正）
12	《民事诉讼法》	《中华人民共和国民事诉讼法》（2023 年 9 月 1 日第十四届全国人民代表大会常务委员会第五次会议第五次修正）
13	《税收征收管理法》	《中华人民共和国税收征收管理法》（2015 年 4 月 24 日第十二届全国人民代表大会常务委员会第十四次会议第三次修正）
14	《反不正当竞争法》	《中华人民共和国反不正当竞争法》（2019 年 4 月 23 日第十三届全国人民代表大会常务委员会第十次会议修正）
15	《民用航空法》	《中华人民共和国民用航空法》（2021 年 4 月 29 日第十三届全国人民代表大会常务委员会第二十八次会议第六次修正）
16	《涉外民事关系法律适用法》	《中华人民共和国涉外民事关系法律适用法》（2010 年 10 月 28 日第十一届全国人民代表大会常务委员会第十七次会议通过）
二、司法解释、文件		
1	《民法典总则编解释》	《最高人民法院关于适用〈中华人民共和国民法典〉总则编若干问题的解释》（法释〔2022〕6 号）
2	《民法典合同编通则解释》	《最高人民法院关于适用〈中华人民共和国民法典〉合同编通则若干问题的解释》（法释〔2023〕13 号）
3	《民法典时间效力规定》	《最高人民法院关于适用〈中华人民共和国民法典〉时间效力的若干规定》（法释〔2020〕15 号）

（续表）

序列号	简称	全称
4	《民法典婚姻家庭编解释(一)》	《最高人民法院关于适用〈中华人民共和国民法典〉婚姻家庭编的解释(一)》(法释〔2020〕22号)
5	《民法典继承编解释(一)》	《最高人民法院关于适用〈中华人民共和国民法典〉继承编的解释(一)》(法释〔2020〕23号)
6	《民法典物权编解释(一)》	《最高人民法院关于适用〈中华人民共和国民法典〉物权编的解释(一)》(法释〔2020〕24号)
7	《民法典担保制度解释》	《最高人民法院关于适用〈中华人民共和国民法典〉有关担保制度的解释》(法释〔2020〕28号)
8	《建设工程施工合同解释(一)》	《最高人民法院关于审理建设工程施工合同纠纷案件适用法律问题的解释(一)》(法释〔2020〕25号)
9	《食品安全解释(一)》	《最高人民法院关于审理食品安全民事纠纷案件适用法律若干问题的解释(一)》(法释〔2020〕14号)
10	《工会法解释》	《最高人民法院关于在民事审判工作中适用〈中华人民共和国工会法〉若干问题的解释》(法释〔2003〕11号,法释〔2020〕17号修正)
11	《买卖合同解释》	《最高人民法院关于审理买卖合同纠纷案件适用法律问题的解释》(法释〔2012〕8号,法释〔2020〕17号修正)
12	《商品房买卖合同解释》	《最高人民法院关于审理商品房买卖合同纠纷案件适用法律若干问题的解释》(法释〔2003〕7号,法释〔2020〕17号修正)
13	《城镇房屋租赁合同解释》	《最高人民法院关于审理城镇房屋租赁合同纠纷案件具体应用法律若干问题的解释》(法释〔2009〕11号,法释〔2020〕17号修正)
14	《融资租赁合同解释》	《最高人民法院关于审理融资租赁合同纠纷案件适用法律问题的解释》(法释〔2014〕3号,法释〔2020〕17号修正)
15	《民间借贷规定》	《最高人民法院关于审理民间借贷案件适用法律若干问题的规定》(法释〔2015〕18号,法释〔2020〕17号修正)

(续表)

序列号	简称	全称
16	《旅游纠纷规定》	《最高人民法院关于审理旅游纠纷案件适用法律若干问题的规定》(法释〔2010〕13 号,法释〔2020〕17 号修正)
17	《物业服务纠纷解释》	《最高人民法院关于审理物业服务纠纷案件适用法律若干问题的解释》(法释〔2009〕8 号,法释〔2020〕17 号修正)
18	《精神损害赔偿解释》	《最高人民法院关于确定民事侵权精神损害赔偿责任若干问题的解释》(法释〔2001〕7 号,法释〔2020〕17 号修正)
19	《人身损害赔偿解释》	《最高人民法院关于审理人身损害赔偿案件适用法律若干问题的解释》(法释〔2003〕20 号,法释〔2022〕14 号修正)
20	《诉讼时效规定》	《最高人民法院关于审理民事案件适用诉讼时效制度若干问题的规定》(法释〔2008〕11 号,法释〔2020〕17 号修正)
21	《土地承包纠纷解释》	《最高人民法院关于审理涉及农村土地承包纠纷案件适用法律问题的解释》(法释〔2005〕6 号,法释〔2020〕17 号修正)
22	《外商投资企业规定(一)》	《最高人民法院关于审理外商投资企业纠纷案件若干问题的规定(一)》(法释〔2010〕9 号,法释〔2020〕18 号修正)
23	《外商投资法解释》	《最高人民法院关于适用〈中华人民共和国外商投资法〉若干问题的解释》(法释〔2019〕20 号)
24	《技术合同解释》	《最高人民法院关于审理技术合同纠纷案件适用法律若干问题的解释》(法释〔2004〕20 号,法释〔2020〕19 号修正)
25	《商标纠纷解释》	《最高人民法院关于审理商标民事纠纷案件适用法律若干问题的解释》(法释〔2002〕32 号,法释〔2020〕19 号修正)
26	《反不正当竞争法解释》	《最高人民法院关于审理不正当竞争民事案件应用法律若干问题的解释》(法释〔2007〕2 号,法释〔2020〕19 号修正,法释〔2022〕9 号废止)

(续表)

序列号	简称	全称
27	《证券虚假陈述侵权赔偿规定》	《最高人民法院关于审理证券市场虚假陈述侵权民事赔偿案件的若干规定》(法释〔2022〕2号)
28	《破产法规定（一）》	《最高人民法院关于适用〈中华人民共和国企业破产法〉若干问题的规定(一)》(法释〔2011〕22号)
29	《人脸识别规定》	《最高人民法院关于审理使用人脸识别技术处理个人信息相关民事案件适用法律若干问题的规定》(法释〔2021〕15号)
30	《网络消费规定（一）》	《最高人民法院关于审理网络消费纠纷案件适用法律若干问题的规定(一)》(法释〔2022〕8号)
31	《民诉法解释》	《最高人民法院关于适用〈中华人民共和国民事诉讼法〉的解释》(法释〔2015〕5号,法释〔2022〕11号修正)
32	《执行规定》	《最高人民法院关于人民法院执行工作若干问题的规定(试行)》(法释〔1998〕15号,法释〔2020〕21号修正)
33	《查封、扣押、冻结财产规定》	《最高人民法院关于人民法院民事执行中查封、扣押、冻结财产的规定》(法释〔2004〕15号,法释〔2020〕21号修正)
34	《执行异议规定》	《最高人民法院关于人民法院办理执行异议和复议案件若干问题的规定》(法释〔2015〕10号,法释〔2020〕21号修正)
35	《汶川地震适用法律意见（一）》	《最高人民法院关于处理涉及汶川地震相关案件适用法律问题的意见（ ）》(法发〔2008〕21号)
36	《汶川地震适用法律意见（二）》	《最高人民法院关于处理涉及汶川地震相关案件适用法律问题的意见(二)》(法发〔2009〕17号)
37	《民商事合同纠纷指导意见》	《最高人民法院关于当前形势下审理民商事合同纠纷案件若干问题的指导意见》(法发〔2009〕40号)
38	《九民纪要》	《全国法院民商事审判工作会议纪要》(法〔2019〕254号)
39	《实施民法典纪要》	《全国法院贯彻实施民法典工作会议纪要》(法〔2021〕94号)

(续表)

序列号	简称	全称
40	《行政协议规定》	《最高人民法院关于审理行政协议案件若干问题的规定》(法释〔2019〕17号)
41	《新冠疫情指导意见(一)》	《最高人民法院关于依法妥善审理涉新冠肺炎疫情民事案件若干问题的指导意见(一)》(法发〔2020〕12号)
42	《新冠疫情指导意见(二)》	《最高人民法院关于依法妥善审理涉新冠肺炎疫情民事案件若干问题的指导意见(二)》(法发〔2020〕17号)
43	《经济犯罪规定》	《最高人民法院关于在审理经济纠纷案件中涉及经济犯罪嫌疑若干问题的规定》(法释〔1998〕7号,法释〔2020〕17号修正)
44	《民法通则意见》	《最高人民法院关于贯彻执行〈中华人民共和国民法通则〉若干问题的意见(试行)》〔法(办)发〔1988〕6号,法释〔2020〕16号废止〕
45	《合同法解释(一)》	《最高人民法院关于适用〈中华人民共和国合同法〉若干问题的解释(一)》(法释〔1999〕19号,法释〔2020〕16号废止)
46	《合同法解释(二)》	《最高人民法院关于适用〈中华人民共和国合同法〉若干问题的解释(二)》(法释〔2009〕5号,法释〔2020〕16号废止)
47	《担保法解释》	《最高人民法院关于适用〈中华人民共和国担保法〉若干问题的解释》(法释〔2000〕44号,法释〔2020〕16号废止)
三、国际条约、文件		
1	CISG	《联合国国际货物销售合同公约》
2	PICC	《国际统一私法协会国际商事合同通则》
3	PECL	《欧洲合同法原则》

目　　录

第一章　绪　　论

一、《民法典》合同编通则相较于原《合同法》的新变化

合同法是市场交易法,也是组织经济的法,是促进市场交易、鼓励财富创造的基本规则。合同法在国家治理体系中具有十分重要的地位。① 《民法典》合同编顺应时代发展和市场经济发展需要,对我国合同法律制度进行了全面的现代化变革。这些变革体现在体例结构、价值理念、具体制度等多个方面。②

《民法典》采用了以法律行为与合同为代表的"双中心"编纂方式:一方面参考了"法律行为中心"的编纂方式,在总则编以意思表示为中心来统筹各种法律行为;另一方面在债的统合问题上,除了将侵权责任单独成编,以"合同编通则"来统合各种债,并设立"准合同"之合同编分编,体现了"合同中心主义"的追求。③ 相较于1999年施行的原《合同法》而言,《民法典》合同编通则在总体结构和具体规则等方面均有较为显著的变化。

(一)《民法典》合同编通则的总体变化

1. 合同编通则与总则编关系的处理

合同编通则从以下几个方面保持与总则编的协调:

(1)合同编通则落实了总则编的有关规定。例如总则编新增规定绿色原则作为民法的基本原则。与此相应,合同编通则规定了"避免浪费资源、污染环境和破坏生态"之合同履行原则,"旧物回收"之后合同义务等。

(2)合同编通则删除了与总则编重复、冲突的内容。其一,合同编通则删除原《合同法》对平等、自愿、公平、诚信、守法和不得损害社会公共利益等原则的规定。这些内容均已在总则编作出规定,合同编没有必要予以重复,故删去这些内容。其二,合同编通则删除原《合同法》对合同效力的相关规定。在总则编对民事法律行

---

① 参见王利明:《民法典:国家治理体系现代化的保障》,载《中外法学》2020年第4期。
② 参见石宏:《合同编的重大发展和创新》,载《中国法学》2020年第4期。
③ 参见周江洪:《中国民法典的精神实质和核心要义》,载《法治现代化研究》2020年第5期。

为效力已作出规定的前提下,为避免重复、冲突,合同编通则删去附生效条件和附生效期限合同、限制民事行为能力人订立的合同效力、无权代理和表见代理、合同无效和合同撤销等内容。

(3)将合同编通则的相关内容与总则编作衔接性、指引性规定。合同编通则在大量删除与总则编重复内容的同时,为了保持合同编相关规则的体系完整,还对相关内容与总则编作了衔接性规定,采用指引性表述,直接指引到总则编相关条文。例如《民法典》第466条第1款将合同条款解释规范指引到总则编第142条第1款对有相对人的意思表示解释的规定。又例如合同编通则在删除要约和承诺的生效时间、撤回规则的同时,采用了指引性表述,直接指引到总则编第137条对意思表示生效时间的规定、第141条对意思表示撤回的规定。

2. 合同编通则尽可能发挥债法总则的作用

《民法典》不设债法总则,使合同编通则一定程度上发挥债法总则的作用。基于此,合同编通则明确了非合同之债的法律适用规则。此外,合同编通则中还新增了若干债法的一般性规则,例如对选择之债、按份之债、连带之债的基本规则作出规定。

3. 根据司法实践发展情况,对合同基本制度作出进一步修改完善

为了满足实践需求,合同编通则各章均作出了相应修改完善。例如合同编通则第二章"合同的订立"中,为适应电子商务和数字经济快速发展的需要,规范电子交易行为,对电子合同订立、履行的特殊规则作了规定,等等。① 详见下文分析。

(二)《民法典》合同编通则的具体变化

1. 完善债法的一般规则

合同编通则新增非合同之债、多数人之债等债法的一般规则。对于非合同之债的法律适用规则,《民法典》第468条规定,根据非合同之债有无专门规定以及非合同之债的性质判断是否适用合同编通则的有关规定。对于多数人之债的履行规则,《民法典》第517—521条在区分按份之债和连带之债的基础上,对按份之债和连带之债的认定、抗辩的援用、追偿权、相关事由的绝对效力或相对效力等作出规定。

2. 完善合同成立制度

合同编通则新增电子合同、预约合同、格式条款制度等合同成立方面的规定。对于电子合同的订立,《民法典》第491条第2款借鉴了《电子商务法》的相关规定。对于预约合同,《民法典》第495条结合司法解释的相关规定设置了新的内容。

① 参见黄薇主编:《中华人民共和国民法典合同编释义》,法律出版社2020年版,第3—6页。

对于格式条款,《民法典》第 496 条在原《合同法》既有制度的基础上,规定了提供格式条款的当事人应当承担的义务以及违反义务的法律后果。

3. 完善国家订货合同制度

结合疫情防控工作中的实际情况,《民法典》第 494 条对"国家根据抢险救灾、疫情防控或者其他需要下达国家订货任务、指令性任务"的情形下订立合同作出规定。

4. 完善合同效力制度

针对实务中一方当事人违反义务不办理报批等手续影响合同生效的问题,《民法典》第 502 条新增违反报批义务一方当事人的责任。

5. 完善合同履行制度

对于合同履行的原则,《民法典》第 509 条第 3 款新增"避免浪费资源、污染环境和破坏生态原则"。对于合同履行的规则,在总结司法实践经验的基础上,《民法典》第 524 条新增第三人代为履行规则,第 533 条新增情势变更规则。

6. 完善合同保全制度

对于债权人代位权,《民法典》第 535 条规定的行使条件更加有利于债权人,第 536 条新增保存行为规则,第 537 条新增行使代位权的法律后果、与程序法规则衔接的规定。对于债权人撤销权,《民法典》第 538 条和第 539 条新增行使撤销权的事由,第 542 条新增行使撤销权的法律后果的规定。这些变化均体现了强化保护债权人的立法理念。

7. 完善债权让与、债务承担制度

对于禁止转让债权约定的效力,《民法典》第 545 条第 2 款新增规定,区分非金钱债权和金钱债权设置了不同规则。该新增规定为保理业务等新商业形态的发展奠定了的制度基础。对于从权利的转移,《民法典》第 547 条第 2 款新增规定一定程度上解决了学界和实务界多年的困扰。对于债务承担,在总结司法实践经验的基础上,《民法典》第 552 条新增债务加入规则。对于债务承担情形卜新债务人的抗辩权,《民法典》第 553 条新增规定有利于维护商业诚信,使债务承担制度更为完善。

8. 完善债务清偿制度

在继承司法解释的相关规定的基础上,《民法典》第 560 条新增债务清偿抵充规则,对清偿抵充的条件、抵充债务的顺序等作出规定,弥补了原《合同法》的不足。

9. 完善合同解除制度

对于解除权,《民法典》第 563 条第 2 款新增"以持续履行的债务为内容的不定期合同"之任意解除权规则,第 565 条新增自动解除规则、以直接起诉或申请仲裁方式解除规则。对于合同解除的效力,《民法典》第 566 条第 2 款新增违约责任适用规则,第 3 款新增解除对担保合同的影响规则。

10. 完善违约责任制度

对于非金钱债务的违约责任,《民法典》第 580 条第 2 款新增申请司法解除规则、第 581 条新增替代履行规则。对于定金责任,在继承《担保法》相关规定的基础上,《民法典》第 586—588 条对定金责任规则进行了充实和完善。《民法典》第 589 条新增受领迟延的违约责任规则。对于违约损害赔偿责任,《民法典》第 592 条第 2 款新增过失相抵规则。①

二、《民法典合同编通则解释》的制定思路和基本内容

(一)《民法典合同编通则解释》的制定思路

《民法典》施行后,原《合同法解释(一)》和原《合同法解释(二)》被废止。这两件司法解释的内容涉及合同编通则诸多制度的细化规定,在实务中对统一裁判尺度具有重要指导意义。因此,根据《民法典》合同编通则的新规定,对这两件司法解释的内容予以继承、完善和增补显然十分必要。2022 年 11 月 4 日,最高人民法院发布《民法典合同编通则解释(征求意见稿)》。2023 年 12 月 4 日,最高人民法院审判委员会第 1889 次会议通过《民法典合同编通则解释》,自 2023 年 12 月 5 日起施行。该司法解释的制订思路如下。

1. 尊重立法原意

例如相较于原《合同法》,《民法典》进一步强化了债的保全制度,其目的是防止债务人逃废债务,以强化债权人保护。为充分保障该制度功能的实现,《民法典合同编通则解释》针对实践中存在的疑难问题,就代位权诉讼、撤销权诉讼的管辖、当事人等作出大量具体操作性规定。特别是对理论及实务上争议较大的问题(如代位权诉讼与仲裁协议的关系、撤销权行使的法律效果等)作出明确回应,进一步统一了法律适用标准。

2. 坚持问题导向

例如预约合同纠纷是一种常见纠纷,而《民法典》对预约合同的规定较为简略。这导致实务中争议较多,涉及预约合同的认定(包括预约和交易意向的区分、预约与本约的区分)、违反预约合同的认定以及违反预约合同的违约责任等。因此,《民法典合同编通则解释》在"合同的订立部分"将预约合同作为重点内容予以规定。

---

① 参见最高人民法院民法典贯彻实施工作领导小组主编:《中华人民共和国民法典合同编理解与适用[一]》,人民法院出版社 2020 年版,第 7—12 页。

3. 保持司法政策的延续性

对于原《合同法解释(一)》《合同法解释(二)》等已废止司法解释中与《民法典》并无冲突且仍然行之有效的规定,尽可能保留或者在适当修改后予以保留。对于《九民纪要》《民商事合同纠纷指导意见》等司法文件的相关规定,将被实践证明既符合《民法典》精神又切实可行的规定上升为司法解释的内容。例如《民法典合同编通则解释》关于情势变更的规定,系在《民商事合同纠纷指导意见》相关规定的基础上予以继承和完善。

4. 坚持系统观念和辩证思维

在《民法典合同编通则解释》的制订过程中,力图坚持系统观念,重视各制度之间的联系,努力做到全面解决问题。例如无权处分所订合同效力问题就涉及与《民法典》物权编的衔接与适用;债务加入涉及与保证合同和不当得利等制度之间的协调;等等。①

(二)《民法典合同编通则解释》的基本内容

该司法解释共 69 条,包括九个部分:一般规定(2 条);合同的订立(8 条);合同的效力(15 条);合同的履行(7 条);合同的保全(14 条);合同的变更和转让(5 条);合同的权利义务终止(7 条);违约责任(10 条);附则(1 条)。除附则规定该司法解释的适用时间外,其他条文可分为三类。

1. 保留旧司法解释、司法文件的规定

此类条文在理论及实务中已形成共识、在长期的司法实践中行之有效且与《民法典》不存在冲突,故直接保留旧司法解释、司法文件规定的内容,可能文字有所调整。例如关于交易习惯的认定,《民法典合同编通则解释》第 2 条保留了《合同法解释(二)》第 7 条的规定;关于债权人撤销权制度中"明显不合理的低价""明显不合理的高价"的认定,《民法典合同编通则解释》第 42 条第 1、2 款保留了《合同法解释(二)》第 19 条的规定;等等。

2. 修改旧司法解释、司法文件的规定

此类条文在总结实务经验和汲取学理意见的基础上,对旧司法解释、司法文件的既有规定作出修改、完善。例如关于格式条款的提示义务和说明义务,《民法典合同编通则解释》第 10 条对《合同法解释(二)》第 6 条作出修改;关于违反法律、行政法规强制性规定的合同,《民法典合同编通则解释》第 16 条对《合同法解释(一)》第 4 条和《合同法解释(二)》第 14 条作出修改;关于行使抵销权的溯及力,《民法典合同编通则解释》第 55 条对《九民纪要》第 43 条作出修改;等等。

---

① 参见《民法典合同编通则解释》起草工作组:《〈关于适用民法典合同编通则若干问题的解释〉的理解与适用》,载《人民司法·应用》2024 年第 1 期。

3. 新增规定

旧司法解释、司法文件中没有此类规定，新增的此类条文对《民法典》有关条文作出进一步细化规定。例如关于以虚假意思表示订立的合同(《民法典》第146条)，《民法典合同编通则解释》新增第14条作出规定；关于第三人代为履行规则中的"具有合法利益的第三人"(《民法典》第524条)，《民法典合同编通则解释》新增第30条作出规定；关于可得利益损失的认定(《民法典》第584条)，《民法典合同编通则解释》新增第60条、第61条作出规定；等等。《民法典合同编通则解释》施行后，此类条文的实际适用效果尚有待观察。

三、属于《民法典》合同编通则调整的范围

《民法典》第463条规定："本编调整因合同产生的民事关系。"依此规定，对合同编通则的调整范围解读如下。

(一)《民法典》合同编第二分编规定的有名合同

合同编第二分编的规定与合同编通则的规定构成特别规范与一般规范的关系，故在前者未作规定或二者并不矛盾的情形下，合同编第二分编规定的有名合同当然适用合同编通则的规定。合同编第二分编规定的19种有名合同具体包括：买卖合同(含互易合同)、供用电合同(含供用水、气、热力合同)、赠与合同、借款合同、保证合同、租赁合同、融资租赁合同、保理合同、承揽合同、建设工程合同、运输合同(含客运合同、货运合同、多式联运合同)、技术合同(含技术开发合同、技术转让合同、技术咨询合同和技术服务合同)、保管合同、仓储合同、委托合同、物业服务合同、行纪合同、中介合同、合伙合同。

(二)《民法典》其他各编以及民商事单行法规定的有名合同

《民法典》其他各编和民商事单行法中也存在一些有名合同的规定，其与合同编通则的规定构成特别规范与一般规范的关系，故前者规定的有名合同亦可适用合同编通则的规定。《民法典》其他各编以及民商事单行法对有名合同有具体规定的，适用其规定；没有具体规定的，适用合同编通则的规定。这些有名合同具体包括：土地承包经营权合同(《民法典》第333条第1款)、建设用地使用权出让合同(《民法典》第348条)、地役权合同(《民法典》第374条)、抵押合同(《民法典》第400条)、质押合同(《民法典》第427条)、著作权许可使用合同(《著作权法》第26条)、著作权转让合同(《著作权法》第27条)、出版合同(《著作权法》第32条)、保险合同(《保险法》第10条)等。

最高人民法院指导案例认为:海难救助合同纠纷应优先适用海商法,海商法没有规定的,适用我国合同法等相关法律的规定。救助公约和我国海商法均允许当事人对救助报酬的确定另行约定,因此,在救助公约和我国海商法规定的"无效果无报酬"救助合同之外,还可以依当事人的约定形成雇佣救助合同。关于雇佣救助合同下的报酬支付条件及标准,救助公约和我国海商法未作具体规定,本案应依据我国合同法的相关规定,对当事人的权利义务予以规范和确定。[①]

(三)无名合同

不属于上述两类情形,但性质上亦属民事主体设立、变更、终止民事权利义务关系的协议,依据《民法典》第 467 条规定,也适用合同编通则规定。

四、不属于《民法典》合同编通则调整的范围

(一)物权、人格权、知识产权等绝对权法律关系

《民法典》第 205 条规定:"本编调整因物的归属和利用产生的民事关系。"依此规定,因物的归属和利用产生的民事关系(即物权法律关系)适用物权编。当事人以合同方式流转物权产生的民事关系(如土地承包经营权合同)适用合同编通则的规定,物权编对此类合同的规定与合同编通则的规定构成特别规范与一般规范的关系。

《民法典》第 989 条规定:"本编调整因人格权的享有和保护产生的民事关系。"依此规定,因人格权的享有和保护产生的民事关系(即人格权法律关系)适用人格权编。当事人以合同方式流转或利用人格权产生的民事关系(如肖像权许可使用合同)适用合同编通则的规定,人格权编对此类合同的规定与合同编通则的规定构成特别规范与一般规范的关系。

《最高人民法院关于审理专利纠纷案件适用法律问题的若干规定》第 1 条规定,专利纠纷案件包括:专利申请权权属纠纷、专利权权属纠纷、专利合同纠纷、侵害专利权纠纷、假冒他人专利纠纷等 25 种案件。此类纠纷适用专利法的规定。当事人以合同方式流转或利用专利权产生的民事关系(如专利权许可使用合同)适用合同编通则的规定,专利法对此类合同的规定与合同编通则的规定构成特别规

[①] 参见"交通运输部南海救助局与阿昌格罗斯投资公司、香港安达欧森有限公司上海代表处海难救助合同纠纷案",最高人民法院指导案例 110 号。

范与一般规范的关系。著作权、商标权等知识产权纠纷与上述处理类似。①

（二）身份协议

身份协议，又称身份关系协议，是指民事主体之间就身份法律关系变动订立的协议。由于此类协议引起身份法律关系变动，依据《民法典》第 464 条第 2 款规定，其原则上不适用《民法典》合同编（包括通则等各分编），而适用"有关该身份关系的法律规定"。例如对于结婚、离婚、收养协议、解除收养协议、委托监护协议等，《民法典》总则编（监护）、婚姻家庭编等有明确规定的，应当适用该规定。

应特别注意的是，第 464 条第 2 款之"但书"为某些身份协议参照适用合同编（包括通则等各分编）规定提供了规范依据。依据该款规定，身份协议参照适用合同编规定的条件包括：一是"有关该身份关系的法律"对该身份协议所涉规则没有规定。二是"可以根据其性质参照适用"。适用该款的难点在于，如何解释"根据其性质参照适用"。一种较为合理的解释是，依据伦理性和财产性因素的强弱，将不同性质的身份协议作类型化处理，且须在个案中具体判断身份协议与拟适用规定的规范意旨是否相契合。② 一般而言，身份协议内容涉及财产性因素越多的，可以参照适用的可能性越大；反之则否。如果该财产性因素与身份关系具有密切关联，则也不应参照适用。

1. 身份协议不应参照适用合同编规定的常见情形

（1）纯粹身份协议（结婚、协议离婚、收养协议等）的订立，不应参照适用合同订立的规定。合同订立一般采"要约—承诺"方式，且当事人可以通过反要约多次改变缔约内容。基于纯粹身份协议的性质，其不能参照适用此种订立方式。理由在于：其一，此类协议的意思表示采严格要式主义，即必须在结婚登记、离婚登记、收养登记等法定程序中作出意思表示才被法律承认。在登记程序之外作出的表示没有法律意义。其二，此类协议导致身份关系变动的内容是固定的，即婚姻关系或收养关系成立或终止，且该内容只能由法律规定。当事人不可能通过"要约—反要约"方式对此类协议的内容作出更改。

此外，此类协议亦不应参照适用《民法典》第 490 条关于"实际履行补正合同形式导致合同成立"的规定，否则有悖于现行法对事实婚姻和事实收养的基本态度。

（2）婚姻效力瑕疵事由不应参照适用合同效力瑕疵事由的规定。《民法典》第

---

① 参见《最高人民法院关于审理著作权民事纠纷案件适用法律若干问题的解释》第 1 条、《最高人民法院关于商标法修改决定施行后商标案件管辖和法律适用问题的解释》第 1 条。

② 参见冉克平：《"身份关系协议"准用〈民法典〉合同编的体系化释论》，载《法制与社会发展》2021 年第 4 期。

1051—1053 条对婚姻无效事由(重婚、有禁止结婚的亲属关系、未到法定婚龄)和可撤销事由(胁迫、隐瞒重大疾病)作出规定,此类事由属于封闭性规定,即基于婚姻家庭编的特殊立法政策设置的特别规定。结婚和离婚属于伦理性极强的身份协议,故认定婚姻无效、可撤销只能以上述规定为依据。导致合同无效、可撤销、效力未定的其他法定事由(如虚假意思表示、重大误解、显失公平、无权代理等)①不构成第 464 条第 2 款之"没有规定"之情形,故不能适用于此类身份协议。

一个常见争议问题是,当事人基于某种动机(如获得户籍、限购、拆迁款等方面的利益)进行"假结婚"或"假离婚"的,可否参照适用虚假意思表示的规定。② 本书采否定说,因为当事人就结婚或离婚作出的意思表示具有严格的形式要求,即只要当事人在婚姻登记机关就结婚或离婚作出的意思表示是真实的,就是"真结婚"或"真离婚"。动机不是结婚或离婚行为的内容,故当事人基于何种动机作出该意思表示不影响行为效力。实务中也多采此意见。③

(3)离婚协议约定赠与条款的,不应参照适用赠与合同的规定。有判决认为,夫妻离婚时协议约定将共有房产赠与未成年子女,离婚后一方在移转登记之前反悔的,不适用合同编中赠与人任意撤销权的规定。④ 该情形下,离婚协议约定将共同财产赠与未成年子女,是当事人在综合考虑各种因素的基础上对人身关系和财产关系达成"一揽子"解决方案的组成部分。虽然协议采用"赠与"字样,但不应将其从离婚协议中剥离出来单独参照适用赠与合同的规定。

(4)委托监护协议不应参照适用委托合同的规定。有判决认为,委托监护协议的内容是保护被监护人的身体健康、照顾被监护人的生活、对被监护人进行管理和教育等,不适用合同编规定。双方未约定在被监护人遭受人身、财产损害时如何承担责任的,受托人承担过错责任(而非无偿委托合同中受托人的故意或者重大过失责任)。⑤ 由于委托监护协议仅导致身份关系变动,而合同编关于委托合同的规定主要调整财产关系,故不应参照适用。⑥

(5)身份协议中的某些权利义务不应参照适用合同转让、合同担保、合同终止等规定。身份性质的权利义务(如配偶权、监护权)不应适用合同编的这些规定,

---

① 合同无效、可撤销、效力未定事由本规定于原《合同法》,其性质属于合同法规范,但《民法典》将其置于总则编。因此在《民法典》框架下,婚姻效力瑕疵事由仅适用婚姻家庭编规定构成"特别规范优先于一般规范",而非严格意义的"排除参照适用"。

② 肯定说参见李昊、王文娜:《婚姻缔结行为的效力瑕疵——兼评民法典婚姻家庭编草案的相关规定》,载《法学研究》2019 年第 4 期;否定说参见龙俊:《〈民法典〉中婚姻效力瑕疵的封闭性》,载《社会科学辑刊》2022 年第 4 期。

③ 参见北京市高级人民法院(2021)京民申 743 号民事裁定书。

④ 参见北京市第二中级人民法院(2013)二中民终字第 09734 号民事判决书。

⑤ 参见山西省运城市中级人民法院(2020)晋 08 民终 1733 号民事判决书。

⑥ 其他观点参见王雷:《论身份关系协议对民法典合同编的参照适用》,载《法学家》2020 年第 1 期。

其理其明。即使具有财产性质的某些权利义务(如抚养费请求权)，由于其立足于极强的伦理性基础，故原则上也不应适用合同编的这些规定。质言之，此类权利义务的性质与合同编的规范意旨相互排斥，故不应参照适用。例如，抚养费请求权只能由特定权利人行使、特定义务人履行，不能适用债权让与或债务承担的规定。对于结婚或离婚协议，不能设立保证、抵押担保其履行，因为此类义务无法代为履行，也无法以金钱标准评价。婚姻关系的终止只能采取法定方式(诉讼离婚、协议离婚)，不能适用清偿、单方解除、抵销等合同终止的规定。

2. 身份协议参照适用合同编规定的常见情形

(1)离婚财产分割协议效力瑕疵事由，参照适用可撤销合同的规定。依据《民法典婚姻家庭编解释(一)》第 70 条规定，订立离婚财产分割协议(包括婚内离婚财产分割协议和普通离婚财产分割协议)时存在欺诈、胁迫等情形的，该协议可撤销。由于此类协议主要导致财产关系变动，具有极强的财产性因素，故此类协议可撤销事由及认定要件与可撤销合同采相同标准。据此，该条中的"等"应解释为重大误解、显失公平等可撤销事由。例如，"第三人欺诈"导致合同可撤销的规定亦可适用于此类协议。①

(2)离婚财产分割协议影响债权人的债权实现的，参照适用债权人撤销权的规定。此类协议主要导致财产关系变动，构成《民法典》第 538 条之"无偿转让财产"，故可成为债权人撤销权的对象。实务中的常见案型是，夫妻中的一方负有个人债务未清偿，离婚协议约定全部或大部分财产归夫妻中的另一方，导致夫妻中的一方(债务人)无足够财产清偿债务。债权人有权撤销该财产分割协议。②

(3)义务人经济状况显著恶化，导致继续履行抚养费协议显失公平的，参照适用情势变更的规定。依据《民法典婚姻家庭编解释(一)》第 49 条规定，抚养费数额须考虑父母双方的负担能力等因素。该条系针对订立抚养费协议时抚养费标准所作规定，其明确了抚养费数额应当以义务人的负担能力为基础。如果订立该协议后义务人经济状况显著恶化(如失业、收入剧减、其他义务增加)，即订约基础发生重大变化，此时仍要求义务人按照原抚养费标准继续履行则显失公平。该情形下，可以参照适用合同编的情势变更规则。例如订立抚养费协议时义务人有外出打工的能力，其后义务人父亲因摔伤无法从事体力劳动、母亲因患病无法从事农活。义务人须照顾父母而无法外出打工获取固定经济收入，可酌情降低抚养费数额。③

---

① 参见湖北省高级人民法院(2020)鄂民申 1350 号民事裁定书。
② 参见江苏省高级人民法院(2021)苏民申 1594 号民事裁定书。
③ 参见吉林省长春市中级人民法院(2021)吉 01 民终 8519 号民事判决书。

(三)政府管理行为

1. 政府行使行政权力的管理行为不适用合同编通则的规定

各类政府机关行使行政权力的管理行为虽能引起财产关系变动,但非属平等民事主体之间的行为,故不属于《民法典》合同编规定的合同,例如财政拨款、征税、收费、征用等。但须注意,法院在行政诉讼案件审理中就某些事项可以依据民事法律规范(如《民法典》合同编)进行裁判。例如行政协议无效(《行政协议规定》第 12 条第 2 款)、违约金或定金(《行政协议规定》第 19 条第 2 款)等。

政府为协调或干预民事纠纷,与各民事主体一起签署的"会议纪要"等文件,是否构成民事合同关系? 实务中多采否定意见。例如有判决认为:"尽管本案双方当事人之间讼争的法律关系存在诸多民事因素,但终因双方当事人尚未形成民法所要求的平等主体关系,市政府办公会议关于优惠政策相关内容的纪要及其文件不是双方平等协商共同签订的民事合同……"①还有判决认为:"政府会议纪要是政府参与两方当事人之间经济利益的协调,对双方之间的民事行为提出的一种协调意见,并非政府行政命令或决定,亦非当事人之间的民事协议,对当事人不具有强制力。"②

2. 政府非行使行政权力,引起民事法律关系变动的行为可适用合同编通则的规定

(1)政府采购合同。《政府采购法》第 43 条第 1 款规定:"政府采购合同适用合同法。采购人和供应商之间的权利和义务,应当按照平等、自愿的原则以合同方式约定。"

(2)涉外合作开采石油合同。《对外合作开采海洋石油资源条例》第 26 条第 3 项规定:"'石油合同'是指中国海洋石油总公司同外国企业为合作开采中华人民共和国海洋石油资源,依法订立的包括石油勘探、开发和生产的合同。"

(3)政府招商引资合同。最高人民法院复函(〔2003〕民监他字第 14 号)规定:"镇政府于 1996 年 6 月 6 日下发的平镇政发〔1996〕7 号《关于在工业园内引办项目、引进资金、技术和人才的优惠政策》中第七条关于引资奖励的内容属于悬赏广告……张某作为引资人,完成了引资项目,享有奖励请求权。"

(4)高速公路管理机构向过往车辆的收费行为。有判决认为:高速公路管理机构基于对高速公路的经营管理向过往车辆收费,与交费人之间形成民事权利义

---

① 参见最高人民法院(2006)民一终字第 47 号民事裁定书,载《最高人民法院公报》2007 年第 4 期。
② 参见最高人民法院(1998)民终字第 28 号民事判决书。

务关系,不是行政管理关系。①

（5）国家机关在行使职权过程中,作为平等主体与企业签订合同。有判决认为:广电局为筹建有线电视台,与当事人公司签订《合作合同》约定:该公司提供有线电视工程及有线电视中心大楼的建设资金,广电局负责办理相关报批手续;未偿还投资前,两项工程产权抵押给该公司;合作期满,有线电视中心大楼及其一切权益归广电局所有……该合同属于民事合同而非行政合同。②

（6）在行政文件指导下签订,并经行政机关审批的债权转让协议。有判决认为:人民银行依法撤销金融机构的行为,并不排斥金融机构为处理其债权债务而与其他民事主体设立民事行为,该民事行为也不因人民银行的督促而改变民事法律关系性质,故当事人签订的债权转让协议属于民事合同。③

（四）法人、非法人组织的决议行为

决议行为,是指法人、非法人组织依照法律或者章程规定的议事方式和表决程序作出决议的行为。虽然《民法典》第134条第2款将决议行为规定为法律行为,但对决议行为的性质一直存在"法律行为说"和"意思表示形成说"之争。④

即使认为决议行为是法律行为,由于其具有迥异于合同的特殊规范意旨和行为构造,总体上不适用合同编通则的规定,而适用公司法、企业法等有关法律的规定。理由如下:其一,在权利义务的性质方面,合同与决议行为存在差异。合同规则的设计主要针对交易行为、交换关系,当事人双方的权利义务通常具有对价性。决议行为中虽有多方当事人,但各当事人系针对某一事项表明自己的意思(如修改公司章程、就公司担保表决),即各当事人意思的指向是相同的(而非对应的),其权利义务也不具有对价性。基于此行为构造,合同编通则关于合同履行、合同保全、合同转让、合同终止、违约责任等规定,原则上均不能适用于决议行为。其二,在行为成立方面,合同与决议行为存在差异。合同成立须双方或多方意思表示达成一致(合意),而决议行为采取多数决。而且,决议行为中各当事人表达意思的方式是会议表决,而非向特定相对人发出要约、承诺。依据《公司法解释四》第5条规定,导致决议行为不成立主要是程序原因。因此,合同编通则关于合同成立的规

---

① 参见"江宁县东山镇副业公司诉江苏省南京机场高速公路管理处案",载《最高人民法院公报》2000年第1期。
② 参见最高人民法院（2002）民二终字第230号民事判决书。
③ 参见最高人民法院（2005）民二抗字第5号民事判决书。
④ 参见王雷:《论我国民法典中决议行为与合同行为的区分》,载《法商研究》2018年第5期;吴飞飞:《决议行为"意思形成说"反思——兼论决议行为作为法律行为之实益》,载《比较法研究》2022年第2期;李建伟:《决议的法律行为属性论争与证成——民法典第134条第2款的法教义学分析》,载《政法论坛》2022年第2期。

定不能适用于决议行为。其三,在效力瑕疵事由及无效后果方面,合同与决议行为存在差异。依据《公司法》第26条和《公司法解释四》第1—4条、第6条规定,决议行为效力瑕疵事由主要包括决议内容和决议程序等两个方面;无效后果涉及变更登记、善意相对人保护等。合同效力瑕疵事由及无效后果原则上不能适用于决议行为。[①]

（五）情谊行为

情谊行为,又称好意施惠行为,是指发生在法律层面之外,不能依法产生法律后果的行为。例如好意同乘、火车到站叫醒、顺路投寄信件、邀请参加宴会等。此类行为虽在形式上系由当事人基于约定而达成协议,但由于欠缺法效意思而导致意思表示不成立,故此类行为不是法律意义上的合同。

情谊行为与无效合同不同,虽然两者都不能依协议内容产生法律约束力,但存在以下区别:（1）法律态度不同。情谊行为发生在法律层面之外,法律对其不予调整;无效合同仍受合同编通则调整,并产生相应的法律后果。（2）行为内容不同。情谊行为发生在感情、社交领域,行为内容多为生活事务;无效合同主要发生在交易领域,但行为内容违反法律强制性规定或公序良俗。（3）后果不同。情谊行为的违反或履行不产生违约责任或不当得利返还的后果;无效合同则产生返还财产和损害赔偿的后果。

实务中的常见争议是,夫妻之间订立"忠诚协议"约定违反忠实义务的一方应承担违约金、损害赔偿等责任（甚至"净身出户"）的,该协议是否构成情谊行为。[②]如果认为该协议是合同或身份协议,进一步的问题是其中的违约金、损害赔偿等责任条款可否以及如何参照适用合同编相关规定。对于上述问题,学理上尚存较大争议。[③] 较为合理的做法是,摒弃全有或全无的简单思路,而将形态各异的忠诚协议作类型化处理,结合协议内容的性质及适用效果,判断该协议的性质以及与合同编相关规定的适用是否具有可兼容性。

著名的"空床费协议案"中,夫妻约定如果丈夫夜不归宿,则须向妻子支付空床费,标准为每小时空床费100元。其后丈夫陆续产生空床费4000元,并出具欠

① 其他观点参见马强:《论决议行为适用意思表示瑕疵的规则——以公司决议中表决人意思瑕疵为考察重点》,载《华东政法大学学报》2021年第1期。

② 采"情谊行为说"的裁判意见参见上海市第二中级人民法院（2015）沪二中民一（民）终字第2801号民事判决书;采"合同说"的裁判意见参见新郑市人民法院（2008）新民初字第1600号民事判决书,载《人民司法·案例》2009年第22期。

③ 参见王雷:《民法学视野中的情谊行为》,北京大学出版社2014年版,第251—255页;孙良国、赵梓晴:《夫妻忠诚协议的法律分析》,载《社会科学战线》2017年第9期;申晨:《〈民法典〉视野下婚内协议的效力认定》,载《法学评论》2021年第6期。

条。法院认为空床费协议为有效合同，理由是"一方不尽陪伴义务，另一方给予的补偿费用，名为空床费，实为补偿费，该约定系双方当事人真实意思表示，且不违反法律规定"。① 本书认为，该裁判意见并不合理，空床费协议认定为情谊行为较妥。理由如下：其一，夫妻就人身关系的约定（如何履行同居义务）属于个人私密自由范围，法律不应调整。法律仅为社会控制的手段之一而非唯一手段，此种夫妻私密关系由法律调整既不能产生良好效果，也会导致法律万能主义的倾向。其二，形式上来看，空床费性质似为不履行同居义务的违约金。但同居义务具有极强的人身性和伦理性，夫妻私下就该义务约定"违约金"，难言具有清晰的法效意思。其三，从利益衡量的角度而言，"有效合同说"可能导致保护的利益与丧失的利益失衡。一方面，该说虽使同居义务被履行的可能性增加，但亦使当事人的人身自由受到限制，而人身自由本应为更高位阶的利益；另一方面，该说虽使妻子得到补偿或抚慰，但却导致夫妻感情金钱化且使夫妻关系异化的风险增加。其四，从比较法经验而言，英国法上著名的 Balfour v. Balfour 案与本案一定程度类似。Balfour v. Balfour 案确立了以下原则：基于家庭关系的私密性，夫妻之间的约定即使涉及财产给付，也不构成法律意义上的合同。② 该裁判意见可资借鉴。

【疑难案例："婚后全部财产归一方所有"保证书性质纠纷案③】
【案件事实】

史某、周某于 2013 年 9 月 16 日登记结婚，双方未生育子女。婚后，周某在合肥工作、生活，史某在武汉工作、生活，双方常因异地分居等生活琐事发生矛盾。2011 年 12 月 15 日，安徽某公司成立，周某作为该公司法定代表人及股东。2014 年 3 月，史某、周某以按揭贷款方式购买×号小型汽车，车辆登记于史某名下，史某支付该车辆首付款，周某偿还余下车辆贷款，史某、周某均认可该车辆现价值 26 万元。2015 年 3 月 4 日，史某以其名义购买位于合肥市×室房屋，房屋总价款 2193482 元，首付款 663482 元，余下房款分三期付清，总房款中由史某支付 81 万元，余款由周某支付，该房屋尚未办理不动产权登记手续。2016 年 6 月 28 日，因史某、周某长期异地分居生活，史某表示对婚姻没有安全感，周某遂用眉笔在一纸条中写下《保证》，言明"婚后所有财产归史某所有"。

其后史某诉至法院，请求：(1)判令原、被告离婚；(2)判令位于合肥市×室房屋归原告所有；(3)判令×号车辆归原告所有；(4)判令被告在安徽某公司出资的 99

---

① 参见重庆市第一中级人民法院(2004)渝一中民终字第 3442 号民事判决书。
② 参见[美]弗里德里奇·凯斯勒等：《合同法：案例与材料(上)》，屈广清等译，中国政法大学出版社 2005 年版，第 106—108 页。
③ 该案详细解读参见"史某诉周某离婚案"，载最高人民法院中国应用法学研究所编：《人民法院案例选》2020 年第 2 辑(总第 144 辑)，人民法院出版社 2020 年版，第 89 页以下。

万元归原告所有。

【本案争点】

婚姻关系存续期间一方作出的"全部财产归对方所有"保证书的性质如何认定?

【裁判要旨】

一审法院认为,《保证》属于夫妻婚内财产约定,因其形成于夫妻产生矛盾之时,内容未明确归史某所有的婚后财产范围,也没有证据证明周某在婚姻存续期间存在明显过错,若认可婚后财产均属史某所有,对周某显失公平,故此效力不予认定。判决:(1)解除史某与周某的婚姻关系;(2)×号小型汽车归史某所有,史某于判决生效之日起15日内补偿周某11万元;(3)驳回史某的其他诉讼请求。

二审法院认为,《保证》是周某为缓和夫妻矛盾、增进夫妻感情、情急之下所写,不同于夫妻双方在平等协商后签署协议对婚后财产所作的约定,也不同于不具有身份关系的市场主体在交易过程中形成的合同关系,应是周某化解夫妻矛盾时对对方情绪的一种安抚方式,并非其对夫妻共同财产处分所作的真实意思表示,对此效力不予认定。判决:驳回上诉,维持原判。

再审法院认为,案涉《保证》形成于双方当事人婚姻存续期间,其目的是缓和夫妻矛盾、增进夫妻感情,即双方是在婚姻关系存续的基础上选择以保证作为解决矛盾的一种方式,并非以离婚为目的而达成的财产分割协议。《保证》作为周某为特定目的书写的材料,其书写工具和形式不影响其意思表示的性质,但《保证》关于"婚后所有财产归史某所有"的表述,不符合《婚姻法》第19条第1款规定的夫妻约定婚姻关系存续期间所得的财产归各自所有、共同所有或部分各自所有、部分共同所有的情形,不适用婚姻法第19条第2款关于夫妻对婚姻存续期间所得财产的约定对双方具有约束力的规定。

《最高人民法院关于人民法院审理离婚案件处理财产分割问题的若干具体意见》第1条规定,离婚时按夫妻双方对财产约定(不包括规避法律无效情形)处理的前提是对约定"双方无争议的"。本案中,周某否认《保证》的内容系其真实意思表示,说明双方对约定有争议,故本案也不适用上述第一条规定。

"婚后所有财产归史某所有",实际是周某将婚后夫妻共同财产中属其所有的部分全部赠与史某。本案诉争的是周某夫妻共同财产中的房屋,该房屋尚未办理产权登记,周某在本案诉讼中以《保证》非自愿、无效进行抗辩,实为撤销赠与。根据《最高人民法院关于适用〈中华人民共和国婚姻法〉若干问题的解释(三)》第6条:"婚前或者婚姻关系存续期间,当事人约定将一方所有的房产赠与另一方,赠与方在赠与房产变更登记之前撤销赠与,另一方请求判令继续履行的,人民法院可以按照合同法第一百八十六条的规定处理"之规定,案涉《保证》即便是周某的真实意思表示,但周某已以其不履行《保证》的行为撤销该赠与。因此,《保证》之赠与因周某行使撤销权而未发生效力。一、二审关于《保证》非周某真实意思表示的说理虽欠妥,但对《保证》的效力不予认定并无不当。裁定:驳回史某的再审申请。

五、非合同之债对《民法典》合同编通则的适用

《民法典》第 468 条规定:"非因合同产生的债权债务关系,适用有关该债权债务关系的法律规定;没有规定的,适用本编通则的有关规定,但是根据其性质不能适用的除外。"该条系新设规定,是为了使合同编通则发挥债法总则作用而设,属于指引性规定。[①] 该条涵义从以下几方面说明:

1. 法律对非合同之债有规定的,优先适用此类规定

非合同之债的相关规定与合同编通则的规定构成特别规范与一般规范的关系,故优先适用前者。例如对于无因管理之债中的管理义务(《民法典》第 981条)、不当得利之债中得利人的返还义务(《民法典》第 986 条、第 987 条)等,第三分编"准合同"均设有具体规定,应优先适用此类规定。

2. 法律对非合同之债没有规定的,适用合同编通则的有关规定

该情形以"合同编通则的有关规定与非合同之债的性质不相悖"为前提。在多数场合下,合同编通则中关于合同履行、合同保全、合同转让、合同终止等规定,亦可适用于非合同之债。[②] 例如:①被侵权人及其近亲属享有侵权损害赔偿请求权的,可以适用债权人撤销权的规定[③];②不当得利债权可以适用抵销的规定[④];③侵权关系可以适用减轻损失规则的规定[⑤];④侵权损害赔偿请求权可以适用债权让与的规定[⑥]等。

值得注意的是,非合同之债"适用"而非"参照适用"合同编通则的有关规定。前者是指该法律关系因属于某法律规范的调整范围而适用该法律规范;后者是指授权式类推适用,须法官行使自由裁量权方得以实现。

3. 如果合同编通则的有关规定与非合同之债的性质相悖,则不能适用

例如合同编通则中关于合同订立、合同效力、合同解除等规定,依据无因管理之债和不当得利之债的性质,即不能适用。

---

① 参见黄薇主编:《中华人民共和国民法典合同编释义》,法律出版社 2020 年版,第 19 页。
② 少数观点认为,物权请求权亦可类推适用合同编通则的规定。参见王雷:《非合同之债对合同之债有关规定的参照适用》,载《当代法学》2023 年第 4 期。
③ 参见广东省韶关市中级人民法院(2021)粤 02 民终 2271 号民事判决书。
④ 参见广东省东莞市中级人民法院(2021)粤 19 民终 1859 号民事判决书。
⑤ 参见湖北省宜昌市中级人民法院(2021)鄂 05 民终 2230 号民事判决书。
⑥ 参见湖南省湘西土家族苗族自治州中级人民法院(2022)湘 31 民终 532 号民事判决书。

【学说争议：债法总则的存废】

在大陆法系国家和地区，债法一般被集中规定于民法典"债编"或独立的债法典中，而"债编"或债法典中通常设置债法总则。在我国《民法典》颁布以前，对于我国民法典应否规定债法总则，学界存在争议。

第一种观点肯定说主张民法典中有必要规定债法总则，理由为：其一，增强民法典的体系性和完整性；其二，规范各类合同关系；其三，实现债法规则的简约化；其四，对各类债的规则拾遗补缺；其五，促进民法规制和商法规则的融合；其六，保持债法体系的开放性。①

第二种观点否定说认为不应设置"债法总则"编，理由为：其一，债法总则大部分内容实际上是合同法总则；其二，侵权责任独立成编，更无必要设置债法总则；其三，不应迷信德国民法的体系。②

《民法典》最终采取了否定说，未设置债法总则。依据官方文献的解释，考虑到合同法总则已经涵盖了大部分债的一般性规则，合同编通则在合同法总则基础上作了以下调整，使合同编通则在一定程度上发挥债法总则的作用，以更好地规范各类债权债务关系：

一是增加指引性规范，第 468 条明确了非合同之债的法律适用规则。由于该条的存在，合同编通则在一定意义上具有"小债法总则"的属性。

二是补充完善了债法的一般性规则。为了使合同编通则更好地发挥债法总则的作用，合同编通则在合同法总则基础上，补充完善了债法的一般性规则。例如，增加了多数人之债的有关内容，合同编第 515 条至第 521 条共 7 个条文，对选择之债、按份之债、连带之债的基本规则作了规定；增加了债务加入规则，合同编第 552 条对债务加入规则作了原则性规定；等等。

三是将合同编通则中能够适用于非合同之债的具体规则，尽量通过措辞予以明确指示。对可适用于所有债的类型的共同规则，条文中尽量不使用"合同""合同权利""合同义务"的表述，而是采用"债""债权""债务"的表述，而就合同的订立、效力和解除等仅能适用于合同之债的规则仍然使用"合同"的表述。③

① 参见王利明：《债法总则研究》，中国人民大学出版社 2015 年版，第 144—147 页。
② 参见魏振瀛：《论债与责任的融合与分离——兼论民法典体系之革新》，载《中国法学》1998 年第 1 期。
③ 参见黄薇主编：《中华人民共和国民法典合同编释义》，法律出版社 2020 年版，第 2 页。相关学理意见参见王利明：《体系创新：中国民法典的特色与贡献》，载《比较法研究》2020 年第 4 期；朱虎：《债法总则体系的基础反思与技术重整》，载《清华法学》2019 年第 3 期。

六、《民法典》合同编通则的时间效力

《民法典时间效力规定》对《民法典》的时间效力作出了规定,涉及合同编通则及第二分编适用的规则如下:

(一)时间效力的一般规定

1.《民法典》原则上不具有溯及既往效力

《民法典时间效力规定》第 1 条规定:"民法典施行后的法律事实引起的民事纠纷案件,适用民法典的规定。民法典施行前的法律事实引起的民事纠纷案件,适用当时的法律、司法解释的规定,但是法律、司法解释另有规定的除外。民法典施行前的法律事实持续至民法典施行后,该法律事实引起的民事纠纷案件,适用民法典的规定,但是法律、司法解释另有规定的除外。"所谓"民法典施行前的法律事实持续至民法典施行后",是指案件所涉法律事实具有持续性,且"跨越"《民法典》施行前后。例如软件开发合同订立在民法典施行前,但履行延续至民法典施行后,应当适用民法典的规定。①

2.《民法典》不具有溯及既往效力的例外:有利溯及

《民法典时间效力规定》第 2 条规定:"民法典施行前的法律事实引起的民事纠纷案件,当时的法律、司法解释有规定,适用当时的法律、司法解释的规定,但是适用民法典的规定更有利于保护民事主体合法权益,更有利于维护社会和经济秩序,更有利于弘扬社会主义核心价值观的除外。"有利溯及规则的依据是《立法法》第 104 条。有利溯及虽然改变了当事人的预期,但这种改变更加有利于当事人,所以允许溯及适用。有利溯及的标准需要严格限定,如果泛化有利溯及的标准和范围,无疑会冲击法不溯及既往的基本原则。② 例如虽然《建设工程施工合同解释(一)》关于建设工程价款优先受偿权行使期限的规定(18 个月)比旧法规定(6 个月)对工程款债权人更有利,但因涉及其他众多债权人的利益,不能适用本条之有利溯及规则。③

3.《民法典》不具有溯及既往效力的例外:新增规定溯及

《民法典时间效力规定》第 3 条规定:"民法典施行前的法律事实引起的民事纠纷案件,当时的法律、司法解释没有规定而民法典有规定的,可以适用民法典的

---

① 参见最高人民法院(2022)最高法知民终 1297 号民事判决书。
② 参见最高人民法院民法典贯彻实施工作领导小组办公室:《〈最高人民法院关于适用时间效力的若干规定〉的理解与适用》,载《人民司法·应用》2021 年第 10 期。
③ 参见最高人民法院(2021)最高法民申 6552 号民事裁定书;最高人民法院(2021)最高法民申 4530 号民事裁定书。

规定,但是明显减损当事人合法权益、增加当事人法定义务或者背离当事人合理预期的除外。"例如对于"合同僵局"案件中违约方是否享有解除权,旧法没有规定,而《民法典》第 580 条第 2 款有新增规定,此类案件可以适用新增规定。[①]

4. 《民法典》不具有溯及既往效力的情形下,可作为裁判说理依据

《民法典时间效力规定》第 4 条规定:"民法典施行前的法律事实引起的民事纠纷案件,当时的法律、司法解释仅有原则性规定而民法典有具体规定的,适用当时的法律、司法解释的规定,但是可以依据民法典具体规定进行裁判说理。"

5. 再审案件不适用《民法典》

《民法典时间效力规定》第 5 条规定:"民法典施行前已经终审的案件,当事人申请再审或者按照审判监督程序决定再审的,不适用民法典的规定。"

(二) 溯及适用的具体规定

1. 合同效力规则的溯及适用

《民法典时间效力规定》第 8 条规定:"民法典施行前成立的合同,适用当时的法律、司法解释的规定合同无效而适用民法典的规定合同有效的,适用民法典的相关规定。"例如旧法(《最高人民法院关于审理涉及国有土地使用权合同纠纷案件适用法律问题的解释》第 11 条)规定未经批准转让划拨土地使用权的合同无效,但《民法典》施行后该规定被删除,应适用《民法典》的相关规定认定该合同有效。[②]

2. 格式条款规则的溯及适用

《民法典时间效力规定》第 9 条规定:"民法典施行前订立的合同,提供格式条款一方未履行提示或者说明义务,涉及格式条款效力认定的,适用民法典第四百九十六条的规定。"例如对于中介合同中的中介费格式条款是否属于"免除或者减轻其责任等与对方有重大利害关系的条款"以及提示义务的履行,适用《民法典》第 496 条的规定。[③]

3. 以起诉方式解除合同规则的溯及适用

《民法典时间效力规定》第 10 条规定:"民法典施行前,当事人一方未通知对方而直接以提起诉讼方式依法主张解除合同的,适用民法典第五百六十五条第二款的规定。"

4. 非金钱债务违约规则的溯及适用

《民法典时间效力规定》第 11 条规定:"民法典施行前成立的合同,当事人一

①　参见最高人民法院(2022)最高法知民终 2308 号民事判决书。

②　参见最高人民法院(2021)最高法民申 7115 号民事裁定书;最高人民法院(2021)最高法民终 445 号民事判决书。

③　参见湖北省高级人民法院(2021)鄂民终 1278 号民事判决书。

方不履行非金钱债务或者履行非金钱债务不符合约定,对方可以请求履行,但是有民法典第五百八十条第一款第一项、第二项、第三项除外情形之一,致使不能实现合同目的,当事人请求终止合同权利义务关系的,适用民法典第五百八十条第二款的规定。"

5. 保理合同规则的溯及适用

《民法典时间效力规定》第12条规定:"民法典施行前订立的保理合同发生争议的,适用民法典第三编第十六章的规定。"

(三)衔接适用的具体规定

1. 合同履行规则的衔接适用

《民法典时间效力规定》第20条规定:"民法典施行前成立的合同,依照法律规定或者当事人约定该合同的履行持续至民法典施行后,因民法典施行前履行合同发生争议的,适用当时的法律、司法解释的规定;因民法典施行后履行合同发生争议的,适用民法典第三编第四章和第五章的相关规定。"

2. 租赁期限规则的衔接适用

《民法典时间效力规定》第21条规定:"民法典施行前租赁期限届满,当事人主张适用民法典第七百三十四条第二款规定的,人民法院不予支持;租赁期限在民法典施行后届满,当事人主张适用民法典第七百三十四条第二款规定的,人民法院依法予以支持。"

3. 解除权行使期限规则的衔接适用

《民法典时间效力规定》第25条规定:"民法典施行前成立的合同,当时的法律、司法解释没有规定且当事人没有约定解除权行使期限,对方当事人也未催告的,解除权人在民法典施行前知道或者应当知道解除事由,自民法典施行之日起一年内不行使的,人民法院应当依法认定该解除权消灭;解除权人在民法典施行后知道或者应当知道解除事由的,适用民法典第五百六十四条第二款关于解除权行使期限的规定。"

4. 保证期间规则的衔接适用

《民法典时间效力规定》第27条规定:"民法典施行前成立的保证合同,当事人对保证期间约定不明确,主债务履行期限届满至民法典施行之日不满二年,当事人主张保证期间为主债务履行期限届满之日起二年的,人民法院依法予以支持;当事人对保证期间没有约定,主债务履行期限届满至民法典施行之日不满六个月,当事人主张保证期间为主债务履行期限届满之日起六个月的,人民法院依法予以支持。"

第二章　债的基本原理

第一节　债的概念、特征和发生原因

一、债的概念

(一)中西方历史上债的概念

1. 中国古代法中的债

在我国古代法中,虽然也出现了买卖、借贷、租赁等合同关系及相应规范,但"债"的概念主要专指金钱借贷关系。六朝隋唐期间,逐步把借贷区分为借债与举债两种。借债不付利息,举债付利息。中国古代把不付利息之贷称为"负债";把付利息之贷,称为"出举、举债、举息、举钱",举字有取利之意。①

以唐代为例,唐律令将借贷契约关系分为如下几类:钱币、粟麦之类一般附带计息的消费借贷,称为"出举""举取",所形成的债务称"息债";不计利息的消费借贷称为"便取";非货币、粟麦之类的消费借贷、不计利息的借贷称为"负债""欠负";债务人在成立借贷契约时向债权人指定自己某项财产为抵押的,称之为"指质";债务人在成立借贷契约同时向债权人提交抵押品的,称之为"收质""质举""典质"等。这些名目在唐中期以后逐渐有混用的迹象,尤其是"负债"一词逐渐有统称一切借贷契约之债的趋向。唐代民间契约一般很少混用举、便、欠负之类词句,凡带息的契约都作"举",不带息的作"便"或作"贷",很少使用"借"字为统称。

唐律有关借贷契约的法律条文,内容多局限于"负债",即不计息的非消费性借贷契约。《唐律·杂律》"负债违契不偿"条:"诸负债违契不偿,一匹以上、违二十日,笞二十,二十日加一等,罪止杖六十。三十匹加二等,百匹,又加三等。各令备偿。"律疏解释:"负债者,谓非出举之物,依令合理者;或欠负公私财物,乃违约

---

① 参见孔庆明等编著:《中国民法史》,吉林人民出版社1996年版,第261—262页。

乖期不偿者。……三十匹加二等,谓负三十匹物,违二十日答四十,百日不偿,合杖八十。百匹又加三等,谓负百匹之物,违契满二十日,杖七十,百日不偿,合徒一年。"依上述规定,债务人不履行债务时,债权人可向官府起诉,以刑罚处罚,并强迫债务人偿还债务。①

2. 罗马法中的债

在罗马法中,债是这样一种法律关系:一方面,一个或数个主体有权根据它要求一定的给付即要求实施一个或一系列对其有利的行为或者给予应有的财产清偿;另一方面,一个或数个主体有义务履行这种给付或者以自己的财产对不履行情况负责。②

在罗马法时代,由于实体法与程序法尚未完全分离,债法规则通常与程序规则纠结在一起。债(obligatio)首先通过诉(actiones)得以特定化,而诉也恰可用于债的实现。虽然诉(actio)是一种旨在为解决争议和实现私权而设置的诉讼措施,但罗马法精确地区分了债的关系和为各种诉(actio)而确定的诉讼程式(formulae)。由这些精心设计的程式很大程度上就能发现债的基础与内容。任何债(obligatio)均有其特定的诉(actio),其诉讼程式中或多或少地详细规定了判罚前提并因此也规定了各种债的构成要素。这些要素中最为突出的是原因(causa),即负担基础(如买卖、要式口约、遗嘱、盗窃),它赋予债(obligatio)如同诉(actio)一样的名称。

由于诉(actiones)的范本程式规定在裁判官和市政官的谕令中,而获得承认的诉的范围几乎完全是封闭的,因此在罗马债法中存在类型限制或者类型强制:当事人一般不能创设诉(actio)所预定的债之外的债。就此而言,古典债法中并不存在合同自由。其后随着历史的发展和演进,由于受到教会法和自然法的决定性影响,债法上的类型强制逐渐被消除,合同自由在罗马债法中才得以确立。基于合同自由,在实务中形成了各种各样的具体合同,发展出与合同种类和当事人利益相适应的合同程式和合同条款,其中很多类型仍然保留于现代合同法中。③ 其后的大陆法系国家对于债的界定和债法规则的设计,均深受罗马法的影响。

中国古代法上债的概念与西方民法上债的概念存在显著差异:(1)前者范围狭窄,仅指金钱债务,尤指借贷之债。后者范围宽泛,除包含各类合同之外,还包含不当得利、无因管理、单方行为等多种类型的债。而且,后者还包括非金钱之债,如交付实物、提供劳务、转让无形财产,甚至不作为也可以成为债的内容。(2)前者涵义单一,专指债务。中国古代把不付利息之贷称为"负债";把付利息之贷称为

---

① 参见叶孝信主编:《中国民法史》,上海人民出版社 1993 年版,第 268—269 页。
② 参见[意]彼德罗·彭梵得:《罗马法教科书》,黄风译,中国政法大学出版社 1992 年版,第 283 页。
③ 参见[德]马克斯·卡泽尔、罗尔夫·克努特尔:《罗马私法》,田士永译,法律出版社 2018 年版,第340—341 页。

"举债"或"举钱"。这均是从债务人一方来界定债的概念。后者是指以债权债务为内容的民事法律关系,而并非仅指债务。及至清末制订《大清民律草案》,西方民法上债的概念才首次被引入我国。其后,我国现行法均是在后者意义上使用债的概念。至于民间用语如"血债血偿""情债""孽债""人情债"等,则并非由法律调整之社会关系,更非民法上的债。

(二)狭义债的关系与广义债的关系

1. 狭义债的关系

在学理上,债可分为狭义债的关系与广义债的关系。狭义债的关系,是指仅一方享有债权,对方负有相应债务的债的关系。在此法律关系中,债权人和债务人的地位单一固定,债权和债务的指向也具有单向性。例如《民法典》第 557 条第 1 款第 1 项规定,"债务已经履行"导致债权债务终止。依据该规定,出租人按照约定将租赁物交付承租人,导致第 708 条之出租人的债务因履行而消灭,但租赁合同中的其他权利义务(如维修义务、瑕疵担保义务等)仍然存在。该情形下的"债务"应理解为狭义债的关系。

债权、债务与狭义债的关系并非完全等同的概念。虽然三者描述的是同一法律事实,但采取了不同视角:债权人视角是债权;债务人视角是债务;未参与债之法律关系的第三人视角是狭义债的关系。

2. 广义债的关系

广义债的关系,是指由多个狭义债的关系构成的概括性的法律关系。各种狭义债的关系并非可以随机地、杂乱无章地组合在一起,而应当依据债的类别和性质决定由哪些狭义债的关系构成。《民法典》合同编第二分编、第三分编规定的各种合同之债和非合同之债,基本上均属于广义债的关系。例如买卖合同中,存在移转所有权、交付单证资料、检验标的物、支付价金(《民法典》第 598 条、第 599 条、第 620 条、第 626 条)等多个狭义债的关系。对于其中一些债而言,出卖人是债务人,而对于另一些债而言,买受人是债务人。

相较于内容单一的狭义债的关系而言,广义债的关系具有以下特点:其一,它是一个极其复杂的架构,由众多的债权或者债务(狭义债的关系)组成。其二,它不是静态地僵固于一个一成不变的状态之中,而是随时间变化不断地以多种形态发生变动。它犹如一个"有机组织",存在着出生、成长、衰老,直至最后死亡的现象。[1]

---

① 参见[德]迪特尔·梅迪库斯:《德国债法总论》,杜景林等译,法律出版社 2004 年版,第 9 页。

(三)《民法典》规定的债的概念

《民法典》第 118 条第 2 款规定:"债权是因合同、侵权行为、无因管理、不当得利以及法律的其他规定,权利人请求特定义务人为或者不为一定行为的权利。"该定义有以下特点:其一,该款并非直接针对债的定义,而是针对债的法律关系之核心内容"债权"的定义。其二,该款采列举式定义,具体列举"合同、侵权行为、无因管理、不当得利以及法律的其他规定"等五种债的发生原因。其三,该款指出债的客体是给付,即债权是权利人请求特定义务人为或者不为一定行为的权利。其四,该款存在两点缺憾:一是未表明单方行为可构成债的发生原因;二是未表明债是财产性民事法律关系。

基于上述分析,本书给出债的学理概念:债是指依据法律行为或者法律规定,特定当事人之间可以请求为特定行为(作为、不作为)的财产性民事法律关系。

二、债的特征

(一)债的主体是特定当事人——债权人和债务人

《民法典》第 118 条第 1 款规定:"民事主体依法享有债权。"债权人与债务人均为特定的人,特定债权人一般只能向特定债务人请求履行债务,而不能向第三人主张权利。

1. 债的该特征使其与物权等绝对权法律关系相区别

物权与债权是财产权的最基本分类(但非周延性分类),二者区分的基础是支配权和请求权的划分。[①] 在物权、人格权和知识产权等绝对权法律关系中,权利人特定,而义务人是不特定人。因为物权、人格权和知识产权为支配权,权利人可以直接支配权利客体,而义务人仅须负有不加侵害的消极义务,故该程度较低之义务为一切不特定人所负有。债权为请求权,义务人通常负有作为义务,即使负有不作为义务(如保密义务)也是针对某种特定行为的不作为,而非单纯的不加侵害债权的消极义务,债权人的权利是否能够得到实现有赖于债务人对该义务的履行。该程度较高之义务只能由特定债务人所负有,如此债权人才能确定具体向谁主张权利。

债之法律关系只能发生在平等的民事主体之间,自无疑义。民事纠纷发生后,在有关国家机关(如公安机关)主持下当事人自愿达成调解协议,亦可产生债之法

---

① 参见温世扬、武亦文:《物权债权区分理论的再证成》,载《法学家》2010 年第 6 期。

律关系,对双方当事人具有法律拘束力。①

2. 并非所有特定当事人之间的法律关系均为债

婚姻、收养、监护关系成立于特定当事人之间,但此类法律关系以身份上的权利义务变动为内容,受亲属法调整,不属于债。物权人行使物权请求权(《民法典》第 235 条、第 236 条)以保护其物权,亦发生在特定当事人之间,也不属于债之关系。②

3. 债的相对性存在例外

在现代民法上,个别制度突破了债的相对性,使债权人可向债的关系以外的第三人主张权利。例如涉他合同、债权人的代位权和撤销权等制度将债的效力扩展于第三人;又例如"买卖不破租赁"制度催生了"债权物权化"等问题的讨论。但是,这些制度系基于特别立法目的所作的个别调整,并未动摇绝对权和相对权的基本分类。

(二)债的客体是债务人应为的特定行为——给付

债的客体又称债的标的,是指在债的关系中债权人的权利和债务人的义务共同指向的对象,即债务人应为的特定行为,学理上称为"给付"。从以下几方面说明:

1. 给付的形式

给付在大多数场合下是作为(如交货、付款),在少数场合下也可以是不作为(如保密)。给付的具体表现形式如下:

(1)交付实物。买卖、赠与、租赁、承揽等合同中,一方当事人的给付义务为交付实物。不当得利之债中,如果不当得利为实物形态,原则上应返还原物。

(2)支付金钱。买卖、租赁、承揽、运输等有偿合同和无因管理之债中,一方当事人的给付义务为支付金钱。借款合同中,双方的给付义务均为支付金钱。

(3)提供劳务。雇佣、运输、保管、委托等合同中,一方当事人的给付义务为提供劳务。

(4)完成工作成果。承揽合同和建设工程合同中,承揽人和承包人一方的给付义务为完成工作成果。

(5)移转权利。买卖、债权让与、股权转让、知识产权转让等合同中,一方当事人的给付义务为移转权利。在虚拟财产交易的场合下,移转 NFT 数字藏品③、电商

---

① 参见贵州省高级人民法院(2020)黔民申 1118 号民事裁定书。

② 关于物权请求权性质的学理意见,参见辜明安:《物权请求权制度研究》,法律出版社 2009 年版,第128—135 页。

③ 参见杭州互联网法院(2022)浙 0192 民初 2860 号民事判决书,载《人民司法·案例》2023 年第 14 期。

账号①、QQ 号②等虚拟财产权利是转让人的给付义务。

（6）负担某种风险。保证合同中，保证人的给付义务是负担债权人未受清偿的风险。虽然保证人仅在主债务人未履行时才须实际履行保证债务，但在主债务人履行义务而保证人不必实际履行的情形下，不能认为保证人未作出给付。与之类似，保险合同中保险人的给付义务是负担保险标的因保险事故造成损害的风险，该风险即为承保风险。保险人是否及如何支付保险金，取决于损害是否由承保风险造成以及约定保险金额。③

（7）不作为。在保密、竞业限制等合同中，一方当事人的给付义务是不作为。例如用人单位与员工订立竞业限制合同的，员工的给付义务是"不实施竞业行为"，但该义务的范围、履行及违约责任须受劳动法、格式条款等规则的限制。④

2. 给付行为与给付效果

给付具有双重意义，即给付行为和给付效果，不同类型的债要求有所不同。在有些债的关系（如技术开发、委托等）中，给付仅指给付行为，债务人只要完成特定行为，即使未达成预期之给付效果，也不构成债务不履行责任，且不影响债务人获得相应对价。例如银行与物流公司订立质物监管委托合同，受托人已最大可能地积极履行监管义务的，即使质物发生毁损灭失，受托人也不构成违约。⑤

在另一些债的关系（如承揽、买卖、租赁等）中，既要求债务人完成给付行为，还要求产生特定的给付效果，否则可产生债务不履行责任。例如建设工程设计合同中，设计人应作出的给付是依约完成符合要求的设计图纸。⑥ 在具体债的关系中，给付究竟是指给付行为抑或给付效果，应结合法律规定和合同约定作出判断。

3. 给付与交付的意义不同

给付与交付分别是债法和物权法中的核心概念之一，给付是债的客体；交付是动产物权变动的要件（《民法典》第 224 条）。虽然在某些场合下交付财物可成为给付的具体表现形式，但两者在适用范围、构成要件、具体形态和法律意义等方面均存在差异。

（三）债的内容是债权人享有的债权和债务人负有的债务

债的内容是指债权人和债务人在债的关系中所享有的债权和负有的债务。债权和债务是民事权利和民事义务的下位概念。在不同类型的债的关系中，债权和

---

① 参见广东省高级人民法院(2020)粤民申 14433 号民事裁定书。
② 参见北京市高级人民法院(2022)京民申 2995 号民事裁定书。
③ 参见最高人民法院(2017)最高法民再 413 号民事判决书。
④ 参见上海市第一中级人民法院(2016)沪 01 民终 7931 号民事判决书。
⑤ 参见最高人民法院(2019)最高法民终 330 号民事判决书。
⑥ 参见吉林省高级人民法院(2019)吉民申 3527 号民事裁定书。

债务的具体内容和表现形式有所不同。

(四)债的性质主要是一种财产法律关系

债是一种以财产权变动为内容的法律关系,而不涉及人格关系和身份关系的变动。大多数债的关系是在市场经济中因商品流转而发生,系因交易行为而产生于特定当事人之间的财产法律关系(如各类合同)。另有少数债的关系是基于特定立法目的,对特定当事人之间的财产关系进行调整(如不当得利、无因管理)。

绝大多数场合下债权是一种财产权,但个别场合下债权也可以不具有直接的财产内容。例如甲乙系邻居,双方约定在甲准备法考的一个月内乙每晚不得弹奏钢琴。该协议虽无直接财产内容,但双方具有使该协议产生法律约束力的意愿,故亦可产生债的关系。

三、债的发生原因

依《民法典》第 118 条第 2 款,债的发生原因包括合同、侵权行为、无因管理、不当得利以及法律的其他规定。在学理上,债的发生原因可分为两类:法律行为和法律规定。

(一)法律行为

1. 单方法律行为

单方法律行为,是指依据行为人单方意思表示即可成立的法律行为。某些单方法律行为能够成为债的发生原因,其主要是行为人为自己设定某种义务而使相对人取得某种权利的单方法律行为。

(1)遗赠。遗赠是指被继承人通过订立遗嘱将个人财产赠给国家、集体或者法定继承人以外的人的单方法律行为。(《民法典》第 1133 条第 3 款)继承开始后,受遗赠人有权要求遗嘱执行人按照遗嘱内容向其交付遗产。

(2)票据行为。票据行为是指以发生票据上的债务为目的的法律行为。我国现行法规定了出票、背书、承兑和保证(《票据法》第 20 条、第 27 条第 4 款、第 38 条、第 45 条)等票据行为。票据行为是单方法律行为还是双方法律行为?各国态度不一,大陆法系国家多采单方行为说,英美法系国家多采合同说。我国现行法对此没有明确规定,学理及实务上多采单方行为说。[1] 票据行为人以签章的形式作出单方意思表示,即导致票据行为成立,在符合法定条件的前提下,使其对持票人

---

① 参见最高人民法院(2016)最高法民终 741 号民事判决书。

负有按票据文义支付金钱的债务。

（3）悬赏广告。关于悬赏广告的性质,德国采单方行为说,英美法系国家、日本等国采合同说(或称要约说)。原《合同法解释(二)》第 3 条采合同说,《民法典》第 499 条继承了该做法。

（4）其他。在域外立法上,赠与允诺(《德国民法典》第 516 条第 2 款)等被规定为债的发生原因。我国有学者认为设立幸运奖①、第三人替代清偿的意思表示②属于以单方行为产生债的关系。

【学说争议:捐赠行为的性质】

捐赠是指捐赠人基于特定目的无偿给付一定财产的法律行为。其具体包括:(1)捐赠财产为一定的公益事业,又可分为向特定人的捐赠和向不特定人的捐赠;(2)捐赠财产设立财团法人。对于捐赠行为的性质,学界存在争议:第一种观点认为,捐赠是单方法律行为。③ 第二种观点认为,捐赠是一种特殊的赠与,故而是双方法律行为。④ 第三种观点认为,捐赠的性质取决于捐赠时受赠主体是否存在,若已经存在,为双方法律行为;若尚未存在,则为单方法律行为。⑤

本书认为:首先,对行为(1)而言,依《公益事业捐赠法》第 12 条规定:"捐赠人可以与受赠人就捐赠财产的种类、质量、数量和用途等内容订立捐赠协议。捐赠人有权决定捐赠的数量、用途和方式。捐赠人应当依法履行捐赠协议,按照捐赠协议约定的期限和方式将捐赠财产转移给受赠人。"该条系将捐赠界定为一种赠与合同,即双方法律行为,捐赠人移转财产给受赠人是依合同产生的债务。至于实施捐赠行为时,最终受赠人是否已经特定,并不影响捐赠行为的成立和生效。其次,对行为(2)而言,传统大陆法系国家认为是单方行为。但我国现行法未采财团法人概念,而是将基金会归入社会团体法人的范畴。而且,《基金会管理条例》主要针对基金会的登记作出了规定,但对捐赠行为的形式和性质则未作明确规定。该条例第 27 条第 2 款、第 39 条第 2 款还使用了"捐赠协议"概念,似乎否认捐赠是单方行为。实务中,捐赠行为一般被认定为赠与合同。⑥ 因此,在现行法框架下,捐赠不是单方行为而是合同行为。

---

① 参见刘凯湘:《债法总论》,北京大学出版社 2011 年版,第 33 页。
② 参见崔建远:《债法总论》,法律出版社 2013 年版,第 24 页。
③ 参见刘凯湘:《债法总论》,北京大学出版社 2011 年版,第 33 页。
④ 参见郭明瑞、王轶:《合同法新论·分则》,中国政法大学出版社 1997 年版,第 90 页。
⑤ 参见吴勇敏、竺效:《论公益捐赠行为的法律性质》,载《浙江大学学报(人文社会科学版)》2001 年第 4 期。
⑥ 参见"蒋鲜丽诉陈马烈、《家庭教育导报》社返还公益捐赠纠纷案",载《最高人民法院公报》2003 年第 4 期。

2. 双方或多方法律行为——合同

合同是当事人之间设立、变更、终止民事权利义务关系的协议。(《民法典》第464条)绝大多数合同由双方当事人订立,为双方法律行为;少数合同由三方以上当事人订立,为多方法律行为,例如合伙合同、设立公司的协议。合同是最常见、最重要的债的发生原因。

(二)法律规定

1. 无因管理

无因管理,是指没有法定或约定义务而为他人管理事务的行为。(《民法典》第121条)管理人与本人(受益人)之间成立债的关系,本人(受益人)负有向管理人偿付为管理事务所产生必要费用的债务。《民法典》"合同编"之第三分编"准合同"第二十八章规定了无因管理的基本规则。

2. 不当得利

不当得利,是指没有合法根据,致使他人受到损失而取得的利益。(《民法典》第122条)受损失人与受益人之间成立债的关系,受益人负有向受损失人返还不当得利的债务。《民法典》"合同编"之第三分编"准合同"第二十九章规定了不当得利的基本规则。

3. 关于侵权行为

侵权行为,是指不法侵害他人的民事权益,应承担民事责任的行为。(《民法典》第1165条、第1166条)在传统大陆法系语境下,侵权行为是债的典型发生原因。但是,我国现行法对侵权行为的定位与传统大陆法系有所不同:

(1)我国立法及学理严格区分义务与责任,民事责任是违反义务的后果,侵权责任一般是违反法定义务的后果。《民法通则》将"民事责任"独立成章,而"侵权的民事责任"为其中一节。《民法典》总则编继承了《民法通则》将"民事责任"独立成章的做法,并设置独立的"侵权责任编"。

(2)对于侵权责任形式,《民法典》第179条规定了8种形式,并非仅限于损害赔偿责任形式。而在传统大陆法系国家和地区,侵权行为之债主要是指损害赔偿之债。[①]

(3)在《民法典》制定过程中,存在两种立法思路:一是将侵权责任法视为民事权利救济法,强调侵权法的本质是民事责任而不是债权债务,将其脱离债法的体系;二是沿袭大陆法系将侵权行为作为债的发生原因,将侵权行为规定在债法总则或将其与合同法并立。[②] 立法机关最终采纳第一种意见,设置独立的"侵权责任

---

① 参见《法国民法典》第1240条、《德国民法典》第823条、《瑞士债务法》第41条。

② 参见梁慧星:《中国民事立法评说:民法典、物权法、侵权责任法》,法律出版社2010年版,第278页。

编",而未将侵权之债作为非合同之债规定于合同编。

虽然《民法典》第118条第2款受传统民法影响,将侵权行为列为债的发生原因之一,但并未改变"义务—责任"之二元立法模式。因此严格意义而言,在我国现行法框架下侵权行为不是债的发生原因,而是民事责任的发生原因。但是,由于侵权损害赔偿请求权的性质与债权类似(特定人向特定人请求给付),故可以适用合同编通则的有关规定。侵权责任的其他形式(如停止侵害、赔礼道歉等)根据其性质不能适用合同编通则的有关规定。

4. 关于缔约上的过失

缔约上的过失,是指当事人在缔约过程中具有过错,违反先合同义务使他人受到损害的行为。(《民法典》第157条、第500条、第501条)在大陆法系国家和地区,缔约上的过失是债的发生原因。但在我国现行法框架下,由于严格区分义务与责任,缔约过失责任被认为是违反先合同义务的后果,因此缔约上的过失不是债的发生原因,而是民事责任的发生原因。

5. 其他

例如依《工会法》第43条、第44条规定,企业、事业单位负有按月向工会拨缴经费的债务,企业、事业单位无正当理由拖延或者拒不拨缴工会经费,工会可以向当地人民法院申请支付令;拒不执行支付令的,工会可以依法申请人民法院强制执行。《工会法解释》第7条规定,该债权债务关系适用《民法典》关于诉讼时效的规定。

【学说争议:法定补偿义务的性质】

法定补偿义务,是指民事主体依据法定条件和程序,对相对人进行经济补偿的义务。《民法典》第183条继承《民法通则》第109条,规定:"因保护他人民事权益使自己受到损害的,由侵权人承担民事责任,受益人可以给予适当补偿。没有侵权人、侵权人逃逸或者无力承担民事责任,受害人请求补偿的,受益人应当给予适当补偿。"广义的法定补偿义务,还包括国家因征收、征用对单位和个人进行的补偿。对此类法定补偿义务,通说认为属于独立类型的公法之债[1],不属于民法上债的范畴。对于民法领域中的法定补偿义务,尤其是对《民法典》第183条(即《民法通则》第109条)规定补偿义务的性质,学界存在争议:第一种观点认为,该条规定的是无因管理。[2] 第二种观点认为,该条规定的是公平责任。[3] 第三种观点认为,该

---

① 参见应松年、杨伟东编:《中国行政法学20年研究报告》,中国政法大学出版社2008年版,第972页。

② 参见高圣平主编:《中华人民共和国侵权责任法立法争点、立法例及经典案例》,北京大学出版社2010年版,第297页。

③ 参见程啸:《侵权责任法》,法律出版社2011年版,第152页。

条规定的是作为债之独立类型的法定补偿义务。①

本书赞同第三种观点,理由如下:其一,法定补偿义务与无因管理在立法目的、适用条件和法条依据等方面均存在显著差异,两者不宜混淆。其二,法定补偿义务不是当事人违反法定义务所产生的后果,其与侵权责任的性质大异其趣。虽然该义务规定于《民法典》"民事责任"章之中,但很难认为它是一种侵权责任。其三,该条的本质是在特定的受益人与被侵权人之间成立一种经济补偿的给付关系,这符合债之法律关系的根本属性。此类债既非因法律行为产生,又不能归入其他类型的法定之债,只能定位为一种独立类型的法定之债。

依现行法规定,法定补偿义务具体包括:(1)侵权法上的法定补偿义务(《民法典》第 182 条第 2 款、第 183 条第 2 句);(2)亲属法上的法定补偿义务(《民法典》第 1088 条、第 1118 条);(3)劳动法上的法定补偿义务(《劳动法》第 28 条、第 70 条、第 91 条)。

【疑难案例:伪造银行卡取款纠纷案②】

【案件事实】

2011 年 3 月 11 日,原告薛某在被告公安大学支行开立理财金账户,并办理与该账户相关联的借记卡一张。该借记卡为双介质,既有磁条又有芯片,卡片颜色为金黄色。该借记卡未办理余额变动短信提醒业务。2014 年 5 月 25 日,上述借记卡账下发生一笔 41000 元的 ATM 转账业务、四笔 ATM 取款业务(金额共计 16800 元)。上述转账及取款业务均发生在中国工商银行沧州市西环支行的 ATM 机上。

薛某于 2014 年 6 月 9 日在中国工商银行北京某支行办理取款业务时发现理财金账户下余额异常,薛某立即打印账户历史明细清单并向经侦支队报案。经侦支队已经立案受理但尚未侦破。通过自经侦支队调取的 ATM 机视频录像可知,进行转账及取款操作的犯罪嫌疑人非薛某本人,且转账及取款所用卡片颜色为绿色。

薛某述称,其于 2014 年 5 月 3 日乘坐航班到成都,于 2014 年 6 月 7 日乘航班回到北京,期间一直在成都。本案借记卡一直随身携带,人卡未分离,亦未告知其他任何人借记卡密码。

薛某诉至法院,请求判令公安大学支行赔偿 57813.5 元以及利息损失。

【本案争点】

伪造银行卡交易中各方当事人之间的法律关系如何认定?

---

① 参见王轶:《作为债之独立类型的法定补偿义务》,载《法学研究》2014 年第 2 期。

② 该案详细解读参见"薛某诉中国工商银行股份有限公司北京公安大学支行储蓄存款合同纠纷案",载最高人民法院中国应用法学研究所编:《人民法院案例选》2016 年第 11 辑(总第 105 辑),人民法院出版社 2017 年版,第 109 页以下。

【裁判要旨】

一审法院认为,公安大学支行为薛某开立理财金账户并为其办理与该账户相关联的借记卡,双方之间形成储蓄存款合同关系。公安大学支行作为金融机构,负有保障存款人合法权益不受侵犯的义务,以确保存款人账户内资金的交易安全。根据本案认定的证据,可以断定发生于中国工商银行沧州市西环支行 ATM 机上的转账及取款系他人用伪造的借记卡所为,公安大学支行作为开户行因未能识别伪造的借记卡而给薛某造成损失,现薛某要求公安大学支行赔偿 57813.5 元以及利息损失的诉讼请求有事实及法律依据,法院予以支持。判决:公安大学支行赔偿薛某 57813.5 元以及自 2014 年 5 月 25 日至实际赔偿之日止的利息损失(按照中国人民银行活期存款利率的标准计算)。

二审法院认为,公安大学支行为薛某开立理财金账户并为其办理与该账户相关联的借记卡,双方之间形成借记卡服务合同法律关系。薛某开通相关银行卡功能并向其借记卡账户存入款项后,公安大学支行即有义务在存款余额范围内向薛某提供银行卡消费结算、转账汇款、提取现金等服务。据此,公安大学支行负有向薛某返还与其借记卡账户余额相同的存款本金及利息的合同义务。

关于伪卡交易中公安大学支行的义务。发卡行与伪卡使用者之间的交易行为对持卡人不产生法律效力。本案中,公安大学支行对伪卡使用者的付款行为不构成对薛某的履约行为,公安大学支行仍应在借记卡账户原有余额限度内向薛某提供银行卡消费结算、转账汇款、提取现金等服务。薛某账户资金数额因伪卡交易而减少,应视为公安大学支行表示其将不再在相应额度内向薛某提供银行卡服务。薛某可起诉要求公安大学支行承担继续履行借记卡服务合同的违约责任,请求公安大学支行给付因伪卡交易而减少的借记卡账户资金及相应存款利息。

货币是特殊的种类物,货币所有权随占有的转移而转移,薛某将款项存入其借记卡账户后,公安大学支行即取得货币所有权。伪卡使用者故意实施伪卡交易,使公安大学支行丧失了相应的货币所有权,侵害了公安大学支行的货币所有权,构成对公安大学支行的侵权行为。

伪卡交易的条件包括发卡行未能防范卡片复制和伪卡使用,亦包括银行卡信息和密码因泄露而被伪卡使用人窃取。银行卡信息和密码泄露的原因又可能存在于银行或持卡人方面。发卡行作为银行卡业务的推出方,本应比持卡人承担更重的防范伪卡交易的责任。发卡行如主张减免其对持卡人的付款责任,应当举证证明银行卡信息或密码泄露系因持卡人未能妥善保管银行卡或密码所致,且发卡行已按行业主管部门的要求,在现有技术条件下充分防范伪卡交易。本案中,公安大学支行未能举证证明银行卡信息或密码泄露系因薛某未能妥善保管银行卡或密码所致,公安大学支行上诉称薛某对银行卡磁条信息和密码泄露存在过错,并认为应当免除公安大学支行责任,该上诉主张没有事实依据,法院不予支持。判决:驳回上诉,维持原判。

第二节　债权与债务

一、债权

(一)债权的概念和特征

债权,是指债权人依据法律规定或合同约定向债务人请求给付并予以保有的权利。在债的关系中,从债权人的视角来看,其在该法律关系中能够享有的权利即为债权。债权具有以下特征:

1. 债权是请求权

债权人享有债权,意味着债权人有权请求债务人完成一定行为以实现债权人的利益。债权不具有支配的效力,债权人不能依据债权直接支配标的物,更不能直接支配债务人的人身。即使债务人未依债的本旨履行债务,债权人也只能通过公力救济以维护其权益。例如甲乙签订合同买卖一辆轿车,合同生效后,甲即有权要求乙依约交付轿车;如果乙违约未将轿车交付给甲,甲只能要求乙承担违约责任,而不能自行将轿车开走。债权是请求权,物权是支配权,此为这两种权利最根本的区别。

"债权是请求权"之论断是针对债权的核心权能(给付请求权能)而言,债权的其他权能如处分权能、受领权能等则未必体现为请求效力,而可能具有一定支配效力。另外,在民法领域中,除债权请求权外,还存在物权请求权、人格权请求权、知识产权请求权等债法领域以外的请求权。

2. 债权是相对权(对人权)

在一般场合下,债权人只能向特定的债务人要求履行义务,而不能向债的关系以外的第三人主张权利。债权是相对权(对人权),物权是绝对权(对世权),此为这两种权利又一基本区别。

3. 债权的行使和保护受时间限制

债权人行使债权,须在约定或法定的履行期限内行使,一般场合下不得提前行使。履行期限届满而债务人未履行债务或履行债务不符合约定的,债权人有权要求债务人承担违约责任,该救济权受诉讼时效期间的限制。债权的此特征使其与无期限限制的所有权区别明显。

4. 债权不具有排他性

在一般场合下，就同一给付成立数个债权的，数个债权并不因为内容相互冲突而致无效。例如一物数卖的场合下，在先买受人不能以后订合同与其在先债权相冲突而主张合同无效，对无法取得标的物所有权的买受人，通过债务人承担违约责任予以救济。债权不像物权具有排他性的原因在于：其一，债权是相对权，一般无须公示而不具对世性，第三人无从知道债务人是否已与他人订立合同，故否认在后合同的效力有违交易安全。其二，否认一物数卖所订合同的效力会妨碍自由竞争的需要。一物数卖的出卖人如果存在欺诈、恶意串通等情形，相对人仍可依据相关规则得到救济，故并非在法律上认可出卖人的背信行为。

5. 债权具有平等性

由于债权是相对权且不具有排他性，就同一给付成立的数个债权的效力处于同一位阶，而不受成立先后的影响，此即债权的平等性。例如一物数卖的场合下，甲将一块手表先后出卖给乙、丙、丁但均未交付，乙不得主张其债权最先成立而具有优先性，乙、丙、丁均可依同一位阶请求甲交付手表。债权的平等性与抵押权的顺序性明显不同，后者依成立时间先后确定不同顺序抵押权的位阶。债权的平等性具体表现为：

（1）在一般场合下，就同一给付成立的数个债权的效力平等，债务人依任意清偿规则履行债务，未受清偿的债权人可请求债务人承担债务不履行责任。

（2）在执行程序中的体现：

①已有普通债权人就债务人财产启动执行程序的，其他普通债权人无权排除该执行。该情形下，其他普通债权人不构成申请执行异议的适格主体，也不能通过案外人执行异议之诉排除该执行。（《执行异议规定》第25条、第26条）例如A公司与物业公司订立合同约定以某房屋抵顶拖欠的物业费，其后A公司的债权人B银行因贷款到期未受清偿而申请查封了该房屋，物业公司债权与B银行债权居于平等地位，物业公司无权排除B银行启动的强制执行。[①]

②已有普通债权人就债务人财产启动执行程序的，已经取得执行依据的其他普通债权人有权申请参与分配。该情形下，各普通债权人可通过执行程序按照比例受偿。（《民诉法解释》第506条第1款、第508条）例如法院对申请执行人A与被执行人X民间借贷纠纷一案执行程序开始后，因X可供执行的财产不能清偿所有债权，X的其他债权人B、C、D、E、F、G取得执行依据申请参与分配。A与其他六个债权人均为普通债权人，应按照债权数额的比例受偿。[②]

（3）在破产程序中，债务人财产不足以清偿全部债务，数个普通债权人依同一

---

① 参见最高人民法院（2021）最高法民终733号民事判决书。

② 参见最高人民法院（2021）最高法民再295号民事判决书。

顺序按各债权数额的比例分配。(《破产法》第 113 条第 2 款)

【拓展:债权平等性的例外】

虽然债权的平等性在传统民法理论中具有至关重要的意义,但基于特定的立法政策和立法目的,法律可以作出特别规定在某些场合下突破债权的平等性,使某些债权的效力处于优先位阶。有关现行法的规定如下:

1. 受担保物权担保的债权具有优先受偿效力。在一般场合下,受抵押权、质权、留置权担保的债权优先于无担保的普通债权受偿。(《民法典》第 394 条、第 425 条、第 447 条)在执行程序中,对人民法院查封、扣押、冻结的财产有优先权、担保物权的债权人,可以直接申请参与分配,主张优先受偿权。(《民诉法解释》第 506 条第 2 款)在破产程序中,对破产债务人的特定财产享有担保物权的债权人,对该特定财产享有优先受偿的权利,即别除权。(《破产法》第 109 条)

2. 职工的工资等债权具有优先受偿效力。在破产程序中,破产人所欠职工的工资和医疗、伤残补助、抚恤费用,所欠的应当划入职工个人账户的基本养老保险、基本医疗保险费用,以及法律、行政法规规定应当支付给职工的补偿金所形成的债权,处于优先清偿顺序。(《破产法》第 113 条第 1 款)

3. 承包人的建设工程价款债权具有优先受偿效力。在建设工程合同中,承包人的建设工程价款债权就该工程折价或者拍卖的价款优先受偿。(《民法典》第 807 条)依据《建设工程施工合同解释(一)》第 36 条规定,该债权优先于抵押权和其他债权受偿。

4. 就普通动产、特殊动产进行一物数卖的场合下,某些债权人的债权具有优先受偿效力。依《买卖合同解释》第 6 条规定,出卖人就同一普通动产一物数卖,在各合同均有效且均未交付标的物的场合下,依据交付、付款、合同成立先后的顺序确定各买受人债权的受偿顺序。依《买卖合同解释》第 7 条规定,出卖人就同一船舶、航空器、机动车等特殊动产一物数卖,在各合同均有效且均未交付标的物的场合下,依据交付、登记、合同成立先后的顺序确定各买受人债权的受偿顺序。该规定的本意是为了防止出卖人与买受人恶意串通,为实现诚实信用原则并厘清《民法典》第 224 条关于动产物权变动以交付为生效要件和第 225 条关于特殊动产以登记为对抗要件之间的关系。[1] 但该规定似乎颠覆了债权平等性的理念,学界对此多持批评意见。[2]

---

① 参见最高人民法院民事审判第二庭编著:《最高人民法院关于买卖合同司法解释理解与适用》,人民法院出版社 2012 年版,第 157、173 页。

② 参见崔建远:《债法总论》,法律出版社 2013 年版,第 17 页;王利明:《特殊动产一物数卖的物权变动规则——兼评〈买卖合同司法解释〉第 10 条》,载《法学论坛》2013 年第 6 期。

5. 海商法上具有优先受偿效力的债权。船舶优先权,对产生该海事请求的船舶,优先于船舶留置权、船舶抵押权受偿。(《海商法》第21条、第22条第1款、第25条第1款)海难救助的救助款项的给付请求权,后于某些船舶优先权发生的,则优先于这些船舶优先权受偿;有两个以上海难救助的救助款项的给付请求权,后发生的优先受偿。(《海商法》第23条第1款、第2款)

6. 商品房消费者的债权具有优先受偿效力。《最高人民法院关于商品房消费者权利保护问题的批复》(法释〔2023〕1号)规定:(1)商品房消费者以居住为目的的购买房屋并已支付全部价款,其房屋交付请求权优先于建设工程价款优先受偿权、抵押权以及其他债权。只支付了部分价款的商品房消费者,在一审法庭辩论终结前已实际支付剩余价款的,可以适用前款规定。(2)在房屋不能交付且无实际交付可能的情况下,商品房消费者的价款返还请求权优先于建设工程价款优先受偿权、抵押权以及其他债权。

7. 轮候查封制度对债权平等性的影响。所谓轮候查封,是指对其他人民法院已经查封的财产,执行法院依次按时间先后在登记机关进行登记,或者在该其他人民法院进行记载,排队等候,查封依法解除后,在先的轮候查封自动转化为正式查封的制度。轮候查封是在我国民事诉讼法禁止重复查封的情况下,借鉴域外"优先分配制度""再查封制度"创设的一种制度。通过不同法院或者同一法院以"前后相序"的方式对同一财产进行错位式查封,认可了人民法院的多个查封行为。[1]《查封、扣押、冻结财产规定》第26条规定了轮候查封的具体要求。依据《执行规定》第55条第1款规定,多份生效法律文书确定金钱给付内容的多个普通债权人分别对同一被执行人申请执行,按照执行法院采取执行措施的先后顺序受偿。依据上述规定,虽然实体法层面上各普通债权的效力处于同一位阶,但由于各债权人是否取得及何时取得执行依据不同、取得执行依据的各债权人申请强制执行的时间不同,因此在执行阶段采取"先到先得"的做法。轮候查封制度在事实上导致在先申请强制执行的普通债权人可优先于其他普通债权人受偿,该制度是否与债权平等性相矛盾抑或可以兼容,学理上尚存分歧。[2]

适用轮候查封制度的实例如,最高人民法院指导案例认为:"执行法院虽将春少峰、贾建强的案件与陈冬利、郭红宾的案件合并执行,但仍应按照春少峰、贾建强、陈冬利、郭红宾依据相应债权申请查封的顺序确定受偿顺序。某中院裁定将全部涉案财产抵债给甲公司,实质上是将查封顺位在后的原贾建强、春少峰债权受偿

---

① 关于轮候查封制度的产生背景和适用现状,参见姚宝华:《轮候查封疏议》,载《法律适用》2022年第8期。

② "矛盾说"参见陈杭平:《中国民事强制执行法重点讲义》,法律出版社2023年版,第107页。"兼容说"参见李潇洋:《债权平等与查封的优先效力》,载《清华法学》2023年第3期。

顺序提前,影响了在先轮候的债权人的合法权益。"①

（二）债权的权能

债权的权能即债权的内容,是指债权人在债的关系中所享有的具体利益。债权包含以下几项权能:

1. 给付请求权能

该权能在学理上被习惯称为给付请求权,是指债权人在债的关系中享有请求债务人依债的本旨完成给付行为的权能。例如在买卖合同中,出卖人依给付请求权可请求买受人支付价款。（《民法典》第 626 条）给付请求权是债权的核心内容,它决定了该债权的类型和基本效力,它在性质上是债权的权能之一,而非一项独立的权利。

2. 给付受领权能

该权能是指债务人依据法律规定或合同约定履行债务时,债权人享有接受该履行并保有因履行所得利益的权能。该权能具有被动性,债权人一般无法主动行使。在债权之诉讼时效届满而债务人自愿履行的场合下（如债务人自愿订立"以房抵债"协议②、开立支票③）,该权能的作用甚为明显。该场合下,债权人有权依据该权能受领给付,债务人不得要求债权人返还。（《民法典》第 192 条第 2 款、《诉讼时效规定》第 19 条）

3. 司法保护请求权能

该权能是指当债务人不履行债务或履行债务不符合约定时,债权人享有通过诉讼或仲裁请求债务人承担民事责任以保护其债权的权能。在未严格区分债务与责任的大陆法系国家和地区,该救济权能是债权的内容之一,而非一项独立的权利。④ 但我国现行法严格区分义务与责任,且将债务不履行之民事责任区别于债权独立规定。（《民法典》第 176 条、《民法典》合同编第八章）在此框架下,将该权能定位为债权之外的一项独立救济权利似更合适。

4. 自力救济权能

该权能是指当债务人不履行债务或履行债务不符合约定时,债权人享有以诉讼或仲裁以外的途径保护其债权的权能。在现代民法上,以公力救济为原则,以自力救济为例外,债权人行使该权能应以法律有特别规定为限。例如在债权人与债

---

① 参见"河南神泉之源实业发展有限公司与赵五军、汝州博易观光医疗主题园区开发有限公司等执行监督案",最高人民法院指导案例 122 号。

② 参见海南省三亚市中级人民法院(2018)琼 02 民终 495 号民事判决书。

③ 参见上海市第一中级人民法院(2014)沪一中民四(商)终字第 551 号民事判决书。

④ 参见[德]迪特尔·梅迪库斯:《德国债法总论》,杜景林等译,法律出版社 2004 年版,第 16—17 页。

务人互负债务的场合下,债权人可以诉讼外通知的形式行使抵销权(《民法典》第568条);在债务人根本违约的场合下,债权人可以诉讼外通知的形式行使解除权(《民法典》第565条第1款)等。一方依法行使抗辩权(如不安抗辩权)以拒绝对方的履行请求,亦可认定为行使自力救济权能。①

5. 处分权能

该权能是指债权人依法定条件改变债权之法律地位的权能。债权人行使处分权能的具体形态包括:债权让与(《民法典》第545条)、免除(《民法典》第575条)、设质(《民法典》第440条)等。

【拓展:不完全债权与自然债权】

具备上述全部5项权能的债权为完全债权,因约定或法定事由欠缺某项权能的债权为不完全债权。不完全债权受法律保护的力度低于完全债权,仅具有债权的部分效力。例如约定不能转让的债权欠缺处分权能(《民法典》第545条)、诉讼时效届满的债权欠缺司法保护请求权能(《民法典》第192条)、破产程序中债务人的债权欠缺处分权能(《破产法》第31条)。自然债权,是指欠缺法定原因,不产生法定义务且不能通过诉讼得以实现的债权。自然债权非因债的合法发生原因而产生,它欠缺债权的大部分权能,但债务人自愿履行后不得要求返还,债权人接受履行亦不构成不当得利。例如赌债、超过限定继承的债权(《民法典》第1161条)、养子女赡养生父母之债权(《民法典》第1111条第2款)。

关于不完全债权与自然债权的关系,学界存在争议:第一种观点等同说认为,不完全债权即为自然债权。② 第二种观点包含说认为,不完全债权包含自然债权。③ 第三种观点区别说认为,不完全债权不同于自然债权。④

本书赞同区别说,理由如下:其一,两者产生原因不同。不完全债权系因债的合法发生原因而产生,只是因为法定或约定事由才导致其某项权能消灭,不完全债权皆由完全债权转化而形成。自然债权自始即缺乏合法发生原因,它从未完整地具备债权的各项权能。其二,法律对两者的调整态度不同。对不完全债权,法律仍予以调整,并规定有具体的适用规则。对自然债权,法律不予调整而任其自生自灭,对其既不保护,也不禁止。自然债权不是债法上的债,它处于法律不予调整的"灰色地带"。其三,两者欠缺的权能不同。基于不同的约定或法定事由,不完全债权可能欠缺各项权能,但受领权能不可欠缺,否则已难称债权。自然债权仅具

---

① 参见上海海事法院(2015)沪海法商初字第1668号民事判决书。
② 参见王利明:《债法总则研究》,中国人民大学出版社2015年版,第566页。
③ 参见林诚二:《民法债编总论——体系化解说》,中国人民大学出版社2003年版,第12页。
④ 参见李永军:《自然之债源流考评》,载《中国法学》2011年第6期。

备受领权能,即债务人自愿履行后不得要求返还,而不可能具备债权的其他各项权能。

【疑难案例:一房数卖场合下如何确定履行顺序纠纷案①】

【案件事实】

1994 年 4 月,昆仑公司与朝海物业公司签订《合同书》约定:双方共同投资新建综合楼(即涉案楼房 B 座 2 号楼);朝海物业公司将新建楼的第五层归属昆仑公司作为办公用房,永久使用……在同等条件下,朝海物业公司有优先受让权……

1995 年 12 月,综合楼工程验收合格,双方随后办理了约定第 5 层房屋的交接手续,昆仑公司装修后进驻。此后,双方因对土地出让金等费用的交纳不能达成一致而未完成土地、房屋的产权转移登记手续。

2005 年 7 月,昆仑公司将朝海物业公司诉至法院,要求继续履行共同投资新建的综合楼《合同书》、为其办理产权手续;朝海物业公司于 2005 年 8 月反诉要求确认双方签订的《合同书》无效。经一审、二审,作出 A 判决:朝海物业公司与昆仑公司继续履行双方所签《合同书》。

2003 年 7 月 30 日,朝海物业公司与朝阳工业局签订《转让房屋合同书》约定:朝海物业公司将涉案楼房 A 座 6 层办公用房转让给朝阳工业局。《转让房屋合同书》签订后,2003 年 7 月,朝海物业公司将涉案楼房 A 座 6 层房屋交给朝阳工业局使用。

2007 年 11 月,朝海物业公司与朝阳工业局签订《补充协议》约定:B 座 5 层转让给朝阳工业局;朝阳工业局已支付 A 座 6 层的转让费转为 B 座 5 层的转让费;朝阳工业局搬迁至 B 座 5 层的时间为 2007 年 11 月 20 日前。朝阳工业局搬迁后,A 座 6 层返还给朝海物业公司。

2011 年 8 月,朝阳工业局将朝海物业公司诉至法院,要求继续履行《补充协议》,朝海物业公司协助朝阳工业局将涉案楼房 B 座 5 层房屋的产权在合理的时间办理转移登记至朝阳工业局名下。一审法院判决:驳回朝阳工业局的诉讼请求。

朝阳工业局提起第三人撤销之诉,以"A 判决是在其与朝海物业公司就涉案房屋亦已签署了房屋买卖合同,并实际占有涉案房屋,且未通知其参加诉讼的情况下作出"为由,主张 A 判决严重侵犯了朝阳工业局的合法权益,且适用法律不当,应予以撤销并改判朝海物业公司继续履行与朝阳工业局的《补充协议》将涉案房屋过户至朝阳工业局名下。

---

① 该案详细解读参见"北京市朝阳区工业局诉中国昆仑工程公司等第三人撤销之诉纠纷案",载最高人民法院中国应用法学研究所编:《人民法院案例选》2015 年第 2 辑(总第 92 辑),人民法院出版社 2016 年版,第 115 页以下。

【本案争点】

1. 一房数卖场合下如何确定合同履行顺序?

2. 第三人撤销之诉对合同相对性产生何种影响?

【裁判要旨】

一审法院认为,朝阳工业局与朝海物业公司于2003年签订《转让房屋合同书》,朝阳工业局依据该合同占有、使用涉案楼房A座6层房屋直至2007年11月。后为配合奥运的需要,在本案涉诉房屋无人占有、使用的情况下,应朝海物业公司的要求,与其签订《补充协议》,并依据该补充协议搬至涉诉房屋使用至今。昆仑公司于2005年起诉,要求继续履行与朝海物业公司签订的《合同书》,作出A判决的诉讼审理时,朝阳工业局已合法占有、使用涉诉房屋,若朝海物业公司履行与昆仑公司的《合同书》,势必导致朝阳工业局无法履行其与朝海物业公司的《补充协议》,故朝阳工业局应为该案的第三人,其有权依据《民事诉讼法》提起第三人撤销之诉。判决:撤销A判决。

二审法院认为,出卖人就同一房屋分别签订数份买卖合同,在合同均为有效的前提下,买受人均要求继续履行合同的,原则上应按照以下顺序确定履行合同的买受人:(1)已经办理房屋所有权转移登记的;(2)均未办理房屋所有权转移登记,已经实际合法占有房屋的;(3)均未办理房屋所有权转移登记,又未合法占有房屋,应综合考虑各买受人实际付款数额的多少及先后、是否办理了网签、合同成立的先后等因素,公平合理地予以确定。买受人中之一人起诉要求出卖人继续履行买卖合同,出卖人以房屋已转让给他人为由提出抗辩的,法院可以根据案件具体情况决定是否追加其他买受人作为第三人参加诉讼;其他买受人另行提起诉讼要求继续履行合同的,应当依据前款原则协调处理。

作出A判决时,朝阳工业局不是该案当事人,昆仑公司与朝阳工业局分别同朝海物业公司签订的合同均为有效,均未办理房屋所有权转移登记,因朝阳工业局已实际占有涉案房屋,无需再考虑昆仑公司与朝阳工业局实际付款数额的多少及先后、合同成立的先后等因素。判决:驳回上诉,维持原判。

再审法院(最高人民法院)认为,昆仑公司与朝阳工业局分别同朝海物业公司签订的合同均为有效,均未办理房屋所有权转移登记,原判就出卖人针对同一房屋分别签订数份买卖合同,在合同均为有效的前提下,买受人均要求继续履行合同的,基于朝阳工业局已实际占有涉案房屋,无需再考虑昆仑公司与朝阳工业局实际付款数额的多少及先后、合同成立的先后等因素作出处理并无不当。昆仑公司亦未提交证据足以证明朝阳工业局与朝海物业公司签订合同存在恶意。昆仑公司如认为因合同未能履行利益受损,可另诉解决。裁定:驳回再审申请。

二、债务

(一)债务的概念和特征

债务,是指债务人依据法律规定或合同约定在债的关系中应当履行的义务。债权与债务为对应关系,债权的各项特征从反面角度观察,即为债务的特征。此外,还应特别注意债务的以下特征:

1. 债务的法律拘束力对债务人的要求较高

一方面,债务人应完成的特定行为通常是积极行为,如交付货物、提供劳务等,而非物权法律关系之义务人所负消极不作为义务。另一方面,即使债务人应完成的特定行为是消极行为,也是针对某一类特定行为的不作为,如保密、竞业限制等,而非一般意义的不作为。由于债务形成对债务人较强的拘束,因此在某些场合下法律赋予债务人抗辩权用以对抗债权人之请求权,以实现双方当事人利益的平衡。

2. 债务通常与责任相联系,不履行或不完全履行债务的后果是产生民事责任

民事责任是在债务人不履行或不完全履行债务时对债权人提供的公力救济手段,是债务具有强制执行效力的体现。例外情形是诉讼时效期间届满之债务,由于债务人主张时效抗辩权而使债权的司法保护请求权能缺失,此时虽债务本体存在,但不具有强制执行效力。在传统民法中,债的关系中原有的义务被称为原给付义务(第一次义务);因不履行或不完全履行原给付义务而产生的损害赔偿义务被称为次给付义务(第二次义务)。① 我国现行法严格区分债务与责任,在此框架下,原给付义务为债务,次给付义务的性质为民事责任。

3. 各种不同类型债务的功能具有多样性,它们构成了债法领域中的义务体系

在此义务体系中,主给付义务是法律规范调整的核心,它与具有辅助功能的从给付义务、以维护对方人身财产利益为功能的附随义务等共同构成了债的关系上的义务群。在合同之债中,此义务群体现得较为明显,而在不当得利、无因管理等法定之债中,债务的内容主要限于给付义务。

(二)主给付义务、从给付义务、附随义务

合同债务包括主给付义务、从给付义务和附随义务。

1. 主给付义务

主给付义务是指合同关系所固有的,并由此决定合同类型的基本义务。例如

---

① 参见[德]迪尔克·罗歇尔德斯:《德国债法总论》,沈小军等译,中国人民大学出版社2014年版,第7页。

在租赁合同中,出租人交付租赁物并保持租赁物用途的义务(《民法典》第708条)、承租人支付租金的义务(《民法典》第721条)均属主给付义务。主给付义务一般须由当事人在缔约时确定,其体现了当事人进行该交易的核心意图。双务合同中,双方当事人所负主给付义务构成对待给付关系。

合同类型存在疑义时,主给付义务是重要的判断依据。例如:

①虽然名称是"智能监测系统软件销售合同",但合同约定一方的主给付义务是根据对方的需求开发涉案软件,因此应将合同定性为计算机软件开发合同。①

②电梯采购合同(含安装、检测)中,转移电梯所有权是主给付义务,安装、检测电梯是附随义务,故该合同定性为买卖合同而非建设工程施工合同。②

2. 从给付义务

从给付义务是指不具有独立意义,仅具有辅助主给付义务功能的义务。《民法典合同编通则解释》第26条表述的"开具发票、提供证明文件等非主要债务"即为从给付义务。从给付义务不能决定合同的类型,它通过辅助主给付义务使债权人所获得的给付利益得到最充分的实现。从给付义务的发生原因如下:

(1)法律规定。例如出卖人交付有关单证(如发票、合格证③)和资料(如技术资料④)的义务(《民法典》第599条)、托运人提交有关文件的义务(《民法典》第826条)、保管人给付保管凭证的义务(《民法典》第891条)等。

(2)合同约定。例如经销协议约定一方向对方提供铺底资金,对方负有为此提供担保的义务;⑤股权转让协议约定转让人负有移交公司资料、披露公司债务的义务。⑥

(3)依据诚实信用原则及其他解释规则进行的合同条款解释。例如在买卖名马的合同中,虽无约定,但出卖人负有应当提交血统证明书的义务。

3. 附随义务

附随义务是指基于诚实信用原则,随着合同关系的发展逐渐发生的各项义务。(《民法典》第509条第2款)附随义务通常不是由当事人约定,而是在合同关系发展的各阶段,基于诚实信用原则的要求逐渐产生,其功能是通过维护对方的人身和财产利益使债权人在债的关系中的利益得到最大化满足。附随义务的具体形态如下:

(1)通知义务。例如因不可抗力不能履行合同时的通知义务(《民法典》第590

①　参见最高人民法院(2021)最高法知民终774号民事判决书。
②　参见最高人民法院(2022)最高法民辖134号民事裁定书。
③　参见最高人民法院(2017)最高法民申3760号民事裁定书。
④　参见最高人民法院(2019)最高法民终185号民事判决书,载《最高人民法院公报》2020年第11期。
⑤　参见最高人民法院(2004)民二终字第67号民事判决书。
⑥　参见最高人民法院(2012)民抗字第39号民事判决书。

条)、承租人在第三人主张权利时的通知义务(《民法典》第 723 条第 2 款)、出租人在出卖租赁房屋时的通知义务(《民法典》第 726 条)等。

实务中的常见问题是,为保护对现代通讯手段存在使用障碍的群体,避免"数字鸿沟"造成的困境,金融机构等经营者仅以官网及 APP 上发布公告的方式履行通知义务不被认可。有判决认为:证券营业部有权依法开展客户身份信息核实工作,包括获知其电话号码和职业信息,客户亦应当依法予以配合。但就需要核实的信息内容以及拒不配合的行为后果,证券营业部负向客户提前告知的义务,特别对年岁较长的客户,应以合理方式履行相应通知义务。①

(2)协助义务。例如承租人行使索赔权利时出租人的协助义务(《民法典》第 741 条)、定作人的协助义务(《民法典》第 778 条)等。

(3)保密义务。例如商业银行办理个人储蓄业务时的保密义务(《商业银行法》第 29 条)、律师在执业活动中的保密义务(《律师法》第 38 条)、医师在执业活动中的保密义务(《医师法》第 23 条第 3 项)等。在某些合同中,保密义务究竟属于给付义务抑或附随义务,应根据其产生依据及具体作用而定。例如技术许可合同中,对许可人提供的技术和有关技术资料,被许可人应按合同约定的范围和期限履行保密义务(给付义务);对超过合同约定范围和期限仍需保密的技术,应遵循诚实信用原则履行保密义务(附随义务)。②

(4)告知义务。例如赠与人对赠与财产瑕疵的告知义务(《民法典》第 662 条第 2 款)、承运人对运输重要事项的告知义务(《民法典》第 819 条)、电信业务经营者在出现异常的巨额电信费用时的告知义务(《电信条例》第 33 条第 2 款)等。经营者与消费者订立合同的情形下,由于消费者通常欠缺判断商品性能的专业能力,故经营者依法负有更重的告知义务。(《消费者权益保护法》第 8 条)例如商家向消费者出售洗衣机的,对于某些材质的衣物可以水洗但不可甩干应当予以明确告知。③

(5)保护义务。例如承运人对患有急病、分娩、遇险旅客的救助义务(《民法典》第 822 条)等。

【拓展:作为附随义务的保护义务与侵权法上安全保障义务的关系】

对于保护义务的定位,涉及民事责任制度的变革及发展,学说上素有争议。1965 年德国学者 Canaris 提出"统一的保护关系论",着眼于被侵害的利益,区分以给付利益为指向的给付义务与以维持利益为指向的保护义务。1967 年德国学者

---

① 参见浙江省杭州市中级人民法院(2020)浙 01 民终 696 号民事判决书,2020 年全国法院十大商事案例。
② 参见最高人民法院(2020)最高法知民终 621 号民事判决书。
③ 参见广州互联网法院(2019)粤 0192 民初 1194 号民事判决书。

Thiele 对 Canaris 上述理论进行支持和发展,提出"法定保护义务论"。依据德国学界的理论,不再将保护义务作为附随义务的一种单独类型,而认为在债的关系上它是一种不同于主、从给付义务的概括性义务,具有弥补侵权法规范不足的作用。① 王泽鉴教授认为,附随义务中的保护义务,论其实质,实相当于侵权行为法上的社会安全义务,与给付义务的关系较远。②

在我国,一方面学理和实务上肯定保护义务是合同附随义务,另一方面侵权责任编也对安全保障义务作出了规定。《民法典》第 1198 条第 1 款规定:"宾馆、商场、银行、车站、机场、体育场馆、娱乐场所等经营场所、公共场所的经营者、管理者或者群众性活动的组织者,未尽到安全保障义务,造成他人损害的,应当承担侵权责任。"由于附随义务与安全保障义务均涉及固有利益的保护,故对于二者的区分及适用关系有必要予以明确。③

在现行法框架下,保护义务与安全保障义务的关系应从以下几方面理解:(1)从义务主体来看,保护义务的主体是合同当事人;安全保障义务的主体是公共场所的管理人或者群众性活动的组织者,义务人与受害人是否存在合同关系没有限制。(2)从义务的适用范围来看,保护义务的基本规定是《民法典》第 509 条第 2 款,该条位于合同编通则第四章"合同的履行",该附随义务主要适用于合同履行阶段;安全保障义务适用于宾馆、商场等公共场所和群众性活动场所,其适用范围的核心特征是"公共性"。(3)从义务的认定标准来看,保护义务的认定标准可以由合同约定,无约定的依据法定标准或诚实信用原则认定;安全保障义务则主要依据法定标准和行业标准认定。(4)从理论依据来看,保护义务作为一种附随义务,其理论依据是诚实信用原则的要求;对安全保障义务的理论依据,学界一般从危险控制理论、收益与风险相一致、经济分析和比较等方面解释。(5)由于《民法典》第 509 条第 2 款未限定适用保护义务的合同类型,《民法典》第 1198 条也未限定受害人与安全保障义务人是否存在合同关系,因此在公共场所的管理人或者群众性活动的组织者与受害人存在有效合同的场合下,两种义务会发生竞合。在此情形下,依据请求权竞合的规则处理。在《民法典》颁布以前,亦有依据合同附随义务对受害人提供救济的实例。④

4. 三种义务之区别比较

主给付义务与从给付义务的区别:(1)对合同类型的影响不同。主给付义务

---

① Vgl. Gregor Bachmann, Kommentar zum § 241, in: *Münchener Kommentar zum BGB*, 9. Aufl., München: C. H. Beck, 2022, Rn. 168-170.

② 参见王泽鉴:《债法原理》(第 2 版),北京大学出版社 2013 年版,第 84 页。

③ 相关学理意见参见侯国跃:《契约附随义务研究》,法律出版社 2007 年版,第 205—216 页。

④ 参见"王利毅、张丽霞诉上海银河宾馆赔偿纠纷案",载《最高人民法院公报》2001 年第 2 期。

决定合同的类型;从给付义务则否。(2)功能不同。主给付义务对实现给付利益具有核心作用;从给付义务仅具有辅助主给付义务的功能。(3)是否构成对待给付关系不同。在双务合同中,双方所负主给付义务构成对待给付关系,可行使同时履行抗辩权等;从给付义务一般不构成对待给付关系。(4)违反的后果不同。不履行主给付义务构成根本违约,债权人有权解除合同;不履行从给付义务是否构成根本违约应依具体情形判断,如果致使合同目的不能实现则构成,反之则否。

主给付义务与附随义务的区别:(1)产生时间不同。主给付义务在合同成立时自始确定;附随义务是随着合同关系的发展逐渐发生的。(2)功能不同。主给付义务的功能是实现给付利益;附随义务的功能是维护对方的人身和财产利益。(3)是否构成对待给付关系不同。在双务合同中,双方所负主给付义务构成对待给付关系,可行使同时履行抗辩权等;附随义务一般不构成对待给付关系。(4)违反的后果不同。不履行主给付义务产生违约责任,债权人亦有权解除合同;不履行附随义务,债权人一般不能解除合同,且有可能构成违约责任与侵权责任的竞合。(5)能否独立诉请履行不同。对于主给付义务,债权人可独立以诉的形式请求债务人履行;对于附随义务则否,债权人只能在债务人不履行附随义务给其造成损害后要求债务人承担损害赔偿责任。

从给付义务与附随义务的区别:(1)发生原因不同。从给付义务的发生原因包括法律规定、合同约定和合同条款解释;附随义务是诚实信用原则的要求,法律对某些典型的附随义务也作出了规定。(2)功能不同。从给付义务的功能是辅助主给付义务,其作用仍在于实现给付利益;附随义务的功能是维护对方的人身和财产利益,其着眼点不在于给付利益。(3)违反的后果不同。不履行从给付义务,产生违约责任;不履行附随义务,除产生违约责任外,还有可能构成违约责任与侵权责任的竞合。(4)能否独立诉请履行不同。对于从给付义务,债权人可独立以诉的形式请求债务人履行;对于附随义务则否。

(三)先合同义务与后合同义务

在合同之债中,除合同有效成立阶段存在给付义务和附随义务之外,还有先合同义务和后合同义务。

1. 先合同义务

先合同义务是指当事人在缔约阶段,基于诚实信用原则所负有的各项义务。在缔约阶段,虽然合同尚未成立,但特定当事人的缔约磋商行为使双方形成了相对封闭的关系,基于诚实信用原则的要求,当事人应向对方负有一定的义务即先合同义务。当事人违反先合同义务的,产生缔约过失责任。(参见第四章第五节)先合同义务的具体形态如下:

(1)诚信缔约义务(《民法典》第500条第1项),是指缔约过程中当事人应当遵循诚实信用原则的要求进行磋商、缔约等行为,不得实施恶意磋商等行为。

(2)告知义务(《民法典》第500条第2项),是指缔约过程中当事人应当依据法律、交易习惯的要求如实告知与缔约有关的重要事实,不得隐瞒有关事实或提供虚假情况。

(3)保密义务(《民法典》第501条),是指对于在缔约过程中知悉的商业秘密,当事人不得泄露或不正当地使用。

(4)其他先合同义务(《民法典》第500条第3项),例如保护义务、通知义务等。

2. 后合同义务

后合同义务是指合同关系消灭后,当事人依据诚实信用原则和交易习惯所负有的各项义务。(《民法典》第558条)后合同义务的功能在于维护给付效果,或者妥善处理合同终止后的通知、协助、保密、旧物回收等事宜。当事人违反后合同义务的,产生违约责任,违约方应向对方当事人赔偿实际损失。(《实施民法典纪要》第10条)后合同义务的具体形态如下:

(1)通知义务。例如债务人在标的物提存后的通知义务(《民法典》第572条)等。

(2)协助义务。例如保险人行使保险代位权时被保险人的协助义务(《保险法》第63条)等。有判决认为:《代持协议》终止后,受托人持有相关股权,股权转让程序的启动、推进及最终的完成均有赖于受托人的协助、配合,受托人如果不启动转让程序,其他的股权转让步骤无法完成。受托人亦有义务协助委托人完成股权转让。[①]

(3)保密义务。例如医师在诊疗行为结束后的保密义务(《医师法》第23条第3项)等。

(4)旧物回收义务。例如承租人在租赁的土地及厂房建设了机动车检测线,后将厂房拆除并将相关检测线设备拆除放置他处,但合同解除后对其权属未作明确表示。法院认为,承租人应承担债权债务终止后的旧物回收义务,其未履行旧物回收的后合同义务造成原告损失,应承担相应赔偿责任。[②]

(5)竞业禁止义务。例如劳动者在劳动合同终止后的竞业禁止义务(《劳动合同法》第23条第2款、第24条)等。

(6)保护义务。例如医院告知患者转院后,虽然医疗服务合同关系已终止,但

---

① 参见最高人民法院(2011)民二终字第63号民事判决书。
② 参见河南省义马市人民法院(2021)豫1281民初94号民事判决书。

医院负有安排医护人员护送患者转院的后合同义务。①

（7）暂时继续履行义务。例如物业服务合同终止后，在业主或者业主大会选聘的新物业服务人或者决定自行管理的业主接管之前，原物业服务人应当继续处理物业服务事项，并可以请求业主支付该期间的物业费。②

（8）容忍义务。例如特许经营许可人提前终止特许经营合同，双方无法就处理库存等后续清理工作达成一致或者特许人不积极履行处理库存等后续清理工作协议的，为保护受许可人的信赖利益和减少提前终止合同造成的损失，受许可人有权在合理期限内继续善意使用特许人商业标识进行后续清理工作。③

先合同义务与后合同义务的区别：（1）存在的时间不同。先合同义务存在于缔约阶段；后合同义务存在于合同关系消灭之后。（2）发生原因不同。先合同义务是基于诚实信用原则的要求而产生；后合同义务是依据诚实信用原则和交易习惯而产生，某些后合同义务亦可基于法律规定、当事人约定而产生。（3）功能不同。先合同义务的功能是维护当事人在缔约阶段的信赖利益；后合同义务的功能是维护给付效果，即当事人的履行利益。（4）违反的后果不同。违反先合同义务，产生缔约过失责任；违反后合同义务，产生违约责任，也有可能构成违约责任与侵权责任的竞合。

（四）不真正义务

不真正义务，也称间接义务，是指通常不得独立诉请履行，违反该义务也不发生赔偿责任，而仅使义务人遭受权利减损或不利益的后果。不真正义务是一种强度较弱的义务，从另一角度观察，也可将其看作是确定损害赔偿范围的一种规则。④《民法典》第591条第1款规定的守约方防止损失扩大的义务即为不真正义务。又例如寄存人对需要采取特殊保管措施的告知义务（《民法典》第893条）、被保险人对保险标的危险程度显著增加的通知义务（《保险法》第52条）等，均属不真正义务。

---

① 参见"张某某与某卫生院医疗纠纷案"，载最高人民法院研究室编著：《最高人民法院关于合同法司法解释（二）理解与适用》，人民法院出版社2009年版，第164—165页。

② 参见辽宁省沈阳市中级人民法院（2023）辽01民终4261号民事判决书。

③ 参见四川省成都市中级人民法院（2015）成知民初字第402号民事判决书，载《人民司法·案例》2018年第2期。

④ 参见第十一章第四节中的减轻损失规则。

【疑难案例:接受炒股培训后投资亏损要求退款赔偿案①】

【案件事实】

2002年1月9日,被告恒源培训中心在《新疆都市报》上刊登广告称:"恒源股票培训中心开设初、中、高级班,高级股票技术培训班,月收益率达20%,否则退还所有学费。"被告还在其印发的招生简章中载明:"其中心是乌鲁木齐市唯一一家专业的股票技术培训机构,开设初、中、高级班。通过学习,能使学员在短期内看盘和操盘技术猛增,以后资金不断胀大,高级班月收益率达20%,否则将退还全部学费。"2002年1月13日,原告姜某根据被告的广告宣传及招生简章,报名参加了被告开设的股票初、中、高级班,并交纳了学费共计11800元。原告于2002年3月1日学习期满后,遂在证券公司开设账户进行炒股。至5月9日,原告共投入资金50260元,截至8月2日余额为28122.46元,未达到月20%的收益。

原告向法院起诉称:2002年1月,我参加了被告举办的初级到高级的股票技术培训班。被告的招生简章中承诺高级班学员学习期满后进行炒股,月收益率达20%,否则将退还全部学费。但我进行炒股后未获收益,且连续亏损。现要求被告退还学费11800元,赔偿经济损失22000元。被告答辩称:原告参加我方的培训班学习期满后,我方与原告的培训合同已履行完毕。原告炒股操作时,未按我方传授的股票知识进行投资,其产生亏损,我方不承担任何责任。

【本案争点】

炒股培训合同中的给付义务应如何理解?

【裁判要旨】

一审法院认为:原、被告之间形成一种培训合同关系。原告已履行了交纳培训费的义务,并按招生简章约定的课时完成了培训课程,但在进行股票交易时并未获得被告所承诺的月20%的收益,应认为被告没有完全履行义务。因此,原告要求被告退还学费11800元的诉讼请求合理,予以支持。炒股具有一定的风险性,原告炒股产生亏损,并非被告所致,因此,该损失应由原告自行承担,对其要求被告赔偿经济损失22000元之诉讼请求,不予支持。判决:(1)被告退还原告培训费11800。(2)驳回原告要求被告赔偿经济损失22000元之诉讼请求。

二审法院认为:被上诉人姜某自向上诉人恒源培训中心交纳学费、接受股票知识的培训时起,即与主诉人之间形成了一种以技能教育为内容的服务合同关系。根据《合同法》第91条规定的精神,合同已经按照约定履行了的,其权利义务即终止。提供服务的上诉人,在享受权利即接受学费之后,已履行了向被上诉人传授股

---

① 该案详细解读参见"姜某诉恒源股票培训中心应按招生简章的承诺在其培训完毕进行炒股时不能达到承诺的收益率时退还学费和赔偿亏损案",载最高人民法院中国应用法学研究所编:《人民法院案例选(分类重排本)·民事卷5》,人民法院出版社2017年版,第2952页以下。

票知识的义务,而被上诉人也因此学到了股票知识,双方均得到了实现合同目的的满足,双方的权利义务即告终止。在此情况下,被上诉人要求上诉人退还培训费和赔偿损失没有道理。股票的投资与交易存在风险,这是众所周知的常识。虽然上诉人的教学广告有部分夸大之词,但被上诉人作为有完全民事行为能力的人,对股票进行投资具有的风险性理应有一定的认识,何况投资的决策和方法均由其自己把握,在此过程中所遇的风险责任要求由教学方承担,显然悖于法理和常理。判决:(1)撤销一审判决。(2)驳回被上诉人姜某的诉讼请求。

第三节 债的分类

一、意定之债与法定之债

(一)意定之债与法定之债的概念

根据债的发生原因为标准,债可以分为意定之债与法定之债。意定之债,是指依据当事人的意思而发生的债。依据单方法律行为和合同行为发生的债为意定之债。法定之债,是指直接依据法律规定发生的债。不当得利之债和无因管理之债为典型的法定之债。应注意的是,当事人依强制缔约义务(《民法典》第494条)而订立的合同之债仍属意定之债,因为在此场合下,系法律强制当事人作出意思表示以订立合同,而非直接依据法律规定发生债的关系。

(二)意定之债与法定之债的区别

(1)功能不同。意定之债是意思自治在债法领域的体现,它的功能是使当事人依据其意思为自己设定民事权利义务关系得以实现;法定之债与意思自治无关,它的功能是在某些特定场合下对当事人的利益关系作出调整,以实现公平原则、鼓励善行等立法目的。(2)发生的领域不同。意定之债尤其是各种合同之债,主要发生在交易领域,它是因各类交易行为而产生;法定之债主要发生在交易领域之外。(3)成立要件不同。意定之债依表意行为而发生,它以意思表示为成立要件;法定之债非依表意行为而发生,它不以意思表示为成立要件。

二、特定物之债与种类物之债

(一)特定物之债与种类物之债的概念

根据标的物性质为标准,债可以分为特定物之债与种类物之债。特定物之债,是指债发生时标的物就已经特定化的债。例如甲将一幅祖传字画卖给乙,该标的物在合同成立时即为特定物,而不能以其他标的物代替。种类物之债,是指债发生时标的物尚未特定化,以种类物为标的物的债。例如甲向乙购买某型号钢材 100 吨、丙向丁租赁某款奔驰车 1 辆等。由于市场上存在的同种类标的物可相互代替,故即使交货方本用于交付之标的物灭失,也不构成不能履行,其有义务在市场上获取同种类标的物用于交付(求购义务),除非法律另有规定或当事人另有约定。

种类物之债的标的物虽于合同成立时是种类物,但必须将其特定化才能履行。种类物之债一经特定,即成为特定物之债,而应适用特定物之债的规则。换言之,种类物之债的存在具有阶段性,它最终须转化为特定物之债才能被履行。对于种类物之债的特定化规则,我国现行法未作规定。传统民法一般适用下列规则,可资借鉴。

(1)债务人就交付标的物完成己方的必要行为。该必要行为又因债的履行地点不同而有所差别。对于赴偿之债(在债权人所在地履行之债),债务人将标的物送至债权人所在地并使债权人处于可受领状态之时,种类物之债的给付即被特定化;对于往取之债(在债务人所在地履行之债),债务人将用于履行的标的物从其他种类物中分离出来,并将该事实通知债权人,种类物之债的给付即被特定化。

(2)债务人经债权人同意而指定用于履行的标的物。债务人在种类物范围之内对用于履行的标的物予以指定,并事先或事后得到债权人同意的,在完成指定行为时种类物之债的给付即被特定化。①

金钱之债是否属于种类物之债?学理上对此存在分歧意见②,实务中多采肯定说③。金钱之债与种类物之债确实存在类似之处:金钱是最常见、最典型的种类物;金钱之债不存在不能履行的问题。但二者亦存在差异:上述特定化规则不适用于金钱之债,债务人交付符合数额要求的货币即可,而无须预先确定将交付哪些纸币或铸币。

---

① Vgl. Volker Emmerich, Kommentar zum § 243, in: *Münchener Kommentar zum BGB*, 9. Aufl., München: C. H. Beck, 2022, Rn. 25-29.

② 肯定说参见王利明:《债法总则研究》,中国人民大学出版社 2015 年版,第 163 页;否定说参见王洪亮:《债法总论》,北京大学出版社 2016 年版,第 93 页。

③ 参见济南市中级人民法院(2021)鲁 01 民终 10262 号民事判决书。

（二）特定物之债与种类物之债的区别

（1）对债务人的约束程度不同。特定物之债对债务人的约束较强，债务人只能交付不可替代的特定物，才构成对债务的履行；种类物之债对债务人的约束较弱，债务人可以在种类物的范围内选择用于履行的标的物，其不同选择，均构成对债务的履行。（2）标的物因不可抗力灭失的后果不同。特定物之债的标的物因不可抗力灭失的，债务人可以免除交付标的物的义务，并可依不可抗力减免违约责任；种类物之债的标的物因不可抗力灭失的，债务人不能免除交付标的物的义务，也不可依不可抗力减免违约责任，除非此种类物全部灭失。（3）有关事项能否特别约定不同。对于标的物所有权的转移时间和标的物的风险负担，在特定物之债中可由当事人特别约定；在种类物之债中不能由当事人特别约定，只能以交付为认定标准。

《执行规定》第 55 条第 2 款规定，执行程序中多个债权人的债权种类不同的，基于所有权和担保物权而享有的债权，优先于金钱债权受偿。《执行异议规定》第26—29 条规定，金钱债权执行中，案外人可依据某些租赁、买卖等法律关系所生债权排除执行。例如某最高人民法院公报案例中，钟某与林某签订《离婚协议书》约定涉案房屋归钟某及其子女所有，但一直未办理变更登记。其后，林某的债权人王某基于金钱债权就涉案房屋申请强制执行。最高人民法院认为，钟某的变更登记请求权优先于王某的金钱债权，故钟某有权排除该执行。[①] 实务中，常将该情形表述为"特定物之债优于种类物之债"。[②] 严格意义上而言，上述规定系基于保护某些特殊债权人（如商品房消费者）之立法目的而在执行程序中所设规则，不能以此推导出"特定物之债优于种类物之债"之一般性结论。

三、单一之债与多数人之债

根据债的主体人数为标准，债可以分为单一之债与多数人之债。单一之债，是指债权人、债务人各为一人的债。在单一之债中，债权人一方和债务人一方均为一人，当事人之间的法律关系较为简单。多数人之债，是指债权人、债务人至少有一方主体为二人以上的债。多数人之债的法律关系较为复杂，它包含两方面的关系：一是外部关系，即债权人和债务人之间的权利义务关系；二是内部关系，即多数债权人或多数债务人一方内部相互间的权利义务关系。多数人之债又可作出下列分类：

①　参见最高人民法院（2015）民一终字第 150 号民事判决书，载《最高人民法院公报》2016 年第 6 期。
②　参见湖南省娄底市中级人民法院（2021）湘 13 执复 77 号执行裁定书。

（一）可分之债与不可分之债

根据债的标的是否可分为标准,多数人之债可以分为可分之债与不可分之债。

可分之债,是指多数债权人享有的同一债权或多数债务人负担的同一债务的标的为可分的债。债权人为二人以上且标的可分的,为可分债权;债务人为二人以上且标的可分的,为可分债务。例如甲乙丙与丁签订合同,三人共同向丁购买 0 号柴油 100 吨,三人对丁享有的交付柴油的请求权,为可分债权。反之,甲乙丙三人与丁签订合同,三人共同向丁出售 0 号柴油 100 吨,三人对丁负有的交付柴油的债务,为可分债务。《民法典》第 517 条第 1 款规定,按份之债属于可分之债,详见后文。

不可分之债,是指多数债权人享有的同一债权或多数债务人负担的同一债务的标的为不可分的债。债权人为二人以上且标的不可分的,为不可分债权;债务人为二人以上且标的不可分的,为不可分债务。标的是否可分,以标的性质或当事人意思为判断标准。例如甲乙丙与丁签订合同,三人共同向丁购买 1 头耕牛,三人对丁享有的交付耕牛的请求权,为因标的性质不可分而成立的不可分债权。又例如甲乙丙与丁签订合同,三人共同出售给丁某型号钢材 100 吨,且合同约定这批钢材必须一次性完整地交付,三人对丁负有的交付钢材的债务,为因当事人意思而成立的不可分债务。不可分之债是多数债权人对一个完整的债权共同享有权利(准共有)或多数债务人对一个完整的债务共同负有清偿义务,不可分之债当事人的关系比连带之债当事人的关系更为紧密。我国现行法对不可分之债无明确规定,以下参酌传统民法的一般做法,简要介绍不可分之债的效力。

不可分之债的效力:(1)外部效力。在不可分债权中,各债权人可以为全体债权人请求和接受债务人的全部履行,债务人也可以为全体债务人向任一债权人履行。任一债权人接受债务人全部履行后,其他债权人的债权即归于消灭。在不可分债务中,债权人可以向债务人一人、数人或全体请求履行,可以向不同债务人同时或先后请求履行全部债务。由于债的标的不可分,债权人不得请求部分履行,债务人也不得部分履行,此为不可分债务与连带债务的区别之一。(2)内部效力。不可分之债的内部效力准用连带之债内部效力的规定。(3)就当事人一人发生效力的事项对其他当事人的效力。在不可分之债中,因清偿、抵销、提存、免除、混同等事由对某一债权人或债务人发生效力的,其效力不及于其他债权人或债务人,但某一债权人为全体债权人请求履行及受领迟延对全体债权人发生效力,此为不可分之债与连带之债的又一区别。

（二）按份之债与连带之债

可分之债根据多数人一方的主体责任性质为标准,可以进一步分为按份之债与连带之债。

按份之债,是指多数债权人或多数债务人各自按照一定份额享有权利或承担义务的债。债权人为二人以上,各自按照确定份额分享权利的,为按份债权;债务人为二人以上,各自按照确定份额分担义务的,为按份债务。例如甲乙共有一套房屋,二人与丙签订租赁合同,约定丙每月应向甲乙各支付租金 1000 元,甲乙对丙享有的租金债权,为按份债权。又例如 A 欠 B100 万元,甲乙丙与 B 签订保证合同,约定三人以 3∶3∶4 的比例对该债务提供担保,即成立按份共同保证,产生按份债务。(《民法典担保制度解释》第 13 条第 1 款)《民法典》第 517 条第 1 款明确规定"标的可分"是按份之债的要件,故按份之债是可分之债的下位概念不存疑义。

连带之债,是指多数债权人或多数债务人存在连带关系,不分份额地享有权利或承担义务的债。债权人为二人以上且存在连带关系,不分份额地享有权利的,为连带债权;债务人为二人以上且存在连带关系,不分份额地承担义务的,为连带债务。例如夫妻将 100 万元(共有财产)借给 A,夫妻二人对 A 请求还款的债权,为连带债权。又例如 A 欠 B100 万元,甲乙丙与 B 签订保证合同,约定三人共同对该债务提供担保但未约定担保份额,即成立连带共同保证,产生连带债务。(《民法典担保制度解释》第 13 条第 1 款)由于连带之债的当事人关系更为紧密,尤其连带债务甚为严苛,故连带之债并非多数人之债的常态,而仅以法律规定或当事人约定为限。(《民法典》第 518 条第 2 款)[1]较为典型的法定连带之债有:合伙人的连带之债(《合伙企业法》第 39 条)、因代理行为产生的连带之债(《民法典》第 164 条第 2款、第 167 条)、公司发起人的连带之债(《公司法》第 99 条)、票据债务人的连带之债(《票据法》第 68 条第 1 款)等。

连带之债是否亦为可分之债的下位概念?换言之,标的不可分的情形下可否成立连带之债?

由于《民法典》第 518 条第 1 款未明确规定"标的可分"是连带之债的要件,故产生该疑问。[2]例如唱片公司与四个音乐人 ABCD 签订一个合同,约定由后者共同完成弦乐四重奏的演奏,以用于制作唱片,该情形是否构成连带之债?本书认为,连带之债与按份之债均为可分之债的下位概念,该情形不构成连带之债。理由如下:其一,《民法典》第 518—521 条对于连带之债的规定中,所涉追偿权、绝对效力事项等规则均以可分之债为逻辑前提。第 518 条第 1 款未规定"标的可分"似为避免表述重复之故(因第 517 条已规定)。其二,从比较法经验来看,多于按份之债与

---

① 对该款的批评意见参见张定军:《连带债务发生明定主义之反思》,载《法学研究》2023 年第 2 期。
② 肯定说参见王利明主编:《中国民法典释评·合同编通则》,中国人民大学出版社 2020 年版,第 262 页(尹飞执笔);否定说参见崔建远:《〈民法典〉所设连带债务规则的解释论》,载《当代法学》2022 年第 2 期。

连带之债之外单独规定不可分之债。① 不可分之债与连带之债的区别在于,前者给付是不可分割的,在存疑的情形下各债务人不承担连带责任。② 其三,现行法框架下较为合理的做法是,以履行方式为标准将不可分之债进一步分为协同之债(joint obligations)与普通不可分之债。协同之债是指只能由所有债权人共同接受履行或由所有债务人共同进行履行的多数人之债。③ 前述事例构成协同之债,因为 ABCD 须协同向唱片公司进行整体履行,单个债务人无法完成给付,故不能适用连带债务规则。普通不可分之债的事例如,AB 将其共有的一幅名画卖给 C。该情形下,AB 中任何一人或二人一起均可进行整体履行,故可以准用连带债务规则。

按份之债与连带之债的区别:(1)确定不同。因连带之债的债权效力过强或债务负担过重,故仅在法律规定或当事人约定的情形下得以成立(《民法典》第 518 条第 2 款);多数人之债性质不明的,推定为按份之债。(2)外部效力不同。按份债权人或按份债务人只能依据其份额行使权利或履行义务;连带债权人或连带债务人行使权利或履行义务不受份额限制。(3)内部效力不同。按份债权人或按份债务人内部不存在追偿问题;连带债权人或连带债务人内部仍存在份额,故产生追偿问题。(4)某一当事人发生的事项是否具有绝对性不同。按份之债中此类事项仅具相对性,对其他债权人或债务人不具效力;连带之债中,某些事项具有绝对效力,某些事项仅具相对效力。④

【拓展:不真正连带债务】

不真正连带债务,是指数个债务人基于不同的发生原因,对债权人负有同一给付内容的债务,并因某一债务人的履行而使各债务人所负债务均归于消灭的现象。例如甲向乙购买一批货物,以汇票付款,该汇票的出票人为丙。乙持该汇票兑付被拒。在此场合下,乙可依买卖合同之债权请求甲付款,也可依票据法上的追索权请求丙付款。我国现行法对不真正连带债务未作明确规定,但司法实务中存在此类实例。⑤ 在传统民法上,不真正连带债务的具体发生原因如下:(1)数人因各自的债务不履行而负担同一损害赔偿债务。例如某医院特约聘请麻醉医师甲和外科医师乙于某日主持手术,届时二人均未到场,导致医院受有损害。(2)数人因各自的债务而负担同一给付。例如债权人有权请求主债务人或放弃先诉抗辩权的保证人履行债务。(3)债务不履行的损害赔偿与债务的履行发生竞合。例如受托人侵占

---

① 参见《德国民法典》第 431 条、第 432 条;《日本民法典》第 428—431 条。

② Vgl. Susanne Heinemeyer, Kommentar zum § 431, in: *Münchener Kommentar zum BGB*, 9. Aufl., München: C. H. Beck, 2022, Rn. 3.

③ 参见齐云:《论协同之债》,载《法商研究》2020 年第 1 期。

④ 关于按份之债和连带之债的履行规则,参见第五章第二节。

⑤ 参见最高人民法院(2011)民提字第 103 号民事判决书。

处理委托事务所占有的财产,产生违约责任;该委托事务的保证人则应履行保证合同中的保证债务。(4)数人就各自的侵权行为所致同一损害负赔偿责任。例如甲窃取乙的古董,丙又故意将其毁损,甲和丙对乙分别成立侵权行为造成同一损害。(5)债务不履行与侵权行为竞合。例如承租人因重大过失致使加害人失火毁损承租房屋。(6)侵权行为与合同债务的履行竞合。例如甲烧毁乙的房屋,应承担赔偿责任;保险人丙对乙也负有给付保险金的债务。(7)因法律规定与债务履行的竞合。例如儿子对父亲负有法定赡养义务;该父亲也可依据与第三人所订合同,请求其履行扶养义务。① 但应注意的是,依据我国现行法,债务不履行和侵权行为均为民事责任的发生原因而非债的发生原因,在此前提下,上述各种情形是否均属于不真正连带债务,则不无疑问。

不真正连带债务与连带债务的相同点:(1)二者均属多数人债务,债务人为二人以上。(2)债权人行使权利的方式相同。债权人均可以向债务人一人、数人或全体请求履行,可以向不同债务人同时或先后请求履行,可以就债务的全部或部分请求履行。(3)债务人承担义务的方式相同。债务人均为不分份额地承担义务,各自对全部债务负清偿义务。(4)清偿对其他债务人的影响相同。债务人中一人或数人清偿全部债务时,其他债务人对债权人所负债务均归于消灭。

不真正连带债务与连带债务的区别:(1)发生原因不同。不真正连带债务的各债务系基于不同的发生原因;连带债务的各债务,有的系基于同一发生原因(例如合伙人的连带债务),有的系基于不同的发生原因(例如数个保证人分别与债权人订立连带共同保证合同)。(2)各债务的目的不同。不真正连带债务的各债务具有客观的单一目的,各债务所欲满足的给付利益在客观上彼此同一;连带债务的各债务具有主观的共同目的,各债务相互联接共同实现一个给付利益。(3)各债务人的关系不同。不真正连带债务的各债务人系基于不同法律关系偶然负有同一债务,各债务人之间不存在连带关系;连带债务的各债务人系基于法定或约定原因而有意结合在一起,各债务人之间往往存在某种密切的连带关系(例如合伙人、发起人)。(4)内部效力不同。不真正连带债务的各债务人所负债务性质各异,他们相互之间并不当然发生求偿关系,如果存在某一债务人应负终局责任的,则其他债务人在清偿后可向终局责任债务人求偿。例如甲将一古董花瓶向保险公司投保财产损失险,乙不慎将花瓶打碎,甲向保险公司请求给付保险金后,保险公司可行使保险代位权向乙求偿。(《保险法》第60条第1款)但在此种求偿关系中,并非因为某一债务人的清偿超过了各债务人内部约定分担的份额,而是基于另外的法律关系而享有求偿权,因此此种求偿关系与连带债务的求偿关系在性质上并不相同。

---

① 参见孙森焱:《民法债编总论(下册)》,法律出版社2006年版,第743—744页。

四、简单之债与选择之债

(一) 简单之债与选择之债的概念

根据债的标的有无选择性为标准,债可以分为简单之债与选择之债。简单之债,也称不可选择之债,是指债的标的是一种给付,债务人只能按照该种给付履行的债。例如甲将自己的某套房屋出租给乙成立的合同之债。选择之债,是指债的标的是两种以上给付,当事人可以选择其一进行履行的债。(《民法典》第 515 条第 1 款)例如甲与开发商签订购房合同,约定甲购买某幢商品房中的一套,甲可在505 室和 805 室中选择。又例如双方约定,债务人履行债务的方式为"归还棕榈油"或者"等值现金"。①

选择之债的特殊性在于,在债成立时存在两种以上给付,但履行时仅选择其中之一履行。在履行之前,必须将两种以上给付特定为一种,即将选择之债转化为简单之债,才能够履行。选择之债被特定化以后,即依据简单之债的有关规则履行债务。②

选择之债与附生效条件合同不同:前者之当事人享有选择权,后者之条件成就前或成就后当事人并无选择的余地。例如《房屋拆迁货币补偿协议》约定:"房屋货币补偿 530 万元整如到期未支付,按上述所有房屋的面积 1∶1.5 回迁。"该协议属于附条件变更合同,而非选择之债。③

(二) 简单之债与选择之债的区别

(1)债成立时标的是否确定不同。简单之债成立时,债的标的已经确定,仅为一种给付;选择之债成立时,债的标的尚未确定,存在数种可供选择的给付。(2)复杂程度不同。简单之债的法律关系较为简单,债务人依唯一的给付种类履行义务即可;选择之债的法律关系较为复杂,针对选择之债的特定设置有诸多规则,选择权的行使为其核心问题,而且可能涉及当事人以外的第三人(享有选择权)。(3)功能不同。在选择之债中,由于存在数种可供选择的给付,当事人可基于某种特殊需求,更大程度地依据自己意愿为其设定民事权利义务关系;简单之债则不具有这种功能。

---

① 参见最高人民法院(2013)民申字第 1041 号民事裁定书。
② 关于选择权行使规则,参见第七章第三节。
③ 参见最高人民法院(2015)民申字第 425 号民事裁定书。

第三章　合同概述

第一节　合同的概念和特征

一、合同的概念

(一)两大法系对合同概念的不同认识

1. 大陆法系:协议说

在历史传统上,大陆法系和英美法系对合同概念的界定存在差异。大陆法系采"协议说"(或称"合意说"),认为合同是一种协议或合意(agreement)。例如《法国民法典》第1101条规定的合同(contrat或convention)定义是:"合同是二人或数人之间创设、变更、转移或者消灭债之关系的协议(合意)。""协议说"强调当事人意思表示一致对合同成立的决定性意义,合同属于协议的一种类型。[①] 在大陆法系语境下,合同是法律行为的下位概念,是一种双方法律行为。简言之,合同是指旨在引起义务或其他法律效果的约定。[②]

2. 英美法系:允诺说

英美法系采"允诺说",认为合同是一种允诺(promise)。最常被引用的合同(contract)定义是美国《合同法重述》第1条:"合同是一种允诺或一组允诺,对于该允诺的违反,将由法律给予救济;履行该允诺,被法律以某种方式确认为一种义务。""允诺说"着眼于合同对作为合同当事人的债务人的法律约束力。

英美合同法的重要作用之一是区分法律强制执行的允诺和法律不强制执行的允诺。成为市场典型交易内容的允诺,一般推定可强制执行。合同法另一个重要

---

① 参见[法]弗朗索瓦·泰雷等:《法国债法·契约篇(上)》,罗结珍译,中国法制出版社2018年版,第98—99页。

② 参见[德]莱纳·舒尔策、[波兰]弗里德里克·佐尔:《欧洲合同法》,王剑一译,中国法制出版社2019年版,第43、51页。

作用是帮助社会成员试图控制未来或至少预计未来。在英美法语境下,将合同定义为法律强制执行的允诺使该问题变得明确——合同总是与允诺有关,允诺总是对将来所发生事情的承诺。①

事实上,合同法发展到近现代以后,两大法系的合同概念呈现出逐渐融合的趋势,即对于合同本质上是一种协议的普遍认可。英美法系在立法和学理上对"允诺说"进行反思和批判。英国学者在批评"允诺说"时指出,该说假定法律"强制履行"合同、假定协议或允诺存在于法律之外,而且忽略了合同中的交易因素。② 英美法特有的约因理论的发展和变化也在一定程度上导致了对合同认识的改变。美国《布莱克法律词典》(第6版)作出的合同定义是:"发生做或不做特定事情之债务的双方或多方当事人之间的合意(agreement)。"③

3. CISG 和 PICC:协议说

在由两大法系主要国家参与签订的一些国际条约或文件中,对合同概念均采取"协议说"。CISG 虽未直接规定国际货物销售合同的定义,但第14条对要约的规定、第18条对承诺的规定显然采取了协议说。

PICC 更加清晰地采取了协议说。其一,第2.1.1条规定:"合同可通过对要约的承诺或通过能充分表明合意的各方当事人的行为而订立。"该条涵盖了经典的要约和承诺的合同订立方式,除了协议需要依赖合同的一方证明外,没有任何其他要求。其二,如第4.2条第(2)款和第4.2.3条所述,第2.1.1条涵盖了通过行为达成协议的可能性。充分表明合意的行为可能包括"达成协议",特别是在有多个当事人的复杂情况下,或者合同已开始实际履行,尽管协议的某些问题尚未解决(参见第2.1.14条)。④

(二)广义的合同与狭义的合同

1. 广义的合同:民事合同

广义的合同,是指引起民事权利义务关系变动的合同,即民事合同,包括引起物权关系变动的物权合同、引起债权债务关系变动的债权合同、引起身份关系变动的身份合同等。德国法采广义的合同概念,合同的成立规则设置于《德国民法典》总则编(第三章"法律行为"第三节"合同")。除法律有特别限定外,合同概念可适

---

① 参见[美]杰弗里·费里尔、[美]迈克尔·纳文:《美国合同法精解》,陈彦明译,北京大学出版社2009年版,第2—3页。

② 参见[英]P. S. 阿狄亚:《合同法导论》,赵旭东等译,法律出版社2002年版,第36—38页。

③ 英美法对合同概念、允诺及约因的学理意见,参见[加拿大]Peter Benson 主编:《合同法理论》,易继明译,北京大学出版社2004年版,第156页以下。

④ 参见[德]埃卡特·J. 布罗德:《国际统一私法协会国际商事合同通则——逐条评述》,王欣等译,法律出版社2021年版,第40—41页。

用于整个民法领域。①

在该模式下,对交易实践最具意义的债权合同(买卖、租赁、承揽等)规定于《德国民法典》第二编"债务关系法";(德国法特有的)物权合同规定于第三编"物权法";身份合同规定于第四编"亲属法";继承领域的合同规定于第五编"继承法"。该模式构建的体系是受 19 世纪的潘德克吞法学影响的结果。立法者细致地区分了合同和法定债务关系、债权与物权合同、合同与其他法律行为以及法律行为与意思表示以及由一个还是数个意思表示构成的法律行为。据以裁决实质问题的规则被尽可能地以提取公因式的方式纳入体系,这导致了密切相关的生活过程经常被归入完全不同且散落于各处的法律规定。②

2. 狭义的合同:债权合同

狭义的合同,是指引起债权债务关系变动的合同,即债权合同。法国法和英美法采狭义的合同概念。在法国法语境下,合同是当事人为了建立、限制、转让或者消灭债而达成的合意。以买卖为例,当事人就买卖达成的合意属于合同,因为买卖合意让当事人之间彼此对对方承担债务,属于债的产生;当事人就买卖合同中的某些法律条款达成修改合意,该修改合意也属于合同,属于债的限制;当事人就买卖合同达成解除合意,该解除合意也属于合同,属于债的消灭。③ 该模式区别于德国模式的原因可能在于,《法国民法典》并未设置"总则编"且不承认所谓物权合同。

(三)我国现行法的合同概念

《民法典》第 464 条规定:"合同是民事主体之间设立、变更、终止民事法律关系的协议。婚姻、收养、监护等有关身份关系的协议,适用有关该身份关系的法律规定;没有规定的,可以根据其性质参照适用本编规定。"该条规定的合同概念可从以下几方面理解:

1. 该条采"协议说"

依该条文义,合同是协议的下位概念,即合同是协议的一种类型,但并非所有类型的协议均为合同。该做法与大陆法系的立法通例保持一致。

2. 合同是指民事合同

依该条第 1 款规定,合同引起"民事权利义务关系"变动,而非仅引起"债权债务关系"变动。因此仅从文义上而言,系采广义的合同概念。

3. 合同编调整的核心是债权合同

虽然该条在文义上采广义的合同概念,但合同编调整的核心实为债权合同。

①　Vgl. Jan Busche, Kommentar zum Vor § 145, in: *Münchener Kommentar zum BGB*, 9. Aufl., München: C. H. Beck, 2021, Rn. 1.

②　参见[德]海因·克茨:《德国合同法》,叶玮昱、张焕然译,中国人民大学出版社 2022 年版,第 5 页。

③　参见张民安:《法国合同法总论》,中山大学出版社 2021 年版,第 12—13 页。

体现为:其一,在传统民法理论中,合同是债的发生原因之一,《民法典》第 118 条第 2 款亦如此规定。其二,《民法典》合同编规定的有名合同均为债权合同。

4. 对于应否承认物权合同以及合同编应否调整物权合同,尚存争议

虽然该条在文义上似乎包含了物权合同,但在我国学界物权合同一直是一个极具争议的概念,而主流观点持否定意见。从立法技术而言,该条系继承《民法通则》第 85 条的结果,故不宜仅依据该条文义反推出我国承认物权合同的结论。但也应指出,现行法框架下确实存在某些合同可直接引起物权关系变动的现象。例如土地承包经营权合同(《民法典》第 333 条第 1 款)、地役权合同(《民法典》第 374 条)、动产抵押合同(《民法典》第 403 条)、浮动抵押合同(《民法典》第 396 条)等。至于应否基于这些合同提炼出物权合同概念,则为另一问题。

5. 合同原则上不包括身份协议,但某些身份协议可参照适用合同编规定

该条第 2 款规定身份协议适用"有关该身份关系的法律规定"(如婚姻家庭编),因此身份协议原则上不属于该条规定的合同概念,但在法律没有规定的情形下,可依其性质参照适用合同编规定。据此,我国法律中合同概念的外延明显小于德国法上民事合同概念。

(四)合同与相关概念比较

1. 合同与合同书

合同书是合同的正式书面形式,除该形式外,合同形式还包括其他书面形式、口头形式和其他形式(《民法典》第 469 条第 1 款)。合同则是指订立合同的法律行为(合同行为)或者因合同行为所产生的一种民事法律关系(合同关系)。因此,合同未必一定以合同书形式订立,有合同亦未必有合同书。例如双方通过电子邮件对交易内容达成一致,亦可导致合同成立。[①]

2. 合同与契约

在大陆法系法律发展史上,"合同"与"契约"曾存在区别。在不同历史阶段和法律文化背景下,这两个概念具有不同的涵义及构造。古典罗马法以形式主义和类型法定为契约概念的特质,在债法制度下构建各类契约概念;中世纪注释法学遵循这一模式,以原因理论重构了合同概念,并被其后的法国法继受。德国法以自然法理论、理性法学和历史法学为理论基础,通过法律行为理论重组合同的要素,使合同概念完全脱离了债的范畴而被高度抽象为一种技术性工具。[②]

在我国,合同与契约概念并未经历上述变迁。由于我国法律史上习惯采契约概念,旧中国法律及民间亦普遍采此概念。在现行法语境下,合同概念与契约概念

---

① 参见最高人民法院(2020)最高法民申 650 号民事裁定书。
② 参见徐涤宇:《合同概念的历史变迁及其解释》,载《法学研究》2004 年第 2 期。

在内涵外延上并无本质差异,仅属用语习惯不同而已。

3. 合同与经济合同

在《民法典》颁行之前,《经济合同法》第 2 条曾经规定:"经济合同是法人之间为实现一定经济目的,明确相互权利义务关系的协议。"在当时,自然人之间订立的合同不属于经济合同,不适用《经济合同法》而适用《民法通则》的规定。这种立法模式带有明显的计划经济色彩。在现行法框架下,合同当事人无论是自然人、法人或非法人组织,均统一适用《民法典》合同编,经济合同作为一个历史概念已被废弃。实务中,虽偶有当事人仍使用经济合同概念,但其已不具备《经济合同法》框架下的涵义,而仅是用语不严谨的体现。①

二、合同的特征

(一)合同是一种民事法律行为

合同以意思表示为要素,并依意思表示的内容产生相应的法律效果,为典型的民事法律行为,而非事实行为。《民法典》合同编与《民法典》总则编第六章"民事法律行为"的关系,为特别法与普通法的关系。合同编有具体规定的,适用其规定;合同编没有具体规定的,适用总则编有关民事法律行为的规定。合同编与总则编就某一事项均有规定且不一致的,适用合同编的规定。

(二)合同是双方或多方当事人意思表示一致的民事法律行为

合同是双方法律行为或多方法律行为,双方或多方当事人意思表示一致(合意)是合同成立的核心要件。此特征将合同与单方法律行为区别开来。唯应注意,有些行为既可以单方法律行为为之,也可以合同为之。例如赠与,如果以遗赠方式实施赠与,为单方法律行为,仅需遗赠人单方意思表示行为即可成立;如果以赠与合同方式实施赠与,则为双方法律行为,须赠与人和受赠人意思表示达成一致,行为方可成立。

(三)合同主要引起债权债务关系的变动

由于《民法典》合同编调整的核心是债权合同,因此合同主要引起债权债务关系的变动,即设立、变更和终止债权债务关系。设立债权债务关系,是指依有效成立的合同,在当事人之间产生债权债务关系。变更债权债务关系,是指依有效成立

---

① 参见最高人民法院(2021)最高法民申 2223 号民事裁定书。

的合同,使当事人之间既有的债权债务关系发生变化。终止债权债务关系,是指依有效成立的合同,使当事人之间既有的债权债务关系归于消灭。

(四)《民法典》合同编既规定民事合同,也规定商事合同

我国采民商合一制,没有独立的商法典另行规定商事合同,民事合同与商事合同被统一规定于《民法典》合同编之中。在我国《合同法》和《民法典》制订过程中,在一定程度上受到 CISG 和 PICC 的影响,因这两个条约均以商事合同为调整对象,也导致《民法典》合同编具有浓厚的商事合同法色彩。① 在第二分编规定的有名合同中,有诸多典型的商事合同,例如供电合同、融资租赁合同、建设工程合同、运输合同、仓储合同、中介合同等;也有单纯的民事合同,例如赠与合同;还有些合同既可以是民事合同,也可以是商事合同,例如买卖合同、借款合同、保管合同、委托合同等。

第二节　合同法的基本原则

一、合同法基本原则的概念和功能

(一)合同法基本原则的概念

合同法基本原则,是指由合同法规定的,适用于合同法全部领域并体现合同法价值理念的准则。合同法基本原则不同于合同法具体原则,后者是适用于合同法某一特定领域的准则,例如合同履行的原则、违约损害赔偿的原则等。具体而言,二者区别如下:(1)适用的领域不同。前者适用于合同法全部领域;后者仅适用于合同法某一特定领域。(2)功能不同。前者体现合同法的价值理念,是合同立法、执法、守法均应遵循的准则;后者仅体现特定领域的价值理念,系针对某一类具体问题的法律规范而抽象出的一般准则。(3)表现形式不同。前者的表现形式在文义上较为抽象;后者则相对较为具体。

(二)合同法基本原则的功能

1. 合同立法的准则

在合同立法活动中,应当遵循合同法基本原则所体现的价值理念,具体法律规范的设置应当以合同法基本原则为依据。例如合同自由为合同法基本原则,故合

---

① 参见韩世远:《〈国际商事合同通则〉与中国合同法的发展》,载《环球法律评论》2015 年第 6 期。

同法应多设置任意性规范、少设置强制性规范。

2. 解释、补充合同法的准则

在合同法适用的过程中,如果具体法律规范的涵义及其适用效果存在歧义需要解释时,应当以合同法基本原则为解释准则,采取符合合同法基本原则要求的理解并以其为裁判依据。在具体法律事实欠缺对应法律规范即合同法存在漏洞的场合下,合同法基本原则可作为补充适用规则以裁判案件。(《民法典总则编解释》第1条第3款)

3. 解释、评价合同条款的准则

在合同条款文义不明或相互矛盾的场合下,除可依据《民法典》第466条规定的解释规则对合同条款进行解释外,还应考量何种解释符合合同法基本原则的要求。在判断合同条款效力有无瑕疵时,除适用具体法律规范作为评价标准外,合同法基本原则亦应作为补充性评价标准。

4. 当事人从事合同行为的准则

当事人在订立、变更、解除合同及行使合同权利、履行合同义务时,应当遵循合同法基本原则,将其作为自己的行为准则。当然,合同法基本原则的价值理念在一些领域已被具体化为法律规范,当事人即应当遵守这些法律规范。例如《民法典》第562、563条对合同解除的规定,要求当事人解除合同时须具备法定、约定解除事由或双方合意,否则不得解除合同,该规定即为合同严守原则的具体体现。

【学说争议:合同法基本原则的界定】

合同法基本原则具体包括哪些原则,学界争议较大,兹举几种代表性观点:

第一种观点认为,合同法基本原则有法律地位平等原则、合同自由原则、公平原则、诚实信用原则、公序良俗原则、合同神圣及合同严守原则。[1]

第二种观点认为,合同法基本原则有合同自由原则、合同正义原则、鼓励交易原则。[2]

第三种观点认为,合同法基本原则主要是合同自由原则。[3]

本书认为,合同法基本原则应符合以下三个标准:(1)具有法条依据。即《民法典》以具体条文对该原则作出了规定。观点二所主张的合同正义原则和鼓励交易原则并无法条依据,虽然确实存在一些制度和规定体现了此二原则的精神,但合同法基本原则作为一种补充性适用的裁判依据,应当以法律有明确规定为限。(2)应为合同法的特有原则,而非民法基本原则的重复。观点一所列举的6种原则

---

[1]　参见韩世远:《合同法总论》,法律出版社2018年版,第43—58页。

[2]　参见崔建远:《合同法总论(上卷)》,中国人民大学出版社2011年版,第30—48页。

[3]　参见余延满:《合同法原论》,武汉大学出版社1999年版,第17页。

虽均有法条依据,但其中的法律地位平等原则、公平原则、诚实信用原则和公序良俗原则已被《民法典》确立为民法基本原则,其并非仅适用于合同法领域。(3)应适用于合同法全部领域而非特定领域。如果仅适用于合同法某一特定领域,则其应为合同法具体原则。综上,符合以上三个标准的,包括合同自由原则、合同严守原则和合同相对性原则。

二、合同自由原则

(一)合同自由原则的概念

合同自由原则,是指在不违反法律强制性规定、公序良俗的前提下,当事人对合同有关事项享有充分的决定自由。原《合同法》第 4 条明确规定了合同自由原则:"当事人依法享有自愿订立合同的权利,任何单位和个人不得非法干预。"该条在《民法典》中未被单独规定,而被《民法典》第 5 条之意思自治原则吸收。此外,《民法典》第 130 条规定"民事主体按照自己的意愿依法行使民事权利,不受干涉",亦体现了合同自由原则的精神。[①]

与大陆法系其他国家不同的是,合同自由原则对我国尤其具有现实意义。一方面,中国古代法律主要以刑法为主,民事规范被视为"细事""琐事",故本土文化中并不存在现代意义上的合同自由原则。另一方面,在我国实行计划经济的数十年间,经济生活很大程度上已经社会化,几乎没有给个人留下为自己的生活关系负责的空间,而合同被当作国家管理的工具和计划的操纵手段。[②] 在此背景下,作为市场经济基本标志的合同自由原则被法律确认,在理论及实践上均具有极其深远的意义。

(二)合同自由原则的理论依据

1. 意思理论

意思理论是对合同自由原则最传统的解释方法。意思自治意味着每个人都可以自由决定下述事项:在法律制度框架内组织自己的生活关系,处置自己的财产,在遗嘱中指定某人作为自己的继承人,选择何种职业,从事何种经营活动,或者为了实现一些目的而与其他人组团合作。[③] 在传统民法上,合同自由原则与意思理

---

① 参见黄薇主编:《中华人民共和国民法典总则编释义》,法律出版社 2020 年版,第 342—343 页。
② 相关学理意见参见陈小君、易军:《论中国合同法的演进》,载《法商研究》1999 年第 6 期;李永军:《从契约自由原则的基础看其在现代合同法上的地位》,载《比较法研究》2002 年第 4 期。
③ 参见[德]海因·克茨:《德国合同法》,叶玮昱、张焕然译,中国人民大学出版社 2022 年版,第 8 页。

论密切相关,前者是后者的当然结论。意思理论要求缔约人意思须形成合意,且允许缔约人以他们作出的任何选择确定合同条款。意思理论深受哲学史上自由主义思潮的影响。哲学家强调自我意识(ego)以及个人意思是生命的基本事实。经济学家如斯密、李嘉图、边沁以及约翰·穆勒,"坚称自由交易是进步的根本和不可或缺的前提条件","它是自由和个人主义哲学的必然结果,即法律应当扩展其范围并强制执行合同义务"。①

2. 经济分析理论

依据经济分析法学的观点,合同自由原则使资源可以在一个有效竞争机制中被配置到它最有使用价值的地方中去。换言之,合同自由直接指向市场,在这个市场中价格反映的是商品和服务的稀缺、生产能力以及有效生产的产出。因此,合同自由能激励人们发现新的生产方法以及提高生产效率,从而增加社会物质财富的总量。合同不是一方受益绝对等同于另一方亏损的零和游戏,它更多地表现为利益总和大于零的生产型博弈。当然,订立合同时双方的获利期望,并不意味着合同在履行过程中不会出现不利于一方甚至不利于双方的情况。②

依据波斯纳的总结,合同法具有以下五方面的经济功效:(1)预防机会主义;(2)在批发或零售(合同遗漏填补与特定解释)的基础上置入有效率的条款;(3)惩罚合同行为过程中可避免的错误;(4)将风险分配给更能承担风险的人;(5)降低解决合同争端的成本。③ 上述功效与合同自由原则均存在紧密联系。

3. 分配正义理论

该理论认为,将合同自由理解为只有"真正自愿"签订的合同才有拘束力的传统观念,不能作为合同自由正当化的依据。合同自由的观念不仅在合同法内部受到实质公正乃至分配正义的制约;若将视野放宽到合同法之外,合同自由还受到包括侵权法、物权法中相关规则的限制,同时也受制于私法以外的管制规范。因此,合同自由作为"市场"在法律领域中的"投影",也像市场本身一样受到各种规则的限制。法律维护和促进分配正义是必要的。和税收等其他公法规范一样,合同法也可以被用以维护和促进分配正义。分配内化于财产的概念之中,是讨论财产权的前提。强调分配正义并不一定减少社会福利和降低经济效率。分配正义有助于确立财富归属、生产、交易和分配规则本身的合法性,是这些规则得以存在的前提。④

---

① 参见[美]詹姆斯·戈德雷:《现代合同理论的哲学起源》,张家勇译,法律出版社2006年版,第265页。

② 参见[德]汉斯–贝恩德·舍费尔、[德]克劳斯·奥特:《民法的经济分析》,江清云、杜涛译,法律出版社2009年版,第378页。

③ 参见[美]理查德·波斯纳:《法律的经济分析(第7版)》(中文第2版),蒋兆康译,法律出版社2012年版,第139页。

④ 参见许德风:《合同自由与分配正义》,载《中外法学》2020年第4期。

对于上述理论不乏批评意见。

第一,对意思理论的批评意见指出,该理论不能合理地解决下列问题:其一,对于某些事项,当事人并未通过合同条款作出明确的意思表示。当事人受到约束的依据以意思理论解释可能存在障碍。其二,对于何种情形下当事人是基于自愿作出意思表示,意思理论无法给出令人满意的结论。其三,严格地强制执行当事人允诺未必会促进自由。某些允诺的履行妨害了第三人的自由,此类允诺不应当予以强制执行。

第二,对经济分析理论的批评意见指出,该理论存在以下两方面弊端:其一,从道德角度而言,该理论忽视道德价值。它只关注在将来促进经济效率,而忽视了所有其他的道德因素,包括道德赏罚问题。该理论容易产生要么全有、要么全无的解决办法,并且容易忽视采取折中方案来分配损失的可能性。其二,从技术角度而言,该理论存在明显的技术缺陷。该理论通常无法为合同争议提供一个确定的法律规则,因为人们并不清楚什么行为在经济上是有效率的。对于许多争议来说,从财富最大化的分析中得出的合同规则,不是导致法律后果变得无法预测的抽象规则,就是要求一套过于复杂的、经常改变的具体规则。无论哪种情况,都将使当事人很难知道应该怎么做才能遵守法律并提高经济效率。

第三,对分配正义理论的批评意见指出,分配正义在合同法中占有一席之地,但它不应成为排他的甚至是首要的目标。即使合同法有时能够促进分配正义,大部分合同争议也会提出与分配正义的目标无关或者不适当的问题。合同法并非要关注财富的再分配,而是要关注如何阻止人们不正当地利用优势财富,或者说仅仅关注通过实施公平竞争的观念并考虑每个当事人行为的道德性质来达到公正的结果。[①]

虽然遭受了理论上的质疑,但意思理论的传统通说地位在我国现行法框架下似乎尚未被根本动摇。民法基本原则(自愿原则)、合同法相关规则设计(如要约、承诺)及其理论解释仍然系以意思理论为基本前提。

在数字化生存、算法经济的社会背景下,意思理论面临着新的挑战。"自由是有认知成本的,合同自由也不例外。在巨大的认知负荷下,平等协商是遥不可及的奢侈。"[②]意思理论的合理性建立在双方不存在显著信息差距的基础上,如果常规技术手段已导致信息鸿沟不可避免,那么合同自由原则应如何定位自身的调整视角,就成为一个令人深思的问题。

---

① 上述批评意见的详尽分析,参见[美]亨利·马瑟:《合同法与道德》,戴孟勇、贾林娟译,中国政法大学出版社2005年版,第20—61页。

② 参见杨彪:《协商的代价:数字社会合同自由的认知解释与算法实现》,载《中外法学》2022年第2期。

（三）合同自由原则的内容

1. 缔约自由

（1）是否缔约的自由，即当事人可以依其意思自主决定是否与他人缔结合同。例如当事人可以自主决定是否前往超市购物。缔约自由具体包括要约自由和承诺自由：前者是指是否向他人发出要约的自由；后者是指是否接受他人提出的要约条件并作出承诺以成立合同的自由。与法律上的任何自由一样，缔约自由不是绝对的，而须受到反不正当竞争和反垄断等规则的限制。①

（2）选择相对人的自由，即当事人可以依其意思自主决定选择何人为相对人并与其缔结合同。例如当事人可以自主决定前往哪一家超市购物。除法律有特殊规定外，任何人均不负有必须与特定人缔结合同的义务。

2. 决定合同内容和形式的自由

（1）决定合同内容的自由，即当事人可以依其意思自主决定所缔结合同的类型、合同条款等内容。例如房东与房客可以通过磋商确定租金标准。当事人既可选择订立法律规定的有名合同，也可基于自身特殊需要订立无名合同。对双方权利义务的分配、有关合同条款的确定，在不违反法律强制性规定的前提下，当事人亦享有自主决定的权利。

（2）变更和解除合同的自由，即当事人除可依据法定条件变更和解除合同外，还可依双方合意变更和解除合同。（《民法典》第 543 条、第 562 条第 1 款）例如虽然租期尚未届满，但房东与房客可协商一致提前解除合同。

（3）选择合同形式的自由，即对于不要式合同，当事人可以依其意思自主选择合同的形式。除法律对合同形式有特殊要求外，当事人可任意选择口头、书面或其他形式订立合同。（《民法典》第 469 条）

3. 合同纠纷解决的自由

（1）选择解决合同纠纷方式的自由，即当事人可以通过和解或调解解决合同争议，也可约定以仲裁或者诉讼作为解决合同纠纷的最终方式。（《民事诉讼法》第 288 条）当事人亦可就法院管辖作出约定。（《民事诉讼法》第 35 条）

（2）选择适用法律的自由。在涉外合同中，当事人可以选择中国法律或者外国法律作为处理合同争议所适用的法律，但法律另有规定的除外；当事人没有选择的，适用与合同有最密切联系的国家的法律。（《涉外民事关系法律适用法》第 41 条）有判决认为，国际货物买卖合同双方当事人未约定解决合同争议所适用的法律，由于合同一方当事人是在美国注册的公司，我国和美国均是 CISG 的缔约国，应

---

① 参见最高人民法院(2010)民提字第 213 号民事判决书，载《最高人民法院公报》2011 年第 10 期。

适用该公约的有关规定审理该案。①

对于选择适用国际条约和法律的顺序，有判决认为，先国际条约，再国内法，再国际惯例，是我国法律对涉外民事案件法律适用顺序作出的强制性规定。当事人在协议选择涉外民事案件适用的法律时，必须符合这个规定。②

（四）合同自由原则的限制——现代合同法上合同自由原则的发展

1. 对合同自由原则限制的原因

合同自由原则作为近代民法最重要的原则之一，构成了私法自治原则的核心内容。它对保障当事人的意思自治和自我发展的权利发挥了重要作用，并在一定的历史时期内促进了交易规则的不断完善以及市场经济的有效发展。但是，自20世纪中期以来，合同自由原则在各国出现了一些新的发展趋势，其突出体现为该原则在立法和司法实务上受到越来越多来自各方面的限制。导致这些限制的原因主要有：

（1）民事主体抽象平等的非现实性。合同自由原则的有效实现建立在这样一个假设前提上：参与缔结合同的双方当事人的交易经验、经济实力、背景信息等因素大致相当，双方可以在相对公平的条件下就缔约事项进行充分协商。但事实上，不同的当事人差异巨大，尤其是垄断企业的迅猛发展使其与普通消费者之间很难建立平等的协商关系。

（2）理想竞争市场的非现实性。合同自由原则以理想化的竞争市场为基础，该市场具有下列特征：有足够多的可供选择的交易对象；每个当事人均掌握充分的交易信息；每笔交易不会危及第三人的利益；在前述条件达成的前提下实现充分竞争。但事实上，这种理想市场在现实中并不存在。

（3）立法价值理念的变化。在近代时期，由于受资产阶级革命的政治需要及自然法学说等因素影响，个人权利的保护成为首要立法目的，国家对当事人的合同行为原则上采不干预态度。进入现代以后，经济政治形势均发生显著变化，立法指导思想由"个人本位"向"社会本位"演变，国家逐渐以各种形式对当事人的合同行为进行不同程度的干预。③

2. 对合同自由原则限制的体现

（1）缔约自由的限制——强制缔约义务的出现。

第一，对一些垄断性企业规定强制缔约义务。由于供电、供水、供气、邮电、铁路等企业的经营活动涉及普通人的生活必需，且该类企业具有垄断性质，普通消费

---

① 参见最高人民法院(1998)经终字第358号民事判决书。
② 参见"陆红诉美国联合航空公司国际航空旅客运输损害赔偿纠纷案"，载《最高人民法院公报》2002年第4期。
③ 参见梁慧星：《民法总论》，法律出版社2021年版，第40页。

者除与其缔约外并无其他选择,因此对该类企业规定强制缔约义务。例如德国的《能源经济法》《旅客运输法》等法律明确规定了相关企业的强制缔约义务。而且,依据对《德国民法典》第826条的解释:向公众提供重要商品和服务的人,如果他没有正当理由拒绝了一个没有其他替代方案的客户,那么构成违反善良风俗。该客户享有损害赔偿请求权,即要求恢复到假如损害人不存在滥用行为的状态(即缔结合同的状态)。① 我国《民法典》第810条规定了从事公共运输的承运人的强制缔约义务。

第二,强制保险。为保护社会公共利益或实现特定立法目的,法律要求某些当事人在一些场合下必须向保险公司投保。例如法国于1958年通过法令规定了汽车驾驶人的强制保险合同。我国现行法规定的强制保险主要有:机动车交强险(《机动车交通事故责任强制保险条例》第3条)、强制旅客旅游意外保险(《旅行社条例》第38条)、强制船舶污染损害责任和沉船打捞责任保险(《内河交通安全管理条例》第67条)、强制污染损害责任保险(《海洋石油勘探开发环境保护管理条例》第9条)。

(2)对选择相对人的自由的限制。

基于男女平等、反种族歧视等立法理念,法律规定雇主不得拒绝与特定人群订立劳动合同,否则将由法院发布禁令或判决支付赔偿金。例如英国1975年《性别歧视法》、1976年《种族关系法》规定有此类内容。

(3)对决定合同内容的自由的限制。

第一,强制性合同条款的增加。为确保合同条款的公平性,对某些合同条款不再允许由当事人协商确定,而必须依据法律规定的内容订入合同之中。例如英国1900年《放债人法》规定,在利率过高或者交易苛刻、显失公平,或者衡平法院会给予救济的其他情况下,该法律赋予法院重新审查该放债交易的权力。② 又例如大多数国家的法律规定,劳动合同中工资、工时、工作条件、劳动保护等事项不得低于法定标准,以保护劳动者利益。

第二,合同义务的扩张。合同义务本由当事人约定产生,但先合同义务、后合同义务、附随义务等规则的出现,使当事人受到非依其意思所生之义务的约束。例如产生于德国的附随义务理论对许多国家和地区产生了深远的影响,法国、日本、荷兰等国的学说及判例均接受了该理论,并由此推动修法活动或法律解释,使合同义务存在的时间和形态得以扩张。③

---

① 参见[德]海因·克茨:《德国合同法》,叶玮昱、张焕然译,中国人民大学出版社2022年版,第10—11页。

② 参见[英]P. S. 阿蒂亚:《合同自由的兴起与衰落——一部合同思想史(下册)》,范雪飞译,中国法制出版社2022年版,第747页。

③ 参见侯国跃:《契约附随义务研究》,法律出版社2007年版,第135—138页。

第三，诚实信用、公序良俗、禁止权利滥用、情势变更等弹性条款被立法所确认，它既对解释、补充合同条款发挥了重要作用，也使法官获得了较大的自由裁量权，从而使合同自由受到限制。

第四，对格式条款的立法干预。格式条款的大量使用，虽极大提高了交易效率，但也使一些垄断性经营者将不公平的合同条款强加给消费者成为可能。故各国均在立法上加强了对格式条款的干预，在格式条款的解释、无效事由等方面对其进行严格规制。例如欧洲立法者为消费者合同中的不公平条款法制定了广泛的规则，其涉及欧盟国家合同法的核心领域。在当今经济生活的现实中，消费者合同只有在例外情况下才不属于《不公平条款指令》的适用范围。《不公平条款指令》属于欧洲合同法最为重要的法律举措。[①]

（4）对选择合同形式的自由的限制。

基于维护交易安全和便于政府监管等立法目的，各国法律规定某些类型的合同应当采用书面形式、公开认证或作成公证证书等形式，否则将影响合同的效力或强制履行。在有些国家，这种合同形式主义的"复兴"，与民法理论中表示主义取代意思主义的倾向也有一定关系。[②]

（5）对合同行为的国家干预加强。

各国改变对合同行为不予干预的态度，指定或专门设立具有准司法性质的机关，对市场中的合同行为进行监督和管理，加强了对合同行为的行政干预。例如英国设置的公平交易办公室等。我国《民法典》第534条规定，市场监督管理和其他有关行政主管部门在各自的职权范围内，对有关合同行为负有监管职责。

尽管现代社会中合同自由原则受到来自各方面的限制，但其作为私法自治的核心支柱并未被根本动摇。这些限制与其说是颠覆了合同自由原则，不如说是对该原则进行各方面的补充和修正。尤其是在市场经济建立时间不长的我国现阶段，合同自由原则对确立正常的交易规则具有不可替代的重要意义。

三、合同严守原则

（一）合同严守原则的概念

合同严守原则，是指当事人应当严格遵守依法成立的合同，不得擅自变更或解除合同。原《合同法》第8条规定了合同严守原则："依法成立的合同，对当事人具

---

① 参见［德］莱纳·舒尔策、［波兰］弗里德里克·佐尔：《欧洲合同法》，王剑一译，中国法制出版社2019年版，第205页。

② 参见尹田：《法国现代合同法：契约自由与社会公正的冲突与平衡》，法律出版社2009年版，第34页。

有法律约束力。当事人应当按照约定履行自己的义务,不得擅自变更或者解除合同。(第 1 款)依法成立的合同,受法律保护。(第 2 款)"在《民法典》中,上述规定被拆分规定于两处:第 1 款第 1 句规定于《民法典》第 119 条;第 2 款规定于《民法典》第 465 条第 1 款。

虽然原《合同法》第 8 条第 1 款第 2 句("当事人应当按照约定履行自己的义务,不得擅自变更或者解除合同")被《民法典》删除,且《民法典》第 119 条和第 465 条第 1 款并未明确"对当事人具有法律约束力"及"受法律保护"的具体涵义,但依据官方文献解释,对合同严守原则仍应采取与原《合同法》之相同理解。[①] 据此,合同严守原则意味着依法成立的合同具有广义的合同拘束力:合同只要依法成立,无论是否生效,当事人均应受到合同关系的拘束,除符合法律规定或当事人约定以外,不得实施擅自变更或者解除合同等行为否认合同关系。狭义的合同拘束力(合同效力)随着合同生效而发生。(参见第六章第一节"合同效力的概念")

(二)合同严守原则的理论依据

1. 传统观点:意志决定论

意志决定论与前述合同自由原则中的意思理论是一脉相承的。依据意志决定论,只要得到法律秩序的认可,私法自治形成法律关系除"基于当事人的自己意愿"以外无须其他理由。私法自治中的设权自由应理解为"符合风俗意义上拘束的自由"。[②] 合同拘束力是当事人自由选择的当然结果,故合同是当事人自律的拘束行为。合同不过是按照当事人意图变更私法关系的手段,是当事人自由行使权能的方式。[③]

意志决定论的另一思想渊源是自然法上的允诺严守原则,其被认为是自然法上的一项基本原则。依据自然法理论,允诺作为自然理性(natural reason)之事是有拘束力的,因为允诺是人类相互交往的一个自然和必要的原则。休谟以相互的利己来解释该原则;边沁的解释是,该原则符合功利原则;亚当·斯密的解释以利己和下述理由为基础,即人们有信赖允诺的倾向,而不履行允诺则会破坏这种信赖。即使是反对功利主义的人也从未怀疑,忠实于允诺本质上是正义原则的要求。[④]

2. 新近观点:债权构成论与合同构成论

该观点山日本学界于晚近提出。按照该观点,合同拘束力有债权构成论与合

---

① 参见黄薇主编:《中华人民共和国民法典总则编释义》,法律出版社 2020 年版,第 313 页;黄薇主编:《中华人民共和国民法典合同编释义》,法律出版社 2020 年版,第 12—13 页。

② 参见[德]维尔纳·弗卢梅:《法律行为论》,迟颖译,法律出版社 2013 年版,第 7 页。

③ 参见李军:《法律行为的效力依据》,载《现代法学》2005 年第 1 期。

④ 参见[英]P. S. 阿蒂亚:《合同自由的兴起与衰落——一部合同思想史(上册)》,范雪飞译,中国法制出版社 2022 年版,第 368—369 页。

同构成论两种理论模式：前者将合同作为债权发生根据之一；后者则将合同从债权中脱离出来，作为独立的法律系统。在债权构成论的框架下，探讨合同债权的拘束力时，作为债权发生原因的合同被完全舍弃不顾，而是将其与其他法定债权一视同仁。该做法是将理论纯化到极致时衍生出的模型，现实世界中并不存在与这种构成完全吻合的"标准的"债法制度。在合同构成论的框架下，合同拘束力不再作为抽象的债权处理，而是作为合同问题看待，即合同是双方对未来履行障碍风险的分配。合同构成论尤其重视合同内容的确定，因为合意是合同债权拘束力的关键。基于对这两种构成论的划分，对于合同拘束力问题无论是采取立法论还是解释论视角，都只能在两种构成中选择其一，而不可能折中。①

对于意志决定论，学理上不乏批评意见。这种批评主要集中在两个方面：其一，该观点建立于理论假设之上而非历史真实之上。意志决定论作为近代自然法观念的产物，不可避免地烙上了先验哲学的印记。它停留于一种先验假设的层面，其理性和先验的特性并不等于历史真实性。从历史实证主义的角度看，它并不对人类历史上所有的合同制度具有解释力。其二，该观点难以适应社会经济现状的需求。让财力雄厚的企业和势单力薄的个体在形式平等的层面上进行利益博弈，并且对其后果不加以实质性的控制，将导致个体遭受经济上的强者的宰割。而且，技术进步使社会生活愈加趋于复杂，个体难以作出客观上的理性选择。在这种情况下，基于"个人是自己利益的最佳判断者"之抽象命题，不切实际地对待人的理性能力和意思自由，显然把问题过于简单化了。②

事实上，试图用单一理论对合同拘束力的各种现象作出"无死角的"解释可能是徒劳的，因为基于合同法律制度的复杂性，该制度的诸多规则中已经融入多种（而非单一）价值。在现有理论及实定法框架下，意志决定论仍居于明显的优势地位。一方面，现行法规定合同拘束力的发生（要约、承诺导致合同成立）与丧失（协议解除、约定解除）均与意思表示直接相关，这就使普通人易于直观上接受意志决定论。而在我国欠缺合同自由原则之文化传统的背景下，该观点亦有益于私法自治理念的普及和贯彻。另一方面，虽然诚如批评意见指出的，某些情形难以通过意志决定论得到合理解释（如买卖毒品的合同当事人的意思不能产生拘束力、为第三人订立的合同中第三人虽无缔约意思却受拘束），但此类情形可通过悖俗无效、拟制意思等技术手段予以解决，而放弃意志决定论并非唯一的选择。晚近产生的债权构成论与合同构成论提供了一种新的研究视角，其对具体规则的适用及完善能

---

① 参见解亘：《日本契约拘束力理论的嬗变——从债权·债务构成走向契约构成》，载《南京大学学报（哲学·人文科学·社会科学版）》2010 年第 2 期；解亘《我国合同拘束力理论的重构》，载《法学研究》2011 年第 2 期。

② 参见徐涤宇：《合同效力正当性的解释模式及其重建》，载《法商研究》2005 年第 3 期；薛军：《民法的两种伦理正当性的模式——读徐涤宇〈原因理论研究〉》，载《比较法研究》2007 年第 3 期。

否发挥积极意义,尚有待观察。

经济分析法学对于合同严守原则本身(而非前述理论依据)提出了尖锐的质疑意见:严格的合同严守原则使得人们总是履行合同,但它也可能导致无效率的资源配置。例如,假设发包方能够在不考虑延迟和违约风险的情况下作出信赖投资,如此一旦发生违约,即使代价超过他从合同得以履行中获取的任何效用收益,发包方也会执行那些以债务人为代价的措施。这虽然遵循了合同严守原则,但将导致双方当事人过度的信赖投资和履行成本。[1] 英美法上效率违约理论与该思路一脉相承。依据效率违约理论,效率违约是被允许的,但应当满足以下两个条件:其一,违约方的违约获利必须足够大,使其在赔偿合同相对方之后仍有盈余,这是效率违约存在的客观前提。其二,损害赔偿必须是违约方可选择的违约责任形式,这是效率违约存在的法律前提。[2] 我国学界对于效率违约理论虽有一定讨论,但主流意见并未接受该理论,现行法的规则设计也未体现该理论的思想。将履约成本、资源配置等因素作为应否履约的决定性标准是不恰当的,因为该做法未充分虑及合同法所承载的诚信、协作、信赖等制度功能。

(三)合同严守原则的内容

1. 依法成立的合同,受法律保护

《民法典》第 465 条第 1 款中的"依法成立"应解释为"有效成立",即合同成立时具备法定和约定有效要件。如果当事人未依有效成立的合同履行义务,法律通过违约责任、合同解除等制度对守约方提供救济。这些救济制度是保障合同严守原则得以实现及保护守约方利益的必要措施,也是有效合同与自然债权、情谊行为的重要区别。

合同"未依法成立"的情形包括合同未成立、成立后被确认无效或被撤销等。此类情形虽可产生返还财产、缔约过失责任等后果,但这并非当事人意思表示的内容,亦非合同严守原则的体现,而是合同不具备成立要件或有效要件时法律基于其他考量(如诚信缔约、公序良俗)对此类情形的处理。

2. 当事人不得擅自变更或解除合同

合同严守原则与合同变更或解除制度的关系是:前者是处理合同关系的原则、常态,适用于一般场合;后者是存在特殊事由时的例外、补充,适用于个别场合。简言之,法律规定的变更和解除制度,是在个别场合下为平衡双方利益或实现特定立法目的对当事人权利义务关系的重新调整和分配,而非在一般场合下赋予当事人

---

① 参见[德]汉斯-贝恩德·舍费尔、[德]克劳斯·奥特:《民法的经济分析》,江清云、杜涛译,法律出版社 2009 年版,第 437—439 页。

② 参见霍政欣:《效率违约的比较法研究》,载《比较法研究》2011 年第 1 期。

任意变更或解除合同的权利。

四、合同相对性原则

(一)合同相对性原则的概念

合同相对性原则,是指合同关系存在于特定当事人之间,原则上仅对合同当事人发生拘束力,而不及于合同之外的第三人。《民法典》第465条第2款规定了合同相对性原则:"依法成立的合同,仅对当事人具有法律约束力,但是法律另有规定的除外。"在我国现行法框架下,由于合同编通则具有"小债法总则"之属性,而第465条第2款位于合同编通则"一般规定",因此该款对非合同之债亦具有适用意义。

(二)合同相对性原则的理论依据

1. 大陆法系:合同相对性原则与债的相对性原则

在大陆法系语境下,合同相对性原则是债的相对性原则的下位概念。在债法领域中,这两项原则构成诸多具体规则的逻辑起点。学理上通常从以下两方面解释其理论依据。

第一,合同相对性原则是意思自治理论的必然结果。在意思自治理论的框架下,每个民事主体都是独立的,只有其自己的意愿才能限制其自由,才能使其自己接受约束。债只要是以民事主体的意思作为发生依据的,便只有愿意接受此债的人才会承担义务、受其约束。承认一个人在他人并未同意的情况下可以去约束他人,不仅是侵害每个人的法律独立地位,而且有可能建立起非常不公正的关系。虽然近现代以来意思自治理论受到修正和调整,但合同相对性原则却始终得到维持。[1]

第二,物权(支配权、绝对权)与债权(请求权、相对权)的划分,衍生出合同相对性原则。[2] 债之法律关系作为债权人与债务人之间的特别约束是相对性的法律关系。因此,从债之法律关系中产生的权利原则上只属于债权人,第三人通常不能从债之法律关系中获得任何权利。反过来,债之法律关系中产生的义务原则上也只属于债务人,第三人通常不负担义务,第三人一般也不必顾及债权人的债权。[3]

2. 英美法系:合同相对性原则与对价原则

在英美法系的发展史中,合同相对性原则是对价原则发展演变的结果。依据

---

[1] 参见[法]弗朗索瓦·泰雷等:《法国债法·契约篇(下)》,罗结珍译,中国法制出版社2018年版,第951—952页。

[2] 参见王泽鉴:《债法原理》(第2版),北京大学出版社2013年版,第60页。

[3] 参见[德]迪尔克·罗歇尔德斯:《德国债法总论》,沈小军等译,中国人民大学出版社2014年版,第11—12页。

对价原则,对价必须由受允诺人提出。该规则与合同相对性原则构成密不可分、相互纠结的关系:一方面,对价原则决定"哪些允诺可以得到法律的强制履行";另一方面,合同相对性原则决定哪些人能够执行合同,即决定合同的效力范围。因此,自合同相对性原则产生之初,这两个原则就被视为一个问题的两个方面。①

特威德尔诉艾德金森案(Tweddle v. Atkinson)被认为是确立合同相对性原则的经典案例。在该案以前,英国判例法普遍承认第三人作为非缔约人的合同受益人享有起诉的权利。该案推翻了此前的做法,理由是"法律上现在已经确定的规则是,只有受允诺人提出对价时,他才能够就该允诺提起诉讼,而在当时该规则尚未形成"。在另一典型案例——邓洛普轮胎公司诉塞尔弗里奇公司案(Dunlop Pneumatic Tyre Co. v. Selfridge & Co.)中,法官拒绝作为合同受益人的第三人请求损害赔偿的理由是"若干原则构成了英格兰法律的基础,其中的一项就是,只有合同当事人才能就该合同提起诉讼"。② 在上述案例中,法官均借助对价原则中的具体规则在实质意义上达成了合同相对性原则的效果。

由此可知,英美法系确立合同相对性原则的直接原因在于,为了使涉及受益第三人的合同纠纷能在符合对价原则的基础上得到合理解决。合同相对性原则在英美法系得以确立的过程中,最主要的助推力是对价原则及其具体规则,而根本看不到大陆法系意思自治理论的踪影,故合同相对性原则是英美普通法内部发展演化的结果。③

(三)合同相对性原则的内容

1. 合同拘束力具有相对性

《民法典》第 465 条第 2 款规定,依法成立的合同"仅"对当事人具有法律约束力。该表述意在强调合同拘束力只能发生于合同当事人之间,即"合同严守"的主体仅限于合同当事人。

(1)合同债权人只能针对合同债务人行使权利。在一般场合下,合同债权人不能向合同关系之外的第三人主张合同上的权利或提起诉讼,否则将有悖于合同债权作为请求权、相对权的基本属性。例如 A(出卖人)与 B(买受人)订立买卖旧手机的合同,A 于交付前不慎遗失该手机而被 C 拾得,B 无权以买受人身份请求 C 交付手机,因为 C 既非合同债务人,B 也非手机所有权人。

如果基于方便清偿等原因债权人与债务人约定由第三人向债权人履行的,由于该约定体现了当事人的意思,该第三人类似于债务人的履行辅助人,且第三人不

---

① See Robert Upex, Davies on Contract, 7th ed., Sweet & Maxwell, 1995, pp. 30, 172.
② 参见[美]E. 艾伦·范斯沃思:《美国合同法》,葛云松、丁春艳译,中国政法大学出版社 2004 年版,第 668 页。
③ 相关学理意见参见刘承韪:《英美合同法中对价原则之功能分析》,载《中外法学》2006 年第 5 期。

履行或履行不符合约定时仍由债务人向债权人承担违约责任(《民法典》第 523 条),故该情形并未突破合同相对性原则。(参见第七章第三节"第三人向债权人履行规则")

(2)合同债务人只须向合同债权人履行义务。在一般场合下,合同债务人无须向合同关系之外的第三人履行义务。例如 A(出卖人)与 B(买受人)订立买卖旧手机的合同,B 于交付前又将该手机转卖给 C,A 无须向 C 交付该手机,因为 C 既非 A 的合同债权人,也非手机所有权人。

如果债权人与债务人约定由债务人向第三人履行的,由于该约定体现了当事人的意思,该第三人类似于债权人的履行(受领)辅助人,且债务人不履行或履行不符合约定时仍向债权人承担违约责任(《民法典》第 522 条第 1 款),故该情形并未突破合同相对性原则。参见第七章第三节"债务人向第三人履行规则"。

2. 合同内容具有相对性

合同条款只能针对合同当事人设置权利和义务,而不能为合同关系之外的第三人设置权利和义务。内容相对性是拘束力相对性的当然推论,因为既然合同拘束力仅发生于合同当事人之间,则只有为合同当事人设置权利和义务才有意义(为第三人设置也无拘束力)。

(1)合同不能为第三人设置义务。在第三人未参与磋商或未同意的情形下,合同不能为合同关系之外的第三人设置义务,并以此义务约束第三人。无论基于合同相对性原则,抑或意思自治原则、公平原则等民法遵循的基本理念,均可得出该结论。

(2)除法律认可的"为第三人利益的合同"等情形外,合同不能为第三人设置权利。有观点认为,由于合同为第三人设置权利对第三人有利,故可推定为符合第三人意愿。[1] 但是,在一般意义上不设前置条件地持此论点,可能并不妥当。虽然各国立法已普遍认可"为第三人利益的合同",但即使不考虑各立法之间的差异,在同一法律框架下"为第三人利益的合同"的类型及样态也是多样而非单一的。"为第三人利益的合同"的正当性源自合同当事人设置第三人权利的意图,第三人权利乃实现交易目的的一种手段。在某些场合下,第三人享有权利可能伴随着某种义务要求,或者第三人享有此权利可能对整体交易安排或长期利益产生负面影响,这就对"第三人拒绝权"提出了制度要求。因此,为第三人设置权利必须以合同当事人具有合法、合理的意图(如伦理性、方便履行)为要件,由于该意图并不总能通过合同约定明确显示出来,故须依据合同性质、目的等因素加以确定。[2] 简言之,合同能否为第三人设置权利取决于法律是否为该行为设置了具体通道。法律针对某些类型的交易已有明确规定的(如人寿保险合同的受益人、运输合同的收货

---

[1] 参见王利明:《合同法研究(第一卷)》,中国人民大学出版社 2015 年版,第 133 页。

[2] 参见张家勇:《为第三人利益的合同的制度构造》,法律出版社 2007 年版,第 227 页。

人),可依据此类规定为第三人设置权利。在没有明确规定的场合下,对"为第三人设置权利"的效力应作谨慎判断。

3. 违约责任具有相对性

只有合同一方当事人有可能实施违约行为并由此向另一方承担违约责任,合同关系之外的第三人不能成为责任主体。参见第十一章第一节"违约责任的概念和特征"。

(四)合同相对性原则的例外

《民法典》第 465 条第 2 款设置但书"但是法律另有规定的除外",表明法律针对合同相对性原则规定有若干例外情形。典型情形如下:

1. 债权的物权化

此处的"债权的物权化",是指法律规定某些合同债权具有类似物权的对抗效力和排他效力。具体包括:①买卖不破租赁规则;(《民法典》第 725 条)②经预告登记的合同债权;(《民法典》第 221 条第 1 款)③网签备案登记的不动产买卖合同债权;④拆迁安置补偿协议债权;等等。①

2. 为第三人利益的合同

例如货运合同可以约定第三人为收货人。(《民法典》第 809 条、第 825 条)参见本章第三节"为自己利益的合同与为第三人利益的合同"。

3. 第三人缔约过失责任

合同关系之外的第三人亦有可能对当事人承担缔约过失责任。(《民法典合同编通则解释》第 5 条)参见第六章第四节"因第三人欺诈订立合同"。

4. 合同的保全

合同的保全制度包括债权人代位权与债权人撤销权。(参见第八章"合同的保全")

第二节　合同的分类

一、有名合同与无名合同

(一)有名合同与无名合同的概念

根据法律是否赋予特定名称并设有专门规范为标准,合同可以分为有名合同

---

① 相关学理意见参见袁野:《"债权物权化"之范畴厘定》,载《法学研究》2022 年第 4 期。

与无名合同。有名合同,又称典型合同,是指法律已经赋予特定名称并设有专门规范的合同。有名合同是法律将最常见、最典型的合同予以类型化的结果。有名合同具体包括:《民法典》合同编第二分编规定的买卖、租赁等 19 种有名合同;《民法典》其他各编和单行法规定的有名合同,例如抵押合同、保证合同、保险合同等。

无名合同,又称非典型合同,是指法律没有赋予特定名称且未设专门规范的合同。无名合同可以弥补法律相对滞后性的不足,通过满足当事人特殊需要使合同自由原则得到更充分地实现。无名合同常见于新型交易模式领域,例如股权投资领域中的"对赌协议"[①]、"股权收益权转让及回购协议"[②]、网络直播领域中的"网红合同"[③]等。

在合同法的发展过程中,随着某些无名合同在社会生活中愈加常见,这些无名合同会因法律规定而转化为有名合同,例如特许经营合同(《商业特许经营管理条例》第 11 条)、旅游合同(《旅行社条例》第 28 条)等。《民法典》颁布以前,银行推出的保理产品或保理合同在实务中被作为无名合同处理,[④]《民法典》合同编则将保理合同规定为有名合同。近年来,基于服务合同的普适化,多有学者主张将其规定为有名合同。[⑤]

在学理上,无名合同分为以下几种情形:(1)纯粹无名合同,是指以不属于任何有名合同的事项为内容的合同。(2)混合合同,是指由数个有名合同的内容相结合而构成的合同。例如甲将房屋租给乙使用,约定乙以提供劳务代替租金的支付,即为租赁合同与雇佣合同的结合。(3)准混合合同,是指一个有名合同中规定有纯粹无名合同内容的合同。例如甲为乙提供劳务,乙允许甲使用其肖像做广告以代替酬金的支付。

(二)有名合同与无名合同的区别

有名合同与无名合同的区别主要是适用的规则不同,有名合同直接适用具体法律规范,无名合同依据《民法典》第 467 条确立的规则适用:(1)适用合同编通则的规定。合同编通则关于合同成立、合同效力、合同履行等规则,当然可适用于无名合同。(2)类推适用,即参照适用合同编第二分编或其他法律最相类似的有名合同的规定。例如前述以提供劳务代替租金的事例中,租赁合同中关于租赁物的使用、维修、买卖不破租赁等规定可参照适用。

---

① 参见最高人民法院(2020)最高法民再 350 号民事判决书。
② 参见最高人民法院(2017)最高法民终 907 号民事判决书。
③ 参见北京市第三中级人民法院(2020)京 03 民终 12507 号民事判决书。
④ 参见内蒙古自治区高级人民法院(2011)内民二终字第 30 号民事判决书。
⑤ 参见周江洪:《服务合同立法研究》,法律出版社 2021 年版,第 21—26 页。

【拓展:合同联立】

合同联立,是指数个合同(有名或无名合同)相互结合,而各合同并不丧失其相对独立性的情形。合同联立分为三种情况:

(1)单纯外观的结合,是指数个独立合同仅因缔结合同的行为而结合,相互间不具有依存关系。例如甲将汽车交给乙修理,并向乙租用另一车。在此情形下,承揽合同和租赁合同的效力及履行应分别考察,相互不生影响。

(2)具有一定依存关系的结合,是指依当事人的意思,一个合同的效力或存在依存于另一个合同的效力或存在,数个合同的结合具有一定的依存关系。例如甲出租酒店给乙,并约定由甲向乙专供啤酒。在此情形下,租赁合同和买卖合同相互依存,如果其中一个合同不成立,则另一合同亦不成立。

(3)择一的结合,是指同一事实为一个合同的生效条件,并同时为另一个合同的解除条件,而使数个合同相结合的情形。例如甲乙在分期付款买卖中约定,若甲延付价款达到一定数额,则买卖合同转变为租赁合同,已支付价款转化为租金。在此情形下,视条件是否成就而分别适用买卖合同或租赁合同规则。

对合同联立是否构成无名合同,学理上存在肯定说[1]和否定说[2]之争。有最高人民法院判决认为,合同联立的目的是"通过数个合同的结合实现整体交易功能"。[3] 本书认为,合同联立在实质上并非一个合同,而是数个仍具相对独立性的合同以各种形式相结合,故不应认定为无名合同。

(三)名实不符的合同

实务中,常有名实不符的合同存在。大致可分为以下两类:

(1)基于当事人法律认知偏差、交易内容复杂等原因,导致合同名称与内容不符。该情形主要涉及合同类型的认定,通常不涉及合同效力问题。该情形下当事人并未作出多个意思表示,故应通过意思表示解释规则,依据合同的实际内容(而非合同名称)确定合同类型。《民法典合同编通则解释》第15条第1句规定:"人民法院认定当事人之间的权利义务关系,不应当拘泥于合同使用的名称,而应当根据合同约定的内容。"此系针对该情形所作规定。

(2)当事人欲以外部的伪装行为掩盖内部的隐藏行为,即基于虚伪意思表示订立合同。(《民法典》第146条)该情形下须区分当事人的虚伪意思和真实意思,并对伪装行为和隐藏行为的效力分别作出认定。本节此处仅讨论第一类情形下的名实不符的合同,第二类情形参见第六章第三节"虚假意思表示"。

---

[1] 参见韩世远:《合同法总论》,法律出版社2018年版,第73页。
[2] 参见王洪宇等:《非典型合同专题研究》,中国民主法制出版社2012年版,第26页。
[3] 参见最高人民法院(2018)最高法民申862号民事裁定书。

名实不符的合同的典型司法意见如下：

①名称为租赁、内容为承包的，有判决认为："从《淘宝店铺租赁合同》中将淘宝店'作为 B2C 店铺''用于经营''合法合理的经营''甲方所拥有的货源及货源关系应妥善交接乙方'的表述以及两被告提供实体办公地点的约定来看，本案系争标的是将实体商品通过淘宝店铺予以展示，让浏览者通过各种在线支付方式进行实际购买的交易，其对象是经营业务，应认定为承包合同关系。"①

②名称为租赁、内容为买卖的，有判决认为：双方签订《房屋购买租赁协议书》，该名称既有买卖合同的性质，也有租赁合同的性质，认定该协议性质应当从协议约定的全部条款内容来综合分析判断。因为协议特别约定'本协议所签房屋面积产权归乙方'，该约定显然与租赁合同不符，体现了买卖合同的性质。特别是从实际履约情况看，协议签订后，乙方给付款项，甲方出具的收款收据上均载明是房款。因此，该协议应当认定为房屋买卖合同。②

③名称为合作开发、内容为土地使用权转让的，有判决认为：《合作协议》约定，提供土地使用权的一方主要义务是提供案涉土地用于房地产开发；开发商的主要义务为支付前期投资款和固定回报给提供土地使用权的一方，并且自行承担后期开发费用和一切债务及责任。从《合作协议》约定的权利义务来看，双方并没有共享收益、共担风险，不应认定为房地产开发合作合同，应认定为土地使用权转让合同。③

④名称为承揽、内容为买卖的，有判决认为：合同目的是为甲方提供符合约定的生产线交付甲方使用，甲方对生产线的设计、配置、采购、安装等过程不具有实际控制和监督的确立，因此与承揽合同定作人对工作内容进行监督检查的特征不符。合同约定了交货时间、技术指标、主要设备和辅助设备清单，售后服务、验收程序等，更符合买卖合同的特征。④

⑤名称为买卖、内容为赠与的，有判决认为：鉴于《房屋买卖合同》约定的购买价格为 1 元，与市场价格差距甚远，法院结合买卖合同双方之间的家庭关系认定案涉买卖合同名为买卖实为赠与性质。⑤

---

① 参见"张某诉童某仙、林某忠承包合同纠纷案"，载最高人民法院中国应用法学研究所编：《人民法院案例选》2015 年第 1 辑（总第 91 辑），人民法院出版社 2016 年版，第 189 页以下。
② 参见最高人民法院（2009）民提字第 90 号民事判决书。
③ 参见最高人民法院（2013）民一终字第 209 号民事判决书。
④ 参见最高人民法院（2019）最高法民申 4300 号民事裁定书。
⑤ 参见北京市第二中级人民法院（2023）京 02 民终 6923 号民事判决书。

【疑难案例:名为典当合同、实为借款合同纠纷案①】

【案件事实】

2015 年 8 月 27 日、2015 年 12 月 8 日、2016 年 5 月 17 日,金鑫公司与刘鑫先后签订五份典当合同,以多处商铺典当,典当金额分别为 200 万元(三份)、200 万元、400 万元。五份典当合同均由公证处作出公证书,赋予该合同强制执行效力。

上述五份典当合同均约定,乙方(刘鑫)在典当期限或续当期届满后,应在 5 日内赎当;逾期不赎当即转为绝当;绝当后,甲方(金鑫公司)有权按《典当管理办法》的有关规定委托拍卖行进行公开拍卖或由甲方自行出售。甲方对绝当物品的处置,无需通知乙方。处置当物所得款项用以偿还包括但不限于公告费用、拍卖费用、当金、综合服务费、利息、甲方的律师费用及其他与变卖当物相关的费用。剩余部分退还乙方,不足部分向乙方追索。乙方因隐瞒抵(质)押物(当物)存在共有、争议、被查封、扣压或已设定抵(质)押权、或擅自处置、转移、向第三人交付当物等情况,应向甲方支付本合同当金总额 20% 的违约金。违约金不足以弥补甲方损失的,乙方还应就不足部分予以赔偿。

本案作为当物的商铺,系刘鑫经拍卖所得的原张掖市财政局办公楼,因其尚未取得相关房产凭证,无法办理抵押登记手续。

2017 年 7 月 14 日,公证处出具了执行证书,载明强制执行的内容为:本金 10500000 元,月息及综合费用为 828800 元,违约金为 2100000 元,合计 13428800 元。2017 年 8 月 16 日,金鑫公司持该执行证书,向×市中级人民法院申请执行。

执行中,×市中级人民法院裁定查封、冻结被执行人刘鑫名下价值 13428800 元财产。刘鑫不服,向×市中级人民法院提出异议。×市中级人民法院裁定:驳回刘鑫异议。刘鑫向×省高级人民法院申请复议,请求撤销×市中级人民法院执行裁定,解除该裁定书涉及的相关执行措施。×省高级人民法院裁定:驳回刘鑫的复议请求。刘鑫向最高人民法院申诉。

【本案争点】

未办理房屋抵押登记的"典当合同"的性质如何认定?

【裁判要旨】

最高人民法院认为,本案的五份公证书赋予强制执行效力的债权文书均为《典当合同》,并以典当法律关系对当事人双方的权利义务关系进行公证。关于典当法律关系,可参照《典当管理办法》予以确定。《典当管理办法》第 3 条第 1 款规定:"本办法所称典当,是指当户将其动产、财产权利作为当物质押或者将其房地产作为当物抵押给典当行,交付一定比例费用,取得当金,并在约定期限内支付当金利

---

① 该案详细解读参见"刘某与张掖市金鑫典当有限公司典当合同纠纷执行监督案",载中国应用法学研究所主编:《中华人民共和国最高人民法院案例选》第二辑,法律出版社 2019 年版,第 208 页以下。

息、偿还当金、赎回当物的行为。"第42条第1款规定："典当行经营房地产抵押典当业务，应当和当户依法到有关部门先行办理抵押登记，再办理抵押典当手续。"本案中，抵押房产未办理抵押登记，不符合上述规定。本案金鑫公司与刘鑫签订的典当合同，其实质为借款合同关系。

本案中金鑫公司不属于经金融监管部门批准设立的从事贷款业务的金融机构，其发放贷款引发的纠纷应按民间借贷处理。对于借款本金、最高利率标准、违约金等的计算，均应适用民间借贷的相关法律、司法解释予以确定。对于超出司法解释限制的部分，属于"公证债权文书的内容与事实不符或者违反法律强制性规定"的情形，应当不予执行。据此，支持了刘鑫的申诉请求。

二、双务合同与单务合同

(一)双务合同与单务合同的概念

根据当事人双方是否互负对待给付义务为标准，合同可以分为双务合同与单务合同。双务合同，是指当事人双方互负对待给付义务的合同。实务中大部分重要的合同都属于双务合同，例如买卖、互易、租赁等合同。双务合同可满足交易当事人实现"互换目的"，即一方作出给付义务是为了换取对方作出对待给付义务。所谓"对待给付义务"，并非指双方所负给付义务在客观价值上完全相等，而是指在交易中两者具有依存关系或称对价关系。换言之，对于是否构成"对待给付义务"，原则上采主观标准判断，即只要符合当事人真实意思，客观上不具等价性的两种义务也可构成对价关系。

单务合同，是指仅有当事人一方负给付义务的合同。例如赠与、借用、保证等合同。在单务合同中，另一方虽不负有给付义务，但可能负有其他不具对价意义的义务。例如借用合同中的借用人虽无支付租金义务，但仍负有妥善保管义务、返还义务等；附义务赠与合同中的受赠人虽无支付价款义务，但应依约履行所附义务。[1]

学理上还有不完全双务合同，是指当事人双方虽各负有债务，但其债务并不构成给付与对待给付关系。例如无偿委托合同、无偿保管合同等。在无偿委托合同中，受托人负有处理委托人事务的给付义务，委托人负有预付处理委托事务的费用的义务和偿还受托人为处理委托事务垫付必要费用的义务(《民法典》第921条)，委托人的此类义务与受托人的给付义务并不构成互换关系或对价关系。不完全双务合同在性质上更接近单务合同，受托人不得以委托人未支付有关费用而行使先

---

[1] 参见最高人民法院(2020)最高法民申4036号民事裁定书。

履行抗辩权或同时履行抗辩权。①

（二）双务合同与单务合同的区别

（1）是否适用有关抗辩权不同。在合同履行过程中，同时履行抗辩权、不安抗辩权等适用于双务合同，而不适用于单务合同。（2）风险负担不同。双务合同因不可归责于双方当事人的原因而不能履行时，发生风险负担问题，在不同场合下分别适用交付主义（《民法典》第604条）、违约方负担主义（《民法典》第605条、第608条）、合理分担主义（《民法典》第858条第1款）等。单务合同因不可归责于双方当事人的原因而不能履行时，因仅有一方负有给付义务，故不发生对待给付的风险负担问题。（3）合同解除不同。一般法定解除规则（《民法典》第563条）系主要针对双务合同而设，该规则适用于单务合同的意义有限。

三、有偿合同与无偿合同

（一）有偿合同与无偿合同的概念

根据当事人享有权利是否须偿付代价为标准，合同可以分为有偿合同与无偿合同。有偿合同，是指当事人享有权利而必须偿付一定代价的合同。例如买卖、租赁、承揽等合同。所谓"有偿"，并不限于支付金钱，以交付实物、提供劳务、转移权利等作为偿付代价的方式亦属有偿。例如：

①《专利权转让合同》虽未约定转让价款，但约定以"使转让人持有一定股份、聘任转让人为技术人员"为偿付方式，该合同属有偿合同。②

②合同约定"奖励"甲方500万份股权，是为了感谢甲方帮助乙方融资，且希望与甲方长期合作，促使甲方完成目标责任书约定的任务，该合同不属于无偿赠与合同。③

无偿合同，是指当事人一方享有权利而不必偿付任何代价的合同。例如赠与、借用、保证等合同。借款、委托、保管等合同根据当事人是否约定利息、报酬，既可以是有偿合同，也可以是无偿合同。有偿、无偿合同的分类与双务、单务合同的分类系采不同的分类标准，前者所采标准较低，当事人偿付任何形式的代价均构成有偿；后者所采标准相对较高，当事人所负义务须与对方给付义务形成对价关系才构成双务合同。双务合同必为有偿合同，单务合同一般为无偿合同，但个别单务合同

---

① 参见湖北省高级人民法院（2019）鄂民终412号民事判决书。
② 参见最高人民法院（2015）民申字第965号民事裁定书。
③ 参见最高人民法院（2021）最高法民申6258号民事裁定书。

为有偿合同,例如附义务赠与合同。

(二)有偿合同与无偿合同的区别

(1)对行为能力要求不同。有偿合同当事人原则上应具有完全民事行为能力,限制民事行为能力人未经其法定代理人同意不得订立超越其缔约能力的有偿合同。对于一方纯获利益的赠与等合同,限制民事行为能力人可独立订立;但如果无偿合同中标的物价值较大且受益方负有返还原物义务,则仍须取得法定代理人同意,例如未成年人借用一辆汽车的合同。(2)注意义务程度不同。有偿合同的债务人所负注意义务程度较高,无偿合同的债务人所负注意义务程度较低。例如无偿保管和无偿委托合同中,保管人和受托人均以重大过失标准承担损害赔偿责任(《民法典》第897条、第929条),而有偿合同的违约损害赔偿责任则一般适用无过错责任原则。(3)能否适用有关制度不同。有些法律制度以有偿合同为适用要件或者区分是否有偿而适用不同条件,前者如善意取得(《民法典》第311条第1款),后者如债权人撤销权(《民法典》第538条)。(4)合同解释规则不同。对于有偿合同,适用文义解释、目的解释等一般规则进行解释;对于无偿合同,在适用这些规则的基础上,对债务人之债务作从轻解释。(5)买卖规则的准用不同。对于有偿合同,法律如无特别规定,准用买卖合同的有关规定(《民法典》第646条);无偿合同不能准用买卖合同的有关规定。

四、诺成合同与实践合同

(一)诺成合同与实践合同的概念

根据是否要求交付标的物之成立要件为标准,合同可以分为诺成合同实践合同。诺成合同,是指不以交付标的物为成立要件的合同。大多数合同均为诺成合同,例如买卖、租赁、委托等合同。

实践合同,又称要物合同,是指除当事人合意外,还以交付标的物为成立要件的合同。例如自然人之间的借款合同(《民法典》第679条)、保管合同(《民法典》第890条)、定金合同(《民法典》第586条)、借用合同(实务承认①)。实践合同使当事人在交付标的物之前有机会权衡利弊,慎重决定是否完成该交易行为,故该规则具有一定警示的功能。依据合同成立的一般原理,当事人达成合意即满足合同成立的核心要件,然而实践合同成立却须具备"当事人合意+交付标的物"。这似

---

① 参见最高人民法院(2014)民申字第684号民事裁定书。

乎有悖于合同成立的原理。对于该现象,学理上存在多种解释,如"法律逻辑说""交付乃合同形式说""交付表征意思确定说""强制性规范说""无偿的社会经济背景决定说"等。① 本书认为,在现行法框架下采"交付表征意思确定说"似较为合理。当事人交付标的物是意思表示最终确定的表现,即实施交付表明其"真正地"愿受该合同约束,法效意思才得以具备。该解释也与上述规定将交付标的物规定为合同成立要件相契合。

以下两种合同是否为实践合同,值得注意:

(1)赠与合同。依《民法典》第 658 条第 1 款规定,"权利转移"并非导致合同成立,而是行使撤销权的限制条件。既然在权利转移之前赠与人可撤销赠与合同,表明此时合同已经成立,因此赠与合同虽与实践合同的实际效果类似,但在性质上则属诺成合同。

(2)客运合同。《民法典》第 814 条规定:"客运合同自承运人向旅客出具客票时成立,但是当事人另有约定或者另有交易习惯的除外。"该条文义似乎表明交付客票是合同的成立要件。但是,结合其他法律规定②进行体系解释,客票仅为证明客运合同的证据,而非合同成立要件。而且,客运合同中承运人的核心给付是完成运输行为,而非交付客票,因此客运合同并非实践合同而属诺成合同。

(二)诺成合同与实践合同的区别

(1)成立要件不同。交付标的物为实践合同的成立要件,诺成合同则无此要件。(2)交付的意义不同。在诺成合同中,债务人交付标的物是履行合同义务的行为,违反此义务产生违约责任。在实践合同中,交付标的物是合同成立要件,故当事人不交付产生缔约过失责任。(3)在合同法中的地位不同。诺成合同充分体现了合意对合同成立的意义,此类合同是合同的常态。法律规定实践合同通常是为实现特殊立法目的或保护某些交易中的一方当事人。从法律发展史来看,实践合同的范围有逐渐缩小的趋势。例如《民法典》将传统民法中属于实践合同性质的赠与合同改为诺成合同;将仓储合同从保管合同中分离出来,设置为诺成合同(《民法典》第 905 条)等。

---

① 参见蒋军洲:《要物合同研究——对其或存或废的思考》,法律出版社 2015 年版,第 180—194 页。
② 参见《民用航空法》第 111 条。

五、要式合同与不要式合同

(一)要式合同与不要式合同的概念

根据法律或当事人对合同形式有无特殊要求为标准,合同可以分为要式合同与不要式合同。要式合同,是指依法律规定或当事人约定必须采取特定形式的合同。例如法律规定融资租赁合同(《民法典》第 736 条第 2 款)、建设工程合同(《民法典》第 789 条)等应当采用书面形式。

不要式合同,是指法律没有特别规定,当事人也没有特别约定须采取特定形式的合同。例如普通买卖、赠与、租赁等合同。现行法对合同形式采取"不要式为主、要式为辅"的态度,除法律有特殊规定或当事人有特殊约定外,均为不要式合同。

(二)要式合同与不要式合同的区别

(1)对合同形式的要求不同。要式合同如果未采取法定或约定形式,将导致合同不成立、不生效或者不能获得有效证据;不要式合同不存在此要求。(2)适用领域不同。在商事交易领域,出于维护交易安全的需要,对合同形式要求较高,通常要求合同采取书面形式或其他特定形式。在普通的民事领域中,尤其是当事人之间具有人身信任关系的场合下,对合同形式要求较低,通常采取不要式合同。(3)在合同法中的地位不同。基于合同自由原则的要求,不要式合同为合同的常态。法律规定或当事人约定的不要式合同,是为了实现特殊的立法目的或满足当事人特殊需要而设。

六、一时的合同与继续性合同

(一)一时的合同与继续性合同的概念

根据时间因素对给付的影响为标准,合同可以分为一时的合同与继续性合同。一时的合同,是指一次给付便使合同内容得以实现的合同。例如买卖、互易、赠与等合同。

继续性合同,是指合同内容不是通过一次给付实现,而是通过持续的履行才得以实现的合同。例如租赁、借款、保管、委托、雇佣、合伙、技术服务[①]等合同。在继

---

① 参见最高人民法院(2020)最高法知民终 1644 号民事判决书。

续性合同中,时间因素对债的履行具有重要意义,给付效果的实现取决于给付时间的长度。

以下两种合同的性质需特别注意:

(1)分期交付合同。例如分期付款买卖合同、分批交货买卖合同等。此类合同的总给付在合同成立时即已确定,虽采分期给付的履行方式,但时间因素对给付的内容及范围并无影响。因此,分期交付合同属于一时的合同。

(2)继续性供给合同。是指当事人约定一方在一定或不定期限内,向对方继续供给定量或不定量的一定种类及品质的物,而由对方按一定标准支付价款的合同。例如供电、水、气、热合同等。与租赁、雇佣等传统继续性合同不同,继续性供给合同的当事人系基于买卖或制作物供给的意思订立合同,供给方既要依约供给,还要保持随时准备交付的状态。此类合同是供给企业和用户在基本关系的框架内,随着用户每一次消费或者在各结算期内,不断形成新的债的关系。

继续性供给合同与分期交付合同的区别在于:前者不存在预先确定的总给付数额,且每次给付均具有独立性,而非部分履行;后者在合同成立时即预先确定总给付,其后每一期的交付均为部分给付。① 例如甲乙签订牛奶买卖合同,约定乙每天送 1 瓶牛奶,直到甲要求停送为止,此为继续性供给合同;如果双方约定购买 30瓶牛奶,每天送 1 瓶,则为分期交付合同。继续性供给合同与传统继续性合同均属于继续性债之关系②,两者共性大于差异,继续性供给合同应归入继续性合同类型。

(二)一时的合同与继续性合同的区别

(1)履行方式不同。在一时的合同中,债务人完成一次给付便使合同内容得以实现。在继续性合同中,债务人的履行呈持续状态,该状态的存续和维持影响给付效果的实现。(2)解除权不完全相同。一时的合同贯彻合同严守原则,解除事由较少。继续性合同特别重视信赖基础,当事人之间通常具有某种人身信任关系,所以当信赖基础丧失时,合同关系即难以维持,应允许当事人解除合同。例如《民法典》第 933 条规定的委托人和受托人的任意解除权,即为此精神的具体体现。(3)可让与性的强弱不同。在一时的合同中,其债权或债务的转让适用一般规则,其可让与性相对较强。在继续性合同中,由于信赖基础的重要性,其债权或债务的转让存在较多限制。例如承租人不得擅自转租(《民法典》第 716 条第 2 款)、保管人不得擅自将保管物转交第三人保管(《民法典》第 894 条)、受托人应当亲自处理委托事务(《民法典》第 923 条)等。(4)违约救济不同。违反一时的合同,适用违约救济的一般规则。违反继续性合同,原则上应区分"个别给付"和"整个合同"予

①　参见屈茂辉、张红:《继续性合同:基于合同法理与立法技术的多重考量》,载《中国法学》2010 年第 5 期。

②　参见[德]迪特尔·梅迪库斯:《德国债法总论》,杜景林等译,法律出版社 2004 年版,第 12—13 页。

以处理:对个别给付可直接适用违约责任的有关规定;对整体合同而言,解除时不应具有溯及力。(5)合同消灭是否具有溯及力不同。一时的合同被确认无效、撤销、解除的,其效力溯及至合同成立之时,已经履行的部分应恢复原状。继续性合同消灭时,由于其性质无法恢复原状或不宜恢复原状,故学理及实务多认为其消灭的效力仅向将来发生,已经履行的部分不受影响。①

七、主合同与从合同

(一)主合同与从合同的概念

在两个或多个具有相互关联的合同中,根据主从关系为标准,可将其分为主合同与从合同。主合同,是指在两个或多个具有相互关联的合同中,不依赖其他合同而能够独立存在的合同。

从合同,是指在两个或多个具有相互关联的合同中,以其他合同的存在为前提而存在的合同。例如甲乙签订借款 100 万元的合同,为担保该债权,丙与甲签订保证合同,其中借款合同为主合同,保证合同为从合同。基于担保目的而订立的质押合同②、抵押合同③、股权让与担保合同④等亦属于从合同。基于从合同的从属性,从合同义务的范围和强度不得超过主合同义务。当事人为担保主合同债务而订立抵押合同、保证合同等,担保范围可以等于(足额担保)或小于(不足额担保)主合同债务人的责任范围,但不得大于主合同债务人的责任范围(《民法典》第 389 条、第 691 条)。

依据《民法典担保制度解释》第 3 条规定,当事人对担保责任的承担约定专门的违约责任,或者约定的担保范围超出主合同债务人的责任范围,担保人可以主张仅在主合同债务人的责任范围承担责任。担保人实际承担的责任超出主合同债务人责任范围的,担保人无权就超出部分向主合同债务人追偿,但有权请求债权人返还超出部分。例如《反担保合同》为反担保人设定的"5%违约金"超出了主债务的范围,法院认为违反了担保合同的从属性,故属无效。⑤

(二)主合同与从合同的区别

(1)主从关系不同。主合同具有独立性,其成立及效力不受从合同影响。从

---

① 参见最高人民法院(2021)最高法知民终 716 号民事判决书。
② 参见最高人民法院(2019)最高法民终 22 号民事判决书。
③ 参见最高人民法院(2021)最高法民申 214 号民事裁定书。
④ 参见最高人民法院(2022)最高法民申 1021 号民事裁定书。
⑤ 参见北京市高级人民法院(2019)京民终 326 号民事判决书。

合同具有从属性,体现为主合同的成立、效力、移转、消灭对从合同产生相应影响。(2)合同形式不完全相同。主合同形式适用《民法典》合同编对合同形式的一般规定。从合同除可以采取合同的常规形式外,还可以采取在主合同中设置担保条款、单方出具担保书(《民法典》第685条)或者担保人向债权人提供差额补足、流动性支持等类似承诺文件(《民法典担保制度解释》第36条)等形式。这些形式虽不具有独立合同的外观,但包含当事人设定担保的意思表示,应当认定为成立从合同法律关系。(3)具体形态不同。买卖、赠与、租赁等有名合同一般为主合同,但在一些特殊交易场合下也可以构成从合同。保证、定金、抵押等担保合同只能为从合同。(4)保护方式不同。基于从义务不得重于主义务的理念,法律通常允许从合同义务人援引主合同义务人享有的抗辩权等防御手段,且后者弃权不影响前者的援引行为(《民法典》第701条)。反之,主合同义务人不能援引从合同义务人享有的抗辩权。

【疑难案例:房屋买卖及担保混合合同纠纷案①】

【案件事实】

2012年10月31日,浦发银行与国强公司签署《融资额度协议》约定:"浦发银行向国强公司提供可循环使用的融资额度1800万元;付某国为国强公司的上述债务提供担保。"同日,浦发银行与付某国签订《最高额抵押合同》约定:"付某国以A房屋为国强公司《融资额度协议》项下的债务提供最高额抵押担保。期间自2012年10月31日至2015年10月30日。"合同签订后,浦发银行申请办理了抵押权登记。

2013年12月11日,浦发银行与国强公司签订《借款合同》约定:"浦发银行向国强公司发放贷款1800万元,借款期限为2013年12月11日到2014年12月10日。担保人为付某国。"同日,国强公司申请提款,1800万元贷款现已发放。借款期限届满后,国强公司不能按期偿还贷款。经付某国与浦发银行协商,浦发银行同意付某国出售涉案房产。唐某明知晓该售房信息。

2015年6月16日,唐某明(买受人)与付某国(出卖人)签订《房屋买卖合同》约定:"出卖人将A房屋售予买受人,该房屋已设定抵押,抵押权人为浦发银行。出卖人应于2015年6月30日前办理抵押注销手续。成交价格为1320万元。买受人直接向出卖人支付定金20万元。自本合同签订之日起10日内,双方共同向房屋权属登记部门申请办理房屋转移登记手续。"合同对于购房款支付方式及期限

---

① 该案详细解读参见"上海浦东发展银行股份有限公司北京分行诉唐某明房屋买卖合同纠纷案",载最高人民法院中国应用法学研究所编:《人民法院案例选》2019年第4辑(总第134辑),人民法院出版社2019年版,第102页以下。

未作约定。合同签订后,唐某明向付某国支付定金 20 万元。

2015 年 6 月 29 日,浦发银行(甲方、抵押权人)、唐某明(丙方、买方)、付某国(乙方、卖方)签订《三方协议》约定:"鉴于国强公司在甲方贷款 1800 万元且已到期,就该贷款,乙方以 A 房屋向甲方提供抵押担保,丙方希望购买上述抵押房屋,乙方同意出售该房屋,并以出售价款偿还甲方贷款。三方就买卖抵押房屋及偿还贷款债务,达成如下条款:一、甲方同意乙方向丙方出售抵押房屋,丙方同意购买该房屋。购房价款 1300 万元。二、乙方同意以出售抵押房屋而取得的全部购房款就国强公司在贷款项下的债务向甲方承担清偿责任。三、丙方应于 2015 年 6 月 30 日前将首付款 1000 万元支付至乙方在甲方开立的账户。四、乙方不可撤销地同意并授权甲方在乙方上述账户收到丙方支付的首付款时,立即直接将该款项全额划转至国强公司在甲方开立的账户,用于偿还国强公司在贷款项下的债务。五、国强公司偿还贷款 1000 万元后,甲方同意对抵押房屋进行解押,并出具用于办理抵押权注销的相关文件,协助办理抵押房屋的抵押权注销登记手续……六、丙方就购房尾款 300 万元在甲方办理个人交易资金监管。房屋过户完成后 3 个工作日内,购房尾款 300 万元支付到国强公司,用于偿还贷款。七、乙方不可撤销地同意并授权甲方在乙方收到购房尾款时,立即将该款项全额划转至国强公司账户,用于偿还国强公司在贷款项下的债务。"协议签订当日,在三方均在场情况下,唐某明支付的 1000 万元购房款直接汇入国强公司偿还贷款账户,并作为国强公司还贷由浦发银行划走。同日,唐某明办理了 300 万元购房尾款的资金监管,付某国将房屋交付唐某明使用。

其后,由于 A 房屋被人民法院查封,无法办理房屋转移登记手续,双方因此产生争议。购房尾款 300 万元现已解除监管返还唐某明。唐某明诉至法院,请求付某国和浦发银行共同返还其购房款 1000 万元。

【本案争点】

1.《三方协议》的性质如何认定?

2.《房屋买卖合同》与《三方协议》是否构成主从合同关系?

【裁判要旨】

法院生效裁判认为:

第一,案涉《三方协议》的法律性质为混合合同。案涉《三方协议》基于不同的合同目的而设立,且存在多方法律关系主体、多项权利义务内容,呈现出复合法律关系的特性。其一,从主体上看,《三方协议》签署方为三方主体,各自依不同的基础法律关系和不同的合同目的而缔结。唐某明与付某国系基于房屋买卖的目的而签署协议,浦发银行与付某国则基于担保关系而签署协议。其二,在权利义务的设定上,唐某明履行《房屋买卖合同》中的给付房款义务。付某国在债务人国强公司到期未清偿债务的情况下,依法转让抵押房屋并以取得的该房款承担相应的担保责任,同时负有《房屋买卖合同》项下协助过户义务。浦发银行则在债务清偿后负有解除房屋抵押的合同义务。因此,《三方协议》中包含了双重法律关系,一为付某国与唐某明之间的房屋买卖合同关系;二为浦发银行与付某国之间的担保合同关系。

第二,《房屋买卖合同》与《三方协议》不属于主从合同关系,但二者之间高度依存、紧密联系。其一,《三方协议》中关于付某国以购房款向浦发银行承担担保责任,约定授权浦发银行划转款项等内容,并非履行《房屋买卖合同》项下的义务,上述内容与《房屋买卖合同》相互独立,不存在发生、效力及消灭上的从属性。因此,《房屋买卖合同》与《三方协议》不符合主从合同的特征。一审判决认定《三方协议》系《房屋买卖合同》的从合同,适用法律错误,法院予以纠正。其二,《房屋买卖合同》与《三方协议》高度依存且紧密联系。通过对当事人的主观意图、各自合同利益以及整体交易结构等因素的考察,可以看出唐某明签署《三方协议》将款项支付至国强公司账户内系为了解除房屋抵押从而顺利履行《房屋买卖协议》;付某国依约向唐某明履行房屋转移登记义务,同时以所得房款向浦发银行承担担保责任;浦发银行则收取款项,以实现债权。这不仅体现了《三方协议》混合合同性质的外在联系,而且进一步使《房屋买卖合同》与《三方协议》高度关联、紧密结合,生成经济上的一体交易功能。

判决:(1)解除唐某明与付某国于 2015 年 6 月 16 日签订的《房屋买卖合同》;(2)解除唐某明与付某国、浦发银行于 2015 年 6 月 29 日签订的《三方协议》;(3)付某国、浦发银行于本判决生效后 15 日内,共同返还唐某明购房款 1000 万元;(4)付某国于本判决生效后 15 日内,双倍返还唐某明定金 40 万元,并赔偿唐某明损失 10 万元。(5)驳回唐某明其他诉讼请求。

八、为自己利益的合同与为第三人利益的合同

(一)为自己利益的合同与为第三人利益的合同的概念

根据合同内容是否实质性地涉及第三人为标准,合同可以分为为自己利益的合同与为第三人利益的合同。为自己利益的合同,是指当事人为自己直接享有合同权利和直接取得利益而订立的合同,合同仅在订约当事人之间产生法律拘束力。为自己利益的合同严格遵循合同相对性原则,合同仅在当事人之间具有约束力,绝大多数合同属于此类合同。

为第三人利益的合同,是指当事人不是为自己的利益设定权利,而是为使第三

人直接享有和取得合同利益而订立的合同。例如:①卖方与承运人订立运输合同,约定承运人直接向买方交货,该运输合同属于为第三人利益的合同。[1] ②离婚协议约定房屋归甲所有,但须为女儿设定居住权,且甲出售房屋时应为女儿另行购置房屋。女儿有权直接请求甲履行义务。[2]《民法典》第 522 条第 2 款对此类合同设置了一般规则。

为第三人利益的合同突破了合同相对性原则,使合同拘束力能够及于第三人,该制度系为实现特定立法目的或当事人特殊需要而设置。法律认可第三人利益订立的合同的意义在于:其一,将"为第三人设定权利"作为某项整体交易的一部分,以达成当事人的交易目的,并实现合同当事人利益关系的平衡。[3] 例如多方合作运营大型商场项目,各方整体协商后订立多个性质各异的合同(如装修合同、租赁合同、物业合同等),某一合同中为第三人(合作方之一)设定权利,但这是第三人在另一合同中负有某种义务的"代价",因此这种安排是合理的。其二,方便清偿、提升履行效率。例如多次买卖的场合下,先买受人与出卖人约定直接向后买受人交货。其三,对某些有名合同中的成熟规则予以确认。例如人寿保险合同可以约定(投保人、被保险人之外的)第三人为受益人。一般而言,为第三人利益的合同具有以下特征:

(1)第三人不是合同当事人,其不需要在合同上签字或盖章。该第三人构成合同的利害关系人。

(2)合同只能为第三人设定权利,而不能为第三人设定义务。例如,快递合同寄件人选择"运费到付"的,并不当然地使收件人负有付费义务。[4]

(3)第三人对合同权利可以接受,也可以拒绝。如果第三人接受合同权利,可直接向债务人请求履行,且负有协助、通知等附随义务。如果第三人拒绝接受合同权利,该权利归缔约人享有或依法律规定、当事人约定确定权利归属。

(二)为自己利益的合同与为第三人利益的合同的区别

(1)订约目的不同。前者是当事人为自己的直接利益而订立;后者是为第三人的直接利益而订立。如果当事人是为了将合同利益间接归属于第三人,且该意思并未体现于合同之中,则该合同仍属于为自己利益的合同。例如甲从商场购买一块手表,准备作为女友的生日礼物。(2)合同效力范围不同。前者仅对当事人

---

[1] 参见新乡市中级人民法院(2020)豫 07 民终 3795 号民事判决书。
[2] 参见南通市中级人民法院(2017)苏 06 民终 2412 民事判决书。
[3] 参见张家勇:《为第三人利益的合同的制度构造》,法律出版社 2007 年版,第 201—203 页。
[4] 例如顺丰速运运单条款 10.2 规定,"即使寄件人给出不同的付款指示,寄件人始终对所有费用承担主要责任。在收件人或第三方付费的情况下,寄件人应向顺丰支付收件人或第三方应支付但未支付的所有运费、关税和其它费用"。

具有约束力;后者在第三人选择接受合同权利的场合下,对第三人也产生一定的约束力。(3)为第三人利益的合同适用一些特殊规则。为平衡各方利益及防范道德风险,法律针对为第三人利益的合同设置了一些特殊规则。例如收货人过错构成货运合同的免责事由(《民法典》第 832 条);保险合同适用保险利益原则(《保险法》第 31 条)等。由于此类合同涉及多方主体,也导致法律关系更为复杂,包括补偿关系、原因关系和执行关系等特殊规则。①

九、确定合同与射幸合同

(一) 确定合同与射幸合同的概念

根据合同的法律效果在缔约时是否确定为标准,合同可以分为确定合同与射幸合同。确定合同,是指法律效果在缔约时已经确定的合同。绝大多数合同均属确定合同,《民法典》合同编的大部分规则主要针对确定合同而设。

射幸合同,是指法律效果在缔约时不能确定,而在合同成立后因偶然事由决定法律效果的合同。例如保险、彩票、有奖销售等合同。有判决认为,虽然《主播经纪合作合同》订立时一方或双方是否获利均不确定,但该合同不属于射幸合同。② 因为该合同订立时双方的权利义务已经确定,当事人能否基于该合同获利并非认定射幸合同的标准。

(二) 确定合同与射幸合同的区别

(1)适用显失公平规则不同。在确定合同中,如果双方权利义务悬殊而构成显失公平,则会导致合同效力存在瑕疵。射幸合同虽非绝对不适用显失公平规则,但不能仅从双方交付的财产是否等价来衡量是否公平。(2)给付义务不同。在确定合同中,当事人的给付义务是交付财产或提供劳务等。在射幸合同中,一方的给付义务为负担某种风险(如保险合同)或为对方提供某种获益的机会(如彩票合同),而非直接向对方交付确定数额的财产。(3)受法律限制程度不同。射幸合同具有一定程度的赌博性质,基于公序良俗原则的要求及防范道德风险的需要,法律对射幸合同设置有较多限制规则。例如禁止向未成年人出售彩票和支付奖金(《彩票发行销售管理办法》第 3 条)、抽奖式的有奖销售的最高奖金额不得超过 5 万元(《反不正当竞争法》第 10 条)等。

实务中,对于常见的彩票合同纠纷,裁判意见多虑及射幸合同属性、诚实信用

---

① 参见崔建远:《论为第三人利益的合同》,载《吉林大学社会科学学报》2022 年第 1 期。
② 参见山东省高级人民法院(2021)鲁民申 4802 号民事裁定书。

原则等因素的影响。典型司法意见如下:

①原告委托被告(彩票销售者)购买彩票,且提前告知号码并交付彩票款,其后被告未依约出票(该号码中大奖)。法院以双方违反"不允许非现场方式接受投注数据或者投注要求"为由,认定彩票合同不成立,且认为"彩票合同系射幸合同,原告作为资深彩民应认识到委托他人购买彩票可能存在的风险,也存在过错",故根据双方过错程度判决被告酌定赔偿一定金额。①

②原告花费约 4 万元购买的足球彩票上记载"3 场比赛猜中 2 场,则赠送该注彩票本金 20%的彩票,如 3 场比赛猜中 1 场或全部没有猜中,则赠送该注彩票本金10%的彩票"。活动期间内原告猜对猜错各一场,另一场因天气原因导致无效场次,原告请求返还全部彩票款。法院以"原告作为资深彩民应当知道足球比赛会出现因天气原因中断、推迟等状况,亦应当知道足彩游戏规则并受其约束"为由,未支持其请求。②

③彩票代销机构出票错误但该彩票其后中奖,原告利用其员工身份以该彩票原价值予以购买。法院认为该行为有悖于彩票的射幸合同特征、违反诚实信用原则,彩票合同不成立。③

十、本合同与预约合同

(一)本合同与预约合同的概念

根据合同义务是否为了将来订立一定合同为标准,合同可以分为本合同与预约合同。本合同,又称本约合同,是指依据预约合同将来应当订立的合同。例如甲欲向乙借款,乙表示一个月后才有资金,双方便签订预约合同约定一个月后再订立借款的本合同。

预约合同,是指当事人约定将来订立一定合同的合同。当事人之所以订立预约合同,通常是由于法律或事实上的原因,导致订立本合同的时机尚未具备(如尚未取得商品房销售许可),故先订立预约合同以确保将来订立本合同。预约合同的功能包括:使合同约束力提前;明确或强化缔约人的法定义务和缔约责任范围等。④ 预约合同的给付义务是将来通过磋商订立本合同,双方均负有此义务的,为双务预约;仅一方负有此义务的,为单务预约。《民法典》第 495 条第 1 款规定:"当

---

① 参见上海市高级人民法院(2020)沪民申 159 号民事裁定书。
② 参见河南省高级人民法院(2021)豫民申 1781 号民事裁定书。
③ 参见新疆维吾尔自治区高级人民法院(2022)新民申 777 号民事裁定书。
④ 参见罗昆:《功能视角下的预约类型论》,载《法学家》2022 年第 4 期。

事人约定在将来一定期限内订立合同的认购书、订购书、预订书等,构成预约合同。"依此规定,预约合同具有以下特征:

(1)预备性。预约合同发生在本合同磋商阶段,是对订立本合同的预先安排,因此对本合同而言,预约合同具有预备性。

(2)期限性。预约合同须明确"在将来一定期限内"订立本合同,才能使预约合同具有现实意义,否则因订立本合同的时间不确定而无法界定合同约束力的时间范围。依据《民法典合同编通则解释》第6条第1款规定,以下两种情形可符合期限性之要求:

①当事人以认购书、订购书、预订书等形式约定在将来一定期限内订立合同。该"一定期限"可以是确定期限,例如约定"于2023年5月5日前订立本合同";也可以是不确定期限,例如约定"取得商品房销售许可证之日起一周内订立本合同"。

②当事人为担保在将来一定期限内订立合同交付了定金。该情形下,虽然当事人未以认购书等形式对此作出明确约定,但当事人此种交付定金的行为可推定为有此约定。

实务中有判决认为,期限中包含有某种"条件"内容的,也可构成预约合同。例如当事人约定"甲方一周内生产出90+熔喷布则各方签订合伙合同"。①

(3)确定性。预约合同须载明本合同的核心条款,即确定本合同的基本内容。依据《民法典合同编通则解释》第6条第1款规定,预约合同的内容须能够确定本合同的"主体、标的等内容"。其中"主体、标的"较易认定,而对于"等内容"应解释为本合同的基本交易条件,依据合同性质、目的等因素作具体判断。预约合同可以针对本合同基本交易条件约定一定范围(如约定价格1万元至1.5万元/平方米),留待订立本合同时最终确定相应条款内容。如果无法依据预约合同约定或合同条款解释确定本合同基本交易条件,因其约束力漫无边际而难以构成预约合同。例如双方约定"待现租赁期满退租后,根据当时的市场行情,在同等条件下优先租赁给甲公司,届时另签补充协议"。因"同等条件"的内容不确定,该约定不构成预约合同。②

①《民法典合同编通则解释》第6条第2款规定了不构成预约合同的两种情形:一是当事人通过签订意向书或者备忘录等方式,仅表达交易的意向,未约定在将来一定期限内订立合同。(不具备期限性)二是虽然约定在将来一定期限内订立合同,但是难以确定将来所要订立合同的主体、标的等内容。(不具备确定性)

②如果认购书等已包含本合同主要内容,还可否认定为预约合同?《民法典合同编通则解释》第6条第3款采"意思决定说",即依据当事人有无另行订立本合同

---

①　参见江苏省无锡市滨湖区人民法院(2020)苏0211民初5084号民事判决书。

②　参见湖北省高级人民法院(2018)鄂民再458号民事判决书。

的意思分别处理。

第一,当事人订立的认购书、订购书、预订书等已就合同标的、数量、价款或者报酬等主要内容达成合意,符合合同成立条件,未明确约定在将来一定期限内另行订立合同,或者虽然有约定但是当事人一方已实施履行行为且对方接受的,应当认定本合同成立。在"未明确约定在将来一定期限内另行订立合同"的情形下,当事人没有明确表达另行订立本合同的意思,且认购书等已包含本合同的必要条款,故该认购书等应认定为本合同。在"虽然有约定但是当事人一方已实施履行行为且对方接受"的情形下,虽然当事人具有另行订立本合同的意思且当事人未依约订立本合同,但依据实际履行补正合同成立要件规则(《民法典》第 490 条),应当认定本合同成立。

第二,当事人订立的认购书、订购书、预订书等已就合同标的、数量、价款或者报酬等主要内容达成合意,符合合同成立条件,且明确约定在将来一定期限内另行订立合同的,该认购书等应当认定为预约合同。该情形下,当事人具有另行订立本合同的意思(虽然本合同与预约合同内容几乎相同),故该认购书等不应认定为本合同。① 如果对"在将来一定期限内另行订立合同"约定不明,即当事人订立认购书等系基于订立预约合同的意思还是订立本合同的意思无法认定,且该认购书等包含了本合同的主要内容,则应推定本合同成立。因为依据意思表示解释规则,此时当事人之间订立的就是一个普通合同(不存在订立预约合同的意思),只不过误用了"认购书等"表述而已。

③《商品房买卖合同解释》第 5 条应如何理解?该条规定:"商品房的认购、订购、预订等协议具备《商品房销售管理办法》第十六条规定的商品房买卖合同的主要内容,并且出卖人已经按照约定收受购房款的,该协议应当认定为商品房买卖合同。"该条与《民法典合同编通则解释》第 6 条第 3 款在文义上存在差异。后者规定认定本合同成立需两个要件:一是"认购书等明确约定在将来一定期限内另行订立本合同,但当事人未依约订立";二是"当事人一方已实施履行行为且对方接受"。前者仅规定要件二(出卖人已经按照约定收受购房款),而未规定要件一。对此应依据新法优于旧法规则,将《商品房买卖合同解释》第 5 条作缩限解释,即适用该条时亦须具备要件一才能认定商品房买卖合同(本合同)成立。

依据最高人民法院释义书的解释,《商品房买卖合同解释》第 5 条直接依其文义适用,而无需作上述缩限解释。理由为:该规定的"出卖人已经按照约定收受购房款"属于《民法典》第 490 条规定的"一方已经履行主要义务,对方接受"之情

---

① 《民法典》施行前采此意见的实例参见最高人民法院(2013)民提字第 90 号民事判决书,载《最高人民法院公报》2015 年第 1 期。该案亦为 2023 年"最高人民法院发布《关于适用〈中华人民共和国民法典〉合同编通则若干问题的解释》相关典型案例"之二。

形,因此预约合同转化为本合同。① 该解释并不合理,因为《民法典》第 490 条的适用前提是当事人已就订立合同达成合意,而仅欠缺签名、盖章等形式要件,故在当事人未就订立本合同达成合意的情形下(即欠缺前述要件一),实际履行不足以导致本合同成立。

(4)拘束性。既然预约合同是一种合同,则当然应具有合同拘束力,即如果当事人不按照该拘束力的要求履行义务就会产生违约责任。是否具有拘束性是预约合同与意向书、备忘录等文件的主要区别。

对于预约合同产生何种拘束力,学界素有争议,主要有"应当缔约说""应当磋商说""区分说"等观点。② 换一角度而言,该问题关乎应采何种标准认定预约合同中的违约行为。《民法典合同编通则解释》第 7 条似采"应当磋商说",即预约合同生效后当事人应当履行诚信磋商义务,否则可构成违约行为。具体而言,以下两种情形可认定为违反预约合同之违约行为:

①一方拒绝订立本合同。该行为是指一方未经与对方磋商就拒绝订立本合同。虽然表面上看该行为是拒绝"订立本合同",但实质上该行为是"不履行磋商义务"之违约行为,因为未能订立本合同不过是不履行磋商义务的后果而已。该行为可以采明示方式,例如一方通知对方将不与其订立本合同;也可以采默示方式,例如一方虽未通知对方不订立本合同,但将本合同标的物(特定物)卖给第三人且已经移转所有权。

②一方在磋商订立本合同时违背诚信原则导致未能订立本合同。该情形下,一方虽有磋商行为,但未达到"诚信磋商"的程度且导致未能订立本合同,故亦可构成违反预约合同之违约行为。

对于是否违反"诚信磋商"之判断标准,该条第 2 款列举了两项因素:一是"该当事人在磋商时提出的条件是否明显背离预约合同约定的内容"。例如预约合同约定本合同价格在 2 万元至 2.5 万元/平方米之间,但在磋商订立本合同时卖方以原材料价格上涨为由(事实上仅有小幅上涨)主张价格不能低于 3 万元/平方米,卖方构成违约行为。如果双方主张的价格均在预约合同约定的范围之内,但因具体数额无法达成一致而导致未能订立本合同,则不宜认定任何一方构成违约行为。二是"是否已尽合理努力进行协商"。例如预约合同未约定价格条款,也无法通过合同解释规则确定价格,在磋商订立本合同时卖方主张超过市场价 50% 的价格且不允许对方讨价还价,卖方构成违约行为,因为卖方提出的这种不合常理的缔约条

---

① 参见最高人民法院民事审判第二庭、研究室编著:《最高人民法院民法典合同编通则司法解释理解与适用》,人民法院出版社 2023 年版,第 105—106 页。

② 参见韩强:《论预约的效力与形态》,载《华东政法学院学报》2003 年第 1 期;林诚二:《民法债编各论(上)》,中国人民大学出版社 2007 年版,第 32 页。

件有悖于"合理努力"的要求。如果卖方主张的价格与市场价相差不远,且双方经多轮讨价还价仍未达成一致,则不宜认定任何一方构成违约行为,因为双方均已尽合理努力进行协商且客观上确有成交的可能性。简言之,法律并不苛求当事人在订立预约合同后必须订立本合同,但要求当事人应通过诚信磋商积极地促使本合同成立。

《民法典》施行前,已有与上述规定精神一致的最高人民法院公报案例认为:如果一方违背公平、诚信原则,或者否认预约合同中的已决条款,或者提出令对方无法接受的不合理条件,或者拒绝继续进行磋商以订立本约,都构成对预约合同的违约。反之,如果双方在公平、诚信原则下继续进行了磋商,只是基于各自利益考虑,无法就其他条款达成一致的意思表示致使本合同不能订立,则属于不可归责于双方的原因,不构成违反预约合同。①

(二)本合同与预约合同的区别

(1)订约目的不同。当事人订立预约合同的目的是将来订立本合同,而非直接受本合同约束。当事人订立本合同的目的,是直接依据合同权利义务在当事人之间发生约束力。(2)认定标准不同。当一个合同属于本合同或预约合同存在疑义时,应结合当事人意思及合同内容作具体判断。如果当事人已就必要条款达成合意,已无必要另订合同且未约定另订合同,应认定为本合同。(3)违约后果不同。当事人违反本合同的,适用违约责任的一般规定。当事人违反预约合同的,法律对其违约责任设有特殊规定及限制。

【学说争议:违反预约合同,如何承担违约责任】

争议一:预约合同的违约责任形式是否包括"继续履行"?

当事人违反预约合同的,守约方有权请求违约方承担支付违约金、损害赔偿等违约责任形式,自无疑义。但对于守约方能否请求违约方继续履行即强制违约方订立本合同,殊值讨论。《民法典》第495条第2款:"当事人一方不履行预约合同约定的订立合同义务的,对方可以请求其承担预约合同的违约责任。"该条规定的"预约合同违约责任"是否包括《民法典》第577条中的继续履行责任形式,并不明确。学理及实务中对此存在较大争议。

第一种观点肯定说主张"以判决代替意思表示"。在当事人不自愿作出订立本合同的意思表示时,法律必须对此违约行为施加强制责任,因此从法律目的出发,法律可以拟制当事人意思表示,即以判决形式拟制当事人作出了意思表示。②

---

① 参见"戴雪飞诉华新公司商品房订购协议定金纠纷案",载《最高人民法院公报》2006年第8期。
② 参见朱晓东:《中国预约合同制度研究》,北京大学出版社2020年版,第259—260页。

第二种观点否定说认为,当预约内容确定性不足时,固然不应支持继续履行,而即使在预约中本合同内容已经确定,继续履行也不应支持。因为预约只是记载了"临时的"而非"最终的"合意,预约仅使当事人负有推进缔结最终合意的义务。[①]

第三种观点折中说认为,法律不应一概要求预约合同当事人必须订立本合同,而应当依据具体情形判断,特别需要考虑本合同是否具有继续签订和履行的价值。预约合同可使当事人产生缔约请求权,但一方违约时并非均可要求其继续履行,而应由法院依具体情形而定。[②]

《民法典合同编通则解释》对该问题未作规定,但最高人民法院释义书采否定说。[③] 本书赞同否定说,即预约合同的违约责任形式不应包括继续履行。理由如下:其一,使预约合同当事人负有强制缔约义务,不符合强制缔约义务的立法本意。强制缔约义务作为一种限制合同自由原则的特殊规则,主要适用于垄断性经营和涉及社会公共利益的场合,预约合同并不符合此适用条件。其二,订立本合同的义务属于《民法典》第580条第1款第2项规定的"债务的标的不适于强制履行或者履行费用过高"的情形。如果对当事人订立本合同的义务予以强制执行,将不适当地限制当事人的人身自由,有违民事执行制度的精神。其三,该场合下适用继续履行,不具有可操作性。预约合同可能未对本合同的所有必要条款均达成合意,在此情形下,由于违约方缺乏缔结本合同的意愿,很难使双方就本合同必要条款形成合意从而成立本合同。其四,《民法典》施行前,司法实务主流意见采否定说,即认为预约合同中的守约方可就违约损失请求对方赔偿,但不能强制对方订立本合同。[④]

争议二:违反预约合同的损害赔偿标准如何认定?

对于该问题,学理上存在争议,实务中的处理亦较混乱。

第一种观点"预约合同履行利益说"认为,应采完全赔偿原则,即当事人订立预约合同时违约方可以合理预见到的损失。损害赔偿应当根据个案按照可预见性规则进行判断,但无论如何,违反预约合同的损害赔偿不能完全等同于违反本合同的损害赔偿。[⑤]

第二种观点"本合同信赖利益说"认为,违反预约合同造成的损害更接近本合同的信赖利益损害。本合同的信赖利益包括财产利益和机会利益,表现为订约履

---

① 参见汤文平:《论预约在法教义学体系中的地位——以类型序列之建构为基础》,载《中外法学》2014年第4期。

② 参见王利明:《合同法研究(第一卷)》,中国人民大学出版社2015年版,第48页。

③ 参见最高人民法院民事审判第二庭、研究室编著:《最高人民法院民法典合同编通则司法解释理解与适用》,人民法院出版社2023年版,第118—119页。

④ 参见"仲崇清诉上海市金轩大邸房地产项目开发有限公司合同纠纷案",载《最高人民法院公报》2008年第4期。

⑤ 参见王利明:《预约合同若干问题研究——我国司法解释相关规定述评》,载《法商研究》2014年第1期。

行的成本及订约机会。当事人获得本合同履行利益还存在很大或然性或者不确定性,因此本合同的履行利益不属于赔偿范围。①

第三种观点"本合同履行利益说"认为,履行预约合同为原给付义务,损害赔偿为次给付义务,二者的同一性维持不变。因给付义务转化而来的损害赔偿应指本合同履行利益,即应赔偿至权利人在本合同正常履行之后所能获得的利益状态。②

第四种观点"动态判定说"认为,应根据缔约所处状态判定赔偿范围:交易越成熟、越接近本合同的订立,赔偿范围就越靠近本合同履行利益的损害赔偿,当事人也往往越能预见到不订立本合同给守约方带来的损害;相反,则越靠近信赖利益的损害赔偿,甚至不作赔偿。③

《民法典合同编通则解释》第 8 条似采"动态判定说":当事人对损害赔偿有约定的,按照约定;没有约定的,人民法院应当综合考虑预约合同在内容上的完备程度以及订立本合同的条件的成就程度等因素酌定。据此,预约合同内容的完备程度以及订立本合同的条件成就程度越高,赔偿范围就越靠近本合同履行利益;反之,则越靠近本合同信赖利益。具体赔偿数额由法官根据上述标准酌定。

影响赔偿范围的第一个因素是"预约合同内容的完备程度",即预约合同就本合同内容是否进行了约定以及约定是否全面细致。实务中,有些预约合同已就本合同主要内容达成一致,虽然约定将来还要订立本合同,但谈判空间已经很小,甚至只待最后签字。该情形表明双方的交易成熟度较高,应参照本合同履行利益界定违反预约合同的赔偿范围。如果预约合同仅就本合同主体和标的作出约定,其他内容需待签订本合同时再行磋商,则表明双方的交易成熟度较低,因此违反预约合同的赔偿范围应更接近本合同信赖利益。

影响赔偿范围的第二个因素是"订立本合同条件的成就程度"。某些情形下,当事人之所以选择先订立预约合同后订立本合同,是因为当时直接签订本合同的条件还不成就,例如开发商尚未取得预售许可证。由于能否取得预售许可证存在不确定性,即使预约合同约定的内容非常完备,但如果开发商一直未能取得预售许可证,也不应参照本合同履行利益界定违反预约合同的赔偿范围,而应根据将来获得预售许可证的可能性,在本合同信赖利益与本合同履行利益之间进行酌定。④

实务中,请求赔偿缔约费用等实际损失较易得到支持,但本合同标的物的差价

① 参见刘承韪:《预约合同层次论》,载《法学论坛》2013 年第 6 期。

② 参见叶锋:《论预约合同的出路——以类型系列的构建为分析视角》,载《法律适用》2015 年第 9 期。

③ 参见陆青:《〈买卖合同司法解释〉第 2 条评析》,载《法学家》2013 年第 3 期。

④ 参见最高人民法院民事审判第二庭、研究室编著:《最高人民法院民法典合同编通则司法解释理解与适用》,人民法院出版社 2023 年版,第 121—122 页。

损失、交易机会损失应否赔偿则易生争议。①

【疑难案例：根据预约合同请求强制订立本合同案②】
【案件事实】

2010年1月6日，嘉博公司与张某侠、南川公司签订《股权转让意向书》，约定：南国公司的主要资产包括海口市某处898331.11平方米的国有土地使用权。张某侠与南川公司拟将各自持有的南国公司的股权转让给嘉博公司。其中张某侠持有69.6%的股权，南川公司持有30.4%的股权。在本意向书签订的5日内，嘉博公司将委托专业机构对南国公司及张某侠、南川公司所持有的股权的财务、法律、交易方面进行尽职调查。张某侠、南川公司与南国公司应提供相关的文件资料配合尽职调查。嘉博公司的尽职调查应在意向书签订后30日内完成。嘉博公司收购张某侠持有的69.6%的股权价款为人民币185696280元，收购南川公司持有的30.4%的股权价款为人民币81108720元。

本意向书签订后3日内，嘉博公司分别向张某侠、南川公司各支付人民币500万元，若嘉博公司及其委托的专业机构完成本意向书中所有尽职调查内容并符合意向书所列的8种情形，该定金将在第一笔款项支付时自动转化为股权转让款。若因嘉博公司原因导致本意向不能进行下去时，该定金不予退还，本意向终止。违约责任：任何一方违约致使本意向书无法履行或履行不必要时，应按本意向书第3条第4款执行，守约方并有权解除本意向书。意向书第3条第4款约定，若张某侠、南川公司或南国公司不具备意向书约定的8种情况的任一情形，嘉博公司有权随时单方面解除意向书并要求退还定金。若嘉博公司及其委托的专业机构完成本意向书中所有尽职调查内容且符合上述情况时，嘉博公司须在尽职调查结束后3个工作日签订《股权转让协议》，若因嘉博公司的原因导致不能签订《股权转让协议》，嘉博公司所付定金，张某侠与南川公司有权没收。若张某侠与南川公司在嘉博公司尽职调查结束后不愿意签订《股权转让协议》，张某侠与南川公司将双倍返还定金。该意向书还约定了尽职调查的具体内容、股权转让款的支付方式等内容。

2010年1月12日，嘉博公司向张某侠与南川公司的账户各打入500万元。同日，张某侠与南川公司均向嘉博公司出具"收到海南嘉博投资开发有限公司《股权转让意向书》定金伍佰万元"的收据。2010年1月18日，张某侠与南川公司分别将500万元退回嘉博公司。嘉博公司于2010年1月21日、1月22日向张某侠、南

---

① 相关裁判意见的梳理参见耿利航：《预约合同效力和违约救济的实证考察与应然路径》，载《法学研究》2016年第5期。

② 该案详细解读参见"海南嘉博投资开发有限公司诉张某侠等股权转让合同纠纷案"，载中国应用法学研究所主编：《中华人民共和国最高人民法院案例选》第二辑，法律出版社2019年版，第58页以下。

川公司与南国公司邮寄送达催告函,催告张某侠、南川公司与南国公司协助嘉博公司开展尽职调查工作并继续履行意向书,并对以上催告进行了公证。

2010年2月3日,张某侠与南川公司致函嘉博公司,以嘉博公司迟延支付定金,不按时开展尽职调查为由通知嘉博公司解除意向书,嘉博公司遂诉至法院,请求:(1)判令张某侠、南川公司继续履行《股权转让意向书》并将其持有的南国公司的股权转让给嘉博公司。(2)判令南国公司继续履行《尽职调查声明》,提供尽职调查所需的全部资料、文件。

【本案争点】

当事人能否根据预约合同请求强制对方订立本合同?

【裁判要旨】

一审法院认为,《股权转让意向书》第3条第4款明确约定:若张某侠、南川公司或南国公司不具备意向书约定的8种情况的任一情形,嘉博公司有权随时单方面解除意向书并要求退还定金;若因嘉博公司的原因导致不能签订《股权转让协议》,嘉博公司所付定金,张某侠与南川公司有权没收;若张某侠与南川公司在嘉博公司尽职调查结束后不愿意签订《股权转让协议》,张某侠与南川公司将双倍返还定金。从以上内容可以看出,该意向书是双方为将来签订正式的《股权转让协议》所进行的磋商及合意,双方还约定了定金条款作为履行该意向书,最终正式签订《股权转让协议》的保证。因此,该意向书的性质应为预约合同。

当事人约定以交付定金作为订立主合同担保的,给付定金的一方拒绝订立主合同的,无权要求返还定金;收受定金的一方拒绝订立合同的,应当双倍返还定金。因此,在张某侠与南川公司已经表示不愿意签订《股权转让协议》的情况下,嘉博公司依据约定可以请求张某侠与南川公司承担定金责任,但嘉博公司在该院释明后已表示不变更诉讼请求,因此,该院对是否应当返还定金及双方是否存在违约的问题不予审理。

双方在《股权转让意向书》中明确约定,张某侠与南川公司在嘉博公司尽职调查结束后不愿意签订《股权转让协议》,张某侠与南川公司承担双倍返还定金的责任。据此,即便嘉博公司完成了尽职调查,张某侠和南川公司也可以不签订《股权转让协议》,而仅是双倍返还定金。而嘉博公司请求南国公司提供尽职调查所需资料和文件的目的是为了完成尽职调查以签订正式的《股权转让协议》,并实现其受让股权的最终目的。现张某侠与南川公司已明确表示不愿意签订《股权转让协议》,嘉博公司的该项请求已没有实际意义。

综上,在张某侠与南川公司不愿意签订《股权转让协议》的情况下,嘉博公司仍请求张某侠与南川公司继续向其转让股权没有事实和法律依据。判决:驳回嘉博公司的诉讼请求。

二审法院(最高人民法院)认为,《股权转让意向书》就订立《股权转让协议》的时间、步骤及违反意向书的违约责任等均作出了明确约定,应当认定为三方当事人为订立《股权转让协议》而签订的预约合同。该意向书亦就股权转让标的、价款及价款支付方式等股权转让协议的条款作了约定,但由于该意向书第3条第4款明确约定若张某侠与南川公司在嘉博公司尽职调查结束后不愿意签订《股权转让协议》,张某侠与南川公司将双倍返还定金,亦即赋予了张某侠与南川公司以双倍返还定金为代价不签订《股权转让协议》的合同权利,且第4条还就三方当事人不能签订正式《股权转让协议》情况下公证提存款的处理作出了约定,因此应当认定该意向书关于股权转让协议条款的约定仅为意向性安排,在未签订正式《股权转让协议》的情况下,三方当事人均可以放弃股权转让交易,不能据此认定该意向书性质为股权转让协议。对嘉博公司关于该意向书已经完全具备了股权转让协议的要素,应为具有合法效力的股权转让协议本约的主张,法院不予支持。由于张某侠、南川公司拒绝订立《股权转让协议》具有充分的合同依据,因此对嘉博公司关于张某侠、南川公司违反诚信原则的主张,法院不予支持。判决:驳回上诉,维持原判。

十一、个别合同与框架合同

(一)个别合同与框架合同的概念

根据是否仅针对某一次特定交易订立合同为标准,合同可以分为个别合同与框架合同。个别合同,又称应用合同,是指仅针对某一次特定交易而订立的合同。大多数场合下的合同均为个别合同。

框架合同,又称构架合同,是指当事人为了将来订立多个同一类型合同(个别合同),先针对合同的基本框架、基本条件订立的合同。例如石油公司与分销商订立框架合同,约定石油价格、分销条款等,其后再于不同时间段内订立多个石油买卖合同(个别合同)。框架合同主要运用于商事交易,其功能包括:确定长期的、稳定的交易关系;提高交易效率,避免就某些条款重复磋商;使个别合同的内容具有一定程度的弹性等。对于框架合同的理论依据,存在"关系契约理论""不完全合同理论"等解释。采用经济学上的"不完全合同理论"来解释框架合同也许是恰当的。依据该理论,合同内容之所以不完全,是因为在绝大多数交易中都会发生可观的信息成本和估量成本。当未来存在大量不确定事件时,使用完全合同的成本太大。[1] 长期合同的主要功能是为必须进行关系专用性投资的双方提供交易便利,

---

[1] 参见[美]本杰明·克莱因:《不完全契约在自我执行交易中的作用》,载[法]埃里克·布鲁索等编:《契约经济学:理论和应用》,王秋石等译校,中国人民大学出版社2011年版,第49页。

在投资沉没时使双方彼此套牢,以避免外部竞争对交易条款产生影响。①

有域外法对框架合同设有专门规定②,我国现行法尚无规定。虽然理论上大多承认这种合同类型,但对其性质、适用条件及效力尚存在较大分歧,现阶段的实务意见也较混乱。一般而言,框架合同具有以下特征:

(1)长期性。框架合同系为建立长期交易关系而订,通常约定较长的有效期间,该期间内当事人可基于框架合同内容订立个别合同。该特征是框架合同与预约合同的主要区别之一,因为预约合同系针对某一特定交易而预先订立,而非为建立长期交易关系。

(2)约束性。实践中当事人的需求各异,故基于不同约定,框架合同可产生不同的约束力样态。根据约束力的区别,可分为两种情形:一是框架性基础合同,是指包含订立个别合同的义务,且确定性程度较高的框架合同。③ 其产生订约义务,实际效果与预约合同类似。二是框架性从属条款合同,是指不包含订立个别合同的义务,而仅规定可以适用于将来所有个别合同的从属性条款。其产生磋商义务而非订约义务,且确定性程度低于前者。在学理及实务上,该类型是典型意义的框架合同。

(3)不完全性。虽然不同类型框架合同的内容确定性存在差异,但任何框架合同均不可能达到个别合同的详尽程度。换言之,框架合同仅就交易的部分条款达成合意,并以此作为订立个别合同的基础,仅依据框架合同还不能确定某一具体交易的全部内容。这是框架合同与某些预约合同的又一区别。

(4)不直接作为履行义务的依据。其一,如果当事人未订立个别合同,不能直接依据框架合同所载条款请求履行义务④或主张违约责任⑤。一方只能以另一方违反磋商义务或订约义务主张违约责任。其二,如果个别合同的条款与框架合同的条款冲突,应以前者为准,即"个别合同优先于框架合同"。⑥ 因为框架合同的条款仅作为订立个别合同的基础,当然允许当事人以新的意思表示变更此前的意思表示。其三,框架合同约定了程序性条款(如管辖条款⑦),个别合同未另行约定的,该程序性条款可适用于个别合同纠纷引起的诉讼或仲裁。

---

① 参见费方域、蒋士成主编/翻译:《不完全合同、产权和企业理论》,格致出版社、上海三联书店、上海人民出版社2011年版,第258页。

② 参见《法国民法典》第1111条。

③ 亦有学者认为,框架基础性合同不是真正意义上的框架合同。参见陈进:《德国法上框架合同理论的演变及其启示》,载《政治与法律》2013年第3期。

④ 参见最高人民法院(2021)最高法民终1032号民事判决书。

⑤ 参见最高人民法院(2019)最高法民终1392号民事判决书。

⑥ 参见最高人民法院(2014)民申字第176号民事裁定书。

⑦ 参见最高人民法院(2019)最高法民辖终468号民事裁定书。

（二）个别合同与框架合同的区别

（1）订约目的不同。当事人订立个别合同是为了进行某一次特定交易。当事人订立框架合同是为了将来订立多个同一类型个别合同，具有建立长期交易关系的意图。（2）合同约束力不同。个别合同的约束力体现为可依据合同请求履行交货、付款等义务。框架合同的约束力体现为磋商义务或订约义务。（3）内容确定性不同。个别合同适用一般规则，即须就必要条款达成合意，否则导致合同不成立。框架合同仅针对某些条款（并非所有必要条款）达成合意即可。（4）相互关系不同。如前文所述，个别合同与框架合同内容冲突的，遵循"个别合同优先于框架合同"；个别合同就程序性条款等未作约定的，可适用框架合同的约定。

第四章　合同的成立

第一节　合同成立概述

一、合同成立的概念

合同成立,是指当事人就必要条款达成合意而使合同关系得以设立的事实状态。在协议说的语境下,合同成立意味着当事人之间已达成某种协议。与合同成立相关的概念是合同订立,是指当事人依据一定程序作出意思表示以缔结合同的行为。合同订立与合同成立是就同一现象从不同角度观察所得出的概念:前者侧重于当事人缔结合同的行为,后者侧重于合同被缔结的结果;如果当事人就合同订立所实施的行为符合法律要求,则导致合同成立的结果。对于合同成立,可从以下几方面理解:

1. 合同成立解决的是合同是否存在的问题

合同成立即客观上有一个合同,表明法律认可合同关系的存在。由于合同成立并不涉及对合同效力的评价,故多有观点认为合同成立是一个事实判断问题。但是,从法律视角判断是否存在合同关系,不可能脱离法律标准予以评价,因此合同成立虽不涉及效力评价,但评价合同关系是否存在仍属法律判断问题。

2. 合同成立是区分违约责任与缔约过失责任的重要标志

在合同成立之前,当事人就订立合同有关事项进行磋商尚处于缔约阶段,此时仅存在缔约过失责任的问题。在合同成立之后,如果当事人未依有效合同履行义务,则应承担违约责任。

3. 合同成立与合同生效是两个不同概念,但联系紧密

合同成立解决有无合同的问题,合同生效解决合同自何时产生现实约束力的问题,故两者系不同概念。在附生效条件合同、附生效期限合同等场合下,由于合同成立与生效的时点并不一致,故区分二者具有重要意义。但在实际生活中,对一个依法成立且不存在特殊情形的合同而言,二者通常同时发生,这种区分并不具有

实际意义。例如甲在小卖部购买一包香烟,由于该合同的成立、生效及履行完毕几乎同时发生(即时清结的合同),故区分合同成立与生效并无意义。由此观之,这两个概念的差异也不宜被过分夸大。

二、合同成立的要件

(一)合同的一般成立要件

合同的一般成立要件,是指适用于任何类型合同的成立要件。

1. 缔约主体存在双方或多方当事人

合同是双方或多方法律行为,故必须有两个以上已被确定的缔约主体。例如行为人在网上订购机票时,在必填的乘客姓名一栏中填写"还不清楚",客运合同不能成立。关于缔约主体的资格要求,只要依法具有民事主体资格即具有缔约资格。至于其是否具有相应的民事行为能力,仅影响合同效力而不影响合同成立。

不具有民事主体资格的组织(如法人或非法人组织的内设机构、职能部门、课题组、工作室等)订立合同的,可分别产生以下后果:一是经法人或非法人组织授权或者认可的,所属法人或非法人组织视为合同当事人(《技术合同解释》第 7 条第 1 款前段);二是未经法人或非法人组织授权或者认可的,以其组成人员认定为合同当事人(《技术合同解释》第 7 条第 1 款后段)。对于母公司以其尚未成立的子公司名义签订合同,有判决认为应当认定母公司为合同主体。[1]

2. 当事人对合同必要条款达成合意

关于合意与不合意的认定,详见后文。

(二)合同的特殊成立要件

合同的特殊成立要件,是指依据法律规定或当事人约定,某些合同成立应特别具备的要件。

1. 某些要式合同的特殊成立要件——完成特定形式

对于某些要式合同,法律规定或当事人约定须采用特定形式订立合同才能导致合同成立。例如当事人约定双方签字盖章后一周内须办理公证,自公证完成时合同成立。

2. 某些实践合同的特殊成立要件——交付标的物

对于某些实践合同,法律规定交付标的物为合同的特殊成立要件。例如保管

---

[1] 参见最高人民法院(1999)经终字第 359 号民事判决书。

合同、定金合同等。

【疑难案例:顶名购房场合下如何认定合同当事人案①】

【案件事实】

2006 年 9 月 25 日,李某琼以买受人的身份与某房地产公司签订商品房买卖合同,合同约定李某琼购买 A 小区某单元 101 号房,总房款为 321860 元,付款方式为签订合同时交纳 121860 元,其余 20 万元办理按揭贷款手续。合同签订后,李某琼作为借款人、李某荣作为保证人与工商银行某支行签订了按揭贷款合同,借款金额为 20 万元,该笔贷款直接打入开发商房款账户。双方对于还贷情况均认可以下事实:自 2007 年 4 月份起,包某生、刘某兰按月向银行偿还贷款,截至 2011 年 9 月份共计偿还了 9 万余元。

对于涉案房屋的购买和贷款事宜,包某生、刘某兰作为甲方与李某琼作为乙方以及案外人李某荣作为丙方达成了协议,并签订了书面协议书一份,写明:甲方在 A 小区购买楼房一套,房款共计 332760 元。因甲方购房资金不足,需在工商银行贷款 20 万元,包某生、刘某兰户口不在本地无法办理贷款,经三方协商,达成以下协议:1. 由甲方包某生、刘某兰的儿媳李某荣的妹妹李某琼出面代甲方在工商银行贷款 20 万元,由丙方李某荣提供贷款担保;2. 以上房产以包某生、刘某兰名字办理房产证,20 万元银行贷款全部由包某生、刘某兰偿还,办理房产证等手续的一切费用也由包某生、刘某兰承担。甲方包某生、刘某兰及乙方李某琼、丙方李某荣分别在协议中签了名。协议书落实日期为 2008 年 10 月 28 日。另查,案外人李某荣曾系包某生、刘某兰的儿媳,李某琼系李某荣的妹妹。

因李某琼违反约定,不配合产权登记手续,有意将房屋登记在自己名下,包某生、刘某兰诉至法院,请求依法确认 A 小区某单元 101 号房屋的所有权人为原告包某生、刘某兰。案件审理过程中两原告将诉讼请求变更为:请求依法确认 A 小区某单元 101 号房屋的实际购买人为原告包某生、刘某兰。

【本案争点】

顶名购房场合下如何认定合同当事人(实际购买人)?

【裁判要旨】

法院生效裁判认为:

第一,两原告作为甲方与被告作为乙方以及案外人李某荣作为丙方签订的顶名购房、顶名贷款协议是否具有法律效力。顶名协议中甲方包某生、刘某兰及乙方

---

① 该案详细解读参见"包某生、刘某兰诉李某琼、孙某宁房屋购买人确认纠纷案",载最高人民法院中国应用法学研究所编:《人民法院案例选》2013 年第 2 辑(总第 84 辑),人民法院出版社 2013 年版,第 165 页以下。

李某琼、丙方李某荣的签名均系本人所签,应认定是其真实意思表示。被告主张协议中李某琼签名的真实时间为 2009 年 8 月份,李某荣签名的真实时间为 2010 年 2 月 7 日,未能提供有效证据证实且两被告主张的签名时间并不影响协议的效力。原告包某生、刘某兰自 2007 年 4 月份起按月偿还银行贷款,该行为是对双方签订的顶名协议的实际履行。该顶名协议是甲乙丙三方的真实意思表示,且不存在法律规定的无效情形,应认定是有效协议。

第二,涉案房屋的实际购买人是两原告还是案外人李某荣。顶名协议中明确写明了甲方包某生、刘某兰是顶名委托人,乙方李某琼是顶名受托人,丙方李某荣是顶名贷款的保证人,据此能够认定原告包某生、刘某兰是涉案房屋的实际购买人。综上,原告包某生、刘某兰要求确认其两人为涉案房屋的实际购买人的主张,事实清楚、证据确凿,应予支持。

判决:(1)A 小区某单元 101 号房屋的实际购买人为原告包某生、刘某兰;(2)驳回反诉原告李某琼的反诉请求。宣判后,原被告均未提起上诉。

三、合意与不合意

(一)合意

合意,是指双方当事人就订立合同的意思表示达成一致。合意是合同成立的核心要件。现行法对合意未作明确规定,需借助合同订立的相关规定(如要约、承诺规则)对合意作出认定。

1. 合意的标准——主观标准还是客观标准

(1)原则上采客观标准。

第一,对于意思表示的解释,现行法采取以表示主义(客观标准)为主的折中主义。[①] 一般情形下,合意是指双方当事人就合同条款作出的表示行为达成一致。《民法典》第 490 条、第 491 条规定,当事人采用合同书、确认书形式订立合同的,双方完成签名、盖章或按指印时合同成立。该规定即体现了客观标准的解释方法。如果双方当事人对表示行为的理解均与客观标准的解释相同,即双方的内心真意也是相同的,则达成合意(以相同理解的内容)不存疑义。例如 A 与 B 在买卖 10 台"惠普(HP)M232dw"型号打印机的合同书上签字,且双方对该型号打印机的认知均正确。

如果当事人的内心真意与表示行为不一致,而依据法律规范涵义、交易习惯等

---

① 相关学理意见参见杨代雄:《法律行为论》,北京大学出版社 2021 年版,第 208—211 页。

客观标准可以确定表示行为的涵义,仍应认定达成合意(以客观标准解释的内容)。换言之,虽然双方当事人使用了相同的措辞,但对该措辞的理解不一,应借助客观标准解释该措辞,而不影响达成合意。例如 A 与 B 在买卖 10 台"惠普(HP)M232dw"型号打印机的合同书上签字,A 对该型号打印机的认知正确,但 B 则误以为该型号与另一款"惠普(HP)M233dw"是相同型号。该情形下,应认定 A 与 B 就买卖 10 台"惠普(HP)M232dw"型号打印机达成合意。该解释标准可避免当事人动辄以内心真意与表示行为不符为由否认合意的达成,故有利于维护交易安全以及相对人的信赖。

第二,如果当事人内心真意与表示行为不一致系基于重大误解等原因,不影响合同成立,而影响合同效力。《民法典》第 147—151 条规定,在重大误解、欺诈、胁迫等情形下订立合同的,因当事人意思表示不真实而导致合同效力存在瑕疵,当事人有权撤销该合同。据此,在适用客观标准认定合意的前提下,因特定事由导致内心真意与表示行为不一致的当事人可通过撤销权得到救济。

(2)客观标准的例外:"误载无害真意"。如果双方当事人的内心真意是一致的,但基于某种原因双方作出的表示行为(依据客观标准)与其内心真意并不相符,仍应认定双方达成合意(以内心真意为内容)。此即为"误载无害真意"规则。[①]该规则没有对任何一方当事人造成不利,因为认定达成合意与双方当事人的内心追求是一致的。当事人基于故意(如双方为保密而故意写错)或非故意(如单纯笔误)导致错误表示,不影响该规则的适用。该情形不构成重大误解,因为当事人并未基于错误表示而致意思表示不一致。

传统民法上著名的"鲸鱼肉案"中,合同约定 A 为 B 提供"Haakjöringsködträgen",这个词在挪威语中的意思是鲨鱼肉,但 A 和 B 均将这个词理解为鲸鱼肉。A 和 B 就买卖鲸鱼肉已达成合意,因为此时重要的是共同认识(鲸鱼肉)。[②] 我国的实例如,合同条款约定股权转让标的是"A 公司总股本 1%(即 1200 万股)的股权",还约定受让款是 1200 万元。事实上,A 公司总股本为 1.2 亿元,A 公司总股本的 1%应为 120 万股。一审法院认为双方对转让标的未达成合意。但二审法院认为,"总股本 1%为 120 万股是确定的""受让人实际支付 1200 万元被转让人接受",故括号中的"1200 万股"实为"1200 万元"之误,双方对转让标的达成合意。[③]

《民法典合同编通则解释》第 1 条第 2 款新增文义解释之例外规定,即以"误载

---

① 参见朱庆育:《意思表示解释理论——精神科学视域中的私法推理理论》,中国政法大学出版社 2004 年版,第 265 页。

② 参见[德]汉斯·布洛克斯、[德]沃尔夫·迪特里希·瓦尔克:《德国民法总论(第 41 版)》,张艳译,中国人民大学出版社 2019 年版,第 66 页。

③ 参见江苏省高级人民法院(2016)苏民终 1031 号民事判决书。不适用"误载无害真意"规则的实例参见北京市第一中级人民法院(2023)京 01 民终 5332 号民事判决书。

无害真意"规则为依据。(参见第五章第二节"狭义的合同条款解释的规则")

2. 合意的范围

(1)原则上双方当事人仅须对合同必要条款达成合意。一般情形下,双方当事人对合同必要条款(而非所有条款)达成合意,合同即可成立。例如借条内容明确约定借款本金及还款期限,借款人在借条上签字确认,可认定双方就借贷达成合意。① 《民法典》第488条、第489条规定,双方对合同必要条款达成一致,即使对非必要条款尚存异议,也构成合意。《民法典》第510条、第511条规定,如果对某些非必要条款没有约定或约定不明确,可通过补充解释方法确定这些条款的内容。

(2)如果当事人特别表示对非必要条款也须达成一致,则对此类条款也须达成合意,合同才能成立。《民法典》第489条规定,承诺对要约的内容作出非实质性变更的,要约人及时表示反对或者要约表明承诺不得对要约内容作出任何变更的,不构成有效承诺,合同不成立。该情形下,基于合同自由原则应承认当事人就合意范围特别设置的高标准。

(二)不合意

1. 明显的不合意

是指当事人明知其意思不一致。该情形下,合同当然不能成立。例如:

①软件开发合同不仅未确定价款,涉及合同标的的系统建设方案也未确定,应认定双方当事人未就主要条款达成合意。②

②A和B曾以旧报价订立合同,其后A向B提出新报价,B表示新报价过高不能接受,只能接受旧报价的价格,A未予回应。A和B就新报价和旧报价均未达成合意。③

③A公司称杨某通过董某向其借款,且A公司向B公司(与杨某存在房屋买卖合同关系)转账时,自行备注为"杨某"或"代付杨某"房款字样。法院认为,依据客观标准该意思表示与"代杨某付款"的含义并不一致,故A公司与杨某未就借贷达成合意。④

2. 隐存的不合意

是指当事人错误地认为已达成合意,但实际上并未达成合意,故合同不成立。主要包括两种情形:

(1)当事人的表示行为具有多义性,导致双方内心真意存在不同理解,且无法

---

① 参见新疆维吾尔自治区高级人民法院(2023)新民申471号民事裁定书。
② 参见最高人民法院(2022)最高法知民终1572号民事判决书。
③ 参见上海市高级人民法院(2023)沪民终199号民事判决书。
④ 参见北京市高级人民法院(2023)京民申449号民事裁定书。

依据客观标准确定其涵义。该情形与重大误解的区别在于,能否依据法律规范涵义、交易习惯等客观标准确定表示行为的涵义不同。例如传统民法上的"dollar案"中,一份在德国缔结的买卖合同中的约定价款是 1000 dollar,一方指的是美元,而另一方却以为是加拿大元。尽管双方的表示行为一致,但无法依据客观标准确定 dollar 的涵义,故构成隐存的不合意。但假设该合同签订地、交货地、付款地均在加拿大,而依据当地法律该情形应采本国货币结算(除非另有明确约定),则即使一方将 dollar 理解为美元,也应认定达成合意但可能构成重大误解。[①]

(2)双方当事人均认为合同已成立,但实际上双方对有关必要条款未达成合意,且无法通过补充解释方法确定这些条款的内容。例如 A 与 B 经磋商订立"合伙合同",虽然对合伙事务、利润分配等事项作出约定,但未约定双方的出资形式及出资数额,应认定合伙合同不成立。

四、合同成立的方式

(一)一般场合下合同成立的方式——要约、承诺

《民法典》第 471 条规定:"当事人订立合同,可以采取要约、承诺方式或者其他方式。"对于该条,可从以下几方面理解:

1. 当事人异地订立合同,区分要约、承诺阶段,具有重要法律意义

在罗马法时代,由于订约双方都必须亲自到场,故无必要将当事人合意的过程区分为要约和承诺。这种区分的必要性是在可信赖的邮政服务出现和远距离订立合同成为可能之后,才成为现实。[②] 当事人异地订立合同的场合下,由于双方作出的意思表示存在时间差,故判断何时达成合意及依据谁的意思表示内容达成合意具有重要意义。合同编针对要约的生效、撤回、撤销、失效以及承诺的期限、生效、撤回、迟延等问题所作的规定,实际上都是以异地订立合同为适用对象的。

2. 当事人当面订立即时清结的合同,区分要约、承诺阶段并无实际意义

在此场合下,当事人当面就合同内容达成合意且立刻履行完毕,虽然在理论上将双方的意思表示区分为要约和承诺是可能的,但由于合同的成立、履行和消灭几乎是同时发生的,所以这种区分并无特别的实际意义。例如在路边小摊购买小吃。

3. 在特殊场合下,合同成立可不采取要约、承诺方式

在某些特殊场合下,合同成立可采取《民法典》第 471 条规定的"其他方式"。

---

① 参见[德]汉斯·布洛克斯、[德]沃尔夫·迪特里希·瓦尔克:《德国民法总论(第41版)》,张艳译,中国人民大学出版社 2019 年版,第 64—65 页。

② 参见[德]海因·克茨:《欧洲合同法(上卷)》,周忠海等译,法律出版社 2001 年版,第 23 页。

(二)特殊场合下合同成立的方式——其他方式

订立合同的其他方式主要是指交叉要约。交叉要约,是指当事人采取非直接对话的方式,相互不约而同地向对方发出内容相互吻合的要约。例如甲向乙发出要约,表示愿以 30 万元价格将一幅祖传古画卖给对方,该要约尚未到达乙时,恰巧乙也向甲发出以相同价格购买该幅古画的要约。现行法对交叉要约未作规定,通说认为交叉要约可作为合同成立的特殊方式。① 如果两个要约不是同时到达对方,以后一要约的到达时间为达成合意的时间。

【学说争议:关于意思实现】

意思实现,是指依交易习惯、事件性质或要约人为要约时预先声明,承诺无须通知,在相当时期内有可认为承诺的事实时,合同成立的现象。例如要约人以实物发出要约,受要约人拆开包装使用该商品。意思实现具有以下特征:其一,承诺无须通知;其二,依交易习惯、事件性质或要约人为要约时预先声明,有可认为承诺的事实;其三,自该事实完成时,合同成立。大陆法系民法典对意思实现一般设有专门规定。②

学界对意思实现多有争议,具体争点如下:

(1)意思实现的性质是否为意思表示? 第一种观点认为,意思实现属于广义的意思表示。第二种观点认为,自解释论的立场,意思实现至少在我国立法上是一种意思表示。第三种观点认为,意思实现纯粹是一种实施行为,而不是表示行为,故不构成意思表示。③

(2)意思实现与默示的承诺之关系? 区别存在说认为两者存在差异,但对于该差异是否因意思实现不具有表示意思所致,亦存不同解释。区别否定说认为两者并非是截然分开的,在很多场合它们所指的是同一法律关系。④

(3)意思实现是否为要约、承诺以外的特殊缔约方式? 肯定说认为,意思实现是"要约承诺以外的方式成立合同"。否定说认为,意思实现并非是一种有别于要约与承诺的合同订立方式,只不过承诺的方式有其特殊性而已。⑤

本书认为,依据《民法典》第 480 条规定,根据交易习惯或要约表明可以通过行为作出承诺的,承诺人无须通知。该条所调整的情形符合意思实现的基本特征,应

---

① 少数说认为,由于存在要约被撤销的可能,因此交叉要约不能直接导致合同成立。参见柴振国等:《合同法研究》,警官教育出版社 1999 年版,第 74 页。

② 参见《德国民法典》第 151 条;《日本民法典》第 527 条。

③ 参见韩世远:《合同法总论》,法律出版社 2018 年版,第 152 页。

④ 参见韩世远:《合同法总论》,法律出版社 2018 年版,第 153 页。

⑤ 参见余延满:《合同法原论》,武汉大学出版社 1999 年版,第 121 页。

认为是对意思实现的规定。该条将意思实现界定为承诺的一种特殊方式,且并未将其与默示的承诺加以区分。

（三）强制缔约

基于合同自由原则,当事人享有缔约自由,即是否订立合同由其自己决定。但在某些场合下,出于维护国家利益、社会公共利益或保护弱势一方等政策考量,缔约自由受到限制,当事人订立合同成为一种义务,此即强制缔约。《民法典》第 494 条对强制缔约作出了规定,分述如下:

1. 依据国家下达的指令性任务或者国家订货任务依法订立合同

我国从 1992 年试行国家订货,其目的是在我国经济体制改革不断深入,国家指令性计划的范围和品种数量大幅度缩小的情况下,为了维护全国经济和市场的稳定,保证国防军工、重点建设以及国家战略储备的需要,对于国家还必须掌握的一些重要物资,将以国家订货方式逐步取代重要物资分配的指令性计划管理。① 据此,《民法典》第 494 条第 1 款规定:"国家根据抢险救灾、疫情防控或者其他需要下达国家订货任务、指令性任务的,有关民事主体之间应当依照有关法律、行政法规规定的权利和义务订立合同。"

国家订货任务、指令性任务应当有明确的法律依据。例如《烟草专卖法》第 9 条规定:"烟叶收购计划由县级以上地方人民政府计划部门根据国务院计划部门下达的计划下达,其他单位和个人不得变更。烟草公司或者其委托单位应当与烟叶种植者签订烟叶收购合同。烟叶收购合同应当约定烟叶种植面积、烟叶收购价格。"依该规定,烟草公司只能依据计划部门下达的计划进行烟叶收购。如果无相应的收购计划,烟草公司与他人签订烟叶收购合同的,合同无效。②

2. 强制要约

强制要约是指负有强制要约义务的主体应当依法向特定范围的相对人发出特定内容的要约。依据《民法典》第 494 条第 2 款规定,负有强制要约义务的主体须由法律、行政法规规定,该要约应当"及时""合理"。例如基于保护证券投资者的目的,《证券法》第 65 条规定了上市公司收购场合下的强制要约义务;第 73 条规定了协议收购场合下的强制要约义务。

3. 强制承诺

强制承诺是指负有强制承诺义务的主体对特定范围的相对人之要约,应当作出承诺。依《民法典》第 494 条第 3 款规定,负有强制要约义务的主体须由法律、行政法规规定,履行强制承诺义务的前提条件是"相对人的要约合理"。例如在公共

① 参见黄薇主编:《中华人民共和国民法典合同编释义》,法律出版社 2020 年版,第 75 页。
② 参见吉林省高级人民法院(2020)吉民终 387 号民事判决书。

服务领域基于保护普通消费者的目的,《电力法》第 26 条规定了供电人的强制承诺义务;《民法典》第 810 条规定了从事公共运输的承运人的强制承诺义务。

(四)关于"事实上的合同关系理论"

依据传统民法,合同以当事人合意为基本要素,合同为典型的表意行为。德国学者(Haupt)对此提出批评,并于 1941 年提出"事实上的合同关系理论"(Faktische Vertragsverhältnisse)。该理论认为,在若干场合下,合同关系可因一定的事实过程而成立,当事人的意思如何在所不问,主要包括三种情形:(1)基于社会接触而成立的事实上的合同关系;(2)基于团体关系而成立的事实上的合同关系;(3)基于社会给付义务而产生的事实上的合同关系。例如就电气、电信、自来水、公交车等订立合同的场合下,合同权利义务已被详细地规定,各项给付具有社会义务的性质,提供者无正当理由不得拒绝,利用者也无讨价还价的余地,因此没有必要借助意思表示拟制法律行为的要件,而应直接承认此类事实足以成立合同。

在此理论的基础上,拉伦茨(Larenz)教授进一步提出了"社会典型行为理论"(Die Lehre vom sozialtypischen Verhalten),认为在现代大众商业交往中依据事先确定好的条件(在大多数情况下是基于经过官署批准的"收费标准")向大众提供运输或者生产资料供应方面的服务,而任何人都不必为了缔结合同而作出意思表示。[1] 其后,虽然德国联邦最高人民法院的有关判决采纳了上述理论,但对该理论的争论一直未能平息。我国学界及司法实务的主流意见未采纳该理论。

【疑难案例:股东会决议可否导致抵押合同成立案[2]】
【案件事实】
2017 年 6 月 26 日,互相置业公司作出股东会决议,载明:"股东会同意本公司为亨盾公司向恒丰银行重庆分行申请委托债权 2.15 亿元提供抵押担保,并载明抵押物为位于湖南省长沙市铂金大厦的办公用房。"

2018 年 4 月 8 日,依斯特律所向亨盾公司发出《律师函》,载明:"贵司自 2017 年 12 月 21 日起未能按照《委托债权投资协议》约定归还贷款利息。本所接受恒丰银行重庆分行的委托,函告贵司:贵司与恒丰银行重庆分行签订的《委托债权投资协议》项下借款全部提前到期,望贵司收到本函后 1 个工作日内向恒丰银行重庆分行归还全部借款本金及利息、罚息、复利。"

---

① 参见[德]卡尔·拉伦茨:《德国民法通论(下册)》,王晓晔等译,法律出版社 2003 年版,第 745 页。
② 该案详细解读参见"恒丰银行股份有限公司重庆分行与重庆亨盾实业有限公司等金融借款合同纠纷案",载中国应用法学研究所主编:《中华人民共和国最高人民法院案例选》第五辑,法律出版社 2021 年版,第 64 页以下。

2018 年 8 月 7 日,恒丰银行资管部出具《授权委托书》,授权恒丰银行重庆分行向亨盾公司及担保人收取委托债权投资本息及其他应付款项。恒丰银行重庆分行认可亨盾公司分别于 2016 年 11 月 29 日、2017 年 5 月 29 日、2017 年 11 月 29 日偿还融资款本金 50 万元、50 万元、50 万元,合计 150 万元,并已支付截至 2017 年 11 月 20 日的利息。

恒丰银行重庆分行因亨盾公司未按期归还借款,向法院起诉请求:(1)判令亨盾公司向恒丰银行重庆分行偿还借款本金 21350 万元及利息 5958875 元,复利 99344.27 元……(5)互相置业公司在其抵押担保的铂金大厦共计 85 套办公用房及土地使用权范围内,对亨盾公司的前述 1—3 项债务向恒丰银行重庆分行承担连带清偿责任……

【本案争点】

1. 载明设立抵押权意思的股东会决议是否构成订立抵押合同的要约?

2. 能否以单方允诺的形式订立抵押合同?

【裁判要旨】

一审法院认为,互相置业公司的股东会决议虽然载明同意该公司以其所有的房屋为亨盾公司向恒丰银行重庆分行的 2.15 亿元委托债权提供抵押担保,但该决议系互相置业公司股东作出的内部决策文件,该公司并未实际向恒丰银行重庆分行出具担保函或订立担保合同,双方之间并未形成担保法律关系。恒丰银行重庆分行既无证据证明互相置业公司向其发出过要约,也无证据证明该行对要约作出了承诺;无证据证明未订立抵押担保合同系互相置业公司的缔约过失行为,更无证据证明未办理抵押登记的过错在互相置业公司。因此,仅依据互相置业公司的股东会决议不能认定该公司向恒丰银行重庆分行作出过承担抵押担保责任的意思表示。判决:驳回原告要求互相置业公司承担担保责任的诉讼请求。

二审法院(最高人民法院)认为:

(一)恒丰银行重庆分行与互相置业公司之间是否成立抵押合同关系

《合同法》第 10 条规定"法律、行政法规规定采用书面形式的,应当采用书面形式"。因抵押合同通常具有单向负担义务的性质,风险性较高,法律意图通过合同的书面性要求给予抵押人最后一次深思熟虑的机会,尽量避免其作出草率决定,故《物权法》第 185 条第 1 款规定"设立抵押权,当事人应当采取书面形式订立抵押合同"。恒丰银行重庆分行作为专业金融机构,对其金融借款所涉抵押合同理应坚持书面性要求。而本案中,恒丰银行重庆分行与互相置业公司未签订书面抵押合同,不符合法律关于抵押合同的特殊形式要求。

同时,恒丰银行重庆分行与互相置业公司之间实质上也难谓形成了担保合意。首先,抵押意思载体与通常形式不符。公司提供抵押意思的形成过程,原则上包括作出股东会决议、内部工作人员执行股东会决议并制作以公司名义向特定主体发出抵押意思的载体两个阶段。案涉股东会决议虽加盖了互相置业公司的公章，载明了被担保债权的种类、数额及抵押财产范围，但毕竟是一份公司内部决议，而非书面要约、合同文本等通常以公司名义向特定主体发出抵押意思的载体。其次，抵押意思载体的送达方式存在争议。恒丰银行重庆分行主张案涉股东会决议系互相置业公司直接送交，但不能陈述双方具体经办人员及详细过程。在互相置业公司否认其直接送交过的情况下，恒丰银行重庆分行何以持有案涉股东会决议在事实层面上存在争议，互相置业公司的意思外化过程存在瑕疵。再次，互相置业公司的股东会决议作出于案涉贷款发放一年多之后，且作出股东会决议不久，互相置业公司的全部股权因交易发生了变化。由于变更后的股东对该股东会决议不予认可加之股权转让过程中存在其他纠纷，引发湖南高院48号案诉讼。根据法院调取的该案材料，无法得出新股东承诺承接案涉债务或股权转让价款包含案涉债务的结论。故互相置业公司关于股东会决议系原股东作出、新股东不知情的主张具有一定合理性。最后，互相置业公司在股东变更后的几个月内向亨盾公司的贷款还款账户汇入应付利息，表明互相置业公司与亨盾公司之间存在一定关联关系，但代为还款行为不足以证明互相置业公司有为案涉借款提供抵押担保的意思。

综合上述因素，应当认定恒丰银行重庆分行与互相置业公司之间并未成立抵押合同关系。

(二)互相置业公司是否构成单方允诺

虽然《担保法解释》第22条第1款对保证合同作出"第三人单方以书面形式向债权人出具担保书，债权人接受且未提出异议的，保证合同成立"①的特殊规定，但是该条文仅涉及保证合同，并未涉及抵押合同，且实施日期在后的《物权法》明确规定抵押合同应采用书面形式。故恒丰银行重庆分行主张互相置业公司构成单方允诺缺乏法律依据。判决：驳回上诉，维持原判。

五、合同成立的法律意义

(一)合同成立是确定合同是否有效、生效的前提

依有效合同产生相应的权利义务是当事人订立合同的本意，但合同有效、生效的前提是合同已经成立。如果因欠缺成立要件而导致合同不成立，则根本无需进一步考察合同是否具备有效要件和生效要件。

---

① 该规则现规定于《民法典》第685条第2款。

（二）合同拘束力的发生：当事人不得擅自变更或解除合同

合同成立后，无论是否已经生效，对当事人均发生一定拘束力，体现为除非具有法定或约定事由，当事人不得擅自变更或解除合同。《民法典》第 465 条第 1 款规定：“依法成立的合同，受法律保护。”第 2 款规定：“依法成立的合同，仅对当事人具有法律约束力，但是法律另有规定的除外。”

（三）债权或期待权的发生及救济

合同成立后，若无特殊情形则同时生效，因此在当事人之间发生债权债务关系。在订立附生效条件和附始期的合同的场合下，合同成立后至条件成就或期限届至的时间段内，合同处于已经成立但未生效的状态，当事人仅享有期待权。对该期待权的侵害虽不能通过违约责任加以救济，但可通过“条件成就或不成就的拟制”规则（《民法典》第 159 条）得到救济。

（四）附随义务的发生

合同成立后，无论是否已经生效，当事人均应当遵循诚实信用原则，根据合同的性质、目的和交易习惯履行通知、协助、保密等附随义务（《民法典》第 509 条第 2 款）。当事人违反附随义务的，即使合同尚未生效，亦可产生违约责任。

第二节　要约

一、要约的概念和构成要件

要约，是指缔约人一方以缔结合同为目的向对方当事人所作出的意思表示。（《民法典》第 472 条）在不同的交易场合下，要约也被称作发价、发盘、出盘、报价等。由于合同以双方当事人达成合意为成立要件，而一方作出要约通常是达成合意的前提，因此是否存在要约是判断合同成立与否的重要因素。要约须具备以下要件：

（一）要约是特定人作出的意思表示

要约是一种意思表示，必须由特定人作出才具有法律意义，而且要约人必须特定，受要约人才能明确应向谁作出承诺。所谓特定人，是指能够被外界客观确定的人，包括要约人本人及其代理人。在某些场合下，明知要约为特定人作出但不知其具体为何人,亦满足该要件的要求,例如自动售货机的设置。

(二)要约必须是向相对人所作的意思表示

(1)无相对人或向第三人所作的某种表示不构成要约。要约作为一种意思表示,必须向相对人作出且到达相对人,否则不能生效。如果甲将要约内容写于信件上,但该信件最终未被发出,不构成要约,因为该表示尚未向相对人作出。如果甲欲将旧车以2万元价格卖给乙但还未向乙发出要约,甲与丙闲聊时告知此事,即使丙向乙转述甲的表示,甲向丙所作表示也不构成要约,因为丙不是甲或乙任一方的代理人,故向其作出表示仍未完成意思表示。

实务中的情形包括:

①教育厅向下属教育局发出的《通知》载明"中小学学籍电子管理软件由省教育厅责成专业软件公司研制、开发、安装和维护,负责软件系统的运转、应用和管理人员培训",但该《通知》并未发给专业公司,故不构成要约。①

②开发商就房屋在物价部门备案《商品房销售明码标价表》,但未将该表内容向相对人(购房者)作出,不构成要约。②

(2)相对人可以是特定人或不特定人。向特定人作出的要约称为特定要约,例如甲公司以信函向乙公司发出要约。向不特定人作出的要约称为公众要约,例如商场标价陈列商品。

(三)要约是以缔结合同为目的的意思表示

要约人作出要约的直接目的是与相对人订立合同,即只要相对人同意要约的内容,要约人便愿意以此与相对人成立合同关系。如果表意人作出的意思表示只是希望与相对人就缔约事项展开磋商,虽然表意人具有缔约的最终目的,但该意思表示不构成要约而构成要约邀请。

(四)要约的内容必须具体确定

(1)要约的内容必须具体,即要约应具备合同的必要条款。受要约人一旦接受要约,双方即应以要约内容成立合同关系,因此要约应具备成立合同最低限度的内容即必要条款。要约中是否具备合同的必要条款,应结合法律规定、合同性质及当事人要求作具体判断。

如果表示中含有缔约意愿但欠缺有关必要条款,则为要约邀请。例如:

①国土局发布的出让土地使用权文件中,没有出让土地的具体位置(四至范

---

① 参见吉林省高级人民法院(2016)吉民终179号民事判决书。
② 参见陕西省高级人民法院(2018)陕民申521号民事裁定书。

围）、面积、价格等。①

②保险公司业务员将空白投保单交给投保人填写,该投保单仅载明保险人名称和住所,其他各项(保险标的、保险期间、保险金额、保险费)均没有载明。②

(2)要约的内容必须确定。在要约具备合同必要条款的前提下,对必要条款的表述必须是确定的或者依据某种方法可以确定。例如甲给乙去信,称有一批货物愿以市价卖给乙,但该批"货物"究竟是什么货物则并未说明,且不能通过交易习惯、合同解释等方法确定,该信函因内容不确定而不构成要约。

(五)要约必须表明经受要约人承诺,要约人即受该意思表示约束

该要件在学理上被称为"受拘束的意旨",它是要约的核心要件之一。对于是否具有受拘束的意旨,可从以下几方面判断:

(1)要约人以明示方式表明一旦受要约人承诺,要约人即受该意思表示约束的,应认定具有受拘束的意旨。例如要约人在记载了交易条件的信函上注有"本信函为要约""本信函被认为对发信人具有法律约束力"等字样。

(2)要约人未采明示方式的,应依据交易习惯及意思表示解释等方法,对是否具有受拘束的意旨作出判断。现行法对意思表示的解释原则上采"表示主义",如果表意人内心意思不具有受拘束的意旨,但依据客观标准解释具有该意旨,应以客观解释为准。

(3)要约中不能包含与愿受该意思表示约束相矛盾的内容。受拘束的意旨意味着一旦受要约人同意,双方即达成合意,要约人没有机会就缔约事项再与对方协商。因此,如果意思表示中含有"正在考虑""初步意向"等类似字样,则不构成要约。例如:①"甲公司拟对某项目进行回购"③;②"之前要做软件的那个项目……之后可能还要找你开发软件"④;③"请有意出让股权的股东提出意愿,由拟出让股东和甲协商后另行签约"⑤;④"期待下次合作"⑥等。

附加保留条件的缔约建议是否构成要约?所谓保留条件,是指提出缔约建议的人对其建议采取的一种限制。这种限制可分为两种情况:第一种情况下,提出缔约建议的人保留了拒绝同自己认为不合适的任何人订立合同的权利。例如雇主发出招聘广告,对应聘条件列举了详细要求,但即使某应聘者完全符合这些条件,是否雇佣他的决定权仍在雇主手中。第二种情况下,提出缔约建议的人没有权利对

---

① 参见最高人民法院(2017)最高法民申 800 号民事裁定书。
② 参见湖北省高级人民法院(2019)鄂民再 71 号民事判决书。
③ 参见最高人民法院(2019)最高法民申 1895 号民事裁定书。
④ 参见最高人民法院(2021)最高法知民终 2160 号民事判决书。
⑤ 参见广东省高级人民法院(2019)粤民申 4265 号民事裁定书。
⑥ 参见山东省高级人民法院(2021)鲁民申 4652 号民事裁定书。

收到该建议的相对人进行选择,但在特定条件下他可不受该缔约建议的约束。例如甲向多人发出含有"限量供应、卖完为止"字样的信函,只要货物尚未卖完,甲就无权拒绝任何收信人的购买要求;但如果货物已经卖完,则甲有权拒绝他人的购买要求。一般认为,第一种情况下由于提出缔约建议的人保留了对相对人的最终决定权,该建议不具备要约的要件,其不构成要约;第二种情况下提出缔约建议的人没有对相对人的选择权且在一定范围内受到约束,该建议具备要约的要件,其构成要约。

二、要约与要约邀请

(一)要约与要约邀请的区别

要约邀请,是指希望他人向自己发出要约的表示。(《民法典》第 473 条第 1 款)要约邀请也是发生于缔约阶段的一种行为,但不是意思表示(因不包含法效意思)。其与要约的区别如下:(1)目的不同。要约的目的是直接与相对人订立合同;要约邀请的目的是邀请对方向自己发出要约。(2)是否愿受意思表示约束不同。要约必须表明经受要约人承诺,要约人即受该意思表示约束;要约邀请不具有受拘束的意旨。(3)是否包含合同的必要条款不同。要约的内容必须具体确定,其应包含合同的必要条款;要约邀请不必包含合同的必要条款。(4)是否具有拘束力不同。要约具有法律拘束力,包括对要约人的拘束力和对受要约人的拘束力;要约邀请不具有拘束力,即使相对人应邀发出要约,要约邀请人通常也无必须承诺的义务。(5)法律意义不同。在一般场合下,要约是合同成立的必经程序;要约邀请不是合同成立的必经程序。

(二)要约与要约邀请的区分标准

1. 法律规定

《民法典》第 473 条第 1 款列举了几种典型的要约邀请,其他单行法和司法解释对要约邀请也有一些零星规定。

2. 当事人意愿

在一个缔约建议中,如果当事人以明示或默示的方式表明了对该缔约建议是否为要约的态度,可依据当事人的意思认定该缔约建议的性质。例如在一份商业信函中,虽然详尽列举了必要条款和其他交易条件,但当事人明确表示这些内容仅作为进一步磋商的基础,或者将此类文件命名为《要约邀请函》①,此类文件应认定为要约邀请。

3. 是否包含合同的必要条款

如果一个缔约建议没有包含合同的全部必要条款,只能将其认定为要约邀请;如果一个缔约建议包含了合同的全部必要条款,则还应考察它是否具备要约的其他要件来认定其是否为要约。例如实务中的许诺销售行为既可能是要约,也可能是要约邀请,主要取决于其内容是否包含合同必要条款。②

4. 交易习惯

某些情形下,交易习惯可以成为区分要约与要约邀请的依据。例如由于煤炭价格波动频繁且具有很强的时效性,根据港口煤炭交易习惯,煤炭散货交易采取在行业内通过询价比价的交易方式。这种询价比价不需要书面中标通知书,只需口头告知,询价公告构成要约邀请。③

(三)《民法典》合同编规定的典型的要约邀请

1. 拍卖公告

拍卖人应当于拍卖日 7 日前发布拍卖公告,拍卖公告应当载明与拍卖有关的事项,并且通过报纸或者其他新闻媒介发布。(《拍卖法》第 45—47 条)拍卖公告的作用是宣传和介绍某项拍卖活动的基本内容,并吸引更多的竞买人参与拍卖活动向拍卖人作出竞买行为,故拍卖公告是要约邀请。当事人在网站发布"公开拍卖推介书"的,是就公开拍卖事宜向不特定对象发出的要约邀请。④

2. 招标公告

招标分为公开招标和邀请招标。公开招标是指招标人以招标公告的方式邀请不特定的法人或者其他组织投标。邀请招标,是指招标人以投标邀请书的方式邀请特定的法人或者其他组织投标。(《招标投标法》第 10 条)招标公告的作用是宣传和介绍某项招标活动的基本内容,并吸引更多的投标人参与竞标活动向招标人作出投标行为,故招标公告是要约邀请。⑤

3. 招股说明书

发起人向社会公开募集股份,必须公告招股说明书,并制作认股书。招股说明书应当附有发起人制订的公司章程,并载明有关法定事项。(《公司法》第 100 条、

---

① 参见最高人民法院(2018)最高法民终 1303 号民事判决书。

② 参见最高人民法院(2021)最高法知行终 451 号行政判决书,2022 年江苏法院知识产权司法保护十大典型案例。

③ 参见山东省日照市中级人民法院(2023)鲁 11 民终 187 号民事判决书。

④ 参见最高人民法院(2008)民二终字第 91 号民事判决书,载《最高人民法院公报》2010 年第 4 期。

⑤ 参见最高人民法院(2017)最高法民终 722 号民事判决书。

第 154 条)招股说明书的作用是宣传和介绍本次发行股票的基本情况,并吸引社会公众参与股份认购活动,故招股说明书是要约邀请。

4. 债券募集办法

债券募集说明书是已经上市的公司再融资即配股、增发、发债等的募集文件的总称。债券募集办法应当载明债券募集的法定事项。(《公司法》第 195 条)债券募集说明书的作用是宣传和介绍本次债券募集的基本情况,并吸引社会公众参与债券认购活动,故该说明书是要约邀请。

5. 基金招募说明书

基金招募说明书是基金发起人为了让投资人了解基金详情,供投资人作出投资的决策的法律文件。基金招募说明书应当载明公开募集基金的法定事项。(《证券投资基金法》第 53 条)基金招募说明书的作用是宣传和介绍发行基金的基本情况,并吸引投资者参与基金认购活动,故该说明书是要约邀请。

6. 商业广告和宣传

(1)商业广告和宣传原则上是要约邀请。商业广告是指商品经营者或者服务提供者承担费用,通过一定媒介和形式直接或者间接地介绍自己所推销的商品或者所提供的服务的行为。(《广告法》第 2 条第 1 款)在一般情况下,商业广告的作用是介绍某种商品或服务,以此激发顾客的购买欲望并作出相应的购买行为,故商业广告是要约邀请。实务中,书面宣传画册即使通过图文并茂的内容对商品进行了详尽地介绍,也不构成要约要件之"内容具体确定",因为此类介绍不能替代合同必要条款。[①]

(2)商业广告和宣传的内容符合要约条件的,构成要约。在某些场合下,如果商业广告的内容符合要约的要件,尤其是广告人表明愿受该商业广告约束的,则该商业广告构成要约。(《民法典》第 473 条第 2 款)

商品房销售广告和宣传资料的性质如何认定?《商品房买卖合同解释》第 3 条规定,此类资料原则上为要约邀请,但符合下列条件的应认定为要约:其一,出卖人就商品房开发规划范围内的房屋及相关设施所作的说明和允诺"具体确定"。其二,所作说明和允诺对合同的订立以及房屋价格的确定有"重大影响"。如果此类资料被认定为要约,其所记载的说明和允诺即使未载入商品房买卖合同,亦应当为合同内容,当事人违反的,应当承担违约责任。例如:

①销售楼盘的宣传图册所载户型图显示一层院落西侧有一入院大门,宣传册中亦有"推门入院"的表述,上述内容虽未作为双方所签《商品房预售合同》条款,但上述宣传对于买受人订立买卖合同满足特定的心理预期产生一定的影响,应作

---

① 参见重庆市高级人民法院(2015)渝高法民抗字第 00013 号民事判决书。

为要约。①

②商品房出卖人在与业主签订认筹意向书并由业主选择所购房屋具体位置时,提供的是商品房开发预售宣传资料及鸟瞰图,并未出示该幢楼的设计图纸。该宣传资料所反映内容,对业主选择所购房屋的具体位置及对合同订立有重大影响,该宣传资料及鸟瞰图应视为要约。②

③被告房地产公司在其广告宣传资料中对供热采暖方式作出具体说明和允诺,原告因此而与其签订了商品房买卖合同,该广告宣传资料应当视为合同内容。③

④商品房销售资料承诺"××小区业主子女享受义务教育收费标准",尽管该内容未载于商品房预售合同内,但基于该广告内容中明确受益对象为××小区业主,而无购房时间上的限制,故该广告内容应视为合同内容。④

⑤商品房销售资料中注明:"本宣传资料所有图片、文字以及数据仅供参考,一切均以政府有关部门最终批准的文件及双方签订的商品房买卖合同为准。"双方订立的《商品房买卖合同》附件也载明,上述宣传广告内容仅供参考,不构成对买受人的允诺,买受人在该附件处签名。上述宣传资料应当认定为要约邀请。⑤

7. 寄送的价目表

价目表包含商品的名称、价格、性能等必要条款,并且也包含价目表寄送者希望交易的意愿。在一般情况下,价目表的寄送行为是为了激发他人购买商品的欲望并因此向寄送者发出交易请求,该行为并不意味着寄送者负有必须依据价目表内容将商品出售给他人的义务。因此,价目表的寄送行为应认定为要约邀请。但是在某些场合下,如果寄送人在价目表中表明其愿受该寄送行为的约束,则该寄送行为应认定为要约。例如价目表中注明"表中商品均为现货供应,先来先买,卖完为止"等字样。

(四)《民法典》合同编未规定的几种行为

1. 商品标价陈列

对于商场和超市里的商品标价陈列,大陆法系一般认为是要约,英美法系认为原则上是要约邀请。我国通说认为,在柜台、货架上标价陈列商品,构成要约;在邻街的橱窗陈列商品,如果未表明正在出售,即使附有标价,也不构成要约,其主要作用是为了招揽顾客。顾客将商品放入购物车并不构成承诺(因有后悔放回商品的

---

① 参见北京市高级人民法院(2022)京民再16号民事判决书。
② 参见汉中市中级人民法院(2007)汉民终字第560号民事判决书,载《人民司法·案例》2009年第2期。
③ 参见新疆维吾尔自治区乌鲁木齐市中级人民法院(2005)乌中民一终字第1632号民事判决书。
④ 参见上海市第二中级人民法院(2007)沪二中民二(民)终字第361号民事判决书。
⑤ 参见湖北省高级人民法院(2014)鄂民申字第00313号民事裁定书。

可能），在收银台出示商品并要求结账才构成承诺。如果商品置于包装箱内放在货架顶上且未标注价格，则不构成要约，因为超市尚未作出出售该商品的意思表示。[①]

2. 公共交通

《民法典》第 810 条规定："从事公共运输的承运人不得拒绝旅客、托运人通常、合理的运输要求。"据此，地铁、公交车站的设置和出租车打空车牌候客构成要约邀请，乘客提出乘坐要求构成要约，地铁、公交公司与出租车公司对乘客通常、合理的运输要求负有强制承诺义务。[②] 轮船公司向社会公众发出的船期公告也属于要约邀请。[③] 在出租车交接班期间，如果乘客目的地与交接班地点是不同方向，或者目的地太远影响交接时间，司机可以拒绝乘客的运输要求，但须作出"交接班""停运"等明示标志，否则出租车显示"空车""待运"仍产生强制承诺义务。[④]

3. 网店商品信息

网店单纯显示商品名称、价格、型号等基本信息的，仅构成要约邀请，因为面对众多求购者，网店有必要先审查自己的给付能力才能决定是否成交。如果页面不仅包括上述基本信息，还显示"正在出售""有货"或"剩余 30 件"，则具备要约条件，可构成要约。[⑤] 该情形下，用户选择该商品并提交订单构成承诺，提交成功即合同成立；当事人另有约定的，从其约定。（《电子商务法》第 49 条第 1 款）

实务中，某些网店的用户注册协议条款包含以下内容："本网店的商品信息不构成要约，用户订单构成要约。我们将发送一封确认收到订单的邮件，其中载明订单的细节。但是只有当我们向您发出送货确认的邮件通知您我们已将产品发出时，我们对您合同申请的批准与接受才成立。"此类内容并非当然有效，而应适用格式条款规则（如提示义务、说明义务、格式条款无效事由）判断其效力。但是，如果网店在用户操作的某一步骤（而非注册协议）中声明商品信息仅为要约邀请，且依法履行了提示义务，则该声明可以有效。

4. 出版社、杂志社或其编辑部的约稿

出版社、杂志社或其编辑部向作者作出的约稿行为一般为要约邀请；作者的投稿行为为要约；出版社、杂志社或其编辑部向作者发出用稿通知为承诺，直接刊用作者稿件为意思实现。但是在某些场合下，如果出版社、杂志社或其编辑部向特定作者发出约稿，其中具备了要约条件，甚至表示一定会采用该作者的稿件，则该约稿应认定为要约。

[①] 参见江苏省南京市中级人民法院（2014）宁民终字第 4738 号民事判决书。
[②] 其他观点参见崔建远：《合同法总论（上卷）》，中国人民大学出版社 2011 年版，第 132 页。
[③] 参见最高人民法院（2010）民提字第 213 号民事判决书，载《最高人民法院公报》2011 年第 10 期。
[④] 参见陕西省西安市雁塔区人民法院（2013）雁民初字第 03376 号民事判决书。
[⑤] 参见江西省南昌县人民法院（2015）南民初字第 141 号民事判决书。

5. 用人单位的招聘广告

用人单位公开发布的招聘广告为要约邀请,应聘者报名为要约,用人单位发出录用通知为承诺。

6. 自动售货机

一般认为,自动售货机的设置是向不特定人发出的要约,顾客投币或扫码为承诺,商品掉入取货口并被顾客取走则合同履行完毕。

7. 餐馆的菜单

摆在桌上或贴在墙上的菜单一般为要约邀请,因为店主必须有机会查看当时能否提供某一菜品。顾客点菜构成要约,服务员予以记录且未提出异议的,构成承诺。

8. 国有土地使用权出让公告

有判决认为,国有土地使用权出让公告与拍卖公告、招标公告类似,故属于要约邀请。竞买人在竞买申请中提出报价,并按要约邀请支付保证金的行为,属于要约。①

9. 产权交易所发布产权交易信息

有判决认为,信托公司委托联交所在其网站、交易大厅显示屏以及《中国证券报》上所发布的涉案股权转让信息公告,虽载明有挂牌转让的价格、期限和交易方式等信息内容,但实际上是向不特定主体发出的以吸引或邀请相对方发出要约为目的的意思表示,故应认定为要约邀请。②

10. 网络竞拍

有判决认为,在网络交易买卖合同关系中,出售人在网上提供可供出售的商品信息可视为要约邀请,竞买人竞拍的行为可视为要约,网站代出售人向竞买人发送成交通知的行为应视为出售人的承诺。③

【疑难案例:网站经营者注册协议约定合同特殊成立要件案④】
【案件事实】

2012年6月30日,原告薛某明在京东网上商城上提交订单,购买系争金币1

---

① 参见最高人民法院(2003)民一终字第82号民事判决书,载《最高人民法院公报》2005年第5期。

② 参见"周益民诉上海联合产权交易所、华融国际信托有限责任公司股权转让纠纷案",载《最高人民法院公报》2011年第6期。

③ 参见"应娟利诉亿贝易趣网络信息服务(上海)有限公司服务合同纠纷案",载《最高人民法院公报》2007年第3期。

④ 该案详细解读参见"薛某明与北京京东叁佰陆拾度电子商务有限公司买卖合同纠纷案",载最高人民法院中国应用法学研究所编:《人民法院案例选》2016年第10辑(总第104辑),人民法院出版社2017年版,第92页以下。

枚。订单详情显示:订单金额48500元,支付方式为在线支付。订购时商品网页信息显示,系争金币市场价72750元,京东价48500元。该网页还显示如下内容:"库存:送至上海(现货),下单后立即由诺曼诺兰发货""本商品发票由诺曼诺兰提供,由京东商城负责配送"等。其后,原告通过其妻沈某名下的银行卡进行了48500元的网上支付;同日9时53分52秒,京东商城网站电脑系统确认"订单确认汇款成功";10时53分,原告邮箱收到京东网上商城发送的确认收到订单款项的邮件。

还查明:京东商城网站的用户注册页面下方有"同意以下协议,提交"按钮,按钮下方显示有"京东商城网站用户注册协议"等字样的文本框,通过连续下拉文本框右侧的滚动条,可显示"京东商城网站用户注册协议"的全部内容。第6条第6.2款内容为:"除法律另有强制性规定外,双方约定如下:本站上销售方展示的商品和价格等信息仅仅是要约邀请,系统生成的订单信息是计算机信息系统根据您填写的内容自动生成的数据,仅是您向销售方发出的合同要约;销售方收到该订单信息后,已将货物实际直接向您发出时,方视为您与销售方之间就发出的货物建立了合同关系。"原告在2012年6月30日收到的京东网上商城发送的确认邮件中,亦有"重要声明:本邮件仅表明销售方已收到您提交的订单;销售方收到您的订单信息后,只有在销售方将您在订单中订购的商品从仓库实际直接向您发出时(以商品出库为标识),方视为您与销售方之间就实际直接向您发出的商品建立了合同关系"等内容。

2012年7月18日,沈某名下银行卡账户因"退货"原因收到款项48500元。2012年7月19日,原告名下订单网页显示,该订单已于2012年7月17日17时33分29秒取消,取消类型为"客服取消订单",取消原因为"客户误购协商取消"。此时京东商城网站上的系争金币商品网页信息显示市场价为129万元。同日,原告致电京东商城投诉部门,就系争金币订单取消及相应补偿一事进行协商。最终,双方在通话中未能就订单取消及补偿一事达成一致。

【本案争点】

1. 如何判断网页信息是要约还是要约邀请?

2. 网站经营者注册协议以格式条款约定合同特殊成立要件的,是否有效?

【裁判要旨】

法院认为,关于系争金币的买卖合同是否成立,根据法律规定和一般交易观念,京东公司将系争金币的名称、外观、规格、型号、售价、库存状态等详细商品信息公布于其网站之上,内容明确具体,网站用户可根据上述商品信息自由选择购买,故京东公司在网站上公布系争金币商品信息的行为已符合要约的特性。网站用户在选择购买商品、填写送货、付款等订单信息、完成付款之后确认订单,应当视为进行了承诺。

虽然关于买卖合同的成立要件,京东公司在京东商城网站用户注册协议第6条第6.2款中规定:"只有京东商城向用户发货、货物到达用户处之后,买卖合同才成立,而之前用户的付款行为仅为要约",但该条款系京东公司反复使用、预先拟定、未与网站用户协商内容的格式条款。京东商城网站用户注册协议第6条第6.2款关于合同成立要件的相关内容,与法律规定和一般交易观念关于合同成立要件的理解有所不同,该第6条第6.2款实质上赋予了京东公司在网站用户已提交订单并完成付款义务后,仍有权单方决定是否发货并免除了京东公司不予发货的违约责任。故对这一减免京东公司法律责任、严重影响网站用户权益的格式条款,京东公司应尽到特别说明的义务。但关于该格式条款,京东公司仅在网站用户注册协议及在用户提交订单后向用户发出的订单确认邮件中加以提示。而京东商城网站的用户注册协议条款众多、内容繁复,网站用户需通过连续下拉文本框滚动条的方式才能阅读注册协议的全部内容;对注册协议第6条第6.2款这一对网站用户权益将产生重大影响的合同成立要件内容,京东公司并未在网站显要位置充分提示用户加以注意。虽然京东公司在2012年6月30日向薛某明发送的确认邮件中,以"重要声明"方式重申了网站用户注册协议第6条第6.2款内容,但该邮件系在薛某明成功提交订单并完成付款后发出,已无法起到提示消费者注意并判断决定是否订立合同的作用。因京东公司未就合同成立要件的格式条款以合理的方式提请网站用户注意,尤其是没有在网站用户提交订单之前予以明确提示,故京东公司关于合同成立要件的相关格式条款不发生法律效力。

法院认为,根据法律规定及一般交易观念,本案中,被告(反诉原告)京东公司已在京东商城网站上发出销售系争金币的要约,原告(反诉被告)薛某明已通过在网站上付款、提交订单等方式完成对京东公司要约的承诺,京东公司与薛某明之间就系争金币订立的买卖合同已经成立……判决:(1)驳回原告(反诉被告)的诉讼请求;(2)撤销原告(反诉被告)与被告(反诉原告)订立的涉案买卖合同。① 判决后,双方当事人均未上诉。

三、要约的形式

要约具体应采取何种形式,法律有特殊规定的,依其规定;无特殊规定的,要约人可自由选择要约的形式。

---

① 本案中,虽然法院认为涉案合同成立,但支持了被告(反诉原告)以显失公平为由撤销合同的诉讼请求。

（一）明示的要约

（1）对话式要约,即要约人以对话形式向相对人发出的、可即时到达相对人的要约。具体形态包括当面交谈、电话要约等。

（2）非对话式要约,即要约人非以对话形式向相对人发出的、需经过一定时间方可到达相对人的要约。具体形态包括书面要约、电子邮件等。当事人通过 QQ、微信、微博等网络软件发出的要约性质如何?因《民法典》第 137 条、第 469 条将电子数据交换归入合同的书面形式,故此类要约原则上应认定为非对话式要约,但如果当事人之间可实现实时交流,则该要约在性质上更接近对话式要约。

（二）默示的要约

要约人可采取积极的默示(推定行为)形式发出要约,例如自动售货机的设置、邮寄实物要约等。消极的默示(沉默)不能作为要约的形式。

四、要约的生效时间

对于要约的生效时间,立法例上有发信主义(投邮主义)、到达主义(受信主义)和了解主义等不同标准。《民法典》第 474 条规定:"要约生效的时间适用本法第一百三十七条的规定。"《民法典》第 137 条区分意思表示的形式,采取了不同的生效标准。

（一）要约生效时间的具体认定

1. 对话式要约采取了解主义

以对话方式作出的意思表示,相对人知道其内容时生效。(《民法典》第 137 条第 1 款)理由在于,表意人以方言或外语向相对人作出对话式要约,该要约虽立刻到达相对人,但由于相对人存在理解障碍而无法得知要约的内容,故应以相对人了解该要约内容的时间点为要约的生效时间。

2. 非对话式要约区分为以下几种情况

（1）非对话式要约原则上采取到达主义。以非对话方式作出的意思表示,到达相对人时生效。(《民法典》第 137 条第 2 款第 1 句)关于"到达"的认定标准,在一般情况下,要约送达到受要约人所能控制的范围即为到达。例如邮递员将信件送至收信人的专用信箱,此时即为到达,至于收信人何时打开信箱及何时阅读信件,均不影响要约的生效。要约人向无民事行为能力人、限制民事行为能力人发出要约的,要约到达其法定代理人时生效;但无民事行为能力人、限制民事行为能力人对要约内容具有缔约能力的,或经其法定代理人同意,要约到达无民事行为能力人、限制民事行为能力人时生效。

（2）以非对话方式作出的采用数据电文形式的意思表示,相对人指定特定系统接收数据电文的,该数据电文进入该特定系统时生效;未指定特定系统的,相对人知道或者应当知道该数据电文进入其系统时生效。当事人对采用数据电文形式的意思表示的生效时间另有约定的,按照其约定。（《民法典》第137条第2款第2句、第3句）该条规定的系统即信息系统,是指生成、发送、接收、存储或用其他方法处理数据电文的系统。① 相对人指定特定系统接收数据电文的,该数据电文的生效时间是该数据电文进入该特定系统之时。但应注意,如果数据电文仅显示发送该数据电文的电子邮箱或传真地址,但并未特别指定,不应认定为指定特定系统。未指定特定系统的,该数据电文的生效时间是相对人知道或者应当知道该数据电文进入其系统之时。当事人对意思表示的生效时间另有约定的,依其约定。该规定与《联合国国际合同使用电子通信公约》的内容保持一致。

对于数据电文的发送认定标准,《电子签名法》第9条规定:"数据电文有下列情形之一的,视为发件人发送:（一）经发件人授权发送的;（二）发件人的信息系统自动发送的;（三）收件人按照发件人认可的方法对数据电文进行验证后结果相符的。当事人对前款规定的事项另有约定的,从其约定。"

对于数据电文的接收认定标准,《电子签名法》第10条规定:"法律、行政法规规定或者当事人约定数据电文需要确认收讫的,应当确认收讫。发件人收到收件人的收讫确认时,数据电文视为已经收到。"

对于数据电文的发送时间、接收时间的认定标准,《电子签名法》第11条规定:"数据电文进入发件人控制之外的某个信息系统的时间,视为该数据电文的发送时间。收件人指定特定系统接收数据电文的,数据电文进入该特定系统的时间,视为该数据电文的接收时间;未指定特定系统的,数据电文进入收件人的任何系统的首次时间,视为该数据电文的接收时间。当事人对数据电文的发送时间、接收时间另有约定的,从其约定。"

（3）公告式要约采取完成主义。以公告方式作出的意思表示,公告发布时生效。（《民法典》第139条）例如以悬赏广告方式向不特定相对人发出要约,该悬赏广告发布时要约生效。

3. 以推定行为作出的要约,行为完成时生效

对于以推定行为作出要约的生效时间,现行法未作规定。要约人以推定行为发出要约的,因根本不存在头口或书面通知,故在此场合下应以要约人完成该行为

---

① 参见《联合国国际合同使用电子通信公约》第4条第6项。

时为要约的生效时间。

（二）要约的存续期限

1. 要约确定了承诺期限

要约确定了承诺期限的,适用该期限。(《民法典》第 481 条第 1 款)对要约所确定的承诺期限,应依据客观解释标准并结合要约人的真实意思加以认定,要约人将该期限表述为"有效期限""承诺期限"或"请收信人务必于×周内作出答复"等,均可认定为要约的存续期限。

2. 要约未确定承诺期限

要约未确定承诺期限的,依下列规则认定:(《民法典》第 481 条第 2 款)

（1）对话式要约仅在发出要约的当时有效,当事人另有约定的除外。受要约人未即时作出承诺的,要约即归于失效。

（2）非对话式要约在合理期限内有效。合理期限的确定,应结合法律相关规定、要约在途中的时间、受要约人必要的考虑时间、合同标的及交易的重要性等因素来综合判断。例如作者 2013 年 5 月 7 日向某期刊投稿,该期刊 2016 年 4 月 5 日回复其稿件被采用,应认定已超出承诺期限。[①]

五、要约生效的法律效力

（一）要约对要约人的拘束力——要约形式拘束力

要约形式拘束力,是指要约一经生效,要约人即受要约的拘束,不得撤回要约,不得随意撤销、限制、变更或扩张要约的内容。法律之所以承认要约对要约人的拘束力,目的在于保护受要约人的信赖利益,维护正常的交易安全。因为受要约人虽不负有必须承诺的义务,但其收到要约后为了决定是否承诺,通常会做一些准备工作,如果要约人可随意撤销或变更要约,则必然会对受要约人造成不当损害。

现行法并非绝对不允许撤销已生效的要约,依《民法典》第 476 条规定,已生效的要约在某些场合下也可以被撤销。因此,现行法对要约形式拘束力的态度是在承认的基础上予以一定的限制。

（二）要约对受要约人的拘束力——要约实质拘束力(承诺适格)

要约实质拘束力,是指受要约人在要约生效后即取得依其承诺而成立合同的

[①] 参见湖南省高级人民法院(2017)湘民终 54 号民事判决书。

法律地位。具体表现为：

（1）要约生效后，只有受要约人才有资格对要约人作出承诺。受要约人以外的第三人向要约人作出的，愿以要约内容缔结合同的意思表示，不构成承诺，而是第三人向要约人发出的要约。

（2）承诺的权利是一种资格或称法律地位，故其不得作为继承的标的，也不得由受要约人转让给他人。[①]

（3）是否行使承诺权由受要约人自行决定，但负有强制缔约义务的受要约人有必须承诺的义务。

六、要约的撤回与撤销

（一）要约的撤回

要约的撤回，是指在要约生效之前，要约人欲使要约丧失法律效力而取消要约的意思表示。该规则的作用是，在要约生效时间采到达主义的前提下，允许要约人通过撤回通知来阻止已发出的要约生效。因此，撤回要约的通知先于或同时与要约到达受要约人，方可发生撤回的效果。（《民法典》第475条）

要约的撤回规则的适用与要约的形式密切相关。对于对话式要约，因要约即时到达受要约人，故一般无法撤回要约；但对话式要约以方言或外语作出，在受要约人了解要约内容之前，可以撤回要约。以电子邮件等数据电文形式作出的要约，因数据电文的传输速度太快，在现有技术条件下很难撤回要约。对于公众要约，如果是通过报纸、广播、电视等媒体向社会公众以公告方式作出，由于公告一经发布即生效，故无法撤回要约；如果是以商品标价陈列、自动售货机设置等推定行为作出要约，行为完成时要约即生效，也无法撤回要约。

（二）要约的撤销

要约的撤销，是指在要约生效后，要约人欲使要约丧失法律效力而取消要约的意思表示。要约的撤销针对的是已经生效的要约。该规则的作用是，不允许一方当事人让相对人承担风险而进行投机。要约人若不能撤销要约，就会受到约束，而受要约人不受约束，这会使得要约人面临着一种风险：受要约人可能在市场价格波动时进行投机。[②]

---

① 相反意见参见郑玉波：《民法债编总论》，中国政法大学出版社2004年版，第45页。

② 参见［美］E. 艾伦·范斯沃思：《美国合同法》，葛云松、丁春艳译，中国政法大学出版社2004年版，第156—157页。

1. 要约撤销的要件

(1)撤销要约的意思表示以对话方式作出的,该意思表示的内容应当在受要约人作出承诺之前为受要约人所知道;撤销要约的意思表示以非对话方式作出的,应当在受要约人作出承诺之前到达受要约人。(《民法典》第477条)在购物网站上以电子订单作出的要约,如果存在取消订单的环节,可通过取消订单来撤销要约;如果无法取消订单,则要约无法被撤销。

(2)有下列情形之一的,要约不得撤销:(《民法典》第476条)

①要约人确定了承诺期限或者以其他形式明示要约不可撤销。如果要约人在要约中确定了承诺期限,在该期限内要约人受要约拘束,无论是特定要约还是公众要约,也无论是对话式要约还是非对话式要约,该要约均不得撤销。所谓以其他形式明示要约不可撤销,是指要约中虽未确定承诺期限,但要约人通过明确的用语表达了该要约不可撤销的意思。例如要约中包含"确定的要约""要约将保持有效性"等用语。

②受要约人有理由认为要约是不可撤销的,并已经为履行合同做了准备工作。该规则的目的是保护受要约人对生效要约所产生的合理信赖,即要约人不得以自相矛盾的行为方式撤销要约。所谓"有理由认为要约是不可撤销的",既可源于要约人的行为,也可源于要约本身的性质。例如对某要约的承诺需要受要约人进行费用高昂的前期调查。所谓"已经为履行合同做了准备工作",是指受要约人基于对要约不可撤销的信赖为履行合同做了一定的准备工作。为生产所做的准备、购买或租用材料设备、发生费用等,只要这些行为在有关贸易中被视为正常的或者应是要约人所能预见或知悉的,即可认定为已经为履行合同做了准备工作。例如A向B发出要约,并向B支付货款,B收到该要约后与C签订了原料采购合同,并支付了部分货款,A的要约不得撤销。①

2. 要约撤销的效力

要约人撤销要约符合法定条件的,已生效的要约丧失法律效力,对要约人和受要约人的拘束力均归消灭。如果要约人撤销要约不符合法定条件且受要约人作出承诺生效的,分为两种情况处理:

(1)承诺生效即导致合同成立的,撤销要约构成违约行为,要约人应承担违约责任。

(2)承诺生效后还须完成特定形式(要式合同)或交付标的物(实践合同)才能使合同成立的,要约人撤销要约属于违反缔约义务的行为,应承担缔约过失责任。

---

① 参见北京市第二中级人民法院(2022)京02民终14683号民事判决书。

七、要约的失效

依据《民法典》第 478 条,要约的失效事由如下:

(一)要约被拒绝(第 1 项)

一般情形下,拒绝要约以通知方式作出。拒绝要约的通知是受要约人以明示的方式向要约人作出的不接受要约的意思表示,该通知生效时要约失效。该通知的性质是准法律行为(意思通知)。该失效事由既适用于确定了承诺期限的要约,也适用于未确定承诺期限的要约。该失效事由通常仅适用于向特定人发出要约的场合,以商品标价陈列等方式向不特定人发出的要约,不因特定人表示拒绝而失效。某些情形下,受要约人虽未作出拒绝要约的通知,但其行为表明不接受要约的意思,亦可构成该失效事由(默示拒绝)。①

(二)要约被依法撤销(第 2 项)

要约人依法定条件撤销要约的,要约当然失效。

(三)承诺期限届满,受要约人未作出承诺(第 3 项)

结合《民法典》第 481 条第 1 款的规定,该失效事由应解释为"承诺期限届满,要约人未收到承诺",而不应仅依据本项文义理解为受要约人在承诺期限内未发出承诺。要约中确定了承诺期限的,要约人在承诺期限内未收到承诺,承诺期限届满时要约失效。要约中未确定承诺期限的,对于对话式要约,受要约人未即时作出承诺的,要约即失效;对于非对话式要约,要约人在合理期限内未收到承诺,合理期限届满时要约失效。

(四)受要约人对要约的内容作出实质性变更(第 4 项)

结合《民法典》第 481 条第 1 款的规定,该失效事由应解释为"在承诺期限内,要约人收到受要约人的实质性变更通知"。因为受要约人对要约的内容作出实质性变更在性质上亦属于受要约人拒绝要约,因此唯采此解释才能与同条第 1 项规定保持一致。对于是否构成"实质性变更",依据《民法典》第 488 条第 3 句判断。该变更通知的性质为受要约人向原要约人发出的新要约(《民法典》第 488 条第 2 句),新要约生效时原要约失效。例如 A 公司向 B 公司发出协议解除合同的要约,

---

① 参见青海省高级人民法院(2017)青民申 414 号民事裁定书。

B 公司回信表示"同意与贵公司解除《租赁合同》,但绝对不能同意贵公司的解除理由",且未主张行使约定或者法定解除权,该回信为协议解除的新要约。[①]

【拓展:要约人死亡或丧失行为能力是否导致要约失效】

对此问题,大陆法系的态度是原则上要约不因要约人死亡或丧失行为能力而失效,除非要约人在要约中作出了相反的意思或受要约人知悉要约人死亡或丧失行为能力。[②] 英美法一般认为,受要约人的承诺权因为要约人在承诺前死亡而消灭,不论受要约人是否知道死亡的事实。要约人嗣后因为法院宣告或者监护人被选任而丧失行为能力的,其效果与要约人的死亡相同。[③]

我国《民法典》第 478 条未将"要约人死亡或丧失行为能力"规定为要约的失效事由,且该条亦未设兜底条款,故可解释为要约人死亡或丧失行为能力并不导致要约失效。学理上一般认为,要约人死亡或丧失行为能力原则上不导致要约失效,但下列情形除外:(1)合同具有人身履行的性质;(2)要约中含有或推定含有相反的意思;(3)受要约人知道要约人死亡或丧失行为能力的。[④]

进一步的问题是,要约人死亡或丧失行为能力后,受要约人接受要约并对要约人的继承人或者法定代理人作出承诺的,能否导致合同成立。德国法对此持肯定态度,除非要约人"另有意思"。"另有意思"尤其指要约人的要约涉及取得买卖标的物或者提供给付,而该物或给付只能由他个人提供。[⑤] 我国宜采相同解释。

八、悬赏广告

(一)悬赏广告的性质

悬赏广告,是指当事人以广告的形式声明对完成特定行为的人给付广告中约定报酬的法律行为。常见情形如悬赏归还遗失物[⑥]、悬赏犯罪嫌疑人线索[⑦]等。对于悬赏广告的性质,英美法认为是公众要约("要约说"或"合同说"),德国法认为是单方行为("单方行为说")。《民法典》第 499 条将悬赏广告规定于合同编,系采

---

① 参见湖南省长沙市中级人民法院(2021)湘 01 民终 3575 号民事判决书。
② 参见《德国民法典》第 153 条;《日本民法典》第 97 条第 3 项、第 526 条。
③ 参见[美]E. 艾伦·范斯沃思:《美国合同法》,葛云松、丁春艳译,中国政法大学出版社 2004 年版,第 159—160 页。
④ 参见马俊驹、余延满:《民法原论》,法律出版社 2010 年版,第 525—526 页。
⑤ 参见[德]海因·克茨:《德国合同法》,叶桂昱、张焕然译,中国人民大学出版社 2022 年版,第 33 页。
⑥ 参见"李珉诉朱晋华、李绍华悬赏广告酬金纠纷上诉案",载《最高人民法院公报》1995 年第 2 期。
⑦ 参见辽宁省高级人民法院(2002)辽民一终字第 38 号民事判决书,载《最高人民法院公报》2003 年第 1 期。

合同说。①

（二）悬赏要约

悬赏人作出悬赏的意思表示构成悬赏要约，在应当具备前述要约的各构成要件的前提下，其要件还具有以下特殊性。

1. 以公开声明方式向不特定人发出要约

悬赏要约不采取"一对一、特定人对特定人"方式，一方面是由于悬赏人不知何人是适格承诺人，另一方面也可借助公开声明方式获取广告效益。公开声明的常见方式如：在报纸、杂志、电视、公众号等载体上发布悬赏信息。悬赏人依其意思，可以对不特定人不作任何限定，也可将不特定人限定于一定范围之内。后者实例如：悬赏对象限于公司下属各单位及工会会员②，市委各部门、市直各单位人员③等。

2. 要约内容是"对完成特定行为者给付报酬"

在普通合同如买卖、承揽等关系中，当事人先订立合同，然后依约完成给付。悬赏广告与此不同，悬赏要约要求相对人先完成特定行为，才能取得承诺资格而使合同成立。合同成立后相对人（承诺人）仅须将完成特定行为的给付效果移交给悬赏人，而不再负有新的给付义务。该特定行为可以是事实行为（如归还遗失物、创作某种作品），也可以是法律行为（如购得某种特殊商品）。所谓给付报酬，意在表明悬赏人愿意针对完成特定行为者支付相应对价。其具体形式包括：支付金钱、提供某种服务（如邮轮豪华游④、给予某种荣誉称号）等。

3. 表明愿受悬赏要约的拘束

在某些因戏谑行为所生纠纷中，辨明是否具备该要件是区分悬赏要约与戏谑行为的关键。例如"'陶王'央视夸口案"中，被告在央视访谈节目中宣称，"如果仿造出来，我这个楼三层两千平米包括这里面的资产都给他"，其后原告成功仿制该陶器。一审法院认为构成悬赏广告，但二审法院持相反意见，认为这只是"一种单方虚构的意思"，悬赏要约及合同未成立。⑤ 又例如"清史专家新书挑错案"中，被告（著名清史学家、百家讲坛主讲人）在家宴中向记者介绍新书时表示"挑出一个错，奖金一千元"，记者将其写入报道。其后原告以挑出 909 处"错误"为依据，要

① 相关学理意见参见王利明主编：《中国民法典释评·合同编通则》，中国人民大学出版社 2020 年版，第 161 页（王利明执笔）；姚明斌：《悬赏广告"合同说"之再构成——以〈民法典〉总分则的协调适用为中心》，载《法商研究》2021 年第 3 期。
② 参见河南省高级人民法院（2011）豫法民三终字第 96 号民事判决书。
③ 参见江西省宜春市中级人民法院（2016）赣 09 民终 1396 号民事判决书。
④ 参见广东省深圳市中级人民法院（2019）粤 03 民终 20114 号民事判决书。
⑤ 参见河南省洛阳市中级人民法院（2008）洛民终字第 198 号民事判决书。

求被告支付报酬 85 万元,法院认为被告未作出悬赏要约。① 上述事例中,被告言行不构成悬赏要约的根本原因在于,按照普通人视角标准,难以使其信赖被告具有愿受该言行拘束的意图,故应解释为戏谑、说大话行为。

(二)悬赏承诺

在合同说语境下,悬赏人单方作出悬赏要约以及相对人单方完成特定行为均不足以导致合同成立,而仍须以相对人承诺为合同成立要件。悬赏承诺的特殊性如下:

1. 完成特定行为者取得承诺资格

虽然众多的不特定人收到悬赏要约,但仅完成特定行为者才能取得承诺资格,其是否承诺及如何承诺仍可适用承诺的一般规则。如果悬赏要约规定完成特定行为的时限,悬赏承诺须符合该时限要求。②

(1)对于是否构成"完成特定行为",应依据悬赏要约内容及意思表示解释规则予以判断。例如被告在微信公众号中发布"拼人气赢 iPhone11 谁是宁国点赞王"之悬赏要约,原告反复采用删除部分已点赞好友,再重新添加好友,待新人点赞之后又马上删除的操作方式使集赞数位居第一。原告行为违反悬赏要约提高楼盘知名度的本意,有违诚实信用原则,故不构成"完成特定行为"。③

对于"完成特定行为"涉及专业判断的,原告应举证证明。例如被告在"今日头条"发布《挑战世界数学家,费马大定理的"民科"证明百万悬赏》,称自己有对费马大定理的简单证明,任何人驳倒该证明可获得 100 万元赏金,但须预交 1 万元。原告参与挑战并向被告转账 1 万元,后双方就原告是否已达到被告发布的悬赏条件各执己见。法院认为,原告未能举证证实其已符合悬赏广告的赏金给付条件,即已驳倒被告对费马大定理的证明,故对其诉讼请求不予支持。④

(2)对完成特定行为者取得承诺资格的限制。

①负有法定义务、职务义务的人不能取得承诺资格。此类主体本负有义务完成特定行为,故不能另行主张报酬。例如警察不得因归还遗失物而主张报酬请求权。

②恶意行为人不能取得承诺资格。所谓恶意行为人,是指通过违法犯罪或不正当行为完成特定行为的人。此类主体取得承诺资格显然有违悬赏要约的目的。

---

① 参见"白某与阎某悬赏广告纠纷上诉案",该案详细分析参见孙宪忠等:《白平诉阎崇年及诉中华书局悬赏纠纷案评析》,载《中国审判》2011 年第 7 期。
② 参见湖北省高级人民法院(2015)鄂民二终字第 00088 号民事裁定书。
③ 参见安徽省宣城市中级人民法院(2020)皖 18 民终 307 号民事判决书。
④ 参见河北省唐山市路北区人民法院(2020)冀 0203 民初 2009 号民事判决书。

例如小偷不得依悬赏要约向失主主张报酬请求权。

在备受关注的"捡童案"中,法院认为:原告将小孩送还其父母的行为,已基本完成了寻人启事指定的行为,其据此主张报酬符合法律规定。被告提出原告未及时报警、并将小孩带回老家等反常行为,已经公安机关查明无犯罪事实,故不能阻碍合同成立。① 虽然法院认定原告不构成犯罪(依刑法较高标准),但对于原告是否构成民法上的恶意行为人,仍不无疑问。

③相对人完成特定行为时对悬赏要约是否知情,不影响承诺资格。在合同说语境下,相对人完成特定行为时不知悬赏要约的存在,事后得知该事实仍可取得承诺资格,并主张报酬请求权。因为从《民法典》第499条文义来看,未要求完成特定行为时对悬赏要约知情。

④完成特定行为者是无、限制民事行为能力人的,仍可取得承诺资格,但承诺行为须适用法定代理规则。"特定行为"的性质与行为能力的要求亦存在关联。如果特定行为是事实行为(例如创作某种作品),且悬赏金额较高的,原则上应由法定代理人代为承诺或经其事先同意、事后追认。如果特定行为是法律行为(例如购得某种特殊商品),且行为人缺乏相应行为能力的,须该行为先得到法定代理人事先同意、事后追认才能构成"完成特定行为"。其后,再由法定代理人针对悬赏要约代为承诺或经其事先同意、事后追认。

2. 悬赏承诺的形式

悬赏承诺应遵循承诺形式的一般要求,明示或默示均无不可。相对人完成特定行为后向悬赏人作出承诺通知的,构成明示的承诺。相对人完成特定行为后直接请求悬赏人支付报酬的,该行为包含有承诺的意思,故可构成默示的承诺。

第三节　承诺

一、承诺的概念和构成要件

承诺,是指受要约人同意接受要约的条件以订立合同的意思表示。(《民法典》第479条)承诺须具备以下构成要件:

(一)承诺必须由受要约人作出

依据要约的实质拘束力,唯有受要约人才具有承诺的资格。受要约人为特定

---

① 参见广东省深圳市龙岗区人民法院(2011)深龙法民一初字第6631号民事判决书,载《人民司法·案例》2013年第2期。

人的,承诺必须由该特定人作出;受要约人为不特定人的,承诺可由该不特定人中的任何人作出。受要约人以外的第三人向要约人作出同意要约内容的意思表示,不构成承诺,而是第三人向要约人作出的要约。例如学校组织春游,学生按要求将费用直接交给旅行社,因学生并非受要约人,故学生交费行为不构成承诺。①

(二)承诺必须向要约人作出

承诺是同意要约的意思表示,该意思表示应向要约人作出才能使双方的意思表示形成合意。受要约人以头口或书面等明示形式作出承诺的,应向要约人发出承诺通知;受要约人以推定行为作出承诺的,应依据交易习惯或要约要求完成该行为。要约人死亡且要约不因此而失效的,受要约人可以向要约人的继承人作出承诺。受要约人将收到的要约适当修改后交给第三人(如税务机关)的,不构成承诺。②

(三) 承诺的内容必须与要约的内容一致

承诺的内容与要约的内容一致,才表明双方就合同内容达成了合意,如果对要约的内容进行扩张、限制或变更,则不构成承诺而构成对要约的拒绝或反要约。对于承诺与要约内容一致性的程度,传统民法要求严格,以"镜像规则"(the mirror image rule)为判断标准,即不允许对要约加入任何新的因素。但如果严格遵循该规则,则未免过于极端而不利于鼓励交易,故新近立法大多对该规则进行了修正。《民法典》合同编亦未严格采取该规则,而是采取相对宽松的标准,分为以下两种情况:

1. 受要约人对要约的内容作出实质性变更的(《民法典》第488条)

(1)为新要约。在此情形下,表明受要约人不愿按照原要约内容与要约人订立合同,并自己提出一个新要约。该情形并不要求受要约人对要约的全部内容作出实质性变更,如果受要约人表示接受要约的部分内容,但对其他部分内容作出实质性变更,也构成新要约。③

(2)有关合同标的、数量、质量、价款或报酬、履行期限、履行地点和方式、违约责任和解决争议方法等的变更,为实质性变更。因为这些内容构成一个合同区别于其他合同的核心要素,故受要约人对这些内容作出变更,表明受要约人意欲与要约人订立另一个合同。例如:①收到对方的订单后,对交货日期等内容作出修

---

① 参见"黄宇森诉广州市白云区京溪小学等人身损害赔偿纠纷案",载《最高人民法院公报》2008 年第 9 期。

② 参见浙江省高级人民法院(2020)浙民再 54 号民事判决书。

③ 参见北京市高级人民法院(2016)京民申 3805 号民事裁定书。

改。① ②收到对方的要约后,回信要求就价格新增条款。② ③投标文件记载的让利比例为 7%,招标人发出《中标通知书》载明的让利比例为 14.5%。③

2. 承诺对要约的内容作出非实质性变更的(《民法典》第 489 条)

(1)除要约人及时表示反对或者要约表明不得对要约的内容作出任何变更的以外,该承诺有效。依该条规定,承诺对要约内容作出非实质性变更的,如果要约人不同意以变更后内容订立合同,要约人应将反对的意思表示及时通知受要约人。未及时通知的,推定要约人以默示形式同意该变更,从而导致该承诺有效。但如果要约表明不得对要约内容作出任何变更,而受要约人对要约内容作出非实质性变更的,无论要约人是否将反对的意思表示及时通知受要约人,该承诺均非有效。

(2)合同的内容以承诺的内容为准。在该承诺有效的前提下,以变更后的内容作为双方当事人合意的内容。有判决认为:一方以文函形式提出新要约,而另一方在该文函上签字或者修改后签字并让对方取回且未提出异议的行为,应认定为是对新要约的承诺。因此应当认定双方就文函所载内容达成了合意,从而对双方具有法律约束力。④

(四)承诺应当在承诺期限内到达要约人

1. 承诺期限的法律意义

承诺期限的法律意义在于,承诺应当在该期限内到达要约人,而非仅在该期限内作出承诺。承诺期限可由要约人在要约中预先确定;要约中未确定承诺期限的,则区分对话式要约及非对话式要约分别认定。(《民法典》第 481 条)

2. 承诺期限的起算分为以下三种情况(《民法典》第 482 条)

(1)要约以信件或者电报作出的,承诺期限自信件载明的日期或者电报交发之日开始计算。

(2)信件未载明日期的,自投寄该信件的邮戳日期开始计算。

(3)要约以电话、传真等快速通讯方式作出的,承诺期限自要约到达受要约人时开始计算。应注意的是,承诺期限起算点与要约生效的时间点并不绝对一致,在有些场合下,承诺期限起算点早于要约生效的时间点。

(五)承诺必须表明受要约人决定与要约人订立合同

承诺必须以明示或默示的方式表达受要约人同意以要约内容与要约人订立合

---

① 参见最高人民法院(2011)民申字第 170 号民事裁定书。
② 参见最高人民法院(2018)最高法民申 2023 号民事裁定书。
③ 参见最高人民法院(2020)最高法民申 840 号民事裁定书。
④ 参见最高人民法院(2004)民二终字第 125 号民事判决书。

同的意思。如果受要约人向要约人所作回复中欠缺该意思或存在相反意思,则不构成承诺。电子邮箱和语音信箱的自动回复仅表明收到要约的事实,故不构成承诺。如果回复中包含"原则上同意你方条件""初步同意你方条件""可在此基础上进一步磋商"等类似内容,因欠缺本要件而不构成承诺。例如:

①贷款银行向债务人出具的承诺函中载明最终借款合同签订需以上级金融机构审批同意作为条件的,该承诺函只能视为贷款意向。①

②借款合同磋商过程中,行为人回信称"都可以,可能最近有款到位,到时算"。②

③为解决违约纠纷,一方向另一方发出包含解决方案的书面文件(要约),另一方在书面文件上签署"以上情况属实"。③

二、承诺的形式

(一)一般场合的承诺形式:通知(明示的承诺)

在一般场合下,承诺应当以通知的方式作出。(《民法典》第480条前段)通知的形式包括口头通知和书面通知。通常而言,行为人不能以公告或"广告许诺"形式作出承诺。④

(二)特殊场合下的承诺形式:行为(默示的承诺)

根据交易习惯或者要约表明可以通过行为作出承诺的,受要约人可以通过行为作出承诺,而无须作出通知。(《民法典》第480条后段)

1. 作为(推定行为)可以成为承诺形式

一个常见问题是,受要约人直接履行合同义务,该履行行为是否构成承诺? 该履行行为构成承诺须以"根据交易习惯或者要约表明可以通过行为作出承诺"为前提条件。例如顾客往自动售货机投币、受要约人按照要约的要求直接向要约人寄送货物等。又例如 A 向 B 发出的要约中表明"如果 B 能够代 A 清偿贷款,愿意将涉案股权转让给 B",B 收到要约后代 A 清偿了要约中确定数额的贷款。B 的行为构成承诺。⑤ 如果要约表明受要约人可以直接发货,而受要约人仅为发货作出准备行为(备货)但未实际交货,该准备行为不构成承诺,因为要约认可的"发货行

---

① 参见最高人民法院(2013)民二终字第 57 号民事判决书。
② 参见四川省高级人民法院(2020)川民再 359 号民事判决书。
③ 参见陕西省宝鸡市中级人民法院(2020)陕 03 民终 1595 号民事判决书。
④ 参见最高人民法院(2001)民一终字第 32 号民事判决书。
⑤ 参见最高人民法院(2015)民申字第 2461 号民事裁定书。

为"未被完成。①

如果不具备"根据交易习惯或者要约表明可以通过行为作出承诺"之条件,受要约人的行为不构成承诺。例如:①会计师事务所向受托人发出要约,受托人将相关人员的身份证复印件发送给对方。② ②针对托运人的要约,承运人直接划扣保证金。③ 同理,如果要约人明确表示"双方来往以书面形式确定",受要约人的行为也不构成承诺。④

2. 不作为(沉默)原则上不可以成为承诺形式,例外场合下可以成为承诺形式

在一般情况下,沉默不构成意思表示。沉默只有在有法律规定、当事人约定或者符合当事人之间的交易习惯时,才可以视为意思表示。(《民法典》第140条第2款)因此,沉默原则上不构成承诺,但依法律规定、当事人约定或交易习惯沉默构成意思表示的场合下,沉默可以成为承诺形式。

此处"当事人约定"是指双方就"沉默构成承诺"作出约定,要约人的单方意思不足以使沉默构成承诺。例如:①出租人通知承租人"如不进行续约,请于×年×月×日前予以书面回复",承租人未作答复不构成续约的默示承诺。⑤ ②一方向对方发出的采购单中载明"请务必于24小时内签回本公司,否则视为默认",对方未作答复不构成默示承诺。⑥

(三)对承诺形式的选择

1. 要约对承诺形式作出要求

要约中要求受要约人以盖有公章的信函作出承诺,而受要约人未采取此形式所作的答复是否构成有效承诺? 有立法例规定要约对承诺形式的要求是承诺的有效要件。⑦ 我国现行法对此未作明确规定,通说认为应分为以下几种情况处理:⑧

(1)要约中严格规定承诺必须采特定形式,则该形式是承诺的有效要件。例如要约明确限定仅接受以电报形式作出的承诺,则其他书面形式的承诺无效。这是合同自由原则在承诺形式上的体现。

(2)要约虽然规定了承诺形式,但未作严格要求,则应解释为"建议形式",承诺可采同种性质或更快捷形式。所谓"未作严格要求",是指要约规定了承诺形

---

① 参见"浙江黄岩第三罐头食品厂诉宁波市工艺品进出口公司逾期违约纠纷案",载刘言浩主编:《法院审理合同案件观点集成(上册)》,中国法制出版社2013年版,第56页以下。

② 参见河南省高级人民法院(2020)豫民申6174号民事裁定书。

③ 参见山东省高级人民法院(2021)鲁民终1115号民事判决书。

④ 参见最高人民法院(2016)最高法民再169号民事判决书。

⑤ 参见广东省高级人民法院(2018)粤民申12181号民事裁定书。

⑥ 参见山东省威海市中级人民法院(2023)鲁10民终30号民事判决书。

⑦ 参见《意大利民法典》第1326条第4款。

⑧ 参见黄薇主编:《中华人民共和国民法典合同编释义》,法律出版社2020年版,第52—53页。

式,但并没有规定这是唯一的承诺形式。在此场合下,受要约人可采取与要约要求的形式同种性质或更快捷形式作出承诺。例如要约要求以普通信函作出承诺,受要约人以挂号信或特快专递作出承诺亦为有效。但如果受要约人采取性质相异或更为迟缓的形式作出承诺,则不符合要求。

(3)要约要求以行为作出承诺的,同样适用前述规则。如果要约要求"必须""应当"通过行为作出承诺,即该行为是承诺的唯一形式。如果要约仅表明承诺"可以"通过行为作出,即该行为并非承诺的唯一形式,则承诺既可以通过行为作出,也可以通过更为快捷的通知形式作出。

2. 要约对承诺形式未作要求

如果要约对承诺形式未作要求,依据《民法典》第480条,原则上应采通知形式作出承诺,例外场合下可依交易习惯以行为作出承诺。受要约人采通知形式作出承诺的,并不要求通知的具体形式与要约的形式必须一致,受要约人针对书面形式要约也可采取口头形式作出承诺。

三、承诺的生效时间

(一)明示的承诺生效时间

明示的承诺,是指以口头或书面通知形式所作的承诺。依据《民法典》第484条第1款规定,其生效时间具体分为以下三种情况:

1. 以书面通知作出承诺的,承诺通知到达要约人时生效

关于到达的具体认定标准,与书面形式要约的到达标准大致相同。

2. 以数据电文形式作出承诺的,承诺到达的时间适用《民法典》第137条第2款第2句、第3句的规定

在此场合下,要约人指定特定系统接收数据电文的,该数据电文进入该特定系统时生效;未指定特定系统的,要约人知道或者应当知道该数据电文进入其系统时生效。当事人对采用数据电文形式的意思表示的生效时间另有约定的,按照其约定。实务中,通过网络竞价系统进行要约、承诺的,即使竞价系统自动生成《竞价结果通知单》,如果竞价过程中因"竞买一方计算机出现故障"等情形违反交易规则,不能形成有效承诺。①

---

① 参见最高人民法院(2015)民二终字第351号民事判决书,载《最高人民法院公报》2017年第3期。

3. 以口头通知作出承诺的,要约人了解该通知内容时生效

（二）默示的承诺生效时间

默示的承诺,是指通过行为所作的承诺。依据《民法典》第484条第2款规定,其生效时间具体分为以下两种情况:

1. 以作为（推定行为）作出承诺的,根据交易习惯或者要约的要求作出承诺的行为时承诺生效

受要约人作出承诺的行为是否应被要约人所知才导致承诺生效? 应结合交易习惯、要约的要求及行为的性质作具体判断:

（1）要约对承诺行为有具体要求的,依其要求判断承诺的生效时间。例如要约表明以受要约人寄送货物为承诺形式,要约可以规定受要约人"寄出"货物即构成承诺,也可以规定要约人"收到"货物才构成承诺。在前一种情形下,受要约人寄出货物承诺生效,即使要约人未收到货物也无影响;在后一种情形下,要约人收到货物时承诺生效,受要约人寄出货物但要约人未收到的,承诺未生效。

（2）要约对承诺行为未作具体要求的,依据交易习惯、行为的性质判断承诺的生效时间。例如要约仅表明以受要约人寄送货物为承诺形式,但未明确以"寄出"抑或"收到"货物为承诺生效时间点,依据交易习惯和该行为的性质,应解释为要约人收到货物时承诺生效。因为如果要约人未收到货物,其并不知受要约人寄送货物的事实,双方并未形成合意。又例如顾客向自动售货机投币作出承诺,依据交易习惯和该行为的性质,该承诺行为无需被要约人所知,受要约人作出承诺行为时承诺生效,而不考虑要约人是否知道承诺行为的存在。

2. 以不作为（沉默）作出承诺的,承诺期限届满时承诺生效

沉默在特殊场合下构成承诺时,因无法通过受要约人的明示意思表示和积极行为来确定承诺的生效时间,且承诺应当在承诺期限内到达要约人,因此承诺期限届满时承诺生效。如果受要约人在承诺期限内作出意思相反的通知或积极行为,则构成对要约的拒绝,该通知到达要约人或完成该行为时要约失效,受要约人丧失承诺资格。

四、承诺生效的法律效力

（一）不存在合同特殊成立要件的情形

在此场合下,一般成立要件具备即导致合同成立。承诺生效意味着双方合意的达成,承诺生效时合同成立。（《民法典》第483条）

(二)存在合同特殊成立要件的情形

如果依法律规定或当事人约定,合同须具备特殊成立要件才能成立,承诺生效仅导致合意的达成,而不能直接导致合同成立。在此场合下,承诺生效的效力体现为:

1. 当事人负有缔约义务

当事人应当依据双方所达成的合意促使特殊成立要件具备,以成立合同。例如当事人采取合同书形式订立合同的,在承诺生效后,要约人和承诺人均有义务在合同书上签字或盖章以导致合同成立。

2. 当事人违反缔约义务的,合同不成立,有过错的当事人应当承担缔约过失责任

当事人在承诺生效后又拒绝在合同书上签字或盖章以成立合同的,属于《民法典》第500条规定的"有其他违背诚信原则的行为",应当承担缔约过失责任。

五、承诺迟延和承诺的撤回

(一)承诺迟延

承诺迟延,是指承诺在承诺期限届满后才到达要约人。分为以下两种情况:

1. 必然的迟延

(1)受要约人超过承诺期限发出承诺的,除要约人及时通知受要约人该承诺有效的以外,为新要约。(《民法典》第486条)受要约人超过承诺期限发出承诺,必然导致承诺无法在承诺期限内到达要约人,该迟延的承诺原则上为新要约。如果要约人收到迟延的承诺后及时通知受要约人该承诺有效,可视为要约人对承诺期限的变更或放弃承诺期限的拘束力,故承诺虽已迟延但仍然有效。所谓"及时通知",一般解释为立即通知或在尽可能短的时间段内通知,以尽快结束法律关系的不确定状态。

(2)受要约人虽在承诺期限内发出承诺,但按照通常情形不可能在承诺期限内到达要约人的,迟延的承诺也为新要约。依《民法典》第481条规定,承诺应当在承诺期限内到达要约人,故受要约人虽在承诺期限内发出承诺,但该承诺必然无法在承诺期限内到达要约人的,该迟延的承诺原则上为新要约。例如受要约人在承诺期限的最后一天以普通信函发出承诺,而居于异地的要约人不可能当天收到该承诺,该信函在承诺期限届满后到达要约人构成新要约。

2. 非正常迟延

受要约人在承诺期限内发出承诺，按照通常情形能够及时到达要约人，但因其他原因承诺到达要约人时超过承诺期限的，除要约人及时通知受要约人因承诺超过期限不接受该承诺的以外，该承诺有效。(《民法典》第 487 条)因邮政失误、互联网故障等特殊原因导致本可在承诺期限内正常到达的承诺迟延，为非正常迟延。在此场合下，受要约人原可期待承诺正常到达要约人而使合同成立，并且受要约人对该迟延事实亦不知情且无过错，故该条规定要约人有义务及时通知受要约人因承诺超过期限不接受该承诺。如果要约人怠于履行该义务，该承诺视为未迟延而仍然有效。该通知义务的性质为不真正义务。

(二)承诺的撤回

承诺的撤回，是指在承诺生效之前，承诺人阻止承诺发生法律效力的意思表示。因现行法对承诺生效时间采到达主义，故承诺人在承诺通知到达要约人之前尚有机会撤回承诺，以阻止承诺生效。因此，撤回承诺的通知必须先于或同时与承诺通知到达要约人，方可发生撤回的效果。(《民法典》第 485 条)书面形式的承诺已经到达要约人的，显然无法撤回。[①] 口头形式的承诺因即时到达要约人，故无法撤回；但口头承诺以方言或外语作出，在要约人了解承诺内容之前，可以撤回。以电子邮件等数据电文形式作出的承诺，在现有技术条件下很难撤回。以行为作出的承诺，行为完成时或承诺期限届满时承诺生效，故也无法撤回。

第四节 合同成立的时间和地点

一、合同成立的时间

(一)合同成立时间的意义

1. 对区分责任性质的意义

合同成立时间是区分缔约过失责任与违约责任的重要标准。在合同成立之前的缔约阶段，仅产生缔约过失责任；在合同成立之后，当事人违反合同义务则产生违约责任。

---

① 参见山东省高级人民法院(2019)鲁民终 384 号民事判决书。

2. 对适用不能履行规则的意义

合同成立时间是区分自始履行不能和嗣后履行不能的判断标准。在合同成立之前即不能履行债务的,为自始履行不能;合同成立之前能够履行,合同成立之后因事实或法律原因而不能履行债务的,为嗣后履行不能。两者适用不同的规则。

3. 对适用可预见性规则的意义

在适用违约损害赔偿的可预见性规则(《民法典》第 584 条)时,合同成立时间("订立合同时")是判断能否预见的时间标准。

(二)合同成立时间的具体认定

合同成立要件具备,即导致合同成立。合同成立的具体时间,应结合合同形式、合同性质及法律有无特殊规定或当事人有无特殊约定等因素加以认定。

1. 口头形式合同的成立时间

(1)一般场合下,承诺生效时合同成立。(《民法典》第 483 条)

(2)法律有特殊规定或当事人有特殊约定的,依其规定或约定。例如客运合同自承运人向旅客交付客票时成立,但当事人另有约定或者另有交易习惯的除外。(《民法典》第 814 条)又例如保管合同自保管物交付时成立,但当事人另有约定的除外。(《民法典》第 890 条)

2. 书面形式合同的成立时间

(1)当事人采用合同书形式订立合同的,自当事人均签名、盖章或者按指印时合同成立。(《民法典》第 490 条第 1 款)如果双方签名、盖章或者按指印的时间不一致,自后一方完成签名、盖章或者按指印时合同成立。但在例外场合下,在签名、盖章或者按指印之前,当事人一方已经履行主要义务,对方接受的,自对方接受时合同成立。

(2)法律、行政法规规定或者当事人约定采用书面形式订立合同,当事人未采用书面形式但一方已经履行主要义务,对方接受的,自对方接受时合同成立。(《民法典》第 490 条第 2 款)

(3)当事人采用信件、数据电文等形式订立合同要求签订确认书的,签订确认书时合同成立。(《民法典》第 491 条第 1 款)如果当事人未要求签订确认书,承诺生效时合同成立。

(4)当事人一方通过互联网等信息网络发布的商品或者服务信息符合要约条件的,对方选择该商品或者服务并提交订单成功时合同成立。(《民法典》第 491 条第 2 款)该规定与《电子商务法》第 49 条第 1 款的内容一致。

（5）法律有特殊规定或当事人有特殊约定的,依其规定或约定。① 例如保管合同、定金合同等实践合同自交付标的物时合同成立,但当事人另有约定的除外。又例如当事人约定双方签名、盖章或者按指印后1周内办理合同公证,自公证完成时合同成立。应注意的是,在此场合下亦可适用《民法典》第490条之规定。

实务中,当事人倒签日期的情形较为常见。一般情形下,如果双方均认可该倒签日期,表明对合同成立时间作出特殊约定,故应认定有效。② 但如果当事人倒签日期系基于某种不法目的(如规避执行),则不应认可其效力。③

3. 其他形式合同的成立时间

（1）一般场合下,承诺生效时合同成立。(《民法典》第483条)当事人以口头形式订立合同,且不存在特殊成立要件的,承诺生效时合同成立。当事人以推定行为形式订立合同的,自完成该行为时合同成立。例如:

①对于医疗服务合同的成立时间,有判决认为,患者向医院提出诊查、治疗的请求,医疗机构收取患者交纳的医疗费并对患者进行治疗时,医疗服务合同成立并生效。④

②对于信息服务合同的成立时间,有判决认为,网站服务条款的具体内容已作全面展示,申请人在网站注册登记时自愿点击了"我同意"的标示,视为对遵守网站服务条款的要约表示同意。网站与申请人的信息服务合同自申请人完成注册登记时成立。⑤

（2）法律有特殊规定或当事人有特殊约定的,依其规定或约定。《民法典合同编通则解释》第4条针对招标、拍卖等场合下合同的成立时间作出规定。在此类场合下,由于中标通知书生效、拍卖成交的时点与签订书面合同的时点不一致,如何认定合同成立的时间在实务中易生争议。针对此类具有"程序刚性"特点的合同,该条内容体现了对该程序中意思表示确定性的维持以及交易安全的维护。

①采取招标方式订立合同的,合同成立时间为"中标通知书到达中标人时"。合同成立后当事人拒绝签订书面合同的,不影响合同成立,应当依据招标文件、投标文件和中标通知书等确定合同内容。

《招标投标法》第45条第2款规定:"中标通知书对招标人和中标人具有法律效力。中标通知书发出后,招标人改变中标结果的,或者中标人放弃中标项目的,应当依法承担法律责任。"中标通知书的性质是承诺,该款规定的"悔标"法律责任

---

① 相关学理意见参见罗昆:《当事人约定合同成立时间的限制》,载《法律适用》2023年第5期。
② 参见最高人民法院(2001)民三终字第3号民事判决书,载《最高人民法院公报》2004年第5期。
③ 参见最高人民法院(2019)最高法民申4757号民事裁定书。
④ 参见"郑雪峰、陈国青诉江苏省人民医院医疗服务合同纠纷案",载《最高人民法院公报》2004年第8期。
⑤ 参见"来云鹏诉北京四通利方信息技术有限公司服务合同纠纷案",载《最高人民法院公报》2002年第6期。

应解释为违约责任。①

②采取现场拍卖、网络拍卖等公开竞价方式订立合同的,合同成立时间为"拍卖师落槌、电子交易系统确认成交时"。合同成立后当事人拒绝签订成交确认书的,不影响合同成立,应当依据拍卖公告、竞买人的报价等确定合同内容。

《拍卖法》第51条规定:"竞买人的最高应价经拍卖师落槌或者以其他公开表示买定的方式确认后,拍卖成交。"此处的"拍卖成交"应解释为合同成立。第52条规定:"拍卖成交后,买受人和拍卖人应当签署成交确认书。"成交确认书是拍卖成交的书面证明,其虽然记载了拍卖合同的权利义务,但其签署发生于合同成立之后,签署成交确认书是合同成立后的法定义务。

《最高人民法院关于人民法院网络司法拍卖若干问题的规定》第22条第1款规定:"网络司法拍卖成交的,由网络司法拍卖平台以买受人的真实身份自动生成确认书并公示。"第24条第1款规定:"拍卖成交后买受人悔拍的,交纳的保证金不予退还,依次用于支付拍卖产生的费用损失、弥补重新拍卖价款低于原拍卖价款的差价、冲抵本案被执行人的债务以及与拍卖财产相关的被执行人的债务。"该款规定的"悔拍"法律责任应解释为违约责任。

③产权交易所等机构主持拍卖、挂牌交易,其公布的拍卖公告、交易规则等文件公开确定了合同成立需要具备的条件的,合同成立时间为"该条件具备时"。

例如《广东省土地使用权公开交易规则》[粤国土资(利用)字〔2003〕231号]规定,采取拍卖、公开挂牌或上网竞价交易方式的,"挂牌、上网竞价期限届满,按照下列原则确认是否成交:(1)若规定期限内只有1个申请人,且报价不低于交易底价,并符合其他交易条件的,则该申请人为竞得人。(2)若在规定期限内有2个以上(含2个)申请人的,允许多次报价,出高价且在规定期限截止前1小时内没有其他人报价并符合其他条件者为竞得人。(3)若在规定期限截止前1小时内仍有2个以上(含2个)竞买人提出报价的,确认为同时报价,应进行现场竞价,确定竞得人"。

【疑难案例:中标通知书生效时合同成立案②】

【案件事实】

长炼公司委托国建公司就案涉项目进行国内邀请招标。2002年9月2日,国建公司发出案涉项目的《招标文件》。富兴公司向国建公司递交了投标书,经过投

---

① 参见"某物业管理有限公司与某研究所房屋租赁合同纠纷案",2023年"最高人民法院发布《关于适用〈中华人民共和国民法典〉合同编通则若干问题的解释》相关典型案例"之一。

② 该案详细解读参见"岳阳经济技术开发区富兴房地产开发有限公司与中国石化集团资产经营管理有限公司长岭分公司等合资、合作开发房地产合同纠纷案",载最高人民法院中国应用法学研究所编:《人民法院案例选》2020年第3辑(总第145辑),人民法院出版社2020年版,第148页以下。本案裁判意见与《民法典合同编通则解释》第4条第1款的规定一致。

标,富兴公司最终中标。长炼公司于 2002 年 9 月 30 日向富兴公司发出中标通知书。后双方涉案项目的开发建设协议一直未签订。2014 年 3 月 10 日,中石化长岭分公司向富兴公司发函称:本公司作为现在的土地权利人,将不与贵公司就土地开发事宜开展洽谈。富兴公司向中石化长岭分公司发函要求赔偿损失,因双方协商未果,富兴公司遂向法院提起诉讼,请求中石化长岭分公司承担违约责任,赔偿损失。

【本案争点】

1. 中标通知书的性质是要约还是承诺?

2.《招标投标法》规定投标人和中标人在收到中标通知书后应签订书面合同,该规定可否理解为合同的成立要件?

【裁判要旨】

一审法院认为,长炼公司委托国建公司对涉案项目进行国内邀请招标,国建公司向富兴公司发出的投标邀请系国建公司向潜在投标对象发出的要约邀请。富兴公司收到投标邀请后,按照国建公司的招标文件的要求,编制投标文件,对国建公司招标文件的实质性要求和条件作出响应,提出了项目的报价,参加了项目投标,递交了投标文件。富兴公司的投标文件内容具体确定,表明经国建公司接受,即受该意思表示约束,故富兴公司投标行为的性质应为要约,国建公司经过开标与评标程序,于 2002 年 9 月 30 日向富兴公司发出中标通知书,同意富兴公司的要约行为,国建公司发出的《中标通知书》性质应为承诺,该《中标通知书》到达富兴公司时起承诺即生效,依照《合同法》第 25 条的规定,承诺生效时合同成立。故双方当事人之间的合资、合作开发房地产合同已经成立。尽管《招标投标法》要求中标通知书发出后 30 日内双方要签订书面合同,但这一书面合同无非是对招标人和中标人投标文件的进一步确认而已。一旦中标结果确定,中标通知书发出,那么招、投标文件及中标通知书本身即可成为合资、合作开发房地产合同的书面形式,而且中标通知书还具有合同确认书的意义。《招标投标法》规定的签订书面合同,仅是从行政管理的角度提出的要求,是为了建设行政主管部门便于对招投标活动进行有效管理而做的制度安排,即使不另行签订书面合同也不影响合同的成立。判决:由中石化长岭分公司补偿富兴公司各项损失 2006870 元……

二审法院认为,《最高人民法院关于适用〈中华人民共和国合同法〉若干问题的解释(二)》第 1 条规定,当事人对合同是否成立存在争议,人民法院能够确定当事人名称或者姓名、标的和数量的,一般应当认定合同成立。对照《招标文件》、《投标文件》等书面资料的内容,合同主要条款在上述两个文件中已有载明,应当认定双方已就案涉项目由富兴公司施工达成了一致的意思表示,该一致的意思表示对于双方均有法律上的约束力。因此,本案双方当事人虽未在《中标通知书》发出后的规定时间内签订书面合同,这并不影响双方之间合同的成立。双方之后就合同部分内容进行洽谈磋商,最终未签订书面合同的过程只能视为双方就合同主体、内容等方面进行补充、变更约定而未达成合意的过程。判决:(1)撤销一审判决第二、三项;(2)变更一审判决第一项为:由中石化长岭分公司赔偿富兴公司各项损失5017175元。

再审法院(最高人民法院)认为,招标人发出招标通告或投标邀请书是一种要约邀请,投标人进行投标是一种要约,而招标人确定中标人的行为则是承诺。承诺生效时合同成立,因此,在招标活动中,当中标人确定,中标通知书到达中标人时,招标人与中标人之间以招标文件和中标人的投标文件为内容的合同已经成立。《招标投标法》第46条和涉案招标文件、投标文件要求双方按照招标文件和投标文件订立书面合同的规定和约定,是招标人和中标人继中标通知书到达中标人之后,也就是涉案合同成立之后,应再履行的法定义务和合同义务,该义务没有履行并不影响涉案合同经过招投标程序而已成立的事实。因此,签订书面合同,只是对招标人与中标人之间的业已成立的合同关系的一种书面细化和确认,其目的是为了履约的方便以及对招投标进行行政管理的方便,不是合同成立的实质要件。裁定:驳回再审申请。

二、合同成立的地点

(一)合同成立地点的意义

1. 对案件管辖的意义

合同成立地点关系到案件的地域管辖。《民事诉讼法》第35条规定:"合同或者其他财产权益纠纷的当事人可以书面协议选择被告住所地、合同履行地、合同签订地、原告住所地、标的物所在地等与争议有实际联系的地点的人民法院管辖,但不得违反本法对级别管辖和专属管辖的规定。"

2. 对涉外合同纠纷适用法律的意义

合同成立地点是处理涉外合同纠纷时适用法律的一个重要连接点。与涉外合同有最密切联系的法律,包括合同成立地法、合同履行地法、标的物所在地法、当事人本国法等,具体按照国际私法的有关规则确定。对于在涉外合同成立之前的缔约纠纷应适用哪国法律,有判决认为:为建立买卖关系而设定的前置性安排,不构成买卖合同。由于只有在订货环节及之后发生的争议,才涉及是否达成销售或者买卖法律关系的问题。故本案不应简单地适用《联合国国际货物销售合同公约》

来处理,而应适用中国有关法律认定双方当事人之间所形成的法律关系。①

(二)合同成立地点的具体认定

合同成立的地点,应结合合同形式、合同性质及法律有无特殊规定或当事人有无特殊约定等因素加以认定。

1. 口头形式合同的成立地点

(1)一般场合下,承诺生效的地点为合同成立的地点。(《民法典》第492条第1款)承诺生效的地点通常是承诺到达的地点。

(2)法律有特殊规定或当事人有特殊约定的,依其规定或约定。例如保管合同、定金合同等实践合同以交付标的物的地点为合同成立地点,但当事人另有约定的除外。

2. 书面形式合同的成立地点

(1)当事人采用合同书形式订立合同的,最后签名、盖章或者按指印的地点为合同成立的地点。(《民法典》第493条)但在例外场合下,在签名、盖章或者按指印之前,当事人一方已经履行主要义务,对方接受的,对方接受的地点为合同成立的地点。(《民法典》第490条第1款)

(2)法律、行政法规规定或者当事人约定采用书面形式订立合同,当事人未采用书面形式但一方已经履行主要义务,对方接受的,对方接受的地点为合同成立的地点。(《民法典》第490条第2款)

(3)采用数据电文形式订立合同的,收件人的主营业地为合同成立的地点;没有主营业地的,其经常居住地为合同成立的地点。(《民法典》第492条第2款)

(4)当事人采用信件、数据电文等形式订立合同要求签订确认书的,签定确认书的地点为合同成立的地点。(《民法典》第491条第1款)如果当事人未要求签订确认书,采用信件形式订立合同的,承诺生效的地点为合同成立的地点;采用数据电文形式订立合同的,依据《民法典》第492条第2款确定合同成立的地点。

(5)法律有特殊规定或当事人有特殊约定的,依其规定或约定。采用书面形式订立合同,合同约定的签订地与实际签名、盖章或者按指印地点不符的,人民法院应当认定约定的签订地为合同签订地。(参考原《合同法解释(二)》第4条前段)②

3. 其他形式合同的成立地点

(1)一般场合下,承诺生效的地点为合同成立的地点。(《民法典》第492条第1款)例如以推定行为的形式订立合同的,以完成该行为的地点为合同成立的地点。

(2)法律有特殊规定或当事人有特殊约定的,依其规定或约定。

---

① 参见最高人民法院(2004)民四提字第4号民事判决书。
② 参见新疆维吾尔自治区高级人民法院(2020)新民辖终45号民事裁定书。

第五节 缔约过失责任

一、缔约过失责任的概念

缔约过失责任，是指缔约人故意或过失违反先合同义务而给对方造成损失时应承担的民事责任。在缔约阶段，特定当事人因缔约磋商而进入到相对法律关系的领域，该法律关系虽因合同尚未成立而不以合同权利义务为内容，但亦不同于以不作为义务为内容的绝对法律关系。在缔约磋商的过程中，当事人为了缔结合同会进行不同程度的准备工作并产生费用，当事人也更容易接触到对方的商业秘密，因此当事人应承担比不作为义务要求更高的注意义务即先合同义务。如果当事人违反先合同义务而给对方造成信赖利益的损失，则应承担缔约过失责任。质言之，缔约过失责任制度的作用在于，在合同尚未成立的缔约阶段，对因缔约接触的当事人设置先合同义务的拘束，如果当事人故意或过失违反先合同义务而给对方造成信赖利益的损失，受损失的当事人可依据该制度得到救济。

缔约过失责任理论，是由德国法学家耶林（Rudolph von Jhering）在 140 余年前最早系统提出，被认为是法学上的伟大发现，对其后的各国立法产生了巨大影响。[①]《民法典》第 500 条、第 501 条对该制度作出了一般规定。

【学说争议：缔约过失责任的性质及理论依据】

对于缔约过失责任的性质及理论依据，学理上存在多种解释。

第一种观点"法律行为说（合同责任说）"认为，缔约过失责任的基础在于当事人实施的法律行为，其仍属于合同责任的范畴。耶林教授认为该法律行为就是当事人其后缔结的合同，缔约过失责任的立法理由与相对人的善意无关。[②] 德国早期的判例曾采该说，并创设了"准备契约关系""类似契约关系"等术语。但是，由于层出不穷的实务案型无法通过该说得到合理解释，该说的影响力日渐式微。

第二种观点"侵权行为说（侵权法缺陷弥补说）"认为，缔约过失责任系为弥补侵权法的某些缺陷而产生，故属于侵权法调整的范畴。梅迪库斯教授认为，某些案型中（如侵害身体权或所有权）缔约阶段中的先合同义务类似于侵权法的交易安全义务。之所以此时适用缔约过失责任，主要是为了避免侵权法的某些不足（如雇

---

① 关于缔约过失责任的理论发展和立法比较，参见王泽鉴：《民法学说与判例研究（1）》，中国政法大学出版社 1998 年版，第 86 页以下。

② 参见［德］鲁道夫·冯·耶林：《论缔约过失》，沈建峰译，商务印书馆 2016 年版，第 45—47 页。

主责任存在限制、某些侵权责任存在免责事由）。如果侵权法的这些不足被消除，缔约过失责任制度也就无存在的必要。① 我国亦多有学者支持该说。②

第三种观点"法律规定说（独立责任说）"认为，缔约过失责任不能归入合同责任或侵权责任，而是一种独立的责任。该说主要从缔约过失责任与违约责任、侵权责任的差异性阐释理由：缔约阶段中的先合同义务不同于给付义务，也通常比侵权法上的注意义务要求更重；缔约过失责任的赔偿范围是信赖利益损失，不同于违约赔偿和侵权赔偿，等等。③

第四种观点"信赖责任说"认为，"信赖责任"与"缔约过失责任"都属于信赖原理的实现形式，二者具有一致性。④ 还有学者认为，由于缔约过失责任的案型多样复杂，很难用统一的理论依据予以解释，但在大部分案型中"信赖"构成其理论依据。⑤

第五种观点"诚实信用原则说"认为，当事人在缔约阶段负有先合同义务及缔约过失责任的基础，均为诚实信用原则的要求。当事人享有缔约自由，对没有达成的协议不承担责任，这是合同自由原则的体现，但缔约自由应当符合诚实信用原则，缔约一方因违反诚实信用原则的过错行为造成另一方信赖利益损失应承担赔偿责任，否则交易安全和市场信赖就无法得到保障。协调缔约自由与信赖保护之间的矛盾，寻求两者之间的平衡是该制度的立法目的。⑥

《民法典》采取"诚实信用原则说"，第500条中"违背诚信原则的行为"之表述可得到印证。缔约过失责任被定位为一种以诚实信用原则为基础的民事责任。诚实信用原则贯穿于合同交易的各个环节，缔约过失责任是诚实信用原则在缔约阶段的具体体现。⑦

---

① 参见［德］迪特尔·梅迪库斯：《德国民法总论》，邵建东译，法律出版社2001年版，第342—343页。

② 参见马俊驹、余延满：《民法原论》，法律出版社2010年版，第540—541页；董安生：《民事法律行为》，中国人民大学出版社2002年版，第116页；冉克平：《缔约过失责任性质新论——以德国学说与判例的变迁为视角》，载《河北法学》2010年第2期。

③ 参见王培韧：《缔约过失责任研究》，人民法院出版社2004年版，第101页；韩世远：《合同法总论》，法律出版社2018年版，第171页；崔建远：《合同法总论（上卷）》，中国人民大学出版社2011年版，第437页。

④ 参见张家勇：《合同法与侵权法中间领域调整模式研究——以制度互动的实证分析为中心》，北京大学出版社2016年版，第146页。

⑤ 参见王洪亮：《缔约过失构成与类型》，法律出版社2023年版，第102—103页。

⑥ 参见王泽鉴：《债法原理》（第2版），北京大学出版社2013年版，第239页；朱广新、谢鸿飞主编：《民法典评注·合同编·通则1》，中国法制出版社2020年版，第287页（梅伟执笔）。

⑦ 参见黄薇主编：《中华人民共和国民法典合同编释义》，法律出版社2020年版，第90—91页。

二、缔约过失责任的要件

(一)缔约过失责任发生在缔约阶段和合同无效、被撤销、未被追认等场合

1. 在合同未成立的场合下,缔约过失责任发生在缔约阶段

所谓缔约阶段,是指在合同成立之前,当事人进行缔约磋商及为缔约做出各项准备工作的时间段。缔约阶段的终点为合同成立时,自无疑问。缔约阶段的起点一般为要约生效时。发出和收到要约邀请,一般对当事人并不产生法律拘束力,故很难认为双方已进行实质性接触。要约生效对要约人和受要约人均产生法律拘束力,双方就缔约磋商进入到具有法律意义的实质性阶段,故应以要约生效时作为缔约阶段的起点。

在要约生效前因一方过错行为导致另一方受损害的(例如虚假广告),可适用侵权法予以救济。撤回要约邀请一般不产生缔约过失责任,有判决认为:合同法对要约邀请的撤回未作条件限制,在发出要约邀请后,要约邀请人撤回要约邀请,只要没有给善意相对人造成信赖利益的损失,要约邀请人一般不承担法律责任。[①]

产生于缔约阶段的责任是否都属于缔约过失责任?例如某顾客在商场闲逛时因天花板坠落受伤,在此场合下,虽然在特定交易场所要约已经生效,但由于受害人明显欠缺交易意图不宜适用缔约过失责任而应适用侵权法之安全保障义务(《民法典》第 1198 条)提供救济。如果在缔约磋商过程经营者违反义务导致顾客受损害,则构成缔约过失责任与侵权责任的竞合。

2. 在合同成立但无效、被撤销、未被追认的场合下,亦可产生缔约过失责任

合同虽因具备成立要件而得以成立,但因当事人违反诚信缔约等义务而导致合同无效、被撤销、未被追认的,该当事人应向受损害的对方当事人承担赔偿责任或其他形式责任。该责任性质属于缔约过失责任。例如民事主体明知其不具有保证人资格而订立保证合同,虽因保证合同无效而不承担保证责任,但须承担缔约过失责任。[②]

在合同成立且有效的场合下能否产生缔约过失责任?通说持否定意见。[③]

(二)一方当事人违反先合同义务

先合同义务,是指当事人在缔约阶段,基于诚实信用原则所负有的各项义务。

---

① 参见最高人民法院(2003)民一终字第 82 号民事判决书,载《最高人民法院公报》2005 年第 5 期。
② 参见最高人民法院(2000)经终字第 206 号民事判决书。
③ 相反意见参见韩世远:《合同法总论》,法律出版社 2018 年版,第 166—168 页。

涉及先合同义务的规定具体包括：

1.《民法典》第 500 条、第 501 条对先合同义务所作的一般规定

该两条从正面规定了缔约过失责任的四种类型,从这四种类型中可以反推出每一种行为所违反的先合同义务类型。具体为:诚信缔约义务、告知义务、保密义务、其他先合同义务(保护义务、通知义务等)。

2.《民法典》合同编第二分编及单行法对有名合同中的先合同义务所作的具体规定

例如借款合同中借款人提供真实情况义务(《民法典》第 669 条)、保险合同中投保人如实告知义务和保险人说明义务(《保险法》第 16 条、第 17 条)等。

违反先合同义务的主体一般是合同当事人,但在有些场合下,当事人以外与合同具有一定关联的人也可能成为违反先合同义务的主体。有判决认为:保险公司与房地产公司终止《五年还本售房协议》后,有义务督促房地产公司及时向社会公告协议终止的事实,却消极地不作为,致使部分购房者仍然认为有保险公司承保,保险公司的行为导致购房者在购房时放弃采用其他法律手段担保债权难以实现……保险公司应当承担民事责任。[①]

（三）另一方当事人受有损失

缔约过失责任的最主要责任形式是损害赔偿,故该责任形式的承担以另一方当事人受有损失为要件。主张对方承担缔约过失责任的一方应就损失承担举证责任。有判决认为:没有证据证明一方当事人在订立合同的过程中有故意隐瞒或虚假陈述的行为,也没有证据证明另一方当事人在订立合同过程中因此遭受了损失,故在订立合同的过程中未发生缔约过失。[②]

由于现行法除了规定损害赔偿责任之外,还规定某些场合下适用合同解除等责任形式。因此,法律有特殊规定的,也可对该要件不作要求。

（四）违反先合同义务与损失之间具有因果关系

违反先合同义务与损失之间有无因果关系的判断标准,采取相当因果关系标准。例如甲向乙兜售假冒伪劣商品,磋商过程中乙的物品被小偷窃取,乙依据欺诈的规定撤销合同后,不能以合同被撤销为由要求甲赔偿被窃物品损失。乙如欲向甲请求赔偿被窃物品损失,须证明甲违反了保护义务。

---

① 参见最高人民法院(2001)民一终字第 32 号民事判决书。
② 参见"吴卫明诉上海花旗银行储蓄合同纠纷案",载《最高人民法院公报》2005 年第 9 期。

【学说争议："违反先合同义务的一方有过错"是否为一个独立要件】

在"一方当事人违反了先合同义务"要件之外，是否还存在"违反先合同义务的一方有过错"要件？对此问题存在争议。

第一种观点认为，缔约过失责任中的过错是一种客观过错，表现为当事人违反了依据诚实信用原则所产生的义务，因此并不存在独立的主观过错要件。[1]

第二种观点认为，缔约过失责任属于过错责任，"违反先合同义务者有过错"为独立要件。[2]

第三种观点认为，缔约过失责任宜采推定过错标准，即行为人违反了先合同义务，除能证明自己没有过错外，就推定其有过错。[3]

本书认为，缔约过失责任制度的产生和基本价值理念均立足于过错责任本无疑问，但受法律发展史上过错客观化以及具体有名合同规则复杂性等因素的影响，现行法对不同类型缔约过失责任是否要求独立的主观过错要件采取了不同态度。分述如下：(1)违反先合同义务的行为中已经包含了主观过错。例如《民法典》第500条、第501条采用"恶意""故意""不正当使用"之表述，表明构成该行为本身即应具备当事人主观过错因素。(2)违反先合同义务的行为之外还须单独考察主观过错。例如《保险法》第16条针对投保人违反如实告知义务的行为，区分行为人主观上是故意或重大过失分别规定不同的法律后果。

三、缔约过失责任的类型

(一)假借订立合同，恶意进行磋商(《民法典》第500条第1项)

所谓"假借订立合同"，是指没有真实的订约意图。所谓"恶意进行磋商"，是指明知自己无订约意图但为达到某种不正当目的，而进行磋商。行为人是否以直接损害对方利益为目的，不影响"恶意"的认定。具体分为以下几种情形：

1. 恶意开始磋商

该行为是指行为人自始即欠缺真实的订约意图而基于恶意与对方进行磋商。例如 A 根本无意购买 B 的餐馆，但为了阻止 B 将餐馆卖给竞争对手 C，假意与 B 进行长时间谈判。当 C 买了另一家餐馆时，A 中断了谈判，B 最终以比 C 出价更低的价格将餐馆转让。

2. 恶意继续磋商

该行为是指当事人本具有真实的订约意图，但随着磋商的进展而决意不与对

---

① 参见王利明：《合同法研究(第一卷)》，中国人民大学出版社 2015 年版，第 342 页。

② 参见崔建远：《合同法总论(上卷)》，中国人民大学出版社 2011 年版，第 442 页。

③ 参见马俊驹、余延满：《民法原论》，法律出版社 2010 年版，第 543 页

方订立合同,但仍继续与对方进行磋商。例如甲最初想成为乙的销售人员,但甲乘车到乙处后改变主意欲成为乙的竞争对手做同种生意。为了掌握乙的生产及销售信息,甲仍继续与乙磋商并参加培训。在掌握了有关信息后,甲便终止了与乙的磋商。虽然当事人不因缔约磋商行为而负有必须订约的义务,但当事人确定不再具有订约意愿时应及时告知对方,否则可能构成恶意继续磋商。① 如果双方缔约磋商因市场变化、自身条件等因素而未能订立合同,即使当事人为磋商花费了成本,也不成立缔约过失责任。

3. 恶意终止磋商

该行为是指一方已依据对方要求作出前期准备工作,并合理信赖这是作为订立合同的前提,但对方无正当理由中止磋商。例如在著名的"霍夫曼诉红色猫头鹰商店股份公司案"(Hoffman v. Red Owl Stores)中,被告向原告保证,如果原告投资18000 美元并取得必要的经验,则向其授予特许经营权。此后的两年间,原告为订立该合同做了大量准备工作,且被告也一直使原告深信将会得到特许经营权。当订立合同的一切准备工作就绪时,被告通知原告必须投资更多的金钱,原告拒绝了该要求。法院认为,被告应赔偿原告为准备订立合同所产生的费用。②

我国的实例如:①甲乙两公司在磋商前期已就合同部分条款达成一致,且甲方始终承诺向乙方支付项目利润的 30% 作为报酬,乙方以此为基础持续参与磋商及开展前期工作(协助股权转让、获得土地使用权等)。甲方在项目前期工作基本完成时不再承诺向乙方支付 30% 的利润,并提出寻找第三方购买项目的方案。法院认定甲方违反了诚信磋商义务。③ ②居间人(房屋中介)提供一定中介服务后,委托人故意避开居间人而另与第三人订立房屋租赁合同,违反了诚信磋商义务。④

如果因为当事人以外的原因导致无法订约,或者在商业惯例范围内调整价格等,则不宜认定为恶意终止磋商。例如:①投资意向书约定一方同意为对方的土地置换事项进行协调,但对于是否必须置换成功以及置换土地的具体位置和面积均未明确约定,其后由于土地管理部门的决定,一方无法协调成功土地置换事项,不构成违反诚信磋商义务。⑤ ②双方在框架协议中约定了股权转让的暂定价格,在缔结正式合同的过程中,出让方抬高出价的行为不构成恶意磋商。⑥

---

① 参见最高人民法院(2004)民一终字第 87 号民事判决书。
② 参见[美]弗里德里奇·凯斯勒等:《合同法:案例与材料(上)》,屈广清等译,中国政法大学出版社2005 年版,第 204—205 页。
③ 参见最高人民法院(2018)最高法民申 295 号民事裁定书。
④ 参见北京市第二中级人民法院(2010)二中民终字第 21522 号民事判决书。
⑤ 参见最高人民法院(2014)民申字第 263 号民事裁定书。
⑥ 参见上海市第二中级人民法院(2015)沪二中民四(商)终字第 54 号民事判决书。

(二)故意隐瞒与订立合同有关的重要事实或者提供虚假情况(《民法典》第 500 条第 2 项)

该类型为欺诈缔约产生的缔约过失责任,责任人违反了告知义务。"故意隐瞒与订立合同有关的重要事实"为消极的欺诈;"提供虚假情况"为积极的欺诈。告知义务的内容、方式如何认定? 不宜一概而论,大致应考虑以下几方面因素:

1. 法律有特殊规定的,依其规定

(1)《消费者权益保护法》第 8 条规定了消费者知情权以及要求经营者提供商品或者服务的有关信息的权利。第 20 条规定了经营者向消费者提供有关商品或者服务的有关信息的义务。

(2)《保险法》第 16 条对投保人如实告知义务的"重要事实"界定为"足以影响保险人决定是否同意承保或者提高保险费率",规定履行如实告知义务的方式采"询问告知主义"。

(3)《证券虚假陈述侵权赔偿规定》第 4 条规定:"信息披露义务人违反法律、行政法规、监管部门制定的规章和规范性文件关于信息披露的规定,在披露的信息中存在虚假记载、误导性陈述或者重大遗漏的,人民法院应当认定为虚假陈述……"该司法解释还对证券市场虚假陈述的具体认定标准作出了规定。

(4)《旅游纠纷规定》第 8 条第 2 款规定的旅游者如实告知义务,要求旅游者"按旅游经营者、旅游辅助服务者的要求提供与旅游活动相关的个人健康信息并履行如实告知义务"。

2. 存在交易习惯的,依习惯

例如金融领域中对告知义务方式存在惯例的,依其惯例。有判决认为:被告银行在对小额储户收取管理费前,已经通过众多媒体将该信息在社会上进行了广泛报道,尽到了必要和可能的告知义务……没有证据证明一方当事人在订立合同的过程中有故意隐瞒或虚假陈述的行为,故在订立合同的过程中未发生缔约过失。①

3. 无上述情形的,应结合合同性质、义务性质、双方利益关系等因素作具体认定

(1)应平衡告知义务与"买者自慎规则"之间关系。买者自慎规则,是指缔约人不负有向对方提供交易信息的一般义务,缔约人应当自己对影响缔约的相关情况尽力调查,否则应承担未履行调查义务而导致的不利后果。② 告知义务与"买者自慎规则"存在冲突,应结合合同性质、义务性质、双方利益关系等因素,采取利益

---

① 参见"吴卫明诉上海花旗银行储蓄合同纠纷案",载《最高人民法院公报》2005 年第 9 期。

② 关于"买者自慎规则"的学理意见,参见曹兴权:《缔约信息义务理论之比较研究》,载《广西社会科学》2004 年第 10 期。

衡量方法确定告知义务的内容和方式。

（2）对《民法典》第500条第2项规定的"与订立合同有关的重要事实"，不能仅依文义解释为合同的必要条款，而应依据前述方法确定其涵义。否则将不适当地扩大缔约过失责任的适用范围。

与告知义务有关的司法意见：

①对于以激活保险卡的方式订立保险合同的情形下投保人的告知义务，有判决认为：案涉保险卡系代理公司内勤代为激活，激活过程中，代理公司仅向其业务员而未向投保人进行询问，而业务员并未询问过投保人的职业，使得投保人没有机会就其职业状况履行如实告知义务。因此，投保人并未违反如实告知义务。①

②经营者销售家用电器"库存机"，未主动告知电器的真实情况的，有判决认为：商家并未告知消费者该空调的生产日期距其购买时已近三年。虽然对于生产日期远近与空调质量并无必然联系，但对于普通消费者购买心理来说，其对产品生产日期这一重要因素存在合理期待，对此应享有知情权。商家销售已达三年期限的产品时，负有告知义务。②

③房屋出卖人未告知"凶宅"信息的，有判决认为：被确定或冠以凶宅的房屋通常都难以出售，或出现价值贬损，出卖人未披露所售房屋曾发生非正常死亡事件的信息，构成故意隐瞒重要事实。③ 还有判决将负有告知义务的"凶宅"范围扩展至同楼层的其他房屋：与交易房屋同楼层的其他房屋及公共走道发生了三人被杀的重大凶杀案件，该事实不仅造成案涉房屋市场交易价值贬损，更极有可能动摇原告作为婚房购买人的购房意图，属于必须特别提示的重要不利因素。④

④创建网站的受托人未告知网站重要信息的，有判决认为："提供创建网站的被告未能如实告知原告，其所创建网站并不具有终身入驻'一淘网'资格的事实，构成提供虚假情况。"⑤

① 参见"韩龙梅等诉阳光人寿保险股份有限公司江苏分公司保险合同纠纷案"，载《最高人民法院公报》2010年第5期。

② 参见江苏省南京市秦淮区人民法院（2020）苏0104民初511号民事判决书，载《最高人民法院公报》2023年第7期。

③ 参见上海市浦东新区人民法院（2015）浦民一（民）初字第3599号民事判决书，载《人民司法·案例》2016年第23期。

④ 参见湖北省高级人民法院（2020）鄂民申1013号民事裁定书。

⑤ 参见上海市第一中级人民法院（2013）沪一中民五（知）终字第91号民事判决书。

（三）泄露、不正当地使用商业秘密或者其他应当保密的信息（《民法典》第501条）

1.《民法典》第501条的规范性质

无论是否进入缔约领域，民事主体对于他人的商业秘密或者其他应当保密的信息均不得侵害，此为当然之理。《民法典》第501条并非是对该侵权法规则的简单重复，本条意义在于：其一，在缔约磋商过程中，权利人为实现缔约目的会向对方透露商业秘密或者信息。该"透露"行为不意味着权利人自愿放弃商业秘密或者信息的保密性，因此当事人在缔约过程中知悉的商业秘密或者信息，无论合同是否成立，均不得泄露或者不正当地使用。其二，如果权利人依据本条向对方主张缔约过失责任，损害赔偿的要件和标准不同于侵权损害赔偿。

合同成立的情形下，当事人的保密义务适用附随义务规则（《民法典》第509条第2款）；合同终止后，当事人的保密义务适用后合同义务规则（《民法典》第558条）。因此，虽然《民法典》第501条的适用条件表述为"无论合同是否成立"，但本条实则对合同未有效成立的情形更具意义。

2. 商业秘密和其他应当保密的信息的界定

（1）商业秘密。商业秘密是指不为公众所知悉、能为权利人带来经济利益、具有实用性并经权利人采取保密措施的技术信息和经营信息。（《反不正当竞争法》第9条第4款）技术信息是指与技术有关的结构、原料、组分、配方、材料、样品、样式、植物新品种繁殖材料、工艺、方法或其步骤、算法、数据、计算机程序及其有关文档等信息。经营信息是指与经营活动有关的创意、管理、销售、财务、计划、样本、招投标材料、客户信息、数据等信息。（《最高人民法院关于审理侵犯商业秘密民事案件适用法律若干问题的规定》第1条）实务中，认定为商业秘密的情形还包括：油气公司生产日报表[①]、车展投标报价方案[②]等。

（2）其他应当保密的信息。此类信息属于弹性规定，并无统一衡量标准。在缔约过程中，当事人可能会了解对方的大量信息，但并非对全部信息都负有保密义务。如果一方明确要求某信息作为保密信息，另一方接受该信息可视为默示同意将其作为保密信息对待。如果一方未明确要求保密，对方对该信息是否负保密义务须考虑以下因素：其一，信息拥有人主观上是否具有合理确信，使该信息具有必要的"保密性"；其二，双方当事人之间的关系、获得信息的方法以及获得信息的特

[①] 参见"中石油北京天然气管道有限公司诉宋某彬侵害商业秘密纠纷案"，载最高人民法院中国应用法学研究所编：《人民法院案例选》2018年第1辑（总第119辑），人民法院出版社2018年版，第147页。

[②] 参见海南省高级人民法院（2014）琼知民终字第8号民事判决书。

定环境。①

实务中,认定为其他应当保密的信息包括:①自然人的数据信息和隐私信息(如支付宝账户、某些疾病信息);②无法纳入专利权、商业秘密的个人技术信息(如个人的绣花技艺)②;③不具备商业秘密的要件,但有必要保护的信息(如输入法的错误发现和改正方法③)。

(四)其他违背诚实信用原则的行为(《民法典》第 500 条第 3 项)

1. 要约人违反有效要约导致合同不成立

(1)要约人违法撤销要约。要约人撤销要约的行为不符合法定条件而导致合同不成立,要约人应承担缔约过失责任。

(2)承诺生效后,要约人违反缔约义务导致合同不成立。承诺生效即导致双方达成合意,要约人未依法定要求在合同书、确认书上签名、盖章或者按指印(《民法典》第 490 条、第 491 条)导致合同不成立的,应承担缔约过失责任。

2. 承诺人违反生效承诺导致合同不成立

承诺生效即导致双方达成合意,承诺人未依法定要求在合同书、确认书上签名、盖章或者按指印(《民法典》第 490 条、第 491 条)导致合同不成立的,应承担缔约过失责任。有判决认为,在涉及多方的同一项目中,因缔约当事人一方未履行向第三人承诺的义务,导致缔约相对人与第三人合同不能成立,未履行承诺的当事人应承担缔约过失责任。④

3. 合同无效或被撤销

合同无效或被撤销的场合下,有过错的一方应当赔偿对方因此所受到的损失,双方都有过错的,应当各自承担相应的责任。(《民法典》第 157 条第 2 句)主合同有效而第三人提供的担保合同无效,有过错的担保人应承担缔约过失责任。(《民法典担保制度解释》第 17 条)

4. 合同未被追认

因合同未被追认导致合同确定不发生效力,由有过错的当事人承担缔约过失责任。(《民法典》第 157 条第 2 句)

5. 当事人不交付标的物导致实践合同不成立

在实践合同中,当事人不交付标的物的,对方虽不能主张给付义务,但可请求

---

① 参见张虹:《缔约磋商中保密义务的法律适用研究——以〈中华人民共和国合同法〉第 43 条为中心》,载《法商研究》2011 年第 2 期。

② 参见王涌:《财产权谱系、财产权法定主义与民法典〈财产法总则〉》,载《政法论坛》2016 年第 1 期。

③ 参见湖北省高级人民法院(2004)鄂民三终字第 8 号民事判决书。

④ 参见河北省高级人民法院(2013)冀民二终字第 11 号民事判决书。

有过错方承担因合同不成立给自己造成的损失。

6. 违反强制缔约义务导致合同不成立

例如从事公共运输的承运人违反强制缔约义务,拒绝旅客、托运人通常、合理的运输要求导致合同不成立(《民法典》第810条),应承担缔约过失责任。

7. 在缔约阶段未尽保护义务、协助义务等侵害对方的人身权、物权

在缔约阶段,一方因过错未尽保护、协助等先合同义务,使对方的人身权、物权遭受损害的,有过错方应承担缔约过失责任。在此场合下,如果符合侵权责任的构成要件,也同时成立侵权责任,构成两种责任的竞合。

【疑难案例:签订正式合同时要求调整价格是否构成恶意磋商案①】

【案件事实】

2003年7月28日,星云公司(供方)与彩虹公司(需方)签订5份认定协议,约定了5个产品的技术要求、进度安排、价格及付款方式,其中37cm、40cm、54cm防爆带组件的到厂含税价分别为4元/枚、5元/枚、6元/枚;37cm、54cm L型焊接框架的到厂含税价分别为4元/枚、13元/枚。5份认定协议均约定了以下说明事项:(1)根据认定进度要求,由需方通知供方提供认定样品;(2)材料认定中,如出现不合格情况,供方进行改进并重新提供样品,认定进度顺延;(3)供方提供的大批量样品,如需方用于生产,且使用合格,需方可按协议价格付款;(4)"五步认定"合格后,需方向供方出具"认定结论通知书",作为量产供货的依据;(5)其他未尽事宜,另行协商解决。上述协议签订后,星云公司购置设备、模具,按要求组织样品生产。

2004年8月6日,双方当事人就上述5种零部件的试作供应价格调整签订了一份协议,根据国内外特殊钢材市场供需趋势及市场价格大幅上涨的实际情况,双方一致同意对5种零部件的试作期间供应价格作小幅调整。自2004年8月至2005年年初,星云公司共向彩虹公司提供除40cm防爆带组件外的其他4个认定协议中的零部件180多万枚,彩虹公司向星云公司支付了货款900多万元。

双方于2004年12月、2005年3月完成了37cm L型框架和37cm防爆带组件质量合格的认定后,未能就这两个产品订立正式的供货合同。星云公司证人指出,彩虹公司与星云公司在洽谈中,提出了一个不平等解决问题的要求,要求星云公司产品大幅度降价(约30%),星云公司未予接受。而彩虹公司2005年度报告显示:2005年1季度,国内电视厂商普遍调整了经营策略和彩管库存政策,导致彩管销量短期内急剧下降,彩管库存急剧增加。而彩管价格的大幅走低、部分原料价格上涨

---

① 该案详细解读参见"陕西咸阳星云机械有限公司与彩虹集团电子股份有限公司缔约过失责任纠纷上诉案",载最高人民法院民事审判第二庭编:《合同案件审判指导》(增订版),法律出版社2018年版,第31页以下。

更加剧了彩管企业的经营困难。公司通过实施有效的策略,节约挖潜、降低成本,保持了稳定的市场份额。

2006年5月,星云公司依据5份认定协议,以彩虹公司违约为由向法院提起诉讼,请求:(1)依法终止星云公司与彩虹公司签订的协议;(2)由彩虹公司赔偿星云公司投资损失2634万元;(3)由彩虹公司赔偿星云公司生产损失396万元。

【本案争点】

买方在签订正式合同时要求调整价格是否违反诚信磋商义务?

【裁判要旨】

一审法院认为,彩虹公司在2005年2月通知暂停供货是对已交产品的价格有异议而对双方按通知供货关系的暂停,并非无故违反认定协议、拒绝签订正式供货合同的行为。本案未订立正式供货合同应当认为出于正常磋商不成的原因。判决:(1)彩虹公司按后附清单所列的对星云公司的成品、半成品、原材料等予以接收,并同时向星云公司支付款项3887516元。(2)驳回星云公司的诉讼请求。

二审法院(最高人民法院)认为,星云公司在上诉中主张,认定协议是双方签订正式供货合同之前的一个预备合同,已经就产品价格进行了约定;而彩虹公司在签订正式合同时提出降价30%的不平等要求,属于恶意磋商。但认定协议并不等于正式供货合同,认定协议履行的目的只是星云公司所提供的试作样品是否能达到彩虹公司的质量标准要求,其零部件是否合格,是否可以作为量产供货的依据。根据合同成立的一般要素法则,通常的正式供货合同应当包括价格、质量、数量和履行期限等方面的约定要素。质言之,本案双方根据认定协议的约定完成零部件的五步认定后,尚需就数量、价格、期限等另行协商并形成合意后,方能确立正式的供货合同关系。因此,本案中认定协议关于"'五步认定'合格后,需方向供方出具'认定结论通知书',作为量产供货的依据"的约定,应当被解释为双方就将来签订正式供货合同中关于货物质量的约定,即在"五步认定"合格并由彩虹公司出具"认定结论通知书"后,即可视为双方已经就将来签订正式供货合同时零部件的质量标准达成了合意;但并不能由此推定双方就将来签订的正式供货合同中货物的价格、数量、供货期间等内容也达成了合意,也不能推出双方必然签订正式供货合同。

本案已经查明的事实和证据表明,在双方履行认定协议过程中,认定协议中零部件的市场价格出现了较大的波动。依照认定协议中关于"其他未尽事宜,另行协商解决"的约定,2004年8月6日,根据国内外特殊钢材市场供需趋势及市场价格大幅上涨的实际情况,双方一致同意认定协议中5种零部件试作期间供应价格做小幅调整,提高了样品供货的单位价格。这说明就已经签订并履行的认定协议中约定好的样品价格,双方都可以根据市场的变化而协商调整,何况对于尚未签订正式供货合同中的大批量产品的价格。

彩虹公司在正式供货合同订立、磋商阶段，根据市场变化提出相应的价格要约，是一种符合市场规律和交易常理的合理磋商行为；而星云公司坚持以认定协议中样品的高价格作为订立正式供货合同的大批量产品价格的磋商行为，却带有无视市场规律、违背公平原则的色彩。判决：驳回上诉，维持原判。

四、缔约过失责任的责任形式

（一）损害赔偿

依据《民法典》第 500 条、第 501 条规定，损害赔偿是缔约过失责任的基本责任形式，大部分场合下均可适用该责任形式。损害赔偿的范围包括两部分：

1. 信赖利益损失

此处的信赖利益损失系指消极信赖利益损失[1]，即缔约人信赖合同有效成立，但因法定事由导致合同不成立、无效、被撤销等情形而造成的损失。虽然学理及实务共识认为缔约过失责任应赔偿信赖利益损失，但信赖利益损失的具体范围则不无疑问。[2] 原则上，信赖利益损失应以对方违反先合同义务给己方造成信赖的时点为判断标准，即通过赔偿将受损害方的财产状态恢复至该时点之前的状态。对于各种类型的损失应否赔偿及赔偿标准，分述如下：

（1）实际损失，即为了订约和履约而实际支出的费用。此类损失应予赔偿不存疑义。参考原《合同法解释（二）》第 8 条后段规定，缔约过失责任的赔偿范围是"由此产生的费用和给相对人造成的实际损失"，具体包括：订约费用（为订约合理支出的交通费、住宿费、鉴定费、咨询费等）；准备履行所支出的费用（为运送标的物或受领标的物合理支出的运输费、租金等）；实际履行所支出的费用（在合同无效、被撤销等情形下）；上述费用的利息损失；等等。

（2）可得利益损失（《民法典》第 584 条中"合同履行后可以获得的利益"）不予赔偿。此类损失属于履行利益损失，即因一方不履行合同义务或履行不符合约定给相对人造成的损失，其赔偿目标是将相对人（守约方）的财产状态达到合同被正常履行时的状态。可得利益损失以合同有效成立为赔偿前提，故原则上不属于缔约过失责任的赔偿范围。例如房屋买卖合同无效后的房屋升值损失[3]；合作开发

---

[1] 关于积极信赖利益与消极信赖利益的区分及意义，参见杨代雄：《法律行为论》，北京大学出版社 2021 年版，第 28—29 页。

[2] 相关学理意见参见王洪亮：《缔约过失构成与类型》，法律出版社 2023 年版，第 199—201 页。

[3] 参见最高人民法院（2015）最高法民申字第 2703 号民事裁定书。相反意见参见孙维飞：《〈合同法〉第 42 条（缔约过失责任）评注》，载《法学家》2018 年第 1 期。

房地产合同无效后的土地补偿费损失[①]等。

（3）精神损害不予赔偿。一方面，依据《精神损害赔偿解释》第 1 条规定，精神损害赔偿的适用范围仅限于人身权益或者具有人身意义的特定物受侵害的侵权赔偿。另一方面，依据《民法典》第 996 条规定，侵权责任与违约责任竞合的情形下受损害方可请求精神损害赔偿。该条系以合同有效成立为适用前提，故不能依据该条在主张缔约过失责任时请求精神损害赔偿。

（4）交易机会损失应否赔偿？此处的交易机会损失，并非指合同当事人之间因合同不成立、无效等情形导致双方未能建立有效交易所生损失[②]，因为该损失就是信赖利益损失。所谓交易机会损失，是指一方违反先合同义务（如恶意磋商）导致相对人丧失与第三人缔约机会之损失。对于此类损失应否赔偿，学理上素有争议。[③] 事实上，由于不同场合下的交易机会所具有的现实可能性各异，因此脱离具体语境讨论此类损失应否赔偿没有意义。交易机会应具备以下要求，才有可能赔偿。

第一，现实性。该交易机会是现实的、具体的，即当事人与特定第三人真实地就缔约进行了接触。该"机会"不能仅停留在想象的、抽象的层面。如果当时（一方违反先合同义务时）某种商品市场价很高或很低、投资环境很好，但当事人并未就某一特定交易与特定第三人进行接触或磋商，而仅以当时市场环境优于现在（主张赔偿时）为由要求赔偿交易机会损失，是不合理的。依常理可知，即使在市场环境优渥的前提下，由于各人决断力存在差异，也并非每个人都会选择缔约并能获利。

第二，替代性。相较于存在缔约过失的交易关系而言，当事人与第三人的缔约机会应具有替代作用，即两项交易的内容类似，在相当程度上可以相互替代，当事人成交其中一项就会丧失对另一项的需求。

第三，实质性。当事人与第三人须就缔约已进行"实质性地"接触和磋商（如通过信函作出要约和反要约多次），在通常情形下该缔约机会有可能促成合同订立。如果虽然当事人与第三人就缔约进行过接触，但尚停留在初步意向、市场调研阶段，由于该情形距离合同订立过于遥远和不确定，将该"机会"纳入赔偿范围是不合理的。

实务中对于当事人请求赔偿交易机会损失，法院多持谨慎态度，即虽不否认此

---

① 参见最高人民法院（2015）民申字第 2677 号民事裁定书。

② 曾有判决采此理解，但并不合理。参见最高人民法院（2016）最高法民终 802 号民事判决书，载《最高人民法院公报》2017 年第 12 期。

③ 肯定说参见崔建远：《合同法总论（上卷）》，中国人民大学出版社 2011 年版，第 448—450 页。否定说参见王利明：《合同法研究（第一卷）》，中国人民大学出版社 2015 年版，第 366 页。

类损失可予赔偿,但当事人须举证证明该交易机会的现实可能性(而非抽象可能性)。例如因被告过错导致《股权转让协议》无效,原告以其"错失 2010 年收购其他资产良机"为由请求赔偿交易机会损失,但并未举证证明曾经与第三人就"收购其他资产"进行过磋商,因此法院未支持原告的请求。①

(5)赔偿信赖利益损失是否以不超过履行利益损失为限?学理上,肯定说现为主流意见②,认为受损害方所获赔偿数额不应超过合同有效且得到实际履行的情况下所应获得的全部利益。理由在于:一是"可预见性"。违反先合同义务的一方应当预见合同被正常履行给相对人带来利益的大致范围,而超出该利益范围的损失由多种偶然因素造成,要求其预见则是不合理的。二是"相当性"。如果受损害方因缔约过失责任所获赔偿数额反而大于合同被正常履行时所得利益,会导致利益失衡而有失公平。③ 在承认赔偿交易机会损失的前提下,由于交易机会所生利益的不确定性,以履行利益损失为赔偿上限的合理性更为明显。

实务意见亦采肯定说。《九民纪要》第 32 条第 2 款规定:"合同不成立、无效或者被撤销情况下,当事人所承担的缔约过失责任不应超过合同履行利益。……建设工程施工合同无效,在建设工程经竣工验收合格情况下,可以参照合同约定支付工程款,但除非增加了合同约定之外新的工程项目,一般不应超出合同约定支付工程款。"例如因一方过错导致中标合同不成立,相对人有权请求赔偿"为投标所投入的费用",但赔偿数额不得超过履行利益。④

(6)过失相抵规则的适用。当事人双方对造成信赖利益损失均有过错的,应依据各自的过错程度分担损失。《民法典》第 157 条针对合同无效、被撤销或确定不发生效力的情形下适用过失相抵规则作出明确规定,在缔约过失责任的其他案型中亦可适用该规则。有判决认为,导致该《出让合同》不能签订,双方均有缔约过失。涉案竞买保证金因合同未成立,故未转为土地出让金,又因双方皆有缔约过失,故该笔保证金的损失应由双方各半分担。⑤

2. 固有利益损失

所谓固有利益损失,又称维持利益损失或完全性利益,是指缔约人在合同利益之外所享有的人身或财产利益因对方违反先合同义务所造成的损失。该损失主要

---

① 参见广西壮族自治区梧州市中级人民法院(2021)桂 04 民终 914 号民事判决书。类似案例参见北京市第三中级人民法院(2022)京 03 民终 6364 号民事判决书。

② 少数学者持否定说,参见崔建远:《合同法总论(上卷)》,中国人民大学出版社 2011 年版,第 450—451 页;尚连杰:《信赖利益赔偿以履行利益为限吗——从一般命题到局部经验》,载《政治与法律》2017 年第 11 期。

③ 参见王利明:《合同法研究(第一卷)》,中国人民大学出版社 2015 年版,第 366 页;韩世远:《合同法总论》,法律出版社 2018 年版,第 186 页;叶金强:《信赖原理的私法结构》,北京大学出版社 2014 年版,第 178 页。

④ 参见北京市第一中级人民法院(2021)京 01 民终 9830 号民事判决书。

⑤ 参见最高人民法院(2005)民一终字第 83 号民事判决书。

产生于当事人违反保护义务、保密义务等先合同义务而侵害对方人身权、物权、知识产权等绝对权的场合下。在此场合下,往往构成缔约过失责任与侵权责任的竞合。例如在一方的办公场所进行缔约谈判时,天花板坠落造成另一方受伤。对固有利益损失的赔偿,显然不应受履行利益损失范围的限制。

(二)解除合同

适用该责任形式仅以有法律特别规定为限。例如《保险法》第 16 条规定,投保人故意或者因重大过失未履行如实告知义务,足以影响保险人决定是否同意承保或者提高保险费率的,保险人有权解除合同。(第 2 款)投保人故意不履行如实告知义务的,保险人对于合同解除前发生的保险事故,不承担赔偿或者给付保险金的责任,并不退还保险费。(第 4 款)投保人因重大过失未履行如实告知义务,对保险事故的发生有严重影响的,保险人对于合同解除前发生的保险事故,不承担赔偿或者给付保险金的责任,但应当退还保险费。(第 5 款)又例如《外商投资企业规定(一)》第 5 条规定,外商投资企业股权转让合同成立后,转让方和外商投资企业不履行报批义务,经受让方催告后在合理的期限内仍未履行,受让方有权解除合同。

【疑难案例:合同无效后缔约过失责任分担案①】
【案件事实】

2013 年 12 月 6 日,乡政府与黄某发签订了《林场经营权转包合同》,约定"乡政府将前述林地、林木发包给黄某发从事农业项目(特色经果林)种植生产经营,林地转包后,黄某发享有承包林地的使用权、林木所有权和经营权,转包经营权期限为 65 年,转包价格 20 万元。"协议签订后,乡政府收取了黄某发转让款 20 万元,并将前述林地、林木交与黄某发。上述林地转包与黄某发后,黄某发与王某合伙共同经营。

黄某发、王某签订合同后,因该合同的履行实施了开挖道路、修建经营管理用房、报装架设用电设备、雇佣人员等行为。其中因开挖道路支付了费用 55360 元、因道路铺石头支付了费用 14580 元、因报装架设用电设备支付了费用 10100 元、因经营性管理用房建设及平场支付了费用 113280 元。黄某发、王某将约 14 亩土地用于栽种折耳根,二人种的折耳根至今未收获上市销售。黄某发、王某将其余的大部分土地用于栽种天麻,因栽种天麻支付了种植人工费 33504 元,购买、自育天麻种子费用 100000 元,购买栽种天麻的木材、密环菌、遮阳网等辅助性用材费用

---

① 该案详细解读参见"清镇市流长苗族乡人民政府诉黄某发等确认合同无效纠纷案",载最高人民法院中国应用法学研究所编:《人民法院案例选》2018 年第 11 辑(总第 129 辑),人民法院出版社 2019 年版,第 5 页以下。

53500元。黄某发、王某另支付了管理人员工资36000元。2015年8月15日,黄某发与赵某荣签订《鸡粪销售合同》,支付价款48000元。

2017年1月9日,乡政府向法院提起诉讼,请求确认与黄某发2013年12月6日签订的《林场经营权转包合同》无效,请求黄某发、王某将涉案林场返还乡政府。

【本案争点】

1. 违反法律强制性规定的合同被确认无效后,双方当事人如何承担缔约过失责任?

2. 缔约过失责任的损害赔偿是否包括可得利益损失?

【裁判要旨】

法院认为,乡政府与黄某发签订合同,约定将作为防护林的林场转包与黄某发从事农业项目(特色经果林)种植生产经营,将防护林的用途更改为商品林,违反了《森林法》第15条第3款的规定,该合同违反了法律的强制性规定,依法应认定为无效合同。

合同无效,有过错的一方应当赔偿对方因此所受到的损失。乡政府与黄某发所签合同无效,乡政府作为国家机关,对相关法律规定的掌握程度明显高于作为自然人的黄某发,故确定乡政府对合同无效承担70%的过错责任,黄某发承担30%的过错责任。黄某发遭受的损失,评判如下:

1. 资金占用损失。乡政府收取了黄某发的转包费20万元,黄某发产生资金占用损失,对此损失双方应当按照过错进行分担,但应当扣除12307元(已实际履行4年的对应部分)。资金占用损失标准按照中国人民银行同期同类贷款利率标准确定,计算至本判决确定的履行期限届满之日止。

2. 因履行合同遭受的其他经济损失。(1)黄某发、王某要求赔偿购鸡粪款项48000元,经查,二人所购鸡粪主要用于栽种折耳根,且是露天堆放于现场,已经丧失或者部分丧失功效。丧失功效的部分系因二人保管原因所致,应由二人自行承担,未丧失功效的部分仍可使用处置。已用于栽种折耳根的部分,法院酌定时间准许二人收购折耳根,该部分已转化为其投资,故购置鸡粪款项不应计入赔偿范围。(2)黄某发、王某要求赔偿其2017年收获天麻可获收入265560元,因合同无效赔偿损失仅限于赔偿实际损失,并不包括可得利益损失,该部分诉讼请求依法应予驳回。(3)黄某发、王某开挖道路费用55360元,铺道路石头费用14580元,报装架设用电设备费用10100元,因经营性管理用房建设和平场费用113280元,以及栽种天麻的人工费33504元,购买、自育天麻种子费100000元,购买栽种天麻的木材、密环菌、遮阳网等辅助性用材费用53500元,管理人员工资36000元,属于履行合同支付的费用。前4项费用属于长期投入,应按黄某发、王某对该转包地的未使用年限与合同约定年限的比例折算损失,共计(55360元+14580元+10100元+

113280 元)×(65-4)/65＝181423 元;后 4 项共计(33504 元+100000 元+53500 元+
36000 元)＝223004 元,属于对天麻等的投资,具有风险性质,且法院准许黄某发、
王某自行收获 2017 年天麻,黄某发、王某自认 2017 年天麻收入可达 265560 元,足
以覆盖黄某发、王某的该部分支出,故该部分不应计入履行合同的损失。黄某发因
履行合同遭受的损失确定为 181423 元。前述已核定损失,按照双方的过错,由乡
政府承担 70%的赔偿责任,黄某发、王某自行承担 30%的过错责任。

　　判决:(1)乡政府与黄某发于 2013 年 12 月 6 日签订的《林场经营权转包合同》
无效;(2)黄某发、王某将涉案林场林地、森林或林木返还给乡政府;(3)乡政府返
还黄某发、王某转包款 187693 元,并赔偿 70%的资金占用损失;(4)乡政府赔偿黄
某发、王某经济损失 126996 元。

第五章　合同的内容和形式

第一节　合同条款的种类

一、《民法典》合同编规定的示范性条款

《民法典》第 470 条规定:"合同的内容由当事人约定,一般包括下列条款:(一)当事人的姓名或者名称和住所;(二)标的;(三)数量;(四)质量;(五)价款或者报酬;(六)履行期限、地点和方式;(七)违约责任;(八)解决争议的方法。当事人可以参照各类合同的示范文本订立合同。"该条规定的合同条款为示范性条款,又称提示性条款或倡导性条款,其作用是为当事人拟定合同条款提供参照。该条使用"一般包括""可以参照"之表述,表明该条为任意性规范,故当事人不得以欠缺该条所列举之示范性条款而主张合同不成立。

二、必要条款和非必要条款

根据是否影响合同成立为标准,合同条款可以分为必要条款和非必要条款。

(一)必要条款

必要条款,又称主要条款,是指合同成立所必须具备的条款。一般而言,必要条款涉及合同成立的最基本要素。哪些条款属于必要条款,主要受两个因素影响:

(1)合同的类型。如果法律针对某一类型合同的必要条款作出规定,或者虽无此规定但依据合同性质欠缺该条款合同就无法成立的,此类条款可认定为必要条款。例如《民法典》第 852 条规定,技术开发合同中"研究开发要求"是必要条款。又例如房屋买卖合同中,作为标的物的特定房屋是必要条款。①

---

① 参见北京市第三中级人民法院(2023)京 03 民终 4254 号民事判决书。

《民法典合同编通则解释》第3条第1款系针对所有类型合同的必要条款所作一般性规定。依此规定，所有类型合同的必要条款一般包括：当事人姓名或者名称、标的、数量；但法律另有规定或者当事人另有约定的除外。

（2）当事人的意思。基于合同自由原则，当事人可依其意思将本属非必要条款的条款"上升"为必要条款，即针对虽非合同成立的最基本要素也要求双方合意才导致合同成立。《民法典》第489条中"要约表明承诺不得对要约的内容作出任何变更"之规定为当事人的这种特殊需要提供了依据。

实务中的一种常见案型是，客观上合同欠缺必要条款，但当事人起诉请求确认合同无效或撤销、解除合同，应如何处理？《民法典合同编通则解释》第3条第3款规定，应当依据《最高人民法院关于民事诉讼证据的若干规定》第53条的规定将合同是否成立作为焦点问题进行审理，并可以根据案件的具体情况重新指定举证期限。据此，法院不应仅以"诉讼请求没有法律依据"为由驳回诉讼请求，而应针对"合同是否成立"予以实体审理，并根据审理结果作出相应判决（如确认合同不成立）。该款体现了节约司法资源、避免重复起诉的精神，其合理性可以从以下两方面可得到解释：其一，由于合同成立是判断合同效力的前提，基于"举轻以明重"的解释规则，当事人主张合同无效或撤销、解除合同的诉讼请求包含于合同不成立之情形。其二，《最高人民法院关于民事诉讼证据的若干规定》第53条为该款提供了程序法依据。①

（二）非必要条款

非必要条款，又称非主要条款，是指必要条款以外的其他条款。非必要条款一般不涉及合同成立的最基本要素。例如《二手房居间买卖合同》（混合合同）中，"办理抵押权注销登记的时间""办理贷款手续的时间"等均属非必要条款，欠缺此类条款不影响合同成立。② 合同欠缺非必要条款的，人民法院应当依据《民法典》第510条、第511条等规定予以确定。（《民法典合同编通则解释》第3条第2款）

必要条款和非必要条款的区别：（1）对合同成立的影响不同。欠缺必要条款导致合同不成立；欠缺非必要条款不影响合同成立。（2）能否通过合同解释规则填补合同漏洞不同。欠缺必要条款的，不能通过合同解释规则来填补合同漏洞；欠缺非必要条款则反之。有判决指出：合同条款若未约定或约定不明，还可以通过其他方式予以明确化；但若双方对合同标的和数量约定不明，则合同无法成立。③

---

① 参见最高人民法院民事审判第二庭、研究室编著：《最高人民法院民法典合同编通则司法解释理解与适用》，人民法院出版社2023年版，第68页。

② 参见湖北省武汉市中级人民法院（2022）鄂01民终9611号民事判决书。

③ 参见重庆市第二中级人民法院（2011）渝二中法民终字第01321号民事判决书。

三、明示条款和默示条款

在英美法中,根据是否被明确约定于合同之中为标准,合同条款可以分为明示条款(express terms)和默示条款(implied terms)。

(一)明示条款

明示条款,是指当事人以口头或书面等形式明确约定的条款。明示条款是当事人将意思表示直接体现于语言文字的形式,适用一般解释规则。

(二)默示条款

默示条款,是指合同本身虽未规定,但在纠纷发生时由法院确认的,合同中应当包括的条款。默示条款具有多种不同的目的,有的是为了解读出合同文字隐含的意思;有的是为了增加一些当事人可能想到了但没有明确表达的内容;有的是为了增加某些如果当事人注意到就可能会明确规定的条款。[1] 例如双方签订的货物买卖合同中未明确约定价格条款,法院可推定以货物的市场价格为合同内容,或者依据履行过程、交易过程、贸易惯例等因素确定价格标准。[2]

默示条款具体分为以下种类:(1)该条款是实现合同目的及作用所必不可少的,只有推定其存在合同才能达到目的及实现其功能。(2)该条款对于经营习惯来说是不言而喻的,即它的内容实际上是公认的商业习惯或经营习惯。(3)该条款是合同当事人系列交易的惯有规则。(4)该条款实际上是某种特定的行业规则,即某些明示或约定俗成的交易规矩在行业内具有不言自明的默示效力。(5)直接根据法律规定而成为合同的默示条款。[3]

我国现行法未采用默示条款概念及理论,对于默示条款所针对的问题,系通过合同条款解释等规则加以解决。[4]

四、格式条款和非格式条款

格式条款,是指当事人为了重复使用而预先拟定,并在订立合同时未与对方协

---

[1]　参见[英]P. S. 阿狄亚:《合同法导论》,赵旭东等译,法律出版社 2002 年版,第 211 页。

[2]　参见[美]杰弗里·费里尔、[美]迈克尔·纳文:《美国合同法精解》,陈彦明译,北京大学出版社 2009 年版,第 223 页。

[3]　参见崔建远:《合同法总论(上卷)》,中国人民大学出版社 2011 年版,第 220—221 页。

[4]　亦有学者认为,英美法系中默示条款的功能与大陆法系中的附随义务类似。参见侯国跃:《契约附随义务研究》,法律出版社 2007 年版,第 138 页。

商的条款。(《民法典》第496条第1款)非格式条款,是指当事人通过个别磋商而拟定的合同条款。格式条款的相关规则详见本章第三节。

第二节 合同条款的解释

一、合同条款解释的概念和特征

合同条款的解释,是指针对语义不明、内容相互矛盾等合同条款,运用一定规则加以解释,使条款内容得以明确、补充或修正的行为。合同条款的解释属于法律行为的解释之一种,其根本目的是探求当事人意思表示的内容,并以此来确定合同内容。合同条款之所以需要解释,最根本原因在于语言文字的多义性。由于此多义性的存在,使得某些合同条款所用的字、词、句具有不同涵义,非经解释不能确定其内容。另一方面,由于当事人文化水平和法律知识欠缺等因素,导致某些合同条款与其他条款及法律规定相矛盾,或者本应以合同条款规定的事项未被规定而产生遗漏。在这些场合下,合同条款的解释亦成为必要。合同条款的解释具有以下几方面特征:

(一)合同条款的解释包括狭义的解释、补充的解释和修正的解释

1. 狭义的合同条款解释

狭义的合同条款解释,是指针对语义不明、内容相互矛盾的合同条款进行的解释。其本质是对当事人意思表示中表示行为要素进行解释,以确定意思表示的内容。当事人在合同中的意思表示属于有相对人的意思表示,故《民法典》第466条第1款规定合同条款解释依据第142条第1款规定进行。该解释在性质上属于狭义的合同条款解释。

2. 补充的合同条款解释

补充的合同条款解释,是指合同欠缺非必要条款的场合下,依据法律规定的有关规则对合同条款进行补充。例如买卖合同虽然成立,但当事人对履行地点未作约定,可依据《民法典》第510条、第511条的规定确定履行地点条款。一般而言,补充的解释可以理解为"假定的当事人意思",即当事人虽未明确约定,但如果他们考虑到这些问题便会如此约定的内容。"假定的当事人意思"是思维正常的当事人所认为的,从而也是均衡的合同合理性思想所依据的一项规范性标准。[1] 由

---

[1] 参见[德]卡尔·拉伦茨:《德国民法通论(下册)》,王晓晔等译,法律出版社2003年版,第754—755页。

于补充的解释导致文本中不存在的内容成为合同条款,若不对该解释方法予以一定限制就有可能危害合同自由原则。对补充的解释主要应从两方面予以限制:

(1)补充的解释不得与当事人已明确达成合意的内容相矛盾,即使该内容有可能是不合理的。只要不涉及法律强制性规定、显失公平、情势变更等规则,就应以当事人合意的内容作为合同内容,而法官不应强迫当事人接受任意性规范的标准。例如合同约定付款地点是出卖人和买受人以外的第三人所在地,虽然该约定似乎增加了双方的交易成本而看起来是不合理的,法官也不得依据《民法典》第511条第3项对履行地点作出认定。

(2)补充的解释不得导致扩大当事人所不愿意予以扩大的合同内容。某些情形下,当事人未就某一条款予以约定并非由于疏忽,而可能是有意为之,即不愿使该条款成为合同内容。例如买卖商铺的场合下,合同对卖方应否交付客户名单未作约定。如果法官依据《民法典》第599条将客户名单解释为"有关单证和资料"且认定出卖人负有交付义务,从出卖人的角度而言,该解释扩大了合同内容,因为他的本意是保留该客户名单。唯应注意,对于是否构成"扩大合同内容",应结合交易性质、交易习惯、磋商过程等因素予以判断。

3. 修正的合同条款解释

修正的合同条款解释,是指合同条款所用语言文字虽明确具体,但如果依其原意将违反法律强制性规定或与合同目的相悖,依据一定规则修正其涵义作为合同内容。修正的解释分为两个层面,第一个层面是对某些合同条款效力的否定;第二个层面是对某些合同条款无效而导致空白部分的填补。例如当事人约定造成对方人身损害为免责条款事项,首先应依据《民法典》第506条第1项认定该条无效,其次应通过补充协议和法律规定来确定免责条款。

(二)合同条款解释的主体限于法院和仲裁机构

1. 合同条款的广义解释

合同条款的广义解释,是指任何人对合同及其相关资料进行分析和说明。发生合同纠纷,诉诸法院或仲裁机构时,法官、仲裁员、当事人、诉讼代理人、证人、鉴定人等,都从各自不同的角度解释合同;合同在鉴证、公证时,鉴证人员、公证人员、当事人也要解释合同;消费者协会等社会团体对投诉的合同纠纷,要发表对合同及其相关资料的看法;学者进行个案研究时,亦对合同及其相关资料进行解释。

2. 合同条款的有权解释

本书所谓合同条款解释,专指有权解释,即受理合同纠纷的法院或仲裁机构对存在争议的合同条款所作出的有法律效力的解释。合同条款的有权解释主体应仅限于法院和仲裁机构,理由如下:其一,合同条款的解释不等于合同条款的理解。

虽然各方均可从自身角度对合同条款进行解读和阐释,但在审判活动中只能由负有司法裁判职责的法院和仲裁机构作出有权解释。其二,针对存在争议的合同条款进行解释,如果采取广义标准,在各方解释发生冲突时无法确定合同的内容。其三,虽然《民法典》合同编对合同条款的解释主体未作规定,但《保险法》第 30 条将保险合同条款解释的主体限定为法院和仲裁机构,其他合同条款的解释可类推适用。实务中,有判决认可当事人针对特定的合同条款特别约定解释机构:行政管理部门统一印制的合同文本对合同条款争议解决有特别约定的,当事人对合同条款的理解发生争议时,应当按照该合同文本约定方式、由合同文本约定的解释机构对合同的争议条款依法进行解释。①

实务中,商家在商业推广的合同条款或相关资料中常约定"一方保留最终解释权"。② 此类约定是否有效? 对此应持否定意见,理由如下:其一,《民法典》第 466 条第 1 款采用"应当"用语且未设但书"当事人另有约定的除外",表明该条属于强制性法律规范。在合同条款需要解释的场合下,只能依据法律规定的有关规则进行解释。其二,在当事人对合同条款的理解存在歧义时,仅享有裁判权的法院或仲裁机构可作出有权解释。其三,"一方保留最终解释权"的规定大多由经营者作出,应防止经营者通过此类约定作不公平、非正常解释,损害消费者的利益。如果此类约定属于格式条款,有可能构成"不合理地免除或者减轻其责任"之无效条款。③ 某些情形下,此类约定也可能构成不正当竞争行为。④

(三)合同条款解释的客体是语义不明、内容相互矛盾等合同条款

狭义的合同条款解释的客体,是语义不明或内容相互矛盾的合同条款。补充的合同条款解释的客体,是当事人漏订的合同条款。修正的合同条款解释的客体,是不合法的合同条款。合同条款解释的客体之载体,既包括载有合同条款的合同书,也包括被法律认定为合同内容的相关资料,例如构成要约的商品房销售广告和宣传资料(《商品房买卖合同解释》第 3 条)、保险单或其他保险凭证(《保险法》第 13 条第 2 款)等。合同条款解释的客体是仅限于存在争议的条款,还是包括所有条款? 学界存在争议。⑤《民法典》第 466 条和《保险法》第 30 条均将合同条款解释的客体限定为存在争议的合同条款。

---

① 参见最高人民法院(2007)民一提字第 6 号民事判决书。

② 参见山东省高级人民法院(2021)鲁民终 1838 号民事判决书。

③ 参见北京市高级人民法院(2021)京民申 4428 号民事裁定书。

④ 参见湖南省高级人民法院(2020)湘知民终 30 号民事判决书。

⑤ 一种观点认为,合同条款解释的客体是仅限于存在争议的条款。参见李永军:《合同法》,法律出版社 2010 年版,第 472 页。另一种观点认为,没有争议的合同条款也需要解释。参见韩世远:《合同法总论》,法律出版社 2018 年版,第 869 页。

在算法经济的社会背景下的一个新问题是,作为网络交易底层逻辑的"算法"是否可以作为解释的客体? 如果回答是肯定的,那么传统的解释规则(如文义解释、整体解释)又如何适用于算法解释? 学界对此已有一些讨论,①但最终形成共识可能还有很长一段距离。

(四)合同条款解释的效力体现为该解释是法院或仲裁机构作出裁决的重要依据之一

在合同条款解释专指有权解释的前提下,法院或仲裁机构对有关争议条款的解释具有法律上的拘束力。该解释是法院或仲裁机构对有关争议问题通过行使裁判权所作出的结论意见,是制作判决书、裁决书或调解书的重要依据。

二、合同条款解释的原则

(一)合同条款解释原则的立法例

合同条款解释的原则,是指合同条款解释所应遵循的基本价值取向和基本准则。解释原则与解释目标密切相关,因为不同的解释目标对解释原则有不同的要求。对于意思表示的解释目标,传统民法上素有意思说、表示说和规范意义说之争。我国有学者提出视角独特的"论辩中的视域交融说",②亦值得注意。总体而言,合同条款解释采取何种原则方为合理,取决于特定法域在特定时期内的立法政策、文化传统、社会经济现实等多种因素。对于合同条款解释的原则,在法律发展史上主要存在三种立法例:

1. 主观主义

又称意思主义,认为合同条款解释的目的是发现和探求行为人的真实意思。在表示行为与内心意思不一致时,应依据行为人的真实意思对合同条款进行解释,而不应依条款的字面含义进行解释。

2. 客观主义

又称表示主义,认为合同条款解释的核心是对表示行为进行解释。在表示行为与内心意思不一致时,一般应以客观的表示行为为准;解释技巧上注重以缔约过程中的各种客观情况作为主要的解释依据,以合理的客观标准作为解释标准。

---

① 参见周翔:《算法可解释性:一个技术概念的规范研究价值》,载《比较法研究》2023 年第 3 期。

② 参见朱庆育:《意思表示解释理论——精神科学视域中的私法推理理论》,中国政法大学出版社 2004 年版,第 281—284 页。

3. 折中主义

又称主客观结合主义，认为当表示行为与内心意思不一致时，不应绝对采取主观主义标准或客观主义标准，而应当综合两方面的因素对合同条款加以解释。折中主义又分为两种：以主观主义为主、客观主义为辅的折中主义；以客观主义为主、主观主义为辅的折中主义。

(二)我国的合同条款解释原则

我国现行法采取以客观主义为主、主观主义为辅的折中主义，体现为：

(1)《民法典》第 466 条第 1 款规定的文义解释、整体解释等规则，均属客观标准。《民法典合同编通则解释》第 1 条第 1 款规定，解释合同条款时应当"以词句的通常含义为基础……参考缔约背景、磋商过程、履行行为等因素"，亦体现了客观主义的精神。

(2)《民法典》第 466 条第 2 款规定，合同各文本使用的词句不一致的场合下，根据合同的相关条款、性质、目的以及诚实信用原则而非当事人真实意思予以解释。这也属于客观标准。

(3)《民法典》第 510 条、第 511 条规定，在质量、价款或报酬、履行地点等条款没有约定或约定不明的场合下，通过补充协议、合同有关条款或交易习惯、法律规定对合同条款进行补充解释。这属于主客观结合标准。

(4)《民法典合同编通则解释》第 1 条第 2 款规定，当事人之间对合同条款有不同于词句的通常含义的其他共同理解，以该"共同理解"解释合同条款。这属于主观标准。

三、狭义的合同条款解释的规则

依据《民法典》第 466 条第 1 款规定，狭义的合同条款解释的规则包括：文义解释、整体解释、目的解释、交易习惯解释、诚实信用原则解释。

(一)文义解释

文义解释，是指通过对合同所使用文字词句的含义进行解释，以确定合同条款的含义。文义解释是合同条款解释的首要规则，对任何合同条款的解释均应以文义解释为基础。

1. 文义解释以文字词句为基础

合同条款的解释应当以合同所使用的文字词句为基础，而不能以条款以外的材料为解释基础。此处的文字词句，是指合同条款所采用的字、词、句、段等，也包括标点符号对文义的影响。例如上句与下句之间是否使用分号(;)可能导致文义的差异。① 合同使用的文字词句与要约邀请、要约或承诺等有关资料记载内容不一致的,原则上应当以合同使用的文字词句作为解释的基础。当事人不能以合同条款所不可能具有的含义来主张有关合同权利。

2. 文义解释以文字词句的通常含义为基础

《民法典合同编通则解释》第1条第1款规定,解释合同条款时"应当以词句的通常含义为基础"。该规定表明,在一般场合下文义解释应采客观标准,即按照社会生活中普通人的通常理解来确定合同条款的含义,而不能以特殊场景下的异常含义作为解释合同条款的依据。这是文义解释的一般标准,适用于条款词句存在对应通常含义的情形。例如抖音直播合同条款中,"某传媒公司应协助张某开展抖音直播业务以提升营业额,为其提供与抖音官方对接、直播指导、直播活动方案策划"可按照合同用语的通常理解确定其含义,但"与抖音官方对接及落地执行"的文义模糊,无法采用通常理解确定其含义。②

针对上述一般标准,同条第2款设置了例外规定:"有证据证明当事人之间对合同条款有不同于词句的通常含义的其他共同理解,一方主张按照词句的通常含义理解合同条款的,人民法院不予支持。"该规定是"误载无害真意"在合同条款解释规则上的体现,其包含两层涵义:其一,该款规定的情形下,虽然当事人对合同条款的共同理解不同于词句的通常含义,但仍可达成合意。其二,该款规定的情形下,解释该合同条款时应采当事人的共同理解(主观标准),而不采词句的通常含义(客观标准)。例如合同条款载明买卖标的物是"A型机关枪",这实际上这是双方对某种游戏鼠标的代称,应将标的物解释为双方共同理解的鼠标。

3. 文义解释是首要解释规则

在适用顺序上,文义解释居于其他解释规则之前。只有在无法通过文义解释确定合同条款含义或者仅适用文义解释明显不合理的情况下,才能适用其他解释规则。对于合同条款的解释,必须探究文字词句在通常场合下被理解的含义以及当事人内在的、真实的意思,对此二者的首要判断方法即文义解释的方法。只有在文义解释不能确定合同条款的准确含义时,才能运用其他解释方法进一步予以解释。③ 实务中的常见情形如下:

(1)针对某一合同条款,仅适用文义解释无法确定其含义。例如营业中断保险合同条款中约定保险金额的计算标准是"赔偿期限内与损失相关的仍在支出的

---

① 参见最高人民法院(2022)最高法知民终1456号民事判决书。
② 参见广东省深圳市中级人民法院(2021)粤03民终29938号民事判决书,载《人民司法·案例》2024年第2期。
③ 参见最高人民法院(2007)民二终字第99号民事裁定书,载《最高人民法院公报》2007年第12期。

维持费用和工资",但仅依据文义解释,该计算标准不具有可操作性。因此,还需要综合考量整体解释、目的解释、被保险人实际情况等因素,合理确定保险金数额。①

（2）针对某一合同条款,仅适用文义解释虽可确定其含义,但与其他合同条款内容可能发生抵牾。例如依据文义解释,合同第6.6条"结算与货款支付"条款约定的付款条件的涵义是清晰的,但第6.6.1条约定的"进度款比例一致"也疑似是付款条件。对此,应当适用整体解释、目的解释等规则进一步解释。②

（二）整体解释

整体解释,又称体系解释,是指将全部合同条款作为一个统一的整体,依据各合同条款之间的相互关联、合同条款所处位置以及与合同整体的关系等因素来确定合同条款的含义。

1. 整体解释的一般要求

当事人的意思通过合同中所有条款完整地得到体现,故不应将特定条款孤立地、碎片化地予以理解。不同缔约文件之间的关系（磋商文件、正式文本、补充协议等）、不同条款之间的关系（一般与特殊? 或者相反?）、特定条款所处的位置（履行方式? 或者其他?）等,均为解释合同条款时须审慎考虑的因素。惟其如此,才有利于全面地、系统地阐释合同条款的含义,而不致各条款内容发生抵牾。

整体解释规则不仅适用于狭义的合同条款解释,也适用于补充的合同条款解释。《民法典》第510条规定在当事人不能达成补充协议的情况下,按照"合同相关条款"确定遗漏条款的内容,即属于整体解释。

2. 整体解释推衍出以下规则

（1）特殊条款优先于一般概括性条款。如果合同就同一事项既有一般概括性条款规定,也有特殊条款专门规定,在两者文义发生抵触时,应以特殊条款为准。

（2）手写条款优先于打印条款。如果合同中就同一事项既有手写条款也有打印条款,且两者文义发生抵触,原则上以手写条款为准。因为手写条款为当事人真实意思表示的可能性更大,且更易辨明真伪。

（3）后变更条款优先于先变更条款。如果合同就同一事项作出过多次变更,且各变更条款同时存在于合同之中且相互间存在抵触,应以最后作出的变更条款为准。因为最后作出的变更条款是当事人最新的意思表示。例如保险人在保险单或者其他保险凭证上批注或者附贴批单以变更保险合同（《保险法》第20条第2款）,各批注或批单存在抵触的,以最新作出的为准。

适用整体解释的司法意见：

---

① 参见最高人民法院(2022)最高法民终1256号民事判决书。
② 参见最高人民法院(2021)最高法民再238号民事判决书。

①关于《宣传营销协议书》名称中"营销"两字的理解,有参与销售和协助进行营销宣传策划两种。应结合合同目的、合同中其他条款以及被告实质从事的法律行为的性质进行分析。①

②股权转让合同约定:"受让方承诺,土地开发完成交房后,赠送一套不少于150平方米的住宅给转让方。"该"赠与"条款作为股权转让合同的组成部分,属于股权转让的对价条款之一,不应孤立地根据该条款的文字表述,而得出该条款系赠与条款的结论。②

③2015年3月19日签订的《协议书》约定预付款数额为2亿元,但是同年3月25日签订的《协议书》以及同年8月1日签订的《承担利息协议书》均确认预付款为2.085亿元,且该数额亦与2015年3月19日当事人签订的《解除煤炭销售合同协议书》中的欠款数额一致。应视为后两份协议对2015年3月19日《协议书》的预付款数额进行了变更。③

④合同第11条"付款期限及方式"约定:"现款现货,款到发货不变;延期付款在30天内的按第9条约定价格的基础上按3元每天每吨加价(从送货第2天开始计算),如果延期付款超过30天的,从送货第32天起,按第9条约定价格的基础上按5元每天每吨加价,截止至甲方付款到乙方账户为止。"依据体系解释,合同中违约责任条款并未约定逾期付款责任内容,其他条款也没有专门约定违约金,第11条关于逾期付款的约定可以解释为逾期付款违约责任。④

(三)目的解释

目的解释,是指合同条款在文义上存在两种以上可能的含义或者两个以上的合同条款内容相互矛盾时,应采取最符合合同目的的解释。目的解释规则的功能在于,该规则可以用来印证文义解释、整体解释、交易习惯解释的结果是否正确。如果文义解释、整体解释、交易习惯解释的结果与目的解释的结果不一致,一般应以目的解释为准,因为在此场合下可认为是当事人不愿依文字的通常含义或交易习惯来确定合同条款用语的含义。

1. 目的解释通常采客观标准

合同目的通常是指合同的典型交易目的,即当事人订立该合同所欲实现的主要法律效果,该法律效果决定了给付的法律性质及其适用的法律规范。⑤ 在每种有名合同中,均具有相同的典型交易目的,当事人订立该合同的主观动机如何对

---

① 参见最高人民法院(2008)民提字第61号民事判决书,载《最高人民法院公报》2009年第9期。

② 参见最高人民法院(2016)最高法民终51号民事判决书。

③ 参见最高人民法院(2017)最高法民终986号民事判决书。

④ 参见最高人民法院(2022)最高法民申157号民事裁定书。

⑤ 参见崔建远:《论合同目的及其不能实现》,载《吉林大学社会科学学报》2015年第3期。

其并无影响。例如在买卖合同中,典型交易目的是买受人取得标的物所有权而出卖人获得相应的价款。确定了合同的典型交易目的,就能够确定合同的性质、种类及给付义务的内容,并由此确定适用于该合同的具体法律规范。

2. 目的解释在例外场合下采主观标准

当事人的主观目的,是指当事人订立合同的动机。主观目的通常隐藏于当事人内心而无法被他人准确知晓,故原则上不能作为解释合同条款的依据。唯在例外场合下,基于合同自由原则及其他特殊原因,满足下列情形之一的,主观目的可作为合同条款解释的依据:

(1)该主观目的被当事人双方明确约定于合同之中,即该主观目的构成双方的共同目的。

(2)该主观目的虽未被明确约定于合同之中,但对方已知或应知一方具有该主观目的,而仍以此与之签约的。① 对于适用主观标准的例外性,有判决指出:"就目的解释而言,并非只按一方当事人期待实现的合同目的进行解释,而应按照与合同无利害关系的理性第三人通常理解的当事人共同的合同目的进行解释,且目的解释不应导致对他人合法权益的侵犯或与法律法规相冲突。"②

适用目的解释的司法意见:

①《担保借款合同》约定"借款人提供的报表和材料不真实"构成提前还款事由,订约后借款人未提供任何材料。该约定的目的是为了实现出借人的知情权、监督权,以便在发现借款人擅自改变款项用途或其他可能影响出借人权利的情况时,及时采取措施、收回款项及利息。提供不真实的材料固然会影响出借人的知情权、监督权,而不提供相关材料更使出借人的权利无法及时行使。订约后借款人未提供任何材料的,出借人有权要求其提前还款并支付利息。③

②《抵押合同》中两个条款约定的担保范围是否包括利息不一致,而引发争议。《抵押合同》签订时抵押权人实际享有的债权已经超出了全部本金的范围,故债权人订立《抵押合同》应当有将包括利息在内的全部债权纳入担保范围的目的。抵押人提供的抵押财产的价值也远超出本金的数额,故抵押人亦有为全部债权提供抵押担保的目的。因此,应将担保范围解释为包括本金和利息。④

③《保证合同》约定"借款人正常投产盈利后方可解除担保",双方对"盈利"的理解产生争议。该约定的目的是待项目正常投产后,债务人获取稳定的营业利润,偿还债务的能力得到提高,此时解除担保不致使债务无法得到清偿。故"借款人正

---

① 参见梁慧星:《民法学说判例与立法研究(二)》,国家行政学院出版社 1999 年版,第 262 页。
② 参见最高人民法院(2009)民提字第 137 号民事判决书,载《最高人民法院公报》2010 年第 6 期。
③ 参见最高人民法院(2014)民一终字第 38 号民事判决书,载《最高人民法院公报》2015 年第 9 期。
④ 参见最高人民法院(2012)民二终字第 56 号民事判决书。

常投产盈利"应理解为债务人整体经营盈利,而非不考虑债务人成本支出、设备折旧等因素,项目投产有收益即可。①

④双方对《技术转让合同》约定的"销售额"的理解产生争议。依据目的解释,合同约定的付款条件首先为了保证涉案软件的销售,第 4 条约定:"乙方承诺到2017 年底前,在甲方完成计算机机房监控系统 300 万元的销售额。"第 5 条约定:"销售额也可以包括其他指定产品以及甲方自主产品及其一体化运维服务的销售。"据此,上述约定本质上是为了确保甲方完成相应的业绩,因此销售额涵盖的范围应当严格按照涉案合同的约定解释。②

⑤双方就《加工合同》中"一方无法控制的原因"之免责事由的理解产生争议。依据目的解释,双方签订加工合同的目的是通过长期稳定地为目标公司加工氧气而获取投资回报,目标公司签订合同的目的则是取得长期稳定的氧气供应,以保障其合成氨项目的正常运转,因此合同对双方违约责任均作了严格且对等的规定。为避免己方在合同履行中陷入不安之境地,双方均不可能接受对合同约定的"一方无法控制的原因"进行不受限制的扩大解释。③

(四)交易习惯解释

交易习惯解释,是指按照交易习惯确定争议合同条款的真实意思。交易习惯解释规则不仅适用于狭义的合同条款解释,也适用于补充的合同条款解释和修正的合同条款解释。在合同条款存在歧义、漏洞或无效事由时,依据交易习惯确定合同的内容,此为各国法律及国际公约通行的解释方法。

1. 交易习惯的认定

依据《民法典合同编通则解释》第 2 条规定,交易习惯的要件如下:

(1)不违反法律、行政法规的强制性规定且不违背公序良俗的,人民法院可以认定。该要件包含两层涵义:其一,交易习惯的内容必须具有适法性,即"不违法""不悖俗"。交易习惯的主要功能是弥补法律规范的不足,作为法律规范的补充及合同条款的解释依据,故不得违反强制性规定及公序良俗。其二,有权对交易习惯作出认定的机关是人民法院。当事人就是否存在交易习惯存在争议时,由人民法院依据本条作出认定。

餐饮行业内向顾客收取"开瓶费"的行业惯例是否合法有效?实务中存在分歧。持否定意见的判决认为,收取开瓶费的规定违反了合同法中有关格式条款的规定,也违背了民法的自愿、公平、等价有偿原则,侵犯了消费者依据《消费者权益

①　参见最高人民法院(2015)民二终字第 305 号民事判决书。
②　参见最高人民法院(2021)最高法知民终 1954 号民事判决书。
③　参见最高人民法院(2022)最高法民再 77 号民事判决书。

保护法》享有的自主选择权和公平交易权,不具有法律效力。① 持肯定意见的判决认为,被告有权按照自己的经营策略和营销方式,在法律许可的范围内,自主决定菜肴与酒水如何收费,自定具体的服务内容、服务项目和服务费标准;但被告行使这种自定服务内容和价格的经营自主权必须以充分保障消费者知情权为前提。② 较为合理的做法是,如果经营者对消费者履行了合理告知义务且消费者仍同意就餐,应认定双方已就该惯例的适用达成合意,但具体收费标准是否有效可适用格式条款、显失公平等规定予以判断。

(2)可以认定交易习惯的两种情形:

①当事人之间在交易活动中的惯常做法。该情形是适用于特定当事人之间的交易习惯。例如甲乙两公司存在长期供货关系,每个月甲向乙出售一定数量的 A4 打印纸。某次乙向甲发出购买一定数量打印纸的要约,但未说明打印纸型号,因甲乙双方存在交易习惯,该要约内容应解释为 A4 型号打印纸。

②在交易行为当地或者某一领域、某一行业通常采用并为交易对方订立合同时所知道或者应当知道的做法。该情形是适用于不特定人的交易习惯。例如在某地房屋租赁市场,通行做法是订立合同时由承租人预交 2 个月租金作为押金,该做法人所共知且被共同遵守。

(3)对交易习惯提出主张的一方承担举证责任。主张交易习惯的当事人一方应当举证证明存在以上可以认定交易习惯的两种客观情形之一。例如卖方主张买卖双方就付款期限存在交易习惯,可通过提交双方同时期签订的多份买卖合同予以证明。③ 实务中,网络查询内容不足以证明交易习惯存在。④

2. 交易习惯解释规则的具体适用

(1)必须订立合同时当事人双方均知道或应知交易习惯,才能够以交易习惯作为合同条款解释的依据。主张交易习惯存在且被双方所知或应知的一方当事人承担举证责任。

(2)当事人可通过特别约定排除交易习惯解释规则的适用。交易习惯主要适用于就某一事项无法律规定和当事人约定的场合,故当事人特别约定不适用交易习惯解释规则的,依其约定。

(3)在当事人没有明确约定的情况下,交易习惯的适用顺序为:当事人之间的交易习惯优先于特别交易习惯(在特定地区或者特定行业通行的交易习惯);特别交易习惯优先于一般交易习惯(在全国范围内通行的交易习惯)。

---

① 参见广东省广州市中级人民法院(2001)穗中法民终字第 2901 号民事判决书。
② 参见四川省成都市高新技术产业开发区人民法院(2004)高新民一初字第 381 号民事判决书。
③ 参见上海市高级人民法院(2022)沪民再 12 号民事判决书,载《人民司法·案例》2024 年第 5 期。
④ 参见最高人民法院(2016)最高法民终 169 号民事判决书。

（4）交易习惯解释规则通常要与文义解释、目的解释等规则结合运用,才能确定合同条款的准确含义。例如:

①《土地开发合同》约定"办理完成市政府同意该宗土地转让给桂馨源公司控股的或桂馨源公司法定代表人控股的、在柳州新成立的公司,并给予今年或明年上半年土地开发计划指标",从文义表述、交易习惯等方面综合判断,应解释为办理政府同意将土地使用权转让给合同约定的公司和政府给与土地开发指标的手续。①

②《借款合同》记载贷款利率为 8.434‰,但未标明是年利率还是月利率。依据交易习惯,应当解释为月利率。如果认定为年利率 8.434‰,不仅远低于行业一般水平的贷款利率,甚至还低于同期存款利率,这完全违背金融业商业活动的一般规则和运作模式,明显违背常理,不符合诚实信用原则。②

③建设工程施工合同的招标书和投标书中均未列明"附属义务"的具体内容,应当按照合同有关条款、合同目的、建设工程施工领域的交易习惯及行业惯例、诚实信用原则进行综合认定,不能脱离建设工程施工领域的通常做法。③

（五）诚实信用原则解释

诚实信用原则解释,是指依据诚实信用原则的价值理念来确定合同条款的含义。诚实信用原则为民法基本原则之一,在合同条款解释场合下当然应遵循该原则,这已被各国法律及国际公约所认可。④

1. 诚实信用原则解释的一般要求

诚实信用原则,是指民事主体在市场活动中应当讲究信用,恪守诺言,诚实不欺,在不损害他人利益和社会利益的前提下追求自己的利益。诚实信用原则是市场经济活动中形成的道德规则,且是被赋予法律效力的道德规则。对于是否违背诚实信用原则的判断标准,存在客观诚信说与主观诚信说之争。⑤ 在现行法框架下,客观诚信说较为合理。依据该说,诚实信用原则是一种客观的行为准则。违反该准则的行为即可认定为违背诚实信用原则,行为人主观上持何种心态并无决定性影响。

诚实信用原则解释规则要求对合同条款进行解释时,应当遵循诚实信用原则的价值理念,而不能与之相反。实务中,诚实信用原则解释规则被广泛运用,有学者将其适用形态归纳为四种情形:一是限制当事人的权利;二是限制当事人的义

---

① 参见最高人民法院(2004)民一终字第 46 号民事判决书,载《最高人民法院公报》2005 年第 7 期。

② 参见最高人民法院(2020)最高法民终 184 号民事判决书。

③ 参见贵州省高级人民法院(2020)黔民终 102 号民事判决书。

④ 参见《德国民法典》第 157 条;CISG 第 7 条第 1 款。

⑤ 参见徐国栋:《客观诚信与主观诚信的对立统一问题——以罗马法为中心》,载《中国社会科学》2001年第 6 期。

务;三是扩张当事人的义务;四是向一般条款逃避式的适用。①

2. 诚实信用原则解释与其他解释规则的关系

在适用文义解释、整体解释、目的解释、交易习惯解释规则时,均应同时符合诚实信用原则的要求,其解释结果不应与诚实信用原则相悖。换言之,如果适用文义解释等规则可以得出两种以上可能的含义,应当采取与诚实信用原则的价值理念最相契合的解释。例如:

①针对有关期限条款的解释,有判决认为:《房产包销合同》关于"《商品房预售许可证》颁发之日"的约定应结合该合同的全文、尊重当事人在订立合同时的意思表示以及诚实信用原则予以解释。不应仅凭个别用语的不同,将"签发""颁发"解释为"单份"《商品房预售许可证》的签发或颁发,而将"办妥"解释为整个楼盘《商品房预售许可证》的办妥。②

②针对协助义务的解释,有判决认为:《合作开发合同》虽然没有明确约定当事人一方如何提供技术支持,但依据诚实信用原则解释,当事人一方在"合作研发"中提供的支持和帮助应该是实质性的,而非仅仅参与研发或提供一般性的技术支持。③

(六)有效解释与有利于债务人解释

在借鉴传统民法及国际条约经验的基础上,《民法典合同编通则解释》第1条第3款新增了这两项解释规则。

1. 有效解释

有效解释,是指对合同条款有两种以上解释,可能影响该条款效力的,应当选择有利于该条款有效的解释。(《民法典合同编通则解释》第1条第3款前段)基于鼓励交易的精神,比较法上对该规则多设有规定。④

有效解释本质上是对目的解释和体系解释的细化适用。其一,当事人约定合同条款当然是希望其发生效力,这是实现合同目的的基本前提,故有效解释符合当事人的意思和合同目的。其二,当合同条款之间存在矛盾冲突时,从体系解释的角度而言,不应简单地删除或者漠视某一条款,而应当尽可能往反映各方真意的方向上调和。其三,有效解释有利于鼓励交易,避免造成财产损失和浪费,符合当事人

---

① 相关案例整理情况参见徐国栋:《民法基本原则解释——诚信原则的历史、实务、法理研究》,北京大学出版社2013年版,第247—249页。

② 参见最高人民法院(2005)民一终字第51号民事判决书,载《最高人民法院公报》2006年第4期。

③ 参见最高人民法院(2019)最高法知民终836号民事判决书。

④ 参见《意大利民法典》第1367条;PICC第4.5条。

的订约目的。①

2. 有利于债务人解释

有利于债务人解释,是指对于无偿合同的条款,应当选择对债务人负担较轻的解释。(《民法典合同编通则解释》第 1 条第 3 款后段)该规则是对既有通说的确认,即对无偿合同应按债务人义务较轻的含义解释,对有偿合同应按对双方都较为公平的含义解释。②

有利于债务人解释的合理性在于:其一,公平原则的要求。由于无偿合同中的债务人未获得对价,故对其义务作从轻解释较为公平。其二,尽量使当事人利益变动较少,从而避免经解释的合同条款可能导致对债务人的损害。由于无偿合同中的债权人单方面获益,其应当尽量使条款内容清晰确定以减少纠纷的可能性,因此在合同条款有两种以上解释的场合下债权人具有可归责性。其三,有利于提高缔约效率。该规则蕴含的精神是,如果债权人希望合同债权日后能顺利实现,就应在缔约时尽量使条款内容清晰确定。这对提高当事人的缔约效率具有积极意义。

【疑难案例:"网络主播禁止非法刷礼物"条款解释案③】

【案件事实】

被告边锋公司系战旗平台的运营商,原告钟某园系战旗平台的注册用户。2015 年 7 月,原告钟某园在被告平台上签订《战旗个人主播协议》,协议内容为原告根据被告平台方注册要求及规定,在战旗平台申请注册成为游戏主播,为平台用户提供在线游戏解说视频内容的直播服务。该协议对双方的权利义务、服务费用及支付、保密制度、协议变更、解除、终止等进行明确约定,其中第 4 条约定:"以你方为平台用户提供游戏解说直播服务为前提,用户可对你方进行赠送虚拟礼物的消费,虚拟礼物以金币(100 金币＝1 人民币)计价,我方就你方收到的每笔虚拟礼物价值(金币)的一定比例作为支付你方服务费用的基准,服务费用以金豆计价(100 金豆＝1 人民币)……结算服务费于次月打款;你方所获得的服务费用应当缴纳的税金由你方根据国家相关法律法规自行缴纳……"被告于 2015 年 3 月 6 日在平台官方公告发布《战旗平台内容规范条例》,对用户及主播的违规行为及处罚措施进行公示,其中第 9 条规定:"禁止通过非法手段获取礼物、战旗币、金币以及金豆。禁止通过非法手段(包括但不限于注册虚假的用户账号等)获取包括但不限

---

① 参见最高人民法院民事审判第二庭、研究室编著:《最高人民法院民法典合同编通则司法解释理解与适用》,人民法院出版社 2023 年版,第 48 页。

② 参见王利明:《合同法研究(第一卷)》,中国人民大学出版社 2015 年版,第 474 页。

③ 该案详细解读参见"钟某园诉杭州边锋网络技术有限公司网络服务合同纠纷案",载最高人民法院中国应用法学研究所编:《人民法院案例选》2018 年第 3 辑(总第 121 辑),人民法院出版社 2018 年版,第 19 页以下。

于礼物、战旗币、金币、金豆、烟花、座驾及守护等和财富相关的虚拟所得。违禁处罚:直播间封停24h至永久,且战旗直播平台有权扣除该用户所有收益,情节严重者转交司法机关……"合同签订后,原告在被告平台进行网络游戏主播服务,2016年1月至5月期间,被告根据结算金豆折算原告服务费分别为1015.33元、1005.25元、1004.29元、2526.55元、2166.75元,款项已经结清。2016年6月1日,原告直播过程中获取礼物数量大幅增长。

另查明,原告儿子刘某分别于2016年5月31日、6月1日在淘宝店家支付合计10000元金额,用于购买被告战旗TV烟花、金币、战旗币、人气票等虚拟物品。审理中,原告确认向淘宝店家购买10000元送礼服务,由淘宝店家以其从被告平台取得的金币以送礼物的形式赠送给原告。

2016年7月,根据原告6月结算金豆折算服务费为10511.81元,但被告以原告违规"刷金币"为由拒绝向原告发放礼物结算费,原告与被告协商未果故向法院提起诉讼,请求:(1)判令被告支付原告2016年6月份的礼物费用人民币10511.81元;(2)判令被告承担本案全部诉讼费。

【本案争点】

1. 网络服务合同中约定的"非法手段"应如何解释?

2. 网络主播自己刷礼物的行为是否违反诚实信用原则?

【裁判要旨】

法院认为,一方面,被告在主播协议中约定了用户"异常情形"、在规范条例中约定禁止性条款,并且将"非法手段"延伸解释为"包括但不限于注册虚假的用户账号等",体现出被告对于用户违规行为的认定系遵循扩张解释原则。另一方面,根据合同本意理解,相关条款规制的范围除了包括违反法律禁止性规定的行为,还应包括违反强制性法律规定和正当交易秩序的行为。

首先,我国法律法规未对网络服务合同作出具体规定,因此网络直播主体在缔约自由的基础上,应按照诚实信用原则行使权利、履行义务,不损害对方当事人的利益和社会的一般利益,如合同履行违背诚实信用原则,应认定为违法。原告"刷礼物"为自身提高结算金豆收入,原告在主观上不具有善意,合同履行中未如实反映真相,应视为违反了诚实信用原则。其次,从合同目的和交易秩序而言,原、被告订立涉案合同的目的在于双方获利,即通过网络主播在直播过程中获得真实的人气,给平台带来客户资金和声誉上的获益,在此基础上平台向原告结算收益分成,该合同目的的实现依赖于双方的互信互利。根据涉案主播协议第4条约定,主播为平台用户提供游戏解说直播服务,用户可进行赠送礼物的消费,此处的"礼物"从合同本意理解,应为平台用户自愿向主播作出赠送礼物的加值消费,而本案中原告自行从网络上购买了送礼物的服务,本质上而言系原告自行购买礼物赠送给自己,表面上提升直播人气,但仅具有瞬时性,未真正给被告带来客源和声誉上的收益,该行为不符合网络直播的正常交易秩序,被告如为此支付服务费反而可能导致损失,有悖合同目的。因此,原告自行"刷礼物"的行为应认定违反了合同本意以及诚实信用原则。

综上,判决:驳回原告的诉讼请求。判决后,原、被告均未提起上诉。

四、不同文字的合同文本解释

在订立涉外合同、涉少数民族地区合同的场合下,当事人可能就同一合同签订两种以上文字的文本。在多种合同文本内容不一致时,如何解释合同条款易生争议。《民法典》第 466 条第 2 款针对该情形规定了解释规则。

1. 该款的适用场合是合同文本采用两种以上文字订立

如果虽有多个合同文本,但均以同一种文字订立,不适用该款规定。

2. 当事人约定各文本具有同等效力的,对各文本使用的词句推定具有相同含义

该规则的适用须区分以下三种情形:

(1)如果当事人约定某一文本"效力优先"或"以该文本为准",依据该约定确定文本效力,而无适用该款的必要。

(2)当事人约定各文本具有同等效力的,如果其中一份文本的词句并无歧义,而其他文本对应词句具有多种含义,应以无歧义文本的理解为准。此即"推定具有相同含义"。

(3)如果当事人既未约定某一文本优先,也未约定各文本具有同等效力,应作如下处理:其一,如果各文本针对同一事项均作规定,且各文本使用词句是明确、独立的,原则上以最后文本为准。其二,如果各文本针对同一事项均作规定,但各文本使用词句存在歧义,或者虽无歧义但系同一时间签订,应依据该款第 2 句进一步解释。其三,如果各文本针对不同事项作出规定,且各文本使用词句不存歧义,则各文本中不相抵触的条款均构成合同内容。

3. 各文本使用的词句不一致的,应当根据合同的相关条款、性质、目的以及诚实信用原则等予以解释

该规则适用于各文本内容无法"推定具有相同含义"的场合,此时应适用整体解释、目的解释、诚实信用原则解释等方法确定合同内容。

第三节 格式条款

一、格式条款的概念和特征

《民法典》第 496 条第 1 款规定:"格式条款是当事人为了重复使用而预先拟定,并在订立合同时未与对方协商的条款。"格式条款的普遍运用,与社会化大生产与大型企业的广泛出现有关。在现实生活中,格式条款被普遍适用于银行、电信、运输、保险等领域。格式条款的优点在于它能够极大地提高交易效率,有效地降低交易成本,并通过将各种交易行为模式化使当事人对各类交易的可预期性得以增强。格式条款的弊端在于它限制甚至剥夺了一方当事人就合同条款进行磋商的机会,对合同自由原则构成一定的冲击,格式条款提供方过度强调自身利益而对条款内容作出不合理的权利义务分配。

大企业单方面拟定的格式条款,相对人通常只能全盘接受。虽然在理论上相对人可以选择不做交易,即"全盘不接受",但有时在不充分知情的状态下选择了全盘接受,有时事实上没有选择余地(如开通水电、网络),这导致双方的磋商平等性不复存在。由此达成的交易往往包含不公平的内容,是一种虚假的意思自治,故需要公权力介入以纠正或取缔某些格式条款,对合同进行内容控制,以实现合同公正。① 据此,法律规制格式条款的基本目的是:一方面发挥格式条款的积极效用,以适应经济生活对交易效率的需求;另一方面通过设置有关规则平衡双方的利益关系,以防止弱势一方的权益受到不当侵害。格式条款具有以下几方面特征:

(一)制订方面的特征:为重复使用而预先拟定

与特定当事人之间为某一项交易而进行个别磋商不同,格式条款在缔约之前已由相关主体为重复使用而预先拟定完成。

(1)在一般场合下,格式条款制订者是提供商品或服务的一方当事人;在某些场合下,格式条款制订者是合同当事人以外的管理机关或行业协会等。在后者情形下,第三方主体是基于保障公平交易、规范行业秩序、行使国家机关管理职责等目的制订合同条款,例如商品房买卖合同②、劳动合同等。虽然《民法典》第 496 条第 1 款将格式条款的制订主体表述为"当事人",但在后者情形下,当事人双方经济地位悬殊的现实并未改变,且相对人一方同样没有机会参与合同条款内容的磋商,

---

① 参见杨代雄:《法律行为论》,北京大学出版社 2021 年版,第 8 页。
② 参见四川省高级人民法院(2016)川民申 1732 号民事裁定书。

故也应当认定为格式条款。

依据《民法典合同编通则解释》第 9 条第 1 款规定,合同条款符合格式条款各项特征的前提下,当事人不能以下列两种理由否认格式条款的性质:一是当事人(包括条款提供方和相对方)仅以"合同系依据合同示范文本制作"为由主张该条款不是格式条款。该情形下,条款内容虽非提供方自己拟定,但仍系基于其单方意思预先确定条款内容,故不妨碍构成格式条款。二是当事人仅以"双方已经明确约定合同条款不属于格式条款"为由主张该条款不是格式条款。在格式条款主要运用于大企业与消费者缔约的背景下,此类约定几乎不可能是消费者一方的真实意思。如果承认此类排除格式条款性质之约定的效力,将使格式条款制度成为具文。

(2)"为重复使用"是指以重复使用为目的,至于事实上是否被多次使用则在所不问。依据《民法典合同编通则解释》第 9 条第 2 款规定,从事经营活动的当事人一方(条款提供方)[①]仅以未实际重复使用为由主张其预先拟定且未与对方协商的合同条款不是格式条款的,不予支持,但是有证据证明该条款不是为了重复使用而预先拟定的除外。预先拟定格式条款的目的固然是为重复使用,但重复使用只是在通常情况下发生的一种结果而非格式条款的要件。[②] 因此,以下两种情形仍可认定为格式条款:一是某条款虽为重复使用而拟定,但在首次使用时即发生纠纷;二是某条款虽已被重复使用,但在最后一次使用时发生纠纷。

(二)适用范围方面的特征:适用于不特定相对人

与仅适用于特定当事人之间的个别磋商条款不同,格式条款提供方为特定主体,其与不特定相对人重复使用格式条款多次缔结合同。

(1)格式条款的要约具有广泛性、持久性。所谓广泛性,是指格式条款的要约是向不特定的社会公众发出的,或至少是向某一类有可能成为承诺人的主体发出的。因此在格式条款订立之前,要约方总是特定的,而受要约人都是不特定的。所谓持久性,是指同样内容的要约一般总是在一定期限内被多次使用的。

(2)针对特定范围内的不特定相对人而预先拟定的合同条款,也可构成格式条款。例如,某食品公司针对某盛产苹果乡村的不特定村民预先拟定的收购合同,也应认定为格式条款。在此情形下,一方当事人预先拟定的合同条款虽不是针对一般社会公众,但这是由于合同内容本身所局限,而只能向特定范围内的不特定相对人作出。

---

① 虽然该款主语表述为"从事经营活动的当事人一方",但不应解释为相对方提出该主张则应予支持,因为该表述只是由于该方具有更强烈的意愿提出该主张。

② 参见广东省广州市中级人民法院(2018)粤 01 民终 2914 号民事判决书。

(三)内容方面的特征:内容定型化

格式条款又被称为定型化契约或定型化契约条款,其内容具有定型化的特点,而不同于个别磋商条款可通过双方协商更改。

(1)格式条款的内容具有稳定性。格式条款普遍适用于一切与格式条款提供者订立合同的不特定相对人,而不因相对人的不同而有所区别。而且,格式条款的内容在一定时间和地域的范围内不会发生变化,从而达到提高交易效率、降低交易成本的目的。

(2)格式条款的内容具有细节性。格式条款提供方当事人基于长期的经营行为,对所提供格式条款内容一般都形成了技术化、细节化的模式。格式条款的细节化特征,一方面有助于提高交易效率;另一方面也造成了相对人对格式条款理解的困难。

(四)缔约磋商方面的特征:不可协商性

《民法典》第496条所采"未与对方协商"之表述并不准确。格式条款的根本特征是不可协商性,而"未与对方协商"并不意味着不能与对方协商,故该条中"未与对方协商"应解释为"不能与对方协商"。依据"不可协商性"的程度,可分为以下情形:

(1)绝对不可协商。有些合同条款绝对不允许相对人提出任何异议,例如电信部门、铁路交通部门、航空公司提供的格式条款等。相对人对此类条款只能表示"要么接受,要么走开"。此类条款属于格式条款不存疑义。

(2)个别条款可以协商。某些场合下,虽然一方提出的大部分条款不允许相对人提出异议,但对部分条款仍然允许对方提出异议并通过协商确定合同内容。此类允许对方协商的条款不构成格式条款,其他条款构成格式条款。例如商品房买卖合同载明:对合同文本【】中选择内容、空格部位填写及其他需要删除或添加的内容,双方应当协商确定。第15条"买方不退房,卖方按已付房价款的0.00%向买方支付违约金"中的"0.00%"系后期在空格上填写。法院认为该条为双方协商的结果,不构成格式条款。①

值得注意的是"可选条款"的性质。例如拆迁补偿协议设置"a、回建地加货币补偿;b、货币补偿"之选项。② 此类条款仍构成格式条款,因为虽然相对人形式上有选择权,但仍未超出格式条款提供方的单方意思,而并未达到可以协商的程度。

(3)所有条款均可协商。此类条款虽由一方提供,但仅作为磋商基础或谈判

---

① 参见烟台市中级人民法院(2022)鲁06民终3269号民事判决书。
② 参见吉林省高级人民法院(2017)吉民申2537号民事裁定书。

标靶,故不属于格式条款。有判决认为,商业活动中由一方先提出合同草案,经对方审核确认后签章,这一操作符合常理,不能仅因合同文本系一方制作即认定合同未经协商、合同条款为格式条款。[①]

(五)当事人关系方面的特征:相对人在缔约关系中处于附从地位

格式条款提供方通常是具有绝对经济优势地位的企业法人,其经营行为多具有法律上或事实上的垄断性质。法律上的垄断,是指当事人依据法律规定,对银行、铁路、电力、自来水等行业所享有的经营垄断。事实上的垄断,是指当事人虽无法律上的特殊地位,但对保险、海上运输等合同条款在事实上所具有的垄断权利。基于这种现实,普通消费者缺乏选择缔约伙伴的完全自由,也缺乏在缔约过程中完全自主地表达意思的自由,而与格式条款提供方形成某种程度的附从、依附关系,故格式条款又被称为附合合同。

值得讨论的是,《民法典》关于格式条款的规定是否仅适用于消费者订约的场合?可否适用于商事主体之间订约的场合?从域外法来看,有关格式条款的法律规范是适用于消费者的特别规范。例如在德国,关于一般交易条款订入合同的规则不适用于商业合同。[②] 这是因为,商事主体基于长期交易惯例形成的或由有关行业组织制订的标准条款、示范条款等作为缔约的基础,在商事主体之间订立的商事合同(如海事租船合同[③]),其条款虽然也是为重复使用而预先拟定,但是双方具有大致均等的磋商机会,不具有消费者订立合同的附从性特征。因此不应适用格式条款的特别规范,而适用一般的商法规范。原《合同法》与《民法典》对格式条款的适用范围均未作限定,故从解释论而言,《民法典》关于格式条款的法律规范既适用于消费者订约的场合,也适用于商事主体之间订约的场合。[④] 但在个案中,有判决认为格式条款规则不应适用于商事主体之间订约的场合。[⑤] 基于格式条款规则立法目的的考量,此类案型中谨慎适用格式条款规则为妥。

(六)形式方面的特征:包括但不限于书面合同形式

格式条款的形式体现出多样化特征,而并非均采取正式的合同书形式。

(1)格式条款通常以书面形式订立。在一般场合下,格式条款以书面形式订

---

① 参见上海市高级人民法院(2012)沪高民四(海)终字第 65 号民事判决书,载《人民司法·案例》2013年第 6 期。
② 参见《德国民法典》第 310 条。
③ 参见最高人民法院(2016)最高法民再 20 号民事判决书。
④ 对此立法模式的批评意见,参见苏号朋:《格式合同条款研究》,中国人民大学出版社 2004 年版,第191 页。
⑤ 参见最高人民法院(2016)最高法民辖终 222 号民事裁定书。

立,除可采取正式的合同书形式外,还可采取通知、声明、店堂告示等各种非正式书面形式。例如:

①对于网站页面上向用户展示的网站服务条款的性质,有判决认为,被告公司所属新浪网在网站页面上向用户展示的网站服务条款内容,符合预先拟定并可重复使用的特征,应属于格式条款。[①]

②对于商家在网页上发布的有关销售商品质量的保修条件、免责事由等声明,有判决认为,该条款是由网站事先针对不特定的消费者所拟定,且对于条款的内容消费者并不能进行协商,合同缔结行为在瞬间完成,作为消费者只能同意或者接受,故其性质仍然是格式条款。[②]

(2)格式条款一般不能以口头形式订立。由于格式条款必须是为了重复使用而预先拟定,因此在性质上难以采取口头形式。[③]

(3)格式条款可以推定行为形式订立。在某些场合下,格式条款可以采取积极的默示形式即推定行为形式。例如自动售货机的设置、公交车站的设置等。

(4)格式条款不能以沉默形式订立。由其性质决定,格式条款在任何场合下都不能采取消极的默示形式即沉默形式。

【拓展:格式之争】

格式之争,是指当事人双方(通常均为商人)在缔约过程中均使用了各自提供的格式条款,并坚持以己方提供的格式条款作为合同内容,从而引起合同是否成立及如何确定合同条款的争议。在域外立法中,解决格式之争的传统方法是"最后一枪规则"(last word doctrine)。依据该规则,每一个被采纳的表格都应被当作一个反要约,最后一个表格被看作收到者以沉默的方式接受。换言之,谁最后发出反要约(最后开枪),谁就获胜(要约得到承诺)。由于在商业实践中通常由买方先发出订单,卖方最后作出确认,该规则造成实际偏向于卖方的效果。德国于20世纪70年代出现"相互击倒理论",该理论对"最后一枪规则"进行了修正。依据该理论,已互相同意的条款构成合同基础,相冲突的或追加的条款无效,留待有关法律去补充。[④]《美国统一商法典》也改变了之前的立法态度,放弃了"最后一枪规则"。该法第2—207条(2)规定:"附加条款应被解释为对合同进行补充地建议。在商人之间,上述条款构成合同的一部分,除非(a)要约对其条款的承诺作了明示的限

---

① 参见"来云鹏诉北京四通利方信息技术有限公司服务合同纠纷案",载《最高人民法院公报》2002年第6期。

② 参见上海市第二中级人民法院(2010)沪二中民四(商)终字第1423号民事判决书。

③ 相反意见参见黄立:《民法债编总论》,中国政法大学出版社2002年版,第101页。

④ 参见王江雨:《买卖合同成立中的一般规则与国际贸易中的格式之战》,载梁慧星主编:《民商法论丛》(第8卷),法律出版社1997年版,第584页以下。

制;(b)上述条款实质性地更改了合同;或者(c)在收到上述条款的通知后的一段合理时间内,反对上述条款的通知已经作出。"

PICC 第 2.1.22 条对格式之争作出规定:"如果双方当事人均使用标准条款并对标准条款以外的条款达成一致,则合同应根据已达成一致的条款以及在实体内容上相同的标准条款订立,除非一方当事人已预先明确表示或事后毫不迟延地通知另一方当事人其不愿受这种合同的约束。"该条对竞合标准条款适用合同严守规则,而未适用"最后一枪规则"。基于诚实信用原则和有利于国际贸易的视角,合同应根据已达成一致的条款和实质相同的标准条款订立。如果交易已经开始,则排除相互冲突的条款,由各方共同承担某些待定问题引起的风险。[1]

我国现行法对格式之争未作明确规定,《民法典》第 488 条对更改要约内容的承诺作出了规定,但该条并非专为格式条款而设。我国对格式之争应当采取何种立法态度,学界尚存争议。[2]

二、格式条款订入合同的要件

由于格式条款系由单方拟定,条款内容的形成过程中并无相对人参与,故就条款内容达成合意另须具备特别要件,而不能仅以相对人签字推定已就所有条款内容达成合意。该规则通常被称为格式条款的"订入控制"规则。

(一)格式条款的内容应当符合公平原则

仅从《民法典》第 496 条第 2 款文义而言,"格式条款提供方应当遵循公平原则确定当事人之间的权利和义务"似乎是格式条款订入合同的要件。但该规定仅具宣示意义,不应将其解释为格式条款订入合同的实质要件。[3] 理由如下:其一,公平原则是民法基本原则,任何形式的条款均应遵循,且《民法典》已针对内容不公平的法律行为设置显失公平等规则。因此,将该规定解释为格式条款订入合同的实质要件似与公平原则的现有定位不符。其二,《民法典》第 496 条第 2 款第 2 句仅针对违反提示义务和说明义务的后果作出规定,而并未规定"格式条款内容不符合公平原则"之后果。其三,《民法典》第 497 条规定的格式条款无效事由,实际上是不公平格式条款的各种具体情形。其四,该规定的真正意义在于,由于位居显著

---

[1] 参见[德]埃卡特·J.布罗德:《国际统一私法协会国际商事合同通则——逐条评述》,王欣等译,法律出版社 2021 年版,第 68—69 页。

[2] 参见朱广新:《论合同订立过程中的格式之战问题》,载《法学》2014 年第 7 期。

[3] 其他观点参见李世刚:《法律行为内容评判的个案审查比对方法——兼谈民法典格式条款效力规范的解释》,载《法学研究》2021 年第 5 期;范雪飞:《论不公平条款制度——兼论我国显失公平制度之于格式条款》,载《法律科学》2014 年第 6 期。

优势地位的格式条款提供方极易为了片面维护自身利益而拟定权利义务失衡的条款,因此设置该规定以发挥警示作用。据此,该规定的适用规则如下:

(1)当事人不能仅通过证明格式条款的内容不符合公平原则,以主张该条款未订入合同,而仍须适用本款之提示义务和说明义务规则。

(2)如果不公平格式条款属于《民法典》第497条规定的无效事由之情形,应依据该条认定无效。

(3)如果不公平格式条款不属于《民法典》第497条规定的无效事由之情形,可依据显失公平(《民法典》第151条)等规则确定法律后果。

(二)提示义务

《民法典》第496条第2款要求格式条款提供方"采取合理的方式提示对方注意免除或者减轻其责任等与对方有重大利害关系的条款",即针对有关格式条款履行提示义务。法律设置提示义务的目的在于,通过格式条款提供方履行提示义务的行为,使相对人有机会得知有关重要条款的存在并进一步决定是否订立该合同。

1.履行提示义务的具体要求

依据《民法典合同编通则解释》第10条规定,履行提示义务的具体要求如下:

(1)提示义务的对象条款。

①一般场合下,提示义务仅针对"免除或者减轻其责任、排除或者限制对方权利等与对方有重大利害关系的异常条款"。适用于格式条款提供方的免责条款和减责条款(常见情形如保险合同中的除外责任条款)导致责任消灭或受到限制,对相对人影响甚巨,故对其应当提示相对人注意。排除或者限制对方权利的条款,即使未达到无效的程度(《民法典》第497条),亦须履行提示义务才能订入合同。所谓"与对方有重大利害关系的异常条款",应解释为能够产生与免责条款、减责条款类似效果的条款。该条款虽非直接免除或限制责任,但其通过期间、程序性规则等间接达成免除或限制责任的效果,故也应予以提示。例如管辖协议条款(《民诉法解释》第31条)、仲裁条款[1]等。

不应将格式条款中的所有重要条款(如标的、价格)均认定为"与对方有重大利害关系的异常条款",因为这既缺乏可操作性,也将弱化对免责条款、减责条款的提示效果。换一角度而言,某些重要条款虽然关涉对方重大利害关系,但不具有"异常性",故无须提示。例如《最高额保证合同》中关于保证责任的承担条件、范围等条款虽很重要(关涉保证人的主给付义务),但当事人对其不负提示义务。[2]

②特别法有特殊规定的,依其规定。例如:《消费者权益保护法》第26条第1

---

① 参见最高人民法院(2014)民四终字第43号民事裁定书。

② 参见最高人民法院(2022)最高法民再239号民事判决书。

款规定,经营者提示义务针对的范围包括"商品或者服务的数量和质量、价款或者费用、履行期限和方式、安全注意事项和风险警示、售后服务、民事责任等与消费者有重大利害关系的内容"。《电子商务法》第 50 条规定,电子商务经营者应当清晰、全面、明确地告知用户"订立合同的步骤、注意事项、下载方法等事项",并保证用户能够便利、完整地阅览和下载。《旅行社条例》第 39 条第 1 款规定,旅行社对"可能危及旅游者人身、财产安全的事项",应当向旅游者作出真实的说明和明确的警示。

(2)提示义务的履行时间:合同订立时。提示义务的性质为先合同义务,格式条款提供方应当在合同成立前履行提示义务,使相对人在缔约阶段确知有关合同条款的存在,以便相对人在明确有关风险的前提下决定是否订立合同。

(3)提示义务的履行方式:采用文字、符号、字体等明显标识。提示义务的履行限于书面形式,即采用某种辨识程度较高的文字、符号、字体等明显标识来进行提示。常见情形如,将需要提示的条款采取大号黑体字、在条款下划线、将条款加框等,通过这些明显标识将此类条款与其他条款相区别,以引起相对人注意。

(4)提示义务的程度:通常足以引起对方注意。对于判断是否达到该程度,应采取主客观结合的标准,即原则上以理智正常的社会一般人的认识水平为标准,但兼顾智力欠缺、盲人、文盲等消费者的特殊情况。不足以引起对方注意的常见情形包括:旅店的免责说明张贴在房间的门背后、文件夹子内页中或者旅客不容易看到的柱子侧面;停车场的免责条款张贴在司机不太容易看到的墙面上、被车挡住;保险合同上免责条款虽以黑体字标识,但标识内容太过庞杂,或者字体过小,无法让人仔细阅读等。[1]

(5)举证责任:格式条款提供方对其已经尽到提示义务承担举证责任。对于通过互联网等信息网络订立的电子合同,格式条款提供方不能仅以采取了设置勾选、弹窗等方式为由主张其已经履行提示义务。因为网络环境下这些方式在各种场合被普遍运用,故仅采取这些方式提示一般不足以引起对方注意。但是,如果格式条款提供方能够举证证明采取这些方式确实能够符合《民法典合同编通则解释》第 10 条第 1 款和第 2 款的要求,可认定其已经尽到提示义务。

实务中,经营者往往要求消费者在书面声明上签字,表示已阅读并理解有关提示条款。格式条款提供方可否凭此签字证明其已尽提示义务?对此,法官应依据证据规则予以审查,此签字虽可构成有力证据,但不能仅凭签字就认定已履行合理提示义务。[2]如果消费者举证证明虽然签字属实,但客观上并未达到法律要求的提

---

① 参见最高人民法院民法典贯彻实施工作领导小组主编:《中华人民共和国民法典合同编理解与适用[一]》,人民法院出版社 2020 年版,第 247 页。
② 参见北京市高级人民法院(2016)京民再 27 号民事判决书。

示效果,则不应认定经营者已尽提示义务。例如消费者系文盲,仅按照经营者要求机械地签字,经营者亦未要求其花费时间理解相关条款。

认定依法履行了提示义务的司法意见:

①关于运输合同中的保价条款,有判决认为,免除或者限制责任的格式条款(保价条款)以黑体加粗字予以明示,且对方已单独签名确认已阅读并同意该条款,即证明对方知晓并同意该条款内容,格式条款有效。[①]

②关于抵押合同约定的担保责任条款,有判决认为:《抵押合同》约定:借款债务超出抵押权实现时实际处理抵押物净收入的部分,抵押人自愿与借款人、其他担保人一起承担连带保证责任。该条款以加黑字体并加下划线的方式进行标识,明显区别于其他条款,且由于抵押人作为一名理性的商事主体,故符合提示义务的要求。[②]

③关于借款合同中的提前收贷条款,有判决认为,"提前收贷""本金和利息加速到期"条款虽然属于格式条款,但提前收贷是以借款人违约为前提条件,并非银行可以随意提前收贷,因此不属于免除或限制其责任的条款,不影响提示义务的认定。[③]

认定未依法履行提示义务的司法意见:

①关于电信服务合同经营者对停机服务条款的提示义务,最高人民法院指导案例认为:"服务协议记载'甲方预付费使用完毕而未及时补交款项(包括预付费账户余额不足以扣划下一笔预付费用)'等情形下,乙方有权暂停或限制甲方的移动通信服务,由此给甲方造成的损失,乙方不承担责任……经营者未能证明在订立合同时已将该限制条件明确告知消费者并获得消费者同意的,该限制条件对消费者不产生效力。"[④]

②关于运输合同中的保价条款,有判决认为,运单所载条款均未采用足以引起对方注意的文字、符号、字体等特殊标识,也未能提供其他证据证明已尽到提示及说明义务。托运人在运单正面打印提示信息下签名、浏览运输公司网站以及两年两千余次托运的事实,均不能当然证明托运人明知保价条款的内容。[⑤]

③关于管辖权条款,有判决认为,虽然在提单正面有粗体字载明"提单条款续于本单背面",但提单背面字体极小,排布紧密,各条款格式完全一致,对于限制对

---

① 参见最高人民法院(2013)最高法民再申字第 16 号民事裁定书。

② 参见广东省高级人民法院(2013)粤高法审监民提字第 92 号民事判决书。

③ 参见甘肃省高级人民法院(2016)甘民终 295 号民事判决书。

④ 参见"刘超捷诉中国移动通信集团江苏有限公司徐州分公司电信服务合同纠纷案",最高人民法院指导案例 64 号。

⑤ 参见江苏省高级人民法院(2016)苏民申 2274 号民事裁定书。

方选择权利的管辖权条款未有单独突出显示,故不符合提示义务的要求。①

④关于特许经营合同的提示义务,有判决认为,当事人仅按照《商业特许经营管理条例》的规定履行信息披露义务,但未采取合理的方式提请对方注意免除或者限制其责任的条款,不符合提示义务的要求。②

⑤关于保险合同的除外责任条款,有判决认为,投保单背面所附全文黑体的《沿海内河船舶保险条款》中的除外责任条款字体与其他条款字体同一,大小一致,颜色无异,印制并未突出、醒目,与其他条款没有明显区别,不符合提示义务的要求。③

⑥关于保险合同中"疾病释义"条款,有判决认为,保险条款中疾病释义条款极大地限缩了腔静脉过滤器植入术的临床应用范围,背离了一般人的通常认知和通行的诊疗标准,实际免除或者减轻了保险人的保险责任,应视为免责条款。保险公司应就此向投保人履行提示说明义务。④

2. 违反提示义务的后果

《民法典》第 496 条第 2 款第 2 句规定,格式条款提供方未履行提示义务,致使对方没有注意与其有重大利害关系的条款的,对方可以主张该条款不成为合同的内容。据此,违反提示义务的后果是对方有权主张未被提示的条款不成为合同的内容。

(三)说明义务

说明义务,是指格式条款提供方应当向对方解释说明有关格式条款的概念、内容及其法律后果。提示义务的作用在于使对方确知格式条款的存在,说明义务的作用在于使对方理解格式条款的含义,以决定是否以此订立合同。

1. 履行说明义务的具体要求

《民法典》第 496 条第 2 款对提示义务和说明义务一并规定,因此除法律另有规定外,履行说明义务的具体要求与提示义务大致相同。

(1)一般场合下,说明义务针对的对象条款、履行时间、履行程度、举证责任等方面与提示义务基本相同。依据《民法典合同编通则解释》第 10 条第 2 款规定,说明义务与提示义务的不同之处在于:其一,说明义务的履行以"按照对方的要求"为前提,即格式条款提供方仅对对方要求说明的条款予以解释说明,而非对有关条款负有主动说明义务;提示义务的履行不以对方要求为前提,格式条款提供方应主

---

① 参见浙江省高级人民法院(2015)浙辖终字第 23 号管辖裁定书。
② 参见江苏省高级人民法院(2015)苏知民终字第 00271 号民事判决书。
③ 参见广西壮族自治区高级人民法院(2013)桂民四终字第 31 号民事判决书。
④ 参见广东省广州市中级人民法院(2021)粤 01 民终 12850 号民事判决书。

动履行提示义务。其二,说明义务的履行须通过解释、说明,达成对方通常能够理解条款内容的效果;提示义务的履行仅须使对方注意该条款与其他条款不同,而无须解释条款内容。其三,说明义务的履行可以采书面或者口头形式;提示义务的履行只能采书面形式。

(2)特别法有特殊规定的,依其规定。例如:《保险法》第17条规定,保险人对所有格式条款负有说明义务,对免责条款负有明确说明义务;保险人的说明义务应主动履行,不以投保人要求为前提。《旅行社条例》第29条第1款规定,旅行社的说明义务针对的是"旅游合同的具体内容"而非限于免责条款;说明义务的程度要求"真实、准确、完整";旅行社应主动履行说明义务,不以旅游者要求为前提。

2. 违反说明义务的后果

违反说明义务与提示义务的后果相同。格式条款提供方未履行说明义务,致使对方没有理解与其有重大利害关系的条款的,对方可以主张该条款不成为合同的内容。有判决认为,保险公司虽然在保险合同文本中以黑体字提示了免责条款,但仅能证明其尽到了提醒投保人注意的义务,不能认定保险公司已经履行了就免责条款的概念、内容及其法律后果等以书面或者口头形式向投保人或其代理人作出解释,以使投保人明了该条款的真实含义和法律后果的明确说明义务。对格式化免责条款未能尽到明确说明义务的导致该条款无效,对当事人不能产生约束力。①

【疑难案例:订约时通过"理解声明"履行提示、说明义务案②】

【案件事实】

2017年3月20日,四平运输公司为其所有的渝G××号重型牵引挂车,与财保石柱支公司签订了包括机动车损失保险、第三者责任保险、车上人员(司机)责任险、车上人员(乘客)责任险的机动车综合商业保险合同。合同保险条款第八条以加粗加黑字体载明:对驾驶人实习期内驾驶公共汽车、营运客车或者执行任务的警车、载有危险物品的机动车或牵引挂车等造成的任何损失和费用,保险人不予赔偿。四平运输公司于当日签章确认的投保单声明栏载明:"保险人已向本人详细介绍和提供投保险种所适用的条款,并对其中免除保险人责任的条款(包括但不限于责任免除、免赔率与免赔额、投保人被保险人义务、赔偿处理、通用条款等),以及付费约定和特别约定的内容及其法律后果作了明确说明,本人已充分理解并接受上

---

① 参见"杨树岭诉中国平安财产保险股份有限公司天津市宝坻支公司保险合同纠纷案",载《最高人民法院公报》2007年第11期。

② 该案详细解读参见"重庆市石柱土家族自治县四平运输有限公司诉中国人民财产保险股份有限公司石柱支公司财产保险合同纠纷案",载最高人民法院中国应用法学研究所编:《人民法院案例选》2020年第6辑(总第148辑),人民法院出版社2020年版,第156页以下。

述内容,同意以此作为订立保险合同的依据。"

2017 年 6 月 16 日,实习期驾驶员张某驾驶渝 G××牵引车发生交通事故,致牵引挂车、房屋、摩托车等财物受损及乘员受伤,造成财产损失共计 15 万余元,事后公安机关认定张某对于本次交通事故负全责。2017 年 11 月 16 日,四平运输公司向法院提起诉讼,请求财保石柱支公司赔付保险金 15 万余元。

【本案争点】

订约时投保人对理解声明签章确认的,能否认定保险人履行了提示、说明义务?

【裁判要旨】

一审法院判决:财保石柱支公司赔付四平运输公司保险金 15 万余元。

二审法院判决:撤销原判,驳回四平运输公司的诉讼请求。

再审法院认为,经一、二审查明,四平公司在人保财险石柱公司为渝 G××号重型半挂牵引车投保了机动车商业保险,该车发生交通事故后,人保财险石柱公司以该交通事故属于在实习期内发生的交通事故,属于保险合同中约定的责任免除范围为由拒绝理赔。

为证明已就免责条款向四平公司履行了提示和明确说明义务,四平公司举示了《投保单》《投保人声明》和《保险合同相关资料签收单》等材料,其中,《投保单》投保人声明栏以加黑加粗方式载明"保险人已向本人详细介绍并提供了投保险种所适用的条款,并对其中免除保险人责任的条款(包括但不限于责任免除、免赔率与免赔额、投保人被保险人义务、赔偿处理、通用条款等),以及本保险合同中付费约定和特别约定的内容及其法律后果向本人作了明确说明,本人已充分理解并接受上述内容,同意以此作为订立保险合同的依据,本人自愿投保上述险种",四平公司在投保人处加盖了公司印章;《投保人声明》系双方专门签订的一份材料,在打印的加黑加粗的"本人确认收到条款及《机动车综合商业保险免责事项说明书》"后,有手写的"保险人已明确说明免除保险人责任条款的内容及法律后果"内容,四平公司在投保人签章处加盖了印章;《保险合同相关资料签收单》载明人保财险石柱公司向四平公司交付了保单正本、《机动车综合商业保险条款》、保险费发票、交强险标志、保险证等资料,四平公司也在投保人处加盖了公司印章(《机动车综合商业保险条款》第一章机动车损失保险和第三章机动车车上人员责任保险均对责任免除条款进行了加黑加粗处理,约定在"实习期内驾驶公共汽车、营运客车或者执行任务的警车、载有危险物品的机动车或牵引挂车的机动车",保险人不负责赔偿)。

人保财险石柱公司举示的这些证据能够证明其对案涉免责条款以足以引起投保人四平公司注意的文字、字体作出提示,且投保人四平公司以盖章的形式予以了确认,按照《最高人民法院关于适用〈中华人民共和国保险法〉若干问题的解释(二)》第10条、第11条、第13条的规定,能够认定人保财险石柱公司履行了提示和明确说明义务,可以免除人保财险石柱公司的保险赔偿责任。裁定:驳回再审申请。

三、格式条款的特殊解释规则

格式条款的含义存在争议时,除适用文义解释、整体解释等一般解释规则外,《民法典》第498条还规定了适用于格式条款的特殊解释规则。

(一)通常解释规则

通常解释,是指依据社会普通成员的理解标准对合同条款进行解释。与通常解释相对的是专业解释,即依据特定的专业标准对合同条款进行解释。在一般场合下,普通消费者因欠缺有关专业技术知识,不知专业标准的存在及其具体内容。因此,为防止格式条款提供方利用自身的技术优势和专业知识使得双方的利益关系失衡,对存在歧义的格式条款的解释应当以社会普通成员的理解为标准。在特别法领域中,《保险法》第30条第1句规定:"采用保险人提供的格式条款订立的保险合同,保险人与投保人、被保险人或者受益人对合同条款有争议的,应当按照通常理解予以解释。"《旅行社条例》第29条第2款前段规定:"旅行社和旅游者签订的旅游合同约定不明确或者对格式条款的理解发生争议的,应当按照通常理解予以解释。"

通常解释并非在所有场合下绝对地排除专业解释。如果合同条款明确规定采取专业标准确定条款涵义,且格式条款提供方履行了提示、说明等义务,则应当采取专业解释。最高人民法院指导案例认为:"中国人民银行对保险条款的解释不能作为约束被保险人的依据。……要使该复函所做解释成为约束被保险人的合同条款,只能是将其作为保险合同的内容附在保险单中。"[1]

(二)不利解释规则

不利解释,是指对格式条款有两种以上解释的,应当作出不利于格式条款提供方的解释。不利解释规则渊源于罗马法"有疑义应为表意者不利益之解释"原则,其后被各立法普遍接受,成为保护格式条款提供方之相对方的重要规则。在特别法领域中,《保险法》第30条第2句规定:"对合同条款有两种以上解释的,人民法

---

[1] 参见"海南丰海粮油工业有限公司诉中国人民财产保险股份有限公司海南省分公司海上货物运输保险合同纠纷案",最高人民法院指导案例52号。

院或者仲裁机构应当作出有利于被保险人和受益人的解释。"《旅行社条例》第29条第2款中段规定:"对格式条款有两种以上解释的,应当作出有利于旅游者的解释。"适用不利解释规则应注意:

(1)该规则的适用对象是具有两种以上可能含义的格式条款,而非所有格式条款。如果某格式条款依文义具有确定的、唯一的含义,则不能适用该规则。有判决认为,本案有关合同条款虽属格式条款,但按照通常的理解并不能对此条款引起不同的理解,因此不应该适用有关格式条款解释的规则。①

(2)如果格式条款的内容因约定不明而无法确定任何一种含义,由格式条款提供方承担合同不成立的不利后果。有判决认为,该格式合同条款中,就是否允许以转让的信用证付款问题的约定是不明确的。对此,格式合同的提供者应当承担合同约定不明确的责任。②

(3)在格式条款由第三方制订的场合下(如商品房买卖合同),应当作出不利于优势经济地位一方的解释。该场合下,格式条款并没有因形成样态的不同而发生质的差异,而且一经制订,中立公正之第三人即脱离对条款的规范状态,而由企业将条款作为格式合同的全部或一部,条款之疑义仍然要由企业负责。③

适用不利解释规则的司法意见:

①《租赁合同》是出租人提供的格式条款,其约定"出租人因经营需要,需对承租人场地进行调整时,承租人应积极配合并服从",但对于调整时承租人已投入的装修费如何处理未作约定。应当作出对出租人不利的解释,认定出租人应对承租人投入的装修费予以补偿。④

②《委托贷款合同》是银行提供的格式条款,其中"未能按时支付的利息"具体包括哪些利息未作约定。应当作出对银行不利的解释,认定不包括逾期罚息。⑤

③《保险合同》是保险公司提供的格式条款,其约定"投保人未按保单中列明的付费日期缴付保险费的,保险合同自合同逾期之日起自动解除",但对"自动解除"是附解除条件还是解除权未作约定。应当作出对保险公司不利的解释,认定保险公司取得合同解除权,而解除权须以通知方式行使。⑥

(三)非格式条款优先规则

非格式条款优先,是指合同中同时存在格式条款和非格式条款,且格式条款和

---

① 参见最高人民法院(2007)民二终字第99号民事裁定书,载《最高人民法院公报》2007年第12期。
② 参见"海林公司诉晓星公司购销合同纠纷案",载《最高人民法院公报》2000年第5期。
③ 参见苏号朋:《格式合同条款研究》,中国人民大学出版社2004年版,第239页。
④ 参见最高人民法院(2017)最高法民申2548号民事裁定书。
⑤ 参见最高人民法院(2019)最高法民终814号民事判决书。
⑥ 参见最高人民法院(2020)最高法民申3029号民事裁定书。

非格式条款不一致的,应当采用非格式条款。所谓非格式条款,即个别磋商条款,是指当事人通过个别磋商而拟定的合同条款。非格式条款优先规则的理论基础是合同自由原则和整体解释规则①,因为当事人在格式条款之外另行磋商确定的非格式条款才反映了当事人的真实意思,且当两种条款发生抵触时,应依据整体解释规则确定合同条款的含义。例如,对于担保形式和担保范围《保证合同》中既有格式条款,又有手写添加的非格式条款,应以非格式条款为准。②

四、无效的格式条款

格式条款具备《民法典》第496条之要求被订入合同的前提下,须进一步受制于"内容控制"规则,即依据第497条将某些无效格式条款予以排除。

(一)具有《民法典》第一编第六章第三节和《民法典》第506条规定的无效情形(第1项)

《民法典》第一编第六章第三节规定民事法律行为的无效情形,以及《民法典》第506条规定免责条款的无效情形,无论格式条款抑或非格式条款均应适用。

(二)格式条款提供方不合理地免除或者减轻其责任、加重对方责任、限制对方主要权利(第2项)

《民法典》第497条第2项、第3项之"内容控制"规则系专门针对格式条款所设。此类格式条款属于权利失衡条款,因其导致双方权利义务严重失衡而无效。此类无效格式条款应具备以下要件:

1. 导致相对人"不合理的利益减免"

由于订立合同是一个博弈过程,法律并不反对当事人谋求自己利益最大化的行为,但如果优势一方借助格式条款限制了对方的意思表达,且条款内容严重不符合给付均衡而导致相对人"不合理的利益减免",则法律有介入的必要。③ 相对人仅以"未与其协商"为由主张格式条款无效,通常得不到支持。④ 判断是否构成"不合理的利益减免",应基于合同的类型、性质及目的,结合格式条款提供方的经营效率、相对人的合理信赖、风险的合理分配等因素予以考量。实务中的常见情形如下:

---

① 其他观点参见王利明:《合同法研究(第一卷)》,中国人民大学出版社2015年版,第426页。
② 参见最高人民法院(2018)最高法民终238号民事判决书。
③ 参见解亘:《格式条款内容规制的规范体系》,载《法学研究》2013年第2期。
④ 参见"成路诉无锡轻工大学教学合同纠纷案",载《最高人民法院公报》2002年第2期。

（1）偏离合同目的。如果格式条款内容与有名合同的典型交易目的存在明显偏离，给付均衡被打破，则很可能构成"不合理的利益减免"。例如：①居间合同中居间人报酬是房价款1%，同时约定违反独家委托条款的违约责任是房价款2%，由于该违约责任明显超出履行利益，违背居间法律规范的本旨，故属无效。① ②责任保险合同约定"保险人依据被保险机动车驾驶人在事故中所负的责任比例承担相应赔偿责任"，由于该条款将第三者不能赔偿的风险转移给了被保险人，与财产保险设立目的相违背，故属无效。②

（2）单方面限制相对人。此类格式条款针对相对人予以单方面限制，而对其利益减免所对应的给付义务却未作出相应安排，故不符合给付均衡的要求。例如：①健身私人教练合同约定"私教课程一经售出概不退款"③；②教育培训合同约定"中途退课不退学费"④等。

（3）违反风险的合理分配。此类格式条款规定履约过程中的盗抢、遗失、火灾等风险完全由相对人负担，有违按照交易规律分担风险的合理做法。例如银行格式条款规定"支付密码的效力等同于预留印鉴，顾客对支付密码项下的交易行为承担全部责任。"该条款无效原因有二：一是不合理地免除银行对支票上加盖印章与预留印鉴进行审核的法定义务；二是违反风险的合理分配，因为银行预防和控制风险的成本更低。⑤

2. 免除或者减轻其责任、加重对方责任、限制对方主要权利

上述要件1"不合理的利益减免"是格式条款无效的根本原因，其着眼于条款所生效果对双方当事人利益平衡的影响。要件2则是导致该效果的具体方式。

（1）免除或者减轻其责任，是指以同类交易场合为参照，格式条款提供方承担的责任低于同类合同的标准。例如约定格式条款提供方违约的，按照相对人实际损失的50%予以赔偿；相对人违约的，按照格式条款提供方实际损失的全额赔偿。

（2）加重对方责任，是指以同类交易场合为参照，相对人承担的责任高于同类合同的标准。例如格式条款所载不可抗力范围小于法定范围，并约定相对人仅能依据该约定范围主张免责。

（3）限制对方主要权利，是指虽未完全排除相对人主要权利，但以同类交易场

① 参见上海市第一中级人民法院（2012）沪一中民二（民）终字第3410号民事判决书，载《人民司法·案例》2013年第22期。

② 参见北京市第一中级人民法院（2015）一中民（商）终字第4317号民事判决书，载《人民司法·案例》2015年第16期。

③ 参见北京市第二中级人民法院（2017）京02民终3702号民事判决书。

④ 参见北京市第三中级人民法院（2020）京03民终6156号民事判决书。

⑤ 参见江苏省苏州市中级人民法院（2012）苏中商终字第0371号民事判决书。

合为参照,对该权利构成不合理的限制。例如约定格式条款提供方违约的,相对人不能直接提起诉讼,而必须先与格式条款提供方进行协商处理,且协商期间不短于6个月。

依据《民法典》第 496 条第 2 款规定,对减免责任条款予以提示、说明的则该条款订入合同之中,而第 497 条第 2 项规定减免责任条款当然无效,对此应如何理解?该两条虽均采"免除或者减轻其责任"之表述且设置不同的法律后果,但二者并不矛盾。[①] 该两条规定的减免责任条款存在以下区别:①规制阶段不同。格式条款法律规制的各阶段大致为"订入控制→条款解释(存在涵义不明时)→内容控制"。所有减免责任条款均应符合第 496 条第 2 款之"订入控制"要求才能成为合同内容;第 497 条第 2 项之"内容控制"规则对已订入合同的减免责任条款进一步评价,将部分无效条款从合同中剔除。②规制视角不同。从文义上看,第 497 条第2 项中的减免责任条款有"不合理"之限制,第 496 条第 2 款则无此限制。适用第496 条第 2 款时不考虑条款内容是否合理,而仅对提示、说明等程序作出要求,其视角是合意是否达成;适用第 497 条第 2 项时须对条款内容的合理性作出实质性评价,其视角是法律有无介入必要。③法律后果不同。当事人未依据第 496 条第 2款对减免责任条款予以提示、说明的,后果是"对方可以主张该条款不成为合同的内容";减免责任条款属于第 497 条第 2 项情形的,法院可主动依职权认定无效。

3. 消极要件:该条款不包括以下情形

(1)核心给付条款。所谓核心给付条款,是指合同标的、价格等核心条款。比较法上,核心给付条款通常不适用格式条款之"内容控制"规则,即法官不应扮演"价格警察"的角色。[②] 我国学理[③]及实务上[④]亦采相同解释,理由在于:其一,此类条款是当事人合意的最低要求,也必然被相对人特别关注,故其有足够多的机会拒绝该条款,而接受该条款通常符合其真意。其二,给付内容与价格应由市场供求关系平衡和调整,不宜由法律予以规制。如果离谱的价格条款被普遍拒绝,该条款将被市场自然淘汰。当然,如果某些情形下符合显失公平的适用条件,价格悬殊可依该规则得到救济。

(2)该条款违反法律、行政法规的强制性规定或者违背公序良俗。该情形构成《民法典》第 497 条第 1 项之无效事由,故应依据《民法典》第 153 条认定该格式条款是否无效。

(3)该条款系对任意性法律规范的重复。例如条款约定"当事人违约的,应赔

---

① 相反观点参见梁慧星:《统一合同法:成功与不足》,载《中国法学》1999 年第 3 期。
② 参见[德]海因·克茨:《德国合同法》,叶玮昱、张焕然译,中国人民大学出版社 2022 年版,第 80 页。
③ 参见范雪飞:《论不公平条款制度——兼论我国显失公平制度之于格式条款》,载《法律科学》2014年第 6 期。
④ 参见广东省佛山市三水区人民法院(2019)粤 0607 民初 365 号民事判决书。

偿对方的实际损失和可得利益损失,但不得超过违约方订约时预见到或者应当预见到的因违约可能造成的损失。"(对《民法典》第584条的重复)该条款不适用格式条款之"内容控制"规则的原因在于,无论其是否存在于合同之中,都不影响该规则的适用。"内容控制"规则仅针对"偏离或补充法律规定的条款",而对法律规范本身进行"内容控制"没有意义。

【实务争议:快递公司拟定的保价条款是否构成《民法典》第497条之无效情形?】

实务中此类案型较为常见。准确地说,此处讨论的是顾客未选择保价服务时限额赔偿条款的效力。快递公司单方拟定的服务协议大多有保价条款,依据该条款,顾客寄件时有权选择保价服务,未保价快件损毁、灭失则按照最高赔偿限额或者邮费的数倍赔偿。[①] 对于此类条款的效力,实务中存在较大分歧。[②] 持有效说的裁判意见认为,此类条款符合行业惯例、生活常识及等价有偿原则,故不属于加重对方责任、排除对方主要权利的无效格式条款。[③] 持无效说的裁判意见认为:"此类限制性条款减轻了被告的赔偿责任,对原告显失公平,有违立法精神,故属无效。"[④]还有观点认为此类条款不属于减免责任条款,因为"该条款只是赋予托运人对货物运输保价与否的选择权,在托运人自愿选择对货物保价的情况下,该条款没有限制托运人的保价金额"。[⑤]

本书赞同有效说,理由如下:其一,由于运输行业货损发生概率较高,所有案型适用完全赔偿不具可操作性,故"保价分担风险+未保价限额赔偿"模式被多数立法采纳,《民法典》第833条的精神亦与其一致。其二,未选择保价的顾客仅支付低廉运费,却要求快递公司承担全部货损风险,不符合风险合理分配的要求。其三,快递服务的吸引力是高效、便捷,故不可能要求快递公司就每单货物的价值进行核定,提供保价或不保价选项是该行业的现实选择。当然,以上分析均是针对合同责任而言。如果货损发生原因是快递员盗窃、违规装卸等过错行为,且顾客能够证明货物的真实价值,可通过侵权责任予以救济。

---

① 例如顺丰速运运单条款规定:"顺丰的责任均在任何情况下不会超过货物的申报价值,且不得超过以下各项中的较低者:100美元、或10.00美元/公斤或4.54美元/磅。"(陆路送送)韵达快递服务条款规定:"未保价快件按件人在运单上选填的本次实际支付快递费的合理倍数赔偿,寄件人未选填赔偿标准的,视为同意按本次实际支付快递费的五倍赔偿。"

② 参见沈明磊、董蕾蕾:《快递丢失损毁赔偿纠纷若干法律问题研究》,载《法律适用》2014年第6期。

③ 参见北京市丰台区人民法院(2020)京0106民初6020号民事判决书。

④ 参见上海市虹口区人民法院(2005)虹民二(商)初字第1139号民事判决书。

⑤ 参见山东省高级人民法院(2016)鲁民再7号民事判决书。

(三)格式条款提供方排除对方主要权利(第3项)

所谓主要权利,是指当事人依据法律规定、交易习惯或合同性质应享有的核心权利或基本权利。排除相对人享有此类权利,必然导致双方权利义务严重失衡,故该条款应属无效。对于"主要权利"具体包括哪些权利,《民法典》未作列举。与前述第2项类似,对主要权利的认定,应基于合同的类型、性质及目的并结合相关因素予以考量。一般而言,下列权利很可能构成主要权利:①依法变更或者解除合同的权利;②请求对方承担违约责任的权利;③合同解释权;④就合同争议提起诉讼的权利。

此外,单行法及司法解释针对特定领域中格式条款无效的规定如下:

(1)《电子商务法》第49条第2款规定,电子商务经营者不得以格式条款等方式约定消费者支付价款后合同不成立;格式条款等含有该内容的,其内容无效。

(2)《网络消费规定(一)》第1条规定,电子商务经营者提供的格式条款有以下内容的,应当认定无效:①收货人签收商品即视为认可商品质量符合约定;②电子商务平台经营者依法应承担的责任一概由平台内经营者承担;③电子商务经营者享有单方解释权或者最终解释权;④排除或者限制消费者依法投诉、举报、请求调解、申请仲裁、提起诉讼的权利;⑤其他排除或者限制消费者权利、减轻或者免除电子商务经营者责任、加重消费者责任等对消费者不公平、不合理的内容。

(3)《人脸识别规定》第11条规定,信息处理者采用格式条款与自然人订立合同,要求自然人授予其无期限限制、不可撤销、可任意转授权等处理人脸信息的权利,该格式条款无效。

认定构成无效格式条款的司法意见:

①对于银行对储户的免责事由,有判决认为:"不考虑储户是否存在过错,一概以'凡是通过交易密码发生的一切交易,均应视为持卡人亲自所为,银行不应承担责任'这一格式条款作为银行的免责理由进行抗辩,把一些本应由银行承担的责任也推向储户,无疑加重了储户责任,有违公平原则。"[①]

②对预付式纤体服务合同中"余款不退"条款,有判决认为,"余款不退"格式条款仅对消费者权利进行约束,而丝毫没有诸如是否需达到服务效果、经营者在无法达到服务效果时是否应承担责任、在不能提供相应服务时应承担何种责任等相应约束的约定。而消费者一旦预付了服务期内的所有费用,即使对服务效果不满意也无法放弃接受服务。该条款明显加重了消费者的责任,排除了消费者的权利,

---

应属无效。①

③保险合同条款限制被保险人治疗措施的，有判决认为，被保险人患有重大疾病时，往往会结合自身身体状况，选择具有创伤小、死亡率低、并发症发生率低的治疗方式而使自己所患疾病得到有效治疗，而不会想到为确保重大疾病保险金的给付而采取保险人限定的治疗方式。保险人以限定治疗方式来限制原告获得理赔的权利，免除自己的保险责任，该条款应认定无效。②

④开发商免除其逾期交付权属证书的违约责任的，有判决认为，格式条款约定"若出卖人逾期交房并承担了逾期交房违约责任的，则本合同第 16 条中出卖人承诺取得土地、房屋权属证书的时间相应顺延，顺延期限与商品房交付的逾期期限相同"。其内容显然对买方利益不利，导致买方权益处于不确定状态，免除了卖方按时交付房地产权属证书的义务，应为无效。③

⑤知网经营者设定最低充值金额的，有判决认为，知网上关于最低充值额限制的规定导致消费者为购买价格仅为几元的文献需最低充值 10 元至 50 元。虽然账户余额可以退还，但知网称退还需扣除手续费，故该网站对于最低充值额的设定占用了消费者的多余资金，且收取退款手续费也增加了消费者的负担。该规定侵犯了消费者的自主选择权，限制了消费者的权利，是对消费者不公平、不合理的规定，应认定无效。(法学院大二本科生诉知网案)④

⑥对于以格式条款所作使用说明，有判决认为，格式合同中的使用说明只是对填加合同内容的一般要求，不具有强制力，当事人未按使用说明加注的条款虽不规范，但系当事人的真实意思表示，故应认定该加注条款的效力。⑤

⑦电子合同中设置协议管辖格式条款的，有判决认为，携程旅游度假产品预订须知中有关争议由上海市长宁区人民法院管辖的条款因作出了对消费者不公平、不合理的规定，严重不合理地加重了消费者的诉讼负担，应认定该协议管辖条款无效。⑥

⑧网络视频播放平台以格式条款单方变更会员权益的，有判决认为，《庆×年》

① 参见上海市第二中级人民法院(2012)沪二中民一(民)终字第 879 号民事判决书，载《最高人民法院公报》2014 年第 11 期。

② 参见"王玉国诉中国人寿保险公司淮安市楚州支公司保险合同纠纷案"，载《最高人民法院公报》2015 年第 12 期。

③ 参见浙江省宁波市中级人民法院(2014)浙甬民二终字第 470 号民事判决书，载《最高人民法院公报》2016 年第 11 期。

④ 参见江苏省苏州市姑苏区人民法院(2018)苏 0508 民初 7333 号民事判决书，载《最高人民法院公报》2020 年第 1 期。

⑤ 参见最高人民法院(2001)民二抗字第 9 号民事判决书，载《最高人民检察院公报》2003 年第 1 号。

⑥ 参见北京市第二中级人民法院(2012)二中民终字第 17117 号民事判决书，载《人民司法·案例》2015 年第 8 期。

播出过程中爱××公司推出"付费超前点播"模式,使其黄金 VIP 会员需要额外付费才能看最新剧集,使黄金 VIP 会员的享受到的观影体验远远低于预期,显著地降低了黄金 VIP 会员观看影视剧的娱乐性和满足感,实质性损害了黄金 VIP 会员的主要权益……爱××公司单方增加"付费超前点播"条款的行为不发生变更合同的效力。①

⑨对于高速公路通行卡"持卡须知"条款,有判决认为:通行卡背面印制"妥善保管此卡,如有遗失或者损坏除照价(成本费 30 元)赔偿外并按路网最远程收费",该内容加重对方责任,应认定无效。②

⑩网络交易平台《用户行为规范》规定"交易成功后,不支持售后维权"的,有判决认为,该格式条款不合理地免除了经营者责任,排除了消费者权利,应认定为无效。③

认定不构成无效格式条款的司法意见:

①对于房屋买卖居间合同中禁止"跳单"条款,有判决认为,房屋买卖居间合同中的禁止"跳单"格式条款,其本意是为防止买方利用中介公司提供的房源信息却'跳'过中介公司购买房屋,从而使中介公司无法得到应得的佣金,该约定并不存在免除一方责任、加重对方责任、排除对方主要权利的情形,应认定有效。④

②对于贷记信用卡"全额罚息"条款,有判决认为,"全额罚息"是指《信用卡(个人卡)领用合约》中约定的"持卡人未能于最后还款日前足额偿还全部到期应还款项的,不享受免息待遇,并且所有交易和应付费用改为自记账日起按透支利率计算利息",该条款属于格式条款……该条款并未超出法律法规的许可范围,同时也是银行业为减少恶意透支及信用卡套现的一种风险防范手段。该条款并没有免除民生银行责任,或加重原告责任、排除原告权利的内容,故不属于法定无效的条款。⑤

③特价机票改签条件作更多限制的,有判决认为,航空公司在大幅降低机票价格的同时,对特价机票退改签的条件作出更多的限制。也就是说,旅客在以较大折扣购买机票的同时,也承担了更多的风险。该格式条款所确定的航空公司与旅客之间的权利义务对等均衡,并未违反法律禁止性规定和公平原则。⑥

④网络直播经纪合同约定排他性条款的,有判决认为,基于网络直播行业之特

---

① 参见北京互联网法院(2020)京 0491 民初 3106 号民事判决书,2020 年度全国法院十大商事案例。

② 参见河南省新蔡县人民法院(2012)新民二初字第 037 号民事判决书。

③ 参见"张某与吴某网络购物合同纠纷案",最高人民法院 2023 年 3 月发布"十件网络消费典型案例"之案例 10。

④ 参见"上海中原物业顾问有限公司诉陶德华居间合同纠纷案",最高人民法院指导案例 1 号。

⑤ 参见北京市第一中级人民法院(2009)一中民终字第 6525 号民事判决书。

⑥ 参见昆明铁路运输中级人民法院(2016)云 71 民终 25 号民事判决书。

殊性,网络主播为其经纪公司开展业务的核心资源,合同中针对主播"未经同意在他平台私自开播"需承担违约责任的条款,是经纪公司为规范主播行为,防范主播违约给经纪公司造成损失之必要手段,不属于排除对方主要权利、加重对方责任的无效情形。①

【疑难案例:航空公司"会员积分逾期作废"格式条款效力认定案②】
【案件事实】

原告蒋某中于 2012 年 5 月注册成为被告中国东方航空股份有限公司"东航万里行"会员。原告累计会员积分为 27743,2013 年期间,原告根据会员手册将其信用卡积分转换为"东航万里行"会员积分,并用 16000 点会员积分兑换一张由被告承运的机票。使用积分后,原告还剩余 11743 积分。被告在官网上公布有"东航万里行"会员手册、服务条款,其中对于会员积分有效期介绍为"自积分入账之日起,至入账当年后的第三个公历年的 12 月 31 日止,逾期积分将自动失效"。2016 年 12 月 20 日,被告在其官网发布通知提醒:关于"东航万里行"年底积分到期的提醒,提示内容为 2013 年度入账积分的有效期至 2016 年 12 月 31 日止,逾期失效。原告剩余积分中,9100 积分属于 2013 年度入账积分。2016 年 9 月 17 日,原告向被告客服热线致电查询积分等事宜,被告客服回复称原告总共有 11242 点消费积分,2016 年 12 月 31 日将要过期 9100 点消费积分。

原告就积分过期一事于 2017 年 4 月 27 日、4 月 28 日向被告客服热线致电询问和投诉,4 月 27 日被告客服回复称被告没有规定关于积分要回电告诉会员、被告有相关告知在官网上、被告是有短信通知服务而原告会员账户没有开通、短信通知只能起到辅助作用;4 月 28 日被告客服回复称原告账户没有开通短信功能,可能因为这个原因没有及时联系原告,因原告注册时间长,无法核实没有开通短信提示的原因,积分通过短信和 APP 提示、官网,或者给被告打电话查询;同日被告客服回复称被告通过邮件以及短信渠道通知会员积分到期提醒,如果发送被告会有发送记录,被告无法查到对原告的发送记录。

原告向被告投诉未果,起诉至法院,请求:(1)判令被告返还原告会员 9100 积分的财产;(2)判令被告赔偿原告精神损失、经济损失人民币 9000 元;(3)本案诉讼费、诉讼差旅费、误工费共计 1000 元由被告负担;(4)判令被告因侵害剥夺原告的权益在《法制日报》上道歉。

---

① 参见信阳市中级人民法院(2021)豫 15 民终 726 号民事判决书。
② 该案详细解读参见"蒋某中诉中国东方航空股份有限公司航空旅客运输合同纠纷案",载最高人民法院中国应用法学研究所编:《人民法院案例选》2019 年第 12 辑(总第 142 辑),人民法院出版社 2020 年版,第 86 页以下。

【本案争点】

1."会员积分逾期作废"的格式条款是否违反公平原则,不合理地限制了对方主要权利?

2. 航空公司未及时使用短信通知"会员积分逾期作废"格式条款是否构成未履行提示义务?

【裁判要旨】

关于争议焦点一,"东航万里行"的会员手册系被告单方提供的格式合同,按照法律规定,被告作为格式合同制定者具有法定的提示和说明义务,且格式条款内容应遵循公平原则。首先,被告在官网上对于会员手册进行常态化公示,告知内容明确,使用的语言通俗易懂,符合一般消费者的通常理解。其次,会员积分属于会员履行航空运输特定义务之后,航空公司单方对会员作出的奖励行为,订立合同的目的系为了激发会员的消费热情,原告在享受会员服务时无需支付合同对价,享受权利较多,负担义务较少,因此,被告对于积分使用设定3年的有效期并未导致双方的权利义务失衡,也符合交易惯例,该格式条款具有合理性。原告主张未收到会员手册以及对合同条款不知情,对此法院认为,原告注册成为会员,自身负有主动了解会员权益和积分使用情况的注意义务,据被告举证原告于2013年进行积分兑换、2016年查询积分等情况,可推定原告对会员的相关权利义务系明知且实际按照会员手册履行。因此,被告设定积分有效期的条款不违反公平原则,被告采取的提示方式能够引起普通消费者的注意,相关条款合法有效。

关于争议焦点二,被告举证通过网站常态化公示会员手册以及网页上发布积分有效期的通知提醒向会员履行告知义务,对于是否必须发送短信提醒,原告主张被告对积分提醒有相应的规章制度,但未能举证证明被告处对发送短信服务制定有明文规章或者双方对此有明确的合同约定。根据原告提供的录音证据,被告客服人员的回复仅能反映出被告具有短信通知等服务,但原告没有开通该项服务,同时被告客服也明确告知原告可以通过拨打电话、登录官网、下载手机APP等途径进行查询。参照工信部发布的《通信短信息服务管理规定》,短信息服务提供者、短信息内容提供者未经用户同意或者请求,不得向其发送商业性短信息。因此,法院对被告关于原告未开通短信提示功能故被告未进行短信告知的抗辩意见予以采纳。鉴于法律或者相关行业规定对于航空公司如何履行通知义务未有明确规定,合同中对于积分提醒方式也未明确约定,原告主张被告未向原告进行短信特别提示系未履行通知义务,法院难予支持。

综上,判决:驳回原告的全部诉讼请求。宣判后,原、被告均未提起上诉。

第四节　合同的形式

一、合同的形式概述

合同的形式,是指合同内容的载体形式,即合同条款以何种具体方式予以记载。从合同法的历史发展来看,对合同形式的立法态度的变迁可总结为:严格要式主义→不要式主义(意思自由主义)。在罗马法上,基于维护交易安全的目的、证据规则的要求及法律理念等原因,合同形式采取严格要式主义,法律对合同形式设置了极为严格的要求。① 这种做法虽然在一定程度上维护了交易安全,但也限制了交易效率、忽视了当事人的主观意愿。进入近代自由资本主义时期以后,意思自治原则和合同自由原则得以确立,对合同形式的立法态度转为宽松,各立法多采不要式主义,即法律对合同形式一般不作要求而交由当事人协议解决。不要式主义有利于实现当事人意思自治及交易效率的提高,但对于某些类型合同,基于特定立法目的法律仍须设置形式要求。

我国现行法对合同形式的态度是:不要式主义为主、要式主义为辅。依据《民法典》第 469 条规定,合同形式原则上由当事人自由选择,且法律列举了可供选择的三种形式;仅在法律、行政法规规定或当事人约定应当采用书面形式的场合下,才强制要求合同形式采用书面形式。合同形式自由是合同自由原则的内容之一,仅在某些领域中基于特殊立法目的合同形式自由才受到限制。

(一)法律认可的合同形式:书面形式、口头形式、其他形式

《民法典》第 469 条第 1 款规定,当事人订立合同,"可以采用"书面形式、口头形式或者其他形式。该规定表明,法律认可的合同形式有书面形式、口头形式和其他形式。这三种形式不强制当事人采用而仅供当事人选择,除非法律有特别规定或当事人有特别约定。

(二)有特殊要求的合同形式:法定形式、约定形式

1. 法定形式

法定形式,是指法律、行政法规规定当事人订立合同必须采取的特定形式。该特定形式主要是书面形式(包括作为特殊书面形式的审批登记)。例如《民法典》

---

① 参见[德]马克斯·卡泽尔、[德]罗尔夫·克努特尔:《罗马私法》,田士永译,法律出版社 2018 年版,第 86—87 页。

第 400 条第 1 款规定,抵押合同应当采用书面形式。《探矿权采矿权转让管理办法》第 10 条规定,探矿权采矿权转让合同应当办理审批手续。法定形式限制了合同自由,也导致交易成本增加,因此法律必须基于特殊立法目的才设此规定。这些特殊立法目的包括:

(1)证据目的。相较于当事人任意采取的口头形式,法定书面形式更有利于证明合同订立、合同内容等基本事实。这对于金额巨大、交易内容复杂的合同尤具意义。

(2)警示目的。在交易意义重大的合同或无偿合同中,法定形式为义务人提供慎重考虑的机会。最典型的例子是担保合同:担保人单方负有给付义务而并不获得对价,如果他碍于情面或一时轻率地口头答应提供担保,在债权人要求他在合同书上签字时,他就有机会重新审慎考虑自己的决定是否妥当。通过签名、盖章等方式完成法定形式的要求,也会让他清楚地知道该行为将产生法律约束力,而非仅是说说而已。

(3)保护目的。对于合同关系中处于明显弱势的一方当事人,法定形式可以发挥保护作用,以防范强势一方就订约、履行等事宜任意订入合同。劳动合同、房屋租赁合同等都是典型的例子。

(4)行政管理目的。对于建设工程合同、商业银行贷款合同、探矿权采矿权转让合同等涉及行政管理的合同而言,如果法律不要求书面形式,相关的申请、审批、备案等管理程序将无法进行。

(5)有效区分磋商阶段与订约阶段。对于准备工作复杂、磋商阶段较长的合同(如土地使用权转让合同),由于在磋商的不同阶段双方可能就部分内容多次达成合意,且磋商阶段也存在多种书面文件,因此往往会就合同成立时间点产生争议。对于此类争议,法定形式可以发挥积极作用。由于法律对书面形式甚至审批登记有明确要求,处于磋商阶段中的当事人应当知道此时以口头或信函方式作出的表示并不构成合同内容,只有完成法定形式才能使合同成立或生效。

2. 约定形式

约定形式,是指对于无法定形式要求的合同,当事人约定必须采取的特定形式。虽然从理论上而言当事人选取口头形式或书面形式作为该特定形式均无不可,但实践中该特定形式主要是各种书面形式。例如当事人约定以公证形式或鉴证形式订立合同。约定形式和法定形式的存在,均导致该合同为要式合同。如果当事人对合同形式持无所谓的态度,即没有事先特别约定合同必须采取特定形式(不要式合同),那么虽然合同形式最终仍由当事人选取,但并非此处所称的约定形式。

与法定形式类似,约定形式也可以在证据、警示等方面发挥作用。此外,当事人约定必须采取书面形式的常见原因如下：其一，法人或非法人组织的自我管理。如果法人或非法人组织是经营者，采用书面形式订立合同对内部管理、防控风险、财会制度、缴纳税款等方面均具有不可或缺的意义。其二，格式条款的广泛运用。由于格式条款具有提高交易效率、降低磋商成本等优点，使其在社会生活中被普遍适用。格式条款之"预先拟定"特点决定了其只能采取书面形式。基于上述原因，虽然法律对多数场合下的合同未强制要求采用书面形式，但书面形式实际上却大行其道。

二、书面形式

(一)书面形式的概念和特征

书面形式，是指以文字表现合同内容的合同形式。书面形式的优点在于记载明确、易于举证，缺点是成本较高、订约程序相对繁琐。书面形式通常适用于标的数额较大、法律关系复杂和异地订约的场合，法律对某些合同也强制规定必须采用书面形式。书面形式具有以下特征：

1. 必须有某种文字凭据

书面形式要求合同内容必须通过书面文件或其他有形载体予以记载，以便使人能够通过该载体了解合同内容。依据《民法典》第469条规定，书面形式具体包括合同书、信件和数据电文形式。这些形式的共同点在于，它们均属于有形载体形式，均可以有形地表现所载内容。

2. 文字凭据上必须载有合同权利义务

作为书面形式的文字凭据上必须记载合同内容，即当事人的合同权利和义务，以区别于其他性质的书面文件(如备忘录、会议纪要)。例如某采矿权转让合同纠纷中，《情况说明》上虽加盖公章，但所载内容是大理石矿尚未投入生产、不具备转让采矿权的条件，而非合同权利义务，故不能据此改变原合同内容的认定。[①]

3. 当事人或代理人在文字凭据上签名、盖章或者按指印

当事人或代理人在文字凭据上签名、盖章或者按指印，是对文字凭据所载内容是其真实意思表示的一种确认，原则上当事人仅对自己签章的内容负责。对于签名、盖章或者按指印的具体要求如下：

(1)对于签名、盖章或者按指印的关系，原则上具备其一即可，不要求同时具备。签名、盖章或者按指印的意义在于，双方当事人在同一合同文本上签名、盖章

---

① 参见最高人民法院(2011)民申字第512号民事裁定书，载《最高人民法院公报》2014年第11期。

或者按指印,意味着表意人对合同内容的同意。换言之,在采用书面形式订立合同的场合下,该签章行为是对合意的"最终确认",也是书面形式的必备要件。① 依据《民法典》第 490 条、第 491 等条规定,签名、盖章或者按指印为或然性关系,除非法律有特别规定或当事人有特别约定。因为在一般情形下,三者之一即可起到"最终确认"的作用。例如,合同文件上的法定代表人签名不合要求,但所盖公章符合要求,可据此认定合同成立。②

依据《民法典合同编通则解释》第 22 条第 2 款、第 3 款规定,合同系以法人、非法人组织的名义订立,仅有签名或者按指印而未加盖法人、非法人组织的印章,或者仅加盖法人、非法人组织的印章而无签名或者按指印,相对人能够证明法定代表人、负责人或者工作人员在订立合同时未超越权限的,应当认定合同对法人、非法人组织发生效力。第 4 款规定,在前三款规定的情形下,法定代表人、负责人或者工作人员在订立合同时虽然超越代表或者代理权限,但是构成表见代表或者表见代理的,应当认定合同对法人、非法人组织发生效力。

某些特殊场合下,虽欠缺有效签章,但可通过当事人行为予以补正。最高人民法院指导案例认为:《和解协议书》虽无盖章及有效签名,但当事人依据该协议申请解除财产保全,且依据该协议实际履行义务,故该协议有效成立。③ 又例如,一方当事人书写协议并签名后交给对方当事人,对方当事人虽未签名,但并不否认该协议内容,且在诉讼中依该协议主张权利的,该合同有效成立。④

(2)当事人是自然人的,签名主体应是本人或代理人;当事人是法人或非法人组织的,签名主体应是法定代表人、负责人或代理人。签名不等同于签字,如果当事人在合同文本上写上"同意""情况属实"而没有写自己的姓名,不构成有效签名,因为该签字没有起到将特定人与合同内容相联结的作用。如果缺乏代理权的人以代理人身份签名,适用无权代理规则处理。例如公司的实际控制人是原法定代表人,但非现在工商登记记载的法定代表人,其签名效力应结合个案相关因素判断是否构成表见代表或表见代理。⑤

(3)所盖印章应为能够代表法人或非法人组织的公章、合同专用章或财务专用章等。实务中因盖章效力所生纠纷甚多,常见纠纷类型包括:一是公章确认抗辩,是指合同记载的一方当事人声称合同上以其名义所盖公章是伪造的,属于假公章。二是真公章效力抗辩,是指所盖公章已确认是真公章的情形下,名义人(如公

---

① 参见朱广新:《书面形式与合同的成立》,载《法学研究》2019 年第 2 期。
② 参见最高人民法院(2019)最高法民终 712 号民事判决书,载《最高人民法院公报》2020 年第 9 期。
③ 参见"安徽省滁州市建筑安装工程有限公司与湖北追日电气股份有限公司执行复议案",最高人民法院指导案例 119 号。
④ 参见最高人民法院(2015)民提字第 12 号民事判决书。
⑤ 参见最高人民法院(2018)最高法民终 36 号民事判决书。

司)声称盖章行为人无权使用该公章,该公章之使用对其不发生效力。三是假公章效力抗辩,是指所盖公章已确认是假公章的情形下,相对人仍主张该假公章构成权利外观进而主张合同有效,而名义人声称该假公章之使用对其不发生效力。一般而言,真公章使用推定有效,假公章使用推定无效。① 例如所盖公章系由其他公章变造盖印形成,不符合要求。② 但该认定亦非绝对,还需结合代表、代理等规则对公章效力作出判断。

依据《民法典合同编通则解释》第22条第1款规定,法定代表人、负责人或者工作人员以法人、非法人组织的名义订立合同且未超越权限,不能仅以合同加盖的印章不是备案印章或者系伪造的印章为由主张该合同对其不发生效力。依据《九民纪要》第41条第2款规定,法定代表人或者其授权之人在合同上加盖法人公章的行为,表明其是以法人名义签订合同,除法律对其职权有特别规定的情形外,应当由法人承担相应的法律后果。例如王某以法定代表人身份在合同上加盖公章,该公章即使为王某私刻,基于其法定代表人的身份,也不影响其职务行为的成立和公司对外责任的承担,故合同仍有效成立。③

(4)按指印是指自然人借助印泥等工具将手印(指纹)载于合同文本的行为。一方面,按指印为缺乏签名能力的人提供了替代手段;另一方面,由于指纹不易伪造,按指印可以提高"最终确认"的可信度,并降低举证难度。基于合同自由原则,当事人亦可就按指印的效力作出特别约定。例如约定"甲、乙、丙三方签名并按指印后合同生效",该约定有效。④

(5)以数据电文形式订立的合同,适用《电子签名法》等特别法规定。在网络交易中,如何确认数据是否由当事人发出,涉及"电子认证"和"电子签名"等问题。由于存在于网络虚拟空间,电子签名有异于在纸面上的签字或盖章,两者适用不同的规则。依现行法规定,电子签名是指数据电文中以电子形式所含、所附用于识别签名人身份并表明签名人认可其中内容的数据。(《电子签名法》第2条第1款)可靠的电子签名与手写签名或者盖章具有同等的法律效力。(《电子签名法》第14条)电子签名人应当妥善保管电子签名制作数据。电子签名人知悉电子签名制作数据已经失密或者可能已经失密时,应当及时告知有关各方,并终止使用该电子签名制作数据。(《电子签名法》第15条)电子签名需要第三方认证的,由依法设立的电子认证服务提供者提供认证服务。(《电子签名法》第16条)

与签名、盖章有关的司法意见:

---

① 参见陈甦:《公章抗辩的类型与处理》,载《法学研究》2020年第3期。
② 参见最高人民法院(2001)民二终字第155号民事判决书,载《最高人民法院公报》2004年第7期。
③ 参见最高人民法院(2019)最高法民终694号民事判决书。
④ 参见最高人民法院(2016)最高法民申816号民事裁定书。

①对于签名、盖章的法律意义,有判决认为,当事人在合同书上签字、盖章的效力,是表明合同内容为签字或盖章当事人的意思表示,并据以享有合同权利、履行合同义务,尤其具有使合同相对人确信交易对方、从而确定合同当事人的作用。[①]

②当事人约定"双方签字、盖章时合同生效"的,有判决认为,合同中所表述的"签字、盖章"中的顿号,是并列词语之间的停顿,其前面的"签字"与后面的"盖章"系并列词组,它表示签字与盖章是并列关系,只有在签字与盖章均具备的条件下,该协议方可生效。[②]

③当事人约定"双方签章时合同生效"的,有判决认为,合同约定双方当事人签章后生效,但并未明确要求合同生效需要同时具备当事人的签字、盖章。[③]

④公司使用其更名前公章的,有判决认为,当事人使用其更名前的名称及公章签订合同,虽违反《公司登记管理条例》的相关规定,但由于更名前与更名后的企业实属同一主体,且对于本案所涉债务,更名后的公司在诉讼中予以认可,故不应因当事人使用公章及名称上具有瑕疵而否定合同的效力。[④]

⑤当事人盖章存在瑕疵但对方不持异议的,有判决认为,尽管在 2002 年的合同上盖有当事人 2003 年才使用的公章,其不符合公章使用的规定,具有瑕疵,但由于当事人均不否认该公章的真实性,因此,该真实公章足以代表当事人的意思表示,该合同已实际履行,故该瑕疵亦不影响合同的效力。[⑤]

(二)书面形式的种类

1. 合同书

合同书,是指载有合同内容并被签名或盖章的正式书面文件。在交易实践中,合同书是最为常用的书面形式之一。无论当事人对其命名为"协议书""合作书"或其他名称,只要其具备合同书的基本内容,即不影响性质的认定。在一般场合下,当事人各持合同原件一份并制作若干复印件用以备案、存档,除另有约定外,合同书原件与复印件不一致的,以原件为准。对于双方所持合同书文本内容不一致所生争议,有判决认为,导致合同当事人分别持有的合同文本内容有出入的原因复杂多样,不能据此简单地认定合同某一方当事人存在故意欺诈的情形。合同一方当事人如果据此主张对方当事人恶意欺诈应当承担举证责任,提供其他证据予

[①] 参见最高人民法院(2007)民二终字第 35 号民事判决书,载《最高人民法院公报》2008 年第 1 期。

[②] 参见最高人民法院(2005)民一终字第 116 号民事判决书。

[③] 参见最高人民法院(2015)民申字第 885 号民事裁定书。

[④] 参见最高人民法院(2005)民二终字第 217 号民事判决书。

[⑤] 参见"天津环球磁卡股份有限公司与甘肃兰州陇神药业有限责任公司担保合同纠纷案",载最高人民法院民事审判第二庭编:《民商事审判指导》2009 年第 2 辑(总第 18 辑),人民法院出版社 2009 年版,第 162 页以下。

以证明。①

2. 信件

在缔约磋商过程中,当事人以往来信件的方式进行要约和承诺的,只要当事人就合同必要条款达成合意且该信件符合合同书面形式要求的,即使没有将合意内容记载于正式合同书上,仍可认定合同成立。在此场合下,信件即为合同书面形式。

关于确认书的性质。当事人采用信件、数据电文等形式订立合同的,可以在合同成立之前要求签订确认书。签订确认书时合同成立。(《民法典》第491条)在此场合下,由于缺乏一份正式文件记载完整的合同条款,当事人最后以确认书的形式将信件和数据电文中达成合意的合同条款统一表述出来,因此确认书构成承诺的最终组成部分。

3. 数据电文

数据电文,是指以电子、光学、磁或者类似手段生成、发送、接收或者储存的信息。(《电子签名法》第2条第2款)数据电文具体包括电报、电传、传真、电子数据交换和电子邮件等形式。(《民法典》第469条)电报、电传和传真是传统的数据电文形式,电子数据交换(Electronic Data Interchange,EDI)和电子邮件(E-mail)则为新型的数据电文形式。电子数据交换,是指电子计算机之间使用某种商定标准来规定信息结构的信息电子传输。② 电子邮件,是指通过电子计算机系统以及国际互联网络实现的信息传递方式。

在网络交易中广泛存在"点击合同"形式,即电子形式的格式条款。几乎所有的电子商务企业和网站都会运用点击合同来规定其与消费者或用户之间的一般性权利和义务。电子商务当事人使用自动信息系统订立或者履行合同的行为对使用该系统的当事人具有法律效力。(《电子商务法》第48条第1款)此类合同的诉讼管辖适用特殊规则:以信息网络方式订立的买卖合同,通过信息网络交付标的的,以买受人住所地为合同履行地;通过其他方式交付标的的,收货地为合同履行地。合同对履行地有约定的,从其约定。(《民诉法解释》第20条)

4. 其他书面形式

除以上3种典型的书面形式外,其他可以有形地表现所载内容的形式也可以构成合同书面形式。这些书面形式的适用,应以特定领域中有法律规定为限。例如,保险合同可以采取保险单或其他保险凭证的形式订立。(《保险法》第13条第2款)保证合同可采取下列形式订立:①主债权债务合同中的保证条款。(《民法典》第685条第1款)②第三人单方以书面形式向债权人出具担保书,债权人接收

---

① 参见最高人民法院(2007)民二终字第33号民事判决书,载《最高人民法院公报》2009年第1期。

② 参见联合国国际贸易法委员会《电子商务示范法》第2条(b)项。

且未提出异议的。(《民法典》第 685 条第 2 款)③第三人向债权人提供差额补足、流动性支持等类似承诺文件作为增信措施,具有提供担保的意思表示。(《民法典担保制度解释》第 36 条第 1 款)

【学说争议:公证、鉴证、审批登记的性质】

依据法律规定或当事人约定,某些合同的订立需要办理公证、鉴证或审批登记等手续。对此类手续的性质,学界存在争议。

第一种观点认为,此类手续是合同的特殊书面形式,而合同书、信件和数据电文是合同的一般书面形式。①

第二种观点认为,此类手续是合同的生效要件。因为公证、鉴证、审批登记皆为当事人各方合意以外的因素,即不属于成立要件的范畴,而属于效力评价的领域。②

本书赞同观点一,理由如下:其一,观点二错误地将合同形式与合同生效要件相对立,而实则两者可具兼容性。因为依据法律规定或当事人约定,合同形式的效力可以是成立要件、生效要件或其他法律后果。其二,公证、鉴证、审批登记属于《民法典》第 469 条第 2 款规定的"等可以有形地表现所载内容的形式",观点一在解释论上可以成立。因此,公证、鉴证、审批登记原则上为合同的特殊书面形式,法律有特殊规定或当事人有特殊约定的除外。

应特别注意的是,依现行法规定,审批登记具有两种可能的性质:(1)合同的生效要件。《民法典》第 502 条第 2 款第 1 句规定:"依照法律、行政法规的规定,合同应当办理批准等手续的,依照其规定。"依该款规定,法律、行政法规规定合同应当办理批准手续,或者办理批准等手续才生效,在一审法庭辩论终结前当事人仍未办理批准手续的,或者仍未办理批准等手续的,人民法院应当认定该合同未生效。(参照原《合同法解释(一)》第 9 条第 1 款前段)(2)物权变动要件,不影响合同效力。法律、行政法规规定合同应当办理登记手续,但未规定登记后生效的,当事人未办理登记手续不影响合同的效力,合同标的物所有权及其他物权不能转移。(参照原《合同法解释(一)》第 9 条第 1 款后段)例如当事人订立转让不动产物权的合同,依法办理物权登记导致物权变动;未办理物权登记的,不影响合同效力。(《民法典》第 209 条第 1 款、第 215 条)

(三)法律、行政法规规定采用书面形式的合同

对于某些有名合同,法律、行政法规规定必须采取特定书面形式订立,而不允

---

① 参见余延满:《合同法原论》,武汉大学出版社 1999 年版,第 158 页。
② 参见崔建远:《合同法总论(上卷)》,中国人民大学出版社 2011 年版,第 251 页。

许当事人自由选择合同形式。依现行法规定,应当采用书面形式的主要情形如下:

(1)不动产交易的合同。依据《城市房地产管理法》规定,土地使用权出让合同(第15条第1款)、房地产转让合同(第41条)、房地产抵押合同(第50条)和房屋租赁合同(第54条)均应当采用书面形式。

(2)机动车、船舶、航空器等特殊动产交易的合同。例如船舶所有权转让合同(《海商法》第9条第2款)、船舶抵押合同(《海商法》第12条第2款)和民用航空器转让合同(《民用航空法》第14条第2款)等。

(3)担保合同。例如保证合同(《民法典》685条)、抵押合同(《民法典》第400条第1款)、质押合同(《民法典》第427条第1款)等。

(4)以审批登记为特殊生效要件的合同。例如商业银行股权转让合同(《商业银行法》第28条)、探矿权采矿权转让合同(《探矿权采矿权转让管理办法》第10条)等。

(5)涉及行政监管的合同。例如建设工程合同(《民法典》第789条)、商业银行贷款合同(《商业银行法》第37条)、证券承销协议(《证券法》第28条)等。

(6)劳动合同。(《劳动合同法》第10条第1款)

三、口头形式

(一)口头形式的概念和特征

口头形式,是指以直接对话的方式进行意思表示订立合同,而不用文字记载合同内容的合同形式。口头形式的优点在于交易成本低、订约程序简便易行,缺点是发生争议时不易举证。在一般人的印象中,口头形式通常适用于标的数额较小、即时清结或基于人身信任关系订约的场合。这可能仅符合部分事实。实务中,就标的数额巨大或法律意义重大的事项以口头形式订约的实例并不罕见。例如:口头形式的合伙合同[1];口头形式的船舶买卖合同[2]等。口头形式具有以下特征:

1. 不存在某种物质载体将合同内容予以固定

在口头形式合同中,当事人就合同内容以口头语言作出意思表示,不存在书面文件等有形载体记载合同内容。但是,口头形式合同并非不能产生任何文字凭据。例如顾客在商场购物,商场会出具发票或收据等,此类文字凭据仅证明付款或收货的事实而非记载合同内容,此类文字凭据只能作为证明合同关系的证据而不能认定为合同书面形式。对于口头形式的旅游合同,有判决认为,原告为外出旅游到被

---

[1]　参见湖南省永州市中级人民法院(2021)湘11民终2403号民事判决书。

[2]　参见湖北省荆州市中级人民法院(2022)鄂10民终1162号民事判决书。

告处,根据被告提供的旅游行程分解表,双方就旅游的期限、目的地、人数、待遇等达成一致的意思表示,这一口头合同成立。法律有关国内旅游方面的规定,以及被告的旅行分解表内容,是这一口头合同中双方权利义务的书面依据。[1]

2. 口头形式所表述的内容无法进行复制

口头形式合同缺乏有形的物质载体,故不存在如书面形式那样的复印件。口头形式合同的成立,只能通过当事人陈述、证人证言、录音录像等证据予以证明。对于口头形式的医疗服务合同,有判决认为,原告虽无直接证据证明双方约定采取ISCI治疗技术,但依据交费单据、电话录音、来往信件、治疗记录单等间接证据相互印证,可以认定原告与人民医院口头约定采取ISCI技术进行人工辅助生育治疗。[2]

3. 口头形式表述的必须是合同内容

当事人以口头语言的方式对合同必要条款达成合意,方能导致口头形式合同成立。应将口头形式与单纯陈述区别开来,单纯陈述是指当事人对合同中有关事实的一般性陈述,主要是关于与合同有关的情况的说明。单纯陈述通常并不构成合同内容,而仅是对订约情况的背景介绍。

(二) 口头形式的种类

1. 当面对话

当面对话形式,是指双方当事人在同一时空范围内通过语言订立合同。聋哑人借助手语订立的合同,也应解释为口头形式合同(而非后文的"推定行为"),因为手语不过是当事人所使用的语言种类。当事人通过微信沟通及面谈方式订立合同的,仍属口头形式合同,而非以信息网络方式订立的合同。[3]

2. 电话

电话形式,是指身处异地的双方当事人通过电话订立合同。如果当事人通过当面对话或电话订立合同,并以录音、录像等视听资料形式予以记录,这些视听资料可作为认定口头形式合同成立的证据,但其并不作为一种独立的合同形式。

【疑难案例:口头订立房屋买卖合同纠纷案[4]】
【案情事实】

倪某及王某系夫妻关系,二人于1991年结婚。李某兴及吴某玲系夫妻关系,二人于1977年结婚。诉争房屋位于北京市东城区×××1号院7号楼906号,原由

---

[1] 参见"王林祥、陈卫东诉雄都旅行社旅游合同纠纷案",载《最高人民法院公报》2002年第3期。

[2] 参见"郑雪峰、陈国青诉江苏省人民医院医疗服务合同纠纷案",载《最高人民法院公报》2004年第8期。

[3] 参见最高人民法院(2023)最高法民辖14号民事裁定书。

[4] 该案详细解读参见"倪某、王某诉李某兴、吴某玲房屋买卖合同纠纷案",载最高人民法院中国应用法学研究所编:《人民法院案例选》2017年第12辑(总第118辑),人民法院出版社2018年版,第86页以下。

谢某购买,后经变更购房人,由李某兴购买。李某兴于 2004 年 3 月 31 日与该房屋的开发商北京当代鸿运房地产经营开发有限公司签订《商品房买卖合同》,约定房屋价款为人民币 875859 元。2005 年 10 月,诉争房屋登记至李某兴名下,建筑面积为 96.87 平方米。

倪某、王某称,其二人于 2009 年与李某兴就诉争房屋订立有口头形式的买卖合同,遂于 2014 年 6 月 24 日,将李某兴诉至北京市东城区人民法院,请求李某兴继续履行房屋买卖合同,协助王某、倪某将涉讼房屋所有权转移登记至王某、倪某名下。倪某、王某为证明其主张,提供如下证据:1. 2009 年 6 月 20 日起的物业费发票,供暖费发票等,证明其二人于 2009 年 6 月即入住了诉争房屋;2. 银行交易记录、收费回单,证明王某于 2010 年 1 月 7 日向谢某汇款人民币 400000 元;3. 收条 4 张,分别证明谢某之子谢某 1 于 2009 年 6 月 10 日收到倪某购房款 500000 元,谢某家保姆唐某于 2010 年 4 月 27 日代谢某收到倪某购房款 500000 元、于 2010 年 10 月 17 日代谢某收到倪某购房款 350000 元,谢某于 2010 年 10 月 26 日收到倪某购房款 200000 元。谢某称李某兴口头委托谢某出售诉争房屋。对此,李某兴、吴某玲不予认可,同时称李某兴从未委托过谢某出售诉争房屋。

【本案争点】

如何证明口头形式的房屋买卖合同成立?

【裁判要旨】

一审法院认为,王某、倪某称与李某兴曾订立口头形式的房屋买卖合同,谢某为李某兴售房事宜的代理人,且已支付完毕所有购房款,但李某兴对此均不予认可。王某、倪某所称其所支付的购房款均未直接支付给李某兴,亦无证据证明李某兴曾收到过王某、倪某支付的购房款。王某、倪某及谢某未提供翔实有效的证据证明谢某就售房事宜曾得到过李某兴的授权,亦没有提供翔实有效的证据证明王某、倪某与李某兴之间的房屋买卖合同关系已成立。王某、倪某要求办理涉讼房屋所有权转移登记的诉讼请求缺乏依据。判决:驳回倪某、王某的诉讼请求。

二审法院认为,倪某、王某主张双方之间的房屋买卖合同成立,有责任提供证据证明该主张。本案中不存在书面的合同,审查的重点在于倪某、王某所称与李某兴曾订立口头形式的房屋买卖合同是否能否得到证实。口头合同不存在有形载体,只能通过间接事实予以推理证实。为证实口头合同成立这一直接事实,倪某、王某所主张的间接事实主要包括其已支付全部购房款,以及谢某作为李某兴的代理人办理售房事宜。

首先,就合同成立方式,倪某、王某主张谢某是李某兴的代理人,但未能提供证据证明谢某就出售诉争房屋相关事宜获得了李某兴的授权。即使存在所谓的代理行为,谢某出售李某兴所有的诉争房屋亦属于无权代理,无权代理的效力还取决于是否构成表见代理。对此,《合同法》第 49 条规定:"行为人没有代理权、超越代理权或者代理权终止后以被代理人名义订立合同,相对人有理由相信行为人有代理权的,该代理行为有效。"显然,本案中不存在任何情形使得倪某、王某有理由相信谢某有出售房屋的代理权。

其次,就合同内容,合同中的意思表示应当具有若干要素。对此,《合同法》第 12 条第 1 款规定:"合同的内容由当事人约定,一般包括以下条款:(一)当事人的名称或者姓名和住所;(二)标的;(三)数量;(四)质量;(五)价款或者报酬;(六)履行期限、地点和方式;(七)违约责任;(八)解决争议的方法。"即使是口头合同,亦应当具备合同主要内容。本案中对于房屋价款的数额来源于倪某、王某和谢某的陈述,没有任何证据证明李某兴本人对此予以认可或者授权谢某商定房屋价款,故房屋价款这一最主要的合同要素难以确定。

再次,倪某、王某主张的已付购房款均指向谢某,并未直接支付给李某兴;倪某、王某主张其中 50 万元通过谢某转交给陈某竹,但无任何证据证明陈某竹获得李某兴的任何授权,故不论倪某、王某主张的支付购房款的事实是否得以证实,其主张的事实本身就无法与李某兴形成关联性,故无法以支付全部购房款的主张推理出合同成立的事实。

综上,倪某、王某主张的其与李某兴之间的房屋买卖合同关系已经成立的事实难以被证实,原审法院依法驳回倪某、王某要求李某兴、吴某玲办理诉争房屋所有权转移登记手续的诉讼请求,依据充分,法院予以维持。判决:驳回上诉,维持原判。

四、其他形式

(一)推定形式

推定形式,是指当事人以行为进行意思表示以订立合同的形式。在有些场合下,当事人没有采取书面或口头形式进行意思表示,而是以实施某种行为的方式达成合意使合同得以成立。例如自动售货机的设置和投币、开车进入收费停车场停车等。《民法典总则编解释》第 18 条规定,当事人未采用书面形式或者口头形式,但是实施的行为本身表明已经作出相应意思表示,并符合合同成立条件的,可以认定是以"其他形式"订立的合同。

1. 推定形式包括以作为和不作为方式进行意思表示

虽然该条文义似乎包含了作为(推定行为)和不作为(沉默)两种方式,但实践中以作为方式进行意思表示更为常见。例如承租人在预付租金到期前腾空房屋,其后出租人撬锁进入房屋后更换门锁，可认定双方就房屋租赁达成解除协议。①

以沉默方式订立合同虽非绝对不可能，但事实上十分少见，因为沉默只有在法律有规定、当事人双方有约定或者存在交易习惯的情况下，才可以视为意思表示。

2. 该条与《民法典》第 490 条第 2 款的关系

在第 490 条第 2 款规定的情形下，合同并非采取推定形式订立。因为在履行之前当事人已经就合同成立达成合意，只是欠缺书面形式，履行义务及接受行为的意义是对书面形式的补正，而并非以此行为达成合意。

（二）关于意向书、备忘录的性质

一般而言，意向书、备忘录仅是磋商过程中形成的阶段性文件，而非合同本身。但由于在不同场合下当事人订立意向书、备忘录的意图、内容可能存在很大差异，故很难对此类文件作单一定性。简言之，当事人对某种文件冠以何种名称并不具有决定性意义，而应借助意思表示解释规则确定该文件的性质。

1. 意向书、备忘录原则上不是合同书面形式

（1）意向书、备忘录一般没有法律约束力，也不是合同形式。在一般场合下，此类文件并非记载当事人达成合意的合同条款，其内容主要是当事人通过磋商达成的初步意向或有关谈判内容的记载，故不构成合同内容的载体，现行法也未将其规定为合同形式。

（2）某些情形下基于对当事人意思表示的解释，此类文件具有法律约束力，但并非独立的合同形式。例如：

①合同订立后，当事人三方在平等、自愿、协商一致的基础上达成备忘录，对出资义务履行时间予以变更。② 该备忘录实际上构成变更协议或补充协议，故具有法律约束力。

②《意向书》约定了标的物、交易价格、支付期限、履约步骤等主要条款，还明确约定"本意向书于各方授权代表签署之日起具有法律约束力"，且一方当事人也已履行《意向书》约定的部分付款义务，该《意向书》具有法律约束力。③

③意向书中包含"独占协商条款"，但被告违反该条款而与第三人协商缔约事项，且最终与第三人订立了合同。④ 该独占协商条款系当事人对磋商义务的进一步界定，违反该条款可产生缔约过失责任。

在上述情形下，在缔约或履约的某个阶段当事人通过订立此类协议对某一事

---

① 参见安徽省蚌埠市中级人民法院（2022）皖 03 民终 2773 号民事判决书。
② 参见最高人民法院（2010）民四终字第 3 号民事判决书，载《最高人民法院公报》2010 年第 12 期。
③ 参见最高人民法院（2019）最高法民申 4137 号民事裁定书。
④ 参见山西省高级人民法院（2000）晋经二终字第 10 号民事判决书。

项作出特别安排,故对双方具有约束力。

2. 意向书、备忘录符合预约条件的,构成预约合同

2012 年《买卖合同解释》第 2 条曾规定"意向书、备忘录"是预约合同的形式,《民法典》施行前采此认定的实例较多。① 《民法典》第 495 条删除了该规定,但这并非由于意向书、备忘录绝对不可能构成预约合同,而是因为意向书、备忘录形态多样,是否构成预约合同须作个别判断。如果意向书、备忘录约定当事人在将来一定期限内订立本合同,可认定为预约合同。

某些实例中,因当事人订立的"备忘录"内容符合合同成立条件,法院将其认定为本合同。② 此系当事人对文件名称的误用,因为该文件并非真正意义上的意向书、备忘录。实务中,当事人通过磋商形成的"会议纪要"的性质,采取相同标准予以认定。③

3. 意向书、备忘录不符合预约条件且不存在其他特殊情形的,仅具有证据意义

在此情形下,此类文件不能证明合同已经成立,仅能证明缔约磋商、谈判事实的存在,故没有法律约束力,仅可作为当事人主张缔约过失责任的证据。④

【疑难案例:以其他形式订立药物临床试验合同案⑤】

【案件事实】

2012 年 8 月 18 日,患者冉某因"言语不清 1 小时,伴左侧肢体乏力"送至广医二院就诊。入院诊断为"1. 脑血栓形成(右侧颈内动脉系统);2. 高血压病 2 级,极高危;3. 高脂血症;4. 左侧乳房切除术后;5. 慢性支气管炎"。广医二院向患者冉某出示了《(改进高血压管理和溶栓治疗的卒中研究)受试者知情同意介绍》,其中载明"本项研究包括两部分,每一部分都涉及对常规治疗措施进行改进的评价。A 部分用来验证稍低剂量 rtPA 和标准剂量的 rtPA 是否等效,目前世界上大部分地区采用标准剂量。B 部分用来验证比目前指南推荐更积极的降压措施是否能将使用 rtPA 进行溶栓后的出血几率降低,以及是否能提高卒中康复的机会……如果由于参与本研究导致您受到损伤或者出现了并发症,您应该尽快和研究医生取得联系,他们将帮您安排合适的医学治疗。除此之外,本研究资助方已提供保险。当发

---

① 参见最高人民法院(2015)民二终字第 143 号民事判决书。
② 参见最高人民法院(2015)民四终字第 9 号民事判决书。
③ 参见西藏自治区高级人民法院(2022)藏民终 36 号民事判决书。
④ 参见最高人民法院(2014)最高法民申字第 263 号民事裁定书。
⑤ 该案详细解读参见"李某贤、冉某诉北京乔治医学研究有限公司等药物临床试验合同纠纷案",载最高人民法院中国应用法学研究所编:《人民法院案例选》2018 年第 5 辑(总第 123 辑),人民法院出版社 2018 年版,第 104 页以下。

生研究相关的伤害时,将由研究资助方和相应的保险公司,依据相关保险和赔偿条款,提供相应的免费医疗和补偿……本知情同意介绍和知情同意书已经由北京大学生物医学伦理委员会批准,该研究在本医院的实施已经由伦理委员会批准"。患者冉某当日签署了《(改进高血压管理和溶栓治疗的卒中研究)受试者知情同意书》,注明已经阅读并理解了受试者知情同意介绍,同意参加"本研究的[A]部分:'rtPA剂量'研究和/或者本研究的[B]部分:'降压程度'研究"。冉某的家属李某贤于当日签署了《(改进高血压管理和溶栓治疗的卒中研究)受试者代理人知情同意书》。

之后,患者冉某经广医二院治疗无效于2012年8月25日18时39分死亡,死亡原因为大面积脑梗塞和脑疝形成。

李某贤、冉某要求乔治公司、北京大学和广医二院赔偿无果,遂向法院起诉要求:(1)乔治公司赔偿1500000元;(2)北京大学和广医二院承担连带赔偿责任。乔治公司、北京大学和广医二院承担本案全部诉讼费用。

【本案争点】

药物临床试验关系中,受试者与申办药物临床试验的研究者是否成立合同关系?

【裁判要旨】

一审法院判决:驳回李某贤、冉某的诉讼请求。

二审法院认为,本案争点是患者在广医二院接受诊疗期间,接受案涉"改进高血压管理和溶栓治疗的卒中研究"药物临床试验,是否与广医二院、乔治公司之间成立药物临床试验合同关系。

本案患者因病入住广医二院诊疗,在诊疗期间,接受广医二院的建议,参加了该院徐某教授主持的"改进高血压管理和溶栓治疗的卒中研究"药物临床试验。试验期间,患者死亡。由此事实可知患者与广医二院形成医疗服务合同关系并无疑义。因患者参加的药物临床试验本身即是广医二院向患者提供的医疗服务的主要内容,故此所谓医疗服务合同关系,包含患者因参加"改进高血压管理和溶栓治疗的卒中研究"试验而与广医二院之间形成的药物临床试验合同关系。具言之,患者因在广医二院参加"改进高血压管理和溶栓治疗的卒中研究"药物临床试验与广医二院成立药物临床试验合同关系。

有争议的是,患者是否同时与乔治公司之间建立药物临床试验合同关系。法院认为,基于以下理由,应当认定患者与乔治公司成立药物临床试验合同关系。

第一,《合同法》第10条第1款规定:"当事人订立合同,有书面形式、口头形式和其他形式。"第11条规定:"书面形式是指合同书、信件和数据电文(包括电报、电传、传真、电子数据交换和电子邮件)等可以有形地表现所载内容的形式。"由此可知合同关系的成立,不唯通过书面形式、口头形式,通过其他形式亦可建立合同关系,如乘客通过上车刷公交卡乘坐公共巴士、消费者前往餐馆点菜消费等行为,虽无合同书等书面形式、也通常缺乏要约、承诺的一般口头形式,仍得以建立合同关系。可见,患者未与乔治公司订立合同书这一事实不足以反证双方之间没有合同关系。

第二,本案中,《临床试验协议》在乔治全球健康研究院、广医二院、徐某三方之间订立,如前所述,乔治公司作为乔治全球健康研究院在中国区域设立的全资子公司,实质上是乔治全球健康研究院在中国区域的代表,承担乔治全球健康研究院在中国区域作为药物临床试验申办人、资助人的权利、义务、责任。作为案涉药物临床试验的申办人、资助人,乔治公司就案涉药物临床试验研究申请各医疗机构伦理委员会审查批准、提交《研究方案》《受试者知情同意介绍》《受试者知情同意书》等审查文件,提供研究所必需的资金,同时与广医二院共享患者参加该药物临床试验研究所产生的有关数据和研究成果。患者参加该项试验所使用的药物、临床试验的具体方法、签署的知情同意书等均是乔治公司提供,知情同意文件中有关条款不仅对广医二院与患者有约束力,对乔治公司也有约束力。比如本案争议的"对于损害或者并发症的赔偿"条款,正是因为该条款是由乔治公司提供,也正是因为这些知情同意文件及其他文件的存在,才使案涉药物临床试验得以经北京大学、广医二院伦理委员会审查批准。该条款不仅是广医二院对受试者的承诺,也当然地构成申办人、资助方对受试者的承诺。

据此,乔治公司虽未与患者签订合同书等书面文件,仍应与广医二院同时与患者之间成立药物临床试验合同关系。判决:(1)撤销一审判决。(2)乔治公司向李某贤、冉某赔偿292765.75元。(3)驳回李某贤、冉某的其他诉讼请求。

五、欠缺合同形式的后果

对于不要式合同而言,由于法律和当事人对合同形式没有特别要求,故不存在欠缺合同形式的问题。对于要式合同而言,法律、行政法规规定或当事人约定采用书面形式,但当事人未采用书面形式的后果如何? 区分为以下两类情形:

(一) 既规定、约定了形式要求,又规定、约定了形式效力

在此情形下,法律、行政法规或当事人对合同形式和形式效力均作出规定或约定,合同形式的效力依据规定或约定予以确定。例如当事人约定合同自办理公证完毕时成立,则公证形式是该合同的成立要件。

在我国原来的司法实践中,对于不符合法律规定的合同形式的合同,往往认定

为无效。^①《民法典》施行后不宜采此认定。事实上,《民法典》对合同形式的效力未作一般性规定,仅在个别场合下设有特殊规定。例如《民法典》第 502 条第 2 款第 1 句规定"办理批准等手续"为合同的生效要件;第 707 条规定租赁期限 6 个月以上的租赁合同未采书面形式的,视为不定期租赁。

（二）仅规定、约定了形式要求,未规定、约定形式效力

法律、行政法规或当事人对合同形式作出规定或约定,但对欠缺该形式的后果未作规定或约定的,区分为以下三类情形:

1. 一般场合下,合同不成立

依据《民法典》第 490 条第 2 款的反面解释,当事人未采用法律、行政法规规定的书面形式或当事人约定的书面形式,也不存在一方履行主要义务且对方接受情形的,合同不成立,即书面形式是合同成立要件。

2. 合同形式因履行而被补正,合同成立

依据《民法典》第 490 条第 2 款规定,当事人未采用法律、行政法规规定的书面形式或当事人约定的书面形式,但一方已经履行主要义务且对方接受的,该合同成立。该情形下,虽然欠缺法定或约定的合同形式,但由于合同主要义务已经履行完毕,基于诚实信用原则和鼓励交易的理念,该条规定合同形式因履行而被补正,合同成立。例如:

①当事人未订立书面借款合同,但实际履行出借义务的,有判决认为,债权人以行动实际履行了出借行为,并且该笔借款完全符合债务人的利益,后来的一些书面文件中也能反映债务人接受并确认的意思,双方已形成事实上的借款法律关系。^②

②当事人未订立书面施工合同,但实际履行施工义务的,有判决认为,虽然双方未订立书面合同,但施工人进行了部分施工,发包人对此也予以接受,故施工合同成立。由于案涉工程主要为试验工程,因此该合同并不违反《招标投标法》的规定。^③

③当事人未订立书面合同但已履行义务,且对合同性质是借贷还是买卖存在分歧的,有判决认为,第一,原告未持有交付购房款后应当取得的《销售不动产统一发票》原件;第二,原告否认收到的被告打入其账户的 61.1 万元是借款利息,但却以商业秘密为由拒不说明该款项的性质。在双方证据均有缺陷的情况下,确认双方当事人就借贷达成了合意且出借方已经实际将款项交付给借款方,可认定借贷

① 参见胡康生主编:《中华人民共和国合同法释义》,法律出版社 2009 年版,第 18 页。
② 参见最高人民法院(2013)民二终字第 4 号民事判决书。
③ 参见最高人民法院(2016)最高法民终 813 号民事判决书。

合同成立。①

④当事人未订立书面技术开发合同,但实际履行合同义务的,有判决认为,双方虽未对合同文本进行签章,但委托人在收到合同文本后,已向开发人支付了部分开发费用,且开发人亦实际进行了开发行为并部分交付了开发成果,故技术开发合同成立。②

六、欠缺书面形式时的证明规则

(一)该证明规则的内容

日常生活中的很多交易欠缺书面形式,常见情形如外卖送餐、超市物流配送、建筑装修材料配送等。该情形下一旦发生纠纷,当事人往往以所持送货单、发票等证据主张合同成立。依据《买卖合同解释》第1条规定,在欠缺书面形式的情形下,合同是否成立的认定适用以下证明规则:

1. 送货单、收货单、结算单、发票等的证据意义

依据该条第1款规定,当事人之间没有书面合同,一方以送货单、收货单、结算单、发票等主张存在买卖合同关系的,不能仅凭此类证据作出认定。人民法院应当结合当事人之间的交易方式、交易习惯以及其他相关证据,对买卖合同是否成立作出认定。换言之,此类证据只能作为证明合同成立的间接证据。

送货单、收货单均属交货凭证,通常在送货行为、收货行为完成时由相对方签字认可。结算单,是指记载双方交付标的物名称、数量及价款的书面凭证,其通常由一方在交付货物的同时出具给相对方或者由相对方签字认可。发票,是指在购销商品、提供或者接受服务以及从事其他经营活动中,开具、收取的收付款项凭证。根据我国现行税制,发票分为增值税专用发票和普通发票。此类证据只能作为证明合同成立的间接证据的理由在于:其一,此类证据虽然对收到货物或价款的事实具有证明力,但仅凭此类证据无法排除当事人基于其他基础法律关系交货或付款的可能。其二,现实生活中常有结算单、发票与实际交易相分离的现象。例如,为逃避税费代开发票但并无实际买卖关系;为制造财务报表上的虚假繁荣,通过虚开增值税专用发票编造经营业绩。③

---

① 参见最高人民法院(2013)民提字第135号民事判决书。
② 参见最高人民法院(2021)最高法知民终2474号民事判决书。
③ 参见最高人民法院民事审判第二庭编著:《最高人民法院关于买卖合同司法解释理解与适用》,人民法院出版社2012年版,第41—46页。

2. 没有记载债权人名称的对账确认函、债权确认书等函件、凭证的证据意义

依据该条第 2 款规定,对账确认函、债权确认书等函件、凭证没有记载债权人名称,买卖合同当事人一方以此证明存在买卖合同关系的,人民法院应予支持,但有相反证据足以推翻的除外。换言之,此类证据可以作为证明合同成立的直接证据。常见的例子如未写债权人名称的货款欠条。

对账确认函、债权确认书等函件、凭证是由债务人向债权人出具的债权凭证,是债务人认可买卖合同关系存在并负有债务的书面证明。如果此类函件、凭证明确记载债权人名称,据此可以证明合同成立不存疑义。如果此类函件、凭证没有记载债权人名称,可以推定合同成立以及凭证持有人为合法债权人。理由在于:其一,依常理,在合同未成立或债权不存在的情形下,债务人不会向债权人出具债权凭证,故债务人出具此类函件、凭证的行为足以证明债务人承认此债务存在的事实,除非有相反证据足以推翻。其二,实践中,此类函件、凭证没有记载债权人名称的原因,既可能是债务人疏忽,也可能是债务人故意为之。造成该情形系由债务人所致,故举证上的不利后果应由债务人而非债权人承担。

(二)该证明规则的适用范围

1. 该证明规则适用于买卖合同和其他有偿合同

虽然《买卖合同解释》第 1 条系针对买卖合同所作规定,但依据《民法典》第 646 条和《买卖合同解释》第 32 条规定,其他有偿合同(如债权转让、股权转让)可以参照适用该证明规则。

2. 该证明规则适用于欠缺书面形式的各种情形

依据《买卖合同解释》第 1 条规定,该证明规则的适用条件是“当事人之间没有书面合同”。据此,该证明规则的适用范围包括:(1)口头形式合同;(2)推定形式合同;(3)法律、行政法规规定或当事人约定应当采用书面形式,但当事人未采用。实务中,该证据规则常与《民法典》第 469 条或第 490 条一并适用。例如:

①虽然未签订书面买卖合同,但双方通过电子邮件就采购生产线的相关事宜进行洽谈,A 公司在邮件信息及资料文件中均以设备生产商和卖方身份出现。洽谈后,A 公司向 B 公司发出了报价单和形式发票,B 公司向 A 公司进行了付款,故买卖合同已经成立并生效。[①]

②双方主要通过电子邮件沟通,并未签订书面合同,但一方的发货单明确记载了货物的名称、数量、价格条件、付款方式、交货时间,另一方在接到该发货单后支付了订单价款及相关费用。双方之间买卖合同关系成立。[②]

---

① 参见最高人民法院(2017)最高法民终 386 号民事判决书。
② 参见最高人民法院(2020)最高法民申 4133 号民事裁定书。

③一方付款后,将会开具不同种类的发票,其中增值税发票是一般纳税义务人缴税及申报抵扣的凭证。若没有其他证据佐证,仅凭增值税发票的出票和抵扣行为并不必然能证明出票人和收票人之间存在买卖合同关系,还需要考量个案的事实、交易习惯等因素来综合认定买卖合同关系是否存在。①

---

① 参见浙江省慈溪市人民法院(2009)慈商初字第2181号民事判决书。

第六章　合同的效力

第一节　合同效力概述

一、合同效力的概念

合同效力,是指依法成立的合同生效后所产生的权利义务对当事人乃至第三人的强制力。[①] 合同成立后,由于受各种因素的影响(如内容违法、形式不合要求),并不当然能够产生合同效力。合同效力能否发生以及是否存在效力瑕疵,另须依据相应要件予以判断。对于合同效力,可从以下几方面理解:

1. 合同效力属于狭义的合同拘束力

合同效力不能直接等同于合同拘束力。广义的合同拘束力,是指依法成立的合同所具有的强制力,即除了存在当事人合意或法定、约定事由外,任何一方当事人不得擅自变更或解除合同。(《民法典》第465条)即使合同尚未生效,广义的合同拘束力也已经发生。例如附生效条件合同于条件成就之前,当事人不得擅自变更或解除合同,且负有协助、保密等附随义务。

狭义的合同拘束力,又称合同效力,是指合同生效后所具有的强制力,即当事人必须依据法律规定或当事人约定履行合同义务(尤其是给付义务),否则应承担违约责任。换言之,合同效力的内容是合同所载权利义务对当事人乃至第三人所具有的强制力,即债务人应当依据债权人的请求履行合同义务。合同效力着眼于合同权利义务对当事人乃至第三人的直接拘束;广义的合同拘束力着眼于当事人对其在合同关系中所作意思表示的维持。

2. 仅有效成立的合同才能具有合同效力

合同效力的发生以合同有效成立为前提,该合同因被法律认可而使当事人意思表示的内容产生法律拘束力。换言之,合同效力是法律正面评价的结果,即该合

[①] 相关学理意见参见赵旭东:《论合同的法律约束力与效力及合同的成立与生效》,载《中国法学》2000年第1期;崔建远:《合同法总论(上卷)》,中国人民大学出版社2011年版,第256—257页。

同因符合立法者所秉持的价值理念(体现为有效要件、生效要件的设置)而使合同所载权利义务能够产生现实的强制力。

合同效力不同于合同不成立和无效所产生的法律后果。在合同不成立和无效的场合下,虽在当事人之间也发生返还财产、损害赔偿等法律后果,但该后果并非基于合同内容所生效力,而是法律规定在此场合下产生的法律后果。该后果与当事人意思表示的内容不具有一致性。

3. 合同效力主要发生于合同生效至合同终止的期间

合同有效成立后,因法定或约定要件不具备而尚未生效之前,合同效力尚未发生,合同权利义务尚不具有现实的强制力,债权人还不能要求债务人履行债务。合同生效后,作为合同内容的权利义务才具有现实的强制力,债务人应当依据法定和约定要求履行债务。随着合同义务体系的扩张,在合同生效之前及终止之后,在当事人之间还存在通知、保密等附随义务及后合同义务,此类义务属于广义的合同拘束力的体现。

4. 合同效力包括内部效力和外部效力

在多数场合下,合同效力是指合同的内部效力,即对合同关系中债权人和债务人的强制力。内部效力是合同相对性的当然结论,因为作为债的发生原因的合同仅产生请求权,而行使请求权只能针对特定的债务人。合同法的绝大部分规则(如履行、违约责任)的设计系以此为逻辑起点。

但是,随着现代合同法对合同相对性原则一定程度的突破,在某些场合下合同的外部效力也逐渐被各立法所承认。所谓外部效力,对合同关系之外的第三人的强制力。例如债权人代位权和债权人撤销权制度中,债权人可以向合同关系之外的第三人行使权利;为第三人利益的合同中,合同关系之外的第三人可向债务人请求履行。

二、合同成立、合同有效、合同生效之间的关系

(一)合同成立与合同有效

合同成立,是指当事人就必要条款达成合意而使合同关系得以设立的事实状态。合同有效,是指法律认可依据合同之意思表示的内容具有法律效力。合同成立是合同有效的前提,如果合同不成立,则不存在合同是否有效的问题。

两者的区别如下:(1)性质不同。合同成立表明客观上存在合同关系,一般认为是事实判断,而不涉及合同效力的评价;合同有效表明法律对该合同关系持肯定性评价,显然为价值判断。(2)构成要件不同。合同成立要件包括当事人、合意

等;合同有效要件包括当事人适格、意思表示真实、内容合法等。(3)涉及的责任不同。在缔约阶段因当事人过错导致合同不成立的,产生缔约过失责任;合同有效成立后当事人违反合同义务的,产生违约责任。

(二)合同有效与合同生效

合同生效,即产生合同效力之简称,是指合同效力因具备一定要件在某一具体时间点而产生。合同生效以合同有效成立为前提,如无特殊情形,合同有效成立时亦同时生效,此场合下区分合同成立、有效与生效并无实际意义。但在有些场合下(如附生效条件的合同),区分合同生效与合同成立及有效具有实益。

两者的区别如下:(1)性质不同。合同有效解决法律对合同有效性的评价问题,表明法律认可该合同具有法律效力而受保护;合同生效解决合同效力具体何时发生的时间界限,以及生效后合同权利义务具有何种现实约束力等问题。(2)时间不一定一致。例如在附生效条件或附始期合同的场合下,在条件未成就或期限未到来时,合同虽然有效但尚未生效。(3)对应概念不同。合同有效的对应概念是合同不有效或称合同效力存在瑕疵,即合同因欠缺有效要件而不能或不能完全被法律所认可,包括合同无效、可撤销、效力未定等情形。合同生效的对应概念是合同不生效或未生效,即合同因欠缺生效要件而处于虽有效成立但尚未生效的状态。

第二节　合同的有效要件与生效要件

一、合同的一般有效要件

合同的一般有效要件,是指适用于任何类型合同的有效要件。依据《民法典》第143条对民事法律行为有效要件的规定,合同的一般有效要件如下。

(一)当事人在缔约时须有相应的缔约能力

缔约能力,是指当事人能够通过自己的行为独立缔结合同并享有合同权利、承担合同义务的资格。对于自然人、法人和非法人组织的缔约能力,法律要求有所不同。

1. 自然人的缔约能力

(1)完全民事行为能力人原则上对一般类型的合同均有缔约能力,但法律对缔约能力有特殊要求的除外。例如对于建设工程承包合同、外贸合同等,未取得相应资质的完全民事行为能力人不具有缔约能力。

(2)限制民事行为能力人对纯获利益的合同以及与其年龄、智力、精神健康状况相适应的合同具有缔约能力,可独立订立;对其他合同不具有缔约能力,应由其法定代理人代理或者经其法定代理人同意、追认。(《民法典》第19条、第22条)

(3)无民事行为能力人原则上对任何合同均不具有缔约能力,应由其法定代理人代理实施民事法律行为。(《民法典》第20条、第21条)但对日常生活必需的标的微小的合同,例外地具有缔约能力,例如小学生购买早点等。

在电子商务中推定当事人具有相应的民事行为能力,但有相反证据足以推翻的除外。(《电子商务法》第48条第2款)换言之,无民事行为能力人或限制民事行为能力人利用网络订立电子合同的场合下,因当事人之间互不谋面而无法查考对方是否具有相应的缔约能力,因此应推定当事人具有相应的缔约能力,当事人及其法定代理人不得以欠缺缔约能力为由而否认合同效力。但是《新冠疫情指导意见(二)》第9条规定,限制民事行为能力人未经其监护人同意,参与网络付费游戏或者网络直播平台"打赏"等方式支出与其年龄、智力不相适应的款项,监护人有权请求网络服务提供者返还。[①] 该规定构成前述推定规则的例外。

2. 法人和非法人组织的缔约能力

法人和非法人组织原则上对一般类型的合同均有缔约能力,但受到以下几方面的限制:

(1)法律对某些有名合同要求当事人具有特殊资质。例如不具有建筑施工企业资质的法人和非法人组织不得作为承包人订立建设工程施工合同(《建设工程施工合同解释(一)》第1条);依法设立的保险公司或其他保险组织以外的法人或非法人组织不得作为保险人订立保险合同(《保险法》第6条)。

(2)法律限制某些类型的法人和非法人组织订立某些有名合同。例如机关法人、以公益为目的的非营利法人、非法人组织不得作为保证人订立保证合同(《民法典》第683条)。

(3)经营范围对缔约能力的影响。法人和非法人组织对其经营范围之外的合同是否具有缔约能力?我国立法及司法实务对此问题的态度历经变迁。《民法通则》第42条曾规定:"企业法人应当在核准登记的经营范围内从事经营。"该条文义似乎持否定意见,但学理上存在不同解释。[②]《民法典》删除了该条。《民法典》第505条规定:"当事人超越经营范围订立的合同的效力,应当依照本法第一编第六章第三节和本编的有关规定确定,不得仅以超越经营范围确认合同无效。"依此

---

① 实例参见"刘某诉某科技公司合同纠纷案",2021年最高人民法院发布未成年人司法保护典型案例之七。

② 参见王利明:《合同法研究(第一卷)》,中国人民大学出版社2015年版,第547—549页。

规定,经营范围原则上并不限制法人和非法人组织的缔约能力。

如果超越经营范围的行为违反特许经营、限制经营或禁止经营等规定,可因"违反强制性规定"而致合同无效。例如:

①公司超越经营范围订立金融服务合同的,有判决认为,×公司经营范围为生产经营电子零部件、塑料五金制品(不含限制项目生产),并没有金融方面的资格……上述《委托资产管理合同》《合作协议》《补充协议》因违反国家禁止性规定而应认定无效。①

②典当行办理抵押贷款业务的,有判决认为,典当行当时属特殊金融企业,是必须经人民银行审批的特许经营企业,典当行只能在人民银行许可的业务范围内从事经营活动,不得经营未经人民银行批准的其他业务。主合同《贷款协议》和从合同《房地产抵押合同》均应当无效。②

③非金融企业开展代办贷款业务的,有判决认为,×公司并非向客户发放贷款,而仅是受托办理贷款,相关银行也是直接针对客户的贷款申请进行审查,并未增加银行的贷款风险,原审判决以×公司违法发放贷款、增加银行贷款风险为由认定双方的委托代理协议等无效、×公司无权请求支付报酬,与本案事实不符。③

④公司异地从事房地产营销策划的,有判决认为,房地产营销策划不属于国家限制经营、特许经营以及法律、行政法规禁止经营的范围,且×公司具备房地产营销策划资质,其是否办理异地经营手续,并不影响合同效力。④

⑤承运人超越经营范围订立沿海内河运输合同的,有判决认为,沿海内河运输属于国家许可经营项目,承运人没有取得政府主管部门颁发的国内水路运输经营许可证,其订立的国内水路货物运输合同应认定无效。⑤

⑥法律咨询服务公司超越经营范围从事有偿诉讼代理业务的,有判决认为,×法律服务有限公司的经营范围为:法律信息咨询服务……营业执照并未赋予其有偿诉讼代理业务的资质。×法律服务有限公司签订《委托咨询合同》接受委托从事诉讼代理业务,违背了法律的效力性强制性规定,应属无效。⑥

(二)当事人的意思表示真实

意思表示真实,是指缔约人的内心效果意思与其外部表示行为相一致的状态。

---

① 参见最高人民法院(2007)民二终字第 26 号民事判决书,载《最高人民法院公报》2007 年第 9 期。

② 参见重庆市高级人民法院(2001)渝高法民再字第 141 号民事判决书,载《最高人民检察院公报》2004 年第 3 号。

③ 参见最高人民法院(2013)民抗字第 18 号民事判决书,载《最高人民检察院公报》2014 年第 5 期。

④ 参见最高人民法院(2016)最高法民申 1664 号民事裁定书。

⑤ 参见最高人民法院(2017)最高法民再 69 号民事判决书。

⑥ 参见安徽省亳州市中级人民法院(2022)皖 16 民终 36 号民事判决书。

该要件是意思自治原则在合同法领域的具体体现。合同作为一种表意行为,作为其构成要素的意思表示在合意的基础上还须真实,合同的有效性才能够被法律认可。在一般场合下,当事人表达于外部的言行是依据自己真实意愿作出的,即构成意思表示真实。

在以下几种情况下可能导致当事人意思表示不真实或称意思表示存在瑕疵:一是因对方实施胁迫、乘人之危等行为导致当事人在非自愿的状态下作出意思表示;二是因对方实施欺诈行为或己方对合同内容存在重大误解导致当事人在错误认识状态下作出意思表示;三是双方当事人实施恶意串通、虚假意思表示,在明知意思表示不真实的状态下为实现某种不法目的作出意思表示。对当事人意思表示是否真实的认定,原则上采客观标准。当事人以口头、书面等法律认可的形式作出意思表示如无特殊情形原则上应认定为真实,除非存在法律列举的可认定意思表示瑕疵的情形,否则当事人不得作出意思表示后又借口并非其真实意愿而否认合同有效性。一般而言,醉酒不构成否定真实意思表示的理由。[①]

在当事人利用网络订立电子合同的场合下,对当事人意思表示真实的认定应采更为严格的客观标准以保障交易安全。依据《电子签名法》第8条规定,审查数据电文作为证据的真实性,应当考虑以下因素:①生成、储存或者传递数据电文方法的可靠性;②保持内容完整性方法的可靠性;③用以鉴别发件人方法的可靠性;④其他相关因素。

(三)不违反法律、行政法规的强制性规定,不违背公序良俗

该要件是对合同内容的要求,即内容具有合法性的合同才能被法律认可有效性。是否违反法律、行政法规或公序良俗的具体认定,应从合同目的、标的、条件和方式等方面考察。目的违法,是指当事人缔结合同的主观目的在法律上或事实上的效果违法,例如当事人订立房屋租赁合同的目的是开设赌场。标的违法,是指标的物是禁止流通物或给付行为被法律所禁止,例如提炼毒品的加工承揽合同、卖身合同等。条件违法,是指附条件合同中所附条件违法,例如赠与合同所附条件为伤害他人人身。方式违法,是指订立合同的方式为法律所禁止,例如以不正当竞争的方式订立集体涨价的合同。

【学说争议:"标的确定和可能"是否为合同有效要件】

标的确定,是指在合同成立时合同标的自始确定或依据某种方法能够确定。标的可能,是指合同义务在事实上和法律上能够被履行。反之则为标的不能,依时

---

① 参见最高人民法院(2015)民提字第68号民事判决书。

间标准划分又可分为自始不能与嗣后不能:前者是指在合同成立时即构成标的不能,例如古画买卖合同成立时,该古画已经被毁;后者是指合同成立时标的尚属可能,合同成立后因事实上或法律上的原因导致标的不能,例如古画买卖合同成立后古画被毁。对于嗣后不能,仅涉及违约责任的承担而不影响合同效力。对于自始不能,传统民法多有立法将其规定为合同无效的原因。

对于"标的确定和可能"是否为合同有效要件,学界存在肯定说①和否定说②两种意见。本书认为,标的确定为合同成立要件而非有效要件(《民法典合同编通则解释》第 3 条第 1 款),应无疑义。在自始法律不能的场合下,合同因违反法律、行政法规强制性规定(例如买卖禁止流通物、租赁被查封房屋)应属无效。自始事实不能不当然导致合同无效,理由如下:其一,从现行法规定来看,《民法典》第 143 条未规定"标的可能"是法律行为的一般有效要件,第一编第六章第三节也未规定"标的可能"是法律行为无效事由。其二,从域外立法动向来看,曾经规定"自始不能的合同无效"的德、日等国均对此规定予以废弃或修改。PICC 第 3.1.3 条更明确规定,自始不能的情形不影响合同效力。其三,订约时一方明知不能履行仍签订合同,可构成欺诈。例如甲明知古画已经被毁却仍订立合同出售。在此情形下,该合同属于可撤销合同。其四,订约时双方均不知合同不能履行,如果属于对"标的物的品种、质量、规格和数量等错误认识",使行为后果与自己的意思相悖,可认定为重大误解。其五,如果不构成欺诈或重大误解,自始不能的合同应属有效,依据违约责任(《民法典》第 577 条、第 580 条第 1 款第 1 项)和风险负担(《民法典》第 604 条)等规则处理。在司法实务上,亦有认定自始不能的合同为有效合同并依违约责任等规则处理的实例。③

二、合同的特殊有效要件

合同的特殊有效要件,是指依据法律规定或当事人约定,合同有效应特别具备的要件。

(一)某些要式合同的特殊有效要件——完成特定形式

对于某些要式合同,法律规定或当事人约定须采用特定形式订立合同才能导致合同有效。例如当事人约定应将合同书办理鉴证手续,否则合同无效。

---

① 参见魏振瀛主编:《民法》,北京大学出版社、高等教育出版社 2010 年版,第 156—157 页。
② 参见马俊驹、余延满:《民法原论》,法律出版社 2010 年版,第 188—189 页。
③ 参见"南昌航宇实业集团公司诉江西电视台不按合同约定播出上星广告违约赔偿纠纷案",载最高人民法院中国应用法学研究所编:《人民法院案例选》1997 年第 1 辑(总第 19 辑),人民法院出版社 1997 年版,第 164 页以下。

(二)法律特别规定

例如保险合同之投保人在订立合同时应当对被保险人具有保险利益,否则合同无效(《保险法》第 31 条第 3 款)。

依据《民法典合同编通则解释》第 13 条规定,备案、批准或登记不影响合同的法定无效事由、可撤销事由的适用。虽然该条针对这三种情形规定了相同后果,但由于备案、批准、登记各自具有不同的法律意义,实则产生该后果的原因并不相同。

(1)"依法应当备案或者登记"不是合同的特殊有效要件。所谓备案,是指将订立合同的相关情况以书面形式报告有关行政管理部门,供存档备查。虽然法律针对某些合同规定了当事人负有备案义务,但并未将备案规定为特殊有效要件。相反,某些法条明确规定"未备案"不影响合同效力的认定。例如《民法典》第 706 条规定:"当事人未依照法律、行政法规规定办理租赁合同登记备案手续的,不影响合同的效力。"《商标纠纷解释》第 19 条规定:"商标使用许可合同未经备案的,不影响该许可合同的效力,但当事人另有约定的除外。"

《民法典合同编通则解释》第 13 条规定的"依据该合同办理财产权利的变更登记、移转登记",是指办理登记是合同义务及权利变动要件(而非合同有效要件)之情形。该规定也与《民法典》第 215 条之"区分原则"相一致,即登记作为不动产物权变动要件与合同效力应分别予以认定。例如当事人依据抵押合同约定办理了抵押登记,其后抵押人以受欺诈为由主张撤销抵押合同,虽然此时已办理抵押登记,但法院在认定撤销抵押合同时不受此影响。法院判决撤销抵押合同的,抵押权溯及地不成立,即使尚未办理抵押权注销登记。(《民法典物权编解释(一)》第7 条)

综上,虽然《民法典合同编通则解释》第 13 条表述为:以已备案、已登记为由主张合同有效的不予支持,但其准确含义是:无论是否备案、登记,均不影响合同无效、可撤销的认定(既包括法院认定合同无效、可撤销,也包括法院不支持合同无效、可撤销),因为"依法应当备案或者登记"不是合同的特殊有效要件,其与合同效力认定无关。

(2)"已经批准机关批准"是某些合同的特殊生效要件,但不构成合同生效的充分条件。《民法典合同编通则解释》第 13 条规定的该合同"已经批准机关批准",是指某些合同以当事人办理批准手续为特殊生效要件之情形。(参见本节第四部分"法定特殊生效要件")虽然办理批准手续是某些合同的特殊生效要件,但这些合同生效仍须具备一般生效要件,即办理批准手续是合同生效的必要条件而非充分条件。例如采矿权转让合同订立后当事人依法办理了批准手续,其后转让人以受胁迫为由主张撤销合同,虽然此时已办理批准手续,但法院在认定撤销合同时不受此影响。如果转让人主张撤销合同时尚未办理批准手续,由于此时合同尚未生效,通过撤销合同消除报批义务对当事人具有实益,因此法院仍应对合同无效、可撤销作出认定,而不能仅以合同未生效为由驳回当事人诉讼请求;如果此时合同确定不发生效力(如不能履行报批义务、已履行报批义务但未被批准),撤销合同与合同确定不发生效力的后果相同(均适用《民法典》第157条),区分撤销与不生效仅具理论意义,法院应根据当事人诉讼请求作出相应判决。

三、合同的一般生效要件

合同的一般生效要件,是指适用于任何类型合同的生效要件。《民法典》第502条第1款规定:"依法成立的合同,自成立时生效,但是法律另有规定或者当事人另有约定的除外。"此处的"依法成立",是指合同成立时就已具备合同有效要件,其有效性被法律所认可。因此依该款规定,合同的一般生效要件与一般有效要件相同。合同成立时具备一般有效要件的,如无法律特殊规定或当事人特殊约定,合同即同时生效。

四、合同的特殊生效要件

合同的特殊生效要件,是指依据法律规定或当事人约定,合同生效应特别具备的要件。

(一)约定特殊生效要件——生效条件成就、生效期限到来

1. 附生效条件合同

生效条件,又称延缓条件、停止条件,是指作为合同的附款,其成就导致合同生效的条件。依据《民法典》第158条第2句规定,附生效条件的合同,自条件成就时生效。例如甲乙约定,甲赠与一笔金钱给乙作为学费,但以"乙考上研究生"为生效条件。合同附生效条件的意义主要在于使当事人的动机成为合同内容,使其具有法律意义。生效条件应具备以下要求:

(1)意定性,即必须是当事人约定的而非法定的条件。如果当事人将法定条件作为合同内容,即使该法定条件可能影响合同生效,该合同实际上未附条件。例如针对依法应当办理批准等手续的合同(《民法典》第502条第2款),约定"办理批准等手续完成"为生效条件,该合同未附条件。如果将"法律和行政法规没有规

定的政府机关对有关事项或合同审批权"约定为生效条件,亦不符合要求。① 合同义务虽由当事人约定,但属于生效合同的内容,故不能构成生效条件。例如股权转让合同约定"按国有资产处置的相关规定进行股权转让",构成对股权转让方式的约定,而不构成生效条件。②

(2)未来性,即必须是将来发生的事实。如果合同成立时该事实已经发生(既成条件),则视为合同未附条件,合同自有效成立时生效;如果合同成立时该事实已经确定不能发生,则合同确定不发生效力。

(3)不确定性,即必须是不确定的事实。如果合同成立时该事实将来确定发生,则为期限而非条件;如果合同成立时该事实将来确定不可能发生,则合同确定不发生效力。

(4)合法性,即条件不得违反法律强制性规定或者公序良俗。合同附不法条件的,则合同无效。如果条件内容本身违反法律强制性规定或者公序良俗,构成不法条件自无疑义。例如约定"你研发成功新型毒品"为借款合同生效条件。

有疑问的是,"不为违法行为"是否构成不法条件? 学界对此存在争议。③ 本书认为,似不应绝对地采单一认定,而应视该条件所生效果是否被法律或者公序良俗所允许。例如约定"你成年前不杀人"为赠与合同生效条件,看似奖励守法,但实则为不实施严重犯罪行为设立对价,故属不法条件。又例如约定"你1年内不交通违章"为车辆买卖合同生效条件,符合鼓励遵守交通规则的立法精神,故不属于不法条件。

(5)兼容性,即条件不得与合同主要内容相矛盾。如果条件与合同主要内容相矛盾,应认定合同确定不发生效力。④

《民法典》第159条规定了"条件成就与否的拟制规则":当事人为自己的利益不正当地阻止条件成就的,视为条件已成就;不正当地促成条件成就的,视为条件不成就。依据该规则,在合同已经有效成立且生效条件尚未成就之前,当事人不得恶意阻止或促成条件成就,否则不发生当事人所追求之效果。例如:

①约定以一方内部因素为生效条件而该方怠于履行相应义务的,有判决认为,合同约定以一方当事人上级主管部门批准作为合同生效条件的,该方即负有及时报请其上级主管部门审批、促使合同生效的义务。如果该方怠于履行上述义务,在合同业经双方当事人签字盖章成立,合同内容不违反法律禁止性规定、不损害他人

---

① 参见最高人民法院(2004)民一终字第106号民事判决书,载《最高人民法院公报》2007年第3期。

② 参见最高人民法院(2014)民申字第175号民事裁定书。

③ 肯定说参见郑玉波:《民法总则》,中国政法大学出版社2003年版,第381页;否定说参见朱庆育:《民法总论》,北京大学出版社2016年版,第132页。

④ 也有学者认为应认定合同未成立。参见王利明:《合同法研究(第一卷)》,中国人民大学出版社2015年版,第559页。

利益且已部分履行的情况下,应当认定合同已经生效。①

②约定以办理公证为合同生效条件而一方拒不配合办理的,有判决认为,卖方拒不提供合同原件,致使公证手续无法继续办理的,应根据'条件成就与否的拟制规则',认定合同已经生效。②

③一方不履行通知义务以阻止生效条件成就的,有判决认为,甲乙订立合同约定,乙与丙另案诉讼胜诉后,甲向乙支付定金200万元,合同自支付定金之日生效。但乙胜诉后未及时告知甲诉讼结果及汇款账户与方式,致使甲无法按约支付定金。乙不正当阻止生效条件成就,应认定合同生效。③

2. 附生效期限合同

生效期限(始期),是指作为合同的附款,其到来导致合同生效的期限。依《民法典》第160条第2句规定,附生效期限的合同,自期限届至时生效。生效期限亦应具备以下要求:意定性、未来性、合法性、兼容性。此与生效条件类似,但期限与条件的区别在于:前者具有必至性,即是必定发生的事实;后者具有不确定性,即是发生与否不确定的事实。

生效期限可以是确定期限,例如约定"合同自签名盖章完成之日起1周后"生效;生效期限也可以是不确定期限(必定发生的事实,但发生时间不确定),例如甲乙签订买卖一批雨伞的合同,约定"武汉明年第一次降雨时"生效。基于确定期限的性质,其不大可能准用"条件成就与否的拟制规则"。但对于不确定期限而言,依据诚实信用原则的要求,可以准用该规则:当事人为自己的利益不正当地使期限提前届至的,视为期限未届至;不正当地使期限延迟届至的,视为期限已届至。例如房屋租赁合同约定"享有居住权的甲死亡之时"为生效期限,承租人杀害甲以使期限提前届至,应视为期限未届至。

生效期限与履行期限不同:前者决定合同的生效时间;后者与合同生效时间无关,而是当事人履行义务的时间标准。例如约定"等拆迁款到账户时付给对方"不是生效期限,而是付款期限(履行期限)。④

(二)法定特殊生效要件——办理批准等手续

1. 报批义务的性质及违反后果

《民法典》第502条第2款第1句规定:"依照法律、行政法规的规定,合同应当办理批准等手续的,依照其规定。"该规定意义在于,某些合同以当事人办理批准等

---

① 参见最高人民法院(2006)民二终字第159号民事判决书,载《最高人民法院公报》2007年第10期。

② 参见最高人民法院(2005)民一提字第11号民事判决书。

③ 参见最高人民法院(2017)最高法申918号民事裁定书。

④ 参见安徽省芜湖市弋江区人民法院(2018)皖0203民初228号民事判决书。

手续为特殊生效要件,以实现特定领域中行政管理等特殊立法目的。在依法办理批准等手续之前,合同的效力状态是成立且未生效,而非无效。①

(1)报批义务的性质。报批义务,是指当事人按照法定或约定要求办理批准等手续以促成合同生效的义务。对于该义务的性质,学理上素有"先合同义务说"与"合同义务说"之争。较为合理的解释是,报批义务是一种能够独立请求的附随义务,其功能是促进主给付义务的实现。②

第一,报批义务不是典型意义的先合同义务。虽然报批义务与先合同义务确有类似之处,即二者均具有促成交易的功能,但二者具有以下区别:其一,能否请求继续履行不同。一方不履行先合同义务(如诚信磋商义务)的,对方只能请求损害赔偿,而不能请求继续履行先合同义务;一方不履行报批义务的,对方可以请求继续履行。其二,能否针对该义务约定违约责任不同。先合同义务存在于合同成立之前,当事人不能针对先合同义务约定违约责任,而只能通过缔约过失责任得到救济;报批义务存在于合同成立后至生效前且具有独立性,当事人可以针对报批义务约定违约责任,以强化对该义务的救济。

第二,报批义务不是给付义务。报批义务与主给付义务在功能、内容、形态等方面均存在显著差异,故报批义务不是主给付义务不存疑义。报批义务也不同于从给付义务,从给付义务的功能是辅助主给付义务的实现(如提供说明书等资料、单证),当事人履行从给付义务时合同已生效(主给付义务已具有拘束力),而当事人履行报批义务时合同尚未生效。

第三,报批义务是广义的合同拘束力的体现。报批义务存在于合同成立后至生效前之阶段,虽然此时合同尚未生效,但已产生广义的合同拘束力,即当事人应当履行相关附随义务。作为一种附随义务,报批义务与附生效条件合同中"不得不正当地阻止或促成条件成就"之义务类似,即二者均要求当事人遵循诚实信用原则以实现交易的完成。二者区别在于:报批义务为积极义务,对义务人要求更高;后者为消极义务,对义务人要求相对较低。

第四,报批义务条款具有独立性。报批义务条款,是指合同中就报批义务的主体、履行期限、履行方式、违反后果等事项作出约定的条款。《民法典》第502条第2款第2句规定,未办理批准等手续影响合同生效的,不影响报批义务条款的效力。该规定确立了报批义务条款的独立性,其意在解决以下困扰:报批义务未被履行之前合同尚未生效,一方何以能够要求另一方履行合同约定的义务。《民法典》施行前已有最高人民法院指导案例认为,报批义务条款具有独立性,负有报批义务

---

① 参见最高人民法院(2009)民申字第1068号民事裁定书,载《最高人民法院公报》2010年第8期。

② 参见刘贵祥:《论行政审批与合同效力——以外商投资企业股权转让为线索》,载《中国法学》2011年第2期。

的当事人不得以合同未生效为由拒绝履行该义务。[①]《民法典》对此明确予以规定。

（2）违反报批义务的认定。依据《民法典合同编通则解释》第12条第1款规定，违反报批义务包括两种情形：一是不履行报批义务，例如拒绝履行报批义务；二是履行报批义务不符合合同的约定或者法律、行政法规的规定，例如迟延履行报批义务。

报批义务是行为义务而非结果义务，即只要义务人依约定或法定要求完成了申请批准的行为，就构成适当履行行为，即使最终未被批准也不构成违反报批义务。《民法典合同编通则解释》第12条第4款第1句规定，报批义务人已经办理申请批准等手续或者已经履行生效判决确定的报批义务，批准机关决定不予批准的，报批义务人不承担赔偿责任。第4款第2句规定，因迟延履行报批义务等可归责于报批义务人的原因导致合同未获批准的，报批义务人应承担赔偿责任。

（3）违反报批义务的后果。

①违反报批义务所生损害赔偿责任的性质。学理上对此争议甚大。该问题的难点在于：如果采"缔约过失责任说"，由于现行法规定一方不履行报批义务时对方可以请求继续履行，而且当事人还可以事先约定违反报批义务的违约责任，这似乎都与缔约过失责任相抵牾。如果采"违约责任说"，上述困扰虽可解决，但由于该责任存在于合同未生效阶段，此时给付义务尚不具有法律拘束力，由义务人赔偿合同的履行利益损失似乎也欠妥当。[②]

对于该问题，我国法律及实务主流意见经历了一个逐渐变化的过程。原《合同法解释（二）》第8条曾将该责任界定为缔约过失责任，但《九民纪要》第38条规定当事人可就违反报批义务的行为专门约定违约责任。《民法典》第502条第2款第3句表述为"违反该义务的责任"，立法机关释义书对此解释为违约责任。[③]《民法典合同编通则解释》新增第12条未采取单一定性的做法，而依据是否直接解除合同、当事人是否约定违反报批义务的违约责任等因素作出不同处理。详见下文。

②违反报批义务的具体责任形式。

第一，继续履行报批义务。在履行报批义务不存在事实障碍和法律障碍的前提下，对方可以请求义务人继续履行报批义务，以促成合同生效。（《民法典合同编通则解释》第12条第1款前段）对方起诉请求义务人继续履行报批义务并获得

① 参见"于红岩与锡林郭勒盟隆兴矿业有限责任公司执行监督案"，最高人民法院指导案例123号。

② 相关学理意见参见杨永清：《批准生效合同若干问题探讨》，载《中国法学》2013年第6期；汤文平：《批准生效合同报批义务之违反、请求权方法与评价法学》，载《法学研究》2014年第1期；吴光荣：《行政审批对合同效力的影响：理论与实践》，载《法学家》2013年第1期。

③ 参见黄薇主编：《中华人民共和国民法典合同编释义》，法律出版社2020年版，第96页。

胜诉判决后，义务人仍不履行报批义务的，对方可以主张解除合同并参照违反合同的违约责任请求其承担赔偿责任。(《民法典合同编通则解释》第 12 条第 2 款) 所谓"参照"，意指该赔偿责任性质并非违约责任(而是缔约过失责任)，但赔偿数额可参考违约责任标准予以认定。该情形下，由于履行报批义务本不存在障碍且被生效判决所确认，表明合同生效可能性较大、双方交易成熟度较高，故赔偿数额尽量靠近履行利益损失具有合理性。如果当事人对违反报批义务事先约定违约责任(如违约金)，基于报批义务条款的独立性，合同解除后该违约责任条款有效，该责任当然是违约责任。

由于报批义务与给付义务具有不同意义，义务人违反报批义务的，对方只能请求继续履行报批义务而不能直接请求履行给付义务。合同获得批准前(包括义务人违反报批义务、尚未履行报批义务等情形)，当事人一方起诉请求对方履行合同约定的主要义务，经释明后拒绝变更诉讼请求的，人民法院应当判决驳回其诉讼请求，但是不影响其另行提起诉讼。(《民法典合同编通则解释》第 12 条第 3 款)

第二，解除合同并承担赔偿责任。如果违反报批义务致使不能实现合同目的，对方有权解除合同并请求义务人承担赔偿责任。(《民法典合同编通则解释》第 12 条第 1 款后段)该赔偿责任的性质有两种可能性：一是当事人对违反报批义务事先约定违约责任的，基于报批义务条款的独立性，合同解除后该违约责任条款有效，该责任是违约责任。二是当事人未对违反报批义务事先约定违约责任的，该责任是缔约过失责任。该情形下，履行报批义务未被生效判决所确认，表明合同生效的可能性本就存在较大不确定性，故主要赔偿信赖利益损失。[1]

《民法典合同编通则解释》第 12 条第 1 款后段系针对法定解除所作规定。此外，约定解除和协议解除规则亦可适用于此类合同，例如约定义务人未在三个月内完成报批的，对方有权解除合同。在约定解除和协议解除的情形下，赔偿责任的性质及内容依据解除的类型予以确定。

第三，不解除合同并承担赔偿责任。因迟延履行报批义务等可归责于当事人的原因导致合同未获批准的，合同确定不生效，此时解除合同已无意义，对方可以依据《民法典》第 157 条请求义务人承担赔偿责任。(《民法典合同编通则解释》第 12 条第 4 款第 2 句)该责任是缔约过失责任，适用缔约过失责任的相关规则(如过失相抵)。但是，该责任与普通意义的缔约过失责任存在一定程度的差异：如果履行报批义务本不存在障碍、客观上获批准的可能性较大，仅因义务人迟延履行等原因导致合同确定不生效，在考虑因果关系等因素的基础上赔偿部分履行利益损失具有合理性。

---

[1] 参见最高人民法院民事审判第二庭、研究室编著：《最高人民法院民法典合同编通则司法解释理解与适用》，人民法院出版社 2023 年版，第 162—163 页。

如果当事人对违反报批义务事先约定违约责任的,该情形下仍应适用违约责任条款,而非适用《民法典》第 157 条。[①] 该情形下,报批义务条款的独立性因素仍应被充分考虑。如果违约金本身系针对迟延履行报批义务所作约定,该解释的合理性更为明显。

2. 适用该特殊生效要件的合同类型

(1)探矿权、采矿权转让合同。依据《矿产资源法》第 6 条规定,探矿权、采矿权可以在以下两种情形下转让:一是探矿权人在完成规定的最低勘查投入后,经依法批准,可以将探矿权转让他人。二是已取得采矿权的矿山企业因企业合并、分立,与他人合资、合作经营,或者因企业资产出售以及有其他变更企业资产产权的情形而需要变更采矿权主体的,经依法批准可以将采矿权转让他人。《探矿权采矿权转让管理办法》第 10 条规定,审批管理机关批准转让探矿权、采矿权的,转让合同自批准之日起生效。

(2)银行、证券、保险领域中的股权转让合同。依据《商业银行法》第 28 条规定,任何单位和个人购买商业银行股份总额 5% 以上的,应当事先经国务院银行业监督管理机构批准。《证券法》第 122 条规定,证券公司变更主要股东或者公司的实际控制人,应当经国务院证券监督管理机构核准。《保险法》第 84 条规定,保险公司变更出资额占有限责任公司资本总额 5% 以上的股东,或者变更持有股份有限公司股份 5% 以上的股东,应当经保险监督管理机构批准。上述规定虽未明确"管理机构批准"为合同特殊生效要件,但《九民纪要》第 37 条采此解释。

金融领域中,并非所有"办理批准等手续"均为特殊生效要件。某些场合下,其可能仅与履行合同义务有关,或依法产生其他效力。有判决认为,要约收购豁免批准是法律赋予证券监管部门的行政审批权,但股权收购双方是否取得豁免要约,并不影响收购合同成立及生效,亦即豁免要约非合同生效条件,而是收购双方以什么方式对抗上市公司其他股东法律条件。[②]

(3)国有企业的重要子企业订立的某些合同。依据《企业国有资产监督管理暂行条例》第 24 条规定,所出资企业投资设立的重要子企业的重大事项,需由所出资企业报国有资产监督管理机构批准的,管理办法由国务院国有资产监督管理机构另行制定,报国务院批准。此类合同以批准为生效要件的原因是国有资产监督管理的需要。

(4)外商投资领域中的合同。已废止的《中外合资经营企业法》和《中外合作经营企业法》及其实施条例曾规定,有关外商投资企业的协议、合同经审批机构批

---

① 相反观点参见王利明主编:《中国民法典释评·合同编通则》,中国人民大学出版社 2020 年版,第 182 页(王利明执笔)。

② 参见最高人民法院(2009)民提字第 51 号民事判决书。

准后生效;合营或合作一方对外转让股权的,须报审批机构批准。[①] 2020 年修正后的《外商投资企业规定(一)》第 1 条保留原条文内容,即"当事人在外商投资企业设立、变更等过程中订立的合同,依法律、行政法规的规定应当经外商投资企业审批机关批准后才生效的,自批准之日起生效;未经批准的,人民法院应当认定该合同未生效。"但是,该司法解释并未规定哪些具体情形适用"审批机关批准为合同生效要件"。

2020 年施行的《外商投资法》未采纳上述规定。《外商投资法》第 31 条规定,外商投资企业的组织形式、组织机构及其活动准则,适用《公司法》《合伙企业法》等法律的规定。《外商投资法解释》第 2 条规定,对外商投资准入负面清单之外的领域形成的投资合同,未经有关行政主管部门批准、登记的,不影响合同生效。据此,仅负面清单之内的领域形成的投资合同才以批准、登记为生效要件。

第三节　无效合同

一、无效合同概述

(一)无效合同的概念和特征

无效合同,是指已经成立但欠缺法定有效要件,被法律完全否认其有效性的合同。无效合同是合同无效的下位概念,因为可撤销合同被撤销亦可导致合同无效。无效合同的原因,适用《民法典》总则编第六章第三节关于民事法律行为无效的规定。无效合同具有以下特征:

1. 严重违法性

无效合同虽然具备成立要件,但因内容具有严重违法性而欠缺有效要件,因此对此类合同国家予以强制干预而排除当事人意思表示的效力。无效合同主要是内容违反法律强制性规定或公序良俗的合同,与可撤销合同及效力未定的合同相比较而言,其效力瑕疵最为严重而被法律完全否认其有效性。例如买卖毒品等禁止流通物的合同。

2. 当然无效

无效合同当然不具有法律拘束力,即确认无效合同不以相关当事人提出请求为前提。体现为:

---

① 参见《中外合资经营企业法》(已废止)第 3 条;《中外合作经营企业法》(已废止)第 5 条;《中外合资经营企业法实施条例》(已废止)第 14 条、20 条;《中外合作经营企业法实施细则》(已废止)第 11 条、23 条。

（1）在诉讼和仲裁程序中，法院或仲裁机构一旦发现无效合同的事由即可主动依职权确认其为无效合同，而无需由当事人提出请求。即使当事人主张合同有效，法院或仲裁机构仍有权依法确认其为无效合同。有判决认为，合同的效力是法律问题而非事实问题，是法院依职权认定的内容，尽管双方均认为合同有效，法院亦可认定合同无效。①

（2）如果对合同有效性存在争议，合同当事人及与合同有利害关系的第三人均可提起确认之诉请求法院或仲裁机构确认其为无效合同。但税务征收机关等非民事主体不得作为确认合同无效之诉的适格原告。②

（3）在诉讼和仲裁程序中，当事人除有权请求确认合同无效外，还可通过抗辩的方式主张合同无效，以对抗对方的履行请求权。

（4）确认合同无效不受诉讼时效期间的限制。当事人及利害关系人请求法院或仲裁机构确认合同无效，并非主张债权请求权，故不适用诉讼时效。（《诉讼时效规定》第1条）但合同被确认无效后，产生的返还财产请求权和赔偿损失请求权应当适用诉讼时效的规定。③

3. 自始无效

无效合同自始没有法律拘束力，其一旦被法院或仲裁机构确认，即溯及至合同成立时起无效，原则上应将双方财产恢复至合同成立前的状态。传统民法将无效合同分为自始无效与嗣后无效：前者是指合同成立时即存在无效事由，此场合下合同无效具有溯及力不存疑义；后者是指合同成立时并不存在无效事由，而在合同生效以前发生无效事由导致合同无效，例如附生效条件合同的标的物在条件成就前因法律修改而变为禁止流通物。

现行法框架下无效合同仅指自始无效，理由如下：其一，《民法典》总则编第六章第三节关于民事法律行为无效的规定，并未列举嗣后无效的事由。其二，依据《民法典》第580条第1款第1项规定，所谓嗣后无效构成法律上的不能履行，依违约责任有关规则处理，而非导致合同无效。④

4. 确定无效

无效合同确定地不具有法律拘束力，既不因债务人实际履行而使合同有效性

---

① 参见"中国科学院植物研究所等与华纺房地产开发公司等合资、合作开发房地产合同纠纷上诉案"，载最高人民法院民事审判第一庭编：《民事审判指导与参考》2010年第4集（总第44集），法律出版社2011年版，第242页以下。

② 参见刘德权主编：《最高人民法院司法观点集成⑦（民商事卷续）》，人民法院出版社2011年版，第53—55页。

③ 参见最高人民法院（2005）民一终字第104号民事判决书，载《最高人民法院公报》2006年第9期。

④ 对嗣后无效的不同观点参见崔建远：《合同法总论（上卷）》，中国人民大学出版社2011年版，第304—306页。

被补正,也不因当事人的其他补正行为而转化为有效。原因在于,因无效合同的内容具有严重违法性,故法律完全否认其有效性且不允许通过有关补正行为使其转化为有效。在此特征上,无效合同与可撤销合同及效力未定合同有显著区别。可撤销合同可因撤销权的消灭而成为有效合同;效力未定合同可因追认权人行使追认权而转变为有效合同。

(二)合同不成立与合同无效

合同不成立与合同无效的共同点在于:当事人均不享有合同关系中的履行请求权,亦不能通过违约责任得到救济,且均有可能产生缔约过失责任。(《九民纪要》第 32 条)两者的区别如下:

(1)法律意义及判断标准不同。前者表明客观上不存在合同关系,依据合同成立要件判断;后者是在合同关系存在的前提下,合同有效性被法律所否认,依据合同有效要件判断。

(2)法院或仲裁机构的干预方式不同。当事人主张合同无效,法院或仲裁机构认为合同不成立的,应当将合同是否成立作为焦点问题进行审理,并据此作出相应判决。(《民法典合同编通则解释》第 3 条第 3 款)法院或仲裁机构发现合同存在无效事由的,则不考虑当事人的意思,应主动依职权确认其无效。

(3)能否依有关规则补正不同。其一,对于要式合同,可通过当事人的实际履行行为补正合同形式,并因此认定合同成立。(《民法典》第 490 条)如果合同存在无效事由,则不适用上述规则。其二,当事人就合同有关条款没有约定或约定不明,可通过达成补充协议补正合同有关内容,并因此认定合同成立。(《民法典》第 510 条)如果合同存在无效事由,则不适用上述规则。其三,当事人就合同有关条款没有约定或约定不明,可通过法律规定的解释规则补正合同有关内容,并因此认定合同成立。(《民法典》第 511 条)如果合同存在无效事由,则不适用上述规则。

(4)法律后果不同。前者的法律后果是可能产生缔约过失责任;后者除产生民事责任外,还有可能产生行政责任和刑事责任。

二、无民事行为能力人独立订立合同

依据《民法典》第 144 条规定,无民事行为能力人独立订立的合同无效。不满 8 周岁的未成年人、不能辨认自己行为的成年人和不能辨认自己行为的 8 周岁以上的未成年人是无民事行为能力人,因其过于年幼或不能辨认自己行为,原则上不能独立订立任何合同,其独立订立的合同为无效合同。如果无民事行为能力人的法定代理人代理其订立合同,该合同可以有效。(《民法典》第 20 条、第 21 条)

三、虚假意思表示

(一)以虚假意思表示订立的合同无效

虚假意思表示,是指表意人明知所表示内容与其真实意思不一致而作出的意思表示。大致包括三种情形:一是基于单方的虚假意思表示而成立法律行为,例如虚假解除合同;二是基于双方的意思表示成立法律行为,一方为虚假意思表示而另一方为真实意思表示;三是基于双方的意思表示成立法律行为,一方为虚假意思表示且另一方对此明知,或者双方串通,学说上称为通谋虚伪表示。

依据《民法典》第 146 条规定,当事人以虚假意思表示订立的合同无效。该条仅适用于上述情形三(通谋虚伪表示),即行为人和相对人都知道自己所表示的意思并非真意,通谋作出与真意不一致的意思表示而订立合同。一般而言,此类交易在结构上存在内外两层行为:外部行为是伪装行为,即当事人双方共同作出与其真实意思不一致的行为;内部行为是隐藏行为,即被伪装行为隐藏的、体现当事人双方真实意思的行为。外部的伪装行为通常具有形式上的合法性,用以隐藏和掩盖当事人双方的真实意思,该行为因欠缺真实意思表示,故法律完全否认此类合同的有效性。实务中的典型情形是,当事人之间就同一交易订立多份合同。(《民法典合同编通则解释》第 14 条第 1 款第 1 句)以虚假意思表示订立的合同须具备以下要件:

1. 伪装行为具有形式上的合法性

当事人订立的合同虽有伪装和隐藏的意图,但其在形式或外观上是合法的。所谓形式或外观上合法,是指不考虑当事人的真实目的和合同的实际效果,仅以合同有效要件为标准是符合要求的。例如买卖房屋的双方当事人基于避税目的订立"黑白合同",用于备案、登记的"白合同"在形式上是具备合同有效要件的。如果当事人订立的合同从外观上都表现为内容违反法律强制性规定或公序良俗,则应当适用《民法典》第 153 条处理。

2. 当事人的真实意思表示体现于隐藏行为

《民法典》第 146 条的适用范围大于原《合同法》第 52 条第 3 项之"以合法形式掩盖非法目的"。后者适用范围仅限于隐藏行为违法的情形;前者适用范围无此限制,符合"伪装—隐藏"结构的行为均可适用本条规定。

隐藏行为主要包括两种形式:一是于伪装行为之外订立一个独立的隐藏合同,例如"黑白合同"中的黑合同。二是当事人仅订立一个合同,但依据意思表示解释规则、履行的实际效果等因素认定该合同中包含伪装行为和隐藏行为。例如当事人以融资租赁隐藏借款关系,仅订立融资租赁合同而并未订立借款合同的,有判决认为,虽然当事人订立《融资租赁合同》,但现有证据仅能证明当事人之间有资金出借与返还关系,而不足以证明存在实际的租赁物并转移了租赁物所有权,故应当认定当事人之间系借款合同关系而非融资租赁合同关系。① 对于情形二,《民法典合同编通则解释》第15条第2句表述为"当事人主张的权利义务关系与根据合同内容认定的权利义务关系不一致",即构成名实不符合同。对此,人民法院应当结合缔约背景、交易目的、交易结构、履行行为以及当事人是否存在虚构交易标的等事实认定当事人之间的实际民事法律关系。

实务中,近年出现一种常见案型"以融资为目的进行封闭式循环买卖"。② 例如当事人之间不具备真实的买卖意图和货物需求,订立的四份循环买卖合同只是资金融通的外在形式,实质上是以买卖形式隐藏企业间借贷。③ 此类案型的交易结构具有"封闭或准封闭"特点,即系列合同的参与方两两之间首尾相连构成闭环,资金从买受人(出借人)经由通道方或直接流向出卖人(借款人),并由出卖人(借款人)经由通道方或直接流向买受人(出借人)。从履行行为及标的物来看,当事人之间往往通过货权移转证明等形式进行交付,标的物自始未发生现实交付,买受人并不关注标的物的种类、数量、质量等,甚至标的物根本不存在。对于此类案型,可依据《民法典合同编通则解释》第15条第2句的规定,在综合考虑缔约背景、交易目的、交易结构、履行行为以及标的物等事实的基础上,认定隐藏行为是借贷合同,多个循环买卖合同(伪装行为)因虚假意思表示而无效。④《九民纪要》"引言"部分指出,"注意处理好民商事审判与行政监管的关系,通过穿透式审判思维,查明当事人的真实意思,探求真实法律关系"。《民法典合同编通则解释》第15条第2句是"穿透式审判思维"的具体体现。

上述案型中,最常见的伪装行为是买卖合同,但亦有可能是隐蔽性更强的商事行为(如票据回购)。例如票据中介王某与甲银行以开展票据回购交易的方式进行融资,2015年3月至12月间,双方共完成60笔交易。交易模式是:甲银行与王某达成票据融资的合意后,甲银行与王某分别联系为该交易提供资金划转服务的银行即过桥行,包括乙银行、丙银行、丁银行等。所有交易资金最终通过过桥行流

---

① 参见最高人民法院(2016)最高法民终286号民事判决书。
② 相关学理意见参见付荣:《"名实不符"合同的规范解构与裁判回应》,载《清华法学》2023年第5期;石佳友:《融资性贸易中名实不符合同效力认定规则之反思》,载《法学评论》2023年第3期。相关案例梳理参见湖北省武汉市中级人民法院课题组:《融资性循环贸易纠纷裁判路径实证研究》,载《法律适用》2023年第5期。
③ 参见浙江省宁波市中级人民法院(2017)浙02民终369号民事判决书。
④ 参见最高人民法院民事审判第二庭、研究室编著:《最高人民法院民法典合同编通则司法解释理解与适用》,人民法院出版社2023年版,第185—186页。

入由王某控制的企业账户中;在票据的交付上,王某从持票企业收购票据后,通过其控制的村镇银行完成票据贴现,并直接向甲银行交付。资金通道或过桥的特点是过桥行不需要见票、验票、垫资,没有资金风险,仅收取利差。法院认为,《回购合同》因虚假意思表示而无效。隐藏行为是乙银行为甲银行提供资金通道服务,即资金通道合同。该合同违反金融机构审慎经营原则,且扰乱票据市场交易秩序、引发金融风险,属于违背公序良俗、损害社会公共利益的无效合同。①

3. 当事人具有通谋之故意

所谓通谋之故意,是指双方当事人均明知隐藏行为与外部行为不一致,为达成某种目的而实施该行为的心理状态。如果当事人在过失或无过失的情形下订立此类合同,则不构成以虚假意思表示订立合同,而应适用《民法典》第153条等规定认定合同效力。

实务中,应注意合同变更与以虚假意思表示订立合同之间的关系。如果当事人并无通谋之故意,就同一交易订立的多份合同均系真实意思表示,且不存在其他影响合同效力情形的,人民法院应当在查明各合同成立先后顺序和实际履行情况的基础上,认定合同内容是否发生变更。法律、行政法规禁止变更合同内容的,人民法院应当认定合同的相应变更无效。(《民法典合同编通则解释》第14条第3款)实例详见后文"建设工程合同中的黑白合同"。

(二)隐藏行为的效力依照有关法律规定处理

依据《民法典》第146条第2款规定,以虚假意思表示隐藏的合同的效力,依照有关法律规定处理。隐藏行为是当事人真实意思所欲实施的行为,既有可能是有效合同,也有可能是效力存在瑕疵的合同。隐藏行为并非必然无效,其是否有效依照有关法律规定予以判断。隐藏行为有效的事例如双方名为租赁房屋,实为借用房屋;隐藏行为无效的事例如双方名为联营合作,实为企业间借贷。

《民法典合同编通则解释》第14条第1款第2句特别规定了影响隐藏行为效力的两种情形。这两种情形下,当事人的真实目的都是为了规避法律的相关规定,即构成传统民法上的规避法律的行为(脱法行为)②,但具体处理有所不同。分述如下:

(1)当事人为规避法律、行政法规的强制性规定,以虚假意思表示隐藏真实意思表示的,应当依据《民法典》第153条第1款的规定认定被隐藏合同的效力。例

---

① 参见"某甲银行和某乙银行合同纠纷案",2023年"最高人民法院发布《关于适用〈中华人民共和国民法典〉合同编通则若干问题的解释》相关典型案例"之三。

② 关于规避法律的行为的相关学理意见,参见王利明:《合同法研究(第一卷)》,中国人民大学出版社2015年版,第649页;孔祥俊:《合同法教程》,中国人民公安大学出版社1999年版,第239页。

如当事人基于逃税、弥补某种法定资质等真实目的而以虚假意思表示订立合同。该情形下,隐藏行为欠缺合同有效要件。隐藏行为的效力适用《民法典》第 153 条第 1 款予以认定,即违反法律、行政法规的强制性规定的合同无效,但该强制性规定不导致该合同无效的除外。例如发包人与承包人订立《工程承包协议》,但双方真实意思是订立采矿权承包经营合同,内容是采取"以探代采"方式以规避发包人未取得采矿权许可证的事实,隐藏行为(采矿权承包经营合同)因违反效力性强制性规定而无效。①

(2)当事人为规避法律、行政法规关于合同应当办理批准等手续的规定,以虚假意思表示隐藏真实意思表示的,应当依据《民法典》第 502 条第 2 款的规定认定被隐藏合同的效力。该情形下,隐藏行为欠缺合同生效要件。隐藏行为是否生效及相关法律后果适用《民法典》第 502 条第 2 款和《民法典合同编通则解释》第 12 条的规定。

(三)虚假意思表示的相关法律规定

1. 以融资租赁合同隐藏其他法律关系

依据《融资租赁合同解释》第 1 条第 2 款规定,对名为融资租赁合同,但实际不构成融资租赁法律关系的,人民法院应按照其实际构成的法律关系处理。

2. 建设工程领域中的黑白合同

《建设工程施工合同解释(一)》第 2 条规定:"招标人和中标人另行签订的建设工程施工合同约定的工程范围、建设工期、工程质量、工程价款等实质性内容,与中标合同不一致,一方当事人请求按照中标合同确定权利义务的,人民法院应予支持。招标人和中标人在中标合同之外就明显高于市场价格购买承建房产、无偿建设住房配套设施、让利、向建设单位捐赠财物等另行签订合同,变相降低工程价款,一方当事人以该合同背离中标合同实质性内容为由请求确认无效的,人民法院应予支持。"对于建设工程领域中的"黑白合同"的效力,最高人民法院认为:应当以"白合同"即备案的中标合同作为结算工程价款的依据。因为法律、行政法规规定中标合同的变更必须经过法定程序,"黑合同"虽然可能是当事人真实意思表示,但由于合同形式不合法,不产生变更"白合同"的法律效力。②

3. 民间借贷合同的某些情形

依据《民间借贷规定》第 10—12 条规定,下列情形如果不存在《民法典》第 146 条等规定的情形,可认定民间借贷合同有效:法人之间、非法人组织之间以及它们

---

① 参见最高人民法院(2021)最高法民终 1201 号民事判决书。

② 参见《最高人民法院负责人就〈关于审理建设工程施工合同纠纷案件适用法律问题的解释〉答记者问》,载《解读最高人民法院司法解释·民商事卷》,人民法院出版社 2006 年版,第 149 页。

相互之间为生产、经营需要订立的民间借贷合同;法人或者非法人组织在本单位内部通过借款形式向职工筹集资金,用于本单位生产、经营;借款人或者出借人的借贷行为涉嫌犯罪,或者已经生效的裁判认定构成犯罪。

4. 电子商务经营者订立的虚假合同

依据《网络消费规定(一)》第9条规定,电子商务经营者与他人签订的以虚构交易、虚构点击量、编造用户评价等方式进行虚假宣传的合同,应当认定无效。

与虚假意思表示(包括"以合法形式掩盖非法目的")有关的司法意见:

①名为合同款项,实为银行转嫁经济损失的,有判决认为,该项贷款名为"购房款",实为银行用于内部平账、以贷堵漏、转嫁经济损失。双方签订的借款合同属于"以合法形式掩盖非法目的"的无效民事行为。[1]

②当事人申请开立信用证的目的是为了套取国家外汇的,有判决认为,被上诉人申请开立信用证的真实意思并非为了进口货物,而是为了融资,套取国家外汇……双方签订合同的意思表示并不真实一致,其结果是以合法形式掩盖非法目的。[2]

③签订合同只是诈骗行为的形式和手段的,有判决认为,当事人伪造文件,虚构贷款用途,其真实目的是骗取银行信贷资产,签订涉案基本授信合同及相关贷款合同只是诈骗银行信贷资产的形式和手段。该行为属于以合法形式掩盖非法目的,应认定合同无效。[3]

④当事人以煤炭买卖形式进行融资借贷的,有判决认为,本案并非真实的煤炭买卖关系,而是以煤炭买卖形式进行融资借贷,每吨支付的23元买卖价差实为利息……因《煤炭购销合同》欠缺真实的买卖意思表示,属于当事人共同而为的虚伪意思表示。[4]

⑤通过债权转让及资产委托管理协议变相收取借款利息的,有判决认为,借款人与贷款银行在借款合同之外,另签订债权转让及资产委托管理协议,约定借款人以一定对价受让贷款银行的不良贷款债权并委托贷款银行予以清收,清收所得款项在扣除支出费用后,剩余款项全部作为委托管理费归贷款银行所有,即借款人不获取任何利益的,应认定该债权转让及资产委托管理协议系以变相收取借款利息等为目的。该债权转让及资产委托管理协议系以虚假的意思表示实施,应认定无

---

①　参见"中国工商银行青岛市市北区第一支行诉青岛华悦物资发展公司等借款合同担保纠纷案",载《最高人民法院公报》1997年第4期。

②　参见最高人民法院(2003)民四终字第15号民事判决书,载《最高人民法院公报》2005年第5期。

③　参见最高人民法院(2008)民二终字第124号民事判决书,载《最高人民法院公报》2009年第10期。该案似应认定为欺诈为妥。

④　参见最高人民法院(2015)民提字第74号民事判决书,载《最高人民法院公报》2017年第6期。

效;该行为隐藏的收取利息的行为效力,依照有关法律规定处理。^①

⑥当事人申请开立信用证的目的是为了融资还债的,有判决认为,各开证申请人的真实意思并非为了履行真实的进出口合同并以信用证结算的方式付款,而是通过开立信用证的方式进行融资还贷,属以合法形式掩盖非法目的。因此各开证申请人的开证约定和相关的质押合同均应认定无效。^②

⑦以委托理财合同的形式进行企业间借贷的,有判决认为,双方以这种方式签订合同,实质上是规避法律关于企业间禁止借贷的有关规定,系以委托理财为表现形式的借贷关系……属于以合法形式掩盖非法目的的无效合同。^③

⑧订立委托资产管理合同的目的是操纵股票价格的,有判决认为,企业委托证券公司资产管理的真实目的系操纵股票价格,属于以合法形式掩盖非法目的之情形,应当认定无效。^④

⑨招标方与投标方签订"保证中标"协议的,有判决认为,双方约定以"保证中标"为条件收取费用,违反了招投标活动中应遵循的公开、公平、公正和诚实信用原则,属于以合法形式掩盖非法目的,应认定协议无效。^⑤

⑩将房屋交易价款拆分,记入虚假装修合同的,有判决认为,将案涉房屋交易价款拆分为两部分,一部分为买卖合同价款,一部分为装修价款,有规避地方政府房地产调控限价政策、逃避税收的嫌疑……装修合同为虚假意思表示,并未真正履行应为无效。^⑥

四、违反法律、行政法规的强制性规定

(一)《民法典》施行前后的规则差异

1.《民法典》施行前:区分效力性强制性规定与管理性强制性规定

(1)原《合同法》第52条第5项规定,违反法律、行政法规强制性规定的合同无效。对此,原《合同法解释(二)》第14条将其限定为"效力性强制性规定"。

(2)《民商事合同纠纷指导意见》第15条规定,"违反效力性强制规定的,人民法院应当认定合同无效;违反管理性强制规定的,人民法院应当根据具体情形认定其效力。"对于效力性强制性规定与管理性强制性规定的区分标准,第16条规定:

---

① 参见最高人民法院(2020)最高法民申7094号民事裁定书,载《最高人民法院公报》2023年第1期。

② 参见最高人民法院(2001)民四终字第15号民事判决书。

③ 参见最高人民法院(2005)民二终字第29号民事判决书。

④ 参见最高人民法院(2015)民二终字第386号民事判决书。

⑤ 参见北京市高级人民法院(2004)年高民终字第00408号民事判决书。

⑥ 参见广东省广州市中级人民法院(2018)粤01民终15723号民事判决书。

①人民法院应当综合法律法规的意旨,权衡相互冲突的权益,诸如权益的种类、交易安全以及其所规制的对象等,综合认定强制性规定的类型。②如果强制性规范规制的是合同行为本身即只要该合同行为发生即绝对地损害国家利益或者社会公共利益的,应当认定合同无效。③如果强制性规定规制的是当事人的"市场准入"资格而非某种类型的合同行为,或者规制的是某种合同的履行行为而非某类合同行为,人民法院对于此类合同效力的认定,应当慎重把握,必要时应当征求相关立法部门的意见或者请示上级人民法院。

(3)《九民纪要》第30条规定,下列强制性规定应当认定为"效力性强制性规定":强制性规定涉及金融安全、市场秩序、国家宏观政策等公序良俗的;交易标的禁止买卖的,如禁止人体器官、毒品、枪支等买卖;违反特许经营规定的,如场外配资合同;交易方式严重违法的,如违反招投标等竞争性缔约方式订立的合同;交易场所违法的,如在批准的交易场所之外进行期货交易。关于经营范围、交易时间、交易数量等行政管理性质的强制性规定,一般应当认定为"管理性强制性规定"。

上述规定均遵循同一思路:其一,将区分效力性强制性规定和管理性强制性规定作为认定合同无效的主要因素;其二,提炼出效力性强制性规定的判断标准,或者列举出典型情形。《民法典》施行前,对于此类合同纠纷,法院通常须首先识别某一法条是效力性强制性规定抑或管理性强制性规定,然后针对案涉合同效力作出相应认定。

上述做法虽然有效地解决了一些实务纠纷,但也存在以下问题:其一,效力性强制性规定的判断标准过于笼统,实践中不易把握。其二,具体列举的做法虽然可以在一定程度上弥补上述缺陷,但可能导致挂一漏万,而兜底规定又会带来裁判的不确定性。其三,效力性强制性规定之概念虽有助于明确违反强制性规定不当然导致合同无效的观念,但也可能造成误解,即法院在认定合同无效时应当先对该规定是否为效力性强制性规定作出判断。这种先入为主的做法在实践中极易造成倒果为因的弊端。正是由于存在这些问题,促使《民法典合同编通则解释》改弦更张,不再采取上述做法。① 但是,此变化并不妨碍学理上继续对效力性强制性规定和管理性强制性规定区分标准的研究。②

2.《民法典》施行后:无效是原则、有效是例外

《民法典》第153条第1款规定:"违反法律、行政法规的强制性规定的民事法律行为无效。但是,该强制性规定不导致该民事法律行为无效的除外。"该款未采

---

① 参见最高人民法院民事审判第二庭、研究室编著:《最高人民法院民法典合同编通则司法解释理解与适用》,人民法院出版社2023年版,第190—194页。

② 参见最高人民法院民事审判第二庭、研究室负责人就《最高人民法院关于适用〈中华人民共和国民法典〉合同编通则若干问题的解释》答记者问。

效力性强制性规定之概念，而是表达了违反强制性规定的合同"无效是原则、有效是例外"的立场。① 基于该前提，《民法典合同编通则解释》摒弃了此前区分效力性强制性规定与管理性强制性规定的思路，而将规范视角转向为：对《民法典》第153条第1款之"但书"作出具体解释。该变化的一个重要理由在于：某一强制性规定究竟是效力性强制性规定还是管理性强制性规定，需要基于规范目的进行判断，即是否必须通过否定合同效力来实现强制性的立法目的。由于规范目的的判断存在较大的主观性，因此理论上很难预设一个客观标准来判断某一强制性规定究竟是效力性强制性规定还是管理性强制性规定。②

(二)概念和构成要件

违反法律、行政法规强制性规定的合同，即狭义的违法合同，是指内容违反法律、行政法规强制性规定而致无效的合同。例如买卖毒品的合同。法律、行政法规的强制性规定划定了合同自由的适用范围，即法律、行政法规强制性规定所禁止的事项不允许当事人通过订立合同来设定相关权利义务，故法律完全否认此类合同的有效性。③《民法典》第153条第1款属于不完全规范、转介规范，其并未直接明确强制性规定的内容为何，故须与其他具体规定相结合作为裁判依据。违反法律、行政法规强制性规定的合同须具备以下要件：

1. 违反的是全国人大及其常委会制定的法律或国务院制定的行政法规

原《民法通则》第58条第1款第5项规定"违反法律或者社会公共利益的民事行为"是无效民事行为，但对"法律"未作任何限定，导致司法实务中大量合同被认定为无效合同，造成大量社会资源浪费且不利于鼓励交易。原《合同法》将违法合同所违之"法"限定为(狭义)法律和行政法规，以改变之前的状况。④ 原《合同法解释(一)》第4条规定，合同法实施以后，确认合同无效应当以全国人大及其常委会制定的法律和国务院制定的行政法规为依据，不得以地方性法规、行政规章为依据。虽然《民法典合同编通则解释》未保留该条，但由于"法律、行政法规"的制定机关只能是全国人大及其常委会和国务院，故仍应采与该条相同解释。

(1)违法合同所违之"法"并非所有具有法律效力的规范性文件，能够作为确

---

① 其他观点参见王利明：《论效力性和非效力性强制性规定的区分——以〈民法典〉第153条为中心》，载《法学评论》2023年第2期；冉克平：《论效力性强制规范与私法自治——兼析〈民法总则〉第153条第1款》，载《山东大学学报(哲学社会科学版)》2019年第1期。

② 参见《民法典合同编通则解释》起草工作组：《〈最高人民法院关于适用〈中华人民共和国民法典〉合同编通则若干问题的解释〉重点问题解读》，载《法律适用》2024年第1期。

③ 相关学理意见参见耿林：《强制性规范与合同效力——以合同法第52条第5项为中心》，中国民主法制出版社2009年版，第309页以下。

④ 参见胡康生主编：《中华人民共和国合同法释义》，法律出版社2009年版，第93页。

认合同无效依据的规范性文件限于(狭义)法律和行政法规。司法解释系针对法律或行政法规的特定条文作出解释的,亦可作为确认合同无效的依据。违法合同所违之"法"是否仅限于公法规范?有学者对此持肯定意见。[①] 但事实上,虽然违反公法规范导致合同无效的情形在实务中所占比例较大,但违反民法规范导致合同无效的情形亦不乏其例。

(2)地方性法规和行政规章原则上不得作为确认合同无效的依据。有判决认为:当事人从事施工和设计的行为虽然没有依照有关部门规定取得资质证明和办理注册登记,违反了建设部和工商总局的有关行政管理规章⋯⋯但不构成合同无效条件。[②] 另外,由解放军总参谋部、总政治部和总后勤部制定的军队规章,也不属于法律和行政法规,不能作为确认合同无效的依据。[③]

(3)违反规章一般情况下不影响合同效力,但该规章的内容涉及金融安全、市场秩序、国家宏观政策等公序良俗的,应当认定合同无效。(《九民纪要》第31条)有判决认为:彩票中心与德法利公司签订的《宣传营销协议》违反行政规章《中国福利彩票管理办法》有关规定。虽然合同效力的认定不应以行政规章的规定为依据,但该合同涉及社会公共利益保护的情形,应当以损害社会公共利益为由确认合同无效。[④]

2. 违反的是法律、行政法规的强制性规定

所谓强制性规定,是指无论当事人意思如何而均应适用的规定,且具有强制适用的效力。强制性规定包括强制规定与禁止规定:前者是法律要求当事人应为一定行为,通常表述为"应当""必须"等;后者是法律要求当事人不得为一定行为,通常表述为"不得""禁止"等。任意性规定,是指可依据当事人意思排除其适用的规定,其仅具补充适用的效力。因任意性规定的适用与否取决于当事人意思,故不存在违反此类规定导致合同无效的可能。

《民法典合同编通则解释》第18条规定,法律、行政法规的某些规定虽然有"应当""必须"或者"不得"等表述,但是不属于《民法典》第153条第1款之强制性规定。包括两种情形:

(1)该规定旨在限制民事权利(限权性规定)。此类规定的规范目的不是对合同内容作出某种强制性要求,而是对当事人的处分权、代理权或代表权等权利予以某种限制。违反此类规定将构成无权处分、无权代理、越权代表等行为,故应适用

---

① 参见谢鸿飞:《论法律行为生效的"适法规范"——公法对法律行为效力的影响及其限度》,载《中国社会科学》2007年第6期。

② 参见最高人民法院(2000)民终字第101号民事判决书。

③ 参见最高人民法院(2001)民一终字第39号民事判决书。

④ 参见最高人民法院(2008)民提字第61号民事判决书,载《最高人民法院公报》2009年第9期。类似案例参见最高人民法院(2019)最高法民再97号民事判决书,载《最高人民法院公报》2022年第6期。

无权处分等相关规则,而非适用《民法典》第 153 条第 1 款认定合同无效。例如《民法典》第 445 条第 2 款规定"应收账款出质后,不得转让",该规定旨在限制债权人对出质应收账款的处分权。债权人违反该规定订立转让合同的,应当发生该款规定的后果"出质人转让应收账款所得的价款,应当向质权人提前清偿债务或者提存",以及适用无权处分的相关规定(如《民法典合同编通则解释》第 19 条)。

(2)该规定旨在赋予民事权利(赋权性规定)。此类规定系将一方违反该规定作为另一方享有撤销权、解除权等权利的法定事由。此类规定的规范目的是在一方实施某种不符合法律要求的行为的情形下,通过赋予另一方某种权利(主要是形成权)予以救济。例如《外商投资企业规定(一)》第 11 条规定:"外商投资企业一方股东将股权全部或部分转让给股东之外的第三人,应当经其他股东一致同意,其他股东以未征得其同意为由请求撤销股权转让合同的,人民法院应予支持。……"股东违反该规定将股权转让给股东之外的第三人的,其他股东有权撤销股权转让合同。

(三)违反法律、行政法规强制性规定不导致合同无效的情形

1. 强制性规定旨在规制合同内容,而不导致合同无效的情形

《民法典合同编通则解释》第 16 条第 1 款规定,合同违反法律、行政法规的强制性规定,有下列情形之一,由行为人承担行政责任或者刑事责任能够实现强制性规定的立法目的的,人民法院可以依据《民法典》第 153 条第 1 款关于"该强制性规定不导致该民事法律行为无效的除外"的规定认定该合同不因违反强制性规定无效。

(1)强制性规定虽然旨在维护社会公共秩序,但是合同的实际履行对社会公共秩序造成的影响显著轻微,认定合同无效将导致案件处理结果有失公平公正。该情形是比例原则在合同无效规则中的具体运用。比例原则最初主要运用于公法领域,但近年来主张将比例原则适用于民商法领域的意见影响渐巨,司法解释采纳了该意见。比例原则的重心是寻求目的与手段间的均衡,而在合同无效的个案中要贯彻比例原则,确保目的(社会公共利益的维护)与手段(合同的无效)间的适当性,就必须对合同效力判断过程中的具体考量因素予以充分展开。[①] 例如甲公司与乙公司订立的借款合同虽然违反禁止企业间借贷的强制性规定,但金额较小、期限较短且还款完毕,在已对其行政处罚的情形下,没有必要再确认该借款合同无效。

(2)强制性规定旨在维护政府的税收、土地出让金等国家利益或者其他民事

---

① 参见黄忠:《比例原则下的无效合同判定之展开》,载《法制与社会发展》2012 年第 4 期。

主体的合法利益而非合同当事人的民事权益,认定合同有效不会影响该规范目的的实现。

　　一种常见案型是:当事人转让房屋时尚未取得土地使用权证书的,是否因违反《城市房地产管理法》第 39 条第 1 款而导致转让房屋合同无效?《民法典》施行前,实务中对此多采有效说。例如有判决认为,该审批行为仅是物权变动的必要条件,也即未经审批,将无法办理房产所有权登记,房屋所有权不发生转移,但这并不影响房屋买卖合同的效力。① 由于此类合同主要涉及土地出让金等国家利益,且认定合同有效不会影响该规范目的的实现,故依据《民法典合同编通则解释》第 16 条第 1 款亦应解释为有效说。

　　2020 年修改后的《关于审理涉及国有土地使用权合同纠纷案件适用法律问题的解释》第 8 条规定:"土地使用权人作为转让方与受让方订立土地使用权转让合同后,当事人一方以双方之间未办理土地使用权变更登记手续为由,请求确认合同无效的,不予支持。"第 11 条规定:"土地使用权人与受让方订立合同转让划拨土地使用权,起诉前经有批准权的人民政府决定不办理土地使用权出让手续,并将该划拨土地使用权直接划拨给受让方使用的,土地使用权人与受让方订立的合同可以按照补偿性质的合同处理。"《民法典合同编通则解释》第 16 条第 1 款与上述规定的精神亦保持一致。

　　(3)强制性规定旨在要求当事人一方加强风险控制、内部管理等,对方无能力或者无义务审查合同是否违反强制性规定,认定合同无效将使其承担不利后果。该情形下,由于强制性规定仅规制一方当事人,如果因该方违反强制性规定导致合同无效且对方也须承担无效后果,对对方而言显非公平。例如《商业银行法》第 39 条规定:"商业银行贷款,应当遵守下列资产负债比例管理的规定:(一)资本充足率不得低于百分之八;(二)流动性资产余额与流动性负债余额的比例不得低于百分之二十五;(三)对同一借款人的贷款余额与商业银行资本余额的比例不得超过百分之十;(四)国务院银行业监督管理机构对资产负债比例管理的其他规定。"该强制性规定旨在规制商业银行加强风险控制、防范金融风险,而借款人对于商业银行是否违反该强制性规定既无审查能力,也无审查义务。因此,商业银行违反该强制性规定与借款人订立贷款合同,认定合同无效将使借款人承担不利后果的,应当认定合同有效。

　　(4)当事人一方虽然在订立合同时违反强制性规定,但是在合同订立后其已经具备补正违反强制性规定的条件却违背诚信原则不予补正。该情形下,虽然合同违反强制性规定(如欠缺法定资质),但法律允许在一定期限内对欠缺条件予以

---

① 参见最高人民法院(2017)最高法民再 87 号民事判决书。

补正,而当事人一方却违背诚信原则不予补正,因此认定合同有效不违背该规范目的。例如《建设工程施工合同解释(一)》第 3 条规定:"当事人以发包人未取得建设工程规划许可证等规划审批手续为由,请求确认建设工程施工合同无效的,人民法院应予支持,但发包人在起诉前取得建设工程规划许可证等规划审批手续的除外。(第 1 款)发包人能够办理审批手续而未办理,并以未办理审批手续为由请求确认建设工程施工合同无效的,人民法院不予支持。(第 2 款)"

房地产开发商订立商品房预售合同时未取得预售许可证明的,可否适用本项规定?最高人民法院释义书采肯定说。① 《商品房买卖合同解释》第 2 条规定:"出卖人未取得商品房预售许可证明,与买受人订立的商品房预售合同,应当认定无效,但是在起诉前取得商品房预售许可证明的,可以认定有效。"该条内容与《建设工程施工合同解释(一)》第 3 条第 1 款类似,但无后者第 2 款之规定。依据其规范目的,亦应解释为:商品房预售合同订立后,房地产开发商能够办理预售许可证明手续而未办理,不得以未办理该手续为由请求确认商品房预售合同无效。该情形下,房地产开发商主张合同无效构成违反诚实信用原则之恶意抗辩。②

(5)法律、司法解释规定的其他情形。例如《民法典》第 706 条规定:"当事人未依照法律、行政法规规定办理租赁合同登记备案手续的,不影响合同的效力。"

2. 强制性规定旨在规制履行行为,而不导致合同无效的情形

《民法典合同编通则解释》第 16 条第 2 款第 1 句规定:"法律、行政法规的强制性规定旨在规制合同订立后的履行行为,当事人以合同违反强制性规定为由请求认定合同无效的,人民法院不予支持。"该情形下,规范目的不是规制合同内容,而是对当事人的履行行为作出强制性要求,因此违反此类强制性规定不影响合同效力,而产生违约责任等法律后果。例如《民法典》第 615 条规定:"出卖人应当按照约定的质量要求交付标的物。出卖人提供有关标的物质量说明的,交付的标的物应当符合该说明的质量要求。"出卖人违反该条规定的,不影响买卖合同效力,而产生瑕疵担保责任。

《民法典合同编通则解释》第 16 条第 2 款第 2 句设置"但书"规定:"但是,合同履行必然导致违反强制性规定或者法律、司法解释另有规定的除外。"例如《民法典》第 655 条规定,用电人应当按照国家有关规定安全用电。该条旨在规制履行行为,故一般情形下违反安全用电义务不影响合同效力,而产生相关法律责任。但是,如果用电人订立供电合同系为了违规从事易燃、易爆危险品的生产,用电行为不可能完全符合安全要求,而订立合同时供电人对此明知,应当认定该供电合同

---

① 参见最高人民法院民事审判第二庭、研究室编著:《最高人民法院民法典合同编通则司法解释理解与适用》,人民法院出版社 2023 年版,第 197—198 页。

② 参见陕西省西安市中级人民法院(2018)陕 01 民终 8145 号民事判决书。

无效。

虽然司法解释规定了不导致合同无效的若干情形,但这是在综合各种因素的基础上对合同效力的处理,而并不意味着法律对这些情形完全持肯定性评价。《民法典合同编通则解释》第 16 条第 3 款规定:"依据前两款认定合同有效,但是当事人的违法行为未经处理的,人民法院应当向有关行政管理部门提出司法建议。当事人的行为涉嫌犯罪的,应当将案件线索移送刑事侦查机关;属于刑事自诉案件的,应当告知当事人可以向有管辖权的人民法院另行提起诉讼。"依此规定,在认定合同有效的情形下,并不由此消除违法当事人的行政责任或刑事责任。

(四)违法合同的类型

《民法典》第 153 条第 1 款并未表明所规范的行为具体内容,确认合同无效需要依据所违反的法律、行政法规的具体强制性规定。

1. 违反宪法中的强制性规定

违反宪法中的强制性规定导致合同无效,主要涉及宪法有关公民基本权利的规定。在民事案件中适用宪法规范作为裁判依据,域外立法有"直接适用说"与"间接适用说"两种途径:前者直接依据宪法规范确认合同无效;后者须借助民法上的具体规定实现宪法关于基本人权的价值判断。我国对民事案件能否适用宪法规范作为裁判依据素有争议,但在相关劳动法律颁行以前,曾有以宪法规范作为裁判依据的实例。有判决认为,在招工登记表中注明"工伤概不负责",违反宪法和有关劳动保护法规,也严重违反社会主义公德,应认定为无效。[①]

2. 违反民法中的强制性规定

例如违反诉讼时效法定性的协议(《民法典》第 197 条)、国家机关不得作为保证人(《民法典》第 683 条)、保险公司的业务范围(《保险法》第 95 条)等。

3. 违反刑法中的强制性规定

违反刑法的合同并非均为无效。合同行为被刑法评价为犯罪的,除合同缔结为刑法禁止等情形外,认定合同效力仍应以合同法为判断基准,但应兼顾受害人救济和一般预防两种目标,以调和合同法和刑法的不同价值取向和违法评价。[②]例如借款人或者出借人的借贷行为涉嫌犯罪或生效裁判认定构成犯罪,当事人提起民事诉讼的,民间借贷合同并不当然无效,而应当依据《民法典》民事法律行为无效的相关规定认定民间借贷合同的效力。(《民间借贷规定》第 12 条)

如果当事人订立合同的内容是实施犯罪行为,该合同当然无效。例如向走私人非法收购国家禁止进口物品(《刑法》第 155 条)、洗钱合同(《刑法》第 191 条)、

---

① 参见"张连起、张国莉诉张学珍损害赔偿纠纷案",载《最高人民法院公报》1989 年第 1 期。
② 参见谢鸿飞:《违反刑法的合同的类型与效力》,载《法律适用》2024 年第 1 期。

非法买卖增值税专用发票(《刑法》第 207 条、第 208 条)等。有判决认为,合同标的物被确定为走私物而予以没收后,参与走私的当事人以合同主张民事权利的,不应予以支持。①

4. 违反经济行政法中的强制性规定

当事人在商事交易中订立合同应当遵守经济行政法的有关规定,例如税法、金融法、竞争法等。

违反法律、行政法规强制性规定导致合同无效的司法意见:

①对于国有资产转让时应当进行资产评估的规定,有判决认为,《国有资产评估管理办法》第 3 条规定,国有资产占有单位进行资产转让的,应当进行评估。该规定属于强行性规定,故应认定本案所涉房地产转让合同无效。②

②对于违反《建筑法》关于施工资质规定的,有判决认为,承包人系原告工作人员假冒第三人企业名称和施工资质承包涉案工程,原告的行为构成欺诈,且违反建筑法以及相关行政法规关于建筑施工企业应当取得相应等级资质证书后,在其资质等级许可的范围内从事建筑活动的强制性规定。应当认定原被告签订的建设工程施工合同无效。③

③居间合同促成他人签订违反法律法规强制性规定的合同的,有判决认为,《居间协议》约定的居间事项是促成他人签订建设工程施工合同,而该建设工程施工合同因违反强制性规定而无效。《居间协议》破坏了建筑市场的秩序,属于违法居间行为,故《居间协议》无效。④

④对于违反《自然保护区条例》关于合作探矿规定的,有判决认为,双方签订的《合作勘探开发协议》违反了《自然保护区条例》的禁止性规定,如果认定该协议有效并继续履行,将对自然环境和生态造成严重破坏……应属无效。⑤

⑤对于违反《森林法》《土地管理法》关于林地用途规定的,有判决认为,保护森林关系到国家的根本利益,《森林法》第 15 条和《土地管理法》第 63 条关于林地用途的规定属于效力性强制性规定,案涉租赁合同改变了林地用途,故应当认定无效。⑥

⑥对于企业(非金融机构)经常性放贷订立借款合同的,有判决认为,甲公司

---

① 参见北京市高级人民法院(2001)高经再终字第 464 号民事判决书。

② 参见最高人民法院(2008)民申字第 461 号民事裁定书,载《最高人民法院公报》2009 年第 2 期。

③ 参见"齐河环盾钢结构有限公司与济南永君物资有限责任公司建设工程施工合同纠纷案",载《最高人民法院公报》2012 年第 9 期。

④ 参见江苏省南京市中级人民法院(2020)苏 01 民终 10148 号民事判决书,载《最高人民法院公报》2023 年第 5 期。

⑤ 参见最高人民法院(2015)民二终字第 167 号民事判决书。

⑥ 参见最高人民法院(2016)最高法民申 1223 号民事裁定书。

贷款对象众多,通过向社会不特定对象提供资金以赚取高额利息,出借行为具有反复性、经常性,借款目的也具有营业性。未经批准擅自从事经常性的贷款业务,属于从事非法金融业务活动,违反了《银行业监督管理法》第 19 条规定,故案涉借款合同应认定无效。① 关于该案型的处理,参见《九民纪要》第 53 条关于"职业放贷人"的规定。

⑦对于限制非农村集体经济组织成员使用农村集体土地的规定,有判决认为,原告并非村集体成员,其使用讼争房屋项下土地的行为不属于农民使用宅基地等农用情形,也非法定可以用于非农建设的情形。原被告签订的《房屋使用权转让协议》客观上将产生原告违反土地管理法强制性规定而使用农村集体土地的效果,故该协议因违反法律强制性规定而无效。②

违反法律、行政法规强制性规定不导致合同无效的司法意见:

①对于金融机构违法从事拆借活动的处罚规定,有判决认为,《金融违法行为处罚办法》第 17 条规定金融机构从事拆借活动,如果具有资金拆借超过最长期限、在全国统一同业拆借网络之外从事拆借业务的行为,应当受到暂停或者停止该项业务、没收违法所得等处罚。该条规定与合同效力没有关系。③

②对于纳税义务人的规定,有判决认为,税法对于税种、税率、税额的规定是强制性的,而对于实际由谁缴纳税款没有作出强制性规定。故《补充协议》约定由纳税义务人以外的人承担转让土地使用权税费的,并不违反税收管理方面的法律法规的规定,属合法有效。④

③对于针对储蓄机构的对内管理行为、不涉及公共利益的规定,有判决认为,《储蓄管理条例》第 23 条"储蓄机构必须挂牌公告储蓄存款利率,不得擅自变动"的规定,是对金融机构关于储蓄存款利率拟定、公布、变动等的管理性规定,不是对储蓄机构对外签订、履行储蓄存款合同的效力性规定。⑤

④对于金融资产管理公司收购不良资产时,对超出确定的范围和额度应由国务院专项审批的规定,有判决认为,《金融资产管理条例》关于金融资产管理公司收购不良资产时要按照国务院规定的范围和额度进行收购,超出确定的范围和额度应由国务院专项审批的规定,系行政管理规定,并不必然导致债权转让合同

---

① 参见最高人民法院(2017)最高法民终 647 号民事判决书。
② 参见福建省厦门市集美区人民法院(2009)集民初字 1466 号民事判决书。
③ 参见最高人民法院(2005)民二终字第 150 号民事判决书,载《最高人民法院公报》2006 年第 9 期。
④ 参见最高人民法院(2007)民一终字第 62 号民事判决书,载《最高人民法院公报》2008 年第 3 期。
⑤ 参见广东省梅州市中级人民法院(2009)梅中法民二终字第 75 号民事判决书,载《最高人民法院公报》2011 年第 1 期。

无效。①

⑤对于订立合同过程中存在犯罪行为的,有判决认为,在出借人甲银行未涉嫌合同犯罪的情况下,其向乙公司发放贷款均按银行正常放贷程序操作,乙公司的员工涉嫌合同诈骗行为属于另一法律关系,不能因此而直接认定双方签订的《借贷合同》无效。②

⑥对于违反淘宝网经营规则的,有判决认为,淘宝网经营规则是作为交易平台经营者的淘宝网为了规范淘宝店主行为而制定的、淘宝店主亦愿意按此约束其在交易平台上经营行为的准则,该规则是淘宝网与淘宝店主达成的约定。违反该约定的合同并不当然无效。③

⑦违反"限购令"订立商品房买卖合同的,有判决认为,地方政府颁布的"限购令"并非法律、行政法规的强制性规定,违反商品房"限购令"的行为不宜认为损害了社会公共利益,故违反"限购令"的商品房销售合同仍然有效。④

五、违背公序良俗

(一)概念和构成要件

依据《民法典》第 153 条第 2 款规定,违背公序良俗的合同无效。这与各国立法通例一致。《民法典》颁布之前,我国法律一般将公序良俗表述为社会公共利益和社会公德。(《民法通则》第 7 条)《民法典》回归传统民法的通用概念,统一表述为公序良俗。违背公序良俗的合同须具备以下要件:

1. 合同内容违背公共秩序或善良风俗

公共秩序是指"社会一般利益",善良风俗是指"社会一般道德观念"。对于是否违背公序良俗,传统民法通常采取"所有有公平正义思想的人的体面感"标准。适用该标准时应以一般人的、客观的视角,而非主审法官的、主观的视角。⑤ 在我国现行法框架下,社会公共利益系与个体利益、私人利益相对的概念,是指关系到社会整体或大多数社会成员的利益。⑥

---

① 参见"北京地鑫房地产开发有限责任公司与中国华融资产管理公司北京办事处等借款担保合同纠纷上诉案",载最高人民法院民事审判第二庭编:《民商事审判指导》2004 年第 1 辑(总第 5 辑),人民法院出版社 2004 年版,第 159 页以下。

② 参见最高人民法院(2015)民申字第 996 号民事裁定书。

③ 参见上海市闸北区人民法院(2014)闸民二(商)初字第 6 号民事判决书。

④ 参见浙江省宁波市中级人民法院(2014)浙甬民二终字第 559 号民事判决书。

⑤ 参见[德]海因·克茨:《德国合同法》,叶玮昱、张焕然译,中国人民大学出版社 2022 年版,第 63 页。

⑥ 参见郑永流等:《中国法律中的公共利益》,北京大学出版社 2014 年版,第 166 页以下。

该无效事由是因为合同内容在客观上违背了现有法律秩序和伦理秩序的基本精神,因此当事人对合同内容违背公序良俗持何种心理状态(明知或不知)并不重要。如果不采此认定,则会导致只要当事人理直气壮地认为其订立的合同的合法的,悖俗的合同就应被视为有效——这显然无法令人接受。因此,只要当事人知道或应当知道合同内容(而非对该内容的正确法律评价)且仍然订立该合同,就不影响该无效事由的认定。

2. 对该合同内容缺乏法律、行政法规强制性规定

公序良俗是内涵及外延均非严格确定的概念,属于具体法律规范之外的一般条款。其重要功能是弥补具体法律规范的不足,为抽象的立法价值转化为裁判规范提供法律依据。如果合同内容直接违反法律、行政法规强制性规定,应当适用《民法典》第153条第1款认定合同无效。换言之,相较于违反法律、行政法规强制性规定,违背公序良俗作为合同无效事由具有补充性。

(二)违背公序良俗合同的类型

无法回避的一个事实是,对于违背公序良俗的认定,必须置于具体语境及个案中判断,对实务案型的经验总结具有不可替代的意义。对于违背公序良俗合同的类型化研究,学界已有不少有价值的成果。[①] 依据《民法典合同编通则解释》第17条第1款规定,违背公序良俗合同包括三种基本类型。

1. 影响政治安全、经济安全、军事安全等国家安全的合同

公共秩序可以区分为国家安全和社会公共秩序:前者是指国家存在及发展所必需的一般秩序,包括国家的政治安全、经济安全、军事安全等;后者是指社会的存在及发展所必需的一般秩序,主要包括社会管理秩序、生产秩序、工作秩序、交通秩序和公共场所秩序等。《民法典合同编通则解释》第17条第1款第1项规定的是"影响国家安全"类型的合同,第2项规定的是"影响社会公共秩序"类型的合同。

2. 影响社会稳定、公平竞争秩序或者损害社会公共利益等违背社会公共秩序的合同

(1)违背市场管理秩序

该类型涉及金融、能源、药品、消防等市场管理领域。在这些领域中,存在众多的规章、办法、通知等作为管理行为的依据。由于这些文件不是法律、行政法规,故不能直接作为认定违法合同无效的依据,实务中多以"违背公序良俗"为由认定无效。常见情形如下:

[①] 参见于飞:《公序良俗原则研究——以基本原则的具体化为中心》,北京大学出版社2006年版,第134页以下;杨德群:《公序良俗原则比较研究》,中国社会科学出版社2017年版,第143页以下;蔡唱:《公序良俗在我国的司法适用研究》,载《中国法学》2016年第6期。

①合同内容违反消防安全要求的,有判决认为,变更协议改变了原合同有关通电、消防方面的约定,双方在涉案商厦未经消防验收、消防设施不符合开业条件、并存在重大火灾隐患的情况下强行开业,损害了社会公共利益,故变更协议无效。①

②对于股权代持协议,主流意见持无效说(尤其针对上市公司)。有判决认为,代持协议导致上市公司信息披露、关联交易审查、高管人员任职回避等监管举措落空,损害广大非特定投资者的合法权益,损害资本市场基本交易秩序与基本交易安全,损害金融安全与社会稳定,从而损害社会公共利益。② 但是,由于股权代持协议的形态多样,其效力受多种因素影响(如股权性质、基于委托还是信托)。某些场合下,此类协议亦可能基于某些因素被认定有效。例如,名义股东与隐名股东就有限责任公司股份订立代持协议,法院以"有限责任公司的人合因素""实际出资人的权益保护"等理由认定该协议有效。③

③买卖合同标的物是挖比特币的"矿机"的,有判决认为,原告购买"矿机"的目的是生产虚拟货币,此类"挖矿"活动能源消耗和碳排放量大,不利于国家产业结构优化、节能减排,且虚拟货币生产、交易环节衍生的虚假资产风险、经营失败风险、投资炒作风险等多重风险突出,有损社会公共利益。原告与被告之间购买矿机形成的协议应属无效。④

④委托他人购买虚拟货币的,有判决认为,因虚拟货币交易行为损害国家的金融安全,扰乱金融市场秩序,违背公序良俗,因此不受法律保护,委托购买虚拟货币的合同无效。⑤

⑤对于干细胞买卖合同,有判决认为,干细胞应用的安全性和有效性、药品市场的管理秩序、公众用药安全和生命健康等均涉及社会公共利益。因此,当事人之间成立的"干细胞"买卖合同因损害社会公共利益而无效。⑥

(2)违背公平竞争秩序

《反不正当竞争法》第6—9条列举了不正当竞争行为的具体形态。上述法条未规定但性质上也属于不正当竞争行为的,实务中多以"违背公序良俗"为由认定无效。常见情形如下:

①就污水处理工程承包合同订立居间合同的,有判决认为,涉诉工程为污水处

---

① 参见最高人民法院(2000)民终字第 126 号民事判决书。

② 参见最高人民法院(2017)最高法民申 2454 号民事裁定书。类似案例参见上海金融法院(2018)沪 74 民初 585 号民事判决书。

③ 参见最高人民法院(2019)最高法民申 1764 号民事裁定书。

④ 参见四川省井研县人民法院(2021)川 1124 民初 1619 号民事判决书,2022 年全国法院十大商事案件。

⑤ 参见浙江省宁波市中级人民法院(2022)浙 02 民终 2187 号民事判决书,载《人民司法·案例》2023 年第 8 期。

⑥ 参见上海市第一中级人民法院(2020)沪 01 民终 4321 号民事判决书,载《最高人民法院公报》2021 年第 6 期。

理工程,属于市政公用事业,涉及社会公共利益,依法应当进行招标。从双方签订《居间合同》的目的来看,是使不符合投标资质的被告通过原告的居间行为实际取得涉诉工程,这与招标方通过公开招标方式取得工程明显存在矛盾。原审法院认定《居间合同》无效,并无不当。①

②就"暗刷流量"交易订立合同的,有判决认为,暗刷流量的行为,一方面使同业竞争者的诚实劳动价值被减损,破坏正当的市场竞争秩序,侵害了不特定市场竞争者的利益;另一方面,会欺骗、误导网络用户选择与其预期不相符的网络产品……属于侵害广大不特定网络用户利益的行为。上述不特定主体的利益均为社会公共利益的体现。②

(3)违背职业伦理

该类型主要涉及律师事务所、会计师事务所、投资公司等专业机构。常见情形如下:

①律师事务所与委托人约定限制委托人在诉讼过程中接受调解、和解的,有判决认为,律师事务所为获取自身利益最大化的可能而限制被上诉人进行调解、和解,加重了当事人的诉讼风险,侵犯了委托人在诉讼中的自主处分权,不利于促进社会和谐,违反了社会公共利益,相关合同条款亦属无效。③

②对于"诉讼投资协议",有判决认为,甲公司因与案外公司的一起合同纠纷案,与乙公司、丙律所签订《诉讼投资合作协议》约定:乙公司投资甲公司在标的案件中的全部诉讼费用;甲公司根据标的案件的生效判决,以其最终实际收到的案款的27%作为乙公司的投资收益;若甲公司败诉或无法实际收到案款,乙公司自担损失。涉案协议有违司法活动服务社会公众利益的属性……违反公序良俗而无效。④

(4)请托协议

请托协议,是指为谋取某种不正当利益而订立的有偿委托合同,即一方通过给付财产换取另一方在合法规则之外给予关照或方便。实践中,请托协议常发生于就医、入学、求职、办证等场合。请托不仅有害法治社会建设,且增加交易成本,是优化市场发展环境的巨大障碍。⑤ 实务中,法院多以"违背公序良俗"为由认定请托协议无效。例如为谋取公务员工作请托的,有判决认为,当事人汇款目的,是想疏通关系、以非法手段实现其个人获取不正当利益的目的,客观上破坏了国家机关正常的人事招考制度,损害了社会利益,故双方的委托合同关系因损害社会公共利

---

① 参见天津市高级人民法院(2014)津高民二终字第0017号民事判决书。
② 参见北京互联网法院(2019)京0491民初2547号民事判决书。
③ 参见"上海市弘正律师事务所诉中国船舶及海洋工程设计研究院服务合同纠纷案",载《最高人民法院公报》2009年第12期。
④ 参见上海市第二中级人民法院(2021)沪02民终10224号民事判决书。
⑤ 参见张红:《请托关系之民法规制》,载《法学家》2018年第5期。

益而无效。①

(5)其他

①合同约定"市政府下令进城车辆必须洗车"的,有判决认为,车辆清洗站建设及经营权出让合同中,出让方承诺受让方取得建设及经营权以"市政府下令进城车辆必须洗车"为前提,损害了社会公共利益,故约定中有关"强制洗车"的内容应确认无效。②

②以危房为标的物签订租赁合同的,有判决认为,案涉房屋已被确定属于存在严重结构隐患、或将造成重大安全事故、应当尽快拆除的 D 级危房,双方当事人仍签订《租赁合同》,约定将该房屋出租用于经营可能危及不特定公众人身及财产安全的商务酒店,明显损害社会公共利益、违背公序良俗。③

③以具有社会公共教育资源属性的校舍改建房屋为标的物签订买卖合同的,有判决认为,涉案房屋所属建设用地系经政府批准划拨取得,且只限用于建设某学院某校区项目,建筑物性质均为教育用房、宿舍、食堂及配套设施,涉案房屋系由校舍改建而来,具有社会公共教育资源的属性。对经校舍改建而来的涉案房屋进行买卖,改变了本应用于社会公共教育事业的划拨建设用地及其上校舍之用途,侵害社会公共教育资源,损害社会公共利益,违背公序良俗,应为无效。④

3. 背离社会公德、家庭伦理或者有损人格尊严等违背善良风俗的合同

(1)违背性伦理

虽然各国及地区的性伦理标准存在差异,对性工作者的法律态度也不一致,但普遍认为违背性伦理的合同因违背公序良俗而无效(但判断标准不一)。在我国,性工作者与顾客订立的卖淫合同可认定为违法合同而无效。(《治安管理处罚法》第 66 条)依据《互联网直播服务管理规定》第 9 条规定,不得利用互联网直播服务从事传播淫秽色情活动。由于该规章不能直接作为认定违法合同无效的依据,因此对色情直播服务、色情电话服务等合同应以"违背公序良俗"为由认定无效。

该类型的常见案型是"情人协议"。大致可分为两种情形:

第一,性关系与财产给付直接构成对价的合同。此类合同是指当事人为了建立、维持、巩固不正当性关系,由一方向另一方给付财产的合同。婚外情人关系本身虽非法律评价的对象,但基于该不道德关系约定把性奉献与财产上的对待给付相互联结,则因违背公序良俗而无效。此类合同无效系各国通例,我国亦与之一

---

① 参见山东省济南市中级人民法院(2018)鲁 01 民终 1775 号民事判决书。
② 参见最高人民法院(1997)经终字第 326 号民事判决书。
③ 参见最高人民法院(2019)最高法民再 97 号民事判决书。
④ 参见北京市延庆区人民法院(2020)京 0119 民初 3092 号民事判决书。

致。例如:①为了维持婚外情人关系而赠与财产①;②为了保持长期情人关系,男方向女方多次出具借条②。

第二,性关系与财产给付不直接构成对价,而基于其他目的给付财产的合同。该情形下,婚外情人之间不是以性关系为对价,而是基于其他目的而实施赠与。有域外法认为此类赠与应属有效,例如情人关系结束时为保障对方生活而实施赠与。③ 我国实务中通常不作此区分。备受关注的"泸州遗赠案"与此类案型类似,法院亦以"违背公序良俗"为由认定遗赠无效。④ 对于该实务做法的合理性,学理上尚有讨论余地。⑤

（2）违背生殖伦理

最典型的事例是代孕合同。依据《人类辅助生殖技术管理办法》第3条第2款规定,医疗机构和医务人员不得实施任何形式的代孕技术。由于该管理办法属于规章,且该款主要针对医疗机构和医务人员,故该款不能直接作为认定代孕合同构成违法合同无效的依据。实务中,法院多以"违背公序良俗"为由认定代孕合同无效,裁判理由多强调"社会伦理道德、婚姻家庭关系、生殖伦理"等。⑥

并非任何以人类辅助生殖技术为内容的合同均无效。例如某最高人民法院公报案例中,夫妻因不孕症而与医院订立医疗服务合同,约定实施"体外受精-胚胎移植"手术,并成功培育4个胚胎,计划妻子身体条件具备后再进行移植手术。其后,丈夫因意外事故死亡。妻子要求医院继续完成"体外受精-胚胎移植"手术,但医院以缺少丈夫签字、按照相关规定不得实施该手术为由拒绝。法院认为,妻子要求医院继续履行医疗服务合同为其移植胚胎,不违反法律法规及公序良俗,予以支持。⑦

该类型中的另一常见案型是以生育为条件的赠与合同。例如:①合同约定以生育男孩为赠与金钱的条件⑧;②合同约定"生育保证金"⑨。

---

① 参见湖南省长沙市中级人民法院(2019)湘01民终3101号民事判决书。
② 参见湖南省资兴市人民法院(2015)资民二初字第56号民事判决书。
③ Vgl. Christian Armbrüster, Kommentar zum §138, in: *Münchener Kommentar zum BGB*, 9. Aufl., München: C. H. Beck, 2021, Rn. 90.
④ 参见四川省泸州市中级人民法院(2001)泸民终字第621号民事判决书。虽然该案是遗赠纠纷而非合同纠纷,但原理相同。
⑤ 相关学理意见参见石毕凡:《"泸州遗赠案"的利益衡量方法透视》,载《河南社会科学》2016年第4期;余净植:《旧案重提:"泸州遗赠案"两种分析路径之省思》,载《法学论坛》2008年第4期。
⑥ 参见广东省深圳市中级人民法院(2018)粤03民终9212号民事判决书。
⑦ 参见江苏省无锡市梁溪区人民法院(2019)苏0213民初10672号民事判决书,载《最高人民法院公报》2022年第2期。
⑧ 参见甘肃省定西市中级人民法院(2014)定中民申字0004号民事裁定书。
⑨ 参见山东省沂南县人民法院(2016)鲁1321民初849民事判决书。

（3）限制行为自由

如果合同过度地限制当事人的行为自由，既有违法律的基本精神，也有害于经济活动，故应属无效。法律、行政法规针对限制行为自由的某些情形作出规定的，违反该规定的合同可认定为违法合同而无效。例如竞业限制协议的内容违反法定适用范围或期限。（《劳动合同法》第 24 条）对限制行为自由的情形尚无法律、行政法规规定的，以"违背公序良俗"为由认定无效。例如工程结算协议约定"如有工人上访，就扣减工程款"，法院认为该约定"违背公序良俗的原则，对于工人通过救济渠道维护正当权利，不应当成为制约双方履行合同的要件，故该约定无效"。①

（三）违背公序良俗合同的认定标准

《民法典合同编通则解释》第 17 条第 2 款对违背公序良俗合同的认定标准及须考量因素作出规定。

第一，人民法院在认定合同是否违背公序良俗时，应当以社会主义核心价值观为导向，综合考虑当事人的主观动机和交易目的、政府部门的监管强度、一定期限内当事人从事类似交易的频次、行为的社会后果等因素，并在裁判文书中充分说理。例如合同所违反规章的内容涉及金融安全、市场秩序、国家宏观政策的，人民法院在认定规章是否涉及公序良俗时，要在考察规范对象基础上，兼顾监管强度、交易安全保护以及社会影响等方面进行慎重考量，并在裁判文书中进行充分说理。（《九民纪要》第 31 条）

第二，当事人确因生活需要进行交易，未给社会公共秩序造成重大影响，且不影响国家安全，也不违背善良风俗的，人民法院不应当认定合同无效。基于认定违反法律、行政法规强制性规定之相同理由，认定违背公序良俗时亦须考虑比例原则。例如当事人为满足自己的居住需求（而非投机炒房），借名买房以规避限购政策，该借名合同一般不宜认定为违背公序良俗的无效合同。②

六、恶意串通

（一）概念和构成要件

依据《民法典》第 154 条规定，当事人恶意串通，损害他人合法权益的合同无效。恶意串通的合同，是指合同双方当事人为谋取非法利益相互串通，而订立的损

---

① 参见辽宁省本溪市平山区人民法院（2015）平民初字第 02046 号民事判决书。
② 此类案型的梳理分析参见蔡睿：《民法典施行背景下借名买房的合同效力与权利归属》，载《河北法学》2022 年第 11 期。

害他人合法权益的合同。例如甲企业为销售劣质商品,向乙企业的采购人员行贿,并与之串通订立合同而损害了乙企业的利益。当事人的恶意串通行为具有明显的违法性,而订立合同的效果导致他人合法权益受到损害,故法律完全否认此类合同的有效性。恶意串通的合同须具备以下要件:

1. 当事人出于恶意

所谓恶意,是指当事人明知或应知该合同将使他人合法权益受到损害,为了谋取非法利益而希望该结果发生的心理状态。此处的恶意含有加害他人的主观因素,比民法中一般所称恶意(知情或应知情)主观恶性更为严重,属于应受法律和道德谴责的一种心理状态。由于此不良心理状态属于主观心理活动范畴,故受害人举证殊为不易。实务中,对于主观恶意的认定,可结合订立合同是否符合常理、是否明显违背商业规律及合同的履行情况等具体因素予以综合评判。[①] 还可以从交易背景、主观认识状态以及关键人员的任职履历、管理经历及其在签约中的作用等因素加以认定。[②]

兹举一则实例:甲公司与张某茂签订《债权转让协议》约定:甲公司将其对林某的债权转让给张某茂;张某茂实现债权后,需首先代甲公司偿还甲公司所欠张某官借款本息及滞纳金;若有剩余款项,50%作为张某茂收益,另50%作为债权转让款支付给甲公司。双方又签订《补充协议》约定,如果法院认定林某应付给甲公司高于或等于2.6亿元,则甲公司转让给张某茂的债权本金数额确定为2.6亿元。其后,另案民事判决确认林某给付张某茂1.9亿元。甲公司的债权人主张甲公司尚欠其2.5亿元。在执行阶段,张某茂和林某达成《执行和解协议》,约定将上述判决确认的林某应偿还款及利息减为1.45亿元。法院认为,张某茂在《执行和解协议》中减低债务执行数额,不仅有损甲公司的利益,亦有违其受让债权的目的。张某茂明知债权转让目的,林某理应知晓其与张某茂签订《执行和解协议》将有损甲公司的利益,足以证明其存在主观恶意,属于恶意串通。[③]

2. 当事人之间相互串通

相互串通具有两方面的要求:一方面,双方当事人具有共同意思联络,都希望通过订立该合同损害他人合法权益,并且以明示或默示的方式进行沟通;另一方面,当事人双方的行为在客观上相互配合或者共同实施了某种行为以促成合同订立。如果双方缺乏意思联络,一方因缺乏经验或存在误解而被对方利用,则非恶意串通而可能构成欺诈、重大误解等其他行为。

① 参见最高人民法院(2009)民申字第1760号民事裁定书,载《最高人民法院公报》2010年第10期。
② 参见最高人民法院(2011)民提字第45号民事判决书。
③ 参见最高人民法院(2020)最高法民终409号民事判决书。

3. 损害他人合法权益

当事人恶意串通订立的合同，无论损害国家、集体或者第三人利益，均为无效。对于国家利益和集体利益的认定标准，理论和实务上多有争议。《民法典》第 154 条不再采此概念，而是表述为"他人合法权益"。有判决认为，公司高管代表公司与对方公司签订的合同中，贱卖公司的房地产、使对方公司获取不当暴利的行为，直接损害了公司的合法权益，同时间接损害了公司股东的合法权益……《合同法》第 52 条第 2 项规定的"第三人利益"包括公司股东的利益。①

(二)恶意串通的相关法律规定

1. 代表人或者代理人与相对人恶意串通

依据《民法典》第 164 条第 2 款规定，代理人和相对人恶意串通，损害被代理人合法权益的，代理人和相对人应当承担连带责任。有判决认为，当事人向对方当事人法定代表人许诺回购房产成功后给予该法定代表人高额回报……诱使他人与之签订不利于合同相对方的行为，应认定为恶意串通。②

依据《民法典合同编通则解释》第 23 条规定，法定代表人、负责人或者代理人与相对人恶意串通，以法人、非法人组织的名义订立合同，损害法人、非法人组织的合法权益，法人、非法人组织不承担民事责任。（第 1 款第 1 句）法人、非法人组织有权请求法定代表人、负责人或者代理人与相对人对因此受到的损失承担连带赔偿责任。（第 1 款第 2 句）根据法人、非法人组织的举证，综合考虑当事人之间的交易习惯、合同在订立时是否显失公平、相关人员是否获取了不正当利益、合同的履行情况等因素，人民法院能够认定法定代表人、负责人或者代理人与相对人存在恶意串通的高度可能性的，可以要求前述人员就合同订立、履行的过程等相关事实作出陈述或者提供相应的证据。其无正当理由拒绝作出陈述，或者所作陈述不具合理性又不能提供相应证据的，人民法院可以认定恶意串通的事实成立。（第 2 款）

2. 房屋买卖合同的出卖人与第三人恶意串通

依据《商品房买卖合同解释》第 7 条规定，出卖人与第三人恶意串通，另行订立商品房买卖合同并将房屋交付使用，导致在先买受人无法取得房屋的，在先买受人有权请求确认出卖人与第三人订立的商品房买卖合同无效。

3. 当事人恶意串通进行虚假民事诉讼

依据《民事诉讼法》第 115 条规定，当事人之间恶意串通，企图通过诉讼、调解

---

① 参见最高人民法院（2008）民申字第 461 号民事裁定书，载《最高人民法院公报》2009 年第 2 期。

② 参见"安徽省兴华房地产投资（集团）有限公司与安徽蓝盾房地产开发有限责任公司合作开发房地产合同纠纷上诉案"，载最高人民法院民事审判第一庭编：《民事审判指导与参考》2008 年第 4 集（总第 36 集），法律出版社 2009 年版，第 160 页以下。

等方式侵害他人合法权益的,人民法院应当驳回其请求,并根据情节轻重予以罚款、拘留;构成犯罪的,依法追究刑事责任。

最高人民法院指导案例认为,当事人之间存在关联关系,一方提起诉讼要求另一方偿还借款 8650 万元及利息,虽然提供了借款合同及转款凭证,但其自述及提交的证据和其他在案证据之间存在无法消除的矛盾,当事人在诉讼前后的诸多言行违背常理。表明其提起本案诉讼并非为实现债权,而是通过司法程序进行保护性查封以阻止其他债权人对其财产的受偿。虚构债权,恶意串通,损害他人合法权益的目的明显。①

与恶意串通有关的司法意见:

①以明显不合理低价购买债务人主要资产的,最高人民法院指导案例认为,在明知债务人欠债权人巨额债务的情况下,第三人以明显不合理低价购买债务人的主要资产,足以证明其与债务人在签订《国有土地使用权及资产买卖合同》时具有主观恶意,属恶意串通,该合同足以损害债权人的利益。②

②与拍卖行存在关联关系的竞买人参与拍卖的,最高人民法院指导案例认为,在拍卖行与买受人之间因股东的亲属关系而存在关联关系的情况下,买受人和拍卖行不能提供其他两个竞买人的情况以及不能证明其他竞买人参加了竞买。本次对全部房产的评估价格只有原来一半房产评估价格的 35%。拍卖行明知价格过低,却通过亲属来购买房产,未经多轮竞价,严重侵犯了他人的利益。拍卖行和买受人存在恶意串通行为,导致拍卖不能公平竞价、损害了购房人和其他债权人的利益。③

③主合同当事人恶意串通,骗取保证担保的,有判决认为,由于债权人与债务人协商将 1600 万元贷款中的 1000 万元用于清偿债务人已到期的银行汇票票款,未将此情况告知保证人,隐瞒以新贷还贷的真实情况,保证人对该 1000 万元不再承担担保责任。④

④国土局违规订立委托征地协议的,有判决认为,虽然《委托征地协议》系双方真实意思表示,但在电力公司不具备相关用地规划手续的情况下,双方约定由国土局征收尚属集体所有的土地并以协议方式低价出让土地使用权,属于恶意串通

---

① 参见"上海欧宝生物科技有限公司诉辽宁特莱维置业发展有限公司企业借贷纠纷案",最高人民法院指导案例 68 号。

② 参见"瑞士嘉吉国际公司诉福建金石制油有限公司等确认合同无效纠纷案",最高人民法院指导案例 33 号。

③ 参见"广东龙正投资发展有限公司与广东景茂拍卖行有限公司委托拍卖执行复议案",最高人民法院指导案例 35 号。

④ 参见最高人民法院(1999)经终字第 137 号民事判决书。

损害国家利益的行为。①

⑤关联公司之间恶意抵押的,有判决认为,甲乙为关联公司,双方通过事后抵押,将乙的有价值资产全部为甲的信用贷款设立抵押担保,甲乙具有损害丙银行债权的共同故意,导致丙银行的债权无法实现。可以认定甲乙订立《最高额抵押合同》时存在恶意串通损害第三人利益的情形。②

⑥离婚协议导致一方清偿能力不足的,有判决认为,债务人出具借据后一个多月即与配偶离婚,并在离婚协议中约定夫妻共有的三套房产均归配偶或其子女所有,该离婚协议关于财产分配明显利益失衡,结合双方离婚的时间,及实际造成债务人名下可供执行用以清偿债务的财产明显不足,可认定该离婚协议存在恶意串通,损害他人合法利益的情形。③

【疑难案例:被执行人恶意串通订立租赁合同案④】
【案件事实】

鑫盛达箱柜厂、博森公司于 2011 年 1 月 2 日签订《房屋租赁合同》,约定鑫盛达箱柜厂将其所有的 A 房产租赁给博森公司生产经营,租期自 2011 年 1 月 2 日至 2027 年 1 月 1 日,租金分两部分付清,第一部分租金(前 8 年)共计 706930.56 元先支付 100000 元,其余租金在两年内付清,第二部分租金(后 8 年)于 2018 年 1 月 1 日起再支付 742277.09 元。

2011 年 1 月 4 日,柴桥信用社与鑫盛达箱柜厂签订《最高额抵押借款合同》一份,约定最高贷款限额为 620 万元,借款期限为 2011 年 1 月 4 日至 2014 年 1 月 3 日,鑫盛达箱柜厂将其名下 A 房产用作抵押,并于同年 1 月 5 日办理了抵押登记。后因鑫盛达箱柜厂未能按期还本付息,柴桥信用社诉至法院,该案经调解结案,调解协议达成之后,被告鑫盛达箱柜厂未按约履行还款义务,原告柴桥信用社向法院申请强制执行。

该案在执行过程中,博森公司提交《情况说明》一份,将该公司与鑫盛达箱柜厂之间的租赁关系进行说明并要求继续履行租赁合同。2013 年 11 月 29 日,法院对 A 房产进行拍卖,该拍卖为带租赁的拍卖,但经两次拍卖均流拍。2014 年 2 月 19 日,法院裁定将被执行人所有的 A 房产作价交付申请执行人柴桥信用社抵偿债务。

---

① 参见最高人民法院(2014)民一终字第 277 号民事判决书。
② 参见最高人民法院(2014)民二终字第 70 号民事判决书。
③ 参见江苏省南京市中级人民法院(2017)苏 01 民终 8655 号民事判决书。
④ 该案详细解读参见"宁波市北仑区农村信用合作联社柴桥信用社诉宁波市北仑鑫盛达箱柜厂等房屋租赁合同纠纷案",载最高人民法院中国应用法学研究所编:《人民法院案例选》2017 年第 4 辑(总第 110 辑),人民法院出版社 2017 年版,第 123 页以下。

柴桥信用社诉至法院,请求判令:(1)确认博森公司、鑫盛达箱柜厂2011年1月2日签订的《房屋租赁合同》无效;(2)博森公司、鑫盛达箱柜厂将案涉A房产腾空返还给原告。

【本案争点】

为规避执行措施而"恶意串通"订立合同的证明标准?

【裁判要旨】

一审法院认为,原告未充分举证证明两被告在签订《房屋租赁合同》时存在"恶意串通"。判决:驳回原告的诉讼请求。

二审法院认为,2011年1月2日两被上诉人签订《房屋租赁合同》,但此后两天即2011年1月4日,被上诉人鑫盛达箱柜厂以涉案房屋作抵押而与上诉人签订《最高额抵押借款合同》时,并未将抵押的房产已经出租、租赁期限长达16年的事实告知上诉人。两被上诉人签订《房屋租赁合同》所约定的租赁期限长达16年,在合同签署后就支付了前8年的租金706930.56元,上述行为显然不符合市场主体的通常做法。根据二审查明的事实,两被上诉人签订《房屋租赁合同》时,被上诉人鑫盛达箱柜厂的厂长为张某良,被上诉人博森公司的法定代表人也是张某良,且被上诉人博森公司的股东仅为张某良及其子张某,应当认定两被上诉人存在串通的事实。综上,应认定两被上诉人签订《房屋租赁合同》系出于恶意串通,且损害了上诉人对涉案房屋的利益,应认定该《房屋租赁合同》无效。原审法院对涉案房屋的司法拍卖,系在两被上诉人签订《房屋租赁合同》的3年之后,故上诉人是否知晓涉案房屋系带租拍卖,并不影响对两被上诉人签订《房屋租赁合同》系恶意串通的认定。原审法院以证据不足为由,对上诉人请求确认两被上诉人之间的《房屋租赁合同》无效的主张不予支持,显属不当。因涉案房屋已由原审法院裁定归上诉人所有,故在两被上诉人的《房屋租赁合同》被认定无效的情况下,上诉人请求两被上诉人腾空并返还房屋,于法有据,法院予以支持。判决:(1)撤销一审判决;(2)确认案涉《房屋租赁合同》无效;(3)博森公司、鑫盛达箱柜厂将A房产腾空并返还给柴桥信用社。

再审法院认为,(1)在案涉租赁合同签订时,鑫盛达箱柜厂的投资人张某良同为博森公司的法定代表人,博森公司另一股东张某为张某良的儿子。两家企业同属于张某良的家庭企业,具有共同的利益。鑫盛达箱柜厂与柴桥信用社之间620万元的借款系经过多次转贷而成。在仍需资金的情况下,鑫盛达箱柜厂提前归还借款、注销抵押登记,随即又重新与柴桥信用社建立抵押借款关系,并且在重新建立抵押借款关系时,不告知抵押权人柴桥信用社抵押物已经出租的事实,却在执行阶段由博森公司出面,以在抵押借款关系建立之前已经设定租赁关系为由,主张继续占有使用抵押物,不排除鑫盛达箱柜厂与博森公司恶意串通,以此方式损害抵押权人柴桥信用社利益的极大可能性。(2)案涉租赁合同租赁面积达1200余平方米,租赁年限长达16年。而事实上,博森公司车间没有实际生产,只是堆放了一些成品、半成品。鑫盛达箱柜厂与博森公司之间本身关系特殊,在博森公司未正常生产经营,无实际需求的情况下签订租赁面积达1200余平方米,期限长达16年的租赁合同不仅没有必要,而且不合常理。(3)案涉租赁合同涉及的前8年租金高达70万余元,诉讼中博森公司主张前8年的租金全部由个人以现金形式支付,且前8年的租金在2年时间内均已付清,既不符合通常做法,也不合常理。(4)柴桥信用社二审时提供了鑫盛达箱柜厂与博森公司于2011年4月20日签订的《房屋租赁合同》,证明博森公司自2011年4月28日起租赁案涉房屋。对于为何存在2份租赁合同的问题,博森公司解释,签订案涉租赁合同,是因为2011年4月20日签订的租赁合同所租赁的厂房不够用,就由博森公司出钱在两间厂房之间加了大棚,租金要作相应调整,就重新签订了合同,所以出现了2份合同。但博森公司的解释明显违背常理。据此,案涉2011年1月签订的租赁合同,不排除事后倒签的极大可能性。裁定:驳回再审申请。

第四节　可撤销合同

一、可撤销合同概述

(一)可撤销合同的概念和特征

可撤销合同,是指已经成立但欠缺法定有效要件,法律允许享有撤销权的当事人通过行使撤销权而使其自始无效的合同。可撤销合同是可撤销民事法律行为的下位概念,《民法典》第147—151条规定了可撤销民事法律行为的具体事由。可撤销合同具有以下特征:

1. 可撤销合同主要是意思表示不真实的合同

可撤销合同虽然具备成立要件,但因重大误解、欺诈等事由导致当事人订立合同时不具有真实意思表示,因此其欠缺法定有效要件导致合同效力存在瑕疵。法律赋予作出不真实意思表示的当事人以撤销权,使其能够撤销不真实意思表示,以实现合同自由的立法价值。

2. 合同的撤销由撤销权人行使撤销权来实现

可撤销合同并非当然无效,享有撤销权的当事人对是否行使撤销权有选择自由,其可以行使撤销权使合同无效,也可以不行使撤销权使合同仍处于有效状态。

法律之所以允许由当事人选择,是因为一方面此类合同仅因当事人意思表示不真实导致合同效力瑕疵,而合同内容并不违反法律强制性规定或公序良俗;另一方面,虽然此类合同订立时违背当事人真实意思,但客观经济效果上未必对当事人不利,故法律将决定此类合同有效性的权利交给当事人享有。

3. 撤销权人行使撤销权的,合同自始无效;撤销权人不行使撤销权的,合同继续有效

撤销权人行使撤销权的,被撤销的合同自始没有法律约束力,(《民法典》第155 条)即溯及至合同成立时起无效。只要撤销权人尚未行使撤销权,该合同即为有效。如果撤销权人放弃撤销权或者未在法定期间内行使撤销权,其后则不得再否认合同有效性,合同自成立之时起确定有效。

4. 关于可撤销合同是否存在变更权的问题

原《合同法》第 54 条规定,当事人有权请求法院或仲裁机构变更或撤销此类合同。该规定的立法目的一般认为是鼓励交易的需要。所谓变更合同,即在维持合同有效性的前提下,使合同有关内容发生变化。《民法典》改变了上述做法,仅规定相关当事人享有撤销权,但未规定变更权。理由在于:其一,变更权制度在实践中并未得到广泛适用,真正发挥作用的空间较小。其二,赋予相对人变更权不符合国际上的立法趋势。其三,法院或仲裁机构根据当事人申请对合同进行变更,不一定符合当事人的内心意思,容易形成公权力对私权利的不当干扰,甚至导致自由裁量权的滥用。[①] 因此《民法典》施行后,可撤销合同不再存在变更权问题。

(二)无效合同与可撤销合同

无效合同与可撤销合同的共同点在于:两者均为合同效力存在瑕疵的合同;一旦被确认无效或被撤销,均溯及至合同成立时起无效;被确认无效或被撤销的法律后果均为返还财产、赔偿损失等。

两者的区别如下:

(1)无效的条件不同。前者为当然无效,即使当事人未主张合同无效,法院或仲裁机构亦可依职权确认合同无效;后者并非当然无效,其是否有效取决于撤销权人是否行使撤销权,撤销权人未行使撤销权的,法院或仲裁机构不得依职权确认合同无效。

(2)法定事由不同。前者的法定事由主要是合同内容违反法律强制性规定或公序良俗的各种情形;后者的法定事由是导致当事人意思表示不真实的各种情形。

(3)有权主张的主体不同。对于无效合同,合同当事人及与合同具有利害关

---

① 参见黄薇主编:《中华人民共和国民法典总则编释义》,法律出版社 2020 年版,第 393—394 页。

系的第三人均可向法院或仲裁机构提起无效合同的确认之诉。对于可撤销合同，仅享有撤销权的合同当事人可行使撤销权，其他合同当事人和合同之外的第三人均不得主张撤销合同。

（4）有无时间限制不同。一般认为，合同当事人及第三人向法院或仲裁机构提起无效合同的确认之诉不存在时间限制，不适用诉讼时效、除斥期间等规则。撤销权人向法院或仲裁机构提起撤销合同的形成之诉，须在法定除斥期间之内提起。

二、重大误解

（一）概念和构成要件

依据《民法典》第 147 条规定，基于重大误解订立的合同为可撤销合同。重大误解，是指行为人对行为的性质、对方当事人或者标的物的品种、质量、规格、价格、数量等产生错误认识，按照通常理解如果不发生该错误认识行为人就不会作出相应意思表示。（《民法典总则编解释》第 19 条第 1 款）例如当事人因缺乏中药知识而误将草乌当作首乌购买。当事人一方因其自身原因对合同有关事项发生错误认识，并以此为基础订立合同，因当事人意思表示存在瑕疵且涉及合同内容的重要事项，故法律赋予当事人以撤销权使其能够撤销此类合同。因重大误解订立的合同须具备以下要件：

1. 表意人对涉及合同内容的重要事项发生误解

（1）必须是对合同内容本身发生误解。表意人误解的对象仅限于合同条款记载的有关事项，对不构成合同内容的事项发生误解一般不构成重大误解。对动机的误解不构成重大误解，因为动机并非合同内容而仅为当事人在合同之外所追求的某种效果。例如当事人误以为某种型号的钢材即将价格大涨，但购买后并未涨价。

表意人对合同内容并无误解，因履行行为本身的风险导致给付效果不符合表意人预期，不构成重大误解。例如游戏官网发布游戏规则，告知玩家"在升级道具时有一定的风险，越高级的道具升级失败率越高"。原告已知悉升级存在风险，但仍进行道具升级且升级失败的，不构成重大误解。[1]

（2）误解的合同内容必须为重要事项。误解必须是"重大的"，即对该事项的误解会直接影响当事人是否订约或订约的基本内容。一般而言，合同必要条款（当事人、标的等）构成重要事项；非必要条款是否构成重要事项，则需考察其在订约中

---

[1] 参见广东省高级人民法院（2021）粤民申 12465 号民事裁定书。

的实际作用予以判断。

射幸合同当事人基于"射幸孳息是小概率事件"的认知,以票面金额或更低金额转让彩票、抽奖券但其后中奖的,不构成重大误解。有判决认为:"当事人明知转让给他人的有奖储蓄存单包含奖金,证明其对有奖储蓄存单能够中奖一事并不存在误解,在未约定奖金归属的情况下,事后主张转让行为属于重大误解的,不能成立。"①

【拓展:对法律的误解可否构成重大误解?】

传统观点对此持否定意见,因为各国立法普遍遵循"任何人不得以不知法律为由进行抗辩"之法谚。② 我国的实例如:王某的丈夫李某在为张某送驾照途中罹难于交通事故,张某误以为自己对李某的死应承担侵权责任,于是与王某签订了金额为 20 万元的经济补偿协议。张某履行了部分给付后经咨询发现自己对法律存在误解,其实自己对于李某的死无须承担任何法律责任,故不同意履行给付义务。法院认为张某与王某间的协议有效,"张某对法律的理解错误不属于重大误解"。③

但是,新近立法及实务态度似乎有所变化。PICC 3.2.1 条将事实错误和法律错误均列为误解事由,德、日等大陆法系国家也出现了基于对法律的误解而承认表意人撤销权的典型判例。④

在我国现行法框架下,虽然《民法典总则编解释》第 19 条第 1 款直接列举的误解事项不包括"对法律的误解",但是:一方面,该款设置"等"之兜底表述使承认该事项成为可能;另一方面,该款对重大误解的构成着重强调"按照通常理解如果不发生该错误认识行为人就不会作出相应意思表示",即误解对作出意思表示的影响,而对事实的误解和对法律的误解皆有可能达成该效果。问题的核心是应审慎判断这种误解是否满足重大误解的要件,而避免一方动辄以对法律的无知为由脱责。

实务中,亦有因对法律的误解而承认表意人撤销权的实例:甲将车辆出租给乙,乙驾车发生事故导致车辆受损,产生修理费 11 万元。甲误认为保险公司肯定会理赔,故与乙达成协议仅要求乙赔偿 2 万元,但其后保险公司依据法律规定拒赔。甲请求法院撤销与乙签订的赔偿协议,法院支持了甲的请求,理由是"双方在

---

① 参见"王春林与银川铝型材厂有奖储蓄存单纠纷再审案",载《最高人民法院公报》1995 年第 4 期。
② 相关学理意见参见李永军:《合同法》,法律出版社 2010 年版,第 279 页以下。
③ 该案的详细分析参见北京市高级人民法院民一庭编:《北京民事审判疑难案例与问题解析(第一卷)》,法律出版社 2007 年版,第 425 页。与本案案情类似,但法院持相反意见的实例参见重庆市高级人民法院(2019)渝民申 126 号民事裁定书。
④ 参见班天可:《论民法上的法律错误:对德国法和日本法的比较研究》,载《中外法学》2011 年第 5 期。

对保险理赔认知有偏差的情形下,甲对 2 万元的赔偿内容存在重大误解"。①

2. 表意人因自身原因而发生误解

所谓"因自身原因",是指因表意人不了解交易习惯、缺乏专业知识或其他过失导致发生误解,而并非由于对方当事人的欺骗或不正当影响导致表意人发生误解。表意人的自身原因可能是表意人具有过失,即应知某种事实而不知,以致发生误解;也有可能表意人并无过失,仅因不了解交易习惯、缺乏专业知识以致发生误解。如果因对方当事人告知虚假情况或隐瞒真实情况导致表意人发生误解,则构成欺诈而非重大误解。

(1)一方明知对方误解并利用此误解订立合同,是否构成重大误解?对此应区别处理:如果利用方负有告知义务而就对方误解未予告知,构成消极的欺诈而非重大误解;如果利用方不负告知义务,则构成重大误解。例如卖方是从事二手车交易的专业人员,其明知变速箱被改动过却未向买方如实告知,买方基于对车辆实际行驶里程数存在错误认识而订立合同,构成欺诈而非重大误解。②

(2)表意人因重大过失而误解,后果如何?在此情形下,不影响表意人享有撤销权,但影响损害赔偿责任的承担。表意人仍可依重大误解行使撤销权,但应依据其过错程度向无过错方赔偿损失。(《民法典》第 157 条第 2 句)

3. 表意人基于误解作出意思表示

(1)表意人必须作出意思表示。如果表意人虽发生误解但并未作出意思表示,则不存在撤销的问题。例如当事人虽误将草乌当作首乌,但未作出购买的意思表示。

(2)表意人的误解与其作出意思表示具有因果关系。即表意人是否作出意思表示及意思表示的内容与表意人的误解具有相当关联性,两者之间具有法律上的因果关系。《民法典总则编解释》第 19 条第 1 款中"按照通常理解如果不发生该错误认识行为人就不会作出相应意思表示",即指对因果关系的要求。该因果关系的认定应以"通常理解"为标准,即以普通人的认知程度为判断标准。例如:

①《出租汽车承包经营合同》的承包人主张误认为合同约定的"折旧费"即是"车辆购置费",不构成重大误解,因为该误解不符合通常理解。③

②甲经营的蹦极设施导致乙受到伤害,乙起诉请求甲赔偿 14 万余元,法院判决赔偿 7 万余元。判决生效后,甲与乙签订《一次性赔偿协议书》约定甲一次性赔

---

① 参见乌鲁木齐市中级人民法院(2022)新 01 民终 3491 号民事判决书。
② 该案主审法院认定构成重大误解,似有误。参见山东省菏泽市(地区)中级人民法院(2022)鲁 17 民终 105 号民事判决书。
③ 参见重庆市高级人民法院(2020)渝民申 2903 号民事裁定书。

偿 14 万余元(与起诉状主张金额一致),但其后甲以重大误解为由主张撤销该协议。法院未支持甲的请求,理由是"甲的误解(误将起诉金额当作生效判决支持的金额)显然不符合通常理解"。①

原《民法通则意见》第 71 条曾规定"造成较大损失"是重大误解的要件,《民法典总则编解释》第 19 条第 1 款删除了该要件。

【拓展:错误的"二元论"与"一元论"】

我国法律中的重大误解,大致对应传统民法中的"错误"概念。在比较法上,对于错误的界定存在"二元论"与"一元论"两种模式。

德国法采取"二元论"模式,根据意思表示的阶段将错误划分为"意思表达上的错误"与"意思形成时的错误",而具有不同法律效果。(1)意思表达上的错误,是指当表示行为与效果意思无意识的不相符时所产生的错误,包括表示错误、内容错误和传达错误等。当表意人在作出意思表示时"根本无意作出包含这一内容的意思表示时",为表示错误。当表意人"在作出意思表示时就意思表示的内容发生错误时",为内容错误。表意人为了传达其表示使用了某人(传达人)或者某机构(邮局),意思表示被"该人或者该机构不实传达",为传达错误。上述情形下,表意人享有撤销权。(2)意思形成时的错误,是指表意人错误地从一个对效果意思很重要的错误情况出发,而产生的错误(动机错误)。这样的错误基本上是不重要的,因为意思与表示之间并未不一致,而是表意人在意思形成的过程中陷入错误。表意人动机错误原则上不产生撤销权。根据《德国民法典》第 119 条第 2 款,"交易上被视为重要的关于人或物的特征的错误"可以被撤销。该规定属于动机错误中的特例。②

PICC 采取"一元论"模式,其 3.2.1 条规定:"错误是指就合同订立时已经存在的事实或法律所作的不正确的假设。"该条未区分"意思表达上的错误"与"意思形成时的错误",而将错误的认定时间统一界定为"合同订立时"。对于错误的认定,还须结合第 3.2.2 条、第 3.2.4 条等相关规则予以判断。③

我国现行法采"一元论"模式,《民法典》及司法解释均未区分"意思表达上的错误"与"意思形成时的错误"而设置不同法律效果。对于动机错误,学理及实

---

① 参见北京市第三中级人民法院(2022)京 03 民终 7980 号民事判决书。
② 参见[德]汉斯·布洛克斯、[德]沃尔夫·迪特里希·瓦尔克:《德国民法总论(第 41 版)》,张艳译,中国人民大学出版社 2019 年版,第 185—187 页。
③ 参见[德]埃卡特·J. 布罗德:《国际统一私法协会国际商事合同通则——逐条评述》,王欣等译,法律出版社 2021 年版,第 85—86 页。

务上主要以"动机不属于合同内容"为由否认表意人的撤销权。[①]

(二) 重大误解的类型

1. 对合同性质发生误解

当事人对合同性质发生误解的情形下,当事人双方的权利义务关系会产生重大变化,故可构成重大误解。例如:

①当事人因对租金和折旧费的承担存在认识错误,而对《合作经营合同》的性质存在误解。[②]

②二手首饰的市场回收价格一般是以贵金属大盘价格(当日板料价)作为基数乘以相应系数,收购人因自己的失误把黄金回收价格当成铂金 999 回收价格进行收购。[③]

③双方当事人为清偿借款合同的本息债务而签订《以房抵债协议》,其后借款合同被法院认定无效,当事人有权以重大误解为由撤销《以房抵债协议》,因为该协议折抵的本息数额是以无效合同的内容为基础。[④]

2. 对对方当事人发生误解

如果对方当事人的身份对合同订立或履行具有重要意义,即如果对方不是特定人"甲"己方就不会与之订立合同或订立如此内容的合同,那么在此情形下对对方当事人发生误解就构成重大误解。该情形主要发生于涉及人身信任关系的合同类型,例如承揽合同(对承揽人发生误解)、雇佣合同(对受雇人发生误解)、委托合同(对委托人或受托人发生误解)等。有判决认为,因母公司更名后与子公司名称易于混淆,致使对方发生误解构成重大误解。[⑤]

如果当事人的身份在合同订立过程中并不具有重要意义,则对对方当事人发生误解不构成重大误解,误解方不得撤销合同。例如当事人误将甲加油站当作乙加油站,而两者出售汽油的型号、价格、品质等服务项目并无差异。

3. 对标的物性质发生误解

标的物性质,包括标的物的品种、质量、规格、数量等影响标的物价值的各种因素。对标的物品种的误解,例如误将大麦当作小麦;对标的物质量的误解,例如误将二等品布料当作一等品布料;对标的物规格的误解,例如对工业装修的规格发生误解;对标的物数量的误解,例如对数量单位"打"发生误解。有判决认为,当事人

[①] 相关学理意见参见韩世远:《重大误解解释论纲》,载《中外法学》2017 年第 3 期;龙俊:《论意思表示错误的理论构造》,载《清华法学》2016 年第 5 期。

[②] 参见浙江省高级人民法院(2009)浙商外终字第 4 号民事判决书。

[③] 参见广西壮族自治区河池市中级人民法院(2022)桂 12 民终 1252 号民事判决书。

[④] 参见北京市第三中级人民法院(2023)京 03 民终 5468 号民事判决书。

[⑤] 参见最高人民法院(2011)民二终字第 71 号民事判决书。

对标的物价值认识错误的,构成重大误解。① 又例如由于商品房销售方的图示错误,使买方对所购房屋位置产生错误认识(将 5 层误认为 4 层),并因此订立合同。②

4. 表示错误

表示错误,是指表意人作出的表示行为发生错误,即表意人内心并未发生错误,但在将内心意思表达于外部时发生错误。在表示错误的场合下,表意人因误言、误写导致其内心真实意思与外部表示行为不一致,故构成重大误解。例如卖方由于误操作,将可等价消费的面额 2.5 万元的消费券以 280 元在网上出售。③

一种常见案型是,购物网站商品标价错误是否构成重大误解? 在该网页信息构成要约的前提下,如果网站经营者能够证明确属标价错误,属于表示错误,可适用重大误解规则。如果买方依常理可判断出网页信息为错误标价,却大量下单以此牟利(俗称"薅羊毛"),网站经营者有权依法撤销合同,买方不得主张继续履行或违约金等责任。④ 但另一个须审慎考量的因素是,因网络交易中存在以低价吸引眼球、扩大关注度和点击量的经营方式,因此不能仅以标价低于市场价甚或低于成本价来判断消费者一方是否存有合理信赖。较为妥当的做法是,对于合理信赖网页所载标价是真实、有效交易信息的消费者,网站经营者于撤销合同后应予以适当赔偿(缔约过失责任),以达成合理分配风险的效果。⑤

5. 传达错误

传达错误,是指因传达人的原因,造成表意人的真实意思与传达人的表示行为不符。《民法典总则编解释》第 20 条规定,传达错误适用重大误解的相关规定。例如甲欲将汽车以 8.5 万元卖给丙,让乙带口信给丙,乙听错为 8 万元并以此告知丙。

6. 计算错误

计算错误,是指对标的物的数量、价款等计算发生错误。对于计算错误,大陆法系国家通常适用订正制度,而并不否认合同的效力。⑥ 我国现行法未规定订正制度。因该情形并非当事人意思表示不真实,而仅是计算有误,因此不应适用重大误解,而产生按照正确金额退还或补足等后果。⑦

---

① 参见最高人民法院(1999)经终字第 43 号民事判决书。
② 参见广东省佛山市中级人民法院(2022)粤 06 民终 17694 号民事判决书。
③ 参见辽宁省抚顺市中级人民法院(2022)辽 04 民终 1030 号民事判决书。
④ 参见北京互联网法院(2019)京 0491 民初 11410 号民事判决书。
⑤ 相关学理意见参见王天凡:《网络购物标价错误的法律规制》,载《环球法律评论》2017 年第 2 期;张伟强:《网络交易标价错误的经济分析》,载《法律科学》2018 年第 3 期。
⑥ 参见《意大利民法典》第 1430 条。
⑦ 参见广东省广州市中级人民法院(2023)粤 01 民终 8037 号民事判决书。

7. 共同错误

共同错误,是指当事人双方对于合同成立的某些基础事项具有共同的主观假想,或者对于决定合同订立的客观环境具有共同的错误认识。对于共同错误的合同当事人,域外立法普遍给予救济,但救济方法不尽相同。在我国现行法框架下,共同错误可解释为双方均构成重大误解,故均享有撤销权。例如甲乙均误认为甲所建房屋多占了乙的宅基地,并据此签订补偿协议,后经专业机构测量实际上未多占。①

【疑难案例:标的物为文玩的重大误解纠纷案②】

【案件事实】

路某芳与胡某敏于 2010 年 10 月经朋友薛某介绍相识,后路某芳通过网络将西方三圣铜佛像的图片发给胡某敏观看。次年 1 月,胡某敏与薛某一同至路某芳家中验看实物并洽谈交易事宜。双方最终商定,碧玉千手观音佛像交易价为 70 万元,西方三圣铜佛像交易价为 60 万元,合计 130 万元。胡某敏当即付款 10 万元,余款 120 万元由胡某敏向路某芳出具欠条,约定余款于半年内付清。后胡某敏将四尊佛像运回南京,但未按约定给付余款。

在交易过程中,薛某曾向胡某敏介绍三尊铜佛像是明代的物件,碧玉千手观音佛像材质是碧玉且是唐代的物件。在薛某向胡某敏作介绍时路某芳并不在场,且路某芳从未向胡某敏介绍或承诺四尊佛像的年代。诉讼中,路某芳也自认千手观音佛像是碧玉材质。

诉讼中,胡某敏申请对三尊铜佛像制作年代及碧玉千手观音佛像的材质和制作年代进行鉴定。经鉴定,西方三圣铜佛像质地均为黄铜,碧玉千手观音佛像质地为大理石,上述四尊佛像结论均为现代。胡某敏为此支付鉴定费 8000 元。

路某芳向法院提起诉讼,请求判令胡某敏给付货款 120 万元,由胡某敏承担诉讼费用。胡某敏提起反诉称:现经鉴定该四件佛像均为现代仿品,且碧玉千手观音佛像的材质是大理石,并非碧玉,故构成重大误解,请求判令:(1)撤销双方达成的买卖合同;(2)相互返还佛像和货款;(3)诉讼费由法院依法处理。

【本案争点】

标的物为文玩等特殊商品的,重大误解应如何认定?

【裁判要旨】

法院认为,首先,原、被告均系民间收藏爱好者,交易的四尊佛像属艺术品范

---

① 参见北京市第三中级人民法院(2022)京 03 民终 5701 号民事判决书。

② 该案详细解读参见"路某芳诉胡某敏特定物古董买卖合同纠纷案",载最高人民法院中国应用法学研究所编:《人民法院案例选》2013 年第 4 辑(总第 86 辑),人民法院出版社 2014 年版,第 124 页以下。

畴,其制作年代及品质等并未经相关权威机构或专家的鉴定,即使鉴定,亦非绝对,故双方均应明知佛像的制作年代及内在品质等存在很大程度的不确定性。其次,该类商品具有一定的特殊性,在交易中,双方系实物交易,作为出让者的原告方,法律要求其不得欺诈、诈骗,而无须、也不可能对商品的产地、性能、质地、年代等作详细而确切的说明,客观上原告对商品的认识程度也仅是凭借其自身的认知能力予以鉴别,并无权威的结论。原告的出让行为及报价应是基于其本人对标的物品质的认识,并承担相应的风险。同理,作为被告的买受者在交易时也应凭借自身积累的知识,通过对实物的鉴赏从而得出自己的评判结论,并承担相应的风险。再次,该类商品主要是用于装饰、鉴赏,满足收藏者精神层面的某种需求,而不像粮食布匹之类日用品那样重在其物质消费价值,其交易价格往往是由收藏者或交易者个人对标的物的认可或喜好程度并同时参考市场认可度决定的,该类物品并无国家或行业指导价,不能以交易价格推断出双方订立的合同是否构成重大误解或显失公平。最后,该类商品在交易中,双方均应持谨慎的交易态度,对于买受者的被告而言,其应凭借自身的认知能力,或采取向他人咨询、请教等方式,通过对实物的鉴赏分析,从而判断标的物的内在品质并决定是否交易,除非能够证明作为出让者的原告对标的物的制作年代、品质等明知而作出虚假的介绍、引导或承诺,否则法院实不能判令原告承担对标的物的保真责任,因为标的物之于原告而言也是市场流转中的过手之物。当然,有证据证明卖方明知而骗取钱财,其应由刑法规制,则另当别论。

本案争议的三尊铜佛像制作年代问题,因双方系实物交易,被告对其所买佛像的品质应有清楚的认知,原告并没有对佛像的制作年代作出介绍及承诺,故相应的交易风险应由被告自行承担。既长知识,也交学费,实属必然。故被告反诉主张其在订立合同时对西方三圣铜佛像制作年代产生了重大误解的诉请不成立。

碧玉千手观音佛像的制作年代争议同前述西方三圣铜佛像情形相同。关于材质的争议,首先,双方在交易之初,对千手观音佛像的称呼为碧玉千手观音佛像,欠条中千手观音佛像的名称也明确表述为碧玉千手观音一尊。原告在回答法庭提问中也明确表示佛像是碧玉的,可见在交易时原告已明确碧玉千手观音佛像是碧玉的,该表述应是指像的材质是碧玉。现经鉴定,千手观音佛像材质的主要部分是大理石岩基,且鉴定报告书明确表述,石佛像有现代做旧痕迹,为现代仿品。在交易中,原告对千手观音佛像名称的表述为碧玉千手观音,被告虽验看了实物,但鉴定过程亦足以说明佛像的材质肉眼很难分辨,不论原告是否故意欺诈,但其系作为碧玉材质的工艺品售出且明示于被告,而此点与价格具有重大关联且为卖方明确的承诺,直接关系当事人订约目的及重大利益,故应当认定被告在订立合同时对碧玉千手观音佛像的材质的误解属于重大误解。现被告反诉请求撤销该部分合同并相互返还的诉请,于法有据,法院予以支持。

综上,判决:(1)被告(反诉原告)胡某敏给付原告(反诉被告)路某芳货款50万元并赔偿逾期付款期间的利息损失。(2)驳回原告(反诉被告)路某芳的其他诉讼请求。(3)撤销原告(反诉被告)路某芳与被告(反诉原告)胡某敏订立的关于买卖碧玉千手观音佛像部分合同。(4)被告(反诉原告)胡某敏将碧玉千手观音佛像返还给原告(反诉被告)路某芳。(5)驳回被告(反诉原告)胡某敏的其他反诉请求。宣判后,双方当事人均未提出上诉。

三、欺诈

(一)概念和构成要件

依据《民法典》第148条规定,一方以欺诈手段,使对方在违背真实意思的情况下订立的合同为可撤销合同。欺诈,是指故意告知虚假情况,或者负有告知义务的人故意隐瞒真实情况,致使当事人基于错误认识作出意思表示。(《民法典总则编解释》第21条)一方实施欺诈行为,使对方在陷入错误认识的情形下订立合同,由于双方不是在意思表示真实的基础上达成合意,故合同欠缺有效要件而存在效力上的瑕疵。例如假冒名牌、以次充好销售商品等行为,是典型且常见的欺诈行为。以欺诈手段订立的合同须具备以下要件:

1. 欺诈方具有欺诈的故意

所谓欺诈的故意,是指欺诈方明知告知对方的情况是虚假的或隐瞒真实情况且会使对方陷入错误认识,而希望或放任此结果发生的心理状态。

(1)如果行为人自己对某种情况存在错误认识,并以此告知对方使对方也陷入错误,则非欺诈而可能构成重大误解(共同错误)。该情形下,行为人不具有欺诈的故意。例如甲将一台二手电脑卖给乙时,称该电脑从未出现过故障,但事实上甲有一段时间将该电脑借给丙使用时出现过故障,丙私下修好后还给甲但隐瞒了该事实。甲对乙不构成欺诈,但应承担瑕疵担保责任。

在另一案例中,甲将一辆二手车里程表数据作了大幅改动后卖给乙(二手车公司),其后乙将该车卖给丙,丙发现里程表数据改动事实后以欺诈为由起诉乙,请求退一赔三。法院认为乙不构成欺诈,理由是"乙不存在故意告知虚假信息或故意隐瞒车辆真实里程信息的情形"。对于原告丙主张乙负有检测义务而未适当检测,法院认为"乙作为二手车经营者对销售车辆车况负有检测、检验义务,因其未尽到相应义务而使车辆存在里程表虚假的重大瑕疵,已经判令其承担退还全部购车款并赔偿丙其他损失的民事责任。丙的消费者权益已经依法得到相应保护。"最终未支持三倍赔偿。[1] 该判决似乎不恰当地减轻了经营者对消费者的告知义务。合理的处理方法是:乙负有检测义务且履行该义务不存在障碍,却仍将错误信息告知丙的,构成欺诈;乙适当地履行了检测义务但未发现错误信息的,不构成欺诈而构成共同错误。

(2)如果行为人向对方陈述某事实时已知某事实可能为真、也可能为假,且客观上为假,应认定行为人具有欺诈的故意。例如甲将一台二手电脑卖给乙时,乙询问该电脑的投屏功能是否流畅,甲完全不知道投屏效果的真实性(从未用过投屏功能)却仍然向乙表示投屏功能很流畅。甲对乙构成欺诈,因为甲虽非明知告知的事实为假,但不能确定该事实为真的情形下却仍作此表示,可构成故意隐瞒真实情况。

对于"欺诈的故意"要件,学界近年出现了否定或部分否定的观点。"过失欺诈说"认为,故意要件造成欺诈与缔约过失等规则的评价矛盾,应以承认过失欺诈为方向。[2] "故意要件缓和说"认为,在承认一般性的信息提供义务的前提下,欺诈的故意要件存在缓和的必要。[3] 此类观点对学理及实务将产生何种程度的影响,尚有待观察。在现阶段,行为人因过失作出不实陈述的,适用缔约过失责任为妥,而不宜认定为欺诈。在对方是消费者且主张惩罚性赔偿的情形下,采此解释的合理性更为明显。

2. 当事人一方实施了欺诈行为

欺诈行为分为积极的欺诈与消极的欺诈。积极的欺诈,是指告知对方虚假情况。例如:①在商品上粘贴错误的产品标识并出售给消费者[4];②提供虚假证明文件骗取银行贷款[5];③经营者将"石榴石质玉手镯"冒充"翡翠手镯"销售给消费者[6];④以虚构的公司名称与他人订立合同[7]等。

消极的欺诈,是指负有告知义务的人故意隐瞒真实情况。例如:①4S店销售汽车时隐瞒车辆的维修记录[8];②保险公司隐瞒被保险人可以获得保险赔偿的重

---

[1] 参见山东省高级人民法院(2022)鲁民申5871号民事裁定书。

[2] 参见刘勇:《缔约过失与欺诈的制度竞合——以欺诈的"故意"要件为中心》,载《法学研究》2015年第5期。

[3] 参见牟宪魁:《说明义务违反与沉默的民事诈欺构成——以"信息上的弱者"之保护为中心》,载《法律科学》2007年第4期。

[4] 参见"苏向前诉徐州百鑫商业有限责任公司百惠超市分公司等侵犯消费者权益纠纷案",载《最高人民法院公报》2013年第12期。

[5] 参见最高人民法院(2014)民申字第1544号民事裁定书。

[6] 参见广东省广州市中级人民法院(2014)穗中法民二终字第2047号民事判决书。

[7] 参见"云南省陆良县公安局交通巡逻警察大队与杨迅租赁合同纠纷案",载吴庆宝主编:《权威点评最高法院合同法指导案例》,中国法制出版社2010年版,第78页以下。

[8] 参见"张莉诉北京合力华通汽车服务有限公司买卖合同纠纷案",最高人民法院指导案例17号。

要事实①；③出卖人隐瞒标的物重大瑕疵（木材是过火林）②等。

（1）一方在缔约时明知自己无履行能力而仍与对方订立合同，是否构成欺诈？对此应区分处理。如果当事人在缔约时根本不准备履行合同，或没有为履行合同作任何准备工作，甚至将缔约作为骗取预付款、货款的，构成典型的欺诈。如果在缔约时虽无履约能力，但当事人并无隐瞒无履约能力的事实，或在缔约后积极地为合同履行作各种准备，且根据实际情况在履行期限到来时有可能具备履约能力的，则不构成欺诈。履行期限届至时当事人仍不具备履约能力的，按违约责任处理。

（2）对无需说明的问题作虚假回答是否构成欺诈？当事人并不需要向对方告知其任何希望知道的信息。消极的欺诈仅指隐瞒当事人负有告知义务的有关事实，如果当事人对不负告知义务的事实未作如实陈述，则不构成欺诈。基于劳动者保护、反就业歧视等理由，对于受雇人的特定个人信息或隐私，法律不允许雇佣方将其作为缔约的考量因素。例如应聘者被面试官询问近期是否有计划结婚，应聘者没有如实告知义务。

3. 受欺诈方因欺诈而陷入错误

该要件要求欺诈行为与陷入错误之间存在因果关系。欺诈方实施欺诈行为必须使对方对合同有关内容陷入错误认识，受欺诈方才有可能违背真实意思而订立合同。

（1）对于该要件，一般场合下适用普通人标准予以判断，即该情境下一个正常的普通人是否会因对方的不实陈述而陷入错误。例如为规避房屋限购政策，甲将身份证借给他人用于签订房屋买卖合同，其后以"开发商告知甲仅出借身份证办理相关事宜不会对甲产生影响"为由主张受到欺诈。法院认为该情形不构成欺诈，因为"出借身份证是否带来社会影响系社会公开信息，不带有隐秘性，甲可以通过多种途径了解到该内容"。③

在交易涉及专业知识的场合下，如果双方均为具有专业知识的主体（如均为保险公司），应采专业标准或行业惯例判断该要件；如果具有专业知识的一方（如证券公司）对不具专业知识的客户作不实陈述，仍应采普通人标准判断该要件。如果欺诈方的骗技拙劣，普通人难以受骗，但受欺诈方却由于教育程度低、年老等原因陷入错误，应适用同类人标准判断该要件，即与之主体因素类似的人在该情境下是否会因对方的不实陈述而陷入错误。

（2）知假买假、疑假买假的性质？如果受欺诈方未因欺诈陷入错误，而是基于其他原因（如为了获得高额赔偿）订立合同，是否构成欺诈。学理上对此存在较大

---

① 参见"刘向前诉安邦财产保险公司保险合同纠纷案"，载《最高人民法院公报》2013 年第 8 期。
② 参见最高人民法院（2015）民提字第 155 号民事判决书。
③ 参见北京市第一中级人民法院（2023）京 01 民终 2571 号民事判决书。

争议。①

实务中,经营者向消费者出售食品、药品等场合,法院认定欺诈及适用惩罚性赔偿时一般不考虑该要件。最高人民法院指导案例认为,关于被告提出原告明知食品过期而购买,希望利用其错误谋求利益,不应予以十倍赔偿的主张,因……法律并未对消费者的主观购物动机作出限制性规定,故对其该项主张不予支持。②

但是,对于职业打假人的牟利性打假索赔行为,即使标的物是食品、药品,法院通常也以其不是普通消费者为由不予支持。③ 职业打假人的常见特征是"短期内重复、批量购买相同或相似商品并进行惩罚性赔偿索赔,牟利意图明显,且不符合正常消费行为的一般特征"。④ 买方单纯地知道所购买商品价格比官方旗舰店同款手机价格相差较大,不足以认定知假买假。⑤

4. 受欺诈方在违背真实意思的情况下订立合同

受欺诈方在陷入错误的基础上作出意思表示使合同得以成立,才存在撤销合同的问题。如果受欺诈方虽陷入错误,但并未进一步作出订立合同的意思表示,则没有撤销合同的可能。

受欺诈方订立该合同是否受有财产损失,不影响欺诈的认定。法律赋予受欺诈方撤销权,目的在于保护行为人的意思自由以实现私法自治。虽然多数场合下受欺诈方因欺诈订立合同受有财产损失,但即使受欺诈方因欺诈订立合同未受有财产损失,甚至在财产上获益,也不妨碍其享有和行使撤销权。例如甲欲以超过市场价的价格购买乙的祖传古画,乙不愿出售,于是甲采取欺诈手段迫其订约。此类合同虽未损害对方财产利益,但使对方在违背真实意思的情况下订立合同,故受欺诈方仍有权撤销合同。

5. 欺诈超出了法律、道德或交易习惯允许的限度

以明显的夸张方式宣传商品,不足以造成相关公众误解的,不属于引人误解的虚假宣传行为。法院应当根据日常生活经验、相关公众一般注意力、发生误解的事实和被宣传对象的实际情况等因素,对引人误解的虚假宣传行为进行认定。经营者为推销商品,对其商品或服务的宣传多少会有一定夸大,"王婆自夸"只要不超出法律、道德或交易习惯允许的限度是被允许的。例如:①《加盟合作协议》相关文件记载"年盈利预测达到 60 万—150 万元",仅是对盈利可能性的描述,经营者

---

① 参见尚连杰:《"知假买假"的效果证成与文本分析》,载《华东政法大学学报》2015 年第 1 期;葛江虬:《"知假买假":基于功能主义的评价标准构建与实践应用》,载《法学家》2020 年第 1 期;高志宏:《再论消费欺诈行为的构成要件》,载《法学》2023 年第 6 期。

② 参见"孙银山诉南京欧尚超市有限公司江宁店买卖合同纠纷案",最高人民法院指导案例 23 号。

③ 参见北京市高级人民法院(2020)京民再 101 号民事判决书。

④ 参见北京市第四中级人民法院(2023)京 04 民终 309 号民事判决书。

⑤ 参见北京市第四中级人民法院(2023)京 04 民终 258 号民事判决书。

应对此有客观判断,故不构成欺诈。① ②《旅游合同》约定住宿标准为"高级酒店",但对"高级""豪华"的标准未作明确约定,不构成欺诈。②

【拓展:欺诈的合同法规制与侵权法规制】

现行法对欺诈的规制分为两部分:合同法规制与侵权法规制。

欺诈的合同法规制的具体内容为:(1)一方以欺诈手段订立合同。(《民法典》第148条、第149条)欺诈为影响合同有效性的事由,可能导致合同撤销。(2)欺诈产生缔约过失责任。(《民法典》第500条第2项)因该条的适用范围为"订立合同过程中",而合同最终是否成立在所不问,因此应区分两种情形:一是合同未成立的,当事人仅能依据第500条第2项主张缔约过失责任;二是合同成立的,则第500条第2项与第148条构成竞合关系,当事人既可依前者主张缔约过失责任,也可依后者主张撤销合同。(3)欺诈适用惩罚性违约赔偿。具体情形包括:经营者欺诈消费者(《消费者权益保护法》第55条)、销售明知是不符合安全标准的食品(《食品安全法》第148条第2款)等。

欺诈的侵权法规制的具体内容为:(1)《民法典》侵权责任编未将欺诈类型化为一种特殊侵权责任,也没有针对欺诈侵权行为的一般性规定。这与英美法将欺诈(虚假陈述与不披露)规定为一种独立的有名侵权③显然不同,与德国法将欺诈界定为"以违反善良风俗的方式故意加损害于他人"之侵权行为④也不相同。(2)证券法等单行法规定了商事领域中的欺诈侵权责任,例如虚假陈述、欺诈客户(《证券法》第85条、第89条)等。在商事领域中,欺诈的侵权责任已经形成了相对成熟、完善的一套规则体系。(3)在民事领域中,司法解释对欺诈的侵权责任有一些零星规定。原《民法通则意见》第149条规定了盗用、假冒他人名义,以函、电等方式实施的侵权行为所产生的民事责任。但《民法典》施行后,该规定被删除。(4)婚姻家庭领域中,欺诈性抚养的受害人可主张侵权责任。实务中,配偶一方违反忠实义务,使另一方在不知情的情况下抚养非亲生子女的,受欺诈方可请求返还抚养费、精神损害赔偿等。⑤

在学理上,对欺诈的侵权责任的相关问题存在一定争议,涉及的问题有:侵权法应采何种模式规定欺诈的侵权责任? 欺诈行为受害人的何种权益受到侵害? 欺诈的侵权责任与合同法救济制度的关系如何处理? 对这些问题,学界尚未完全形

---

① 参见河北省高级人民法院(2015)冀民三终字第91号民事判决书。
② 参见广东省广州市中级人民法院(2017)粤01民终11774号民事判决书。
③ 参见[美]丹·B. 多布斯:《侵权法(下册)》,马静等译,中国政法大学出版社2014年版,第1158页。
④ 参见[德]埃尔温·多伊奇、[德]汉斯-于尔根·阿伦斯:《德国侵权法》,叶名怡、温大军译,中国人民大学出版社2022年版,第117页。
⑤ 参见"张某与蒋某婚姻家庭纠纷案",2015年最高人民法院公布49起婚姻家庭纠纷典型案例之36。

成共识。①

（二）因第三人欺诈订立合同

《民法典》颁布之前，我国法律将欺诈行为的主体限定于合同当事人，仅在个别场合下规定了第三人欺诈规则（原《担保法解释》第 40 条）。②《民法典》第 149条针对因第三人欺诈订立合同作出一般性规定。其立法理由在于，实现我国法律与国外立法通例相一致，并更为全面地保护当事人的意思自由。③ 虽然在一般场合下欺诈行为系由合同当事人实施，但在某些场合下，合同关系之外的第三人基于某种目的或动机，亦有可能对当事人一方实施欺诈行为，促使其在违背真实意思的情况下与相对方订立合同。例如知名文物收藏家甲对乙享有 10 万元债权，为达到乙尽快偿债的目的，甲欺骗丙称乙所持齐白石画作为真品（甲知其实为赝品），并劝说丙购买，丙信以为真而向乙购买了该画作。

1. 构成要件

依据《民法典》第 149 条规定，因第三人欺诈订立合同的要件与前述欺诈的五个要件基本相同，仅存在两点区别：一是将欺诈行为的主体由当事人一方变为第三人；二是增加"合同相对方知道或者应当知道欺诈行为"之要件。

（1）第三人对合同当事人一方实施了欺诈行为。

《民法典》第 149 条中的"第三人"，是指合同关系之外的、且与合同当事人不具有一致利益关系的民事主体。合同相对方的法定代表人、负责人、代理人和履行辅助人等，其行为的法律后果依法归属于合同相对方，故不属于该条规定的第三人。例如甲（乙公司股东）受乙公司委托与丙公司磋商订立合同，缔约过程中甲对丙公司实施欺诈行为，不构成第三人欺诈，而应适用《民法典》第 148 条。④

"第三人"的范围是否存在限制？德国法中，承担缔约过失责任的第三人并非任何第三人，而被限定为"施加了特别程度的人身信赖的第三人"。这种信赖必须是在特别程度上被施加的，即超出了正常的磋商信赖，第三人单纯地提及自己的专业知识是不足够的。通过施加人身信赖，第三人对合同磋商与合同订立施加了显著的影响。常见情形如鉴定人、律师、税收咨询师与经济检验师等专家所负的责

---

① 参见杨巍：《略论欺诈的侵权责任——以合同法、侵权法对欺诈的不同规制为角度》，载《暨南学报（哲学社会科学版）》2010 第 3 期。

② 相关学理意见参见薛军：《第三人欺诈与第三人胁迫》，载《法学研究》2011 年第 1 期；冉克平：《论因第三人欺诈或胁迫而订立合同的效力》，载《法学论坛》2012 年第 4 期。

③ 参见黄薇主编：《中华人民共和国民法典总则编释义》，法律出版社 2020 年版，第 395 页。

④ 参见新疆维吾尔自治区高级人民法院（2020）新民终 137 号民事判决书。

任。①《民法典合同编通则解释（征求意见稿）》第 6 条曾表述为"合同的订立基于对第三人的特别信赖或者依赖于第三人提供的知识、经验、信息等"，但司法解释最终删除该表述。本书认为，虽然《民法典》及司法解释对"第三人"在文义上未作限定，但应采与德国法类似解释。理由如下：其一，现行法承认（实施欺诈行为的）第三人缔约过失责任，故承担责任的第三人应对当事人的缔约损失具有可归责性。第三人须对当事人的缔约决策施加了特别程度的影响，使其产生特别信赖，可归责性才可能具备。其二，此类第三人实施的欺诈行为与当事人的缔约损失之间，才可能具备相当因果关系。其三，在信息爆炸的网络时代背景下，理由二的合理性更为明显。当事人在进行缔约决策时，应自行对各类信息作审慎辨别以作参考，而不能苛求所有信息提供者提供的信息都是真实无误的。换言之，在当事人可以获取海量信息的前提下，不相干的第三人提供的信息对其缔约决策的影响力十分有限。从发布信息的普通第三人角度而言，在一个陌生人因受其所发布信息影响而作出一项不明智交易的情形下，课以该第三人赔偿责任也是不合适的。

有学者认为，当事人对第三人的这种特别信赖，包括三种情形：一是基于第三人专业能力而信赖，如专家责任案型；二是基于第三人高尚品性而信赖，如第三人在当地甚至全国享有较高社会声誉，为当地人甚至全国公众所尊重；三是基于亲密社会关系或其他原因而信赖，如第三人与当事人是合作伙伴。② 该观点可资参考。

实务中，罕有将不相干的第三人认定为《民法典》第 149 条中的"第三人"的实例，而该"第三人"通常与合同交易存在某种关联且当事人对其存在某种特别信赖。例如甲向乙借款的目的是为了清偿甲与丙银行之间的借款合同债务，甲以在丙银行办理转贷为由，向乙许以高额利息并承诺嗣后再以转贷资金偿还借款。为此，乙在与甲签订借款合同前，前往丙银行了解转贷情况，丙银行经理在了解乙真实意图的前提下，告知其关于转贷的不实信息。丙银行构成《民法典》第 149 条中的"第三人"。③

（2）合同相对方知道或者应当知道欺诈行为。

《民法典》第 149 条规定的该要件，体现了对善意相对人的保护。第三人对合同当事人一方实施了欺诈行为时，合同相对方既有可能对此知情，也有可能不知情。如果订立合同时相对方知道或者应当知道受欺诈方是在违背真实意思的情况下与其订立合同，虽然相对方并未直接实施欺诈行为，但很难说其不具有利用该欺诈行为订约的故意。故在此场合下，受欺诈方有权撤销合同是合理的。如果订立

---

① 参见［德］迪尔克·罗歇尔德斯：《德国债法总论》，沈小军等译，中国人民大学出版社 2014 年版，第 80—81 页。

② 参见孙娟：《第三人缔约过失的责任性质及规则适用》，载《财经法学》2023 年第 5 期。

③ 参见最高人民法院（2018）最高法民再 360 号民事判决书。

合同时相对方不知道且不应当知道欺诈行为的事实,因其系在不知情的情况下与受欺诈方订立合同,故受欺诈方不享有合同撤销权,而只能通过(相对方)违约责任、(第三人)侵权责任等途径获得救济。行使撤销权的当事人对相对方知情承担举证责任。①

该要件中的"知道",是指合同相对方对欺诈行为已知情的实然状态。"应当知道",是指虽然合同相对方对欺诈行为不知情,但其对不知情具有可归责性,故与"知道"作相同处理。法院认定"应当知道"的实例如:甲公司享有乙公司23%的股权,丙企业与甲公司签订股权转让协议,约定甲公司将该股权转让给丙企业。为达成交易,丁会计师事务所就乙公司的财务状况出具《审计报告》。其后,丙企业发现乙公司存在财务、业务数据造假行为,遂以"第三人(乙公司)欺诈"为由请求法院撤销股权转让协议,甲公司以"对乙公司欺诈"不知情为由抗辩。法院支持了丙企业的诉讼请求,理由在于,甲公司曾发现乙公司"订单数、销售额、客单价、连单率等几个数据勾稽关系有点不大合逻辑"并与乙公司沟通,但在能够核对的情况下未对乙公司资产、财务账簿和其他经营记录进行查勘核对,故构成"应当知道"。②

2. 特殊法律后果:第三人缔约过失责任

《民法典》施行前,我国法律并无第三人缔约过失责任的一般规定,仅有零星实务意见主张于某些个案中(如出租人致使租赁合同与转租赁合同无效)适用第三人缔约过失责任。③《民法典合同编通则解释》第5条新增规定,因第三人欺诈、胁迫订立合同的,受到损失的当事人有权请求第三人承担赔偿责任。该条是借鉴德国法"第三人缔约过失责任"制度的结果。④对于该条内容,解读如下:

(1)该条规定的是第三人向受欺诈方承担缔约过失责任。

①适用该条认定第三人承担责任的,仍应考察缔约过失责任的各项要件,尤其对"因果关系"和"过错"要件应审慎判断。关于"因果关系"要件,应着重考察第三人是否对受欺诈方的缔约决策施加了特别程度的影响,使其产生特别信赖,并基于该特别信赖而订立合同。关于"过错"要件,第三人应对其欺诈行为(不实陈述)使受欺诈方在违背真实意思的情况卜订立合同具有故意或过失。如果第三人对此不知情且不应知情,要求其承担责任显然有悖于缔约过失责任的一般标准。

②第三人缔约过失责任与第三人所负其他责任的关系如何?如果第三人与受欺诈方之间存在合同关系,可导致请求权聚合(而非竞合)。例如甲评估机构(第

---

① 参见河北省高级人民法院(2020)冀民终687号民事判决书。
② 参见浙江省高级人民法院(2021)浙民终171号民事判决书。
③ 参见叶柳东、王宝道:《第三人缔约过失责任理论理解与个案适用——兼论出租人致使租赁合同与转租赁合同无效的责任认定》,载《法律适用》2010年第6期。
④ 参见最高人民法院民事审判第二庭、研究室编著:《最高人民法院民法典合同编通则司法解释理解与适用》,人民法院出版社2023年版,第87页。

三人)与乙(受欺诈方)订立资产评估合同(A 合同),内容是评估丙的资产状况,以作为乙是否收购丙的参考。甲故意出具不实评估报告,使乙基于错误判断而与丙订立收购协议(B 合同),但乙发现受骗后撤销了收购协议。乙可以向甲同时主张 A 合同之违约金和 B 合同被撤销之缔约过失责任。另一解决方案是,将 B 合同被撤销之缔约损失纳入 A 合同之违约损失,以违约责任一并赔偿。这两种方案的赔偿数额并无差异。

如果第三人与受欺诈方之间不存在合同关系,可导致缔约过失责任请求权与侵权责任请求权的竞合。例如前述事例中,知名文物收藏家甲欺诈丙,丙受骗而向乙购买赝品。丙对甲的缔约过失责任请求权与侵权责任请求权构成竞合。与德国法不同的是,德国法承认缔约过失责任的一个重要原因是侵权责任一般条款的局限性导致某些情形下无法为受害人提供救济①,而我国侵权责任一般条款(《民法典》第 1165 条第 1 款)具有开放性特点,故并不存在此问题。因此,某些情形下受欺诈方向第三人主张侵权责任请求权亦可成立。

③第三人缔约过失责任与合同相对方缔约过失责任的关系如何?虽然该条规定了第三人缔约过失责任,但并不因此消除合同相对方缔约过失责任。在这两种责任均成立的前提下,如果第三人与合同相对方具有意思联络(通过欺诈订立合同的共同故意),应向受欺诈方承担连带赔偿责任(类推适用《民法典》第 1168 条);如果第三人与合同相对方不具有意思联络,各自承担按份赔偿责任(类推适用《民法典》第 1172 条)。

(2)过失相抵规则的适用。该条第 1 句后段规定"当事人亦有违背诚信原则的行为的,人民法院应当根据各自的过错确定相应的责任",意指确定第三人赔偿责任时可以适用过失相抵规则。此处"当事人亦有违背诚信原则的行为"应解释为受欺诈方对基于不实信息订立合同亦有一定过错,例如未完全尽到合理审查义务。

(3)该条"但书"的理解。该条第 2 句规定:"但是,法律、司法解释对当事人与第三人的民事责任另有规定的,依照其规定。"依此规定,该条第 1 句是第三人缔约过失责任的一般规范,法律、司法解释对第三人缔约过失责任的其他规定构成特别规范,后者优先于前者适用。此类特别规范兹举两例:

《民法典担保制度解释》第 17 条规定:"主合同有效而第三人提供的担保合同无效,人民法院应当区分不同情形确定担保人的赔偿责任:(一)债权人与担保人均有过错的,担保人承担的赔偿责任不应超过债务人不能清偿部分的二分之一;(二)担保人有过错而债权人无过错的,担保人对债务人不能清偿的部分承担赔偿

---

① Vgl. Volker Emmerich, Kommentar zum § 311, in: *Münchener Kommentar zum BGB*, 9. Aufl., München : C. H. Beck, 2022, Rn. 40.

责任;(三)债权人有过错而担保人无过错的,担保人不承担赔偿责任。主合同无效导致第三人提供的担保合同无效,担保人无过错的,不承担赔偿责任;担保人有过错的,其承担的赔偿责任不应超过债务人不能清偿部分的三分之一。"该条可适用于担保人(第三人)欺诈债权人使其与债务人订立合同的情形。

《最高人民法院关于审理涉及会计师事务所在审计业务活动中民事侵权赔偿案件的若干规定》第5条规定:"注册会计师在审计业务活动中存在下列情形之一,出具不实报告并给利害关系人造成损失的,应当认定会计师事务所与被审计单位承担连带赔偿责任:(一)与被审计单位恶意串通;(二)明知被审计单位对重要事项的财务会计处理与国家有关规定相抵触,而不予指明;(三)明知被审计单位的财务会计处理会直接损害利害关系人的利益,而予以隐瞒或者作不实报告;(四)明知被审计单位的财务会计处理会导致利害关系人产生重大误解,而不予指明;(五)明知被审计单位的会计报表的重要事项有不实的内容,而不予指明;(六)被审计单位示意其作不实报告,而不予拒绝。对被审计单位有前款第(二)至(五)项所列行为,注册会计师按照执业准则、规则应当知道的,人民法院应认定其明知。"该条可适用于会计师事务所(第三人)欺诈客户使其与被审计单位订立合同的情形。

(三)欺诈的相关法律规定

1. 经营者欺诈消费者

《侵害消费者权益行为处罚办法》第5条规定,经营者提供商品或者服务不得有下列行为:①销售的商品或者提供的服务不符合保障人身、财产安全要求;②销售失效、变质的商品;③销售伪造产地、伪造或者冒用他人的厂名、厂址、篡改生产日期的商品;④销售伪造或者冒用认证标志等质量标志的商品;⑤销售的商品或者提供的服务侵犯他人注册商标专用权;⑥销售伪造或者冒用知名商品特有的名称、包装、装潢的商品;⑦在销售的商品中掺杂、掺假,以假充真,以次充好,以不合格商品冒充合格商品;⑧销售国家明令淘汰并停止销售的商品;⑨提供商品或者服务中故意使用不合格的计量器具或者破坏计量器具准确度;⑩骗取消费者价款或者费用而不提供或者不按照约定提供商品或者服务。

第6条规定,经营者向消费者提供有关商品或者服务的信息应当真实、全面、准确,不得有下列虚假或者引人误解的宣传行为:①不以真实名称和标记提供商品或者服务;②以虚假或者引人误解的商品说明、商品标准、实物样品等方式销售商品或者服务;③作虚假或者引人误解的现场说明和演示;④采用虚构交易、虚标成交量、虚假评论或者雇佣他人等方式进行欺骗性销售诱导;⑤以虚假的"清仓价""甩卖价""最低价""优惠价"或者其他欺骗性价格表示销售商品或者服务;⑥以虚假的"有奖销售""还本销售""体验销售"等方式销售商品或者服务;⑦谎称正品销售"处理品""残次品""等外品"等商品;⑧夸大或隐瞒所提供的商品或者服务的数量、质量、性能等与消费者有重大利害关系的信息误导消费者;⑨以其他虚假或者引人误解的宣传方式误导消费者。

2. 不正当竞争行为之虚假宣传

《反不正当竞争法》第8条第1款规定:"经营者不得对其商品的性能、功能、质量、销售状况、用户评价、曾获荣誉等作虚假或者引人误解的商业宣传,欺骗、误导消费者。"《反不正当竞争法解释》第17条规定,经营者具有下列行为之一,欺骗、误导相关公众的,可以认定为"引人误解的商业宣传":①对商品作片面的宣传或者对比;②将科学上未定论的观点、现象等当作定论的事实用于商品宣传;③使用歧义性语言进行商业宣传;④其他足以引人误解的商业宣传行为。人民法院应当根据日常生活经验、相关公众一般注意力、发生误解的事实和被宣传对象的实际情况等因素,对引人误解的商业宣传行为进行认定。

3. 证券市场中的虚假陈述

《证券法》第56条规定:"禁止任何单位和个人编造、传播虚假信息或者误导性信息,扰乱证券市场。禁止证券交易场所、证券公司、证券登记结算机构、证券服务机构及其从业人员,证券业协会、证券监督管理机构及其工作人员,在证券交易活动中作出虚假陈述或者信息误导。各种传播媒介传播证券市场信息必须真实、客观,禁止误导。传播媒介及其从事证券市场信息报道的工作人员不得从事与其工作职责发生利益冲突的证券买卖。编造、传播虚假信息或者误导性信息,扰乱证券市场,给投资者造成损失的,应当依法承担赔偿责任。"

【疑难案例:网店使用绝对化广告用语是否构成欺诈案①】
【案件事实】

2016年5月15日,张某前在军刀公司京东商城旗舰店购买两只拉杆箱,共计498元。张某前于2016年5月17日通过网页截屏的方式保存了军刀公司在旗舰店网页上的"商品介绍",其中关于高级密码锁的宣传内容为"选用最优质的锁芯和最好的原料精制而成,安全系数高"。张某前于2016年5月22日收到该两只拉杆箱。

2016年6月17日,张某前向当地工商所投诉,以商家使用"最优秀、最好"等字眼违反广告法为由,要求退一赔三。经调解未达成协议,工商所终止调解。同日,军刀公司向区市场监督管理局出具一份情况说明,内容为"关于我公司在××商

---

① 该案详细解读参见"张某前诉广州军刀旅行用品有限公司网络购物合同纠纷案",载最高人民法院中国应用法学研究所编:《人民法院案例选》2018年第3辑(总第121辑),人民法院出版社2018年版,第30页以下。

城××店商品材料发布的广告中使用了'最优秀的锁芯和最好的原材料'的情形,我司特将情况说明如下:一、我公司产品广告中确实于5月15日前发布了包含该用语的广告。二、我公司接到商户投诉后,在第一时间进行了清查整改。三、我公司于2016年6月17日向贵局执法人员说明了该广告的详细情况并签收《责令改正通知书》。四、我公司认为投诉人赔偿要求不合理,不接受调解并拒绝赔付。"

2016年9月,张某前诉至法院,要求判令被告退还原告拉杆箱的购物款498元,并按照退一赔三的标准赔偿原告损失1494元。

【本案争点】

商家使用"最优质"等绝对化广告用语是否构成欺诈消费者?

【裁判要旨】

一审法院认为,本案的争议焦点为军刀公司涉案广告宣传行为是否构成对张某前的欺诈?根据"情况说明"中军刀公司的自述,军刀公司涉案广告宣传行为确因使用了最优质、最好等字眼而违反了《广告法》相关规定,并已受到行政部门的相关处理,但不当的广告宣传行为并不必然构成对消费者的欺诈,应结合欺诈的构成要件进行判断。

关于是否存在欺诈行为。欺诈行为是指行为人通过虚构事实或隐瞒真相的方式使事物表象与客观真相不符的行为。拉杆箱的主要质量信息,包括拉杆、提手、外壳、滚轮、密码锁、内部束带等。虽然军刀公司对于涉案拉杆箱的密码锁宣传使用了不当的广告用语,但尚无证据证明该密码锁存在以次充好等质量问题,或者对于其他核心的质量信息亦未能进行真实全面的描述,故军刀公司上述行为尚不足以构成虚构事实或隐瞒真相。

关于是否使被欺诈人陷入错误认识而作出意思表示,即判断一位具有完全民事行为能力的理性人,是否会因军刀公司的不当广告宣传行为产生错误认识而作出购买的意思表示。本案张某前作为具备完全民事行为能力的理性人,对所购买产品的各项主要参数应有基本的合理判断。一方面,张某前并未提出其对于拉杆箱的安全性有较其他消费者更高的要求,从而对密码锁的质量有特别的需求。另一方面,张某前可依据广告页面的相关信息综合判断是否购买该款拉杆箱,而其仅凭关于密码锁绝对化的广告用语便轻率购买涉案产品,故其自身未尽合理的审慎义务,不属于错误的意思表示,该意思表示的后果应由张某前自行承担。因此,亦难以认定军刀公司涉案广告宣传行为导致张某前陷入错误认识而作出购买涉案拉杆箱的意思表示。综上,军刀公司涉案广告宣传行为并不构成对张某前的欺诈。判决:驳回原告的诉讼请求。

二审法院认为,张某前称军刀公司存在欺诈,主要系其认为涉案产品并非广告中所称之"选用最优质的锁芯",其系受到误导而作出购买行为。对此法院认为,首先,在网络购物合同形成过程中,双方对涉案产品锁芯之质量并未进行过具体磋商或有过明确约定,虽军刀公司在广告中作出过"选用最优质的锁芯"之表述,但仅是一种广告营销用语,且在工商部门要求责令整改后,军刀公司已就相关不恰当用语作出更改;其次,张某前就其收到产品的锁芯质量究系何种程度之品质、与广告所称存在何种程度之差距,仅是进行笼统之主观陈述,亦无法提供相应证据予以具体说明。因此,张某前称军刀公司故意告知虚假情况或隐瞒真实情况,诱使其作出错误意思表示,缺乏依据;张某前据此主张退一赔三,法院不予支持。判决:驳回上诉,维持原判。

四、胁迫

(一)概念和构成要件

依据《民法典》第 150 条规定,一方以胁迫手段,使对方在违背真实意思的情况下订立的合同为可撤销合同。胁迫,是指以给自然人及其近亲属等的人身权利、财产权利以及其他合法权益造成损害或者以给法人、非法人组织的名誉、荣誉、财产权益等造成损害为要挟,迫使其基于恐惧心理作出意思表示。(《民法典总则编解释》第 22 条)一方实施胁迫行为,使对方在受到要挟的情形下订立合同,由于受胁迫方所作出的意思表示并非自愿真实,故合同欠缺有效要件而存在效力上的瑕疵。[1] 以胁迫手段订立的合同须具备以下要件:

1. 胁迫方具有胁迫的故意[2]

所谓胁迫的故意,是指胁迫方明知其胁迫行为会使对方陷入恐惧,并希望对方因陷入恐惧而作出订立合同意思表示的心理状态。胁迫的故意具有两方面的要求:一方面,胁迫方须意识到自己的胁迫行为将造成对方心理上的恐惧,却仍然实施该行为且希望对方陷入恐惧;另一方面,胁迫方希望对方在陷入恐惧的状态下作出订立合同的意思表示。

一方以胁迫手段订立的合同在经济利益上并非一定对受胁迫方不利,但由于是在违背当事人意愿的基础上订立的,故法律不承认其有效性。如果行为人并无胁迫的故意,但其行为客观上使对方陷入恐惧并进一步作出订立合同的意思表示,则非胁迫而可能构成戏谑等其他行为。

---

[1] 其他观点参见张淞纶:《胁迫制度的经济分析 以违法性与制裁为核心》,载《中外法学》2018 年第 3 期。

[2] 少数说对该要件持否定意见。参见朱广新:《合同法总则研究(上册)》,中国人民大学出版社 2018 年版,第 314 页。

2. 胁迫方实施了胁迫行为

胁迫行为包括威胁和强迫两种情形：前者是指以将来造成损害相要挟，例如威胁揭发对方隐私以迫使对方订立合同。后者是指以现实的侵害行为强制对方订立合同，例如持枪逼迫对方在合同书上签字。当事人主张受对方胁迫在违背真实意思的情况下订立合同的，应当就对方的胁迫行为负举证责任。[①]对于胁迫行为，须从以下几方面理解：

（1）侵害的方式。当事人不可能在真空中作出意思表示，法律也并非绝对禁止缔约磋商过程中一方向另一方施加压力的行为。事实上，商业谈判中一方向对方施压是十分常见且被允许的，这是双方通过磋商进行博弈的必然内容之一。例如一方称"如不接受我方条款将重新考虑双方的长期合作关系"。此类施压行为不构成胁迫。

仅在一方以不法侵害相威胁的场合下，才有可能构成胁迫而被法律所禁止。《民法典总则编解释》第 22 条列举的侵害方式体现了这种要求。依据该条规定，胁迫的方式可以是对自然人的人身权利、财产权利以及其他合法权益等造成损害，也可以是给法人或非法人组织的名誉、荣誉、财产权益等造成损害。这些情形均可构成侵权甚至犯罪行为而被法律明确禁止，故构成胁迫不存疑义。单纯的违约行为（如租船合同的出租人停止作业）通常不构成胁迫，而按照违约责任处理。[②]

（2）侵害的对象。受胁迫方是自然人的，胁迫行为中的侵害对象可以是受胁迫方本人或其亲属朋友；受胁迫方是法人或非法人组织的，侵害对象可以是法人或非法人组织本身，也可以是法人或非法人组织的代表人、负责人或其他组成人员。

（3）侵害的程度。PICC 第 3.2.6 条规定，胁迫行为中的侵害行为必须具有严重性、急迫性，即此侵害行为足以使受胁迫方陷入恐惧而无其他合理选择，只有订立合同一途。判断是否具有严重性、急迫性，必须考虑个案的具体情况，以客观标准衡量。[③] 我国亦应采相同解释。例如甲欲向乙借款，并威胁乙如不出借就将到乙的婚礼上投毒，而此时乙尚无结婚对象及结婚计划。这种遥远的威胁很难使乙陷入恐惧，且乙此时尚有多种合理选择以作应对。

3. 胁迫行为具有违法性

（1）具有违法性的情形：

胁迫行为的违法性，是指胁迫行为的内容或者效果为法律所禁止。

第一，手段违法。如果胁迫行为所采取的手段为法律所禁止，即使所欲实现的

① 参见最高人民法院（2023）最高法民申 1826 号民事判决书。
② 参见湖北省高级人民法院（2020）鄂民终 320 号民事判决书。
③ 参见［德］埃卡特·J. 布罗德：《国际统一私法协会国际商事合同通则——逐条评述》，王欣等译，法律出版社 2021 年版，第 40—41 页。

目的合法,该胁迫行为仍具有违法性。例如行为人以毁损对方财物相威胁,逼迫对方以合理价格出租房屋。

第二,目的违法。如果胁迫行为所欲实现的目的为法律所禁止,即使手段合法,该胁迫行为仍具有违法性。例如行为人以揭发对方犯罪行为相威胁,逼迫对方将其房屋以极低价格出售。

第三,手段与目的的结合违法。如果手段与目的单独均为合法,但两者结合在一起将迫使对方订立违背其真实意思的合同,该胁迫行为亦具有违法性。该情形下,虽然胁迫行为采取的手段合法,但所欲实现的目的是另一法律关系之结果,因此不构成正当行使权利的行为,其效果为法律所禁止。例如行为人以揭发对方犯罪行为相威胁,逼迫对方签订股权转让协议。①

（2）不具有违法性的情形：

如果行为人虽使对方违背真实意思而订立合同,但其行为不具违法性,则不构成胁迫。

第一,为维护其合法权益而正当行使权利的行为。例如：①债权人单纯地尾随纠缠债务人索债②；②债权人要求债务人到法院签订和解协议③；③一方委托律所向对方出具《律师意见书》,称对方行为涉嫌犯罪④；④当事人存在过激言语并制作传单⑤。

第二,对长辈的敬畏或对亲友的迁就。例如行为人因其父母的干预而违心与他人订立合同,或者因亲友强烈要求而碍于情面"勉强答应"订立合同⑥,均不构成胁迫。此类情形既不具有违法性,也未达到使表意人陷入恐惧的强度。

4. 受胁迫方因胁迫而作出了订立合同的意思表示

受胁迫方必须因胁迫行为而陷入恐惧,并因此进一步作出订立合同的意思表示,才存在合同无效或撤销的可能。如果受胁迫方并未对胁迫行为就范,或其作出订立合同的意思表示与胁迫行为之间并无因果关系,则不能以胁迫为由撤销合同。

【拓展："经济胁迫"可否构成胁迫行为?】

经济胁迫概念产生于20世纪后期的英美法,是指一方对另一方以造成经济损失相威胁。经济胁迫与其他案件的判断标准类似：协议由不当威胁所致,从而使另

---

① 参见江苏省高级人民法院(2018)苏民终1388号民事判决书。
② 参见重庆市第二中级人民法院(2015)渝二中法民终字第1980号民事判决书,载《人民司法·案例》2016年第20期。
③ 参见陕西省高级人民法院(2020)陕民终725号民事判决书。
④ 参见四川省高级人民法院(2020)川民终148号民事判决书。
⑤ 参见北京市第一中级人民法院(2019)京01民终8539号民事判决书。
⑥ 参见最高人民法院(2016)最高法民申1315号民事裁定书。

一方当事人不存在合理的替代方法,只能同意所提议的合同内容。Alaska Packers′ As-sociation v. Domenici 案中,雇员在商业渔船离开港口好几百英里后要求工资加价,雇主无法回去雇佣新的船员。雇主屈服于雇员的要求。本案中不存在身体胁迫,但雇员以罢工作为威胁,雇主只有两种选择:屈服于他们的要求或放弃当年在阿拉斯加海岸整个大马哈鱼季节。雇主可能遭受的损害具有不确定性,这使能否获得损害赔偿的救济具有不确定性。而且在大海中不存在法院,也使作出衡平法上禁止雇员为他人工作的禁制令救济不现实。该情形构成"试图利用对方(雇主)缺乏充分法律救济"之经济胁迫。① 即使在承认经济胁迫的英美法中,对该规则的适用也存在多种限制(设置各种排除适用情形),以避免对该概念的广泛使用而不恰当地增加合同无效的危险。②

对于我国应否承认经济胁迫概念,学理上尚存争议。肯定说认为,我国法上的胁迫概念存在较大解释空间,实务中也已出现经济胁迫的实际案例,故不应回避该概念。③ 否定说认为,胁迫仅限于针对财产或人身相威胁的行为,交易中的经济强制一般不构成胁迫。对于胁迫的内容作出严格限制是必要的,如果胁迫范围过于宽泛,不利于鼓励交易。④

实务中,确有适用经济胁迫概念的零星实例。例如在一起海事纠纷案件中,承运人(航运公司)在卸货前对外公告按照其公示标准收取费用后而予以放货,而该收费标准高于承运人与托运人所签合同约定标准。一审法院认为构成胁迫,理由是:如果托运人不及时提取货物势必导致损失进一步扩大,为避免损失进一步扩大不得已按照承运人要求支付费用。二审法院推翻一审意见,认为不构成经济胁迫,理由是:如果认为承运人存在违法胁迫行为,托运人在事发时本可以依法向有管辖权的海事法院申请海事强制令要求放货。但托运人并未如此行为,而是直接与承运人协商确定了最终运价、提取货物,应认定其具有意思自主性,并非无奈所为。⑤ 二审裁判意见系在认可经济胁迫属于胁迫的前提下,认为本案不具备"不存在合理的替代方法"之要件,从而得出不构成经济胁迫的结论。

(二)因第三人胁迫订立合同

在《民法典》颁布之前,我国法律未规定第三人胁迫的一般规则,《民法典》第150条就因第三人胁迫订立合同作出了一般性规定。第三人实施胁迫行为的具体

---

① 参见[美]杰弗里·费里尔、[美]迈克尔·纳文:《美国合同法精解》,陈彦明译,北京大学出版社2009年版,第472页。

② 参见[英]P. S. 阿狄亚:《合同法导论》,赵旭东等译,法律出版社2002年版,第286页。

③ 参见韩世远:《合同法总论》,法律出版社2018年版,第260页。

④ 参见王利明:《合同法研究(第一卷)》,中国人民大学出版社2015年版,第686—687页。

⑤ 参见天津市高级人民法院(2020)津民终307号民事判决书。

要件,与前述四个要件基本相同,唯将胁迫行为的主体由当事人一方变为第三人。第三人缔约过失责任亦适用《民法典合同编通则解释》第 5 条之规定。

第三人胁迫与第三人欺诈的不同之处在于,受胁迫方的相对方无论对胁迫行为是否知情,都不影响受胁迫方享有撤销权。因为相较于欺诈而言,胁迫对当事人意思自由的侵害更为严重,故法律赋予受胁迫人更大程度的保护。

五、显失公平

(一)显失公平与乘人之危的关系

1.《民法典》之前采取的模式:分立主义

《民法典》颁布之前,原《民法通则》和原《合同法》均将显失公平与乘人之危分别规定为两项规则。依据原《民法通则》第 59 条和原《合同法》第 54 条第 1 款第 2 项规定,订立合同显失公平的,该合同为可撤销合同。原《民法通则意见》第 72 条规定:"一方当事人利用优势或利用对方没有经验,致使双方权利与义务明显违反公平、等价有偿原则的,可以认定为显失公平。"依据原《民法通则》第 58 条第 1 款第 3 项规定,一方乘人之危使对方在违背真实意思的情况下实施的民事行为无效。依据《合同法》第 54 条第 2 款规定,一方乘人之危使对方在违背真实意思的情况下订立的合同为可撤销合同。原《民法通则意见》第 70 条规定:"一方当事人乘对方处于危难之机,为牟取不正当利益,迫使对方作出不真实的意思表示,严重损害对方利益的,可以认定为乘人之危。"学理意见大多认为,上述法律规定的显失公平和乘人之危,实际上是传统民法中暴利行为一分为二的结果。①

2.《民法典》采取的模式:合一主义

《民法典》改变了上述规定,其第 151 条将显失公平和乘人之危合二为一。其立法理由在于,《民法通则》和《合同法》规定的显失公平与乘人之危虽各有侧重,但司法实践对二者的界定在主观和客观两方面要求类似,如显失公平中的"一方明显违反公平、等价有偿原则",即是严重损害了对方利益;"利用优势或者利用对方没有经验"与乘人之危的手段均利用了对方的不利情境。因此,《民法典》将二者合并规定,赋予显失公平新的内涵,这既与立法通例相一致,也便于司法实践从严把握,防止该制度被滥用。②《民法典》第 151 条大致相当于传统民法中关于暴利

---

① 参见徐涤宇:《非常损失规则的比较研究——兼评中国民事法律行为制度中的乘人之危和显失公平》,载《法律科学》2001 年第 3 期;冉克平:《显失公平与乘人之危的现实困境与制度重构》,载《比较法研究》2015 年第 5 期。

② 参见黄薇主编:《中华人民共和国民法典总则编释义》,法律出版社 2020 年版,第 402—403 页。

行为的规定。① 该条虽非绝对不适用于单务合同,但实务中主要适用于双务、有偿合同。

(二)概念和构成要件

依据《民法典》第 151 条规定,显失公平的合同是指一方利用对方处于危困状态、缺乏判断能力等情形,致使合同成立时双方权利与义务明显违反公平原则的合同。该规则是意思自治原则和公平原则共同作用的产物。一般而言,双方权利与义务的不等价不会影响合同效力。只要当事人有缔约能力,并基于真实意思完成了订约行为,即使该合同对他而言是一笔亏损交易,也仍受该合同的约束。但如果一方不恰当地利用了某种事实,使对方在违背真意的前提下接受了不利的订约条件,则法律有介入的必要。显失公平的合同须具备以下要件:

1. 主观要件:一方具有利用对方处于危困状态、缺乏判断能力等情形的故意②

(1)对方处于危困状态、缺乏判断能力等情形。所谓危困状态,是指因自然原因或社会原因导致当事人处于危险或困难的情境,当事人在经济上、生活上处于某种窘迫状态。例如因家人患病住院而急需医疗费;公司的法定代表人、财务人员等高管人员均被逮捕,企业运营陷入困境③。

所谓缺乏判断能力,是指交易时因当事人欠缺一般的生活经验或交易经验,导致其缺乏对所订合同予以理性评估的能力。《民法典合同编通则解释》第 11 条针对自然人判断能力的标准专门作出规定:当事人一方是自然人,根据其年龄、智力、知识、经验并结合交易的复杂程度,能够认定其对合同的性质、合同订立的法律后果或者交易中存在的特定风险缺乏应有的认知能力的,可以认定构成"缺乏判断能力"。例如银行经理向文化水平较低的老年人推销理财产品,这些老年人因欠缺金融知识以高昂价格购买了实际收益率极低的理财产品。

如果当事人是特定领域的商事主体或者已借助专业机构获得相关信息,应谨慎认定其"缺乏判断能力"。例如:①某公司是开采、加工、销售玉石的专业企业,其与银行协议约定以价值 1.4 亿元的玉石折抵 450 余万元债务,法院以"不属于缺乏经验的情形、不存在危难急迫的客观事实、符合玉石交易的惯例"为由,认定不构成显失公平。④ ②股权转让协议的受让人对标的公司作了充分的背景调查和资料

---

① 参见《德国民法典》第 138 条第 2 款。

② 对于显失公平的合同应否要求主观要件,学理上素有"单一要件说"(仅要求客观要件)和"双重要件说"(要求主观要件和客观要件)之争。从《民法典》第 151 条中"一方利用对方处于……等情形"之表述来看,系采"双重要件说"。

③ 参见最高人民法院(2019)最高法民申 2898 号民事裁定书。

④ 参见最高人民法院(2016)最高法民终 234 号民事判决书。

分析，亦聘请专业机构进行了调查分析，进而达成交易，不构成缺乏判断能力。[①]

《民法典》第 151 条设有"等情形"之兜底规定。如果当事人由于危困状态、缺乏判断能力以外的类似情形订立权利义务显著不公平的合同，亦可具备本要件。实务中，"草率轻率""意志显著薄弱""心理依赖"均有可能构成该条之"等情形"。例如某些"校园贷"利用学生涉世不深的弱点订立贷款合同；通过 PUA 手段使对方认知失调而订立合同。[②] 如果因欺诈、胁迫、重大误解等原因导致权利义务显著不公平的，则应适用相应的规则。

（2）一方为订立合同，对对方的上述情形故意加以利用。换言之，一方在主观上明知对方处于不利情境，并且故意利用该不利情境来订立合同，以便为自己在合同条款上谋取更大利益。例如：①拆迁补偿纠纷中，一方利用提前知晓拆迁补偿价格的信息优势，与被拆迁人或其他利益相关者订立明显低于拆迁补偿价格的合同。[③] ②楼下住户卫生间漏水对正常生活造成严重困扰，楼上住户利用楼下住户急于改变漏水状态的急迫需求，与其签订内容显著失衡的补偿协议。[④]

一般场合下，主观要件须由主张显失公平的一方负举证责任。但是，如果一方存在"结构性劣势"且客观上合同内容显著不公平，可推定主观要件存在。一方面，该场合下劣势一方因缺乏专业背景而举证困难；另一方面，"结构性劣势"的客观存在使优势一方天然地享有优势谈判地位，故主观上是否对此故意加以利用不再重要。例如劳动者与用人单位订立的工伤赔偿协议中，赔偿金额显著低于工伤保险待遇的法定标准，法院以"涉及劳动者的生存权益"为由认定构成显失公平，而未对主观要件另行认定。[⑤] 又例如患者因住院期间摔伤与医院订立的调解协议中，补偿金额与实际损失相差过大，且签订调解协议在伤残鉴定之前，法院以"结合患者年龄、职业、文化程度等事实"为由认定构成显失公平，而未要求患者对主观要件另行举证。[⑥]

2. 客观要件：在订立合同时，双方的权利义务显著不公平

（1）合同当事人双方的权利义务显著不公平。是否达到"显著"程度，应考虑以下几方面因素。

---

① 参见最高人民法院（2020）最高法民申 4426 号民事裁定书。
② 参见最高人民法院民事审判第二庭、研究室编著：《最高人民法院民法典合同编通则司法解释理解与适用》，人民法院出版社 2023 年版，第 143 页。
③ 参见吉林省高级人民法院（2014）吉民二终字第 89 号民事判决书。
④ 参见北京市第二中级人民法院（2023）京 02 民终 898 号民事判决书。
⑤ 参见"黄仲华诉刘三明债权人撤销权纠纷案"，载《最高人民法院公报》2013 年第 1 期。
⑥ 参见湖北省高级人民法院（2020）鄂民申 2004 号民事裁定书。

第一,相对比例。某些域外法对双方权利义务的失衡比例有明确规定,[①]但我国现行法尚无规定。[②] 一般而言,失衡比例应导致双方所负给付义务严重违背等价有偿原则,一方的获利大大超出了正常商业利润的限度。

第二,金额大小。如果绝对金额较高,即使相对比例较低,亦可满足客观要件。例如价值 10 亿元的商品以 7.5 亿元售出。

第三,交易惯例。例如:①一定期限的竞业禁止条款或保密条款可能"看似对一方明显不利",但在某些行业(如房地产中介)却仍然可能是公平的。[③] ②当事人提供的域名注册、小程序开发等服务尚无统一市场指导价,且软件开发或技术服务具有极强的个性化因素,不能用已交付标的物价值大小反推是否构成显失公平。[④] ③股权投资者购买目标公司股权,除了着眼于目标公司现有资产的价值,更看重目标公司预期可获得的利益,因此不能仅以目标公司现有资产的价值来衡量股权转让款数额是否公平。[⑤]

第四,受损利益的性质。例如:①在受害人死亡的场合下,如果侵权人的实际赔偿数额高于法定标准,由于"生命不能用金钱衡量",故不构成显失公平。[⑥] ②父母与子女之间的股权转让包含有情感因素,不能单纯以市场价格判断显失公平。[⑦]

(2)双方权利义务显著不公平的时间点为订立合同时。由于商品价格常随市场供求关系发生变动,故认定显著不公平的时间点十分重要。订立合同时权利义务显著不公平的,可构成显失公平,至于其后不公平状态是否发生变化不影响当事人享有撤销权。如果订立合同时双方权利义务是公平的,合同成立后客观情况发生重大变化导致权利义务显著不公平的,可适用情势变更规则。

(3)应当注意区分显失公平与商业风险的界限。如果双方的权利义务不对等而使一方受损,但未超出商业风险的范畴,受损方不得以显失公平为由主张撤销合同。有判决认为,合同双方权利义务完整真实,即使合同标的价格高于市场价格,也应属于应当预见的商业交易风险,不能认定为显失公平。[⑧] 当事人不能仅以存

---

① 例如《法国民法典》第 1674 条规定,不动产买卖中受到损失超过不动产价金的 7/12 时,构成显失公平。德国法中一般适用"双倍标准",参见[德]海因·克茨:《德国合同法》,叶玮昱、张焕然译,中国人民大学出版社 2022 年版,第 68 页。

② 有观点认为可参照原《合同法解释(二)》第 19 条,以"低于当地指导价或者市场交易价的 70%"和"高于当地指导价或者市场交易价的 30%"为判断标准。本书不同意该观点,因为该标准的立法目的及适用场合与显失公平规则并不相同。

③ 参见天津开发区家园房地产营销有限公司诉天津森得瑞房地产经营有限公司特许经营合同纠纷案,载《最高人民法院公报》2007 年第 2 期。

④ 参见最高人民法院(2021)最高法知民终 1507 号民事判决书。

⑤ 参见广东省高级人民法院(2017)粤民终 2215 号民事判决书。

⑥ 参见浙江省杭州市中级人民法院(2014)浙杭民终字第 153 号民事判决书。

⑦ 参见北京市高级人民法院(2020)京民终 526 号民事判决书。

⑧ 参见最高人民法院(2004)民一终字第 104 号民事判决书,载《最高人民法院公报》2006 年第 5 期。

在更高出价者为由认定原合同内容显失公平①;也不能仅以实际营业额与预期收益不符,反推出合同订立时存在显失公平的情形②。

六、撤销权

(一)撤销权的性质

1. 撤销权是形成权(形成诉权)

撤销权人依据其单方意思即可行使撤销权,无需取得对方同意。依据现行法规定,撤销权人须通过诉讼或仲裁程序行使撤销权,故撤销权实为"形成诉权"。形成诉权,是指只能通过诉讼或仲裁途径才能够被有效行使的形成权。当事人行使撤销权提起的诉讼为形成之诉,当事人起诉时虽已有变动法律关系的单方意思,但法律效力直到形成判决作出才发生。形成诉权的意义在于,将有重大社会影响的权利变动置于中立的司法控制之下,同时也对弱势一方的利益提供保护。③

2. 撤销权是从权利

可撤销合同之债权为主权利,撤销权为附属于此主权利的从权利。当事人不得单独转让撤销权而保有主权利,也不得仅转让主权利而保有撤销权。

(二)撤销权的主体

依《民法典》第 147—151 条规定,在不同的可撤销合同中,撤销权主体有所不同。

1. 重大误解的场合下,"行为人"享有撤销权

《民法典》第 147 条规定的行为人,应解释为实施合同行为的双方当事人,而非仅限于发生误解的一方当事人。理由如下:其一,从立法用语来看,第 148—150 条规定受欺诈方和受胁迫方享有撤销权,而第 147 条未表述为"误解方"而表述为"行为人"。将行为人解释为双方当事人而非误解人,符合文义解释和体系解释的要求。其二,在重大误解的场合下,虽然主要是由误解方行使撤销权,但在其未行使撤销权的情况下由相对方行使撤销权对误解方并无不利。如果误解方尚未意识到己方的误解,或者虽然意识到但行使撤销权存在某种障碍,在此情形下承认相对方享有撤销权有利于对误解方的救济。

---

① 参见最高人民法院(2007)民三监字第 18-1 号民事裁定书。
② 参见陕西省高级人民法院(2018)陕民再 34 号民事判决书。
③ 关于形成诉权的学理意见,参见申海恩:《私法中的权力:形成权理论之新开展》,北京大学出版社 2011 年版,第 103—109 页。

《民法典总则编解释》第 19 条第 2 款规定,根据交易习惯等认定行为人无权请求撤销的,构成重大误解的行为人不享有撤销权。该款系针对存在特殊交易习惯的某些领域(如古玩交易)设置的例外规定。例如按照古玩、宝石、原石等特殊商品的交易习惯,买卖双方对标的物材质、年代等内容不作明确约定,由买方通过实物查看自行判断商品价值,并由此达成交易合意。即使交易时当事人对标的物价值存在误判,也不构成重大误解。① 但是,如果卖方对古玩等特殊商品的年代、品质作出误导性说明或者保证其为真品的,可构成欺诈行为。②

2. 欺诈的场合下,"受欺诈方"享有撤销权

特别值得注意的是,"受欺诈方"不等于"受损害方"。其一,因欺诈订立合同的场合下,受欺诈方未必受有财产损害。其享有撤销权的原因是在违背真实意思的情况下订立合同,而非因该合同受有损害。其二,"欺诈方"如果因订立该合同使自己受有财产损害,法律不应赋予其撤销权。否则将违背该制度保护意思表示不真实的当事人之立法本意。

3. 胁迫的场合下,"受胁迫方"享有撤销权

"受胁迫方"不等于"受损害方",理由与欺诈场合类似。

4. 显失公平的场合下,"受损害方"享有撤销权

《民法典》第 151 条中的受损害方,应解释为处于危困状态、缺乏判断能力等情形,并被对方加以利用的一方。该方当事人因处于危困状态、缺乏判断能力等情形并被对方加以利用,订立了权利义务明显失衡的合同而受到损害,故法律赋予其撤销权。

(三)撤销权的行使

1. 撤销权的一般行使方式:提起撤销之诉

依据《民法典》第 147—151 条规定,撤销权人行使撤销权应向人民法院或者仲裁机构提出请求。该"请求"非谓撤销权为请求权,而是指行使撤销权应采取撤销之诉的方式为之。一般情况下,行使撤销权的方式是撤销权人提起撤销之本诉或反诉。当事人行使撤销权的,应对撤销事由的存在负举证责任。当事人所举证据难以得出违背其真实意思表示的结论的,人民法院不予支持。③

在现行法框架下,撤销权人在诉讼或仲裁程序之外行使撤销权的,不具有法律效力。如果当事人双方在诉讼或仲裁程序之外就终止合同达成合意,应认定为协

---

① 参见黑龙江省大庆市中级人民法院(2017)黑 06 民终 2143 号民事判决书。

② 参见广东省高级人民法院(2018)粤民申 9299 号民事裁定书。

③ 参见"厦门南中投资有限公司与厦门市农村信用合作联社等借款担保合同纠纷上诉案",最高人民法院民事审判第一庭编:《民事审判指导与参考》2009 年第 4 集(总第 40 集),法律出版社 2010 年版,第 154 页以下。

议解除(《民法典》第 562 条第 1 款)而非行使撤销权。

2. 撤销权的特殊行使方式:以抗辩的方式行使

如果对方当事人先提起诉讼(如要求撤销权人履行合同义务),当事人可以存在重大误解、欺诈等情形为由拒绝对方诉讼请求,即以抗辩的方式行使撤销权。依据《九民纪要》第 42 条规定,以抗辩的方式行使撤销权分为两种情况。

(1)一方请求另一方履行合同,另一方以合同具有可撤销事由提出抗辩。该情形下,人民法院应当在审查合同是否具有可撤销事由以及是否超过法定期间等事实的基础上,对合同是否可撤销作出判断,不能仅以当事人未提起诉讼或者反诉为由不予审查或者不予支持。经审查可撤销事由成立的,由于该抗辩并不必然包含行使撤销权的意思,法院应向主张抗辩的一方释明,以确认其是否行使撤销权。① 经释明后,当事人表示行使撤销权的,法院可判决撤销合同,且当事人拒绝履行的抗辩理由成立;当事人表示不行使撤销权的,法院不得依职权判决撤销合同,此时由于合同仍然有效,故不发生拒绝履行的抗辩效果。

实务中,该规则亦被适用于破产撤销权(《破产法》第 31 条、第 32 条)的场合。② 该规则的适用前提是"一方请求另一方履行合同"(给付之诉),故一方提起确认之诉的,不适用该规则。③

(2)一方主张合同无效,依据的却是可撤销事由。该情形下,人民法院应当全面审查合同是否具有无效事由以及当事人主张的可撤销事由。根据审查结果,分为以下几种情况分别处理。

①当事人关于合同无效事由成立的,人民法院应当认定合同无效。例如当事人以受欺诈为由主张合同无效,但实际上合同内容违反法律强制性规定而不构成欺诈。由于法院可依职权主动审查合同无效事由,故该情形下法院可直接认定合同无效。

②当事人主张合同无效的理由不成立,而可撤销事由成立的,因合同无效和可撤销的后果相同,人民法院可以结合当事人的诉讼请求,直接判决撤销合同。例如当事人以受欺诈为由主张合同无效,经审查确实构成欺诈,虽然欺诈并非法律规定的无效事由,但当事人主张合同无效可解释为具有行使撤销权的意思,因此法院可判决撤销合同。④

③当事人主张的合同无效事由和可撤销事由均不成立的,人民法院应当认定合同有效,且不发生拒绝履行的抗辩效果。例如当事人以受欺诈为由主张合同自

---

① 参见最高人民法院民事审判第二庭编著:《〈全国法院民商事审判工作会议纪要〉理解与适用》,人民法院出版社 2019 年版,第 294 页。

② 参见江苏省镇江市中级人民法院(2021)苏 11 民终 3711 号民事判决书。

③ 参见浙江省高级人民法院(2020)浙民终 502 号民事判决书。

④ 参见江苏省常州市中级人民法院(2021)苏 04 民终 1491 号民事判决书。

始无效,经审查不构成欺诈,也不存在合同无效事由,当事人应当履行合同义务。①

(四)撤销权的消灭

1. 有下列情形之一的,撤销权消灭(《民法典》第 152 条第 1 款)

(1)当事人自知道或者应当知道撤销事由之日起 1 年内、重大误解的当事人自知道或者应当知道撤销事由之日起 90 日内没有行使撤销权。(《民法典》第 152 条第 1 款第 1 项)该项规定的"当事人",应解释为享有撤销权的当事人,而非指主动引起撤销事由的当事人(欺诈人等),否则将有违该规定之立法本意。依该项规定,在显失公平和欺诈的场合下,撤销权人自知道或者应当知道撤销事由之日起 1 年内没有行使撤销权的,撤销权消灭;在重大误解的场合下,撤销权人自知道或者应当知道撤销事由之日起 90 日内没有行使撤销权的,撤销权消灭。

该"1 年"和"90 日"期间的性质是除斥期间,为不变期间。该项就重大误解规定较短除斥期间的理由在于,与欺诈、胁迫、显失公平等影响意思表示自由的情形相比,重大误解权利人的撤销事由系自己造成,故不应赋予与其他事由相同的除斥期间。

(2)当事人受胁迫,自胁迫行为终止之日起 1 年内没有行使撤销权。(《民法典》第 152 条第 1 款第 2 项)在胁迫的场合下,虽然行使撤销权的除斥期间也是 1 年,但起算标准不同于第 1 项之规定。因为在胁迫行为终止前,即使受胁迫人已经知道胁迫行为存在,在客观上也不敢、不便或不能行使撤销权。如果仍然适用第 1 项规定之起算标准,显然对受胁迫人不公平。例如:①一方利用对方受到刑事强制措施胁迫其订立合同,应当自刑事强制措施结束之日(胁迫行为终止之日)起算 1 年之除斥期间。② ②一方遭受对方殴打而订立违背其真实意思的合同,应当自殴打行为结束之日(胁迫行为终止之日)起算 1 年之除斥期间。③

(3)当事人知道撤销事由后明确表示或者以自己的行为表明放弃撤销权。(《民法典》第 152 条第 1 款第 3 项)撤销权人如果放弃撤销权,在弃权之后则不得再主张撤销合同。撤销权人放弃撤销权为单方行为,无需取得对方同意,亦不必通过诉讼或仲裁程序进行。撤销权人放弃撤销权可以明示或默示方式作出:前者是指撤销权人以口头或书面形式通知对方放弃撤销权;后者是指以推定行为放弃撤销权,例如甲得知自己是在受欺诈的情况下购买房屋后,非但没有提起撤销之诉,反而对该房屋进行了装修并且入住。

2. 当事人自合同成立之日起 5 年内没有行使撤销权的,撤销权消灭(《民法

---

① 参见山东省潍坊市中级人民法院(2022)鲁 07 民终 4600 号民事判决书。
② 参见湖南省高级人民法院(2019)湘民终 1675 号民事判决书。
③ 参见江西省高级人民法院(2020)赣民终 880 号民事判决书。

典》第152条第2款）

该"5年"的起算点是"合同成立之日"之客观时点,而不考虑当事人对撤销事由是否知情。立法理由在于,法律一方面将除斥期间起算标准规定为"撤销权人知道或者应当知道撤销事由之日"以利于撤销权人的保护,防止其因不知撤销事由存在而错失撤销权的行使;另一方面辅之以"5年"的客观期间,有助于法律关系和交易秩序的稳定,并维护交易安全。[1] 例如承包合同订立于1998年,承包人主张自己于2020年之后才得知受欺诈订立该合同,并于2021年3月起诉要求撤销合同。由于起诉时距离合同成立之日已超过5年,因此撤销权已经消灭。[2]

第五节　效力未定合同

一、效力未定合同概述

(一)效力未定合同的概念和特征

效力未定合同,又称效力待定合同,是指已经成立但欠缺法定有效要件,其效力能否发生在合同成立时尚未确定,须有权人表示追认才能有效的合同。虽然从理论上来说,效力未定合同是效力未定法律行为的下位概念,但由于婚姻、遗嘱等法律行为不能适用效力未定法律行为规则,故效力未定法律行为主要指效力未定合同。效力未定合同具有以下特征:

1. 效力未定合同主要是一方当事人欠缺有关主体资格的合同

效力未定合同虽然具备成立要件而使合同成立,但因一方当事人欠缺完全民事行为能力、代理权、代表权等主体资格而导致缔约能力不符合法律要求。法律对此类合同的有效性不完全认可,而是将合同有效性的决定权交予具有相关主体资格的人,通过其追认行为对合同效力予以补正,以实现合同自由、鼓励交易和维护交易安全等立法价值。

2. 效力未定合同成立至追认权人行使追认权之前,合同是否有效尚未确定

在此期间内,合同的有效性状态既不是有效,也不是无效,而是处于"效力待决"状态。在此期间内,债权人不得行使合同请求权要求债务人履行债务,亦不得主张合同无效所产生的损害赔偿请求权。效力未定合同之效力未定状态不同于附生效条件合同在条件成就前的效力状态:前者既非有效,也非无效,即"效力待决"

---

[1]　参见黄薇主编:《中华人民共和国民法典总则编释义》,法律出版社2020年版,第404页。
[2]　参见北京市高级人民法院(2021)京民申6686号民事裁定书。

状态;后者是确定有效而尚未生效的状态。

3. 效力未定合同最终是否有效,取决于追认权人是否追认

效力未定状态并非永久存续,而仅具有暂时性。追认权人对合同予以追认的,合同溯及至成立之时起有效;追认权人拒绝追认的,合同即为无效。追认权人的追认行为之所以可以补正合同效力,乃是因为追认权人具有订立该合同的合法资格,其追认的意思表示可补足当事人主体资格的欠缺。

(二)可撤销合同与效力未定合同

可撤销合同与效力未定合同的共同点在于:两者均为有效性存在瑕疵,但并非当然无效的合同;撤销权与追认权在性质上均为形成权;行使撤销权与追认权均具有溯及力。两者的区别如下:

(1)法定事由不同。前者主要是因欺诈、胁迫等事由导致当事人意思表示不真实的合同;后者主要是当事人欠缺行为能力、代理权等主体资格导致有效性存在瑕疵的合同。

(2)立法目的不同。前者的立法目的主要在于体现合同自由和鼓励交易,以实现合同制度效益的最大化;后者的立法目的除包括上述目的外,还有保护善意相对人(例如善意相对人的撤销权规则)以实现维护交易安全的立法目的。

(3)有效性状态不同。前者在行使撤销权之前,其有效性状态是确定的,即确定有效;后者在行使追认权之前,其有效性状态是不确定的,即"效力待决"状态。

(4)行使形成权的后果不同。撤销权人行使撤销权的后果是导致合同自始无效;追认权人行使追认权对合同予以追认的,导致合同自始有效。

二、限制民事行为能力人超越缔约能力订立的合同

法律将此类合同规定为效力未定合同,主要理由是为了鼓励交易、平衡各方当事人利益以维护交易安全。依据《民法典》第145条规定,限制民事行为能力人超越缔约能力订立的合同为效力未定合同,但纯获利益的合同或者与其年龄、智力、精神健康状况相适应的合同有效。例如双相情感障碍患者(限制民事行为能力人)签订《游艇销售合同》未征得法定代理人同意或追认的,该合同无效。[1]

限制民事行为能力人是否具有缔约能力的判断标准,主要考虑以下因素:合同与行为人生活相关联的程度;行为人能否理解其行为并预见相应的后果;标的、数量、价款或者报酬等。(《民法典总则编解释》第5条)实务中,能够认定限制行为

---

[1] 参见辽宁省高级人民法院(2015)辽民三终字第00118号民事判决书。

能力人具有缔约能力的常见情形如下:

(1)使其纯获得利益的合同,例如作为受赠人订立赠与合同。

(2)日常生活必需的合同,例如中学生花费小金额购买食物、文具等。

(3)在法定代理人确定的目的范围内利用自己财产订立的合同,例如春游的中学生用父母所给零花钱购买纪念品。

(4)日常生活中的定型化合同,例如利用自动售货机、搭乘公交车等。

【疑难案例:未成年人用父母手机购币打赏案①】

【案件事实】

吴某1于2008年11月26日生,吴某2、张某为其父、母亲,吴某1在2017年9月1日开学后,由于需要在手机上完成老师布置的家庭作业,故使用其母亲张某的手机操作。2017年10月4日,吴某1父母发现吴某1通过其母亲张某的手机以昵称为"蜡笔小新!1064"的账号购买快手公司的快币,自2017年9月23日至10月3日共完成交易147次,支付100210元。吴某1购买快币是为了给昵称为嘉杰小可爱(笑园)、农村小二哥等主播打赏,截止至庭审时,吴某1的快手账号余额为快币34647个(折合人民币4949.57元)未消费。

2017年10月5日,吴某1父亲向警方报警,后又与快手公司联系要求返还100210元,但快手公司借故拖延。因吴某1为限制民事行为能力人,故诉至法院,请求判令:(1)快手公司立即返还吴某1财产100210元及相当于银行贷款利率损失;(2)诉讼费由快手公司承担。

【本案争点】

未成年人利用监护人手机注册账号及打赏的,如何认定合同主体?

【裁判要旨】

一审法院认为,吴某1在快手公司的快手APP软件专用平台内购买虚拟货币快币,吴某1购买快币的合同相对人是快手公司,双方形成网络购物合同。吴某1在不满10岁的情况下购买近人民币10万元的快币用于打赏主播,该行为事后未能得到其法定代理人同意、追认,亦非是纯获利益的民事法律行为或者与其年龄、智力相适应的民事法律行为,该合同无效。但本案中,吴某1在晚上9点以后,甚至十一二点仍在快手APP上打赏主播,其监护人未能履行监护责任,且未能妥善保管自己的手机及银行卡密码,吴某1的监护人应当对吴某1购买快币的民事行为承担相应的责任。

本案中案涉快币的充值时间段与吴某1自身在学习、生活中可支配的时间段

---

① 该案详细解读参见"吴某洁诉北京快手科技有限公司网络购物合同纠纷案",载最高人民法院中国应用法学研究所编:《人民法院案例选》2020年第1辑(总第143辑),人民法院出版社2020年版,第121页以下。

基本吻合,且充值频率较高,甚至一分钟内数次充值,在 2017 年 10 月 3 日,仅半小时左右就充值 46 次,金额高达 32108 元,且打赏的主播多为未成年人或所播内容为校园生活等,故吴某 1 的陈述真实可信。另吴某 1 购买快币系直接从快手公司开发并运营的快手 APP 软件内直接购买,与快手公司形成合同关系,并非向快手主播及苹果 Apple 公司购买,与快手主播及苹果 Apple 之间不存在合同关系,至于快手公司与其主播及苹果 Apple 公司各方对购币款分配另有的约定,对吴某 1 不发生效力,故快手公司的上述辩称意见,均不予采纳。判决:(1)快手公司返还吴某 1 购币款 60000 元。(2)驳回吴某 1 的其他诉讼请求。

二审法院认为,关于本案中在快手公司快手 APP 软件专用平台上注册账号、购买快币、打赏的行为主体认定问题。一审中吴某 1 提交了吴某 1 通过手机购买快币截图(部分)、接处警工作登记表原件、声明书原件、邮件交涉截屏、注册资料及充值快币的明细、打赏部分主播的详细 ID 资料(提供 7 个)等证据证明吴某 1 使用本案所涉手机进行操作。其中接处警工作登记表所附雪堰派出所工作人员对吴某 1 的询问笔录(吴某 1 监护人吴某 2 同时在场)中,吴某 1 向派出所工作人员说明了其报案原因、下载快手软件、注册账户、充值送礼物以及使用手机情况的详细情况,派出所处警认为系吴某 1 在快手平台上充值快币给主播刷礼物。在一审庭审中,吴某 1 法定代理人吴某 2 陈述:"吴某 1 在开学后每天都要用手机做作业,我老婆(张某)有两个手机,给了吴某 1 一个不怎么用的手机,电话接打也都是吴某 1 接打的。我们是开娱乐性场所的,有时要到晚上 3 点左右回家,每次我们回家后把手机拿了放在我们房间里,放学后再给吴某 1 的,周末手机就给吴某 1 了。张某的手机绑定了苹果 ID,1000 元内小额无密码付款。……张某是不玩快手的,另外的手机她也不玩快手,从来没有注册过。'蜡笔小新! 1064'预留的手机号是 133×××
×,号码当时就在张某打赏的手机上。手机以前是张某的,苹果的 ID 绑定了支付宝,支付宝绑定了银行卡,余额中有钱的时候会先从余额中扣除,可能充值的时候会有选择。张某当时是有两个支付宝的,这个不用的手机是绑定银行卡做理财的。吴某 1 是通过信用卡透支的,金额是 50 万元,那张卡平时不用。"综合上述证据并结合吴某 2 的陈述,可以认定在快手 APP 软件专用平台上注册账号、购买快币、打赏的行为主体为吴某 1。快手公司认为行为主体非吴某 1,快手公司没有提供相反的证据,也没有提供其他证据证明其主张,快手公司该上诉理由不能成立。判决:驳回上诉,维持原判。

三、无权代理人以被代理人的名义订立的合同

无权代理,是指行为人没有代理权、超越代理权或者代理权终止后以被代理人

名义实施民事法律行为。无权代理分为狭义无权代理和表见代理,这两种情况下所订立合同的效力有所不同。

(一)狭义无权代理所订立合同为效力未定合同

1. 概念和构成要件

狭义无权代理,是指表见代理之外的无权代理行为。因行为人自始没有代理权、超越代理权或代理权已消灭,其以被代理人名义订立合同之效果不能当然归属于被代理人。由于该合同并非当然对被代理人不利,故该合同是否对被代理人具有拘束力取决于其意思。在被代理人行使追认权之前,该合同之效果究竟归属于被代理人抑或行为人(无权代理人),处于尚未确定的状态。被代理人对该合同予以追认的,合同效果归属于被代理人。狭义无权代理须具备以下要件:

(1)须为无权代理。狭义无权代理须符合无权代理的一般特征。依据《民法典》第 171 条第 1 款规定,狭义无权代理是行为人没有代理权、超越代理权或者代理权终止后,仍然实施代理行为。例如:①公司一般业务人员未经授权,擅自签订大幅度降价协议。① ②公司主要负责人明知公司已取消对其的委托授权仍以公司名义签订合同,相对人也无理由相信其有代理权。②

冒名行为(如甲捡到乙的存折,假冒乙取款)和借用他人名义行为(如为规避限购政策而借用他人名义买房)不具备本要件,故不构成无权代理(包括狭义无权代理和表见代理)。对于此类行为,应当综合考量相对人的意愿、名义载体的意愿、相对人是否善意以及名义载体是否有重大过错等因素,对行为性质及效力作出认定。③

(2)不存在代理权外观或者虽存在代理权外观但相对人对行为人没有代理权知情。该要件是区分狭义无权代理与表见代理的关键。如果存在代理权外观且相对人为善意且无过失,则可构成表见代理。

(3)须相对人与行为人订立了合同。如果虽经磋商但未订立合同,则不存在合同效力认定及追认等问题,而仅存在缔约过失责任问题。

2. 未被追认的法律后果

狭义无权代理所订立合同未被追认的法律后果,区分相对人是否善意而有所不同:

(1)《民法典》第 171 条第 3 款规定,善意相对人有权请求行为人履行债务或

---

① 参见最高人民法院(1995)经终字第 61 号民事判决书。
② 参见最高人民法院(2002)民一终字第 7 号民事判决书。
③ 参见杨代雄:《使用他人名义实施法律行为的效果——法律行为主体的"名"与"实"》,载《中国法学》2010 年第 4 期。

者就其受到的损害请求行为人赔偿,但赔偿范围不得超过被代理人追认时相对人所能获得的利益。依此规定,善意相对人有两种选择:一是主张合同有效且行为人是合同当事人,并请求其履行合同义务;二是不请求行为人履行合同义务,而请求其予以损害赔偿。所谓善意相对人,是指对行为人无代理权不知情的相对人。

(2)《民法典》第 171 条第 4 款规定,恶意相对人和行为人按照各自的过错承担责任。该情形下,相对人和行为人均有过错,故依据过失相抵规则分担因合同未被追认所致相对人损失。

【学说争议:《民法典》第 171 条第 3 款规定的赔偿责任的性质】

对于《民法典》第 171 条第 3 款规定的赔偿责任的性质,学界存在较大争议。

第一种观点"缔约过失责任说"认为,该赔偿责任不是基于有效合同,而是因合同未被追认所致,赔偿范围限于信赖利益损失。[1]

第二种观点"合同责任说"认为,该赔偿责任的范围是相当于合同在相对人与被代理人之间有效时的履行利益损失。[2]

第三种观点"法定特别责任说"认为,该赔偿责任系由法律规定直接发生的一种特别责任,不以无权代理人有故意过失为要件,属于一种无过失责任。[3]

第四种观点"风险分担说"认为,该赔偿责任的基础是"相对人与被代理人之交易落空风险系因行为人无代理权所致",故该赔偿责任是对该风险所生损害的分担,赔偿范围既可以是履行利益损失,也可以是信赖利益损失。[4]

本书认为,该赔偿责任原则上以履行利益损失为标准,但某些情形下善意相对人亦可主张赔偿信赖利益损失(例如履行利益损失难以证明)。行为人对欠缺代理权是否知情,不影响该赔偿责任的承担。理由如下:其一,行为人以他人名义订立合同,应担保自己有代理权或将来合同可被追认,善意相对人与之订约亦基于对该担保的信赖,故该赔偿责任解释为行为人违反该担保义务所生责任似较为妥当。该担保义务并非基于当事人意思所生,而是代理关系的固有要求,因此将其界定为"法律特别规定"或"风险分担"不过是采取不同的解释路径,本质上并无差异。其二,由于行为人的担保义务系代理关系的固有要求,违反该义务所生责任不以行为人过错为要件,故"缔约过失责任说"并不合理。其三,第 171 条第 3 款规定"请求行为人履行债务"和"损害赔偿"为并列选项,即该赔偿责任是善意相对人不能或不愿选择前者时的替代救济措施,故将赔偿范围解释为履行利益损失是合理的。

---

① 参见王利明:《民法总则研究》,中国人民大学出版社 2018 年版,第 697 页。

② 参见崔建远等编著:《民法总论》,清华大学出版社 2019 年版,第 264 页(耿林执笔)。

③ 参见梁慧星:《民法总论》,法律出版社 2021 年版,第 249 页。

④ 参见张家勇:《论无权代理人赔偿责任的双层结构》,载《中国法学》2019 年第 3 期。

唯应注意,该赔偿标准系基于法律对违反担保义务所设规定,而非基于行为人与善意相对人之意思表示(双方订立合同时并无使该合同约束双方之效果意思)。其四,第 171 条第 3 款规定"赔偿的范围不得超过被代理人追认时相对人所能获得的利益"(履行利益),意在对善意相对人主张赔偿信赖利益损失时作出限制。依此规定,善意相对人可根据实际情况主张赔偿信赖利益损失以实现利益最优化,但此时赔偿范围不得超过履行利益损失。

(二)表见代理所订立合同为效力确定的合同

1. 概念和构成要件

表见代理,是指行为人虽无代理权,但善意相对人有理由相信行为人有代理权,行为后果直接归属于被代理人的代理行为。该场合下,虽然行为人自始没有代理权、超越代理权或代理权已消灭,但因为存在某种客观事由使相对人有合理理由相信行为人有代理权,因此为保护善意相对人及维护交易安全,该合同效果直接归属于被代理人。

表见代理是合同效果归属规则,而不是合同效力判断规则。《民法典》第 172 条规定表见代理的后果"该代理行为有效",是指该代理行为所订合同的效果确定地归属于被代理人,而非指该合同确定有效。[①] 该合同是否有效,仍应依据合同有效要件加以判断。表见代理须具备以下要件:

(1)须为无权代理。该要件与狭义无权代理的要件一相同,即表见代理须符合无权代理的一般特征。依据《民法典》第 172 条规定,表见代理是行为人没有代理权、超越代理权或者代理权终止后,仍然实施代理行为。

(2)须存在代理权外观。对于表见代理规则的法理依据,学理上存在"交易安全说""合理信赖利益保护说""权利外观说""风险分配说"等多种观点。[②] 这些观点本质上并无矛盾,不过是从不同视角或层次对表见代理规则的正当化理由予以解释。这些解释均以一个事实为基本出发点,即客观上存在某种代理权外观,而存在于交易场合中的这种代理权外观使相对人的认知具有合理性并值得保护。

(3)须相对人与行为人订立了合同。该要件与狭义无权代理的要件三相同。

(4)须相对人善意且无过失。该要件的具体认定详见下文。

2. 适用表见代理规则的难点

(1)"代理权外观"的理解。

《民法典》第 172 条中的"有理由相信行为人有代理权"是对代理权外观的要

---

① 参见最高人民法院(2015)民申字第 1152 号民事裁定书。

② 参见汪渊智:《代理法论》,北京大学出版社 2015 年版,第 356—358 页;杨代雄:《法律行为论》,北京大学出版社 2021 年版,第 579—581 页。

求,即客观上存在代理权表象。相对人与行为人订立合同,系基于对该客观表象的合理信赖,而非毫无根据的主观想象。该情形下将合同效果直接归属于被代理人才是合理的。如果不存在代理权外观,则必然不构成相对人善意且无过失。① 代理权外观大致分为以下几种类型:

①被代理人向相对人直接或间接表示行为人具有代理权。该情形下,即使其后被代理人未实施有效授权行为,亦可构成代理权外观。例如被代理人在签订原协议时以盖章确认的方式间接表示行为人有全权签约的权限。②

②行为人具有特定身份型。如果依据通常观念,行为人基于特定身份(如担任某种职务、与被代理人存在特殊关系)享有代理权是可以被合理信赖的,可构成代理权外观。例如,行为人是保险公司营销人员(但保单为假)③;行为人是公司的原股东监事且持有公司印章④;行为人是项目经理⑤;行为人是公司董事长的妻舅且持有公司印章⑥等。某一特定身份能否产生此种合理信赖,并非绝对,而应结合个案情形予以判断。

③行为人持有代理权凭证。实务中,行为人持有被代理人公章、业务介绍信、盖有公章的空白合同书等代理权凭证引发的表见代理纠纷十分常见。该情形下,即使被代理人内部撤回或限制行为人的代理权,亦可构成代理权外观。例如,被代理人内部撤回代理权,但行为人仍持有代理权证书⑦;公司取消了分支机构代理权,但未通知相对人⑧。

④行为人长期实施无权代理行为,被代理人未表示反对。对于该情形,德国法适用"容忍代理"规则,即被代理人沉默被视为默示授权。⑨ 原《民法通则》第66条第1款曾规定:"本人知道他人以本人名义实施民事行为而不作否认表示的,视为同意。"但《民法典》未继承该规定。我国实务中,多将该情形认定为代理权外观,而适用表见代理规则。⑩

---

① 参见最高人民法院(2020)最高法民终70号民事判决书。

② 参见最高人民法院(2005)民一终字第94号民事判决书。

③ 参见"刘雷诉汪维剑等交通事故人身损害赔偿纠纷案",载《最高人民法院公报》2012年第3期。

④ 参见最高人民法院(2016)最高法民申2553号民事裁定书。

⑤ 参见最高人民法院(2015)民申字第3065号民事裁定书。

⑥ 参见最高人民法院(2014)民申字第1847号民事裁定书。相反裁判意见认为亲属关系不能构成代理权外观,参见最高人民法院(2019)最高法民申2898号民事裁定书。

⑦ 参见最高人民法院(2000)经终字第220号民事判决书。

⑧ 参见"中国建设银行常州分行与中国华通物产集团公司等借款担保合同纠纷上诉案",载最高人民法院民事审判第二庭编:《民商审判指导与参考》2003年第1卷(总第3卷),法律出版社2003年版,第314页以下。

⑨ 参见[德]海因·克茨:《德国合同法》,叶玮昱、张焕然译,中国人民大学出版社2022年版,第134—135页。

⑩ 参见最高人民法院(2015)民二终字第212号民事判决书。

（2）"相对人善意且无过失"的理解。

《民商事合同纠纷指导意见》第 13 条规定，构成表见代理不仅要求客观上存在代理权外观，而且要求相对人在主观上善意且无过失地相信行为人有代理权。仅在相对人"善意且无过失"的心理状态下，才能形成值得法律保护的合理信赖。判断是否构成"相对人善意且无过失"的核心标准，是相对人是否已履行审查义务。行为人以他人名义订立合同，相对人负有义务审查代理权的有无和范围是交易实践的合理要求。如果相对人因未尽审查义务而不知行为人欠缺代理权，则难谓"善意且无过失"。《民商事合同纠纷指导意见》第 14 条对该审查义务作出明确要求，即合同缔结与履行过程中相对人应当尽到合理注意义务。

①审查义务的内容。在不同个案中，审查义务的内容并不完全一致。审查内容主要由合同类型、交易模式、具体场景等因素决定。一般而言，相对人无论订立何种合同均应对行为人的代理权凭证（如代理权证书、授权委托书、印章等）作基本的形式审查。① 具有特定交易资质的相对人（如从事运输业的商事主体）应作该项审查的合理性更为明显。② 如果行为人的职务具有一定程度的代理权外观，但行为明显超越其职务范围，相对人未作进一步审查则难以构成善意。例如银行营销部经理高息揽储，虽然行为地点在银行办公室、行为时间在营业时间，但明显超越权限，不构成"相对人善意且无过失"。③

②审查义务的程度。一般场合下，相对人应以善良管理人标准履行审查义务。例如副总经理伪造法定代表人签字和印章，相对人并未要求出示授权书也未从其他途径审查，不构成善意且无过失。④

特殊交易（如金融领域中的交易）或金额巨大交易的场合下，相对人应更谨慎地履行审查义务，在代理权可能存在疑义时应及时询问被代理人或要求行为人提供更有力的代理权凭证。例如相对人为了违规追求高额利息与行为人（假银行行长）办理存单业务，但对行为人的行长身份未予以核实，且行为人出具的《承诺书》及操作手续均不符合金融惯例。法院认为相对人未尽合理注意义务、存在过失，故不构成表见代理。⑤

③审查义务的履行时间。"相对人善意且无过失"的状态应存在于订立合同

---

① 参见最高人民法院（2015）民申字第 1938 号民事裁定书。

② 参见"信达货运配载经营部诉中国农业机械西南公司运输合同纠纷案"，载《最高人民法院公报》1999 年第 4 期。

③ 参见最高人民法院（2013）民申字第 312 号民事裁定书。

④ 参见最高人民法院（2014）民申字第 743 号民事裁定书。

⑤ 参见最高人民法院（2013）民提字第 95 号民事判决书，载《最高人民法院公报》2015 年第 7 期。

之时,即此时相对人应当履行审查义务。合同成立之后①其至合同义务履行完毕之后②,相对人知道或应当知道行为人欠缺代理权的,不影响善意且无过失的认定。

④法院判断相对人是否已履行审查义务的考量因素。《民商事合同纠纷指导意见》第 14 条规定,法院在判断相对人是否已履行审查义务时,须考虑合同的缔结时间、以谁的名义签字、是否盖有相关印章及印章真伪、标的物的交付方式与地点、购买的材料、租赁的器材、所借款项的用途、建筑单位是否知道项目经理的行为、是否参与合同履行等各种因素,作出综合分析判断。例如,对于金融机构理财产品销售中常见的"飞单骗局"是否构成表见代理,有判决认为,在理财产品销售诈骗引起的纠纷中,人民法院应审查销售行为是否以金融机构的名义进行,是否具备职务行为外观以及交易相对人是否善意且无过失,综合判断销售员的行为是否构成表见代理。③

⑤举证责任。《民商事合同纠纷指导意见》第 13 条规定,合同相对人主张构成表见代理的,应当承担举证责任,不仅应当举证证明存在代理权外观,而且应当证明其善意且无过失地相信行为人具有代理权。实务中,该举证责任标准多从严认定。④

(3)盖章与认定表见代理的关系。

①加盖非备案公章或者假公章,如何影响表见代理的认定?该情形下,有可能构成表见代理。(《民法典合同编通则解释》第 22 条第 4 款)实务中,有些公司有意刻制两套甚至多套公章,有的法定代表人或者代理人甚至私刻公章,订立合同时恶意加盖非备案公章或者假公章,发生纠纷后法人以加盖的是假公章为由否定合同效力的情形并不鲜见。对于该情形下如何认定表见代理,《九民纪要》第 41 条规定:其一,法院应当主要审查签约人于盖章之时有无代表权或者代理权,从而根据代表或者代理的相关规则来确定合同效力。(第 1 款)其二,法定代表人或者其授权之人在合同上加盖法人公章的行为,表明其是以法人名义签订合同,除法律对其职权有特别规定的情形外,应由法人承担相应的法律后果。法人以法定代表人事后已无代表权、加盖的是假章、所盖之章与备案公章不一致等为由否定合同效力的,不应支持。(第 2 款)其三,代理人取得合法授权后,以被代理人名义签订的合同,应当由被代理人承担责任。被代理人以代理人事后已无代理权、加盖的是假章、所盖之章与备案公章不一致等为由否定合同效力的,不应支持。(第 3 款)依上述规定,加盖公章仅是法人对其意思表示予以确认的一种形式,但非唯一形式。是

---

① 参见最高人民法院(2013)民申字第 743 号民事裁定书。
② 参见最高人民法院(2015)民申字第 1152 号民事裁定书。
③ 参见广东省广州市中级人民法院(2014)穗中法金民终字第 1108 号民事判决书。
④ 参见最高人民法院(2015)民二终字第 428 号民事判决书,《最高人民法院公报》2016 年第 7 期。

否构成有权代理或表见代理,应结合其要件依据多种证据予以判断。公章的真或假,与是否构成表见代理不具有必然的对应关系。①

②以借用、盗窃、私刻公章等方式订立合同的,如何影响表见代理的认定?《经济犯罪规定》第4—6条对此作出规定:其一,行为人借用单位的业务介绍信、合同专用章或者盖有公章的空白合同书,以出借单位名义签订合同的,可构成表见代理。②(第4条)其二,行为人盗窃、盗用单位的公章、业务介绍信、盖有公章的空白合同书,或者私刻单位的公章签订合同的,不构成表见代理,但单位有明显过错的除外。(第5条)其三,企业承包、租赁经营合同期满后,企业未采取有效措施收回其公章、业务介绍信、盖有公章的空白合同书,或者没有及时采取措施通知相对人,致原企业承包人、租赁人得以用原承包、租赁企业的名义签订合同的,可构成表见代理。原承包人、承租人利用擅自保留的公章、业务介绍信、盖有公章的空白合同书以原承包、租赁企业的名义签订合同的,一般不构成表见代理。(第6条第1款)其四,单位聘用的人员被解聘后,或者受单位委托保管公章的人员被解除委托后,单位未及时收回其公章,行为人擅自利用保留的原单位公章签订合同的,可构成表见代理。(第6条第2款)

依上述规定,以借用、盗窃、私刻公章等方式订立合同可否构成表见代理,主要取决于被代理人对代理权外观的形成或持续是否存在过错,而公章的真假不具有决定性意义。被代理人存在过错的(如自愿出借、未及时收回),原则上可构成表见代理,反之(如盗窃、盗用、私刻)则否。例如:①单位规章制度不健全、用人失察、对其高级管理人员监管不力,属于"单位具有明显过错"③;②签章人为单位管理公章职责人,未经单位同意私盖公章实施担保行为,不能对抗没有过错的第三人,构成表见代理④;③被代理人未妥善保管印章,致使行为人伪造授权书,构成表见代理⑤。

【学说争议:表见代理是否以"代理权外观可归责于被代理人"为要件?】

《民法典》第172条继承《合同法》第49条的做法,对"代理权外观可归责于被代理人"之要件未作明确规定。对于表见代理应否要求该要件,学界存在争议。

第一种观点"单一要件说"认为,对于"代理权外观"要件,仅要求客观上具备该外观,不要求被代理人主观上对形成该外观具有可归责性。理由在于,"表见代

---

① 参见陈甦:《公章抗辩的类型与处理》,载《法学研究》2020年第3期。
② 法条中出借单位"依法应当承担赔偿责任"之表述,通常解释为合同效果归属于出借单位,即构成表见代理。
③ 参见最高人民法院(2008)民二终字第124号民事判决书,载《最高人民法院公报》2009年第11期。
④ 参见最高人民法院(1999)民终字第52号民事判决书。
⑤ 参见最高人民法院(2016)最高法民申2338号民事裁定书。

理的立法宗旨(维护交易安全、保护善意相对人)""将被代理人与外观事实之间的关联性内置于相对人'合理信赖'因素"等。①

第二种观点"双重要件说"认为,对于"代理权外观"要件,既要求客观上具备该外观,也要求被代理人主观上对形成该外观具有可归责性。理由在于,"利益衡量、私法自治理念""通过文义、历史、比较法等解释"等。②

第三种观点"风险原则确定说"认为,代理权外观应是被代理人风险范围内的因素所导致,风险分配应考虑被代理人是否制造了不必要的风险,哪一方更容易控制风险以及公平原则等因素。③

"单一要件说"是我国传统通说,但近年"双重要件说"逐渐有成为有力说的趋势。"风险原则确定说"似仍属"双重要件说"的范畴,因为风险分配仅是对可归责性标准的一种描述。实务中对该问题的态度较为混乱,采"单一要件说"和"双重要件说"的裁判意见皆不乏实例,而远未形成共识。④

本书赞同"双重要件说",理由如下:其一,"保护善意第三人"之制度目的不能无视其他合法利益的考量。在被代理人对代理权外观不具有可归责性的场合下,其并未对该外观的形成提供法律认可的原因力,且往往构成违法行为的受害人(如印章被盗),故基于利益衡量适用狭义无权代理规则似更合理。其二,另一维护交易安全的典型制度即善意取得制度中,原则上仅适用于委托物而排除脱离物的适用。这明显体现了对原权利人的归责性要求,因此功能类似的表见代理制度采相同解释较为妥当。其三,如前文所述,盖章与表见代理关系的司法意见体现了"双重要件说"的精神。印章的真假并不必然决定是否构成表见代理:印章为真但不可归责于被代理人的(如印章被盗),不构成表见代理;印章虽假但可归责于被代理人的(如故意刻制多套公章),可以构成表见代理。其四,"单一要件说"和"双重要件说"均为学理表述,二者的实际适用效果并非像文义上那么大。即使支持"单一要件说"的观点也认为,应将行为人伪造、盗窃代理权凭证等情形作例外处理,即不构成表见代理。可见,对于客观上存在代理权外观且不可归责于被代理人的某些典型情形,"单一要件说"也赞同不构成表见代理。该说真正反对的是在一般意义上对可归责性的理论表达。

进一步的问题是,"代理权外观可归责于被代理人"的标准如何界定? 对此,

---

① 参见马俊驹、余延满:《民法原论》,法律出版社 2010 年版,第 238 页;冉克平:《表见代理本人归责性要件的反思与重构》,载《法律科学》2016 年第 1 期。

② 参见朱庆育:《民法总论》,北京大学出版社 2016 年版,第 370 页;叶金强:《表见代理构成中的本人归责性要件——方法论角度的再思考》,载《法律科学》2010 年第 5 期。

③ 参见杨代雄:《表见代理的特别构成要件》,载《法学》2013 年第 2 期。

④ 参见韩康麒、丁俊峰:《表见代理中被代理人可归责性的实证研究》,载《法律适用》2018 年第 17 期。

持"单一要件说"的学者内部亦存在分歧。各不同标准包括：被代理人过错①；与被代理人有关联性②；风险负担③；综合考量所有因素④等。本书赞同"被代理人过错说"，理由如下：其一，我国现行法框架下的归责原则体系主要包括过错责任和无过错责任（严格责任）。该说与现行法体系更具兼容性，而其他各说缺乏明确的依据。其二，前述《经济犯罪规定》第4—6条体现了该说的精神。虽然前述规定系针对印章、代理权凭证等情形而设，但在其他案型中应保持相同的归责标准为妥。其三，其他各说虽然在理论上不乏合理之处，但在操作上具有很大的不确定性，其本质是赋予法官更大的自由裁量权以判断表见代理的构成。相较而言，该说所采标准更为清晰明确，似更为合理。

据此，此处的可归责性是指因被代理人过错导致代理权外观形成或持续，即本可阻止该外观形成却未阻止，本可消除该外观却未消除。被代理人过错是判断可归责性的核心标准。(1)此处的过错，应解释为违反不真正义务，即被代理人对自己事务缺乏应有的谨慎和关注而未实施相应的行为。代理权外观系由被代理人引起，尚不足以认定可归责性。代理权外观与被代理人过错存在法律上的因果关系，才符合可归责性的要求，即被代理人知道或应当知道代理权外观的存在，且本可避免其存在。(2)如果代理权外观系由被代理人的积极行为引起（如交给行为人代理权凭证、任命行为人某职位且该职位包含特定代理权限），而被代理人意图取消或限制行为人的代理权，其应当以相对人可接受的方式（如通知、公告）表明该意图，以摧毁代理权外观。否则，可认定被代理人具有过错。如果被代理人仅在内部限制行为人的代理权，而并未在外部消除代理权外观，则不能排除可归责性。⑤ (3)如果代理权外观不是由被代理人的积极行为主动引起，则被代理人有无义务摧毁代理权外观取决于特定场合下对被代理人作此要求是否合理。例如行为人长期实施无权代理行为，被代理人明知该事实而未作反对，法院多认定构成表见代理。⑥ 该场合下，被代理人能够轻易地摧毁代理权外观却报以沉默，无论其真实意思如何，相对人对代理权外观的信赖都是值得保护的。又例如行为人私刻公章、伪造代理权凭证的场合下，要求被代理人摧毁代理权外观通常是不合理的，因为被代理人可能既不知情，也缺乏实施相应行为的合理手段。

---

① 参见崔建远等编著：《民法总论》，清华大学出版社2019年版，第255页（耿林执笔）。

② 参见王利明：《民法总则研究》，中国人民大学出版社2018年版，第679—680页。

③ 参见朱虎：《表见代理中的被代理人可归责性》，载《法学研究》2017年第2期。

④ 参见叶金强：《表见代理构成中的本人归责性要件——方法论角度的再思考》，载《法律科学》2010年第5期。

⑤ 参见最高人民法院(2014)民申字第1242号民事裁定书。

⑥ 参见最高人民法院(2019)最高法民终424号民事判决书。

【疑难案例:未尽到合理注意义务不构成表见代理案①】

【案件事实】

2012年11月1日,昌华科技公司与第六工程公司签订《钢材购销合同》。合同签订后,昌华科技公司即开始履行合同,向第六工程公司供应钢材。截至2015年4月30日,第六工程公司尚欠昌华科技公司2975278.28元货款及加价款未支付。

另查明:第六工程公司农信家园项目部的负责人系谢某伟,湖南瑞泉投资有限公司的法定代表人系贺某丽,该公司的实际控制人为谢某伟,谢某伟与贺某丽系夫妻关系。罗某毅原系湖南瑞泉投资有限公司的会计,谢某伟指示罗某毅将湖南瑞泉投资有限公司的账户和《联系函》转交给昌华科技公司,谢某伟安排第六工程公司转款时多转250万元,该250万元将通过昌华科技公司过账到湖南瑞泉投资有限公司。第六工程公司于2013年9月12日向昌华科技公司转款400万元,当天昌华科技公司向湖南瑞泉投资有限公司转款250万元。

昌华科技公司因此向法院起诉请求:(1)判令第六工程公司向昌华科技公司支付货款本金及加价款2975281.28元;(2)判令第六工程公司向昌华科技公司支付以本金及加价款2975281.28元为基数,按照2%/月的标准,自2015年5月1日起计算至欠款全部付清之日止的垫资加价款;(3)判令第六工程公司向昌华科技公司支付律师费及差旅费153600元;(4)判令第六工程公司承担本案诉讼费。

【本案争点】

项目一方负责人要求对方转款过账的,如何认定合理注意义务?

【裁判要旨】

一审法院判决:(1)第六工程公司向昌华科技公司支付货款本金及加价款2975278.28元;(2)第六工程公司向昌华科技公司支付违约金(违约金以2975278.28元为基数,按照2%/月的标准,自2015年5月1日起计算至欠款全部付清之日止);(3)第六工程公司向昌华科技公司支付律师费153600元。

二审法院认为,对表见代理的认定,应从是否在客观上形成具有代理权的表象和相对人主观上是否善意且无过失的相信行为人有代理权两个方面进行认定。本案中,对诉争的250万元从第六工程公司通过昌华科技公司到达湖南瑞泉投资有限公司的转款行为是否构成表见代理,应从上述两个方面予以判定。在客观上,谢某伟系第六工程公司农信家园项目部的负责人,纵观涉案合同的签订方式、结合之前货款的给付和货物的验收、结算等方式,足以制造出第六工程公司委托了谢某伟

---

① 该案详细解读参见"湖南昌华科技有限公司诉湖南省第六工程有限公司买卖合同纠纷案",载最高人民法院中国应用法学研究所编:《人民法院案例选》2017年第12辑(总第118辑),人民法院出版社2018年版,第121页以下。

从事货款给付、钱款支配等表象,基于此,已经按约履行货物交付并按约收到部分货款的昌华科技公司有理由相信谢某伟有权代理第六工程公司支配公司的钱款。

在主观上,表见代理中相对人是否善意无过失,是对相对人在订立协议时主观心态的判断,应结合案件的相关事实进行认定。在合同履行过程中,作为第六工程公司农信家园项目部的负责人的谢某伟一直以第六工程公司的名义履行《钢材购销合同》约定的义务,其后双方又签订了《钢材购销往来对账表》,上述合同履行、结算中货款的给付由谢某伟支配,后谢某伟向昌华科技公司出具《联系函》,从该《联系函》和谢某伟指示的有关内容来看,诉争的250万元系谢某伟对第六工程公司资金的支配,昌华科技公司不知道、亦不应当知道谢某伟在此种表象下的资金支配行为不具有代理权。昌华科技公司在与第六工程公司收受货款、转给钱款时已尽了谨慎的注意义务,是善意无过失的。综上,认定谢某伟支配该诉争250万元的行为构成表见代理更具有合理性,亦更符合法律之本意。所以,诉争的250万元不属于本案诉争货款的给付,应属于第六工程公司对自己资金过账的处置。判决:驳回上诉,维持原判。

再审法院认为,昌华科技公司对自己财产处置则具有更高的注意义务。即使上述250万元款项仍属谢某伟对第六工程公司资金的支配,本案昌华科技公司对谢某伟指示转款行为中并不属善意且无过失。作为相对方的昌华科技公司,在谢某伟指示其转款时,至少从形式上应考量所转之款应与第六工程公司工程是否有关,也只有在谢某伟所实施的事务在表面上与其项目负责人身份相关联时,昌华科技公司才可能有理由相信其代表第六工程公司。而本案谢某伟指示昌华科技公司转款给湖南瑞泉投资有限公司,与第六工程公司项目没有任何关联。此时,谢某伟除有项目负责人身份外,再无其他外表授权,而如上文所述,谢某伟具有双重身份,仅凭其身份并不当然认定其有理由相信谢某伟具有代理权,故昌华科技公司转款并不属善意相对方。另外,本案涉案工程是以第六工程公司名义承建,谢某伟实施的与工程相关行为均是以第六工程公司名义实施,钢材买卖合同的需方也是第六工程公司,钢材款的支付也是第六工程公司账上支付,昌华科技公司现起诉对象也是第六工程公司,故昌华科技公司知道其权利相对方为第六工程公司,对于谢某伟指示转款是否为第六工程公司意思表示并没有与其合同相对方即第六工程公司进行核实,也没有要求第六工程公司或项目部出具意见函,仅凭谢某伟个人口头指示和湖南瑞泉投资有限公司出具的联系函就将其账户上的款项转给他人,明显没有尽到应有的谨慎注意义务。虽然昌华科技公司提出湖南瑞泉投资有限公司系谢某伟控制,但并不能因此而免除其应尽的注意义务。再者,从常理上来看,如果谢某伟的指示是代表第六工程公司意思表示,完全没有必要绕弯通过昌华科技公司账户转款,直接少支付250万元更简单明了了。很显然,谢某伟行为外观上也与第六工程公司利益不符。故,昌华科技公司对于转款250万元给湖南瑞泉投资有限公司存在过失。因此,本案谢某伟指示昌华科技公司转款250万元给湖南瑞泉投资有限公司行为并不符合表见代理构成要件,谢某伟行为不构成表见代理,上述争议250万元应为第六工程公司已付货款,应从欠付货款总额本金予以扣除。

判决:撤销原一、二审判决,驳回昌华科技公司诉讼请求。

(三)职务代理人超越职权范围订立的合同

职务代理(《民法典》第170条)的性质仍为委托代理,但与普通的委托代理相比,其特殊性在于:代理权在一定期间内(任职期间)持续存在,且代理人为处理同类事务需要反复行使代理权。职务代理人的代理权基础是其担任法人、非法人组织的某种职务,该职务意味着概括授权。该概括授权仅针对职权范围内的行为,对于此类行为实施的代理行为,职务代理人仅凭其担任某种职务即可作为代理权的依据,而无需每次实施代理行为都单独取得授权。但是,对职权范围外的行为实施的代理行为,仅凭担任某种职务不足以作为代理权的依据,而须另行取得特别授权,否则构成越权代理。① 例如涉案工程施工过程中,张某是某路桥有限公司(该工程承包人)工地负责人,张某以公司名义与相对人签订劳务协议、出具结算单,构成有效职务代理行为,因为此类行为属于工地负责人的职权范围。② 如果张某以公司名义与相对人就另一个新项目签订合作协议,且张某并未取得公司的特别授权,则构成越权代理,因为该行为超越了工地负责人的职权范围。

依据《民法典合同编通则解释》第21条,职务代理人超越职权范围订立的合同效力分为两种情形。

1. 构成表见代理的,所订立合同为效力确定的合同

(1)概念和具体情形。

职务代理人越权代理构成表见代理,是指法人、非法人组织的工作人员(职务代理人)超越职权范围,且相对人对此不知道也不应当知道的代理行为。对职务代理人职权范围的限制包括两种情形:一是法定限制,即法律(包括司法解释)对职权范围所作限制;二是意定限制,即法人、非法人组织内部对工作人员职权范围所作限制。在这两种情形下,虽然都以"相对人善意"作为表见代理的成立要件,但对"善意"的认定标准有所不同。

①法定限制情形下的表见代理所订立合同。《民法典合同编通则解释》第21条第2款规定了法律限制职权范围的具体情形:其一,依法应当由法人、非法人组

---

① 参见最高人民法院民事审判第二庭、研究室编著:《最高人民法院民法典合同编通则司法解释理解与适用》,人民法院出版社2023年版,第250页。

② 参见山西省高级人民法院(2018)晋民申3125号民事裁定书。

织的权力机构或者决策机构决议的事项;其二,依法应当由法人、非法人组织的执行机构决定的事项;其三,依法应当由法定代表人、负责人代表法人、非法人组织实施的事项;其四,不属于通常情形下依其职权可以处理的事项。上述情形下,相对人的"善意"认定标准较高,即相对人须依据法定要求举证证明其不知道或者不应当知道职务代理人超越职权范围。例如 A 公司部门经理甲以公司名义订立担保合同,相对人须举证证明已依据《民法典担保制度解释》相关规定对公司决议履行了合理审查义务,才能认定其构成善意。相对人仅证明其对甲在 A 公司的任职真实性作出审查的,不足以认定其构成善意。

②意定限制情形下的表见代理所订立合同。《民法典》第 170 条第 2 款规定,法人、非法人组织对执行其工作任务的人员职权范围的限制,不得对抗善意相对人。该款不是职务代理场合下表见代理的完全法律规范,该场合下对于表见代理的认定仍须适用《民法典》第 172 条规定的各项要件,但该款构成第 172 条之特别规定,即该场合下"相对人善意"要件的认定应适用该款规定。

对于何谓"不得对抗善意相对人",《民法典合同编通则解释》第 21 条第 3 款予以细化解释:合同所涉事项未超越职权范围的法定限制,但是超越法人、非法人组织对工作人员职权范围的限制,相对人主张该合同对法人、非法人组织发生效力并由其承担违约责任的,人民法院应予支持。依据上述规定,职务代理人未违反法定限制但违反意定限制实施越权代理行为的,推定相对人为善意,可构成表见代理。但是,法人、非法人组织举证证明相对人知道或者应当知道该限制的除外。该情形下,由于对职权范围的意定限制属于法人、非法人组织作出的内部限制,故不应苛求相对人对此予以审查。因此,该情形下相对人的"善意"认定标准较低,即相对人无须举证证明不知道或者不应当知道对职权范围的意定限制,而由法人、非法人组织负担反证义务。例如 A 公司内部规定部门经理对 50 万元以下的交易有权自主决定,50 万元以上的交易须经总经理同意。A 公司采购部经理甲以公司名义订立金额 100 万元的采购合同,相对人举证已对甲在 A 公司的任职真实性作出审查的,推定构成表见代理。

(2)法律后果。

①代理行为有效。职务代理人越权代理构成表见代理的,应当依据《民法典》第 172 条的规定处理,(《民法典合同编通则解释》第 21 条第 1 款第 3 句)即"代理行为有效"。

②法人、非法人组织对越权职务代理人的追偿权。依据《民法典合同编通则解释》第 21 条第 4 款规定,法人、非法人组织承担民事责任后,有权向故意或者有重大过失的越权职务代理人追偿。

在越权职务代理和越权代表的场合下,法人、非法人组织均可行使追偿权,但前者条件严于后者：前者要求职务代理人有故意或者重大过失，后者仅要求法定代表人、负责人有过错。原因在于，法定代表人、负责人享有广泛的代表权，其实施的行为后果原则上均由法人、非法人组织承受，故代表人与被代表人的行为效果具有一致性的可能性更大，法定代表人、负责人有过错即应承担相应的责任；职务代理人的代理权受到所担任职务的严格限制，代理人的职务行为通常需受到被代理人指示，故职务代理人须有故意或者重大过失才承担责任。

2. 构成狭义无权代理的，所订立合同为效力未定合同

（1）概念和具体情形。

对于该情形下所订合同效力，虽然《民法典合同编通则解释》第 21 条文义上没有直接表述，但依其规范目的，应解释为此类合同构成狭义无权代理所订立合同，即效力未定合同。该条第 1 款第 1 句中"主张该合同对法人、非法人组织发生效力并由其承担违约责任的，人民法院不予支持"，应以"法人、非法人组织对该合同未予以追认"为前提。如果法人、非法人组织对该合同予以追认，则该合同对法人、非法人组织当然发生效力。

①法定限制情形下的狭义无权代理所订立合同。该情形下，职务代理人超越职权范围的法定限制，且相对人不能依据法定要求举证证明其不知道或者不应当知道职务代理人超越职权范围。例如运输公司的财务人员虽然收取相对人缴纳的管理费等费用，但订立委托管理合同不属于财务人员通常情形下依其职权可以处理的事项（《民法典合同编通则解释》第 21 条第 2 款第 4 项），故在公司未予追认的情形下，该合同对公司不发生效力。①

②意定限制情形下的狭义无权代理所订立合同。该情形下，职务代理人超越职权范围的意定限制，法人、非法人组织能够举证证明相对人知道或者应当知道意定限制，故不构成表见代理，而应依据狭义无权代理规则处理。

（2）法律后果。

①该合同未被追认的后果。

第一，该合同对法人、非法人组织不发生效力。体现为：相对人不能依据合同请求法人、非法人组织履行义务，也不能请求其承担违约责任。

第二，有过错的法人、非法人组织承担缔约过失责任，即参照《民法典》第 157 条承担相应的赔偿责任。此处的"过错"，是指法人、非法人组织对职务代理人的越权代理行为造成损失具有过失。例如公司对部门经理职责的规定混乱引发越权代理。

依据狭义无权代理的一般规则，如果合同未被追认，被代理人不承担任何责任

---

① 参见新疆维吾尔自治区高级人民法院（2023）新民申 1378 号民事裁定书。

(无论是违约责任还是缔约过失责任)。《民法典合同编通则解释》第21条第1款第2句对于法人、非法人组织承担缔约过失责任之规定与《民法典》第170条，构成特别规定与一般规定之关系。因为在职务代理场合下被代理人与代理人之间存在较为稳定的雇佣关系，代理人的职务行为通常需受到被代理人指示，故对被代理人课以更严格的法律责任是合理的。

第三，法人、非法人组织对越权职务代理人的追偿权。法人、非法人组织承担缔约过失责任后，有权向故意或者有重大过失的越权职务代理人追偿。由于双方均有过错，故应考虑双方的过错程度、原因力等因素确定追偿数额。

②该合同被追认的后果。该合同被追认意味着补足了欠缺的代理权，故发生与有权代理之相同法律后果。

四、法人的法定代表人或者非法人组织的负责人超越权限订立的合同

越权代表，是指法人的法定代表人或者非法人组织的负责人超越代表权限，以法人或者非法人组织名义实施的代表行为。越权代表场合下的"超越权限"(《民法典》第504条)，是指超越法定代表人或者负责人的代表权限。例如公司章程规定董事长对标的额100万元以下的合同订立享有决定权，超过100万元的须经董事会决议，但董事长擅自与他人订立了标的额200万元的合同。在现行法框架下，越权代表分为相对人善意的越权代表(表见代表)与相对人恶意的越权代表，这两种情况下所订立合同的效力有所不同：前者为效力确定的合同，后者为效力未定合同。

《民法典》第504条规定的"超越权限"不同于第505条规定的"超越经营范围"。这两条的关系是：前者解决代表权问题，即超越代表权限的代表行为对合同效力产生何种影响；后者解决缔约能力问题，即法人或非法人组织的经营范围与其缔约能力的关系如何。超越代表权限的越权代表行为，未必超越经营范围，反之亦然。两者应根据各自标准分别判断，亦可同时适用。

(一)表见代表所订立合同为效力确定的合同

1. 概念和具体情形

表见代表，是指法人的法定代表人或者非法人组织的负责人超越代表权限，且相对人对此不知道也不应当知道的代表行为。对法定代表人、负责人代表权的限制包括两种情形：一是法定限制，即法律、行政法规对代表权所作限制；二是意定限制，即公司章程、权力机构等对代表权所作限制。在这两种情形下，虽然都以"相对人善意"作为表见代表的成立要件，但对"善意"的认定标准有所不同。

(1)法定限制情形下的表见代表所订立合同。《民法典合同编通则解释》第 20 条第 1 款规定了法律、行政法规限制代表权的常见情形:规定合同所涉事项应当由法人、非法人组织的权力机构或者决策机构决议,或者应当由法人、非法人组织的执行机构决定。该情形下,法定代表人、负责人未取得授权而以法人、非法人组织的名义订立合同,相对人已尽到合理审查义务的,构成表见代表。简言之,相对人的"善意"认定标准是尽到合理审查义务。

最典型的例子是公司对外担保场合下表见代表的认定。原《公司法》第 16 条(2023 年修订后为第 15 条)规定,公司对外提供担保须经董事会或者股东会、股东大会决议。《民法典担保制度解释》第 7 条规定,相对人"善意"是指相对人在订立担保合同时不知道且不应当知道法定代表人超越权限。相对人有证据证明已对公司决议进行了合理审查,人民法院应当认定其构成善意,但是公司有证据证明相对人知道或者应当知道决议系伪造、变造的除外。第 8 条规定公司对外担保无须决议的情形。依据上述规定,如果公司法定代表人在未依法决议的情形下以公司名义订立担保合同,相对人举证证明已依据《民法典担保制度解释》相关规定对公司决议履行了合理审查义务的,应当认定其构成善意,该担保合同为表见代表所订立合同。

《民法典》施行前,对于原《公司法》第 16 条公司对外担保规定的性质,学界曾经争议较大,最高人民法院裁判意见亦不一致:早年裁判意见多将该条界定为效力性强制性规定[①];但其后裁判意见更加倾向于管理性强制性规定[②]。《民法典担保制度解释》第 7 条和《九民纪要》第 17 条均否认原《公司法》第 16 条构成效力性强制性规定,而将该条所涉情形适用越权代表规则。[③]《民法典合同编通则解释》第 20 条第 1 款进一步将其规范内容适用于所有的越权代表行为。

法定代表人加盖非备案公章或者假公章,亦有可能构成表见代表。(《民法典合同编通则解释》第 22 条第 4 项)公章的真伪以及是否与备案公章一致,不属于相对人合理审查义务的范围。有判决认为,法定代表人持假印章行事,其身份足以使第三人的信赖值得保护,第三人无审查印章真伪的义务。[④]

(2)意定限制情形下的表见代表所订立合同。《民法典合同编通则解释》第 20 条第 2 款规定,合同所涉事项未超越法定代表人权限,但是超越法人、非法人组织的章程或者权力机构等对代表权的限制,推定构成表见代表。但是,法人、非法人组织举证证明相对人知道或者应当知道该限制的除外。该情形下,法定代表人、负责

---

① 参见最高人民法院(2000)经终字第 186 号民事判决书。

② 参见最高人民法院(2012)民提字第 156 号民事判决书,载《最高人民法院公报》2015 年第 2 期。

③ 《民法典》施行前采此做法的实例参见最高人民法院(2002)民四终字第 6 号民事判决书,载《最高人民法院公报》2005 年第 7 期。

④ 参见最高人民法院(2016)最高法民申 206 号民事裁定书。

人违反意定限制而以法人、非法人组织的名义订立合同,推定相对人为善意。简言之,相对人的"善意"认定标准较低,即相对人无须举证证明不知道或者不应当知道对代表权的意定限制,而由法人、非法人组织负担反证义务。

在意定限制的情形下,由于该限制来源于法人、非法人组织内部,其效力具有相对性,不能对抗善意第三人。因此,相对人在与法定代表人、负责人订立合同时不负有进一步调查该组织对法定代表人、负责人限制的义务。因此,如果法人或非法人组织不能证明相对人知道或应当知道越权情形的存在,就应当推定相对人为善意。在法定限制的情形下,限制事项由法律明确规定,故相对人负有审查法定代表人、负责人是否取得授权决议的义务。如果相对人不能证明其履行了该审查义务且客观上存在越权情形,则推定相对人并非善意。①

表见代理与表见代表的要件略有差别:前者要求存在某种客观事由使相对人有合理理由相信行为人具有代理权,即代理权外观;后者仅要求相对人不知道也不应当知道越权情形,既包括存在某种客观事由使相对人有合理理由相信行为人未越权,也包括虽不存在此种客观事由但相对人确不知情也不应知情的情形。原因在于,代理的场合下法律通常要求有授权委托书、代理权证书等凭证,用以对外证明代理权的存在,而当这种凭证与代理权的真实状态不一致时便有适用表见代理规则的可能。而在表见代表的场合下,法定代表人、负责人的身份本身是真实的,但对他们职务权限的限制既有可能来自组织内部,也有可能来自法律规定,因此不必要也不可能对代表权外观作统一要求。

如果法定代表人、负责人在丧失该身份后,仍基于该身份以法人、非法人组织的名义订立合同,可否构成表见代表?实务中有采肯定意见的实例。② 现行法规定表见代理的适用情形是"行为人没有代理权、超越代理权或者代理权终止后",而规定表见代表的适用情形仅是"超越权限订立合同",因此表见代表原则上应适用于法定代表人、负责人具有真实身份的场合。即使在某些极端场合下弱化该要件而适用表见代表规则,也应结合案件具体情况从严判断相对人是否有合理理由相信行为人具有代表权。

2. 法律后果

(1)该代表行为有效。在表见代表的场合,相对人为善意即对越权的情况并不知情,为保护善意相对人及维护交易安全,该合同效果直接归属于被代表人。《民法典》第504条规定表见代表的后果"该代表行为有效",是指该代表行为所订立合同的效果确定地归属于法人、非法人组织,而非指该合同确定有效。该合同是

---

① 参见最高人民法院民法典贯彻实施工作领导小组主编:《中华人民共和国民法典合同编理解与适用[一]》,人民法院出版社2020年版,第316—317页。

② 参见最高人民法院(2009)民提字第76号民事判决书,载《最高人民法院公报》2010年第11期。

否有效,应依据合同有效要件加以判断。在合同有效的情形下,相对人有权请求法人、非法人组织履行合同义务或承担违约责任。

(2)法人、非法人组织对法定代表人、负责人的追偿权。依据《民法典合同编通则解释》第 20 条第 3 款规定,法人、非法人组织承担民事责任后,有权向有过错的法定代表人、负责人追偿因越权代表行为造成的损失。法律、司法解释对法定代表人、负责人的民事责任另有规定的,依照其规定。此处的"承担民事责任",在合同有效的情形下应解释为履行合同义务或承担违约责任,在合同无效、被撤销等情形下应解释为承担缔约过失责任。

(二)相对人恶意的越权代表所订立合同为效力未定合同①

1. 概念和具体情形

相对人恶意的越权代表,是指法人的法定代表人或者非法人组织的负责人超越权限,且相对人对此知道或应当知道的代表行为。对于该情形下所订合同效力,《民法典》未作规定。虽然《民法典合同编通则解释》第 20 条文义上没有直接表述,但依其规范目的,应解释为此类合同为效力未定合同。该条第 1 款第 1 句中"主张该合同对法人、非法人组织发生效力并由其承担违约责任的,人民法院不予支持"以及"承担相应的赔偿责任",均应以"法人、非法人组织对该合同未予以追认"为前提。如果法人、非法人组织对该合同予以追认(如公司事后针对担保合同作出同意的股东会决议),则该合同对法人、非法人组织当然发生效力。采此解释的理由在于,相对人明知或应知对方实施越权代表行为,却仍与之订立合同,对该恶意相对人不宜保护。因此,合同效果不能当然归属于被代表的法人或非法人组织,被代表人事后对该合同予以追认的,合同效果归属于被代表人;拒绝追认的,合同对被代表人不发生效力。

(1)法定限制情形下的相对人恶意的越权代表所订立合同。该情形下,法定代表人、负责人未取得授权而以法人、非法人组织的名义订立合同,相对人未尽到合理审查义务的,构成"恶意"。对于"恶意"的认定,依据上文标准不构成"善意"的,即应认定为"恶意"。例如公司法定代表人越权代表与相对人订立担保合同,董事会决议存在明显瑕疵和不合常理之处,但订立担保合同时相对人未引起应有的重视,未履行合理审查义务。②

(2)意定限制情形下的相对人恶意的越权代表所订立合同。该情形下,法人、非法人组织举证证明相对人知道或者应当知道意定限制的,应认定为相对人"恶意"。

---

① 亦有观点认为此类合同为无效合同。参见崔建远:《合同法总论(上卷)》,中国人民大学出版社 2011 年版,第 433 页。

② 参见最高人民法院(2022)最高法民申 828 号民事裁定书。

2. 法律后果

(1)该合同未被追认的后果。

①该合同对法人、非法人组织不发生效力。体现为:相对人不能依据合同请求法人、非法人组织履行义务,也不能请求其承担违约责任。

②有过错的法人、非法人组织承担缔约过失责任,即参照《民法典》第157条承担相应的赔偿责任。此处的"过错",是指法人、非法人组织对其法定代表人、负责人的越权代表行为具有可归责性。例如公司对法定代表人的选任监督有过错、对公章的管理有过错等。在公司对外担保的场合下,担保人(公司)和债权人均有过错的,担保人承担的赔偿责任不应超过债务人不能清偿部分的二分之一。(《民法典担保制度解释》第17条第1款第1项)

③法人、非法人组织对法定代表人、负责人的追偿权。法人、非法人组织承担缔约过失责任后,有权向有过错的法定代表人、负责人追偿。由于双方均有过错,故应考虑双方的过错程度、原因力等因素确定追偿数额。法律、司法解释对法定代表人、负责人的民事责任另有规定的,依照其规定。

(2)该合同被追认的后果。该合同被追认意味着补足了欠缺的代表权,故发生与有权代表或表见代表之相同法律后果。

五、关于"无权处分订立的合同"

(一)《民法典》之前采取的模式:效力未定说

德国法上区分处分行为与负担行为:处分行为是指直接作用于某项现存权利的法律行为,如变更、转让某项权利、在某项权利上设定负担和取消某种权利等;负担行为是指一个人相对于另一个人(或若干人)承担为或不为一定行为义务的法律行为。在德国法语境下,当事人欠缺处分权影响处分行为的效力,但不影响负担行为的效力。

在中国法语境下,无权处分订立合同是指无处分权人以自己名义处分他人财产,并以此订立合同的行为。原《合同法》第51条曾规定无权处分订立的合同属于效力未定合同,但该条规定的"处分"他人财产的行为是否指德国法上的处分行为,并不明确。实务中,无权处分订立合同的常见情形包括:出卖他人之物、出租他人之物、以他人之物设定抵押权等。以出卖他人之物为例,该合同效力如何,《民法典》颁布前学界对此存在争议。第一种观点认为,该合同为效力未定合同。第二种观点认为,该合同为无效合同,因为其违反原《合同法》第132条第1款之强制性规定。第三种观点认为,该合同为有效合同,为履行合同而实施的处分行为效力未定。[①] 对此,原《买卖合同解释》第 3 条采取"合同有效说",其主要依据是物权法上的"区分原则",即在区分原因行为与物权变动的前提下肯定作为原因行为的合同的效力。[②]

(二)《民法典》采取的模式:有效说

《民法典》删除了原《合同法》第 51 条,并于第 597 条第 1 款规定:"因出卖人未取得处分权致使标的物所有权不能转移的,买受人可以解除合同并请求出卖人承担违约责任。"该款继承了原《买卖合同解释》第 3 条的内容,故《民法典》系采"合同有效说"。但《民法典》第 597 条第 1 款的适用仍存在以下疑问:一是该款仅规定无权处分订立的合同是有效合同,但对于为履行合同而实施的处分行为是否效力未定,该款未予明确。二是该款系对买卖合同作出的规定,该规定能否适用于其他类型合同,似存疑义。

《民法典合同编通则解释》第 19 条在坚持"合同有效说"的基础上,基于《民法典》第 597 条第 1 款的精神作出进一步细化规定,且该条适用对象不限于买卖合同。该条的规范涵义解读如下:

(1)该条适用对象是"以转让或者设定财产权利为目的订立的合同"。此类合同系以转让(如买卖、互易)或者设定财产权利(如房屋抵押、股权质押)为目的,而非直接导致财产权利移转或设定,因此不属于德国法上的处分行为。

(2)当事人欠缺处分权不导致合同无效。当事人或者真正权利人仅以让与人在订立合同时对标的物没有所有权或者处分权为由主张合同无效的,人民法院不予支持。(第 1 款前段)

(3)对受让人通过解除合同和违约责任予以救济。因未取得真正权利人事后同意或者让与人事后未取得处分权导致合同不能履行,受让人主张解除合同并请求让与人承担违反合同的赔偿责任的,人民法院依法予以支持。(第 1 款后段)

(4)该条与善意取得制度的衔接。前款规定的合同被认定有效,且让与人已经将财产交付或者移转登记至受让人,真正权利人请求认定财产权利未发生变动或者请求返还财产的,人民法院应予支持。但是,受让人依据《民法典》第 311 条等规定善意取得财产权利的除外。(第 2 款)

本书认为,现行法采取合同有效说是合理的。理由如下:其一,从法律适用的角度,只有采有效说才能使合同效力规则与物权编中的"区分原则"(《民法典》第

---

① 相关学说争议的梳理,参见肖立梅:《无权处分制度研究》,山东大学出版社 2009 年版,第 29 页以下。

② 参见最高人民法院民事审判第二庭编著:《最高人民法院关于买卖合同司法解释理解与适用》,人民法院出版社 2012 年版,第 77 页。

215 条)不致抵牾。其二,从维护交易安全的角度,采有效说最为有利。而另两说均在不同程度上使合同效力处于不稳定状态,不利于维护市场的交易安全。其三,从社会生活的实际状况来看,采有效说最符合现实要求。在市场交易环节中,存在大量非现货交易甚至是标的物尚不存在的交易,如果将这类合同均认定为无效或效力未定,不符合交易惯例和普通民众的认知。其四,从比较法的立法趋势来看,有效说已成为各国立法及国际条约的普遍态度。例如 PICC 第 3.1.3 条、PECL 第 4:102 条对无权处分所订立的合同效力均采有效说。其五,无效说和效力未定说均存在难以克服的缺陷。原《合同法》第 132 条第 1 款不能成为支撑无效说的依据,因为该款虽要求出卖人应当对标的物享有处分权,但其并非效力性强制性规定,而且《民法典》已删除该规定。效力未定说认为买卖合同包含负担行为与处分行为,此种解读背离了该分类的本意。即使我国现行法不采纳负担行为与处分行为的分类,效力未定说也不能解决无权处分的合同与物权法之区分原则的衔接问题。而且,《民法典》第 612 条规定出卖人的权利瑕疵担保义务,如果采效力未定说,将导致相关条文在体系解释上的矛盾。

六、追认权

(一)追认权的性质

1. 追认权是形成权

追认权人依据其单方意思即可行使追认权,无需取得对方同意,仅须将追认的意思表示通知对方。

2. 追认权是从权利

效力未定合同之债权为主权利,追认权为附属于此主权利的从权利。当事人不得单独转让追认权而保有主权利,也不得仅转让主权利而保有追认权。

(二)追认权的主体

1. 限制民事行为能力人超越缔约能力订立合同的,限制民事行为能力人的法定代理人享有追认权(《民法典》第 145 条第 1 款)

限制民事行为能力人的法定代理人是其监护人;未成年人的监护人依《民法典》第 27 条确定;成年人的监护人依第 28 条确定。法律之所以规定限制民事行为能力人的监护人享有追认权,是因为监护人的职责包含保护被监护人的合法权益、代理被监护人实施民事法律行为(《民法典》第 34 条)等,其最终目的是为了保护限制民事行为能力人的利益。有学理意见认为,在追认期限内取得或恢复行为能力的行为人也应当享有追认权。①

2. 无权代理人以被代理人的名义订立合同的,被代理人享有追认权(《民法典》第 171 条第 1 款)

在委托代理中,被代理人享有追认权。在法定代理和指定代理中,因被代理人不具有完全民事行为能力,其不享有追认权,但如果在追认权有效期间内被代理人取得或恢复行为能力则享有追认权。有判决认为,新设企业承接注销企业的全部资产……新设企业因此对注销企业无权代理人的代理行为享有追认权。②

3. 法人的法定代表人或者非法人组织的负责人超越权限订立合同的,被代表人享有追认权

对于越权代表所订立的合同由谁享有追认权,现行法未作规定,应解释为被代表的法人或非法人组织享有追认权。

(三)追认权的行使

1. 行使方式

(1)追认权人行使追认权可以采明示或默示的方式。

①明示的追认。明示的追认应当以通知的方式作出,即追认权人将追认的意思表示通知相对人。现行法对通知的形式未作限制,口头或书面形式均无不可。

②默示的追认。默示的追认是指以推定行为进行追认,即追认权人虽未明确作出追认的意思表示,但依其行为可以推知其追认的意思。《民法典》第 503 条规定,被代理人已经开始履行合同义务或者接受相对人履行的,视为对合同的追认。因为履行义务或接受相对人履行表明当事人愿受合同约束,故可推知有追认的意思。③ 例如《工程承包合同》系由无权代理人订立,被代理人虽未明确予以追认,但接受施工成果并向相对人支付部分工程款,构成默示的追认。④ 此外,被代理人向相对人主张合同债权、为合同设定担保、以该合同债权主张抵销等行为亦可构成默示的追认。

(2)追认的意思表示应当向相对人作出。在传统民法中,追认的意思表示既可以向行为人作出,也可以向相对人作出。⑤ 但参考原《合同法解释(二)》第 11 条规定,追认的意思表示应向相对人作出。相较而言,传统民法的做法似更合理。

(3)追认权人行使追认权不必通过诉讼或仲裁程序。现行法未要求必须通过

---

① 参见余延满:《合同法原论》,武汉大学出版社 1999 年版,第 238 页。

② 参见最高人民法院(2005)民一终字第 78 号民事判决书。

③ 有判决认为被代理人履行合同义务可构成表见代理,该意见并不合理。参见最高人民法院(2014)民申字第 710 号民事裁定书。

④ 参见青海省高级人民法院(2021)青民申 894 号民事裁定书。

⑤ 参见《德国民法典》第 182 条;《日本民法典》第 113 条。

诉讼或仲裁程序行使追认权，因此追认权人在诉讼外或诉讼程序中均可行使追认权。

2. 行使期间

（1）行使期间的确定。追认权的行使期间由相对人以催告确定。相对人可以催告追认权人在 30 日内予以追认。（《民法典》第 145 条第 2 款第 1 句、第 171 条第 2 款第 1 句）该 30 日为行使追认权的法定期间，适用于相对人在催告时未另行确定追认权行使期间的场合。对于该行使期间，相对人亦可依其意思另行确定，但不得短于 30 日，以免追认权人无足够时间权衡是否行使追认权。如果相对人催告时就行使期间未作表示，则应适用 30 日之法定期间。

（2）行使期间的效力。该行使期间为追认权的除斥期间，行使追认权应当在该期间内进行。追认权人在该期间内未作表示的，视为拒绝追认。（《民法典》第 145 条第 2 款第 2 句、第 171 条第 2 款第 2 句）所谓"未作表示"，是指既未表示追认，也未表示拒绝追认，即单纯的沉默。

如果相对人一直未催告以确定该行使期间，追认权人是否可以长期享有及行使追认权？应采否定解释。任何权利的行使均应遵循诚实信用原则和禁止权利滥用原则。即使追认权没有法定或约定除斥期间，追认权人长期不行使追认权（时间要素），且其言行使相对人产生其不行使权利的合理信赖（状况要素），其不得再行使追认权。①

七、相对人的催告权与撤销权

（一）相对人的催告权

催告权，是指在追认权人行使追认权之前，相对人依其意思催促告知追认权人就是否行使追认权作出明确意思表示的权利。催告权的意义在于督促追认权人对是否行使追认权尽快作出决定，以结束合同因效力未定而一直处于不稳定的状态。善意相对人和恶意相对人均享有催告权，其行使催告权的对象应为追认权人。对无权代理人进行催告的，不发生催告效力。

（二）善意相对人的撤销权

1. 撤销权的概念和性质

撤销权，是指善意相对人在追认权人行使追认权之前撤回其意思表示的权利。

---

① 参见杨巍：《中国民法典评注·规范集注·第 1 辑：诉讼时效·期间计算》，中国民主法制出版社 2022 年版，第 336 页。

现行法虽采撤销权概念,传统民法一般将该权利称作撤回权。撤销权的意义在于使不知情的善意相对人有机会撤回订立合同的意思表示,以平衡追认权人与善意相对人之间的利益关系。

撤销权为形成权和从权利,且无须通过诉讼或仲裁程序行使,这与可撤销合同中的撤销权显然不同。撤销权人依据其单方意思即可行使撤销权,须将撤销的意思表示通知对方。撤销权为附属于合同债权的从权利,其不得与主权利相分离而单独转让。

2. 撤销权的主体

享有撤销权的主体仅限于善意相对人。(《民法典》第 145 条第 2 款第 3 句、第 171 条第 2 款第 3 句)所谓善意相对人,是指该相对人在缔约时对限制民事行为能力人超越缔约能力、行为人无权代理等不知情。例如限制民事行为能力人采用诈术谎称年龄与相对人订立标的额较大的合同。

在狭义无权代理的场合下,相对人的善意不能是存在代理权外观的前提下相对人善意且无过失地相信行为人有代理权,因为该情形构成表见代理。该善意相对人主要包括两种情况:一是虽然存在代理权外观,但相对人因过失相信行为人有代理权;二是不存在代理权外观,因过失或无过失地相信行为人有代理权。简言之,第 171 条第 2 款第 3 句之善意第三人的认定标准低于表见代理之善意第三人的认定标准。唯此解释,才不至于使该两项规则发生抵牾。对于恶意相对人,无论其知情的原因如何,均不享有撤销权。

3. 撤销权的行使方式

行使撤销权应当以通知的方式作出(《民法典》第 145 条第 2 款第 4 句、第 171 条第 2 款第 4 句)。对于通知的形式,现行法未作限制,口头或书面通知均无不可。

4. 撤销权的行使期间

撤销权的行使期间是"合同被追认前"(《民法典》第 145 条第 2 款第 3 句、第 171 条第 2 款第 3 句)。所谓"合同被追认前",应解释为追认行为生效之前,而非追认权人发出追认通知之前。追认的书面通知到达相对人之前或者相对人了解追认的口头通知之前,撤销的书面通知须到达追认权人或者口头通知须被追认权人了解,行使撤销权方为有效。

第六节 合同被确认无效、被撤销、 确定不发生效力的法律后果

一、合同无效的效力范围

(一)《民法典》第157条的适用范围

1. 合同被确认无效、被撤销

《民法典》第157条的性质是合同无效等情形下的清算规则。合同被确认无效、被撤销之情形适用清算规则不存疑义。

2."合同确定不发生效力"的情形

(1)效力未定合同未被追认或被善意相对人撤销。由于该情形下合同自始没有法律约束力,故应适用清算规则。例如限制民事行为能力人订立金额巨大的借款合同,监护人拒绝追认后应适用该条之清算规则,予以返还财产、赔偿损失。[①]

对于狭义无权代理所订立合同未被追认的法律后果,《民法典》第171条第3款、第4款设有特殊规定。对于相对人恶意的越权代表所订立合同未被追认的法律后果,《民法典合同编通则解释》第20条设有特殊规定。上述规定与第157条之清算规则构成特殊规范与一般规范的关系,故应优先适用前者。

(2)以"办理批准等手续"为特殊生效要件的合同因不具备该要件而确定不生效。虽然严格而言,不生效与无效并不相同,但该情形下因合同不可能产生法律约束力而亦有适用清算规则的必要。[②] 对于当事人违反报批义务的法律后果,《民法典》第502条第2款设有特殊规定,其与第157条之清算规则亦构成特殊规范与一般规范的关系。

(3)附生效条件合同因不具备生效条件而确定不生效。该情形与情形(2)性质类似,故也应适用清算规则。例如双方签订附生效条件的车辆买卖合同时,买方交付了部分定金,其后生效条件确定不能成就,应适用清算规则,返还定金(非适用定金罚则)。[③]

"附解除条件合同因条件成就而失效、附终期合同因期限届满而失效"之情形不适用清算规则,因为此类情形并非"确定不发生效力",而是"发生效力后丧失效

[①] 参见云南省昆明市中级人民法院(2022)云01民终13377号民事判决书。
[②] 参见黄薇主编:《中华人民共和国民法典总则编释义》,法律出版社2020年版,第415页。
[③] 参见安徽省亳州市中级人民法院(2018)皖16民终2595号民事判决书。

力",故与清算规则的宗旨并不相同。此类情形下曾发生过合同效力,其后基于当事人约定事由成就而丧失效力,故构成《民法典》第557条第1款第6项之"法律规定或者当事人约定终止的其他情形",适用合同终止的相关规则。

（4）合同确定不成立。《民法典总则编解释》第23条规定,合同不成立的情形下,当事人请求返还财产、折价补偿或者赔偿损失的,参照适用《民法典》第157条的规定。

（二）时间效力范围:溯及既往的效力

该效力是指合同被确认无效、被撤销、确定不发生效力的,溯及至合同成立时起无效。《民法典》第155条规定,无效的合同或被撤销的合同自始没有法律约束力。参考原《合同法解释(二)》第11条规定,追认的意思表示生效的,合同自成立时起生效。据此可解释为,拒绝追认的意思表示生效导致合同自成立时起无效。

1. 尚未履行的,不得请求履行

合同被确认无效、被撤销、确定不发生效力后,由于合同效力已被否认,故对尚未履行的合同义务不得请求履行。合同被确认无效、被撤销、确定不发生效力之前当事人未履行合同义务的,亦不产生违约责任。[1]

2. 已经履行的,应当返还财产、赔偿损失

基于溯及既往的效力,合同被确认无效、被撤销、确定不发生效力所引起的返还财产、赔偿损失等后果,原则上应当以将双方财产状态恢复到合同成立之前的状态为标准。

对于买卖、互易等一时的合同,合同无效具有溯及既往的效力不存疑义,但对于雇佣、租赁等继续性合同无效如何适用溯及既往的效力,则不无疑问。继续性合同被确认无效、被撤销、确定不发生效力的,因在此之前双方所为的给付已发生确定的给付效果,无法通过返还财产、赔偿损失将双方的财产状态恢复到合同成立之时。有学理意见认为,劳动或合伙等继续性合同成立并已经部分履行的,主张其无效仅向将来发生效力。[2] 依据《城镇房屋租赁合同解释》第4条第1款规定,房屋租赁合同无效的,当事人有权请求参照合同约定的租金标准支付房屋占有使用费。据此,租赁合同无效不具有溯及既往的效力。因此,《民法典》第155条似应解释为主要适用于一时的合同,继续性合同因其性质原则上不宜适用。

---

[1] 参见最高人民法院(2020)最高法民终368号民事判决书。

[2] 参见王泽鉴:《民法总则》,北京大学出版社2009年版,第383页。

（三）内容效力范围：全部无效、部分无效

1. 全部无效

以内容无效的范围为标准，合同无效可分为全部无效与部分无效。全部无效，是指合同内容全部不具有效性的情形。全部无效的发生场合通常是作为合同基础性内容的条款或核心条款具备无效事由而导致合同无效。一般而言，主给付义务条款具备无效事由的，合同全部无效。例如买卖合同标的物为禁止流通物。从给付义务具备无效事由的，原则上不导致合同全部无效。例如股权转让协议约定转让人收取价款不需要提供任何形式的发票，违反原《发票管理办法》第 19 条的强制性规定，属于无效条款，但合同其他条款的效力不受影响。① 如果从给付义务关乎合同目的实现或构成合同基础性内容，亦可导致合同全部无效。

2. 部分无效

部分无效，是指合同内容一部分无效，而其他部分有效的情形。合同部分无效，不影响其他部分效力的，其他部分仍然有效。（《民法典》第 156 条）部分无效规则的适用要件如下：

（1）该合同具有一体性。所谓一体性，是指必须是一个合同关系，而非数个独立合同关系的结合。双方当事人之间存在数个合同关系的，各合同效力当然应分别予以判断。

对于是否具有一体性的判断标准，起决定性作用的是当事人的意思（主观上的一体性）。即使当事人签署了多份文件、交易涉及多个标的物、交易包含多个有名合同的内容，只要当事人意图通过一个合同完成该交易（俗称"整体转让""打包转让"），就不妨碍一体性的成立。② 例如：甲将其持有的 A、B、C、D、E 五个公司各 90% 的股权转让给乙，并先后订立《股权转让协议》及其《补充协议》（二者签订时间相隔 3 个月），法院认为甲与乙之间仅存在一个合同关系（具有一体性），可以适用部分无效规则。③

在传统民法上，一体性的判断还涉及"相同当事人关联"标准。依据该标准，合同应由相同的当事人订立，如果数个合同由不同当事人订立，即使具有法律意义上的关联性，也不具有一体性，不能适用部分无效规则。④ 我国现行法框架下，亦应采此解释。典型的事例是共同保证：多个保证人分别与债权人订立保证合同，担保债务人的同一项债务，无论是按份共同保证或连带共同保证，一个保证人与债权

① 参见最高人民法院(2012)民二终字第 22 号民事判决书。
② 相关学理意见参见黄忠：《法律行为部分无效的处理规则研究》，载《当代法学》2010 年第 3 期；陆家豪：《论法律行为的部分无效与全部无效》，载《东方法学》2022 年第 1 期。
③ 参见最高人民法院(2013)民二终字第 54 号民事判决书。
④ 参见［德］维尔纳·弗卢梅：《法律行为论》，迟颖译，法律出版社 2013 年版，第 682 页。

人之间存在合同无效事由均不影响其他保证合同的效力。该情形下,虽然各保证合同具有紧密的关联性,但合同效力分别予以判断,而非适用部分无效规则。现行法规定的共同担保人的追偿规则(《民法典担保制度解释》第 13 条)、共同保证适用保证期间规则(《民法典担保制度解释》第 29 条)等均与"相同当事人关联"标准具有逻辑上的一致性。

(2)合同内容具有可分性。所谓可分性,是指无效部分被分离出来,能够以解释或推定等方法代替无效部分而使合同仍有效存在,且合同基本目的仍可实现。可分性主要包括以下情形:

①标的物、价金、期限等事项在数量上超过法律允许的范围。例如租赁合同中约定租赁期限为 30 年,其中超过 20 年的部分无效。(《民法典》第 705 条第 1 款)主合同标的额为 100 万元,当事人约定定金数额为 30 万元,则定金数额应认定为 20 万元,超出部分无效。(《民法典》第 586 条第 2 款)有判决认为,法律规定商业用地出让最高年限为 40 年,双方签订合同却自行约定 50 年的商业用地出让年限,超出 10 年的部分应属无效。[1]

②合同标的由数种不同事项组成,其中部分事项违反法律强制性规定或公序良俗。例如国有土地使用权出让合同中,一部分土地依法办理了农用地转用审批手续而另一部分未办理,未办理手续的部分无效。[2] 又例如抵押合同约定以数个物抵押,其中两个物属于依法不得抵押之物,则涉及这两个物的合同内容无效,但不影响抵押合同其他部分的效力。[3]

③某项合同条款违反法律强制性规定或公序良俗,而该条款无效不影响其他条款继续有效。此类条款常见情形包括:免责条款、利息条款、违约责任条款、约定解除条款、担保条款等。[4] 例如联营合同中的风险条款违背联营共负盈亏、共担风险原则,该条款无效,其余条款应认定有效。[5]

(3)合同的核心要素不具备无效事由。如果合同标的、合同目的等核心要素具备无效事由,即使其他内容不违反法律强制性规定或公序良俗,也导致合同全部无效而非部分无效。例如当事人订立以合法形式掩盖非法目的合同,虽然交付标的物、支付价金的义务单独观察并不违法,但因合同具有非法目的而应认定全部无效。

---

① 参见福建省厦门市中级人民法院(2004)厦民终字第 2176 号民事判决书。
② 参见最高人民法院(2007)民一终字第 84 号民事判决书,载《最高人民法院公报》2008 年第 5 期。
③ 参见辽宁省高级人民法院(2015)辽民二终字第 00134 号民事判决书。
④ 对于合同部分无效案型的梳理,参见杨代雄:《法律行为论》,北京大学出版社 2021 年版,第 379—381 页。
⑤ 参见《最高人民法院关于中国建设银行山西省分行直属支行与山西铁路实业总公司借款案件的答复》(〔1998〕法经字第 345 号)。

（4）无效部分被去除后,当事人就其余有效内容仍具有缔约意愿。在满足前三项要件的前提下,须进一步考虑本要件是否具备。依据本要件,当事人知悉部分无效的情形下仍然愿意以其余有效内容维持合同关系的,才导致合同部分无效;如果当事人知悉该情形就会丧失缔约意愿,则导致合同全部无效。

对于当事人是否仍具有缔约意愿,原则上采取"当事人的假想意思"标准予以判断。所谓假想意思,是指假设当事人是一个遵循诚实信用的理性人,他在综合考虑交易习惯、利益状况等多种因素的前提下所作出的合理选择。① 如果当事人在理智地权衡所涉及的各方关系后将会认为,通常情况下自己不会仅因非重要部分无效而否定整个合同的效力,应认定合同部分无效。如果当事人对交易的整体性有较高要求,即虽然无效部分不是合同的核心要素,但该部分无效将导致交易对当事人失去意义或合同目的无法实现,则应认定合同全部无效。

兹举一则实例:甲公司与乙公司订立《合作协议》,约定甲公司提供某大厦负一层分为两个区域给乙公司使用,A 区为儿童城,经营儿童主题乐园板块和玩具连锁店,B 区经营其他与儿童相关的产品和服务。其后,在试营业期间 A 区儿童城被公安消防部门查封,依据是《高层民用建筑设计防火规范》第 4.1.6 条规定"托儿所、幼儿园、游乐厅等儿童活动场所不应设置在高层建筑内,当必须设在高层建筑内时,应设置在建筑物的首层或二、三层,并应设置单独出入口"。由此引发纠纷,甲公司主张合同部分无效,即涉及 B 区的内容有效(该部分不违反法律强制性规定)。法院认为《合作协议》全部无效,理由是:"双方的合同目的是开设儿童城,经营包括儿童主体乐园和玩具连锁店和其他与儿童相关的产品和服务。因此,儿童主题乐园和玩具连锁店,是构成儿童城的两个互相依存的组成部分,缺失一部分则不能构成儿童城,不符合双方合同约定合作经营儿童城的合同目的。"②

（四）对人的效力范围:绝对无效、相对无效

1. 绝对无效

以无效对人的范围为标准,合同无效可分为绝对无效与相对无效。绝对无效,是指任何人均可主张合同无效,且合同无效对任何人均发生效力的情形。法律没有特殊规定的,合同无效均为绝对无效。在绝对无效的场合下,包括由合同当事人、利害关系人和第三人主张合同无效等三种情形。在此三种情形下,主张合同无效的具体方式及效果有所不同:

（1）合同当事人主张合同无效的,既可以提起确认无效之诉,也可以抗辩的方式对抗对方所主张的请求权。虽然《九民纪要》第 42 条仅规定可以抗辩的方式行

---

① 参见[德]维尔纳·弗卢梅:《法律行为论》,迟颖译,法律出版社 2013 年版,第 691 页。
② 参见陕西省高级人民法院(2015)陕民二终字第 00021 号民事判决书。

使撤销权,但基于举轻以明重规则,当事人亦可以抗辩的方式主张合同无效。法院经审查确实具有无效事由的,可依职权认定合同无效。

(2)利害关系人主张合同无效的,一般应采取抗辩的方式,即以合同无效来对抗对方所主张的请求权。一般情况下,由于利害关系人不是合同当事人,不具备程序法对原告资格的要求,故不能以原告身份提起确认无效之诉。① 但在某些案型中,如果利害关系人符合程序法对原告资格的要求,则可以提起确认无效之诉。例如双方当事人恶意串通订立合同损害第三人利益的,受损害方虽非合同当事人,但由于合同直接导致其受到损害,故法院通常认定受损害方"与本案有直接利害关系",构成提起确认无效之诉的适格原告。②

(3)不具有利害关系的第三人主张合同无效的,应采取抗辩的方式,不能单独提起确认无效之诉。如果客观上第三人与合同不具有利害关系,合同当事人却向其请求履行,第三人可以合同无效来对抗对方所主张的请求权。由于第三人与合同不具有利害关系,故不能以原告身份提起确认无效之诉。

2. 相对无效

相对无效,是指仅特定人有权主张合同无效,且合同无效仅针对特定人发生效力的情形。相对无效一般不是因为合同内容违反法律强制性规定或公序良俗,而是为保护特定人(如善意相对人或第三人)而设。相对无效与可撤销合同为不同规则:前者是为保护善意相对人或第三人等特定主体而设置的特别规则,与当事人意思有无瑕疵并无关联;后者是因当事人意思存在瑕疵而影响合同效力的一般规则。③ 相对无效以法律有特殊规定为限。例如有域外法规定,双方虚伪表示导致合同无效的,不得以此对抗善意第三人。④

在我国现行法中,相对无效仅有零星规定。例如《民法典》第409条第1款规定,抵押权人与抵押人协议变更抵押权顺位等内容,未经其他抵押权人书面同意的,该变更协议对其他抵押权人不当然有效。实务中,相对无效亦有个别实例。有判决认为,土地使用权挂牌出让中的当事人串标行为侵害特定第三人利益时,作为"相对无效"处理,只有该第三人才有权主张合同无效。⑤

---

① 参见最高人民法院(2021)最高法民申1723号民事裁定书。
② 参见最高人民法院(2009)民申字第1760号民事裁定书,载《最高人民法院公报》2010年第10期。
③ 相关学理意见参见李文涛:《合同的绝对无效和相对无效——一种技术化的合同效力评价规则解说》,载《法学家》2011年第3期;常鹏翱:《等同论否定说:法律行为的可撤销与相对无效的关系辨析——以〈民法通则〉到〈民法典〉的规范发展为基点》,载《法学家》2020年第5期。
④ 参见《日本民法典》第94条第2项。
⑤ 参见最高人民法院(2006)民一终字第59号民事判决书,载《最高人民法院公报》2008年第9期。该案详细解读参见周江洪主编:《合同法案例研习》,法律出版社2019年版,第12页以下(周江洪执笔)。

(五)解决争议条款效力的独立性

《民法典》第 507 条规定:"合同不生效、无效、被撤销或者终止的,不影响合同中有关解决争议方法的条款的效力。"此类条款本为解决争议而设,故合同被确认无效、被撤销、确定不发生效力不影响此类条款的有效性。此类条款主要包括诉讼管辖条款①、仲裁条款②等,不包括违约金条款③。合同不成立的情形下,不适用第507 条的规定。④

【疑难案例:"阴阳合同"的价格条款部分无效案⑤】
【案件事实】

泰吉公司与骏士公司于 2010 年 4 月 1 日签订《厂房买卖合同》一份。合同约定:被告购买原告自建的厂房共四层,总价 7992540 元。本合同未尽事宜由双方协商补充确定,与本合同具有同等法律效力,因应与政府有关单位需要而起草的任何合同,均以此合同为准等。合同签订后,泰吉公司于 2010 年 6 月 15 日向骏士公司交付了案涉厂房的钥匙。2011 年 2 月 24 日,双方签订《协议书》一份,约定本案购房款计 8034538.5 元,扣除骏士公司已支付的 3725403.88 元,还应支付购房款4309134.62 元。

2011 年 10 月 8 日,双方签订一份《存量房买卖合同》,约定被告向泰吉公司购买案涉厂房,其中合同第 4 条"房产成交价"约定:"买卖双方商定上述房产成交价为人民币 6100297.75 元,不包括该房产的附属设施、设备等物品",合同第 13 条约定"自违约行为发生之日起,违约方按成交价款每日万分之一向守约方支付违约金"等。因泰吉公司认为骏士公司尚欠购房余款 4005876.52 元至今未付,泰吉公司诉至法院,请求骏士公司支付剩余房款。被告骏士公司辩称:原、被告双方就本案的厂房买卖重新签订过一份《存量房买卖合同》,该合同是对双方前一份合同的变更,是双方的真实意思表示。该合同第 4 条约定的购房总价款为 6100297.75元,且根据土房局颁布的合同可看到价款也是 6100297 元,而非原告所主张的8034538.5 元。被告尚欠原告的购房价款应为总价 6100297 元扣除被告已实际支付的款项后的余款。

① 参见最高人民法院(2016)最高法民辖终 61 号民事裁定书。
② 参见最高人民法院(2015)民申字第 1134 号民事裁定书。
③ 参见最高人民法院(2019)最高法民申 2758 号民事裁定书。
④ 参见最高人民法院(2015)民二终字第 428 号民事判决书,《最高人民法院公报》2016 年第 7 期。
⑤ 该案详细解读参见"厦门泰吉运动器材有限公司诉骏士(厦门)日用品有限公司房屋买卖合同纠纷案",载最高人民法院中国应用法学研究所编:《人民法院案例选》2013 年第 1 辑(总第 83 辑),人民法院出版社 2013 年版,第 9 页以下。

【本案争点】

"阴阳合同"价格条款可否被认定部分无效？

【裁判要旨】

法院生效判决认为，原、被告双方于 2010 年 4 月 13 日签订的《厂房买卖合同》及于 2011 年 2 月 24 日签订的《协议书》系双方的真实意思表示，不违反法律、法规的强制性规定，合法有效，对双方具有法律拘束力，双方均应诚信依约履行。虽然本案双方于 2011 年 10 月 8 日的《存量房买卖合同》约定的房屋成交价仅为 6100297.75 元，但该《存量房买卖合同》显然是双方为向房屋产权管理部门办理产权过户手续而签订，根据双方 2010 年 4 月 13 日签订的《厂房买卖合同》有关"因应与政府有关单位需要而起草的任何合同，均以此合同为准"的约定，并结合双方签订《存量房买卖合同》后，原告将前述合同复印件载有合同条款的页面都打上叉号才交给被告等情形，显然可以认定前述 6100297.75 元并非双方的真实意思表示。双方以该价款办理产权过户，必然导致国家税收利益受损，损害了国家利益。因此，前述《存量房买卖合同》约定的房屋买卖价格条款应为无效。本案房屋买卖价款应根据双方 2011 年 2 月 24 日签订的《协议书》认定，计 8034538.5 元。

关于原告主张的逾期付款利息问题，合同部分无效，不影响合同其他部分的效力的，其他部分仍然有效。虽然双方签订的《存量房买卖合同》约定的房屋买卖价格条款无效，但该合同中有关违约责任之约定仍然有效。因双方之前签订的协议对于逾期付款的违约责任均无约定，故前述违约责任之约定应认定为双方之补充约定，对双方具有法律拘束力。且按《存量房买卖合同》约定的"自违约行为发生之日起，违约方按成交价款每日万分之一向守约方支付违约金"标准计算，金额亦低于原告主张的按中国人民银行逾期贷款利率标准计算的数额。

综上，被告应支付原告购房款 4005875.87 元并支付逾期利息（利息以 8034538.5 元为基数，按每日万分之一的标准，自 2011 年 12 月 15 日起计算至本判决确定的付款之日）。

二、合同无效的具体后果

（一）返还财产（《民法典》第 157 条第 1 句前段）

1. 返还财产请求权的性质

（1）返还标的是有体物的，该请求权原则上是物权请求权。由于我国法律未采取物权行为独立性及无因性理论，即使合同被确认无效之前交付义务、过户登记义务等已经履行完毕，也不导致权利移转，因此该请求权原则上是物权请求权。[①]以动产买卖为例，买卖合同无效导致所有权自始未移转，因此出卖人系基于返还原物请求权要求买受人返还动产。买卖标的是不动产的，买卖合同无效同样导致所有权自始未移转，即使此时登记簿上记载的物权人仍是买受人。(《民法典物权编解释(一)》第 2 条)出卖人作为真正的所有权人，可依据《民法典》第 157 条或第 220 条申请更正登记。

(2)返还标的是知识产权、股权等无形财产权的，该请求权是绝对权性质的恢复原状请求权。以专利权转让为例，合同无效也导致专利权自始未移转的效果，专利权人可请求更正登记。有判决认为，我国对专利权转让要求履行的法定手续是"书面合同+登记"……如果专利权转让合同被最终认定为不成立或无效，将导致在转让人与受让人之间不发生专利权变动的法律后果。[②]

(3)返还标的是一定数额金钱的，该请求权原则上是债权请求权。在借款合同无效后返还借款、买卖合同等无效后返还价款或者报酬等情形下，由于作为标的物的金钱具有高度可替代性，故该请求权为债权请求权。如果质押合同采取"包封"等形式以特定化的金钱作为标的物，质押合同无效后的返还原物请求权是物权请求权。

2. 返还财产请求权的主体

享有返还财产请求权的主体是基于该合同履行了给付义务的相对人；负有返还义务的主体是基于该合同实际取得财产的当事人。由一方当事人基于合同实际取得财产的，由该方单方返还；双方当事人均基于合同实际取得财产的，双方均应返还。一般而言，当事人对合同不成立、无效、被撤销或确定不发生效力是否有过错，不影响其享有返还财产请求权。一方当事人实际取得财产后，又基于其他法律关系将财产移转给善意第三人的，该善意第三人不负返还义务，由转移财产的当事人向相对人折价补偿；当事人将取得的财产移转给恶意第三人构成恶意串通的，恶意第三人应负返还义务。

因违反法律强制性规定或公序良俗导致合同无效的某些案型中，当事人主张返还财产请求权通常得不到支持。例如给付金钱维持不正当性关系[③]；明知对方用于赌博而出借金钱[④]等。如果合同内容虽然违反法律强制性规定或公序良俗，但返还财产不会产生违法效果，则可以适用返还财产。例如交付的定金数额超过法定上限，将超出部分予以返还。

[①] 也有学者认为，无论是否承认独立的物权行为，合同无效场合下的返还财产请求权均应为物权请求权。参见朱广新：《合同法总则研究(上册)》，中国人民大学出版社 2018 年版，第 295 页。
[②] 参见最高人民法院(2019)最高法知民终 944 号民事裁定书。
[③] 参见江苏省镇江市中级人民法院(2019)苏 11 民终 2173 号民事判决书。
[④] 参见湖北省咸宁市中级人民法院(2020)鄂 12 民终 741 号民事判决书。

3. 返还财产的方式

能够返还原财产的,原则上应当返还原财产。当事人取得财产的形态包括物(动产、不动产)和无形财产(专利权、商标权等)。应当根据案件具体情况,单独或者合并适用返还占有的标的物、更正登记簿册记载等方式。(《民法典合同编通则解释》第24条第1款)例如房屋买卖合同被撤销后,如果此前交付房屋义务和过户登记义务均已履行,出卖人有权请求买受人返还占有的房屋、更正登记簿册记载;如果此前仅履行交付房屋义务而未办理过户登记,出卖人只能请求买受人返还占有的房屋。此外,与原财产相关的权利证书也应返还。①

依据《民法典合同编通则解释》第25条第2款规定,双方互负返还义务,当事人有权主张同时履行;占有标的物的一方对标的物存在使用或者依法可以使用的情形,对方有权请求将其应支付的资金占用费与应收取的标的物使用费相互抵销,但是法律另有规定的除外。

4. 返还财产的范围

(1)返还的财产是当事人基于不成立、无效、被撤销或确定不发生效力的合同实际取得的财产。所谓"实际取得",是指当事人基于该合同的履行实际取得了对财产的占有或权属登记,而并非仅指取得标的物所有权。在租赁、保管等不转移所有权的合同被确认不成立、无效、被撤销或确定不发生效力后,亦存在返还财产的后果。如果合同约定一方当事人有权从对方取得一定财产,但并未实际履行,则不存在返还问题。

(2)原财产的孳息如何返还? 当事人基于合同实际取得的原财产应予返还,对此不存疑义。当事人在占有原财产期间所产生的孳息应否返还,则应依据物权法上孳息归属规则(《民法典》第321条)予以确定。有判决认为,返还财产的范围为所取得的全部财产和费用,而不仅指取得财产一方现在所占有的财产和利益。②

依据《民法典合同编通则解释》第25条第1款规定,有权请求返还价款或者报酬的当事人一方请求对方支付资金占用费(利息)的,该请求应予支持。计算标准为:①占用资金的当事人对于合同不成立、无效、被撤销或者确定不发生效力有过错的,应当在当事人请求的范围内按照中国人民银行授权全国银行间同业拆借中心公布的一年期贷款市场报价利率(LPR)计算。②占用资金的当事人对于合同不成立、无效、被撤销或确定不发生效力没有过错的,应当以中国人民银行公布的同期同类存款基准利率计算。

(3)财产返还时发生增值或者贬值的,如何处理?《九民纪要》第33条规定,应予返还的股权、房屋等财产相对于合同约定价款出现增值或者贬值的,人民法院

---

① 参见广东省茂名市中级人民法院(2014)茂中法民四终字第155号民事判决书。

② 参见最高人民法院(2003)民一抗字第11号民事判决书,《最高人民检察院公报》2006年第4期。

要综合考虑市场因素、受让人的经营或者添附等行为与财产增值或者贬值之间的关联性,在当事人之间合理分配或者分担,避免一方因合同不成立、无效或者被撤销而获益。据此,财产返还时发生增值或者贬值情形下的处理须考虑两个因素。其一,市场因素。财产增值通常属于市场因素,故应将增值部分在当事人之间合理分配,即分配时应考虑各方对合同无效的过错程度以及是否从合同无效中获益等因素。对试图利用合同无效获益的一方,可以考虑少分甚至不分。其二,受让人的经营或者添附行为和财产增值或贬值的关联性。经营行为主要适用于股权返还场合,而添附行为主要但不限于不动产返还场合。股权、房屋等贬值的,也应根据相同规则由双方分摊损失。①

5. 返还财产与诉讼时效

《诉讼时效规定》第 5 条规定,合同被撤销后的返还财产请求权适用诉讼时效。该条规定的返还财产请求权系指不能返还原物的情形下"折价补偿"请求权,该请求权的性质是债权请求权,而返还原物请求权则不适用诉讼时效。② 例如定作人要求承揽人返还剩余原材料,系行使物权请求权,不适用诉讼时效;原材料灭失无法返还时,定作人对承揽人的折价补偿或赔偿损失请求权应适用诉讼时效。③ 返还财产请求权的诉讼时效自合同被确认无效、被撤销或确定不发生效力之日起算。

(二)折价补偿(《民法典》第 157 条第 1 句后段)

1. 折价补偿的性质

折价补偿,是指合同不成立、无效、被撤销或确定不发生效力后,基于合同取得财产的当事人按照该财产的价值进行折算,以金钱方式向对方当事人进行补偿。由于折价补偿的内容是给付一定数额的金钱,故折价补偿请求权是一种债权请求权不存疑义。

折价补偿请求权是否为不当得利请求权? 较为合理的解释是,折价补偿请求权是清算规则框架下的一种特殊的不当得利请求权。虽然合同无效清算规则中的折价补偿在性质上与不当得利返还有根本差异,但在技术上不妨将折价补偿定性为一种特殊的不当得利返还,从而在必要时可援引不当得利法原理。④

2. 返还财产与折价补偿的关系

(1)二者功能具有一致性。返还财产与折价补偿的目的及功能均在于,将合

① 参见最高人民法院民事审判第二庭、研究室编著:《最高人民法院民法典合同编通则司法解释理解与适用》,人民法院出版社 2023 年版,第 280 页。

② 参见最高人民法院民事审判第二庭编著:《最高人民法院关于民事案件诉讼时效司法解释理解与适用》,人民法院出版社 2015 年版,第 144 页。

③ 参见最高人民法院(2017)最高法民再 332 号民事判决书,载《人民司法·案例》2018 年第 5 期。

④ 参见叶名怡:《折价补偿与不当得利》,载《清华法学》2022 年第 3 期。

同当事人的财产状态恢复至缔约前的状态。二者区别仅在于,前者系在物理形态上实现恢复财产状态的效果,后者则以给付金钱的方式达成财产状态的等额价值。因此,二者在补偿主体、补偿范围方面采取相同标准,且二者均不以过错为要件。由于返还财产与折价补偿功能一致,故一般不能同时并用。

(2)二者适用具有顺序性。返还财产应当优先适用,折价补偿仅适用于不能返还或者没有必要返还财产的场合。所谓"不能返还",是指在事实上无法返还原财产或在法律上返还原财产被禁止。例如大米已被食用;因法律或政策调整导致不能返还。① 所谓"没有必要返还",是指虽在事实上和法律上能够返还原财产,但返还不符合经济原则或对接受方没有意义。例如交付的内衣已被使用;返还成本过高②等。当事人双方的意思亦可影响"没有必要返还"的认定。例如《购房合同》被确认无效后,出卖人未主张返还涉案房屋,买受人亦不同意返还房屋。虽然此时能够返还房屋且返还能够实现恢复财产状态的效果,但法院未作出返还房屋的判决,而认定"没有必要返还的,应当折价补偿"予以处理。③

3. 折价补偿的标准

由于折价补偿与返还财产的功能相同,因此折价补偿的数额应当与返还财产的价值相同。但有疑问的是,"返还财产的价值"系采客观说(市场价值)还是主观说(合同约定价格、转售价格)予以认定?《九民纪要》第 33 条曾采主观说,即以"约定价款""转售获益"为折价补偿的标准。但是,《民法典合同编通则解释》第24 条第 1 款改采客观说,即"以认定合同不成立、无效、被撤销或者确定不发生效力之日该财产的市场价值或者以其他合理方式计算的价值为基准折价补偿"。

(1)该基准时点"认定合同不成立、无效、被撤销或者确定不发生效力之日"应解释为法律文书生效之日。该时点的意义在于,应以"不能返还或没有必要返还的财产"的哪个时间点的价值作为折价补偿的标准。对于该时点,学理上曾有"财产移转至受领人时"④"折价补偿义务产生时"⑤等观点。这些观点虽不乏理论上的合理性,但司法解释并未采纳。司法解释所规定时点的优点是清晰、确定,减轻了当事人的举证负担,便于法院裁判。

由于该时点相较于"财产移转至受领人时"等时点具有延后性,在这两个时点之间亦有可能发生财产增值或者贬值。对此,应当采取财产返还时发生增值或者贬值之相同处理方法,在当事人之间合理分配或者分担。

(2)折价补偿数额的计算方法是"市场价值或者其他合理方式"。所谓市场价

---

① 参见广东省广州市中级人民法院(2017)粤 01 民终 2582 号民事判决书。
② 参见湖北省襄阳市中级人民法院(2018)鄂 06 民终 1054 号民事判决书。
③ 参见海南省高级人民法院(2019)琼民申 745 号民事裁定书。
④ 参见朱广新:《合同法总则研究(上册)》,中国人民大学出版社 2018 年版,第 372 页。
⑤ 参见叶名怡:《〈民法典〉第 157 条(法律行为无效之法律后果)评注》,载《法学家》2022 年第 1 期。

值,是指该财产在公开市场上的替代物的市场价格。实务中,专业机构出具的评估报告常被作为市场价值的认定依据。① 所谓其他合理方式,是指在无法采取市场价值计算等场合下所采取的其他替代方式。虽然折价补偿的标准总体上采客观说,但确认合同无效后双方当事人就折价补偿标准达成协议的,可认可该协议的约束力。② 在该财产不存在市场替代物的情形下,由于无法通过市场机制确定该财产的客观价值,合同约定的转让款、当事人在标的物灭失或者转售时的获益等亦可作为确定补偿数额的考量因素。③

(三)赔偿损失(《民法典》第 157 条第 2 句)

1. 赔偿损失的性质

合同被确认不成立、无效、被撤销或确定不发生效力的,有过错的一方应当赔偿对方因此所受到的损失,双方都有过错的,应当各自承担相应的责任。该赔偿损失责任的性质为缔约过失责任,其构成要件适用缔约过失责任的相关规则,其赔偿范围原则上不应超过合同履行利益。(《九民纪要》第 32 条第 2 款)

对于过错,应结合导致合同不成立、无效、被撤销或确定不发生效力的原因予以认定。例如因欺诈、胁迫导致合同被撤销的,欺诈人、胁迫人具有过错(故意);因一方怠于履行报批义务导致合同不生效的,该方具有过错(故意或过失)④。如果双方都有过错,适用过失相抵规则,即根据各方过错及原因力大小确定各自承担责任的比例。对于责任比例的认定,通常考虑当事人违反诚实信用原则的程度、是否履行附随义务、双方关系的实际状况等因素。⑤ 例如一方为具备专业性的证券公司,其对《受托国债投资管理合同》无效应当承担主要过错责任,对方作为普通客户承担次要责任。⑥

2. 财产返还或者折价补偿与赔偿损失的关系

(1)针对的对象不同。财产返还或者折价补偿针对的对象是基于合同移转的财产,其通过物理形态上的返还或金钱替代返还的方式实现恢复财产状态的效果。对于该财产之外的相关损失(如缔约费用损失),财产返还或者折价补偿是无能为力的。赔偿损失无此限制,对合同不成立、无效、被撤销或确定不发生效力场合下的各类损失,均有可能适用。

---

① 参见四川省绵阳市中级人民法院(2018)川 07 民终 2027 号民事判决书。
② 参见最高人民法院(2019)最高法民终 1981 号民事判决书。
③ 参见最高人民法院民事审判第二庭、研究室编著:《最高人民法院民法典合同编通则司法解释理解与适用》,人民法院出版社 2023 年版,第 282 页。
④ 参见最高人民法院(2016)最高法民终 802 号民事判决书。
⑤ 参见最高人民法院(2018)最高法民申 6041 号民事裁定书。
⑥ 参见最高人民法院(2005)民二终字第 29 号民事判决书。

(2)赔偿损失的适用具有补充性。如果适用返还财产或折价补偿后当事人的财产状态还不能恢复到缔约前的状态,仍有损失未被填补且一方或双方当事人对此存在过错,才能适用赔偿损失。如果适用返还财产或折价补偿后,没有其他损失或者虽有损失但当事人并无过错,则不应适用赔偿损失。

(3)三者的适用应当避免重复填补。依据《民法典合同编通则解释》第24条第2款规定,当事人请求赔偿损失的,人民法院应当结合财产返还或者折价补偿的情况,综合考虑财产增值收益和贬值损失、交易成本的支出等事实,按照双方当事人的过错程度及原因力大小,根据诚信原则和公平原则,合理确定损失赔偿额。如前文所述,返还财产或者折价补偿规则都已经充分地考虑了财产贬值与增值的因素。在财产增值的情形下,一般不存在赔偿损失问题。在财产贬值的情形下,返还财产或者折价补偿依据一定标准在当事人之间进行合理分担,损失填补的问题据此得到处理,故很难还有赔偿损失的适用空间。对于返还财产或者折价补偿以外的损失,当事人可以请求赔偿,但应结合过错、原因力等因素,依据诚信原则和公平原则合理确定赔偿数额。同时,还应考虑返还财产或者折价补偿时已经处理的财产增值或者贬值因素,以避免重复填补或重复受损。尤应注意,折价补偿与赔偿损失均为支付金钱,但二者区别在于,前者不以过错为要件[1],后者反之。某些场合下二者虽可并存,但如果系针对同一损失,应避免重复填补。

(四)法律另有规定的,依照其规定(《民法典》第157条第3句)

1. 建设工程施工合同无效的特殊规定

《民法典》第793条规定,建设工程施工合同无效,但是建设工程经验收合格的,可以参照合同关于工程价款的约定折价补偿承包人;建设工程施工合同无效,且建设工程经验收不合格的,视修复后的建设工程经验收是否合格,分别处理。《建设工程施工合同解释(一)》第24条规定,当事人就同一建设工程订立的数份建设工程施工合同均无效,但建设工程质量合格,可以参照实际履行的合同关于工程价款的约定折价补偿承包人的;实际履行的合同难以确定,可以参照最后签订的合同关于工程价款的约定折价补偿承包人。上述规定体现了建设工程领域中"无效合同有效化处理"的惯常做法,其主要基于诉讼效率、利益平衡等因素的考量。[2]

2. 房屋租赁合同无效的特殊规定

《城镇房屋租赁合同解释》第4条规定,房屋租赁合同无效,当事人可以请求参照合同约定的租金标准支付房屋占有使用费。第7条规定,承租人经出租人同意

---

[1] 参见最高人民法院(2011)民提字第235号民事判决书。

[2] 参见最高人民法院民事审判第一庭编著:《最高人民法院新建设工程施工合同司法解释(一)理解与适用》,人民法院出版社2021年版,第244页。

装饰装修,租赁合同无效时,未形成附合的装饰装修物,出租人同意利用的,可折价归出租人所有;不同意利用的,可由承租人拆除。因拆除造成房屋毁损的,承租人应当恢复原状。已形成附合的装饰装修物,出租人同意利用的,可折价归出租人所有;不同意利用的,由双方各自按照导致合同无效的过错分担现值损失。第11条规定,承租人未经出租人同意装饰装修或者扩建发生的费用,由承租人负担;出租人有权请求承租人恢复原状或者赔偿损失。第13条规定,房屋租赁合同无效,出租人有权请求负有腾房义务的次承租人支付逾期腾房占有使用费。上述条文系针对房屋租赁合同无效情形下的占有使用费、装饰装修物、对次承租人的效力等问题所作特殊规定。

3. "没收财产"的特殊规定

原《合同法》第59条规定了合同无效时"没收财产"的法律后果,但《民法典》删除了该规定。这并非意味着《民法典》施行后合同无效不会导致"没收财产",而是因为"没收财产"的性质不属于民事责任,因此某些违法合同(如双方具有共同非法目的或标的物为禁止流通物)被确认无效后,应根据《民法典》以外的相关法律、行政法规对标的物予以没收、收缴等。[①] 例如双方订立"封口费"协议、买卖毒品的合同等。有判决认为,招财宝产品搜集用户手机MAC地址信息可以不经过用户同意,属于用于非法获取公民个人信息的工具,故销售合同无效。对当事人因出售招财宝产品所取得的货款32万余元、保证金5万元以及当事人购买的276套招财宝产品均予以收缴。[②]

4. 涉嫌违法犯罪的处理

依据《民法典合同编通则解释》第24条第3款规定,合同不成立、无效、被撤销或者确定不发生效力,当事人的行为涉嫌违法且未经处理,可能导致一方或者双方通过违法行为获得不当利益的,人民法院应当向有关行政管理部门提出司法建议。当事人的行为涉嫌犯罪的,应当将案件线索移送刑事侦查机关;属于刑事自诉案件的,应当告知当事人可以向有管辖权的人民法院另行提起诉讼。

【疑难案例:建设施工合同无效后如何适用结算依据案[③]】
【案件事实】
2011年9月2日,两江公司与河南万绿成都分公司签订了××道路景观工程

---

① 参见黄薇主编:《中华人民共和国民法典总则编释义》,法律出版社2020年版,第417页。
② 参见天津市第一中级人民法院(2020)津01民终3291号民事判决书,2021年度全国法院十大商事案件。
③ 该案详细解读参见"重庆两江新区水土高新技术产业园建设投资有限公司诉河南万绿园林股份有限公司成都分公司建设工程施工合同纠纷",载最高人民法院中国应用法学研究所编:《人民法院案例选》2019年第8辑(总第138辑),人民法院出版社2019年版,第115页以下。

(北段)施工合同,约定:"两江公司将××道路景观工程(北段)发包给河南万绿成都分公司进行施工,合同价暂定 5700 万元,最终以相关审计单位审定金额为准。……本工程结算总额按审计的审定金额执行。已付工程款实行多退少补。"之后双方又签订了补充协议,主要对施工合同中苗木部分的价格内容进行了修改。

2011 年 12 月 20 日涉案工程完工,2014 年 1 月 17 日,河南万绿成都分公司将涉案工程全部移交给两江公司。之后,审计局对涉案工程审定金额为 36065299.47 元。2016 年 3 月 4 日,两江公司向河南万绿成都分公司发出要求立即退还多计工程款的函,要求河南万绿成都分公司退还超付工程款 9534700 元,但未果。两江公司遂起诉至法院,要求河南万绿成都分公司退还超付工程款 5730423.15 元,并支付资金占用损失,其余工程款另行结算。

【本案争点】

建设施工合同无效的,还能否适用合同中"以审计报告作为工程结算价款的依据"之约定?

【裁判要旨】

一审法院认为,单凭审计报告中的审定金额不足以直接采信作为双方合同结算价款,故对于两江公司主张以审定金额作为工程结算价款进而要求河南万绿成都分公司返还超付工程款的诉讼请求不予支持。判决:驳回原告的诉讼请求。

二审法院认为,虽然涉案施工合同因违反《招标投标法》而无效,但仍应当以审计机关的审定金额确定工程结算价款。具体理由如下:

第一,以审计机关的审定金额作为双方结算价款是双方真实意思一致和连贯的表示。首先,涉案合同第 4 条约定"合同价:暂定 5700 万元(最终以相关单位审定金额为准)";第 17.3.3 条约定"结算办理完毕,经审计单位审计确定后支付至审定结算总价的 95%"……即双方在合同暂定价、进度款支付、质量保证金、竣工结算方面均对以审计机关的审定金额作为双方结算价款进行了一致和连贯的意思表示。其次,两江公司、河南万绿成都分公司及监理公司共同向审计局出具的《情况说明》均明确表示"最终苗木移栽数量和金额以审计组审定结果为准""最终审核价格以审计组审定价格为准"。即双方在审计过程中,虽对审计的计量和计价提出了意见,但仍对接受审计机关的审定金额作出了明确的意思表示。

第二,以审计机关的审定金额作为双方结算价款不致损害国家利益。本案属应当招标而没有招标的建设工程合同,即涉案合同及补充协议在签订时规避了《招标投标法》,未受到相应监管。在合同无效后,以审计机关的审定金额确定工程价款,有利于弥补签订合同及补充协议时的监管不足,同时也并未违背双方当事人的真实意思表示,从而有利于平衡各方利益,且也不致损害国家利益。

第三,以审计机关的审定金额作为双方结算价款更符合合同本意。本案中,

《补充协议》中的具体计量和计价条款与合同中明确的竣工结算条款相比较,就确定工程结算价款而言,直接适用双方明确约定的竣工结算条款更符合双方当事人真实意思表示,在合同条款的解释和层次判断上更符合合同本意。

第四,在双方明确约定以审计机关的审定金额作为结算价款的前提下,民事审判中不宜对未经依法撤销或变更的审计结论作直接或间接的否定。其一,本案中,涉案项目属于政府投资的建设项目,审计局作出的《审计报告》附件1《工程结算审计情况汇总表》中的审定金额系依法履行审计监督职责。不管双方是否在合同中约定以审计机关作出的审定金额作为双方结算依据,审计机关均要对涉案项目进行审计监督并确定审定金额。即该审定金额的作出不是源于双方当事人合意,只是双方当事人在合同中合意采用审计的审定金额作为双方结算的依据。因此,在本案的民事诉讼中要审查审计结论的审计依据、审减金额、审计过程缺乏法律依据。其二,国家审计结论作为国家审计监督行政行为的产物,具有较高的证明效力。在双方明确约定以审计机关的审定金额作为结算价款的前提下,在该审计结论未经依法撤销或变更的条件下,不采信该审计结论缺乏事实和法律依据。其三,本案中若允许河南万绿成都分公司对工程价款进行"鉴定或者对审计报告进行审核"的申请,则在审计结论未被依法撤销或变更的情况下,可能会导致同时就同一工程的结算价款出现两个不同具体金额的结论,有违法制标准的统一。其四,根据《审计法》《审计法实施条例》等相关法律、法规的规定,当事人若对审计结论不认可,具有合法的救济渠道。其五,根据《审计法》第3条"审计机关依照法律规定的职权和程序,进行审计监督"之规定,审计机关作出审计结论有其独有的法律规则和程序设计,若在民事诉讼中仅凭平等民事主体间的对抗就直接或间接否定审计结论则有失客观公正。

因此,两江公司与河南万绿成都分公司就涉案工程的结算价款应当以审计机关的审定金额予以确定,已付工程款实行多退少补。判决:(1)撤销一审判决;(2)河南万绿成都分公司返还两江公司工程价款5730423.15元及资金占用损失;(3)驳回两江公司的其他诉讼请求。

第七章　合同的履行

第一节　合同履行概述

一、合同履行的概念

合同履行,是指债务人或其辅助人完成其合同义务,使债权人的合同债权得以实现的行为。合同成立和生效不会当然地导致债权人的合同债权得以实现,实现该目标的途径须债务人一方适当地履行合同义务。虽然债权人订立合同时通常相信债务人会履行合同义务,但如果债务人后来辜负了这种信任,则债权人只能通过违约责任、解除合同等规则得到救济。对于合同履行,可从以下几方面理解:

1. 合同履行的目的是使债权人的合同债权得以实现

合同有效成立,仅使债权人享有对债务人的请求权,而要将请求权转化为实际利益,则须通过履行行为完成。债务人依据债权人的请求或在未被请求的情形下主动履行其合同义务,如果履行行为符合法律和合同的要求,债权人的债权由此得以实现,双方的合同关系也因此归于消灭。如果债务人未依法律规定或合同约定履行其合同义务,或者履行行为不符合法律和合同的要求,债权人的债权无法实现,需借助违约责任等规则获得救济。

2. 合同履行的主体是一般是债务人或履行辅助人

基于合同相对性,债务人原则上应当亲自实施履行行为,或者由其履行辅助人实施履行行为。履行辅助人,是指以债务人的名义实施行为,辅助债务人完成履行且使履行后果归属于债务人的人。例如债务人是法人或非法人组织的,其获得授权的雇员即构成履行辅助人。债务人或履行辅助人以外的第三人实施履行行为的法律后果,适用《民法典》第523条、第524条等规定。

实务中,当事人常采取成立项目公司的方式进行房地产开发。虽然合同所载债务人与项目公司不是同一主体,但项目公司交付房屋也可构成适当的履行行为。[①] 该情形下,依据合同约定项目公司可认定为履行辅助人或第三人。(《民法典》第 523 条)

3. 合同履行的对象是债务人所负合同义务

作为合同内容的主给付义务、从给付义务和附随义务能否被实际完成,取决于债务人是否实施履行行为及履行行为是否符合法律和合同的要求。根据合同义务的不同类型,履行行为的具体形态也有所不同。债务人的履行行为可以是某种积极行为,例如交付实物、提供劳务、转移权利等;也可以是某种消极行为,例如保守商业秘密。

4. 合同履行主要发生在合同生效至合同终止的期间

合同有效成立后至合同生效前的期间内,合同效力尚未发生,给付义务还不具有现实强制力,此时尚未进入履行环节。合同生效后,给付义务具有了现实强制力,债务人应当依据法律和合同的要求完成履行行为。合同履行与合同效力密不可分,从某种意义上而言,两者是同一问题从不同角度观察的结果,合同履行正是合同效力的体现。但需注意,在合同生效之前及终止之后,当事人之间还存在通知、保密等附随义务和后合同义务,对此类义务也存在履行的问题,此为合同义务体系扩张的结果。

二、履行与受领

(一) 受领的概念和性质

受领,是指债权人接受债务人履行的行为。在某些场合下,债务人单方面的履行行为并不能使债权人的债权得以实现,还须债权人予以受领才能达成给付效果。例如承运人完成运输行为后交货为履行行为,托运人检验后收货为受领行为。债权人受领以有必要受领为限,并非所有履行行为均需要债权人受领。例如债务人履行保密义务就不存在受领的问题。

对于受领的性质,素有"受领义务说"与"受领权利说"之争。通说认为,受领是一种不真正义务。[②]

(1)债权人受领是诚实信用原则的要求。在合同履行环节中,当事人应当遵循诚实信用原则,根据合同的性质、目的和交易习惯履行协助义务。债务人依据合同约定或应债权人请求履行合同义务,债权人本应协助债务人完成履行行为,如果

---

① 参见四川省高级人民法院(2018)川民申 2288 号民事裁定书。

② 参见王利明:《合同法研究(第二卷)》,中国人民大学出版社 2015 年版,第 485 页。

债权人却拒绝受领,显然违反诚实信用原则。

(2)债权人不履行受领义务的,债务人通常不得独立诉请履行,而应通过提存、就扩大损失请求赔偿等方式获得救济。债权人不履行受领义务构成受领迟延,在性质上虽属违约行为,但债权人因此承担的责任与债务人的违约责任存在差异。

(3)债权人受领应当依据法律规定及合同约定的要求进行。与债务人的履行行为应符合法律和合同的要求相同,债权人受领也应符合法律和合同的要求,否则依法律规定或合同约定产生相应的后果。例如买受人收到标的物时应当在约定或法定的检验期间内检验。买受人应当在检验期间或合理期间内将标的物的数量或者质量不符合约定的情形通知出卖人。买受人怠于通知的,视为标的物的数量或者质量符合约定。(《民法典》第 620 条、第 621 条)[1]

(二)拒绝受领

1. 有正当理由的拒绝受领

如果债务人的履行行为不符合法律和合同的要求,债权人有权拒绝受领。(《民法典》第 530 条、第 531 条、第 610 条、第 629 条)因为此种场合下如果仍然要求债权人受领,将导致债权人受领后又因债务人的履行行为不符合要求需将财产返还给债务人,这将产生不必要的费用并人为地增加法律关系的复杂性。债权人拒绝受领通常以明示的意思表示向债务人作出,其适用意思表示生效时间的一般规则。(《民法典》第 137 条)债权人有正当理由拒绝受领的,产生以下效力:

(1)债权人拒绝受领不构成受领迟延。债务人不得以债权人受领迟延为由要求债权人承担违约责任。例如房屋买卖合同约定的交房条件包括"对房屋按照一定标准装修",合同约定的交房之日到来时装修尚未达到质量要求,买受人以此为由拒绝收房的,不构成受领迟延。[2]

(2)拒绝受领为债权人的权利,债权人可以选择拒绝受领,也可以选择受领再请求债务人承担违约责任。例如债务人交付的货物存在质量瑕疵,债权人收货时检验出该质量瑕疵并及时通知了债务人,债权人有权在收货的前提下请求债务人承担修理、更换、重作、退货、减少价款的违约责任。(《民法典》第 582 条)

(3)标的物毁损、灭失的风险由债务人(出卖人)承担。因标的物质量不符合质量要求,致使不能实现合同目的的,买受人可以拒绝接受标的物或者解除合同。买受人拒绝接受标的物或者解除合同的,标的物毁损、灭失的风险由出卖人承担。(《民法典》第 610 条)

---

[1] 参见最高人民法院(2022)最高法民终 226 号民事判决书。
[2] 参见北京市第三中级人民法院(2016)京 03 民终 2781 号民事判决书。

2. 无正当理由的拒绝受领

债权人无正当理由拒绝受领的,构成受领迟延,债务人可要求债权人承担违约责任或者通过提存程序了结双方的债权债务关系。例如作为《买卖合同》标的物的房屋已经竣工验收合格,买受人未按约定对房屋进行验收交接,且未提出正当、充分理由,构成受领迟延之违约行为。①

第二节　合同履行的原则

合同履行的原则,是指法律规定的在合同履行过程中当事人所应遵循的基本准则。合同履行的原则适用于各类合同的履行,且适用于合同履行的整个过程。除法律有特殊规定或当事人有特殊约定外,当事人履行合同义务不得违反合同履行原则的要求。

一、全面履行原则

全面履行原则,又称正确履行原则或适当履行原则,是指当事人应当按照合同约定和法律规定的标的以及质量、数量、履行期限、履行地点、履行方式等要求,全面完成合同义务。(《民法典》第509条第1款)全面履行原则的具体内容如下:

1. 当事人应当全面履行各类合同义务

当事人应当履行的合同义务具体包括:主给付义务、从给付义务和附随义务等。在合同关系中,债务人所负义务由主给付义务、从给付义务和附随义务等构成。这些义务能否得到全面履行,在不同程度上影响债权人之债权能否得以实现以及合同目的能否达成,故债务人或其辅助人必须全面履行各类合同义务而非仅针对某一种或某几种义务进行部分履行。例如:①买卖合同中,出卖人虽然适当履行了交货义务(主给付义务),但违反了通知义务(附随义务),对由此造成的损失应承担违约责任。② ②技术开发合同中,委托人(课题承担单位)不仅负有付款义务,还负有提供软件系统运行环境义务。③

2. 当事人履行义务在各方面必须适当

当事人不仅就履行义务的种类应当全面,在履行各类义务的过程中对履行的各方面也必须适当。具体包括:履行主体适当、履行标的适当、履行期限适当、履行地点适当、履行方式适当等。当事人的适当履行行为,才符合债的本旨之要求。如

---

① 参见天津市高级人民法院(2019)津民终215号民事判决书。
② 参见最高人民法院(2018)最高法民终122号民事判决书。
③ 参见最高人民法院(2020)最高法知民终1954号民事判决书。

果当事人履行合同义务不适当,则产生相应的违约责任。

3. 当事人无正当理由不得变更或解除合同

全面履行以实际履行为前提,如果当事人无正当理由擅自变更或解除合同,则当然无法构成全面履行。全面履行原则是合同严守原则在履行环节的体现,即要求当事人在合同履行的整个过程中严格按照合同义务的内容和各方面要求履行合同义务。

二、协作履行原则

协作履行原则,是指当事人应当尽力协助对方履行其义务,在合同履行过程中团结互助、相互协作。(《民法典》第 509 条第 2 款)协作履行原则是诚实信用原则在履行环节的体现。协作履行原则的具体内容如下:

1. 债权人对债务人履行行为负有协助义务

债务人履行合同义务以债权人的某种行为为必要条件的,债权人应当完成该行为以协助债务人履行义务。例如在承揽合同中,定作人应当按照约定提供材料;(《民法典》第 775 条)承揽人发现提供的图纸或技术要求不合理的,应当及时通知定作人。(《民法典》第 776 条)

2. 债务人对债权人的监督行为负有协助义务

债权人按照法律规定或合同约定对债务人履行合同义务进行监督的,债务人应当予以配合、协助。例如在借款合同中,贷款人按照约定可以检查、监督借款的使用情况;借款人应当按照约定向贷款人定期提供有关财务会计报表等资料。(《民法典》第 672 条)又例如在委托合同中,受托人履行义务须以与委托人进行沟通、听取委托人的指示为前提,受托人拒不回应委托人沟通请求的,构成违约行为。①

3. 债权人负有受领义务以协助达成给付效果

债务人履行合同义务时,债权人应当适当地受领给付,以协助债务人完成履行行为、达成给付效果。债权人无正当理由拒绝受领或债权人下落不明导致债务人无法履行的,债务人可以将标的物提存,(《民法典》第 570 条)以终止其与债权人之间的债权债务关系。

4. 债权人负有减损义务

债务人因故不能履行或不完全履行合同义务时,债权人应当采取适当措施防止损失的扩大;没有采取适当措施致使损失扩大的,不得就扩大的损失要求赔偿。

---

① 参见北京知识产权法院(2020)京 73 民终 2214 号民事判决书。

(《民法典》第 591 条第 1 款)例如在保管合同中,保管物有瑕疵或者按照保管物的性质需要采取特殊保管措施的,寄存人对此未告知致使保管人因此受到损失,保管人应当采取补救措施防止损失扩大,否则就扩大损失不能请求寄存人赔偿。(《民法典》第 893 条)

5. 债权人或债务人负有通知、保密等义务

在某些场合下,债权人或债务人应当履行通知、保密等义务,以协助对方行使合同权利或履行合同义务。例如在买卖合同中,买受人应当在检验期间内将标的物的数量或者质量不符合约定的情形通知出卖人。(《民法典》第 621 条)在承揽合同中,承揽人应当按照定作人的要求对技术资料负保密义务。(《民法典》第 785 条)又例如游戏玩家的虚拟财产被盗后通知客服人员,游戏公司未能提供或保存被盗财产的流向等信息,造成损失难以被追回,在技术和服务上存在一定疏漏,对玩家的损失承担部分责任。[1]

三、保护生态环境、经济合理原则

保护生态环境、经济合理原则,是指当事人履行合同时,应当避免损害生态环境且符合经济效益的要求,以实现合同效益的最大化。(《民法典》第 509 条第 3 款)保护生态环境、经济合理原则是绿色原则在合同履行领域的体现,具有漏洞填补、价值宣示、规范解释和规范选择等功能。[2] 保护生态环境、经济合理原则的具体内容如下:

1. 债权人行使合同权利应当保护生态环境、经济合理

债权人向债务人主张合同权利时,如果就履行地点、履行期限、履行方式等方面,依据法律规定和合同约定有多种选择均被允许,债权人应采取经济合理的选择。如果债权人行使权利给债务人造成额外的负担且并无益于合同目的的实现,债务人应有权拒绝债权人此种请求,或就额外费用由债权人负担。例如在债务人提前履行的场合下,如果提前履行不损害债权人利益,则债权人不得拒绝债务人的履行行为。(《民法典》第 530 条)

2. 债务人履行合同义务应当保护生态环境、经济合理

债务人向债权人履行合同义务时,在法律规定和合同约定的范围内,就履行地点、履行期限、履行方式等方面应采取经济合理的选择,以避免造成不必要的损失。例如在行纪合同中,委托物有瑕疵或者容易腐烂、变质的,行纪人不能和委托人及

---

[1] 参加广州互联网法院(2019)粤 0192 民初 70 号民事判决书。

[2] 相关学理意见参见竺效:《论绿色原则的规范解释司法适用》,载《中国法学》2021 年第 4 期;刘长兴:《论"绿色原则"在民法典合同编的实现》,载《法律科学》2018 年第 6 期。

时取得联系的,行纪人可以合理处分委托物。(《民法典》第954条)

适用保护生态环境、经济合理原则的司法意见:

①商铺产权人(原告)与其他商铺业主(被告)之间形成共同经营关系,这种关系要求各商铺产权人行使权利时不能损害他人的合法权益。被告已按新的协议标准支付大部分保底经营收益,违约程度较轻,若涉案两个季度的保底经营收益延期支付导致全部收益均按原协议履行,则将使被告承担违约责任过重,势必造成其经营状态进一步恶化,最终损害大多数业主和承租户的利益。法院根据公平正义及经济合理原则,判决被告按照新的协议承担违约责任。①

②《农村土地经营权流转合同书》约定进行特色农业、苗木、花卉种植,订约后受让人未对土地合理利用致使土地长期撂荒,造成土地资源的浪费,不利于生态环境保护,亦不符合生态文明建设和可持续发展的理念和要求。出让人要求解除合同、腾退返还土地的请求予以支持。②

③《服务合同》约定甲方负责购买、安装运行、维护设备,乙方按照用能(电、热)数量支付供能款,后因乙方拖欠供能款引发纠纷。法院认为,涉案设备均已安装到位,仅差最后的整体验收及并网发电,乙方表示可以继续使用设备且甲方亦表示设备可以运行的情况下,解除合同有违"绿色原则"倡导的节约资源、避免资源浪费原则。因此,合同目前不宜解除而应继续履行。③

【学说争议:合同履行原则的界定】

合同履行原则具体包括哪些原则,学界争议较大,兹举三种代表性观点:第一种观点认为,合同履行原则有全面履行原则、适当履行原则、诚实信用原则。④ 第二种观点认为,合同履行原则有全面履行原则、亲自履行原则、同时履行原则。⑤ 第三种观点认为,合同履行原则有实际履行原则、全面履行原则、协作履行原则、经济合理原则。⑥

本书认为,合同履行原则应符合以下三个标准:(1)具有法条依据。观点二所主张的亲自履行原则、观点三所主张的实际履行原则并无法条依据。对于实际履行原则,《经济合同法》(已废止)曾经将其规定为合同履行原则,但《民法典》第577条将继续履行规定为承担违约责任的方式之一,而并非作为债务人履行义务的基本准则,故不应再将其认定为合同履行原则。(2)应为合同履行的特有原则,

---

① 参见上海市高级人民法院(2019)沪民申2122号民事裁定书。
② 参见北京市高级人民法院(2021)京民申6560号民事裁定书。
③ 参见山东省高级人民法院(2021)鲁民终340号民事判决书。
④ 参见王利明:《合同法研究(第二卷)》,中国人民大学出版社2015年版,第12页以下。
⑤ 参见韩世远:《合同法总论》,法律出版社2018年版,第328—330页。
⑥ 参见余延满:《合同法原论》,武汉大学出版社1999年版,第414页以下。

而非民法基本原则或合同法基本原则的重复。虽然民法发展史上诚实信用原则最初就是作为债的履行原则存在,但在现行法已将诚实信用原则规定为民法基本原则的前提下,该原则适用于整个民法领域也当然适用于合同履行领域,再将其认定为合同履行原则已无意义。(3)应适用于合同履行的全部领域而非个别场合。观点二所主张的同时履行虽有法条依据,但其仅适用于没有履行顺序的双务合同而非适用于合同履行的所有场合,故不应认定为合同履行原则。

综上,符合以上标准的,有全面履行原则、协作履行原则、保护生态环境、经济合理原则。

第三节　合同履行的规则

一、合同条款没有约定或者约定不明的履行规则

(一)适用条件

依据《民法典》第510条,该规则的适用条件如下:

1. 合同已经生效

《民法典》第510条规定,该规则适用于"合同生效后"。因为合同生效后才产生现实拘束力而进入履行环节,此时如果因有关合同条款约定不明导致履行障碍,则需要通过适用该规则以明确合同内容。

2. 当事人就质量、价款或报酬、履行地点等内容没有约定或约定不明

所谓没有约定,是指对合同有关内容根本未作约定。所谓约定不明,是指虽然对合同有关内容作出了约定,但依其文义无法确定其准确含义,或者数个合同条款相互矛盾导致无法确定合同有关内容。例如当事人就某一事项达成"原则性约定"的,有可能构成约定不明。[①]

3. 上述条款属于合同非必要条款

如果就合同必要条款没有约定或约定不明,导致合同不成立,也不可能在合同生效后进入履行环节,故不能适用该规则。欠缺的条款是否属于必要条款,依据法律规定、当事人约定及合同性质予以判断。例如《软件开发合同》未约定软件的交付期限、具体功能以及验收标准的,可以适用该规则。[②]

---

① 参见最高人民法院(2020)最高法知民终1679号民事判决书。
② 参见最高人民法院(2022)最高法知民终10号民事判决书。

（二）规则内容

1. 对没有约定或者约定不明的合同条款，当事人可以协议补充

当事人双方可以通过再次磋商，就有关合同内容达成合意，以补充合同欠缺的条款。当事人达成的补充协议构成原合同的组成部分，与原合同条款具有同等的法律拘束力。

2. 不能达成补充协议的，按照合同有关条款或交易习惯确定

所谓按照合同有关条款确定，是指运用体系解释方法，依据各合同条款之间的相互关联、合同条款所处的位置以及与合同整体的关系等因素来确定内容不明的合同条款的含义。所谓按照交易习惯确定，是指运用交易习惯解释方法，按照交易习惯确定内容不明的合同条款的含义。例如施工合同未具体约定是否包含施工场地内的道路，双方对此也未达成补充协议。根据工程建设合同的行业惯例，施工用道路系工程施工所用的临时性道路，在合同没有明确约定的情况下，应由施工单位自行承担。[①]

3. 依上述方法仍不能确定的，适用下列规则（《民法典》第511条）

（1）质量要求不明确的，按照国家标准、行业标准履行；没有国家标准、行业标准的，按照通常标准或者符合合同目的的特定标准履行。

①按照国家标准、行业标准履行，是指有国家标准按照国家标准履行，没有国家标准按照行业标准履行。例如《脱硫石膏综合利用合作协议书》未约定脱硫石膏的质量标准，也无明确的国家标准，应当适用行业标准认定标的物质量。[②]

②通常标准，是指普通人标准（而非专业标准）或者同等价格条件下的中等质量标准。例如婚宴合同中未明确约定"白灼基围虾"所用的虾是何种虾，由于我国目前尚未就基围虾的定义、种类等制定国家标准、行业标准，因此对"白灼基围虾"应当按照通常标准或者符合合同目的的特定标准履行。根据法院对本地水产市场所做的调查，"沙虾"（学名为南美白对虾）与"基围虾"（学名为日本对虾）完全不同，价格也差异较大，所以在履行婚宴服务合同时，应当按照现实理解选用"基围虾"。[③]

③符合合同目的的特定标准，是指基于合同目的的特殊要求，合同标的所指向的特定用途的质量标准。例如《软件服务合同》所涉"云雀LMS管理系统"系甲方定制的个化性企业业务管理系统，无国家标准、行业标准，故应按照符合合同目的的特定标准履行。根据双方共同确认的文件，甲方定制该管理系统的目的是为了

①　参见最高人民法院（2012）民提字第20号民事判决书，载《最高人民法院公报》2015年第6期。

②　参见最高人民法院（2019）最高法民再267号民事判决书。

③　参见江苏省南京市中级人民法院（2007）宁民二终字第452号民事判决书。

经营网络(手机)贷款业务,故应以满足网络(手机)贷款业务的实际需求为履行标准。[1]

(2)价款或者报酬不明确的,按照订立合同时履行地的市场价格履行;依法应当执行政府定价或者政府指导价的,按照规定履行。

①市场价格,是指同一种商品在同一市场上交易的价格。在订立合同时履行地没有市场价格的,参照同类物品的价格或者同类劳务的报酬标准履行。如果存在两种以上的市场价格,其平均值可作为参考标准。例如《建设工程施工合同》对人工费标准约定不明,市场上存在"人工综合指数"和"人工费市场价格"两种标准,计算差值达到5000余万元。法院以"两种价格的不同特点、本案工程量巨大、施工周期较长"为由,酌定将5000余万元折半计入工程总造价。[2]

市场价格的时间点原则上应是"订立合同时"[3],因为以双方订约时客观存在的价格标准作为补充解释的依据是合理的。如果订立合同时的市场价格难以认定,与合同履行有密切关联的其他时间点(如实际履行时)的市场价格也可作为参照标准。例如2011年双方订立的《安装合同》未约定装置性材料价格,实际施工时间为2012年,当事人无法举证2011年的市场价格,可以适用鉴定机构所采2012年装置性材料的全国市场平均价格标准。[4]

②政府定价,是指由政府主管价格部门或者其他有关部门按照定价权限和范围制定的价格。政府指导价,是指由政府价格主管部门或者有关部门按照定价权限和范围规定基准价及其浮动幅度,指导经营者定价的价格。《价格法》第18条规定,下列商品和服务价格,政府在必要时可以实行政府指导价或者政府定价:A.与国民经济发展和人民生活关系重大的极少数商品价格;B.资源稀缺的少数商品价格;C.自然垄断经营的商品价格;D.重要的公用事业价格;E.重要的公益性服务价格。例如建设工程领域中,地方政府通常颁布指导价,合同就工程款标准约定不明时,应将该指导价作为确定工程款的依据。[5]

(3)履行地点不明确,给付货币的,在接受货币一方所在地履行;交付不动产的,在不动产所在地履行;其他标的,在履行义务一方所在地履行。

①给付货币的,在接受货币一方所在地履行。该规则是借鉴CISG第57条及PICC第6.1.1条的结果,且被多数国家采纳,其立法目的是"有助于期望管理,避

---

[1] 参见最高人民法院(2020)最高法知民终1640号民事判决书。
[2] 参见最高人民法院(2018)最高法民终99号民事判决书。
[3] 参见最高人民法院(2021)最高法民终705号民事裁定书。
[4] 参见最高人民法院(2019)最高法民终1878号民事判决书。
[5] 参见最高人民法院(2014)民一终字第69号民事判决书,载《最高人民法院公报》2015年第12期。

免不必要的冲突"。① 依据该规则,由债务人负担运送货币的途中风险。对履行地点有法律特别规定的,适用特别规定。例如《民法典》第627条规定,买卖合同约定支付价款以交付标的物或者交付提取标的物单证为条件的,在交付标的物或者交付提取标的物单证的所在地支付。《票据法》第23条第3款规定,汇票上未记载付款地的,付款人的营业场所、住所或者经常居住地为付款地。

②交付不动产的,在不动产所在地履行。该规则与作为标的物的不动产的性质有关,且虑及程序法上不动产纠纷适用专属管辖等因素。该规则主要适用于房屋买卖合同、房屋租赁合同、建设工程施工合同、土地承包经营权转让合同等。一般而言,对房屋的转移占有,视为房屋的交付使用。(《商品房买卖合同解释》第8条第1款)对房屋转移占有的方式,包括实际改变房屋的占有状态②、交付房屋钥匙③等。

③其他标的,在履行义务一方所在地履行。依据该规则,债权人享有往取债权,须负担收取标的物的途中风险,除非另有规定或约定。例如买卖合同未约定提供发票、保修卡、质量合格证书等材料的履行地点,卖方可以要求买方前来领取该材料。④

此外,由于当事人各方所负债务性质未必相同,故履行地点可以是一个,也可以是数个。在双务合同中,当事人双方的履行地点可以不一致。在多数人之债的场合下,由于当事人一方为数人,故可以各自确定不同的履行地点。

(4)履行期限不明确的,债务人可以随时履行,债权人也可以随时要求履行,但应当给对方必要的准备时间。(随时履行规则)

①债务人可以随时履行,但应当给债权人必要的准备时间受领。债务人在履行前应当通知债权人履行时间,如果债权人受领需要准备时间的(例如交付大批货物),应当给债权人预留必要的准备时间;如果债权人受领不需要准备时间的(例如银行转账),债务人可以通知债权人并随时履行。

②债权人可以随时要求债务人履行,但应当给债务人必要的准备时间。债权人要求债务人履行的,"催告+宽限期"为必经程序。债权人首先应当向债务人提出履行请求(催告),并告知债务人履行债务的必要准备时间(宽限期)。宽限期原则上由债权人单方确定,但如果债务人对"必要的准备时间"之"必要"存在异议,则由法院根据债务数额大小、履行行为的难易程度和其他影响履行的因素加以

① 参见[德]埃卡特·J.布罗德:《国际统一私法协会国际商事合同通则——逐条评述》,王欣等译,法律出版社2021年版,第163页。
② 参见北京市高级人民法院(2022)京民辖终23号民事裁定书。
③ 参见天津市高级人民法院(2017)津民申1345号民事裁定书。
④ 参见最高人民法院(2019)最高法民申3774号民事裁定书。

确定。

债权人未指明宽限期的，亦可由法院酌情认定。例如：A. 海难救助合同未约定救助报酬的支付期限，事后未达成补充协议，也无法按照合同有关条款和交易习惯确定，法院酌情认定完成救助作业后的 2 个月为准备时间。① B. 土地使用权出让合同中履行期限条款无效的情形下，法院结合土地上存在的拆迁障碍及相关诉讼程序的进展等客观情况，判令出让人在判决生效后 30 日内交付土地。②

债务人部分履行且对剩余债务履行期限未约定的，如何处理？有实务意见认为：债权人与债务人之间未约定债权债务的履行期限，债务人持续性地部分履行债务，债权人接受，且双方未就剩余债务的履行期限另行约定的，应当认为债务人可随时向债权人履行剩余债务，债权人亦可随时要求债务人履行剩余债务，但应给予必要的履行宽限期。③

（5）履行方式不明确的，按照有利于实现合同目的的方式履行。广义上的履行方式包括履行地点、履行期限等内容。但由于现行法将履行方式与履行地点、履行期限相并列，故现行法框架下的履行方式是指履行债务的具体方法，如标的物的交付方式、价款或酬金的支付方式、运输方式等。该规则亦适用于附随义务的履行。④ 所谓有利于实现合同目的的方式，是指履行方式存在多种选择时，债务人应当选择最有利于实现合同目的的方式。具体要求为：

①对于标的物的交付方式，原则上应采一次性支付方式而不得采分期支付方式，法律另有规定或当事人另有约定的除外。对于主给付义务以外的出具发票义务、检验义务等从给付义务、附随义务，也应按照有利于实现合同目的的方式履行。例如《软件开发合同》对由哪方履行测试、验收义务约定不明，法院认为应由委托人履行，理由为"委托人签订涉案合同的目的在于获取符合其功能需求的软件并投入使用获取盈利，故依照有利于其实现合同目的的方式而言，第二阶段的测试、第三阶段的验收与第四阶段的测试应由委托人进行更便于其实现合同目的"。⑤

②对于价款或酬金的支付方式，存在现金支付、银行转账、票据支付、支付宝转账等方式，应选择符合会计制度要求及高效安全的方式。一般而言，在义务人账户存款足以支付票据金额的前提下，以开具票据的方式履行付款义务是被允许的。⑥如果付款存在条件限制，支付方式应考虑是否有利于实现合同目的等因素。例如双方对股权转让价款的"支付条件全部成就"作出约定，但对"支付条件部分成就"

---

① 参见最高人民法院(2016)最高法民再 61 号民事判决书，载《最高人民法院公报》2016 年第 11 期。
② 参见最高人民法院(2013)民一终字第 92 号民事判决书。
③ 参见刘德权主编：《最高人民法院司法观点集成⑦(民商事卷续)》，人民法院出版社 2011 年版，第 93 页。
④ 参见最高人民法院(2015)民申字第 820 号民事裁定书。
⑤ 参见最高人民法院(2021)最高法知民终 2123 号民事判决书。
⑥ 参见最高人民法院(2005)民一终字第 39 号民事判决书。

时的履行方式未作约定。基于有利于实现合同目的,可根据价款支付条件实现的比例确定价款数额。①

③对于提供劳务、服务的履行方式,应结合合同类型、义务性质、合同目的等因素予以确定。例如对于物业合同的履行方式,有判决认为,在物业服务合同对物业服务区域约定不明、大厦未封闭使用的情形下,物业服务区域范围以能够实现订立物业服务合同目的即以保障业主人身、财产安全的合理区域范围为准。②

④对于运输方式,应结合运送货物的性质、运输成本、运输时间等因素选择合理的运输方式。例如对于矿石、木材等大宗货物,采取内河航运方式是合理的,但对于海鲜、水果等易腐烂货物,采取空运等更快捷方式才是合理的。

(6)履行费用的负担不明确的,由履行义务一方负担。履行费用,是指为完成履行行为所支出的必要费用,包括税费③、审批登记费用、运输费用、包装费用、邮费、汇费等。如果由哪方当事人负担履行费用不明确,应当由履行义务一方当事人负担。但因符合法定条件债务人将标的物提存的(《民法典》第 570 条),提存费用应由债权人负担。

【疑难案例:合同变更后原价格条款效力纠纷案④】

【案件事实】

在 2009 年 6 月 11 日订立合同之前,邯开公司向华明公司提交了:(1)《邯开公司配电设备总报价单》,分项列明高低压配电柜及三箱的产品型号、数量、单价,总价款 4810616 元;(2)《产品报价清单》,列明了设备代码、名称、型号、数量、单价、小计与总计;(3)《照明材料、电缆及辅材一览表》,列明了名称、型号及规格、单位、数量、单价、小计和总计。双方对上述报价单盖章确认作为签订合同时的附件。2009 年 6 月 11 日,双方签订《工矿产品买卖合同》,约定出卖人邯开公司向买受人华明公司供货(明细见附表),包括三部分:高低压配电柜及三箱、金额 4810616 元;电缆、桥架、照明器材、金额 3266000 元;电气整体安装费 369000 元;总价款为 8445616 元。

履行中,按照华明公司现场技术人员的要求由邯开公司修改华明公司提供的图纸,对部分承揽工作进行变更,工期顺延,2010 年 5 月投产运营,华明公司对整体质量未提出异议。2010 年 7 月邯开公司向华明公司提交《工程竣工验收报告》请

---

① 参见最高人民法院(2014)民抗字第 47 号民事判决书。
② 参见最高人民法院(2018)最高法民再 206 号民事判决书,载《最高人民法院公报》2019 年第 5 期。
③ 参见最高人民法院(2017)最高法民再 44 号民事判决书。
④ 该案详细解读参见"邯开电气有限公司诉峰峰华明煤化电业有限公司承揽合同纠纷案",载最高人民法院中国应用法学研究所编:《人民法院案例选》2013 年第 4 辑(总第 86 辑),人民法院出版社 2014 年版,第 182 页以下。

求华明公司尽快组织最后验收,并附《产品报价清单》,报价总计为8479768.6元。

双方工程技术人员于2011年7月6日在现场就供应与安装的电气设备和辅料经逐项核对、清点、统计,签署《邯开电器施工统计》。内容包括:(1)华明公司已经确认了单价及分项价款的部分共计5863488.6元;(2)华明公司未确认单价及分项价款的部分中,一部分可以参照双方签订合同前确认的《报价清单》中和本《邯开电器施工统计》其他页中同类产品价格来确认的,此部分为896465.62元;另一部分邯开公司称应参照市场价确定这部分的相应价款为573270.64元,而且称华明公司未按国家标准定额规范中电缆工程量计算规范统计及其他漏项。而华明公司要求对实际履行的全部工作委托价格鉴定。截止到起诉时,华明公司付邯开公司货款2826105.39元,邯开公司按照合同约定总价款8445616元主张剩余欠款。邯开公司起诉至法院,请求判令华明公司支付总价款的未付部分5619510.61元和逾期付款的利息。

【本案争点】

履行内容部分变更,原合同"总价款"条款还是否有效?

【裁判要旨】

一审法院判决:(1)华明公司给付邯开公司货款、工程款5384642.21元及利息;(2)驳回邯开公司的其他诉讼请求。

二审法院认为:合同签订时虽然约定了总价款8445616元,但是根据定作方指令,履行时变更了部分工作内容。因履行的变更,承揽人不按约定价款付款也未同意协商结算。根据已经投产、投产后提交《工程竣工验收报告》请求华明公司组织最终验收和最后双方对承揽成果各个部件的数量、价格的现场核实等事实,法院确认了高低压配电柜等电气系统的制作及零部件、管线安装等承揽合同实际履行的内容,并区分双方当事人已经确认和未确认答案价款的不同情况对相应工作成果的价款作出认定。其中,因华明公司不同意在法庭主持下由双方协商确定价格,《邯开电器施工统计》上未填写价款的部分中,无法通过对比合同签订前的《报价清单》和最后的《邯开电器施工统计》定价的,由法院依照《合同法》第61条、第62条的规定,参照合同签订时邯郸当地的相同品名、型号规格的市场价予以确定,华明公司请求对全部定作物及安装承揽工作进行价格鉴定的主张,法院不予支持。判决:变更一审判决第一项为华明公司给付邯开公司4829119.47元及利息;对其他判项予以维持。

二、电子合同的交付时间规则

(一)适用条件

《民法典》第 512 条适用于通过互联网等信息网络订立电子合同的情形。该条源于《电子商务法》第 51 条,系《民法典》为回应网络交易普及的社会现实而新设规定。

(二)规则内容

1. 采用传统方式履行的时间(第 1 款)

(1)合同标的为交付商品并采用快递物流方式交付的,收货人的签收时间为交付时间。网购标的物是实体商品的,属于该情形。由于买受人多为普通消费者,其难以知晓网购经营者和标的物所在地,将交付时间界定为"收货人的签收时间"有利于保护消费者。如果标的物为易碎品等特殊商品,经营者应提醒买受人在签收前开箱验货,买受人未履行及时查验义务即签收的,其签收时视为完成了交付标的物,标的物毁损、灭失风险即转移给买受人承担。①

(2)合同标的为提供服务的,生成的电子凭证或者实物凭证中载明的时间为提供服务时间;前述凭证没有载明时间或者载明时间与实际提供服务时间不一致的,以实际提供服务的时间为准。该情形是指合同义务是提供某种形式的劳务,例如网购三次汽车保养。

2. 采用在线传输方式交付的时间(第 2 款)

合同标的物为采用在线传输方式交付的,合同标的物进入对方当事人指定的特定系统且能够检索识别的时间为交付时间。该情形是指传统交易形式以外的、仅发生于网络虚拟空间的履行行为。例如网购电子购物卡的情形下,卖方通过向订单所载收货手机号码发送包含卡号和密码的短信方式交付标的物,买方收到该短信的时间为交付时间。②

该规则与标的物风险负担有关,即交付完成后标的物毁损、灭失风险由买受人负担。例如甲在×平台上向乙公司购买加油卡充值的电子卡密,乙公司通过系统直接将卡密交付到甲实际掌控的平台账户中,视为完成交付,其后卡密毁损、灭失的风险由甲承担。由于甲未采取卡密的官方使用路径,而是通过"×鱼信用回收"方

---

① 参见北京互联网法院(2019)京 0491 民初 31028 号民事判决书。
② 参见北京互联网法院(2021)京 0491 民初 41405 号民事判决书。

式使用,乙公司对存在的泄露风险不承担责任。[1]

3. 当事人对交付商品或者提供服务的方式、时间另有约定的,按照其约定(第3款)

三、合同履行过程中政府定价或政府指导价调整时的履行规则

(一)适用条件

依据《民法典》第513条,该规则的适用条件如下:

1. 必须是执行政府定价或政府指导价的合同

因该类合同的价款或报酬条款执行政府定价或政府指导价,而非由当事人协商确定,故当政府定价或政府指导价调整时依据何种标准确定价款或报酬,即应适用该规则。例如适用政府定价的供电合同。[2]

如果不属于必须是执行政府定价或政府指导价的合同,即使标的物(如烟、酒)市场价发生变动,也不适用该规则。[3] 因为此类标的物市场价格变动通常属于正常商业风险的范畴,故当事人仍应按照合同约定价格履行。如果构成价格异常变动,超出了正常商业风险的范畴,可适用情势变更规则。

2. 不属于即时清结的合同

合同约定的交付期限为一时间段,在该时间段内政府定价或政府指导价发生调整的,才能适用该规则。如果是即时清结的合同,则当然适用订立合同时的政府定价或政府指导价,而无需适用该规则。

3. 政府定价或政府指导价在交付期限内发生调整

《价格法》第25条规定,政府定价或政府指导价的具体适用范围、价格水平,应当根据经济运行情况,按照规定的定价权限和程序适时调整。当政府价格调整发生在交付期限以内时,即应适用该规则。如果交付期限尚未起算或已履行完毕,即使政府价格发生调整,也不得适用该规则。

(二)规则内容

该规则的基本精神为:侧重保护守约方,由违约方负担政府价格调整造成的不利后果。该规则的具体内容如下:

(1)政府价格在合同约定的交付期限内价格调整的,按照交付时的价格计价。

---

[1] 参见北京互联网法院(2021)京0491民初37433号民事判决书。
[2] 参见吉林省高级人民法院(2015)吉民二终字第62号民事判决书。
[3] 参见河南省高级人民法院(2015)豫法民提字第00082号民事判决书。

在此场合下,当事人双方均未违约,无论政府价格调整导致价格上涨还是下降,均按照交付时的价格计价。例如《建设工程施工合同》虽为固定价合同,但施工期内政府指导价调整人工费标准影响合同价格的,应以调整后的人工费标准计算工程价款。①

（2）交货方逾期交付标的物的,价格上涨时,按原价格执行;价格下降时,按新价格执行。在此场合下,交货方为违约方,由其负担政府价格上涨或下降造成的不利后果。基于该规则的立法目的,此处的"逾期交付"应解释为交货方具有可归责性的逾期交付行为。如果由于收货方原因(如拒绝受领货物)导致交货方逾期交付,不能简单适用该规则,而应适用违约责任相关规则(如受领迟延、减损义务)处理。②

（3）收货方(付款方)逾期提货或逾期付款的,价格上涨时,按新价格执行;价格下降时,按原价格执行。在此场合下,收货方(付款方)为违约方,由其负担政府价格上涨或下降造成的不利后果。此处的"逾期提货或逾期付款"应解释为收货方(付款方)具有可归责性的逾期提货或逾期付款行为。

四、金钱之债的履行规则

（一）适用条件

依据《民法典》第 514 条,该规则的适用条件如下:

1. 金钱之债的数额已经确定

该规则解决的问题是,金钱之债的数额已经确定的前提下,以何种货币进行履行和结算。例如中国公司 A 向美国公司 B 购买价值 1000 万美元的钢材,履行地为中国某城市,双方就买方应支付人民币还是美元发生分歧。该规则主要适用于涉外交易场合。该规则并不适用于下列情形:合同约定价款为 1000 万元,但双方对"元"是指人民币还是美元发生分歧。该情形应通过合同条款解释规则解决。

2. 以何种货币履行有待确定

如果当事人就以何种货币进行履行并无分歧,则无须适用该规则。实务中,有判决援用该规则以支持金钱之债的请求(对币种无争议)③,或者用以否认当事人以实物抵偿金钱债务的请求(合同未约定可以物抵债)④,似非妥当。

---

① 参见最高人民法院(2018)最高法民终 781 号民事判决书。
② 参见山西省高级人民法院(2014)晋民终字第 225 号民事判决书。
③ 参见内蒙古自治区包头市昆都仑区人民法院(2021)内 0203 民初 2041 号民事判决书。
④ 参见陕西省宝鸡市渭滨区人民法院(2023)陕 0302 民初 8225 号民事判决书。

（二）规则内容

（1）债权人可以请求债务人以实际履行地的法定货币履行。所谓实际履行地,是指金钱给付义务的实际履行地,而非指合同项下其他债务的实际履行地。

（2）对以何种货币进行履行,法律另有规定或者当事人另有约定外的,依其规定或者约定。

五、选择之债的履行规则

（一）适用条件

《民法典》第515条、第516条适用于履行选择之债的情形,即债务标的有多项而债务人只需履行其中一项。该规则系《民法典》新设规定,弥补了此前的法律漏洞。

适用该规则的情形下,"标的有多项"应解释为多项标的构成并列关系而非递进关系,因为后者情形下并不构成选择之债。例如合同约定"如乙方无现金支付剩余款项,应采取以房抵债方式清偿未付款项",该情形不适用第515条。[1]

（二）规则内容

1. 选择权的归属与移转

（1）原则上债务人享有选择权,但是法律另有规定、当事人另有约定或者另有交易习惯的除外。选择权的归属,依据法律规定、当事人约定或者交易习惯来确定;法律无规定、当事人无约定且无交易习惯的,原则上由债务人享有选择权。

选择权在性质上为形成权,由选择权人以单方意思表示行使,意思表示到达受领人时选择行为生效。债权人或债务人为选择权人的,对方当事人为受领人;第三人为选择权人的,行使选择权的意思表示应向债权人和债务人双方作出。

（2）享有选择权的当事人在约定期限内或者履行期限届满未作选择,经催告后在合理期限内仍未选择的,选择权转移至对方。如果并无上述期限及催告行为,发生纠纷后乃至诉讼期间选择权人一直怠于行使选择权,有判决认为选择权亦转移至对方。[2]

值得说明的是,现行法规定似乎未虑及第三人享有选择权的情形。对此可借鉴传统民法的做法,解释为:债权人或债务人为选择权人的,其超过期限不行使选

---

[1] 参见四川省泸州市中级人民法院(2021)川05民终2067号民事判决书。
[2] 参见广西壮族自治区高级人民法院(2019)桂民申2168号民事裁定书。

择权,选择权移转给对方;第三人为选择权人的,其超过期限不行使选择权,选择权移转给债务人。①

2. 选择权的行使

(1)选择权行使的方式:当事人行使选择权应当及时通知对方。该通知为行使形成权之单方行为,该行为不得附条件或期限,以免给债权人的权利造成妨碍。

(2)选择权行使的效果:通知到达对方时,债务标的确定;标的确定后不得变更,但是经对方同意的除外。通知到达对方表明选择权行使完毕,导致债务标的得以确定,选择之债转换为简单之债。行使选择权的通知不能撤销,选择权也不能反复行使。例如保险合同约定赔付方式是"实物赔付或者现金赔付",保险公司已经选择现金赔偿后,不得再次主张行使选择权。②

(3)选择权行使的限制:可选择的标的发生不能履行情形的,享有选择权的当事人不得选择不能履行的标的,但是该不能履行的情形是由对方造成的除外。选择之债成立后,数种给付因事实原因或法律原因而导致履行不能,仅剩一种给付能够履行的,选择之债即当然转化为简单之债,发生选择之债特定的效果;所剩仍有数种给付能够履行的,在能够履行的数种给付上仍成立选择之债;数种给付全部不能履行的,依据债务不履行中的履行不能规则处理。

六、按份之债的履行规则

(一)适用条件

《民法典》第 517 条适用于按份债权和按份债务的情形。在现行法区分债务与责任的前提下,按份责任(例如《民法典》第 1172 条)虽不属债务的范畴,但亦可准用该规则。

(二)规则内容

1. 按份之债的外部效力

(1)在按份债权中,各债权人只能依据自己享有的份额请求和接受债务人履行,无权请求和接受债务人履行全部义务。某一债权人接受债务人的履行超过自己享有权利份额的,超出部分不发生清偿效果而构成不当得利,其他债权人的权利并不消灭。

---

① Vgl. Wolfgang Krüger, Kommentar zum § 262, in: *Münchener Kommentar zum BGB*, 9. Aufl., München: C. H. Beck, 2022, Rn. 4.

② 参见宁夏回族自治区中卫市中级人民法院(2021)宁 05 民终 1082 号民事判决书。

（2）在按份债务中，各债务人只依据自己分担的债务份额负清偿责任，对其他债务人负担的债务份额不负清偿责任。按份债权人或者按份债务人的份额难以确定的，视为份额相同。例如《回购协议》约定"甲方有权要求创始股东按照年化15%的利率进行回购"，但未约定创始股东对回购负有连带债务还是按份债务，法院认定创始股东以其所持股份比例履行回购义务。[1] 某一债务人履行义务超过自己分担份额的，超出部分不发生清偿效果而构成不当得利，其他债务人的义务并不消灭。

2. 按份之债的内部效力

由于各债权人或各债务人对超出其份额的部分不能行使权利或不负清偿义务，故各债权人之间或各债务人之间不存在追偿关系。例如按份共同保证关系中，各保证人应当按照保证合同约定的保证份额承担保证责任（《民法典》第699条前段）；保证人承担保证责任后，除当事人另有约定外，有权在其承担保证责任的范围内向债务人追偿（《民法典》第700条）；各保证人之间不发生追偿关系。

3. 就当事人一人发生效力的事项对其他当事人的效力

因某一债权人或某一债务人的行为而发生一定效力的事项，如清偿、免除、抵销、提存等，对其他债权人或债务人不产生影响。例如按份债权人之一放弃其债权份额的，其他按份债权人仍依据自己所享份额行使权利。[2]

七、连带之债的履行规则

（一）适用条件

《民法典》第518—521条适用于连带债权和连带债务的情形。在现行法区分债务与责任的前提下，连带责任（例如《民法典》第1168—1171条）虽不属债务的范畴，但亦可准用该规则。

（二）规则内容

1. 连带之债的外部效力

（1）在连带债权中，部分或者全部债权人均有权请求和接受债务人的全部履行，债务人也可向任一债权人履行。任一债权人接受债务人全部履行后，其他债权人的债权即归于消灭。例如合伙关系中，合伙债权构成各合伙人的连带债权，各合

---

[1] 参见西藏自治区高级人民法院（2021）藏民终134号民事判决书。
[2] 参见广东省中山市中级人民法院（2020）粤20民终7924号民事判决书。

伙人可以分别或者共同起诉,在共同诉讼中的诉讼请求可以相同或不同。①

（2）在连带债务中,债权人可以请求部分或者全部债务人履行全部债务。换言之,债权人行使权利较为自由,可以向债务人一人、数人或全体请求履行,可以向不同债务人同时或先后请求履行,可以就债务的全部或部分请求履行。例如连带共同保证关系中,债权人可以请求任何一个保证人在其保证范围内承担保证责任。（《民法典》第699条后段）又如物业服务合同约定,"物业维护基金由受托人（物业公司）按照业主大会决议直接向业主收取,业主与房屋使用人、租赁人有协议的,可以从其约定由其代交,但业主承担连带责任",业主与房屋使用人、租赁人的缴费义务构成连带债务,其不得以内部约定为由拒绝债权人的缴费请求。②

只要债务尚未全部清偿,任一债务人不论其是否履行过债务,对未清偿的部分债务均负有清偿义务。只要债务被全部清偿,不论是由债务人一人、数人或全体履行所致,各债务人的债务均归于消灭。债权人仅向一个债务人行使权利的,不能解释为对其他债务人放弃权利。③

2. 连带之债的内部效力

（1）连带债权：

①各债权人依法定或约定份额享有权利。"连带"的效果仅针对外部关系而言,各债权人之间的内部关系仍为"按份",即须以法定或约定份额作为享有权利的最终依据,并以该份额作为返还的依据。

②连带债权人之间的份额难以确定的,视为份额相同。

③接受债务人的履行超过自己份额的债权人,应将超出部分返还给其他债权人。虽然基于连带债权的外部效力,某一债权人有权请求和接受债务人的部分履行或全部履行,但如果接受履行的数额超过自己的份额,基于内部效力应将超出部分返还给其他债权人。返还的标准为：以实际受领的债权数额为限,按比例向其他连带债权人返还。

（2）连带债务：

①各债务人依法定或约定份额承担义务。外部关系上"连带"的效果系为强化债权人保护而设置,各债务人之间的内部关系仍为"按份",即须以法定或约定份额作为承担义务的最终依据,并以该份额作为追偿的依据。

②连带债务人之间的份额难以确定的,视为份额相同。例如共同借款人甲和乙负担连带债务,且未就内部份额进行约定,应当视为份额相同,款项的实际使用

---

① 参见北京市高级人民法院（2022）京民终647号民事裁定书。

② 参见北京市第二中级人民法院（2022）京02民终5538号民事判决书。

③ 参见最高人民法院（2013）民二终字第55号民事判决书。

情况等因素不作为确定份额的依据。①

③实际承担债务超过自己份额的连带债务人,有权就超出部分在其他连带债务人未履行的份额范围内向其追偿,并相应地享有债权人的权利(如《民法典》第538条之债权人撤销权)②,但是不得损害债权人的利益。其他连带债务人可以向该债务人主张对债权人的抗辩(如时效抗辩权)③。

④被追偿的连带债务人不能履行其应分担份额的,其他连带债务人应当在相应范围内按比例分担。例如连带债务人 A、B、C、D、E 对债权人负有 100 万元债务(内部份额每人 20%),A 向债权人履行了全部债务后向其他连带债务人追偿时,B、C、D 有清偿能力而 E 无清偿能力,A、B、C、D 应共同负担无法向 E 追偿的风险,即 A 有权向 B、C、D 分别追偿 25 万元。其后,四人再分别向 E 追偿。

3. 就当事人一人发生效力的事项对其他当事人的效力

《民法典》第 520 条对连带债务中的该效力作出规定,连带债权参照适用。

(1)部分连带债务人履行、抵销债务或者提存标的物的,其他债务人对债权人的债务在相应范围内消灭;该债务人可以依照第 519 条规定向其他债务人追偿。由于履行、抵销、提存能够产生清偿债务的效果,故此类事项在外部效力上具有"绝对效力"。例如连带债务人 A、B、C 对债权人负有 100 万元债务,因 A 对债权人另享有 100 万元债权而行使抵销权,导致 B、C 对债权人的债务亦归消灭;A 可依据内部份额向 B、C 追偿。

(2)部分连带债务人的债务被债权人免除的,在该连带债务人所应承担的份额范围内,其他债务人对债权人的债务消灭。债权人免除部分连带债务人的债务,在外部效力上具有"限制绝对效力"。例如连带债务人 A、B、C 对债权人负有 100 万元债务,A、B、C 的内部份额分别是 40 万元、30 万元、30 万元。债权人免除 A 的债务后,仍可向 B、C 行使债权,但 B、C 负有连带债务的数额变为 60 万元;A 与 B、C 之间不发生追偿关系。

(3)部分连带债务人的债务与债权人的债权同归于一人的,在扣除该债务人所应承担的份额后,债权人对其他债务人的债权继续存在。部分连带债务人的债务与债权人的债权发生混同,外部效力上具有"限制绝对效力"。例如连带债务人 A、B、C 对债权人负有 100 万元债务,A、B、C 的内部份额分别是 40 万元、30 万元、30 万元。基于其他法律关系债权人将该债权全部转让给 A,A 可向 B、C 行使债权,但 B、C 负有连带债务的数额变为 60 万元;A 与 B、C 之间不发生追偿关系。

(4)债权人对部分连带债务人的给付受领迟延的,对其他连带债务人发生效

---

① 参见江苏省无锡市中级人民法院(2022)苏 02 民终 7908 号民事判决书。
② 参见广东省梅州市中级人民法院(2022)粤 14 民终 2023 号民事判决书。
③ 参见重庆市第四中级人民法院(2022)渝 04 民终 1602 号民事判决书。

力。债权人受领迟延在外部效力上具有"绝对效力"。例如连带债务人 A、B、C 对债权人负有 100 万元债务,A 向债权人履行时债权人无正当理由拒绝受领。在受领迟延期间,A 无须支付利息(《民法典》第 589 条第 2 款),B、C 也无需支付该利息。

【学说争议:诉讼时效事项在连带债务关系中具有绝对效力抑或相对效力?】

连带债务关系中,需考量的诉讼时效事项包括:诉讼时效计算(起算、中止、中断)、诉讼时效届满、行使诉讼时效抗辩权等。此类事项在连带债务关系中究竟具有绝对效力抑或相对效力,各立法差异较大,并无通例可循。[①] 我国《民法典》第 520 条列举的绝对效力事项中并无诉讼时效事项,故此类事项不能依据该条认定具有绝对效力。但是,如何运用法律解释方法将诉讼时效的不同事项认定为具有绝对效力或相对效力,学界存在争议。

第一种观点认为,诉讼时效计算(起算、中止、中断)均具有相对效力,诉讼时效届满具有绝对效力。[②]

第二种观点认为,诉讼时效计算(尤其是中断)均具有相对效力,诉讼时效届满和行使诉讼时效抗辩权具有限制绝对效力。[③]

第三种观点认为,诉讼时效的所有事项均仅具有相对效力。[④]

本书认为,依据《诉讼时效规定》第 15 条之特别规定,诉讼时效中断具有绝对效力,但应缩限解释为:该条仅适用于知道或应当知道连带债务关系存在的当事人。理由如下:其一,《民法典》第 520 条的本意是参酌域外立法经验,列举出具有绝对效力的"典型事项",以弥补此前的立法缺漏。该条仅正面列举若干绝对效力事项,但并未规定此外皆为相对效力事项,亦未另行列举相对效力事项,这与《德国民法典》第 422—425 条显著不同。其二,考虑到我国现行时效期间(3 年)偏短及信用状况不佳的社会现实,《诉讼时效规定》第 15 条具有强化债权人时效利益保护的特殊规范意旨。实务中,法院适用该条时多强调"强化债权人保护、简化法律关系"等理由。[⑤] 其三,连带债务大多基于某种共同事业关系(如合伙)或共同生活关系(如婚姻)产生。无论对债权人或债务人而言,该共同关系均使其产生以下心理预期:时效中断对整个团体有效,而不必向各债务人一一请求或要求每个债务人均

---

① 参见《法国民法典》第 2245 条;《德国民法典》第 425 条;《日本民法典》第 445 条。

② 参见崔建远:《〈民法典〉所设连带债务规则的解释论》,载《当代法学》2022 年第 2 期。

③ 参见戴孟勇:《论我国连带债务制度的立法发展与司法完善》,《吉林大学社会科学学报》2022 年第 4 期。

④ 参见朱广新、谢鸿飞主编:《民法典评注·合同编·通则 1》,中国法制出版社 2020 年版,第 459—461 页(张定军执笔)。

⑤ 参见最高人民法院(2017)最高法民申 1529 号民事裁定书。

作出承认。因此对未被请求或未作出承认的债务人而言,时效中断对其有效是其加入该团体的默认结果。其四,某些连带债务(如数人侵权)并非基于共同关系产生,理由三对其难以成立,这也是日本法将"请求"由绝对效力改为相对效力的主要原因。考虑《诉讼时效规定》第15条明确规定绝对效力之前提,将其解释为"未被请求或未作出承认的债务人知道或应当知道连带债务关系,对其才产生中断效力"似较妥当。因为债务人"知情",才能产生债务共同性的心理预期。①

诉讼时效的其他事项均具有相对效力。分述如下:

(1)对各连带债务人而言,诉讼时效起算点既可能相同(如连带共同保证债务),也有可能不同(如共同侵权情形下知道各侵权人的时间不同)。在后者情形下,依据诉讼时效起算标准(《民法典》第188条第2款),债权人对各连带债务人能够行使权利的时间起点不同,故诉讼时效起算仅具相对效力。

(2)诉讼时效中止事由多为阻碍权利行使的客观情形(如不可抗力、债务人受到控制),连带债务关系的存在并不导致发生于部分债务人的中止事由对其他债务人也产生阻碍效果,故将诉讼时效中止解释为相对效力事项较为合理。

(3)诉讼时效届满是诉讼时效起算、中止和中断规则的适用结果,因此在起算等事项具有相对效力的前提下,诉讼时效届满亦仅具相对效力。换言之,部分连带债务人之诉讼时效届满的,不导致其他连带债务人之诉讼时效届满。诉讼时效未届满的债务人履行债务后向已届满的债务人追偿的,后者可援引时效抗辩权拒绝该追偿请求。(《民法典》第519条第2款第2句)

(4)行使诉讼时效抗辩权包括积极行使(援引时效抗辩权)和消极行使(放弃时效抗辩权,即同意履行或自愿履行诉讼时效已届满债务),二者均仅具相对效力。理由在于:其一,该解释与现行诉讼时效制度之"强化债权人保护"之立法政策相符,实务中亦多采此认定。② 其二,放弃时效抗辩权的债务人履行债务后向其他连带债务人追偿的,后者亦可依据《民法典》第519条第2款第2句主张抗辩,故该解释并未不合理地加重其他连带债务人的负担。

另需应注意的是,(3)与(4)为不同问题:前者讨论的是各连带债务人"取得"时效抗辩权的时间点是否相互影响;后者讨论的是在各连带债务人均已取得抗辩权的前提下,部分连带债务人"行使"抗辩权对其他连带债务人的影响。

---

① 参见杨巍:《中国民法典评注·规范集注·第1辑:诉讼时效·期间计算》,中国民主法制出版社2022年版,第245—246页。

② 参见浙江省衢州市中级人民法院(2023)浙08民终279号民事判决书。

八、债务人向第三人履行规则

(一)适用条件

依据《民法典》第 522 条①,该规则的适用条件如下:

1. 当事人约定由债务人向第三人履行债务

合同关系具有相对性,原则上债务人应当向债权人履行债务为当然要求。但在某些场合下,基于方便清偿、节省履行费用及实现特定的给付效果等原因,债权人与债务人可以约定债务人向第三人履行以达成清偿效果。例如甲向乙购买 100 吨某型号水泥,约定乙直接向丙交货,以清偿甲对丙所负债务。又例如投保人与保险人订立保险合同,并指定第三人为受益人。该条件应注意以下两点:

第一,必须是债权人与债务人达成约定。如果债权人与债务人没有约定,而仅债权人与第三人达成约定,不适用该规则。

第二,该第三人不包括债权人的代理人、清算人、破产管理人、履行辅助人等,因为依法律规定或当事人约定这些人本就具有接受债务人履行的资格。有判决认为,债务人向第三人履行合同义务,应当以合同约定或债权人明确指示为限,否则应视为债务人履行不当。但如果债权人与第三人存在紧密的关联关系,并在履行时不表示反对,事后以债务人未履行为由发生争议的,法院应考虑债权人与第三人之间的关联关系,根据案情对履行行为作出认定。②

2. 该约定不得违反法律、行政法规的强制性规定及履行行为性质的要求

如果法律、行政法规规定或者履行行为性质要求债务人必须向债权人履行,则该约定无效。例如给付扶养费之债务应当向被扶养人履行,而不得向第三人履行。

(二)规则内容

1. 债务人未向第三人履行债务或履行债务不符合约定,应当向债权人承担违约责任

当事人约定由债务人向第三人履行债务的,并不导致债权人的债权移转给第三人,因此基于债的相对性原则,违约责任仍发生在债权人与债务人之间。③ 一般而言,未得到履行或适当履行的第三人不得请求债务人承担违约责任。

---

① 该条很大程度上修改了原《合同法》第 64 条的规范内容。相关学理意见参见尹田:《论涉他契约——兼评合同法第 64 条、第 65 条之规定》,载《法学研究》2001 年第 1 期;李永军:《〈民法典〉涉他合同中第三人利益的实现途径》,载《苏州大学学报(法学版)》2021 年第 1 期。

② 参见最高人民法院(2004)民二提字第 13 号民事判决书。

③ 参见最高人民法院(2018)最高法民终 1198 号民事判决书。

2. 第三人对债务人的履行请求权

《民法典》施行前，对于第三人是否享有对债务人的履行请求权，学界及实务界存在争议。《民法典》第 522 条第 2 款新设规定，回应了该问题。依该款规定，应区分为两种情形：

（1）第三人享有对债务人履行请求权的情形。该情形又称利他合同、为第三人利益的合同。

第一，法律规定第三人可以直接请求债务人向其履行债务，第三人未在合理期限内明确拒绝。例如《保险法》第 18 条规定，人身保险合同的受益人对保险人享有保险金请求权。

第二，当事人约定第三人可以直接请求债务人向其履行债务，第三人未在合理期限内明确拒绝。该情形以第三人知道有此约定为前提，此时"未在合理期限内明确拒绝"构成默示的同意。例如：①建设工程劳务费纠纷中，承包人甲与劳务分包人乙订立协议约定甲直接向建筑工人丙支付劳务费。乙将该协议出具给丙，丙未在合理期限内明确拒绝。[①] ②债权人和债务人订立以房抵债协议，约定债务人直接将房屋过户至第三人名下，债务人据此与第三人就履行事宜达成协议。[②]

在此情形下，债务人未向第三人履行债务或者履行债务不符合约定的，第三人可以请求债务人承担违约责任；债务人对债权人的抗辩，可以向第三人主张。债务人按照约定向第三人履行债务，第三人拒绝受领，债权人有权请求债务人向自己履行债务，但是债务人已经采取提存等方式消灭债务的除外。第三人拒绝受领或者受领迟延，债务人有权请求债权人赔偿因此造成的损失。

第三人只能向债务人请求履行债务，不能针对该合同行使撤销权、解除权。（《民法典合同编通则解释》第 29 条第 1 款）因为第三人虽依法定或约定享有履行请求权，但并未取得合同当事人地位，故不享有决定合同关系存废的撤销权、解除权。在债权人行使撤销权、解除权的情形下，即使第三人已经自债务人处取得财产，债务人仍有权请求债权人返还财产。（《民法典合同编通则解释》第 29 条第 2 款）

（2）第三人不享有对债务人履行请求权的情形。该情形又称不真正利他合同，即法律未规定、当事人也未约定第三人可以直接请求债务人向其履行债务，或者虽然有法律规定或当事人约定但第三人在合理期限内明确拒绝。

---

① 参见新疆维吾尔自治区乌鲁木齐市中级人民法院(2023)新 01 民终 256 号民事判决书。
② 参见福建省三明市中级人民法院(2022)闽 04 民终 1370 号民事判决书。

九、第三人向债权人履行规则

（一）适用条件

依据《民法典》第 523 条，该规则的适用条件如下：

1. 当事人约定由第三人向债权人履行债务

合同履行本以债务人亲自履行为原则，但在某些场合下，基于方便清偿、节省履行费用等原因，债权人与债务人可以约定由第三人向债权人履行以达成清偿效果。例如甲向乙购买 100 吨某型号水泥，约定由乙的供货商丙直接向甲交货。实务中，该规则常适用于委托付款①、货运代理②等情形。

2. 该约定不得违反法律、行政法规的强制性规定及履行行为性质的要求

如果法律规定或履行行为性质要求合同当事人须具有某种特定资格，而第三人欠缺该资格，则该约定无效。例如建设工程合同的当事人不得约定由无法定资质的第三人来完成实际施工行为。

（二）规则内容

1. 第三人不履行债务或履行债务不符合约定，债务人应当向债权人承担违约责任

当事人约定由第三人向债权人履行债务的，并不导致债务人的债务移转给第三人，因此基于债的相对性原则，违约责任仍发生在债权人与债务人之间。未得到履行或适当履行的债权人不得请求第三人承担违约责任。例如：

①出卖人通知仓储单位向买受人交货，仓储单位据此通知履行交付义务。买受人接受的货物不符合买卖合同约定的，买受人应当向出卖人主张违约责任。③

②甲和乙订立《合作施工合同》，其后乙退出合作，双方约定"甲欠乙的材料款由丙（承包人）支付给乙"。丙未向乙付款的，乙应当向甲主张违约责任。④

2. 债权人对第三人的履行行为有义务受领，且应适当地向第三人行使权利

债权人无正当理由拒绝受领第三人履行的，构成违约行为，应当向债务人承担违约责任。在债权人无正当理由拒绝受领情形下，第三人可通过提存以消灭债权债务关系。

---

① 参见最高人民法院（2018）最高法民申 4828 号民事裁定书。
② 参见浙江省高级人民法院（2022）浙民终 972 号民事判决书。
③ 参见最高人民法院（2010）民提字第 93 号民事判决书。
④ 参见北京市第三中级人民法院（2023）京 03 民终 6603 号民事判决书。

债权人应当依据债的本旨适当地向第三人行使权利，如同向债务人行使权利那样。如果因可归责于债权人的原因导致第三人未履行或履行不符合要求，债权人应承担相应的不利后果。例如《买卖合同》约定"货物的安装、培训或售后服务由生产商/制造商（第三方）完成，对于不符合技术性能指标的货物，生产商/制造商（第三方）负责更换，并重新组织安装调试"。出卖人交付货物后，买受人未及时向第三方主张相关权利的，出卖人仍有权请求买受人支付尾款。[①]

3. 债权人是否享有对第三人的履行请求权

依据法律规定、当事人约定、第三人意思和交易习惯确定。由于第三人不是合同当事人，且合同不能为第三人设定债务，因此除非债权人与债务人约定且第三人同意债权人有权直接请求第三人履行或者有法律规定、交易习惯确定债权人有权直接请求第三人履行，否则债权人不享有对第三人的履行请求权。

【疑难案例：由第三人履行运输义务所生违约责任纠纷案[②]】
【案件事实】

2004 年 9 月 28 日，原告旅行社委托被告吴某强，要求其承运 39 位游客，约定了承运时间和起始地点，目的地为浦东国际机场，飞机起飞时间为 11 时 30 分，运费为 1000 多元，由吴某强与原告结算。后吴某强将该运输转交吴某明，并通报了原告，原告未表示反对，并与吴某明取得联系，约定了发车时间。10 月 13 日 7 时，吴某明驾驶客车准时发车，途中吴某明未行驶市外围高速至机场的路线，而是驶入市区内高架，该车在 11 时 10 分左右到达机场，致使原告组团的 39 位游客未能在 11 时前办理登机手续。后由原告再行支出 39000 元，购得当天 18 时机票 39 张，每张 1000 元，当日中午支出 41 人（包括导游、司机）午餐费用 570 元。

原告认为：原告与被告吴某强成立运输合同，吴某强将业务转交给被告吴某明，由于吴某明的主要过错导致误机，造成机票、餐费等损失，两被告共同违约，故起诉请求判令两被告赔偿损失 39570 元。

被告吴某强辩称，两被告之间是受委托人与转委托人关系，原告也承认三方协商合同已转移给被告吴某明，其与原告不存在合同关系。出发时间系原告指示，未能证明过错系其未按约履行所致，原告未举证证明损失发生的合理性和必然性，损害赔偿缺乏依据，请求驳回对其的诉讼请求。

---

① 参见北京市第三中级人民法院（2022）京 03 民终 14438 号民事判决书。
② 该案详细解读参见"苏州职工国际旅行社有限公司诉吴某强、吴某明运输合同纠纷案"，载最高人民法院中国应用法学研究所编：《人民法院案例选（分类重排本）·商事卷 5》，人民法院出版社 2017 年版，第 2789 页以下。

【本案争点】

如何区分"第三人向债权人履行"与"合同权利义务概括移转"？

【裁判要旨】

法院生效裁判认为：关于被告吴某强辩称的合同转移，合同转移是指当事人一方经对方同意，可以将自己在合同中的权利和义务一并转让给第三人。本案中，原告接受运输合同一方吴某强指派给第三人吴某明的承运服务，该事实表明原告同意由吴某明承运，但并不能以此得出原告同意将运输合同中吴某强的权利和义务一并转让给第三人吴某明。第一，从运费结算方法看，原告认为其与吴某强结算，对此吴某强予以肯定。第二，被告吴某明否认接受了合同权利和义务，吴某强也没有证据证明已将合同的权利义务一并转移给吴某明。第三，原告没有认可合同权利义务的转移，故本案中原告与被告吴某强的运输合同没有转移给吴某明，运输合同的主体仍然是旅行社与吴某强。

从本案现有证据仅能证明，被告吴某明接受被告吴某强的委托，代吴某强将原告的旅客送至上海浦东机场，因此产生的法律责任及于被告吴某强。现被告吴某明履行合同义务不符合约定，与原告多支出票款37050元存在因果关系，造成的损失应由被告吴某强承担。而两被告之间是否存在雇佣关系，本案不予理涉。综上，由于被告吴某强履行合同义务不符合约定，应当承担由此造成的损失，原告以两被告共同违约，请求承担赔偿责任没有法律依据，故不予支持。判决：(1)被告吴某强赔偿原告旅行社37050元。(2)驳回原告其他诉讼请求。

十、第三人代为履行规则

(一)适用条件

依据《民法典》第524条，该规则的适用条件如下：

1. 当事人未约定由第三人向债权人履行债务

本条系《民法典》新设规定。第523条与本条均为第三人向债权人履行，二者区别在于，前者当事人对此有约定，后者则无此约定。例如承租人拖欠房租，次承租人为避免出租人收房，主动代缴拖欠的房租。

2. 债务人不履行债务

本条之"不履行债务"，包括全部不履行和部分不履行。债务人不履行部分债务的，就未履行部分可适用该规则。如果债务人已履行债务但不合要求(如瑕疵给付)，不适用该规则，而应直接适用违约责任相关规定。

3. 第三人对履行该债务具有合法利益

由于当事人并未约定由第三人代为履行，因此仅在第三人对该履行具有合法利益的情形下,第三人才可主动代为履行并达成清偿效果。对于"对履行债务具有合法利益的第三人"具体包括哪些情形,《民法典合同编通则解释》第 30 条第 1 款作出规定:

(1)保证人或者提供物的担保的第三人。担保人代为履行主债务,可以使其避免承担保证责任或担保物被拍卖,故承认其有权代为履行是合理的。如果担保人于丧失担保人资格后代为履行主债务且债权人接受的,亦有判决认为可以参照适用《民法典》第 524 条。[1]

如果担保人虽非直接提供担保,但与该债务具有利害关系,亦可代为履行。例如保证人为债务人的 A 贷款提供保证,未为同一时期的 B 贷款、C 贷款提供担保,但债务人未履行任一还款义务,会导致三笔贷款的共同债权人要求债务人全部提前还款(保证人提前承担 A 贷款的担保责任),保证人可以代为履行 B 贷款、C 贷款的部分款项,以争取延期承担担保责任。[2]

(2)担保财产的受让人、用益物权人、合法占有人。例如第三人为抵押物的新所有权人的,有判决认为,《住房抵押贷款合同》当事人刘某未清偿债务消灭房屋抵押权的情况下,王某基于继承关系取得房屋所有权,可以通过代为清偿债务的方式消灭抵押权。[3] 该情形属于抵押物所有权人行使涤除权。

(3)担保财产上的后顺位担保权人。例如第二顺位抵押权人可以代位履行第一顺位抵押权担保的债务,以降低自己无法优先受偿的可能性。[4]

(4)对债务人的财产享有合法权益且该权益将因财产被强制执行而丧失的第三人。例如第三人是房屋共有人的,有判决认为,因甲逾期未履行生效裁决确定的义务,债权人就甲对涉案房屋享有的 1/2 份额申请强制执行。另一共有人乙出于维护自身合法利益,有权代偿该笔债务,并由此取得债权人对甲的权利。[5]

(5)债务人为法人或者非法人组织的,其出资人或者设立人。例如法定代表人代为履行公司的债务。[6]

(6)债务人为自然人的,其近亲属。例如债务人的配偶[7]、子女[8]代为履行债务人的债务。

(7)其他对履行债务具有合法利益的第三人。兹举两例:

[1] 参见天津市第三中级人民法院(2022)津 03 民终 332 号民事判决书。
[2] 参见山东省青岛市中级人民法院(2023)鲁 02 民终 5940 号民事判决书。
[3] 参见北京市第三中级人民法院(2021)京 03 民终 6162 号民事判决书。
[4] 参见江西省南昌市新建区人民法院(2021)赣 0112 民初 908 号民事判决书。
[5] 参见广东省广州市中级人民法院(2022)粤 01 民终 4434 号民事判决书。
[6] 参见上海市第一中级人民法院(2021)沪 01 民终 9763 号民事判决书。
[7] 参见北京市通州区人民法院(2021)京 0112 民初 1314 号民事判决书。
[8] 参见山东省淄博市中级人民法院(2021)鲁 03 民终 4268 号民事判决书。

①第三人为合伙人的,有判决认为,为维持"乙俱乐部"的日常运转,甲旅行社超出自己的合同义务向"乙俱乐部"提供日常经营资金,属代范某履行向"乙俱乐部"的出资义务。作为合作方,代范某履行出资义务对甲旅行社来说具有利害关系,范某不得拒绝。①

②第三人为票据贴现申请人的,有判决认为,乙公司向甲公司出立金额为150万元的商业承兑汇票,其后甲、乙与银行订立《商业承兑汇票贴现协议》(甲为贴现申请人、乙为承兑人),约定"如果已贴现的商业汇票遭拒付,甲方按约定向银行承担支付责任"。付款到期日时,乙的账户无足够资金供银行划扣,甲可以代付该笔款项,因为该代付行为符合甲的固定商业模式,不仅能够避免其承担后续违约责任,也有利于维护其在金融机构的商业信誉,保障该商业模式的可持续性。②

4. 债务性质、当事人约定或者法律规定不排斥第三人代为履行

债务性质排斥代为履行的情形主要是该债务具有人身专属性或者债务人的性质、技能等对给付效果有重大影响,例如承揽合同中定作人的完成工作成果义务。基于合同自由原则,当事人亦可约定将某项债务排除适用代为履行。

(二)规则内容

1. 第三人有权向债权人代为履行

符合上述条件的,第三人有权向债权人代为履行,债权人对此不得拒绝。债权人拒绝的,可构成受领迟延之违约行为。第三人以抵销方式代为履行的,亦有判决予以承认。③

2. 债权人的债权移转给第三人

依据《民法典》第524条第2款规定,第三人代为履行后,债权人对债务人的债权移转给第三人,但债务人和第三人另有约定的除外。该情形构成债权的法定移转。第三人取得对债务人的债权应当以已经代为履行的范围为限,且不得损害债权人的利益。担保人代为履行债务取得债权后,向其他担保人主张担保权利的,依据《民法典担保制度解释》第13条、第14条、第18条第2款等规定处理。(《民法典合同编通则解释》第30条第2款、第3款)

移转债权所附属的相关从权利(如担保权、抵销权),原则上也一并发生移转。例如:①抵押物所有权人行使涤除权代为履行后,取得债权人(如银行)对债务人(如购房人)的借贷债权及担保权等从权利。④ ②第三人为借款人代偿借款后,取

---

① 参见江苏省苏州市中级人民法院(2011)苏中商终字第0183号民事判决书。
② 参见上海市第一中级人民法院(2020)沪01民终11359号民事判决书。
③ 参见江苏省无锡市中级人民法院(2022)苏02民终6809号民事判决书。
④ 参见上海市第二中级人民法院(2021)沪02民终5897号民事判决书。

得出借人对借款人的本金债权及利息债权。①

十一、因债权人原因致使履行困难的履行规则

（一）适用条件

依据《民法典》第 529 条，该规则的适用条件如下：

1. 债权人分立、合并或变更住所

所谓债权人分立、合并，是指作为债权人的法人或非法人组织发生分立、合并的情形。所谓变更住所，是指作为债权人的自然人、法人或非法人组织发生住所变更的情形。有判决认为，《贷款合同》约定债务人通过 APP 还款，但借款到期前债权人关闭该网站的，亦可适用该规则。②

2. 债权人没有将该情形通知债务人

债权人分立、合并或变更住所的，因履行对象、履行地点发生变化，故债权人对债务人负有通知义务。债权人未履行通知义务的，适用该规则。

3. 致使债务人履行债务发生困难

所谓履行债务发生困难，是指因为债权人未将分立、合并或变更住所的事实通知债务人，导致债务人无法确定履行对象和履行地点而致不能完成履行行为。债权人未履行通知义务与履行困难之间应当具有因果关系。如果债权人虽未履行通知义务，但并未因此影响债务人的履行行为或虽有影响但未达困难程度，则不能适用该规则。例如债权人是国家事业单位，虽然其变更办公地点未通知债务人，但通过网络搜索或 114 电话查询可以很容易地得知债权人办公地点或联系方式的，不具备适用该规则的条件。③

（二）规则内容

具备上述条件的，债务人可以中止履行或将标的物提存。可从以下几方面理解：

1. 中止履行

中止履行，是指债务人对合同未履行部分暂时停止履行。该情形下债务并未消灭，合同关系也未终止，债务人仅暂时不必履行债务。债务人中止履行不构成违

---

① 参见江苏省镇江市中级人民法院（2021）苏 11 民终 292 号民事判决书。
② 参见甘肃省兰州市中级人民法院（2021）甘 01 民终 5014 号民事判决书。
③ 参见河南省新乡市中级人民法院（2021）豫 07 民终 106 号民事判决书。

约,债权人不得据此主张迟延违约金①、利息损失②等违约责任。在导致履行困难的原因消除时,债务人应当恢复履行。对于中止履行之前债务人已经履行的部分,仍然发生部分清偿的效果而不受影响。

2. 将标的物提存

将标的物提存,是指债务人依据法定程序和条件向提存机关办理提存手续,以消灭债权债务关系的行为。该情形下债权债务关系因提存而归于消灭,债权人不得再请求债务人履行债务,而只能依据提存规则到提存机关领取提存物。债务人将标的物提存的,应当及时通知债权人一方,但无法通知的除外。(《民法典》第572条)

3. 对于中止履行和提存标的物,债务人有权选择

现行法对于上述两种后果未作顺序性规定,由债务人选择加以确定。债务人可以仅中止履行以待导致履行困难的原因消除时再恢复履行;也可以中止履行一段时间后再办理提存;还可以在具备提存条件时直接办理提存。

十二、债务人提前履行规则

(一)适用条件

依据《民法典》第530条,该规则的适用条件如下:

1. 履行期限尚未届至

履行期限,又称履行期,是指法律规定、合同约定或交易习惯确定的债务人履行债务的时间界限。履行期限届至,是指履行期限的起点到来。履行期限届满,是指履行期限的终点到来。如无特殊情况,债务人在履行期限内履行债务才符合全面履行原则的要求。在履行期限届满后债务人履行债务的,构成迟延履行的违约行为,债务人应当依相关规则承担违约责任。在履行期限届至前债务人履行债务的,严格而言亦构成违约,但因为提前履行未必对债权人不利,故适用该规则。如果合同中的履行期限不明,不能适用该规则。③

2. 在履行期限尚未届至时债务人履行债务

一般而言,债务人履行的时间越晚对其越有利。但在某些场合下,基于节省仓储费用、方便履行等目的,债务人也有可能选择提前履行。如果债务人的履行行为在标的物的质量、数量等方面均符合要求,仅在履行时间方面构成提前履行,则适

---

① 参见浙江省嘉兴市中级人民法院(2018)浙04民终512号民事判决书。
② 参见浙江省杭州市中级人民法院(2016)浙01民终5722号民事判决书。
③ 参见北京市第二中级人民法院(2023)京02民终2588号民事判决书。

用该规则。如果债务人既构成提前履行，在标的物的质量、数量等方面也不符合要求，则适用该规则的同时还应适用瑕疵给付、部分履行等相关规则。

（二）规则内容

1. 债权人可以拒绝债务人提前履行债务，但提前履行不损害债权人利益的除外

（1）债务人提前履行债务损害债权人利益的，债权人可以拒绝受领。债务人提前履行虽然不符合履行期限的要求，但债权人并非当然有权拒绝，而仅在提前履行损害债权人利益的情形下债权人才有权拒绝受领。所谓损害债权人利益，是指提前履行给债权人造成合同约定以外的负担或给债权人造成额外的费用。例如因履行期限尚未届至，债权人未准备好仓库收货，只能高价租用第三人仓库。因债权人拒绝受领给债务人造成的损失或额外费用，由债务人自行负担。

（2）债务人提前履行债务不损害债权人利益的，债权人应当受领。所谓不损害债权人利益，是指提前履行不影响履行效果的实现，也未给债权人造成合同约定以外的负担或给债权人造成额外的费用。例如买方提前支付购房款给卖方。[①] 在此场合下，对债权人并未造成不利影响甚至对债权人有利，基于公平原则及诚实信用原则的要求，债权人不得拒绝债务人的履行行为。

该规则仅解决债权人应否接受债务人提前履行债务的问题，如果债权人认为债务人履行构成违约行为，仍须适用违约责任的相关规定。换言之，即使债权人应当受领提前履行，也不意味着默认债务人的履行行为当然构成适当履行而不存在违约的可能。例如房屋买卖合同纠纷中，买受人提前支付购房款并被出卖人接受，其后出卖人以买受人"未依约在办理过户时支付尾款"为由要求其承担违约责任。法院认可提前履行有效，但对是否构成违约仍适用违约责任的规定予以判断。[②]

2. 债务人提前履行债务给债权人增加的费用，由债务人负担

该后果仅发生在债务人提前履行债务损害债权人利益的情形中，在此场合下债权人有权拒绝或者接受债务人提前履行。债权人选择接受债务人提前履行的，提前履行债务给债权人增加的费用，则由债务人负担。给债权人增加的费用，包括提前履行给债权人造成的额外费用、债权人合同利益的减少、债权人的其他损害等。对于增加费用的负担，法律有特殊规定的，依其规定。例如《民法典》第 677 条规定，借款人提前偿还借款的，除当事人另有约定的以外，应当按照实际借款的期间计算利息。

如果买受人提前付款被接受但其后合同被解除，买受人主张提前履行所产生

---

① 参见吉林省高级人民法院(2019)吉民申 3231 号民事裁定书。
② 参见河南省信阳市中级人民法院(2022)豫 15 民终 1463 号民事判决书。

的资金占用损失、利息损失的,通常不被支持。[①] 因为买受人提前履行本就属于放弃期限利益的行为,弃权之后不得就该期限所生利益又主张权利。买受人主张此类损失的,应适用合同解除后的清算规则为妥。

（三）履行期限的相关规则

1. 履行期限与合同有效期间

（1）履行期限。

履行期限,是指债务人应当履行义务的时间范围。债务人在履行期限届至之前履行义务的,构成提前履行;在履行期限届满之后仍未履行义务的,构成迟延履行。合同约定履行期限的常见情形如下:

①以某一时间段为履行期限。该时间段的起点和终点可以是确定的某日,例如约定卖方于9月1日至9月10日交货。该时间段的起点也可以是某法律事实发生之日,例如约定买方于收到货物之日起1周内付款。

②仅约定届满的时间点。例如约定卖方在9月10日之前交货。在此场合下,履行期限为合同生效时起至届满时止。

③以某期日为履行期限。例如约定卖方在9月10日交货。

（2）合同有效期间。

合同有效期间,是指合同自具备有效要件之时起至合同终止之时止的期间。履行期限只能存在于合同有效期间之内。

①对继续性合同而言,合同有效期间具有重要意义,因为有效期间的长短决定了当事人享有合同利益之量。应注意的是,继续性合同中的借款期限、租赁期限、保管期限等不能简单等同于合同有效期间或履行期限。例如在借款合同中,合同约定的履行期限可以是指贷款人提供借款的期限,借款期限则存在于履行期限之后,而这些期限均发生在借款合同的有效期间之内。又例如在租赁合同中,履行期限可以是指出租人交付租赁物的期限,该期限是判断出租人是否构成迟延履行的依据。[②] 租赁期限则是指承租人依约占有、使用租赁物的期限,该期限届满关涉返还租赁物、定期租赁转化为不定期租赁等规则的适用。[③] 如果租赁合同未约定履行期限和租赁期限,而仅约定合同有效期间为2013年3月1日至2014年2月28日,对此应解释为2013年3月1日之前出租人应将租赁物交付给承租人（履行期限）,租赁期限为2013年3月1日至2014年2月28日。简言之,此类期限的性质应当结合法律规定、当事人意思及其限制的对象等因素作具体判断。

---

① 参见山东省济南市中级人民法院(2021)鲁01民终9337号民事判决书。
② 参见北京市高级人民法院(2019)京民终53号民事判决书。
③ 参见广东省高级人民法院(2021)粤民申3540号民事裁定书。

②对一时的合同而言,合同有效期间在一般场合下不具有显著意义。例如当事人于9月1日订立合同,约定卖方于9月10日交货,买方于9月15日付款,合同有效期间为9月2日至10月2日。即使卖方迟至10月3日仍未履行,也并不意味着卖方的交货义务消灭或违约责任被免除,因为违约责任在其成立后不因合同有效期间届满而消灭。

但在以下情形中,一时的合同有效期间具有重要意义:其一,合同附生效条件的,在合同有效期间届满时条件仍未成就,合同失效且不存在违约责任;在合同有效期间之内条件成就的,债务人应当履行债务,否则产生违约责任。其二,因不可抗力导致合同不能履行的,如果该状态一直持续到合同有效期间届满时仍未结束,合同关系消灭且不存在违约责任;如果该状态在合同有效期间届满之前结束的,债务人应当履行债务,否则产生违约责任。

2. 期限利益的归属

期限利益,是指依据履行期限来履行合同对当事人所产生的利益。基于合同的不同类型及债务性质,期限利益的归属有所不同。

(1)在多数场合下,期限利益归属于债务人。在履行期限届至之前,债权人不能请求债务人履行债务,债务人因此不必交付货物、支付价款或提供劳务,一般而言这对债务人有利。债务人在此情形下提前履行属于放弃己方的期限利益,如无特殊理由,债权人不得拒绝受领。但在有些场合下,虽然债务人提前履行属于放弃期限利益,但也会给债权人造成损害(例如债权人未准备好仓库收货)。对此类提前履行,债权人可以拒绝,也可以接受并由债务人负担给债权人增加的费用。

(2)在有些场合下,期限利益归属于债权人。例如在保管合同中,在履行期限届满之前保管人履行保管义务,一般而言对债权人(寄存人)有利。债务人在此情形下不得提前终止履行,但债权人可以放弃期限利益以请求债务人提前终止履行。正是基于此理由,《民法典》第899条规定,寄存人可以随时领取保管物。约定保管期间的,保管人无特别事由,不得要求寄存人提前领取保管物。

(3)在有些场合下,期限利益归属于债权人和债务人双方。在此场合下,债权人无权要求债务人提前履行,债务人也无权提前履行并要求债权人受领。

3. 履行期限届至的效力

(1)履行期限届至,债务人履行债务在时间方面构成适当履行。履行期限届至,意味着履行期限的起点已经到来,债务人在履行期限届至之后、届满之前的时间段内履行债务,符合合同对履行行为在时间方面的要求,故构成适当履行。

(2)履行期限届至,债务人履行债务,而债权人无正当理由拒绝受领或不能受领的,构成受领迟延,债务人可适用提存规则。《民法典》第570条第1款第1项规定,债权人无正当理由拒绝受领导致债务人难以履行债务的,债务人可以将标的物提存。

（3）履行期限届至,债务人履行债务,而债权人无正当理由拒绝受领或不能受领的,构成受领迟延,债务人可请求债权人承担违约责任。债权人的受领迟延行为属于违约行为,债务人可请求债权人承担违约责任。究竟是适用提存规则以消灭债权债务关系,还是在维持合同关系的前提下请求债权人承担违约责任,债务人有权选择。

4. 履行期限届满的效力

（1）履行期限届满之前,当事人一方明确表示或以自己行为表明不履行合同义务,构成预期违约、拒绝履行。在此情形下,对方当事人有权解除合同（《民法典》第 563 条第 1 款第 2 项）或请求违约方承担违约责任（《民法典》第 578 条）。

（2）履行期限届满,债务人未依约履行,构成迟延履行。在此情形下,对方当事人有权解除合同（《民法典》第 563 条第 1 款第 3 项）或请求违约方承担违约责任（《民法典》第 577 条、第 585 条第 3 款）。

十三、债务人部分履行规则

（一）适用条件

依据《民法典》第 531 条,该规则的适用条件如下:

1. 债务的性质能够被部分履行

债务是交付可分物、提供某种劳务等,此类债务才有可能被部分履行。例如支付一定金额的货款①、交付 100 吨水泥、粉刷 5 间房屋等。如果债务在性质上只能通过一次履行行为完成,则不能适用该规则。例如交付 1 部手机。

2. 债务人的履行行为在标的数量方面不符合要求

例如交付部分货物、完成部分劳务等。部分履行从另一角度观察,即为分期履行。债务人履行债务原则上应当一次性完成,仅在法律另有规定、当事人另有约定或交易习惯允许的场合下才能分期履行。

有一种情形是否属于部分履行值得探讨:债务人履行了主给付义务（例如交付机器）,但未履行从给付义务（例如交付技术资料）或附随义务（例如通知、协助）。从《民法典》第 531 条的本意来看,似乎采否定态度,而是将部分履行限定为标的数量不符合要求的情形。②

---

① 参见湖南省邵阳市中级人民法院（2022）湘 05 民终 812 号民事判决书。
② 参见黄薇主编:《中华人民共和国民法典合同编释义》,法律出版社 2020 年版,第 156 页。

(二)规则内容

1. 债权人可以拒绝债务人部分履行债务,但部分履行不损害债权人利益的除外

(1)债务人部分履行债务损害债权人利益的,债权人可以拒绝受领。债务人部分履行虽然不符合标的数量的要求,但债权人并非当然有权拒绝,而仅在部分履行损害债权人利益的情形下债权人才有权拒绝受领。有判决认为,该信用证的开证数额仅为约定数额的一半,双方已明确约定在债务人付清全部货款前涉案货物的所有权归海外集团,且相应的唯一一份提单早已形成,不可能再行分割的情形下,债权人如进行交单议付,意味着其既未能及时收取约定的大部分货款,同时又丧失了对涉案货物的掌控,可能给其造成更大的潜在损失。因此,该部分履行行为,将会给债权人利益造成损害。债权人拒绝债务人开具的相关信用证,并无不当。①

(2)债务人部分履行债务不损害债权人利益的,债权人应当受领。例如甲建筑公司向乙水泥厂购买 100 吨水泥,乙先交付 98 吨水泥,已经能够满足甲的施工需要。在此场合下,对债权人并未实质上造成不利影响,基于公平原则及诚实信用原则的要求,债权人不得拒绝债务人的履行行为。如果债权人受领的部分履行存在对待给付,债权人应作出相应给付。②

"部分履行不损害债权人利益"意味着债权人没有法律上的利益来拒绝部分履行。基于 PICC 第 6.1.3 条(部分履行规则)的适用及解释,这主要包括以下情形:通过票据进行部分支付(根据汇票和支票的有关国际公约)、通过抵销部分债务来履行等。③ 我国宜采相同解释。

2. 债务人部分履行债务给债权人增加的费用,由债务人负担

该后果仅发生在债务人部分履行债务损害债权人利益的情形中,在此场合下债权人有权拒绝或者接受债务人部分履行。债权人选择接受债务人部分履行的,部分履行债务给债权人增加的费用,则由债务人负担。例如因债务人部分履行导致债权人增加的租金费用,由债务人负担。

---

① 参见江苏省高级人民法院(2016)苏民终 243 号民事判决书。
② 参见北京市高级人民法院(2019)京民终 243 号民事判决书。
③ 参见[德]埃卡特·J. 布罗德:《国际统一私法协会国际商事合同通则——逐条评述》,王欣等译,法律出版社 2021 年版,第 158 页。

十四、合同当事人的某些变动不影响合同履行规则

（一）适用条件

依据《民法典》第 532 条，该规则的适用条件如下：

1. 合同已经生效

《民法典》第 532 条规定，该规则的适用条件是"合同生效后"。因为合同生效后才产生现实拘束力而进入履行环节，如果合同尚未生效，则债权人当然不能请求债务人履行债务而无需适用该规则。

2. 当事人的姓名、名称变更或者法定代表人、负责人、承办人发生变动

在该条件中，除当事人的姓名变更发生于自然人之外，其他情形如名称变更或者法定代表人、负责人、承办人发生变动均发生在合同当事人是法人或非法人组织的场合下。例如法人名称变更的，既不影响合同履行，也不影响诉讼主体资格的认定。① 其他情形如企业性质由合伙企业变更为有限责任公司分公司②、公司内部股权的转让③等亦可适用该规则。

如果发生缔约能力变更、住所地变更、分立、合并或纠纷解决方式变更等情形，由于此类事项变动会给合同履行造成实质性影响，故不能适用该规则。有判决认为，当事人与宝玉集团签订的《联合建房协议书》约定仲裁条款。其后，宝玉集团更名为宝玉公司，但未将更名事实告知对方。此后双方签订《补充协议》，约定将争议的解决方式变更为向法院起诉。签订《补充协议》时，宝玉集团与宝玉公司的法定代表人是同一人，当事人基于对合同相对人的合理信赖，可以根据与宝玉公司签订的《补充协议》向人民法院提起诉讼。④

（二）规则内容

具备上述条件时，当事人履行合同义务不受影响。无论是债权人一方还是债务人一方发生上述情形，均不能以此为由拒绝履行或拒绝受领。因为上述情形的发生并未导致当事人变化，也不会给履行行为造成实质性影响。

---

① 参见最高人民法院（2016）最高法民再 31 号民事判决书。
② 参见最高人民法院（2020）最高法民终 267 号民事判决书。
③ 参见江西省高级人民法院（2017）赣民终 590 号民事判决书。
④ 参见"大连宝玉集团有限公司与大连金世纪房屋开发有限公司等管辖权异议纠纷上诉案"，载最高人民法院民事审判第一庭编：《民事审判指导与参考》2006 年第 3 集（总第 27 集），法律出版社 2006 年版，第 230 页以下。

十五、情势变更规则

(一)情势变更规则的概念与理论依据

情势变更规则,是指合同依法成立后,因不可归责于双方当事人的原因发生了不可预见的情势变更,致使合同的基础丧失或动摇,若继续维持合同效力则显失公平,允许当事人变更或解除合同的规则。

情势变更规则起源于12、13世纪《优帝法学阶梯注解》中的"情事不变条款",即假定每个合同均当然包含以下条款:缔约时作为合同基础的客观情况应继续存在,一旦该客观情况不再存在,应允许当事人变更或解除合同。1811年《奥地利民法典》对"情事不变条款"作出了规定。其后,两次世界大战在欧洲引发物价飞涨,其导致合同履行显失公平并引起一系列社会问题,从而使情势变更问题再次受到重视。大陆法系国家大多通过判例学说确立了情势变更规则。在德国,情势变更规则的理论依据是"交易基础丧失(或障碍)理论"。依据该理论,合同双方通常假设某些情况存在或将要发生(即交易基础),但没有将其作为明示或默示的合同内容,而交易基础的丧失或障碍可能会严重危及合同的履行。因此,允许在"合同基础受到破坏"的情况下变更或解除合同,以维持当事人利益之间的适当平衡。[1]

英美法系国家通过1863年泰勒诉考德威尔案确立"不能履行"(impossibility)规则、1903年克雷尔诉亨利案确立"合同目的受挫"(frustration)规则,以此来解决此类问题。美国《合同法第二次重述》对这两项规则加以综合,当事人若要主张缔约后发生的事件使合同目的受挫,必须符合四项要求:第一,该事件必须使当事人的"主要目的"(principal purpose)"实质性地受挫"(substantially frustrated)。第二,不发生该事件必须是"作为合同订立基础的基本假设"。第三,目的受挫并非由于主张免责一方当事人的过错而导致。第四,该当事人必须没有承担比法律要求更加沉重的义务。虽然这两个规则的适用要求具有相似性,但是合同目的受挫规则比不能履行规则的适用条件往往更为严格。[2]

PICC规定"艰难情形"(hardship)规则应对此类问题,其第6.2.1条规定:"如果合同一方当事人履行合同的负担加重,该方当事人仍应履行其义务,但需受到下列有关艰难情形规定的限制。"第6.2.2条规定:"所谓艰难情形,是指发生的事件

---

① Vgl. Thomas Finkenauer, Kommentar zum § 313, in: *Münchener Kommentar zum BGB*, 9. Aufl., München: C. H. Beck, 2022, Rn. 1.

② 参见[美]E. 艾伦·范斯沃思:《美国合同法》,葛云松、丁春艳译,中国政法大学出版社2004年版,第649页。

致使一方当事人的履约成本增加,或者所获履约的价值减少,因而根本改变了合同的均衡,并且(a)该事件在合同订立之后发生或为受到不利影响的当事人所知悉;(b)受到不利影响的当事人在订立合同时不能合理地预见到该事件;(c)该事件不能为受到不利影响的当事人所控制;(d)该事件的风险不由受到不利影响的当事人承担。"上述规定在相当程度上是受大陆法系"交易基础丧失(或障碍)理论"影响的结果。它以一种"公平贸易"的方式处理破坏经济均衡的极端情况,允许根据有利于合同的原则维持合同。从实践的角度来看,该规定在必要时为重新谈判提供了路径。[①]

我国《民法典》第 533 条规定情势变更规则的理论依据与德国法的"交易基础丧失(或障碍)理论"类似。在合同的基础条件发生重大变化且继续履行对一方明显不公平时,对当事人之间的权利义务进行干预和调整。该规则构成合同严守原则的例外,以实现合同的实质正义。[②]

(二)情势变更规则的适用条件

当事人事先约定排除适用情势变更规则的,该约定无效。(《民法典合同编通则解释》第 32 条第 4 款)具备以下条件的,即可适用情势变更规则。

1. 须有情势变更的事实

(1)情势是指作为合同基础条件的某种客观情况。所谓合同基础条件,是指该客观情况的变化导致当事人订立合同时的交易基础动摇甚至丧失。并非与合同有关的任何事项发生变化均构成情势变更。

(2)变更是指发生重大变化。所谓重大变化,是指因政策调整或者市场供求关系异常变动等原因导致价格发生当事人在订立合同时无法预见的、不属于商业风险的涨跌。(《民法典合同编通则解释》第 32 条第 1 款第 1 句)某种客观情况发生的变化须超出市场波动的正常范围,而达到异常程度。如果某种客观情况虽然发生一定程度变化,但尚未超出可预见的正常范围,合同的成立基础并未因此被动摇,此类变化不构成情势变更。例如合同履行过程中政府对税额小幅度调整。[③]

2. 情势变更发生在合同成立之后,履行完毕之前

如果订立合同时某种客观情况已经发生重大变化而导致双方当事人权利义务显著不公平,有可能构成显失公平的合同,而不能适用情势变更规则;如果不具备显失公平的要件,只能由当事人自行负担该损失。例如订立合同时房地产宏观调

---

① 参见[德]埃卡特·J. 布罗德:《国际统一私法协会国际商事合同通则——逐条评述》,王欣等译,法律出版社 2021 年版,第 181—182 页。

② 参见黄薇主编:《中华人民共和国民法典合同编释义》,法律出版社 2020 年版,第 160—161 页。

③ 参见最高人民法院(2016)最高法民申 2594 号民事裁定书。

控政策已经出台,则不能适用情势变更规则。有判决认为:"国家实行房产新政,当事人已预见到购房存在巨大商业风险,并在合同中对国家房贷政策变化导致按揭不能作出了自己的承诺。这种情形不属于情势变更。"①如果某种客观情况发生重大变化是在合同履行完毕之后,由于此时合同关系已经消灭,故不存在变更或解除合同的问题。

3. 情势变更是当事人在订立合同时不可预见的,且不可归责于当事人

(1)不可预见是指当事人在订立合同无法合理地预见情势变更的发生。对于"合理预见"的标准,《民商事合同纠纷指导意见》第 3 条规定应考虑以下几个因素:其一,是否属于市场系统固有的风险。其二,风险类型是否属于社会一般观念上的事先无法预见,风险程度是否远远超出正常人的合理预期。其三,风险是否可以防范和控制。其四,交易性质是否属于通常的"高风险高收益"范围。其五,结合市场的具体情况,在个案中予以判断。

认定"不可预见"的实例如:

①探矿权纠纷中,有相应资质的当事人对案涉铁矿尚处于普查阶段,探矿权、采矿权具有不确定性、风险性,应具有正常的风险判断能力,因此"案涉铁矿是否存在矿坑涌水量大"不构成情势变更。②

②建设工程施工合同履行过程中,人工费上涨属于常见情形,而并非不可预见,故不构成情势变更。③

(2)不可归责于当事人是指某种客观情况发生变化不是由于当事人的原因,该客观情况也不能被当事人所控制。情势变更通常由于社会事件或自然原因引起,而不能是当事人的原因所导致。例如因公司与员工劳资纠纷引起大批员工辞职,导致公司生产成本显著增加,不构成情势变更。

(3)合同涉及市场属性活跃、长期以来价格波动较大的大宗商品以及股票、期货等风险投资型金融产品的,即使发生价格异常涨跌,也不构成情势变更。(《民法典合同编通则解释》第 32 条第 1 款第 2 句)此类交易属于"高风险高收益"领域,当事人实施此类交易甚或使用杠杆、风险对冲等措施时,其对市场中剧烈的价格变化具有可预见性。当事人不能准确预见的是涨跌的具体时点,而非涨跌本身,而这正是此类交易当然具有的特点。有判决认为,合同约定参照上海期货交易所期货合约卖盘报价进行定价,双方均应当预见也有能力预见到有色金属这种市场属性活泼、长期以来价格波动较大的大宗商品存在投资风险。故本案应慎重适用

---

① 参见浙江省宁波市中级人民法院(2010)浙甬民二终字第 514 号民事判决书。
② 参见最高人民法院(2019)最高法民终 1639 号民事判决书。
③ 参见最高人民法院(2020)最高法民终 8 号民事判决书。

情势变更规则。①

全球性金融危机和国内宏观经济形势变化是否属于情势变更?《民商事合同纠纷指导意见》第 2 条规定,该客观情况变化并非完全是一个令所有市场主体猝不及防的突变过程,而是一个逐步演变的过程。在演变过程中,市场主体应当对于市场风险存在一定程度的预见和判断。简言之,某些场合下客观情况的变化是渐进的,但最终结果却可能导致显失公平。如果在订立合同之前该变化已经开始,那么除非变化速度在合同有效期间内急剧加快,否则因具有可预见性而不构成情势变更。

4. 情势变更不属于商业风险

(1)情势变更与商业风险的区别:

①性质不同。前者是作为合同成立基础的某种客观情况发生异常变动;后者属于商业活动中的固有风险,某种客观情况虽然发生一定程度的变化,但未达到异常程度,也未动摇合同成立的基础。

②能否预见不同。前者是当事人无法合理预见的风险;后者属于当事人在一定范围内应当预见且能够合理预见的风险。

③能否归责于当事人不同。前者不可归责于当事人,当事人尽到注意义务仍不可避免;后者损失通常是由于当事人未充分评估商业规律或市场风险所致。

④后果不同。前者动摇了合同成立的基础,导致对一方明显不公平,法律应给予救济;后者并未动摇合同成立的基础,造成的损失应由当事人自行承担。

(2)区分情势变更与商业风险的实例:

①买卖房屋价格比当时当地的同类房屋交易价格有所上涨的,属于当事人应当预见的商业风险。②

②建设工程施工合同履行过程中建筑材料价格上涨的,经法院委托鉴定,当事人因材料价格上涨导致的价差损失幅度尚难以达到情势变更原则所要消除的当事人之间权利义务显失平衡的严重程度,因此不应适用情势变更。③

③经济形势不佳、企业融资困难等情况,属于从事正常经营活动面临的一般商业风险,不构成情势变更。④

④煤矿企业股权转让协议履行期间的煤炭市场行情变化属于商业风险,不构成情势变更。⑤

---

① 参见最高人民法院(2011)民二终字第 54 号民事判决书。
② 参见最高人民法院(2004)民一终字第 104 号民事判决书,载《最高人民法院公报》2006 年第 5 期。
③ 参见最高人民法院(2007)民一终字第 81 号民事判决书。
④ 参见最高人民法院(2019)最高法民终 1386 号民事判决书。
⑤ 参见最高人民法院(2021)最高法民终 39 号民事判决书。

5. 继续履行合同对一方明显不公平

情势变更造成的后果并非当事人不能履行合同义务,而是当事人一方依据原合同内容继续履行将导致双方利益严重失衡,即显失公平。判断是否构成显失公平,应结合双方义务的差别程度、双方获益的比例、一方履行是否特别困难、履行对一方是否具有利益等因素综合判断。

某些具有公益性质的合同中不能简单以市场价格标准判断该要件。例如房地产公司与某大学订立《学生公寓及配套设施项目合作合同》,其后因政府部门文件对学生住宿费价格作出限制性规定,导致住宿费标准十余年未变。法院认为,因学生公寓具有一定公益性,当事人签订合同时应当预见到住宿费价格必然不会完全按物价水平提高而大幅上涨,对该项目的投资属于低风险、低回报,因此不应适用情势变更规则。[1]

(三)情势变更规则的适用效果

1. 受不利影响的当事人可以与对方重新协商(再交涉权)

再交涉权,是指在情势变更导致当事人之间权益失衡显失公平时,一方当事人有权请求相对人就合同变更或者解除进行协商、交涉。相对人针对再交涉的请求,有义务与其进行协商,即为再交涉义务。该规则的立法目的在于:一是尽量维持合同效力、促进合同履行,贯彻鼓励交易的精神。二是贯彻合同严守原则,非依法律规定或者未经对方同意,不得擅自变更或者解除合同。三是尊重意思自治,节省诉讼成本和司法资源。[2]

(1)再交涉权的主体。依据该规则的立法目的,双方当事人均应享有再交涉权,而对方负有再交涉义务。虽然《民法典》第533条第1款将再交涉的主体表述为"受不利影响的当事人",但这只是由于再交涉权对于该方当事人更具实际意义,在现实中也主要由该方当事人提出再交涉事宜。因此,不宜仅依该款文义解释为仅由"受不利影响的当事人"享有再交涉权。

(2)再交涉权的行使时间。现行法对此未作规定。依据PICC第6.2.3条第1款规定,行使再交涉权"应毫不迟延地提出,而且应说明提出该要求的理由"。行使再交涉权应当"尽快",而判断是否"尽快"须考虑事件的性质、行使权利的时间、当事人意识到的时刻以及合同期限的长短等因素。[3] 我国宜采相同解释。

(3)再交涉权的行使效果。依据该规则的立法目的(尊重意思自治),行使再

---

① 参见最高人民法院(2021)最高法民申5254号民事裁定书。

② 参见最高人民法院民法典贯彻实施工作领导小组主编:《中华人民共和国民法典合同编理解与适用[一]》,人民法院出版社2020年版,第486页。

③ 参见[德]埃卡特·J. 布罗德:《国际统一私法协会国际商事合同通则——逐条评述》,王欣等译,法律出版社2021年版,第186页。

交涉权仅使相对人负有协商义务。相对人依据诚实信用原则的要求对再次协商予以配合即可,并不要求双方当事人必须就变更合同达成合意。如果经过再次协商未能达成合意,则进一步引发后续效果(请求法院解除合同)。

行使再交涉权的一方于再交涉过程中是否有权中止履行? 现行法对此未作规定。PICC 第 6.2.3 条第 2 款对此持否定态度,规定"重新谈判的要求本身并不使受不利影响的当事人有权中止履行"。但在解释及适用该款时亦承认一些例外情形。本书认为,在我国现行法框架下应承认该中止履行的权利。理由如下:其一,再交涉权的立法目的就是要调整显失公平的合同条款,如果再交涉过程中当事人仍须按照该条款履行,似与该规则的立法目的不符。其二,如果再交涉过程中当事人仍须按照显失公平的合同条款履行,其后又达成变更合同的协议或者法院判决解除合同,已履行的部分可能发生返还义务。这将无必要地增加履行成本及人为地导致法律关系复杂化。其三,在承认中止履行权利的前提下,如果行使再交涉权的一方中止履行后,不能证明具备情势变更的适用条件,并不妨碍相对人请求其承担违约责任。担心承认中止履行权利会导致一方当事人动辄以此为由不履行义务的疑虑并不成立。其四,《新冠疫情指导意见(二)》第 2 条第 2 款规定:"已经通过调整价款、变更履行期限等方式变更合同,当事人请求对方承担违约责任的,人民法院不予支持。"依此规定,即使合同变更前当事人中止履行,只要最终达成变更合同,中止履行的当事人也无需承担违约责任。这似乎是"反向地"承认了中止履行的权利。

再交涉是否构成提起诉讼或申请仲裁的必经前置程序? 如果一方行使再交涉权,相对人应履行再交涉义务以配合再次协商,而不能拒绝协商径行起诉或者申请仲裁。该情形下,再交涉成为诉讼或者仲裁程序的前置程序。[①] 再交涉权既然是一种权利,权利人当然可以依其意思选择是否行使。如果当事人均未行使再交涉权而直接请求法院或者仲裁机构变更或者解除合同,法院或者仲裁机构不得以当事人未再交涉为由直接驳回起诉或申请。该情形下,法院或者仲裁机构应当在诉讼或仲裁程序中引导双方再次协商。

2. 在合理期限内协商不成的,当事人可以请求人民法院或者仲裁机构变更或者解除合同

(1)当事人依据情势变更规则请求变更或解除合同的,必须通过诉讼或者仲裁程序进行。当事人主张适用情势变更规则的,应当向法院或者仲裁机构提起形成之诉。现行法不允许当事人在诉讼或仲裁程序外以情势变更为由单方面变更或解除合同。

---

① 相关学理意见参见张素华、宁园:《论情势变更原则中的再交涉权利》,载《清华法学》2019 年第 3 期。

（2）有权提起诉讼的主体，为合同当事人。该当事人是仅限于受不利影响的当事人，还是双方当事人？《民法典》第533条未作限制性规定，应解释为双方当事人。合同关系之外的第三人即使因情势变更遭受不利影响，该第三人也不得提起情势变更之诉。

（3）究竟是请求变更合同还是解除合同，由当事人选择。因情势变更而导致合同成立的基础丧失后，是否继续通过变更合同内容来维持合同关系，抑或通过解除合同使合同关系归于消灭，原则上应由当事人决定。

3. 法院或者仲裁机构根据公平原则，并结合案件实际情况确定是否变更或解除合同

（1）变更合同。如果当事人请求变更合同，即通过变更标的物数额或价款、履行期限、履行地点、履行方式等内容能够使当事人双方利益达成平衡，且对方当事人也同意变更的，法院或者仲裁机构应当判决变更合同。双方当事人均同意变更合同的，人民法院不得解除合同。（《民法典合同编通则解释》第32条第2款前段）

依据《民商事合同纠纷指导意见》第4条规定，变更合同所应参酌的因素包括：其一，遵循侧重于保护守约方的原则；其二，并非简单地豁免债务人的义务而使债权人承受不利后果；其三，充分注意利益均衡，公平合理地调整双方利益关系。如果当事人双方就变更合同不能达成合意的，法院能否依职权变更？依据《民商事合同纠纷指导意见》第4条规定，法院不能依职权变更而只能通过引导和调解等手段去促使当事人双方达成变更协议。

依据《新冠疫情指导意见（二）》第2条第1款规定，疫情或者疫情防控措施构成情势变更的情形下，当事人请求调整价款或者变更履行期限的，人民法院应当结合案件的实际情况，根据公平原则调整价款或者变更履行期限。

（2）解除合同。基于鼓励交易的精神，解除合同仅适用于无法通过变更合同以维持合同效力的情形下。当事人一方请求变更合同，对方请求解除合同的，或者当事人一方请求解除合同，对方请求变更合同的，人民法院应当结合案件的实际情况，根据公平原则判决变更或者解除合同。（《民法典合同编通则解释》第32条第2款后段）据此，该情形下人民法院对于变更或者解除合同享有相当程度的自由裁量权。一般而言，法院或者仲裁机构在以下几种情形可以判决解除合同：

①无法通过变更合同消除显失公平的结果，双方当事人均同意解除合同的。

②无法通过变更合同消除显失公平的结果，一方当事人请求解除合同而另一方不同意解除的。

③虽然能够通过变更合同消除显失公平的结果，但双方不能达成变更协议的。

对于合同变更或者解除的时间，《民法典合同编通则解释》第32条第3款规

定,人民法院应当综合考虑合同基础条件发生重大变化的时间、当事人重新协商的情况以及因合同变更或者解除给当事人造成的损失等因素,在判项中明确合同变更或者解除的时间。

(四)情势变更规则的相关司法解释、司法文件和司法意见

1. 情势变更规则的相关司法解释、司法文件①

(1)《最高人民法院关于印发〈全国经济审判工作座谈会纪要〉的通知》(法发〔1993〕8 号):由于不可归责于当事人双方的原因,作为合同基础的客观情况发生了非当事人所能预见的根本性变化,以致按原合同履行显失公平的,可以根据当事人的申请,按情势变更原则变更或者解除合同。

(2)《土地承包纠纷解释》第 15 条规定,因承包方不收取流转价款或者向对方支付费用的约定产生纠纷,当事人协商变更无法达成一致,且继续履行又显失公平的,人民法院可以根据发生变更的客观情况,按照公平原则处理。

(3)原《合同法解释(二)》第 26 条规定,合同成立以后客观情况发生了当事人在订立合同时无法预见的、非不可抗力造成的不属于商业风险的重大变化,继续履行合同对于一方当事人明显不公平或者不能实现合同目的,当事人请求人民法院变更或者解除合同的,人民法院应当根据公平原则,并结合案件的实际情况确定是否变更或者解除。《民法典》第 533 条系继承、修正该条的结果,主要变化包括:一是删除了“非不可抗力”“不能实现合同目的”等内容;二是增加了“再交涉权”。

(4)《民商事合同纠纷指导意见》第 1 条规定,当前市场主体之间的产品交易、资金流转因原料价格剧烈波动、市场需求关系的变化、流动资金不足等诸多因素的影响而产生大量纠纷,对于部分当事人在诉讼中提出适用情势变更原则变更或者解除合同的请求,人民法院应当依据公平原则和情势变更原则严格审查。

(5)《新冠疫情指导意见(一)》第 3 条第 2 项规定,疫情或者疫情防控措施仅导致合同履行困难的,当事人可以重新协商;能够继续履行的,人民法院应当切实加强调解工作,积极引导当事人继续履行。当事人以合同履行困难为由请求解除合同的,人民法院不予支持。继续履行合同对于一方当事人明显不公平,其请求变更合同履行期限、履行方式、价款数额等的,人民法院应当结合案件实际情况决定是否予以支持。合同依法变更后,当事人仍然主张部分或者全部免除责任的,人民法院不予支持。因疫情或者疫情防控措施导致合同目的不能实现,当事人请求解除合同的,人民法院应予支持。

(6)《新冠疫情指导意见(二)》第 2 条、第 6 条、第 7 条分别对买卖合同、房屋

---

① 关于各地法院涉及情势变更规则的司法文件,参见李昊主编:《不可抗力与情势变更——学理评述、司法案例与法律政策》,北京大学出版社 2021 年版,第 210 页以下。

租赁合同、建设工程合同适用情势变更规则作出规定。

2. 情势变更规则的相关司法意见

认定符合情势变更规则适用条件的司法意见：

①政府政策调整导致市场价格剧烈变动。《最高人民法院关于武汉市煤气公司诉重庆检测仪表厂煤气表装配线技术转让合同购销煤气表散件合同纠纷一案适用法律问题的函》(法函〔1992〕27 号)规定，订立合同时，铝锭的国家定价为每吨4400 元至 4600 元，但至合同履行时铝锭价格上调到每吨 16000 元，故适用情势变更规则。本案是《民法典》施行前适用情势变更规则的代表性案例。

②自然环境显著变化的，有判决认为，由于无法预料的自然环境变化(鄱阳湖36 年未遇的罕见低水位)的影响导致合同目的无法实现，若继续履行合同则必然造成一方当事人取得全部合同收益，而另一方当事人承担全部投资损失，受损方当事人请求变更合同部分条款的，人民法院应予支持。①

③房租、水电费显著变化的，有判决认为，承包合同签约时，存在着一个客观的交易基础，即发包方是以一定的用水电量为基数，以此来判断并确定承包数额。但随着合同的履行，用电量显著增加，发包方不仅未获得发包利益，在交纳了水电费后，还负担了亏本的风险，双方利益关系发生严重失衡，应构成情势变更。②

④房地产宏观调控政策发生重大变化的，有判决认为，国家对房地产开发实行宏观调控后，海南房地产开发的客观情势发生了重大变化，继续履行合同不能实现订立合同时双方当事人期待的经济利益，还可能给双方当事人造成损害。这种变化是当事人在订立合同时不能预见，且无法克服的……一审法院适用公平原则平衡双方当事人利益，判决上诉人只返还本金不返还利息，符合民法的诚信与公平原则。③ 亦有持相反意见的判决认为，双方的《房屋转让合同书》签订于市政府出台限购政策之前，且房款已经支付，房屋已经交付，出卖人不应以签订合同之后地方政府对购房人的限制而作为其不履行合同的理由。出卖人主张依据情势变更解除合同依法无据，不予支持。④

⑤因政府政策调整导致不能实现合同目的的，有判决认为，市政府根据省政府文件的要求，调整了节能减排的政策，明确要求原告在 2012 年 6 月底前拆除燃煤锅炉，客观情况发生了重大变化，导致原告对燃煤锅炉进行脱硫工程改造项目继续进行已经没有意义，无法实现合同目的，该变化是当事人无法预见的，该风险不属

---

① 参见最高人民法院(2008)民二终字第 91 号民事判决书，载《最高人民法院公报》2010 年第 4 期。

② 参见河北省张家口市中级人民法院(2007)张商终字第 74 号民事调解书，载《人民司法·案例》2008 年第 22 期。

③ 参见最高人民法院(2001)民一终字第 29 号民事判决书。

④ 参见云南省昆明市中级人民法院(2014)昆民一终字第 85 号民事判决书。

于普通的商业风险而属于情势变更。①

⑥疫情导致承租人无法正常经营的,有判决认为,承租人承租房屋用于经营,疫情或疫情防控措施对承租人正常经营造成影响,营业收入明显减少,继续按照原合同标准支付租金对承租人明显不公平,在双方就费用减免事宜无法达成一致的情况下,应当结合案件的实际情况,根据公平原则,对疫情期间的租金进行减免。②

认定不符合情势变更规则适用条件的司法意见:

①政府出台政策限制煤矿开发的,有判决认为,政策原因并非是造成合作开发项目得不到核准的唯一原因。被告先行受让了合作公司股权,该做法本身存在着将来转让不能的商业风险,该风险应当能够预见。同时,《股权转让协议》也约定,无论与两个公司拥有的探矿许可证或采矿许可证是否作废、到期或失效,被告均无条件的履行本协议。综上,可以认定被告对可能存在的风险能够预见……可以确认不符合情势变更。③

②海难救助方案调整的,有判决认为,海难救助方案的调整并非基于客观情况的重大变化,而是包括当事人在内的相关方协商讨论的结果,且合同的继续履行对于一方当事人并非明显不公平或者不能实现合同目的,救助方案的调整并不属于法律意义上的情势变更。④

③合同已经对市场风险承担条款作出约定的,有判决认为,建设工程施工合同约定的施工期间内包括主要建材价格产生变化的市场风险承担条款,说明双方当事人已预见到建材价格变化的市场风险,故认定开工日期至合同约定的竣工日期建筑材料上涨属于正常的商业风险,不属于情势变更。⑤

④收购目标公司股权的场合下第三方行使优先购买权的,有判决认为,在双方签订合作协议时,原告对欲收购的目标公司股权结构应是了解的,其对此陈述为,原告分期缴纳保证金是收购策略,试探是否有第三方介入,以及第三方是否诚意转让其持有的目标公司股权,由此也可以看出原告对第三方行使优先购买权有充分的预判,本案不存在情势变更情形,而应为正常的商业风险。⑥

⑤约定数年后以某价格买卖房屋,但其后房价大幅上涨的,有判决认为,2006年甲乙订立《租售合同》约定,甲先将房屋出租给乙,年租金5万元,待2010年租期届满以60万元卖给乙。其后房屋价格较大幅度的上涨(租期届满时评估价为255

---

① 参见最高人民法院(2015)民提字第 39 号民事判决书。
② 参见北京市第二中级人民法院(2021)京 02 民终 4005 号民事判决书。
③ 参见最高人民法院(2015)民二终字第 236 号民事判决书,载《最高人民法院公报》2016 年第 6 期。
④ 参见最高人民法院(2016)最高法民再 61 号民事判决书,载《最高人民法院公报》2016 年第 11 期。
⑤ 参见最高人民法院(2013)民申字第 1099 号民事裁定书。
⑥ 参见最高人民法院(2015)民一终字第 72 号民事判决书。

万元)虽然可能超出当事人的预见,但仍属于正常的商业风险,不构成情势变更。①

⑥地价上涨影响商品房开发的,有判决认为,作为专业的房地产开发企业和从业人员,对地价的上涨应有预见能力,且根据双方在《补充协议三》中"考虑到两个项目拆迁进度缓慢、政府基准地价上调等客观不利因素"的表述,当事人已经预见并考虑到了成本上涨的因素……故不支持符合情势变更情形的主张正确。②

【疑难案例:情势变更事由消除后的违约责任认定案③】

【案件事实】

2003 年 12 月 18 日,龙钢公司与焦化公司经过协商,就龙钢公司使用焦化公司废弃的焦炉煤气等问题签订《协议》约定:焦化公司必须保证龙钢公司 30 万吨轧钢生产 6000—8000 立方米每小时煤气供应,确保供气正常,不得随意中断(非人为因素除外);煤气管道的架设由焦化公司负责,在 2004 年 6 月底前施工完毕;管道架设至龙钢公司围墙接口处……

2004 年 11 月,龙钢公司完成 30 万吨轧钢生产线建设,准备投入生产。焦化公司未按约定架设管道。此后焦化公司因国家政策调整,其低产能耗高的焦炉面临改造,新项目正在初始建设阶段等原因未能履行合同义务。龙钢公司为了正常生产,临时采购煤气发生炉四台,用煤替代焦炉煤气用于 30 万吨轧钢生产线的加热炉能源。生产期间多次被市、县环保部门责令限其在使用焦化公司焦炉煤气后拆除该临时工程。2008 年 7 月,在焦化公司 70 万吨焦化项目即将投产的情况下,龙钢公司申请县政府出面协调,双方同意在焦化公司 70 万吨焦化项目投产后向龙钢公司供气。此后,焦化公司以其 70 万吨焦化项目产生的煤气已用于其甲醇提炼等新项目,无富余煤气为由,拒绝向龙钢公司供应煤气。

2009 年 3 月龙钢公司起诉至法院,认为被告未能向原告供气,导致原告不能成为环保型企业,失去环保税收优惠,同时增加了替代能源成本,给原告造成巨大经济损失,请求法院依法判令被告赔偿原告相关损失。被告焦化公司在审理过程中以国家政策调整主张不可抗力,焦化公司对此不存在过错,因此不应当承担责任。

【本案争点】

当事人未依据情势变更请求变更或解除合同,情势变更事由消除后仍不履行的,如何承担违约责任?

---

① 参见最高人民法院(2017)最高法民再 26 号民事判决书。
② 参见最高人民法院(2019)最高法民终 1748 号民事判决书。
③ 该案详细解读参见"陕西龙钢集团富平轧钢有限公司诉陕西陕焦化工有限公司供气合同纠纷案",载最高人民法院中国应用法学研究所编:《人民法院案例选》2014 年第 2 辑(总第 88 辑),人民法院出版社 2015 年版,第 127 页以下。

【裁判要旨】

生效判决认为:根据 2003 年 12 月 18 日协议约定,焦化公司应当向龙钢公司轧钢项目供应煤气,但是在龙钢公司轧钢项目建成后至 2008 年 7 月,因国家政策调整,焦化公司 30 万吨焦化项目进行了必要的改造,致使焦化公司在项目改造期间不能履行对龙钢公司的供气义务,该事由系因国家政策因素所致,构成非当事人意志所能控制的合同履行中的情势变更事由,对此期间的损失,焦化公司不负有赔偿责任。但是在该情势变更事由发生后,焦化公司没有根据法律规定要求解除合同,故原协议继续有效。至 2008 年 7 月,焦化公司 70 万吨焦化项目建成后,情势变更事由消除,焦化公司具备了合同履行的条件,龙钢公司依据双方的合同约定要求焦化公司履行合同义务,焦化公司应当履行。

焦化公司在新项目建成后,已经将新项目生产的煤气用于其甲醇项目,无富余煤气,且明确表示不可能履行合同义务,其行为已构成根本违约。焦化公司主张的管道无法穿越铁路,合同无法履行,进而主张焦化公司免责一节,因协议约定焦化公司有架设管道的义务,焦化公司不架设管道亦构成违约,焦化公司以管道无法穿越为由主张免责之理由,不能成立。鉴于本案所涉合同义务为供应焦炉煤气,不适宜强制履行,依照《合同法》第 110 条的规定本案供气协议应予解除。龙钢公司以焦化公司违约为由要求继续履行合同,法院不予支持。焦化公司应当向龙钢公司赔偿因焦化公司根本违约导致合同解除的损失。

关于违约损失的赔偿项目以及赔偿金的计算问题。考虑 2008 年煤炭价格已发生大幅上涨的市场行情,焦化公司如果仍按照签订合同当时废气利用的煤气价格给龙钢公司供应煤气,则会使龙钢公司受益而使焦化公司明显受损失,不符合市场交易公平原则,同时考虑龙钢公司因焦化公司不供应煤气而可能造成的被环保部门处罚等因素,综合确定焦化公司根本违约而给龙钢公司造成的损失。龙钢公司为使用替代能源购置设备的成本、支出的人工成本系龙钢公司因焦化公司违约而另行增加的成本,与焦化公司的根本违约有直接的因果关系,属于龙钢公司的直接损失,焦化公司应予赔偿。法院酌情按照龙钢公司因使用替代能源所购置的 4 台煤气发生炉的购置成本以及 2008 年 8 月至 2009 年 5 月龙钢公司使用替代能源所发生的人工成本计算为宜。按照鉴定报告,该两项损失为:龙钢公司使用替代能源所购置的四台煤气发生炉的成本 82.5 万元;2008 年 8 月份至 2009 年 5 月份期间龙钢公司使用替代能源造成的人工成本为 274093.5 元(2008 年 8 月至 12 月为:261063 元÷10 个月×5 个月=130531.5 元,2009 年 1 月至 5 月为 143562 元)。龙钢公司使用原煤替代焦炉煤气而发生的使用原煤与使用煤气的差价成本,属于龙钢公司若按照协议约定的价格使用煤气则可能会节约的能源成本,亦即龙钢公司预期可获得的利益,属于间接损失范畴。参照上述损失考虑因素,结合双方订立合同时是为了废气利用的背景,法院酌情由焦化公司赔偿龙钢公司间接损失200万元。故焦化公司应赔偿龙钢公司的损失合计为309.9万元。判决:(1)2003年12月18日龙钢公司与焦化公司签订的《协议》解除;(2)焦化公司赔偿龙钢公司3099093.5元。

第四节　双务合同履行中的抗辩权

一、同时履行抗辩权

(一)同时履行抗辩权的概念和理论依据

同时履行抗辩权,是指在没有履行顺序的双务合同中,当事人双方应当同时履行,一方在对方履行之前有权拒绝其履行要求;一方在对方履行债务不符合约定时,有权拒绝其相应的履行要求。(《民法典》第525条)例如在租赁合同中,既未约定也不能确定履行顺序的,出租人要求承租人先支付租金,承租人有权拒绝;承租人要求出租人先交付租赁物,出租人也有权拒绝。同时履行抗辩权的理论依据可以从以下几方面理解:

1. 双务合同牵连性的要求

所谓双务合同的牵连性,是指在双务合同中,双方的对待给付义务具有相互依存、不可分离的关系,即两者在产生上、存续上和履行上具有牵连性。产生上的牵连性,是指双方的对待给付义务在产生上相互牵连,即一方的给付义务不产生时,相对方的给付义务也无从产生。存续上的牵连性,是指一方的给付义务因不可归责于双方当事人的事由而不能履行时,该方免除给付义务,相对方也免除对待给付义务。履行上的牵连性,是指双方履行对待给付义务的行为相互牵连、互为前提,一方不履行义务,相对方因权利未得到实现亦可不履行义务。基于双务合同的牵连性,在没有履行顺序的双务合同中,当事人双方应当同时履行,以维持双方当事人之间的利益平衡。

2. 诚实信用原则的要求

(1)在合同履行环节中,无论是债权人行使债权还是债务人履行债务,均应本着诚实、善意的态度进行。在没有履行顺序的双务合同中,当事人双方应当同时履行,这既是"一手交钱、一手交货"这一朴素交易规则的要求,也是诚实信用原则的当然要求。同时履行抗辩权亦具有一般意义上的担保作用,因为行使抗辩权的一方可以在未获得对待给付之前免于先行作出给付。在对方资信状况不佳的情形下,行使抗辩权可避免作出给付后己方的债权落空。

(2)同时履行抗辩权以双方的给付义务具有牵连性为前提,有助于防止当事人滥用"抗辩权",即一方因对方的轻微违约而动辄行使"抗辩权"。而这种所谓行使"抗辩权"的行为,显然也违反诚实信用原则。

3. 提高履行效率的要求

在没有履行顺序的双务合同中,如果不存在同时履行规则,双方当事人均可拒绝己方先履行的请求,却无法最终确定履行顺序以使债务得到履行,这无疑降低了履行效率。同时履行抗辩权一方面赋予当事人以抗辩权,用以对抗对方要求己方先履行的请求,另一方面又要求双方应当同时履行,以保障合同债务得到有效率的履行。换言之,同时履行规则具有强制清偿的作用。

(二)同时履行抗辩权的适用要件

1. 同一双务合同产生两项债务

(1)同时履行抗辩权仅适用于双务合同。在买卖、互易、租赁、承揽、雇佣、有偿委托等双务合同中,适用同时履行抗辩权不存疑义。在赠与、借用、保证等单务合同中,不适用同时履行抗辩权亦不存争议。以下几种情形值得讨论:

①合伙合同。对合伙人能否就出资义务相互行使同时履行抗辩权,学界存在争议。[1] 本书赞同否定说。因为各合伙人所负出资义务的目的是共同经营合伙事业,而非相互间交换财产。该出资义务在合伙人之间并不构成对价给付,亦难构成《民法典》第 525 条规定的"互负债务"。

②附义务的赠与合同。受赠人未履行义务,赠与人能否行使同时履行抗辩权拒绝履行转移赠与财产的义务?学界对此存在争议。[2] 本书赞同否定说。因为受赠人所负义务与赠与人之转移赠与财产的义务不构成对价给付,此类合同欠缺作为同时履行抗辩权基础的双务合同的牵连性。而且在受赠人不履行义务的情形下,赠与人可通过法定撤销权得到更为有利的救济,(《民法典》第 663 条第 1 款)似无必要再赋予赠与人同时履行抗辩权。

③无偿委托合同等不完全双务合同。在无偿委托合同中,受托人负有处理委托人事务的义务,委托人负有预付处理委托事务的费用的义务和偿还受托人为处理委托事务垫付必要费用的义务。(《民法典》第 921 条)委托人与受托人所负义务不构成对价给付,因此受托人不得以委托人未支付有关费用而行使同时履行抗

---

[1]　肯定说参见王泽鉴:《民法学说与判例研究(6)》,中国政法大学出版社 1998 年版,第 142—144 页。否定说参见余延满:《合同法原论》,武汉大学出版社 1999 年版,第 432 页。

[2]　肯定说参见韩世远:《合同法总论》,法律出版社 2018 年版,第 386 页。否定说参见崔建远:《合同法总论(中卷)》,中国人民大学出版社 2012 年版,第 144—145 页。

辩权。

(2)双方所负债务须由同一双务合同产生。因第525条位于"合同的履行"一章,故该条规定同时履行抗辩权的适用要件"当事人互负债务"应解释为"当事人基于同一合同互负债务"。具体分为以下几种情形说明:

①如果当事人基于不同法律关系互负债务,可适用抵销等规则而不能适用同时履行抗辩权。例如双方就同一房屋订立租赁合同和装修合同,双方互负租金债务和装修费债务,不得据此行使同时履行抗辩权。①

②虽非合同债务,但系由同一双务合同产生的违约赔偿责任,其与相对方的给付义务是否适用同时履行抗辩权?通说持肯定意见。② 例如甲以A物与乙的B物互易,因可归责于甲的原因致A物灭失,甲对此向乙负违约赔偿责任。乙对甲的该损害赔偿请求权与甲对乙的交付B物的请求权之间,适用同时履行抗辩权。该情形下,违约赔偿责任系由不履行合同义务所生后果,故与相对方的给付义务仍具有牵连性。

同理,合同不成立、无效、被撤销或者确定不发生效力的情形下,双方互负返还义务的,可以适用同时履行抗辩权。(《民法典合同编通则解释》第25条第2款)

③因合同解除或无效、被撤销而产生的返还财产义务,是否适用同时履行抗辩权? 一般认为,此类场合下如果双方互负的返还财产义务在合同中构成对价关系,可以适用同时履行抗辩权。例如房屋买卖合同解除后,将房屋恢复原状并交付的义务与返还购房款等款项的义务之间可适用同时履行抗辩权。③

此外,有实例认为在执行程序中,生效裁判文书确定的双方所负义务亦可适用同时履行抗辩权。④

2. 双方所负债务具有对价关系

所谓对价关系,是指双方当事人所为给付在主观上互为条件、互为因果的关系。对价关系无需双方给付在客观上经济价值相等,原则上只要双方当事人在主观认为等值即可。

(1)双方的主给付义务具有对价关系。双方所负主给付义务是合同的核心义务,其决定了合同类型和合同的基本效果,其具有对价关系不存疑义。例如:买卖合同中,买受人的付款义务与出卖人的交货义务;股权转让合同中,转让人的变更

---

① 参见最高人民法院(2019)最高法民申2263号民事裁定书。

② 参见王利明:《合同法研究(第二卷)》,中国人民大学出版社2015年版,第46页。

③ 参见辽宁省沈阳市中级人民法院(2011)沈中民二终字第1538号民事判决书,载《人民司法·案例》2011年第22期。

④ 参见广东省广州市黄埔区人民法院(2013)穗黄法执字第788号执行裁定书,载《人民司法·案例》2015年第4期。

登记义务与受让人的支付价款义务[1]等。

（2）主给付义务与从给付义务原则上不具有对价关系，但如果从给付义务对实现合同目的有密切联系，两者具有对价关系。《民法典合同编通则解释》第31条第1款规定，当事人互负债务，一方不得以对方没有履行非主要债务为由拒绝履行自己的主要债务，但是对方不履行非主要债务致使不能实现合同目的或者当事人另有约定的除外。

不具有对价关系的实例如：①买卖合同中，买受人的支付货款的义务与出卖人的交付技术资料的义务。[2] ②装修合同中，定作人的支付装修款义务与承揽人的开具发票义务。[3] ③股权转让合同中，转让人的移交财务资料义务与受让人的支付价款义务。[4] ④建设工程合同中，施工人的协助办理税务手续义务与发包人的支付工程款义务。[5]

具有对价关系的实例如：①建设工程合同中，发包人的支付工程款义务与施工人的提交竣工验收资料义务。[6] ②基于合同自由原则，当事人约定一方的主给付义务与对方的从给付义务应同时履行的，也可使两者具有对价关系。[7]

（3）主给付义务与附随义务不具有对价关系。附随义务并非为实现相对人的履行利益而设，而是保护相对人的人身、财产等固有利益，其与相对人的主给付义务不具有牵连性。而且，保护、保密等附随义务为法定义务，义务人履行此类义务不以相对人履行义务为前提。例如在建筑物及其设施补偿合同中，一方的主要义务是在对方移交标的物后支付相应款项，约定一方就租赁事宜的磋商义务并非其主要义务，对方不得据此行使同时履行抗辩权。[8]

3. 双方所负债务没有先后履行顺序

具体包括以下几种情形：

（1）合同既未约定履行期限，也未约定履行顺序，根据交易习惯也不能确定履行顺序。该情形符合本条件不存疑义。一方履行期限有明确约定，而另一方履行期限没有明确约定的，也可符合本条件。[9]

（2）合同约定双方的履行期限为同一期间或同一期日。例如约定买方付款与

① 参见最高人民法院（2016）最高法民再164号民事判决书。

② 参见最高人民法院（2019）最高法民终185号民事判决书，载《最高人民法院公报》2020年第11期。

③ 参见"云南洪捷装饰工程有限公司与宣威市道路交通安全协会等建设工程合同欠款纠纷上诉案"，载吴庆宝主编：《权威点评最高法院合同法指导案例》，中国法制出版社2010年版，第320页以下。

④ 参见四川省高级人民法院（2013）川民终字第25号民事判决书。

⑤ 参见内蒙古自治区高级人民法院（2020）内民再193号民事判决书。

⑥ 参见最高人民法院（2017）最高法民终175号民事判决书，载《最高人民法院公报》2018年第6期。

⑦ 参见浙江省杭州市中级人民法院（2015）浙杭民终字第1146号民事判决书。

⑧ 参见最高人民法院（2014）民申字第1893号民事裁定书。

⑨ 参见上海市高级人民法院（2002）沪高民三（知）终字第112号民事判决书。

卖方交货的履行期限均为 9 月 1 日至 9 月 10 日或者均为 9 月 15 日。

（3）合同约定双方的履行期限不同,但有部分期间重合。例如买方付款的履行期限为 9 月 1 日至 9 月 10 日,卖方交货的履行期限为 9 月 5 日至 9 月 15 日。在此情形下,双方的履行顺序可以颠倒且不违反履行期限的约定,故也应认定为没有履行顺序。

4. 双方所负债务均已届履行期限

虽然《民法典》第 525 条对同时履行抗辩权的适用要件仅规定"当事人互负债务""没有先后履行顺序",而对履行期限未作规定,但如果双方所负债务未届履行期限,则债权人尚不能请求债务人履行债务,故应解释为"双方所负债务均已届履行期限"亦为适用条件之一。此处的"已届履行期限"是指履行期限已届至。具体分为以下两种情形说明:

第一,在前述情形（2）中,双方履行期限届至时间相同,自该履行期限届至时起,可行使同时履行抗辩权;履行期限届满后,仍可行使。履行期限届满后行使的,系针对违约责任请求权（如继续履行、损害赔偿）行使同时履行抗辩权。

第二,在前述情形（3）中,双方履行期限届至时间不同,自履行期限起算点在后者届至时起,可行使同时履行抗辩权;履行期限届满后,仍可行使。履行期限届满后行使的性质与第一种情形类似。

履行期限届至后,债权人即有权请求债务人履行债务。如果期限利益归属于债权人,债权人在履行期限届满之前就有权请求债务人履行且债务人不得拒绝,但债务人可行使同时履行抗辩权对抗债权人之请求权。如果期限利益归属于债务人,债权人在履行期限届满之前请求债务人履行的,虽然此时债务人可以履行期限未届满为由抗辩,但因双方此时的履行行为均构成适当履行而相对方不能拒绝受领,故同时履行抗辩权仍有存在的价值。一方或双方的履行期限届满后,该方构成迟延履行的违约行为,因迟延履行所产生的违约责任虽非合同债务,但仍由同一双务合同产生且与相对方给付义务（或违约责任）具有牵连性,故仍可行使同时履行抗辩权。

5. 对方未履行债务或者履行债务不符合约定

（1）对方未履行债务。此处的"未履行"是指对方尚未实施履行所必须之行为。其不应解释为对方未达成清偿效果,否则将不合理地强制对方先履行。换言之,只要对方就履行债务开始实质性的准备行为,己方就也应开始履行,而非有权等到对方履行完毕己方才开始履行。未履行债务,包括拒绝履行、迟延履行等情形。

对方虽未履行债务,但已经向己方提出即将履行债务,己方能否行使同时履行抗辩权?对此应区别情况对待。如果对方提出履行债务,并且明确了具体的履行时间(与原履行期限不同)且被己方接受,该合同有可能转变为有履行顺序的双务合同,自然不能适用同时履行抗辩权。如果对方仅仅是在履行期限内单纯地表示将履行债务,但并无实际行为,则不影响己方行使同时履行抗辩权。

(2)对方履行债务不符合约定。履行债务不符合约定,包括部分履行、瑕疵给付等情形。对方履行债务符合约定的部分,己方不能行使同时履行抗辩权;不符合约定的部分,仍采前述"未履行"之相同解释。例如合同约定卖方应交付100吨木材,但仅实际交付了20吨,则卖方就履行剩余80吨木材开始实质性的准备行为之前,买方就80吨木材的价款可行使同时履行抗辩权。

法律对"履行债务不符合约定"有特殊规定的,依其规定。《物业服务纠纷解释》第2条第1款规定,物业服务企业违反合同约定或者法律规定,擅自扩大收费范围、提高收费标准或者重复收费,业主有权以违规收费为由提出抗辩。依此规定,业主仅能以"违规收费"为抗辩事由。如果业主以"未享受或者无需接受相关物业服务"(《民法典》第944条第1款)或者其他违约行为、物业纠纷为由拒绝支付物业费,则不予支持。[1]

6. 双方所负债务是可能履行的

同时履行抗辩权的性质是延缓的抗辩权,其作用仅能使行使抗辩权的当事人暂时不必履行债务,而并不能终局地解决双方的债权债务关系。当事人行使同时履行抗辩权的目的在于,一方面自己暂时不必履行债务,另一方面以此促使对方与己方同时履行债务,以达成清偿效果。因此,行使同时履行抗辩权应当以双方当事人能够履行债务为基本前提。如果己方已经构成不能履行,在对方请求己方履行时却行使同时履行抗辩权,显然违反诚实信用原则的要求。如果对方构成不能履行,己方应当通过违约责任、免责事由等规则终局地解决双方的债权债务关系,因为在此情形下行使同时履行抗辩权已无实际意义。如果己方已经履行债务,则己方和对方的同时履行抗辩权均归消灭。[2]

(三)同时履行抗辩权的适用效果

1. 有权拒绝对方的履行请求

此为同时履行抗辩权的基本效果,具体分为两种情形:

(1)对方未履行,己方有权拒绝履行全部债务。在此场合下,由于对方没有履行任何债务,基于双方所负债务的对价关系,己方有权拒绝履行全部债务。

(2)对方履行不符合约定,己方有权拒绝其相应的履行要求。对于《民法典》第525条规定"相应的履行要求"的理解,应结合当事人的违约行为形态及其他相

---

[1]　参见辽宁省葫芦岛市中级人民法院(2022)辽14民终3127号民事判决书。
[2]　参见江西省高级人民法院(2011)赣民一终字第77号民事判决书。

关规则予以明确其具体效果。

①部分履行。在一般场合下,如果己方受领了对方所作的部分履行,则己方应当向对方作出相应部分的对待给付;就对方未履行的部分,己方有权拒绝履行相应部分的对待给付。但在有些场合下,如果对方的部分履行致使不能实现合同目的的,己方亦有权拒绝履行全部或大部分债务,而不能简单以双方债务的金钱价值衡量是否"相应"。例如出卖人虽已交付作为标的物的机器设备(主给付义务),但未交付核心技术资料(从给付义务),而买受人无此资料根本不能正常使用该设备。买受人拒绝支付大部分价款是合理的。

②瑕疵给付。以买卖合同为例,出卖人交付的标的物质量不符合约定,买受人有权要求出卖人承担违约责任。如果此时买受人已经履行了付款义务,就不存在行使同时履行抗辩权的问题,而只能要求出卖人承担违约责任。如果此时买受人尚未履行付款义务,则出卖人因瑕疵给付所应承担的违约责任与买受人的付款义务之间,便存在行使同时履行抗辩权的可能。例如买受人就出卖人的瑕疵给付请求其承担修理、更换的责任,在出卖人未承担该责任之前,买受人可就修理、更换所对应的对待给付行使同时履行抗辩权而拒绝支付部分价款。

2. 不构成迟延履行

对于同时履行抗辩权对迟延履行的影响,学理上存在争议。"行使效果说"认为,当事人必须有行使抗辩权的行为,才能排除迟延履行之构成。"存在效果说"认为,抗辩权存在本身即可排除迟延履行之构成,而不必有实际行使行为。[1] 二者核心分歧点在于:己方债务到期后,由于行使抗辩权具有被动性,如果对方未请求履行而致己方无从行使抗辩权,己方可否仅凭享有(而非行使)抗辩权而不构成迟延履行之违约责任。

由于同时履行抗辩权是一种需要主张的抗辩权,故认为抗辩权存在本身就可产生抗辩效果,似与其性质相悖。较为合理的解释是,己方债务到期一段时间后对方请求履行的,己方行使同时履行抗辩权可溯及地排除已发生的迟延效果;对方请求时己方未行使抗辩权的,己方债务到期时起迟延履行持续存在。

3. 对抵销的影响

基于抵销规则的原理,在当事人双方因两个不同的法律关系而相互享有债权的场合下,一方不能以其受同时履行抗辩权限制的债权作为主动债权,向对方主张抵销。但受同时履行抗辩权限制的债权可以作为被动债权,被未受限制的普通债权抵销。例如甲对乙享有不当得利请求权(A 债权),有权请求其返还 5 万元;乙对

---

[1] 相关学理意见参见韩世远:《合同法总论》,法律出版社 2018 年版,第 399—401 页;王闯:《论双务合同履行中的同时履行抗辩权——兼释合同法第六十六条及其适用中的相关疑难问题》,载《法律适用》2000 年第 12 期。

甲享有买卖合同之价款请求权(B 债权),有权请求其支付 5 万元,但该合同未约定履行顺序,故甲就 B 债权享有同时履行抗辩权。该情形下,乙不得以 B 债权主动抵销甲的 A 债权,但甲可以 A 债权主动抵销乙的 B 债权。甲行使抵销权的行为,可解释为默示放弃同时履行抗辩权。

4. 程序法效果

当事人一方起诉请求对方履行债务,被告主张同时履行抗辩权且抗辩成立的,法院应如何判决? 学理及实务上对此分歧较大。[①] 依据《民法典合同编通则解释》第 31 条第 2 款规定,区分被告是否提起反诉作出不同处理。

(1)被告仅主张抗辩而未提起反诉的,人民法院应当作出对待给付判决:即判决被告在原告履行债务的同时履行自己的债务,并在判项中明确原告申请强制执行的,人民法院应当在原告履行自己的债务后对被告采取执行行为。该做法是借鉴域外法对待给付判决制度的结果,其较好地实现了同时履行抗辩权与程序法的衔接。一方面,有利于及时解决双方当事人的矛盾纠纷,防止程序空转,促进合同履行和交易发展;另一方面,其并未违背"不告不理"原则,未构成诉外裁判。对于原告而言,其获得了请求被告履行义务的胜诉判决,只是该判决负有对待给付义务;对于被告而言,其同时履行抗辩被法院采纳,在原告未履行对待给付前其有权拒绝履行义务,但在原告履行对待给付义务时,被告即应履行义务,否则便有被强制执行的风险。[②]

(2)被告主张抗辩且提起反诉的,人民法院应当作出同时履行判决:即判决双方同时履行自己的债务,并在判项中明确任何一方申请强制执行的,人民法院应当在该当事人履行自己的债务后对对方采取执行行为。

【疑难案例:同时履行抗辩权与双方违约区分案[③]】

【案件事实】

西南合成公司与北京海联公司基于并购重组目的,签订了一系列协议。北京海联公司与西南合成公司分别以拟增资资产和现金对北大药业进行增资。北京海联公司将其土地使用权、房产、机器设备、生产线等资产及业务渠道,获得全部相关生产证照转让给北大药业,作为增资出资。增资完成后,西南合成公司受让北京海

---

①　参见王利明:《对待给付判决:同时履行抗辩的程序保障——以〈民法典合同编通则解释〉第 31 条第 2 款为中心》,载《比较法研究》2024 年第 1 期。

②　参见最高人民法院民事审判第二庭、研究室编著:《最高人民法院民法典合同编通则司法解释理解与适用》,人民法院出版社 2023 年版,第 362 页。

③　该案详细解读参见"西南合成医药集团有限公司诉北京海联制药有限公司合同纠纷案",载最高人民法院中国应用法学研究所编:《人民法院案例选》2019 年第 6 辑(总第 136 辑),人民法院出版社 2019 年版,第 90 页以下。

联公司股权。针对本案诉争的两个义务,双方约定:北京海联公司自增资股权变更登记完成之日起5个工作日内启动办理无权属房产的权属证明、未拖欠工程款的房屋权属证明;增资股权变更登记完成后90日内,北大药业取得原北京海联公司名下全部药品证照,北京海联公司应为北大药业取得GMP证书提供充分协助,包括但不限于提供各类相关证明文件,相关说明等协助。

西南合成公司股权受让款支付方式:西南合成公司支付北京海联公司1000万元定金;《股权转让协议》签订后10个工作日内,5000万元存入双方共管账户,待北京海联公司之本协议约定的拟出让资产(包括除GMP证书外的全部药品证照)转移到北大药业,共管账户的5000万元应在5个工作日内转入北京海联公司账户;北大药业获得GMP证书且北京海联公司所持有的北大药业股权转让完成股东工商登记变更起5个工作日内,西南合成公司支付北京海联公司1200万元。后双方修改为:本次并购重组的交易价格仍为人民币7200万元,其中西南合成公司购买北京海联公司持有的无发票无权属证明的拟出售资产(包括无证房产和药品证照),对价是2999.41万元;西南合成公司收购北京海联公司所持北大药业全部股权,对价为4200.59万元。

关于履行情况,2012年8月21日北京海联公司收到1000万元定金。拟增资资产的评估结果是4200.59万元。2012年11月30日共管账户打入5000万元共管资金。2013年1月8日,西南合成公司和北京海联公司增资北大药业的工商变更登记办理完成。2013年5月9日,北大药业取得"有证房产"的《房屋所有权证》。2013年5月31日,西南合成公司与北京海联公司共同向银行出具《托管协议终止通知书》,称:双方所有的相关交易已进行完毕,且双方无任何争议,要求终止资金托管。2013年6月至9月期间,北京海联公司将聚苯乙烯磺酸钙散等27个药品名录中的25个药品办理至北大药业名下。

未履行情况:涉及两项麻黄碱的药品未办理成功,原因是北京海联公司没有提交有效的批准证明性文件,食品药品监督管理局未予受理。2013年6月27日,北大药业取得甲处工业用地的《国有土地使用权证》,但部分"无证房产"未办理权属证明。

2015年12月10日,北京海联公司将西南合成公司起诉至法院,要求支付剩余1200万元转让款。2016年11月1日,法院作出A判决:西南合成公司向北京海联公司支付转让款1180万元及违约金。该判决已生效。

其后,西南合成公司将北京海联公司起诉至法院,请求:(1)被告赔偿因未能履行两项麻黄碱资质证照转让义务给原告造成的损失,即返还两项麻黄碱证照对应的合同价款,以及A判决中原告就迟延支付该合同价款所支付的违约金;(2)被告赔偿因未履行甲处房屋权属证明办理至北大药业名下的义务给原告造成的差价损失,以及 A 判决中原告就迟延支付该合同价款所支付的违约金。

【本案争点】

如何区分同时履行抗辩权与双方违约?

【裁判要旨】

法院生效裁判认为:双方明确约定海联制药在增资完成日起 5 个工作日内负责办理甲处土地使用权权属证明、未拖欠工程款的房屋权属证明,且产权人为北大药业;海联制药在增资完成后 90 日内确保北大药业取得原海联制药名下除 GMP 证书外的全部药品证照。在实际履行过程中,海联制药仅向食品药品监督管理局提交了已不具备有效批准证明性文件的盐酸麻黄碱片文号,另一个盐酸麻黄碱片文号并未提交申请,故海联制药对于变更药品证照的合同义务负有违约责任。至于无证房产办证问题,由于双方约定 2013 年 1 月 15 日之前开始办理权属证明,但时至本案最后一次开庭之日,无证房产的权属证明仍未办理完毕,故认定海联制药对此存在违约责任。

合成集团在本案中是就海联制药存在未履行两项盐酸麻黄碱片批准文号、无证房屋权属证明办理义务而提起的诉讼,其主张要求海联制药承担因违约而造成的损害赔偿,是双方违约问题,而非履行抗辩权问题。

A 判决的违约金是合成集团因迟延履行股权转让款和 GMP 认证证书受让款支付义务而承担的违约责任,其支付义务的前提是海联制药将持有股权转让给北大药业和北大药业获得全部 GMP 证书,上述义务与款项支付构成履行抗辩,而本案诉争的盐酸麻黄碱片批准文号、无证房屋权属证明的两项办理义务与 A 判决中款项支付义务并不形成对应性、牵连性,不属履行抗辩的范畴。

另外,合成集团在 A 判决案件起诉前,已经将包括本案无证房产和药品批准文号在内的合同约定款项支付完毕,更不符合履行抗辩的要求,合成集团仅能在本案就海联制药违约问题进行单独主张。故对于合成集团要求返还"A 判决的就迟延支付该合同价款所支付的违约金"的诉讼请求,法院不予支持。判决:(1)被告北京海联公司支付原告西南合成公司赔偿款 3700749 元;(2)驳回原告西南合成公司的其他诉讼请求。

二、先履行抗辩权

(一)先履行抗辩权的概念和理论依据

先履行抗辩权,是指在有履行顺序的双务合同中,先履行一方未履行的,后履行一方有权拒绝其履行要求;先履行一方履行不符合约定的,后履行一方有权拒绝其相应的履行要求。(《民法典》第 526 条)例如买卖合同约定出卖人交货后 1 周内买受人付款,出卖人在未交货的情形下要求买受人付款,买受人有权拒绝。

在传统大陆法系立法中,通常只有同时履行抗辩权和不安抗辩权制度,而无先履行抗辩权的概念。先履行抗辩权的适用情形被当作同时履行抗辩权的一种特殊情况,而被包含于同时履行抗辩权规则之中。《民法典》合同编将先履行抗辩权从同时履行抗辩权规则中分离出来单独规定,一般认为是继受 PICC 第 7.1.3 条的结果,该条第 2 款规定:"当事人各方应相继履行合同义务的,后履行的一方当事人可在应先履行的一方当事人完成履行之前暂停履行。"该条涉及的救济手段,实际上与大陆法系的不履行合同的抗辩的概念是一致的。其立法理由是诚实信用原则和公平交易原则的要求。①

(二) 先履行抗辩权的适用要件

1. 同一双务合同产生两项债务

该要件与同时履行抗辩权的适用要件 1 的具体内容基本相同。有判决认为,合同解除后双方的返还标的物义务与退款义务也可适用先履行抗辩权。②

2. 双方所负债务具有对价关系

该要件与同时履行抗辩权的适用要件 2 的具体内容基本相同。有判决认为,支付工程款是发包方的主要义务,而维修义务只是施工义务的一项从义务。在承包方未履行或未完全履行维修义务时,发包方可通过扣除质保金或对维修费用、相关损失提起反诉、另诉的形式来主张权利,而不得直接以此抗辩拒绝支付工程款。发包方以工程存在质量问题尚未完全修复为由,认为其享有先履行抗辩权的主张不能成立。③

3. 双方所负债务有先后履行顺序

具体包括以下几种情形:

(1)合同约定双方的履行期限,且一前一后没有重合。又可分为 3 种情形:

①双方的履行期限均为期日。例如约定卖方 9 月 1 日交货,买方 9 月 5 日付款。

②双方的履行期限均为一段期间。例如约定卖方 9 月 1 日至 9 月 10 日交货,买方 9 月 15 日至 9 月 20 日付款。

③一方的履行期限为期日,另一方的履行期限为一段期间。例如约定卖方 9

---

① 参见[德]埃卡特·J. 布罗德:《国际统一私法协会国际商事合同通则——逐条评述》,王欣等译,法律出版社 2021 年版,第 194 页。

② 参见上海市第一中级人民法院(2023)沪 01 民终 4776 号民事判决书。

③ 参见最高人民法院(2017)最高法民终 871 号民事判决书。

月 1 日交货,买方 9 月 5 日至 9 月 10 日付款。

（2）合同仅约定一方的履行期限,并约定另一方在受领后的某期日或某期间履行。例如约定卖方 9 月 1 日至 9 月 10 日交货,买方收货后 1 周内付款。

（3）合同未约定履行期限和履行顺序,但根据交易习惯能够确定履行顺序。例如乘客搭乘出租车的客运合同中,依据交易习惯,应当先完成运输行为、后支付运费。如果虽然合同约定有履行顺序,但后履行一方主动提前履行,构成放弃先履行抗辩权的行为。[①]

4. 双方所负债务均已届履行期限

由于双方的履行期限不同,必须双方的履行期限均已届至,才满足该要件。在双方的履行期限均未届至的场合下,双方均可依据履行期限的约定拒绝对方要求己方提前履行的请求,而与履行顺序无关,故不存在适用先履行抗辩权的可能。在先履行一方的履行期限已届至而后履行一方的履行期限未届至的场合下,如果先履行一方请求后履行一方履行债务,后履行一方可以依据履行期限的约定拒绝对方的请求,而不考虑先履行一方是否已经履行,故也无适用先履行抗辩权的必要。在双方的履行期限均已届至的场合下,双方均有权请求对方履行债务,且双方的履行行为均构成适当履行,故在此场合下适用先履行抗辩权才有意义。

5. 对方未履行债务或者履行债务不符合约定

该要件与同时履行抗辩权的适用要件 5 的具体内容基本相同。

6. 双方所负债务是可能履行的

该要件与同时履行抗辩权的适用要件 6 的具体内容基本相同。

（三）先履行抗辩权的适用效果

1. 后履行一方有权拒绝先履行一方的履行请求

（1）先履行一方未履行的,后履行一方有权拒绝履行全部债务。在此场合下,由于先履行一方没有履行任何债务,基于双方所负债务的对价关系,后履行一方有权拒绝履行全部债务。

（2）先履行一方履行不符合约定的,后履行一方有权拒绝其相应的履行要求。对于"相应的履行要求"的理解,与《民法典》第 525 条关于同时履行抗辩权规定的理解基本相同。例如股权转让纠纷中,受让人（先履行一方）仅支付 1/4 转让款,转让人（后履行一方）有权拒绝履行办理变更登记的义务。[②]

（3）后履行一方行使先履行抗辩权拒绝履行的,不构成违约行为。例如:

①《建设项目转让合同》中的先履行一方未能履行"确保没有以本项目工地为

[①]　参见北京市高级人民法院(2012)高民终字第 4667 号民事判决书。
[②]　参见北京市第二中级人民法院(2023)京 02 民终 1227 号民事判决书。

标的和对象的任何法律纠纷存在"的义务,后履行一方据此逾期付款是行使先履行抗辩权的行为,不构成违约,故先履行一方不能以此为由解除合同。[①]

②《技术开发合同》约定"开发人交付全部设计资料及辅助资料且验收合格后,委托人支付尾款",履行过程中开发人明确向委托人表示不交付部分技术资料,委托人有权拒绝支付尾款,不构成违约。[②]

如果先履行一方未履行系由后履行一方的原因所造成,后履行一方不得行使先履行抗辩权。有判决认为,合同虽然约定在付款方支付相应款项前,收款方须开具增值税发票,否则付款方有权拒绝付款,但是根据双方的交易习惯,在收款方开具发票前,付款方应当先行审核确定付款金额,而付款方未及时履行审核义务导致收款方未开具发票的,付款方不得以"先票后款"约定为由拒绝付款。[③]

2. 先履行一方采取补救措施、变违约为适当履行的,后履行一方应当恢复履行

先履行抗辩权的性质是延缓的抗辩权,其作用仅能使后履行一方暂时不必履行债务,而不具有否认先履行一方债权有效性的效果。因此,如果先履行一方采取补救措施、变违约为适当履行,后履行一方行使先履行抗辩权的条件便已丧失,后履行一方应当依据先履行一方的请求恢复履行。

3. 不影响违约责任的承担

如果先履行一方已经构成迟延履行、瑕疵给付等违约行为,后履行一方一方面有权行使先履行抗辩权以拒绝履行或拒绝部分履行,另一方面可要求先履行一方承担违约责任。

4. 对抵销的影响

在当事人双方因两个不同的法律关系而相互享有债权的场合下,先履行一方不能以其受先履行抗辩权限制的债权作为主动债权,向后履行一方主张抵销。但受先履行抗辩权限制的债权可以作为被动债权,被未受限制的普通债权抵销。其理由与同时履行抗辩权类似。

5. 程序法效果

当事人一方起诉请求对方履行债务,被告主张先履行抗辩权且抗辩成立的,人民法院应当驳回原告的诉讼请求,但是不影响原告履行债务后另行提起诉讼。(《民法典合同编通则解释》第 31 条第 3 款)曾有最高人民法院公报案例认为,技术开发合同中,开发人(先履行一方)未依约履行己方义务而请求委托人(后履行

---

① 参见"大连通泰物业管理有限公司与大连宏发投资发展有限公司建设项目转让合同纠纷上诉案",载最高人民法院民事审判第一庭编:《民事审判指导与参考》2007 年第 1 集(总第 29 集),法律出版社 2007 年版,第 238 页以下。

② 参见最高人民法院(2021)最高法知民终 887 号民事判决书。

③ 参见最高人民法院(2022)最高法民再 286 号民事判决书。

一方)履行义务的,法院不宜仅基于委托人行使先履行抗辩权而径行驳回开发人诉讼请求。为实现双方订立合同的目的,可依据案件事实判决双方互为对待给付义务。[①] 司法解释未采纳该裁判意见。

三、不安抗辩权

(一)不安抗辩权的概念和理论依据

不安抗辩权,是指在有履行顺序的双务合同中,先履行一方有确切证据证明后履行一方在缔约后出现足以影响其对待给付的,可以中止履行并在一定条件下解除合同的权利。(《民法典》第 527 条)例如买卖合同约定出卖人交货后 1 周内买受人付款,出卖人在交货前发现买受人资信状况恶化且无力清偿到期债务,出卖人有权暂不交货并要求买受人提供担保。

不安抗辩权是大陆法系的制度,其立法目的是保护债务人与所承担的先履行义务的对待给付、对合同相对人的资产状况的特别信赖。因此,债务人有权在对待给付被提出或者先给付风险通过提供担保被排除之前拒绝所负担的给付。[②]《德国民法典》第 321 条对不安抗辩权作出一般性规定,第 490 条第 1 款(借款合同)、第 775 条第 1 款(保证合同)等对有名合同的不安抗辩权设置有特殊规则。该制度主要对没有为先履行一方预先提供担保的交易具有实际意义。[③]

英美法系没有不安抗辩权制度,而是以预期违约相关规则解决类似问题。在预期违约的场合下,即当事人拒绝履行发生在履行期限之前,无过错方可以选择立即终止合同并提起损害赔偿之诉,或者选择等待合同履行期限到来以请求对方当事人履行合同。[④] 由于预期违约的适用条件较为严格,某些情形下一方当事人很难知道对方当事人是否预期违约,而仅对其履约能力表示怀疑或对使履行不确定的情势表示怀疑,而无法达到准许终止合同的确定性程度。这就使一方当事人面临着艰难选择:此时终止合同,己方可能构成违约;此时继续履行,将承担无法获得实际违约时所产生费用的风险。针对该情形,英美法赋予当事人要求对方提供担

---

① 参见最高人民法院(2021)最高法知民终 887 号民事判决书,载《最高人民法院公报》2023 年第 6 期。
② 参见[德]迪尔克·罗歇尔德斯:《德国债法总论》,沈小军等译,中国人民大学出版社 2014 年版,第 125 页。
③ Vgl. Volker Emmerich, Kommentar zum § 321, in: *Münchener Kommentar zum BGB*, 9. Aufl., München: C. H. Beck, 2022, Rn. 2.
④ 参见[英]P. S. 阿狄亚:《合同法导论》,赵旭东等译,法律出版社 2002 年版,第 428 页。

保的权利,以避免这种两难困境。①《美国统一商法典》第2. 609条(a)规定:"买卖合同的每一方都预期另一方正常履约,而另一方则有义务不破坏此种预期。一方如果有合理理由担心另一方不能正常履约,可书面要求另一方提供正常履约的充分保证。不安全的一方在收到此种保证之前,只要商业上合理,即可针对另一方尚未履约的部分,暂停履行自己相应部分的义务。"该规定的适用效果与大陆法系的不安抗辩权类似。

CISG综合了上述两种做法的内容,该公约第71条第1款规定:"如果订立合同后,另一方当事人由于下列原因显然将不履行其大部分重要义务,一方当事人可以中止履行义务:(a)他履行义务的能力或他的信用有严重缺陷;或(b)他在准备履行合同或履行合同中的行为显示他将不履行其主要义务。"第2款规定:"如果卖方在上一款所述的理由变得明显以前已经发送了货物,即使买方已经持有了有权获得货物的单据,他也可以阻止将货物交付给买方。本款规定仅仅涉及买卖双方对货物的权利。"第3款规定:"无论是在发送货物之前还是之后决定中止履行,该当事人都必须立即通知另一方当事人;如该另一方当事人对履行义务提供充分保证,则他必须继续履行义务。"上述规定赋予一方当事人中止履行权利的同时,对该权利进行了限制,即中止履行必须以"另一方当事人由于下列原因将明显不会履行其大部分重要的合同义务"为条件。该条件在一定程度上限制了一方当事人随意怀疑对方当事人的履约能力,并以此为由中止履行的行为,从而保护了对方当事人的利益。②

我国《民法典》吸收了大陆法系不安抗辩权与英美法系预期违约的相关规则内容,以第527条、第528条规定了不安抗辩权制度。实践中,动产买卖的交易形式多采先交货后付款的方式("先货后款"),如果对卖方的债权未预先设置担保,不安抗辩权对于保护卖方的权益具有特别重要的意义。

(二)不安抗辩权的适用要件

1. 同一双务合同产生两项债务

对于不安抗辩权是否仅适用于双务合同,现行法虽未设明文,但不安抗辩权适用于双务合同为大陆法系立法通例,我国也应采此解释。而且,《民法典》第527条所采"应当先履行债务的当事人"之表述,也暗含不安抗辩权适用于双务合同的精神。对于双方所负债务的种类,既包括交付实物、金钱等,也包括提供劳务。例如甲剧院与乙歌手签订演出合同,约定先支付出场费若干,后因乙生病难以演出,甲

---

① 参见[美]杰弗里·费里尔、[美]迈克尔·纳文:《美国合同法精解》,陈彦明译,北京大学出版社2009年版,第433页。

② 参见高旭军:《〈联合国国际货物销售合同公约〉适用评释》,中国人民大学出版社2017年版,第401页。

可以此为由中止支付出场费。

2. 双方所负债务具有对价关系

该要件与同时履行抗辩权的适用要件 2 的具体内容基本相同。

3. 双方所负债务有先后履行顺序

《民法典》第 527 条虽未明确规定双方所负债务有履行顺序,但该条采"应当先履行债务的当事人"之表述,故应采此种解释。实务中亦认为不安抗辩权仅适用于有履行顺序的双务合同。[①]

4. 先履行一方履行期限已届至,后履行一方履行期限尚未届至

如果先履行一方履行期限尚未届至,其因享有期限利益而当然不必履行债务。即使此时后履行一方发生丧失履行能力的情形,先履行一方也无行使不安抗辩权的可能,因为此时尚未进入履行环节,故不存在"中止履行"的问题。有判决认为,先履行一方已构成迟延履行的(履行期限已届满),则不得行使不安抗辩权。[②] 该情形与履行期限届满前行使不安抗辩权延续至届满,可排除迟延履行的违约责任不同。

如果后履行一方履行期限已经届至而发生丧失履行能力的情形,因其构成不能履行的现实违约行为,此时先履行一方可直接要求其承担违约责任而无必要再行使不安抗辩权。在先履行一方履行期限已届至而后履行一方履行期限尚未届至的场合下,因后履行一方有权请求先履行一方履行债务,而先履行一方如果此时履行债务会有得不到对待给付的危险,故此时才有行使不安抗辩权的必要。

5. 后履行一方有丧失或可能丧失履行债务能力的情形

对此,《民法典》第 527 条第 1 款列举了四项具体情形:

(1)经营状况严重恶化。其一,该情形为纯客观事由,并不考虑债务人对导致经营状况严重恶化是否具有过错。债务人具有过错(如经营不善)抑或没有过错(如市场原因),只要客观上经营状况严重恶化,即构成该情形。其二,经营状况严重恶化无须达到破产程度。债务人不能清偿到期债务且资产不足以清偿全部债务或者明显缺乏清偿能力的,可适用破产程序清理债务人之债务。(《破产法》第 2 条第 1 款)债务人经营状况严重恶化,尚未达到破产程度的,债权人可通过不安抗辩权获得救济。其三,债务人经营状况严重恶化须导致其丧失或部分丧失履行债务的能力。如果债务人虽然经营状况严重恶化,但其资产仍然足以履行债务,则债权人不得行使不安抗辩权。

如果债务人经营状况发生重大变化(未必是恶化),且该变化并不影响其履行债务的能力,则不构成本项情形。例如药品技术转让合同纠纷中,转让人以"受让

---

①　参见最高人民法院(2002)民四终字第 3 号民事判决书,载《最高人民法院公报》2003 年第 4 期。

②　参见最高人民法院(2015)民提字第 130 号民事判决书。

人出现重大变化,相当一段时期内不具备药政法规规定的接受委托加工基本条件"为由行使不安抗辩权。法院认为,由于受让人的义务是支付价款,而该事由并不影响受让人的支付能力,因此不符合行使不安抗辩权的条件。①

(2)转移财产、抽逃资金,以逃避债务。该项"以逃避债务"之规定,不宜理解为债权人须证明债务人主观上具有逃避债务的故意。因为不安抗辩权制度适用于债务人资信状况恶化的场合,对债务人是否具有主观恶意并无要求。只要债务人实施转移财产、抽逃资金的行为,在客观上导致其丧失或部分丧失履行债务能力的,债权人即可行使不安抗辩权。债务人仅隐瞒其所负其他债务,不构成该事由,而应适用欺诈等规则。②

(3)丧失商业信誉。债务人因某种事由丧失商业信誉,导致其丧失或部分丧失履行债务能力的,债权人可行使不安抗辩权。债务人丧失商业信誉的常见原因有:因违法经营被吊销营业执照、被注销、被有关部门撤销或者处于歇业状态;作为影响重大案件的责任人被有关部门查处或被媒体曝光;债务人或其总公司被法院列为失信被执行人③等。

如果债务人在其他合同关系中有违约行为,一般不宜认定为丧失商业信誉。例如航运合同纠纷中,承运人不得以托运人"拖欠历史航次运费"为由,就本航次运费行使不安抗辩权。④ 债权人以债务人的关联公司违约为由主张行使不安抗辩权,通常也得不到支持。⑤

(4)有丧失或可能丧失履行债务能力的其他情形。该项为兜底规定,以涵盖上述未列举之具体情形。应注意的是,大陆法系立法对不安抗辩权的适用范围一般仅限于债务人财产状况恶化的情形,⑥而《民法典》第527条规定的不安抗辩权适用范围则较为宽泛,该条规定既包括债务人财产状况恶化的情形,也包括债务人有丧失或可能丧失履行债务能力的其他情形(例如提供劳务的能力)。适用该兜底规定的实例如:

①股权转让合同订立后,转让人持有的股权(转让标的)被法院查封,受让人可以行使不安抗辩权,即拒绝履行已到期转让款。⑦

②承租的房屋面临着因第三人行使抵押权而被拍卖的风险,出租人可能丧失

① 参见最高人民法院(2011)民提字第307号民事判决书,载《最高人民法院公报》2013年第2期。
② 参见最高人民法院(2015)民抗字第14号民事判决书。
③ 参见最高人民法院(2021)最高法知民终927号民事判决书。
④ 参见最高人民法院(2022)最高法民再250号民事判决书。
⑤ 参见最高人民法院(2010)民一终字第13号民事判决书,载《最高人民法院公报》2011年第8期。
⑥ 参见《德国民法典》第321条。
⑦ 参见最高人民法院(2014)民二终字第233号民事判决书。

继续履行房屋租赁合同的能力,承租人不继续支付租金构成行使不安抗辩权。①

③芯片开发合同约定委托人分期付款,委托人支付前期款项后,开发人研发的样片始终达不到要求,委托人可以行使不安抗辩权,即拒绝履行已到期的后期款项。②

6. 先履行一方有确切证据证明对方有丧失或可能丧失履行债务能力的情形

对于后履行一方有丧失或可能丧失履行债务能力的情形,由先履行一方予以举证。先履行一方没有确切证据中止履行的,应当承担违约责任。(《民法典》第527条第2款)有判决认为,先履行义务一方必须有确切证据证明对方有不能对待给付的法定情形,而不能根据主观臆想而断定对方不能或不会对待履行,缺乏证据证明即单方中止履行合同应承担违约责任。③ 又例如技术开发合同纠纷中,开发人的研发行为疑似侵害他人专利权,但委托人并无确切证据予以证明,不能行使不安抗辩权。④

(三)不安抗辩权的适用效果

1. 先履行一方可以中止履行(第一层次效力)

中止履行,是指对尚未履行的债务暂停履行。不安抗辩权的性质是延缓的抗辩权,其作用仅能使先履行一方暂时不必履行债务,而不具有否认对方债权有效性的效果。由于中止履行是行使不安抗辩权的法律效果,故不构成迟延履行。

(1)中止履行的对象。中止履行的对象是先履行一方尚未履行的债务。如果先履行一方行使不安抗辩权时,其全部债务均未履行,可中止履行全部债务;如果已经履行部分债务,对尚未履行的部分债务可中止履行,对已经履行的部分不得要求返还。

(2)中止履行的方式。

①中止履行与拒绝履行不同,后者以对方提出请求为前提,而前者无此要求。相较于同时履行抗辩权和先履行抗辩权而言,不安抗辩权的行使对抗辩权人更为有利,即使对方未提出履行请求,抗辩权人亦可主动中止履行。

②不安抗辩权的行使无须采取诉讼的方式,也无须取得对方同意。只要具备适用条件,先履行一方即可通知对方以行使不安抗辩权。

(3)中止履行时先履行一方的义务。依据《民法典》第528条规定,先履行一方中止履行的,应负有2项义务:

---

① 参见最高人民法院(2015)民申字第455号民事裁定书。
② 参见最高人民法院(2020)最高法知民终394号民事判决书。
③ 参见最高人民法院(2006)民二监字第5-2号民事裁定书。
④ 参见最高人民法院(2022)最高法知民终781号民事判决书。

①通知义务。先履行一方行使不安抗辩权中止履行的,应当及时通知对方,使对方得知先履行一方行使不安抗辩权之情况,以防止造成其他不必要的损失。该通知应当包含行使不安抗辩权的意思,以便于对方及时提供适当担保。通知的内容包括中止履行的事实、理由及证据等。该通知应当依法送达对方,否则不发生行使不安抗辩权的效果。① 向对方的主管机关(如国资委)反映情况、表达诉求,不构成有效通知。②

②对方提供适当担保时,应当恢复履行的义务。先履行一方通知对方后,如果对方提供了适当担保,先履行一方应当恢复履行,因为此时先履行一方的债权已经得到有效保障,如仍中止履行则不利于交易的完成。对于担保的方式,现行法未作要求,故采取保证、抵押、质押等方式均无不可。只要该担保关系的设定足以保障先履行一方债权的,即为适当。如果对方虽未提供适当担保,而是实际履行了义务(如过户义务),先履行一方亦应恢复履行义务。③

2. 中止履行后,对方在合理期限内未恢复履行能力且未提供适当担保的,视为默示预期违约(第二层次效力)

此为《民法典》新设规定,被称为"嫁接模式",即将行使不安抗辩权的效力"嫁接"至默示预期违约规则。④ 适用默示预期违约规则的效果是"中止履行的一方可以解除合同并可以请求对方承担违约责任"。产生该效力应具备以下要件:

(1)先履行一方已经中止履行。中止履行是适用默示预期违约规则的前提条件,先履行一方无权直接依据默示预期违约规则解除合同或请求对方承担违约责任,因为如果允许该行为,将剥夺后履行一方通过提供适当担保以使先履行一方恢复履行的机会。

(2)后履行一方在合理期限内未恢复履行能力且未提供适当担保。所谓"未恢复履行能力",是指后履行一方仍然具有《民法典》第 527 条规定情形,而不具有或不完全具有履行能力。对于合理期限,应当结合合同类型、义务性质、标的额大小等因素加以判断。合理期限应当自后履行一方收到先履行一方的通知之时起算。所谓"未提供适当担保",是指后履行一方得到先履行一方行使不安抗辩权的通知后,未提供担保或者提供的担保不适当。如果先履行一方未履行通知义务,不得以后履行一方未提供适当担保为由适用默示预期违约规则。

---

① 参见最高人民法院(2019)最高法民再 140 号民事判决书。
② 参见最高人民法院(2021)最高法民终 1043 号民事判决书。
③ 参见最高人民法院(2021)最高法民再 94 号民事判决书。
④ 相关学理意见参见叶金强:《不安抗辩中止履行后的制度安排——〈民法典〉第 528 条修正之释评》,载《法律科学》2020 年第 5 期。

【拓展：不安抗辩权与预期违约的关系】

大陆法系的不安抗辩权与英美法系的预期违约所解决的问题类似，即在债务人之债务尚未到期但有证据表明其不欲履行或不能履行的场合下，对债权人提前提供某种救济。但两者仍存在以下区别：（1）适用对象不同。前者适用于有履行顺序的双务合同；后者无此限制。（2）适用条件不完全相同。前者的适用条件限于债务人财产状况恶化而丧失或部分丧失履行能力；后者的适用条件较宽，包括债务人财产状况恶化、丧失商业信誉、身体条件变化导致不能提供劳务等情形。（3）对过错的要求不同。前者只要求债务人财产状况恶化的客观事实，而不考虑债务人对此是否具有过错；后者要求违约方主观上具有过错。（4）适用效果不同。前者不能直接解除合同，而应先中止履行，在债务人未恢复履行能力且未提供适当担保的前提下才能解除合同；后者由债权人享有选择权，债权人既可直接解除合同，也可待债务人构成实际违约时再主张违约救济。

原《合同法》同时规定了不安抗辩权和预期违约两种制度，对此立法模式，学界存在两种意见。第一种观点"矛盾说"认为，不安抗辩权与预期违约制度具有类似或相同的功能，将二者同时加以规定，必然导致法律的重叠和矛盾。① 第二种观点"衔接说"认为，我国立法模式属混合继受。明确两制度的衔接点，界定两制度的作用域，应当尽可能地在大陆法系传统民法的概念体系内进行。②《民法典》规定"嫁接模式"，即是为消弭两种制度的冲突所采取的创新措施。

本书认为，虽然不安抗辩权和预期违约的适用领域确有部分重合且现行法已采"嫁接模式"，但同时规定两种制度仍有积极意义。其一，相较于大陆法系立法而言，《民法典》第 527 条规定的适用不安抗辩权的法定事由较宽，既包括债务人财产状况恶化的情形，也包括债务人有丧失或可能丧失履行债务能力的其他情形。该规定是将预期违约的某些适用情形吸收进了不安抗辩权规则的结果，这在一定程度上弥补了大陆法系传统民法将不安抗辩权的适用仅限于债务人财产状况恶化的不足。其二，两者适用范围存在重合部分，但亦存在不重合部分。不安抗辩权仅适用于有履行顺序的双务合同；预期违约还可适用于没有履行顺序的双务合同和单务合同。在适用范围重合的场合下，构成请求权竞合，由当事人选择适用相关规则。其三，两者的法定事由也存在部分重合和部分不重合的情况。例如第 527 条规定的"转移财产、抽逃资金，以逃避债务"同时也构成默示的预期违约。在此场合下，在适用不安抗辩权的第一层次效力阶段，当事人可选择适用不安抗辩权或预期违约规则；在第二层次效力阶段，由于现行法采取"嫁接模式"，使两种规则的适用效果归于一致。而在债务人明确表示不履行主要债务即构成明示预期违约的情

---

① 参见余延满：《合同法原论》，武汉大学出版社 1999 年版，第 444 页。
② 参见韩世远：《合同法总论》，法律出版社 2018 年版，第 423 页。

形下,并不符合不安抗辩权的适用情形,故只能适用预期违约规则。其四,不安抗辩权的功能侧重防御,即用以对抗对方的请求权;预期违约的功能侧重进攻,即通过解除合同了结双方的债权债务关系。当事人可结合其实际需要,对两者加以选择。

【疑难案例:不安抗辩权与先履行抗辩权冲突案①】
【案件事实】

被告自 2010 年上半年起向原告多次订购彩盒、拼图等产品,2011 年 3 月 2 日,经双方对账,被告确认截至 2011 年 2 月 18 日尚欠原告账面金额为 183 万余元。原、被告双方对账后,尚有两份合同未履行完毕,分别为:(1)1125 合同,该合同因被告要求更改包装交货期限尚未确定。原告实际生产的产品经清点,英文版拼图均存在塑料包装纸英文警告语反向的情形,中文版拼图无质量问题。(2)1211 合同,交货日期为 2010 年 12 月 30 日,后因被告始终未提供上述产品的外包装彩盒设计稿,故原告生产完毕后散装半成品现堆积在其仓库。原告起诉后,认为被告可能丧失履行上述合同的能力,故于 2011 年 4 月 27 日向被告发送要求中止履行1125 合同及 1211 合同的通知,要求被告在接到通知之日起 5 日内提供等额担保,否则原告将解除上述合同。因被告未提供相应担保,原告于 2011 年 5 月 5 日再次向被告发函通知其解除 1125 合同及 1211 合同并要求被告赔偿经济损失。被告收到上述两份邮件后均未作出回复。

另查明:被告公司的注册资本为 150 万元,2010 年 12 月至 2011 年 4 月期间,其资产及负债基本持平,净利润为负且亏损金额连月扩大。原告起诉后要求保全被告财产 197 万元,法院于 2011 年 3 月实际冻结被告银行账户 79.54 元及被告对 A 的到期债权 197 万元。但因被告同时结欠 B 300 万元左右加工款,故 B 向 C 法院申请财产保全,该院于 2011 年 3 月 15 日裁定冻结了被告对 A 的到期债权3352927.76 元。后被告与 B 就结欠加工款协商一致,欠款 300 余万元分两年半付清。

原告起诉至法院,请求判令:(1)被告支付已经对账的加工款;(2)解除 1125 合同及 1211 合同并按合同约定的加工款金额赔偿经济损失。

被告辩称:原告提出不安抗辩权无相关事实依据,被告经营状况并未出现问题,该两份合同的实际履行情况是:(一)1125 合同项下的英文版拼图存在塑料包

---

① 该案详细解读参见"宁波精英制版彩印有限公司诉宁波宏途纸制品工贸有限公司承揽合同纠纷案",载最高人民法院中国应用法学研究所编:《人民法院案例选》2013 年第 3 辑(总第 85 辑),人民法院出版社 2014 年版,第 245 页以下。对于不安抗辩权与先履行抗辩权的冲突,本案判决书仅简略提及,本案例编写者在评述意见中对该问题作了详尽分析。

装纸警示语反向的质量问题,被告多次向原告提出要求返工,直到诉讼后经现场勘验抽检,该批次产品质量问题依然存在,而中文版拼图原告虽已生产完毕,但该合同约定由原告负责送货,故是原告违约。(二)1211合同因其已经通知原告终止,并重新下单。关于该合同的包装问题双方仍在交涉,交货日期也在协商进行变更。因此要求继续履行以上两份合同。

【本案争点】

先履行一方行使不安抗辩权,后履行一方以先履行抗辩权反抗辩的,如何处理?

【裁判要旨】

法院生效裁判认为:原告之诉第二项即不安抗辩权的行使,是本案的主要争议焦点。根据原告提供的证据及法院查明的事实,被告的经营状况出现问题,已拖欠原告近200万元未及时支付,同时被告还存在巨额外债,其中被告结欠案外人B的外债300余万元经双方协商分两年半左右才能支付完毕,即被告的即时付款能力严重欠缺。被告提出其经营状况良好,但未提供证据证明其目前有足够的履约能力,且虽然其与B之间就欠款达成和解,但也不能排除其在长达两年半的分期付款过程中会出现资产危机的可能,故法院认为,被告对此提出的抗辩不成立,原告认为被告的履约能力不足并基于此行使不安抗辩权中止履行合同并要求被告提供担保,符合法律规定。

被告在收到上述通知后既未恢复履行能力也未提供相应担保,甚至还因此拒不提供1211合同相应的彩盒设计稿,恶意明显,故原告据此要求解除双方签订的1125合同及1211合同,合理合法,法院予以支持。

合同解除后,原告有权要求被告赔偿其因履行上述两份合同所造成损失。上述两份合同中,英文版拼图均存在塑料袋英文警示语反向的质量问题,鉴于原告在被告尚未确定交货期的情况下行使不安抗辩权要求解除合同,故原告的瑕疵产品中合格部分的生产成本损失被告应予以赔偿。1211合同经法院现场勘察,原告已按合同约定完成了塑料袋包装的拼图半成品,原告一直在向被告催要彩盒设计稿以便完成拼图的外壳包装,但被告却因原告采取诉讼方式追讨欠款而一直未提供,直接导致16万包半成品长期堆积在原告仓库。现原告要求解除合同并赔偿损失,损失应包括散装拼图的生产成本及该批次货物的合理利润。被告在赔偿损失后,即取得了上述两份合同项下产品的所有权,有权采取其他途径取回现在原告处的相应产品。判决:(1)被告支付原告加工款184万余元并支付相应的利息损失;(2)解除原告与被告签订的合同两份,并由被告赔偿原告经济损失20万余元。

第八章 合同的保全

第一节 合同保全概述

一、合同保全的概念

合同保全,是指为防止债务人责任财产的不当减少危害债权人的债权,允许债权人代债务人之位向第三人行使债务人的权利,或者撤销债务人与第三人的法律行为的制度。在债权人未就债务人特定财产设置担保物权的情形下,债务人的财产并非分别担保各项单独的债权,而是构成全体债权人的一般担保。基于债权的一般效力,债权人既不能直接支配债务人的财产,也不能限制债务人对其财产的处理。因此,防止债务人责任财产的不当减少并由此危害债权人的债权,对于债权的实现意义甚巨。合同保全系为实现该目标而设置的一项制度。对于合同保全,可从以下几方面理解:

1. 合同保全是债的对外效力的体现

债权是相对权,债权债务原则上仅发生于债权人与债务人之间,此为债的对内效力。债权人向债务人行使债权、债务人向债权人履行债务均为债的对内效力的体现。但在有些场合下,法律基于特定立法目的突破"债的相对性",赋予债权人向合同之外第三人主张的权利,此为债的对外效力的体现。基于该对外效力,债权人行使权利可对债务人之外之第三人直接发生效力,构成对债务人责任财产强制执行之预备过程。[①]

2. 合同保全的目的是通过防止债务人责任财产不当减少来保障债权人债权的实现

债务人责任财产的多寡,对于债权人债权能否得到实现具有重要意义。合同保全制度赋予债权人一定权利,使其能够针对债务人的某些导致责任财产减少的

---

① 参见孙森焱:《民法债编总论(下册)》,法律出版社 2006 年版,第 507 页。

不当行为主张权利或否定其效力,从而达到保障债权的目的。因债权是请求权而非支配权,故债权人并不能在一般场合下干涉债务人处分自己责任财产的行为,仅在法律明文规定的情形下才有保全的权利。最高人民法院指导案例认为,法律设置债权人撤销权制度的目的,在于纠正债务人损害债权的不当处分财产行为,恢复债务人责任财产以向债权人清偿债务。[1]

3. 合同保全的基本方法是债权人代位权与撤销权

债权人代位权是在债务人怠于行使权利并由此对债权人造成损害的场合下,由债权人向相对人行使的权利。债权人撤销权是在债务人实施放弃债权等诈害行为影响债权人的债权实现的场合下,由债权人撤销该诈害行为的权利。

4. 合同保全发生在合同有效成立期间

合同有效成立之前,债权债务尚未产生,没有适用合同保全的可能。合同终止之后,债权债务已经消灭,亦无适用合同保全的必要。在合同有效成立后至合同生效前的时间段内,虽还不能行使履行请求权,但可以适用合同保全规则。合同保全与诉讼法中的保全措施不同,虽然两者目的都是保全债务人责任财产,但后者发生于诉讼之中(《民事诉讼法》第 103 条)或诉讼之前(《民事诉讼法》第 104 条)。

二、责任财产

责任财产,是指债务人用于履行债务及承担民事责任的财产总和。一般而言,债务人责任财产越多,债权人的债权越有保障,其理甚明。合同保全制度的目的亦在于防止债务人责任财产不当减少,从而危害债权的实现。[2] 对于责任财产的界定,可从以下几方面理解:

1. 责任财产非指某项特定财产,而是指债务人用于履行债务及承担民事责任的财产总和

在特定物之债中,债务人责任财产并非仅指该特定物,还包括债务人的其他财产,因为如果债务人不依约交付特定物,其他财产将用于承担违约责任。对债务人而言,其责任财产发挥着一般担保的作用。在执行程序中,责任财产的范围与执行异议等规则的适用关联密切。[3]

2. 责任财产包括属于债务人的各项财产权利,而非仅限于享有所有权之物

(1)债务人享有的所有权属于责任财产,用益物权、担保物权和其他财产权利

---

① 参见"东北电气发展股份有限公司与国家开发银行股份有限公司、沈阳高压开关有限责任公司等执行复议案",最高人民法院指导案例 118 号。

② 相关学理意见参见许德风:《债务人的责任财产——债权人撤销权、代位权及公司债权人保护制度的共同基础》,载《清华法学》2024 年第 1 期。

③ 参见最高人民法院(2015)民一终字第 150 号民事判决书,载《最高人民法院公报》2016 年第 6 期。

是否属于责任财产依其性质能否用于履行债务及承担民事责任而定。例如债务人不能清偿到期借款债务,其享有的股权可通过变价清偿该债务,故股权属于责任财产。

(2)债务人享有的人格权和身份权不属于责任财产,因为此类权利依其性质不能用于履行债务及承担民事责任。

(3)责任财产仅指债务人的积极财产,不包括债务人所负债务,亦非指债务人的"净财产"。法律意义上的财产通常是指积极财产和消极财产的总和,积极财产减去消极财产为净财产。因责任财产需用于履行债务及承担民事责任,故不能包括消极财产。

3. 责任财产并非固定不变,而是处于不断变化的状态

债务人因生产和生活需要,对各类财产总是不断地用于消费、交易或发生自然损耗,故责任财产的范围是一个变量。对于债权人而言,一般情况下在债务履行期限届满时债务人的责任财产具有重要意义,因为此时债权人可现实地要求债务人履行债务,而在此之前债务人尚享有期限利益。例如2010年3月1日债务人甲与债权人乙成立金钱借贷之债20万元,此时甲的全部财产是100万元,该债务履行期限为2013年2月25日至3月1日。2013年3月1日时,甲的财产为50万元。乙能够向甲主张的责任财产为50万元而非100万元。但应注意,依据合同保全规则,在债务履行期限未届满时债权人也可以就债务人的责任财产行使撤销权。

4. 责任财产限于能够强制执行的财产

为保障债务人的基本生产生活条件,法律规定债务人的某些财产不能强制执行,此类财产不属于债务人责任财产。《民事诉讼法》第254条、第255条规定,人民法院采取执行措施时,应当保留被执行人及其所扶养家属的生活必需费用和生活必需品。《查封、扣押、冻结财产规定》第3条规定,对被执行人的八类财产不得查封、扣押、冻结,包括"被执行人及其所扶养家属生活所必需的衣服、家具、炊具、餐具及其他家庭生活必需的物品""被执行人及其所扶养家属所必需的生活费用"等。例如在执行程序中,不能在未保留被执行人及受其抚养子女生活费的前提下,直接冻结其工资卡。[1]

三、合同保全与合同担保的区别

合同担保,又称合同债的担保,有广义和狭义两种涵义。广义的债的担保包括债的一般担保和债的特别担保。债的一般担保,是指担保一般债权人的担保制度,

---

它是债的效力的当然表现。合同保全、民事责任制度均属于债的一般担保。狭义的债的担保仅指债的特别担保，是指法律为担保特定债权人利益的实现而特别规定的以第三人的信用或者特定财产保障债务人履行债务，债权人实现债权的制度。《民法典》物权编和合同编规定的抵押权、质权、留置权、保证和定金即属于债的特别担保。在一般场合下，如无特别说明，合同担保是指债的特别担保。

合同保全与合同担保都具有保障债权人债权的作用，但两者存在以下区别：（1）担保的性质不同。前者属于债的一般担保，所有债权人均可适用；后者属于债的特别担保，仅特定债权人的债权受其保障。（2）效力范围不同。前者是债的对外效力的体现，是债权人向债的关系以外的第三人主张权利以保障债权的制度；后者仍属债的对内效力，保证合同、定金合同通过合同对当事人的约束力实现对债权担保的作用。（3）发生原因不同。前者依法律规定当然发生效力，债权人代位权和撤销权不以合同约定为前提；后者包括约定担保和法定担保，抵押、质押、保证和定金担保须当事人订立相应的合同，留置权直接依法律规定产生。（4）担保的作用不同。前者属于债的效力范畴，不具有优先受偿的效力；后者的抵押权、质权和留置权属于担保物权，具有优先受偿的效力。（5）行使权利的条件不同。债权人行使代位权或撤销权未必以债务人不履行债务为必要条件，某些场合下债务尚未到期债权人即可保全债务人责任财产；债权人行使抵押权、质权和留置权等担保权利，必须以债务人不履行债务为必要条件或者发生约定行使担保权的情形。

第二节　债权人代位权

一、债权人代位权概述

（一）债权人代位权的概念

债权人代位权，是指在债务人怠于行使其债权及其相关从权利影响债权人到期债权实现的，债权人为保全自己的债权，以自己的名义行使债务人对相对人之权的权利。例如甲对乙享有 10 万元债权，乙对丙享有 10 万元债权，两债权均已到期，因乙不向丙行使债权导致自己无法向甲清偿，甲可直接起诉丙主张权利。

一般认为，债权人代位权起源于法国习惯法。因法国法关于强制执行的规定不太完备，故设置债权人代位权制度以弥补其缺陷。在法国，债权人代位权（代位诉权）的主要保护对象是无担保债权人。债权人行使代位诉权，可以取代漫不经心的、行为懈怠的债务人行使该债务人自己疏于或怠于主张的权利。① 德国、瑞士等国强制执行法的相关规定较为完备,因而没有专门规定债权人代位权制度。

我国原《合同法》及其司法解释规定债权人代位权制度,与我国社会生活中企业之间的"三角债"难题有关。该制度设计兼顾了"保护债权人的债权"与"保护债务人的经济自由"。②《民法典》第535—537 条继承并修订了《合同法》的债权人代位权规则,有两点重要变化:一是扩大了代位权的客体范围,将其规定为"债权以及与该债权有关的从权利";二是承认了债权人可以实施保存行为的方式行使代位权。

(二)债权人代位权的性质

1. 债权人代位权是实体法上的权利

债权人代位权是《民法典》规定的实体权利,而非诉讼法上的权利。债权人代位权不是债权人直接申请强制执行的权利,而须经实体审理并获得胜诉,债权人才能取得执行依据。

2. 债权人代位权是从权利

因债权人代位权是债权对外效力的体现,其仅为附属于债权所产生的效果,因此其与所属债权构成从权利与主权利的关系。债权人转让债权的,代位权随之一并转移给受让人。债权人不得将债权与代位权分别转让给不同受让人,也不得保留债权而单独转让代位权或者保留代位权而单独转让债权。

3. 债权人代位权不是债务人将其债权移转给债权人,也不是债务人与相对人向债权人负连带债务

债权人代位权不同于保证人代位权和保险人代位求偿权。保证人代位权是保证人在承担保证责任后,取代债权人的地位向债务人行使权利的权利。(《民法典》第700 条后段)保险人代位求偿权是保险人依合同向被保险人赔付保险金后,由保险人取代被保险人地位,对负有赔偿责任的第三人享有请求赔偿的权利。(《保险法》第60 条)保证人代位权和保险人代位求偿权的性质均属于债权法定移转。债权人代位权与其性质不同,债权人代位权成立后债务人仍享有对相对人的债权。债权人享有代位权,也不意味着债务人与相对人向债权人负连带清偿责任。③

4. 债权人代位权不是债权人代理债务人行使债权

债权人代位权是债权人自身享有的权利,而非债权人作为债务人的代理人向

---

① 参见[法]弗朗索瓦·泰雷等:《法国债法·契约篇(下)》,罗结珍译,中国法制出版社 2018 年版,第970—971 页。

② 参见最高人民法院研究室编:《合同司法解释理解与适用》,法律出版社 2009 年版,第65—66 页。

③ 参见湖南省高级人民法院(2014)湘高法民一终字第185 号民事判决书。

相对人行使权利。因此,债权人须以自己的名义行使代位权,而非以债务人的名义行使。

5. 债权人代位权是形成权还是管理权

债权人代位权不是固有意义上的形成权。债权人行使代位权,并不能够依自己单方意思使债务人与相对人之间的债权债务关系发生变动,债权人的债权和债务人的债权得以受偿仍须借助相对人的清偿行为。债权人行使代位权,是凭借自己债权的对外效力而直接向相对人主张本应由债务人主张的债权。因此,通说认为债权人代位权是广义的管理权。①《民法典》新增保存行为的规定,使债权人代位权的管理权属性更为明显。

(三)债权人代位权与类似的程序法制度

在民事诉讼法上,有两种制度具有与债权人代位权类似的功能,即协助执行措施和收取命令。

1. 协助执行措施

《民事诉讼法》第253条规定,被执行人未按执行通知履行法律文书确定的义务,人民法院有权向有关单位查询被执行人的存款、债券、股票、基金份额等财产情况。人民法院有权根据不同情形扣押、冻结、划拨、变价被执行人的财产。人民法院查询、扣押、冻结、划拨、变价的财产不得超出被执行人应当履行义务的范围。人民法院决定扣押、冻结、划拨、变价财产,应当作出裁定,并发出协助执行通知书,有关单位必须办理。《民事诉讼法》第254条规定,被执行人未按执行通知履行法律文书确定的义务,人民法院有权扣留、提取被执行人应当履行义务部分的收入。但应当保留被执行人及其所扶养家属的生活必需费用。人民法院扣留、提取收入时,应当作出裁定,并发出协助执行通知书,被执行人所在单位、银行、信用合作社和其他有储蓄业务的单位必须办理。

这两条规定的是民事诉讼法上的协助执行措施,债务人的相对人(被执行人所在单位、银行、信用合作社及其他有关单位)接到法院的协助执行通知书后,即负有协助执行的义务。有判决认为,法院亦可依据上述规定,向保险公司发出协助执行通知书以强制执行保险单的现金价值。②

2. 收取命令

《民诉法解释》第499条规定,人民法院执行被执行人对他人的到期债权,可以作出冻结债权的裁定,并通知该他人向申请执行人履行。该他人对到期债权有异

---

① 也有学者认为债权人代位权既不是形成权,也不是管理权,而是一种特殊的实体权利。参见王利明:《合同法研究(第二卷)》,中国人民大学出版社2015年版,第90—92页。

② 参见最高人民法院(2021)最高法执监35号执行裁定书。

议,申请执行人请求对异议部分强制执行的,人民法院不予支持。利害关系人对到期债权有异议的,人民法院应当按照执行异议的规定处理。该条规定的是收取命令制度,即执行法院以命令的形式允许申请执行人直接收取被执行人对于第三人(债务人的相对人)的到期债权。该条设置了案外人异议规则,案外人可依据生效法律文书或其他证据排除执行行为。①

债权人代位权与协助执行措施、收取命令都具有使债权人向相对人主张权利的效力,但两者存在以下区别:(1)权利性质不同。前者是实体法上的权利;后者是程序法上的制度。代位权诉讼实体审理完毕后进入执行环节的,亦有可能适用协助执行措施和收取命令,两者并非替代关系。(2)清偿效果不同。因债权人代位权仅为债权效力的体现,故债权人对相对人的清偿严格意义上不具有优先受偿效力。在协助执行措施和收取命令的场合下,相对人须直接向申请执行人(债权人)清偿,实际上具有优先受偿的效力。(3)当事人的法律地位不同。在代位权诉讼中,被告是相对人。在协助执行措施和收取命令的场合下,被执行人是债务人,相对人是协助执行人。(4)对当事人或利害关系人异议的处理程序不同。在代位权诉讼中,债务人或相对人对债权人的主张提出异议的,在诉讼程序中通过实体审理解决。在协助执行措施和收取命令的场合下,被执行人或利害关系人提出异议的,适用执行异议、案外人异议等程序法规则。

二、债权人代位权的行使要件

(一)债权人对债务人的债权必须合法、到期

1. 债权人对债务人的债权必须合法

因债权人代位权是债权对外效力的体现,故债权人的债权必须合法方能发生此种效力。如果债权人的债权是自然债权(如赌债)或违法债权(如非法吸收公众存款所生债权②,因其本身不具有法律认可的效力,债权人不能以此主张享有代位权。

对于债权人的合法债权的类型,现行法未作限定。金钱债权和特定物债权的债权人均可享有代位权。劳务债权和不作为债权的债权人因其债权性质不适于保全,原则上不享有代位权,但如果该两种债权因债务人违约转化为损害赔偿请求权,债权人可就损害赔偿请求权享有代位权。诉讼时效已届满的债权虽为不完全债权,但仍属合法债权,债权人原则上可以就该债权享有代位权,但如果债务人在

---

① 参见最高人民法院(2022)最高法执监 277 号执行裁定书。
② 参见北京市第三中级人民法院(2023)京 03 民终 3551 号民事裁定书。

代位权诉讼中行使时效抗辩权,则导致该债权不具有强制执行效力。

2. 债权人对债务人的债权必须到期

债权人对债务人的债权到期,是指债务人的履行期限已届满而仍未履行,即债务人已构成迟延履行。在债务人的履行期限届满之前,债务人享有期限利益而暂时不必履行债务,此时如果允许债权人行使代位权,则构成对债务人的过分干预。如果债务人的履行期限已届满而仍未履行,则此时债权人的债权已有不能实现的现实危险,故有保全债权的必要。

3. 债权人对债务人的债权是否必须确定

《民法典》施行前的实务主流意见对此持肯定说:债权人和债务人对该债权的内容和效力不存争议的,债权人才能行使代位权。两类债权可认定为确定的债权:一是债权人和债务人均无异议的债权;二是经生效法律文书确定的债权。[①] 如果债权人和债务人就该债权内容或效力尚存争议,应就该债权先进行实体审理,而不能由债权人先行使代位权。[②]

《民法典合同编通则解释》第 40 条第 2 款改变了上述做法,规定"债务人的相对人仅以债权人提起代位权诉讼时债权人与债务人之间的债权债务关系未经生效法律文书确认为由,主张债权人提起的诉讼不符合代位权行使条件的,人民法院不予支持"。据此,"债权人对债务人的债权确定"不构成代位权的行使要件,相对人以该债权不确定为由提出异议的,不影响代位权诉讼的继续审理。该款与第 38 条的精神一致,即通过"合并审理"提高诉讼效率、一体解决各方的债权债务关系。该债权未经生效法律文书确认且当事人对其存在争议的,首先应对该债权的"合法性"作出判断。如果该债权合法,应当进一步对该债权关系进行实体审理,若能够认定该债权合法且确定,即使该债权未经生效裁判确认或债务人对此持异议,也不影响代位权成立;如果经审理仍无法认定该债权是否有效存在或债权数额难以确定,且债权人也未另行对债务人提起诉讼确定该债权的,则对债务人与相对人的权利义务无须审理,即可驳回债权人的诉讼请求。[③]

(二)债务人对相对人享有债权以及相关从权利

1. 债务人对相对人享有的债权原则上应当"到期"

虽然《民法典》第 535 条第 1 款表述为"债权",但应解释为在一般场合下"到期债权"才构成代位权的客体。理由在于:其一,在一般场合下,如果债务人享有的

[①] 参见最高人民法院研究室编:《合同司法解释理解与适用》,法律出版社 2009 年版,第 67 页。实例参见最高人民法院(2011)民提字第 7 号民事判决书,载《最高人民法院公报》2011 年第 11 期。

[②] 参见云南省高级人民法院(2021)云民终 1649 号民事判决书。

[③] 参见最高人民法院民事审判第二庭、研究室编著:《最高人民法院民法典合同编通则司法解释理解与适用》,人民法院出版社 2023 年版,第 453 页。

债权尚未到期,因相对人享有期限利益,债务人和债权人均不能强制其作出清偿行为。而且,此时债务人不行使该债权也不构成"怠于行使权利",故不符合代位权的成立条件。其二,在某些场合下,债务人的债权因某种事实被拟制提前到期,该债权可以构成代位权的客体。例如相对人在到期前通知债务人拒绝履行(预期违约),该债权到期前即可构成代位权的客体。其三,《民法典》第535条第1款删去"到期"的一个重要原因是,由于该款新增规定"与该债权有关的从权利"也属于代位权的客体,而代位行使从权利的某些情形并不以该债权到期为限。例如依据《民法典》第394条规定,该债权到期前发生了当事人(债务人与相对人)约定的实现抵押权的情形,该抵押权可以构成代位权的客体。如果债务人对相对人享有的债权没有履行期限,而债务人一直未予催告以确定履行期限,该债权亦可构成代位权的客体。①

债务人对相对人的债权是否必须确定?最高人民法院在不同案件中的裁判意见不一。② 本书赞同肯定说,理由如下:其一,债务人对相对人的债权是代位权的客体,也是代位权诉讼的标的,如果其尚未确定,有违民事诉讼的一般原理。其二,债权人行使代位权的范围以其债权为限,如果债务人对相对人的债权尚未确定,将无法判断债权人行使代位权是否超过范围。

2. 非金钱债权可否构成代位权的客体

原《合同法解释(一)》第13条将代位权的客体限定为"具有金钱给付内容的债权",《民法典》未作此限定。实务中,金钱债权构成代位权的客体为常态,而对于非金钱债权可否构成代位权的客体,应结合该债权性质以及保全目的予以判断。

(1)劳务债权、不作为债权因与责任财产无关,故不能构成代位权的客体。但违反此类债务产生的违约金请求权和相关担保权等,因属于"与该债权有关的从权利",可以构成代位权的客体。

(2)一般场合下,债权人不能就特定物债权请求相对人履行。因为有无保全的必要通常以"无资力说"为标准,而债权人的该行为与该标准相悖。而且如果允许这种行为,由于债权人对债务人所享债权与该特定物债权非属同种类债权,而无法适用抵销规则使两项债权均归消灭。

由于《民法典》新增保存行为之规定,债权人虽不能请求相对人向其交付该特定物,但可就特定物债权实施保存行为(如中断诉讼时效)。如果债务人原本对相对人享有金钱债权,其后双方签订协议约定以代物清偿作为该金钱债权的履行方

---

① 参见北京市第一中级人民法院(2023)京01民终1496号民事判决书。
② 肯定说参见最高人民法院(2006)民二终字第188号民事判决书;否定说参见"中国农业银行汇金支行诉张家港涤纶厂代位权纠纷案",载《最高人民法院公报》2004年第4期。

式,债权人代位权是否还能成立?有判决对此持肯定意见。①

(3)某些场合下基于特殊立法政策,债权人可以就特定物债权请求相对人履行,构成"无资力说"的例外。例如在某拆迁协议代位权纠纷中,当事人订立以产权调换为补偿方式的拆迁补偿安置协议(以房换房的互易合同)。债务人怠于行使房屋交付请求权,债权人起诉代位行使该权利时,法院以"调换产权房屋作为债权人赖以生存的最基本生活资料"为由,支持了债权人的请求。②

3."与该债权有关的从权利"包括违约金、利息和有关担保权等

(1)违约金、违约损害赔偿等请求权系由相对人对债务人实施违约行为产生,利息债权系主债权所生孳息。这两类债权均为金钱债权,且基于从随主规则的要求,其构成代位权的客体不存疑义。

(2)抵押权和保证债权可以构成代位权的客体。虽然抵押权并非金钱债权,但由于其通常以变价方式行使,故债权人代位行使并无操作上的障碍。保证债权作为一种担保性从债权,其构成代位权的客体亦无疑义。

(3)当事人约定违约定金的,如果相对人是收受定金的一方,债权人可代位请求其双倍返还定金;如果相对人是给付定金的一方,因其违约丧失定金返还请求权,不存在行使代位权的可能。当事人约定成约定金、解约定金等其他种类定金的,因这些定金不具有担保功能,故不能构成代位权的客体。

(4)工程价款优先权可以构成代位权的客体。《建设工程施工合同解释(一)》第44条规定,实际施工人以转包人或者违法分包人怠于向发包人行使到期债权或者与该债权有关的从权利(如工程价款优先权),影响其到期债权实现,提起代位权诉讼的,人民法院应予支持。

(5)共有物分割请求权可以构成代位权的客体。《查封、扣押、冻结财产规定》第12条第3款规定,共有人提起析产诉讼或者申请执行人代位提起析产诉讼的,人民法院应当准许。诉讼期间中止对该财产的执行。依此规定,债务人怠于行使共有物分割请求权的,债权人在执行程序中可以代位行使共有物分割请求权。

(6)债务人就相对人财产享有动产质权和留置权的,因标的物由债务人占有,因此债权人无法行使代位权。债务人享有不移转占有之权利质权的,该权利质权可以构成代位权的客体。

(7)债务人享有的合同撤销权、解除权能否构成代位权的客体?学理上对此

---

① 参见最高人民法院(2011)民提字第210号民事判决书,载《最高人民法院公报》2012年第6期。

② 参见沈阳市中级人民法院(2010)沈中民二终字第1736号民事判决书,载《人民司法·案例》2011年第8期。

存在争议。① 本书持否定说,即撤销权、解除权原则上不能构成代位权的客体。发生撤销事由(如欺诈)或解除事由(尤其是相对人违约)时,债务人本享有多种救济路径。如果在债务人并无撤销或解除意思的情形下允许债权人代位撤销或解除债务人与相对人的合同关系,对他人意思表示干涉过巨。② 当然,如果债务人已经撤销或解除其与相对人的合同,但怠于行使撤销或解除后产生的有关请求权(如赔偿损失),此类请求权可以构成代位权的客体。

(8)债务人享有的抵销权可以构成代位权的客体。债权人代位行使抵销权虽不能使自己直接受偿,但可有效防止债务人责任财产的减少,因此代位行使抵销权与保存行为的意义类似。

债务人享有的所有权、用益物权不属于"与该债权有关的从权利",故不构成代位权的客体。例如债务人向相对人"借名盖房并登记",债权人主张行使代位权以确认房屋归债务人所有,法院以"债权人要求代位的是债务人对相对人的不动产享有所有权,超出代位权客体范围"为由,未支持债权人的主张。③

4. 专属于债务人自身的权利不构成代位权的客体

如果债务人对相对人的债权或从权利依性质或法律规定具有行使上的专属性,则必须由债务人亲自行使,而不能由债权人代位行使。《民法典合同编通则解释》第 34 条规定,专属于债务人自身的权利包括:(1)抚养费、赡养费或者扶养费请求权;(2)人身损害赔偿请求权;(3)劳动报酬请求权,但是超过债务人及其所扶养家属的生活必需费用的部分除外;(4)请求支付基本养老保险金、失业保险金、最低生活保障金等保障当事人基本生活的权利;(5)其他专属于债务人自身的权利。兜底条款的实例如,尚未取得房屋所有权的购房消费者提起执行异议之诉的权利,是为特别保护购房消费者利益而设立,专属于购房消费者,不能由其债权人代位行使。④

原《合同法解释(一)》第 12 条曾规定,专属于债务人自身的权利还包括:基于继承关系产生的给付请求权、退休金请求权、安置费请求权等。《民法典合同编通则解释》第 34 条未采该规定,分述如下:

第一,基于继承关系产生的给付请求权原则上可以构成代位权的客体。一方面,继承关系仅涉及财产关系(而非身份关系)变动,且继承权与保障债务人的基本生活并不具有必然联系。另一方面,《查封、扣押、冻结财产规定》第 12 条第 3 款

---

① 肯定说参见龙俊:《民法典中的债之保全体系》,载《比较法研究》2020 年第 4 期;否定说参见杨巍:《〈民法典〉债权人的代位权解释论研究》,载《江西社会科学》2020 年第 12 期。

② 参见北京市第二中级人民法院(2022)京 02 民终 13308 号民事判决书。

③ 参见福建省高级人民法院(2021)闽民申 3065 号民事裁定书。

④ 参见最高人民法院(2023)最高法民申 1037 号民事裁定书。

规定,申请执行人(债权人)可以代位提起析产诉讼,因此认可该请求权构成代位权的客体与该规定的精神一致。

第二,退休金请求权的性质与劳动报酬请求权类似,可参照适用《民法典合同编通则解释》第34条第3项,即超过债务人及其所扶养家属的生活必需费用部分的退休金请求权可以构成代位权的客体。

第三,安置费请求权可否构成代位权的客体,实务中争议极大。由于安置费种类繁多、性质各异,一律排除适用代位权并不妥当。例如将对被征收房屋价值的大额补偿款请求权列入专属于债务人自身的权利可能会造成对债权人利益保护的显著失衡。较为妥当的做法是,在实践中根据具体案情适用《民法典合同编通则解释》第34条第4项或第5项规定。区分能够起到基本生活保障功能的部分拆迁安置费和其他安置费请求权,分别作不同处理。①

(三)债务人对相对人怠于行使权利

1. "怠于行使权利"的认定标准

所谓怠于行使权利,是指债务人能够行使而不行使或不恰当行使其权利。现行法规定的本要件标准较高。《民法典合同编通则解释》第33条规定,"债务人怠于行使权利"是指债务人不履行其对债权人的到期债务,又不以诉讼或者仲裁方式向相对人主张其享有的债权或者与该债权有关的从权利。换言之,即使债务人不断地以电话通知、催款函、律师函等方式向相对人主张权利,但只要未提起诉讼或申请仲裁,仍构成怠于行使权利。该规定的理由在于:确定一种客观标准,便于法院明确地认定债务人是否向相对人主张过权利,以防止债务人与相对人之间虚构通谋。②

如果相对人能够举证证明债务人因客观原因而不能起诉或申请仲裁,或者证明债务人已起诉或申请仲裁,即使对债务人效果不佳,债权人也不能行使代位权。如果相对人已处于破产程序,则债务人向管理人申报破产债权即不构成"怠于行使权利"③,因为该情形下起诉或申请仲裁已受到限制。如果债务人怠于申报破产债权,债权人只能代位实施申报破产债权之保存行为,而不能实施实行行为。

债务人与相对人签订延期还款协议的,《民法典》施行前有判决认为,债务人在其债权到期后与相对人签订延期8年还款的协议,明显损害了债权人的合法权益,属于债务人怠于行使债权。④ 由于《民法典》第538条将"恶意延长到期债权的

---

① 参见最高人民法院民事审判第二庭、研究室编著:《最高人民法院民法典合同编通则司法解释理解与适用》,人民法院出版社2023年版,第393—394页。

② 对该规定的批评意见参见崔建远:《合同法总论(中卷)》,中国人民大学出版社2012年版,第250页。

③ 参见浙江省桐庐县人民法院(2021)浙0122民初4223号民事判决书。

④ 参见"中国农业银行汇金支行诉张家港涤纶厂代位权纠纷案",载《最高人民法院公报》2004年第4期。

履行期限"规定为债权人撤销权的事由,故《民法典》施行后此类案型应当适用第538条。

2. "不以诉讼方式"应采扩张解释

《民法典合同编通则解释》第33条中的"不以诉讼方式"应解释为"未启动有关法律程序"。此处的法律程序包括:诉讼程序、特别程序(如确认调解协议、实现担保物权)和非讼程序(如督促程序)等。基于权利的不同样态、性质等因素,债务人启动的法律程序并非一定是诉讼程序。对"怠于行使权利"的形态,有判决认为,"怠于行使权利"行为有千差万别的表现,客观结果应作为判断债务人怠于行使权利的决定因素。如果债务人对次债务人的债权无客观因素制约,能够实现而未实现,则可以认定为债务人怠于行使权利。[①]

债务人起诉相对人后又撤诉的,可否构成"怠于行使权利"?在债务人自动撤诉或按撤诉处理的情形下,虽然债务人曾经启动诉讼程序,但并未最终完成该法律程序,因此仍可构成"怠于行使权利"。《民法典》及司法解释对此虽未规定,但实务中多采此意见。[②]

债务人获得生效法律文书(包括给付之诉的胜诉判决、实现担保物权的裁定等)后怠于申请强制执行的,债权人可否以债务人"怠于行使权利"为由行使代位权?实务中对此存在分歧。[③] 在现行法框架下,采否定说为妥。具体应作如下处理:其一,债权人不能以此为由提起代位权诉讼,因为债务人已经"以诉讼方式"向相对人主张权利,故不再符合提起代位权诉讼的要件。换言之,不应将"不以诉讼方式"无限扩张为要求债务人穷尽所有法律手段。其二,该情形下,债权人可借助"协助执行""到期债权执行(代位执行)"[④]等程序法规则获得救济。相对人对债权人行使权利有异议的,可通过执行异议规则解决。其三,该情形下,债权人仍可实施中断执行时效、申报破产债权等保存行为,因为此时保存行为仍可发挥其制度功能。

(四)影响债权人的到期债权实现

影响债权人的到期债权实现,亦即"有保全债权的必要"。因为债权人代位权突破了合同相对性,赋予债权人对第三人(相对人)的权利,故只有在债权人的债

---

① 参见上海市高级人民法院(2009)沪高民一(民)终字第21号民事判决书。

② 参见陕西省高级人民法院(2013)陕民二申字第01949号民事裁定书。

③ 采肯定说的实例参见北京市第三中级人民法院(2022)京03民终15854号民事判决书。否定说参见最高人民法院民事审判第一庭编:《民事审判指导与参考》2010年第4集(总第44集),法律出版社2011年版,第195页。

④ 相关学理意见参见李哲:《到期债权执行若干理论和实务问题探析》,载《人民司法·应用》2021年第10期。

权受到现实危险的场合下，债权人才能主张代位权，否则将导致对债务人的过分干涉。例如债权人对债务人享有 10 万元债权，债务人对相对人怠于行使 10 万元到期债权，但债务人账户上尚有 100 万元，债权人不得行使代位权。对于"有保全债权的必要"之判断标准，一般采取"债务人无资力说"，即债务人的负债超过资产（包括信用能力）而不能清偿其债务的状态。

1. 影响债权人的到期债权实现，不应解释为给债权人造成严重损害

债务人怠于行使权利导致债权人的债权部分或者全部未能实现的，均有保全债权的必要。只是在部分债权未能实现的场合下，债权人代位权的行使范围受到一定限制。

2. 认定债务人有无资力时，原则上仅考察债务人实际可控制的财产

债务人的责任财产由多种形态的财产构成，有些财产虽属债权人的责任财产，但因各种原因而无法实际控制，例如未到期的债权、银行的不良资产等。如果认定债务人有无资力时不把这些财产剔除，就会导致债务人表面上的财产总量较大而被认定为没有保全债权的必要。因此，在债务人当时实际可控制的财产不能清偿债权人的债权时，即应认定为债务人无资力。

上述四个要件并非债权人起诉的要件（程序要件），而具有实体法意义，即必须具备上述要件债权人行使代位权在实体法层面才能得到支持。债权人提起代位权诉讼后，人民法院经审理认为债权人的主张不符合代位权行使条件的，应当驳回诉讼请求（非驳回起诉），但是不影响债权人根据新的事实再次起诉。（《民法典合同编通则解释》第 40 条第 1 款）

【疑难案例：债权人代位行使抵押权纠纷案①】
【案件事实】

2000 年 3 月 10 日，华夏银行与经贸公司订立《贷款合同》约定：经贸公司向华夏银行申请出口信用证打包贷款，金额为 130 万元。华夏银行按约发放贷款后，经贸公司仅归还本金 10 万元，尚欠华夏银行本金 120 万元及相应的利息。2001 年 9 月 12 日，经贸公司函告华夏银行称，经贸公司拖欠华夏银行借款 120 多万元，现无力偿还，只有沪湘公司拖欠经贸公司的货款 125 万元（含利息），经贸公司现无力催讨。

沪湘公司与经贸公司之间系出口代理关系，由沪湘公司委托经贸公司代理出口有关产品，沪湘公司先后拖欠经贸公司货款 1298355 元及利息。1999 年 12 月 3

---

① 该案详细解读参见"华夏银行苏州支行诉上海沪湘工贸有限公司等代位权案"，载最高人民法院中国应用法学研究所编：《人民法院案例选（分类重排本）·民事卷 2》，人民法院出版社 2017 年版，第 1193 页以下。本案是《民法典》施行前法院通过"目的性扩张"认可债权人代位行使抵押权的实例。

日,沪湘公司及其法定代表人余某共同向经贸公司出具《抵押书》载明:因沪湘公司拖欠经贸公司货款,将余某所有的宝马汽车抵押给经贸公司。2000年2月沪湘公司与经贸公司签订《抵押协议》约定:抵押人为沪湘公司,抵押财产为本市A房屋。该房产未办理抵押登记。2000年4月,经贸公司和余某签订《抵押协议》约定:为保证还款协议的履行,余某以本市B房屋作为抵押财产,担保的债权范围:主债权698355元及利息。双方办理了抵押登记。其后,沪湘公司陆续归还了193000元。2000年7月28日,经贸公司占有余某的宝马汽车。后余某告知经贸公司,同意以上述抵押汽车作变现处理用以归还经贸公司的银行借款。

华夏银行向法院提起诉讼,主张代位行使经贸公司的担保物权。

【本案争点】

担保物权能否作为代位权的客体?

【裁判要旨】

一审法院认为:华夏银行能够代位行使担保物权。法律赋予债权人代位权,目的是为了防止债务人采用消极行为减少债务人的责任财产,保障债权人的债权。如否定担保物权为代位权客体,根据法律对代位权行使效果的规定,华夏银行及经贸公司就均不能再向余某主张担保物权,不符合代位权制度的目的;担保物权具有从属性,其中包括处分上的从属性,不能离开债权而单独处分。判决:华夏银行有权代位行使经贸公司的担保物权。

余某不服一审判决,认为一审判决允许华夏银行行使债务人的担保物权,违反法律规定,我国《合同法》将代位权行使的对象限定于债权,提起上诉。

二审法院认为:担保物权能否成为代位权行使的客体,我国《合同法》及其司法解释均未作禁止性规定。设定担保物权的目的在于担保债权的实现,即在债务人届期不履行或不完全履行债务时,担保权人有权通过处分担保物,以获得的价款优先受偿其债权。担保权人对担保物权的实现方式主要是担保物的价值变现,而非取得担保物权的所有权,其本质在于保障债权的实现。因此在本案中,担保物权作为债权的附属权利,可以成为代位权的客体。判决:驳回上诉,维持原判。

三、债权人代位权的行使方法

(一)行使的行为类型

1. 实行行为

实行行为是指依据债的本旨使债权得以实现的行为,例如请求清偿、抵销等。一般如无特别说明,行使代位权系指代位实施实行行为。

2. 保存行为

保存行为是指不直接导致债权得以实现,仅保存债权的存在或效力的行为。《民法典》第536条新增保存行为的规定,列举了三种保存行为:①向相对人请求其向债务人履行(以中断诉讼时效);②向破产管理人申报(以防无法通过破产程序受偿);③其他必要的行为。该条扩大了行使代位权行为的样态,使债权人行使代位权的时间范围更广,更加有利于实现代位权规则的保全功能,故值得肯定。

虽然第536条规定实施保存行为的时间是"债权人的债权到期前",但依据举重明轻原则,该债权到期后亦可实施保存行为。债权到期前,债权人只能实施保存行为而不能实施"请求履行"等实行行为,以免对债务人构成过分干涉。债权到期后,债权人可以选择实施保存行为或者实行行为。此时如果债权人认为实施保存行为足以达成保全债务人责任财产的效果,或者认为实行行为的成本过高或败诉可能性较大,应允许债权人实施保存行为而暂不实施实行行为。

3. 债权人行使代位权时,原则上不得实施处分行为

此类处分行为包括免除债务、延缓履行期限等。

(二)行使的程序

现行法规定债权人必须通过诉讼程序行使代位权(实行行为),而不能以诉讼外方式进行。保存行为基于其性质及功能,无需以诉讼程序行使。

1. 诉讼当事人

在代位权诉讼中,原告为债权人,被告为相对人。债务人的各债权人在符合法定要件的情形下均可行使代位权。行使代位权的债权人可以是一人,也可以是数人。两个以上债权人以债务人的同一相对人为被告提起代位权诉讼的,人民法院可以合并审理。债务人对相对人享有的债权不足以清偿其对两个以上债权人负担的债务的,人民法院应当按照债权人享有的债权比例确定相对人的履行份额,但是法律另有规定的除外。(《民法典合同编通则解释》第37条第2款)在此场合下,两个以上债权人作为共同原告。

关于债务人的诉讼地位,《民法典合同编通则解释》第37条第1款规定,债权人以债务人的相对人为被告向人民法院提起代位权诉讼,未将债务人列为第三人的,人民法院应当追加债务人为(无独立请求权)第三人。

2. 诉讼管辖

(1)管辖法院的确定。债权人提起代位权诉讼的,由被告(相对人)住所地人民法院管辖,但是依法应当适用专属管辖规定的除外。(《民法典合同编通则解释》第35条第1款)

如果债务人与相对人就债务纠纷订有管辖协议,债权人提起代位权诉讼应否

适用该协议? 实务中此前做法不一,《民法典合同编通则解释》第 35 条第 2 款明确采取否定说。该情形下,代位权之诉的法院管辖是由司法解释规定的一种特殊地域管辖,其效力高于当事人之间的管辖协议。①

(2)债权人起诉债务人与代位权诉讼的关系。债权人向人民法院起诉债务人后,又向同一人民法院对债务人的相对人提起代位权诉讼,属于该人民法院管辖的,可以合并审理。(《民法典合同编通则解释》第 38 条第 1 句)不属于该人民法院管辖的,应当告知其向有管辖权的人民法院另行起诉;在起诉债务人的诉讼终结前,代位权诉讼应当中止。(《民法典合同编通则解释》第 38 条第 2 句)债权人先提起代位权诉讼,又向同一人民法院起诉债务人的,依理应采相同处理。

(3)债权人提起代位权诉讼之后,债务人也向相对人主张权利,应如何处理? 依据《民法典合同编通则解释》第 39 条规定,分述如下:

①在代位权诉讼中,债务人对超过债权人代位请求数额的债权部分起诉相对人,属于同一人民法院管辖的,可以合并审理。不属于同一人民法院管辖的,应当告知其向有管辖权的人民法院另行起诉;在代位权诉讼终结前,债务人对相对人的诉讼应当中止。该条新增"可以合并审理"之规定,可以一定程度上避免债务人利用另行起诉以拖延代位权诉讼的情况发生,也有助于提高诉讼效率、一体解决纠纷。

②在代位权诉讼中,债务人对债权人代位请求的债权部分向相对人主张权利(无论是否另行起诉),不予支持。这是对《民法典合同编通则解释》第 39 条反面解释的结论。该部分债权虽本由债务人享有,但其怠于行使以致债权人直接向相对人行使代位权。如果此时债务人又向相对人主张权利,实有妨碍债权人代位权之嫌,亦有违诚实信用原则。因此,在债权人提起代位权诉讼之后,债务人便不能再向相对人主张债权人代位行使的债权部分。但为保护债务人利益,如果债权人代位行使该部分债权时有不当行为造成不必要损害,债务人有权就该损害请求债权人予以赔偿。

同理,债权人提起代位权诉讼之后,相对人也不得就该部分债权向债务人作出清偿。有判决认为,进入代位权诉讼程序后,债务人即丧失了主动处分次债务人债权的权利。次债务人在诉讼中主动向债务人清结债权债务,属于存在逃避诉讼、规避法律的故意。②

3. 仲裁协议的处理

如果债务人与相对人就债务纠纷订有仲裁协议,债权人提起代位权诉讼后,债务人或者相对人能否以此为由对法院主管提出异议? 该问题涉及债权人保护与仲

---

① 《民法典》施行前采此意见的实例参见最高人民法院(2018)最高法民辖终 107 号民事裁定书。

② 参见"中国农业银行汇金支行诉张家港涤纶厂代位权纠纷案",载《最高人民法院公报》2004 年第 4 期。

裁协议意思自治的冲突,如何处理颇费斟酌。① 《民法典合同编通则解释》第 36 条采取折中说:

(1)债权人提起代位权诉讼后,债务人或者相对人以双方之间的债权债务关系订有仲裁协议为由对法院主管提出异议的,人民法院不予支持。仲裁协议原则上不构成有效异议的理由在于:其一,代位权要件之"怠于行使权利"系以"不以仲裁方式向相对人主张权利"为标准。如果一方面采此要件,另一方面却允许以仲裁协议为由对代位权诉讼提出异议,似将造成体系冲突。其二,如果认可该异议,可能造成当事人"倒签"仲裁协议的风险,这将使代位权制度目的落空。《民法典》施行前,法院多以"行使代位权的债权人不是仲裁协议当事人"为由否认此类异议。②

(2)债务人或者相对人在首次开庭前就债务人与相对人之间的债权债务关系申请仲裁的,人民法院可以依法中止代位权诉讼。该规定有限地承认了仲裁协议在代位权诉讼中的效力,且与《仲裁法》第 26 条的精神保持一致。以代位权诉讼"首次开庭"为分界点,在此之前债务人或者相对人申请仲裁的(须与代位权诉讼标的同一),代位权诉讼中止;在此之后申请仲裁的,代位权诉讼继续审理。如果债务人或者相对人未申请仲裁,而仅以存在仲裁协议为由对代位权诉讼提出异议,无论在"首次开庭"之前或之后均不予支持。如果债权人提起代位权诉讼之后债务人与相对人订立仲裁协议且于首次开庭前申请仲裁,不导致代位权诉讼中止。

债权人与债务人之间订有仲裁协议,并不妨碍债权人提起代位权诉讼,因为二者的诉讼标的并不相同。如果债权人依据与债务人之间的仲裁协议申请仲裁后,又对债务人的相对人提起代位权诉讼的,在仲裁程序终结前,代位权诉讼应当中止。(类推适用《民法典合同编通则解释》第 38 条第 2 句)

4. 诉讼中的抗辩

相对人对债务人的抗辩(包括但不限于抗辩权),可以向债权人主张。(《民法典》第 535 条第 3 款)相对人对于债务人的先履行抗辩权③、诉讼时效抗辩权④等,均可向债权人主张。

债务人与相对人互负债务,相对人能否向债权人以此主张抵销抗辩?有判决持否定意见,理由是"代位权诉讼中债权人和债务人之间并无权利义务继受关

---

① 相关学理意见参见王利明:《仲裁协议效力的若干问题》,载《法律适用》2023 年第 11 期;陈龙业:《代位权规则的细化完善与司法适用》,载《法律适用》2023 年第 12 期;龙俊:《债之保全和转让规则的发展与创新》,载《中国法律评论》2023 年第 6 期。

② 参见"某控股株式会社与某利公司等债权人代位权纠纷案",2023 年"最高人民法院发布《关于适用〈中华人民共和国民法典〉合同编通则若干问题的解释》相关典型案例"之五。类似案例参见最高人民法院(2019)最高法民辖终 73 号民事裁定书。

③ 参见北京市第二中级人民法院(2021)京 02 民终 16185 号民事判决书。

④ 参见云南省楚雄彝族自治州中级人民法院(2023)云 23 民终 247 号民事判决书。

系"。① 该裁判意见并不合理。一方面,抵销权可以采取抗辩的方式行使(《九民纪要》第 43 条)。不允许相对人向债权人主张抵销抗辩,不恰当地剥夺了相对人的防御手段。另一方面,该情形下相对人主张抵销抗辩仅具有防御功能(拒绝履行),而并非主张债权人与债务人之间的债权相应地消灭,故上述裁判意见所持理由并不成立。

债务人对债权人的抗辩,相对人能否主张? 现行法未作规定,学理上存在争议。② 本书认为,相对人原则上可以主张此类抗辩,但同时应受债务人意思的影响。理由如下:其一,债权人向相对人行使代位权时,实际上使相对人处于债务人和次债务人的双重地位,故二者的防御手段均应有权主张。例如债权人对债务人的债权诉讼时效已届满,相对人有权援引该诉讼时效抗辩权拒绝债权人的履行请求。③ 其二,如果该情形下不允许相对人援引该抗辩,会导致以下不合理后果:对债权人而言,其向债务人请求履行本可被拒绝,但向相对人行使代位权却可规避该后果,这使债权人不恰当地获得了时效利益;对债务人而言,其本可向债权人拒绝履行,而债权人却从相对人处得到清偿,且债务人对相对人的债权在清偿范围内消灭,这使债务人不恰当地丧失了时效利益。其三,如果债务人放弃该抗辩(尤其在债务人参加代位权诉讼的情形下),相对人亦不能主张该抗辩。该情形不应类推适用《民法典》第 701 条,因为该条规定债务人弃权不影响保证人行使抗辩权的理由是"无偿合同对保证人的加重保护""追偿权的行使"等,而债权人代位权的场合下不存在这些因素。

(三)行使的范围

《民法典》第 535 条第 2 款规定,代位权的行使范围"以债权人的到期债权为限"。区分债权人的债权性质,分述如下:

1. 债权人的债权是金钱债权的

如果债权人的债权是金钱债权,债权人行使代位权的范围以其金钱债权数额为限,且不得超过相对人对债务人所负债务数额。例如债权人对债务人享有 10 万元债权,债务人对相对人享有 20 万元债权,债权人行使代位权的范围不能超过 10 万元。又例如债权人对债务人享有 10 万元债权,债务人对相对人享有 5 万元债权,债权人只能就 5 万元债权行使代位权。

---

① 参见最高人民法院(2004)民二终字第 53 号民事判决书。

② 肯定说参见申卫星、傅雪婷:《论债权人代位权的构成要件与法律效果》,载《吉林大学社会科学学报》2022 年第 4 期;否定说参见孙森焱:《民法债编总论(下册)》,法律出版社 2006 年版,第 523 页。

③ 进一步的问题是,该情形可否类推适用《民法典担保制度解释》第 35 条,即相对人"有义务"行使该抗辩权以保持与债务人未弃权之意思的一致性,否则导致相对人失权等不利后果。对此,似采肯定解释为妥。

2. 债权人的债权是非金钱债权的

如果债权人的债权是实物债权等非金钱债权，债权人行使代位权的范围以其转化的金钱数额为限，或者以不履行该债权所生之违约损害赔偿、违约金的数额为限，且不得超过相对人对债务人所负债务数额。

四、债权人代位权的行使效果

（一）债务人的处分权受到限制

债权人行使代位权后，债务人对相对人所享债权的处分权能即受到一定限制，债务人不得实施将该债权予以转让、放弃或设质等行为。[①] 只有如此，才能使债权人代位权的目的得以实现。依据《民法典合同编通则解释》第 41 条规定，债权人提起代位权诉讼后，债务人无正当理由减免相对人的债务或者延长相对人的履行期限，相对人不能以此向债权人抗辩。如果债务人的此类行为实施于债权人提起代位权诉讼之前，应适用债权人撤销权的相关规定。

（二）诉讼时效中断

债权人提起代位权诉讼的，对债权人的债权和债务人的债权均发生诉讼时效中断效力。[②]（《诉讼时效规定》第 16 条）如果债权人的债权数额小于债务人对相对人债权的数额，债权人提起代位权诉讼的，对债务人未被代位行使的债权部分也发生诉讼时效中断效力。（《诉讼时效规定》第 9 条）

（三）有关费用的负担

债权人行使代位权的必要费用，由债务人负担。（《民法典》第 535 条第 2 款）所谓必要费用，是指债权人行使代位权所支付的差旅费、律师代理费[③]等。

（四）相对人履行债务的效果归属：直接清偿规则

《民法典》颁布之前，对于相对人履行债务的效果归属，学界存在较大争议。第一种观点"入库原则说"认为，行使代位权取得的财产应先归入债务人责任财产，然后再依债的清偿规则清偿债务。第二种观点"债权人平均分配说"认为，相对人清偿所得财产应由法院先进行保管，法院应通知各债权人申报债权，在确定所

---

① 相反意见参见崔建远：《债法总论》，法律出版社 2013 年版，第 139 页。
② 参见最高人民法院（2011）民提字第 7 号民事判决书，载《最高人民法院公报》2011 年第 11 期。
③ 相反裁判意见参见北京市高级人民法院（2020）京民申 2378 号民事裁定书。

有债权人之后按照债权比例进行分配。第三种观点"代位权人优先受偿说"认为,为体现公平原则和激励因素,应当由代位权人优先受偿,即谁行使代位权,所获得财产就归属于谁。① 原《合同法解释(一)》第20条规定了"直接清偿规则",其适用效果较为接近第三种观点。《民法典》第537条继承了直接清偿规则,并对其进行了一定程度的完善。②

1. 直接清偿规则的适用效果

(1)由相对人直接向债权人履行义务。债权人代位行使债权的,法院可以判决相对人直接向债权人履行给付义务。债权人代位行使抵押权等担保物权的,由债权人申请启动实现担保物权程序,经法院审查符合法律规定的,裁定拍卖、变卖担保财产,债权人依据该裁定申请执行。

(2)债权人接受履行后,债权人与债务人、债务人与相对人之间相应的权利义务终止。

①直接清偿效果的发生时点是"债权人接受履行后",而非代位权诉讼的裁决生效时。换言之,如果相对人未履行该生效裁决,债权人仍须通过执行程序达成受偿目的,生效裁决本身并不能导致直接清偿的效果或者使债权人处于优先受偿的地位。③ 债权人亦可向债务人请求履行,因为二者之间的债务关系并未消灭,债务人不能以代位权诉讼的裁决生效为由拒绝履行。④

②直接清偿效果的发生方式是依据抵销规则,债权人与债务人、债务人与相对人之间相应的权利义务终止。简言之,债权人接受相对人履行后,依理本应返还给债务人,但因债务人对债权人负有债务尚未清偿,两者相互抵销而不必实际返还。

有疑问的是,该场合下的抵销应否通知债务人,抑或当然发生抵销效果?本书认为,虽然《民法典》第537条未规定通知义务,但基于抵销权规则的要求以及债务人利益保护的考量,应解释为债权人对债务人负有通知义务。具体而言,即使债务人作为第三人参加了代位权诉讼且知道债权人胜诉的事实,但由于对相对人是否依裁决履行义务以及履行的具体数额、方式等并不知情,因此债权人仍有通知的必要;如果债务人未参加代位权诉讼,其对自身权利被代位行使可能都不知情,故通知的必要性更为明显。如果债权人接受相对人履行后未通知债务人抵销事项,该清偿效果对债务人不发生效力。

2. 直接清偿规则的适用限制

(1)债务人的权利被采取保全、执行措施。《民法典》第537条并未明确启动

① 参见王利明:《合同法研究(第二卷)》,中国人民大学出版社2015年版,第114页。
② 相关学理意见参见金印:《债权人代位权行使的法律效果——以〈民法典〉第537条的体系适用为中心》,载《法学》2021年第7期;韩世远:《债权人代位权的解释论问题》,载《法律适用》2021年第1期。
③ 参见最高人民法院(2019)最高法民终6号民事判决书。
④ 参见江苏省南京市中级人民法院(2017)苏01民终1871号民事判决书。

保全、执行措施的主体是谁,故应解释为行使代位权的债权人和第三人(债务人的其他债权人、相对人的债权人等)均可构成该主体。

债权人基于行使代位权的需要申请保全债务人的权利时,如果第三人也在向相对人行使代位权或者依据其他法律关系主张权利,此时应适用追加诉讼当事人、合并审理等规则解决各债权人之间的利益冲突,而不能就某一债权人单独适用"直接清偿规则"。同理,第三人就债务人的权利申请保全、执行措施的,行使代位权的债权人也可通过追加诉讼当事人、合并审理、参与分配等规则主张权利,此时"直接清偿规则"同样被限制适用。①

债权人基于代位权诉讼的生效裁决申请执行时,如果第三人已经就相对人财产取得执行依据的,可依法向人民法院申请参与分配,通过参与分配规则确定各债权人的受偿比例(《民诉法解释》第508—512条);如果第三人对相对人享有担保物权、优先购买权或者其他权利的,可以作为利害关系人提出执行异议,依据执行异议规则解决各方当事人的利益冲突。(《执行异议规定》第5条)在此情形下,也不能就某一债权人单独适用"直接清偿规则"。

兹举一则实例:A对B享有1250万元债权,B作为实际施工人对发包人C享有工程款债权8200万元,A对C提起代位权诉讼并获得胜诉。经查明,B有几十件作为被执行人的案件,债务总额近1.3亿元。包括A在内的7位债权人提起代位权诉讼获得生效判决,并据此查封、扣押C的财产3600余万元。法院认为,虽然生效判决支持了A就1250万元行使代位权的诉讼请求,但A不能依据生效判决直接受偿1250万元。因为B的财产不足以清偿全部债务的情况下,应将该款项作为B的责任财产,按照参与分配等制度处理,以兼顾建筑工人、代位权人、B的其他债权人等各类权利主体的利益,其中亦需要考虑代位权人通过代位权诉讼实现对债务人债权的保全效果而付出的贡献。此外,C在代位权诉讼与执行程序中实际履行给付义务后,对B应付债务在已实际履行范围内相应消灭。②

(2)债务人破产。法院受理债务人破产申请时,如果债权人尚未提起代位权诉讼,不得再单独起诉,而应向破产管理人申报债权,通过破产程序主张债权;如果债权人已经提起代位权诉讼,应依法该中止诉讼,并通过破产程序主张债权。这两种情形下,均不能就行使代位权的债权人单独适用"直接清偿规则"。

---

① 参见北京市第四中级人民法院(2021)京04民初929号民事判决书。
② 参见最高人民法院(2020)最高法民再231号民事判决书。

【疑难案例：代位权诉讼与另案执行协调案①】

【案件事实】

原告姚某因与被告钱桥建筑公司代位权纠纷，向 A 法院（本案一审法院）提起诉讼。姚某与案外人蒋某潭均是案外人程某林的债权人，程某林对被告钱桥建筑公司享有到期工程款债权。

（一）姚某与程某林之间债权债务关系及相关诉讼情况

程某林多次向姚某借款。2010 年 6 月，姚某将程某林诉至 B 法院，B 法院作出判决，判令程某林归还姚某借款 87 万元。其后姚某向 B 法院申请支付令，要求程某林归还借款 29 万元。上述判决及支付令生效后，程某林均未履行付款义务。姚某遂向 B 法院申请强制执行。

2011 年 1 月 10 日，姚某向 A 法院提起债权人代位权之诉，要求钱桥建筑公司代程某林清偿 116 万元。经 A 法院调解，姚某与钱桥建筑公司、程某林签订《和解协议》约定：一、由程某林向钱桥建筑公司借款 54 万元支付给姚某，用于归还程某林结欠姚某借款 116 万元，姚某向法院申请撤诉及解除账户冻结措施。二、程某林剩余结欠姚某借款 62 万元的归还由钱桥建筑公司对 29 号房及 30 号、31 号房基础工程部分报审计决算后，如还有多余工程款结算给程某林，应由钱桥建筑公司优先支付给姚某，钱桥建筑公司支付给姚某的款项应在钱桥建筑公司与程某林之间的结算中扣除。超过 62 万元的工程款归程某林所有并支配。如审计决算后没有多余工程款结算给程某林，则与钱桥建筑公司无关。三、本协议所称的撤诉、解冻与支付 54 万元同时执行。2011 年 1 月 28 日，钱桥建筑公司向姚某支付该 54 万元，姚某遂撤回该案诉讼。2014 年，姚某再次以钱桥建筑公司为被告，提起本案代位权诉讼。

（二）蒋某潭诉程某林民间借贷纠纷、担保追偿权纠纷一案诉讼及执行情况

2010 年 12 月 7 日，B 法院立案受理蒋某潭诉程某林民间借贷纠纷、担保追偿权纠纷一案。其后 B 法院作出判决，判令程某林给付蒋某潭 77 万元及相应逾期付款利息。因程某林未履行该判决确定的给付义务，蒋某潭于 2011 年 3 月 16 日向 B 法院申请强制执行，执行中 B 法院自钱桥建筑公司扣划 72592 元到期债权发放给蒋某潭。

经审理，A 法院认定，鉴于钱桥建筑公司与城西产业公司签订的施工合同约定的保修期尚未届满，且钱桥建筑公司表示发包方城西产业公司仅支付其工程款95%，故钱桥建筑公司目前应向程某林支付的工程款包括 29 号房以及 30、31 号房

---

① 该案详细解读参见"姚某诉钱桥建筑安装工程有限公司债权人代位权纠纷案"，载最高人民法院中国应用法学研究所编：《人民法院案例选》2019 年第 9 辑（总第 139 辑），人民法院出版社 2020 年版，第 66 页以下。

基础工程总造价 3843033.55 元的 95%即 3650881.87 元、29 号房每平方米 80 元为标准的利润(贴息)即 347307.2 元,合计为 3998189.07 元。同时,A 法院确认钱桥建筑公司在 29 号房工程、30 号房及 31 号房的基础工程中支付和垫付的款项为 3551578.41 元(包括 B 法院扣划支付蒋某潭 72592 元)。

另查明,本案二审审理过程中,B 法院就蒋某潭诉程某林民间借贷纠纷、担保追偿权纠纷一案通知钱桥建筑公司协助执行。根据通知要求,钱桥建筑公司于 2015 年 1 月 12 日向 B 法院缴付 99303.46 元;1 月 15 日,B 法院将该笔款项发放给申请执行人蒋某潭。

原告姚某向 A 法院起诉,要求判令钱桥建筑公司立即向其支付 62 万元以及利息 38524 元。

【本案争点】

代位权诉讼与其他执行案件应如何协调处理?

【裁判要旨】

一审法院(A 法院)认为:姚某与钱桥建筑公司、程某林签订的《和解协议》合法有效,三方均应恪守履行。程某林结欠姚某借款 62 万元及相应利息,事实清楚,法院予以确认。钱桥建筑公司在 29 号房及 30 号、31 号房基础工程部分报审计决算后,如有多余工程款结算给程某林,应按约将款项优先支付给姚某。现程某林挂靠承建的工程的造价结算审定结果已出,程某林怠于与钱桥建筑公司结算,姚某作为程某林的债权人,有权要求钱桥建筑公司按照《和解协议》的约定履行清偿义务。判决:(1)钱桥建筑公司支付姚某 446610.66 元。(2)驳回姚某的其他诉讼请求。

二审法院判决:驳回上诉,维持原判。

再审法院认为:关于钱桥建筑公司已缴付的 99303.46 元执行款应否在本案中予以扣减的问题。姚某与蒋某潭均是程某林的债权人,程某林对钱桥建筑公司享有到期的工程款债权 446610.66 元。在程某林未能清偿对姚某与蒋某潭债务的情况下,姚某与蒋某潭作为债权人均有权依法向钱桥建筑公司代位主张到期债权。不同的是,姚某是通过提起本案代位权诉讼来主张权利,蒋某潭则是通过对到期债权的执行程序来主张权利。对于债权人的权利保护而言,代位权诉讼制度与到期债权执行制度各有利弊。在对到期债权的执行中,次债务人对债权无异议的,即可予以执行,但一旦次债务人提出了异议,申请执行人(债权人)则无法继续通过执行程序向次债务人求偿,而只能通过代位权诉讼途径主张权利。而代位权诉讼虽具有全面审查、明确固定债务人与次债务人之间债权债务关系的优势,但诉讼周期长,到期债权的数额在诉讼过程中可能会发生变化,比如可能会因债务人的其他债权人申请强制执行而相应减少。本案即属此类情形。姚某诉钱桥建筑公司代位权诉讼的二审判决系 2015 年 3 月作出,而在二审判决作出之前即 2015 年 1 月,钱桥建筑公司已根据 B 法院的协助执行要求,将其所欠程某林到期工程款债权中的99303.46 元支付给了申请执行人蒋某潭,该执行行为合法有据,并无不当。由此,截至本案二审判决前,钱桥建筑公司实际欠程某林到期工程款的数额应为446610.66 元 - 99303.46 元 = 347307.2 元,姚某能够代位主张的债权数额亦应当为347307.2 元。二审判决未将钱桥建筑公司已经实际支付的执行款从应付到期债权中予以扣减不当,应予纠正。判决:(1)撤销一审、二审判决;(2)钱桥建筑公司支付姚某 347307.2 元;(3)驳回姚某的其他诉讼请求。

第三节　债权人撤销权

一、债权人撤销权概述

(一)债权人撤销权的概念

债权人撤销权,是指债权人对债务人危害债权的积极行为,可请求法院予以撤销的权利。例如甲对乙享有 10 万元债权,乙将唯一可供清偿的财产一套房屋赠与给丙,导致甲的债权无法实现,甲有权撤销该赠与行为。

债权人撤销权起源于罗马法,由罗马法务官保罗创设,故又被称为保罗诉权(actio pauliena)。后世大陆法系很多国家及地区都继受了该项制度,有的将其规定于民法典中,例如法国(《法国民法典》第 1341—2 条)、日本(《日本民法典》第424 条);有的规定于特别法中,例如德国(《德国破产程序外债权人撤销法》);还有的规定于破产法中,例如瑞士(《瑞士债务执行与破产法》第 285—292 条)。在法国,债权人代位权(代位诉权)与债权人撤销权(撤销诉权)被并列规定为合同保全措施。二者的保护对象均针对无担保债权人。依据撤销诉权,无担保债权人在债务人诈害其权利时,可以通过请求宣告债务人实施的行为在其正当权益的限度之内对其不具有对抗效力,从而排除债务人实施的此种诈害行为对无担保债权人产生的不利后果。[①]

我国《合同法》颁行以前,并未规定债权人撤销权制度。《合同法》首次明确规定了该制度,以期实现对债权人更为充分的保护,《民法典》继承了《合同法》及其司法解释的相关规定。现行法将债权人代位权与撤销权并列规定为合同保全措施

---

① 参见[法]弗朗索瓦·泰雷等:《法国债法·契约篇(下)》,罗结珍译,中国法制出版社 2018 年版,第971 页。

且必须以诉讼方式行使权利的做法，与法国法较为类似。另外，我国破产法亦规定有破产撤销权制度（《破产法》第31条），其与债权人撤销权虽都具有保全债务人责任财产的目的，但在适用范围、适用条件及法律后果等方面存在差异。

（二）债权人撤销权的性质

1. 债权人撤销权是实体法上的权利

债权人撤销权是《民法典》规定的实体权利，而非程序法上的权利。虽然现行法要求债权人行使撤销权应当采取诉讼方式，但该权利属于实体法律关系的内容（债权的对外效力），故债权人撤销权是实体法上的权利。

2. 债权人撤销权是从权利

因债权人撤销权是债权对外效力的体现，其仅为附属于债权所生效果，故其与所属债权构成从权利与主权利的关系。债权人转让债权的，撤销权随之一并转移给受让人。债权人不得将债权与撤销权分别转让给不同的受让人，也不得保留债权而单独转让撤销权或者保留撤销权而单独转让债权。

3. 债权人撤销权是形成权、请求权抑或其他

对债权人撤销权性质的界定，将直接影响撤销之诉的性质（形成之诉或给付之诉）以及诉讼当事人的确定（被告是债务人或受益人）等。学界对此存在争议。第一种观点"形成权说"认为，债权人撤销权是否认诈害行为效力的形成权，其效力在于，依债权人的意思而使债务人与第三人之间的法律行为（诈害行为）效力绝对地消灭。第二种观点"请求权说"认为，债权人撤销权是纯粹的债权请求权，是直接请求返还因诈害行为而脱离的财产的权利。撤销仅为返还请求的前提，并非对于诈害行为效力的否认。第三种观点"折中说"认为，债权人撤销权兼具撤销和财产返还请求的性质，是撤销诈害行为、请求归还脱离财产的权利。第四种观点"责任说"认为，债权人撤销权是一种伴有"责任上的无效"效果的形成权，撤销权诉讼是一种形成之诉。[①]

我国主流意见采折中说，即行使撤销权的效果既有否认诈害行为的效力，也有债权人请求返还财产的效力。《民法典合同编通则解释》亦采折中说，详见本节第四部分。

（三）债权人撤销权与类似制度的比较

1. 债权人撤销权与债权人代位权

这两项制度的立法目的均为防止债务人责任财产不当减少，从而保护债权人

---

① 参见韩世远：《合同法总论》，法律出版社2018年版，第455—458页。

债权的实现,两者共同构成了合同保全制度。两者存在以下区别:(1)针对的对象不同。前者针对债务人妨害债权的积极行为,即放弃债权、无偿转让财产等;后者针对债务人妨害债权的消极行为,即怠于行使到期债权等。(2)构成要件不同。债权人行使撤销权的,仅要求债务人实施诈害行为前债权人对债务人的债权已有效成立,而不要求该债权已到期;债权人行使代位权的,则要求债权人对债务人的债权已到期。(3)法律效果不完全相同。由于债权人行使撤销权时其对债务人的债权可能已到期也可能尚未到期,且债务人处分的财产可能是金钱、实物或其他财产,故债权人能否直接获得受益人或受让人交付的财产,应当依据不同情形分别处理。债权人行使代位权的场合下,债权人可依直接清偿规则请求相对人直接向其履行。

【实务争议:债权人可否同时行使撤销权与代位权?】

实务中,对此存在分歧意见。持肯定说的实例如:被告离婚时签订的《离婚协议书》约定,被告放弃对夫妻共有财产的享有的份额。原告起诉同时主张行使债权人撤销权与债权人代位权。法院认为,该协议导致被告无能力履行对原告所负债务,损害了原告的权益,原告起诉撤销被告与第三人(被告配偶)在《离婚协议书》中关于财产分割的约定,可予准许。法院还认为,被告签署《离婚协议书》放弃自己的财产,在本案审理过程中亦不同意撤销《离婚协议书》中关于财产分割的约定,有理由认为在《离婚协议书》中关于财产分割的约定被撤销后,被告会怠于向第三人主张返还财产。因此支持了原告行使代位权的请求。[①]

持否定说的实例如:甲与乙签订《以物抵债协议》,并约定甲另付"1.5万吨煤作为利息"(以下简称"利息煤")。其后,乙向丙借款600万元,并约定以乙享有的"利息煤"债权供作担保。因甲未能依约履行,甲与乙又达成协议约定:甲向乙返还借款430万元;乙放弃"利息煤"债权。丙起诉请求撤销乙的弃权行为,且同时主张代位行使"利息煤"债权。法院未支持丙的请求,理由是:"如果允许丙同时主张代位权,而且认定代位权成立,即次债务人甲可以直接向其履行清偿义务,除了程序上的混乱之外,会在同一案件中出现两种法律制度效果并存、相冲突的状态。同时,丙要主张代位权,须证明乙因撤销权的行使取回财产或权益后,又出现了怠于行使其到期债权情形。而是否会出现上述情形,在正在进行的同一诉讼中尚处于不确定状态。若允许债权人在一起案件中同时主张代位权与撤销权,会造成在实体权利认定、程序设置、法律适用方面的混乱与冲突,故代位权与撤销权不宜在同一诉讼中一并主张。"[②]

---

① 参见上海市宝山区人民法院(2013)宝民一(民)初字第5980号民事判决书。
② 参见黑龙江省高级人民法院(2012)黑商终字第6号民事判决书。

对于该问题，学理意见亦存在争议。肯定说认为，允许同时行使两种权利有助于实现债的保全体系的全面衔接，也避免了债的保全体系内部的轻重失衡，因为撤销权要件的门槛要高于代位权，其法律效果却弱于代位权。[①] 否定说认为，二者同时行使将导致制度功能、适用对象、行使范围的混淆，代位权和撤销权的构成要件并不相同，也难以同时行使。虽然两种保全措施的行使效力存在差异，但这并非撤销权的制度缺陷，而是该制度的内在要求，不宜通过同时行使规则而予以改变。[②]

本书赞同否定说，理由如下：其一，如前文所述，我国主流意见对债权人撤销权的性质采折中说，即债权人撤销权兼具撤销和财产返还请求的性质。因此，上述案型中债权人在撤销权诉讼胜诉后可直接请求相对人返还财产或通过强制执行受偿，而没有行使代位权的必要。肯定说系以"请求权说"为逻辑前提，故并不合理。其二，"民法典合同编通则司法解释（草案）"第52条曾采肯定说："债务人放弃其到期债权、恶意延长其到期债权的履行期限，影响债权人的到期债权实现，债权人请求撤销债务人的行为并代位行使该行为被撤销后债务人对相对人享有的债权的，人民法院依法予以支持。债权人依据前款规定起诉的，应当列债务人和其相对人为共同被告。"但由于该规定"过于复杂、不利于司法适用"，最终被删除。[③]

2. 债权人撤销权与可撤销合同的撤销权

这两项制度均在"撤销权"名目下由当事人行使权利，以否认某法律行为的有效性，且都必须以诉讼方式行使。两者存在以下区别：（1）在法律体系中的地位不同。前者属于合同保全制度，规定于合同编第五章"合同的保全"；后者属于效力瑕疵法律行为制度，规定于总则编第六章"民事法律行为"。（2）权利主体不同。前者的权利主体是债权人；后者的权利主体是法律行为中意思表示不真实的当事人。（3）撤销的对象不同。前者撤销的是他人（债务人与受让人或受益人）实施的法律行为，属于突破合同相对性之例外情形；后者撤销的是撤销权人自己实施的法律行为，仍属于合同相对性框架内的规则。（4）撤销权的性质不同。前者并非纯粹的形成权，而是兼具有形成权和请求权的性质；后者性质为形成权。（5）权利存续期间不同。前者存续期间适用《民法典》第541条规定的1年和5年；后者不适用第541条。

[①] 参见申卫星、傅雪婷：《论债权人代位权的构成要件与法律效果》，载《吉林大学社会科学学报》2022年第4期。

[②] 参见王利明：《债权人代位权与撤销权同时行使之质疑》，载《法学评论》2019年第2期。

[③] 参见最高人民法院民事审判第二庭、研究室编著：《最高人民法院民法典合同编通则司法解释理解与适用》，人民法院出版社2023年版，第509页。

二、债权人撤销权的行使要件

(一)债权人对债务人的债权成立于诈害行为之前且合法有效

1. 债权人对债务人的债权成立于诈害行为之前

债权人撤销权的目的是防止债务人的现有责任财产不当减少,故债务人责任财产原则上应以债权成立时为评价标准。在债权人的债权成立之前债务人实施的行为即使导致责任财产减少,债权人也不得撤销。例如借款合同订立前借款人已将财产赠与他人,出借人不能撤销该赠与行为。①

2. 债权人对债务人的债权合法有效

如果债权人对债务人的债权是自然债权或不合法债权,不能以此主张债权人撤销权。② 债权人的合法债权类型,一般是金钱债权或可转化为金钱债权的债权。劳务债权和不作为债权的债权人原则上不享有撤销权,但如果该债权因债务人违约转化为损害赔偿请求权,债权人可就损害赔偿请求权行使撤销权。

因债务人实施的诈害行为对其责任财产危害甚大,债权人对债务人享有的债权即使尚未到期③或具体数额尚未确定④,债权人亦可行使撤销权。这与代位权存在差异。

债权人享有以下类型债权,能否行使撤销权,值得讨论:

(1)特定物债权。例如甲将特定物卖给乙但尚未移转所有权,又将该物低价出卖或赠与给丙,乙能否撤销甲丙之间的买卖或赠与行为? 原则上应采否定解释,因为如果该情形下乙享有撤销权,无异于承认在先买受人的债权具有绝对优先效力,有违债权平等原则。⑤ 如果甲丙之间的行为导致甲陷入无资力状态,而无法向乙承担违约金责任或损害赔偿责任,乙可依据该违约请求权(金钱债权)行使撤销权。

(2)有担保的债权。

①对于附有抵押权、质权等担保物权的债权,因担保物权具有对世效力和追及效力,即使债务人的诈害行为导致责任财产减少,债权人的债权仍受担保物权保

---

① 参见宁夏回族自治区高级人民法院(2012)宁民提字第 34 号民事判决书。

② 参见浙江省杭州市中级人民法院(2011)浙杭商终字第 956 号民事判决书。

③ 参见江苏省无锡市中级人民法院(2017)苏 02 民终 1741 号民事判决书。

④ 参见江西省高级人民法院(2019)赣民终 484 号民事判决书。

⑤ 其他观点参见申卫星:《论债权人撤销权的构成——兼评我国〈合同法〉74 条》,载《法制与社会发展》2000 年第 2 期。

障,因此债权人不得行使撤销权。① 但如果担保物的价值不足以清偿债务,债权人可就不足部分行使撤销权。

②对于附有保证担保的债权,因保证担保仅具债权效力而不具有对世性,故债权人对债务人的诈害行为仍可行使撤销权。

对保证人减少其责任财产的行为,债权人能否行使撤销权? 在连带责任保证中,因保证人与主债务人承担连带责任,即使保证人能够证明主债务人具有足够的清偿能力,债权人也可就保证人的行为行使撤销权。在一般保证中,因保证人承担补充责任,因此保证人如果能够证明主债务人具有足够的清偿能力,债权人对保证人的行为不能行使撤销权。

对债务人减少其责任财产的行为,保证人能否行使撤销权? 保证人承担保证责任后对债务人享有追偿权,故保证人是债务人潜在的债权人。如果保证人尚未承担保证责任,因追偿权还未成立,保证人不能对债务人此时及以前的行为行使撤销权。如果在保证人承担保证责任之后债务人实施减少其责任财产的行为,因此时追偿权已经成立,保证人可以对债务人的行为行使撤销权。

(3)附条件和附期限债权。

①附生效条件债权在条件尚未成就之前,债务人实施诈害行为,债权人能否行使撤销权? 对此学界存在争议。② 否定说似更合理。因这种债权所附条件于将来能否发生并不确定,债权人此时所享债权并不具有现实性,债务人此时实施减少责任财产的行为很难说有害于债权。而且,撤销权的行使对债务人和第三人影响甚大,因此不宜承认此类债权人享有撤销权。

②附始期债权在期限尚未到来之前,债务人实施诈害行为,债权人可以行使撤销权。在期限未到来之前债权人所享债权虽不具有现实性,但因期限必定会到来,故基于该债权较强的确定性,债权人此时仍有保全债务人责任财产的必要。

③附解除条件和附终期债权在条件尚未成就或期限尚未到来之前,债务人实施诈害行为,债权人可以行使撤销权。因为这两种债权虽然将来有可能失效,但此时债权人现实地享有有效债权,故仍有保全债务人责任财产的必要。

(二)债务人实施了诈害行为

1. 无偿行为(《民法典》第 538 条)

(1)放弃债权。该行为的性质是免除债务,无论债务是否到期均可构成诈害行为。因该行为导致债务人在未获得对价的情况下丧失债权,明显导致责任财产

---

① 参见最高人民法院(2003)民一终字第 71 号民事判决书。

② 肯定说参见崔建远:《债法总论》,法律出版社 2013 年版,第 149 页;否定说参见王利明:《合同法研究(第二卷)》,中国人民大学出版社 2015 年版,第 132 页。

减少,故债权人对该行为可行使撤销权。

(2)放弃债权担保。债务人放弃抵押权、质权、留置权、保证债权或其他担保权益,虽然并未导致债权数额直接减少,但债权效力降低增加了不能受偿的风险,因此债权人对此类行为可以行使撤销权。

(3)无偿转让财产。此类行为直接导致债务人责任财产减少。例如:①债务人将其房产无偿变更登记至其子女名下[①];②当事人约定转让公司100%股权的对价是0元[②];③债务人向第三人转账钱款,且不能证明存在对价[③];④夫妻一方婚前财产在婚后变更登记为夫妻共有财产[④];⑤债务人在离婚协议中放弃夫妻共有财产份额[⑤]等。

如果债务人与第三人形式上订立有偿合同,但并无使第三人实际支付对价的真实意思,债务人却依据该合同转让财产,也应被认定为无偿行为。例如:①虽然《股权转让协议》约定了转让价款,但转让人(债务人)和受让人均明确表明约定价款仅是形式,真实意思无须支付股权转让对价,因而可以认定该《股权转让协议》为无偿行为。[⑥] ②债务人与第三人订立《股权转让协议》并支付转让款后,又无正当理由回转大部分款项。[⑦] 对上述案型的另一可能的救济路径是,如果具备"以虚假意思表示订立的合同"之要件,可认定该合同无效。

(4)恶意延长到期债权的履行期限。此处的"恶意延长",是指不合常理的、违背商业规律的延长行为。债务人虽未放弃债权,但恶意延长到期债权的履行期限,导致相对人不必现实履行债务。该行为虽未导致债务人责任财产数额减少,但放弃期限利益致使债权效力减弱,且使债务人真正可供执行的责任财产减少,因此债权人对此类行为可以行使撤销权。

对债务人的恶意,一般由债权人负举证责任。有判决认为,主债务人与次债务人协议变更次债务人的清偿条件使得履行期限延长,如果变更行为属于二者之间的正常商业行为,债权人不能证明系恶意串通损害债权人的利益,则法院对债权人主张撤销权不能支持。[⑧]

(5)其他无偿行为。例如:

①代为清偿他人债务或债务承担。例如公司代股东清偿债务。[⑨] 如果此类行

① 参见最高人民法院(2017)最高法民申910号民事裁定书。
② 参见湖南省高级人民法院(2019)湘民终38号民事判决书。
③ 参见北京市高级人民法院(2019)京民终1647号民事判决书。
④ 参见北京市第二中级人民法院(2019)京02民终381号民事判决书。
⑤ 参见广东省广州市中级人民法院(2020)粤01民终9834号民事判决书。
⑥ 参见最高人民法院(2016)最高法民终683号民事判决书。
⑦ 参见最高人民法院(2017)最高法民申1807号民事裁定书。
⑧ 参见上海市第二中级人民法院(2007)沪二中民四(商)终字第601号民事判决书。
⑨ 参见安徽省高级人民法院(2020)皖民再109号民事判决书。

为未获得对价,将直接导致债务人责任财产减少。

②变更保单受益人。例如债务人本为保单所载投保人和受益人,将其已缴清全部保费的保单受益人变更为第三人。[1] 该行为实质上是无偿转让将来才可行使的债权。

【学说争议:放弃继承权的行为能否撤销?】

对于该问题,各国立法态度不一。《意大利民法典》第 524 条、《瑞士民法典》第 578 条明确规定债权人有权撤销债务人放弃继承权的行为。与之相反,依据《德国民法典》第 1942 条第 1 款、第 1953 条第 1 款规定,遗产不是继承人责任财产的当然组成部分。继承人放弃继承遗产的,视为该遗产从未归属于该继承人,故解释为该弃权行为不能成为债权人撤销权的对象。[2]

我国学界对该问题存在争议。肯定说的理由:其一,债务人放弃继承权的行为违反禁止权利滥用原则、诚实信用原则。其二,我国实行当然继承制度,继承开始即导致遗产归属于继承人,故债务人放弃继承实质上是处分已取得的责任财产。其三,债务人通过放弃继承权逃避偿债义务,损害债权人利益的,构成无偿诈害行为。[3]

否定说的理由:其一,债权人撤销权的对象应是财产行为,放弃继承权是以身份关系变动为基础的行为。其二,债权人与继承人之间的债务应以债务发生之时债务人的财产为责任财产,未来可继承之遗产不在责任财产范围内。其三,放弃继承权规则保障继承人的人格独立、意志自由和个人财产独立,债权人撤销该行为干涉其意志自由,有损其人格权益。[4] 实务中,采取肯定说和否定说的裁判意见皆有其例。[5]

本书赞同肯定说。除上述理由外,以下两点值得特别注意:其一,《民法典继承编解释(一)》第 32 条规定:"继承人因放弃继承权,致其不能履行法定义务的,放弃继承权的行为无效。"该条虽不能直接作为债权人行使撤销权的依据,但确实包含了对继承人弃权行为否认其效力以保全责任财产的精神,故与肯定说更为契合。其二,基于现阶段信用状况普遍不佳的社会现实,侧重保护债权人利益的需求更为

---

[1] 参见河南省虞城县人民法院(2021)豫 1425 民初 2910 号民事判决书。

[2] Vgl. Dres. h. c. Dieter Leipold, Kommentar zum § 1942, in: *Münchener Kommentar zum BGB*, 9. Aufl., München: C. H. Beck, 2022, Rn. 14.

[3] 参见冯一文、袁士增:《继承放弃能否为撤销制度之标的》,载《法律适用》2004 年第 2 期;崔建远:《合同法总论(中卷)》,中国人民大学出版社 2012 年版,第 299 页。

[4] 参见郭明瑞:《继承放弃行为辨析》,载《东方法学》2018 年第 4 期;陈苇、王巍:《论放弃继承行为不能成为债权人撤销权的标的》,载《甘肃社会科学》2015 年第 5 期。

[5] 肯定说参见成都市中级人民法院(2008)成民终字 1129 号民事判决书,载《人民司法·案例》2010 年第 2 期;否定说参见上海市浦东新区人民法院(2008)浦民一(民)初字第 20445 号民事判决书。

突出,故采取肯定说是较为现实的选择。

2. 有偿行为(《民法典》第 539 条)

(1)以明显不合理的低价转让财产。例如:A. 将当时市场价格为 400 万元的房屋以 100 万元卖给他人。① B. 以价值 1.3 亿元的股权与第三人 2700 余万元的设备进行资产置换。② C. 以 8 亿元的债权抵偿价值 4 亿元的股权。③

对于"明显不合理的低价"的判断标准,《民法典合同编通则解释》第 42 条规定:其一,人民法院应当按照交易当地一般经营者的判断,并参考交易时交易地的市场交易价或者物价部门指导价予以认定。其二,转让价格未达到交易时交易地的市场交易价或者指导价 70% 的,一般可以认定为"明显不合理的低价"。其三,债务人与相对人存在亲属关系、关联关系的,不受 70% 的限制。对于该条规定的标准,详述如下:

①时间标准:"交易时"。交易时,是指转让行为成立时。由于撤销有偿行为须以"债务人和受让人具有恶意"为主观要件,故要求其实施转让行为时知或应知当时构成"明显不合理的低价"才能与恶意要件相一致。如果转让行为并未背离订约时的市场价格,其后因市场价格发生变化导致先前转让行为约定的价格达到"明显不合理的低价"的程度(例如房价大幅上涨),且该价格变化不能归责于当事人,则该转让行为不构成撤销权的对象。换一角度而言,债务人和受让人实施该转让行为时不具备主观要件之恶意。

如果债务人和受让人实施转让行为时明知存在将来的额外利益,且该利益不属于市场价格正常变动的范畴,那么该利益也应被纳入考量。例如债务人将其持有 A 公司 99% 的股权以 260 万元的价格转让给受让人,而 A 公司所在地块早已列入"某科技创新城总体规划"红线范围内,其后 A 公司获得 1 亿元征地补偿款。法院认为,债务人和受让人签订股权转让协议时明知 A 公司未来将拆迁并获得巨大利益,故认定债务人以明显不合理低价转让股权。④ 该情形下,转让行为时的价格没有客观地、真实地反映标的价值,而债务人和受让人恶意地利用了该事实。

②地点标准:"交易地的市场交易价或者物价部门指导价"。此处的"交易地"应解释为哪一级行政区域(省、市、县、区),不宜一概而论。应当根据转让财产的性质、种类(土地、房屋等不动产,机器设备、交通工具、海鲜、果蔬等动产),结合指导价的适用范围、市场流通、交易惯例、关税区域等因素予以判断。兹举两则实例:

---

① 参见北京市第三中级人民法院(2023)京 03 民终 1708 号民事判决书。
② 参见最高人民法院(2008)民二终字第 23 号民事判决书,载《最高人民法院公报》2008 年第 12 期。
③ 参见最高人民法院(2018)最高法民申 1212 号民事裁定书。
④ 参见江苏省高级人民法院(2019)苏民申 1985 号民事裁定书。类似案例参见河南省高级人民法院(2020)豫民终 845 号民事判决书。

A. 两种价格标准发生冲突。位于上海某区的涉案房屋在知名中介公司网页上标价 1.6 亿元,房地产评估公司受税务局委托作出的估价为 9950 万元。法院认为,考虑估价对象为花园住宅,目前该类房地产市场交易活跃,有比较充分的可比案例,故本次估价采用比较法进行评估,即根据替代原理,选择与估价对象房地产处于同一供需圈内、用途相同,结构相同且较近时期正常交易的多个实例作为比较实例,经过交易情况修正、市场状况调整和房地产状况调整,求取估价对象房地产比较价值。根据比较法计算结果,进行结果分析后综合确定估价对象房地产的市场价值。该报告对该房产估价为 9950 万元。该房地产估价报告虽为房地产课税需要所做,但其采用将估价对象与在价值时点近期有过交易的类似房地产进行比较的方法进行房屋价格评估,其结论更接近市场交易价格。①

B. 参考他人的类似交易价格。A 公司对路桥公司享有近 20% 股权权益,A 公司将该权益以 1482 万元的价格转让给第三人 C 公司。法院认为,参考另一项类似交易中 B 公司间接收购路桥公司 81% 股权权益时支付对价 39.57 亿元,可以推算 A 公司的投资权益价值数亿元。因此,C 公司以 1482 万元受让 A 公司在路桥公司投资权益的行为符合"明显不合理低价"情形。②

③主体标准:"一般经营者"。该标准的本意是采取一般的、客观的民事主体的认知标准,而排除个别的、偶然的、有违一般认知的标准。因此,不应仅凭文义将"非经营者"(如自然人)排除适用《民法典合同编通则解释》第 42 条。对于经营者而言,应从该行业的普通经营者的视角,判断其允诺的价格是否构成理性选择。对于非经营者而言,应从一个普通人设身处地的视角,判断其允诺的价格是否构成理性选择、是否符合生活常识。

④一般价格标准:"低于 70%"。《民法典合同编通则解释》第 42 条还规定了一般情况下的参考示范标准,即转让价格低于交易时交易地的市场交易价或者指导价 70% 的,一般可以认定为明显不合理的低价。该标准是一般情况下法律介入价格纠纷的界限,因为在不考虑其他因素的前提下,低于 70% 的售价对转让人而言是很难接受的。

但也应注意,因为转让行为与财产性质具有复杂性,该 70% 的比例不能认为是唯一的、绝对的标准。例如季节性商品和时令果蔬在临近换季或保质期将届满时,往往以低于市价 70% 的价格甩卖。又例如在市场疲软、有价无市、资金占用利息损失巨大等情况下,以低于市价 70% 的价格转让财产有利于挽回经营损失等。这些情形均不宜认定为"明显不合理的低价"。

⑤一般价格标准的排除适用:"亲属关系、关联关系"。债务人与相对人存在

① 参见最高人民法院(2020)最高法民终 1244 号民事判决书。
② 参见最高人民法院(2017)最高法民再 93 号民事判决书。

亲属关系、关联关系的,不受 70% 的限制。对此解读如下:其一,债务人与相对人存在此类关系,交易价格低于市场交易价或者指导价 70% 的,当然应认定为"明显不合理的低价"。其二,即使交易价格不低于市场交易价或者指导价 70%,也可以构成"明显不合理的低价"。由于"亲属关系、关联关系"导致交易效果类似于一个人将左口袋的钱放进右口袋,因此交易当事人之间存在此类关系的一般情况下可以无视 70% 之规定而直接推定构成诈害行为。交易当事人如欲否认该推定,应当举出反证。换言之,《民法典合同编通则解释》第 42 条第 3 款与第 2 款的本质区别是对举证责任的分配不同,即对于存在亲属关系、关联关系的交易当事人的反证责任提出了更高要求。[1]

此处的"亲属关系",包括但不限于近亲属。(《民法典》第 1045 条)所谓"关联关系",是指公司控股股东、实际控制人、董事、监事、高级管理人员与其直接或者间接控制的企业之间的关系,以及可能导致公司利益转移的其他关系。(《公司法》第 265 条第 4 项)虽然不构成亲属关系或关联关系,但关系密切的朋友、师生、生意合作伙伴之间的价格异常交易,亦可类推适用《民法典合同编通则解释》第 42 条第 3 款。

(2)以明显不合理的高价收购他人财产。判断"明显不合理的高价"的时间标准、地点标准、主体标准、排除适用均与"明显不合理的低价"相同,唯将一般价格标准改为"转让价格高于市场交易价或者指导价 30%"。

(3)为他人的债务提供担保。例如为他人债务设立抵押权、订立保证合同等。此类行为虽然表面上未直接导致债务人责任财产减少,但增加了债务人的债务负担(消极财产),具有间接减少责任财产的效果,可能影响债权人的债权实现,因此债权人对此类行为可以行使撤销权。[2]

《民法典》施行前,学理上多认为"为他人的债务提供担保"是无偿诈害行为。[3]《民法典》第 539 条将此类行为归于有偿诈害行为的可能原因是:其一,担保人承担担保责任后享有追偿权。虽然追偿权与提供担保之间并不构成对价,但这确实导致此类行为与(没有追偿权的)无偿诈害行为存在一定程度的差异。其二,某些域外法的影响。例如《意大利民法典》第 2901 条第 2 款规定,在某些情形下为他人的债务提供担保构成有偿诈害行为。

担保公司为他人提供有偿担保业务的行为,应当谨慎适用《民法典》第 539 条。一般场合下,虽然担保公司可能承担的担保责任与其收取的费用在数额上并不等

---

① 参见最高人民法院民事审判第二庭、研究室编著:《最高人民法院民法典合同编通则司法解释理解与适用》,人民法院出版社 2023 年版,第 476—477 页。

② 参见最高人民法院(2020)最高法民申 2757 号民事裁定书。

③ 参见申卫星:《论债权人撤销权的构成——兼评我国〈合同法〉74 条》,载《法制与社会发展》2000 年第 2 期。

价,但该业务本身就具有射幸合同的性质,故不宜撤销。如果确实有证据表明担保公司利用担保业务不当减少其责任财产,且影响债权人的债权实现的,可例外地适用《民法典》第 539 条或者适用恶意串通等规则救济债权人。

(4)其他有偿行为。依据《民法典合同编通则解释》第 43 条规定,债务人实施互易财产、以物抵债、出租或者承租财产、知识产权许可使用等行为,亦可被撤销。例如以明显不合理的低价以物抵债、以明显不合理的高价承租他人财产等。

这些行为是买卖之外的有偿行为,既包括转移权利归属的行为,也包括不转移权利归属的行为。其构成撤销权的对象需满足以下要件:其一,该行为采取明显不合理的价格。对于"明显不合理的价格"的认定,采取《民法典合同编通则解释》第 42 条之相同标准。其二,债务人的相对人知道或者应当知道该行为影响债权人的债权实现。

3. 不能撤销的行为

债务人的下列行为虽然可能不利于债权人债权的实现,但因不具备债权人撤销权的要件或有悖于撤销权的立法目的而不能撤销。

(1)事实行为。例如债务人对房屋进行装修可能导致房屋价值降低。撤销的对象仅限于法律行为、表意行为,故此类行为不能撤销。

(2)身份行为。例如债务人结婚、离婚、收养,虽可能加重债务人的负担而影响债权实现,但因关乎更为重要的身份利益,故此类行为不能撤销。

(3)拒绝接受赠与、拒绝他人提供担保、拒绝工作机会以获得报酬的行为。合同保全的目的在于防止债务人责任财产不当减少,而非促使债务人责任财产增加,故此类行为不能撤销。

(4)无偿提供劳务的行为。此类行为与给付财产无关,并未导致债务人责任财产减少,故不能撤销。

(5)以禁止扣押的财产为标的的行为。例如债务人转让个人生活用品的行为。因为此类财产不能列入债务人责任财产,不属于强制执行的财产范围,即使撤销也无意义。

(6)不作为。例如债务人在房价或股价巨高时未予出售。当然,如果债务人的不作为构成怠于行使对相对人的到期债权,债权人可行使代位权。

(7)准法律行为。例如催告、债权让与通知、为中断时效而作出债务承认等。债务人实施此类行为并未直接导致责任财产减少,故不能撤销。[1]

(8)有合理对价的转让财产行为。有判决认为,法人将实物资产通过有偿转让变为货币资产,买受人在公平交易基础上给付对价后,法人财产仅从形态上发生

---

[1] 相反意见参见韩世远:《合同法总论》,法律出版社 2018 年版,第 463 页。

了变化,但其责任财产价值总额并未减少。债权人不能就此行使撤销权。①

(9)政府主导的债权债务重组行为。有判决认为,《增资扩股协议书》属政府相关部门为维护辖区金融稳定,改善辖区金融环境,组织相关金融机构及生产企业进行的资产及债权、债务重组行为,并不存在低价转让财产的情形……债权人请求撤销由政府相关部门主导的债权、债务重组行为不符合法律规定的起诉条件。②

【学说争议:偏颇清偿行为能否撤销?】

偏颇清偿行为,是指债务人在资不抵债且有多个债权人的情形下,仅向特定债权人进行清偿,而导致对其他债权人丧失清偿能力。例如 A 分别与 B、C、D 订立借款合同,分别借款 100 万元、150 万元、200 万元,后 A 因经营亏损现有财产仅 100 万元,A 将全部财产用以清偿 B 的债务,C 和 D 能否撤销该清偿行为?

在破产程序中,偏颇清偿行为属于可撤销行为(《破产法》第 32 条),但在破产程序之外能否撤销此类行为,学理上存在争议。否定说(多数说)认为,在债务到期的场合,债务人清偿债务是履行义务的行为,且偏颇清偿未减损债务人责任财产,故不得撤销。③ 有限肯定说(少数说)认为,债务人是自然人或非法人组织且不适用破产程序的,应有限度地认可债权人撤销权对偏颇清偿行为的适用,以配合参与分配制度,弥补《破产法》适用范围上的缺陷,为债权人提供一条公平有序的受偿途径。债务人是企业法人的,由于债权人撤销权作为强制执行的准备性制度,就不宜承担确保债权人平等受偿的职能,所以破产程序外的偏颇清偿原则上不可被撤销。④ 实务中,多数裁判意见采否定说⑤,但亦有采肯定说的实例⑥。

本书赞同否定说,理由如下:其一,在上述事例中,A 的清偿行为虽致积极财产减少,但也消除了消极财产,故并非单纯导致责任财产减少。其二,法律在破产领域对撤销偏颇清偿行为作出特别规定,恰可证明该规则在一般场合不可适用,而仅适用于特别法领域。

(三)影响债权人的债权实现

所谓影响债权人的债权实现,是指债务人实施的无偿行为或有偿行为导致其

---

① 参见"淮北市友谊汽车修理改装厂与中国建设银行淮北分行等撤销权纠纷案",载最高人民法院民事审判第二庭编:《民商事审判指导》2005 年第 1 辑(总第 7 辑),人民法院出版社 2005 年版,第 230 页以下。

② 参见河北省高级人民法院(2017)冀民终 178 号民事裁定书。

③ 参见韩世远:《合同法总论》,法律出版社 2018 年版,第 466 页;王洪亮:《债法总论》,北京大学出版社 2016 年版,第 151 页。

④ 参见陈韵希:《论民事实体法秩序下偏颇行为的撤销》,载《法学家》2018 年第 3 期。

⑤ 参见最高人民法院(2015)民申字第 2174 号民事裁定书;浙江省高级人民法院(2015)浙民申字第 1924 号民事裁定书。

⑥ 参见浙江省温州市中级人民法院(2013)浙温民终字第 1870 号民事判决书。

责任财产减少,致使债权人的债权不能获得完全清偿的状态。对该要件的判断标准,通说采取"债务人无资力说",具体以"债务超过"为判断标准[①],即如果债务人处分财产后便不具有足够的财产清偿对债权人所负债务,就可认定该行为影响债权人的债权实现。

1. "无资力"的计算标准

从理论角度而言,"无资力"的计算应当将债务人的全部积极财产(如物权、债权、知识产权、股权等)与全部消极财产(如债务、其他财产负担)加以对比。前者数额小于后者数额的,即构成无资力状态。该标准被称为形式标准,其虽在逻辑上合理,但存在以下弊端:一是债权人举证负担过重。要求债权人行使撤销权时就债务人全部财产状况予以举证,对债权人过于严苛。二是账面意义的积极财产与其真实价值有可能发生背离。例如账面所载高额债权存在受偿障碍、持有的专利权虽估值较高但很难变现。

实务中,对无资力的判断通常从形式标准和实质标准两方面进行,即综合主客观相关情况,考虑债务人动机的正当性、方法的妥当性等因素作出具体判断。在不同案型中,区分不同情况对形式审查标准和实质判断标准把握侧重,而并非仅据算术上的结论进行简单判断。[②] 例如债务人因债务纠纷被多个债权人起诉,其财产被法院采取查封措施的,即使债务人证明曾有部分清偿行为以及有银行存款的事实,也有可能被认定无资力。[③]

如果债务人实施无偿行为或有偿行为系基于合理理由,客观上也无害于其真实的清偿能力,则不应机械地依据账面财产减少认定具备本要件。例如 A(实际施工人)对 B(承包人)享有工程款债权 30 万元,其后因工程项目陷入停顿、B 背负多项债务且缺乏足额清偿能力,包括 A 在内的 10 个债权人以相同比例(50%)减免对 B 的债权,以换取 B 尽速支付剩余款项。[④] 该情形下,债务人放弃实现机会渺茫的部分债权,而获得部分债权得到现实履行,对维持其责任财产是现实的、有利的选择。

2. "无资力"的认定时间

对本要件之"无资力"的认定,应当同时具备两个时间标准:诈害行为时标准和撤销权行使时标准。

(1)债务人实施诈害行为时,导致无资力状态。符合该标准,诈害行为才现实

---

① 其他观点"债权不能实现说""支付不能说"参见王利明:《合同法研究(第二卷)》,中国人民大学出版社 2015 年版,第 140 页。

② 参见最高人民法院民法典贯彻实施工作领导小组主编:《中华人民共和国民法典合同编理解与适用〔一〕》,人民法院出版社 2020 年版,第 529 页。

③ 参见最高人民法院(2018)最高法民再 437 号民事判决书。

④ 参见陕西省高级人民法院(2022)陕民申 1816 号民事裁定书。

地导致债务人责任财产减少,且债务人或受让人的恶意才有可能被证成。如果债务人实施行为(无论是否有偿)时并未导致自己陷入无资力状态,即使其后因其他财产变动或财产贬值导致不能清偿债务,且该变动不可归责于债务人,则不具备本要件。

(2)债权人行使撤销权时,债务人仍处于无资力状态。换言之,债务人的无资力状态须延续至债权人行使撤销权时。如果债权人行使撤销权时债务人的无资力状态已经消除,因对债务人责任财产已无保全必要,故不具备本要件。例如债务人放弃对他人债权导致无资力状态,但其后股市大涨致使债务人所持股票大幅升值,且股票价值足以使债权人受偿的,则不能对先前放弃债权的行为行使撤销权。

一种特殊情形是,虽然具备诈害行为时标准和撤销权行使时标准,但由于某种原因导致行使撤销权不能真正达到保全目的,则债权人不得行使撤销权。例如债务人将当时市场价格为 500 万元的房屋以 300 万元卖给他人,导致自己处于无资力状态,其后因房价下跌,债权人主张行使撤销权时该房屋市场价为 250 万元。该情形下,即使撤销先前买卖合同,也不能期望以更高价格卖出,故行使撤销权已无实益。[①]

(四)主观要件

1. 债务人的恶意

所谓债务人的恶意,是指债务人明知或应知其处分财产的行为有害于债权的心理状态,至于债务人是否积极希望以此损害债权人之债权则在所不问。《民法典》第 538 条、539 条对债务人的恶意未作明确规定。通说认为,应当区分无偿行为和有偿行为,对债务人的恶意要求有所不同。[②]

(1)无偿行为,债务人无须具有恶意。[③] 债务人实施无偿行为的,因必然导致责任财产减少,因此只要客观上有害于债权,原则上债权人即可行使撤销权。但也存在例外情况,例如债务人恶意延长到期债权履行期限的,要求债务人须具有恶意。

(2)有偿行为,债务人须具有恶意。判断债务人是否具有恶意的时间标准,以债务人实施行为时为准。债务人实施行为时不知也不应知其行为有害于债权,其后得知的,不能认定具有恶意。诈害行为由债务人的代理人实施的,就代理人的心理状态判断恶意的有无。对于债务人恶意的证明,应采推定规则。债权人只须举证证明债务人的客观诈害行为而无须举证债务人恶意,债务人不能举证证明其无

① 参见孙森焱:《民法债编总论(下册)》,法律出版社 2006 年版,第 542 页。
② 相反裁判意见参见最高人民法院(2017)最高法民再 93 号民事判决书。
③ 参见最高人民法院(2009)民二提字第 58 号民事判决书。

恶意的即推定其具有恶意。①

2. 受益人或受让人的恶意

受益人是指因债务人无偿行为而取得利益的人。受益人通常是债务人实施法律行为的对方当事人，但在向第三人履行的合同中，受益人是该第三人。受让人是指因债务人有偿行为而受让财产的人。

（1）无偿行为，受益人无须具有恶意。债权人对债务人实施的无偿行为行使撤销权的，不以受益人知情为条件。

（2）有偿行为，受让人须具有恶意。债权人对债务人实施的有偿行为行使撤销权的，须以受让人知情为条件。所谓受让人的恶意，是指受让人明知或应知债务人处分财产的行为有害于债权的心理状态，至于受让人是否具有损害债权人之债权的意图则在所不问。判断受让人是否具有恶意的时间标准，以债务人与受让人实施转让行为时为准，不应以受让人实际取得财产时为标准。对于受让人恶意的证明，原则上也应采推定规则。交易的非正常价格、交易当事人之间的某种特殊关系等因素，均可为该推定的合理性提供依据。例如交易双方的股东互为亲戚，可推定受让人知情。②

如果债务人与受益人或受让人的行为具备恶意串通的要件，则构成请求权竞合。即债权人既可以依据《民法典》第154条主张合同无效，也可以依据第539条撤销该合同。③

【疑难案例：债权人撤销国家机关审核批准的资产划转行为案④】

【案件事实】

1999年1月至11月间，被告销售公司先后5次向原告美仁宫支行借款共计563万元。上述借款期满后，销售公司均未偿还，美仁宫支行遂提起诉讼。法院在审理上述借款合同纠纷案后，作出了支持原告诉讼请求的判决。经强制执行后，原告的上述债权未得到足额清偿。

1999年5月至8月期间，案外人天利公司向美仁宫支行借款310万元，销售公司为上述借款提供连带责任保证。借款期满后，天利公司未偿还借款，销售公司亦未履行保证责任，美仁宫支行遂向法院提起诉讼。该院作出判决，判令销售公司对天利公司欠美仁宫支行借款310万元本息承担连带清偿责任。上述判决生效后，

---

① 参见最高人民法院(2008)民二终字第23号民事判决书，载《最高人民法院公报》2008年第12期。

② 参见最高人民法院(2013)民申字第1036号民事裁定书。

③ 参见最高人民法院(2003)民一终字第71号民事判决书。

④ 该案详细解读参见"债权人工行厦门市美仁宫支行申请撤销债务人福建省汽车工业集团厦门销售公司将其名下的房地产申请国资局划转给另一企业的行为案"，载最高人民法院中国应用法学研究所编：《人民法院案例选（分类重排本）·民事卷3》，人民法院出版社2017年版，第1475页以下。

天利公司和销售公司均未履行,美仁宫支行遂申请强制执行。经审查,天利公司和销售公司均无可供执行的财产,法院于 2001 年 5 月 23 日作出裁定,中止执行上述判决。

另查明:销售公司于 1999 年 5 月至 10 月期间向湖滨支行贷款三笔,共计 600 万元。另外,因销售公司未能在二份汇票承兑到期日前足额交付票款,导致湖滨支行垫付资金 240 万元。第三人贸易公司于 2000 年 6 月至 11 月期间向销售公司转款五笔,共计 840 万元。销售公司将上述 840 万元款项用于归还了湖滨支行的到期贷款及垫付资金。

1999 年 8 月 17 日,销售公司向省国资局申请办理资产划转手续。省国资局作出《批复》,同意销售公司将其位于×市 866 号面积为 3244.85 平方米的土地使用权及地面建筑物划转给贸易公司。由于销售公司与贸易公司均系省汽车工业集团公司全资子公司,同年 10 月 26 日,省汽车工业集团公司在该批复上注明:根据省国资局批复,同意上述资产划转,请给予办理有关房产证划分手续。2000 年 3 月 20 日,房地产权籍登记中心颁发了该房屋产权变更权证。2000 年 10 月 11 日,销售公司到房地产权籍登记中心办理了上述房产变更登记手续,贸易公司领取了《土地房屋权证》。

原告美仁宫支行向法院提起诉讼,请求判令撤销销售公司无偿转让×市 866 号面积为 3244.85 平方米的土地使用权及地面建筑物的行为。被告答辩称:(1)本案的资产划转行为不是基于平等民事主体之间的协商结果,而是国有资产行政主管部门依职权作出的具体行政行为。(2)原告的撤销权请求范围超出了其债权范围。第三人贸易公司述称:其取得的房产是根据政府的划拨行为取得,原告的诉讼请求没有依据。

【本案争点】

对于国资局审核批准的资产划转行为,如何认定能否撤销?

【裁判要旨】

一审法院认为:销售公司将其位于×市 866 号面积为 3244.85 平方米的土地使用权及地面建筑物无偿转让给贸易公司,虽然经过有关行政主管部门的批准,但其行为仍然是销售公司与贸易公司之间的民事行为,并非行政机关的具体行政行为。美仁宫支行行使撤销权而向法院提起诉讼,符合有关法律规定,法院应当受理。美仁宫支行行使撤销权的请求范围并未超出其债权的范围。销售公司明知其财产不足以清偿全部债务,而无偿转让财产给贸易公司,其主观上具有逃避债务的恶意,损害了美仁宫支行的合法权益,因而美仁宫支行的诉讼请求应予支持。判决:撤销销售公司将其位于×市 866 号面积为 3244.85 平方米的土地使用权及地面建筑物无偿转让给贸易公司的行为,该行为自始无效。

二审法院认为：围绕撤销权是否成立，三方当事人的争议焦点在于以下两个方面：

第一，销售公司将本案讼争房地产移转给贸易公司的行为是民事行为，还是行政机关依职权作出的资产划转的具体行政行为。法院认为：省国资局依职权对销售公司请求资产移转的申请进行审核并作出同意的批复，该行为实质上是国有资产的管理机构对销售公司与贸易公司之间资产移转行为的认可，这与通过具体行政行为主动作出的资产划拨有本质上的不同，原审对此认定是正确的。即销售公司将资产移转给贸易公司的行为是民事法律行为，本案不属于行政划拨国有资产所产生的纠纷。销售公司与贸易公司的请求没有相应的事实和法律依据，法院不予支持。

第二，关于上述资产移转行为是否是无偿民事行为的问题，法院认为：根据三方当事人确认的事实，在本案讼争房地产于 2000 年 3 月 20 日变更登记之后，贸易公司从 2000 年 6 月至 11 月间替销售公司偿还了 840 万元欠款，双方未就此订立书面合同，但该事实是客观存在的，且双方确认这是贸易公司受让房产而支付的对价。虽然本案房地产的移转表面上是无偿划拨的形式进行，并且经过行政机关的确认、登记，但实际上并不是无偿的。

据此，销售公司将其位于×市 866 号面积为 3244.85 平方米的土地使用权及地面建筑物移转给贸易公司的行为不是无偿或低价转让，又不存在对价属于明显不合理的低价、且受让人知道该情形的情况，客观上也没有损害美仁宫支行的债权，美仁宫支行就该行为提出的撤销申请不符合撤销权成立的法定构成要件。判决：撤销一审判决，驳回美仁宫支行的诉讼请求。

三、债权人撤销权的行使方法

(一)行使的程序

债权人必须通过诉讼程序行使撤销权，而不能采取诉讼外方式。撤销权诉讼兼具有形成之诉与给付之诉的性质，债权人可通过撤销权诉讼撤销债务人与受益人或受让人的行为，也可请求受益人或受让人返还有关财产。例如债务人以明显不合理的低价将一套红木家具卖给受让人，如果债务人尚未交付该动产债权人即行使撤销权，该诉讼仅发生形成之诉的效果；如果债务人已经交付，则该诉讼既发生撤销买卖合同的效果，还产生请求受益人或受让人返还该动产的效果。

1. 诉讼当事人

撤销权诉讼中，债权人为原告，债务人和债务人的相对人(受益人或受让人)

为共同被告。(《民法典合同编通则解释》第 44 条第 1 款前段)两个以上债权人就债务人的同一行为提起撤销权诉讼的,人民法院可以合并审理。(《民法典合同编通则解释》第 44 条第 2 款)在此场合下,两个以上债权人作为共同原告。

2. 诉讼管辖。

撤销权诉讼由被告(债务人或者相对人)住所地人民法院管辖,但是依法应当适用专属管辖规定的除外。(《民法典合同编通则解释》第 44 条第 1 款后段)

《民法典合同编通则解释》第 46 条第 2 款新增规定:"债权人请求受理撤销权诉讼的人民法院一并审理其与债务人之间的债权债务关系,属于该人民法院管辖的,可以合并审理。不属于该人民法院管辖的,应当告知其向有管辖权的人民法院另行起诉。"该款与第 38 条的精神类似,即通过合并审理提高诉讼效率、一体解决纠纷。

3. 特殊情形:债权人提起第三人撤销之诉

某些场合下债权人行使撤销权存在法律障碍的,可以通过提起第三人撤销之诉获得替代性救济。《九民纪要》第 120 条第 1 款第 2 项规定,因债务人与他人的权利义务被生效裁判文书确定,导致债权人本来可以对债务人的行为享有撤销权而不能行使的,债权人可以提起第三人撤销之诉。依据该规定,债务人本可被撤销的行为一旦被生效裁判文书确定,债权人即不得行使债权人撤销权,但作为替代救济手段,债权人可以提起第三人撤销之诉。

最高人民法院指导案例认为:债权人申请强制执行后,被执行人与他人在另外的民事诉讼中达成调解协议,放弃其取回财产的权利,并大量减少债权,严重影响债权人债权实现,符合债权人行使撤销权条件的,债权人对民事调解书具有提起第三人撤销之诉的原告主体资格。[①] 但亦有学理意见认为,上述做法将第三人撤销之诉的主体扩张为本可依据实体权利(债权人撤销权)独立提起诉讼的当事人,是司法实务中一种变通做法,其合理性尚存疑义。[②]

(二)行使的时间限制

依《民法典》第 541 条规定,债权人行使撤销权应在法定期间内进行,未在法定期间内行使的,撤销权消灭。

1. 撤销权自债权人知道或者应当知道撤销事由之日起 1 年内行使

该"1 年"期间的性质为除斥期间,不适用诉讼时效中止、中断和延长规则。该"1 年"期间的起算点适用主观标准,即自债权人知道或者应当知道撤销事由之日

---

① 参见"鞍山市中小企业信用担保中心诉汪薇、鲁金英第三人撤销之诉案",最高人民法院指导案例 152 号。类似案例参见安徽省高级人民法院(2020)皖民终 229 号民事判决书。
② 对该规定的批评意见,参见金印:《诉讼与执行对债权人撤销权的影响》,载《法学》2020 年第 11 期。

起算。知道或者应当知道的对象是"撤销事由"即诈害行为,而非"无资力"之事实,因为即使债权人知道债务人无资力但对诈害行为不知情就无法确定撤销的对象。兹举两则实例：

①2007 年裁决书执行过程中,执行法官告知债权人涉案财产不在债务人名下,但未告知债务人是否构成无偿转让,且重新仲裁已于此前开始,该裁决书已失效。2010 年 3 月 15 日,仲裁机构作出 2010 年裁决书后,由于债务人未履行付款义务,债权人于 2010 年 6 月向法院申请强制执行 2010 年裁决书。经法院调查,债务人的银行账户内仅 700 余元,其名下已无其他可供执行的财产。2011 年 1 月和 2 月,债权人委托律师前往国土资源局等机构调查涉案房地产时才知道债务人无偿转让财产的行为,后于 2011 年 4 月 14 日提起撤销权之诉。一审、二审法院认为除斥期间已届满。再审法院(最高人民法院)认为,1 年的起算点是 2011 年 2 月,故债权人起诉时并未超过除斥期间。①

②2012 年 3 月,甲集团陷入重大债务危机。2012 年 7 月 2 日甲集团与乙集团签订《债权转让协议》约定甲集团将某债权低价转让给乙集团。丙公司(甲集团的债权人之一)与甲集团于 2013 年 4 月签订《合作协议》,约定丙公司作为甲集团战略合作伙伴于 2013 年 5 月 6 日开始介入甲集团的债务重组。因甲集团存在众多债务,重组复杂,直至 2013 年 10 月 8 日丙公司才正式介入甲集团重组工作。法院认为,丙公司知道或者应当知道撤销事由(甲与乙签订《债权转让协议》)之日应为 2013 年 10 月 8 日正式介入甲集团重组工作之日。②

2. 自债务人的行为发生之日起 5 年内没有行使撤销权的,该撤销权消灭

该"5 年"期间的性质为债权人可行使撤销权的最长法定期间,为不变期间。该 5 年期间的起算点适用客观标准,即自"债务人的行为发生之日"起算。法律设置该期间的目的在于限制前述 1 年除斥期间,以防止债权人于年代过于久远后行使撤销权而影响法律关系的稳定。债权人在该 5 年期间内未行使撤销权的,既丧失实体权利,也丧失程序权利。③

(三)行使的范围

《民法典》第 540 条第 1 句规定："撤销权的行使范围以债权人的债权为限。"依据《民法典合同编通则解释》第 45 条第 1 款规定,区分被撤销行为的标的是否可分作不同处理。

---

① 参见最高人民法院(2016)最高法民再 151 号民事判决书。
② 参见最高人民法院(2018)最高法民申 1212 号民事裁定书。
③ 参见最高人民法院(2007)民二终字第 32 号民事判决书。

1. 被撤销行为的标的可分,应在受影响的债权范围内行使撤销权

被撤销行为的标的物是金钱或可分物的,在受影响的债权范围内行使撤销权就足以实现保全目的,故行使撤销权应以该债权范围为限,以免对债务人及其相对人造成过度影响。例如债权人对债务人享有 50 万元债权,债务人赠与他人 100 万元,债权人只能撤销其中 50 万元的赠与。

2. 被撤销行为的标的不可分,可将债务人的行为全部撤销

与代位权客体主要是金钱债权不同,被撤销行为的标的物可能是金钱、其他可分物或不可分物。在被撤销行为的标的物是不可分物的场合下,债权人可就整个标的物行使撤销权,而不必受其债权数额的限制,因为该情形下部分撤销是无法操作的。例如债权人对债务人享有 50 万元债权,债务人赠与他人一套价值 100 万元的房屋,债权人可就整个赠与行为予以撤销。

【疑难案例:债权人撤销权的除斥期间起算点认定案①】

【案件事实】

2005 年 9 月 21 日,伟士特公司与草桥公司签订《房产转让协议书》约定:伟士特公司将其所属的伟士特综合业务楼转让给草桥公司;转让价款 4000 万元,其中伟士特公司欠草桥公司的 400 万元债务直接从转让价款中扣抵;在该房屋买卖前,伟士特公司必须将土地使用权出让手续办理完毕,使土地使用权具备转让的条件;伟士特公司应于协议签订后 60 日内将房屋连同该房屋权属证件及房屋所占用土地的权属证件交付草桥公司;自草桥公司实际接收该房屋之日起,伟士特公司须无条件协助草桥公司在房地产产权登记机关规定的期限内向房地产产权登记机关办理权属登记手续……《房产转让协议书》签订后,草桥公司依约向伟士特公司支付了购房款 3360 万元(包括已抵扣的伟士特公司欠草桥公司的债务 400 万元),但伟士特公司未能在取得房屋占用土地使用权后将其过户给草桥公司,也未能取得房屋所有权证书。

此后,草桥公司向×区法院起诉要求伟士特公司立即履行房屋买卖合同并配合其办理房地产过户手续。该院作出判决,伟士特公司协助草桥公司办理伟士特综合楼的产权过户手续。伟士特公司不服上述判决,上诉至二中院,该院作出 A 判决,驳回伟士特公司的上诉,维持原判。该判决已生效。

2010 年 4 月 2 日,伟士特公司的债权人以伟士特公司无力清偿到期债务且存在恶意逃避债务的可能为由向一中院申请对伟士特公司进行破产清算。一中院于 2010 年 5 月 7 日裁定受理破产清算申请,并于 2010 年 12 月 20 日作出判决,确认

---

① 该案详细解读参见"王某凤与北京伟士特开发咨询有限公司等债权人撤销权纠纷案",载最高人民法院民事审判第二庭编:《合同案件审判指导》(增订版),法律出版社 2018 年版,第 341 页以下。

王某凤享有伟士特公司的破产债权220万元。

王某凤认为伟士特公司以明显不合理的低价转让房屋与土地使用权,该行为应予撤销。王某凤于2011年3月7日向一中院提起诉讼,请求撤销伟士特公司与草桥公司签订的《房产转让协议书》中转让房屋及土地使用权的行为。

【本案争点】

5年除斥期间起算点之"行为发生之日"应如何理解?

【裁判要旨】

一审法院认为:王某凤认为伟士特公司作出转让房屋产权的行为应以双方办理房屋产权变更登记手续时为准,具体的时间应当以二中院A判决判令伟士特公司协助草桥公司办理伟士特综合楼的产权过户手续的时间为准,即2010年12月1日。因此其提起撤销权的期限并未超过5年的最长除斥期间。该院认为,除非法律有特别规定,合同一经成立,只要不违反法律的强制性规定和社会公共利益,就可以发生效力。登记是针对物权的变动所采取的一种公示方法。该案中虽然没有办理登记手续,房屋所有权不能发生移转,但草桥公司基于《房产转让协议书》而享有的占有权仍然受到保护。不动产登记即物权变动并不是买卖合同的生效要件,而是其履行行为的组成部分。因此,履行一个完整的房屋买卖合同,包括了债权行为与物权变动行为,而"行为发生之日"应当以先作出行为时为准,不应以完成行为时为准。故该案中的"行为发生之日",应当以伟士特公司签订转让合同时为准,即2005年9月21日为除斥期间的起算点,自2005年9月21日起至王某凤向该院起诉时的2011年3月7日止,已超过5年的最长除斥期间,王某凤的撤销权已经消灭。裁定:驳回王某凤的起诉。

二审法院裁定:驳回上诉,维持原裁定。

再审法院(最高人民法院)认为:伟士特公司与草桥公司于2005年9月21日签订《房产转让协议书》后,伟士特公司的债权人如认为该协议损害自己的利益,其可以向人民法院起诉请求撤销该协议。换言之,伟士特公司的债权人王某凤之撤销权在债务人伟士特公司签订《房产转让协议书》的2005年9月21日即产生,撤销权之产生不以债权人王某凤是否知道债务人伟士特公司与第三人草桥公司签订了前述协议为前提。二中院A判决判令伟士特公司协助办理涉诉房屋过户手续,是《房产转让协议书》履行中的行为,该行为未在《房产转让协议书》之外对债权人王某凤产生新的损害,故不应以A判决时间作为撤销权的产生时间。王某凤的撤销权自2005年9月21日产生后,其应在5年期间届满前即2010年9月21日前行使,逾期不行使的,撤销权消灭。本案中,王某凤于2011年3月7日向一审法院提起诉讼请求行使撤销权,其起诉时已经超过了撤销权的存续期间。裁定:驳回王某凤的再审申请。

四、债权人撤销权的行使效果

(一)"撤销+返还"的双重效果

《民法典合同编通则解释》第46条第1款规定:"债权人在撤销权诉讼中同时请求债务人的相对人向债务人承担返还财产、折价补偿、履行到期债务等法律后果的,人民法院依法予以支持。"该款对撤销权的行使效果采折中说,即债权人提起撤销权诉讼且胜诉的,可产生"撤销+返还"的双重效果。这是司法解释对学理及实务意见综合考虑的结果。[①] 对于该规定,解读如下:

1. 在撤销权诉讼中债权人可以同时提出两种诉讼请求

一是撤销诈害行为;二是请求债务人的相对人向债务人承担返还财产、折价补偿、履行到期债务等法律后果。相对人返还的财产可能是金钱[②]、实物[③]或其他财产(例如股权[④]、用益物权[⑤]、知识产权等)。由于诈害行为及所涉标的具有多样性,债权人可针对其具体样态提出合理的请求,以实现保全债务人责任财产的效果。返还财产可适用于赠与动产或不动产、无偿转让专利权等情形;折价补偿可适用于动产在交付后灭失等情形;履行到期债务可适用于放弃到期债权等情形。而且,该款还设有"等法律后果"之兜底表述。

2. 返还财产等法律后果适用"入库规则"

债权人只能请求债务人的相对人"向债务人"(而非直接向债权人)承担返还财产等法律后果。这与行使代位权的效果适用"直接清偿规则"具有显著差异。如果相对人自动履行生效判决,应根据入库规则向债务人履行。如果相对人不履行生效判决,则应适用《民法典合同编通则解释》第46条第3款,详见后文。

3. 对于这两种诉讼请求,债权人可以选择仅主张撤销,也可以选择一并主张

如果债权人的诉讼请求仅是撤销,而诈害行为被撤销后涉及返还财产等法律后果的,人民法院可以向债权人予以释明,告知其有权一并提出相关请求,以减少不必要的诉累,也有利于后续执行。如果经释明后债权人仍坚持仅撤销诈害行为,而不请求返还财产,基于民事诉讼的处分原则,应依据债权人的诉讼请求作出相应

---

① 参见最高人民法院民事审判第二庭、研究室编著:《最高人民法院民法典合同编通则司法解释理解与适用》,人民法院出版社2023年版,第506—507页。

② 参见"周某与丁某、薛某债权人撤销权纠纷案",2023年"最高人民法院发布《关于适用〈中华人民共和国民法典〉合同编通则若干问题的解释》相关典型案例"之六。

③ 参见广西壮族自治区高级人民法院(2018)桂民终11号民事判决书。

④ 参见最高人民法院(2018)最高法民申401号民事裁定书。

⑤ 参见上海市高级人民法院(2016)沪民终252号民事判决书。

裁决。

(二)债权人的申请强制执行权

在相对人不履行撤销权诉讼的生效判决的情形下,债权人是否有权针对相对人申请强制执行?《民法典合同编通则解释》第46条第3款第1句对此作出规定:"债权人依据其与债务人的诉讼、撤销权诉讼产生的生效法律文书申请强制执行的,人民法院可以就债务人对相对人享有的权利采取强制执行措施以实现债权人的债权。"对于该规定,解读如下:

1. 债权人对相对人申请强制执行的条件

该条件是:债权人对债务人已经取得执行依据,且撤销权诉讼的胜诉法律文书已经生效。该情形下,赋予债权人针对相对人的申请强制执行权可以直接、简便地实现债权人的债权,确保债权人胜诉权益的实现,也免去了过于复杂的制度设计,有利于鼓励债权人行使撤销权的积极性。[1]

《民法典》施行前,有最高人民法院指导案例认为:①债权人撤销权诉讼的生效判决撤销了债务人与受让人的财产转让合同,并判令受让人向债务人返还财产,受让人未履行返还义务的,债权人可以债务人、受让人为被执行人申请强制执行。②受让人未通知债权人,自行向债务人返还财产,债务人将返还的财产立即转移,致使债权人丧失申请法院采取查封、冻结等措施的机会,撤销权诉讼目的无法实现的,不能认定生效判决已经得到有效履行。债权人申请对受让人执行生效判决确定的财产返还义务的,人民法院应予支持。[2] 该裁判意见与该规定具有一致性。

该规定的合理性在学理上也可以得到解释。以撤销权诉讼判决要求相对人将动产或不动产返还相对人为例:在现行法采取物权变动有因性的前提下,该判决生效导致该动产或不动产所有权回归于债务人,因此债权人可凭借对债务人已经取得的执行依据对该动产或不动产申请采取执行措施,且相对人不能提起执行异议或第三人异议之诉。[3]

2. 撤销权诉讼的胜诉法律文书已经生效,但债权人尚未对债务人取得执行依据的处理

如果由于某种原因(如债权人对债务人的债权未到期)债权人尚未对债务人取得执行依据,债权人不能仅凭撤销权诉讼的生效法律文书针对相对人申请强制执行。这是对《民法典合同编通则解释》第46条第3款第1句予以反面解释的结

---

① 参见最高人民法院民事审判第二庭、研究室编著:《最高人民法院民法合同编通则司法解释理解与适用》,人民法院出版社2023年版,第509—510页。

② 参见"东北电气发展股份有限公司与国家开发银行股份有限公司、沈阳高压开关有限责任公司等执行复议案",最高人民法院指导案例118号。

③ 参见朱虎:《债权人撤销权的法律效果》,载《法学评论》2023年第6期。

论。该情形下,债权人虽可依据第46条第1款"撤销+返还"之规定实现保全债务人责任财产的效果,但因尚未对债务人取得执行依据而不能针对债务人或相对人申请强制执行。

（三）撤销权行使具有溯及力

债权人依法行使撤销权的,被撤销的行为自始无效。(《民法典》第542条）所谓自始无效,是指被撤销的行为自成立之时起不具法律效力。因此,《民法典合同编通则解释》第46条第1款规定的返还财产等法律后果应将债务人与相对人之间的财产状态恢复到诈害行为成立之前的状态,以实现保全债务人责任财产的目的。

（四）诉讼时效中断

债权人提起撤销权诉讼的,应当认定对债权人的债权发生诉讼时效中断的效力。如果债务人的行为涉及对其债权的处分,债务人的债权也发生诉讼时效中断的效力。(类推适用《诉讼时效规定》第16条）

（五）有关费用的负担

1. 债权人行使撤销权的必要费用由债务人负担

所谓必要费用,是指债权人行使撤销权所支付的合理的律师代理费①、差旅费等费用。(《民法典合同编通则解释》第45条第2款）

2. 受益人或受让人有过错的,应当适当分担必要费用

此处的过错是指受益人或受让人对诈害行为损害债权人的债权具有恶意的心理状态。是否具有恶意,依前述标准予以判断。

---

① 《民法典》施行前,对于律师代理费是否属于行使撤销权的必要费用,实务中存在分歧。肯定说参见四川省高级人民法院(2019)川民初35号民事判决书;否定说参见江苏省高级人民法院(2015)苏商终字第00120号民事判决书。

第九章 合同的变更与转让

第一节 合同变更

一、合同变更概述

(一)合同变更的概念

合同变更,有广义和狭义之分。广义的合同变更,是指合同任一要素发生变化的现象,包括主体变更和内容变更。主体变更,是在合同内容不变的前提下,债权人或债务人发生变化的现象。内容变更,是在合同当事人不变的前提下,合同内容发生变化的现象。狭义的合同变更,仅指内容变更,主体变更则被称为债的移转,主要包括债权让与和债务承担。一般场合下,如无特别说明,合同变更均指狭义的合同变更。对于合同变更,可从以下几方面理解:

1. 合同变更制度是合同自由原则和公平原则的体现

合同有效成立后,当事人自身情况的变化可能导致原合同内容不再适应其需要,在此情形下应当允许当事人协商一致变更合同内容,以实现合同自由原则的要求。如果合同有效成立后因情势变更而导致当事人双方权利义务显失公平的,基于公平原则的要求,应当允许对合同内容予以变更。合同变更制度是在坚持合同严守原则的前提下,在某些特殊场合下为实现合同自由原则和公平原则的价值理念而设置的一项制度。

2. 合同变更是对合同的非要素内容予以变更

以变更内容对合同同一性是否产生影响为标准,可分为要素内容变更与非要素内容变更。要素内容变更,是指影响合同性质的重要内容发生变更,导致合同丧失同一性。由于要素内容变更导致原合同关系不再存在,故不属于合同变更,而属于合同更改。例如汽车租赁合同变为汽车买卖合同。非要素内容变更,是指影响合同性质的重要内容以外的内容发生变更,不导致合同丧失同一性。变更前的合同与变更后的合同仍属同一合同,仅部分内容发生变化。例如借款合同的借款期限、结息周期和贷款用途发生变更。①

3. 合同变更仅导致合同内容发生变化,而合同主体保持不变

如果合同内容不变,仅债权人或债务人发生变化,则为债权让与或债务承担。

(二)合同变更与合同更改

合同更改,又称合同更新,是指当事人对合同要素内容予以变更,导致原合同关系消灭并使新合同关系成立的现象。合同更改一般由当事人协议进行,更改后原合同关系消灭、新合同关系成立,且两者之间不具有同一性。② 是否具有同一性的判断标准,应考虑当事人的意思和通常交易观念等因素。合同更改所改变的要素内容包括:合同性质(如租赁变为买卖)、当事人(如债务人甲变为乙)、标的物(如买卖 A 房变为买卖 B 房)、票据的更换(如支票债务到期,以新票换取旧票)等。大陆法系国家多有区分合同变更与合同更改的立法例③,我国《民法典》未采合同更改概念,而仅规定有合同变更。但依据合同自由原则,当事人可在不违反法律强制性规定的前提下,依其意思进行合同更改。实务中,合同变更与合同更改的概念未被严格区分使用。

合同变更与合同更改的区别:(1)性质不同。合同变更不导致合同丧失同一性,变更前与变更后的合同仍属同一合同。合同更改导致同一性丧失,更改前与更改后的合同为两个不同的合同。对于原合同而言,合同更改是导致债的消灭原因。(2)变更的内容不同。合同变更仅限于合同内容的变化,且为非要素内容变更。合同更改包括内容和主体的变化,且为要素内容变更。从法律发展史的角度来看,合同更改渊源于罗马法,主要是为了补救不承认债权让与和债务承担制度的缺陷。④ 在后世各民法典建立债权让与和债务承担制度后,合同更改渐有退出民法典的趋势。⑤ (3)发生原因不同。合同变更的发生原因包括司法机关裁决和当事人协议。合同更改的发生原因仅限于当事人协议。(4)法律效果不同。因合同变更不导致合同丧失同一性,变更前合同所附着的利益与限制在变更后原则上继续存在。例如主合同变更不当然导致保证合同消灭,在符合法定条件的前提下,保证合同继续担保变更后的合同债权。合同更改导致原合同关系消灭,原合同所附着的利益与限制在更改后归于消灭。

---

① 参见最高人民法院(2020)最高法民申 4318 号民事裁定书。
② 相反观点参见崔建远:《合同法总论(中卷)》,中国人民大学出版社 2012 年版,第 527 页。
③ 参见《法国民法典》第 1329 条。
④ 参见周枏:《罗马法原论(下册)》,商务印书馆 1994 年版,第 828 页。
⑤ 例如《德国民法典》未规定合同更改。

（三）合同变更的类型

合同变更的类型包括裁判变更和协议变更。①

1. 裁判变更

裁判变更，是指基于法院判决或者仲裁机构裁决导致的合同变更。此类变更是当事人在法定情形下向法院或者仲裁机构提出变更合同的请求，由法院或者仲裁机构依据法律规定和案件事实作出裁决，对合同内容予以变更。裁判变更的主要情形是适用情势变更规则，当事人请求变更合同。（《民法典》第 533 条）

2. 协议变更

协议变更，是指合同当事人达成协议，对合同内容予以变更。《民法典》合同编第六章规定的合同变更，即属于协议变更。

需要注意的是，《民法典》合同编有些条文虽使用了"变更"概念，但性质并非合同变更，而是债务人违反约定擅自改变债务内容，并由此产生违约责任。例如《民法典》第 777 条规定："定作人中途变更承揽工作的要求，造成承揽人损失的，应当赔偿损失。"第 821 条规定："承运人擅自降低服务标准的，应当根据旅客的请求退票或者减收票款；提高服务标准的，不得加收票款。"

二、合同变更的要件

（一）原合同关系有效成立

合同变更是针对既存的合同关系改变其某些内容，故原合同关系有效成立是变更的前提条件。如果合同尚未成立，此时处于缔约阶段而当然不存在合同变更的问题。无效合同自始没有法律约束力，且不能通过补正使其转化为有效，因此也不存在合同变更的问题。

《合同法》曾规定可撤销合同当事人可以请求法院或者仲裁机构变更合同，但《民法典》删除该规定，故当事人不再有权单方请求变更合同。如果当事人知道或者应当知道撤销事由后未行使撤销权，而与对方当事人协商一致变更合同，则仍被允许。因为合同在未被撤销之前仍属有效，故当事人此时可以协议变更合同。该情形下，当事人不行使撤销权而与对方当事人协议变更合同，是以自己的行为放弃撤销权，变更协议成立后不能再行使撤销权。如果经磋商未能订立变更协议，当事

---

① 有学者认为，合同变更的类型还包括法定变更，例如债务人不能履行债务导致原债务变更为损害赔偿债务。参见韩世远：《合同法总论》，法律出版社 2018 年版，第 588 页。本书不赞同该观点，因为在现行法区分义务与责任的框架下，该情形并非合同变更，而是因债务不履行导致违约责任发生。

人仍有权撤销合同。

效力未定合同在追认权人行使追认权之前处于效力待定状态,此时当事人可以协议变更合同。变更后的合同是否仍须适用追认规则,应视效力未定的事由是否消除而定。例如代理人的代理权限是购买 100 吨水泥,其与相对人订立购买 200 吨水泥的合同后又对该合同协议变更。如果变更后标的物数量是 150 吨(仍然超越代理权限),仍须适用追认规则;如果变更后标的物数量是 90 吨(代理权限范围内),不再适用追认规则,因为效力未定合同因变更转化为有效合同。同理,效力未定合同被追认之后当事人协议变更合同的,是否须适用追认规则也应作相同处理。

已成立但尚未生效的合同在生效要件具备之前,合同仍属有效,此时当事人可以协议变更合同,只是仍须具备生效要件时合同方能生效。

(二)合同内容发生变化

1. 标的物质量、数量的变更

标的物的质量或规格标准变更、数量的增加或减少,未导致变更后的合同丧失同一性,故属于合同变更。如果当事人协议将标的物的种类予以变更,或者标的物品质的变更会导致合同丧失同一性,则应为合同更改而非合同变更。合同标的是提供劳务、转让无形财产(如软件产品的文件源代码[①])的,其理相同。

2. 价款或报酬的变更

包括价款或报酬的增加或减少、利息的增减或利率的变更等。例如专利许可费计费方式及计费依据的变更。[②] 如果当事人变更合同价款或报酬导致有偿合同变为无偿合同或无偿合同变为有偿合同,因合同性质改变导致丧失同一性,则应为合同更改而非合同变更。

3. 履行条件的变更

包括履行期限、履行地点、履行方式、履行费用的负担、结算方式等内容的变更。例如:对过户登记税费负担的变更[③];对承租人迁移公司注册地址的期限予以变更[④]。

4. 条件或期限的变更

此类变更发生于附条件和附期限合同。包括条件的增加、消除或变更;期限的增加、消除或变更等。

5. 担保的变更

如果当事人协议变更合同中的担保条款,或者变更担保合同的内容,虽不直接

---

① 参见广州知识产权法院(2015)粤知法著民初字第 53 号民事判决书。
② 参见最高人民法院(2016)最高法民再 173 号民事判决书。
③ 参见最高人民法院(2019)最高法民终 2 号民事判决书。
④ 参见北京市第一中级人民法院(2020)京 01 民终 3099 号民事判决书。

导致主合同内容发生变化,但主合同债权所附着的担保利益变化改变了给付效果(如有优先受偿性的债权变为普通债权,或者相反),故也属于合同变更。包括担保条款的增加或消除、担保范围的变更、担保方式的变更、担保期限的变更等。

6. 违约责任的变更

包括违约金条款的增加、消除或变更;违约损害赔偿条款的增加、消除或变更;免责事由的增加、消除或变更等。

7. 解决争议方法的变更

包括诉讼管辖条款的增加、消除或变更;仲裁条款的增加、消除或变更等。

(三)合同变更具有合法原因

合同变更应当具备裁判变更或协议变更的条件。

1. 裁判变更的条件

在裁判变更的场合下,当事人向法院或仲裁机构请求变更合同应具有法定事由,法院或仲裁机构应当依据法律规定及案件事实作出是否变更及如何变更的裁决。(详见第七章第三节"情势变更规则"相关内容)

2. 协议变更的条件

(1)当事人应当达成有效成立的变更协议。变更协议本身即为一个合同,一般也须经过要约、承诺程序使合同成立。如果存在法定事由,亦可导致变更协议无效或被撤销。如果变更协议无效或被撤销,则不发生原合同变更的效果。

协议变更亦可适用《民法典》第490条第2款之合同形式补正规则。例如当事人订立书面形式的软件开发合同后,履行过程中开发人未按合同约定的方式要求委托人进行验收,但是双方均认可开发人已于每周以工作进度表的形式将软件完成情况在双方所在的微信群中进行发布,委托人予以接收并指出需要修改的错误。法院认为,双方以实际履行的方式对验收方式进行了变更。[①]

某些场合下(如使用格式条款),补正规则应谨慎适用,以防止一方强迫另一方变更合同。例如爱××视频播放平台拟定的《VIP会员服务协议》约定:"如您在变更后的协议生效后仍继续使用 VIP 会员服务的,则视为您已经同意变更的全部内容。"法院认为,该条款因缺乏实质公正,不能视为双方协商一致的变更。当用户进行爱××平台的登录操作时,用户已经登录的行为,亦不能认为是同意用户协议链接下的 VIP 会员协议及其变更的内容。[②]

(2)当事人对合同变更的内容约定不明确的,推定为未变更。(《民法典》第544条)该情形下,因当事人就变更内容约定不明而推定为未形成变更的合意。

---

① 参见最高人民法院(2022)最高法知民终 234 号民事判决书。
② 参见北京市第四中级人民法院(2020)京 04 民终 359 号民事判决书。

例如：

①当事人先后形成两份借条，第一份借条约定月利率为 2%，第二份借条没有利率的约定，对于是否承担利息也未作出明确表述，应当视为原约定利率未被变更。①

②A、B 两公司先后签订融资租赁合同和光船租赁合同，两份合同在类型、内容上迥异。但是，后签订的光船租赁合同并无对前一合同作出变更的意思；从合同的履行上看，此后双方仍然是按照融资租赁合同的约定进行履行；从后一合同实际所起的作用看，仅仅是用于将案涉船舶予以登记。法院认为，融资租赁合同关系未被变更。②

《民法典》第 544 条规定的情形不能适用《民法典》第 510 条、第 511 条之补充解释规则，因为这两条的适用场合是存在合同漏洞，即当事人就某些合同条款没有约定或约定不明，需要依据该两条填补合同漏洞以确定合同内容。而在第 544 条规定的情形下，原合同内容不存在漏洞，有关合同条款并非没有约定或约定不明，因此当事人对变更内容约定不明应发生未变更的效果，原合同内容仍具有法律约束力。

与变更协议有关的司法意见：

①变更协议中未约定提前履行期限的，有判决认为，双方签订的《协议书》将担保人为债务人提供担保与债务人向债权人提前支付价款联系起来，但未约定提前付款时间。当事人对合同变更的内容约定不明确，推定为未变更。③

②一方当事人修改补充协议的，有判决认为，双方当事人经协商签订的补充协议，一方在盖章过程中对部分条款作了修改后并告知对方，对方对此没有提出书面异议，可以认定属于当事人协商一致对合同进行的变更，该补充协议有效。④ 一般场合下，单纯的"没有提出书面异议"不能认定为同意的意思表示，还需结合其他因素方能作此认定。例如有判决认为，一方当事人对合同进行变更，有证据可以推定另一方当事人知道该事实，但另一方未用语言或文字明确表示同意，亦未以其行为表示接受的，不能推定其已同意变更合同内容。⑤

③对于签订备案合同对原合同关系的影响，有判决认为，备案合同的效力仅及于登记备案，其对于双方当事人既没有变更或者取代合同的约定条款，也并未在双方当事人之间成立新的权利义务关系。⑥

---

① 参见最高人民法院（2017）最高法民再 322 号民事判决书。
② 参见最高人民法院（2021）最高法民申 5742 号民事裁定书。
③ 参见最高人民法院（2000）民终字第 115 号民事判决书，载《最高人民法院公报》2002 年第 1 期。
④ 参见最高人民法院（2002）民二提字第 16 号民事判决书，载《最高人民法院公报》2004 年第 6 期。
⑤ 参见最高人民法院（2001）民一监字第 140 号驳回再审申请通知书。
⑥ 参见最高人民法院（2007）民一终字第 62 号民事判决书，载《最高人民法院公报》2008 年第 3 期。

④物业公司单方变更物业费标准并办理备案的,有判决认为,物业费价格调整属于对合同内容的变更,需与合同相对方协商达成一致才可。在业主大会未成立情况下,物业服务企业未与业主进行协商,单方申请备案调整的物业费价格标准对业主没有约束力。①

⑤义务人的部分履行行为与原合同约定不一致的,有判决认为,合同约定工程款的计价依据是按照综合费率下浮 15.2%,虽然原告在施工过程中多次按照工程总价下浮 15.1%向被告报送工程预(决)算书和建设工程进度报价书,但在最终提交和审核工程结算书时双方发生争议,并未形成一致的变更合同的意思表示。应当认定合同未变更。②

⑥对于约定解除条件的变更,有判决认为,合同约定的解除条件成就,双方并未及时解除合同,而是继续协商履行合同的,可以认定双方已合意变更关于合同解除条件的约定。③

⑦当事人以实际履行方式变更合同部分内容的,有判决认为,当事人以实际履行方式部分变更合同,并不能证明各方对全部合同内容变更了履行方式,就其他部分当事人应按原合同约定的履行方式继续履行。④

⑧当事人以实际履行方式变更合同全部内容的,有判决认为,一方当事人主张合同变更及双方已经按变更后的内容履行完毕,而对方予以否认的,否认合同变更的一方确系按照对方主张的变更后的内容履行完毕的,可认为双方系口头协商一致变更了合同。⑤

⑨建设工程合同备案后当事人变更合同的,有判决认为,当事人签订建设工程施工合同并将中标合同备案后,又签订与备案中标合同不一致的合同并实际履行时,合同变更行为无效,当事人应当以备案的中标合同作为结算的依据。⑥

(四)合同变更须符合法定形式

1. 法律、行政法规规定合同变更应当办理批准等手续生效的,应当遵循其规定。(《民法典》第 502 条第 3 款)

例如《外商投资企业规定(一)》第 2 条规定:"当事人就外商投资企业相关事

---

① 参见云南省曲靖市中级人民法院(2017)云 03 民终 1415 号民事判决书,载《人民司法·案例》2018 年第 5 期。

② 参见"华太建设集团有限公司与浙江福得尔电器有限公司建设工程施工合同纠纷案",载最高人民法院民事审判第一庭编:《民事审判指导与参考》2011 年第 3 辑(总第 47 辑),人民法院出版社 2011 年版,第 175 页以下。

③ 参见最高人民法院(2009)民二终字第 107 号民事判决书。

④ 参见最高人民法院(2010)民二终字第 33 号民事判决书。

⑤ 参见浙江省高级人民法院(2009)浙海终字第 00038 号民事判决书。

⑥ 参见北京市高级人民法院(2004)高民终字第 1340 号民事判决书。

项达成的补充协议对已获批准的合同不构成重大或实质性变更的，人民法院不应以未经外商投资企业审批机关批准为由认定该补充协议未生效。"另需注意，参考原《合同法解释（一）》第9条规定，在一审法庭辩论终结前当事人仍未办理批准手续的，或者仍未办理批准、登记等手续的，人民法院应当认定该合同未生效；法律、行政法规规定合同应当办理登记手续，但未规定登记后生效的，当事人未办理登记手续不影响合同的效力。[①] 当事人约定以办理有关审批手续为合同变更形式的，应办理有关审批手续才能导致合同变更。[②]

2. 现行法规定某些类型的合同变更应当采取特殊形式的，应当遵循其规定

例如《保险法》第20条第2款规定："变更保险合同的，应当由保险人在保险单或者其他保险凭证上批注或者附贴批单，或者由投保人和保险人订立变更的书面协议。"

【疑难案例：通过补充协议变更中标合同案[③]】
【案件事实】

2010年10月，中铁集团公司中标惠元公司某建设工程项目。同年11月1日，双方签订《建设工程施工合同》，惠元公司将案涉工程发包给中铁集团公司施工。次日，双方签订《补充合同》，约定了工程承包范围、开工日期、合同价款等。2014年6月30日，双方签订《补充协议书》，就停窝工等损失及后续施工事宜达成协议。2014年12月1日至2019年3月31日期间，双方分别签订《补充合同二》至《补充合同八》，对新增户型改造工程的范围、未施工部分工程造价的确定方式、各阶段工程价款、增加工程价款及违约金数额等事宜予以约定。

2020年1月20日，案涉工程经竣工验收合格。3月3日，双方签订《结算协议》，约定：工程结算总价款共计895945984.57元，该结算总价款为最终结算价款，不再调整；截至2019年12月31日已付款695969981.22元；协议为最终结算文件；等等。

2018年，"中铁二局集团有限公司"名称变更为"中铁二局建设有限公司"；"中铁二局工程有限公司"名称变更为"中铁二局集团有限公司"。2019年12月6日，惠元公司（甲方）与中铁建设公司（乙方）、中铁集团公司（丙方）签订《合同主体变更协议》，约定在案涉工程施工过程中，乙方及丙方的施工资质进行了相应调整，施工合同的承包方由乙方变更为丙方，合同项下乙方全部权利义务均由丙方享有

---

① 该条也适用于债权让与、债务承担和合同解除等情形。
② 参见最高人民法院（2006）民一终字第54号民事判决书。
③ 该案详细解读参见"惠元（厦门）房地产发展有限公司与中铁二局集团有限公司等建设工程施工合同纠纷案"，载中国应用法学研究所主编：《中华人民共和国最高人民法院案例选》第七辑，法律出版社2023年版，第64页以下。

和承担等。

中铁集团公司向法院起诉请求：惠元公司支付工程款 162915626.94 元及逾期付款违约金；中铁集团公司在惠元公司尚欠的上述工程款及违约金范围内就案涉工程折价或拍卖的价款享有优先受偿权。惠元公司反诉请求：撤销《合同主体变更协议》。

【本案争点】

招标人和中标人在施工过程中因客观情况发生变化而订立的补充协议是否属于《招标投标法》第 46 条第 1 款中规定的"背离实质性内容"？

【裁判要旨】

一审法院判决：惠元公司支付中铁集团公司工程款 162915626.94 元及相应逾期付款违约金；中铁集团公司有权就案涉工程折价或者拍卖的价款在 162915626.94 元工程款范围内优先受偿；惠元公司支付中铁集团公司保全费 5000 元；驳回中铁集团公司的其他诉讼请求及惠元公司的反诉请求。

二审法院判决：维持一审判决第一、三、五项；撤销一审判决第四项；变更一审判决第二项为：中铁集团公司对工程款 157562487.44 元，有权就案涉工程折价或者拍卖的价款优先受偿；驳回中铁集团公司的其他诉讼请求及惠元公司的其他上诉请求。

再审法院（最高人民法院）认为，确定当事人另行签订的变更或补充协议是否对中标合同实质性内容进行变更，应考虑以下两个方面：第一，是否足以影响其他竞标人能够中标或者以何种条件中标。发包人与承包人的补充或变更协议的内容排除其他竞标人中标的可能或其他竞标人中标条件的，构成对中标合同实质性内容的变更。第二，是否对招标人与中标人的权利义务产生较大影响。发包人与承包人另行订立的补充或变更协议较大地改变了双方的权利义务关系，导致双方利益严重失衡的，则背离了中标合同的实质性内容。

本案中，中铁建设公司通过招投标程序中标案涉工程，与惠元公司先后签订《建设工程施工合同》《补充合同》《补充协议书》及《补充合同二》至《补充合同八》等。2020 年 3 月 3 日，中铁集团公司与惠元公司签订《结算协议》。上述补充合同、补充协议、结算协议不构成对《建设工程施工合同》的实质性变更，与《建设工程施工合同》之间不属于"黑白合同"关系，具体可从以下两个方面分析。

第一，《补充合同》系对《建设工程施工合同》的细化补充。惠元公司与中铁建设公司签订的《建设工程施工合同》与《补充合同》在页码上系连续编码，《建设工程施工合同》第一部分"协议书"明确约定"六、组成合同的文件……双方有关工程的洽谈、变更等书面协议或文件为本合同的组成部分"，第三部分"专用条款"明确约定"合同文件及解释顺序详见《补充合同》"。合同履行中，发包人和承包人有关工程的洽谈、变更等书面协议或文件以及上述内容以外的招标文件内容均视为本合同的组成部分"，《建设工程施工合同》第一部分"协议书"中的"承包范围"及第三部分"专用条款"中的"风险范围以外合同价款调整方法""双方约定工期顺延的其他情况"等条款均载明"详见《补充合同》"。二审判决结合上述事实，认定惠元公司与中铁建设公司在签订合同时已经将《补充合同》作为《建设工程施工合同》的组成部分，《补充合同》是对《建设工程施工合同》有关条款的进一步明确和具体细化，并非双方另行订立的实质性内容不一致的合同，有相应的事实依据。

第二，在建设工程施工合同的履行过程中，无论该工程是否属于依法必须招标的工程，发包人与承包人可以根据客观情况的变化对工程款的数额及支付节点、停窝工损失、工期等通过补充协议的方式作出新的适当约定。本案中，发包人与承包人根据案涉工程施工情况发生的变化先后签订了一系列补充协议，如2014年6月30日的《补充协议书》系双方对停窝工等损失及后续施工事宜达成协议，《补充合同二》至《补充合同八》及《结算协议》系双方对新增加的户型改造工程、已完工工程内容和结算价款、未施工部分工程造价的确定方式、工期、工程款支付、违约责任、竣工、工程结算等具体事宜作出进一步补充约定，上述约定均是双方在施工合同履行的过程中因客观情况发生变化所作的真实意思表示，未对招标投标时其他竞标人能否中标或以何种条件中标产生影响。上述协议的签订未违背招标投标制度，导致发包人与承包人之间的权利义务失衡，并不构成对《建设工程施工合同》的实质性变更。

综上，裁定：驳回惠元公司的再审申请。

三、合同变更的效力

（一）合同变更对合同权利义务的效力

1. 对合同未变更部分的效力

因合同变更仅对合同的部分内容予以改变，故未变更部分仍具有法律约束力。该部分包含的主给付义务、从给付义务、附随义务及相关抗辩权原则上仍可主张，但与变更后的合同内容相抵触的除外。

2. 对合同被变更部分的效力

被变更的合同内容部分丧失法律约束力，该部分包含的合同义务及相关抗辩权归于消灭。该部分被变更后的相应合同内容所代替，债权人和债务人应当依据变更后的内容行使权利和履行义务。

3. 对合同担保的效力

合同变更并不当然导致担保关系消灭,应结合担保种类、担保方式、担保范围等因素,依据法律规定和当事人约定发生相应的法律后果。以保证担保为例,如果合同变更取得保证人书面同意的,保证人对变更后的合同义务仍然承担保证责任。如果合同变更未取得保证人书面同意,减轻债务的,保证人仍对变更后的债务承担保证责任;加重债务的,保证人对加重的部分不承担保证责任;变更履行期限的,保证期间不受影响。(《民法典》第 695 条)

(二)合同变更原则上无溯及力

合同变更原则上仅向将来发生效力,即无溯及力。合同变更之前债务人已经履行的债务不因合同变更而丧失法律依据,债务人对合同变更之前已经履行的部分不得请求返还或要求恢复原状,但法律另有规定或者当事人另有约定的除外。

(三)合同变更对损害赔偿请求权的效力

合同变更的不同类型及原因对当事人损害赔偿请求权的影响有所不同。[1]

1. 裁判变更的情形

当事人因情势变更请求法院或仲裁机构变更合同的,当事人不享有损害赔偿请求权。在此场合下,并非因当事人过错或违约行为导致合同变更。当事人虽可能受有损失,但不能请求对方赔偿,而应通过变更合同内容对当事人损失作出安排。

2. 协议变更的情形

当事人协议变更合同的,如果合同变更之前一方有违约行为,守约方有权请求违约方进行违约损害赔偿,但变更协议另有约定的除外;如果合同变更之前双方均无违约行为,则不存在违约损害赔偿的问题。如果对合同变更之后的行为是否构成违约产生争议的,应以变更之后的内容为判断标准。例如建设工程施工合同中的竣工时间被变更的,其后对工期延误的违约责任认定应以变更之后的竣工时间为准。[2]

---

[1] 《民法通则》第 115 条曾规定,合同变更不影响当事人要求赔偿损失的权利。《民法典》删除该规定。

[2] 参见最高人民法院(2020)最高法民终 457 号民事判决书。

第二节　债权让与

一、债权让与概述

(一)债权让与的概念和意义

1. 债权让与的概念

债权让与,是指在合同内容不变的前提下,让与人与受让人通过让与合同将债权由让与人移转给受让人的现象。例如甲对乙享有尚未到期的 100 万元金钱债权(A 债权),甲与丙订立买卖合同约定甲应向丙支付 100 万元货款,甲遂将 A 债权转让给丙以代替支付货款。转让债权的债权人称为让与人,接受债权的人称为受让人。

(1)债权让与仅导致债权人发生变化,合同内容和债务人均保持不变。法律允许转让的债权并不仅限于合同债权,其他种类的债权(如不当得利债权、无因管理债权等)未被法律禁止转让且依其性质可以转让的,亦可作为债权让与的客体。

(2)债权让与包括转让全部债权和转让部分债权。让与人就其享有的某一项债权,既可以将其全部转让,也可以仅将其部分转让。(《民法典》第 545 条)全部转让的,由受让人取代让与人地位成为合同关系的新债权人,让与人丧失合同当事人地位。部分转让的,受让人加入到合同关系中与让与人共同享有债权。在此场合下,由单一之债变为多数人之债。

(3)债权让与和债权移转不同。债权移转,是指因各种原因导致债权人发生变化的现象。债权让与属于债权移转的情形之一,仅指当事人以合同进行债权移转的一种方式。债权移转具体包括:

①基于法律规定的债权移转。例如继承、法人合并或分立、保证人代位权(《民法典》第 700 条)、保险代位权(《保险法》第 60 条)等。

②基于生效裁决的债权移转。例如依据《民诉法解释》第 499 条规定的"收取命令",被执行人的债权移转给申请执行人。

③基于法律行为的债权移转。包括依单方行为的债权移转(如遗赠)和双方行为的债权移转(如债权让与合同)。

(4)依据所移转债权的性质划分,债权让与分为普通债权让与和特殊债权让与。普通债权让与所移转的是普通债权,其通常为指名债权或记名债权,适用《民法典》合同编规定的债权让与规则。特殊债权让与所移转的是特别法规定的债权,适用特别法规定。例如票据权利的转让(适用《票据法》)、公司债券的转让(适用《公司法》《证券法》)等。

2. 债权让与的意义

罗马法和中世纪普通法中并无债权让与制度,因为当时的法律原则坚持合同权利具有很强的私人性,因此无法将债权从债权人和债务人的关系中分离出来。但由于社会经济的现实需求,在不承认债权让与的前提下,逐渐发展出诉讼代理、债权继承等变通规则。至 19 世纪,债权让与制度才被大陆法系各主要国家民法典所接受。① 在现代社会中,债权让与制度的意义体现为以下几方面:

(1)设立担保。《民法典》第 440 条规定,可以出质的财产权利包括票据、债券和应收账款等债权。债务人可以其有权处分的此类债权设立权利质权,为自己的债务供作担保。该权利质权的实现方式包括拍卖、变卖和折价,而这些实现方式均以承认债权让与制度为前提。

域外立法及实务中还存在"债权让与担保"制度,即让与人以担保为目的将债权暂时移转给受让人,当债务人适当履行债务后,债权又回归于让与人的一种担保方式。我国《民法典担保制度解释》第 68 条承认让与担保构成非典型担保,虽然实务中担保财产多为所有权、股权,但该条将担保财产表述为"财产"(而非物权),为债权让与担保的适用留下了空间。

(2)设立信托。《信托法》第 7 条规定,信托财产包括合法的财产权利。委托人可以其享有的债权作为信托财产设立债权信托。债权信托是委托人将债权移转给受托人,由受托人为受益人利益对该债权进行管理或处分的一种信托形式。银行、保险公司、房地产企业等商事主体通常享有较大数额债权,这些债权的管理和催收往往耗时耗力。此类商事主体可通过设立债权信托提高资金利用效率,从而改善其资产状况。在此基础上,金融领域中衍生出证券投资基金、证券信托、资产管理计划或资产管理产品等交易模式。②

应注意的是,专以诉讼或者讨债为目的设立信托的,该信托无效。(《信托法》第 11 条第 4 项)其立法理由在于,当一些有特殊背景的个人或组织担当了"讨债公司"的角色,会引发侵害债务人和债权人权益的其他问题。③

(3)债权的证券化。在商事领域中,银行、公司等主体发行可以流通的票据、债券,对于加速市场资金流转、提高资金利用效率具有重要意义。此类被证券化的债权,其重要价值即在于流通或称让与,通过频繁的债权让与实现融通资金的效果。

---

① 参见[德]海因·克茨:《欧洲合同法(上卷)》,周忠海等译,法律出版社 2001 年版,第 381—383 页。
② 参见李宇:《商业信托法》,法律出版社 2021 年版,第 46—47 页。
③ 参见卞耀武主编:《中华人民共和国信托法释义》,法律出版社 2002 年版,第 69 页。

(二)债权让与合同与债权让与行为

1. 债权让与合同与债权让与行为的概念

在债权让与现象中,有两个既有联系又有区别的概念应予区分,即债权让与合同与债权让与行为。债权让与合同,是指让与人与受让人就债权让与所涉权利义务订立的协议。债权让与合同是负担行为,其在让与人和受让人之间产生移转债权的债权债务,而不直接导致债权移转。在德国、日本等国的著述中,债权让与合同通常被表述为债权让与的"原因行为"或"基础行为"。当事人订立债权让与合同的意思表示,可以是买卖、互易或赠与等。该合同的成立、有效及生效,分别依据合同的具体类型予以判断。

债权让与行为,是指让与人将债权移转给受让人的行为。债权让与行为是对债权让与合同的履行行为,其直接导致债权移转。在承认物权行为独立性的语境下,债权让与行为是处分行为。在德国、日本等国的著述中,债权让与行为通常被表述为"债权让与契约"或"债权让与",其性质为准物权行为。

【学说争议:债权让与合同和债权让与行为的性质和关系】

争议一:是否有必要将债权让与合同与债权让与行为区分为两个行为?

对此,大陆法系存在两种不同的模式:模式一为"一体主义",不区分债权让与合同和债权让与行为,而将两者作为一个行为的整体看待。该模式以法国为代表,在法国法中,债权让与是让与人和受让人之间的一种合同(买卖、赠与或互易等),合同生效直接导致让与人所享有的债权移转给受让人。不存在一个独立的债权让与行为。[①] 模式二为"区分主义",将原因行为(买卖、担保或赠与等)和债权让与行为区分为两个独立的行为。该模式以德国法为代表,在德国法中,债权让与领域适用不要因原则,债权让与行为的效力原则上不取决于原因行为的效力。[②]

我国《民法典》对此规定不明,学界存在争议。第一种观点主张采"一体主义",将债权让与合同和债权让与行为作为一个整体看作一个合同关系。[③] 第二种观点主张采"区分主义",将债权让与合同和债权让与行为区分为两个独立的行为。[④]

本书赞同第二种观点,理由如下:其一,依据《民法典》第646条和《买卖合同解释》第32条规定,债权让与合同参照适用买卖合同的有关规定。在买卖合同关

---

① 参见张民安:《法国民法》,清华大学出版社2015年版,第291—293页。

② 参见[德]迪特尔·梅迪库斯:《德国债法总论》,杜景林等译,法律出版社2004年版,第545页。

③ 参见王利明:《合同法研究(第二卷)》,中国人民大学出版社2015年版,第194页;申建平:《债权让与制度研究——以让与通知为中心》,法律出版社2008年版,第54页。

④ 参见崔建远:《债法总论》,法律出版社2013年版,第219页。

系中,合同的基本效力是使出卖人负有转移标的物所有权的义务,而并不直接导致所有权移转,直接导致所有权移转的是交付或登记。采取"区分主义"才能与该法律关系架构相一致。其二,我国虽未采纳物权行为独立性理论,但《民法典》第215条规定了"区分原则",即区分作为原因行为的债权合同与直接引起物权变动的法律事实。"区分主义"与"区分原则"的立法精神相契合,两者分别适用于债权领域和物权领域。其三,在有些场合下债权让与行为仅为观念上的行为,而不像买卖合同的履行行为体现为交付或登记,导致该行为不易与债权让与合同相区分。但在某些场合下,债权让与行为体现了明显的独立性,例如转让购物卡、电影票等不记名权利凭证;票据背书转让等。因此,债权让与合同和债权让与行为的区分在实践中并非没有实益。

争议二:债权让与行为是否具有无因性?

债权让与行为的无因性,是指债权让与行为的效力取决于其自身的有效要件,而不受原因行为(债权让与合同)效力的影响。对于债权让与行为是否具有无因性,现行法未作规定。学界对此存在争议,大致分为"相对的无因行为说"和"有因行为说"两种意见。①

本书认为,在普通债权让与的场合下,债权让与合同和债权让与行为的关系应采有因原则。债权让与合同无效、被撤销或被解除的,债权让与行为相应丧失效力,但票据法等特别法有特殊规定的除外。理由如下:其一,债权让与合同参照适用买卖合同的有关规定,而买卖合同与其履行行为的关系适用有因原则。其二,如果普通债权让与适用无因原则,那么也就没有必要将票据行为无因性作为一项特殊规则加以规定。现行法规定票据权利转让适用无因原则,恰可反证普通债权让与行为的有因性,而仅在票据法领域适用特殊的无因原则。其三,虽然德国等少数国家基于维护交易安全目的对债权让与行为适用无因原则,但该规则的实际意义不宜被夸大。德国法中的债权让与行为的无因性存在诸多例外情形:一方面,债权让与行为的无因性可以由当事人约定排除适用;另一方面,在某些场合下原因行为无效或被撤销(例如欺诈),债权让与行为与原因行为的效力具有一体性而不再适用无因原则。② 在我国不承认债权让与行为无因性的前提下,可以通过当事人特约、债权信托等特殊规则来实现维护交易安全的目的。

2. 债权让与合同的生效要件

(1)转让的债权具有可让与性。

---

①　参见韩世远:《合同法总论》,法律出版社 2018 年版,第 599—600 页。

②　参见[德]海因·克茨:《欧洲合同法(上卷)》,周忠海等译,法律出版社 2001 年版,第 386 页。

转让的债权原则上应是合法有效的债权,例如生效法律文书确定的债权①显然符合该要求,而赌博债权、无效合同债权则不符合该要求。关于该要件的具体要求,详见下文"债权让与的客体"。

(2)债权让与合同具备合同的一般有效要件。

①让与人和受让人在缔约时须有相应的缔约能力。让与人和受让人是自然人的,原则上均应具有完全民事行为能力。但如果该债权让与合同是使受让人纯获利益的(如受赠债权),受让人无需具有完全民事行为能力。让与人或受让人是法人或非法人组织的,依据法律对转让债权是否要求特殊资格判断其是否具有缔约能力。

②让与人和受让人就转让债权达成合意且意思表示真实。该意思表示可以是有偿转让债权(买卖、互易),也可以是无偿转让债权(赠与)。如果因欺诈、胁迫、恶意串通等原因导致意思表示存在瑕疵,适用合同无效、可撤销的相关规则确定债权让与合同的效力。如果双方当事人对债权是否转让、是全部转让抑或部分转让,存在约定不明和意思表示不一致,应认定当事人未就债权转让达成合意。②

③合同内容不违反法律强制性规定或者公序良俗。有判决认为,子女为经济条件不佳的年老父母垫付拆迁安置购房款后,将该债权(附有高额利息)转让给第三人的,不符合一般的家庭道德观念、违反公序良俗,该债权转让不受法律保护。③

(3)法律、行政法规规定转让债权应当办理批准等手续的,依照其规定。(《民法典》第 502 条第 3 款)

"转让的债权已有效成立"是否为债权让与合同的生效要件? 本书对此持否定意见,④因为"标的确定和可能"不是合同的一般生效要件,而且债权让与合同为负担行为,如果因转让的债权不实导致受让人不能取得该债权的,应通过违约责任解决。有最高人民法院判决亦持此意见。⑤

3. 债权让与合同生效的意义

债权让与合同生效的主要意义是使让与人所负有的移转债权的义务具有现实性,即让与人应当通过实施债权让与行为以使债权移转。基于转让的债权性质及种类的差异,债权让与合同生效与债权移转的关系可区分为以下几种情形:

(1)转让普通债权的,债权让与合同生效原则上直接导致债权移转,不再有独立的履行行为。在此场合下,债权让与合同生效与债权让与行为完成是同时发

---

① 参见新疆维吾尔自治区高级人民法院(2022)新执复 61 号执行裁定书。
② 参见最高人民法院(2005)民一终字第 25 号民事判决书,载《最高人民法院公报》2006 年第 7 期。
③ 参见浙江省高级人民法院(2008)浙民二终字第 139 号民事判决书。
④ 相反意见参见崔建远:《债法总论》,法律出版社 2013 年版,第 224—225 页。
⑤ 参见最高人民法院(2001)民二终字第 114 民事判决书。相反裁判意见参见辽宁省高级人民法院(2021)辽民申 2690 号民事裁定书。

生的。

（2）转让以无记名权利凭证为载体形式的债权的（如购物卡、打折券、电影票、车船票），债权让与合同生效不直接导致债权移转，让与人向受让人交付无记名权利凭证导致债权移转。让与人未依约定向受让人交付无记名权利凭证的，受让人有权请求让与人承担违约责任。

（3）转让票据、债券等有价证券的，适用《票据法》《证券法》等特别法规定。

二、债权让与的客体

《民法典》未正面规定哪些债权可以让与，而是以第545条规定不得让与的债权。除此以外，其他债权原则上皆可让与。不得让与的债权包括以下三类。

（一）根据债权性质不得转让的债权

1. 债权人变更导致给付内容完全改变的债权

此类债权的给付内容与特定债权人密不可分，如果债权人变更将必然导致给付内容丧失同一性。例如要求某画家为自己画肖像的债权、要求某法学家传授自己法学研究经验的债权等。

2. 以人身信任关系为基础的债权

一般而言，合伙、雇佣、委托、租赁、借用等合同以特定当事人之间的人身信任关系为基础，债务人只对特定债权人才愿意承担给付义务，故此类合同债权不得让与。

3. 以特定身份为基础的债权

此类债权的债权人是基于婚姻、亲属、劳动关系等特定身份而享有债权，而受让人不具有这种特定身份，故不能通过债权让与取得此类债权。例如配偶之间的扶养请求权、父母对成年子女的赡养请求权、退休金请求权、因人身权益受侵害而产生的人身损害赔偿请求权[1]和精神损害赔偿请求权[2]等。

4. 交互计算债权

交互计算，是指经常相互交易的当事人约定，以其相互交易所产生的债权债务进行定期计算，相互抵销而仅支付其差额的合同。列入交互计算的债权债务不得由当事人一方将其排除于计算之外，故此类债权在性质上不得让与。有域外立法对此设有规定。[3] 我国现行法虽无明文规定，但应作相同解释。

---

[1] 参见广东省清远市中级人民法院（2021）粤18民终449号民事判决书。
[2] 相关学理意见参见张新宝主编：《精神损害赔偿制度研究》，法律出版社2012年版，第73页。
[3] 参见《意大利民法典》第1823条。

5. 不作为债权

因不作为债权是专门为特定债权人利益而设，如果允许债权人让与债权，无异于为债务人新设债务，故此类债权原则上不得让与。例如保密义务所对应的债权等。但需注意，学理和实务上一般认为，竞业禁止债权可以与营业一并让与。

6. 从权利性质的债权

在一般情形下，从权利不能脱离主权利而单独让与，而只能与主权利一并让与。例如保证债权、定金债权等。但在某些场合下，如果从权利可与主权利分离而单独存在，该从权利可以单独让与。例如与本金债权分离的已到期的利息债权、与股权分离的盈余分配请求权等。

让与人违反《民法典》第545条第1款第1项转让上述债权的法律后果，依具体情形有所不同，具体后果包括：

（1）债权让与合同无效（如转让扶养费请求权）；

（2）债权人构成违约，债务人有权解除合同或请求债权人承担违约责任（如擅自转租）；

（3）法律规定或当事人约定的其他后果。

（二）按照当事人约定不得转让的债权

基于合同自由原则，在不违反法律强制性规定和公序良俗的前提下，当事人可以约定某债权不得让与。[①] 该约定的方式可以是原合同中的合同条款，也可以是原合同之外的单独协议。当事人可以约定某债权的全部不得让与，也可以约定仅就一定部分不得让与。当事人可以约定在某债权的整个存续期间内均不得让与，也可以约定仅在一定期间内不得让与。

《民法典》合同编对约定的形式未作限定，原则上书面形式或口头形式均无不可。该约定是否具有不得转让债权的意思，应依据意思表示解释规则予以认定。例如有判决认为，保证合同约定"本合同的任何补充、修改、变更等，均需三方共同协商同意"属于对债权变更的禁止性约定，而非对债权转让的禁止性约定。[②]

让与人违反禁止转让的约定而让与债权的法律后果如何？从以下两方面分析：

1. 让与人与债务人之间的后果

让与人转让债权的行为构成违约，债务人有权依据法律规定或当事人约定请求让与人承担违约责任。

---

① 也有某些立法及国际条约规定就某特定种类的债权不得约定禁止让与条款。参见《美国统一商法典》第9-406(d)(1)(2)条、第9-408(a)(2)条；《联合国国际贸易应收款转让公约》第9条。

② 参见最高人民法院(2012)民提字第151号民事判决书。

2. 让与人、债务人与受让人之间的后果

（1）让与人与受让人之间订立的债权让与合同仍为有效。理由在于，禁止转让约定的效力是使让与人所享债权的处分权能受到限制，而债权让与合同为负担行为，故让与人欠缺处分权不影响该合同效力。

（2）债权让与行为的效力。依据《民法典》第 545 条第 2 款之新增规定，让与人违反禁止转让约定的，不影响债权让与行为的效力，而只影响债务人抗辩权的有无及行使。① 具体分为两种情形处理：

①该债权是非金钱债权的，如果受让人为善意，受让人取得债权，债务人不能以禁止转让约定主张抗辩；如果受让人为恶意，受让人仍取得债权，债务人可以禁止转让约定主张抗辩。此处受让人的善意，是指受让人就让与人对所转让债权无处分权不知情且无过失。例如《投资合同》约定"未经 A 同意，B 享有的投资份额、署名权等合同权利不得转让给第三人"，其后 B 擅自将该权利转让给知情的 C。C 请求 A 履行时，A 有权以上述约定抗辩。②

②该债权是金钱债权的，无论受让人是否为善意，受让人均取得债权，债务人不能以禁止转让约定主张抗辩。例如《保理合同》以应收账款的管理和催收为内容，且约定"未经另一方事先书面同意，合同任何一方无权转让本合同或其中任何权利"。《民法典》保理合同一章第 769 条规定："本章没有规定的，适用本编第六章债权转让的有关规定。"据此，《保理合同》的上述约定不能对抗第三人。③ 如果债务人拒绝向受让人履行义务，应当向受让人（而非让与人）承担违约责任。④

（三）依照法律规定不得转让的债权

基于特定立法目的，法律规定某些债权不得成为债权让与的客体。与此有关的法律规定及司法实务意见如下：

1. 以死亡为给付条件的保险金请求权

《保险法》第 34 条第 2 款规定，按照以死亡为给付保险金条件的合同所签发的保险单，未经被保险人书面同意的不得转让。理由在于，此类保险合同关系到被保险人的生命安全，该保险单的转让可能会增加被保险人遭受道德风险的概率，因此规定该条以保护被保险人的利益。⑤

---

① 参见朱虎：《禁止转让债权的范围和效力研究：以〈民法典〉规则为中心》，载《法律科学》2020 年第 5 期。
② 参见北京市第三中级人民法院（2022）京 03 民终 12070 号民事判决书。
③ 参见最高人民法院（2022）最高法民终 284 号民事判决书。
④ 参见辽宁省沈阳市中级人民法院（2023）辽 01 民终 8239 号民事判决书。
⑤ 参见最高人民法院保险法司法解释起草小组编著：《〈中华人民共和国保险法〉保险合同章条文理解与适用》，中国法制出版社 2010 年版，第 231 页。

2. 执行程序中处分权受到限制的债权

《民事诉讼法》第 255 条第 1 款规定，被执行人未按执行通知履行法律文书确定的义务，人民法院有权查封、扣押、冻结、拍卖、变卖被执行人应当履行义务部分的财产。如果法院对被执行人采取执行措施后，未经法院准许私自转让其债权，违背上述法律规定，且损害其他申请执行人的权益，属于依照法律规定不得转让的情形。①

3. 建设工程施工合同中的工程款债权能否转让？

实务中多持肯定意见。有判决认为，虽然法律规定在建设工程合同中禁止承包人转包和以分包的名义进行转包，但已经取得的请求支付相应工程款的权利不属于法律规定不得转让的债权。②

4. 内有储值金额的消费卡能否转让？

实务中多持肯定意见。有判决认为，本案所涉酒店消费卡，是一种内有储值金额，能在东锦大酒店作为货币进行消费的预付储值卡。这类消费卡是具有价值、能够在特定场所作为货币消费的支付手段。故该类消费卡的发行、流通、使用等并不违反法律、法规的禁止性规定，应属有效。③

5. 集资建房的权利能否转让？

实务中对此存在争议。持肯定说的判决认为，如果集资房转让人在签订《房屋转让协议》时并未取得该集资房屋的所有权，其对集资房的权利属于资格权利，属债权范畴，此法律没有禁止性规定的情况下，可依法转让。④ 持否定说的判决认为，原告与单位集资建房合同关系的性质是关于解决无房户和住房困难户的保障性住房的合同关系，该合同对主体资格有特别限制，因此该合同依据性质是不得转让的合同……根据建设部《经济适用住房管理办法》规定，被告不具有集资建房的主体资格，因此当事人双方所订立的转让集资建房资格的合同不具有法律效力。⑤较为合理的解释是，应视个案中该集资建房权是否属于以特定身份为基础的债权，以判断该权利是否具有可让与性。

6. 最高额抵押担保的主合同债权（已废止）

原《担保法》第 61 条曾规定，最高额抵押担保的主合同债权不得转让。理由在于，由于该债权处于经常变更的不稳定状态，如果允许该债权转让会导致最高额抵

---

① 参见广东省广州市中级人民法院 (2021) 粤 01 执复 391 号执行裁定书。
② 参见最高人民法院 (2007) 民一终字第 10 号民事判决书，载《最高人民法院公报》2007 年第 12 期。
③ 参见江苏省无锡市中级人民法院 (2014) 锡商终字第 0253 号民事裁定书。
④ 参见陕西省西安市中级人民法院 (2008) 西民二终字第 1372 号民事判决书。
⑤ 参见河北省邯郸市中级人民法院 (2010) 邯市民一终字第 305 号民事判决书。

押权的归属和行使存在疑问,因此为保障信贷和交易安全,法律规定该债权不得转让。[1] 因该条在实务中适用产生诸多困扰,《民法典》删除了该条。

让与人违反《民法典》第 545 条第 1 款第 3 项转让债权的,依据《民法典》第 153 条规定,应当认定债权让与合同无效,法律另有规定的除外。

三、债权让与的对内效力

债权让与的对内效力是指债权让与合同生效及债权让与行为完成后,在让与人和受让人之间产生的法律后果。

(一)债权由让与人移转给受让人

债权让与行为完成后,债权由让与人移转给受让人。转让全部债权的场合下,受让人完全取代让与人的债权人地位,让与人脱离原合同关系。转让部分债权的场合下,受让人加入到原合同关系之中,与让与人共同对债务人享有债权,让与人和受让人享有债权的份额依据债权让与合同确定。

(二)与债权有关的从权利移转给受让人

基于从随主规则,作为主权利的债权被转让的,相关从权利原则上一并移转给受让人。(《民法典》第 547 条第 1 款)受让人取得从权利不因该从权利未办理转移登记手续或者未转移占有而受到影响。(第 2 款)依据从权利的具体类型,分析如下:

1. 担保权

此处的担保权,是指为担保所转让债权而设立的抵押权、质权、留置权、保证债权、定金债权等。对于抵押权和保证债权随主债权一并移转给受让人,现行法设有明文规定(《民法典》第 407 条、第 696 条)。对于质权和定金债权是否随主债权一并移转,现行法没有明确规定,但学理和实务上均持肯定意见。唯应注意,因留置权是法定担保物权,留置权人对留置物丧失占有导致留置权消灭,故即使让与人(留置权人)转让债权时将留置物交付给受让人,受让人也不能取得留置权。(《民法典》第 457 条)工程款债权转让的,实务中多认为建设工程价款优先受偿权一并移转。[2]

---

[1]　参见全国人大常委会法制工作委员会民法室编著:《中华人民共和国担保法释义》,法律出版社 1995 年版,第 78 页。

[2]　参见最高人民法院民事审判第一庭编:《民事审判指导与参考》2016 年第 1 辑(总第 65 辑),人民法院出版社 2016 年版,第 252 页。实例参见四川省高级人民法院(2021)川民终 765 号民事判决书。

2. 利息债权

此类从权利的标的物是所转让债权的法定孳息,原则上归属于债权人享有。尚未到期的利息债权,因不具有独立性而不能与主债权分离,只能随主债权一并移转;已到期的利息债权,具有一定独立性,既可随主债权一并移转,也可依当事人约定另行处理。有判决认为,银行利息作为主债权的收益,属于法定孳息,除法律有特别规定或者当事人有特别约定外,取得孳息的权利随着主债权的移转而移转。[1]

3. 射幸孳息债权

中奖请求权等射幸孳息债权,除当事人另有约定外,随主债权一并移转给受让人。有判决认为,如果债权(存单)自愿转让,且转让时未对获奖权利作出任何约定,则受让人凭债权凭证(存单)向债务人提示履行义务,从而实现了对奖金的完全占有,符合法律规定。出让人从自愿转让存单起,已经不能再主张存单上的财产权利。[2]

4. 违约金请求权、损害赔偿请求权

此类从权利是债务人未依法律规定或合同约定履行债务所生违约责任请求权。此类从权利的基本功能是债权人的债权因债务人违约而未得以实现时对债权人的损害予以填补,故转让债权时原则上此类从权利也一并移转。[3]

5. 形成权

依据形成权与债权的关系为标准,形成权可分为以下两类:

(1)其功能是使债权得以实现的形成权,例如选择权、催告权等。此类形成权因其功能与债权密不可分而随债权一并移转。

(2)其功能是使债权归于消灭的形成权,例如撤销权、解除权等。此类形成权不能当然随债权一并移转。在可撤销合同中,如果撤销权人明知存在撤销事由而不行使撤销权并将债权让与给他人,构成"以自己的行为放弃撤销权"(《民法典》第152条第1款第3项);如果撤销权人在不知存在撤销事由的情形下将其债权让与给他人,因撤销权人主要是意思表示不真实的受害人,因此不宜认为受让人在取得债权后可以行使撤销权。对于解除权而言,因存在约定解除与法定解除、违约解除与非违约解除的区别,应当结合解除权的性质、功能、法律规定及当事人约定等因素判断解除权是否随债权一并移转。

6. 请求债务人履行从给付义务和附随义务的权利

让与人将主给付请求权转让给受让人的,与该主给付请求权相关的请求债务人履行从给付义务和附随义务的权利也一并移转。

---

[1] 参见最高人民法院(2005)民二终字第147号民事判决书,载《最高人民法院公报》2006年第7期。

[2] 参见"王春林与银川铝型材厂有奖储蓄存单纠纷再审案",载《最高人民法院公报》1995年第4期。

[3] 参见最高人民法院(2005)民二终字第120号民事调解书。

7. 专属于让与人自身的从权利不随债权移转给受让人

此类从权利是依据法律规定、当事人约定或权利性质只能由原债权人享有的权利,故不能随债权一并移转。例如保证合同约定仅为特定债权人设定的保证担保,该保证债权与特定债权人不可分离,则主债权转让时保证债权不随之转让。在债权被让与后,此类从权利通常归于消灭。

(三)让与人的从给付义务和附随义务

债权让与合同生效后,让与人除应将债权移转给受让人(主给付义务)外,还应履行有关从给付义务和附随义务。

1. 让与人的从给付义务

让与人应当向受让人交付债权证明文件及其他有关单证和资料,包括合同书、借据、账簿等。须注意的是,除票据、债券和其他广义上的证券(购物卡、车船票等)以外,普通债权让与的场合下即使让与人未将有关单证和资料交付给受让人的,亦不影响债权移转。让与人未交付有关单证和资料的行为,构成违反从给付义务的违约行为,受让人可请求让与人承担相应的违约责任。此外,让与人原本占有的质物、押金等担保物,也应交付给受让人。

某些场合下,让与人向受让人履行从给付义务,是为了受让人能够向债务人履行相关从给付义务。例如受让人接受债务人还款后向其返还借据。如果受让人不具备履行某种从给付义务的资格,应如何处理? 例如 A 公司享有对 B 公司的货款债权 1000 万元,A 公司将该债权转让给自然人李某。虽然李某没有开具增值税专用发票的资格,但不影响债权让与的效力。[1] 对于开具增值税专用发票之从给付义务,仍应由 A 公司依据约定或诚实信用原则履行。[2]

2. 让与人的附随义务

让与人和受让人应当遵循诚实信用原则,根据债权让与合同的性质、目的和交易习惯履行通知、协助、保密等义务。(《民法典》第 509 条第 2 款)例如让与人应告知受让人行使债权所需要了解的有关情况,包括债务人的住所、履行期限、履行地点、履行方式、债权担保等相关信息;协助办理抵押权变更登记等。

(四)让与人对所让与债权的瑕疵担保义务

让与人就所让与债权,负有保证第三人不向受让人主张任何权利的义务。该义务的性质为权利瑕疵担保义务。该义务的作用是保障受让人从让与人处取得的债权是真实、合法、有效且完整的,除非债权让与合同另有约定。由于债权让与合

---

[1]　参见江苏省徐州市中级人民法院(2018)苏 03 民终 7562 号民事判决书。
[2]　参见湖南省郴州市北湖区人民法院(2022)湘 1002 民初 1334 号民事判决书。

同包括有偿和无偿两种情形,让与人所负该义务的具体标准分别参照适用《民法典》第 612 条(买卖)和第 662 条(赠与)。

让与人的担保义务原则上仅及于所让与债权的"真实性"而不及于该债权的"信用性",即让与人只担保所让与债权是真实有效的,并不担保受让人取得该债权后一定会得到债务人清偿,除非当事人另有约定。

四、债权让与的对外效力

债权让与的对外效力是指债权让与合同生效及债权让与行为完成后,对债务人和受让人产生的法律后果。

(一)对债务人的债权让与通知

普通债权让与的场合下,债权移转不具有公示性导致债务人对债权让与的事实可能并不知情,因此如果债权让与合同也对债务人直接发生效力显然不公平。为保护债务人利益,债权让与应当通知债务人。

1. 通知的主体和对象

依据《民法典》第 546 条第 1 款规定,通知人是债权人(让与人),包括债权人本人、代理人及履行辅助人等。依学理及实务意见,该款规定通知人的范围过窄,应扩张解释为受让人也可构成适格通知人。在受让人通知的场合下,受让人必须向债务人提供取得债权的证据,否则不发生通知的效力。[①]

通知的对象是债务人,包括债务人本人、代理人及履行辅助人等。在债务人为多数人的场合下,无论其为按份债务还是连带债务,均应向全体债务人通知。在债务存在保证担保的场合下,还应通知保证人,未通知的,债权让与对保证人不发生效力。(《民法典》第 696 条第 1 款)

2. 通知的形式和期限

现行法对债权让与通知形式未作限定,故口头或书面通知均无不可。因该通知的性质为事实通知,故其生效时间准用意思表示的生效标准。除上述常规通知形式以外,以下通知形式也被认可:

(1)受让人以直接起诉替代通知。依据《民法典合同编通则解释》第 48 条第 2 款第 1 句规定,受让人直接起诉债务人请求履行债务,人民法院经审理确认债权转让事实的,应当认定债权转让自起诉状副本送达时对债务人发生效力。该情形下,"起诉状副本送达债务人"可替代债权让与通知。《民法典》施行前,采此意见的实

---

① 参见河南省新乡市中级人民法院(2021)豫 07 执复 105 号执行裁定书。

例较多。①

（2）不良资产债权转让案件中，可采公告通知形式。依据《最高人民法院关于审理涉及金融资产管理公司收购、管理、处置国有银行不良贷款形成的资产的案件适用法律若干问题的规定》（已废止）第6条第1款规定，金融资产管理公司受让国有银行债权后，原债权银行在全国或者省级有影响的报纸上发布债权转让公告或通知的，可以认定债权人履行了通知义务。有判决认为，此类不良资产债权的保证债权亦可适用该规定。②上述规定虽已废止，但实践中仍具参考意义。

不良资产债权以外的普通债权让与，原则上不适用公告通知形式。但亦有判决认为，债权人以公告形式通知债权让与事实，债务人没有异议的除外。③

（3）债务人明知债权让与事实的，可否替代通知？实务中，对此采否定说和肯定说的判决皆有其例。④ 最高人民法院释义书采否定说。⑤

对于债权让与通知的期限，现行法未作规定，应解释为让与人和受让人签订债权让与合同后就应当及时通知债务人。通知时债务履行期限是否已届至或届满在所不问，但此时履行期限是否届满产生的法律后果有所不同。债权让与合同成立之前（尚在磋商阶段）债权人就向债务人作出通知，其后合同有效成立的，此前的通知亦可能有效。有判决认为，在债权转让之前债权人对债务人进行通知，转让未超出通知范围的，债权转让对债务人有约束力。⑥

3. 通知的效力

让与人或受让人依法定要求对债务人进行通知的，债权让与行为对债务人发生法律约束力。

（1）通知生效于债务履行期限届至之前且债务人尚未履行的，债务人在通知生效后不得再向让与人作出提前履行行为。债务人仍向让与人提前履行的，不发生清偿效果，债务人对受让人所负债务并未消灭。债务人向受让人提前履行的，可依据提前履行规则（《民法典》第530条）发生清偿效果。通知一旦生效，让与人不

---

① 参见最高人民法院（2016）最高法民申3020号民事裁定书；最高人民法院（2018）最高法民终464号民事判决书。

② 参见最高人民法院（2003）民一终字第46号民事判决书，载《最高人民法院公报》2004年第4期。

③ 参见"重庆渝开发股份有限公司与西南经济区协作大厦重庆股份有限公司等借款纠纷上诉案"，载最高人民法院民事审判第二庭编：《民商审判指导与参考》2003年第2卷（总第4卷），人民法院出版社2004年版，第161页以下。

④ 采否定说的裁判意见参见最高人民法院（2020）最高法民再13号民事判决书；采肯定说的裁判意见参见江苏省常州市中级人民法院（2021）苏04民终2667号民事判决书。

⑤ 具体理由参见最高人民法院民事审判第二庭、研究室编著：《最高人民法院民法典合同编通则司法解释理解与适用》，人民法院出版社2023年版，第532页。

⑥ 参见最高人民法院（2001）民二终字第23号民事判决书。

得再以自己名义向债务人主张合同权利。①

（2）通知生效于债务履行期限届至之后、届满之前且债务人尚未履行的,债务人在通知生效后不得再向让与人作出履行行为。通知生效后债务人仍然向让与人履行的,不发生清偿效果,受让人有权请求债务人履行。(《民法典合同编通则解释》第48条第1款后段)债务人向受让人履行的,可发生清偿效果。如果债务人向受让人履行但受让人无正当理由拒绝受领或不能受领的,可适用提存、受领迟延等规则使债务人得到救济。

（3）通知生效于债务履行期限届满之后且债务人尚未履行的,债务人应向受让人承担迟延履行的违约责任。债务人仍向让与人履行的,不发生清偿效果,债务人对受让人所负迟延履行责任并未消灭。

（4）通知生效之前债务人已经向让与人履行的,发生清偿效果,受让人无权请求债务人履行债务或承担违约责任。(《民法典合同编通则解释》第48条第1款前段)债务人向让与人作出履行行为时,无论让与人或受让人是否已经发出通知,均发生此清偿效果。如果让与人接受债务人履行后又向债务人发出通知,因该通知不能对债务人发生效力导致受让人无法向债务人行使权利,故让与人的行为构成违约,受让人可通过向让与人主张违约责任获得救济。

4. 未通知的效力

《民法典》第546条第1款规定,未通知的后果是"该转让对债务人不发生效力"。

（1）未通知不影响债权让与合同的效力以及债权让与行为在让与人和受让人之间的效力。通知的意义是使债务人得知债权让与的事实,并由此对债务人产生法律约束力,故是否通知并不影响让与人和受让人之间的债权让与合同和债权让与行为的效力。因未通知导致受让人无法向债务人行使权利的,如果债权让与合同约定由让与人负通知义务而让与人未依约定通知,受让人有权请求让与人承担违约责任;如果约定由受让人负通知义务而受让人未依约定通知,受让人应自负其责,并不能免除受让人依债权让与合同应向让与人所作给付;如果未约定由何人负通知义务,应推定由让与人负通知义务。

（2）未通知发生在债务履行期限届至之前,债务人向让与人提前履行的,可依据提前履行规则发生清偿效果。受让人无权以债权人身份要求债务人提前履行。

（3）未通知发生在债务履行期限届至之后、届满之前,受让人以债权人身份要求债务人履行的,债务人有权予以拒绝。该情形下,"该转让对债务人不发生效力"体现为债务人享有履行抗辩权(而非受让人不享有债权),即债务人可以"未通知"为由拒绝受让人的履行请求。②

---

① 参见最高人民法院(2005)民一终字第95号民事裁定书,载《最高人民法院公报》2006年第12期。

② 参见最高人民法院(2004)民二终字第212号民事判决书,载《最高人民法院公报》2005年第12期。

（4）未通知发生在债务履行期限届至之后、届满之前，债务人向让与人履行的，发生清偿效果。如果债务人向让与人履行但让与人无正当理由拒绝受领或不能受领的，可适用提存、受领迟延等规则使债务人得到救济。

（5）未通知发生在债务履行期限届满之后且债务人尚未履行的，债务人应向让与人承担迟延履行的违约责任。受让人以债权人身份要求债务人承担迟延履行违约责任的，债务人有权予以拒绝。

（6）债务人主张因未通知而给其增加的费用或者造成的损失从认定的债权数额中扣除的，人民法院依法予以支持。（《民法典合同编通则解释》第 48 条第 2 款）

5. 通知的撤销

依据《民法典》第 546 条第 2 款规定，让与人原则上不得撤销债权让与通知，但受让人同意撤销的，让与人可以撤销。① 因该款未对撤销的具体方式和条件作出规定，可类推适用"要约撤销规则"（《民法典》第 476 条、第 477 条）：撤销债权让与通知的通知应当在债务人发出履行通知或作出履行行为之前到达债务人。有下列情形之一的，让与人不得撤销：①让与人明示债权让与通知不可撤销；②债务人有理由认为债权让与通知是不可撤销的，并已经为履行债务做了准备工作。

6. 通知的例外

《民法典》第 546 条规定的通知规则主要适用于普通债权让与的场合。在下列情形中，通知规则的适用存在例外：

（1）转让票据、债券等有价证券的，依据特别法的规定。

（2）转让购物卡、打折券、电影票、车船票等无记名权利凭证的，受让人持该无记名权利凭证即可向债务人行使权利。

（3）当事人约定某债权不得转让，且受让人对此知情或应当知情的，让与人转让该债权须取得债务人同意（而非通知债务人）。

（二）抗辩的援用

《民法典》第 548 条规定："债务人接到债权转让通知后，债务人对让与人的抗辩，可以向受让人主张。"因债权让与仅导致合同主体变更而合同内容并不改变，故债务人所享有的合同权利不因债权让与而有所改变。债务人原本享有的用以对抗让与人的有关权利，当然也能用以对抗受让人，此为"债务人不因债权让与而受有不利益"精神的体现。债务人向受让人主张其对让与人的抗辩的，人民法院可以追加让与人为第三人。（《民法典合同编通则解释》第 47 条第 1 款）

---

① 对该款的批评意见参见朱广新：《合同法总则研究（下册）》，中国人民大学出版社 2018 年版，第 492—493 页。

1. 援用抗辩的时间

《民法典》第548条规定，债务人有权援用抗辩的时间是"债务人接到债权转让通知后"。对此，应解释为"债权让与通知生效后"，因为不同形式通知的生效时间未必均采到达主义。在通知生效之前，因债权让与对债务人不发生效力，如果受让人向债务人请求履行，债务人可依据合同相对性予以拒绝，该拒绝理由并非基于债务人对让与人的抗辩。

2. 援用抗辩的种类

债务人能援用的抗辩既包括法律规定的抗辩权，也包括实体法和程序法上的有关抗辩。具体如下：

（1）债权未发生的抗辩。例如主张合同不成立、无效[①]等。某些情形下，此类抗辩的适用受到一定的限制。依据《民法典合同编通则解释》第49条第2款规定，受让人基于债务人对债权真实存在的确认受让债权后，债务人不得又以该债权不存在为由拒绝向受让人履行，但是受让人知道或者应当知道该债权不存在的除外。该规定对于让与人与债务人基于某种目的虚构债权的场合尤具意义。

（2）债权已消灭的抗辩。例如主张债权因清偿、抵销、免除、提存等原因已经消灭。

（3）拒绝履行抗辩权。例如同时履行抗辩权、先履行抗辩权、不安抗辩权、诉讼时效抗辩权、先诉抗辩权、基础交易合同变动时保理人的抗辩权（《民法典》第765条）[②]等。

（4）程序法上的抗辩。例如仲裁条款抗辩、协议管辖抗辩等。

上述抗辩事由必须在债权让与通知生效时已经存在，债务人才能援用。如果债权让与通知生效后才产生对让与人的抗辩事由，债务人不得援用。另须注意，最高人民法院指导案例认为，生效判决确定的原债权人在执行开始之前将债权依法转让给受让人后，受让人作为权利承受人，在向人民法院提交承受权利的证明文件的情况下，有权依法以自己的名义申请执行。被执行人以债权让与合同无效为由抗辩的，应当通过另行提起诉讼解决。[③]

当事人能否约定排除适用《民法典》第548条之援用抗辩规则？实务中多以意思自治等因素为由予以肯定。例如：

①债务人在收到债权转让通知后，向受让人出具《应收账款保理业务确认书》，确认其对原债权人负有1.5亿元债务尚未清偿，并承诺将依债权转让通知书

[①] 参见最高人民法院（2015）民二终字第386号民事判决书。

[②] 参见最高人民法院（2022）最高法民终284号民事判决书。

[③] 参见"李晓玲、李鹏裕申请执行厦门海洋实业（集团）股份有限公司、厦门海洋实业总公司执行复议案"，最高人民法院指导案例34号。

指定的账户进行支付,且承诺不出于任何原因对该等款项进行任何抵销、反请求或扣减。债务人不得再就涉案债权不成立、成立时有瑕疵、无效或可撤销、债权消灭等可以对抗原债权人的抗辩事由向受让人主张抗辩。[①]

②债权人与债务人明确约定某种抗辩权仅能在双方之间行使,债权让与后债务人不得援用该抗辩权以对抗受让人。[②]

(三)抵销的援用

依据《民法典》第549条规定,债务人对让与人享有某些债权的,可以向受让人主张抵销。理由在于,在债权让与发生之前债务人对让与人享有某些债权的,债务人本可通过抵销而不必作出实际履行。如果因债权让与导致债务人丧失抵销权,对债务人显非公平。

1. 援用抵销的条件

债务人主张抵销须具备以下情形之一:

(1)债务人接到债权让与通知时,债务人对让与人享有债权,且债务人的债权先于转让的债权到期或者同时到期。该情形是指债务人接到债权让与通知(通知生效)时,债务人对让与人的抵销权已经成立或本可成立。具体包括以下情形:

①债务人接到债权让与通知时,债务人和让与人的债权均已到期。在此情形下,无论债务人和让与人的债权哪一个先到期,债务人接到债权让与通知时均已经享有对让与人的抵销权。(《民法典》第568条第1款)

②债务人接到债权让与通知时,债务人的债权已到期,而让与人的债权未到期。在此情形下,虽然让与人的债权尚未到期,但债务人可通过放弃期限利益直接行使抵销权。此时债务人对让与人的抵销权也已经成立。

③债务人接到债权让与通知时,债务人和让与人的债权均未到期,且债务人的债权先于转让的债权到期或者同时到期。此时债务人对让与人的抵销权虽未成立,但如果不发生债权让与则债务人因其债权到期在前或同时到期而本可成立对让与人的抵销权。为保护债务人利益,使其不因债权让与而导致权益减损,故债务人在债权让与后仍然享有该抵销权。

(2)债务人的债权与转让的债权是基于同一合同产生。该情形下,两项债权基于同一合同产生,具有密切联系,受让人应当认识到债务人对让与人可能基于该合同享有债权,因此受让人能够在订立债权让与合同时对抵销的可能性作出预先安排。

实务中的一种常见案型是:发包人 A 与承包人 B 订立建设工程施工合同,完

---

① 参见最高人民法院(2014)民二终字第 271 号民事判决书。
② 参见最高人民法院(2018)最高法民再 50 号民事判决书。

工后 B 将工程款债权转让给 C，并通知了 A。C 向 A 请求付款时，A 以逾期竣工为由，主张以 A 对 B 享有的违约金债权抵销该工程款债权。① 其他实例如，货款债权转让后，债务人因原债权人虚开发票给债务人造成经济损失形成的抵销权，可以向债权受让人主张。②

虽然《民法典》第 549 条对债务人主张的抵销类型未作限定，但应将其缩限解释为法定抵销，即必须债务人和让与人所负债务的标的物种类、品质相同。如果债务人和让与人所负债务的标的物种类、品质不相同，须债务人和让与人达成抵销合意方能抵销。（《民法典》第 569 条）因此，债务人依据《民法典》第 549 条主张抵销的，在法定抵销的场合当然可以适用；在合意抵销的场合，仅在债务人接到债权让与通知以前债务人和让与人已达成抵销合意的情形下才能适用。

2. 援用抵销的效力

（1）债务人有权在抵销的范围内拒绝受让人的履行请求，并不承担债务不履行的责任。

（2）债务人和让与人互负债务在抵销的范围内归于消灭。债权让与合同和债权让与行为的效力不受影响，转让的债权在抵销范围内构成不能履行。

（3）受让人因不能在抵销范围内行使债权而受有损失的，可依据债权让与合同约定或法律规定向让与人主张瑕疵担保责任。如果债权让与合同为有偿，让与人应当将被抵销债权的对价返还给受让人，并承担相应的违约责任。

（四）增加费用的负担

《民法典》第 550 条规定："因债权转让增加的履行费用，由让与人负担。"在履行地点改变、转让部分债权导致履行次数增加等情形下，履行费用可能会有所增加。基于保护债务人利益的需要，该条确立了增加费用的负担规则。

（1）受让人请求债务人履行时，债务人有权就增加的费用予以相应扣减或者行使履行抗辩权。受让人因此少得给付的，可以向让与人求偿。增加的费用应以必要为限，否则不能要求让与人负担。③

（2）债务人实际负担增加费用的，可以向让与人求偿。

（五）诉讼时效中断

《诉讼时效规定》第 17 条第 1 款规定："债权转让的，应当认定诉讼时效从债权转让通知到达债务人之日起中断。"该规定的适用效果如下：

---

1. 债权让与发生前后,诉讼时效期间统一计算

债权让与并未产生新债权,被让与债权在转让前后具有同一性,因此债权让与并不导致此前诉讼时效计算的失效,而应统一计算。所谓统一计算,一是指债权适用的诉讼时效期间不变,原来适用普通诉讼时效期间或特殊诉讼时效期间的,仍然予以适用;二是指在债权让与发生以前的起算、中止、中断等事实在债权让与发生以后仍然有效。

2. 债权让与通知构成"诉讼外请求"之中断事由(《民法典》第 195 条第 1 项)

债权让与虽非债权人直接主张权利,但亦可导致诉讼时效中断。理由在于,债权人通知债务人债权转让,意味着其不放弃债权,明确和维持债权的存在,而且在司法实务中,债权转让通知多含有主张权利的意思表示。因此一般而言,债权人向债务人发出债权转让通知的,符合诉讼时效中断制度明确和维持权利存在的要件,应具有诉讼时效中断的效力。① 如果债权人未予通知,其对债务人进行催收仍构成中断事由。②

3. 诉讼时效中断时点是"债权让与通知生效之日"

《诉讼时效规定》第 17 条第 1 款规定的"债权转让通知到达债务人之日"应解释为"债权让与通知生效之日",因为不同形式通知的生效标准并非均采到达主义。该通知生效时点准用意思表示生效标准(《民法典》第 137 条、第 139 条),即应区分通知的形式分别认定:通知是对话方式的,采了解主义;通知是非对话方式的,采到达主义;通知是公告方式的,采完成主义。

五、债权让与的两项特殊规则

(一)表见债权让与

虽然让与人将债权让与事实通知债务人,但债权让与行为并未实施或债权让与合同无效,债务人基于对债权让与通知的信赖而向受让人履行的,仍然发生清偿效果。该现象被称为表见债权让与。域外法对此多设有明确规定,例如《德国民法典》第 409 条第 1 款规定:"债权人将债权让与通知债务人者,纵未为让与或让与不生效力,债务人仍得以该通知之让与对抗债权人。"上述规定的目的在于,保护债务人免受其视为有效但实际上并未发生或没有效力的转让的影响;保护债务人的前

---

① 参见最高人民法院民事审判第二庭编著:《最高人民法院关于民事案件诉讼时效司法解释理解与适用》,人民法院出版社 2015 年版,第 320 页。
② 参见最高人民法院(2014)民提字第 220 号民事判决书。

提是原债权人声明债务人已了解转让事宜，即已经通知债务人或签发文件给受让人。① 一般场合下，让与人既将债权让与之事实通知债务人，债务人自然相信受让人已取得债权，并对之清偿，纵然让与未成立或因其他原因而无效，非债务人所能知悉，债务人自应受到保护。② 在德国法中，表见债权让与制度在保护债务人时，不以其善意为要件，换言之，即使债务人明知让与通知或证书不正确，仍受保护。③ 此与表见代理规则不同，对债务人提供了更为便利的保护。

我国《民法典》未针对表见债权让与的一般规则作出规定，仅于第 763 条规定保理合同中债务人的表见责任。④《民法典合同编通则解释》第 49 条第 1 款对表见债权让与作出规定，解读如下：

1. 债务人接到债权让与通知后，让与人不得以债权转让合同不成立、无效、被撤销或者确定不发生效力为由请求债务人向其履行

该规定可视作《民法典》第 546 条第 1 款之延伸规则，因为表见债权让与规则与债权让与通知规则关系紧密。既然债权让与未通知债务人产生该转让对债务人不发生效力之后果，则已通知债务人可推导出债务人对该转让的合理信赖。当让与人将债权让与通知债务人之后，无论债务人是否积极地知悉债权让与实际上未发生或者无效，一般都能成立表见债权让与，但债务人根据生效法律文书知悉债权让与未发生或者无效的除外。

债务人是否须为善意？《民法典合同编通则解释》第 49 条第 1 款对此未作限定。理由在于，该做法更有利于三方当事人的利益平衡，避免单纯保护债权人利益使债务人和受让人均处于风险之中。而且，从风险控制的角度，债权人比债务人更有能力防范控制债权让与合同存在效力瑕疵的风险。⑤

2. 该债权让与通知被依法撤销的除外

此处的撤销，主要包括以下情形：

(1) 依据《民法典》第 546 条第 2 款的规定，经受让人同意后，让与人撤销债权转让通知。

(2) 让与人或受让人基于重大误解、欺诈、胁迫等事由撤销债权让与通知。债权让与通知的性质是准法律行为，故可以准用民事法律行为撤销的相关规定。

---

① Vgl. Eva-Maria Kieninger, Kommentar zum §409, in: *Münchener Kommentar zum BGB*, 9. Aufl., München: C. H. Beck, 2022, Rn. 1.

② 参见黄立：《民法债编总论》，中国政法大学出版社 2002 年版，第 621 页。

③ 参见[德]迪特尔·梅迪库斯：《德国债法总论》，杜景林等译，法律出版社 2004 年版，第 561 页。

④ 关于该条的学理意见，参见蔡睿：《虚假债权转让中债务人的表见责任——〈中华人民共和国民法典〉第 763 条的解释论展开》，载《政治与法律》2023 年第 6 期。

⑤ 参见最高人民法院民事审判第二庭、研究室编著：《最高人民法院民法典合同编通则司法解释理解与适用》，人民法院出版社 2023 年版，第 540 页。

(3)让与人或受让人起诉,请求确认债权让与合同不成立、无效、确定不发生效力或者撤销债权让与合同。该诉讼中,可将债务人列为第三人。确认债权让与合同不成立、无效、确定不发生效力或者撤销债权让与合同的生效裁判,对让与人、受让人和债务人均具有约束力。由于该情形下债权让与已由司法程序认定不成立、无效、确定不发生效力或者被撤销,债务人也已明知,债权让与的外观已经不存在,故债务人不得再向受让人履行。

(二)多重债权让与

由于债权让与合同的履行具有观念性,在多重债权让与的场合下无法(像一物数卖那样)通过交付规则来确定债权的归属。在《民法典》施行前,对于多个受让人中何者取得转让的债权,存在"转让优先说""通知优先说""登记优先说"等观点。[1] 实务中采取这些观点的判决各有其例。[2]《民法典合同编通则解释》第50条采取"通知优先说",解读如下:

1. 债务人向最先通知的受让人履行的效力

债务人向最先通知的受让人履行的,发生清偿效果,其不再负有向其他受让人履行的义务。采取"通知优先说"的合理性如下:其一,有利于激励受让人督促让与人尽早发出通知,从而早日确定依法能够取得债权的主体。其二,与债权让与通知规则保持一致。由于通知生效后债权让与才对债务人发生效力,故以通知确定清偿顺位能够与通知规则效力更好地衔接。其三,有利于合理分配风险。受让人作为权利承受主体本有足够的动机去防范多重债权让与,而其不积极督促让与人尽早发出通知,自应承担相应的不利后果。

2. 债务人向其他受让人履行的效力

(1)债务人明知接受履行的受让人不是最先通知的受让人的,产生以下后果:

①最先通知的受让人有权请求债务人继续履行债务,或者依据债权让与合同请求让与人承担违约责任。该情形下,债务人故意实施错误履行,不发生清偿效果。此时最先通知的受让人有两种选择以获得救济:一是请求债务人继续履行债务;二是依据债权让与合同请求让与人承担违约责任。二者原则上只能择一行使,但在避免重复填补的前提下,某些场合下亦有可能并用。

此处让与人承担的违约责任属于权利瑕疵担保责任。区分债权让与合同是有偿或者无偿,分别类推适用买卖合同或者赠与合同中权利瑕疵担保责任的相关

① 相关学理意见参见方新军:《债权多重让与的体系解释》,载《法学研究》2023年第4期;潘运华:《债权二重让与中的权利归属》,载《法学家》2018年第5期。

② 采"转让优先说"的裁判意见参见北京市第三中级人民法院(2016)京03民终2737号民事判决书;采"通知优先说"的裁判意见参见江苏省无锡市中级人民法院(2016)苏02民终2699号民事判决书。

规定。

②最先通知的受让人无权请求接受履行的受让人返还其接受的财产,但是接受履行的受让人明知该债权在其受让前已经转让给其他受让人的除外。该情形下,最先通知的受让人无权请求其他受让人返还的原因在于:一方面,法律已经允许最先通知的受让人有权请求债务人继续履行债务,如果同时认可其有权请求其他受让人返还,将有重复受偿之嫌;另一方面,其他受让人虽非最先通知,但其与让与人之间亦订有债权让与合同,故其接受履行不构成不当得利。

如果接受履行的受让人明知该债权在其受让前已经转让给其他受让人,则其并无值得保护之信赖,故最先通知的受让人有权请求其返还其接受的财产。由此造成的损失,应由有过错的让与人或债务人承担。

(2)债务人不知接受履行的受让人不是最先通知的受让人的,如何处理? 司法解释对此未作规定。似应解释为,债务人的履行行为发生清偿效果。该情形下,"债务人不知"包括债务人无过失和有过失两种情况。债务人无过失的,其履行行为发生清偿效果自无疑义。债务人有过失的情形下,多因让与人作出数个通知而债务人未能准确识别何者构成最先通知所致。该风险所生不利后果,似应由(引起多重债权让与的)让与人承担为妥。

3. "最先通知的受让人"的认定标准

依据《民法典合同编通则解释》第 50 条第 2 款规定,最先通知的受让人是指最先到达债务人的转让通知中载明的受让人。当事人之间对通知到达时间有争议的,人民法院应当结合通知的方式等因素综合判断,而不能仅根据债务人认可的通知时间或者通知记载的时间予以认定。当事人采用邮寄、通讯电子系统等方式发出通知的,人民法院应当以邮戳时间或者通讯电子系统记载的时间等作为认定通知到达时间的依据。

【疑难案例:法院生效判决可否替代债权让与通知案①】
【案件事实】

1996 年 2 月 10 日,被告陈某贤之兄陈某根经营面粉厂,因交厂房土地补偿款之需,向五星村委会的经济组织"五星村农村合作基金会"借款 15 万元。其后,借款本金 15 万元未偿还。1999 年政府清理"合作基金会"时,"五星村农村合作基金会"撤销,债权债务归五星村委会。2003 年 9 月 27 日,五星村委会主任及原告五星九组代表人与被告陈某贤商谈,形成"与陈某贤就征地问题与原借款问题商谈解

----

① 该案详细解读参见"厦门市翔安区马巷镇五星社区居民委员会第九居民小组诉陈某贤债权转让案",载最高人民法院中国应用法学研究所编:《人民法院案例选(分类重排本)·民事卷3》,人民法院出版社2017年版,第 1534 页以下。

决办法"的记录:"(1)陈某贤希望要把原欠村 15 万元整的钱移交给村小组,也就是说换成陈某贤欠村九组 15 万元整。(2)所欠的钱到 2004 年春节之前还清。(3)原征用的土地的面积要多还少补,但多出的部分面积(超出规划的面积)要按伍万元给村九组,少于原征用面积的土地要按照原购买的面积付还陈某贤。"被告陈某贤在该谈话记录上签字,五星村委会也表示同意陈某贤代陈某根偿还债务,五星村委会的债权归五星九组享有。

其后,五星九组诉至法院,请求判令陈某贤偿还款项 15 万元及利息 93000 元。在一审过程中,被告陈某贤承认其在谈话记录本上签名,但认为当时只商谈土地事宜,否认当时双方曾对还款问题进行协商。原告认为债权转让已告知陈某贤、陈某根,有两份生效的法律文书为证,即:2004 年受诉法院作出的 A 判决和 B 判决,该两份判决涉及陈某贤、陈某根主张土地收益款的相关纠纷处理。

【本案争点】

另案判决生效可否替代债权让与通知?

【裁判要旨】

一审法院认为:被告陈某贤与原告五星九组代表人、五星村委会主任商谈清理债务,内容不违反法律规定,且记录经被告陈某贤签名确认,可视为债务转移,是有效的,应认定陈某根的债务 15 万元转由被告陈某贤承担。五星村委会的债权转由五星九组享有,故原告有权要求被告陈某贤偿还其转承的债务 15 万元。因双方在协商债务转移时并未对利息进行约定,故原告要求被告支付利息的理由不足,不予支持。判决:(1)被告陈某贤偿还原五星九组 150000 元。(2)驳回原告的其他诉讼请求。

二审法院认为:

第一,原告提供的 A 判决和 B 判决,系陈某贤、陈某根主张土地收益款时,原告及债权人五星村委会均辩称村委会决定扣发分配款偿还所欠款项。上述行为不属于法律规定的行使通知债务人陈某根债权转让的行为,该两份法律文书不能证明债权人已尽通知义务,应当认定五星村委会转让权利未通知债务人陈某根,债权转让对债务人陈某根不发生效力。

第二,陈某根是讼争 15 万元的债务人,五星九组没有证据证明陈某根与陈某贤存在债务转移的事实。至于陈某贤在"针对旧的借款的问题的解决"所形成记录上的签字,应认定系陈某贤作为第三人表示愿意由其代债务人陈某根清偿债务,但陈某贤并未取代陈某根债务人的地位。虽然陈某贤至今仍未代为清偿,但由于陈某根与陈某贤之间不存在债务转移的事实,所以五星九组不得直接向第三人陈某贤请求履行债务。

综上,五星九组在债权转让未通知债务人陈某根,且作为借款合同的第三人陈某贤不履行债务情况下,债权人无权直接要求陈某贤履行债务。判决:(1)撤销一审判决。(2)驳回五星九组的诉讼请求。

第三节　债务承担

一、债务承担概述

(一)债务承担的概念和意义

1. 债务承担的概念

债务承担,是指在不改变合同内容的前提下,通过债权人或债务人与第三人订立转让债务的协议或者第三人的主动加入,将债务全部或部分地移转给第三人的现象。例如甲因经营需要向银行贷款,由于甲负有多项债务可能无法通过银行审查,甲父基于赠与的意思承担了甲的数项债务。转让债务的人称为原债务人,接受债务的人称为承担人。

(1)债务承担仅导致债务人发生变化,而债务内容和债权人均保持不变。法律允许转让的债务并不仅限于合同债务,合同债务以外的债务承担亦适用《民法典》合同编关于债务承担的规定。

(2)债务承担包括转让全部债务和转让部分债务。原债务人就其负有的某一项债务,既可以将其全部转让,也可以仅将其部分转让。全部转让的,由承担人取代原债务人地位成为新债务人,原债务人丧失合同当事人地位。部分转让的,原债务人和承担人按照各自的份额对债权人负有债务。在此场合下,由单一之债变为多数人之债。转让部分债务不能确定具体份额的,有判决认为,当债务承担数额的约定有明显争议时,实际上又没有履行行为的,此时要看具体债务的多寡、债务人的具体偿还能力及其自认的态度来认定债务人应承担的债务额度。①

(3)债务承担与债务移转不同。债务移转,是指因各种原因导致债务人发生变化的现象。债务移转的原因包括:法律规定(如法人合并或分立)、法律行为(如债务承担合同)、生效裁决等。可见,债务承担是债务移转的下位概念。

(4)债务承担的类型包括免责的债务承担和并存的债务承担。《民法典》第551条规定了免责的债务承担,第552条规定了并存的债务承担。转让普通债务的,适用《民法典》合同编规定的债务承担规则;转让票据、公司债券等特殊债务

---

① 参见最高人民法院(2007)民二终字第214号民事判决书。

的,适用特别法规定。

2. 债务承担的意义

(1)方便清偿。例如甲对乙负有 100 万元债务,乙向丙购买价值 100 万元的钢材而负有付款义务,乙将该付款义务移转给甲而由甲向丙支付 100 万元,可以简化三方的清偿关系而提高清偿效率。[1]

(2)并存的债务承担具有一定的担保功能。由于并存的债务承担中承担人负连带清偿责任,实际上扩大了债权人受偿的责任财产范围,该承担人取得与保证人类似的法律地位。[2]

(二)债务承担合同与债务承担行为

与债权让与的法律构造类似,债务承担现象中也存在债务承担合同与债务承担行为之分。债务承担合同,是指债权人或原债务人与承担人就债务承担所涉权利义务订立的协议。债务承担合同是负担行为,其在原债务人和承担人之间产生移转债务的债权债务,而不直接导致债务移转。在德国,债务承担合同通常被表述为债务承担的"原因行为"或"基础行为"。债务承担行为,是指原债务人将债务移转给承担人的行为。债务承担行为是对债务承担合同的履行行为,其直接导致债务移转。在承认物权行为独立性的德国,债务承担行为通常被表述为"债务承担契约"或"债务承担",其性质为准物权行为。

债务承担合同与债务承担行为的关系,与债权让与合同和债权让与行为的关系具有相当程度的类似性。体现为:(1)债务承担合同与债务承担行为的关系适用有因原则,债务承担合同的效力直接影响债务承担行为的效力。(2)债务承担合同的履行行为在绝大多数情形下是观念性的,而不像动产交付或不动产登记那样能够被客观感知。债务承担合同生效与债务承担行为完成通常同时发生。

债务承担合同与债务承担行为的关系,与债权让与合同和债权让与行为的关系在某些方面也存在差异性。体现为:(1)在债权让与中,是否通知债务人不影响债权让与合同的效力,而仅影响债权让与是否对债务人发生效力;在免责的债务承担中,如果是由原债务人与承担人订立债务承担合同,债权人同意是债务承担合同的生效要件。(2)相较于债权让与行为而言,债务承担行为(即债务承担合同的履行行为)具有更彻底的观念性。在债权让与的某些场合下,还存在交付无记名权利凭证、票据、债券等客观行为;在债务承担的场合下,并不存在这些行为。

---

[1]　类似的实例参见辽宁省本溪市中级人民法院(2022)辽 05 民终 1378 号民事判决书。
[2]　参见[德]海因·克茨:《德国合同法》,叶玮昱、张焕然译,中国人民大学出版社 2022 年版,第 392 页。

(三)债务承担与代为清偿

债务承担与代为清偿(《民法典》第 523 条、第 524 条)的类似点在于：二者都是由原债务人以外的人向债权人履行债务,并且发生清偿效果。债务承担与代为清偿存在以下区别：(1)性质不同。前者属于债的移转,债务由原债务人转让给承担人；后者不属于债的移转,第三人履行的债务仍为债务人的债务。(2)发生原因不同。前者的发生是基于原债务人或债权人与第三人达成协议或者第三人的单方行为；后者的发生是基于债务人与第三人达成协议或第三人的单方行为。(3)第三人的法律地位不同。在前者场合下,承担人是新债务人,其为债权债务关系的当事人；在后者场合下,第三人并非债务人,其不是债权债务关系的当事人。(4)责任的承担不同。在前者场合下,如果承担人不履行债务或履行债务不符合约定,债权人有权请求其承担违约责任；在后者场合下,如果第三人不履行债务或履行债务不符合约定,原则上仍由债务人承担违约责任。(5)第三人的要求不同。第三人单方主动向债权人代为清偿的,以"第三人对履行该债务具有合法利益"为条件；债务承担无此限制。

区分债务承担与代为清偿的司法意见：

①商事实践中第三人承诺"代替"债务人履行债务,至少具有三重含义,即第三人代为履行、债务加入或者债务转移。何种含义为当事人的真实意思表示,须结合债权人表态、当事人事后实际履行债务的情况等因素,并以保护债权人利益为原则,进行综合判断。[①] 有判决认为,第三人与债权人约定第三人代替债务人向债权人清偿债务,但"代替"一词不能说明债务已转移……债权人先后两次向债务人送达催款函,更进一步说明债权人并不认可债务已转移。故原审判决认定第三人对清偿款项构成债务加入,第三人应与债务人共同向债权人偿还债务,并无不当。[②]

②第三人将归属于自己的物权过户至债权人名下偿还债务人所负债务的,有判决认为,债务人致函房地产公司,要求将登记在房地产公司名下的房产随时过户至债权人名下。房地产公司以《确认书》的形式对债权人承诺,称自愿将债务人已购买的房产随时过户至债权人。其后,房地产公司与债权人签订《委托售楼合同》约定,房地产公司有义务将约定房产销售或回购,并将款项交付债权人。应当认定房地产公司愿意通过售楼或回购清偿债务人对债权人的债务,房地产公司与债权

---

① 参见向玕：《债务加入法律实务问题研究——最高人民法院裁判规则总结》,载《人民司法·案例》2015 年第 18 期。

② 参见"中实投资有限责任公司等与北京隆瑞投资发展有限公司等股权转让纠纷申请再审案",载最高人民法院民事审判第二庭编：《商事审判指导》2010 年第 2 辑(总第 22 辑),人民法院出版社 2010 年版,第 88 页以下。

人之间形成债务承担合同关系。①

③第三人基于委托付款作出债务清偿承诺的,有判决认为,第三人基于与债务人之间的委托付款关系,承诺向债权人承担债务清偿责任,在第三人未明确表示承担保证责任,及第三人未就债务部分移转与债权人或债务人意思表示一致的情况下,不应认定为保证和债务加入,而仅为代为清偿。②

④对于履行辅助人与承担人的区分,有判决认为,《会议纪要》非债权人、债务人、第三人三方协议,三方也未在《会议纪要》上签字和盖章确认……机场股份并没有取代债务人的地位,成为合同关系的当事人。债务人并未退出该合同关系,原合同关系也未发生消灭。从本案的情况看,则更符合第三人代替债务人履行债务的特征。机场股份只是履行主体而非债的当事人。③

⑤第三人与债权人、债务人共同订立代付协议的,有判决认为,虽然《代付协议》约定债权人同意第三人代替债务人履行货款的支付义务,但《代付协议》并无明确免除债务人清偿义务的意思表示,符合第三人代为履行的特征,不构成债务转移。④

二、免责的债务承担

(一)免责的债务承担的概念

免责的债务承担,是指原债务人将某项债务全部或者部分转让给承担人,由承担人全部或部分取代原债务人地位。所谓"免责",意指债务承担发生后,原债务人便不再负有全部或部分债务和承担相应的责任。免责的债务承担可以由原债务人与承担人订立债务承担合同,也可以由债权人与承担人订立债务承担合同。实务中,亦有债权人、原债务人与承担人三方共同订立债务承担合同的实例。⑤ 该情形兼具前述两种合同的属性。

有一种特殊情形"不完全免责的债务承担",是指当事人约定先由承担人履行债务,其不履行或履行不符合要求时,原债务人应继续履行债务。PICC 第 9.2.5 条第 2 款规定了此种类型的债务承担。这种债务承担的作用在于,保留原债务人

---

① 参见最高人民法院(2009)民申字第 855 号民事裁定书,载《人民司法·案例》2010 年第 14 期。

② 参见云南省高级人民法院(2014)云高民二终字第 245 号民事判决书,载《人民司法·案例》2015 年第 18 期。

③ 参见海南省高级人民法院(2007)琼民抗字第 32 号民事裁定书。

④ 参见浙江省绍兴市中级人民法院(2022)浙 06 民终 4530 号民事判决书。

⑤ 参见重庆市高级人民法院(2020)渝民终 479 号民事判决书。

作为次级债务人(类似"B计划"),以防新债务人不履行或不适当履行。① 我国现行法对此虽无规定,但基于合同自由原则,当事人作此约定亦可有效。② 《民法典》施行前,有法院将此类约定认定为并存的债务承担。③ 由于《民法典》第 552 条规定并存的债务承担只能产生连带责任,故《民法典》施行后不应再采此认定。

(二)免责的债务承担的要件

1. 原债务人与承担人订立债务承担合同

《民法典》第 551 条第 1 款规定"债务人将债务的全部或者部分转移给第三人",即指此种情形。该债务承担合同的生效,应具备以下要件：

(1)转让的债务成立且有效。

该要件与债权让与的要件不同:在债权让与中,通知债务人并非债权让与合同的生效要件,而仅影响是否对债务人发生债权让与的效力,故即使债权尚不存在也不影响债权让与合同的效力;在债务承担中,取得债权人同意是债务承担合同的生效要件,如果债务尚未成立,因债务内容和债权人均未确定,而无法具备"债权人同意"之要件,故债务承担合同订立时转让的债务必须已经成立。如果转让的债务是无效合同债务、不法债务等,因其本身不被法律保护,就其订立的债务承担合同不能产生法律认可的效力。

(2)转让的债务具有可移转性。

作为债务承担客体的债务,应当是非专属于原债务人的债务,即该债务由原债务人以外的第三人(承担人)履行也可以实现清偿效果,例如金钱给付债务等。可移转的债务不限于合同债务,其他类型的债务(如侵权之债、不当得利之债、无因管理之债)符合条件的,也可以成为债务承担的客体。现行法未规定哪些债务不具有可移转性,学理和实务通常认为下列债务不具有可移转性：

①根据性质不得转让的债务。此类债务主要是具有人身专属性债务和不作为债务等。例如演出合同约定由特定演员完成演出行为的债务;雇佣合同约定雇员负有的竞业禁止义务等。因债权和债务是合同内容的两个方面,根据性质不得转让债务的具体类别可以参照前述"根据合同性质不得转让的债权"的具体类别予以判断。如果债权人同意原债务人转让此类债务且不违反法律强制性规定,则原债务人可以转让该债务,但严格来说该转让行为是合同更改而非债务承担,因为该转让行为已导致原债务与新债务不具有同一性。

---

① 参见[德]埃卡特·J. 布罗德:《国际统一私法协会国际商事合同通则——逐条评述》,王欣等译,法律出版社 2021 年版,第 327 页。

② 参见黄薇主编:《中华人民共和国民法典合同编释义》,法律出版社 2020 年版,第 204 页。

③ 参见浙江省杭州市中级人民法院(2016)浙 01 民终 3627 号民事判决书。

②按照当事人约定不得转让的债务。依据合同自由原则,当事人就不具有人身专属性的某项债务也可以约定不得转让。但应注意,因《民法典》第 551 条规定债务承担应当经债权人同意,故无论当事人是否事先约定某项债务能否转让,原债务人都不能在未取得债权人同意的情形下转让债务,因此将此类债务作为不具有可移转性的债务并无特别意义。实务中,当事人事先特别约定某项债务不得转让的实际意义有二:一是在法律已有规定的基础上再特别警醒原债务人不得未经债权人同意而转让该债务;二是针对原债务人违反该约定的违约行为事先约定违约责任的内容和方式(如违约金),以明确原债务人的责任及方便债权人行使权利。①

③依照法律规定不得转让的债务。基于特定的立法目的,法律特别规定某些债务不得转让。例如承揽合同中承揽人完成主要工作的义务(《民法典》第 772 条第 1 款)、建设工程施工合同中承包人完成建设工程主体结构的施工义务(《民法典》第 791 条第 2 款)、委托合同中受托人处理委托事务的义务(《民法典》第 923 条)等。除非法律允许当事人作出相反约定,否则债务人不得转让此类债务。

(3)债务承担合同具备合同的一般有效要件。

①原债务人和承担人在缔约时须有相应的缔约能力。原债务人和承担人是自然人的,原则上均应具有完全民事行为能力。原债务人和承担人是法人或非法人组织的,依据法律对所转让债务是否要求特殊资格判断其是否具有相应的缔约能力。

②原债务人和承担人就转让债务达成合意且意思表示真实。现行法对债务承担是否有偿未作限定,因此该意思表示可以是有偿转让债务,也可以是无偿转让债务。有偿转让债务的实例如:A 欠 B30 万元货款(债务 1),C 欠 A50 万元货款(债务 2),A 和 C 约定将债务 1 转让给 C,用于抵偿债务 2 的一部分。② 无偿转让债务的场合下,由于对承担人十分严苛,依常理一般人均会谨慎为之。因此在是否就转让债务达成合意存疑或不明的情形下,应倾向于认定未达成合意。③

③合同内容不违反法律强制性规定或者公序良俗。

(4)应当经债权人同意。

因债权人并未参与该合同的订立,为避免债权人因新债务人资力不足或信用不佳而受到损害,因此须取得债权人同意该合同方能生效。此为各国立法通例,《民法典》第 551 条第 1 款小采此规定。债权人同意或不同意的方式,采明示或默示均可。如果债权人未以明示方式作出意思表示,而是直接向承担人请求履行或

---

① 参见最高人民法院(2020)最高法知民终 833 号民事判决书。
② 参见浙江省嘉兴市中级人民法院(2022)浙 04 民终 265 号民事判决书。
③ 参见浙江省绍兴市中级人民法院(2022)浙 06 民终 1493 号民事判决书。

受领承担人的履行,可构成默示的同意。①

为督促债权人尽快表态,原债务人或者承担人可以催告债权人在合理期限内予以同意,债权人未作表示的,视为不同意。(《民法典》第 551 条第 2 款)该情形构成默示的不同意。债权人对债务承担合同订立之事实知情而未作表示,且原债务人或者承担人未进行催告的,也应推定债权人不同意。② "债权人不同意"产生的后果是:其一,债务承担合同不生效,债务不发生移转。其二,承担人作出的清偿构成履行承担,适用代为清偿规则处理。

债权人同意须以原债务人或者承担人通知债权人债务承担合同订立之事实为前提,否则通常不能具备本要件。实务中的一种常见案型是,培训机构将培训债务转让给第三人,但未告知债权人实情而引发纠纷。例如:①《教育培训合同》的债务人(培训机构)与另一公司订立债务承担合同后,通知学员"校区迁址至新校区"。法院认为,正常理解"迁址"表达的应是教学地点变更的意思,并不包含债务主体变更的意思,因此债权人(学员)在不知情的情况下未作出同意。③ ②培训机构与另一公司订立债务承担合同后,告知学员"学校现在更名了"。法院认为,"学校现在更名了"表达的应是学校名称变更的意思,并不包含债务主体变更的意思,因此学员在不知情的情况下未作出同意。④

与债权人同意有关的司法意见:

①信托改制案件中,债务人以登报公告方式通知的,有判决认为,信托公司在《中国证券报》上以公告的形式刊登其分业后的债权债务分配方案,履行了对债权人的告知义务,债权人未在公告记载的异议期内提出异议,应视为对上述债权债务分配方案的认可。⑤

②债权人未明确表示同意,但申请参加诉讼的,有判决认为,债务人与第三人达成债务转移协议,债权人未对此提出异议并申请参加本案诉讼,并以该协议主张权利的情况下,应认定为债权人对于债务转移的同意。⑥

③债务人单方出具承诺书,债权人未明确表态的,有判决认为,债务人出具承诺书,表示将所负债务全部或部分转移给第三人,债权人未予接受,亦未在债务人与第三人签订的债务转移协议书上加盖公章的,应认定债权人不同意债务转让。⑦

---

① 参见最高人民法院(2009)民二终字第 18 号民事判决书。

② 参见上海市第二中级人民法院(2021)沪 02 民终 823 号民事判决书。

③ 参见北京市第三中级人民法院(2023)京 03 民终 5008 号民事判决书。

④ 参见江苏省常州市中级人民法院(2022)苏 04 民终 5668 号民事判决书。

⑤ 参见"中国工商银行兰州市金城支行诉兰州华龙证券有限责任公司等借款担保合同纠纷案",载最高人民法院民事审判第二庭编:《民商事审判指导》2004 年第 2 辑(总第 6 辑),人民法院出版社 2005 年版,第 212 页以下。

⑥ 参见最高人民法院(2005)民二终字第 141 号民事判决书。

⑦ 参见最高人民法院(2008)民二终字第 81 号民事判决书,载《最高人民法院公报》2008 年第 11 期。

④债权人未明确表示同意，但诉请当事人履行债务的，有判决认为，当事人作出自愿履行债务的意思表示，债权人虽未明确对该意思表示同意，但其在一审期间，以当事人为被告，并以其构成债务承担为由诉请其承担本案债务的行为表明，其对当事人债务承担的意思表示予以接受。[①]

⑤债权人未明确表示同意，但在诉讼中表示可由第三人单方承担责任的，有判决认为，债权人知晓债务人与第三人签订债务承担合同之后，提起本案诉讼。诉讼伊始，债权人主张债务人与第三人承担连带责任；再审阶段，债权人明确表示可由第三人单方承担责任。故应当视为债权人对债务承担合同予以追认。[②]

(5)法律、行政法规规定转让债务应当办理批准等手续的，依照其规定。(《民法典》第502条第3款)

2. 债权人与承担人订立债务承担合同

《民法典》合同编未规定该情形，但学理和实务均认为债权人与承担人订立债务承担合同亦可产生移转债务的效果。该债务承担合同的生效要件与前述"原债务人与承担人订立债务承担合同"的生效要件(1)(2)(5)基本相同，要件(3)除当事人变化外内容亦相同，仅要件(4)存在差异。

对于债权人与承担人订立债务承担合同是否须以"原债务人同意"为生效要件，现行法未作规定，学界存在争议。[③] 本书认为，该合同性质是为第三人利益的合同，合同成立及生效原则上不以原债务人同意为要件。但存在以下例外情形：

①债权人与原债务人事先约定不得转让债务的，应当取得原债务人同意。在此情形下，债权人将债务移转给承担人的行为，违反了债权人与原债务人的事先约定，故该行为系无权处分行为。在原债务人同意(追认)之前，债务承担合同效力未定。

②债务承担有可能给原债务人造成损害或增加风险的，应当取得原债务人同意。例如债权人甲与债务人乙互负债务，乙本可行使抵销权使其债务消灭，而甲与承担人丙订立债务承担合同将乙之债务移转给丙，丙向甲清偿后，导致存在乙得不到甲清偿的风险。又例如债务人通过履行债务起到训练团队的作用，或者为履行该债务订立了其他辅助性合同。在此类情形下，债权人与承担人订立债务承担合同应取得债务人同意。

③承担人是无利害关系的第三人，其不得违反原债务人的意思进行清偿。某些域外法对此有明确规定[④]，我国在现行法无规定的前提下可采相同解释。是否

[①] 参见最高人民法院(2009)民二终字第18号民事判决书。

[②] 参见最高人民法院(2020)最高法民再235号民事判决书。

[③] 肯定说参见王利明：《合同法研究(第二卷)》，中国人民大学出版社2015年版，第228页；否定说参见余延满：《合同法原论》，武汉大学出版社1999年版，第472页。

[④] 参见《日本民法典》第474条第2项。

违反原债务人的意思,应当以债务承担合同订立时为视角,并采取通常、合理的标准予以判断。

在一般场合下,债权人与承担人订立的债务承担合同虽不必经原债务人同意即可生效,但应当通知原债务人,以免原债务人在不知情的情形下仍向债权人履行而造成不必要的损失。未通知原债务人的,债务承担对原债务人不发生效力,而仅在债权人与承担人之间发生效力。原债务人在未收到通知之前向债权人履行债务的,发生清偿效果。

关于免责的债务承担的司法意见:

①当事人约定原债务人"退出"债的关系的,有判决认为,当事人明确约定或表示原债务人退出原债权债务法律关系,或者根据合同约定可以确切推断原债务人退出原债权债务关系,方可认定成立免责的债务承担。①

②当事人约定将原债务人"更改"为第三人的,有判决认为,债权人与第三人约定其他内容保持不变,只将原债务人改为第三人,虽然当事人没有签订以债务承担为内容的协议,但应认定第三人以其行为作出了承担债务的意思表示,该第三人应承担原债务人应履行的债务。②

③第三人未明确向债权人表示免除原债务人债务的,有判决认为,第三人仅向债权人承诺归还原债务人的欠款,未明确向债权人表示免除原债务人的债务,而债权人也未明确表示同意免除原债务人的债务的,在第三人与原债务人之间不构成免责的债务承担。③

④房屋出卖人与买受人约定欠缴的物业费、水电费由买受人承担,但未取得债权人同意的,有判决认为,出卖人与买受人约定"标的物上所附债务由买受人承担",该约定仅对双方当事人具有约束力。该约定未取得债权人(物业公司)同意,故有权向原债务人(出卖人)追索欠缴的物业费、水电费。④

(三)免责的债务承担的效力

1. 债务由原债务人移转给承担人

债务承担合同生效后,承担人取得债务人地位,原债务人丧失或部分丧失债务人地位。承担人应当向债权人履行债务,并承担债务不履行的责任。债权人无权要求原债务人履行已移转的债务,原债务人对承担人的清偿能力也不负担保义务。

---

① 参见最高人民法院(2005)民二终字第 217 号民事判决书。
② 参见最高人民法院(2006)民二抗字第 32 号民事判决书。
③ 参见上海市第一中级人民法院(2010)沪一中民二(民)终字第 416 号民事判决书。
④ 参见广东省广州市中级人民法院(2021)粤 01 民终 28395 号民事判决书。

2. 抗辩的援用

（1）原债务人对债权人的抗辩。（《民法典》第 553 条前段）承担人既然取代了原债务人的地位，且移转前后的债务具有同一性，故原债务人能向债权人主张的抗辩，承担人也有权援用。此类抗辩事由是基于债权人与原债务人之间的法律关系产生，具体包括：债权未发生的抗辩（如合同无效、借款利率超过法定上限[1]）、拒绝履行抗辩权（如同时履行抗辩权、诉讼时效抗辩权[2]）、程序法上的抗辩（如仲裁条款抗辩）等。承担人主张原债务人对债权人的抗辩的，人民法院可以追加原债务人为第三人。（《民法典合同编通则解释》第 47 条第 2 款）

债务承担合同生效时已经存在的抗辩事由，承担人才能援用。有最高人民法院复函认为，债务合法转让给第三人后，债务人与债权人又签订合同约定免除第三人债务，此种免除第三人债务的合同应对第三人产生效力。[3] 该情形构成例外，即承担人可以援用债务承担合同生效后免除的抗辩。

（2）承担人对原债务人的抗辩。此类抗辩基于承担人与原债务人所订合同产生（如同时履行抗辩权等），承担人原则上不得向债权人主张。[4] 实务中，法院多以"合同相对性""债权人无从知晓原债务人与承担人之间的约定，亦不受该约定约束"为由，否定承担人主张此类抗辩。[5]

如果债权人参与了债务承担合同的订立，明知承担人与原债务人之间的抗辩事由且对此予以认可，可例外地允许承担人向债权人主张此类抗辩。例如发包人 A（原债务人）、B（承担人）和承包人 C（债权人）订立《三方协议》约定，A 将部分工程款债务转让给 B，对价是将某土地上的在建工程转让给 B，且约定了办理土地权属变更登记的期限。其后 C 向 B 请求履行时，B 以"A 未办理土地权属变更登记"为由拒绝，法院支持了 B 的主张。[6] 该情形下，三方系针对各自权利义务统一作出安排并订立协议。虽然该抗辩事由存在于承担人与原债务人之间，但与债权人的权利义务安排也具有关联性，故承担人向债权人主张该抗辩是合理的。

如果原债务人与承担人订立的债务承担合同存在欺诈、胁迫等无效或可撤销事由，承担人能否援用此类抗辩以拒绝债权人的履行请求？在德国，债务承担行为的性质是准物权行为，其与债务承担合同的关系适用无因原则，因此承担人不得援

[1]　参见吉林省高级人民法院（2020）吉民终 495 号民事判决书。

[2]　参见天津市高级人民法院（2018）津民申 2542 号民事裁定书。

[3]　参见《最高人民法院关于中国农业银行汝州市支行与中国建设银行汝州市支行债券兑付纠纷案的复函》（最高人民法院〔1998〕民他字第 29 号）。

[4]　相反观点参见杨明刚：《合同转让论》，中国人民大学出版社 2006 年版，第 269—270 页。

[5]　参见最高人民法院（2019）最高法民终 435 号民事判决书。

[6]　参见重庆市高级人民法院（2020）渝民终 479 号民事判决书。一审法院认为 B 有权主张抗辩；二审法院认为构成附生效条件的债务承担（条件是"办理土地权属变更登记"），故条件未成就时 B 有权拒绝履行。二审意见似嫌牵强。

用此类抗辩。① 由于我国学理和实务通说认为,债务承担合同与债务承担行为的关系适用有因原则,故解释为承担人可以援用此类抗辩较为妥当。该情形下,因债务承担合同无效或被撤销而导致债务未移转,债权人仍应向原债务人请求履行。

3. 抵销的禁止

原债务人对债权人享有债权的,承担人不得向债权人主张抵销。(《民法典》第553条后段)因为债务承担仅导致债务移转给承担人,而承担人并未取得对债权人之债权。如果允许承担人援用原债务人享有的抵销权,则无异于承认承担人可处分原债务人的债权。同理,由于债权人对原债务人不再享有债权,故原债务人请求债权人履行时债权人也不得主张抵销。

4. 与主债务有关的从债务移转给承担人

基于从随主规则,主债务被转让的,相关从债务原则上一并移转给承担人。(《民法典》第554条)依据从债务的具体类型,分析如下:

(1)利息债务。尚未到期的利息债务,因不具有独立性而不能与主债务分离,只能随主债务一并移转。② 已到期的利息债务具有一定独立性,既可随主债务一并移转,也可依当事人约定另行处理。③

(2)违约金。如果债务承担合同生效时原债务人尚未实施违约行为,即违约金责任尚未发生,违约金条款不因债务承担而失效。承担人在移转债务后实施违约行为的,债权人可依据违约金条款请求其支付违约金。如果债务承担合同生效前原债务人已经实施了违约行为,即违约金责任已发生,则因该违约金责任具有独立性,其是否移转给承担人应视当事人意思而定。该违约金无论是赔偿性还是惩罚性的,原则上并不当然移转给承担人,除非当事人另有约定。

(3)从给付义务和附随义务。主债务移转的,与其有关的从给付义务(如交付有关单证的义务)和附随义务(如协助义务、通知义务)也一并移转给承担人。

(4)专属于原债务人自身的从债务。此类从债务是依据法律规定或当事人约定只能由原债务人履行的债务,故其不能随主债务一并移转。

5. 对担保关系的影响

(1)对保证关系的影响。债权人未经保证人书面同意,允许债务人转移全部或者部分债务,保证人对未经其同意转移的债务不再承担保证责任,但是债权人和保证人另有约定的除外。(《民法典》第697条第1款)其理在于,保证人为某项债务设定保证担保时,系以特定债务人的信用为基础,而承担人与原债务人的信用状况存在差异,因此债务由原债务人移转给承担人后,除非保证人同意继续提供担

---

① 参见《德国民法典》第417条第2款。
② 参见最高人民法院(2019)最高法民申5857号民事裁定书。
③ 参见北京市第二中级人民法院(2015)二中民特字第04357号民事裁定书。

保,否则保证关系归于消灭。

（2）对抵押、质押关系的影响。原债务人自己提供抵押、质押的,推定原债务人具有继续提供担保的意思,该抵押权、质权对移转后的债务继续提供担保;第三人提供抵押、质押的,抵押人、出质人对未经其书面同意转让的债务,不再承担担保责任。（《民法典担保制度解释》第 39 条第 2 款）

（3）对留置权的影响。留置权为法定担保物权,其设定并非依据债权人与原债务人的意思,且债务承担并不影响债权人对留置物的占有,因此债务承担发生后债权人仍然享有留置权。

（4）对定金关系的影响。定金债务为从债务,其原则上随主债务一并移转。如果债务承担合同生效时原债务人尚未向债权人交付定金,作为从合同的定金合同虽未成立,但交付定金之先合同义务移转给承担人。债权人在债务承担合同生效后可向承担人请求交付定金,但当事人另有约定的除外。如果债务承担合同生效时原债务人已经向债权人交付定金且双方均无违约行为,在债务移转后债权人实施违约行为的,承担人可依据定金罚则请求债权人双倍返还定金。如果债务承担合同生效前原债务人已经向债权人交付定金且债权人已实施了违约行为,即双倍返还定金请求权已经发生,则因该请求权具有独立性,其是否移转给承担人应视当事人意思而定。

6. 诉讼时效中断

《诉讼时效规定》第 17 条第 2 款规定:"债务承担情形下,构成原债务人对债务承认的,应当认定诉讼时效从债务承担意思表示到达债权人之日起中断。"本款的适用条件包括:一是债务承担（包括免责的债务承担和并存的债务承担）之法律关系成立;二是当事人的言行可解释出原债务人对债务承认的意思。该规定的适用效果如下:

（1）债务承担发生前后,诉讼时效期间统一计算。免责的债务承担并未产生新债务,转让的债务在被移转前后具有同一性,因此不导致此前诉讼时效计算的失效,而应统一计算。

（2）该情形构成"义务承认"之中断事由（《民法典》第 195 条第 2 项）。债务承担虽非债务人直接同意履行义务,但亦可引起诉讼时效中断。理由在于,在征得债权人同意的过程中,无论原债务人及承担人均有可能对所负债务予以确认,同意履行债务,故应认定诉讼时效中断。[1] 具体而言,原债务人为取得债权人同意而通知其债务承担事实的,该通知直接构成"义务承认",故无论债权人是否同意,该通知均构成中断事由。承担人与债权人达成债务承担协议的,如果原债务人知情且未

---

[1]　参见最高人民法院民事审判第二庭编著:《最高人民法院关于民事案件诉讼时效司法解释理解与适用》,人民法院出版社 2015 年版,第 321 页。

作拒绝表示,该协议构成中断事由,中断时点为协议生效之日;如果原债务人不知情或者虽然知情但表示拒绝,因债务承担不成立该协议不构成中断事由。

(3)诉讼时效中断的时间是债务承担意思表示生效之日。《诉讼时效规定》第17条第2款规定的"债务承担意思表示到达债权人之日"应解释为"债务承担意思表示生效之日",理由与本条第1款的解释相同。

【疑难案例:约定不明情形下债务承担关系认定案①】

【案件事实】

张某全自2012年至2014年间向董某借款1033万元,并陆续出具了借条。2015年4月1日,李某出具借条,载明:"今借到董某现金壹仟壹佰万元整,此款壹年还清。"李某在下方注明,此款借款说明:"此笔李某借张某全的壹仟壹佰万元整,由李某直接还款给董某。"后因未还款,董某向法院提起诉讼,请求李某、李某侠(李某之妻)、张某全偿还借款本金1100万元及利息52.8万元。

被告李某、李某侠辩称:虽然董某与张某全之间转账金额合计1111.3万元,但董某持有的借据仅为1033万元,说明银行流水1111.3万元中,有78.3万元与本案无关联性。而且这只是董某与张某全之间的债权债务,与李某无关。董某持有的借条系李某出具的,但该借款并未交付,未实际发生,其与董某不存在民间借贷关系。对于借款说明,系在李某与张某全之间存在真实债权债务关系的前提下,指示李某还款的约定。张某全虽陈述对李某享有1100万元的到期债权,但并未提供证据加以证明,因此李某与张某全之间不存在真实债权债务关系,借款说明更不构成债务转移。综上,请求驳回董某的诉讼请求。张某全认为:其与董某的债务应当由李某承担,该债务转移已经生效,其不再承担责任。

【本案争点】

1. 如何区分免责的债务承担与指示还款?

2. 原因关系效力瑕疵是否影响债务承担合同的效力?

【裁判要旨】

一审法院判决:(1)李某、李某侠给付董某借款1100万元及利息;(2)驳回董某对李某、李某侠、张某全的其他诉讼请求。

二审法院认为:关于张某全对董某的债务是否转移给李某。经对2015年4月1日董某、张某全、李某均在场出具的借条和借款说明分析,李某虽给董某出具"今借到董某现金壹仟壹佰万元整"的借条,但实际上董某并未出借给李某1100万元,在此情况下,如按李某所称其与董某之间只是单纯的借款关系,李某不但不起诉董

---

① 该案详细解读参见"董某诉李某、李某侠、张某全债务转移合同纠纷案",载最高人民法院中国应用法学研究所编:《人民法院案例选》2020年第1辑(总第143辑),人民法院出版社2020年版,第106页以下。

某反而任由董某起诉他,不合常理。对于李某为何向董某出具借条,李某的说法自相矛盾,二审庭审时而称是向董某借款,时而称"张某全借董某的钱,所以等楼盘赚了钱我(李某)直接把钱打给董某",第二种说法等于自认张某全将对董某的债务转移给李某。通过分析本案案情,借款说明上的内容亦不能理解为张某全指示李某还款,如是指示还款,在张某全出借给李某1100万元的条件未成就时,李某不可能直接给董某出具借条,更不必要载明其借到董某1100万元。针对李某的上诉理由,且结合其在二审庭审称其因工程建设需融资1100万元,李某无法对借款说明的内容以及借款说明为何作为借条的附件作出合理解释。相较之下,董某的说法更为可信,"这张借条说不明白事实情况,所以我又让张某全写了借款说明,备注了一下,让李某签了字"。

至于张某全和李某之间1100万元债权的真实性问题,董某和张某全均主张李某在债务转移之前曾向张某全打有借条,但李某在2015年4月1日向董某出具借条之后从张某全处抽回了借条。对此法院认为,张某全和李某之间的债权债务关系仅仅为张某全将对董某的债务转移给李某的原因关系,这是一种对内的法律关系,李某不得以此原因关系对抗董某。债务转移是诺成合同,当事人一经签字即产生法律效力,李某、李某侠对2015年4月1日借条和借款说明的真实性并无异议,只是认为未实际履行。对于张某全与李某之间的法律关系,在张某全对李某实际享有1100万元债权的情况下,李某向董某承担还款责任后无权向张某全追偿;在张某全对李某并未实际享有1100万元债权的情况下,李某向董某承担还款责任后有权向张某全追偿。李某、李某侠虽对1100万元的债权数额有异议,认为董某持有的借据仅为1033万元,但张某全、李某在债务转移时均认可了1100万元,故应予以认定。判决:驳回上诉,维持原判。

三、并存的债务承担

(一)并存的债务承担的概念

并存的债务承担,又称债务加入、重叠的债务承担,是指原债务人并不脱离债的关系,而由第三人加入到债的关系之中,与原债务人共同承担债务。所谓"并存",意指原债务人并不脱离债的关系,而与承担人均具有债务人的地位。

1. 免责的债务承担与并存的债务承担

二者的相同点在于:均为债务承担的类型;均可通过债权人或债务人与第三人订立债务承担协议的方式实施;均使承担人取得新债务人的地位。

二者存在以下区别:(1)对原债务人的影响不同。前者如果系转让全部债务,导致原债务人脱离债的关系，由承担人完全取代原债务人的地位；后者之原债务人并不脱离债的关系，而是与承担人共同对债权人负有债务。（2）承担人负担的债务范围不同。前者之承担人负担的债务范围与原债务人负担的债务范围相同；后者之承担人在一定范围内与原债务人负连带债务。（3）生效要件不同。在前者情形下，债务人与承担人订立债务承担合同的，应当经债权人同意，且沉默推定为不同意。在后者情形下，债务人或承担人通知债权人债务承担之事实的，债权人未在合理期限内明确拒绝即可，即沉默推定为同意。（4）是否产生新债务不同。前者之承担人承担是原债务人所负债务，并未产生新债；后者之承担人负连带清偿责任，其所负债务是新产生的债务，而非原债务人所负债务。

2. 并存的债务承担与保证

由于并存的债务承担中债权人能够向原债务人和承担人主张连带清偿责任，债权人受偿的责任财产范围被扩大，导致此种债务承担与保证担保在一定程度上类似。二者存在以下区别：（1）债务是否具有从属性不同。保证债务是从债务，其与受担保债务的关系适用从随主规则；承担人所负债务与原债务人所负债务之间不构成主从关系。（2）先诉抗辩权的适用不同。在一般保证中，保证人享有先诉抗辩权，其仅在主债务人不能履行的情形下才承担保证责任；承担人不享有先诉抗辩权。（3）追偿权的适用不同。保证人承担保证责任后，有权向主债务人追偿；承担人履行债务后能否向原债务人追偿，依据债务承担合同约定及当事人之间法律关系的性质而定。（4）保证期间的适用不同。债权人未在保证期间内向保证人主张保证责任的，保证人免除保证责任；承担人履行债务不适用保证期间规则。

实务中的一种常见案型是，第三人针对债务人所负债务向债权人出具某种承诺文件，该行为构成保证还是债务加入？[①] 依据《民法典担保制度解释》第 36 条，区分不同情形处理：

（1）第三人向债权人提供差额补足、流动性支持等类似承诺文件作为增信措施，具有提供担保的意思表示，债权人请求第三人承担保证责任的，应当依照保证的有关规定处理。例如：

①《差额补足协议》虽未明确约定是保证还是债务加入，但约定了第三人履行差额补足义务后可以向债务人行使追偿权。法院以"该约定符合保证合同从属性"为由，认为构成保证担保。[②]

②第三人出具的《承诺书》表明还款条件为"合同期满如不能返还本金加收

---

① 相关学理意见参见王利明：《论"存疑推定为保证"——以债务加入与保证的区分为中心》，载《华东政法大学学报》2021 年第 3 期；夏昊晗：《债务加入与保证之识别——基于裁判分歧的分析和展开》，载《法学家》2019 年第 6 期。

② 参见北京市高级人民法院（2022）京民申 6836 号民事裁定书。

益",法院以"'不能'具有客观上债务人确无能力偿还的含义、明确区分了还款顺序"为由,认定属于一般保证。①

（2）第三人向债权人提供的承诺文件,具有加入债务或者与债务人共同承担债务等意思表示的,应当认定为债务加入。例如:

①《补充协议》约定第三人同意就债务人的债务承担共同还款责任（连带责任）,并且将该责任与另外承担的保证责任作了明显区分,第三人的行为构成债务加入。②

②债务人的股东向债权人出具的《股东承诺书》表明"愿为该笔贷款承担无限连带责任",法院以"该表述中没有履行顺序的约定,也没有债务从属性的约定"为由,认定构成债务加入。③

（3）第三人提供的承诺文件难以确定是保证还是债务加入的,应当将其认定为保证。如果依据文义、债务同一性、履行顺序等因素仍然无法界定承诺文件的性质,基于《民法典》的"平衡债权人和担保人的利益"立法倾向,将其认定为责任相对较轻的保证。④

（二）并存的债务承担的要件

并存的债务承担可以由原债务人与承担人订立债务承担合同,也可以由承担人向债权人表示愿意加入债务。（《民法典》第 552 条）

1. 原债务人与承担人订立债务承担合同

该债务承担合同的生效要件与免责的债务承担中原债务人与承担人订立债务承担合同的生效要件基本相同,唯要件（4）存在差异。并存的债务承担中,要件（4）改为:应当通知债权人,债权人未在合理期限内明确拒绝。因为在此情形下,原债务人与债权人之间的债务清偿关系并未发生变化,承担人加入到债的关系中使债权人受偿的可能性增大对债权人有利,因此该债务承担合同无须债权人明示同意即可生效。如果债权人在合理期限内明确拒绝,应尊重债权人的意思,认定该债务承担合同不生效。

2. 承担人向债权人表示愿意加入债务

此为《民法典》新增规定。该行为的生效要件与免责的债务承担中原债务人与承担人订立债务承担合同的生效要件基本相同,唯要件（3）和（4）合并改为:承担人向债权人表示愿意加入债务,债权人未在合理期限内明确拒绝。该情形表面

---

① 参见山东省高级人民法院（2022）鲁民申 2581 号民事裁定书。

② 参见北京市高级人民法院（2021）京民终 851 号民事判决书。

③ 参见甘肃省高级人民法院（2022）甘民终 2 号民事判决书。

④ 参见最高人民法院民事审判第二庭:《最高人民法院民法典担保制度司法解释理解与适用》,人民法院出版社 2021 年版,第 341—343 页。

上似乎是依据承担人单方行为致使债务承担发生,但真实法律关系是"承担人向债权人表示愿意加入债务"构成要约,"债权人未在合理期限内明确拒绝"构成默示的承诺,即债权人与承担人订立债务承担合同。该合同虽未导致原债务人的债务被免除,但降低了原债务人清偿的可能性,因此属于为第三人利益的合同。

认定构成并存的债务承担的司法意见:

①第三人以出具票据的方式加入债务的,最高人民法院指导案例认为,第三人出具汇票的意思表示不仅对第三人出票及当事人之间授受票据等问题作出了票据预约关系范畴的约定,也对第三人加入债务人与债权人债务关系、与债务人一起向债权人承担债务问题作出了原因关系范畴的约定。因此,第三人在票据预约关系层面有出票和交付票据的义务,在原因关系层面有就6000万元的债务承担向债权人清偿的义务。第三人如期开具真实、足额、合法的商业承兑汇票,仅是履行了其票据预约关系层面的义务,而对于其债务承担义务,因其票据付款账户余额不足、被冻结而不能兑付案涉汇票,其并未实际履行,债权人申请法院对第三人强制执行,并无不当。①

②第三人在合同上签字确认但并未约定承担的还款比例,事后债务人、第三人分别向债权人偿还部分债务的,有判决认为,第三人的法定代表人在债务人《还款计划》上签名,是第三人自愿加入到债权债务关系的真实意思表示。同时,第三人的实际偿还行为证实其所负连带还款责任客观存在。因第三人与债务人未约定各自还款的比例,故第三人构成债务加入。②

③第三人向债权人出具确认书,承诺以过户房屋抵偿债务人欠款的,有判决认为,第三人这一承诺行为应当认定为合法有效,即债权人依据确认书有权要求第三人随时履行将约定房产过户至债权人或其指定公司的义务。由于该合同是第三人对债务人的债权人直接作出的,因此应当认定第三人愿意通过售楼或回购来清偿债务人对债权人债务的行为为债务承担。③

④第三人向债权人出具还款承诺书的,有判决认为,第三人向债权人出具还款承诺书,自愿承担债务人的债务,应认定该承诺属于债务加入。在债权人未作出免除原债务人债务的明确意思表示下,债权人有权请求原债务人与第三人一同承担还款责任。④

---

① 参见"中建三局第一建设工程有限责任公司与澳中财富(合肥)投资置业有限公司、安徽文峰置业有限公司执行复议案",最高人民法院指导案例117号。

② 参见"中远公司诉香港美通公司等拖欠海运费、港杂费纠纷案",载《最高人民法院公报》2002年第11期。

③ 参见最高人民法院(2009)民申字第855号民事裁定书,载《人民司法·案例》2010年第14期。

④ 参见广东省广州市中级人民法院(2014)穗中法民二终字第841号民事判决书,载《人民司法·案例》2015年第18期。

⑤第三人不是合同当事人，但多次参与履行行为的，有判决认为，第三人系建设工程业主，其虽不是建设工程施工合同的缔约人，但多次参与会议纪要的签署，并分4次直接向施工方支付工程款，且向施工方出具书面承诺：工程款支付事宜，凡业主公司未能及时到位，施工总承包方又不能按合同支付工程进度款的，由业主公司负责给付。由此说明业主公司已加入到施工方与总承包方的合同关系之中，业主公司应按其承诺的内容承担连带清偿责任。①

⑥第三人承诺还款，但没有明确约定原债务人是否退出债务关系的，有判决认为，第三人以自己的名义向债权人出具债务凭据并承诺由其偿还，债权人同意第三人承担还款责任，但双方没有约定原债务人脱离债权债务关系，也没有证据或行为表明债权人同意由第三人独立承担债务，故应认定为并存的债务承担。② 实务中此类案型较为常见。

认定不构成并存的债务承担的司法意见：

①对于并存的债务承担与保证的区分，《民法典》施行前有最高人民法院公报案例认为，如第三人承担债务的意思表示中有较为明显的保证含义，可以认定为保证；如果没有，则应当从保护债权人利益的立法目的出发，认定为并存的债务承担。本案中，根据承诺书的具体内容以及向当事人的催收通知中的担保人身份的注明，对保证人身份有较为明确的表示，故应认定为保证人。③ 该结论虽属无误，但其理由解释（"如果……债务承担"）与《民法典担保制度解释》第36条相悖，故《民法典》施行后不应再采此解释。

②第三人以非债务人身份在借款合同上签字的，有判决认为，第三人以"见证人"身份在借款合同上签名，并非以借款人或担保人身份签名，其签字的意思是对债权人与债务人之间的债权债务确认进行见证，故不构成债务加入。④

（三）并存的债务承担的效力

1. 承担人承担连带债务

承担人取得债务人地位，原债务人也不丧失债务人地位，承担人在其愿意承担的债务范围内和债务人承担连带债务。相较于《合同法》而言，该效力属《民法典》新增规定。其意味着，承担人虽然负连带清偿责任，但对债务范围有更多的选择余地。"愿意承担的债务范围"依据原债务人与承担人订立的债务承担合同或者承

---

① 参见最高人民法院（2002）民一终字第53号民事判决书。

② 参见最高人民法院（2019）最高法民再316号民事判决书。类似案例参见北京市高级人民法院（2021）京民终868号民事判决书；新疆维吾尔自治区高级人民法院伊犁哈萨克自治州分院（2023）新40民终507号民事判决书。

③ 参见最高人民法院（2005）民二终字第200号民事判决书，载《最高人民法院公报》2006年第3期。

④ 参见广东省惠州市中级人民法院（2021）粤13民终8594号民事判决书。

担人向债权人的表示确定。

2. 抗辩的援用

原债务人对债权人的抗辩，承担人也可主张。承担人援用此类抗辩的，不影响原债务人对该抗辩的援用。原债务人与承担人订立债务承担合同产生的抗辩事由，承担人原则上对债权人不得援用。债权人与承担人订立债务承担合同产生的抗辩事由，承担人可以对债权人援用，但原债务人不得援用。

依据《民法典合同编通则解释》第 51 条第 2 款规定，原债务人对债权人享有的抗辩，有权向承担人主张。该规定与《民法典》第 519 条第 2 款规定的连带债务人之间的抗辩规则相一致。原债务人向承担人主张此类抗辩，主要发生于承担人向原债务人行使追偿权的场合。

3. 从债务的负担

由于承担人仅就"愿意承担的债务范围"承担连带债务，因此其是否承担相关从债务依其意思确定。如果承担人对是否承担从债务的意思表示不明，应作有利于承担人的解释，推定从债务不属于"愿意承担的债务范围"。

4. 对担保关系的影响

承担人加入债务的，保证人的保证责任不受影响。(《民法典》第 697 条第 2 款) 保证人对原债务人所负债务继续提供担保，对承担人所负债务不负担保责任，当事人另有约定的除外。抵押、质押对原债务人所负债务继续提供担保，对承担人所负债务不负担保责任，当事人另有约定的除外。债权人享有留置权的，留置权不受影响，债权人仍可就留置物价值优先受偿。

5. 承担人的追偿权

依据《民法典合同编通则解释》第 51 条第 1 款规定，承担人是否对原债务人享有追偿权分为以下两种情形：

(1) 承担人与原债务人约定了追偿权的，承担人履行债务后有权向原债务人追偿。

(2) 承担人与原债务人没有约定追偿权的，依据承担人与原债务人之间的基础法律关系判断追偿权的有无及内容。此处的"追偿"，只是一个差强人意的概括表述，因为依据不同基础法律关系的"追偿"性质及内容并不相同。承担人与原债务人之间的基础法律关系包括：不当得利、无因管理、委托合同等。承担人与原债务人没有约定追偿权的，不能仅以此认定双方达成赠与合意，赠与合意的认定仍须适用合意的一般标准予以判断。

《民法典合同编通则解释》第 51 条第 1 款之"但是第三人知道或者应当知道加入债务会损害债权人利益的除外"，意在对恶意承担人的追偿权予以限制。例如承担人加入债务构成不适当的无因管理，原债务人并未因债务加入而受益，则承担人不享有追偿权。

6. 诉讼时效中断

《诉讼时效规定》第 17 条第 2 款规定,"债务加入构成原债务人对债务承认"的情形下,导致诉讼时效中断。由于《民法典》第 552 条规定了两种债务加入的方式,因此应在不同情形下分别判断当事人行为是否构成中断事由以及具体的中断时点。

(1)原债务人与承担人约定债务加入的情形下,原债务人将该约定通知债权人的,该通知直接构成原债务人"债务承认",故无论债权人是否拒绝,该通知均构成中断事由,中断时点为通知生效之日。

承担人将该约定通知债权人的,分以下两种情形:

①债权人未明确拒绝的,该通知构成中断事由,中断时点为通知生效之日。由于原债务人与承担人达成加入债务协议中包含有原债务人"债务承认"的意思,故该情形可解释为承担人将原债务人"债务承认"的意思向债权人代为通知。

②债权人明确拒绝的,该通知不构成中断事由。由于承担人的代为通知系以债务加入为目的,因此在债务加入未成立的情形下,不应将该"代为通知"单独解释为原债务人"债务承认"。

(2)承担人向债权人表示愿意加入债务并通知债权人的,分以下两种情形:

①债权人未明确拒绝的,债务加入成立,无论原债务人对此是否知情,该通知对原债务人诉讼时效均不构成中断事由。原债务人不知情的情形下,承担人不能代替其放弃时效利益,故该通知对原债务人诉讼时效不应产生影响。即使原债务人知情,如果其未向债权人或承担人作出债务承认的表示,仅凭其知情亦不应解释为"债务承认"。

②债权人明确拒绝的,由于债务加入不成立,该通知不构成中断事由。①

【疑难案例:债务加入与抵押担保区分案②】

【案件事实】

2014 年 5 月,于某帅以能低价办理联通公司内部合约手机为名,骗取原告王某的信任,收受王某"定金款"510800 元,并向王某出具《收条》。2014 年 6 月 28 日,被告于某清与原告王某订立《协议书》约定:"于某帅父亲于某清同意用本人名下×号房产抵押给王某,定于 2014 年 7 月 20 日前还清欠款共计 510800 元,在此期间,

---

① 参见杨巍:《中国民法典评注·规范集注·第 1 辑:诉讼时效·期间计算》,中国民主法制出版社 2022 年版,第 243—244 页。

② 该案详细解读参见"王某诉于某清买卖合同纠纷案",载最高人民法院中国应用法学研究所编:《人民法院案例选》2016 年第 8 辑(总第 102 辑),人民法院出版社 2016 年版,第 125 页以下。

用于抵押给王某的房产必须经王某同意才能出售买卖,如果2014年7月20日之后王某还没有收到于某帅的全部欠款,王某有权利对好新家园××号房产自由买卖,房产卖后所得的金额全部归于王某所有。"协议订立后,于某帅及于某清均未向王某给付约定款项。

2015年3月4日,×区法院作出刑事判决书,认定于某帅构成诈骗罪,并确认在该刑事案件案发后,于某帅向王某归还48100元,判处于某帅有期徒刑十年并责令其向王某退赔未归还款项。该刑事判决生效后,于某帅未履行该判决确定的退赔义务。

原告王某认为被告于某清未按照约定偿还借款,故向法院提起诉讼,请求判令被告于某清偿还欠款462700元并支付逾期还款利息。

【本案争点】

如何区分债务加入的意思与担保的意思?

【裁判要旨】

一审法院认为:

第一,关于原、被告《协议书》约定内容的法律性质问题。原告主张根据该协议能够认定被告欠款,被告则认为该协议约定内容为抵押担保,且该抵押担保因未能进行登记而无效。综合本案案情,原告与于某帅之间存在有效的债务,该债务不具有不可转移的特点。原、被告在《协议书》中约定:"于某清同意用本人名下位于好新家园××号房产抵押给王某,定于2014年7月20日前还清欠款共计510800元。"根据该协议的签订人及约定内容,应当认定被告于某清已经同意加入原告与于某帅的债务关系之中,自愿与原债务人于某帅一起向原告王某承担同一债务,于某清与于某帅对该笔债务均应负有偿还责任,相互之间无主从关系。该项约定于合同成立时即生效,被告方认为该协议的性质仅为担保的抗辩不能成立。

第二,关于被告是否负有向原告的还款义务问题。如上所述,被告通过《协议书》加入于某帅对原告王某的债务,应与于某帅一起就同一内容及范围的债务向原告王某承担责任。于某帅与于某清为并存的债务人,王某可以请求于某帅、于某清共同或分别向其偿还债务,任何一人对债务的履行均构成债的消灭事由,任何一人的履行行为也构成另一人在王某向其主张权利时的有效抗辩,王某并无权就同一债务重复受领两次还款。刑事案件中于某帅向王某归还的48100元已从原告主张金额中扣除,本案原告所主张的欠款462700元为未清偿款项,被告于某清应当对该款项负有偿还义务。就原告所主张的利息,因双方协议中约定了"2014年7月20日前还清欠款",被告未按约定还清欠款,故原告起诉主张该项利息应当予以支持。判决:被告于某清给付原告王某欠款462700元及自利息损失8675.62元。

二审法院判决:驳回上诉,维持原判。

第四节　合同权利义务概括移转

一、合同权利义务概括移转的概念

合同权利义务概括移转,是指原合同当事人一方将合同权利义务一并移转给第三人,由第三人概括继受权利义务的现象。转让权利义务的一方称为让与人,接受权利义务的一方称为承受人。例如租赁合同中的承租人在取得出租人同意的前提下,将租赁合同的权利义务(使用租赁物的权利、支付租金的义务等)一并移转给第三人。[①] 对于合同权利义务概括移转,可从以下几方面理解:

1. 合同权利义务概括移转的发生原因包括法律行为和法律规定

前者为意定概括移转,后者为法定概括移转。意定概括移转的发生系基于当事人的意思,其为合同自由原则的体现,往往为商事交易行为。法定概括移转的发生基于法人分立、合并等法定原因,其通常基于主体地位变化或其他事由而发生。

2. 合同权利义务概括移转包括全部权利义务移转和部分权利义务移转

在全部移转的情形下,承受人取代让与人的合同当事人地位,成为新当事人,让与人完全退出合同关系。在部分移转的情形下,承受人加入到合同关系之中,让与人未退出合同关系,二者依约定或法律规定共同享有权利和承担义务。

3. 合同权利义务概括移转虽不导致给付内容变化,但行使权利和履行义务的方式可能发生变化

合同权利义务概括移转包含了债权让与和债务承担两方面内容,债权和债务本身并无变化,这在全部移转的情形下并无疑义。但在部分移转的情形下,虽然债权和债务的内容仍然不变,但由于单一之债变为多数人之债,由让与人和承受人以按份或连带方式行使权利和履行义务。

二、合同权利义务概括移转的类型

(一)意定概括移转

意定概括移转,又称约定合同承受,是指让与人与承受人通过合同承受协议将合同权利义务由让与人移转给受让人的现象。《民法典》第555条规定:"当事人

[①]　参见北京市高级人民法院(2020)京民申2917号民事裁定书。

一方经对方同意,可以将自己在合同中的权利和义务一并转让给第三人。"该条即为意定概括移转的规定。合同承受协议的生效,应具备以下要件:

1. 移转的合同权利义务成立且有效

因合同权利义务概括移转包含债权让与和债务承担两方面的内容,故能够适用概括移转的合同主要是双务合同。如果合同未成立或已经消灭,自不能发生概括移转的效果。如果合同无效或被撤销,也不能发生概括移转的效果。合同有效成立但尚未生效、可撤销合同未被撤销的,可以适用概括移转。

2. 移转的合同权利义务具有可让与性

所移转的债权和债务是否具有可让与性的具体标准,参照债权让与和债务承担的标准。例如:为设立股份有限公司订立的《发起人协议》所载权利义务①、淘宝店铺经营者与淘宝公司订立的服务协议所载权利义务②均具有可让与性,故可以适用概括移转。

3. 合同承受协议具备合同的一般有效要件。

(1)让与人和承受人在缔约时须有相应的缔约能力。让与人和承受人是自然人的,原则上均应具有完全民事行为能力。让与人和承受人是法人或非法人组织的,依据法律对所转让债权债务是否要求特殊资格判断其是否具有相应的缔约能力。

(2)让与人和承受人就合同权利义务概括移转达成合意且意思表示真实。现行法对合同权利义务概括移转是否有偿未作限定,因此该意思表示可以是有偿转让,也可以是无偿转让。

(3)协议内容不违反法律强制性规定或公序良俗。当事人以概括移转方式间接转让国有土地使用权的,有判决认为,原告将《国有土地使用权出让合同》的权利和义务一并转让给被告,即通过概括移转的方式间接转让国有土地使用权。如果受让方符合国有土地使用权转让的实质要求,该间接转让国有土地使用权的行为应当认定有效。③ 实务中此类案型较多。

4. 一般应当经对方当事人同意

因合同权利义务概括移转包含了免责的债务承担的内容,故应当经对方当事人同意。该同意的形式可以是明示,也可以是默示。明示同意的实例如:对方当事人向让与人发出《同意函》。④ 默示同意的实例如:对方当事人参与了合同承受协议的订立和后续协调事宜,其后明知承受人有履约行为且未提出异议的,推定为同

---

① 参见最高人民法院(2014)民二终字第3号民事判决书。
② 参见上海市第一中级人民法院(2015)沪一中民一(民)终字第4045号民事判决书。
③ 参见贵州省高级人民法院(2007)黔高民一终字第50号民事判决书。
④ 参见最高人民法院(2011)民提字第29号民事判决书,载《最高人民法院公报》2012年第6期。

意的意思表示。① 一般情形下,对方当事人未作表示的,视为不同意。例如在无法律特别规定或者当事人特别约定的情况下,让与人将订立合同承受协议的事实予以登报公告,而并未个别通知对方当事人,对方当事人未作明确表示的,不构成同意的意思表示。②

本要件存在例外:某些特别法基于保护特殊类型主体的目的,规定某些主体概括移转合同权利义务无需对方当事人同意。例如《旅游纠纷规定》第 11 条第 1 款规定,除合同性质不宜转让或者合同另有约定之外,在旅游行程开始前的合理期间内,旅游者将其在旅游合同中的权利义务转让给第三人的行为有效,而不需要取得旅游经营者同意。

5. 法律、行政法规规定转让权利或义务应当办理批准等手续的,依照其规定(《民法典》第 502 条第 2 款)

境外当事人将合同权利义务一并转移给境内当事人的,有判决认为,原境外形成的 A 公司与 B 公司的债权债务关系改变为 C 公司与 D 公司两家境内机构之间的债权债务关系,这种债权债务关系不属于《外债管理暂行办法》第 2 条规定的"外债",也不属于第 43 条"未经外债管理部门批准,境外中资企业不得将其自身承担的风险和偿债责任转移境内"的情形。③

(二)法定概括移转

法定概括移转,是指依据法律规定导致合同权利义务概括移转的现象。具体包括以下情形:

1. 法人合并、分立

依据《民法典》第 67 条规定,分述如下:

(1)当事人订立合同后合并的,合并前各方当事人的合同权利义务概括移转给合并后的法人,由合并后的法人行使合同权利、履行合同义务。在此情形下,无论合并前各方当事人的合同权利义务是否已被部分履行,只要尚未履行完毕,即发生概括移转的效果。企业组织形式变更的(如由个人独资企业变更为有限责任公司分公司),采相同处理。④

(2)当事人订立合同后分立的,原则上由分立的各法人对合同权利义务享有连带债权、承担连带债务。在此情形下,分立前法人的合同权利义务概括移转给分立的各法人,且各法人成立连带债权债务关系。在国有企业改制过程中,依据不同

---

① 参见最高人民法院(2012)民一终字第 102 号民事判决书。
② 参见最高人民法院(2021)最高法民申 6101 号民事裁定书。
③ 参见最高人民法院(2004)民二终字第 143 号民事判决书。
④ 参见最高人民法院(2019)最高法民终 1448 号民事判决书。

的社会服务职能原企业分立为数个公司的,也适用该规则。①

（3）当事人订立合同后分立的,合同当事人可以约定分立前法人的合同权利义务由分立的各法人按照一定份额享有债权和承担债务。惟应注意,《民法典》第67条规定"债权人和债务人另有约定"应解释为分立前法人或分立的各法人作为一方当事人与对方当事人达成约定。如果是分立的各法人内部约定按照一定份额享有债权和承担债务,分立的各法人不得以此约定对抗对方当事人。在此情形下,分立的各法人仍成立连带债权债务关系,但约定的份额具有内部效力,可作为内部追偿的依据。

（4）法人合并、分立导致的原法人权利义务概括移转,系直接依据法律规定发生,无须取得对方当事人同意。法人合并、分立的通知或公告生效,即导致合同权利义务概括移转的效果发生。

2. 买卖不破租赁

依据《民法典》第725条之"买卖不破租赁"规则,租赁物在承租人按照租赁合同占有期限内发生所有权变动的,不影响租赁合同的效力。换言之,该情形不导致租赁合同失效,而导致租赁合同权利义务由原出租人概括移转给租赁物的受让人（新所有权人）。在此情形下,租赁合同权利义务概括移转并非基于当事人的意思,而是直接基于法律规定而发生。

3. 继承

被继承人死亡后,其生前所订合同尚未履行完毕且该合同不具有人身专属性的,该合同权利义务概括移转给其继承人。继承人所继承遗产应当用于清偿被继承人的债务,清偿债务以遗产的实际价值为限。继承人放弃继承的,对被继承人的债务可以不负清偿责任。（《民法典》第1161条）

4. 营业转让

营业转让,是指以作为组织统一体的营业财产为标的所实施的转让行为。营业转让导致原企业的财产和经营整体转让给受让人,受让人须概括承受原企业的债权和债务。某些域外立法对此设有明文规定。② 我国现行法对于营业转让的规定主要集中在国有企业改制领域,《最高人民法院关于审理与企业改制相关的民事纠纷案件若干问题的规定》（法释〔2003〕1号,2020.12.29修正）第24—26条规定,企业售出后,买受人将所购企业资产纳入本企业或者将所购企业变更为所属分支机构的,买受人将所购企业资产作价入股与他人重新组建新公司并将所购企业法人予以注销的,所购企业的债务由买受人承担；企业售出后,买受人将所购企业

---

① 参见《最高人民法院关于审理与企业改制相关的民事纠纷案件若干问题的规定》（法释〔2003〕1号,2020.12.29修正）第12条。实例参见最高人民法院（2016）最高法民终407号民事判决书。

② 参见《瑞士债法典》第181条。

重新注册为新的企业法人,所购企业法人被注销的,所购企业出售前的债务应当由新注册的企业法人承担。该规定虽然仅涉及债务承担的内容,但应解释为所购企业的债权和债务概括移转给买受人或新注册的企业法人。

5. 其他法定事由

《城市房地产管理法》第 42 条规定:"房地产转让时,土地使用权出让合同载明的权利、义务随之转移。"《保险法》第 49 条第 1 款规定:"保险标的转让的,保险标的的受让人承继被保险人的权利和义务。"例如当事人以银行贷款债权为保险标的订立了《保证保险合同》,其后贷款债权被转让给第三人,保险合同的权利义务随之移转。①

三、合同权利义务概括移转的效力

(一)意定概括移转的效力

对于意定概括移转的效力,依《民法典》第 556 条规定,涉及债权让与的部分适用债权让与的有关规定,涉及债务承担的部分适用债务承担的有关规定。

(二)法定概括移转的效力

对于法定概括移转的效力,类推适用《民法典》第 556 条,即分别适用债权让与和债务承担的有关规定。法律对法定概括移转的效力有特殊规定的,依照其规定。

---

① 参见广东省江门市中级人民法院(2022)粤 07 民终 1216 号民事判决书。

第十章 合同的权利义务终止

第一节 合同权利义务终止概述

一、合同权利义务终止的概念

合同权利义务终止，是指合同权利或合同义务因一定法律事实而消灭的现象。与其密切相关的概念是"债的消灭"，意指因法定或约定事由的发生而导致债的关系不复存在。债的消灭是合同权利义务终止的上位概念，其包含合同之债的消灭和非合同之债的消灭。《民法典》合同编通则第七章以"合同的权利义务终止"为标题似有欠严谨，因为该章中除了合同解除和混同可导致合同关系消灭以外，其他事由如清偿、抵销和免除等仅导致债务消灭而非合同关系整体消灭。对于合同的权利义务终止，可从以下几方面理解：

1. 合同权利义务终止是在债权人和债务人不变的前提下，合同权利或合同义务归于消灭

广义的债的消灭包括绝对消灭和相对消灭。债的绝对消灭，是指债的关系对任何人而言都不复存在，即债权或债务终局地归于消灭，例如债务被清偿或抵销。债的相对消灭，是指债的关系仅在特定当事人之间不复存在，例如债权或债务的移转。合同编通则第七章规定的"合同的权利义务终止"仅指债的绝对消灭。

2. 合同权利义务终止包括单项债务消灭和合同关系整体消灭两种情形

合同编通则第七章规定的终止事由既有导致单项债务消灭的情形，也有导致合同关系整体消灭的情形。在前者情形下，属于狭义债的关系消灭；在后者情形下，属于广义债的关系消灭。

3. 合同权利义务终止主要导致给付义务的消灭，不影响后合同义务的存在

无论是狭义债的关系消灭还是广义债的关系消灭，其主要后果均为债务人的给付义务消灭。基于诚实信用原则的要求，债务人在债的关系消灭后仍负有后合同义务，以保护债权人的维持利益。(《民法典》第 558 条)例如计算机软件开发合

同解除后,开发人对涉案软件仍然负有妥善保管义务。由于涉案软件所存储的云平台系开发人租赁,其明知云平台的租赁期限和停止租赁会导致涉案软件灭失的后果,却放任该后果的发生,故应当返还相应的开发费用。[1]

4. 合同权利义务终止原则上导致从权利同时消灭

合同权利义务终止时,从权利通常同时消灭,但法律另有规定或者当事人另有约定的除外。(《民法典》第559条)此处的"从权利"应解释为主要是指主合同之外的从属性法律关系所生之从权利。最典型的实例是,主债权消灭导致作为从权利的担保权(如抵押权[2]、保证债权[3])同时消灭。如果一个合同关系中的主给付义务消灭,并不当然导致从给付义务同时消灭,而应结合具体终止事由予以判断。例如买卖合同中,交货之主给付义务因履行而消灭的,交付说明书之从给付义务仍应履行;借款合同中,本金债权因抵销而消灭的,已经产生的利息债权仍然存在。合同解除导致合同关系整体消灭,故主给付义务和从给付义务均归于消灭。

第559条之"但书"主要是指具有一定独立性的从权利不因主权利消灭而同时消灭之情形。例如在最高额抵押权期间内,受最高额抵押权担保的一项主债权消灭并不导致最高额抵押权消灭。(《民法典》第420条)

二、合同编通则第七章列举的终止事由

《民法典》第557条规定,合同权利义务终止的事由包括:清偿(第1款第1项)、抵销(第1款第2项)、提存(第1款第3项)、免除(第1款第4项)、混同(第1款第5项)、解除(第2款)。

三、合同编通则第七章未列举的终止事由

《民法典》第557条第1款第6项规定兜底条款"法律规定或者当事人约定终止的其他情形"。合同权利义务终止的其他事由如下:

(一)附条件合同之解除条件成就

附解除条件合同在条件成就以前,合同已经成立生效,但自条件成就时合同失效(《民法典》第158条第3句),导致合同权利义务终止。例如《×产品总经销协议》约定"甲方授权乙方成立平台管控公司,该经销权转至平台管控公司时本协议

---

[1] 参见最高人民法院(2022)最高法知民终1297号民事判决书。
[2] 参见青海省海东市中级人民法院(2021)青02民终122号民事判决书。
[3] 参见辽宁省沈阳市苏家屯区人民法院(2021)辽0111民初7376号民事判决书。

终止"。①

(二)附期限合同之终止期限届满

附终止期限合同在期限届满以前,合同已经成立生效,但自期限届满时合同失效(《民法典》第160条第3句),导致合同权利义务终止。

(三)合同约定有效期限届满

合同中存在有效期限条款的,该有效期限届满导致合同权利义务终止。例如《承包合同》约定×年×月×日合同到期。②

(四)合同被撤销

可撤销合同在被撤销以前,合同已经有效成立,但被撤销合同自始没有法律约束力(《民法典》第155条),导致合同权利义务终止。

(五)当事人死亡

演出、雇佣、委托等合同具有人身专属性或人身履行性,当事人死亡导致合同权利义务终止。法律另有规定,依照其规定。例如《民法典》第934条规定,当事人另有约定或者根据委托事务的性质不宜终止的,委托人死亡不导致委托合同终止。

买卖、互易、租赁等合同不具有人身专属性或人身履行性,当事人死亡不导致合同权利义务终止。分为以下两种情形处理:

(1)该合同债权债务作为遗产由继承人继承,继承人成为合同当事人。该情形下适用《民法典》第1161条之"有限继承规则":继承人以所得遗产实际价值为限清偿被继承人债务;超过遗产实际价值部分,继承人自愿偿还的不在此限;继承人放弃继承的,对被继承人债务可以不负清偿责任。例如:

①房屋买受人在购房款清偿完毕前死亡,当事人须取得继承人资格且未放弃继承才能主张买卖合同中的权利。③

②《车辆融资租赁合同》的租赁期限届满前承租人死亡,继承人可以选择是否继续履行合同,合同并不当然终止。④

③被继承人生前与受赠人签订赠与合同且死亡时尚未履行的,受赠人有权请

---

① 参见最高人民法院(2019)最高法民申4641号民事裁定书。
② 参见最高人民法院(2019)最高法民申5858号民事裁定书。
③ 参见北京市第一中级人民法院(2022)京01民终10797号民事判决书。
④ 参见江苏省南京市中级人民法院(2019)苏01民终5996号民事判决书。

求继承人履行赠与合同；继承人在赠与财产的权利转移之前有权撤销该赠与合同。[1]

（2）法律另有规定，依照其规定。例如《民法典》第732条规定，承租人在房屋租赁期限内死亡的，与其生前共同居住的人或者共同经营人可以按照原租赁合同租赁该房屋。该情形下不发生继承关系，而导致合同关系的法定移转。[2]

（六）债的目的达成

债的目的达成，是指非因给付或替代给付而导致达成债的目的。在此情形下，因债的目的已经达成而没有必要再进行给付行为，因此导致合同权利义务终止。例如患者为治疗某种疾病而与医院签订手术合同，但在手术前患者自行康复。

【疑难案例：配偶死亡后要求继续履行人类辅助生殖技术服务合同案[3]】
【案件事实】

2015年2月2日，原告石某与其丈夫梅某前往被告北京朝阳医院进行人类辅助生殖技术治疗，签署《知情同意书》等。初步诊断：女方石某，原发不孕，双侧输卵管梗阻，多囊卵巢综合征。男方梅某，原发不育，少弱精子症。2015年2月6日之后，被告多次为原告取卵并进行全胚胎冷冻。至2016年11月2日，余8C胚胎6个，囊胚6个。2016年10月，梅某因病去世。

原告向法院提起诉讼，请求判令被告继续履行体外受精胚胎移植诊疗服务。被告辩称：（1）冷冻胚胎系患者与其丈夫第一顺序法定继承人共同共有，患者没有权利要求使用其与他人共同共有的胚胎怀孕。（2）人类辅助生殖技术治疗怀孕涉及医学伦理问题，会导致孩子合法权益无法得到保护并造成社会关系混乱。（3）"取卵受精"和"移植囊胚"不是一个合同关系，囊胚或胚胎移植需重新建立合同并另行缴纳医疗费用。

诉讼中，法院向国家卫健委发函询问：（1）《人类辅助生殖技术规范》第三部分第十三项"关于禁止给不符合国家人口和计划生育法规和条例规定的夫妇和单身妇女实施人类辅助生殖技术"中"单身妇女"的涵义是什么；（2）本案原告是否属于上述规定的"单身妇女"。国家卫健委发送《广东省卫生厅关于××要求实施冻融胚胎移植的请示》及《卫生部办公厅关于要求实施冻融胚胎移植有关问题的通知》复

---

[1] 参见北京市第二中级人民法院（2021）京02民终13287号民事判决书。
[2] 参见新疆维吾尔自治区高级人民法院（2019）新民再47号民事判决书。
[3] 该案详细解读参见"石某诉首都医科大学附属北京朝阳医院医疗服务合同纠纷案"，载最高人民法院中国应用法学研究所编：《人民法院案例选》2020年第4辑（总第146辑），人民法院出版社2020年版，第102页以下。

印件(内容显示:……认为其申请实施的冻融胚胎移植仍属于整个辅助生殖治疗的一部分,因此,我部同意广东省妇幼保健院为××提供冻融胚胎移植服务)。

经询,梅某的父亲梅某1、母亲陈某表示同意石某继续接受人类辅助生殖技术,但有关胚胎移植一事,由石某一人向被告主张权利,其二人不参加本案诉讼,自愿放弃在本案中的全部诉讼权利和实体权利。

【本案争点】

夫妻共同与医院订立人类辅助生殖技术服务合同后,配偶一方死亡是否导致合同权利义务终止?

【裁判要旨】

法院生效裁判认为:

第一,关于合同主体及数量。原告夫妻二人均患有生殖系统疾病,共同寻求治疗,且需双方共同参与,故患方主体应为原告夫妻二人。而实施取卵、受精、移植胚胎是连续的治疗过程,不能割裂开来,故仅形成一个合同关系。

第二,关于继续履行合同是否有违法律规定及社会伦理。①案涉合同具有人身性质,除原告之外,梅某的其他法定第一顺序继承人不宜主张继受案涉合同权利义务。且梅某的父母均表示不参加诉讼,自愿放弃在本案中的全部诉讼权利和实体权利。故原告要求继受合同权利义务,继续履行合同无法律障碍。②原告夫妇之前未生育子女,故不违反计划生育法律法规。且原告作为丧偶妇女,有别于原卫生部规范中所指称的单身妇女。根据原卫生部就原类似问题的通知精神可知,原告可以要求被告继续为其提供胚胎移植医疗服务。③通过人类辅助生殖技术出生的后代与自然受孕分娩的后代享有同样的法律权利和义务,包括继承权等。因此,继续履行有必要取得梅某父母的同意,而梅某父母已明确表达同意原告实施人类辅助生殖技术的强烈意愿。孩子出生后可能生在单亲家庭的假定性条件并不意味着必然会对其生理、心理、性格等产生严重影响,且目前并无证据证明实施人类辅助生殖技术存在医学、亲权或其他方面对后代产生严重的不利情形。故继续履行不违反保护后代原则。④根据梅某生前签署的《知情同意书》等可知,其订立合同的目的是生育子女,显然胚胎移植是实现其合同目的之必然步骤,属于合同内容的一部分。且被告已经实施过两次胚胎移植,因此从梅某生前的意思表示、行为表现及公众普遍认同的传统观念和人之常情,有理由相信继续实施胚胎移植不违反梅某的意愿。判决:被告北京朝阳医院继续履行与原告石某之间就体外受精—胚胎移植所签订的医疗服务合同,为原告石某施行胚胎移植医疗服务。

第二节　清偿

一、清偿的概念和性质

清偿,是指债务人一方依债的本旨,正确、适当地履行了债务,从而使债权人的债权得以实现并使债务归于消灭的现象。与清偿密切相关的概念是"履行",二者系对同一现象作不同角度的观察所采概念。履行是从合同效力角度着眼,强调债务人应依据合同效力完成履行行为,并由此设置履行期限、履行地点、履行方式等具体规则。清偿是从债的消灭角度着眼,强调适当的清偿能够导致债的消灭之结果。

对于清偿的性质,学界存在争议,有法律行为说、非法律行为说、折中说等观点。[①] 本书认为,对于清偿的性质,应结合清偿的内容、有关规则的衔接等因素予以判断。具体分析如下:

1. 清偿的内容是创作行为、提供劳务、不作为的,清偿为事实行为

在技术开发合同、约稿合同、雇佣合同、保密合同等合同中,债务人清偿行为的内容体现为创作行为、提供劳务、不作为等事实行为。此类清偿不以意思表示为要素,且对债务人的民事行为能力不作要求。

2. 清偿的内容是代订合同、完成交易的,清偿为法律行为

在委托、行纪合同等合同中,债务人清偿行为的内容体现为代订合同、完成交易等法律行为。例如委托人委托受托人从第三人处购买一套房屋、行纪人将受托财产投资一项交易。此类清偿要求债务人实施一个或若干个法律行为,其以意思表示为要素,且要求清偿人具有相应的民事行为能力。

3. 清偿的内容是交付货物、支付价款的,清偿性质的界定与是否采用物权行为理论相关

在买卖、互易、赠与合同等合同中,债务人清偿行为的内容体现为交付货物、支付价款。在采用物权行为理论的语境下,此类移转动产占有的行为是独立的法律行为,对意思表示、民事行为能力均有相应的要求。在不采用物权行为理论的语境下,此类行为是事实行为。因现行法及主流学理意见均不主张采用物权行为理论,故此类清偿应认定为事实行为。为清偿金钱债务而交付汇票的,交付汇票并不直

[①] 参见孙森焱:《民法债编总论(下册)》,法律出版社 2006 年版,第 833—835 页;王洪亮:《债法总论》,北京大学出版社 2016 年版,第 163—166 页。

接导致金钱债务消灭,持票人得到相应付款时方能认定金钱债务消灭。①

二、清偿抵充

(一)清偿抵充的概念和意义

清偿抵充,是指债务人对债权人负担数宗同种类债务,而债务人的履行不足以清偿全部债务时,决定以该履行抵充某宗或某几宗债务的现象。例如甲公司对银行负有 3 项债务,分别为 500 万元、300 万元和 100 万元,甲公司向银行一次性偿还了 200 万元,但未说明是清偿哪项债务。此种情形下便需要适用清偿抵充规则加以解决。

在债务人对债权人负担数宗同种类债务的场合下,如果债务人的履行不足以清偿全部债务,由于各项债务利息的有无及高低、担保的有无及范围、履行期限、违约责任等方面存在差异,该履行被用于抵充哪项债务对当事人的利益影响重大,清偿抵充规则即为解决该问题而设。

(二)清偿抵充的条件

1. 必须债务人对同一债权人负担数宗债务

该数宗债务可以是同时成立,也可以是先后成立。其履行期限是否相同、是否存在担保、是否存在利息及利率的高低,均在所不问。

2. 必须数宗债务的种类相同

该数宗债务为性质相同的种类物之债,才能适用清偿抵充规则。如果数宗债务均为特定物之债或虽为种类物之债但种类物的性质不同,则不存在清偿抵充的问题。例如甲对乙负有 3 项债务,分别为交付一幅古画、交付价值 10 万元的大米、交付价值 10 万元的布匹,甲向乙交付大米时,不能适用清偿抵充规则。

3. 必须债务人的履行不足以清偿全部数宗债务

债务人的履行是否须至少足以清偿某一宗债务?本书持否定意见。② 理由如下:其一,《民法典》第 560 条第 1 款规定,清偿抵充的适用条件是"债务人的给付不足以清偿其对同一债权人所负的数笔相同种类的全部债务",并未要求债务人的履行必须至少足以清偿某一宗债务。其二,如果债务人的履行不足以清偿某一宗债务,该履行行为对数宗债务均构成部分履行,在部分履行不损害债权人利益的前提下,债权人不得拒绝债务人的部分履行。(《民法典》第 531 条第 1 款)在此情形

---

① 参见最高人民法院(2011)民提字第 103 号民事判决书。

② 相反意见参见崔建远:《债法总论》,法律出版社 2013 年版,第 266 页。

下,同样存在清偿抵充的问题。

(三)清偿抵充的方式

依据《民法典》第560条、第561条规定,清偿抵充的方式适用下列规则:

1. 约定抵充

债权人与债务人对清偿的债务或者清偿抵充顺序有约定的,依其约定。该约定可以在合同成立时或清偿时进行。

2. 指定抵充

如果债权人与债务人就抵充未作约定,清偿人有权单方面指定其给付系清偿何宗债务。该指定行为是行使形成权的行为,无须取得债权人同意。该指定行为应在清偿时作出。例如建设工程施工合同纠纷中,发包人对承包人负有工程款、逾期利息、停工损失等多项债务,其后发包人向承包人支付一笔款项且标明"工程款",应当解释为指定抵充工程款本金。①

3. 法定抵充

如果没有约定抵充和指定抵充,则应适用法定抵充规则,具体内容如下:

(1)应当优先抵充已到期的债务。

(2)数项债务均到期的,优先抵充对债权人缺乏担保或者担保数额最少的债务。例如债务人所负多项债务均已到期,且某些债务设有抵押担保,另一些债务没有担保,应当优先抵充没有担保的债务。②

(3)均无担保或者担保数额相等的,优先抵充债务负担较重的债务;负担相同的,按照债务到期的先后顺序抵充;到期时间相同的,按照债务比例抵充。例如多项借款债务中,利率较高的债务属于"负担较重的债务",利率较低的债务属于"负担较轻的债务",应当适用该规则。③

4. 各类债务的抵充顺序

债务人除主债务之外还应当支付利息和费用,当其给付不足以清偿全部债务时,并且当事人没有约定的,应当按照下列顺序抵充:

(1)实现债权的有关费用。例如律师费、诉讼费、差旅费等。④ 但逾期付款违约金不属于实现债权的费用。⑤

(2)利息。常见情形如借款合同的约定利息。此处的利息不包括"执行程序

---

① 参见最高人民法院(2022)最高法民终9号民事判决书。
② 参见北京市高级人民法院(2022)京执监23号执行裁定书。
③ 参见内蒙古自治区察哈尔右翼后旗人民法院(2016)内0928民初836号民事判决书,载《人民司法·案例》2018年第17期。
④ 参见北京市高级人民法院(2021)京民申3436号民事裁定书。
⑤ 参见湖北省高级人民法院(2022)鄂执复284号执行裁定书。

中迟延履行期间的加倍部分债务利息"。①《最高人民法院关于执行程序中计算迟延履行期间的债务利息适用法律若干问题的解释》(法释〔2014〕8 号)第 4 条规定,该利息的抵充顺序后于生效法律文书确定的金钱债务(包括本金、一般债务利息)。

(3)主债务。例如借款合同中的本金债务、买卖合同中的货款债务等。

【疑难案例:涉及多个担保关系的清偿抵充案②】
【案件事实】

中行江山支行与金山虎公司自 2011 年 4 月 22 日至 2013 年 10 月 28 日先后 6 次共签订四份借款合同、一份商业汇票承兑协议、一份授信额度协议,中行江山支行按照六份合同分别发放借款 3700 万元、1600 万元、200 万元、1500 万元、1500 万元、1100 万元。金山虎公司与中行江山支行签订了三份《最高额抵押合同》(编号依次为:江山 2011 人抵 135、江山 2012 人高抵 224-1、江山 2013 人高抵 111),并约定了合同项下的主合同。

2013 年 7 月 8 日,格林公司与中行江山支行签订《最高额保证合同》(编号:江山 2013 人高保 250-1),约定格林公司在一定期限内对金山虎公司与中行江山支行之间的多种业务进行连带责任保证,担保债权的最高本金余额为 4300 万元。2013 年 7 月 9 日,洪某青、吴某森分别与中行江山支行签订《最高额保证合同》(编号:江山 2013 人个高保 250-1、江山 2013 人个高保 250-2),约定洪某青、吴某森在一定期限内对金山虎公司与中行江山支行之间的多种业务进行连带责任保证,担保债权的最高本金余额为 5100 万元。王某英(洪某青的配偶)和姜某英(吴某森的配偶)同意以夫妻共同财产承担前述《最高额保证合同》项下的担保责任。

根据前述保证合同内容,金山虎公司对中行江山支行的第一笔借款 3700 万元属于江山 2011 人抵 135《最高额抵押合同》、江山 2011 人保 135《保证合同》及江山 2011 人个保 135《保证合同》项下的主合同;第二笔借款 1600 万元属于 2013 人高保 250-1《最高额保证合同》、江山 2012 人高抵 224-1、江山 2013 人高抵 111《最高额抵押合同》、江山 2013 人个高保 250-1 及江山 2013 人个高保 250-2《最高额保证合同》项下的主合同;第三笔借款 200 万元属于江山 2013 人高保 250-2《最高额保证合同》、江山 2012 人高抵 224-1、江山 2013 人高抵 111《最高额抵押合同》及江山 2013 人个高保 250-1、江山 2013 人个高保 250-2《最高额保证合同》项下的主合同;第四笔 1500 万元借款属于江山 2013 人高保 250-1《最高额保证合同》江山

---

① 参见湖北省高级人民法院(2021)鄂执复 270 号执行裁定书。

② 该案详细解读参见"中国信达资产管理股份有限公司浙江省分公司与浙江格林电气有限公司、洪某青等保证合同纠纷案",载最高人民法院中国应用法学研究所编:《人民法院案例选》2019 年第 1 辑(总第 131 辑),人民法院出版社 2019 年版,第 109 页以下。

2012人高抵224-1及江山2013人高抵111《最高额抵押合同》项下的主合同；第五笔借款1500万元属于江山2013人高保250-1《最高额保证合同》、江山2012人高抵224-1、江山2013人高抵111《最高额抵押合同》及江山2013人个高保250-1、江山2013人个高保250-2《最高额保证合同》项下的主合同；第六笔借款1100万元属于江山2013人高保250-1《最高额保证合同》、江山2012人高抵224-1、江山2013人高抵111《最高额抵押合同》及江山2013人个高保250-1、江山2013人个高保250-2《最高额保证合同》项下的主合同。

2014年4月22日，法院裁定受理金山虎公司的破产清算申请，中行江山支行申报了其对金山虎公司的六笔债权本金分别为2400万元、800万元、200万元、1500万元、1500万元、1100万元及相应利息168.1171万元并经审核确认。在破产案件处理过程中，中行江山支行收入破产分配款3247.379876万元，其中优先受偿额3178.931万元(根据前述《最高额抵押合同》)，普通债权分配额113.127490万元。中行江山支行将上述受偿款用于归还江山2011人借135《固定资产借款合同》项下债权本金2400万元、江山2013人借250《流动资金借款合同》项下债权本金200万元、江山2013人承0151《商业汇票承兑协议》项下债权本金647.379876万元。后中行江山支行与原告信达公司浙江分公司签订债权转让协议，将其对债务人金山虎公司的债权转让给原告。原告将上述保证人诉至法院，请求其承担担保责任。

【本案争点】

数笔债务存在多个担保的情形下如何适用清偿抵充规则？

【裁判要旨】

一审法院认为：诉争六份借款合同及协议项下债权均由金山虎公司所有的同一土地及房产提供抵押担保，上述抵押财产处置后所得和其他破产分配款并不能清偿全部债务，金山虎公司对中行江山支行所负债务在破产申请受理时均已到期，中行江山支行与金山虎公司并未对清偿的债务或者清偿抵充顺序存在约定，亦无其他费用产生，故应优先抵充到期利息168.1171万元，余款抵充主债务。而诉争六笔借款均提供了足额的保证担保，故应优先抵充债务负担较重的债务即江山2011人借135《固定资产借款合同》项下的债务2400万元，余款按比例抵充江山2013人借334《流动资金借款合同》项下债务1500万元及江山2013授协007《授信额度协议》项下债务1500万元，即各抵充339.631388万元。判决：(1)格林公司、洪某青、王某英、吴某森、姜某英向信达公司浙江分公司偿还其为金山虎公司担保的债务3060.368612万元。(2)格林公司向信达公司浙江分公司偿还其为金山虎公司担保的债务1160.368612万元。(3)洪某青、王某英、吴某森、姜某英向信达公司浙江分公司偿还其为金山虎公司担保的债务200万元。(4)驳回信达公司浙江省分公司的其他诉讼请求。

二审法院认为：诉争六笔借款均提供了足额的保证担保，故应优先抵充债务负担较重的第一笔债务2400万元，余款按比例抵充债务负担次重的两个1500万元。除案涉借款在金山虎公司破产程序中合计清偿金额外，格林公司的上诉理由均不成立。判决：（1）撤销一审判决第一项、第二项、第四项；（2）维持一审判决第三项；（3）格林公司、洪某青、王某英、吴某森、姜某英向信达公司浙江分公司偿还其为金山虎公司担保的债务3038.029305万元；（4）格林公司向信达公司浙江分公司偿还其为金山虎公司担保的债务1138.029305万元；（5）驳回信达公司浙江分公司的其他诉讼请求。

三、以物抵债

以物抵债协议，是指针对债务人所负原债务（金钱债务最为常见），债务人或者第三人与债权人约定以特定物抵偿原债务的协议。《民法典》施行前，我国法律并无以物抵债的直接规定，但实务中存在大量此类案件且处理各异①，学理上亦未形成共识。②

《民法典合同编通则解释》区分"债务履行期限届满前"与"债务履行期限届满后"订立以物抵债协议，设置了不同规定。理由在于：其一，区分不同效力。前者的意图多为担保原债务的实现，需区分不同情形认定协议效力；后者是在无法履行原债务的情形下用以替代清偿，应尊重当事人的意思。其二，防止利益失衡。前者因订立协议时原债务尚未到期，其后交付抵债物或转移财产权利时很可能存在抵债物价值发生变化的情形，如果直接认定协议有效可能导致双方利益显著失衡。后者因订立协议时原债务已到期，此时原债务数额和抵债物价值都已确定，故协议一般不会存在利益显著失衡的问题。其三，禁止流押、流质。前者可能因违反流押、流质规定（《民法典》第401条、第428条）而无效。后者一般不存在该问题。③

（一）清偿型以物抵债

《民法典合同编通则解释》第27条规定的是清偿型以物抵债协议，即债务人或

---

① 《民法典》施行前的相关裁判意见梳理，参见肖俊：《以物抵债裁判规则的发展趋势与建构方向——2011—2019年最高人民法院审判经验的考察与分析》，载《南大法学》2020年第1期。

② 相关学理意见参见陈永强：《以物抵债之处分行为为论》，载《法学》2014年第11期；王洪亮：《以物抵债的解释与构建》，载《陕西师范大学学报（哲学社会科学版）》2016年第6期；姚辉、阙梓冰：《从逻辑到价值：以物抵债协议性质的探究》，载《学术研究》2020年第8期。

③ 参见最高人民法院民事审判第二庭、研究室编著：《最高人民法院民法典合同编通则司法解释理解与适用》，人民法院出版社2023年版，第309—310页。

者第三人与债权人在债务履行期限届满后达成的以物抵债协议。当事人订立该协议的目的是清偿已到期原债务,债务人负担新债务是履行原债务的方法。

实务中的常见案型是:借款期限到期后借款人无力还款,遂与出借人订立房屋买卖合同,约定欠款转化为购房款,借款人的义务变更为移转房屋所有权。对于该案型,最高人民法院指导案例认为:借款合同双方当事人经协商一致,终止借款合同关系,建立商品房买卖合同关系,将借款本金及利息转化为已付购房款并经对账清算的,不属于"禁止流押"的情形,亦不属于《民间借贷规定》第23条规定的"作为民间借贷合同的担保"。在不存在无效事由的情况下,该商品房买卖合同具有法律效力。对转化为已付购房款的借款本金及利息数额,人民法院应当结合借款合同等证据予以审查,以防止当事人将超出法律规定保护限额的高额利息转化为已付购房款。①

1. 清偿型以物抵债协议的性质

(1)清偿型以物抵债协议是诺成合同。订立该协议后,交付抵债物或转移财产权利不影响该协议的成立、生效,而构成履行行为。《民法典合同编通则解释》第27条第1款"该协议自当事人意思表示一致时生效"之表述并不准确,因为"意思表示一致"仅为该协议成立、生效的必要条件而非充分条件。如果该协议采取书面形式订立,其成立、生效仍适用一般规定。例如采取合同书形式订立该协议,自当事人均签名、盖章或者按指印时该协议成立。对于该协议效力的认定,亦应适用合同无效、可撤销等规则。

(2)清偿型以物抵债协议是新债清偿合同。新债清偿为传统民法上概念,又称新债抵旧或间接给付,是指债务人以清偿原债务为目的而负担新债务,并通过履行新债务使原债务归于消灭的现象。例如甲对乙负有100万元债务已届清偿期,为清偿该债务,甲向乙出立金额为100万元的汇票。新债清偿的意义在于保障债权人受偿的可能,并使债务人暂时脱离因不能清偿原债务而被强制执行的风险。依据《民法典合同编通则解释》第27条规定,清偿型以物抵债属于新债清偿,即以清偿原债务为目的而订立以物抵债协议。

(3)清偿型以物抵债协议是负担行为。《民法典合同编通则解释》第27条第4款规定,债务人或者第三人以自己不享有所有权或者处分权的财产权利订立以物抵债协议的,依据该解释第19条关于"无权处分订立合同"的规定处理。

2. 清偿型以物抵债协议的成立要件

该协议应具备合同的一般成立要件,即缔约人和合意。此外,其特殊成立要件如下。

① 参见"汤龙、刘新龙、马忠太、王洪刚诉新疆鄂尔多斯彦海房地产开发有限公司商品房买卖合同纠纷案",最高人民法院指导案例72号。

（1）该协议订立于债务履行期限届满后。债务履行期限届满而未受清偿，才有通过以物抵债清偿原债务的必要及可能。

（2）合意的内容是，当事人须对"通过履行以物抵债协议实现清偿原债务"（新债清偿）达成一致。是否达成合意依据意思表示解释规则予以判断，协议是否直接采用"以物抵债""新债清偿"等表述并不重要。如果第三人与债权人达成合意的内容是"第三人与债权人订立以物抵债协议后原债务归于消灭"，构成合同更新（主体、标的均更新）。该情形与清偿型以物抵债协议的区别在于：前者情形下，以物抵债协议与原债务合同是替代关系，无论其后以物抵债协议是否被履行，原债务合同均于以物抵债协议成立时消灭；后者情形下，以物抵债协议成立不导致原债务合同消灭，以物抵债协议被适当履行才导致原债务合同消灭。

实务中常有借新还旧的现象，例如甲对乙银行负有100万元债务已届清偿期，甲又向乙银行借款200万元，其中100万元用于清偿旧债务。该现象并非新债清偿，更非清偿型以物抵债（因两项债务均为金钱债务），而是以新债务所得财产用以清偿旧债务的行为。《民法典担保制度解释》第16条对借新还旧中担保关系的处理设有规定。

（3）原债务须有效存在。该协议是典型的有因合同，即以清偿原债务为目的而订立的合同。如果原债务不存在，则该协议因欠缺确定的标的而不成立。在此情形下，如果债务人或者第三人已经交付抵债物，不导致物权变动，债权人负有返还义务。

3. 清偿型以物抵债协议的法律效果

（1）该协议成立后至履行前的法律效果。该阶段内，原债务与以物抵债协议债务（新债务）处于并存状态。依据新债清偿规则，新债务履行完毕之前原债务仍然存续。而且，附随于原债务之上的担保关系亦处于存续状态。如果以物抵债协议由债务人与债权人订立，由于该协议以清偿原债务为目的，构成"义务承认"之中断事由，故导致原债务诉讼时效中断。以物抵债协议约定的履行期限届至前，债权人不得行使原债权，因为双方订立该协议且履行期限后于原债务，意味着债权人同意对原债务履行期限作相应的延展。

如果以物抵债协议由第三人与债权人订立，应视第三人订立该协议的原因产生不同效果。第三人受债务人委托而订立该协议的，在外部关系上产生前述债务人与债权人订立该协议之相同效果；在内部关系上，于新债务履行后另有第三人与债务人之间的支付费用、求偿等关系。第三人基于赠与、无因管理等原因订立该合同，甚或债务人对此不知情的，基于中断事由的相对性，原债务诉讼时效不发生中断；由于债务人并未参与订立以物抵债协议，原债务对其仍具约束力，故债权人究系行使原债权抑或新债权,应不受限制。①

(2)该协议被适当履行的法律效果。债务人或者第三人履行以物抵债协议后,应当认定相应的原债务同时消灭。(《民法典合同编通则解释》第 27 条第 2 款前段)此处所谓"相应的原债务同时消灭",是指如果原债务数额大于以物抵债的数额,原债务对应以物抵债的部分与新债务同时消灭,原债务的剩余部分仍然存续。

以物抵债协议约定的履行期限届至后,债权人能否选择行使原债权? 依据新债清偿原理,亦应区分债务人还是第三人与债权人订立该协议作不同处理。但《民法典合同编通则解释》第 27 条第 2 款后段似乎未作此区分,且规定仅在"经催告后在合理期限内仍不履行"的前提下债权人才有权选择行使原债权或新债权。据此,以物抵债协议约定的履行期限届至后,债权人似乎只能先行使新债权(请求交付抵债物、转移财产权利),仅在债务人或者第三人违反以物抵债协议后债权人才享有选择权。

(3)该协议未被适当履行的法律效果。债务人或者第三人未按照约定履行以物抵债协议,经催告后在合理期限内仍不履行,债权人有权选择请求履行原债务或者以物抵债协议,但是法律另有规定或者当事人另有约定的除外。(《民法典合同编通则解释》第 27 条第 2 款后段)虽然该款文义仅涉及"迟延履行+催告"之情形,但依据该款规范目的,其他形态的违约行为(如拒绝履行、不能履行等)亦可适用该款由债权人享有选择权。例如债务人(发包人)与债权人(承包人)就到期工程款订立以房抵债协议,其后因部分房屋停工导致以房抵债协议履行不能,债权人有权选择行使工程款债权(原债权)。② 如果债务人或者第三人交付的抵债物存在瑕疵构成瑕疵给付,债权人既可主张债务人或者第三人承担以物抵债协议的违约责任,也可选择行使原债权。

该情形下债权人享有选择权,是清偿型以物抵债协议的特殊违约救济规则。违约责任的一般规则仍适用于该情形,例如该协议约定违约金的,守约方可主张违约方承担违约金责任。该款规范目的是,在以物抵债协议之义务人违约时将原债权与新债权并存的选择利益赋予债权人,故义务人(债务人或者第三人)此时不享有选择权。

4. 清偿型以物抵债中的物权变动

清偿型以物抵债协议生效不导致物权变动,须依据该协议交付抵债物(动产)或移转财产权利(如不动产过户登记)才能引起物权变动,对此不存疑义。实务中的常见争议是,此类案件中法院作出的相关法律文书是否属于《民法典》第 229 条

---

① 参见孙森焱:《民法债编总论(下册)》,法律出版社 2006 年版,第 857—858 页。
② 参见湖南省常德市中级人民法院(2022)湘 07 民终 1489 号民事判决书。

规定的"导致物权变动的法律文书"。依据司法解释的规定,区分为以下几种情形。

(1)以物抵债协议经人民法院确认或者人民法院根据当事人达成的以物抵债协议制作成调解书,不属于"导致物权变动的法律文书"。这两种法律文书主要存在于确认之诉中,其意义仅在于确认以物抵债协议的有效成立,故不直接导致物权变动。债权人依据这两种法律文书主张财产权利自确认书、调解书生效时发生变动或者具有对抗善意第三人效力的,人民法院不予支持。(《民法典合同编通则解释》第 27 条第 3 款)

实务中,常有当事人通过虚假诉讼取得以物抵债调解书,然后据此在其他案件中主张优先保护或者请求排除对抵债物的强制执行。因此,该款中的"不具有对抗善意第三人效力",重点是指债权人在善意第三人启动的执行程序中,不能依据这两种法律文书排除对抵债物的执行措施。[1]

(2)人民法院作出的当事人依据以物抵债协议履行给付义务的法律文书,不属于"导致物权变动的法律文书"。此类法律文书存在于给付之诉之中,其意义在于对当事人的给付义务(如交付抵债物)提供执行依据,并不直接导致物权变动。

(3)人民法院在执行程序中作出的以物抵债裁定书,属于"导致物权变动的法律文书"。(《民法典物权编解释(一)》第 7 条)执行程序中以物抵债分为两种情形,即自愿以物抵债和强制以物抵债。自愿以物抵债,是指经申请执行人和被执行人同意,且不损害其他债权人合法权益和社会公共利益的,不经拍卖、变卖而直接将被执行人的财产作价交申请执行人抵偿债务。(《民诉法解释》第 489 条)自愿以物抵债的性质是双方达成和解,物权变动仍须以被执行人交付抵债物或移转财产权利为前提,故此类协议不能直接导致物权变动。强制以物抵债,是指被执行人的财产无法拍卖或者变卖的,经申请执行人同意(无须被执行人同意),且不损害其他债权人合法权益和社会公共利益的,将该项财产作价后交付申请执行人抵偿债务。(《民诉法解释》第 490 条)该情形是人民法院采取的执行措施,而非由当事人达成协议。以物抵债裁定书在性质上属于形成裁定而非给付裁定,抵债物所有权自裁定送达债权人时转移。(《民诉法解释》第 491 条)

(二)担保型以物抵债

《民法典合同编通则解释》第 28 条规定的是担保型以物抵债协议,即债务人或者第三人与债权人在债务履行期限届满前达成的以物抵债协议。实务中,该协议所生法律关系常被称为买卖型担保或担保型买卖。

实务中的常见案型是:当事人订立借款合同时,签订预售商品房买卖合同作为

---

① 参见《民法典合同编通则解释》起草工作组:《〈最高人民法院关于适用〈中华人民共和国民法典〉合同编通则若干问题的解释〉重点问题解读》,载《法律适用》2024 年第 1 期。

借款担保,约定如果债务人(通常为开发商)无法依约还款,则借款本金及利息自动转化为债权人支付给债务人的购房款,债务人应将房屋过户给债权人。《民法典》施行前,曾有最高人民法院公报案例以"附解除条件的买卖合同""'外化'的买卖合同"等思路处理此类纠纷。① 《民法典合同编通则解释》未采纳这些裁判意见。

1. 担保型以物抵债协议的性质

对于该协议的性质,《民法典》施行前学理及实务上争议极大,主要有"让与担保说""后让与担保说""选择之债+抵销说""代为清偿预约说"等观点。② 本书认为,在现行法框架下,将担保型以物抵债协议界定为非典型担保合同较为妥当。

(1)担保型以物抵债协议是《民法典》第388条第1款规定的"其他具有担保功能的合同",即非典型担保合同。《九民纪要》第66条规定:"当事人订立的具有担保功能的合同,不存在法定无效情形的,应当认定有效。虽然合同约定的权利义务关系不属于物权法规定的典型担保类型,但是其担保功能应予肯定。"当事人订立该协议的目的不是直接取得抵债物所有权,而是作为原债务未受清偿时的补救措施,故当事人确实具有担保意思。而且,履行该协议须以原债务到期未受清偿为提前,也符合担保之补充性、从属性等特性。与所有权保留、让与担保等非典型担保类似,买卖型担保也经历了虽无法律规定但被普遍运用于实践的过程。《民法典合同编通则解释》对其正式作出规定,体现了对这种非典型担保的认可和接纳。

(2)担保型以物抵债协议不是让与担保合同。依据司法解释制定者的解释,担保型以物抵债协议属于让与担保合同。③ 但是,这种解释似乎并不合理。让与担保,是指债务人或者第三人为担保债务人的债务,将财产权利形式上转移至债权人名下,由债权人在担保范围内取得财产权利,在债务被清偿后,作为担保标的的财产权利返还债务人或者第三人;债务未被清偿的,债权人就该财产权利受偿的制度。

让与担保与担保型以物抵债存在以下区别:其一,是否约定在债务履行期限届满前将财产权利转移给债权人不同。前者必须包含该约定;《民法典合同编通则解释》第28条并未将该约定规定为后者的必要条款,而是设置第3款对"未转移"和

---

① 参见最高人民法院(2011)民提字第344号民事判决书("朱俊芳案"),载《最高人民法院公报》2014年第12期;最高人民法院(2015)民一终字第78号民事判决书("洪秀凤案"),载《最高人民法院公报》2016年第1期。此类典型案例的详细解读参见周江洪主编:《合同法案例研习》,法律出版社2019年版,第260页以下、第293页以下。

② 相关学理意见参见杨立新:《后让与担保:一个正在形成的习惯法担保物权》,载《中国法学》2013年第3期;陆青:《以房抵债协议的法理分析——〈最高人民法院公报〉载"朱俊芳案"评释》,载《法学研究》2015年第3期;庄加园:《"买卖型担保"与流押条款的效力——〈民间借贷规定〉第24条的解读》,载《清华法学》2016年第3期;高治:《担保型买卖合同纠纷的法理辨析与裁判对策》,载《人民司法·应用》2014年第23期。

③ 参见《民法典合同编通则解释》起草工作组:《〈关于适用民法典合同编通则若干问题的解释〉的理解与适用》,载《人民司法·应用》2024年第1期。

"已转移"作出不同处理。其二,债务被清偿的后果不同。前者情形下,债权人应将财产权利返还债务人或者第三人;后者情形下,买卖合同不发生法律约束力,而非由债权人负返还义务。其三,担保效果不同。前者情形下,可发生优先受偿、回购义务等效果(《民法典担保制度解释》第68条);后者情形下,不发生上述效果。

(3)人民法院应当在审理债权债务关系的基础上认定该协议的效力。实务中,法院对于此类案件所面临的一个直接问题是,此类案件以何种案由立案及审理。《民间借贷规定》第23条第1款规定"人民法院应当按照民间借贷法律关系审理"。《九民纪要》第45条规定,债权人"应当根据原债权债务关系提起诉讼。经释明后当事人仍拒绝变更诉讼请求的,应当驳回其诉讼请求,但不影响其根据原债权债务关系另行提起诉讼",此处的"原债权债务关系"系指借贷关系。《民法典合同编通则解释》第28条第1款延续了上述规定的精神,具体解读如下:

①不应单独针对以物抵债协议(即买卖合同)认定其效力。此类交易中,由于以物抵债协议是作为一项整体交易的组成部分,故不能仅仅凭借以物抵债协议是否具备有效要件来认定其效力。换言之,相较于一般的担保合同(如抵押合同、质押合同)而言,作为一种非典型担保合同的以物抵债协议具有更强的从属性。

②法院应针对原债权债务关系进行审理,并在此基础上认定以物抵债协议的效力。实务中,当事人订立以物抵债协议的原因和样态不一而足。无论交易采取何种具体样态,原债权债务关系有效成立均构成认定以物抵债协议效力的前提。因此,欲认定以物抵债协议的效力,应首先针对原债权债务关系进行审理,以确定当事人之间的真实法律关系及其效力。[①]

2. 担保型以物抵债协议的成立要件

该协议应具备合同的一般成立要件,即缔约人和合意。此外,其特殊成立要件如下。

(1)该协议订立于债务履行期限届满前。具备本要件,才能证成当事人的担保目的以及作为非典型担保合同的以物抵债协议的补充性、从属性。

(2)合意的内容是,当事人须对"通过抵债物变价以实现债权"达成一致。该协议是否采用"担保""抵偿"等表述并不重要,惟应考察协议内容是否符合补充性、从属性之特性。实务中,某些当事人订立以物抵债协议的目的可能是隐藏企业间借贷等不法行为,对此应依据当事人的真实意思对法律关系的性质作出认定。

(3)该协议不得约定"债务履行期限届满前,债务人或者第三人将财产权利转移至债权人名下"。有此约定的,则构成让与担保,而非担保型以物抵债。

3. 担保型以物抵债协议的法律效果

(1)该协议具有变价受偿效力。当事人约定债务人到期没有清偿债务,债权

---

① 参见最高人民法院(2013)民提字第135号民事判决书。

人可以对抵债财产拍卖、变卖、折价以实现债权的,该约定有效。(《民法典合同编通则解释》第 28 条第 2 款第 1 句)简言之,"以物抵债"只是一个约定俗成的表述,其准确含义是以抵债物的变价款抵偿债务。

(2)该协议中的流质、流押条款无效。当事人约定债务人到期没有清偿债务,抵债财产归债权人所有的,该约定无效,但是不影响其他部分的效力;债权人请求对抵债财产拍卖、变卖、折价以实现债权的,应予支持。(《民法典合同编通则解释》第 28 条第 2 款第 2 句)此类约定构成流质、流押条款,故该条款无效,但不影响其他条款的效力,也不能据此认定整个协议无效。该情形下,债权人不能依据流质、流押条款请求债务人或者第三人交付抵债物或转移财产权利以抵偿债务,但仍有权请求将抵债物变价以实现债权。换言之,即使该协议未就变价受偿作出约定,也仍可产生变价受偿效力。

(3)该协议不具有优先受偿效力。由于该协议并不要求债务人或者第三人将财产权利转移至债权人名下,也不具备担保物权的公示要求,故不具有优先受偿效力。如果当事人订立以物抵债协议后,债务人或者第三人已将财产权利转移至债权人名下的,则构成让与担保,依据《民法典担保制度解释》第 68 条的规定处理。(《民法典合同编通则解释》第 28 条第 3 款)

【拓展:代物清偿】

代物清偿,是指当事人约定由债务人以他种给付代替原定给付,债权人予以受领后使债的关系归于消灭的现象。例如甲对乙负有 100 万元金钱债务,双方约定甲将一套房屋过户给乙,以清偿该债务。代物清偿的意义在于:一是在清偿领域贯彻合同自由原则,尊重当事人对给付方式的意思;二是在债务人就原定给付发生履行困难时,增加债权人实现债权的选择机会。对于代物清偿,域外立法多设有明文规定。[①] 在德国法中,新债清偿是代物清偿的一种特殊情形,设有特殊规则。[②]

债权人与债务人就代物清偿事宜达成的协议,为代物清偿协议。对于代物清偿协议的性质,学理上存在争议,有变更债务协议说、债务更新协议说、要物合同说等观点。[③] 如果债务人对代物清偿协议未实际履行,债权人应就何种给付主张权利?依上述各说所得结论并不相同,一般认为此时债权人应就原定给付主张权利。

《民法典》对代物清偿未作规定。依据意思自治原则,如果当事人作此约定时不存在无效、可撤销等事由,应肯定其效力。有最高人民法院公报案例肯定代物清

[①] 参见《德国民法典》第 364、365 条;《日本民法典》第 482 条;《葡萄牙民法典》第 837—840 条。

[②] Vgl. Rhona Fetzer, Kommentar zum § 364, in: *Münchener Kommentar zum BGB*, 9. Aufl., München: C. H. Beck, 2022, Rn. 8.

[③] 参见王利明:《债法总则研究》,中国人民大学出版社 2015 年版,第 675—676 页。

偿协议的效力,并认为该协议系实践合同。① 对于清偿型以物抵债协议和担保型以物抵债协议,《民法典合同编通则解释》未依据代物清偿原理设置相关规定。②

第三节　合同解除

一、合同解除概述

(一)合同解除的概念

合同解除,是指合同有效成立后,当具备合同解除要件时,因当事人一方或双方的意思表示使合同关系归于消灭的现象。合同解除是合同之债的消灭事由,非合同之债不存在解除的问题。解除导致合同关系整体消灭并使当事人恢复至合同订立之前的状态,前提是此时恢复原状是可能的。合同解除后当事人无须再履行给付义务,但须返还对方已经提供的给付。换言之,合同解除并非导致当事人之间不再存在任何权利义务,而是导致合同关系转化为清算关系。对于合同解除,可从以下几方面理解:

1. 合同解除体现了对合同严守原则的变通和合同自由原则

合同有效成立后,对当事人具有法律约束力,当事人不得擅自解除合同,此为合同严守原则的当然要求。但在合同有效成立后的某些场合下,因客观情况变化或对方当事人严重违约,导致合同履行成为不可能或不必要,使得当事人订立合同时所追求的合同目的无法实现,此时通过合同解除使当事人从合同关系中解脱出来成为必要。还有些场合下,在合同有效成立后双方当事人的意愿发生变化,均不欲继续维持合同关系,此时也应允许当事人双方达成合意使合同关系归于消灭。

2. 合同解除的对象是有效成立的合同

合同不成立、无效、被撤销、被拒绝追认的,不存在解除的问题。合同解除并非因为合同内容违反法律强制性规定或当事人意思表示有瑕疵,而是因为发生了合同订立时所未有的特殊情况,法律允许当事人从该合同关系中解脱出来。

3. 合同解除原则上须具备解除事由

因合同解除是在特殊场合下对合同严守原则的变通,故必须存在特定事由时当事人才有权解除合同。解除事由分为法定解除事由和约定解除事由,前者由法

---

① 参见最高人民法院(2011)民提字第 210 号民事判决书,载《最高人民法院公报》2012 年第 6 期。
② 具体理由参见最高人民法院民事审判第二庭、研究室编著:《最高人民法院民法典合同编通则司法解释理解与适用》,人民法院出版社 2023 年版,第 324—325 页。

律规定,后者由当事人约定。如果不存在此两类解除事由,但当事人协商一致,也可以解除合同。(《民法典》第 562 条第 1 款)

4. 合同解除必须有当事人的解除行为

现行法未采当然解除主义,具备解除事由仅为合同解除的前提,即意味着此时当事人有权解除合同。欲使合同被解除,还必须有当事人的解除行为。① 法院或仲裁机构不得在当事人未行使解除权或未达成解除协议的情形下,主动依职权解除合同。

5. 合同解除的后果是使合同关系归于消灭

合同被解除后,债权人不能再依合同约定请求债务人履行给付义务,但债务人仍须履行附随义务。合同解除虽导致合同关系归于消灭,但并非使当事人之间不存在任何权利义务关系,而是依据法律规定或当事人约定发生相关法律后果,包括:当事人可以要求恢复原状、采取其他补救措施,并有权要求赔偿损失(《民法典》第 566 条);合同中结算和清理条款的适用(《民法典》第 567 条)等。

(二)合同解除的种类

1. 单方解除(法定解除、约定解除)与协议解除

(1)单方解除,是指在解除事由具备时,解除权人行使解除权解除合同。解除权人解除合同的行为是行使形成权的单方行为,无须取得对方当事人同意。合同被单方解除的,依法律规定发生相关法律后果,并适用合同中结算和清理条款,以了结双方的权利义务关系。单方解除包括法定解除和约定解除。

①法定解除是指法律规定的解除事由具备时,解除权人行使解除权解除合同。《民法典》第 563 条规定的是一般场合下的法定解除,《民法典》合同编第二分编和某些单行法还规定了仅适用于某些有名合同的法定解除。这两类规定构成一般规范与特殊规范的关系,当同一情形就通则和分则的规定均可适用时,应当优先适用分则的规定。② 现行法规定的解除事由主要包括三类情形:

第一,一方当事人有严重违约行为,其中主要是根本违约行为。该做法蕴含的精神是:并非一方有任何违约行为时相对方均有权解除合同,仅在违约行为使违约方可以预见的、相对方的合同利益由于违约行为而不再可能实现时,相对方才有权解除合同。不应将一些不重要的违约行为上升为解除事由。③

第二,因客观原因(如不可抗力)致使合同目的不能实现,并由此导致与根本

---

① 参见最高人民法院(2022)最高法民申 725 号民事裁定书。

② 参见最高人民法院(2007)民一监字第 399-1 号民事裁定书。

③ 参见[德]彼得·施莱希特里姆:《〈联合国国际货物销售合同公约〉评释》,李慧妮编译,北京大学出版社 2006 年版,第 129—130 页。

违约类似的后果。该情形下,虽然致使合同目的不能实现的原因是客观原因而非当事人的行为,但合同关系存续已无意义,故亦有必要赋予当事人解除权以脱离合同关系。

第三,某些特殊合同中当事人的任意解除权。

②约定解除是指当事人约定的解除事由具备时,解除权人行使解除权解除合同。(《民法典》第 562 条第 2 款)约定解除具有以下特征:

第一,解除事由由当事人在合同中约定。当事人可以在订立合同时约定,也可以其后以补充协议约定,但应在该事由实际发生之前约定。

第二,解除事由可以是当事人一方或双方的某种违约行为,也可以是其他情形(如解约定金),但不得约定违法事由。

(2)协议解除,又称合意解除,是指当事人通过订立解除协议使合同关系归于消灭。(《民法典》第 562 条第 1 款)协议解除是合同自由原则在合同解除领域的体现,其赋予当事人在并无特殊事由的情形下以双方合意解除合同的权利。[①] 协议解除具有以下特征:

①协议解除是通过订立一个新的合同而解除原合同。解除协议本身是一个独立的合同,适用合同法关于合同成立、效力、履行等具体规则。解除协议生效导致原合同归于消灭,双方的权利义务依据解除协议的内容发生变动。

②协议解除只须双方协商一致,无须存在解除事由。协议解除的本质是双方当事人就合同解除事宜达成合意,以订立协议的方式使合同关系归于消灭。解除协议是双方行为,不同于法定解除和约定解除中行使解除权的单方行为。即使存在法定或约定解除事由,当事人不欲行使解除权,而仍与对方订立解除协议亦可。在此情形下,当事人以自己的行为放弃了解除权。

③协议解除的法律后果可以由当事人约定。当事人可以就合同解除的法律后果在解除协议中进行约定(如是否返还财产、赔偿损失等),以了结双方在合同关系消灭后的权利义务。

约定解除与协议解除均在一定程度上体现了合同自由原则,但二者存在以下区别:①性质不同。约定解除是单方行为,即解除权人单方行使解除权的行为;协议解除是双方行为,须双方当事人订立解除协议。②是否须具备解除事由不同。约定解除必须具备当事人约定的解除事由,即影响合同履行某种特殊情形;协议解除无须具备此种解除事由,而仅须双方就解除合同达成合意。③效果依据不同。约定解除可依据法律规定产生相应的法律效果;协议解除的法律效果依据解除协议确定。④后果不同。约定解除导致合同关系归于消灭;协议解除是以一个新的

---

① 现行法将协议解除规定为合同解除的类型,对此的批评意见参见朱广新:《合同法总则研究(下册)》,中国人民大学出版社 2018 年版,第 607 页。

合同代替原合同，当事人仍须受解除协议的约束。

2. 任意解除与非任意解除

（1）任意解除，是指无需法定或约定解除事由及双方达成协议，凭当事人单方意思解除合同。任意解除是合同解除中的一种特殊现象，是法律基于某种特殊立法目的而赋予当事人任意解除权来解除合同。现行法规定的任意解除主要包括下列情形：

①以持续履行的债务为内容的不定期合同，当事人享有任意解除权。《民法典》新增第 563 条第 2 款规定了这种解除权。该规定系借鉴 PICC、PECL 等域外法的结果，适用于租赁、保管、合伙等持续履行的不定期合同。[①] 当事人行使该任意解除权，应当在合理期限之前通知对方。

②以双方的人身信任为基础的某些合同，当事人享有任意解除权。例如《民法典》第 933 条第 1 句规定："委托人或者受托人可以随时解除委托合同。"因为在委托合同中，委托或接受委托均以双方的人身信任为基础，一旦该基础发生变化，应允许当事人从该合同关系中解脱出来。

③为保护合同关系中弱势一方，该方享有任意解除权。例如《保险法》第 15 条规定，除本法另有规定或合同另有约定外，保险合同成立后，投保人可以解除合同，保险人不得解除合同。在保险合同中，投保人与保险人相比，在经济实力、专业知识等方面均处于弱势地位，为平衡双方的力量关系，法律采取"向投保人倾斜"的立法政策，赋予投保人任意解除权。

④合同关系的建立以一方需要为前提，该方享有任意解除权。例如《民法典》第 787 条规定："定作人在承揽人完成工作前可以随时解除合同，造成承揽人损失的，应当赔偿损失。"在承揽合同中，完成工作成果是为了满足定作人的需要，某些场合下甚至仅对定作人有意义，如果因情况变化使定作人不再有此需要，却仍要定作人接受该工作成果，则显非妥当。因此立法通例规定定作人享有任意解除权，但须赔偿承揽人由此所受的损失。

当事人约定排除任意解除权的，该约定是否有效？一般认为，应区分合同是否有偿作不同处理。[②] 以委托合同为例：无偿委托中维系合同关系的仅仅是当事人之间的信赖关系，一旦丧失信赖关系就应允许当事人退出合同关系，故该约定无效；有偿委托中既存在信赖关系，还存在其他利益关系，故当事人基于意思自治限制任意解除权的约定应属有效。[③] 实务中通常亦持此意见。[④]

---

① 参见黄薇主编：《中华人民共和国民法典合同编释义》，法律出版社 2020 年版，第 232 页。

② 参见陆青：《合同解除论》，法律出版社 2022 年版，第 297—298 页。

③ 参见崔建远、龙俊：《委托合同的任意解除权及其限制——"上海盘起诉盘起工业案"判决的评释》，载《法学研究》2008 年第 6 期。

④ 参见最高人民法院（2015）民一终字第 226 号民事判决书。

（2）非任意解除，是指必须具备解除事由或双方达成协议，才能解除合同。除任意解除外，其他的合同解除均为非任意解除，非任意解除是合同解除的常态。

任意解除与非任意解除的区别：①适用对象不同。前者仅适用于法律有特殊规定的个别有名合同，且多为继续性合同（如委托、保险、租赁）；后者适用于大多数类型的合同。②适用条件不同。前者无须具备任何解除事由，仅凭解除权人单方意思即可解除合同；后者须具备解除事由或双方达成协议。③解除方式不同。前者为单方解除；后者可以是单方解除也可以是协议解除。④解除权人不同。前者的解除权人是信任基础丧失后值得保护的一方及弱势一方等；后者无此限制。

3. 全部解除与部分解除

（1）全部解除，是指解除的效果及于全部合同关系，其导致整个合同关系归于消灭。在使用合同解除概念时，如无特别说明，均指全部解除。第七章规定的合同解除规则也是立足于全部解除而设置。

（2）部分解除，是指解除的效果仅及于部分合同关系，其导致部分合同内容丧失效力，但合同关系仍然存在。合同编通则第七章未规定部分解除，但《民法典》第631—633条规定了买卖合同中涉及主物与从物、一物与数物、分批交付标的物等场合下的部分解除规则。部分解除仅适用于法律有明确规定的场合，否则当事人行使解除权的效果应及于整个合同关系。构成合同主要内容的条款不能被单独解除。[①] 如果在合同成立后，当事人通过协议使部分合同条款失效，应认定为变更合同，而非部分解除。

在某些包含多项交易内容的综合性合同中，有类推适用《民法典》第631—633条的可能。例如有判决认为，《协议书》是一份包含债权转让、融资拆借、股票回购等不同内容的综合性协议，这些不同的合同内容之间既有关联性，又存在相对独立性，当事人可以主张部分解除合同。[②] 但在银行不良金融债权以"资产包"形式整体转让的场合下，合同内容具有整体性，故不适用部分解除。有判决认为，资产包整体买进后，如需解除合同，必须整体解除，将资产包整体返还。银行不良金融债权的受让人在将资产包中相对优质的债权变卖获益后，又通过诉讼请求部分解除合同，将资产包中其他债权返还的，人民法院不予支持。[③]

（三）合同解除的适用范围

对于协议解除而言，无论合同的种类及效力状态如何，均可适用。对于约定解

---

① 参见"董某树与朱某军等股权转让合同纠纷上诉案"，载最高人民法院民事审判第一庭编：《民事审判指导与参考》2010年第3集（总第43集），法律出版社2011年版，第188页以下。

② 参见最高人民法院（2021）最高法民终519号民事判决书。

③ 参见最高人民法院（2009）民提字第125号民事判决书，载《最高人民法院公报》2010年第5期。

除而言,只要约定解除事由具有法律认可的效力,无论合同的种类及效力状态如何,也均可适用。对于法定解除而言,有效成立且已生效的合同无论是否已开始履行,只要未履行完毕均可适用;可撤销合同被撤销之前、效力未定合同被追认之后也可以适用;一时的合同和继续性合同均可适用,此与某些域外法规定仅一时的合同可适用合同解除有所不同。下列两种情况应予注意:

1. 法律规定不得解除的合同

基于特定的立法目的,法律规定某些合同在特定场合下不得解除或者某一方当事人不得解除。

(1)关于保险合同的特殊规定。保险合同成立后,保险人不得解除合同,保险法另有规定或者保险合同另有约定除外。(《保险法》第 15 条)货物运输保险合同和运输工具航程保险合同,保险责任开始后,合同当事人不得解除合同。(《保险法》第 50 条)其立法理由在于,如果允许当事人在保险责任开始后解除合同,容易诱发道德风险。①

(2)关于委托合同的特殊规定。委托人与律师订立委托合同,律师接受委托后,无正当理由的,不得拒绝辩护或者代理(即不得解除合同)。但委托事项违法、委托人利用律师提供的服务从事违法活动或者委托人故意隐瞒与案件有关的重要事实的除外。(《律师法》第 32 条第 2 款)委托合同的当事人双方本都享有任意解除权,但律师利用自身专业知识为委托人处理法律事务对委托人影响重大,因此法律规定律师在接受委托后原则上不得解除合同。

2. 单务合同是否适用合同解除

协议解除和约定解除均可适用于单务合同,并无疑义。但法定解除能否适用于单务合同,有立法对此持否定态度。② 我国现行法对此未作明确规定,学理上存在争议。③ 本书赞同肯定说,理由如下:其一,《民法典》第 563 条第 1 款第 2—4 项规定的违约解除事由虽然对双务合同更具意义,但在某些场合下单务合同也有适用的必要。例如借用合同的借用人明确表示将不归还借用物或违反约定将借用物出租,应允许出借人解除合同。其二,《民法典》第 563 条第 1 项规定因不可抗力致使不能实现合同目的,该事由对双务合同和单务合同均有适用意义。例如因地震导致无偿保管人不再具有保管条件,应允许保管人解除合同。其三,虽然某些单务合同规则(如《民法典》第 658 条规定的赠与人任意撤销权、第 933 条规定的委托合同任意解除权)因行使条件更便利致使当事人享有的法定解除权不具实际意义,但

---

① 参见最高人民法院保险法司法解释起草小组编著:《〈中华人民共和国保险法〉保险合同章条文理解与适用》,中国法制出版社 2010 年版,第 333 页。

② 参见《德国民法典》第 323 条、第 324 条。

③ 肯定说参见崔建远:《合同法总论(中卷)》,中国人民大学出版社 2012 年版,第 549 页;否定说参见韩世远:《合同法总论》,法律出版社 2018 年版,第 650—651 页。

该现象并非单务合同所独有,双务合同同样存在此问题。例如保险合同中投保人的任意解除权、有偿委托合同中当事人的任意解除权等。在此情形下,应允许当事人选择行使法定解除权或其他权利。

(四)合同解除与相关概念的比较

1. 合同解除与合同终止

有立法例区分合同解除与合同终止,前者适用于一时的合同,后者适用于继续性合同。[①] 一时的合同被解除的,具有溯及效力,即在当事人之间发生返还财产、恢复原状的法律后果。继续性合同终止的,不具有溯及效力而仅向将来发生效力。

我国《民法典》合同编规定的合同解除包括德国法中的解除与终止,既适用于一时的合同也适用于继续性合同,并依据履行情况和合同性质发生溯及效力或不发生溯及效力。(《民法典》第566条)而且,合同编通则第七章标题采"合同的权利义务终止",将终止作为解除的上位概念,使解除作为终止的原因之一。

2. 合同解除与合同撤销

合同解除与合同撤销均为合同权利义务的终止事由,且解除权与撤销权的性质都是形成权。两者的区别如下:(1)适用对象不同。前者的适用对象是有效成立的合同,当事人订立合同时意思表示不存在瑕疵;后者的适用对象是效力存在瑕疵的合同,当事人订立合同时意思表示因欺诈、胁迫等事由而不真实或不自愿。(2)适用条件不同。前者的适用条件包括法定解除事由、约定解除事由和当事人达成协议等三种情形;后者的适用条件只能是法律规定的。(3)适用领域不同。前者只能适用于合同关系;后者是法律行为撤销的下位概念,还可适用于婚姻等法律行为。(4)行使方式不同。行使解除权以通知对方的方式进行,而无须通过诉讼或仲裁程序,对方有异议,可请求法院或仲裁机构确认;行使撤销权应当通过诉讼或仲裁程序进行。(5)效力不同。前者依据履行情况和合同性质发生溯及效力或不发生溯及效力;后者具有溯及效力。

3. 合同解除与附解除条件合同

合同解除与附解除条件合同之条件成就均为合同权利义务的终止事由,且两者均采取"解除"概念。两者的区别如下:(1)是否要求解除行为不同。前者须有当事人的解除行为,即在发生法定或约定解除事由的情形下,还须当事人行使解除权才能导致合同解除;后者无需当事人的解除行为,解除条件成就当然导致合同关系归于消灭。(2)适用条件不同。前者的适用条件包括法定解除事由、约定解除事由和当事人达成协议等三种情形;后者的解除条件只能由当事人约定。(3)适

---

① 参见《德国民法典》第346条以下。

用领域不同。前者只能适用于合同关系；后者是附解除条件法律行为的下位概念，还可适用于遗嘱等法律行为。(4)效力不同。前者依据履行情况和合同性质发生溯及效力或不发生溯及效力；后者原则上不发生溯及效力，除非当事人另有约定。

【疑难案例：委托合同约定解除事由纠纷案①】

【案件事实】

2009年9月16日，中建二局四公司(委托人)和融汇律师事务所(受托人)签订《委托合同》，约定委托人与A公司建筑工程承包合同纠纷一案涉及法律事务及诉讼事宜适用本合同。合同第6条约定：本案采用纯风险代理模式支付律师服务费，委托人按收到案件执行款项总额度20%支付受托人律师服务费。第10条约定：受托人指派律师履行全部代理活动职能，指派律师应勤勉尽责，依法履行职务，最大限度地维护委托人的合法权益，但不保打赢官司。律师尽一切努力在一年内完成案件一审程序，受托人逾期完成一审程序，委托人有权解除委托代理合同，案件涉及相关费用由受托人自行承担。

合同签订后，融汇律师事务所如约履行，且于2009年12月10日向法院起诉，案外人A公司提出反诉，对工程质量提出异议，且要求进行鉴定。在融汇律师事务所的参与配合下，法院找到多家鉴定机构，因不具备鉴定条件而终止鉴定。2011年7月18日，中建二局四公司向融汇律师事务所发出《关于解除委托合同的函》，依据《委托合同》第10条解除委托关系。2011年7月22日法院第三次开庭，融汇律师事务所按时到庭准备参加诉讼，但因中建二局四公司另行委托律师，未能参加诉讼活动。该案件经第三次开庭后，法院于2011年8月17日作出中建二局四公司胜诉的判决，该案上诉后经法院调解，A公司于2011年12月16日给付中建二局四公司工程款1273220元。

另查明，中建二局四公司与融汇律师事务所解除委托合同后，又另行委托律师事务所，支付律师代理费152786元。《委托合同》中没有代理逾期，融汇律师事务所须赔偿中建二局四公司利息损失及另行赔偿另外的律师代理费的约定。

融汇律师事务所起诉至法院，请求判令中建二局四公司按照《委托合同》的约定标准支付律师代理费。

【本案争点】

委托合同特别约定解除事由的，委托人还能否行使法定任意解除权？

---

① 该案详细解读参见"中建二局第四建筑工程有限公司与天津融汇律师事务所委托合同纠纷案"，载最高人民法院中国应用法学研究所编：《人民法院案例选》2015年第4辑(总第94辑)，人民法院出版社2016年版，第144页以下。

【裁判要旨】

法院生效裁判认为：《委托合同》第 10 条约定的"一审程序"是否包括可能出现的反诉部分约定不明。案外人提起反诉后，融汇律师事务所进行了应诉答辩，双方未对该条约定进行变更，融汇律师事务所亦未另行收取代理费，可视为其认可一审程序包括反诉部分。根据《委托合同》约定，一审程序应于 2010 年 9 月 15 日前完成，如未完成中建二局四公司可以解除委托合同，但中建二局四公司直至 2011 年 7 月 18 日才致函融汇律师事务所解除合同，距解除权发生之日已过 10 个月之久。中建二局四公司在《委托合同》中专门要求约定一审程序的完成时间，应该是对案件的诉讼时间特别关注，但直到解除权发生之日 10 个月以后，即逾期将近一倍时间之后，中建二局四公司才行使解除权，显然已经超过了"合理期限"。

另外，解除权产生后，中建二局四公司继续接受融汇律师事务所的代理服务，应视为一种继续履行合同的默示，融汇律师事务所由此产生了对双方继续履行合同的信任并继续提供代理服务，如果在 10 个月后允许中建二局四公司行使解除权，势必扩大融汇律师事务所的损失，亦不利于保持合同的稳定性。

综上，中建二局四公司基于《委托合同》第十条的约定解除权消灭。根据《合同法》第 410 条的规定，委托人或者受托人可以随时解除委托合同。因解除委托合同给对方造成损失的，除不可归责于该当事人的事由以外，应当赔偿损失。中建二局四公司可以据此解除合同，但应当赔偿因此给融汇律师事务所造成的损失。融汇律师事务所为中建二局四公司提供了 1 年 10 个月的代理服务，并基本完成了一审的代理工作，酌情判令中建二局四公司给付融汇律师事务所代理费 254644 元的 70% 即 178250.8 元，作为中建二局四公司因行使随时解除权而对融汇律师事务所的赔偿。判决：（1）中建二局四公司给付融汇律师事务所代理费 178250.8 元；（2）驳回融汇律师事务所其他诉讼请求。

二、法定解除

（一）法定解除事由（《民法典》第 563 条）

1. 因不可抗力致使不能实现合同目的（第 1 款第 1 项）

该项规定因不可抗力而产生的合同解除权，适用要件如下：

（1）必须有不可抗力发生。不可抗力作为一种当事人意志以外的客观原因，导致合同不能履行，在此情形下如果仍将当事人束缚于合同关系中，显然违背公平原则，因此法律赋予当事人合同解除权。应注意的是，有域外立法采自动解除主义，即如果一方当事人因完全的和永久的障碍而免责，则合同于该障碍产生时起自动解除而无须通知。① 我国现行法与此不同,法律赋予当事人以合同解除权,当事人须行使解除权才能导致合同关系消灭。

(2)必须不可抗力的效果致使不能实现合同目的。不可抗力对当事人履行合同义务的影响在不同情形下存在差异。如果不可抗力的效果导致当事人完全不能履行合同义务,致使合同目的无法实现,当事人享有解除权;如果不可抗力的效果导致当事人部分不能履行合同义务,应视合同目的能否实现决定当事人是否享有解除权;如果不可抗力的效果对当事人履行合同义务无影响或影响轻微,不影响合同目的的实现,则当事人不享有解除权。兹举两例:

①以"非典"为由主张解除合同的,有判决认为,因"非典"疫情和政府有关部门因此而下发的停止野生动物经营的通知,只是对正典公司的部分经营活动造成影响,尚不足以导致其与鹏程公司之间的租赁合同"直接"或"根本"不能履行……不符合因政府及有关部门为防治"非典"疫情而采取行政措施直接导致合同不能履行,或者由于"非典"疫情的影响致使合同当事人根本不能履行而引起的纠纷的情形。②

②以"新冠疫情"为由主张解除合同的,有判决认为,虽疫情本身属于法律规定的不可抗力,但2020年2月24日9时起,广东省将新型疫情突发公共卫生事件应急响应级别由一级调整为二级,后自2020年5月9日零时起又将二级调整为三级,也即新冠疫情得到了极大的缓解。……新冠疫情和疫情防控措施对案涉租赁合同履行产生阶段性影响,但并不导致天巧公司目的完全无法实现。因此,一审法院认定天巧公司无权要求解除《5号停机坪商铺租赁合同》,合理有据。③

(3)当事人依据该项解除合同,不影响不可抗力作为免责事由(《民法典》第590条)和风险负担规则(《民法典》第604条等)的适用。该项的意义在于确认当事人可因不可抗力享有合同解除权,如果该不可抗力还涉及违约免责和标的物风险负担的问题,相关规则可并行适用。

《汶川地震适用法律意见(二)》第1条、第4—7条、第11条、第12条对地震与买卖、租赁等合同解除作出相关规定。《新冠疫情指导意见(二)》第1条、第5条、第8条对疫情与买卖、租赁、培训等合同解除作出相关规定。

2. 在履行期限届满之前,当事人一方明确表示或者以自己的行为表明不履行主要债务(第1款第2项)

该项规定因拒绝履行而产生的合同解除权,适用要件如下:

(1)必须债务人有拒绝履行行为。该项包括预期违约和实际违约两种情形,

---

① 参见 PECL 第 9:303 条第 4 款。
② 参见辽宁省高级人民法院(2013)辽审二民抗字第 14 号民事判决书。
③ 参见广东省广州市中级人民法院(2020)粤 01 民终 22504 号民事判决书。

两者均为拒绝履行的表现形式。履行期限届满之前包括:一是履行期限届至之前,在此期间内当事人一方明确表示或者以自己的行为表明不履行主要债务的,构成预期违约;二是履行期限届至后至届满前,在此期间内当事人一方明确表示或者以自己的行为表明不履行主要债务的,构成实际违约。

明确表示不履行主要债务的,为明示拒绝履行;以自己的行为表明不履行主要债务的,为默示拒绝履行。对于默示拒绝履行,应采理性人标准予以判断。如果一个理性人置身于当事人的地位,认为债务人行为已达到无意受合同条款约束的地步,其行为构成拒绝履行。例如一方向对方表示因为"受全球经济复苏不及预期等不利因素影响,氧化铝行业亏损运营"暂停收购,且对暂停期限没有说明,且一直未恢复收购。①

(2)必须未履行主要债务。应注意该项规定的拒绝履行与《民法典》第 578 条规定的拒绝履行范围有所不同:因债务人应当全面履行合同义务,故其对任何合同义务拒绝履行的,债权人均可依据第 578 条要求其承担违约责任;而债务人对主要债务拒绝履行的,债权人才能依据第 563 条第 1 款第 2 项解除合同,即债务人拒绝履行对合同关系影响重大的情形下债权人才享有合同解除权。有判决认为,被告已将作为出资的设备和房产交合资公司实际使用,只有少部分房产未办理过户手续,其履行了主要债务,因此不符合法律对预期违约的规定。② 又例如《养老机构服务合同》订立后,养老机构频繁变更提供养老服务的地点(重庆、云南、四川),违背老年人接受养老服务的初衷,接受服务者有权解除合同。③

对于是否构成主要债务的判断标准:主给付义务当然为主要债务;从给付义务和附随义务多数场合下不构成主要债务,但如果在某些场合下此类义务的履行对债权人债权的实现具有重要意义,也可构成主要债务。但不应以"实现合同目的"为标准来判断是否为主要债务,否则该项会被同款第 4 项所吸收而无独立规范意义。

(3)无须经过催告程序。债务人拒绝履行是严重的违约行为,其以明示或默示的意思表示表明将不履行合同主要债务,因此法律未要求债权人对其再进行催告,而赋予债权人直接解除合同的权利。

3. 当事人一方迟延履行主要债务,经催告后在合理期限内仍未履行(第 1 款第 3 项)

该项规定因迟延履行而产生的合同解除权,适用要件如下:

---

① 参见最高人民法院(2019)最高法民终 511 号民事判决书。
② 参见最高人民法院(2002)民四终字第 3 号民事判决书,载《最高人民法院公报》2003 年第 4 期。
③ 参见"向某某诉某公司服务合同纠纷案",2024 年最高人民法院公布涉养老服务民事纠纷典型案例之五。

（1）必须债务人有迟延履行行为。迟延履行,是债务人违反履行期限的违约行为,即债务人于履行期限届满时仍未履行但也未以明示或默示的方式表示不履行债务。迟延履行是一种常见的违约行为,例如迟延交货、拖欠货款等。债务人迟延履行可以适用该项自无疑义,但债权人迟延受领的,债务人能否依据该项解除合同则不无疑问。因该项规定迟延履行的对象是主要债务,而债权人的受领义务通常被认为是一种不真正义务,因此应解释为该项不适用于受领迟延为宜。

（2）必须迟延履行主要债务。主要债务的判断标准,与前述第 2 项之判断标准相同。如果债务人就全部债务均构成迟延履行,则无需对主要债务作出认定,当然可以适用该项解除合同;如果债务人仅就部分债务构成迟延履行,则应视该部分债务是否构成主要债务以决定债权人能否依据该项享有合同解除权。

（3）该项适用于履行期限对实现合同目的无重大影响的情形。例如普通买卖、委托、居间等合同关系中,债务人虽有迟延履行行为,但并不妨碍合同目的的实现。如果履行期限对合同关系具有重要意义,即债务人迟延履行致使不能实现合同目的,则应当适用同款第 4 项解除合同。

（4）必须经过催告程序。当事人依据该项解除合同的,催告程序是必经程序,而不允许未经催告直接解除合同,此与同款第 4 项差异明显。所谓催告,是指在履行期限届满后债权人催促告知债务人履行债务,并给债务人设置一个合理宽限期。有权催告的当事人仅限于守约方,违约方即使对守约方享有债权也不享有基于催告而产生的合同解除权。[1]

如果合同履行期限不明且依照《民法典》第 510 条仍不能确定的,则须经过 2 次催告:第一次是债权人依据第 511 条第 4 项进行催告以确定履行期限;第二次是前者履行期限届满后债务人构成迟延履行的,债权人依据第 563 条第 1 款第 3 项进行催告以解除合同。[2]

（5）必须催告后债务人在合理期限内仍未履行。该合理期限主要包括三种情形:一是债权人依其意思单方设置的合理宽限期。二是在债权人未设置宽限期的情形下,由法院认定的合理宽限期。当事人双方对宽限期是否合理存在争议的,法院应结合标的数额、债务性质、影响履行行为的其他因素等加以认定。违约方提出宽限期且被守约方接受的,亦可构成合理宽限期。[3] 三是单行法对合理宽限期有特殊规定的,依其规定。例如《商品房买卖合同解释》第 11 条规定为 3 个月、《技术合同解释》第 15 条规定为 30 日。

---

① 参见最高人民法院(2003)民一终字第 47 号民事判决书,载《最高人民法院公报》2005 年第 3 期。
② 亦有学者认为,第 3 项仅适用于非定期债务,定期债务适用第 4 项。参见朱广新:《合同法总则研究(下册)》,中国人民大学出版社 2018 年版,第 615—617 页。
③ 参见最高人民法院(2016)最高法民申 3243 号民事裁定书。

4. 当事人一方迟延履行债务或者有其他违约行为致使不能实现合同目的(第1款第4项)

该项规定因根本违约而产生的合同解除权①,适用要件如下:

(1)必须债务人有违约行为。该项虽然包含"迟延履行"字样,但并非专门适用于迟延履行,因其还有"其他违约行为"之表述,原则上该项可适用于任何形态的违约行为。如果因不可抗力导致债务人不能履行的,应适用同款第1项解除合同;如果债务人拒绝履行的,应适用同款第2项解除合同。

(2)必须致使不能实现合同目的。该项系借鉴 CISG 之根本违约规则,但与其亦存在一定程度差异。域外立法通例的态度是并非任何违约行为均产生合同解除权,而仅针对达到严重程度的违约行为即根本违约才允许当事人解除合同,而对非根本违约行为则适用违约责任等规则予以救济。我国现行法亦遵循这一意见,故该项"不能实现合同目的"之表述应解释为违约行为须达到根本违约的程度。

①迟延履行构成根本违约的主要情形如下:

第一,双方在合同中约定履行期限届满后,债权人有权不接受履行的。如果双方有此约定,表明依据当事人的意思履行期限具有重要意义,故迟延履行构成根本违约。双方既可以约定一经迟延即可解除合同,也可以约定迟延达到某一期限即可解除合同。有判决认为,合同约定受让人延期付款超过 6 个月的,出让人有权解除合同,未约定出让人在解除合同前要进行催告,故出让人可无须催告直接解除合同。②

第二,基于合同标的性质,履行期限与实现合同目的具有直接关联。例如标的物是月饼、粽子、季节性服装③、热播综艺的衍生商品④等特定商品,迟延交付构成根本违约。

第三,迟延履行后,债权人能够证明继续履行无任何利益。例如债务人迟延交付的货物虽非特定商品,但债权人在迟延履行后已从他处购买了该批货物。如果履行期限与实现合同目的不具有直接关联,迟延造成的后果也不严重,迟延履行并未导致合同目的落空,则该迟延履行不构成根本违约,不应适用该项解除合同,而应适用同条第3项适用催告程序解除合同。

②其他违约行为(瑕疵给付、部分履行等)构成根本违约的标准如下:

债务人瑕疵给付的,如果瑕疵严重致使不能实现合同目的,可解除合同;如果瑕疵不严重且不影响合同目的的实现,不能解除合同,而应适用减价、修理等方式予

---

① 少数说认为该项规定的是"债务人的过错造成不能实现合同目的",参见崔建远:《合同法总论(中卷)》,中国人民大学出版社 2012 年版,第 614 页。

② 参见最高人民法院(2007)民一终字第 84 号民事判决书,载《最高人民法院公报》2008 年第 5 期。

③ 参见最高人民法院(2016)最高法民申 2169 号民事裁定书。

④ 参见上海市松江区人民法院(2022)沪 0117 民初 6456 号民事判决书。

以救济。债务人部分履行的,应结合违约部分金额与整个合同金额的比例、违约部分与合同目标实现的关系等因素,判断该部分履行行为是否致使不能实现合同目的以决定能否解除合同。

虽然金额比例是判断是否构成根本违约的重要因素,但并非唯一因素,还应对合同类型、履行状况等因素予以考量。有判决认为,在股权买卖合同中,法律关系的稳定(股权已经让与逾两年)、对第三人利益的影响(如其他股东)、债权人寻求其他救济的可能性(如债务人尚有资力,可通过继续履行满足债权人的期待利益)都是需考量的因素。因此,即便未履行的价金比例达40%,仍可认为违约未达到不能实现合同目的的程度。[1]

(3)无须经过催告程序。当事人一方的违约行为构成根本违约的,对方当事人可无需经过催告直接解除合同。

【学说争议:"合同目的"如何理解?】

何为"合同目的",现行法未作解释,学界对此存在争议。第一种观点认为,合同目的是指"订立合同所期望的经济利益"。[2] 第二种观点认为,合同目的是指当事人订立合同时所追求的目标和基本利益。[3] 第三种观点认为,合同目的包括经济利益、精神权利和精神享受的实现,即双方当事人通过合同的订立和履行,期望最终得到的东西、结果或者达到的状态。[4] 第四种观点认为,合同目的是指"合同所欲实现的交易目标",对其应采主客观相结合的标准予以解释。[5]

本书认为,合同目的应从以下几方面理解:

首先,合同目的是当事人基于合同权利所欲实现的基本利益、核心利益,其主要通过主给付义务实现(客观目的)。例如买卖的合同目的是取得标的物所有权和价金。虽然合同目的大多与经济利益有关,但亦有合同目的不涉及经济利益者(如无偿委托合同)。须结合合同类型和主给付义务性质对合同目的加以判断。

其次,在现行法语境下,就违约解除而言,合同目的是根本违约的反面表达。现行法未采域外立法之根本违约概念,而是以"不能实现合同目的"作为违约解除的标准,即违约行为须严重危害当事人的履行利益才能产生法定解除权。在违约解除的场合下,"不能实现合同目的"即为根本违约的变相表达。

再次,在现行法语境下,"不能实现合同目的"是根本违约的上位概念。与某些域外立法以根本违约为法定解除的标准不同,现行法除规定根本违约产生法定

---

① 参见最高人民法院(2017)最高法民终919号民事判决书。
② 参见崔建远:《合同法总论(中卷)》,中国人民大学出版社2012年版,第614页。
③ 参见王利明:《合同法研究(第二卷)》,中国人民大学出版社2015年版,第343页。
④ 参见马忠法:《"合同目的"的案例解析》,载《法商研究》2006年第3期。
⑤ 参见陆青:《合同解除论》,法律出版社2022年版,第123页。

解除权以外,还规定因不可抗力致使不能实现合同目的亦可产生法定解除权。这表明在违约解除以外的场合下,如果因不可抗力造成与根本违约相同严重后果的,当事人亦可解除合同。因此,现行法语境下的"不能实现合同目的"非仅指根本违约而言,其也是判断不可抗力能否产生法定解除权的标准。

最后,合同目的原则上不包括合同动机(主观目的)。合同动机,是指促使当事人订立合同的内心起因。因动机通常不是合同内容,故当事人原则上不得以动机未能实现为由主张解除合同。例如甲为准备女友生日礼物而购买金项链,但因卖方迟延履行而使甲错过生日派对,甲不得以此为由直接解除合同。有判决认为,卖方在履行合同过程中虽然迟延履行,但买方提出购买目的是作为"夫妻相识十周年纪念礼物",在签约时未告知卖方,因而该合同目的无法约束卖方……故卖方的迟延履行不构成根本违约。① 但如果当事人将动机记载于合同条款,则因动机已成为合同内容使之构成合同目的的一部分。例如买方以小孩入学为目的购买"学区房",合同亦约定"6月前买房,9月可入学",其后小孩无法入读该学校构成卖方根本违约。②

认定构成根本违约的司法意见:

①交付房屋的内部布局方向与合同所附平面图不符的,有判决认为,当事人将特定的主观目的作为合同条件或成交基础,构成特定的主观目的客观化,故当事人对于房屋内部左右布局明确约定并作为特定的合同目的,属有效约定。实际交付房屋的内部左右布局与平面图相反,构成根本违约。③

②出租人提供的租赁房屋有害气体超标的,有判决认为,出租人提供有害气体超标的租赁房屋,侵害了承租人以安全健康为内容的人格权,致承租人的租赁目的无法实现,故相关房屋不应用于出租,已出租房屋亦无权收取租金,承租人有权要求解除合同并退还全部款项。④

③合伙合同当事人履约过程中故意违约,恶意排除对方合同权利的,有判决认为,被告未征得原告同意,在本案合伙纠纷未经裁决前,擅自将批发市场的经营管理权移交给第三人,并由第三人重新与租户签订租赁合同,其行为严重违反合同约

---

① 参见"霍某诉某汽车销售公司买卖合同纠纷案",载吴庆宝主编:《最高人民法院专家法官阐释民商裁判疑难问题(合同裁判精要卷)》,中国法制出版社2011年版,第10页。

② 参见浙江省金华市中级人民法院(2020)浙07民终1953号民事判决书。

③ 参见江苏省南通市中级人民法院(2015)通中民终字第03134号民事判决书,载《最高人民法院公报》2017年第9期。

④ 参见"江卫民诉南京宏阳房产经纪有限公司房屋租赁合同纠纷案",载《最高人民法院公报》2022年第11期。

定,是导致合同不能履行的根本原因,构成根本违约行为。①

④以物抵债协议的债务人不办理产权证的,有判决认为,《以物抵债协议书》约定债务人在签约之日起 18 个月内办理有关产权过户手续,但债务人在签约后 4 年里虽经多次催告仍未将房屋过户,导致债权人的合同目的未能实现,债权人有权解除合同。②

⑤一方当事人持续违约的,有判决认为,当事人双方签订以取得项目转让款为目的的合同,因受让方违约行为持续多年,致使涉案项目长期无法完成,转让方通过该项目转让合同所享有的利益无法实现,故转让方有权解除合同。③

⑥产品质量不符合国家规定与合同约定标准的,有判决认为,卖方已交付的 35400 台产品上市后就出现了严重的批量性质量问题,且经过多次整改维修后送样检测仍不合格,致使买方在销售中多次被退货,从而订立合同预期的经济目的无法实现的情况下,买方有权解除合同。④

⑦药酒买卖合同的卖方不能提供毒理学安全性评价报告的,有判决认为,双方当初合作的目的是共同开发某保健药酒,酒厂(卖方)对于其生产的原料酒具有保健功能亦作了大量宣传,因此买方购买原料酒就是为了取得保健食品批准证书并将该酒推向市场销售的目的具有事实基础。根据《保健食品管理办法》规定,申请保健食品批准证书,必须提交毒理学安全性评价报告,而酒厂生产的原料酒无法通过毒理学安全性评价试验是客观存在的事实,因此买方有权解除合同。⑤

⑧买方未支付大部分价款且有其他违约行为的,有判决认为,买方的主要义务是向卖方分期及时付清 1482 万元的总价款,但买方迄至本案诉讼发生时仅支付 478 万元,且买方存在其他违约行为,如未按约定办理抵押手续等,致使卖方订立合同的目的不能实现,买方的上述违约行为已构成根本违约。⑥

⑨供电合同的供电人针对用电人短期拖欠电费行为停止供电的,有判决认为,供电局利用强势地位随意对用电人拖欠不到 1 个月电费的违约行为直接采取了最严厉的停止供电措施,故供电局停止供电行为对用电人构成根本违约。⑦

⑩专利许可使用协议的被许可人拒绝受领的,有判决认为,经许可人多次通知,被许可人仍拒绝受领涉案专利产品,且未按约定向许可人支付专利许可使用

① 参见最高人民法院(2006)民一提字第 9 号民事判决书,载《人民司法·案例》2008 年第 22 期。
② 参见最高人民法院(2004)民二终字第 168 号民事判决书。
③ 参见最高人民法院(2006)民一监字第 162-1 号民事裁定书。
④ 参见最高人民法院(2006)民二终字第 61 号民事判决书。
⑤ 参见最高人民法院(2006)民二抗字第 28 号民事判决书。
⑥ 参见最高人民法院(2007)民一监字第 399-1 号民事裁定书。
⑦ 参见最高人民法院(2009)民二终字第 77 号民事判决书。

费,合同目的已经无法实现,许可人主张解除合同于法有据。①

⑪游戏玩家长时间连续游戏行为不符合人类生理规律(疑似使用外挂)的,有判决认为,何某曾多次长时间连续游戏行为,严重不符合人类生理规律,该游戏行为不可能由普通人类正常操作完成,游戏公司依据《游戏服务及许可协议》对涉案游戏账号作出永久封禁措施,并无不当。②

认定不构成根本违约的司法意见:

①股权转让分期付款合同中受让人未依约支付转让款的,最高人民法院指导案例认为,股权转让分期付款合同与一般以消费为目的分期付款买卖合同有较大区别,故不宜简单适用《合同法》第167条(《民法典》第634条)关于分期付款买卖中出卖人在买受人未支付到期价款的金额达到合同全部价款的五分之一时即可解除合同的规定。③

②部分履行所占比例较小的,有判决认为,卖方少交及质量不符约定的货物价值约占合同总金额的8%,并未因此剥夺买方再次转售从而获取利润的机会,不影响合同目的的实现……其违约行为仅构成一般违约,不构成根本违约。④

③合同履行殆尽且涉及第三人利益保护的,有判决认为,受让人虽逾期支付土地转让款构成违约,但其支付款项已达合同总额的98.1%,已履行了绝大部分合同义务。且受让人已将其兴建的别墅区出售给诸多第三人,解除合同将会损害第三人的合法权益。故对出让人解除合同的主张,不予支持。⑤

④当事人就出现质量问题的产品依约定更换后达到合格标准的,有判决认为,合同虽约定产品有质量问题可以解除合同,但卖方按合同约定对出现质量问题的产品已修复和更换,该行为符合双方关于对出现质量问题进行修复和更换的约定。买方主张合同目的不能实现,要求解除合同的诉讼请求不予支持。⑥

⑤对于应否将产品商业化认定为技术合同的合同目的,有判决认为,产品商业化的达成,需要满足诸如精准分析市场需求、巧妙设定营销策略、严格控制产销成本、切实保障资金流转等与技术无关的其他条件。在无明确约定的情况下,不应将产品商业化认定为技术合同的合同目的。⑦

---

① 参见最高人民法院(2021)最高法知民终2420号民事判决书。
② 参见北京市第四中级人民法院(2022)京04民终328号民事判决书。
③ 参见"汤长龙诉周士海股权转让纠纷案",最高人民法院指导案例67号。
④ 参见最高人民法院(2006)民二终字第111号民事判决书,载《最高人民法院公报》2006年第11期。
⑤ 参见"北京京顺房地产有限责任公司与北京银座合智房地产开发有限公司建设用地使用权转让合同纠纷案",载最高人民法院民事审判第一庭编:《民事审判指导与参考》2011年第2辑(总第46辑),人民法院出版社2011年版,第140页以下。对此亦有相反裁判意见,在对方已支付总价款95%的情形下仍然支持当事人解除合同的诉讼请求。参见最高人民法院(2013)民申字第764号民事裁定书。
⑥ 参见最高人民法院(2009)民二终字第13号民事判决书。
⑦ 参见最高人民法院(2016)最高法民再251号民事判决书。

⑥当事人购买房屋的主观意图与房屋客观用途不符的,有判决认为,当事人购买的房屋系营业用房,其在房屋交付后可以自行经营或将房屋出租,故可认定合同目的已经实现。如果当事人购买房屋的主要目的不是用于自营或租赁,而是用于其他特殊情况,应于签订合同时告知相对方,否则只能从标的物性质和通常用途来认定合同目的。①

5. 法律规定的其他情形(第 1 款第 5 项)

该项兜底规定主要包括以下情形:

(1)因不安抗辩权产生的合同解除权;(《民法典》第 528 条)

(2)法律规定的任意解除权;(《民法典》第 787 条、第 933 条,《保险法》第 15 条等)

(3)《民法典》合同编规定的适用于有名合同的解除权;(《民法典》第 634 条、第 673 条、第 716 条等)

(4)其他单行法规定的合同解除权。(《消费者权益保护法》第 54 条等)

此外,现行法还针对某些情形规定了当事人有权请求法院或者仲裁机构解除合同,例如情势变更(《民法典》第 533 条)。该权利不是形成权意义的解除权,而是司法解除申请权。

(二)法定解除权

1. 解除权人

依《民法典》第 563 条之表述,解除权人是"当事人",但实则在不同场合下享有解除权的当事人范围并不相同。

(1)因不可抗力解除合同的,双方当事人均享有解除权。不可抗力为不可归责于任何一方的客观原因,故双方当事人均有权解除合同。

(2)因当事人一方的违约行为解除合同的,原则上守约方享有解除权。法定解除主要作为一种违约救济方式,由守约方享有解除权为当然之理。如果赋予违约方享有解除权,则无异于承认违约方一方面实施违约行为而另一方面可通过解除合同从合同关系中解脱出来,显然有悖于违约救济的基本理念。

(3)因法律规定的其他情形解除合同的,由法律规定的解除权人享有解除权。例如行使不安抗辩权的当事人(《民法典》第 528 条)、借款合同中的贷款人(《民法典》第 673 条)、保险合同中的投保人(《保险法》第 15 条)等。

当事人可否事先约定排除法定解除权? 应采否定解释,因为法定解除权是守约方享有的基本救济措施,且允许该约定会降低对根本违约行为的威慑。有判决

---

① 参见江苏省高级人民法院(2016)苏民申 1057 号民事裁定书。

认为,合同约定"卖方未能在约定期限履行的,应当承担违约责任,合同继续履行",该约定不发生排除买方法定解除权的效力。[1]

【学说争议:违约方能否例外地享有解除权】

违约方不享有一般意义的合同解除权,对此不存疑义。但对于应否在例外场合下承认违约方解除权,学界存在争议。

第一种观点肯定说认为,应承认违约方申请解除合同制度,该制度是为了打破合同僵局,由法院经过综合判断后决定违约方是否可以解除合同。通过明确违约方申请解除合同权的严格要件,可以避免道德风险和投机主义行为,从而控制社会成本,减少无意义的资源浪费。[2]

第二种观点否定说认为,对合同僵局现象,通过其他现有规则可以直接或间接解决,并无创设违约方解除权的必要。[3] 有学者认为,对于合同僵局现象的解决路径,我国独创"违约方解除权"规则不可行,其无法破解合同僵局,应借鉴德国法规定当事人可基于重大事由解除继续性合同(重大事由解除说)。[4] 还有学者认为,破解合同僵局的关键在于违约赔偿责任的承担,而不在于合同的解除,如果债务人能够以赔偿损失终止债务关系,合同僵局就不会产生(赔偿破解僵局说)。[5]

实务中,在租赁合同等继续性合同场合下,有时会发生违约方履行负担过重而希望解除合同,但守约方要求继续履行合同的情形,被称为"合同僵局"。典型案例"新宇公司诉冯玉梅商铺买卖合同纠纷案"中,法院认为,违约方请求解除合同,守约方要求继续履行合同,当违约方继续履约所需的财力、物力超过合同双方基于合同履行所能获得的利益……可以允许违约方解除合同,但必须由违约方向对方承担赔偿责任,以保证对方当事人的现实既得利益不因合同解除而减少。[6]《九民纪要》第48条规定,一定条件下违约方可以起诉请求解除合同,以避免"合同僵局对双方都不利"。《民法典》未采纳该条,而于第580条第2款规定:"有前款规定的除外情形之一,致使不能实现合同目的的,人民法院或者仲裁机构可以根据当事人的请求终止合同权利义务关系,但是不影响违约责任的承担。"该款承认了某些情形下违约方请求法院或者仲裁机构解除(终止)合同的权利。

---

[1] 参见最高人民法院(2016)最高法民申3131号民事裁定书。

[2] 参见石佳友、高郦梅:《违约方申请解除合同权:争议与回应》,载《比较法研究》2019年第6期。

[3] 参见蔡睿:《吸收还是摒弃:违约方合同解除权之反思——基于相关裁判案例的实证研究》,载《现代法学》2019年第3期。

[4] 参见韩世远:《继续性合同的解除——违约方解除抑或重大事由解除》,载《中外法学》2020年第1期。

[5] 参见李承亮:《以赔偿损失代替履行的条件和后果》,载《法学》2021年第10期。

[6] 参见"新宇公司诉冯玉梅商铺买卖合同纠纷案",载《最高人民法院公报》2006年第6期。该案详细解读参见周江洪等主编:《民法判例百选》,法律出版社2020年版,第341页以下(谢鸿飞执笔)。

2. 解除权的行使方式

(1)以诉讼外方式行使解除权。(《民法典》第 565 条第 1 款)

①应当以通知的方式行使解除权,合同自通知到达对方时解除;通知载明债务人在一定期限内不履行债务则合同自动解除,债务人在该期限内未履行债务的,合同自通知载明的期限届满时解除。因解除权为形成权,当事人行使解除权无需对方同意,而仅依其单方意思表示即可产生解除合同的效果。该款对通知方式未作限定,原则上口头或书面通知均无不可。"通知到达对方时"解释为"通知生效时"为妥。

实务中,解除权人为了给对方一个纠正违约行为的机会,可能会在通知中载明"最后期限""最终期限"等,并表示如果对方在该期限内不履行债务则合同自动解除。该情形下,合同解除的时点是"该期限届满时"(债务人仍未履行),而非"通知到达时"。

享有解除权的一方有数人的,须全体解除权人形成一致意思解除合同,学理上称为"解除权的不可分性"。例如全体共有人出卖共有物而对方违约,须全体共有人达成一致才能解除合同。其理由在于避免法律关系的复杂化,并保护当事人的意思自由。有判决认为,专利权人与其他非专利权人共同作为专利实施许可合同的一方,特别是合同对其他非专利权人也约定了权利义务的情况下,专利权人行使专利权应当受到合同的约束。不经过其他非专利权人的同意,专利权人无权独自解除所签订的专利实施许可合同。①

对于通知内容的明确程度,须包含通过解除规则使合同关系消灭的意思,但并非必须使用"解除""解除权"字样。有判决认为,解除权人通过一定的形式(电话、复函)向对方当事人表达了解除合同的意思表示且该意思表示为对方所知悉,即可发生解除合同的效力,并非采取书面通知的方式,更不需要被通知人的同意。② 当事人与第三人签订含有解除意思的协议,并送达给相对人的,相关解除文件送达到相对方之时发生解除合同的效力。③ 最高人民法院指导案例认为,解除合同的意思表示应向合同相对方发出,一方在微博平台上向不特定对象发布的所谓"官宣"或直接至其他平台直播的行为,均不能认定为向相对方发出明确的合同解除的意思表示。④

②对方对解除合同有异议的,任何一方当事人均可以请求人民法院或者仲裁机构确认解除行为的效力。对方收到解除通知后,对解除合同有异议的,可以请求

---

① 参见最高人民法院(2006)民三提字第 2 号民事判决书,载《最高人民法院公报》2007 年第 1 期。

② 参见最高人民法院(2006)民二终字第 200 号民事判决书。

③ 参见最高人民法院(2010)民一终字第 45 号民事判决书,载《最高人民法院公报》2011 年第 5 期。

④ 参见"上海熊猫互娱文化有限公司诉李岑、昆山播爱游信息技术有限公司合同纠纷案",最高人民法院指导案例 189 号。

法院或者仲裁机构确认合同解除的效力,由法院或者仲裁机构审查异议是否成立并作出相应的裁决。该异议应在约定的异议期限或者其他合理期限内提出。对方提出异议但并未就此提起诉讼或者申请仲裁的,行使解除权的一方也可以请求法院或者仲裁机构确认合同解除的效力,以避免法律关系长期悬而未决。

对方提出异议是权利而非义务,尤其对于不当解除的对方而言,不能以其未提出异议为由来反证解除行为的正当性。《民法典合同编通则解释》第 53 条规定:"当事人一方以通知方式解除合同,并以对方未在约定的异议期限或者其他合理期限内提出异议为由主张合同已经解除的,人民法院应当对其是否享有法律规定或者合同约定的解除权进行审查。经审查,享有解除权的,合同自通知到对方时解除;不享有解除权的,不发生合同解除的效力。"例如房地产公司与孙某签订《合作开发协议》,其后双方因合同履行发生纠纷,房地产公司向孙某发出《解除合同告知函》,孙某未作出答复。一审、二审法院未对房地产公司是否享有解除权进行实体审理,即以孙某"未在法律规定期限内请求人民法院或者仲裁机构确认解除合同的效力"为由认定《合作开发协议》已经解除。但再审法院(最高人民法院)推翻了一审、二审法院的意见,在对房地产公司不享有解除权作出实体认定的基础上,判决其通知不发生合同解除的效力。①

③法律、行政法规规定解除合同应当办理批准等手续的,依照其规定。(《民法典》第 502 条第 3 款)

(2)以诉讼或者仲裁方式行使解除权。(《民法典》第 565 条第 2 款)

①当事人直接以提起诉讼或者申请仲裁的方式主张解除合同,人民法院或者仲裁机构确认该主张的,合同自起诉状副本或者仲裁申请书副本送达对方时解除。此为《民法典》新增规定,但在《民法典》颁布以前,实务中已有判决作此认定。② 该情形下,对方当事人对解除合同有异议的,应在诉讼或仲裁程序中以答辩的方式提出,由法院或仲裁机构对此进行实体审理。法院或仲裁机构确认解除有效的,合同解除的时点是"起诉状副本或者仲裁申请书副本送达对方时",而非"裁决生效时",因为该裁决是对合同解除的确认而不是基于形成之诉作出的裁决。

当事人一方直接以提起诉讼的方式主张解除合同但其后撤诉的,即使起诉状副本已送达对方,也不发生合同解除的效果。如果当事人撤诉后再次起诉主张解除合同,人民法院经审理支持该主张的,合同自再次起诉的起诉状副本送达对方时解除。但是,当事人一方撤诉后又通知对方解除合同且该通知已经到达对方的除

---

① 参见"孙某与某房地产公司合资、合作开发房地产合同纠纷案",2023 年"最高人民法院发布《关于适用〈中华人民共和国民法典〉合同编通则若干问题的解释》相关典型案例"之七。

② 参见贵州省铜仁地区中级人民法院(2007)铜中民终字 42 号民事判决书,载《人民司法·案例》2009年第 6 期。

外。(《民法典合同编通则解释》第 54 条)

②法律、行政法规规定解除合同应当办理批准等手续的,依照其规定。(《民法典》第 502 条第 2 款)

3. 解除权的消灭

依据《民法典》第 564 条规定,当事人未在一定期限内行使解除权的,解除权消灭。分为以下三种情况:

(1)有法定或约定除斥期间,当事人未在该除斥期间内行使解除权的,解除权消灭。(第 1 款)法律规定的解除权行使期限为法定除斥期间,例如投保人违反告知义务,保险人自知道有解除事由之日起 30 日内有权解除合同(《保险法》第 16 条第 3 款)。当事人约定的解除权行使期限为约定除斥期间。

(2)没有法定或约定除斥期间,解除权人经对方催告后在合理期限内不行使的,解除权消灭。(第 2 款后段)此处的催告,是指解除权人的对方催促告知解除权人作出是否行使解除权意思表示的行为。合理期限可以由对方依催告确定,如果当事人双方对该期限是否合理存在争议,由法院或仲裁机构予以审查认定。对方仅催告但未确定合理期限的,由法院或仲裁机构结合合同的具体情形确定该合理期限。

(3)没有法定或约定除斥期间,对方未对解除权人进行催告的,自解除权人知道或者应当知道解除事由之日起 1 年内不行使,解除权消灭。(第 2 款前段)此为《民法典》新增规定,系借鉴原《商品房买卖合同解释》第 15 条第 2 款的结果。如果对方一直未催告,不能以此解释为解除权永久存在,否则因隐而未发的解除权存在导致法律关系处于不稳定的危险之中。

解除权人以明示或默示方式放弃解除权的,亦导致解除权消灭,即使弃权行为生效时除斥期间尚未届满。有判决认为,被告未按约定期间履行付款义务,原告本享有合同解除权,但原告其后即与第三人共同成为目标公司的股东,并多次召开股东会商讨公司经营事宜,却从未与被告及第三人交涉支付转让金事宜达 5 年之久,令被告及第三人产生了合理信赖,认为原告已不行使解除权。现原告主张解除合同并返还股权,有违诚实信用原则,予以驳回。[①]

对于合同债权诉讼时效与解除权行使期间的关系,有判决认为,合同债权诉讼时效已届满的,无论当事人是否已进行催告,均应认定已过合同解除权行使期间,权利人无权再主张解除合同。[②]

[①] 参见山东省青岛市中级人民法院(2010)青民二商终字第 562 号民事判决书,载《人民司法·案例》2011 年第 12 期。

[②] 参见重庆市高级人民法院(2020)渝民申 2436 号民事裁定书,载《人民司法·案例》2021 年第 8 期。

三、约定解除

(一)约定解除事由

约定解除事由由当事人双方约定,反映了依据双方意思表示在哪些情形下当事人可脱离合同关系。约定解除事由具有以下特征:

1. 当事人可将具体违约行为或其他事由约定为解除事由

(1)当事人将具体违约行为约定为解除事由的,约定解除具有违约救济的性质。例如约定卖方迟延交货 3 天或买方迟延付款 3 天以上的,对方有权解除合同。

当事人不得将"显著轻微的"违约行为约定为解除事由(《九民纪要》第 47 条),因为此类解除事由与现行合同解除制度目的相悖。[1] 惟应注意,对于"显著轻微的"违约行为应当作从严认定,避免对意思自治原则造成过大冲击。应当结合约定事由针对义务的严格程度、当事人的过错程度、违约行为造成的损害、对损害进行救济的可替代性以及解除合同对社会财富可能造成的浪费等因素予以判断。[2] 如果当事人仅约定"任何一方违约,对方有权解除合同",而并未明确违约行为的具体形态及内容,通常被认定为"解除事由约定不明",故不具法律效力。[3]

(2)当事人也可以将非违约事由约定为解除事由。该情形下,约定解除与违约救济无关,而是当事人基于合同自由原则进行的某种利益安排。例如约定如果交货前标的物市价上涨 10%的,买方有权解除合同。

2. 约定解除事由不得违反法律、行政法规强制性规定和公序良俗

虽然当事人可依据合同自由原则对解除事由进行任意约定,但亦受到一定限制,即该事由不得违反法律、行政法规强制性规定和公序良俗,否则该解除事由无效。例如约定如果对方就合同纠纷起诉的,本方有权解除合同,该解除事由因剥夺对方诉权而属无效。在此情形下,仅包含约定解除事由的合同条款无效,即部分无效而合同其他部分仍然有效。(《民法典》第 156 条)

3. 约定解除事由原则上优先于法定解除事由适用

因约定解除事由反映了当事人双方对适用合同解除的意思,故基于合同自由原则,在约定解除事由与法定解除事由并无抵触的前提下原则上应当优先适用约定解除事由。

---

① 参见陆青:《合同解除论》,法律出版社 2022 年版,第 111—112 页。

② 参见最高人民法院民事审判第二庭、研究室编著:《最高人民法院民法典合同编通则司法解释理解与适用》,人民法院出版社 2023 年版,第 590 页。

③ 参见最高人民法院(2018)最高法民终 863 号民事判决书。

当事人约定了解除事由,还能否同时适用《民法典》第563条之法定解除事由? 应区分为以下几种情形:

(1)两种解除事由适用范围不重合的,两者均可适用。① 法定解除事由主要规定的是根本违约行为,如果当事人将某些非根本违约行为约定为解除事由,实则降低了解除的门槛且亦不违反法定解除事由的规定,因此两种解除事由均可适用。例如当事人约定轻微的部分履行(非根本违约)可产生解除权,在此情形下,如果当事人实施严重的部分履行(根本违约),对方仍可行使法定解除权。

(2)约定解除事由是对法定解除事由具体化的,应适用约定解除事由。例如当事人约定卖方迟延交货经催告后10日内仍不履行的,买方有权解除合同。该约定解除事由中的"10日"实际上是对《民法典》第563条第1款第3项"合理期限"的具体化。在此情形下,当事人就法定解除事由中的某些内容通过约定使之更为清晰明确,且亦不违背法定解除事由的基本精神,因此应适用约定解除事由。由于法定解除事由的内容已被当事人约定所限定,故当事人不能在适用约定解除事由的同时再行主张适用相应的法定解除事由,但未被约定解除条件限定的其他法定解除事由仍可适用。

(3)约定解除事由排除法定解除事由适用范围的,约定解除事由无效,应适用法定解除事由。例如当事人约定根本违约不得解除合同,仅非根本违约才能解除合同,该约定因违反法定解除救济根本违约的基本精神而无效。在此情形下,因约定解除事由无效而只能适用法定解除事由。该情形与情形(1)的区别在于,后者虽也约定非根本违约可产生解除权,但其并未排除根本违约之解除事由,其扩大了解除事由范围而并未与法定解除事由相抵触。

(二)约定解除权

1. 解除权人

《民法典》第562条第2款对约定解除的解除权人未作规定,原则上由当事人约定。当事人将非违约事由约定为解除事由的,约定解除权由一方或双方享有均无不可。当事人将具体违约行为约定为解除事由的,通常约定由守约方享有解除权,此情形自无疑义。但如果约定违约方也享有解除权或仅违约方享有解除权,该约定是否有效,则不无疑问。基于此情形下的约定解除具有违约救济之属性,应解释为原则上仅守约方享有解除权。

2. 解除权的行使方式

约定解除权的行使方式与法定解除权的行使方式基本相同。(《民法典》第

---

① 参见最高人民法院(2019)最高法民再229号民事判决书。

565 条)

3. 解除权的消灭

《民法典》第 564 条亦适用于约定解除权。解除权人可以明示或默示方式放弃解除权,例如约定解除事由成就后,解除权人要求相对方继续履行合同[1];解除权人未将已收取房款退还对方,而是开具了相应数额的购房款收据[2]等。

四、协议解除

(一)协议解除的要件

1. 当事人双方订立解除协议,且该协议有效成立

(1)当事人订立独立的解除协议。该情形下,解除协议本身为一个独立的合同,当事人双方应当遵循合同订立的程序并具备合同有效要件。解除协议可以附条件或期限。解除协议生效时原合同被解除。如果解除协议因存在欺诈、胁迫、违反强制性规定等事由而被确认无效或被撤销,则不能发生原合同解除的效果。当事人双方恶意解除合同,损害第三人利益的,解除协议无效。[3]

(2)当事人虽未订立独立的解除协议,但就解除合同达成合意的,亦可具备本要件。《民法典合同编通则解释》第 52 条第 2 款规定,除当事人一方另有意思表示外,下列情形可认定合同解除:

①当事人一方主张行使法定或约定解除权,而不符合解除权行使条件但是对方同意解除。该情形下,虽然主张行使解除权的一方实际上不符合行使条件,但该主张表明其具有解除合同的意思(要约),对方同意解除可视为承诺,故可认定为双方就解除合同达成合意。

②双方当事人均不符合解除权行使的条件但是均主张解除合同。该情形下,一方主张行使解除权的通知先生效的,构成解除合同的要约,后生效的通知构成承诺,故亦可认定为双方就解除合同达成合意。

2. 对于合同解除后的违约责任、结算和清理等问题是否作出处理,无必然影响

(1)解除协议对于合同解除后的违约责任、结算和清理等问题作出处理的,依据协议内容发生效力。该情形下,当事人就合同解除后的违约责任等问题的处理

---

① 参见上海市第一中级人民法院(2010)沪一中民四(商)终字第 1509 号民事判决书。

② 参见江苏省徐州市中级人民法院(2011)徐民终字第 2123 号民事判决书。

③ 参见"渤海证券有限责任公司与天津立达房地产有限公司等侵权纠纷上诉案",载最高人民法院民事审判第一庭编:《民事审判指导与参考》2003 年第 4 集(总第 16 集),法律出版社 2004 年版,第 241 页以下。

达成合意,故合意内容优先于法定内容(如《民法典》第 566 条、第 567 条)适用。

(2)未对合同解除后的违约责任、结算和清理等问题作出处理的,分为两种情况:

①当事人订立独立的解除协议,但协议对此类内容未做约定。《民法典合同编通则解释》第 52 条第 3 款规定,该情形应当依据《民法典》第 566 条、第 567 条和有关违约责任的规定处理。该情形下,解除协议不因未约定此类内容而不成立,此类问题依据法律规定处理。

对于该情形,《民法典合同编通则解释》第 52 条第 1 款设置但书"当事人另有约定的除外"。这主要包括两种情况:其一,原合同约定如果双方协议解除原合同的,须就合同解除后的违约责任、结算和清理等问题作出处理,解除协议才能成立或生效。这表明双方事先约定此类内容构成解除协议的必要条款或特殊生效要件,因此双方订立的解除协议不包含此类条款的,解除协议不成立或不生效。其二,解除协议约定,须就合同解除后的违约责任、结算和清理等问题作出处理,解除协议才能成立或生效。该情形下,虽由解除协议而非原合同作出约定,但性质并无不同,故应作相同处理。

②当事人虽未订立独立的解除协议,但仍构成协议解除。该情形适用《民法典合同编通则解释》第 52 条第 3 款之规定:在同条第 2 款情形下的违约责任、结算和清理等问题,应当依据《民法典》第 566 条、第 567 条和有关违约责任的规定处理。该情形下,未约定此类内容不影响协议解除的成立或生效,此类问题依据法律规定处理。

(二)协议解除的方式

当事人协议解除合同的,无须提起诉讼或申请仲裁。《民法典》第 562 条第 1 款并未要求当事人以诉讼或仲裁的方式进行协议解除,故当事人在诉讼外或诉讼程序之中实施协议解除均无不可。有判决认为,一方起诉请求解除合同,另一方反诉亦请求解除合同,即双方解除合同合同的意思表示一致,属于协议解除的情形。[1]

【疑难案例:因恶劣天气导致航班延误主张解除旅游合同案[2]】
【案件事实】
周某和旅游公司签订《旅游合同》,约定由旅游公司组团周某出境至塞班旅

---

① 参见"唐山鹏诚房地产开发公司与唐山中云房地产开发公司合作开发合同纠纷提审案",载最高人民法院民事审判第一庭编:《民事审判指导与参考》2011 年第 2 辑(总第 46 辑),人民法院出版社 2011 年版,第 128 页以下。

② 该案详细解读参见"周某诉厦门旅游集团国际旅行社有限公司旅游合同纠纷案",载最高人民法院中国应用法学研究所编:《人民法院案例选(分类重排本)·民事卷 5》,人民法院出版社 2017 年版,第 2846 页以下。

游,出发日期为 2008 年 1 月 28 日 20 点 5 分,集合时间为 2008 年 1 月 28 日 17 点,集合地点为上海浦东国际机场国际出发大厅。旅游费总计 16770 元。合同对双方的权利义务进行了约定,并约定因不可抗力或者意外事件,双方经协商可以取消行程或者延期出行。取消行程的,由组团社向旅游者全额退还旅游费用(但应当扣除已发生的签证、签注费用)。已发生旅游费用的,应当由双方协商后合理分担。旅游者出发当日提出解除合同的,应按旅游费用总额的 90% 向组团社支付业务损失费,如上述支付比例不足以赔偿组团社的实际损失,旅游者应当按实际损失对组团社予以赔偿,但最高额不得超过旅游费用总额。

合同签订后,周某交纳旅游费 16770 元。2008 年 1 月 23 日,周某预订了三张出发日期为 1 月 28 日 11 点 5 分、到达地为上海虹桥机场的机票。2008 年 1 月 28 日,周某一行三人乘坐的航班因天气原因而延误,原计划 11 点 5 分起飞延误至 19 点 10 分起飞。周某接到通知后,电话告知旅游公司导游其无法准时到集合地点。后周某并未实际乘坐该航班前往集合地点。该组团社其他成员仍按原定时间前往塞班。

2008 年 1 月中旬以来,我国中东部地区连续出现两次大的雨雪天气,造成严重气象灾害,中央气象台于 1 月 25 日启动重大气象灾害预警应急预案三级应急响应命令。1 月 26 日,中央气象台发布暴雪橙色警报,全国中东部地区将有大范围降雪;1 月 27 日,中央气象台发布了暴雪红色警报。

原告周某诉称,《旅游合同》约定行前遇到不可抗力或意外事件的,双方经协商可以取消行程或者延期出行。取消行程的,由组团社向旅游者全额退还旅游费用。周某因不可抗力无法出行,旅游公司应当全额退还旅游费用。旅游公司拒绝退还。周某诉请法院判令:旅游公司退还旅游费 16770 元。

被告旅游公司辩称,周某不能按期到达上海的事由不属于不可抗力,其主张退还全部旅游费用缺乏依据,并提起反诉,诉请法院判令:周某支付损失 15093 元。

【本案争点】

因恶劣天气导致航班延误,旅游者是否有权解除合同?

【裁判要旨】

一审法院认为:自 2008 年 1 月中旬以来,我国中东部地区出现了百年不遇的特大雨雪天气,给包括上海在内的各省市交通带来严重影响,中央气象台及各地气象台、媒体均已对该次雨雪作出了预报、警报,特别是中央气象台在 1 月 26 日、1 月 27 日连续发布了高至红色的暴雪警报,因此上海等地出现雨雪天气可能导致航班的延误乃至取消并不是不可预见的。周某在出行前是知道亦应当知道该次暴雨雪天气对交通所带来的影响程度,本应予以特别注意,提前做好相应的防范措施,积极作好出行的安排,以保证自己准时到达集合地点出游。但周某未能提供证据证明其已提前对暴雨雪天气造成的交通不便做了应有的准备,尽到了应尽的注意义务,而是消极对待该影响,从而造成自己乘坐的航班延误至 19 点 10 分,因此周某不能准时到达集合地点的原因不属于不可抗力。现因周某未到达集合地点,并电话通知了旅游公司,已以自己的行为明确表明不履行合同、不受领旅游公司的服务,该组团社其他成员已按原定时间前往塞班,因此应当认定双方的旅游合同已于2008 年 1 月 28 日解除。周某单方解除合同缺乏合同及法律依据,理应对合同的解除承担责任,赔偿旅游公司的损失。

根据双方签订的《旅游合同》对旅游者违约责任的约定,旅游者于出发当日解除合同的,应按旅游费用总额的 90% 支付旅游公司损失费,该条款属于违约金的约定。关于旅游公司的实际损失金额,其并未提供充分的证据加以证明,其提交的支付旅行社的费用 14970 元,只是周某一行的团费,而非周某未能成行后造成的损失,周某一行至塞班的机票及报关单据,并未体现具体的金额,故亦无法确定实际损失的金额。现旅游公司缺乏证据证明因周某单方解除合同后造成的实际损失,则周某要求调整合同约定的违约金,符合法律规定,结合本案周某违约的主观状态、违约的程度以及旅游公司可获得的利益等因素,依公平原则确定本案违约金的支付标准调整为 60% 为宜,则周某理应支付旅游公司违约金即业务损失费 10062元,余款 6708 元旅游公司理应退还周某。判决:(1)旅游公司退还周某旅游费16770 元;(2)周某支付旅游公司损失费 10062 元;(3)以上一、二项相抵,旅游公司应退还周某旅游费 6708 元。

经二审法院调解,双方自愿达成协议:(1)旅游公司向周某退还 5000 元,该款已于双方签订调解协议后支付完毕;(2)旅游公司与周某均放弃各自的其他诉讼请求。

五、合同解除的效力

协议解除的效力可由当事人在解除协议中约定。约定解除的效力亦可由当事人约定,无约定的,准用法定解除的效力。以下讨论法定解除的效力。

(一)合同解除的溯及力

合同解除导致合同关系归于消灭,但该效力是溯及至合同成立之时起,抑或仅向将来发生,则不无疑问。如果承认合同解除有溯及力,已经履行的部分应予返还,原则上应将双方的财产状态恢复到合同成立之前的状态;如果不承认合同解除有溯及力,已经履行的部分因未丧失合法依据而不必返还,未履行的债务归于消灭。对此问题,学界素有争议。① 较为有力的学说认为,应区分一时的合同与继续性合同而有所不同:一时的合同解除原则上有溯及力;继续性合同解除原则上没有溯及力。②

1. 一时的合同解除原则上有溯及力

(1)《民法典》第 566 条第 1 款规定,合同解除后,"已经履行的,根据履行情况和合同性质,当事人可以请求恢复原状"。依其文义,如果根据履行情况和合同性质在客观上能够将双方财产状态恢复到合同成立之前的状态,则当事人有权要求恢复原状。此处的恢复原状,是指通过返还原物、折价补偿、变更登记等方式恢复当事人的财产状态。合同解除后,买卖动产且已交付的,卖方可要求买方返还该动产,该动产(如消耗物)不存在的,可要求折价补偿;买卖不动产且已过户登记的,卖方可要求买方返还该不动产并办理过户登记;转让无形财产权(如商标权)的,转让方可要求受让方办理变更登记以恢复该权利的归属。以上这些情形下合同解除均具有溯及力。但在少数场合下,一时的合同解除亦有可能因无法恢复原状而不具溯及力。例如技术转让合同被解除后,即使转让方恢复了技术的归属,因受让方已了解掌握该技术而无法真正地恢复原状,则应采取由受让方支付解除前的技术使用费等方式予以补救。

(2)守约方已履行债务时,合同解除具有溯及力对保护守约方有利。如果守约方已经履行全部或部分债务,而违约方未依约定作出对待给付,在此情形下承认合同解除具有溯及力意味着守约方有权请求违约方将受领的给付予以返还,从而使守约方的利益得到保护。如果在此情形下不承认合同解除具有溯及力,守约方作出了给付却未得到对待给付,守约方只能以此要求违约方返还不当得利,而不当得利请求权一般弱于返还原物请求权的效力。

(3)违约方已履行债务时,合同解除具有溯及力对守约方也并无不利。如果违约方已经履行债务,因其存在违约行为,意味着其作出的给付存在质量瑕疵或数量瑕疵等。在此情形下承认合同解除具有溯及力,守约方即有权要求返还该不符合约定的给付,因返还而增加的相关费用可要求违约方予以赔偿。

2. 继续性合同解除原则上没有溯及力

(1)对《民法典》第 566 条"已经履行的,根据履行情况和合同性质,当事人可以请求恢复原状"作反面解释,即如果根据履行情况和合同性质在客观上不能将双方财产状态恢复到合同成立之前的状态,则当事人无权要求恢复原状。租赁、保管、雇佣等继续性合同解除后,虽然租赁物、保管物、劳动报酬在性质上可以返还,

---

① 参见陆青:《合同解除论》,法律出版社 2022 年版,第 181 页以下。
② 参见崔建远:《合同法总论(中卷)》,中国人民大学出版社 2012 年版,第 768—771 页。相反意见参见蔡立东:《论合同解除制度的重构》,载《法制与社会发展》2001 年第 5 期。

但承租人、寄存人、雇主在合同解除前已经享有的利益在性质上无法返还，故根据履行情况和合同性质，当事人无权就该利益要求恢复原状，即合同解除效力仅向将来发生。但在少数场合下，继续性合同解除亦有可能就部分给付适用恢复原状。例如《城镇房屋租赁合同解释》第8条规定，承租人经出租人同意装饰装修，租赁合同解除时，除当事人另有约定外，未形成附合的装饰装修物，可由承租人拆除；因拆除造成房屋毁损的，承租人应当恢复原状。

（2）继续性合同解除不具有溯及力对守约方并无不利。以租赁合同解除为例，如果承租人违约，出租人就合同解除前所支付的租金不必返还，否则承租人将因自己违约而免费使用租赁物；如果出租人违约，其也不必将合同解除前所支付的租金返还给承租人，因为承租人虽未违约但其在合同解除前的期间内占有、使用了租赁物，应支付该期间的相应租金方符合公平原则。因此，无论是哪方违约，就相关利益不适用恢复原状并非为了惩罚违约方，也不是为了救济守约方，而是因给付性质在客观上无法返还而基于公平原则所作的处理。

（3）继续性合同解除给当事人造成损失的，可通过其他补救措施、赔偿损失予以救济。如果根据履行情况和合同性质不能适用恢复原状且当事人因此受有损失，可依据《民法典》第566条中"采取其他补救措施，并有权请求赔偿"等规定予以救济。

（二）合同解除的具体后果

1. 尚未履行的，终止履行（《民法典》第566条第1款前段）

合同解除导致合同关系消灭，因此合同解除后尚未履行的债务归于消灭，债权人无权要求债务人履行该债务。

2. 已经履行的，根据履行情况和合同性质，当事人可要求恢复原状、采取其他补救措施（《民法典》第566条第1款中段）

（1）所谓根据履行情况，是指应依据已经履行的内容是否适合恢复原状以决定当事人是否享有恢复原状请求权。所谓根据合同性质，是指应区分一时的合同与继续性合同以决定适用恢复原状抑或采取其他补救措施。即如前文所述，根据履行情况和合同性质以决定合同解除是否具有溯及力。有判决认为，恢复原状不仅要考虑合同履行前的权利状况，还要考虑当事人的真实意愿且尊重客观事实，从利于判决执行、案结事了的角度选择法定解除权行使的结果。[①]

（2）有权提出请求的当事人，包括守约方和违约方。恢复原状、采取其他补救措施的后果并非在合同解除后当然发生，法院或仲裁机构亦不得主动依职权作出

---

① 参见最高人民法院（2007）民一监字第399-1号民事裁定书。

此类裁决,而应由当事人提出相应诉讼请求。守约方有权提出恢复原状、采取其他补救措施的请求,自无疑问。有权提出此类请求的当事人亦包括违约方,如果因违约方的此类请求给守约方增加了额外的费用或造成损失,守约方有权要求违约方予以赔偿。应注意的是,违约方仅能请求恢复原状而无权要求采取其他补救措施。其理在于,在合同解除具有溯及力的情形下,合同自成立之时起消灭,故守约方和违约方作为合同当事人均有权请求恢复原状,而其他补救措施系专为救济守约方而设,故违约方无权主张。

合同解除后,守约方向违约方返还价款的,违约方可否就该价款请求支付利息(资金占用费)?有判决认为,应以合同解除时点为界限,在此之前守约方占有资金无须支付资金占用费,但之后继续占有资金的,需支付资金占用费。[1]

(3)对于恢复原状、采取其他补救措施,当事人既可以择一行使,也可以同时主张。当事人可基于合同履行的具体情况选择行使一个或多个请求权,但其主张的利益不得超过其所受损失的范围。

(4)关于恢复原状的性质。《民法典》第 566 条第 1 款规定的恢复原状与第 179 条第 1 款第 5 项规定的恢复原状有所不同:前者为较广义的恢复原状,包括返还原物、折价补偿、变更登记、恢复物理形态等具体方式;后者为狭义的恢复原状,其与返还财产为并列关系而非包含关系。关于恢复原状的效果,原则上应恢复至合同订立前的财产状态。[2] 因我国现行法未采物权行为无因性理论,合同解除后已交付标的物的所有权未发生转移,因此当事人依据第 566 条第 1 款要求返还原物的,该请求权为物权请求权。如果因不能返还原物而要求折价补偿的,则该请求权为债权请求权。

3. 当事人有权请求赔偿损失(《民法典》第 566 条第 1 款后段)

【学说争议:合同解除后赔偿损失的性质和范围】

原《合同法》第 97 条虽然规定合同解除与赔偿损失可以并用,该对赔偿损失的性质和范围未作明确规定。学界对此存在争议。

第一种观点履行利益说认为,合同解除后的赔偿损失为违约赔偿,赔偿范围为履行利益,包括:订约支出的必要费用、因相信合同能履行而支出的必要费用和可得利益损失等。[3] 其理由又区分为不同学说。有学者认为,合同解除并未使合同关系溯及既往地根本消灭,只是发生终止尚未履行的合同义务,发生返还性债务关

---

[1] 参见最高人民法院(2018)最高法民终 94 号民事判决书。

[2] 参见最高人民法院(2017)最高法民终 53 号民事判决书。

[3] 参见杨立新:《中国合同责任研究(下)》,载《河南省政法管理干部学院学报》2000 年第 2 期。

系的效果,所以违约方应当对其违约行为承担赔偿损失责任。(间接效果说)①还有学者认为,合同因解除而消灭,不影响既成的违约损害赔偿的存续。合同债务与违约损害债务之间具有同一性,是由二者之间内在的、实质的转换、变形或承继所决定的,并非以合同存在为前提。(直接效果说)②还有学者认为,恢复原状并没有涵盖履行利益,为周全保护解除权人,还须赔偿其履行利益。合同解除场合的损害赔偿依然是违约赔偿,以履行利益为主,只要不重复填补,也可以包括信赖利益和固有利益的赔偿。(折中说)③

第二种观点信赖利益说认为,合同解除后的赔偿损失为缔约过失赔偿,赔偿范围应限于信赖利益。其理由又区分为不同学说。有学者认为,合同解除的效力是使合同恢复到订立前的状态,既然当事人选择解除合同,就说明不愿意继续履行合同,守约方就不应得到合同在完全履行情况下所应得的利益,因此不应赔偿可得利益。(直接效果说)④还有学者认为,如果信赖利益大于期待利益,说明该交易是亏本的,即假如对方不违约,守约方获得合同履行也是亏本的。假如在信赖利益赔偿中,使被告的赔偿额大于期待利益,无疑等于将原告在一宗交易的亏损转嫁给被告。(经济分析说)⑤

《民法典》施行前,对于该问题司法裁判意见较为混乱,有判决否认合同解除与违约责任可以并存⑥;也有判决支持解除合同的守约方获得可得利益赔偿⑦;还有判决认为合同解除后的预期可得利益损失不予赔偿,但违约期间给守约方造成的可得利益损失应予赔偿⑧。

本书认为,《民法典》施行后应采履行利益说。理由如下:其一,法定解除主要作为一种违约救济手段,解除后的赔偿适用违约赔偿标准方符合该制度的基本价值。其二,在合同解除具有溯及力的情形下,如何解释合同关系恢复到成立之前的状态与赔偿可得利益何以并存,为理论上的难点。现有学说从各种角度给出了有价值的解释,但亦非没有理论缺陷。问题的关键在于,法定解除对守约方应救济到何种程度,有两种思路可供选择:一是将双方财产状态恢复到合同成立之前的状态;二是在承认前者的前提下,对守约方本可实现的可得利益也予赔偿,即使得守约方不因合同解除而丧失本应获得的履行利益。从法定解除作为一种违约救济制

---

① 参见朱广新:《合同法总则研究(下册)》,中国人民大学出版社 2018 年版,第 639 页。
② 参见崔建远:《合同法总论(中卷)》,中国人民大学出版社 2012 年版,第 770 页。
③ 参见韩世远:《合同法总论》,法律出版社 2018 年版,第 688—689 页。
④ 参见王利明:《合同法研究(第二卷)》,中国人民大学出版社 2003 年版,第 307 页。但王利明教授其后似乎改变了前述观点,参见王利明:《合同法研究(第二卷)》,中国人民大学出版社 2015 年版,第 367 页。
⑤ 参见李永军:《合同法》,法律出版社 2010 年版,第 554 页。
⑥ 参见最高人民法院(2009)民一终字第 23 号民事判决书,载《最高人民法院公报》2010 年第 5 期。
⑦ 参见最高人民法院(2006)民一提字第 9 号民事判决书,载《人民司法·案例》2008 年第 22 期。
⑧ 参见最高人民法院(2009)民二终字第 37 号民事判决书。

度的性质来看,应采后者较为妥当。其三,从利益衡量的角度来看,如果采履行利益说,保护了守约方在合同正常履行情况下的可得利益,而违约方在合同关系消灭的前提下还须作出超过信赖利益的赔偿(但须受可预见性规则的限制),且理论上的合规性稍有欠缺;如果采信赖利益说,保护了违约方不作超过信赖利益的赔偿,且维护了理论上的合规性,但守约方无法通过法定解除得到充分救济,且有可能引发道德风险(如违约方恶意违约使自己仅负较小赔偿责任)。相较而言,采履行利益说较妥。其四,《民法典》新增第 566 条第 2 款规定,因违约解除合同的场合下,解除权人可以请求违约方承担违约责任。基于体系解释,第 1 款的赔偿损失应解释为违约赔偿。

应当注意,合同解除与赔偿损失在下列场合不能并用:

①协议解除的,当事人不得在解除协议达成后,再另行主张赔偿损失,但另有约定的除外。当事人协议解除合同的,已就有关损失的赔偿或分担在解除协议中作出了约定,因此当事人不得在履行解除协议之外又要求赔偿损失,除非解除协议中另有约定。如果解除协议未就损失的赔偿或分担作出约定,应结合当事人的过错并根据公平原则由当事人双方分担损失。[①]

②因不可抗力解除合同的,如果双方对解除均无过错,则双方都不负赔偿损失责任。不可抗力是当事人意志以外的客观原因,因其致使不能实现合同目的而解除合同的,当事人双方均不具有可归责性,故应各自负担自身损失,不得要求对方赔偿。有判决认为,因国家政策及政府命令致使彩票发行合作合同解除,无须承担违约责任。[②] 但如果在发生不可抗力的情形下,一方本可采取相关措施防止给对方造成损失或防止对方的损失扩大却未采取该措施,受损失方就该损失或损失扩大部分可要求予以赔偿。

③守约方解除合同后,未采取合理措施防止损失发生或扩大的,其无权就该部分损失要求违约方赔偿。有判决认为,一方当事人提出解除合同后,在未与对方协商一致的情况下,拒绝对方提出减少其损失的建议,坚持要求对方承担解除合同的全部损失并放弃履行合同,致使损害结果发生,应自行承担责任。[③]

④守约方通过终止履行、恢复原状或采取其他补救措施足以保护其利益的,则不应适用赔偿损失。赔偿损失只能适用于在采取了前述措施而守约方仍有损失未得到填补的情形。

4. 合同因违约解除的,解除权人可以请求违约方承担违约责任,但是当事人

---

① 参见最高人民法院(2008)民抗字第 104 号民事判决书。
② 参见最高人民法院(2006)民二终字第 160 号民事判决书。
③ 参见"孟元诉中佳旅行社旅游合同纠纷案",载《最高人民法院公报》2005 年第 2 期。

另有约定的除外。(《民法典》第 566 条第 2 款)

(1)该后果仅适用于违约解除。该后果的作用是使守约方能够在合同解除场合下获得违约救济。因不可抗力解除、约定解除不涉及违约等情形不适用该后果。

(2)该款之违约责任应解释为与合同解除不相抵触的责任形式,例如违约金责任、定金责任等。解除权人不能依据该款主张与合同解除不可兼容的责任形式,例如继续履行,修理、更换、重作等。《民法典》施行前曾有最高人民法院公报案例认为,合同解除后不能适用违约金条款。①《民法典》施行后不应再采此意见。

(3)当事人另有约定的,依其约定。该约定可于订立合同时作出,亦可于解除行为发生时作出。例如租赁合同约定:"在租赁期限内,因不可抗拒的原因或因城市规划建设,致使双方解除合同,由此造成的经济损失双方互不承担责任,各自解决自己的财产部分。"②

5. 合同解除对担保关系的影响(《民法典》第 566 条第 3 款)

(1)主合同解除后,担保人的担保责任原则上并不消灭。该款规定担保人继续承担担保责任,相当于担保合同在主合同解除后仍然有效,担保合同独立于主合同。该条对担保的类型未作限定,原则上可适用于保证、抵押等各类担保关系。

(2)担保的对象是"债务人应当承担的民事责任"。担保关系设立之初,本为担保债务人之债,但合同解除后债务归于消灭,因此担保对象转化为债务人恢复原状、采取其他补救措施、赔偿损失等后果。债务人未依法定或约定要求进行恢复原状、采取其他补救措施、赔偿损失的,担保人应承担担保责任。

(3)担保责任的范围仍受担保合同中约定担保范围的限制。例如合同解除后,违约方应赔偿守约方 100 万元,但保证合同约定的担保范围是 50 万元,保证人在 50 万元范围内承担保证责任。

(4)担保合同就合同解除对担保关系影响另有约定的,依其约定。依该条"但书",担保合同可以就合同解除后担保关系的处理另行约定不同于上述内容的后果,在该约定不违反强制性规定的前提下,适用该约定。

6. 合同解除不影响原合同中结算、清理条款的效力(《民法典》第 567 条)

(1)结算条款,是指约定结算方式、结算期限等与结算有关内容的合同条款。清理条款,是指约定就合同权利义务予以清除或处理的主体、范围、期限、方式等事项的合同条款。例如:①《加盟合同》约定合同终止后双方相互退还加盟物品及履约保证金的条款③;②《投资框架协议》约定合同终止后返还诚意金并支付资金占

---

① 参见"广西桂冠电力股份有限公司与广西泳臣房地产开发有限公司房屋买卖合同纠纷案",载《最高人民法院公报》2010 年第 5 期。

② 参见最高人民法院(2017)最高法民申 5142 号民事裁定书。

③ 参见重庆市高级人民法院(2022)渝民终 343 号民事判决书。

用费的条款①。

第 567 条规定的结算、清理条款不同于第 507 条之"有关解决争议方法的条款",后者主要指诉讼管辖条款、仲裁条款等。

(2)对于违约金条款,《民商事合同纠纷指导意见》第 8 条曾规定属于结算、清理条款,但《民法典》施行后主张违约金的依据应为第 566 条第 2 款。

【疑难案例:"同时租用、同时终止"条款效力纠纷案②】

【案件事实】

2010 年 1 月 20 日,原告永南公司分别与被告万嘉公司、案外人十方公司签订厂房租赁合同及补充协议,约定万嘉公司的租赁期限为 2010 年 5 月 1 日至 2015 年 2 月底;租赁物为永南公司北区厂房;第一、二年租金为每月每平方米 7.50 元,第三年租金为每月每平方米 8 元,第四年租金为每月每平方米 8.50 元,第五年租金为每月每平方米 9 元;永南公司与万嘉公司、十方公司签订的补充协议中还约定"万嘉公司与十方公司须同时租用、同时终止"。

2011 年 8 月 23 日,十方公司发函给永南公司,要求提前终止与永南公司签订的厂房租赁合同及补充协议,愿意支付剩余租期租金 10%的违约金,合同解除时间为 2011 年 11 月 23 日,并在 2011 年 11 月 23 日全部搬离永南公司厂房。永南公司于 2011 年 11 月 25 日发函给万嘉公司要求万嘉公司在 2011 年 11 月 30 日前搬出永南公司的厂房,支付剩余租期租金百分之十的违约金并办理终止手续。

原告永南公司向法院提起诉讼,请求法院判令解除原被告双方签订的厂房租赁合同及补充协议,被告万嘉公司立即搬离原告的厂房,并支付违约金 152659.50 元,赔偿擅自拆变结构损失和擅自搭建南钢棚的损失 113500 元,租金、水电门卫费等费用按实结算。

【本案争点】

约定两份租赁合同解除效力相互捆绑的,应如何处理?

【裁判要旨】

一审法院认为:原告为使其厂房能整体出租,在与被告及十方公司签订的厂房租赁合同补充协议中,设定了解除合同的特别条款,即被告与十方公司须"同时租用,同时终止"。该约定不存在法律规定的无效情形,且该补充协议已经原、被告盖章确认,对双方当事人均有约束力。十方公司未与被告协商而单方终止合同,被告

---

① 参见浙江省高级人民法院(2022)浙民终 40 号民事判决书。

② 该案详细解读参见"宁波市鄞州永南服饰有限公司诉宁波市鄞州万嘉工艺品有限公司房屋租赁合同纠纷案",载最高人民法院中国应用法学研究所编:《人民法院案例选》2013 年第 4 辑(总第 86 辑),人民法院出版社 2014 年版,第 174 页以下。

虽不存在过错,但在履行被告与十方公司同时租用、同时终止条款时,被告与十方公司成为履行该条款的共同体,十方公司的违约行为直接导致被告违约,故合同约定的解除事由已成就,原告可以据此解除合同,被告还应支付原告违约金,但合同约定的违约金过高,酌情确定1个月房租作为违约金,以弥补原告的空租损失。原告解除合同的通知已于2011年11月26日到达被告,合同自通知到达被告时解除。

合同解除后,被告应及时腾退厂房,但被告现仍继续使用厂房,致使原告无法将厂房出租给他人,故被告应当赔偿原告占用厂房的损失,具体的数额参照原、被告厂房租赁合同补充协议中约定的租金予以确定。原告要求水电费等费用按实结算的请求,符合法律规定,应予以支持。判决:(1)原告与被告签订的厂房租赁合同及补充协议于2011年11月26日解除;(2)被告于本判决生效后15日内腾房,并结清厂房占用费(按同期租金计算)、水电费等相关费用;(3)被告支付原告违约金35175元;(4)驳回原告的其他诉讼请求。

二审法院认为:根据补充协议中约定的"万嘉公司与十方公司须同时租用、同时终止",该约定应认定为万嘉公司与案外人十方公司租赁时间应是一致的。鉴于在合同履行过程中,案外人十方公司因故提前解除合同并腾退承租的房屋,永南公司得知后于2011年11月25日曾发函要求万嘉公司腾退其承租的房屋,但万嘉公司收到该函件后并未提出异议,且至今未予撤离,故永南公司根据双方补充协议的约定,认为其提出解除合同的条件已成就,要求万嘉公司腾房的理由成立,应予支持。

基于在二审审理期间,永南公司表示对原判的违约金愿意放弃,应予以准许。万嘉公司诉称永南公司在未征得其同意的情况下,单方同意十方公司提前解除合同,对其构成违约,理由不足,难以支持。判决:(1)维持一审判决的第一、二、四项;(2)撤销一审判决的第三项。

第四节　抵销

一、抵销的概念和意义

1. 抵销的概念

抵销,是指在双方互负债务的场合下,依一方或双方的意思表示,使双方债务全部或部分归于消灭的现象。例如甲对乙负有500万元借款债务,乙对甲负有100万元咨询费债务,两债务均已到期,甲可通过行使抵销权,仅对乙实际偿还400

万元。

抵销有狭义和广义之分。狭义的抵销仅指法定抵销,是指符合法律规定的要件时,依一方当事人的意思表示使双方所负债务全部或部分归于消灭的现象。(《民法典》第 568 条)在法定抵销中,抵销权人享有并用以抵销的债权,称为主动债权或抵销债权;相对人享有的被抵销债权,称为被动债权或受动债权。广义的抵销包括法定抵销和合意抵销。合意抵销,是指依据双方当事人的合意订立抵销合同,使双方所负债务全部或部分归于消灭的现象。(《民法典》第 569 条)

法定抵销与合意抵销的区别:(1)性质不同。前者是抵销权人行使抵销权的单方行为,无须对方同意;后者是双方订立抵销合同的双方行为,须双方就抵销事宜达成合意。(2)适用条件不同。法定抵销的适用条件由法律规定,仅适用于双方互负债务的标的物种类、品质相同的场合;合意抵销的适用条件较为宽松,无论是否具备法定抵销的条件,只要当事人双方达成抵销合意即可适用。(3)效力可能不同。法定抵销中,抵销权人行使抵销权只能使双方对等数额的债务归于消灭,不允许以自己较大债务抵销对方较小债务。合意抵销中,只要双方达成合意,可以将双方数额不对等的债务进行抵销。(4)立法价值不完全相同。二者虽均具有方便清偿、提高履行效率的功能,但法定抵销更多地体现公平原则,而合意抵销更多地体现意思自治原则。

2. 抵销的意义

(1)方便清偿、提高履行效率。抵销制度的运用,使双方当事人不必各自作出实际履行行为即可达到清偿效果,节省了履行费用,有利于提高履行效率。

(2)在履行领域中实现公平原则。在双方互负到期债务的场合下,如果没有抵销制度,遵守诚信的一方应当向对方履行债务,而无论对方在客观上是否有履行能力或主观上是否诚信。这对遵守诚信的一方难言公平。在此场合下,同时履行抗辩权、不安抗辩权等规则因其适用条件的局限,可能无法对当事人提供救济,而抵销的适用条件相对宽松,能够保障在履行领域中公平原则得到实现。

(3)抵销具有一定的担保功能。在某些场合下,抵销规则的适用客观上能够达到担保特定债权人之债权的效果。例如甲乙互负 100 万元到期债务,此外还有 A 和 B 也是乙的债权人但债权尚未到期,甲行使抵销权使甲乙双方债务均归消灭。甲的抵销行为实质上是从乙的责任财产中优先于 A 和 B 获得清偿,故抵销使甲事实上得到了担保利益。

抵销制度的担保功能对于保障抵销权人的债权虽然有利,但另一方面,因抵销行为缺乏公示性,对善意第三人(其他债权人)可能造成损害,故法律在某些场合下限制抵销权的适用。例如《破产法》第 40 条规定,有下列情形之一的,债权人不得抵销:①债务人的债务人在破产申请受理后取得他人对债务人的债权的;②债权人已知债务人有不能清偿到期债务或者破产申请的事实,对债务人负担债务的;但是,债权人因为法律规定或者有破产申请1年前所发生的原因而负担债务的除外;③债务人的债务人已知债务人有不能清偿到期债务或者破产申请的事实,对债务人取得债权的;但是,债务人的债务人因为法律规定或者有破产申请1年前所发生的原因而取得债权的除外。

二、法定抵销

(一)法定抵销的要件

1. 须双方当事人互负有效存在的债务

在适用抵销的场合下,双方当事人相互负有有效存在的债务,即双方互享债权、互负债务。对于未成立或无效的债务,不能适用抵销,自不待言。双方所负债务金额原则上应已确定。如果虽然双方互负有效存在的债务,但对于债务金额、履行条件等事宜尚存分歧,则不具备本要件。① 另案诉讼中尚在审理的债务不能用于抵销。②

对于效力存在特殊情形的债务能否适用抵销,分为以下几种情形讨论:

(1)附条件和附期限的债权。附生效条件的债权在条件成就前因尚未生效,不得作为主动债权;但该债权可作为被动债权,抵销权人的抵销行为实质上是放弃了附条件的期待利益,故即使其后条件一直未成就也不影响抵销的效力。附解除条件的债权在条件成就前已经生效,可以作为主动债权,因条件成就无溯及力,故即使其后条件成就也不影响抵销的效力;该债权也可作为被动债权,抵销权人的抵销行为实质上是放弃了附条件的期待利益,故即使其后条件成就也不影响抵销的效力。附始期债权与附生效条件的债权类似,附终期债权与附解除条件的债权类似,只是附期限债权所发生的抵销效力更为确定。

(2)附有同时履行抗辩权、先履行抗辩权或不安抗辩权的债权。该债权是指其债权人行使债权时,债务人享有对抗该债权的上述抗辩权。该债权不得作为主动债权,否则将剥夺相对人的抗辩权。但该债权可作为被动债权,抵销权人的抵销行为实质上是放弃了抗辩利益。

(3)第三人的债权。当事人并不享有第三人的债权处分权能,原则上不能以第三人的债权作为主动债权用于抵销。但存在以下例外:①在保证担保的场合下,主债务人对债权人享有债权的,保证人可以在相应范围内拒绝承担保证责任。

① 参见最高人民法院(2022)最高法民申141号民事裁定书。
② 参见北京市高级人民法院(2023)京民终41号民事判决书。

(《民法典》第702条)该规则目的是为了避免保证人承担保证责任后向主债务人求偿困难并简化法律关系。②在债权让与的场合下，债务人对原债权人享有债权的，可依法定条件向新债权人主张抵销。(《民法典》第549条)

2. 须主动债权已到期

此处的"到期"是指履行期限届至，因为履行期限届至后债权人才有权现实地请求债务人履行债务。如果主动债权履行期限尚未届至也允许抵销，将不恰当地剥夺债务人的期限利益。《民法典》第568条第1款规定，"任何一方可以将自己的债务与对方的到期债务抵销"。所谓"对方的到期债务"，即指主动债权履行期限已经届至。对债权人"自己的债务"(即被动债权)，则并未要求到期，因为在被动债权未到期的情形下，债权人可放弃期限利益以实施抵销行为。因此，《民法典》第568条第1款应解释为主动债权已到期即可。

如果主动债权履行期限没有约定或约定不明，应通过补充协议、交易习惯、催告规则等方法确定履行期限(《民法典》第510条、第511条第4项)，该期限届满即可抵销。在特殊场合下，法律将某些未到期债权拟制为已到期，允许用于抵销。例如《破产法》第46条第1款规定："未到期的债权，在破产申请受理时视为到期。"

3. 须双方当事人互负债务的标的物种类、品质相同

(1)可用于抵销的仅限于种类物之债。《民法典》第568条第1款将可适用抵销的债务限定为"标的物种类、品质相同"，特定物之债则不符合该要求。其理在于，如果标的物种类、品质不同，因不同标的物具有不同的经济价值和经济目的，抵销可能使之落空而有违公平原则。所谓标的物种类相同，是指主动债权和被动债权的标的物均为同一种类物。例如抵销金钱给付之债最为常见。所谓标的物品质相同，是指主动债权和被动债权的标的物不仅均为同一种类物，而且品质、规格、等级等标准相同，否则不可用于抵销。例如双方所负债务标的物均为某地所产棉花，但分别为一等品和二等品，原则上不得抵销。

依据《执行异议规定》第19条规定，被执行人在执行程序中主张抵销的，也须以"申请执行人与被执行人所负债务的标的物种类、品质相同"为要件。例如债权人就金钱债权申请强制执行，债务人(被执行人)以"双方互负债务"为由主张抵销，但债务人对债权人所享有的权利是另案判决确定的房屋共有份额，因此该抵销主张不能成立。①

(2)标的物种类、品质不同的债务即使价值相同，也不得抵销。例如市价100万元的木材和市价100万元的钢材不得抵销，因为二者虽市价相同，但其销路、利润等因素均存在差异。

---

① 参见北京市第三中级人民法院(2021)京03执复268号执行裁定书。

（3）履行地点、履行方式等因素存在差异的,不影响抵销。现行法仅要求标的物种类、品质相同,对涉及履行的其他因素未作要求。例如双方互负给付 50 吨 95 号汽油的债务,二者虽履行地点不同,亦可抵销;双方互负给付 50 万元的金钱债务,履行方式分别为现金支付和银行转账,亦可抵销。

4. 须双方当事人互负债务非不得抵销的债务

此为抵销的消极要件,《民法典》第 568 条第 1 款对此作出规定。

（1）依照法律规定不得抵销的债务。

①基于特定立法目的,单行法规定某些债务不得适用于抵销。例如《合伙企业法》第 41 条规定,合伙人发生与合伙企业无关的债务,相关债权人不得以其债权抵销其对合伙企业的债务。《信托法》第 18 条规定,受托人管理运用、处分信托财产所产生的债权,不得与其固有财产产生的债务相抵销。受托人管理运用、处分不同委托人的信托财产所产生的债权债务,不得相互抵销。《破产法》第 40 条规定了在破产程序中不得抵销的情形。当事人违反此类规定抵销的,抵销行为无效,主动债权与被动债权仍然存在。

②《民法典合同编通则解释》第 57 条规定,因侵害自然人人身权益或者故意、重大过失侵害他人财产权益产生的损害赔偿债务,侵权人不得主张抵销。因为此类债务的本旨是对受害人的人身损害予以填补,或者侵权人（债务人）主观恶意较大,如果允许该债务适用于抵销,将导致侵权人脱责甚至可能诱发侵权行为。例如甲欠乙 1 万元未还,乙多次催要未果,愤懑之下故意打伤甲,并主张以该 1 万元债权抵销甲对其享有的医药费债权。在此情形下,乙不得以此主张抵销,但甲（受害人）主张抵销的,可予支持。

③诉讼时效届满的债权可否适用于抵销? 因诉讼时效届满的后果是由债务人取得抗辩权(《民法典》第 192 条),故被动债权诉讼时效届满的,构成主动债权人放弃抗辩权的行为,对此不存疑义。(《民法典合同编通则解释》第 58 条第 2 句)

诉讼时效届满债权能否作为主动债权? 该问题的准确表达是:诉讼时效届满债权作为主动债权时,能否排除债务人的诉讼时效抗辩权。域外法多采肯定说,即诉讼时效届满之前产生的抵销权于诉讼时效届满后仍可行使,债务人援引诉讼时效抗辩权不具有否认债权人行使该抵销权的效力。[1] 理由在于,该规则是基于抵销权性质所设的特别规则,即诉讼时效虽然具有导致债权消灭的溯及效力,但该规则的适用构成例外情形。设定这样的例外是为了保护对立债权的两当事人在产生可抵销状态时,无须特别的意思表示而当然可以清算的信赖。[2]《民法典》施行前,

---

① 参见《德国民法典》第 215 条;《意大利民法典》第 1242 条;《日本民法典》第 508 条。

② 参见[日]我妻荣:《我妻荣民法讲义I新订民法总则》,于敏译,中国法制出版社 2008 年版,第 410 页。

我国法律对该问题未作规定,学理上存在较大分歧①,曾有最高人民法院公报案例采肯定说②。《民法典合同编通则解释》第 58 条第 1 句采取否定说:行使抵销权时主动债权诉讼时效已经届满的,对方可以援引诉讼时效抗辩权以否认抵销主张,而不考虑抵销权成立时(抵销条件成就时)是在诉讼时效届满之前或之后。③ 该规定与抵销溯及力否定说保持一致。当然,由于诉讼时效抗辩权是一种需要主张的抗辩权,如果债权人行使抵销权时债务人未援引抗辩权,则可构成弃权行为,仍发生抵销的效力。

(2)依照性质不得抵销的债务。所谓依照性质不得抵销,是指此类债务如果允许其抵销,将有悖于成立该债务的本旨。此类债务包括:①不作为债务,例如竞业禁止债务、保密债务等。②提供劳务的债务。③劳动报酬、抚恤金等具有人身属性的债权。④

(3)当事人约定不得抵销的债务。对于双方互负标的物种类、品质相同的债务,当事人约定不得抵销的,该约定有效。这是合同自由原则在抵销领域的体现,故当事人应受该约定的拘束。

禁止抵销的约定是否对第三人(尤其是善意第三人)产生效力,不无疑问。例如甲对乙享有 A 债权,双方约定该债权不得用于抵销,其后甲将 A 债权转让给丙,而乙对丙享有 B 债权,丙欲以 A 债权抵销 B 债权,乙能否以其与甲的约定对抗丙。有域外立法规定,该约定不得用以对抗善意第三人⑤,即如果丙对该约定不知情,则乙不得以该约定对抗丙,丙有权抵销。我国现行法对此未作规定,似应作相同解释。

(二)法定抵销的方式

1. 抵销权人

依《民法典》第 568 条第 1 款规定,抵销权人是"任何一方",即互负债务的双方当事人之任何一方。

2. 不同场合下的抵销方式

(1)诉讼外行使抵销权的,应当采取通知的方式,通知自到达对方时生效。(《民法典》第 568 条第 2 款第 1 句、第 2 句)因抵销权为形成权,当事人行使抵销权

---

① 相关学理意见参见王利明:《罹于时效的主动债权可否抵销?》,载《现代法学》2023 年第 1 期;夏昊晗:《〈民法典〉中抵销权与时效抗辩权的冲突及其化解》,载《暨南学报(哲学社会科学版)》2021 年第 5 期。

② 参见最高人民法院(2018)最高法民再 51 号民事判决书,载《最高人民法院公报》2019 年第 4 期。

③ 具体理由参见最高人民法院民事审判第二庭、研究室编著:《最高人民法院民法典合同编通则司法解释理解与适用》,人民法院出版社 2023 年版,第 649—651 页。

④ 参见湖北省高级人民法院(2019)鄂民终 99 号民事判决书。

⑤ 参见《日本民法典》第 505 条第 2 项。

无需取得对方同意,而仅依其单方意思表示即可发生抵销效力,故通知到达对方时生效且同时发生抵销效力。现行法对通知的方式未作限定,原则上口头或书面通知均无不可。

(2)诉讼程序中行使抵销权的,可以采取提出抗辩或者提起反诉的方式。① (《九民纪要》第43条)有判决认为,诉讼当事人以抵销为由抗辩对方诉讼请求的,视为其已尽到通知义务,可将抵销债权数额于诉讼请求数额中扣减。② 诉讼中被告行使抵销权,如果原告对被告所负债务不确定(未经生效裁判确认且原告不予认可),行使抵销权需以该债务经实体审理为前提的,被告应以反诉的方式行使抵销权。③

上述情形是针对主动债权人作为给付之诉的被告而言。主动债权人作为原告依据抵销权提起诉讼的,依理亦应被准许。如果主动债权人先在诉讼外发出抵销通知,其后提起诉讼主张抵销的,在具备抵销要件的前提下,之前的通知到达对方时发生抵销效力,之后的胜诉判决不过是对抵销效力的确认,故并非以判决生效时为发生抵销效力的时点。④

(3)执行程序中行使抵销权的,可以采取提出执行异议的方式。(《执行异议规定》第19条)申请执行人与被执行人互负到期债务,被执行人请求抵销的,应具备两个条件:①已经生效法律文书确定或者经申请执行人认可;②与被执行人所负债务的标的物种类、品质相同。有判决认为,被执行人提出抵销申请后,即使未被执行法院支持,该抵销申请书送达申请执行人亦可产生诉讼外通知的效果。在具备诉讼外抵销条件的前提下,可发生抵销的效力。⑤

行使抵销权亦须遵循诚实信用原则,不得通过抵销损害第三人的利益。有判决认为:A是多起执行案件的被执行人,这些案件中的债权均因A缺乏可供执行财产而未得到清偿。B明知该情形,却受让其中一起执行案件中的债权,并以此作为主动债权主张抵销。该行为损害了A的其他债权人的合法利益,违反了诚实信用原则。因此,对于B的抵销抗辩不予支持。⑥

3. 抵销不得附条件或者附期限(《民法典》第568条第2款第3句)

抵销制度的价值本为简化法律关系、提高履行效率,如果允许当事人的抵销行为附条件或者附期限,反而导致法律关系更为复杂、双方的权利义务处于不确定的状态。而且因抵销行为是单方行为,所附条件或者期限为当事人之单方意思,以此

① 参见最高人民法院(2017)最高法民终518号民事判决书。
② 参见最高人民法院(2009)民二终字第80号民事判决书。
③ 参见吉林省高级人民法院(2015)吉民二终字第6号民事判决书。
④ 参见最高人民法院(2020)最高法民终182号民事判决书。
⑤ 参见最高人民法院(2021)最高法执监530号执行裁定书。
⑥ 参见最高人民法院(2019)最高法民终218号民事判决书,载《最高人民法院公报》2022年第6期。

约束相对人并使其处于法律关系不确定的状态,也有违公平原则。①

4. 对方有异议的,可以请求法院确认抵销的效力

有约定异议期限的,应在该期限内提出异议并向法院起诉;无约定异议期限的,应在合理期限提出异议并向法院起诉。

（三）法定抵销的效力

1. 双方当事人互负债务依抵销数额消灭

（1）互负债务的范围。依据《民法典合同编通则解释》第 55 条规定,"互负债务"包括双方互负的主债务、利息、违约金或者损害赔偿金等债务。双方当事人互负债务数额相同的,两项债务均归于消灭。双方当事人互负债务数额不同的,数额少的债务归于消灭,数额多的债务仅依抵销数额消灭而余额不消灭。

（2）清偿抵充规则的参照适用。依据《民法典合同编通则解释》第 56 条规定,行使抵销权可以参照适用清偿抵充的规定。

①主动债权人负担的数项债务种类相同,但是享有的债权不足以抵销全部债务,当事人因抵销的顺序发生争议的,可以参照《民法典》第 560 条的规定处理。

②主动债权人享有的债权不足以抵销其负担的包括主债务、利息、实现债权的有关费用在内的全部债务,当事人因抵销的顺序发生争议的,可以参照《民法典》第 561 条的规定处理。②

2. 关于"抵销溯及力"

抵销溯及力,是指抵销行为的效力溯及至符合抵销要件的最初之时发生。传统民法中,多有承认抵销溯及力的立法例。我国学界受此影响,亦不乏支持抵销溯及力的意见。其理由在于,因双方当事人在具备抵销要件时往往认为可随时抵销,于是常怠于为抵销的意思表示,所以仅使抵销的意思表示向将来发生效力,就容易产生不公平的结果。抵销溯及力是对抵销期待的公平保护。③《九民纪要》第 43 条亦认可抵销溯及力:抵销一经生效,其效力溯及自抵销条件成就之时,双方互负的债务在同等数额内消灭。

近年来,抵销溯及力否定说渐占上风,其主要从抵销溯及力的历史演进、立法

---

① 相反意见参见崔建远:《债法总论》,法律出版社 2013 年版,第 271 页。

② 实例参见"某实业发展公司与某棉纺织品公司委托合同纠纷案",2023 年"最高人民法院发布《关于适用〈中华人民共和国民法典〉合同编通则若干问题的解释》相关典型案例"之八。

③ 参见崔建远:《债法总论》,法律出版社 2013 年版,第 272 页;韩世远:《合同法总论》,法律出版社 2018 年版,第 710 页。

比较、负面效应等方面予以论证。① 《民法典合同编通则解释》第 55 条采取抵销溯及力否定说，其规定双方互负债务在同等数额内消灭的时间点是"抵销通知到达对方时"（而非"抵销条件成就时"）。② 该司法解释施行后，《九民纪要》第 43 条不再适用。

3. 诉讼时效中断

如果双方当事人互负数额相同债务因抵销而均归于消灭，不存在诉讼时效中断的问题。但如果双方当事人互负债务数额不同，则剩余债务的诉讼时效发生中断。如果数额多的债务人行使抵销权，其抵销行为构成"部分履行"，故引起诉讼时效中断（《诉讼时效规定》第 14 条）；如果数额少的债务人行使抵销权，其抵销行为构成"对部分债权主张权利"，诉讼时效中断的效力及于剩余债权（《诉讼时效规定》第 9 条）。

4. 抵销具有一定的优先受偿效力

抵销权的性质虽非担保物权，但对于主动债权人而言，其行使抵销权可优先于被动债权人的其他普通债权人受到清偿。

三、合意抵销

（一）合意抵销的要件

1. 须双方当事人互负有效存在的债务

《民法典》第 569 条规定合意抵销适用于"当事人互负债务"，故该要件与法定抵销的要件 1 基本相同。惟与法定抵销不同的是，如果多个当事人之间存在循环债务，亦可通过多方当事人的意思表示进行合意抵销。例如在甲欠乙 100 万元、乙欠丙 100 万元、丙欠甲 100 万元的场合下，虽不可适用法定抵销，但可以适用合意抵销。

实务中，银行与借款人订立的借款合同常约定"如贷款到期未还出借人有权从借款人银行存款账户资金中扣收贷款本息"的条款，该约定是否构成合意抵销？有判决以"进行该约定时借款人对出借人的债权尚未形成""该约定并非对合意抵销的约定，仅仅是对债务清偿方式的约定"为由，对此持否定意见。③

---

① 参见王利明：《债法总则研究》，中国人民大学出版社 2015 年版，第 712 页；张保华：《抵销溯及力质疑》，载《环球法律评论》2019 年第 2 期；杨勇：《法定抵销溯及力的反思与限缩》，载《华东政法大学学报》2023 年第 6 期。

② 具体理由参见最高人民法院民事审判第二庭、研究室编著：《最高人民法院民法典合同编通则司法解释理解与适用》，人民法院出版社 2023 年版，第 612—613 页。

③ 参见山西省高级人民法院（2021）晋民申 381 号民事裁定书。

2. 双方当事人互负的债务是否到期对合意抵销没有影响

《民法典》第 569 条对适用合意抵销的债务是否到期未作要求。双方当事人互负的债务已到期的,可以适用合意抵销自无疑问。一方或双方债务未到期的,亦可适用合意抵销,因为未到期的债务人可依其意思放弃期限利益。

3. 双方当事人互负债务的标的物种类、品质可以不相同

无论双方互负债务的标的物种类、品质是否相同,均可适用合意抵销。如果双方互负债务的标的物种类、品质相同,当事人本可单方行使抵销权,但其却与对方订立抵销合同,可解释为当事人以行为放弃了抵销权,故订立抵销合同后不得再主张行使抵销权。前述法定抵销要件 4"不得抵销的债务"中,除依照法律规定不得抵销的债务外,其他两类债务亦可适用于合意抵销。

(二)合意抵销的方式

当事人合意抵销的,应当订立抵销合同。当事人在抵销合同中约定涉及抵销的有关事项。抵销合同适用合同的一般成立要件、有效要件及生效要件,抵销合同生效时发生抵销的效力。抵销合同是双务、诺成、不要式合同,可适用此类合同的相关规则。与法定抵销不同的是,抵销合同可以附条件或附期限,因为抵销合同依据双方的意思订立,故附条件或附期限不会造成单方面强制对方接受不公平结果。

(三)合意抵销的效力

抵销合同生效时发生抵销的效力,双方债务消灭的数额、是否具有溯及力等具体后果由抵销合同约定。双方当事人合意抵销部分债务的,剩余债务的诉讼时效中断,此与法定抵销类似。合意抵销亦可使一方或双方的债权获得优先受偿的效力,此也与法定抵销类似。

第五节 提存

一、提存的概念和意义

1. 提存的概念

提存有广义和狭义之分。狭义的提存仅指清偿提存,是指债务人由于债权人原因而无法履行债务的,将标的物提交提存部门而消灭债权债务关系的制度。《民法典》第 570—574 条规定的即为清偿提存。广义的提存包括清偿提存和担保提存。担保提存,是指为维持债权人的担保利益而办理的提存。例如《民法典》第

433 条规定的质权人将拍卖或变卖质物所得价款予以提存，即为担保提存。本节仅讨论清偿提存。作为提存标的物的财产称为"提存物"，向提存部门提交提存物的当事人称为"提存人"（债务人），应当从提存部门领取提存物的当事人称为"被提存人"（债权人、提存受领人）。

提存涉及三方主体，即提存人、提存部门和被提存人。提存人与被提存人之间的债权债务关系为私法关系，不存疑义。提存人与提存部门之间的关系、被提存人与提存部门之间的关系性质如何，则不无疑问。提存人将提存物提交给提存部门保管，形式上类似保管合同（私法关系）。但是依据《提存公证规则》第 10 条规定，对于提存人符合法定要求的提存申请，提存部门应当受理，不予受理的适用复议程序（公法关系）。这表明提存人与提存部门之间的法律关系并不适用民法领域的平等、自愿等基本原则。被提存人与提存部门之间的关系同样存在定性的困扰。如果将提存人与提存部门的关系界定为保管合同，则被提存人从提存部门领取提存物时提存部门居于履行辅助人的地位（私法关系）。但是依据《提存公证规则》第 28 条第 1 款规定，符合法定或约定的给付条件，提存部门拒绝给付的，由其主管的司法行政机关责令限期给付（公法关系）。由此，学界一直存在私法关系说①和公法关系说②之争，主流意见以往采公法关系说，但近年来私法关系说渐有占优的趋势，还有学者主张该法律关系兼有私法关系和公法关系的双重性质。③

2. 提存的意义

提存制度的意义在于，在因债权人原因导致债务人无法正常履行债务的场合下，通过提存使债务人从债权债务关系中解脱出来，从而保护无过错债务人的利益。在很多场合下，债务人履行债务须有债权人的受领行为才能完成。如果债权人无正当理由拒绝受领或因其他原因不能受领，债权人虽应承担受领迟延的责任，但债务人的债务并未消灭。如果仍然要求债务人随时准备履行，甚至在债务人陷于迟延履行后要求其承担责任，对债务人而言甚不公平。各国立法均规定提存制度，以解决在此场合下的债务人保护问题。从另一角度而言，在具备提存要件的情形下，债务人有"义务"通过提存方式履行债务，否则仍应承担迟延履行的违约责任。④

---

① 参见韩世远：《合同法总论》，法律出版社 2018 年版，第 716 页。
② 参见崔建远：《债法总论》，法律出版社 2013 年版，第 273 页。
③ 参见王洪亮：《债法总论》，北京大学出版社 2016 年版，第 184 页。
④ 参见最高人民法院（2013）民四终字第 37 号民事判决书。

二、提存的要件

（一）须有合法的提存原因，且该原因导致债务人难以履行债务

依据《民法典》第 570 条第 1 款，提存原因包括以下 4 种：

1. 债权人无正当理由拒绝受领

债务人依法定或约定要求向债权人履行债务时，如果债权人无正当理由拒绝受领，将导致债务人无法完成履行行为，故债务人在此情形下可予以提存。该提存原因可从以下几方面理解：

（1）该提存原因仅适用于须债权人受领给付的场合。例如债务人的债务是交付货物、办理权属变更登记等。如果债务人的债务在性质上无须债权人受领，则不能适用该提存原因，例如竞业禁止义务、保密义务等。

（2）所谓无正当理由拒绝受领，包括 2 种情况：

①履行期限已经届至，债务人向债权人履行债务，债权人拒绝受领。

②履行期限尚未届至，债务人提前履行债务但不损害债权人利益的，债权人拒绝受领。（《民法典》第 530 条第 1 款）在此情形下，期限利益由债务人享有，债权人以履行行为不符合履行期限为由拒绝受领不构成正当理由。[①]

（3）如果债权人拒绝受领存在正当理由，债务人不得提存。例如债务人提前履行损害债权人利益、债务人部分履行损害债权人利益、瑕疵给付等。在此情形下，债务人的履行行为不符合法定或约定要求，债权人可要求其承担违约责任，故债权人的拒绝受领具有正当理由。

2. 债权人下落不明

如果债务人不能依正常方法确知债权人之所在，债务人当然无法完成履行行为，故债务人在此情形下可予以提存。所谓下落不明，是指债务人不能依正常方法确知债权人的住所，或者虽知道债权人的住所但债权人处于无音讯的状态而无法联系债权人。具体包括：①债权人分立、合并或者变更住所没有通知债务人（《民法典》第 529 条）；②债权人失踪（《提存公证规则》第 5 条第 3 项）。作为提存原因的"失踪"，并不需要达到法律上宣告失踪的条件，而是指处于无音讯的状态且无法与之联系。

在赴偿债务的场合下，债权人下落不明导致债务人难以履行债务的，债务人可予以提存，不存疑义。在往取债务的场合下，债务履行期限已届至而债权人没有往

---

① 相反意见参见张谷：《论提存》，载许章润主编：《清华法学》（第 2 辑），清华大学出版社 2003 年版，第 192 页。

取,债务人是否可以立即予以提存?《提存公证规则》第 5 条第 1 项规定,"债权人延迟受领债之标的"才构成提存原因。因此,必须履行期限届满债权人构成迟延受领的,债务人才可以提存。而且,该项规定并不仅限于"债权人下落不明"的情形,而是只要债权人受领迟延均构成提存原因。如果债权人对往取债务受领迟延,且债务人此时也无法确知债权人下落,则同时也具备《民法典》第 570 条第 1 款第 2 项之提存原因。

3. 债权人死亡未确定继承人、遗产管理人,或者丧失民事行为能力未确定监护人

因债权人死亡未确定继承人、遗产管理人或丧失民事行为能力而无法受领给付,导致债务人不能确知何人为新债权人或代理人,故债务人在此情形下可予以提存。《提存公证规则》第 5 条第 3 项对该提存原因表述为"债权人死亡(消灭)其继承人不清,或无行为能力其法定代理人不清"。

4. 法律规定的其他情形

此处的"法律"应解释为具有法律效力的规范性文件,《提存公证规则》(部门规章)亦包括在内。《提存公证规则》第 5 条的规定的提存原因还包括:债权人延迟受领债之标的;债权人不在债务履行地又不能到履行地受领;债权人不清、地址不详等。债权人未能及时、适当地提供接收款项账号,亦可解释为此类情形。[1]

(二)须标的物适于提存

1. 适于提存的标的物

所谓标的物适于提存,是指标的物的性质适合于由提存部门保管且保管费用不至于过高。《提存公证规则》第 7 条规定,下列标的物可以提存:①货币;②有价证券、票据、提单、权利证书;③贵重物品;④担保物(金)或其替代物;⑤其他适于提存的标的物。实务中,货币的提存最为常见。

2. 不适于提存的标的物

标的物不适于提存或者提存费用过高的,债务人依法可以拍卖或者变卖标的物,提存所得的价款。(《民法典》第 570 条第 2 款)具体情形包括:①体积过大或具有特殊危险的物品。例如 100 吨钢材、10 公斤火药等。②易于毁损灭失的物品。例如鲜鱼、瓜果等。③需采取特殊保管方法且保管费用过高的物品。至于劳务债务、不作为债务等不存在标的物的债务,则既不能直接适用提存,也不能通过拍卖或者变卖提存所得价款。

---

[1] 参见最高人民法院(2016)最高法执复 46 号执行裁定书。

不动产是否适于提存？学界存在争议。① 《民法典》合同编对此未作规定，但《提存公证规则》对此持肯定意见。《提存公证规则》第 14 条规定，对不能提交公证处的提存物，公证处应当派公证员到现场实地验收。经验收的提存标的物，公证处应当采用封存、委托代管等必要的保管措施。《提存公证规则》第 15 条规定，对提存的不动产的价值难以确定的，公证处可以聘请专业机构或人员进行估价。《提存公证规则》第 22 条第 4 款规定，提存的不动产的收益，除用于维护费用外剩余部分应当存入提存账户。无法适用上述规则的不动产，则不适于提存。例如某承包合同纠纷中的债务是交付渔场，标的物是 3000 亩渔场大湖。法院认为，本案未经法院生效判决前，不能向水产局等主管部门函告退出或搬走管理资产，且水产局系渔场的主管单位，与渔场存在利害关系，因此不适于提存。②

三、提存的方式

（一）提存人与提存部门

《民法典》第 570 条规定，提存人是债务人，对此应解释为债务人一方。具体包括：债务人、债务人的代理人、代为清偿的第三人。

提存部门，是国家设立的办理提存相关事务的机构。在现行法框架下，提存部门主要是公证机关。当事人提存，须到公证机关办理提存公证。提存公证是公证处依照法定条件和程序，对债务人或担保人为债权人的利益而交付的债之标的物或担保物（含担保物的替代物）进行寄托、保管，并在条件成就时交付债权人的活动。（《提存公证规则》第 2 条第 1 句）提存公证由债务履行地的公证处管辖。（《提存公证规则》第 4 条第 1 款）

实务中，涉及提存部门的实例如：①债务人委托第三人代销标的物，但未将销售款交给提存部门的，不符合要求。③ ②当事人向其委托的律师事务所提存款项的，不符合要求。④ ③承运人将承运货物运至其住所存放，而未将货物交给提存部门，不构成提存。⑤

---

① 肯定说参见韩世远：《合同法总论》，法律出版社 2018 年版，第 721 页；否定说参见张广兴：《债法总论》，法律出版社 1997 年版，第 276 页。

② 参见湖南省高级人民法院 (2019) 湘民再 340 号民事判决书。

③ 参见湖北省高级人民法院 (2018) 鄂民申 2424 号民事裁定书。

④ 参见重庆市第一中级人民法院 (2020) 渝 01 民终 5474 号民事判决书。

⑤ 本案一审法院认为"视为对货物的提存"，二审法院持否定意见。参见河北省石家庄市中级人民法院 (2020) 冀 01 民终 9135 号民事判决书。

（二）提存的程序

1. 提存人向提存部门提出提存申请

《提存公证规则》第9条规定，提存申请人应当填写公证申请表，并提交下列材料：①申请人的身份证明；法人应提交法人资格证明和法定代表人身份证明，法定代理人应提交与被代理人关系的证明，委托代理人应提交授权委托书；②合同（协议）、担保书、赠与书、司法文书、行政决定等据以履行义务的依据；③存在法定提存原因的有关证明材料；④提存受领人姓名（名称）、地址、邮编、联系电话等；⑤提存标的物种类、质量、数量、价值的明细表；⑥公证员认为应当提交的其他材料。

2. 提存部门受理提存申请

《提存公证规则》第10条规定，符合下列条件的申请，公证处应当受理：①申请人对提存受领人负有清偿或担保义务；②具有本规则第5条或第6条规定的情况；③申请事项属于本公证处管辖；④本规则第9条规定的材料基本齐全。公证处应在收到申请之日起3日内作出受理或不予受理的决定。不予受理的，公证处应当告知申请人对不予受理不服的复议程序。

3. 提存部门审查提存申请

《提存公证规则》第12条规定，公证员依法审查下列内容：①本规则第9条所列材料是否齐全，内容是否属实；②提存人的行为能力和清偿依据；③申请提存之债的真实性、合法性；④请求提存的原因和事实是否属实；⑤提存标的物与债的标的是否相符，是否适宜提存；⑥提存标的物是否需要采取特殊的处理或保管措施。

4. 提存部门办理提存或拒绝办理提存

《提存公证规则》第13条规定，符合下列条件的，公证处应当予以提存：①提存人具有行为能力，意思表示真实；②提存之债真实、合法；③符合本规则第5条或第6条以及第7条规定条件；④提存标的与债的标的相符。

提存标的与债的标的不符或在提存时难以判明两者是否相符的，公证处应告知提存人如提存受领人因此原因拒绝受领提存物则不能产生提存的效力。提存人仍要求提存的，公证处可以办理提存公证，并记载上述条件。不符合上述规定的，公证处应当拒绝办理提存公证，并告知申请人对拒绝公证不服的复议程序。

（三）提存的成立

因提存规则的本质是债务人将标的物交给第三人（提存部门）保管，故原则上自标的物交付时提存关系成立。债务人将标的物或者将标的物依法拍卖、变卖所得价款交付提存部门时，提存成立。（《民法典》第571条第1款）提存部门应当从提存之日起3日内出具提存公证书。（《提存公证规则》第17条）

（四）提存后的通知义务

标的物提存后，债务人应当及时通知债权人或者债权人的继承人、遗产管理人、监护人、财产代管人。（《民法典》第 572 条）以清偿为目的的提存或提存人通知有困难的，公证处应自提存之日起 7 日内，以书面形式通知提存受领人，告知其领取提存物的时间、期限、地点、方法。（《提存公证规则》第 18 条第 2 款）提存受领人不清或下落不明、地址不详无法送达通知的，公证处应自提存之日起 60 日内，以公告方式通知。公告应刊登在国家或债权人在国内住所地的法制报刊上，公告应在 1 个月内在同一报刊刊登 3 次。（《提存公证规则》第 18 条第 3 款）

四、提存的效力

（一）视为债务人已经交付标的物

《民法典》第 571 条第 2 款规定，提存成立的后果是"视为债务人在其提存范围内已经交付标的物"。对此，可分为两种情形：

1. 债务人向提存部门交付的标的物符合法定或约定要求

该情形表明债务人的提存行为符合债的本旨，故提存导致债务人的债务消灭，即产生拟制清偿的效果。该效果仅作用于债务人一方，而不能由此推导出债权人的债权亦归于消灭的结论。该情形下，《民法典》第 571 条第 2 款之"视为……已经交付标的物"解释为"视为债务人在其提存范围内已经适当地履行债务"。

2. 债务人向提存部门交付的标的物不符合法定或约定要求

如果债务人向提存部门交付的标的物存在质量瑕疵、数量不足等情形，表明债务人的提存行为不符合债的本旨，故提存不能产生拟制清偿的效果，而产生不完全履行的违约责任。该情形下，《民法典》第 571 条第 2 款之"视为……已经交付标的物"解释为"视为债务人已向债权人作出不完全履行"，债权人可依据该事实向债务人主张违约责任。债务人已构成迟延履行后办理提存的，逾期利息计算至提存办理完毕（提存成立）之日，即提存部门占有提存物（金钱）期间不再计算逾期利息。[1]

由于提存部门并不承担对当事人实体争议进行审理的职责，故债务人的提存行为是否符合债的本旨通常于纠纷发生后才能予以判断。提存部门依据《提存公证规则》等进行形式审查后，即可为债务人办理提存手续，但同意办理提存并不能

---

[1] 参见吉林省白城市中级人民法院(2020)吉 08 民终 543 号民事判决书。

据此推定债务人的提存行为符合债的本旨。

（二）提存部门的保管义务

1. 保管义务的性质和履行标准

提存部门的保管义务在性质上属法定义务。《提存公证规则》第 19 条规定,公证处有保管提存标的物的权利和义务。公证处应当采取适当的方法妥善保管提存标的,以防毁损、变质或灭失。对不宜保存的、提存受领人到期不领取或超过保管期限的提存物品,公证处可以拍卖,保存其价款。

2. 保管期限

《提存公证规则》第 20 条规定,下列物品的保管期限为 6 个月:①不适于长期保管或长期保管将损害其价值的;②6 个月的保管费用超过物品价值 5% 的。超过保管期限的,提存部门可将提存物予以拍卖,保存其价款。

3. 违反保管义务的后果

《提存公证规则》第 27 条第 1 款、第 2 款规定,公证处不得挪用提存标的。公证处或公证人员挪用提存标的的,除应负相应的赔偿责任外,对直接责任人员要追究行政或刑事责任。提存期间,因公证处过错造成毁损、灭失的,公证处负有赔偿责任。

（三）债权人的提存物领取请求权

1. 提存物领取请求权的性质

该请求权是债权人享有的原债权的转化形式,其虽非向债务人主张,但其权利内容、效力及所受限制均取决于原债权,故该请求权并非独立于原债权以外的新请求权。①

【学说争议:提存物领取请求权是物权请求权,还是债权请求权?】

对于该问题,现行法无明确规定,学界存在争议。物权请求权说认为,提存成立后所有权已经发生转移,此时债权人应享有物权请求权。如果债权人仅享有债权请求权,其利益就无法得以有效保护。② 债权请求权说认为,在我国物权变动模式主要采债权形式主义的背景下,提存物领取请求权应属于债权请求权。债务人通过提存,便相当于将其与债权人的债之关系在提存部门建立了一个"镜像",因

---

① 相反意见参见张谷:《论提存》,载许章润主编:《清华法学》（第 2 辑）,清华大学出版社 2003 年版,第 186 页。

② 参见王利明:《债法总则研究》,中国人民大学出版社 2015 年版,第 721 页。

此提存物领取请求权与原给付请求权具有质的同一性。①

本书认为,针对不同种类的标的物,提存物领取请求权的性质有所不同。而且,基础法律关系的性质(买卖? 租赁? 运输?)也对提存物领取请求权的性质产生影响。以下仅以典型的买卖合同为例予以分析。

(1)提存物是货币的(买受人为提存人),提存物领取请求权是债权请求权。该情形下,债权人(出卖人)有权请求提存部门交付一定数额的货币,故该请求权是债权请求权不存疑义。如果提存物是以"封包"等方式特定化的货币(互易),按照动产认定。

(2)提存物是动产的(出卖人为提存人),提存物领取请求权是物权请求权。债务人(出卖人)向提存部门交付动产致使提存成立的,动产所有权移转给债权人(买受人),提存部门以类似于债权人履行辅助人的地位负有向债权人移交动产的义务。理由如下:其一,虽然提存所涉各种关系并非均属典型意义的私法关系,但就债务人向提存部门交付标的物的行为而言,提存部门系以类似于履行辅助人的地位接受交付。《民法典》第571条第2款中"视为债务人在其提存范围内已经交付标的物"之表述可印证该解释,因为该情形下提存部门依法具有类似于履行辅助人的地位是"交付的拟制完成"的前提条件。其二,债务人向提存部门交付动产,不导致动产所有权移转给提存部门。债务人交付动产系基于其与债权人之买卖法律关系,而并无向提存部门移转所有权之意思,故交付完成导致所有权移转给债权人(而非提存部门)。提存部门占有标的物期间仅负有保管义务而无处分权能(《提存公证规则》第19条),亦可印证该解释。其三,在解释上存在一定困扰的是,既然提存部门具有类似于债权人履行辅助人的地位,为何《民法典》第574条第1款规定"债权人对债务人负有到期债务的,在债权人未履行债务或者提供担保之前,提存部门根据债务人的要求应当拒绝其领取提存物"。对此可解释为,该情形下并非提存部门向债权人行使抗辩权,而是债务人行使抗辩权且提存部门构成传达人。由于提存部门拒绝债权人领取提存物须以"根据债务人的要求"为前提,因此作出抗辩意思的主体实为债务人,而非提存部门。其四,另一可能的困扰是,既然该情形下动产所有权已移转给债权人,为何《民法典》第574条第2款规定"债权人领取提存物的权利,自提存之日起五年内不行使而消灭,提存物扣除提存费用后归国家所有"。对此可解释为,"债权人于法定期限内未领取提存物"构成默示的抛弃行为。

(3)提存物是不动产的(出卖人为提存人),提存物领取请求权是债权请求权。该情形下,提存部门亦以类似于债权人(买受人)履行辅助人的地位负有向债权人

———————

① 参见韩世远:《合同法总论》,法律出版社2018年版,第724页。

移交不动产的义务。由于办理过户登记前不动产所有权尚未移转给债权人,故债权人向提存部门行使的提存物领取请求权是债权请求权。债权人欲取得不动产所有权,仍须请求债务人办理过户登记义务,且可请求提存部门履行相关协助义务。

2. 提存物领取请求权的主体

对于提存物领取请求权的主体,《民法典》第 574 条表述为"债权人",对此应解释为债权人一方;《提存公证规则》表述为"提存受领人"。结合《民法典》第 572 条对通知对象的规定,该主体具体包括:债权人或者债权人的继承人、遗产管理人、监护人、财产代管人等。

3. 提存物领取请求权的行使

(1)债权人可以随时领取提存物。(《民法典》第 574 条第 1 款第 1 句)债权人收到提存通知后,可在提存部门正常工作时间的任意时间点领取提存物,但不得超过法定期限。提存受领人领取提存标的物时,应提供身份证明、提存通知书或公告,以及有关债权的证明,并承担因提存所支出的费用。委托他人代领的,还应提供有效的授权委托书。由其继承人领取的,应当提交继承公证书或其他有效的法律文书。(《提存公证规则》第 23 条第 2 款)因债权的转让、抵销等原因需要由第三人领取提存标的物的,该第三人应当提供已取得提存之债债权的有效法律文书。(《提存公证规则》第 24 条)

(2)债权人对债务人负有到期债务的,在债权人未履行债务或者提供担保之前,提存部门根据债务人的要求应当拒绝其领取提存物。(《民法典》第 574 条第 1 款第 2 句)如果债权人的债权受到同时履行抗辩权、先履行抗辩权的限制,债权人须履行自己的债务后才能领取提存物。以对待给付为条件的提存,在提存受领人未为对待给付之前,公证处不得给付提存标的物。(《提存公证规则》第 23 条第 1 款第 2 句)提存受领人负有对待给付义务的,应提供履行对待给付义务的证明。(《提存公证规则》第 23 条第 2 款第 2 句)

(3)提存部门应当按照当事人约定或法定的条件给付提存物。(《提存公证规则》第 23 条第 1 款第 1 句)符合法定或当事人约定的给付条件,提存部门拒绝给付的,由其主管的司法行政机关责令限期给付;给当事人造成损失的,提存部门负有赔偿责任。根据人民法院、仲裁机构的裁决或司法行政机关决定给付的,由此产生的法律后果由作出决定的机构承担。(《提存公证规则》第 28 条)

(4)债权人有权领取提存物在提存期间所产生的孳息。提存期间,标的物的孳息归债权人所有。(《民法典》第 573 条第 2 句)提存的存款单、有价证券、奖券需要领息、承兑、领奖的,公证处应当代为承兑或领取,所获得的本金和孳息在不改变用途的前提下,按不损害提存受领人利益的原则处理。无法按原用途使用的,应以货币形式存入提存账户。(《提存公证规则》第 22 条第 2 款)定期存款到期的,原则上按原来期限将本金和利息一并转存。股息红利除用于支付有关的费用外,剩余部分应当存入提存专用账户。(《提存公证规则》第 22 条第 3 款)提存的不动产或其他物品的收益,除用于维护费用外剩余部分应当存入提存账户。(《提存公证规则》第 22 条第 4 款)提存账户通常按照活期存款计算利息。[①]

(5)提存费用由债权人负担,(《民法典》第 573 条第 3 句)当事人另有约定的除外。(《提存公证规则》第 25 条第 1 款)提存费用包括:提存公证费、公告费、邮电费、保管费、评估鉴定费、代管费、拍卖变卖费、保险费,以及为保管、处理、运输提存标的物所支出的其他费用。(《提存公证规则》第 25 条第 2 款)提存受领人未支付提存费用前,公证处有权留置价值相当的提存标的物。(《提存公证规则》第 25 条第 3 款)

上述规则中"提存费用由债权人负担"系以符合法定要件的提存为前提,否则债权人无需负担相关费用。例如债权人与债务人之间的诉讼之判决生效之前,债务人将案涉土地转让款办理提存,并产生 6000 余元公证费。由于债务人行为属于"提前提存",不符合提存的法定要件,故应自行承担该费用。[②]

4. 提存物领取请求权的时间限制

债权人领取提存物的权利,自提存之日起 5 年内不行使而消灭,提存物扣除提存费用后归国家所有。(《民法典》第 574 条第 2 款)该 5 年期间为不变期间,不适用诉讼时效中止、中断或延长的规定。

(四)提存物所有权的移转

提存的成立是否导致提存物所有权发生移转,区分提存物的性质而有所不同。

1. 提存物是货币或其他种类物

如果提存物是货币或其他种类物,债务人将提存物交付给提存部门时起,提存物的所有权移转给提存部门。债权人有权从提存部门领取相同种类、数量的货币或其他种类物。例外情形是,债务人依当事人约定以"包封"等方式将货币特定化,并交付给提存部门的,该特定化货币所有权未移转给提存部门,而是直接移转给债权人,故债权人可基于物权请求权要求提存部门移交该特定化货币。

2. 提存物是特定物

(1)提存物是动产的,债务人向提存部门交付提存物时,提存物所有权移转给债权人。虽然《民法典》第 572 条规定债务人对债权人负有通知义务,但是否履行该通知义务不影响提存物所有权的移转,因为该通知义务仅具附随义务的属性。

[①]　参见江苏省连云港市中级人民法院(2018)苏 07 民终 242 号民事判决书。
[②]　参见四川省高级人民法院(2014)川民终字第 294 号民事判决书。

债权人基于被通知或其他原因得知提存事实的,可基于物权请求权要求提存部门移交提存物。

(2)提存物是不动产的,提存成立不导致提存物所有权发生移转。提存成立后,并不对提存物所有权进行变更登记,而是对其采取验收、封存、委托代管等措施,(《提存公证规则》第14条)因此提存物所有权不发生移转。债权人须依法办理不动产物权变更登记,才能取得提存物所有权。

(五)提存物的风险负担

在提存期间,提存物毁损、灭失的风险由债权人负担。(《民法典》第573条第1句、《提存公证规则》第27条第2款前段)所谓由债权人负担该风险,是指如果提存物在提存部门毁损、灭失且不可归责于提存部门,不仅债务人的债务仍归于消灭,而且债权人仍须对债务人负有对待给付义务。例如甲乙买卖一幅名画,甲依法将名画提存,但在提存期间名画因火灾意外烧毁,则甲的债务消灭而乙仍须向甲支付价金。

1. 该风险负担规则仅适用于提存物非货币的情形

如果提存物是货币,因债权人仅享有请求提存部门交付相同种类、数量货币的权利(特定化货币除外),且提存部门保管货币的方式是将其置入提存账户,因此不存在适用风险负担规则的可能。如果提存物是其他种类物,因该提存物在提存部门保管期间仍有意外毁损、灭失的风险,故适用该风险负担规则。

2. 该风险负担规则的适用不以债权人违约为前提

无论债权人是否构成违约,在提存的场合下均可适用该风险负担规则。如果债权人构成违约(例如受领迟延),依《民法典》第605条规定,债权人应当自违约之日起承担标的物毁损、灭失的风险,而不考虑债务人是否予以提存。如果债权人不构成违约,债务人基于其他提存原因予以提存,债权人负担提存期间内提存物毁损、灭失的风险。因此,《民法典》第573条第1句规定的该风险负担规则对于债权人违约以外的其他提存原因更具适用意义。

(六)债务人对提存物的取回权

1. 债务人取回权的原因

提存以债务人负有交付标的物的债务为前提,如果某种原因导致该前提丧失,自应允许债务人取回标的物。依据《民法典》第574条第2款第2句和《提存公证规则》第26条第1款、第2款规定,具备下列情形之一的,债务人有权从提存部门取回提存物。

(1)债权人未履行对债务人的到期债务。此处的"债权人对债务人的到期债务"应解释为与债务人交付提存物的债务具有牵连关系。该情形下,债务人享有选择权:一是依据《民法典》第 574 条第 1 款第 2 句,要求提存部门拒绝债权人领取提存物,即通过提存部门向债权人行使抗辩权。二是依据第 574 条第 2 款第 2 句,要求从提存部门取回提存物,即通过取回标的物使其与债权人恢复至同时履行抗辩、先履行抗辩等对抗状态。

(2)债权人向提存部门书面表示放弃领取提存物权利。债权人的此行为构成对债务人的免除行为,故债务人有权向提存部门行使取回权。

(3)债务人凭人民法院生效的判决、裁定。如果人民法院生效的判决、裁定认定作为基础法律关系的合同无效、被撤销,或者诉讼中通过抵销、和解等方式导致债务人的债务消灭,因适用提存的前提丧失,债务人可凭该判决、裁定行使取回权。

(4)债务人凭提存之债已经清偿的公证证明。如果提存人在提存程序之外向债权人清偿了债务,提存人可凭有关公证证明行使取回权。

2. 行使取回权的效力

《提存公证规则》第 26 条第 3 款规定,提存人取回提存物的,视为未提存。因此产生的费用由提存人承担。提存人未支付提存费用前,提存部门有权留置价值相当的提存标的。

第六节　免除

一、免除的概念和性质

免除,是指债权人放弃债权,使债务人的债务归于消灭的现象。对于免除行为的性质,可从以下几方面理解:

1. 免除是双方行为

免除是双方行为还是单方行为? 各立法态度不一。[①]《民法典》颁布前学界多采单方行为说,但《民法典》第 575 条采取双方行为说。[②] 该条虽未要求免除行为须取得债务人明示同意,但免除行为成立以"债务人在合理期限内未作拒绝"为条件,故应解释为:债权人向债务人作出免除的意思表示构成要约,债务人未作拒绝构成默示的承诺。其理由在于,免除多对债务人有利,其一般不会反对,故基于效率原则不必取得债务人明确同意;但基于意思自治原则,债务人对免除明确表示拒

---

① 采双方行为说的立法例参见《德国民法典》第 397 条;采单方行为说的立法例参见《日本民法典》第 519 条。

② 亦有学者认为,免除的性质应认定为附解除条件的单方法律行为,"债务人拒绝"构成法定解除条件。参见朱广新、谢鸿飞主编:《民法典评注·合同编·通则 2》,中国法制出版社 2020 年版,第 277—278 页(申海恩执笔)。

绝,应尊重其意愿。尤其在免除对债务人造成不利影响的场合下,应承认债务人享有拒绝的权利。例如免除使债务人资产负债率发生变化,并由此导致其丧失获得投资的利益。[①] 此外,基于合同自由原则,债权人与债务人也可以订立债务免除合同。

2. 免除是处分行为

免除是债权人抛弃债权的处分行为,其直接导致债权人的债权消灭,故免除以"债权人对债权有处分权"为有效要件。债权人以外的第三人不享有对债权的处分权,其实施免除行为的,不发生免除的效力。债权人享有债权但处分权受到限制的,其实施的免除行为亦不发生免除的效力。例如《破产法》第 31 条规定,人民法院受理破产申请前 1 年内,债务人放弃债权的,管理人有权请求人民法院予以撤销。

3. 免除是无偿行为

债权人实施免除行为,债务人无需支付任何代价,免除为典型的无偿行为。免除本身是无偿行为,但其原因可以是有偿或无偿。

4. 免除是不要式行为

对于免除行为的形式,现行法未作特定要求。债权人以口头或书面形式作出免除之意思表示的,均无不可。在某些场合下,债权人也可以默示形式作出免除之意思表示。

5. 免除是无因行为

债权人实施免除行为的原因,可能是和解、赠与或其他原因。通说认为,免除是无因行为,即其原因的效力不影响免除行为的效力。例如甲和乙之间存在 A、B 两个合同均未履行产生纠纷,二人达成和解协议:变更 A 合同以减轻甲的债务;作为代价,甲免除乙在 B 合同中所负债务。甲依约免除后,和解协议被确认无效,免除行为仍然有效,甲的损失可通过和解协议无效的法律后果及不当得利请求权得以弥补。又例如房屋出租人以"承租人经济困难"为由,基于赠与的意思免除部分房租,其后出租人又以"承租人具有清偿能力"为由主张撤销免除行为。如果不存在欺诈、胁迫等事由,出租人的主张不应被支持。[②]

二、免除的要件

(一)免除行为人须对债权享有处分权

如果免除行为人不享有债权或虽享有债权但处分权受到限制,免除行为不发

---

① 参见黄薇主编:《中华人民共和国民法典合同编释义》,法律出版社 2020 年版,第 259—260 页。

② 参见辽宁省辽阳市中级人民法院(2023)辽 10 民终 354 号民事判决书。

生免除的效力。在此情形下,免除行为是否当然无效? 应区分不同情况:

（1）有些场合下,法律规定相关当事人有权撤销行为人的免除行为,例如《民法典》第538条规定的债权人撤销权、《破产法》第31条规定的破产撤销权等。

（2）法律未作特殊规定的,免除行为效力未定。

（二）免除行为人须具有相应的民事行为能力

免除行为人是自然人的,应具有完全民事行为能力。因免除行为单方面导致债权人财产减少,故作为债权人的无民事行为能力人和限制民事行为能力人不得实施,其监护人也不得实施,但为被监护人的利益除外。（《民法典》第35条第1款）免除行为人是法人或非法人组织的,不得存在法律禁止该组织实施免除行为的情形,且该组织应依法定程序作出相关决议。（《公司法》第59条、《合伙企业法》第31条）

（三）免除行为人须向债务人作出免除其债务的意思表示,且意思表示真实

免除是表意行为,须以免除行为人作出免除之意思表示为要件。该意思表示是有相对人的意思表示,其生效时间适用《民法典》第137条之规定。该意思表示应由免除行为人自愿、真实地作出,如果存在欺诈、胁迫、重大误解等情形,免除行为无效或可撤销。该意思表示应当包含免除债务人债务的内容,其未必直接出现"免除"字眼,但应具有债权人抛弃债权、债务人的债务消灭等内容。例如债权人给债务人发短信表示"事已至此望你好自为之,剩下的钱我不要了"。[1]

（四）债务人在合理期限内未作拒绝

债务人收到免除通知后,在合理期限内未作拒绝构成默示的同意。对于合理期限,可由债权人在免除通知中确定;免除通知中未确定的,结合债务数额、性质、双方所在地等因素予以判断。例如物业公司发布《通知》表示"按照一定标准减免业主部分物业费",业主未提出异议。[2]

（五）免除不得损害第三人的合法权益

免除的效力虽然直接导致债权人和债务人之间的权利义务发生变动,但如果免除行为涉及第三人的利益,在某些场合下也受到限制。例如甲对乙享有A债权,甲以A债权为标的设立权利质权以担保丙之B债权,甲如果对乙免除A债权,将损害丙的利益,故在此场合下不得免除。

---

[1]　参见新疆维吾尔自治区乌鲁木齐市中级人民法院(2022)新01民终2610号民事判决书。
[2]　参见广东省佛山市中级人民法院(2022)粤06民终7688号民事判决书。

三、免除的方式

(一)免除应以明示或者默示的意思表示作出

1. 免除的意思表示通常以明示形式作出,但某些场合下也可以默示形式作出

因免除是不要式行为,故免除的意思表示形式并无特定要求。行为人以明示形式实施免除行为的,通常表现为向债务人发出书面或口头通知。实务中,以微信作出免除的意思表示亦被认可。[1]

行为人以默示形式实施免除行为的,表现为其实施某种积极行为,该行为中包含有免除的意思。[2] 例如债务履行期限届满时,债权人当面向债务人销毁债权证书、自愿交还借据等。有判决认为,债权人与抵押人订立的抵押合同中约定"其他任何第三方就主债权向债权人提供的担保(包括人的担保和物的担保)均已撤销",其后抵押人向在先担保人出示了该合同原件,构成免除的意思表示。[3] 单纯的沉默原则上不构成免除的意思表示。

2. 免除的意思表示须由债权人向债务人作出

免除的意思表示是有相对人的意思表示,故须由债权人向债务人作出。债权人向第三人作出免除债务人债务的意思表示,不产生免除的效果。[4]

(二)免除可以附条件或附期限

因免除是当事人处分自己权利的法律行为,故可以附条件或附期限,以实现行为人的某种特殊动机。例如债权人向债务人表示,如果能提前 1 个月还款,部分利息予以免除。基于免除行为的性质,其所附条件或期限可以是生效条件、解除条件或始期,但不能是终期。

四、免除的效力

(一)被免除的债务消灭

《民法典》第575条规定,债权人可以免除债务人部分或者全部债务。该规定

---

[1] 参见黑龙江省高级人民法院(2019)黑民申4010号民事裁定书。

[2] 也有学者认为,免除的意思表示必须采明示形式。参见王利明:《债法总则研究》,中国人民大学出版社2015年版,第728页。

[3] 参见最高人民法院(2020)最高法民申735号民事裁定书。

[4] 参见山东省高级人民法院(2017)鲁民终498号民事判决书。

系指就某一特定债务,债权人可以部分或全部予以免除。债权人部分免除的,该债务部分消灭;债权人全部免除的,该债务整体消灭。对债权人而言,其所享债权也发生部分或全部消灭。

(二)被免除债务的从债务消灭

从债务原则上因主债务被免除而消灭,包括利息债务、担保债务、违约金债务等。但债权人明确表示从债务不消灭,且依从债务的性质可以独立存在的,则该从债务不消灭。例如债权人表示债务人迟延履行的债务予以免除,但因该迟延履行所产生的违约金仍须支付。

(三)债务人可请求债权人返还债权凭证

债务因免除而消灭的,债务人有权请求债权人返还债权证书、欠条等债权凭证。

第七节 混同

一、混同的概念和性质

混同有广义和狭义之分。狭义的混同仅指债法领域的混同,是指债权和债务同归于一人,致使债权债务消灭的现象。《民法典》第576条规定的即为狭义的混同。广义的混同包括债法领域的混同和物权法领域的混同。物权法领域的混同,是指所有权与他物权同归于一人,致使他物权消灭的现象。例如质权人占有质物期间,因其他法律关系取得质物所有权,质权因混同而消灭。本节仅讨论狭义的混同。

混同作为一种导致债权债务消灭的法律事实,性质上属于事件,而非行为。在债务人受让债权的场合下,虽存在债权让与行为,但混同并非指该行为,而是指因债权让与导致债权和债务同归于一人的结果事实。

二、混同的原因

《民法典》第576条规定,混同的原因是"债权和债务同归于一人"。具体包括以下两类情形:

(一)概括承受

概括承受,是指因债权人和债务人的主体存续发生变化,而导致一方的权利义务全部由另一方承受的现象。具体包括:企业合并、债权人继承债务人财产①、债务人继承债权人财产②等。

(二)特定承受

特定承受,是指就某一特定债权,债权人和债务人的身份归于一人。具体包括:债权人将债权转让给债务人、债务人将债务转让给债权人等。

三、混同的效力

(一)债权债务消灭

《民法典》第576条规定,混同的效力是"债权债务终止"。因混同而消灭的债务,既包括主债务,也包括利息债务、担保债务等从债务。在保证人取得主债权的场合下,保证债权因混同而消灭,但主债权不消灭。③ 如果保证人为数人,债权人将债权转让给保证人之一,主债权不消灭,其他保证人仍须依约定向新债权人承担保证责任。④

(二)涉及第三人利益的,债权债务不因混同而消灭

如果债权债务不涉及第三人利益,该债权债务因混同而发生绝对消灭的效力。但如果债权债务涉及第三人利益,为保护第三人合法权益,该债权债务不因混同而消灭。具体包括以下两类情形:

1. 债权是第三人权利的标的

例如甲公司对乙公司享有A债权,甲以A债权为标的设立权利质权以担保丙之B债权,其后甲乙两公司合并,为保护丙的担保利益,A债权不因混同而消灭,丙仍有权主张就A债权优先受偿。

2. 具有流通性的证券化债权

例如在票据权利转让的场合下,票据背书转让给前手票据债务人(出票人、承兑人等),票据权利不因混同而消灭,可以继续流通。又例如公司取得本公司发行的公司债券,债券权利不因混同而消灭,可以继续流通。

---

① 参见河南省郑州市中原区人民法院(2020)豫0102民初1749号民事判决书。
② 参见北京市朝阳区人民法院(2022)京0105执异508号执行裁定书。
③ 参见江苏省高级人民法院(2018)苏民终363号民事裁定书。
④ 参见湖北省高级人民法院(2016)鄂民终1343号民事判决书。

第十一章　违约责任

第一节　违约责任概述

一、违约责任的概念和特征

违约责任,是指合同当事人不履行合同义务或履行不符合约定或法律规定时,对另一方当事人所承担的民事责任。《民法典》采"违约责任"概念,而传统民法通常采"债务不履行责任"概念。[①] 违约责任是债务不履行责任的下位概念,债务不履行责任除包括违约责任外,还包括不履行非合同债务产生的责任。违约责任是违约救济的下位概念。违约救济除包括违约责任外,还包括合同解除、不安抗辩权等制度。违约责任具有以下几方面特征:

(一)违约责任以有效合同的存在为前提

合同不成立、无效或被撤销的,虽也能产生返还财产、赔偿损失等后果,但其性质并非违约责任。原告在诉讼中主张被告承担违约责任,意味着原告承认合同已有效成立,故原告不得同时再主张确认合同无效或撤销合同。违约责任的产生时间是合同有效成立之后:合同有效成立但尚未生效,当事人违反附随义务的,可产生违约责任;合同生效后,当事人违反给付义务是产生违约责任的最常见形态;合同权利义务终止后,当事人违反后合同义务的,亦可产生违约责任。

(二)违约责任是当事人违反合同义务所产生的民事责任

1. 当事人违反的合同义务包括约定义务和法定义务

虽然合同义务大多为约定义务,系由当事人在合同中约定,但也包括一些法定义务。即使合同中未约定某些义务,当事人也应基于法律规定的要求履行此类义

[①] 少数学者对我国法律采"违约责任"概念持质疑意见,参见李永军:《论债法中本土化概念对统一的债法救济体系之影响》,载《中国法学》2014 年第 1 期。

务,法律允许当事人通过约定排除的除外。例如出卖人交付有关单证和资料的义务(《民法典》第 599 条)、托运人提交有关文件的义务(《民法典》第 826 条)等。因法律要求合同当事人全面履行各项合同义务,故无论当事人违反主给付义务、从给付义务或附随义务,均可产生违约责任。如果当事人违反不当得利返还义务、无因管理支付费用等非合同义务,当然不产生违约责任,而产生其他债务不履行责任。

2. 当事人违反合同义务的行为形态包括不履行、履行不符合约定或法律规定

当事人违反合同义务的行为即为违约行为。依据《民法典》第 577 条规定,违约行为的形态包括两种基本类型:不履行;履行不符合约定(或法律规定)。不履行是指当事人完全未履行合同义务的行为,例如拒绝履行、不能履行等。履行不符合约定或法律规定是指当事人虽有履行合同义务的行为,但在履行期限、标的物数量、标的物质量等方面不符合约定或法律规定的要求,例如迟延履行、部分履行、瑕疵给付等。

3. 违约责任是民事责任,不同于行政责任、刑事责任

当事人实施某些具有严重违法性的违约行为(如出卖人交付的标的物是侵害他人商标权的产品),可同时产生违约责任、行政责任或刑事责任等多项法律责任。对于行政责任或刑事责任,由有关行政主管部门或者司法机关负责处理。此类法律责任的性质并非违约责任,而是与违约责任并存的其他部门法上的法律责任。民事主体因同一行为应当承担民事责任、行政责任和刑事责任的,承担行政责任或者刑事责任不影响承担民事责任;民事主体的财产不足以支付的,优先用于承担民事责任。(《民法典》第 187 条)

(三)违约责任具有相对性

1. 违约当事人应对自己的违约行为承担违约责任

承担违约责任的主体只能是合同当事人,合同关系以外的第三人因不负有合同义务,不能成为责任主体。违约责任是自己责任,即合同当事人对本人及其代理人、履行辅助人的违约行为承担责任。例如旅游者在随团旅游的过程中,在景点商铺内买到假货,应向买卖合同的当事人商铺(出卖人)主张违约责任。因旅行社并非买卖合同当事人,故不承担违约责任。旅行社有欺诈行为的,可适用第三人欺诈的规定。① 如果旅行社违反法律规定,以明显不合理的低价(如零团费)组织旅游并指定具体购物场所安排购物,则旅行社构成旅游合同的违约当事人,应依法承担"办理退货并先行垫付退货货款、退还另行付费旅游项目的费用"等责任(《旅游法》第 35 条)。②

---

① 参见山东省威海市中级人民法院(2016)鲁 10 民终 1133 号民事判决书。
② 参见安徽省淮南市八公山区人民法院(2018)皖 0405 民初 571 号民事判决书。

2. 因第三人的原因造成当事人违约的,当事人仍应承担违约责任

违约责任被局限于在合同当事人之间发生,如果基于第三人的原因造成当事人一方违约,承担违约责任的主体仍为该当事人而非第三人。《民法典》第593条规定,当事人一方因第三人的原因造成违约的,应当向对方承担违约责任。当事人一方和第三人之间的纠纷,依照法律规定或者按照约定解决。① 例如A(托运人)与B(承运人)订立运输合同后,B与第三人C订立船舶租赁合同用于完成运输行为。因B与C发生纠纷,C留置、变卖了运输货物(货主是A)。B仍应向A承担违约责任,而不能以"违约系由第三人的原因造成"为由主张免责,B与C之间的纠纷另行解决。②

《民法典》合同编中体现违约责任相对性的条文还包括:第522条规定的债务人向第三人履行债务规则;第523条规定的第三人向债权人履行债务规则;第716条规定的承租人转租时对第三人致损承担责任规则;等等。

3. 违约当事人向对方当事人承担违约责任,而非向国家或第三人承担

承担违约责任的对象是合同关系中的对方当事人,而非有关国家机关或第三人,此与行政责任和刑事责任存在明显差异。

(四)违约责任主要具有补偿性

违约责任的主要功能是补偿守约方因违约方的违约行为给其造成的损失,通过违约责任的承担使守约方的财产达到未发生违约行为时的状态。因此,违约金、违约损害赔偿等责任的承担,原则上均应以填补守约方的损失为基本标准。违约方承担违约责任的范围主要取决于其违约行为给守约方造成损失的大小,而与违约方主观恶意的大小没有正向联系。但在某些特殊场合下,基于特定的立法目的,法律规定适用惩罚性赔偿或惩罚性违约金。这些规则的功能着眼于对违约方实施违约行为的惩罚,而非对守约方损失的填补,只能在有明确法律规定或可由当事人约定的场合下方能适用。

对于守约方违约损失的补偿方法有两种:一是(广义的)恢复原状,是指责任人实施一定行为使守约方的财产状态恢复到损失发生之前的状态。具体的责任形式包括继续履行、标的物瑕疵补正(修理、更换、重作)等。二是金钱赔偿,是指按照损失的程度,由责任人向守约方赔偿相同价值的金钱。具体的责任形式包括损害赔偿、违约金等。

---

① 关于《民法典》第593条(原《合同法》第121条)规范涵义的学理意见,参见周江洪:《〈合同法〉第121条的理解与适用》,载《清华法学》2012年第5期;解亘:《论〈合同法〉第121条的存废》,载《清华法学》2012年第5期。

② 参见最高人民法院(2022)最高法民再245号民事判决书。

（五）违约责任的内容、形式可以由当事人事先约定

与行政责任、刑事责任及侵权责任的一个重要区别是，违约责任可由当事人事先约定责任内容和责任形式。所谓事先约定，是指在违约行为尚未发生时，当事人可在合同中就违约责任的有关事宜予以约定。例如约定违约金、定金条款等。因合同关系是相对法律关系，基于合同自由原则允许当事人就违约行为所导致的权利义务变动依据当事人意思作出安排，以此约束当事人的行为并使守约方由此获得救济。另一方面，此类约定须受到有关规则的限制，例如违约金数额调整规则（《民法典》第585条第2款）、定金数额上限规则（《民法典》第586条第2款）等，以防止当事人的约定过分偏离违约责任制度的功能。

（六）违约责任是财产责任

违约责任的形式限于财产责任形式，不包括赔礼道歉等非财产责任形式。《民法典》合同编规定的违约责任形式包括：继续履行、标的物瑕疵补正、损害赔偿、违约金、定金责任等，均为财产责任形式。对于消除影响、恢复名誉、赔礼道歉（《民法典》第179条第1款第10项、第11项）等非财产责任形式，通说认为主要适用于侵害人身权的侵权责任，而不适用于违约责任。其理在于，合同之债是一种财产法律关系，当事人的违约行为给守约方造成的损失体现为财产权益的丧失或减少，须适用财产责任形式才能对守约方起到补偿作用，而赔礼道歉等非财产责任形式在性质上不能实现违约责任的补偿功能。例如：计算机软件著作权许可使用合同纠纷中，原告主张被告赔礼道歉、消除影响的，通常不予支持[①]；旅游合同纠纷中，旅游者因体验不佳等原因请求旅行社赔礼道歉的，通常不予支持[②]。

【实务争议："背靠背支付条款"是否违反合同相对性？】

实务中（尤其在建设工程领域），"背靠背支付条款"（Pay When Paid）经常被当事人采用。在建设工程领域中，背靠背支付条款是指承包人在建筑工程分包合同中约定的，以其收到建设单位给付的资金作为其向分包人付款条件的合同条款。背靠背支付条款在分包合同中通常表现为"承包人在业主付款后向分包人支付工程款""承包人按照业主支付其工程款的同等比例，在收到后按同等比例支付给分包人"或者"在业主支付完毕后合理期限内支付工程款"等类似表述。[③] 对于背

---

① 参见最高人民法院（2020）最高法知民终1851号民事判决书。
② 参见广东省深圳市罗湖区人民法院（2018）粤0303民初24190号民事判决书。
③ 参见杨海静、王晓晨：《分包合同"背靠背支付"条款的司法实践与理论分析》，载《建筑经济》2022年第3期。

靠背支付条款是否违反合同相对性,现有裁判意见存在分歧。

第一种观点"无效说"认为,该条款违反合同相对性,应直接认定无效。例如合同对分期付款的时间及付款比例进行了约定,并注明"建设方付款到甲方后甲方付款给乙方"。法院认为该条款内容违反合同相对性,应当直接依据约定的付款期限履行付款义务。①

第二种观点"肯定说"认为,该条款不违反法律强制性规定和公序良俗,应认定有效。例如合同对各期款项的付款条件均作出约定,且约定"甲方支付各期货款均以其收到第三方支付的相对应款项为前提"。法院认为,双方一致同意将付款条件与第三方的付款情况相挂钩,并不违反公平和诚实信用原则,故该约定有效。②

第三种观点"折中说"认为,该条款原则上有效,但如果债务人怠于向第三方行使权利致使自己无法履行债务的,不得以该条款抗辩。例如分包合同约定"甲方在业主批准的计价款到达账户 5 日内及时支付给乙方"。法院认为,在目前建筑市场处于绝对买方市场,业主拖欠工程款日趋普遍的环境下,该条款有一定的合理性和合法性,故属有效。但承包人应举证证明不存在因自身原因造成业主付款条件未成就的情形,并举证证明自身已积极向业主主张权利,业主仍未就分包工程付款。若因承包人拖延结算或怠于行使其到期债权致使分包人不能及时取得工程款,分包人要求承包人支付欠付工程款的,应予支持。③

本书赞同折中说,理由如下:其一,合同相对性不能绝对地排除合同自由原则的适用。基于各种现实因素的考量,当事人以自愿、真实意思表示将第三方付款作为己方的付款条件,以分配经营风险,原则上应肯定其效力。如果该条款系在欺诈、胁迫、未充分提示告知等情形下订立,可通过撤销权、格式条款等规则予以救济。其二,法律允许合同可以"附条件",而条件可能是不确定性甚高的某种事实(如一方取得某种特许经营资格)。从不确定性的程度来看,背靠背支付条款未必高于合同所附"条件",故从逻辑上而言,认可其效力并无违和之处。而且,近年确有最高人民法院判决将背靠背支付条款认定为合同所附条件,并认可其效力。④还有判决将债务人怠于向第三方行使权利认定为"为自己的利益不正当地阻止条件成就",并由此得出"视为条件已成就"之结论。⑤ 其三,折中说较好地平衡了合同自由原则与合同相对性之间的关系。一方面,原则上承认背靠背支付条款效力有利于实现意思自治的理念;另一方面,根据债务人是否具有可归责性决定其可否以该条款抗辩,而非在完全不虑及债务人因素的前提下绝对地认可该条款的效力,

---

① 参见湖北省咸宁市中级人民法院(2014)鄂咸宁中民三终字第 138 号民事判决书。
② 参见上海市高级人民法院(2020)沪民申 165 号民事裁定书。
③ 参见河南省三门峡市中级人民法院(2014)三民终字第 199 号民事判决书。
④ 参见最高人民法院(2023)最高法民申 160 号民事裁定书。
⑤ 参见最高人民法院(2020)最高法民终 106 号民事判决书。

并未突破合同相对性的框架。近年来,折中说似有成为主流意见的趋势。① 例如《北京市高级人民法院关于审理建设工程施工合同纠纷案件若干疑难问题的解答》(京高法发〔2012〕245号)第22条即采折中说,该条在承认背靠背支付条款有效的前提下,同时规定"因总包人拖延结算或怠于行使其到期债权致使分包人不能及时取得工程款,分包人要求总包人支付欠付工程款的,应予支持"。新近裁判意见亦多采折中说。②

在采用折中说的前提下,以下两点值得特别说明:

(1)背靠背支付条款的适用应以合同有效为前提,合同无效或被撤销所生返还财产、赔偿损失等后果不应适用该条款。③ 例如当事人订立的施工合同被法院认定为违法分包合同的,虽然实际施工人可请求参照合同约定支付工程价款,但这是合同无效的法定后果,背靠背支付条款因合同无效不再适用。④

(2)由于背靠背支付条款适用于诸多领域,特定领域中针对适用该条款的交易习惯也是应考虑的重要因素。例如当事人为进行跨境贸融业务、进口代理业务订立《合作协议》,约定由甲方指定第三方公司为其办理采购业务并书面通知乙方,指示乙方与第三方公司签订采购合同,同时甲方与乙方签订对应的"背靠背"采购合同。合同中须明确与市场行情一致的采购价格和包含了乙方收益的销售价格,以及一切物流费用和货物质量及保管责任均由甲方负责等内容的条款。合同签订后,甲方先将20%保证金汇入乙方账户,并及时督促另一家公司办理货权转移手续给乙方,乙方按甲方的要求提供80%资金并及时将100%货款支付给另一家公司。甲方须在合同规定的时间内及时将商品回购,并及时支付乙方垫付的80%资金和收益。法院认为,该《合作协议》是对双方之间贸融业务、进口代理业务交易方式的总的安排和约定,背靠背条款应属有效。⑤

二、违约责任与相关概念的关系

(一)合同债务与违约责任

在罗马法上,未区分债务与责任,二者都被称为"法锁"(obligatio),意指一个

---

① 相关学理意见参见邬砚:《建设工程合同纠纷:254个裁判规则深度解析》,法律出版社2019年版,第42页。
② 参见北京市第二中级人民法院(2023)京02民终2631号民事判决书。
③ 其他观点参见秦旺:《建设工程造价结算前沿问题研究》,载《法律适用》2017年第5期。
④ 参见最高人民法院(2017)最高法民申4349号民事裁定书。
⑤ 参见最高人民法院(2017)最高法民终569号民事判决书。

或数个主体有义务履行某种给付或者以自己的财产对不履行情况负责。① 在此语境下,责任是不履行债务的当然结果,责任被债务所包含。一般认为,严格区分债务与责任是日耳曼法的贡献。债务是法律规定或合同约定的当事人应作出的某种行为,是"法律的当为"。责任是违反"当为"的法律后果,即当事人不履行或不适当履行债务时由法律强制发生的法律责任。我国现行法严格区分合同债务与违约责任,有关合同债务的履行规则由《民法典》合同编第一分编第四章"合同的履行"规定,有关违约责任的规则由第八章"违约责任"规定。

合同债务与违约责任的区别:(1)法律意义不同。合同债务是当事人当为的行为内容,即作出某种给付;违约责任是当事人违反合同债务的法律后果。(2)表现形式不同。合同债务包括给付义务和附随义务,给付义务表现为交付标的物、提供劳务、转移权利等,附随义务表现为通知、协助、保密、保护等。违约责任的内容虽然也是一定财产的转移,但其表现形式是支付违约金、损害赔偿、标的物瑕疵补正等。(3)相互关系不同。存在合同债务不一定产生违约责任,因为当事人按照法律规定或合同约定履行了合同债务便不存在违约的问题。产生违约责任必须以违反合同债务为前提,原告诉请对方承担违约责任须证明对方实施了违约行为。(4)强制力不同。合同债务虽对当事人具有拘束力,但并不直接体现为国家强制力,债权人只能请求债务人履行合同债务。违约责任直接体现国家强制力,可通过强制执行措施保障违约责任的承担。

（二）合同责任与违约责任

合同责任在学理上有广义和狭义之分。广义的合同责任,是指合同法上的民事责任,包括违约责任和缔约过失责任。广义的合同责任是违约责任的上位概念。狭义的合同责任,是指违反合同债务的民事责任,即违约责任。② 狭义的合同责任与违约责任为等同概念。为便于区分违约责任与缔约过失责任,避免语义上的混乱,本书采广义的合同责任概念,故合同责任包括违约责任和缔约过失责任。

（三）缔约过失责任与违约责任

缔约过失责任与违约责任均为产生于合同法领域的民事责任,两者的责任形式都包括损害赔偿。缔约过失责任与违约责任的区别:(1)产生的前提条件不同。前者不以存在有效合同为前提,发生于缔约阶段及合同无效、被撤销等场合;后者

---

① 参见[意]彼德罗·彭梵得:《罗马法教科书》,黄风译,中国政法大学出版社1992年版,第283页。
② 也有观点认为狭义的合同责任除包括违约责任外,还包括:(1)变更、解除合同所产生的责任;(2)保证责任;(3)守约方未尽到防止或减轻损害的义务产生的责任。但不包括缔约过失责任。参见王利明:《合同法研究(第二卷)》,中国人民大学出版社2015年版,第409—410页。

以存在有效合同为前提。(2)违反的义务不同。前者是违反先合同义务的后果,先合同义务是法定义务,包括诚信缔约义务、告知义务、保密义务等;后者是违反合同义务的后果,合同义务多为约定义务,包括主给付义务、从给付义务、附随义务等。(3)归责原则不同。前者适用过错责任原则;后者适用无过错责任原则。(4)责任形式不同。前者责任形式较为单一,主要是损害赔偿;后者责任形式较为多样,包括继续履行、标的物瑕疵补正、损害赔偿、违约金等。(5)损害赔偿范围不同。前者赔偿无过错方的信赖利益损失;后者赔偿守约方的履行利益损失。原告提起违约之诉的,一般认为不能同时主张赔偿信赖利益损失和履行利益损失。①

(四)侵权责任与违约责任

1. 侵权责任与违约责任的竞合

某些案型中案件事实既符合侵权责任要件,也符合违约责任要件,便产生如何处理两种责任关系的问题。例如保管人因保管不善导致保管物遗失;承揽人工作过程中偷换定作人提供的材料。依据《民法典》第 186 条规定,此类情形下守约方(被侵权人)有权选择请求违约方(侵权人)承担违约责任或者侵权责任。② 具体而言,侵权责任与违约责任的关系应遵循以下规则:

(1)守约方(被侵权人)享有两个请求权,即违约请求权和侵权请求权。这两个请求权各自独立存在,依各自要件判断其成立及效力,原则上相互不生影响。例如买卖合同标的物是出卖人享有专利权的产品,且合同约定了买受人的保密义务条款。其后,买受人擅自生产该专利产品,出卖人以"侵害专利权"为由提起侵权之诉。该侵权请求权与违反保密义务条款的违约请求权应当分别予以判断。③

买卖合同纠纷中,因出卖人交付的标的物质量不合格导致买受人履行利益损失的(如不合格光缆造成通信网络时有中断、信号受干扰),不构成侵权责任与违约责任的竞合,买受人只能提起违约之诉。因为侵权责任(产品责任)保护的是受害人的固有利益而非履行利益,本案中侵权请求权并不成立,故不构成侵权责任与违约责任的竞合。④

(2)守约方(被侵权人)享有两个请求权的规范目的是保护该特定受害人,故其不得分别处分两个请求权,也不得保留一个请求权而转让另一个请求权。

(3)守约方(被侵权人)可以选择行使违约请求权或侵权请求权,但不能同时

---

① 参见最高人民法院(2021)最高法民终 813 号民事判决书。

② 对于如何处理侵权责任与违约责任的关系,各立法并不相同,大致包括法条竞合说、请求权竞合说、请求权规范竞合说等。参见叶名怡:《违约与侵权竞合实益之反思》,载《法学家》2015 年第 3 期。我国现行法采请求权竞合说。

③ 参见最高人民法院(2022)最高法知民辖终 497 号民事裁定书。

④ 参见最高人民法院(2016)最高法民再 366 号民事裁定书。

以两个诉由起诉。守约方(被侵权人)选择一个请求权起诉后,在一审开庭前变更诉讼请求的,人民法院应当准许。某些案件中存在多个性质不同的法律关系(如借款法律关系、保证法律关系、质押法律关系、抵押法律关系、侵害财产权益法律关系等),当事人针对不同法律关系依法同时提起违约之诉和侵权之诉的,并不违反侵权责任与违约责任的竞合规则。[①]

如果合同关系存在担保,而守约方(被侵权人)选择行使侵权请求权,原担保对象是否转变为该侵权请求权?有判决持肯定意见。[②]

(4)由于这两个请求权构成竞合关系,二者内容实为同一给付,故对该给付不能重复请求。如果行使一个请求权使该给付得以实现,另一请求权亦随之消灭。例如土地承包纠纷中,发包人存在一些妨碍承包人经营的行为。承包人提起违约之诉且获得胜诉后,不能基于同一事实再提起侵权之诉(构成重复起诉)。[③]

2. 侵权责任与违约责任的区别

(1)违反的义务不同。前者是违反法定义务的后果,该法定义务主要是绝对权法律关系中的不作为义务;后者是违反合同义务的后果,合同义务多为约定义务,包括主给付义务、从给付义务、附随义务等。(2)救济对象不同。前者主要救济物权、人格权、知识产权等绝对权法律关系中的权利人;后者的救济对象主要是合同债权人。(3)归责原则不同。前者的归责原则包括过错责任原则和无过错责任原则;后者的归责原则是无过错责任原则。(4)责任主体不同。前者的责任主体可以是任何不特定行为人,且不以行为能力为必要条件;后者的责任主体必须是合同当事人,且要求具有相应的行为能力。(5)责任形式不同。二者均可适用损害赔偿,但停止侵害、排除妨碍、赔礼道歉、恢复名誉、消除影响等责任形式仅适用于前者;违约金、继续履行、标的物瑕疵补正、减价等责任形式仅适用于后者。

【疑难案例:未办理不动产抵押登记所生责任纠纷案[④]】

【案件事实】

2014 年 9 月 29 日,中新联公司(需方)与泰瓯公司(供方)签订《购销合同》,约定需方向供方采购标准天然胶 13020 吨,总价款 50087940 元;供方应于合同签署

[①] 参见最高人民法院(2018)最高法民辖终 375 号管辖裁定书。

[②] 参见最高人民法院(2019)最高法民终 1846 号民事判决书。

[③] 参见最高人民法院(2014)民申字第 581 号民事裁定书。

[④] 该案详细解读参见"中新联进出口公司诉辽宁墨林书艺文化传媒有限公司等抵押合同纠纷案",载最高人民法院中国应用法学研究所编:《人民法院案例选》2018 年第 9 辑(总第 127 辑),人民法院出版社2018 年版,第 159 页以下。与该案类似的实例参见"中信银行股份有限公司东莞分行诉陈志华等金融借款合同纠纷",最高人民法院指导案例 168 号。《民法典》施行前,对于未办理不动产抵押登记的责任性质存在"违约责任说"和"担保责任说"之争。《民法典担保制度解释》第 46 条对此作出规定。

之日起 20 日内将全部货物送至交货地点;需方应在合同签署之日起 15 日内支付预付款 5000 万元。

同日,中新联公司(抵押权人)与墨林公司(抵押人)签订《最高额抵押合同》,约定:鉴于泰瓯公司与中新联公司于 2014 年 9 月 29 日签署了《购销合同》(以下简称主合同),现抵押人同意为泰瓯公司在主合同项下的全部义务和责任向抵押权人提供最高额为 4000 万元的抵押担保;本合同项下的抵押财产为抵押人以合法方式取得的 X 房屋。自本合同签署之日起 5 个工作日内,抵押人、抵押权人双方应当到抵押物所在地登记机关办理房地产抵押登记,抵押权自登记时设立。

上述合同签订后,中新联公司于 2014 年 10 月 9 日和 10 日向泰瓯公司共支付货款 5000 万元。因墨林公司未协助中新联公司办理涉案房屋的抵押登记,中新联公司于 2014 年 10 月 11 日向墨林公司发出书面通知,要求其尽快与中新联公司共同前往抵押物所在地登记机关办理抵押登记事宜,但墨林公司未予协助办理。

中新联公司起诉至法院,请求判令墨林公司就泰瓯公司对中新联公司的债务、利息及由此给中新联公司造成的其他损失承担 4000 万元的赔偿责任。

【本案争点】

因可归责于抵押人的原因导致未办理不动产抵押登记的,适用违约责任还是担保责任?

【裁判要旨】

一审法院认为:

第一,墨林公司是否应当向中新联公司承担责任以及责任的性质和范围是什么?根据法律规定,以建筑物和其他土地附着物抵押的,应当办理抵押登记,抵押权自登记时设立。抵押人和抵押权人签订抵押合同后,抵押人违反合同约定拒绝办理抵押登记致使债权人受到损失的,抵押人应当承担赔偿责任。本案中,中新联公司与墨林公司明确约定了办理抵押物登记时间并予以书面催告,但墨林公司未按约定办理,因此应承担的责任性质是违约赔偿责任,而非抵押担保责任,更非连带保证责任。在双方所签《最高额抵押合同》未对墨林公司不办理抵押登记所应承担的违约责任方式和范围作出明确约定的情况下,中新联公司直接向抵押人要求承担担保债权额 4000 万元的损失赔偿,即是将墨林公司违约责任直接转化为了连带保证责任,混淆了违约赔偿责任和担保责任的区别。该主张既缺乏合同和法律依据,亦因为法律并未赋予抵押人承担该赔偿责任后有向债务人追偿的权利,可能造成抵押人承担高额赔偿责任后,无法向主债权人行使追偿权的不公平状态。因此,墨林公司所承担的责任应为具有补充性质的违约赔偿责任,赔偿的范围应为泰瓯公司因未清偿主债务且其财产不足以清偿时所给中新联公司造成损失的部分。

第二，中新联公司损失是否已经明确及是否有权要求墨林公司依照其担保债权数额予以赔偿？墨林公司所承担的违约赔偿责任的范围应当为其违约行为对中新联公司造成的实际损失和预期利益损失。对于中新联公司的实际损失，本案庭审中，中新联公司明确表示未以诉讼方式向主债务人泰瓯公司主张过债权，亦不在本案中向主债务人主张债权，而泰瓯公司辩称其所欠中新联公司债务已经清偿完毕，因此，在主债务是否清偿完毕、泰瓯公司是否具有清偿能力等事实未予确定的情况下，中新联公司的实际损失亦不能确定。对于中新联公司的预期利益损失，由于双方在《最高额抵押合同》中未明确约定违约责任的承担方式，中新联公司在签订抵押合同时，作为抵押权人的预期利益仅为设立抵押权，并不能直接获得实现抵押权的预期利益；墨林公司亦不能预见到其不予配合登记所可能给中新联公司造成的损失为全部担保债权额。因此，将墨林公司所担保的全部债权额认定为中新联公司损失，无论是实际损失还是预期利益损失，均缺乏事实和法律依据。判决：驳回原告中新联公司的诉讼请求。

二审法院认为：一审法院驳回中新联公司的诉讼请求，并无不当。但一审法院关于"中新联公司在签订抵押合同时，作为抵押权人的预期利益仅为设立抵押权，并不能直接获得实现抵押权的预期利益；墨林公司亦不能预见到其不予配合登记所可能给中新联公司造成的损失为全部担保债权额"的认定，不够准确，二审法院予以纠正。判决：驳回上诉，维持原判。

三、违约行为

(一)违约行为的概念和特征

违约行为，是指合同当事人违反合同义务的行为。现行法一般将违约行为表述为"当事人一方不履行合同义务或者履行合同义务不符合约定"（如《民法典》第577条）。违约行为具有以下特征：

1. 违约行为的主体是合同当事人

基于合同相对性，合同关系之外的第三人的行为导致合同义务无法正常履行的，第三人并非违约行为人。合同当事人的代理人、履行辅助人实际实施违约行为的，违约行为的主体仍为该方当事人，由该方当事人承担违约责任。在通常场合下，违约行为的主体是债务人；在受领迟延的场合下，违约行为的主体是债权人。

2. 违约行为是违反合同义务的行为

违反合同义务的行为既包括完全不履行合同义务，也包括虽有履行行为但不符合法律规定或合同约定。基于全面履行原则，当事人应当全面履行各类合同义务，故当事人违反主给付义务、从给付义务或附随义务均构成违约行为。

3. 违约行为具有客观违法性

在民法领域中，违法行为是指违反各类民事义务的行为，最常见的是违约行为和侵权行为。违约行为具有客观违法性仅意味着违约行为在客观上违反了合同义务及导致债权人的债权未能实现，而不涉及违约方主观是否具有过错的问题。

4. 违约行为是违约责任的构成要件之一

无论何种违约责任形式，均必须以违约行为为构成要件。但有违约行为并非绝对导致违约责任发生，如果不具备其他构成要件或存在违约免责事由，则虽有违约行为但不发生违约责任。

(二)违约行为的形态

1. 不能履行①

不能履行，又称给付不能，是指债务人在客观上已经没有履行能力，或者法律禁止合同义务的履行。例如软件开发合同纠纷中，部署在云平台的涉案软件因过维护期丢失、无法恢复，导致当事人事实上无法继续履行合同约定的安装、调试、培训等义务。②

关于不能履行最重要的分类是：事实上不能履行(事实不能)和法律上不能履行(法律不能)。此外，不能履行还可以分为自始不能履行和嗣后不能履行：前者是指合同成立时即构成不能履行(如买卖不存在之物)；后者是指合同成立时能够履行，其后因自然原因或法律规定导致不能履行(如合同成立后至交付前标的物灭失)。如果构成自始的法律上的不能履行，因合同成立时给付即为法律所禁止，故合同无效(《民法典》第 153 条)，而不存在违约的问题。其他的学理分类还包括：全部不能履行和部分不能履行、永久不能履行和一时不能履行等。③ 不能履行的要件如下：

(1)债务人在事实上或者法律上不能履行全部或部分合同义务。

①法律上不能履行，是指因法律规定导致不能履行，即履行债务在法律上存在障碍。例如：合同标的物已被其他法院依法查封④；合同标的物作为破产财产处于破产程序中⑤。

---

① 有学者认为不能履行不是一种独立的违约形态。参见王利明：《合同法研究(第二卷)》，中国人民大学出版社 2015 年版，第 461 页以下。

② 参见最高人民法院(2022)最高法知民终 1297 号民事判决书。

③ 相关学理意见参见王洪亮：《我国给付不能制度体系之考察》，载《法律科学》2007 年第 5 期；柯伟才：《我国合同法上的"不能履行"——兼论我国合同法的债务不履行形态体系》，载《清华法学》2016 年第 5 期。

④ 参见最高人民法院(2016)最高法民再 406 民事判决书。

⑤ 参见山东省高级人民法院(2023)鲁民申 2638 号民事裁定书。

A(出卖人)与B(买受人)订立买卖合同后,A又以更高价格将标的物(特定物)卖给C并移转了所有权,A对B是否构成法律上不能履行? 在德国法中,只有在C明确拒绝归还该特定物导致取得该物的企图失败时,才构成不能履行。如果A为了从C处买回该特定物必须为此支付非常高的费用,则构成"履行费用过高"而不适用强制履行。① 我国宜采相同解释。

②事实上不能履行,是指因自然原因导致不能履行,即履行债务在事实上存在障碍。例如:因地震不能实际履行交房义务②;合作开发房地产合同订立后,有义务提供国有土地使用权的一方的《国有土地使用证》被收回注销③。

对于绝对定期行为而言,违反履行期限即构成事实上不能履行。所谓绝对定期行为,是指依照合同性质,必须在特定履行期限完成给付才能实现合同目的的履行行为。该情形下,履行期限对当事人而言,直接关系到合同目的能否实现。例如定作人定作生日蛋糕,且与承揽人约定5月5日(定作人生日)送至定作人处,但承揽人因疏忽而遗漏履行该订单。虽然其后承揽人制作一个相同的蛋糕并不存在事实上的障碍,但对定作人而言已无意义,故构成事实上不能履行。

对于相对定期行为而言,违反履行期限构成迟延履行,而非不能履行。所谓相对定期行为,是指虽然存在确定的履行期限,但于该期限届满后完成给付仍可实现合同目的的履行行为。例如出卖人迟延3天交付一件普通家具、借款人迟延一周还款。

(2)不能履行的时间是履行期限届至时。就事实上不能履行而言,只要履行期限届至时不能履行即满足该要件,在履行期限届至以前是否能够履行在所不问。就法律上不能履行而言,合同成立时能够履行而履行期限届至时不能履行才满足该要件;如果合同成立时即被法律禁止履行则导致合同无效。如果履行债务不存在现实的法律障碍,而仅仅是将来有可能会发生行政处罚等后果,不构成法律上不能履行。④

(3)必须是非金钱债务。金钱债务不存在不能履行的问题,理由在于:其一,货币具有可替代性。即使原本准备用于清偿债务的货币火失,市场上还存在大量同种类货币。其二,债务人暂时经济困难而不能履行金钱债务的,构成迟延履行而非不能履行。基于相同理由,种类物之债也不存在不能履行的问题。

2. 拒绝履行

拒绝履行,是指债务人对债权人表示不履行合同义务。例如付款义务人拒绝

---

① 参见[德]海因·克茨:《德国合同法》,叶玮昱、张焕然译,中国人民大学出版社2022年版,第253页。

② 参见《汶川地震适用法律意见(二)》第1条前段。

③ 参见最高人民法院(2019)最高法民终919号民事判决书。

④ 参见最高人民法院(2019)最高法民终879号民事判决书。

按照约定付款①、出卖人拒绝履行交货义务②等。

拒绝履行分为期前拒绝履行(预期违约)和期后拒绝履行:前者是指在履行期限届至以前债务人对债权人表示不履行合同义务;后者是指在履行期限届至以后债务人对债权人表示不履行合同义务。拒绝履行还可以分为明示拒绝履行和默示拒绝履行:前者是指债务人向债权人明确表示不履行合同义务(如通知债权人将不会如约去办理房屋过户手续);后者是指债务人以自己的行为表明不履行合同义务(如债务人将特定物卖给第三人并已交付)。拒绝履行的要件如下:

(1)债务人向债权人作出不履行合同义务的意思表示,且该意思表示已生效。该意思表示可以口头、书面等明示形式作出,也可以行为即默示形式作出。拒绝履行的意思表示不以使用"拒绝履行""不履行义务"等字样为必要,而应依据意思表示解释规则判断。例如一方就履行事宜与对方沟通时,对方回复"项目暂停、项目停止、授权收回、起诉"可认定为拒绝履行的意思表示。③ 如果债务人并未作出拒绝履行的意思表示,仅仅是其履行行为不积极、疑似拖延而影响履行效果的,不构成拒绝履行。④

(2)拒绝履行的时间可以是履行期限届至以前,也可以是履行期限届至以后。期前拒绝履行为预期违约,守约方可以在履行期限届满之前要求违约方承担违约责任(《民法典》第 578 条)或解除合同(《民法典》第 563 条第 1 款第 2 项)。期后拒绝履行为实际违约,守约方依据实际违约规则要求违约方承担违约责任。

(3)债务人具有履行能力。如果债务人在事实上或者法律上不能履行合同义务,则构成不能履行。

(4)债务人拒绝履行不具有正当理由。如果债务人基于正当理由有权拒绝债权人的履行请求,则不构成拒绝履行。正当理由包括但不限于:同时履行抗辩权、不安抗辩权、诉讼时效抗辩权、先诉抗辩权、生效条件未成就、始期未到来等。

3. 迟延履行

(1)债务人迟延(给付迟延)。债务人迟延,是指债务人能够履行,但在履行期限届满时却未履行。例如软件开发合同中的开发人逾期交付涉案软件⑤、借款人逾期还款⑥等。

在一般场合下,如无特别说明,迟延履行通常是指债务人迟延。债务人迟延的要件如下:

---

① 参见最高人民法院(2022)最高法知民终 781 号民事判决书。
② 参见最高人民法院(2018)最高法民终 533 号民事判决书。
③ 参见最高人民法院(2020)最高法知民终 1366 号民事判决书。
④ 参见最高人民法院(2020)最高法知民终 1805 号民事判决书。
⑤ 参见最高人民法院(2022)最高法知民终 1338 号民事判决书。
⑥ 参见最高人民法院(2022)最高法民再 206 号民事判决书。

①债务人未履行合同义务,但也未作出不履行的意思表示。

②履行期限已届满。判断迟延履行的时间标准是履行期限届满,在此之前债务人享有期限利益而尚不构成迟延。对于定期债务,履行期限届满时债务人未履行即可构成迟延,而无需经过催告程序。对于未定期债务,债务人在债权人催告后,在必要的准备时间届满后仍未履行的,才构成迟延。(《民法典》第 511 条第 4 项)

③债务人具有履行能力。

④债务人迟延不具有正当理由。如果债务人基于正当理由有权在履行期限届满后不履行,则不构成债务人迟延,例如存在同时履行抗辩权、不安抗辩权等。

(2)债权人迟延(受领迟延)。债权人迟延,是指债权人对债务人的履行应当受领而拒绝受领或不能受领。例如出卖人依据约定的履行期限向买受人交货,买受人无正当理由拒绝受领货物。①

基于协作履行原则,债权人应当在债务人履行合同义务时提供必要的协助,以达到顺利实现给付效果的目的。债权人受领给付是不真正义务,故债权人受领迟延亦构成违约行为。受领迟延除可产生违约责任外,还可适用提存规则。债权人迟延的要件如下:

①债务人履行合同义务需要债权人的协助。如果债务人无需债权人协助即可完成履行行为,则不存在受领迟延的问题,例如债务人银行转账。

②履行期限已届至。因履行期限届至意味着债务人履行合同义务在时间方面构成适当履行,故判断受领迟延的时间标准是履行期限届至。

③债务人依法律规定和合同约定提供了履行。

④债权人拒绝受领或不能受领。所谓拒绝受领,是指对债务人已提供的给付,债权人明确表示拒绝接受或领取。所谓不能受领,是指债权人客观上不能为债务人履行提供必要协助的状态,至于债权人主观上有无拒绝受领的意思则在所不问。例如债权人变更住所后因疏忽未通知债务人。

⑤债权人迟延不具有正当理由。

4. 不完全履行

不完全履行,又称不完全给付或不适当履行,是指债务人虽然履行了合同义务,但履行不符合法律规定或合同约定的要求。② 不完全履行是一类违约行为的统称,包括履行行为在数量、质量、履行方式等各方面不符合要求的违约行为。

(1)部分履行。是指债务人的履行行为在标的数量方面不符合要求。例如支

---

① 参见山东省潍坊市中级人民法院(2021)鲁 07 民终 8608 号民事判决书。

② 对不完全履行的学理意见,参见李新天:《违约形态比较研究》,武汉大学出版社 2005 年版,第 202 页以下。

付部分价款、完成部分劳务等。

依《民法典》第 531 条规定的部分履行规则，无论债权人是否有权拒绝债务人的部分履行行为，部分履行均构成违约行为。应注意的是，部分履行与迟延履行会发生重合。例如债务人在履行期限届满前交付一半货物，该行为固然为部分履行，但从另一角度观察也构成对未履行部分的迟延履行。

（2）瑕疵给付。是指债务人的履行行为在标的质量等方面不符合要求，以致减少或丧失该履行本身所应具有的利益。例如出卖人交付的热水器不能正常加热、受雇人提供的劳务不符合约定的要求等。

瑕疵给付是因给付存在某种瑕疵导致债权人的履行利益不能实现，但并未侵害债权人的固有利益。瑕疵给付最常用的救济途径是瑕疵担保责任规则，债权人可据此请求债务人承担相应责任。以买卖合同为例，出卖人负有的瑕疵担保义务包括：一是权利瑕疵担保义务，是指出卖人就交付的标的物，负有保证第三人对该标的物不享有任何权利的义务，但是法律另有规定的除外。（《民法典》第 612 条）二是物的瑕疵担保义务，是指出卖人应当按照约定的质量要求交付标的物；出卖人提供有关标的物质量说明的，交付的标的物应当符合该说明的质量要求。（《民法典》第 615 条）出卖人违反上述瑕疵担保义务的，即构成瑕疵给付。

在某些情形下，合同标的价值不符合约定或法律规定的要求（价值瑕疵），也有可能构成瑕疵给付。例如股权转让合同约定以目标公司资产评估值作为股权交易价格，其后在股权转让过程中出现目标公司资产数量少于评估之时的数量或者存在隐藏债务的情况，出让方构成瑕疵给付。[①]

（3）加害给付。是指因债务人履行行为在标的质量方面不符合要求，造成债权人履行利益损失以外的其他损失。例如因餐馆的相关措施不到位，导致顾客用木炭火锅就餐过程中一氧化碳中毒。[②]

加害给付不仅导致债权人在合同关系中的履行利益不能实现，还导致债权人合同关系之外的其他利益（通常为固有利益）受有损失。《民法典》第 893 条规定，寄存人交付的保管物有瑕疵或者按照保管物的性质需要采取特殊保管措施，寄存人未将有关情况告知保管人，保管人因此受损失的，寄存人应当承担损害赔偿责任。寄存人的行为即构成加害给付，其赔偿范围包括保管人的履行利益损失和固有利益损失。加害给付一般会导致违约责任和侵权责任竞合，债权人可选择行使违约请求权或侵权请求权。例如出租人交付的房屋漏水漏污，导致承租人的财产受损的，承租人可选择行使违约请求权或侵权请求权。[③]

---

① 参见广西壮族自治区高级人民法院(2019)桂民终 320 号民事判决书。
② 参见江苏省徐州市中级人民法院(2017)苏 03 民终 5505 号民事判决书。
③ 参见重庆市第五中级人民法院(2020)渝 05 民终 617 号民事判决书。

（4）履行方式不当。是指债务人履行合同义务的方式不符合法律规定或合同约定的要求。例如合同约定以现金支付价款，但债务人交付支票；托运人未将运费交付承运人，而交付给未获授权的第三人。①

履行方式不当的违约责任除可适用《民法典》第 577 条规定的继续履行、采取补救措施或者赔偿损失等一般责任形式以外，在某些场合下法律还规定了特殊责任形式。例如《民法典》第 821 条规定："承运人擅自降低服务标准的，应当根据旅客的请求退票或者减收票款；提高服务标准的，不得加收票款。"

（5）违反附随义务。是指债务人未根据合同的性质、目的和交易习惯履行通知、协助、保密等附随义务。

与违反附随义务有关的司法意见：

①当事人自愿将附随义务上升为合同主义务的，有判决认为，宾馆向旅客承诺"24 小时的保安巡视，确保您的人身安全"，是自愿将合同的附随义务上升为合同的主义务……事实证明，宾馆履行义务不符合合同的约定，致使旅客王某陷入危险的环境，应当承担违约责任。②

②犯罪分子使用隐蔽爆炸物导致顾客伤亡的，有判决认为，经营者必须根据本行业的性质、特点和条件，随时、谨慎地注意保护消费者的人身财产安全。对顾客带进餐厅的酒类产品，根据我国目前的社会环境，还没有必要、也没有条件要求经营者采取类似机场安检的严格措施。由于该爆炸物的外包装酷似真酒，一般人凭肉眼难以识别。餐厅通过合理的谨慎注意义务，不可能识别伪装成酒的爆炸物，因此不存在违约行为。③

③航空公司对机场标识不清的，有判决认为，上海有虹桥、浦东两大机场，确为上海公民皆知，但两机场的专用代号 SHA、PVG，却并非上海公民均能通晓。航空公司在机票上仅以"上海 PVG"来标识浦东机场，以致原告因不能识别而未在约定时间乘坐上约定的航空工具，航空公司应承担履行附随义务不当的违约责任。④

④经营者提供的游泳环境不符合安全标准的，有判决认为，由于被告提供的游泳坏境不符合安全标准，事故发生时救生人员又未在高台观察游泳池动态，以致没有发现受害人溺水，使受害人丧失了获得及时救助的机会。受害人被拖上岸后，救生人员虽打了求救电话并按医生的指示施救，但已于事无补。被告未尽保障游泳者人身安全的合同附随义务，应当承担违约责任。⑤

---

① 参见湖南省邵阳市中级人民法院(2015)邵中民二终字第 375 号民事判决书。

② 参见"王利毅、张丽霞诉上海银河宾馆赔偿纠纷案"，载《最高人民法院公报》2001 年第 2 期。

③ 参见"李萍、龚念诉五月花公司人身伤害赔偿纠纷案"，载《最高人民法院公报》2002 年第 2 期。

④ 参见"杨艳辉诉南方航空公司等客运合同纠纷案"，载《最高人民法院公报》2003 年第 5 期。

⑤ 参见"谢福星、赖美兰诉太阳城游泳池有限公司服务合同纠纷案"，载《最高人民法院公报》2003 年第 6 期。

⑤犯罪分子在自助银行门禁系统上安装盗码器，窃取储户信息和密码的，有判决认为，银行应当根据自助银行和ATM机在被各种犯罪活动攻击后暴露出来的弱点，随时对其进行改进。在新的改进方法尚未出台时，还可以通过采取不断巡查、明示使用自助银行和ATM机时的注意事项、向储户通知犯罪手段，甚至是暂停使用等方法，来履行防范犯罪的义务。①

⑥保险公司未依交易习惯履行缴费通知义务的，有判决认为，双方已经就缴纳保费形成了一定的交易习惯，即由保险公司上门收取保费或由其通知投保人按其指定交纳保费。保险公司并无证据证明其于2009年向投保人送达缴费通知书，2010年后更是未发送缴费通知书。因此，保险公司无权中止合同效力并主张解除合同。②

⑦对于"最大勤勉"条款约定的协助义务如何理解，有判决认为，合同中的"最大勤勉"条款要求被告尽最大努力帮助原告完成有关事项，但没有证据显示原告就设立公司、向政府部门申请开发许可等有关事项采取过任何措施，也没有证据显示原告向被告提出过协助其完成有关事项的请求。由于原告并未开始办理有关事项，被告无履行相应协助义务的前提。故原告认为被告构成违约，依据不足，不予支持。③

⑧消费者在网吧上网期间车辆丢失的，有判决认为，经营者负有保证消费者人身财产安全的义务，该义务应严格限定在其经营场所范围内，不能任意延伸到经营场所和服务范围以外。原告的停车地点在被告的经营场地以外，不属被告的控制范围，不应将合同的附随义务扩大至保证消费人员车辆的安全。④

⑨提供酒店在线预订服务方(某旅行社)未履行协助退订义务的，有判决认为，原告因合理理由需取消预订时，被告负有及时协助原告向酒店方申请取消订单、申请退款等附随义务，而非一经预订成功即视为全部义务已履行完毕。被告未能履行附随义务导致原告损失，被告应予以赔偿。⑤

（6）其他行为。例如当事人擅自变更合同内容。有判决认为，履行医疗服务合同时，在非紧急情况下，医院在未经过患者或其代理人同意的情况下，擅自改变双方约定的医疗方案，属于履行合同义务不符合约定的行为。⑥

---

① 参见"顾骏诉上海交行储蓄合同纠纷案"，载《最高人民法院公报》2005年第4期。

② 参见"陆永芳诉中国人寿保险股份有限公司太仓支公司保险合同纠纷案"，载《最高人民法院公报》2013年第11期。

③ 参见最高人民法院(2015)民四终字第9号民事判决书，载《最高人民法院公报》2016年第7期。

④ 参见浙江省宁波市镇海区人民法院(2008)甬镇民一初字第177号民事判决书。

⑤ 参见"熊某等诉某旅行社网络服务合同纠纷案"，2023年3月最高人民法院发布"十件网络消费典型案例"之4。

⑥ 参见"郑雪峰、陈国青诉江苏省人民医院医疗服务合同纠纷案"，载《最高人民法院公报》2004年第8期。

【疑难案例:航空公司拒载残疾旅客纠纷案①】

【案件事实】

原告朱某英系高位截瘫人员。2011年10月7日晚,原告委托朋友帮其预订一张2011年10月8日早晨从昆明飞往成都的航班机票,其朋友于当晚23时36分在机票售票处成功订购了被告成都航空有限公司的航班,机票总价格为860元,起飞时间为7时45分,购票时未申明原告是残疾旅客。

2011年10月8日6时,原告独自一人到达昆明机场并于6时41分办理了登机手续,之后原告到总服务台申请专用窄型轮椅服务。经机场工作人员与被告成都航空有限公司电话联系,被告成都航空有限公司表示需提前申请,临时申请原告需有人陪同或者有医院证明,原告目前情况不能申请轮椅,只能改签。机场工作人员向原告进行了解释说明,原告就离开了总服务台,独自通过安检到达登机口准备登机。在登机口被告成都航空有限公司工作人员以原告不具备乘机条件为由,决定对原告不予承运。原告对被告的决定不能接受,同机场工作人员发生了争执,并滞留候机厅。后被告成都航空有限公司委托其地面服务代理人被告云南机场地面服务有限公司协调为原告改签航班,免费安排原告食宿,并送原告两次就医,与原告沟通后续处理事宜。2011年10月13日,云南机场地面服务有限公司以成都航空有限公司的地面服务代理人身份,向原告出具一份《告知函》,称原告的客票有效期为1年,可以无条件改签,也可以免收退票手续费办理退票手续,给予人民币1000元的人道主义救助等。原告对被告的处理意见不同意,双方协商未果。

原告诉至法院,请求判令:(1)二被告连带向原告双倍返还机票款及相应损失共计1万元;(2)二被告连带在《春城晚报》等杂志上向原告赔礼道歉。

【本案争点】

残疾旅客未按规定办理相关手续,航空公司据此拒载的,如何认定双方是否构成违约行为?

【裁判要旨】

法院生效裁判认为:关于被告成都航空有限公司拒载是否构成违约,导致原告被拒载其自身是否存在过错。根据中国民航局制定的《残疾人航空运输办法(试行)》的相关规定,原告作为残疾乘客,其一人乘坐飞机需要航空公司提供机上专用窄型轮椅等服务或者登离机协助时,应在定座时提出,最迟不能晚于航班离站时间前72小时,并应提前3小时在机场办理乘机手续。本案中,原告系高位截瘫人员,其自身一人显然不能正常登离机,需要航空公司提供相应的服务和帮助才能正

---

① 该案详细解读参见"朱某英诉云南机场地面服务有限公司、成都航空有限公司航空旅客运输合同纠纷案",载最高人民法院中国应用法学研究所编:《人民法院案例选》2013年第2辑(总第84辑),人民法院出版社2013年版,第190页以下。

常登离机。但从本案原告具体购票的情况看，原告从订票到登机时间不超过 12 小时，且在订票时未申明其因身体健康状况需要航空公司提供专门服务和帮助，也未提前 3 小时到达机场办理乘机手续，在登机过程中也无人陪同，故被告成都航空有限公司以原告不具备乘机条件为由，决定对原告不予承运的行为并未违反中国民航局规范性文件的规定，也符合客运手册的操作规程。

但从原、被告具体订立并履行航空旅客运输合同来说，直接约束双方当事人的应当是具体合同条款确定的权利义务。本案中，关于中国民航局规范性法律文件中对残疾旅客的具体要求和规定，以及被告成都航空有限公司制定的操作规程，被告自身是明知且必须遵守的，但作为合同相对方的普通旅客是不够清楚的，通常旅客订票选择的只是具体的航班时间和价格。我国法律对于公共运输中可能会导致不能正常运输的重要事由和安全运输应当注意的事项，应当由承运人明确告知旅客，而不是要求旅客主动告知承运人。原告作为残疾旅客，有必要了解一些民航部门的相关规定，以方便其出行。其在定座时未明确告知其身体健康状况，自身存在不当之处，但因被告成都航空有限公司在与原告具体订立运输合同时，未明确告知购票人对于病残等特殊旅客的一些特殊规定和要求，亦未主动询问其是否属于病残等特殊旅客，且其在电子客票上未明确标明对残疾旅客的具体要求和规定，其订票网站亦未开设针对病残旅客的专门订票通道或者窗口，以便和普通旅客有所区分。应视为原、被告双方在合同中未约定特别条款，对原告没有提出特殊要求。故原告在购买了机票后，在被告未明确告知其对病残旅客的特殊规定和要求的情况下按正常程序和时间登机属正常行使合同权利，原告的行为不构成违约。

原告从成功订购机票时起，航空旅客运输合同关系即生效并成立。在未约定特别条款时，被告应当按照电子客票上载明的被承运人及承运时间和航班履行承运义务。但被告成都航空有限公司并未按合同约定的时间和航班承运原告，在原告达到登机口乘机时也未提供必要的协助，导致原告被拒载，其行为已构成违约。本案中，原告因未能按计划出行到达目的地，其也表示不愿意再改签机票，故原告订立合同的目的已不能实现，原告要求退款并赔偿损失的主张实质是单方解除了双方订立的运输合同。因被告成都航空有限公司违约给其造成的直接损失是原告支付的机票款，即人民币 860 元，该款应当赔偿给原告。判决：(1)被告成都航空有限公司退还原告朱某英机票款 860 元；(2)被告成都航空有限公司赔偿原告朱某英 2000 元；(3)驳回原告朱某英的其他诉讼请求。

第二节　违约责任的归责原则

一、违约责任归责原则的立法模式和意义

(一)违约责任归责原则的立法模式

违约责任的归责原则,是指据以确定违约责任由责任人承担的最终决定性标准。违约责任的归责原则体现了违约责任制度的基本价值取向,并直接影响违约责任具体规则的内容,其在违约责任制度中居于重要地位。各立法对违约责任归责原则的态度并不一致。

1. 大陆法系:过错责任原则

大陆法系国家多采过错责任原则。例如《德国民法典》第 276 条第 1 款规定,债务人承担责任以"故意或过失"为要件,除外法律另有规定。所谓故意,是指债务人认识到自己的义务并且有意识地违反了该义务。例如出卖人故意损毁买卖的特定物或者故意将该物再次出卖;出卖人明知道自己的处境却将特定物交给一个买家。所谓过失,是指债务人"疏于尽交易上必要的注意"。如果债务人没有像处于同一职业领域的一般成员可被期待地那样行为,那么就存在过失。例如医生和律师必须具有正常的医生和律师应有的谨慎(在专业知识、经验和理解力等方面)。① 与德国法类似,法国法②和日本法③也采取过错责任原则。

但是,过错责任原则的适用范围也不是绝对的,法律基于某种原因也规定了更严的责任(如《德国民法典》第 287 条)和更宽的责任(《德国民法典》第 300 条第 1款)。这些规定构成了过错责任原则的例外和补充。

2. 英美法系:无过错责任原则

英美法系国家多采无过错责任(严格责任)原则。例如《美国合同法重述(第二版·规则部分)》第 346 条第 1 款规定:"合同当事人违约且合同可以对其强制执行的,受害人有权获得损害赔偿金,但损害赔偿请求已经被中止或者解除的除外。"该款未将"过错"规定为违约责任的要件。在英美法语境下,合同被理解为一种"可强制执行的允诺",而允诺在别人可以信赖的情况下才有意义。只有国家对不

---

① 参见[德]海因·克茨:《德国合同法》,叶玮昱、张焕然译,中国人民大学出版社 2022 年版,第 340 页。
② 参见[法]弗朗索瓦·泰雷等:《法国债法·契约篇(下)》,罗结珍译,中国法制出版社 2018 年版,第1083 页。
③ 参见[日]我妻荣:《我妻荣民法讲义Ⅳ新订债权总论》,王燚译,中国法制出版社 2008 年版,88—89 页。

履行允诺的行为愿意提供救济,对受损一方当事人具有意义,允诺才足以信赖。[①]因此,合同应当严格遵行,"没有过错"通常并不能成为抗辩的理由。原告(守约方)请求违约损害赔偿时,被告违约的原因是无关紧要的。例如种类物的出售方如果不能交付符合合同约定的物,则应承担违约责任,而不能仅因其不能获得该物为借口而免责。

虽然英美法中的严格责任从字面上看十分严苛,但其适用并不是绝对的,而受到其他规则的影响。某些情形下,违约方能否以"没有过错"为由主张免责被认为是一个合同解释问题,即通过合同解释确定当事人应承担多大的合同义务:是承担绝对的合同义务,还是受某种默示条款的约束——当事人对于并非由其过错导致的合同不能履行不承担违约责任。[②]

在适用严格责任的框架下,并不意味着违约方的过错没有法律意义。违约方的过错虽然不是责任成立的要件,但可能影响损害赔偿的数额(尤其是惩罚性赔偿)。违约方的过错程度,为惩罚性赔偿责任设定了一个适当的最高限额。如果违约方具有故意,惩罚性赔偿责任与其道德上的应受谴责性相比,不应当大到不成比例。如果违约方具有过失,即真诚但错误地认为原告不会因违约行为而受到严重损害,惩罚性赔偿责任可适当减轻。另一个减轻的因素是,违约方真诚地相信违约行为是对第三人承担的一个相冲突的、更高的道德义务所要求的。对这一因素的考虑可能会导致象征性的惩罚性损害赔偿或者不产生任何惩罚性赔偿。[③]

3. CISG 和 PICC:折中模式?

CISG 第 79 条第 1 款规定:"如果一方当事人没有履行任何义务,但他能证明此种不履行是由于某种非他所能控制的障碍造成的,而且没有任何合理的理由期待他能在签订合同时考虑到这一障碍,或能避免或克服它或其后果,那么该当事人对该不履行不负责任。"该款确立了以下原则:如果发生人力所不能控制的履约障碍,债务人无须承担其本应承担的损害赔偿责任。该原则具体体现在"该当事人对该不履行不负责任"这一规定中。该款是大陆法系的过错责任原则与英美法系的严格责任原则激烈斗争而妥协的产物。妥协的结果是:该款一方面采用英美法中"不以过错为责任要件"的做法;另一方面又吸收了大陆法的因素,即为免责设定了严格条件,只有在具备这些条件后,才能考虑免除债务人因不履行合同所产生的损害赔偿责任。[④]

---

① 参见[美]杰弗里·费里尔、[美]迈克尔·纳文:《美国合同法精解》,陈彦明译,北京大学出版社 2009 年版,第 2 页。

② 参见[英]P. S. 阿狄亚:《合同法导论》,赵旭东等译,法律出版社 2002 年版,第 222 页。

③ 参见[美]亨利·马瑟:《合同法与道德》,戴孟勇、贾林娟译,中国政法大学出版社 2005 年版,第 182—183 页。

④ 参见高旭军:《〈联合国国际货物销售合同公约〉适用评释》,中国人民大学出版社 2017 年版,第 460 页。

PICC 第 7.4.1 条规定:"任何不履行均使受损害方取得损害赔偿之请求权,该权利既可以单独行使,也可以和任何其他救济手段一并行使,但该不履行根据本通则属可以免责的情况除外。"该条未将"过错"规定为违约责任的要件,故违约方不能仅以"没有过错"为由主张免责。该条所称"根据本通则属可以免责的情况"包括两种情况:一是第 7.1.6 条规定的免责条款;二是第 7.1.7 条规定的不可抗力。在实践中,免责条款往往在债权人要求的担保、声明和保证的范围内作为债务人的平衡工具。从大陆法系角度看,对于习惯了过错责任的律师来说,免责条款提供了一个在合同中引入(轻微、普通、重大)过失程度已知概念的机会,例如根据过错的不同程度规定不同的责任上限。①

事实上,从实际适用效果来看,大陆法系和英美法系在归责原则上的差异并没有字面上看起来那样大,因为二者都针对归责原则设置了一些限制规则,而且也都允许当事人依其意思对责任承担作出约定。两大法系的核心差异主要是立法技术上的差异,即通过不同的规则设计达成类似的法律效果。CISG 和 PICC 的上述规定是在两大法系不同模式之间谋求平衡的结果:一方面,未将"过错"规定为违约责任在一般情形下的要件,这与英美法系的做法相同;另一方面,将当事人没有过错的典型履行障碍(如不可抗力)规定为免责事由,这显然是受大陆法系影响的结果。在此意义上,CISG 和 PICC 的上述规定可以被称为折中模式。但难以否认的是,CISG 和 PICC 的做法总体上似乎更接近英美法系,因为毕竟在一般场合下"过错"不构成违约责任的要件。

(二)违约责任归责原则的意义

1. 归责原则决定违约责任的构成要件

适用不同的归责原则,违约责任的构成要件必然也不相同。如果适用过错责任原则,过错是违约责任的构成要件之一;如果适用无过错责任原则,则过错不是违约责任的构成要件。

2. 归责原则影响举证责任的内容

原被告双方在诉讼中就有关诉讼请求进行举证,在很大程度上受到适用何种归责原则的影响。如果适用过错责任原则,一般采取过错推定规则,违约方须举证证明自己没有过错,否则认定其具有过错;如果适用无过错责任原则,在违约责任是否成立的问题上,双方均无须举证证明违约方具有过错。

3. 归责原则影响免责事由

如果适用过错责任原则,违约方可通过证明自己没有过错予以免责;如果适用

---

① 参见[德]埃卡特·J.布罗德:《国际统一私法协会国际商事合同通则——逐条评述》,王欣等译,法律出版社 2021 年版,第 203 页。

无过错责任原则,违约方不能通过证明自己没有过错予以免责,而只能通过证明存在法定、约定免责事由予以免责。

4. 归责原则影响损害赔偿的范围

在适用过错责任原则的模式下,损害赔偿的范围主要取决于守约方的损失,但如果违约方与守约方均有过错,双方的过错程度会影响损害赔偿的范围。在适用无过错责任原则的模式下,损害赔偿范围的确定更多地受到合理分配损害、最高赔偿限额等因素的影响。

二、一般场合下的归责原则:无过错责任原则

《民法典》第577条规定:"当事人一方不履行合同义务或者履行合同义务不符合约定的,应当承担继续履行、采取补救措施或者赔偿损失等违约责任。"该条是对违约责任的基本规定,完全继承了原《合同法》第107条的内容。在该条中,没有出现"过错"和"当事人能够证明自己没有过错的除外"字样,因此一般认为该条规定的是无过错责任原则。① 该条受CISG和PICC的影响较为明显。② 对于该条规定的无过错责任原则,可从以下几方面理解:

1. 归责的核心理由是"风险分配"

如果说过错责任原则的归责理由是"过错",即违约方应受道德谴责的主观心态,那么无过错责任原则就不能从字面上理解其归责理由,因为违约方承担责任的原因显然不是"无过错"。英美法系中常用的严格责任概念也未在文义上直观地揭示归责理由,而仅仅是表明该责任是一种比过错责任"更严格的"责任。较为合理的解释是,交易中的"风险分配"构成无过错责任原则的核心理由,而诚实信用、公平原则也对该归责原则的设置存在一定程度的影响。③ 在无过错责任原则的框架下,违约方对违约造成损害无过错的场合(如第三人原因、市场因素原因等)承担责任,不是对其进行道德谴责,而是按照一定标准予以"风险分配"的结果。

2. 不以违约方过错为违约责任的构成要件

无过错责任并非要求违约方无过错,而是指不以过错为要件,即无论违约方是否有过错均不影响违约责任的成立。违约方故意违约或过失违约的(有过错)固

---

① 少数学者认为,《民法典》第577条(即《合同法》第107条)规定的归责原则仅适用于损害赔偿责任,而不适用于继续履行等责任形式。参见朱广新:《合同法总则研究(下册)》,中国人民大学出版社2018年版,第648—651页。

② 相关学理意见参见韩世远:《〈国际商事合同通则〉与中国合同法的发展》,载《环球法律评论》2015年第6期;陈自强:《民法典草案违约归责原则评析》,载《环球法律评论》2019年第1期。

③ 参见[德]埃卡特·J.布罗德:《国际统一私法协会国际商事合同通则——逐条评述》,王欣等译,法律出版社2021年版,第209页。

然要承担违约责任,但即使违约方在主观上没有故意或过失(无过错),只要不存在免责事由,违约方也要承担违约责任。对违约方而言,无过错责任是一种比过错责任更为严苛的责任,其能够更有力地约束违约方的行为,更好地防范违约行为的发生。对守约方而言,无过错责任能提供更有力的违约救济,更为有效地保护守约方的合法权益。

3. 守约方主张违约方承担违约责任时,无须举证证明违约方有过错

守约方对违约方过错无须举证,违约方也不能通过举证证明自己没有过错予以免责。法院在认定违约责任是否成立时,也无须对违约方是否具有过错作出判定。

4. 无过错责任并非绝对责任,违约方有权依法定、约定免责事由主张免责

虽然无过错责任不允许违约方以自己无过错为由予以免责,但无过错责任不是绝对责任或结果责任。违约方有权依不可抗力等法定事由、约定免责事由主张免责。

5. 虽然违约方过错不是违约责任的构成要件,但违约方和守约方的过错影响损害赔偿的范围

现行法虽然确立了无过错责任原则是违约责任的归责原则,但其内涵主要是指违约责任的成立不考虑违约方是否具有过错,而并非意味着当事人双方的过错对责任承担不产生任何影响。基于现行法规定的减轻损失规则(《民法典》第591条)和过失相抵规则(《民法典》第592条),在确定损害赔偿的范围时,双方当事人的过错是需要考虑的重要因素。

我国虽属大陆法系国家,但并未采取大陆法系通行的过错责任原则,而是更大程度上借鉴 CISG 和 PICC 的做法,采取折中模式框架下的无过错责任原则。有学者指出,我国采取的无过错责任原则在合同法领域产生以下影响:其一,违约责任的扩张;其二,瑕疵担保责任独特性的丧失;其三,民事合同的商事化;其四,违约责任教育功能的削弱。[①] 如何尽量消除这些影响可能造成的负面效果,是我国合同法规则设计中应当充分考虑的问题。

【学说争议:违约责任适用无过错责任原则是否合理?】

对于违约责任适用无过错责任原则是否合理,学界存在争议。

第一种观点肯定说的理由:其一,该做法符合合同法的发展趋势。CISG 和PICC 均采类似规定,原本采取过错责任原则的德国在债法改革后也改采无过错责任原则。其二,合同法的商事化对提高交易效率和便捷提出了更高要求。其三,否

---

① 参见崔建远、韩世远:《债权保障法律制度研究》,清华大学出版社 2004 年版,第251—253 页。(韩世远执笔)

定说区分"手段债务"和"结果债务"的论证方法不能成立。其四，无过错责任原则已被主流学说和司法实务接受，除非过错责任原则有实质性的优越性，否则不应改变现有立法。①

第二种观点否定说的理由：其一，《民法典》第577条（原《合同法》第107条）等规定并不能推导出无过错责任原则。其二，无过错责任只能适用于迟延履行金钱之债等个别情形，而不能完全取代过错责任原则。其三，医疗服务合同的债务是"手段债务"，区别于其他类型合同的"结果债务"，此类合同适用无过错责任原则会造成各种问题。其四，无过错责任原则不利于惩罚有过错的行为和实现合同正义。②

第三种观点折中说认为，大陆法系所采的过错责任原则与英美法系所采的无过错责任原则的实际运作结果并不存在显著差异。因为当事人可以在既有规则下通过合同自由作出相应的对策性约定，确保其实际需要。所谓无过错责任原则与过错责任原则以及相应的规则体系，只不过是两套不同的选择可能性，而具体的选择由当事人自己决定。③

依据官方文献的解释，我国《民法典》规定违约责任采取无过错责任原则的理由在于：其一，借鉴国际上的立法趋势；其二，减轻守约方的举证负担，保护守约方的利益；其三，方便裁判，增强当事人的守约意识。为了妥当地平衡行为人的行为自由和受害人的法益保护这两个价值，避免违约方绝对承担违约责任导致风险不合理分配，《民法典》还规定了一些相关规则：一是违约责任的免除和减轻规则；二是具体有名合同中的特殊归责和免责事由；三是允许当事人约定免责或限制责任。④

三、归责原则的例外：过错责任

虽然在一般场合下违约责任适用无过错责任原则，但某些场合下法律仍然规定适用过错责任。可能的原因是：其一，分配风险的理念没有完全取代道德伦理对立法的影响，区分行为人主观上是否具有可责难性而决定违约责任的有无，仍然具

---

① 参见梁慧星：《从过错责任到严格责任》，载梁慧星主编：《民商法论丛》第8卷，法律出版社1997年版；解亘：《我国合同拘束力理论的重构》，载《法学研究》2011年第2期。

② 参见朱广新：《合同法总则研究（下册）》，中国人民大学出版社2018年版，第664页以下；李永军：《合同法》，法律出版社2010年版，第505页。

③ 参见韩世远：《合同法总论》，法律出版社2018年版，第748页；王洪亮：《试论履行障碍风险分配规则——兼评我国〈合同法〉上的客观责任体系》，载《中国法学》2007年第5期。

④ 参见黄薇主编：《中华人民共和国民法典合同编释义》，法律出版社2020年版，第265—267页。

有合理性和正当性。① 其二,基于有名合同规则的延续性和成熟性,某些有名合同适用过错责任已在特定领域被普遍接受。将这些有名合同适用无过错责任可能会颠覆现有的成熟规则,而导致诸多困扰。这些过错责任的规定与《民法典》第577条构成特殊规范与一般规范的关系。其属于在例外场合下适用的特殊规定,而未被上升为归责原则,故与无过错责任原则不构成并列关系。《民法典》合同编中规定的过错责任大致包括以下三类:

1. 违反附随义务的过错责任

《民法典》第509条规定的附随义务系基于诚实信用原则产生,理论及实务上均认为违反附随义务所生违约责任适用过错责任。合同编"第二分编典型合同"中,某些有名合同中的附随义务已被明确规定适用过错责任。例如《民法典》第714条规定:"承租人应当妥善保管租赁物,因保管不善造成租赁物毁损、灭失的,应当承担赔偿责任。"《民法典》第784条规定:"承揽人应当妥善保管定作人提供的材料以及完成的工作成果,因保管不善造成毁损、灭失的,应当承担赔偿责任。"这些规定中的"保管不善",即是对违约方过错的一种变相表述。

从另一角度考虑,由于违反附随义务所生违约责任与违反安全保障义务的侵权责任常发生竞合,在法律明确规定后者适用过错责任的前提下,前者也适用过错责任才能避免在同一案型中因选择不同案由而导致过于相悖的后果。

2. 提供服务的某些有名合同中的过错责任

(1)客运合同中旅客随身携带物品毁损、灭失的,承运人承担的违约责任。《民法典》第824条第1款规定:"在运输过程中旅客随身携带物品毁损、灭失,承运人有过错的,应当承担赔偿责任。"

(2)保管合同中保管人违反保管义务的违约责任。《民法典》第897条规定:"保管期内,因保管人保管不善造成保管物毁损、灭失的,保管人应当承担赔偿责任。但是,无偿保管人证明自己没有故意或者重大过失的,不承担赔偿责任。"

(3)仓储合同中保管人违反保管义务的违约责任。《民法典》第917条规定:"储存期内,因保管不善造成仓储物毁损、灭失的,保管人应当承担赔偿责任。因仓储物本身的自然性质、包装不符合约定或者超过有效储存期造成仓储物变质、损坏的,保管人不承担赔偿责任。"

(4)委托合同中受托人违反受托义务的违约责任。《民法典》第929条第1款规定:"有偿的委托合同,因受托人的过错造成委托人损失的,委托人可以请求赔偿损失。无偿的委托合同,因受托人的故意或者重大过失造成委托人损失的,委托人可以请求赔偿损失。"

---

① 参见崔建远:《合同法》,北京大学出版社2021年版,第356页。

(5)中介合同中中介人违反告知义务的违约责任。《民法典》第 962 条第 2 款规定:"中介人故意隐瞒与订立合同有关的重要事实或者提供虚假情况,损害委托人利益的,不得请求支付报酬并应当承担赔偿责任。"

3. 赠与合同中的过错责任

《民法典》第 660 条规定:"经过公证的赠与合同或者依法不得撤销的具有救灾、扶贫、助残等公益、道德义务性质的赠与合同,赠与人不交付赠与财产的,受赠人可以请求交付。依据前款规定应当交付的赠与财产因赠与人故意或者重大过失致使毁损、灭失的,赠与人应当承担赔偿责任。"第 662 条第 2 款规定:"赠与人故意不告知瑕疵或者保证无瑕疵,造成受赠人损失的,应当承担赔偿责任。"依据上述规定,赠与人承担违约责任以"故意或者重大过失"为要件。理由在于,由于赠与合同是无偿合同、单务合同,基于公平原则的考虑,(作为义务人的)赠与人的责任有所减轻。

第三节 违约责任的形式之一:继续履行等

一、继续履行

(一)继续履行的概念和性质

继续履行,又称强制履行或强制实际履行,是指违约方不履行合同义务时,相对方有权请求法院强制违约方按合同约定标的履行义务,而不得以支付违约金或赔偿金的方式代替实际履行。例如《联建合同》约定甲方有义务将部分房屋产权及土地使用权为乙方办好权属文件,后因土地系划拨土地导致一定障碍,乙方有权请求甲方继续履行,即依法履行报批义务后再办理相关产权手续。[1]《民法典》第579 条规定了金钱债务的继续履行,第 580 条规定了非金钱债务的继续履行。

对于继续履行的性质,我国现行法将其规定为违约责任的形式。虽然从行为外观来看,继续履行仍然是要求债务人按合同约定标的履行义务,但其适用发生在债务人违约之后,属于守约方借助国家公权力强制债务人作出某种行为,故债务人的行为已不是单纯履行合同义务而是承担民事责任。[2]

在现行法框架下,作为违约责任形式的继续履行规定在《民法典》合同编中,但其与程序法中的强制执行措施具有密切联系。强制执行措施包括直接强制和代

---

[1] 参见最高人民法院(2018)最高法民再 454 号民事判决书。
[2] 其他观点参见王洪亮:《强制履行请求权的性质及其行使》,载《法学》2012 年第 1 期。

替执行。直接强制,是指强制债务人(被执行人)作出与履行债务相同的行为,例如交付标的物、支付金钱、办理过户手续等。《民事诉讼法》第249—251条对交付财物或者票证、强制迁出房屋或者强制退出土地、办理有关财产权证照转移手续等情形的直接强制措施作出了规定。代替执行,是指由债权人或第三人代替债务人(被执行人)履行义务,使债权得以实现,相关费用由债务人负担。例如由债权人自己修缮房屋,由债务人负担修缮费用。《民事诉讼法》第263条规定,代替执行适用于执行标的是行为的场合。①

(二)继续履行的适用要件

1. 有违约行为存在

当事人一方未支付价款或者报酬、当事人一方不履行非金钱债务或者履行非金钱债务不符合约定的,均可适用继续履行。继续履行通常适用的违约行为形态包括:拒绝履行、迟延履行、部分履行等。不能履行的场合下不适用继续履行。当事人违反附随义务的情形下,通常是当事人未履行通知、协助、保密、保护等义务给相对方已经造成损害,故发生损害赔偿责任而不适用继续履行。当事人违反减损义务等不真正义务的,发生使当事人遭受权利减损或不利益的后果,也不适用继续履行。

《民法典合同编通则解释》第26条对违反从给付义务的继续履行作出规定:当事人一方未根据法律规定或者合同约定履行开具发票、提供证明文件等非主要债务,对方有权请求继续履行该债务并赔偿因怠于履行该债务造成的损失;对方无权请求解除合同,但是不履行该债务致使不能实现合同目的或者当事人另有约定的除外。

2. 守约方请求违约方继续履行

现行法未将实际履行原则规定为合同履行的原则,而是将继续履行规定为责任形式之一,且适用并不优先于其他责任形式。《民法典》第579条、第580条均表述为"对方可以要求",故守约方对是否要求违约方继续履行享有选择的权利,法院或仲裁机构不得主动依职权裁决违约方继续履行。

3. 违约方具有履行能力

如果由于自然原因或法律规定违约方构成不能履行,则守约方不能请求违约方继续履行合同义务,而只能请求其承担损害赔偿、支付违约金等违约责任。

① 《民事诉讼法》第253—262条规定的执行措施并不仅适用于继续履行,对于侵权责任、物权请求权及亲属、继承领域亦可适用。

(三) 不适用继续履行的情形

金钱债务不存在不能履行的问题,故金钱债务总能适用继续履行的责任形式。对于非金钱债务,《民法典》第580条第1款规定下列情形不适用继续履行:

1. 法律上或者事实上不能履行

如果违约方构成法律上不能履行或事实上不能履行,守约方请求其继续履行是没有意义的,因此该情形下守约方只能主张其他的违约责任形式。关于法律上不能履行和事实上不能履行的具体认定,参见本章第一节"违约行为"。

2. 债务的标的不适于强制履行或者履行费用过高

(1) 债务的标的不适于强制履行,是指依据债务标的性质不宜强制债务人实际履行合同义务。通常情形下,委托合同中受托人处理受托事务的义务、演出合同中表演人的表演义务、技术开发合同中开发人的研究开发义务等因具有人身专属性,不适于直接强制债务人继续履行,也不能由他人代替履行。此类债务如果适用继续履行,将有悖于保护人格尊严、人身自由的基本法律理念,而且也无法产生良好的履行效果。例如软件开发合同的标的是某酒店的服务功能,开发行为需要双方相互配合、共同推进,在委托方明确拒绝继续履行的情况下,该债务不适于强制履行。[①]

某些场合下,涉及财产内容的义务亦可能不适于强制履行。例如:

①独家销售代理权纠纷中,打印机供货方违约向第三方供货,虽然代理商要求继续履行,然而打印机独家销售不适于强制履行。[②]

②卖方作出部分履行后因违约引发与买方的诉讼,卖方要求继续履行,但买方不具有继续履行的意愿,且标的物所涉产业因政策原因遇冷,买方已转投其他领域,故继续履行对买方已无实益,不适于强制履行。[③]

(2) 履行费用过高,是指虽然债务标的适于强制履行,但因履行费用过高而导致债务人产生不合理的负担,以致适用继续履行将违背诚实信用和公平交易的一般原则。例如一艘油轮因暴风雨沉入海中,尽管打捞该油轮是可能的,但打捞费用远远超过所运石油的价值,托运人不能要求承运人实际履行运输合同。

判断履行费用是否过高的标准,关键要看是否给债务人造成不合理的负担,而不能仅看履行费用是否增加。如果卖方违约未交付货物,而该货物在市场上大量存在,即使因价格上涨使卖方会花费更高的履约成本,买方也有权要求卖方依约交付货物,因为市场价格变动并不构成不合理的负担。有判决认为,原告(守约方)

---

① 参见最高人民法院(2022)最高法知民终586号民事判决书。
② 参见最高人民法院(2013)民提字第233号民事判决书。
③ 参见最高人民法院(2017)最高法民终480号民事判决书。

要求继续履行系争合同,即仍由其安装剩余 403 个外机,而实际上被告(违约方)已将未安装的外机部分交给案外人安装完毕并已使用至今。本案若一味强调实际履行,在经济上不具有合理性,势必造成一定的损失和浪费,也不符合双方订立合同的价值目标。因此,原告的利益可以通过要求赔偿损失等其他方式获得救济。①

3. 债权人在合理期限内未要求履行

(1)该"合理期限"不是诉讼时效期间或除斥期间。无论何种形式的违约责任请求权原则上均应适用诉讼时效,故该条的合理期限不应解释为诉讼时效期间,该合理期限不适用中止、中断、延长规则。除斥期间的适用对象是形成权,而债权人要求债务人继续履行的权利是请求权而非形成权。一般认为,该合理期限是权利失效期间。债权人未在该期间内要求债务人继续履行的,即丧失请求债务人继续履行的权利,而只能请求债务人承担损害赔偿或支付违约金等责任形式。法律设置该合理期限的理由在于,债务人履行义务往往需要特别的准备,如果债权人在得知债务人违约后长时间未请求债务人继续履行,债务人有合理理由相信债权人不再主张继续履行,故如果债权人希望债务人继续履行应在其得知违约事实后的合理期限内尽快主张。

该合理期限与违约请求权诉讼时效的关系是:如果债权人在合理期限内要求债务人继续履行,从完成该请求之时起,该合理期限丧失效用,起算诉讼时效;如果债权人在合理期限未要求债务人继续履行,继续履行请求权消灭,而不再有该请求权诉讼时效计算的问题。

(2)合理期限的长短,应结合合同种类、义务性质、双方所在地的距离、交易习惯等因素综合判断。例如标的物是月饼、粽子等季节性商品,合理期限应与特定节日具有对应性;货物存放于仓库且有库存期限,应考虑库存期限是否到期等。如果标的物是市场上流通的易得种类物,例如 92 号汽油、某种型号的钢材等,该合理期限应从宽认定,因为债务人履行此类义务所作的准备工作相对较为简单。合理期限的长度不应超过诉讼时效期间,因为诉讼时效期间届满而债权人未行使权利的,债务人当然享有时效抗辩权。

(3)"债权人未要求履行"是指债权人未以提起诉讼、申请仲裁或其他方式向债务人主张继续履行请求权。《民法典》第 580 条第 1 款对债权人要求履行的方式未作限定,因此应解释为债权人未通过诉讼、仲裁或其他任何方式向债务人要求继续履行。

---

① 参见上海市第一中级人民法院(2010)沪一中民四(商)终字第 1191 号民事判决书,载《人民司法·案例》2012 年第 24 期。

（四）申请司法解除

《民法典》第 580 条第 2 款为新增规定,其与《九民纪要》第 48 条有密切关联。对于该规定合理性和规范涵义,学界存在较大争议。① 本书倾向于将该款解释为,为弥补同条第 1 款可能造成"合同僵局"而规定的司法解除申请权。由于该规则系针对某些极端场合而设置,故应当谨慎适用。

1. 申请司法解除的适用要件

（1）守约方不能请求违约方继续履行,即存在第 580 条第 1 款规定的情形之一。如果具备继续履行的适用要件,违约方不能依据该款阻碍守约方请求继续履行。该规则主要适用于合同义务具有人身履行性质、以相互信赖为基础的长期合作等案型,此类合同义务因性质无法适用继续履行。例如：

①旅游资源开发合作合同约定经营期限为 50 年,以双方自愿且相互信赖为前提,其后一方因故撤场,丧失继续履行的现实可行性。②

②计算机软件开发合同的履行有赖于委托方配合,但受托方完成部分开发任务后,委托方拒付费用并要求解除合同。③

③演艺经纪合同纠纷中,艺人（未成年人）早已返回原籍就学而无法继续履行,继续履行合同既非必要,也无现实可能。④

（2）致使不能实现合同目的。"合同僵局"必须是严重的,即违约方针对主要义务违约致使不能实现合同目的。例如软件开发合同纠纷持续 4 年有余,双方多次就软件开发及交付进行协商但未形成一致意见,其间软件开发的市场环境、技术环境等已经发生较大变化。而且,之前部署到服务器的软件代码已经丢失,由于双方对交付存在较大争议,软件的英文版本及后期维护等合同义务事实上难以履行,涉案合同目的无法完全实现。⑤ 如果不能请求继续履行的仅是次要债务,由于该情形不会导致合同目的不能实现,不能适用该款申请司法解除。

（3）守约方未行使法定解除权或约定解除权。守约方既不能请求违约方继续履行,又不行使解除权以解决纠纷,才有可能产生所谓"合同僵局"。如果违约行为发生后,守约方已选择行使解除权作为救济方式,则没有适用该款的余地。

---

① 相关学理意见参见王利明:《论合同僵局中违约方申请解约》,载《法学评论》2020 年第 1 期;张素华等:《也论违约方申请合同解除权 兼评〈民法典〉第 580 条第 2 款》,载《河北法学》2020 年第 9 期;陆青:《合同解除论》,法律出版社 2022 年版,第 6—16 页以下。

② 参见"北京某旅游公司诉北京某村民委员会等合同纠纷案",2023 年最高人民法院发布第二批"人民法院贯彻实施民法典典型案例"之七。该案亦为 2023 年"最高人民法院发布《关于适用〈中华人民共和国民法典〉合同编通则若干问题的解释》相关典型案例"之四。

③ 参见最高人民法院(2020)最高法知民终 1911 号民事判决书。

④ 参见上海市第一中级人民法院(2019)沪 01 民终 14952 号民事判决书。

⑤ 参见最高人民法院(2022)最高法知民终 2308 号民事判决书。

（4）当事人提出司法解除申请。依该款规定，法院或者仲裁机构不能主动依职权解除合同，而须以当事人申请为前提。有权提出申请的主体是"当事人"，即包括守约方和违约方。由于守约方本就享有法定或约定解除权，故该款之申请权对违约方更具意义。此外，该款虽未出现"解除"字样，但从其历史演进及适用效果来看，"请求终止"意指申请司法解除。

2. 申请司法解除的适用效果

（1）人民法院或者仲裁机构可以终止合同权利义务关系。该款规定的并非当事人的形成诉权，而是司法机关的司法解除权（终止权）。[①] 违约方单方面向对方发出解除合同的通知，不发生合同解除的法律后果。[②] 针对当事人的申请，司法机关应结合案件的各项因素作出支持或驳回的裁决。例如债务人是否恶意违约、不能继续履行的原因、债务人是否因合同不终止而遭受严重损失等。

关于合同权利义务关系终止的时间，《民法典合同编通则解释》第 59 条规定了两种标准：

①一般标准是"起诉状副本送达对方的时间"。

②例外标准是：根据案件的具体情况，以其他时间作为合同权利义务关系终止的时间更加符合公平原则和诚信原则的，人民法院可以以该时间作为合同权利义务关系终止的时间，但是应当在裁判文书中充分说明理由。

（2）不影响违约责任的承担。无论是由违约方还是守约方申请司法解除，均不影响违约方承担继续履行之外的违约责任。该规则目的不是免除违约方责任，而是解决合同僵局造成的不经济后果，因此合同终止后守约方仍有权请求违约方承担违约金、损害赔偿等违约责任。[③]

（3）其他法律后果适用《民法典》第 566 条、第 567 条处理。其他法律后果，是指恢复原状、采取其他补救措施、担保关系处理和结算清理条款的适用等。

二、替代履行

（一）替代履行的概念和性质

替代履行，是指一方违约时，根据债务的性质不得强制履行的，守约方可以请求违约方负担由第三人替代履行费用的责任。《民法典》第 581 条规定的该责任形式属新增规定。例如《锅炉买卖合同》约定保修期为 1 年，但锅炉交付后无法正常

① 参见黄薇主编：《中华人民共和国民法典合同编释义》，法律出版社 2020 年版，第 274 页。
② 参见辽宁省高级人民法院（2019）辽民终 1481 号民事判决书，载《人民司法·案例》2021 年第 5 期。
③ 参见湖南省长沙市中级人民法院（2014）长中民再终字第 00291 号民事判决书。

使用。买受人多次与出卖人沟通修复事宜未果,遂与他人签订合同修复锅炉且通过了验收,由此产生的费用可请求出卖人(违约方)承担。①

替代履行责任属于实体法请求权,不同于《民事诉讼法》第 263 条规定的替代执行措施。前者的内容是请求违约方承担替代履行的费用,进入执行阶段系以金钱债务为执行标的;后者是针对生效法律文书指定的行为采取的一种执行措施。替代履行责任的适用效果是,守约方可以请求违约方负担由第三人替代履行的合理费用。

(二)替代履行的适用要件

1. 违约方负有非金钱债务

《民法典》第 581 条虽未指明该责任形式适用于何种债务,但由于该责任形式的内容是负担替代履行的费用,故应解释为其仅适用于非金钱债务。可适用替代履行的非金钱债务主要是以提供某种服务、劳务为内容的债务,例如工程建设②、维修房屋③、加工产品④等。

保密义务、竞业禁止义务等不作为债务虽属非金钱债务,但依其性质不适用替代履行。如果出卖人 A 不履行交付种类物义务,买受人 B 因此又向第三人 C 购得该批种类物,B 请求 C 履行系基于另一合同关系,C 的交付义务并非应由 A 履行的交付义务,故该情形并不适用替代履行。B 有权请求 A 赔偿差价损失以得到救济。⑤

2. 违约方不履行债务或者履行债务不符合约定

违约方实施拒绝履行、迟延履行和不完全履行等违约行为的,可适用替代履行责任,自无疑义。违约方虽构成不能履行,但对第三人履行并无妨碍的,亦可适用替代履行。

3. 根据债务的性质不得强制履行,但第三人替代履行可达成给付效果

《民法典》第 580 条第 1 款第 2 项之"债务的标的不适于强制履行"与第 581 条之"根据债务的性质不得强制履行"不同。前者是指排除继续履行责任形式(实体法请求权)的情形,即守约方既不能请求违约方继续履行,也不能通过第三人替代履行达成给付效果,例如某明星不履行演出义务。后者是指守约方对违约方享有

---

① 参见山东省泰安市中级人民法院(2022)鲁 09 民终 3530 号民事判决书。
② 参见山东省青岛市中级人民法院(2021)鲁 02 民初 1931 号民事判决书。
③ 参见新疆生产建设兵团第(农)六师中级人民法院(2023)兵 06 民终 162 号民事判决书。
④ 参见山东省威海市中级人民法院(2022)鲁 10 民终 832 号民事判决书。
⑤ 参见最高人民法院(2009)民二终字第 91 号民事判决书。

实体法请求权,而根据债务的性质不得强制履行,但第三人替代履行可达成给付效果。[1] 例如承揽人的给付义务是建筑物外墙施工,因承揽人违约导致定作人对其丧失信任基础的情形下,定作人有权主张由承揽人承担重新施工费用,而不再由承揽人实际完成施工行为。[2]

三、标的物瑕疵补正

(一)标的物瑕疵补正的概念和性质

标的物瑕疵补正,是指标的物有瑕疵的,守约方有权合理选择要求违约方承担修理、更换、重做等形式的责任。《民法典》第582条规定的责任形式包括修理、重作、更换、退货、减少价款或者报酬。"退货"是指解除合同,"减少价款或者报酬"是指减价,此两者为另外两种独立的违约救济措施。修理,是指针对标的物瑕疵进行修理,以消除该瑕疵并使标的物具有合同约定的使用价值。例如对不能正常制冷的空调进行修理。更换,是指将已交付的标的物替换为种类相同且质量符合合同约定的物。例如将存在印刷错漏的书籍予以更换。重作,是指在承揽、建设工程等合同中,债务人交付的工作成果不合格,由债务人重新制作工作成果。例如裁缝店交付的西服不符合约定款式,裁缝店依约定款式重新制衣。

在现行法框架下,违约责任形式可分为三类:继续履行(以及与其性质类似的替代履行)、采取补救措施和赔偿损失(以及与其性质类似的违约金、定金等以金钱填补违约损失的责任形式)。继续履行适用于违约方不履行合同义务(如拒绝履行、迟延履行等)的场合;采取补救措施适用于违约方履行合同义务不符合约定的场合(如瑕疵给付);赔偿损失普遍适用于各类违约行为。在此框架下,标的物瑕疵补正属于采取补救措施的范畴,即以修理、更换、重作等方式来填补违约损失。

我国现行法对标的物瑕疵补正的定位与PICC有所不同:其一,PICC第7.2.3条规定,标的物瑕疵补正是继续履行的具体情形之一,两者是包含关系而非并列关系。《民法典》规定标的物瑕疵补正和继续履行是两种并列的责任形式。其二,对该责任形式适用于何种违约行为,PICC未作限定,而《民法典》第582条规定该责任形式适用于"履行不符合约定"的情形。其三,对该责任形式的具体内容,PICC

---

[1]　参见朱广新、谢鸿飞主编:《民法典评注·合同编·通则2》,中国法制出版社2020年版,第361—363页(朱广新执笔)。

[2]　参见浙江省台州市中级人民法院(2022)浙10民终286号民事判决书。

仅列举了修理、更换,而《民法典》第 582 条还规定了重作。[①]

《消费者权益保护法》第 24 条规定了消费者要求经营者退货或者更换、修理的适用条件,以及各责任形式之间的适用关系。该条与《民法典》第 582 条构成特殊规范与一般规范的关系。

(二)标的物瑕疵补正的适用要件

1. 标的物存在瑕疵

标的物瑕疵补正适用于"履行不符合约定"的情形,对此应解释为违约方构成瑕疵给付。[②] 该责任形式不适用于不能履行、拒绝履行、迟延履行等违约形态。有无瑕疵的判断标准,优先适用约定标准,其次适用其他标准。以买卖合同为例,当事人约定质量标准的,出卖人应当按照约定的质量要求交付标的物。出卖人提供有关标的物质量说明的,交付的标的物应当符合该说明的质量要求。(《民法典》第 615 条)当事人对标的物的质量要求没有约定或者约定不明确,依照《民法典》第 510 条的规定仍不能确定的,适用第 511 条第 1 项的规定。(《民法典》第 616 条)出卖人交付的标的物不符合质量要求的,买受人可以依照第 582 条的规定要求承担违约责任。(《民法典》第 617 条)适用瑕疵补正的标的物不限于动产,也包括房屋等不动产。[③] 标的物为种类物的,亦可适用该责任形式。[④]

2. 对该违约责任没有约定或者约定不明确,依照《民法典》第 510 条的规定仍不能确定

如果合同对该违约责任有明确约定(如违约金),或者能够通过补充协议、合同有关条款或交易习惯确定该违约责任,应当优先适用这些违约救济措施。

3. 违约方已将标的物交付给守约方

在违约方交付的标的物存在瑕疵的情形下,守约方有两种选择:一是可以拒绝接受标的物或者解除合同(《民法典》第 610 条);二是接受标的物并要求对方承担违约责任。在前者情形下,因守约方尚未取得标的物的占有,不存在适用标的物瑕疵补正的问题;在后者情形下,因守约方已接受存在瑕疵的标的物,可以适用修理、更换、重作的方式来补正标的物瑕疵。

[①] 相关学理意见参见朱广新:《合同法总则研究(下册)》,中国人民大学出版社 2018 年版,第 676—678 页;崔建远:《退货、减少价款的定性与定位》,载《法律科学》2012 年第 4 期。

[②] 少数观点认为"数量不符"亦可适用该责任形式。参见金晶:《〈合同法〉第 111 条(质量不符合约定之违约责任)评注》,载《法学家》2018 年第 3 期。

[③] 参见"杨珺诉东台市东盛房地产开发有限公司商品房销售合同纠纷案",载《最高人民法院公报》2010 年第 11 期。

[④] 参见最高人民法院(2015)民申字第 3298 号民事裁定书。

4. 守约方应合理选择补正方式

所谓合理选择,是指守约方应根据标的物性质以及损失大小在修理、更换、重作中选择最合适的补正方式。例如轿车仅存在轻微瑕疵(一小块油漆破损),买方有权要求卖方修理,而要求更换则是不合理的。又例如电视遥控器存在瑕疵,买方要求更换遥控器是合理的,而要求更换并无瑕疵的电视主机则是不合理的。就重作而言,该补正方式只能适用于承揽、建设工程等存在交付工作成果的合同。

各补正方式之间不存在顺位关系,由守约方在合理限度内自由选择。① 如果违约方承担补正责任后未达成应有效果,守约方可再次请求补正。例如更换品仍有瑕疵,买受人可要求重新更换,出卖人亦应承担二次修理的费用。②

5. 不存在《民法典》第 580 条第 1 款规定的情形

对于《民法典》第 580 条第 1 款能否适用于标的物瑕疵补正,现行法未作规定,但基于该条功能及立法目的,应采肯定解释。因此,下列情形不适用标的物瑕疵补正:法律上或者事实上不能补正;债务的标的不适于补正或者补正费用过高;债权人在合理期限内未要求补正。

四、减价

(一)减价的概念和性质

减价,即"减少价款或者报酬"的简称,是指债务人交付的标的物有瑕疵的,守约方有权选择在接受不完全履行的基础上,减少己方价款或报酬。例如卖方交付的家具稍有破损,买方同意接收但以约定价款的九折付款。

《民法典》第 582 条将减价与标的物瑕疵补正规定于同一条之中,将二者均定位为采取补救措施的范畴。此外,第 781 条规定了承揽合同中的减价责任;第 800 条和《建设工程施工合同解释(一)》第 12 条规定了建设工程合同中的减价责任;《买卖合同解释》第 31 条规定了买受人主张减价的效力。

【学说争议:减价权是形成权还是请求权?】

守约方要求减价的权利称为减价权,对于减价权的性质,学界存在争议。

第一种观点形成权说认为,减价权是一种单纯的形成权,是依单方意思表示减少价款或者报酬的权利。减价数额并未由减价权人任意决定,而是依据公平原则"按质论价"。在减价权人的"形成意思"中,纵有减价数额的提示,该数额仅为减

---

① 参见广东省高级人民法院(2015)粤高法民一申字第 491 号民事裁定书。
② 参见陕西省宝鸡市中级人民法院(2016)陕 03 民终 183 号民事判决书。

价权人对"质"的评价而未必准确,此时可类推适用《民法典》第 565 条第 1 款,对方有异议的,可以请求人民法院或仲裁机构确认减价的效力。如果没有异议,则按照减价权人的形成意思赋予效果。①

第二种观点请求权说认为,减价权是一种变更合同的请求权,应重视当事人的合意和司法机关的介入作用。在我国,一方面,买卖合同领域的损害赔偿奉行无过错原则,减价难觅特殊的制度功能;另一方面,由于并非奠定在解除权行使条件的基础上,减价权作为形成权来构造也缺少了关键性条件。②

本书认为,在我国现行法框架下,减价权为请求权。理由如下:其一,从现行法对减价的定位来看,《民法典》第 582 条将减价与标的物瑕疵补正置于一条,且表述为"可以要求对方承担……违约责任"。在现行法框架下,违约责任均须以请求权的方式主张。其二,《买卖合同解释》第 31 条规定,出卖人履行交付义务后诉请买受人支付价款,买受人以出卖人违约在先为由提出异议,并主张出卖人应当采取减少价款等补救措施的,属于提出抗辩。该条规定买受人行使减价权具有抗辩的效力,而并未赋予买受人依其单方意思予以减价的权利。其三,对于如何防止减价权人单方任意决定减价数额的问题,形成权说主张类推适用《民法典》第 565 条第 1 款。该观点虽为解决问题的一种思路,但缺乏现有法律依据。其四,在德国法上减价权之所以是形成权,是因为《德国民法典》第 441 条将减价权定位为解除权的替代方式。该条规定的减价权仅适用于买卖合同,而非所有类型合同的一般规则。为了能够减少价金,买方必须首先形成解除合同的前提,一般通过确定重新履行期间的方式。无须确定履行期间的例外情况与解除合同时关于例外情况的规定一样,即在主张减少价金之前,买方应首先主张重新履行。③ 我国现行法对减价权的定位及其与解除权的关系显然与德国法存在较大差异。

(二)减价的适用要件

1. 标的物存在瑕疵

该要件与标的物瑕疵补正的要件 1 相同。实务中亦有物业服务存在瑕疵适用减价的实例。④

2. 对该违约责任没有约定或者约定不明确,依照《民法典》第 510 条的规定仍不能确定

该要件与标的物瑕疵补正的要件 2 相同。

---

① 参见韩世远:《合同法总论》,法律出版社 2018 年版,第 852 页;杜景林:《我国合同法上减价制度的不足与完善》,载《法学》2008 年第 4 期。

② 参见武腾:《减价实现方式的重思与重构》,载《北方法学》2014 年第 3 期。

③ 参见朱岩编译:《德国新债法:条文及官方解释》,法律出版社 2003 年版,第 238 页。

④ 参见天津市第一中级人民法院(2017)津 01 民终 3344 号民事判决书。

3. 守约方同意接受违约方的不完全履行

减价责任的适用以守约方同意接受违约方的不完全履行为前提,如果守约方拒绝接受标的物或者解除合同(《民法典》第610条),则不存在减价的问题。守约方同意接受违约方的不完全履行的意思表示生效即满足该要件,至于是否已完成交付标的物则在所不问。

4. 守约方应当提出合理的减价要求

(1)守约方应根据标的物性质以及损失大小在减价、标的物瑕疵补正和解除合同(退货)中作出合理选择。《民法典》第582条将减价、标的物瑕疵补正和解除合同均规定为"合理选择"的备选项,且这三个选项不存在适用顺序要求。守约方应根据实际情况选择合理的违约救济措施。例如电视遥控器存在瑕疵,选择更换既方便又经济,守约方强行要求减价则是不合理的。又例如卖方交付的机器无法正常运转,导致合同目的不能实现,守约方可选择解除合同,而要求减价则既无意义也不合理。

(2)守约方要求的减价数额应当合理。减价数额应当结合个案相关因素予以确定,其应与标的物瑕疵造成的损害具有对应性。双方当事人不能就减价数额达成合意的,由法院作出认定。实务中,法院认定减价数额时通常考虑以下因素:公平原则、案件实际情况[1];是否双方均违约[2];修复瑕疵所需费用[3];当地经济发展水平[4]等。

5. 价款或报酬是否已支付在所不问

无论价款或报酬是否已支付,均不影响守约方减价权的行使。价款或报酬尚未支付,守约方要求减价且对方同意或生效裁决支持减价要求的,守约方按照减价后的数额实际支付价款或报酬。价款或报酬已经支付,守约方要求减价且对方同意或生效裁决支持减价要求的,守约方按照减价后的差额实际支付或由违约方退还差额。

第四节　违约责任的形式之二:损害赔偿

一、损害赔偿的概念和特征

损害赔偿,是指违约方因违约行为给对方造成损害,依法律规定或合同约定应

---

[1]　参见最高人民法院(2016)最高法民申1136号民事裁定书。
[2]　参见湖南省高级人民法院(2015)湘高法民再一终字第14号民事判决书。
[3]　参见福建省厦门市中级人民法院(2015)厦民终字第2446号民事判决书。
[4]　参见贵州省黔西南布依族苗族自治州中级人民法院(2015)兴民终字第425号民事判决书。

承担赔偿对方当事人所受损害的责任。《民法典》合同编多采"赔偿损失"概念(如《民法典》第577条、第583条、第584条),侵权编多采"损害赔偿"概念(如侵权编第二章的标题即为"损害赔偿")。对于这两个概念可否等同,虽然学理上尚有分歧①,但从我国现行法规则设置来看,二者均指金钱赔偿的民事责任形式,故本质上一致。造成合同编与侵权编采取不同概念的可能原因是:合同编领域中赔偿范围主要是财产损害,即损失;侵权编领域中赔偿范围还包括非财产损害,即人身损害和精神损害。本书在相同意义上使用此两概念。

损害赔偿适用于民法的多个领域,如违约责任、缔约过失责任、侵权责任和其他法定责任等。《民法典》第179条第1款第8项对"赔偿损失"之民事责任的规定与各编关于损害赔偿的规定,构成一般规范与特殊规范的关系。本节仅讨论违约损害赔偿的问题。损害赔偿责任具有以下特征:

1. 损害赔偿是以金钱赔偿的方式填补守约方的损失

损害赔偿与(广义的)恢复原状责任不同,后者是使守约方的财产状态在物理形态上恢复到损失发生之前的状态,而损害赔偿只是通过金钱这种一般等价物对守约方的损失进行价值上的填补。损害赔偿作为一种金钱赔偿的责任形式,优点是对于各类损害均能适用,简便易行且适用成本较低;缺点是对各类损害的计算可能有失精准,且仅为间接填补而非直接排除损害,可能会与补偿目的有所出入。

2. 损害赔偿以补偿性为原则,以惩罚性为例外

损害赔偿的主要功能是填补守约方的损失,因此损害赔偿的数额原则上应当等于因违约行为给守约方造成损失的总和。仅在某些特殊场合下,基于特定的立法目的且有明确法律规定的,才能适用惩罚性赔偿,对违约方课以高于违约损失的赔偿数额。

3. 损害赔偿与合同债权债务是否具有同一性

在大陆法系传统民法语境下,损害赔偿是一种债的关系即损害赔偿之债,其与原合同债权或给付请求权具有同一性。② 所谓同一性,是指二者在担保关系、双务合同抗辩权及诉讼时效等方面的适用是相同和一致的。由于我国现行法严格区分债务与责任,故损害赔偿并非债的关系而是民事责任的形式。但依现行法规定,在担保关系和双务合同抗辩权等规则的适用上,损害赔偿与合同债权债务仍具有一定程度的同一性。例如无论人的担保还是物的担保,担保范围均包括主债权及利息和损害赔偿金。

---

① 相关学理意见参见崔建远:《论归责原则与侵权责任方式的关系》,载《中国法学》2010年第2期;李承亮:《〈民法典〉损害赔偿责任体系论纲》,载《荆楚法学》2022年第6期。

② Vgl. Wolfgang Ernst, Kommentar zum §280, in: *Münchener Kommentar zum BGB*, 9. Aufl., München : C. H. Beck, 2022, Rn. 4.

二、继续履行与损害赔偿的关系

(一)继续履行与损害赔偿是否存在适用顺序

大陆法系立法通常将继续履行的适用置于优先地位。例如德国法规定的各种违约救济方式中,继续履行处于优先适用顺位,损害赔偿等救济方式的适用则处于第二顺位。其蕴含的精神是:只有给了债务人(违约方)一次补救的公平机会后,债权人(守约方)才可以主张损害赔偿等第二顺位的请求权。① 英美法系与之相反,其一般原则是:守约方不能强制请求违约方继续履行,而只能接受金钱形式的补偿(损害赔偿)。仅在在某些情况下,损害赔偿无法对守约方提供充分救济的,法院可以发布实际履行的裁决或发布禁令,要求违约方为或者不得为某种其已允诺进行的行为。②

我国未采取上述两种做法,《民法典》的规定更接近 PICC 第 7.2.2 条的折中模式:守约方原则上有权在继续履行和损害赔偿之间作出选择,但在法律明文列举的某些情形下(如法律上或事实上不能履行)不能适用继续履行。该模式是对两大法系上述做法的一种折中方案。③ 简言之,在当事人一方违约时,守约方一般可以选择请求继续履行,同时请求损害赔偿;也可以选择不请求继续履行,而仅请求损害赔偿。人民法院或者仲裁机构根据守约方的选择予以裁判或者裁决,除非存在法律规定的例外情形。④

《民法典》第 583 条规定:“当事人一方不履行合同义务或者履行合同义务不符合约定的,在履行义务或者采取补救措施后,对方还有其他损失的,应当赔偿损失。”该条规定系针对“守约方选择请求继续履行或采取补救措施的,还能否请求损害赔偿”之情形。该条不应被解释为:守约方必须先请求继续履行或采取补救措施,如果对方还有其他损失的,才能请求损害赔偿。

(二)继续履行与损害赔偿能否并用

这两种责任形式能否并用,取决于违约方承担其中一种责任后是否足以填补守约方的损害。如果违约方承担其中一种责任的效果是还有其他损害未得到填补,守约方有权主张另一种责任形式予以救济(如《民法典》第 583 条规定的情

---

① 参见[德]海因·克茨:《德国合同法》,叶玮昱、张焕然译,中国人民大学出版社 2022 年版,第 239 页。

② 参见[英]P. S. 阿狄亚:《合同法导论》,赵旭东等译,法律出版社 2002 年版,第 451 页。

③ 参见[德]埃卡特·J. 布罗德:《国际统一私法协会国际商事合同通则——逐条评述》,王欣等译,法律出版社 2021 年版,第 214 页。

④ 参见黄薇主编:《中华人民共和国民法典合同编释义》,法律出版社 2020 年版,第 271 页。

形)。如果违约方承担一种责任足以填补守约方的所有损害,则守约方无权主张另一种责任形式,以避免重复填补。① 例如《商品房买卖合同》约定实际交房之日水电需达到开通条件,其后出卖人未能履行该义务构成违约,但在房屋交付时采取临水临电的补救措施且能够满足买受人的基本生活需求。如果买受人不能证明还有其他损失,则不能再主张损害赔偿。②

三、损害赔偿的适用要件

1. 有违约行为存在

损害赔偿作为一种应用最为广泛的违约责任形式,可适用于各种形态的违约行为,包括不能履行、拒绝履行、迟延履行、不完全履行等。换言之,违约方不履行或不按要求履行任何合同义务(主给付义务、从给付义务、附随义务等),均有可能产生损害赔偿责任。但如果违约方违反不真正义务的,仅导致违约方遭受权利减损或不利益的后果,守约方不得单独就该违约行为主张损害赔偿。

2. 守约方受有损害

(1)损害的概念:差额说与组织说。对于损害的概念,大陆法系传统通说采差额说(利益说)。该说最早由德国学者蒙森(Mommsen)提出,其后经温德沙伊德(Windscheid)等学者阐发而逐渐完善。该说认为,损害是指受害人对该特定损害事实的利害关系,即因为某项特定损害事实的发生使其丧失了一定的利益,事实发生后的利益状态与发生前的利益状态的差额,即受害人所遭受的损害。差额说具有以下特点:其一,以受害人总财产的变动来衡量损害是否存在及其大小;其二,损害事故本身所造成的"损害"并无独立的地位;其三,所谓"利益"即受害人对该损害事故的利害关系;其四,以主观标准判断损害。③

在多数场合下,差额说能够得出较为公正合理的结论并作为损害赔偿的依据,但在下列情形中该说暴露出弊端:

①前后不存在差额。例如甲面包店与乙食品加工厂订立合同,约定甲每日供给乙100斤面粉由乙烤制成一定数量的面包。乙每日私自克扣5斤面粉,交付的面包数量符合约定但面包略小,面包店在不知情的情况下按原价出售仍销售一空。依据差额说,甲没有损害。

②损害较小却需计算前后财产总额。例如甲乙双方买卖一个书包发生违约纠纷,按照差额说需计算当事人违约前后的所有财产总额(包括不动产、银行存款、股

---

① 相关学理意见参见崔建远:《论强制履行》,载《法治研究》2023年第4期。
② 参见北京市第二中级人民法院(2023)京02民终905号民事判决书。
③ 参见林诚二:《民法债编总论——体系化解说》,中国人民大学出版社2003年版,第269页。

票等)再计算差额,这显然既无必要,也有悖生活常识。

③主观利益与客观利益不一致。例如甲将一批木材以每公斤100元卖给乙但尚未交付,乙又将该批木材以每公斤120元转卖给丙。其后该种木材市场价格上涨为每公斤130元。依据差额说,如果甲违约不向乙交货,乙的损害按照主观标准即每公斤120元计算,在此情形下甲违约对自身反而有利,似有鼓励违约之嫌。

④损益相抵的问题。例如无知少女甲是集邮发烧友,其花费积攒多年的压岁钱2000元从无良商人乙处购得珍邮一枚,后经鉴定为赝品,甲伤心欲绝。该事被媒体报道后,有诸多好心人赠与甲各类邮票100多枚,其中包括其本欲购买的邮票5枚。依据差额说,甲的财产总额在乙违约后未减反增,故乙对甲不负损害赔偿责任。①

为修正差额说的弊端,学理上产生了组织说。该说认为,损害是加害行为给受害人造成的一种不利益状态,要根据受害人受法律保护的利益遭受侵害以后,客观上遭受的损失予以确定。组织说虽着眼于修补差额说暴露的各种弊端,但该说本身也未臻完美,且该说内部又细分为真实损害说、直接损害说、法律保护目的说等多种观点不一而足。

大陆法系多数国家仍采差额说,并逐渐发展完善可预见性规则、损益相抵规则等对差额说的弊端给予一定程度的修正。② 我国现行法对损害的概念未作直接规定。《民法典》第584条第1款规定"损失赔偿额应当相当于因违约所造成的损失",并且还规定了可预见性规则、损益相抵规则等。《民法典合同编通则解释》第60条、第61条等规定体现了差额说的精神。总体而言,我国的做法与大陆法系多数国家类似。

(2)损害的性质:主要是指财产损害。在学理上,损害分为财产损害和非财产损害。财产损害,又称财产损失、有形损害,是指因违约行为造成守约方经济上的损失。非财产损害,又称无形损害,是指受害人遭受的财产损害以外的损害。非财产损害包括人身伤亡和精神损害。在违约损害赔偿领域内,损害主要是指财产损害或财产损失,而不涉及非财产损害,但在侵权责任与违约责任竞合的场合下有可能发生非财产损害赔偿的问题。

【学说争议:应否承认违约精神损害赔偿?】

《民法典》颁布以前,对于应否承认违约精神损害赔偿,学界存在争议。

---

① 对差额说的批评意见及上述事例的原型,参见曾世雄:《损害赔偿法原理》,中国政法大学出版社2001年版,第120—123页。

② 参见[德]迪尔克·罗歇尔德斯:《德国债法总论》,沈小军等译,中国人民大学出版社2014年版,第318页。

第一种观点否定说的理由:其一,是否赔偿精神损害,是违约责任和侵权责任的区别之一。其二,合同的本质是一种交易关系,遵循等价交换原则,赔偿精神损害会使双方利益失衡。其三,赔偿精神损害违反可预见性规则,因精神损害是违约方缔约时不可预见的,违约精神损害赔偿将会给当事人订约造成极大的风险,不利于鼓励交易。其四,精神损害赔偿赋予法官过大的自由裁量权。其五,违约精神损害赔偿可能会造成人格的商品化与当事人对权利的滥用。① 实务中多采否定说,例如旅游合同履行过程中旅游者因体验不佳向旅行社主张精神损害赔偿的,法院通常不予支持。②

第二种观点肯定说的理由:其一,违约精神损害赔偿属立法政策问题,并非违约责任与侵权责任的根本区别。其二,合同并非都遵循等价交换原则,违约救济同样如此。其三,违约与侵权竞合的场合下,提起违约之诉主张精神损害赔偿,可能比提起侵权之诉更具实益。其四,违约与侵权都存在精神损害赔偿裁量权过大的问题。其五,违约精神损害往往可以在缔约时预见,尤其是合同目的为愉悦、享受等情形。其六,侵权精神损害赔偿不会造成人格商品化,同理违约精神损害同样不会贬低人格。③

依据《民法典》第1183条和《精神损害赔偿解释》第1条,精神损害赔偿主要适用于侵权之诉而非违约之诉。但在侵权责任与违约责任竞合的场合下,受害人可依据侵权责任主张精神损害赔偿,则不存疑义。《民法典》第996条新增规定:"因当事人一方的违约行为,损害对方人格权并造成严重精神损害,受损害方选择请求其承担违约责任的,不影响受损害方请求精神损害赔偿。"对于该条涵义,可作如下解读:其一,该条并未一般意义上承认违约精神损害赔偿。该条的适用条件是"受损害方选择请求其承担违约责任",即该请求仍以侵权责任与违约责任竞合为前提。其二,该条仅适用于"损害对方人格权并造成严重精神损害"的场合,故不涉及人格权的单纯财产交易没有适用该条的余地。其三,该条相较于旧法的变化在于,在侵权责任与违约责任竞合的场合下,即使受损害方(守约方)选择违约之诉作为救济手段,也可以请求精神损害赔偿。

在德国法上,守约方原则上不能请求赔偿非财产损害(包括精神损害),但例外情形下可以请求赔偿,即违反的合同义务之保护目的在于实现债权人(守约方)的非财产收益或者避免非财产损害。例如旅店经营者向客户承诺提供"健身房"或者"带壁炉房间的婚宴",而日光浴室、桑拿房、冲浪池坏了或者在约定的时间带

---

① 参见王利明:《侵权责任法与合同法的界分——以侵权责任法的扩张为视野》,载《中国法学》2011年第3期;陈帆:《我国违约精神损害赔偿争论之我见》,载《理论学刊》2005年第4期。

② 参见北京市朝阳区人民法院(2017)京0105民初83821号民事判决书。

③ 参见崔建远:《精神损害赔偿绝非侵权法所独有》,载《法学杂志》2012年第8期;陆青:《违约精神损害赔偿问题研究》,载《清华法学》2011年第5期。

壁炉的房间被别人占用并导致婚宴被取消,旅店经营者必须适当地赔偿沮丧的客户因此遭受的精神损害。① 在英美法上,违约精神损害赔偿通常不被支持,但下列情形例外地被支持:一是精神损害特别严重的案件(通常构成侵害人身权益),例如违反美容手术合同而导致人身伤害。二是原告因违约而受到某种公众羞辱,例如驱逐旅店客人、公共交通工具上的乘客、或娱乐活动持票人。三是合同的主要目的为保护个人隐私利益。② PICC 第 7.4.2 条第 2 款规定,违约损害包括精神损害。该款通常适用于自然人,但在某些情形下(如对公司的荣誉或名誉造成可预见的损害)亦可适用于法人。③

从立法论角度而言,我国似可借鉴上述做法。因大部分合同关系为财产交换关系,故原则上不应承认违约精神损害赔偿,但在某些场合下可例外地承认。在现实生活中,旅游合同、婚庆服务合同等以精神愉悦为合同目的的合同已十分常见,此类合同的当事人对违约造成精神损害完全是可以预见的。如果依据现行法规定,仅在侵权责任与违约责任竞合的场合下(例如旅游过程中游客受伤),受害人才能主张精神损害赔偿,而在单纯违约责任的场合下(例如仅旅游行程糟糕或购物点安排过多)不能主张精神损害赔偿,似与此类合同目的相悖。

《民法典》施行后,适用第 996 条的实例包括:

①医疗服务合同履行过程中(牙齿正畸诊疗),医生未经患者同意擅自拔除牙齿,既构成违约行为,也构成侵害人格权的侵权行为,患者主张精神损害赔偿 6000 元被法院支持。④

②原告与被告(某影楼)订立定作合同,约定被告为原告的孩子及家人拍摄艺术照及百日宴视频,拍摄完成后原告对拍摄效果、时长极度不满意,进而主张精神损害赔偿 22 万元。法院以未造成"严重的"精神损害为由,未支持原告的请求。⑤

③原告(80 岁老人)与被告(某养老院)签订《入住协议》后入住该养老院,因被告疏于照顾,原告坠床致九级伤残,原告主张精神损害赔偿 5000 元被法院支持。⑥

④原告乘坐被告(公交公司)运营的公交车时,在车内摔倒致使胸椎压缩性骨

---

① 参见[德]海因·克茨:《德国合同法》,叶玮昱、张焕然译,中国人民大学出版社 2022 年版,第 331 页。

② 参见[美]杰弗里·费里尔、[美]迈克尔·纳文:《美国合同法精解》,陈彦明译,北京大学出版社 2009 年版,第 538—539 页。

③ 参见[德]埃卡特·J. 布罗德:《国际统一私法协会国际商事合同通则——逐条评述》,王欣等译,法律出版社 2021 年版,第 248—249 页。

④ 参见北京市第二中级人民法院(2023)京 02 民终 6415 号民事判决书。

⑤ 参见北京市第三中级人民法院(2023)京 03 民终 8666 号民事判决书。

⑥ 参见重庆市大渡口区人民法院(2021)渝 0104 民初 7580 号民事判决书。

折,原告主张精神损害赔偿5000元被法院支持。[①]

(3)损害的类型:实际损失与可得利益损失。实际损失,又称积极损失,是指现有财产的直接减少。例如因卖方交付的货物质量不合格导致的价值差额。可得利益损失,又称消极损失,是指本应当获得的利益而实际未能获得。《民法典》第584条第1款表述为"合同履行后可以获得的利益"。例如因卖方迟延交房造成买方的租金损失。

实际损失和可得利益损失的划分与直接损失和间接损失的划分不同。直接损失,是指与违约行为因果关系较近,由违约行为直接引起的损失。间接损失,是指不是由违约行为直接引起的,而由其他媒介因素介入所引起的损失。这两种划分不具有对应关系,直接损失既有可能是实际损失,也有可能是可得利益损失,间接损失亦同。一般而言,直接损失应予赔偿,间接损失原则上不予赔偿,但在可预见范围内的间接损失应予赔偿。

(4)损害的计算时点。标的物(尤其是种类物)的市场价格发生变动为交易实践中的常态,由此所生问题是,计算损害应以哪一时点为标准。在侵权法领域中,《民法典》第1184条规定损害的计算时点是"损失发生时"或者"其他合理方式"。但是,合同编中并无此类规定。在传统民法中,损害的计算时点一般被界定为"一审言词辩论终结时",但对于履行前有利或不利的各项因素亦应斟酌,以顾及完全赔偿原则与禁止得利原则。[②] PICC的做法是,损害的计算时点一般是判决之日,但允许法院根据实际情况自由裁量。[③] 上述做法可资参考。

守约方解除合同但是未实施替代交易的场合下,《民法典合同编通则解释》第60条第3款规定可得利益损失的计算标准是"违约行为发生后合理期间内合同履行地的市场价格与合同价格的差额"。该计算标准仅适用于该款规定的特定场合。

3. 违约行为与守约方所受损害之间具有因果关系

(1)在合同法领域,着重考察的是责任范围的因果关系。民法中因果关系可分为两个层次:第一个层次是责任成立的因果关系,是指被告可归责的行为与原告所受损害之间是否具有客观上的联系。第二个层次是责任范围的因果关系,是指被告行为与原告诉称的损害项目之间的联系。

在合同法和侵权法两个领域中,考察因果关系的侧重点有所不同。在合同法领域,着重考察的是责任范围的因果关系;而在侵权法领域,更加侧重于考察责任

---

① 参见长春铁路运输法院(2023)吉7101民初65号民事判决书。
② 参见王泽鉴:《损害赔偿》,北京大学出版社2017年版,第78页。
③ 参见[德]埃卡特·J. 布罗德:《国际统一私法协会国际商事合同通则——逐条评述》,王欣等译,法律出版社2021年版,第250页。

成立的因果关系。原因在于:其一,合同是特定当事人之间的相对法律关系,合同权利义务清晰明了,故违约责任成立的判断通常较为简单;侵权行为通常是侵害受害人的绝对权,加害人与受害人一般不存在合同约定其权利义务的情形,这导致侵权责任是否成立往往易生分歧。其二,违约损害赔偿的对象是履行利益,其构成具有复杂多样性;而侵权损害赔偿的对象是固有利益,其范围的判断相对简单。

(2)对于因果关系的判断标准,通说采相当因果关系说。[1] 该说认为,某一原因仅在现实发生某结果,还不能确定有因果关系,须依一般观念,在有同一原因存在通常就能发生同一结果,才能认定具有因果关系。相当因果关系说具有以下特点:其一,立足于法律上真实,强调法律上的价值判断,否认因果关系是单纯的事实判断问题;其二,避免因果关系链条过长;其三,有利于减轻受害人的举证负担;其四,该说的难点在于,"相当性"仅提供了一个抽象标准,其具体标准仍存在争议。[2]

依据相当因果关系说,因果关系必须符合两项要件:一是该事件是损害发生"不可欠缺的条件"(条件关系);二是该事件实质上增加了损害发生的客观可能性(相当性)。实务中,即使合同约定违约方"赔偿一切经济损失",也仍须考虑违约行为与损害之间是否具有相当因果关系。[3]

(3)损害赔偿范围确定的原则(完全赔偿原则)及其限制规则(可预见性规则等)实际上发挥着认定责任范围的因果关系的作用。完全赔偿原则首先划定可以认定与违约行为有因果关系的损害的总体范围,然后由可预见性规则等结合可预见性、守约方过错(原因力)、违约收益等因素对赔偿范围作出具体限定。

【疑难案例:标的物购买价格与违约时价格不一致的损害赔偿案[4]】
【案件事实】
1989 年 11 月至 12 月间,原告侨汇公司与张某久分别与被告休养所口头协商,将侨汇公司的丰田海狮面包车及张某久的天津大发面包车存放在休养所院内,由休养所负责保管,休养所每月向其各收取保管费 4 元(到汽车失火止,休养所共收取保管费 308 元整)。1990 年 1 月 6 日凌晨,张某久的汽车起火,殃及侨汇公司的汽车,两车均被烧毁。

火灾后,公安分局对火灾情况作了调查分析,原因是张某久使用汽车加温器不

---

[1] 相关学理意见参见韩强:《法律因果关系理论研究——以学说史为素材》,北京大学出版社 2008 年版,第 19 页以下。

[2] 参见曾世雄:《损害赔偿法原理》,中国政法大学出版社 2001 年版,第 104—109 页。

[3] 参见最高人民法院(2021)最高法知民终 1249 号民事判决书。

[4] 该案详细解读参见"中国华侨旅游侨汇服务总公司黑龙江公司诉黑龙江省国营农场总局哈尔滨老干部休养所保管汽车火损赔偿纠纷案",载最高人民法院中国应用法学研究所编:《人民法院案例选(分类重排本)·民事卷5》,人民法院出版社 2017 年版,第 2620 页以下。

当,引起天津大发面包车起火,并殃及侨汇公司的海狮面包车,导致两辆汽车均被烧毁报废。经一审法院委托省汽车质量监督检测站对两部汽车的残骸进行鉴定,结论是两部汽车均已报废。同时,该站又对海狮面包车被烧前的价值按折旧的规定作了核算,确认其为原值的77%。经查,侨汇公司的海狮面包车是在1986年底,以70579.58元购买的,现国家经销价格为26万元,折旧后的实际价值为20万元。张某久的天津大发面包车系1989年7月以39500元的价格购买的新车,火灾后保险公司已赔偿其损失16000元。

另查明,休养所擅自在居民院内设置停车场并收取保管费用,违反了公安部门的有关规定。原告诉至法院,请求被告按市场价格赔偿车辆被烧的损失。

【本案争点】

标的物购买时的价格与损害发生时的价格不一致的,如何计算损害数额?

【裁判要旨】

一审法院认为:在保管期间,被告休养所既不设专人看管,又不购置消防设备,造成经济损失,休养所应负主要责任。第三人张某久未正确使用加温器引起明火,对纠纷的产生也负有一定的责任。原告对被告是否具备保管汽车的能力和条件审查不细,盲目委托被告为其保管汽车,亦应承担一定的责任。判决:(1)被告休养所赔偿原告侨汇公司16万元;(2)第三人张某久赔偿被告13200元;(3)对被告收取的存车费308元依法收缴;(4)原告及第三人的两车残骸由被告处理;(5)被告及第三人其他请求均不予支持。

二审法院认为:张某久未能按规定使用加温器,是造成火灾的直接原因,应承担主要责任。休养所违反公安部门的有关规定,擅自为他人保管汽车,对造成的损失亦负有责任,收取的保管费应予收缴。侨汇公司应当知道休养所不具备保管汽车的能力,与其发生保管关系,对造成的损失亦应承担一定责任。赔偿损失的范围应限于侨汇公司的海狮面包车,赔偿损失的数额应以现行价格为准。侨汇公司的实际损失20万元,由其自身承担20%即4万元,其余16万元由张某久和休养所按6:4比例承担,张某久承担96000元,休养所承担64000元。判决:(1)维持一审判决第三、四、五项;(2)撤销一审判决第一、二项;(3)张某久赔偿侨汇公司96000元;(4)休养所赔偿侨汇公司64000元。

四、损害赔偿范围确定的原则

(一)完全赔偿原则

完全赔偿原则,是指因违约方的违约行为使守约方产生的全部损失都应当由违约方负赔偿责任。《民法典》第 584 条前段规定,违约损害赔偿责任的范围是"因违约所造成的损失"。该规定即为完全赔偿原则。该原则包含两层涵义:其一,损害赔偿的数额不应少于违约损失,否则不能实现对守约方的充分补偿。该原则是违约责任补偿功能的当然要求,适用该原则才能实现对守约方违约损失的充分填补。损害赔偿的基本标准,是将守约方的财产状态恢复至合同被正常履行(即用适当履行替换违约行为)的状态。其二,损害赔偿的数额原则上不应多于违约损失,否则超出违约损失的部分将构成守约方的不当得利。(禁止得利)法谚云:"损害赔偿不是六合彩。"损害赔偿仅能填补守约方的损失,而不应成为守约方的获利工具。依据完全赔偿原则,损害赔偿的范围主要包括以下两类损失。

1. 实际损失

实际损失,是指因违约行为造成守约方现有财产的直接减少。常见情形包括:守约方履行合同义务而未获得对价、因标的物瑕疵造成的损失、因迟延履行造成的利息损失、因承租人违约造成出租人装修费用的浪费[①]、为防止损失扩大而支出的减损费用[②]等。

以下几种损失是否属于实际损失,分别予以讨论:

(1)交易成本。《民商事合同纠纷指导意见》第 10 条规定,守约方实际支出的"必要的交易成本"不能请求违约方赔偿。具体包括:磋商订约费用、人工管理费用、公司运营费用等。一般而言,此类费用的支出与违约行为之间缺乏法律意义上的因果关系,故不属于赔偿范围。[③]

《民法典合同编通则解释》第 60 条第 1 款规定,计算可得利益损失时可以"扣除"非违约方为订立、履行合同支出的费用等合理成本。此处的"扣除"易生歧义。实际上,无论计算实际损失或者可得利益损失时均不应将交易成本纳入在内。因此,该款所称"扣除"的准确表述应为"排除":如果守约方将交易成本列入赔偿范围,法院认定赔偿数额时应将交易成本予以扣除;如果守约方列举赔偿项目时交易成本已被排除于赔偿范围,则不存在"扣除"问题,以免重复"扣除"。

(2)律师费。守约方实际支出的律师费可否请求违约方赔偿?如果合同明确约定守约方实际支出的律师费由违约方承担,守约方的该请求应予支持不存疑义。[④]

如果合同对此未作约定,对于守约方的该请求应否支持尚存争议。采肯定说的判决理由主要是"支出的律师费构成实际损失"[⑤]"被告恶意违约属不诚信行为,

---

① 参见四川省高级人民法院(2016)川民再 371 号民事判决书。
② 参见浙江省高级人民法院(2018)浙民终 417 号民事判决书。
③ 参见最高人民法院(2016)最高法民终 59 号民事判决书。
④ 参见最高人民法院(2014)民一终字第 38 号民事判决书。
⑤ 参见最高人民法院(2016)最高法民终 311 号民事判决书。

造成了司法资源的额外消耗和原告的额外支出（律师费）"①等。采否定说的判决理由主要是"支出的律师费与违约行为之间不存在因果关系"②等。对于仲裁案件，多有仲裁机构的仲裁规则规定胜诉方可请求败诉方承担律师费。在风险代理的场合下，律师费一般附有条件"需要根据实际回收的现金或非现金以及金额、价值按照不同的标准计算"。在最终债权实现与否、实现多少等情况尚未确定时，律师费数额也未确定。对此，法院一般认为"可待确定会发生或者实际发生后另行主张"。③

（3）对第三人承担责任的费用。违约导致守约方对第三人承担违约责任的，守约方承担责任的费用能否请求违约方赔偿？实务中存在争议。采肯定说的判决认为，守约方因违约方违约而导致其对第三人违约而应该对第三人承担的违约赔偿数额，应该认定为其损失之一。在认定守约方的损失时，不管守约方是否已经支付该笔费用，都应该计算该笔违约赔偿数额。④采否定说的判决认为，因供货方未能按照合同约定提供合格的产品，致使购货方不能向其下家供货而对其下家双倍返还定金的责任，因供货方在订立合同时无法预见，不应由其赔偿。⑤

依据《民法典合同编通则解释》第63条第2款规定，如果违约方在订约时已预见或应当预见违约行为会给守约方造成此类损失，此类损失应予赔偿；如果违约方在订约时未预见也不应预见到此类损失，则不予赔偿。

（4）因违约而落空的费用。例如买方为收货而租赁仓库，但因卖方违约未交货导致租金被浪费；承租人以经营为目的对承租房屋进行了装修，租期达到4/5时因出租人违约致使合同解除，未履行的1/5租期对应的装修费用被浪费⑥。有学者认为，此类损失应按照信赖利益损失予以赔偿。⑦但在缔约过失责任的场合下，信赖利益损失专指一方因信赖合同有效成立所致损失，赔偿该损失的目标是将该方的财产状态恢复至缔约磋商前的状态。与之不同，当事人支出"因违约而落空的费用"虽然也是基于某种"信赖"，但却是因信赖合同将被正常履行而支出该费用。当事人支出该费用系基于某种"盈利性推定"，即支出该费用后可通过对方给付予以填补且有"盈利"，因此该损失仍应作为履行利益损失予以赔偿。

2. 可得利益损失

可得利益损失，是指因违约行为造成守约方本应当获得的利益而实际未能获

---

① 参见最高人民法院（2021）最高法民申2923号民事裁定书。另可参见《最高人民法院关于进一步推进案件繁简分流优化司法资源配置的若干意见》（法发〔2016〕21号）第22条。

② 参见最高人民法院（2015）民一终字第78号民事判决书。

③ 参见最高人民法院（2020）最高法民终118号民事判决书。

④ 参见最高人民法院（2004）民一终字第112号民事判决书。

⑤ 参见最高人民法院（1997）经终字第176号民事判决书。

⑥ 参见四川省高级人民法院（2016）川民再371号民事判决书。

⑦ 参见王利明：《违约中的信赖利益赔偿》，载《法律科学》2019年第6期。

得。最常见的可得利益损失是各类利润损失,例如生产利润损失、经营利润损失、转售利润损失等。(《民法典合同编通则解释》第 60 条第 1 款)在流量经济背景下,"流量损失"也有可能构成利润损失。[1] 由于守约方主张赔偿时此类损失并未实际发生,且在不同交易场合下对其计算标准各异,故此类损失的认定易生纷扰。总体而言,可得利益损失应符合确定性、可预见性等标准才能予以赔偿。

(1)确定性。所谓确定性,是指必须有清楚且符合要求的证据证明该损失是合理发生的,而该损失发生不是偶然的、推测的、猜想的或微小可能性的。[2] 该标准的意义在于,守约方应证明如果没有违约方的违约行为,产生该利润在客观上是大概率事件。例如在计算生产经营利润时,可以考虑以客观的、能够证明的守约方可以获得的上一年度或近几年平均净利润,或者同类、同区域、同行业的经营者所能够获得的净利润为标准进行计算。如果守约方主张其利润比按照客观方法计算的利润高,守约方应承担举证责任;如果违约方主张对方利润比按照客观方法计算所得出的利润低,违约方应承担举证责任。[3]

(2)可预见性。所谓可预见性,是指违约方对该损失发生是能够预见的,而非无法预测的。该标准的意义在于,违约方可以通过证明无法按照正常标准预见该损失发生,从而将因果关系链条上过远的"损失"予以排除(详见后文"可预见性规则")。因此,对于非正常利润损失、不合法利润损失、因果关系过远的损失等不应赔偿。

认定构成可得利益损失的司法意见:

①卖方违反预约合同导致买方丧失优先认购机会的,有判决认为,卖房方未按约履行通知义务,导致买房方丧失优先认购商铺的机会,双方亦无法按意向书约定继续履行,应当承担相应的违约责任。因预约合同与本合同存在法律性质差异,对买房方主张的赔偿金额不能完全支持。[4]

②买方预期违约时对可得利益的认定,有判决认为,违约损失的计算以合同约定的年供货量或以双方最后一次交易利润作为确定可得利益的依据不符合法律规定。以双方实际履行的年供货数量为依据计算对方履行合同可能获得的利益,更符合本案基本事实。[5]

③合作开发房地产纠纷中可否以司法鉴定作为可得利益的认定依据,有判决

---

[1] 参见最高人民法院(2022)最高法知民终 108 号民事判决书。

[2] 参见刘承韪:《违约可得利益损失的确定规则》,载《法学研究》2013 年第 2 期。

[3] 参见最高人民法院民事审判第二庭、研究室编著:《最高人民法院民法典合同编通则司法解释理解与适用》,人民法院出版社 2023 年版,第 669 页。

[4] 参见"仲崇清诉上海市金轩大邸房地产项目开发有限公司合同纠纷案",载《最高人民法院公报》2008 年第 4 期。

[5] 参见最高人民法院(2005)民二提字第 2 号民事判决书。

认为,双方合作开发的房地产项目实际一直由甲方控制,乙方未参与经营管理,客观上其确实无法提供证据证明损失赔偿额。因此,应委托司法鉴定确定土地在进行房地产建设时的市场价值,以及在开发后产生的可分配利润,以作损失赔偿额的依据,符合本案实际。①

④餐饮加盟合同中预期利润的认定,有判决认为,授权方违约造成合同不能履行,使加盟方的预期利润无法实现,构成可得利益损失,这也是授权方应当预见到的。法院综合考虑合同履行情况,加盟手册上所作的投资回报分析,并参照类似加盟方的营业税完税证明,支持加盟方的可得利益损失 139.9 万元。②

⑤质保期内标的物质量问题造成损失的,有判决认为,《发电机组采购合同》约定,质保期内卖方保证设备的正常稳定运行并负责排除设备的任何缺陷。故此,质保期内因发电机组质量问题产生的发电量损失属于可得利益损失,不超过违约方订立合同时预见到或者应当预见到的因违反合同可能造成的损失范围,应予支持。③

⑥情势变更因素消除后违约的,有判决认为,虽然发生了因经济政策调整造成合同一时无法履行的客观情况,但双方当事人未明示解除合同,合同并不当然解除,在合同具备履行条件后,一方要求继续履行,另一方拒不履行的应承担违约责任,在确定可得利益赔偿额中应扣减因情势变更造成的不可预见的损失。④

⑦奶粉买卖合同中转售利润的性质,有判决认为,原告购进被告经销的奶粉,后将奶粉转售给其下级经销商赚取差价,因被告违约导致原告无法获得未完成销售任务部分的转售利润,此项损失即为原告的可得利益损失。⑤

⑧煤炭买卖合同中守约方不能证明实际转售下家的,有判决认为,被告将案涉煤炭转卖予第三人,导致原告丧失了将案涉煤炭转卖所能获取的预期利益,构成可得利益损失。关于被告应赔偿可得利益损失的数额,因原告未能证实其实际转售下家的可得利润,参照被告将案涉煤炭出售给第三人所获得的差价利润予以确定。⑥

认定不构成可得利益损失的司法意见:

①因市场风险给守约方造成损失的,有判决认为,原审判决认定的原告损失不仅包括了棉花减等的差价损失,亦包括在此期间因市场行情下跌所造成的收益损失。该部分收益损失显属市场风险造成的,非为双方当事人所能预见……原审判

① 参见最高人民法院(2015)民申字第 513 号民事裁定书。
② 参见最高人民法院(2016)最高法民再 282 号民事判决书。
③ 参见最高人民法院(2022)最高法民终 74 号民事判决书。
④ 参见陕西省高级人民法院(2011)陕民二终字第 00051 号民事判决书。
⑤ 参见江苏省高级人民法院(2020)苏民终 64 号民事判决书。
⑥ 参见山东省日照市中级人民法院(2023)鲁 11 民终 187 号民事判决书。

决将原告在市场行情低迷时基于转售关系形成的销售价格与本案行情高涨时形成的购买价格之差作为原告的损失显属不当。①

②当事人依据政府文件请求赔偿可得利益损失的,有判决认为,合资公司是否盈利取决于诸多因素,故原告仅依据政府文件认定其应当获得人民币 1000 万元的可得利益赔偿依据不足,法院对此不予支持。②

③出租人违约,承租人请求赔偿承租经营期间内利润损失的,有判决认为,承租人要在未来获得经营利润,不能仅靠租赁合同继续有效,还需投入大量资金、人力、物力等成本。承租人要求出租人赔偿其全部经营利润亏损,将使承租人在不需要继续投入任何经营成本的情况下,直接获取经营利润,超出了合同的履行利益和出租人签订合同时可以预见的损失范围。③

④合作开发房地产合同当事人请求赔偿预期利润损失的,有判决认为,涉案项目尚未竣工,也未销售完毕,存在着未来市场销售价格和销售情况不能确定等客观因素,将来既可能产生利润,也可能会造成亏损,无法对原告提出的 5400 万元预期利润进行鉴定。④

⑤药品销售代理人请求赔偿在国外的预期利润损失的,有判决认为,在坦桑尼亚将来 5 年内可能赚取的净利润取决于实际供货情况、销售数量、销售单价、相关成本的控制和经营风险等因素。由于实际经营过程存在众多不确定因素,也没有其他年份相同产品的经营情况作为参照,故原告仅仅依据《销售代理协议》并不足以证明其将来 5 年内的可得利益损失为 3240 万元。⑤

⑥守约方履行了减损义务后预期利润的认定,有判决认为,被告(违约方)在停止 SCM 系统授权时已经提前通知原告(守约方),原告为避免损失亦在停用当天切换了备用系统,原告已及时避免了因 SCM 系统授权停用可能造成的销售业务损失的扩大。原告认为应当根据 2019 年 11 月与 2018 年 11 月同期销售数据营业利润差额计算其业务损失,不予支持。⑥

⑦迟延履行期间内国家税率调整造成当事人损失的,有判决认为,原告诉请的损失的是在被告迟延履行期间内因退税率的变动而减少的退税款,双方当事人事先均无法预见,不属于保护的范围。⑦

---

① 参见最高人民法院(2006)民二终字第 111 号民事判决书,载《最高人民法院公报》2006 年第 11 期。
② 参见最高人民法院(2010)民四终字第 3 号民事判决书,载《最高人民法院公报》2010 年第 12 期。
③ 参见最高人民法院(2012)民一终字第 67 号民事判决书。
④ 参见最高人民法院(2017)最高法民终 736 号民事判决书。
⑤ 参见最高人民法院(2017)最高法民申 4456 号民事裁定书。
⑥ 参见最高人民法院(2021)最高法知民终 1050 号民事判决书。
⑦ 参见浙江省高级人民法(2008)浙民四终字第 3 号民事判决书。

(二)完全赔偿原则的例外——惩罚性赔偿

惩罚性赔偿,是指违约方的损害赔偿数额大于守约方的违约损失,超出违约损失的赔偿数额体现了对违约方的惩罚和制裁。由于惩罚性赔偿与违约责任填补损害功能的精神并不一致,两大法系对惩罚性赔偿均持保守态度。在大陆法系语境下,违约损害赔偿的首要功能是补偿功能,负有损害赔偿责任的人原则上负有"恢复原状"的义务,即恢复到"假如没有发生引起赔偿义务的情事则会出现的状态",因此惩罚性赔偿不被允许。① 英美法系中,虽然惩罚性赔偿普遍适用于侵权法领域,但禁止适用于违约责任,因为惩罚性赔偿不符合"补偿受损的一方落空期待"的基本目标。即使是故意违约甚至恶意违约,也不得适用惩罚性赔偿,除非该行为同时构成故意侵权行为。②

我国现行法框架下,损害赔偿的基本标准是填补守约方的违约损失,惩罚性赔偿仅以法律特别规定为限。《民法典》第179条第2款规定:"法律规定惩罚性赔偿的,依照其规定。"从现有法律规定来看,适用惩罚性赔偿的情形主要包括两类:一是欺诈消费者(包括一般消费者、旅游消费者、网络消费者等);二是生产、销售不符合安全标准的食品。分述如下:

1. 经营者欺诈消费者

《消费者权益保护法》第55条规定了经营者欺诈消费者的惩罚性赔偿规则,该条第1款规定:"经营者提供商品或者服务有欺诈行为的,应当按照消费者的要求增加赔偿其受到的损失,增加赔偿的金额为消费者购买商品的价款或者接受服务的费用的三倍;增加赔偿的金额不足五百元的,为五百元。法律另有规定的,依照其规定。"第2款规定:"经营者明知商品或者服务存在缺陷,仍然向消费者提供,造成消费者或者其他受害人死亡或者健康严重损害的,受害人有权要求经营者依照本法第四十九条、第五十一条等法律规定赔偿损失,并有权要求所受损失二倍以下的惩罚性赔偿。"由于欺诈和违约责任的要件并不相同,且通常情况下前者门槛更为严格,故存在违约责任成立但因不构成欺诈而不适用惩罚性赔偿的实例。③

经营者作出远高于法定赔偿标准的意思表示是否有效? 常见情形如,商家在经营场所张贴"假一罚十"或"偷一罚十"告示。有判决认为,经营者"假一罚十"的承诺是向消费者作出的单方允诺。根据诚实信用原则,经营者应当向消费者履行自己的单方允诺。经营者出售的货物确为假冒伪劣产品的,应当按照其作出的单

---

① 参见[德]海因·克茨:《德国合同法》,叶玮昱、张焕然译,中国人民大学出版社2022年版,第327页。

② 参见[美]杰弗里·费里尔、[美]迈克尔·纳文:《美国合同法精解》,陈彦明译,北京大学出版社2009年版,第529—530页。

③ 参见北京市第四中级人民法院(2023)京04民终272号民事判决书。

方允诺的内容,按照消费者购买价格的十倍进行赔偿。① 基于消费者特殊保护以及经营者就此类允诺获益等因素,该裁判意见可资赞同。反之,"偷一罚十"系经营者单方面为消费者设置过重义务,且因经营者并无司法处罚权,故属无效。

【实务争议:汽车销售商对消费者"轻微欺诈"的,如何适用惩罚性赔偿?】

实务中的常见争议是,汽车销售商对消费者"轻微欺诈"的,可否以购车款全额为标准计算惩罚性赔偿?

第一种观点主张采"固定金额模式"。最高人民法院指导案例采此观点:合同约定车行出售给张某一辆雪佛兰新车,但车辆交付后被发现曾有局部喷漆等维修记录。法院认为出售方构成欺诈行为,并依据《消费者权益保护法》第49条(2013年修改前)支持了以购车款全额为计算标准的惩罚性赔偿请求。②

第二种观点主张采"弹性金额模式"。在备受关注的"天价宾利车赔偿案"中,最高人民法院采此观点:宾利新车出售方未向买受人告知窗帘修复等记录,法院以"局部轻微问题的修复不属于影响缔约根本目的的重要信息"为由,认定出售方不构成欺诈行为,而侵犯了消费者的知情权。法院据此否认了以购车款全额(550万元)为计算标准的惩罚性赔偿请求,而仅酌定赔偿11万元。③

本书赞同弹性金额模式,理由如下:其一,该模式将惩罚性赔偿数额与欺诈程度等因素挂钩,体现了损害赔偿的适当性原则,更为契合惩罚性赔偿的制度目的。其二,该模式有助于防范某些消费者的不诚信行为,以降低发生道德风险的可能性。④

2. 旅游经营者欺诈旅游者或有其他违约行为

《旅游法》第70条第1款规定:"旅行社不履行包价旅游合同义务或者履行合同义务不符合约定的,应当依法承担继续履行、采取补救措施或者赔偿损失等违约责任;造成旅游者人身损害、财产损失的,应当依法承担赔偿责任。旅行社具备履行条件,经旅游者要求仍拒绝履行合同,造成旅游者人身损害、滞留等严重后果的,旅游者还可以要求旅行社支付旅游费用一倍以上三倍以下的赔偿金。"《旅游纠纷规定》第15条第2款规定:"旅游经营者提供服务时有欺诈行为,旅游者依据消费

---

① 参见北京市第一中级人民法院(2003)一中民终字第10635号民事判决书。其他裁判意见参见北京市通州区人民法院(2023)京0112民初6345号民事判决书。

② 参见"张莉诉北京合力华通汽车服务有限公司买卖合同纠纷案",最高人民法院指导案例17号。

③ 参见最高人民法院(2018)最高法民终12号民事判决书。

④ 相关学理意见参见罗昆:《消费欺诈的认定及其私法效果》,载《当代法学》2023年第4期;冉克平:《论汽车经销商的缔约欺诈及惩罚性赔偿》,载《广东社会科学》2020年第2期;董春华:《论〈消费者权益保护法〉第五十五条第一款惩罚性赔偿适用的界定》,载《河南财经政法大学学报》2021年第5期。

者权益保护法第五十五条第一款规定请求旅游经营者承担惩罚性赔偿责任的,人民法院应予支持。"如果旅游经营者仅有一般违约行为(如未及时通知航班取消并及时协调处理方案),不构成上述法律规定的欺诈或其他违约行为的,则适用损害赔偿的一般标准,而不适用惩罚性赔偿。①

3. 电子商务平台内经营者承诺惩罚性赔偿

《网络消费规定(一)》第 10 条规定:"平台内经营者销售商品或者提供服务损害消费者合法权益,其向消费者承诺的赔偿标准高于相关法定赔偿标准,消费者主张平台内经营者按照承诺赔偿的,人民法院应依法予以支持。"例如"×多多"平台内商家销售仿冒商标的商品,且网页上商品名称下方显示"全场包邮·7 天无理由退货·48 小时发货·假一赔十",法院支持了原告 10 倍价款赔偿的诉讼请求。②

4. 生产不符合安全标准的食品或者销售明知是不符合安全标准的食品

《食品安全法》第 148 条第 2 款规定:"生产不符合食品安全标准的食品或者经营明知是不符合安全标准的食品,消费者除要求赔偿损失外,还可以向生产者或者经营者要求支付价款十倍或者损失三倍的赔偿金;增加赔偿的金额不足一千元的,为一千元。"《食品安全解释(一)》第 10 条规定:"食品不符合食品安全标准,消费者主张生产者或者经营者依据食品安全法第一百四十八条第二款规定承担惩罚性赔偿责任,生产者或者经营者以未造成消费者人身损害为由抗辩的,人民法院不予支持。"实务中,上述规定的适用常涉及"知假买假"问题。(参见第六章第四节"欺诈")

【疑难案例:多项违约损失认定纠纷案③】

【案件事实】

原告千和公司(乙方)与被告海禾公司(甲方)签订《海禾国际经销合同书》约定:千和公司自 2012 年 3 月 20 日至 2013 年 3 月 31 日期间,在 A 市经销海禾公司从荷兰进口的 Hero 品牌婴幼儿配方奶粉及其系列产品。销售任务为 150 万元。对经销商 100% 正品保障,质量问题对终端顾客 100% 无条件退货。海禾公司依据千和公司进货金额给予销售返利。合同还就经销商基本条件、双方权利义务、市场促销支持、退换货支持、合约终止方式等进行了约定。甲方价格体系表为合同附件,婴儿配方奶粉 1、2、3 段系列供销差价为 78 元/听、72 元/听、72 元/听。

合同签订后,千和公司按约购买婴儿配方奶粉 1、2、3 段系列,并在 A 市推广销

---

① 参见广东省深圳市中级人民法院(2019)粤 03 民终 28614 号民事判决书。

② 参见广州互联网法院(2023)粤 0192 民初 1454 号民事判决书。

③ 该案详细解读参见"宜昌市千和贸易有限公司诉宁波保税区海禾婴幼儿食品有限公司等买卖合同纠纷案",载最高人民法院中国应用法学研究所编:《人民法院案例选》2015 年第 1 辑(总第 91 辑),人民法院出版社 2016 年版,第 75 页以下。

售。2013 年 3 月 28 日中央电视台"3·15"特别活动中,曝光 Hero 品牌婴幼儿奶粉造假,经相关媒体陆续报道,造成 Hero 系列产品在全国范围内滞销下架。千和公司经销的 Hero 奶粉亦被迫下架。同年 4 月 11 日,海禾公司向各经销商致函,函称因婴幼儿奶粉造假所致负面影响,海禾公司决定接受 Hero 集团的决定,将其代理权归还,同时协助各经销商做好善后工作。

同年 7 月 15 日,海禾公司确认宝供公司、千和公司核销市场费用。同年 7 月 23 日,同为海禾公司经销商的景天公司、宝供公司分别将其对海禾公司相关债权 114766 元、361815.5 元转让给千和公司,并通知海禾公司。同年 8 月 13 日,海禾公司向千和公司发出《经销商退款确认函》,确认景天公司、宝供公司及账余货款及核销费用为 202646 元,同意在 2013 年 12 月 30 日以前分三次退清。同时提出投资共担原则,退货按 5 折结算,运费由经销商负担;未批复的费用不承担。同年 8 月 27 日,景天公司、宝供公司、千和公司将下架的奶粉退回海禾公司,共退回爱宝儿婴儿配方奶粉 1、2、3 段 832 听、528 听、554 听,退货价款为 445216 元。同年 9 月 16 日,海禾公司扣除包装变形部分货款,确认退货价款 432494 元,返利金额为 681234 元(进货货款)-432494 元(退货价款)= 248740 元,248740 元×5% = 12437 元。千和公司因此支付退货运费 1120 元。前述货款、返利及核销费用经千和公司多次催要无果,遂致讼争。

原告诉至法院,请求判令:(1)被告海禾公司返还原告账余货款及核销费用共计 202646 元(其中被告已收货款但尚未供货的"账余货款"114566 元,被告已经认可但尚未支付的市场核销费用 88080 元);(2)被告海禾公司返还退货款 445216 元;(3)被告海禾公司支付返利款 11800.9 元;(4)被告海禾公司赔偿损失 143920 元(其中退货运费 1120 元,可得利益损失 142800 元);(5)被告对上述欠款按照中国人民银行发布的同期同类贷款利率计息。

【裁判要旨】

法院生效裁判认为:因 Hero 品牌婴幼儿奶粉造假所致负面影响,海禾公司致函经销商,决定接受 Hero 集团的决定,将其代理权归还,双方已难以履行合同,可视为双方解除合同。因海禾公司所代理的 Hero 品牌婴幼儿配方奶粉系列产品发生质量事件,未能保证其产品品质保证,违反了合同约定,应承担违约责任。

海禾公司向千和公司发出《经销商退款确认函》,确认景天公司、宝供公司及账余货款及核销费用为 202646 元,并承诺在 2013 年 12 月 30 日以前分三次退清,该行为合法有效。千和公司将下架的奶粉退回海禾公司,海禾公司应当返还退货款,海禾公司要求千和公司分担损失无合同及法律依据。海禾公司扣除包装变形部分货款,确认退货价款 432494 元、返利金额 12437 元,但千和公司仅请求返利金额 11800.9 元。包装变形部分产品应归千和公司所有。由于海禾公司违约,导致千和公司合同预期利益丧失，即退货部分差价利益142800元（832听×78元/听、528听×72元/听、554听×72元/听）丧失。退货运费1120元系违约行为所造成，该费用予以认定。海禾公司对账余货款及核销费用为202646元作出返还承诺，对其他费用并无约定。

判决：（1）被告返还原告账余货款及核销费用共计202646元；（2）被告返还原告退货款432494元；（3）被告支付原告返利款11800.9元；（4）被告支付原告退货运费1120元，可得利益损失142800元；（5）被告支付原告逾期利息损失，按银行同类贷款利率计算。

五、完全赔偿原则的限制规则

完全赔偿原则是确定损害赔偿责任范围的最基本标准，其适用时还须受到下列规则的限制。

（一）可预见性规则

可预见性规则，是指损失赔偿额不得超过违反合同一方订立合同时预见到或者应当预见到的因违反合同可能造成的损失。（《民法典》第584条后段）该规则的作用在于，防止赔偿范围被拉伸至因果关系链条上的过远端，避免违约方就无法预测的损害承担赔偿责任。对于实际损失和可得利益损失的认定，均应适用可预见性规则，但该规则对于可得利益损失的认定尤具意义。例如借款人迟延偿还10万元借款1个月，贷款人主张该款在此1个月内用于购买股票本可赚取30万元利润。依据可预见性规则，贷款人不得就此超出借款人预见范围的利润要求赔偿。

1. 预见的主体：违约方

《民法典》第584条规定预见的主体是"违约一方"，具体是指"与违约方处于相同或者类似情况的民事主体"。（《民法典合同编通则解释》第63条第1款）该标准属于"同类场合理性人"之客观标准。[1] 该标准的具体含义如下：其一，法院应依据抽象的"同类场合理性人"标准判断违约方对某损害是否具有可预见性。违约方单纯地证明自己在特定交易中不能预见，并无意义。违约方须证明以下事实：在与该特定交易相同或者类似情况下，同类交易主体也不能预见。其二，该标准不是对所有交易主体都适用的一个固定的、一成不变的标准。在不同的场合下，由于交易性质等因素的差异，该标准的高低有所不同。

---

[1] 《民法典》施行前，采此标准的实例参见最高人民法院（2016）最高法民再351号民事判决书。

2. 预见的时间:订立合同时

当事人双方订立合同时,基于当时的各种信息对日后可能发生的各种风险(包括损害)作出一定的评估,并基于此评估对合同权利义务作出具体安排。如果发生的损害在此评估之外,当事人并未就该损害在订约时将其作为约定权利义务需考虑的因素,要求当事人对此类损害承担赔偿责任显然是不公平的。

3. 预见的内容:损害的类型和种类

对于预见的内容是仅限于损害的类型和种类,还是也包括损害的具体程度(数额),现行法未作规定。实务中,对于预见的内容是否包括损害数额,采肯定说①和否定说②的裁判意见皆有其例。PICC 第 7.4.4 条规定:"不履行方仅对在订立合同时他已经预见到的或应当合理预见到的、因其不履行可能产生的损害承担责任。"可预见性和损害的性质或类型有关,但和损害的程度无关,除非该程度足以改变损害类型。③ 该规定可资借鉴。违约方已经预见或者应当预见违约行为将给对方造成某类损害而仍然实施违约行为,此类损害就应纳入赔偿范围,具体赔偿数额应通过实体审理予以认定。要求违约方违约时就能够准确地预见损害数额,既不符合民事诉讼的一般规律,也不恰当地限缩了可预见性规则的适用范围。

4. 预见的考量因素:合同目的等

基于可预见性规则的抽象性和实践的复杂性,《民法典合同编通则解释》第 63 条第 1 款采取了动态系统论的方法,规定了几个重要参考因素。可预见性规则涉及多方主体的利益平衡和多种价值考量,其核心难点是在保护守约方履行利益的前提下避免对违约方课以不合理的赔偿责任。该规定为可预见性规则提供一个相对明确又富有弹性的判断标准。④《民法典合同编通则解释》第 63 条第 1 款规定应当综合考量以下两类因素:

(1)涉及合同自身内容的因素:合同目的、合同主体、合同内容。如果当事人基于特定目的订立合同,该目的对缔约具有决定性影响,认定可否预见时应充分予以考虑。例如对于依据特定目的设立企业的预期利润的认定,有判决认为,甲公司是为乙公司某合成氨项目生产用氧专门设立的气体加工企业,加工合同约定了年最低加工量。乙公司单方停止使用甲公司加工的氧气致其停产,应赔偿可得利益损失,即在加工收入中扣除成本、费用等支出后的利润。参考案涉加工项目在该停

---

① 参见浙江省高级人民法院(2018)浙民申 3170 号民事裁定书。

② 参见最高人民法院(2017)最高法民终 387 号民事判决书。

③ 参见[德]埃卡特·J. 布罗德:《国际统一私法协会国际商事合同通则——逐条评述》,王欣等译,法律出版社 2021 年版,第 254 页。

④ 参见最高人民法院民事审判第二庭、研究室编著:《最高人民法院民法典合同编司法解释理解与适用》,人民法院出版社 2023 年版,第 709 页。

产时段的正常加工费,以适当利润率为标准计算该预期可得利益。[①]

违约方是商主体或者是消费者显然对认定标准有很大影响。如果违约方负有法律、操作规程规定的特定注意义务,应采此较高的判断标准。例如对"无单放货"致使托运人未收到货款而不具备办理出口退税的条件,由此产生退税款损失,从事外贸运输且熟知海上货运规则的承运人是可以预见和应当预见的。[②]

如果合同条款对将来的利润损失已作出约定,该约定应被充分尊重。例如《房地产合作协议》约定三方根据该项目实际产生的纯利润按股份进行分配,甲方占41.5%,乙方40.5%,丙方占18%。其后甲方违约导致合同解除,法院认为甲方按照协议约定的项目实际产生的纯利润的40.5%向乙方支付利润款,符合可预见性规则。[③] 如果合同条款对利润损失未作约定,守约方主张依据某种标准赔偿利润损失时应谨慎认定。例如建设工程施工合同纠纷中承包人主张以未履行部分的5%计算可得利益损失的,有判决认为,案涉合同并未约定承包人(守约方)履行合同后应当得到5%的利润,而案涉合同履行后,承包人能否盈利与多种因素有关,并非签订合同时必然能够预见的。因此,承包人关于可得利益损失的诉讼请求法院不予支持。[④]

(2)涉及合同订立背景的因素:交易类型、交易习惯、磋商过程等。虽然这些因素不是合同自身内容,但与合同订立密切相关,故也应纳入考量范围。此类因素与前述第一类因素并不存在适用顺序的差异,法官应在个案中予以综合考量。

交易类型影响认定的实例如:涉案合同明确是外销产品购销合同,即买方购买产品用于出口外销,卖方应当预见到其违约行为将给买方造成转售利润的可得利益损失。买方所丧失的未交货部分的可得利润,属于可得利益损失的范围。[⑤] 交易习惯影响认定的实例如:远期商品购销合同标的物(阴极铜)价格在订约时已经确定,因此在履约过程中阴极铜市场价格上涨所生差价构成买方的可得利益,价格下跌构成卖方的可得利益。双方签订合同时对此均已预见,因此可得利益的计算方法是《谅解补充协议》约定的应提货数额乘以合同价格与市场价格的差价。[⑥]

5. 可预见性规则的适用效果

可预见性规则的适用效果是:不具有可预见性的损害被排除于赔偿范围之外,违约方对该损害不予赔偿。

---

① 参见最高人民法院(2022)最高法民再 77 号民事判决书。

② 参见上海市高级人民法院(2003)沪高民四(海)终字第 39 号民事判决书,载《最高人民法院公报》2005 年第 12 期。

③ 参见最高人民法院(2022)最高法民再 105 号民事判决书。

④ 参见最高人民法院(2022)最高法民终 220 号民事判决书。

⑤ 参见最高人民法院(2013)民申字第 730 号民事裁定书。

⑥ 参见最高人民法院(2011)民二终字第 55 号民事判决书。

关于适用可预见性规则的司法意见,详见上文"认定不构成可得利益损失的司法意见"。

(二)减轻损失规则

减轻损失规则,是指当事人一方违约后,对方应当采取适当措施防止损失的扩大;没有采取适当措施致使损失扩大的,不得就扩大的损失要求赔偿。(《民法典》第 591 条第 1 款)守约方应当采取适当措施防止损失扩大的义务被称为减损义务,其性质为不真正义务。该规则是协作履行原则和诚实信用原则的要求,其功能是防止守约方在违约行为发生时消极应对以造成不必要的损失。例如仓储合同中存货人到期未提货的,保管人仍应履行保管义务以防止损失产生或扩大。保管人未采取适当措施致使损失扩大的,不得就扩大的损失要求赔偿。[①]

1. 负有减损义务的主体是守约方

《民法典》第 591 条第 1 款规定,负有减损义务的主体是"违约当事人的对方"即守约方。依特别法规定,某些有名合同中负有减损义务的主体不限于守约方。例如在保险合同中,保险事故发生时,被保险人应当尽力采取必要的措施,防止或减少损失。被保险人违反减损义务所造成的扩大的损失,保险人不负赔偿责任。(《保险法》第 57 条第 1 款、《海商法》第 236 条)

2. 适当措施的具体要求

守约方为履行减损义务而采取的适当措施,应符合以下要求:

(1)"合理性"标准。守约方应采取合理的适当措施以尽量减少损失。其采取的措施是否合理,应结合其主观心理状态和客观效果等两个方面加以判断。守约方采取措施时应尽到谨慎的注意义务对采取的措施加以选择,该措施应是一个"理性人"在当时的场合下所作的合理选择。对该措施的实际效果不应过分苛责,只要守约方采取的措施在客观上确实是减少损失的较佳选择,即使因其他原因实际上未能防止损失扩大,其仍可就全部损失要求赔偿。

(2)适当措施的具体形态应结合合同性质、损害性质、客观情况等因素加以选择。例如在保管合同中,寄存人交付的保管物有瑕疵或者按照保管物的性质需要采取特殊保管措施但寄存人未告知保管人,导致保管人因此受损失的,保管人应针对保管物的瑕疵或性质采取合理的补救措施以防止损失扩大。(《民法典》第 893 条)又例如在保险合同中,在发生火灾保险事故时,被保险人应采取切断电源、阻隔火路、组织救火等措施以防止损失扩大。(《保险法》第 57 条)有学理意见将减损措施类型化为四种:停止工作、替代安排、变更合同和继续履行。[②] 该意见可资

---

① 参见福建省高级人民法院(2020)闽民终 1566 号民事判决书。

② 参见韩世远:《合同法总论》,法律出版社 2018 年版,第 812—814 页。

参考。

3. 当事人因防止损失扩大而支出的合理费用,由违约方承担(《民法典》第591 条第 2 款)

因防止损失扩大而支出的合理费用,是指守约方支出该费用的目的是减少损失,且是必要的、符合比例的费用。即使事实上支出该费用的目的落空,也应当由违约方负担。理由在于:其一,减损义务本因违约方的违约行为所引起。其二,守约方履行减损义务以防止损失扩大对违约方亦有利。其三,由违约方承担履行减损义务的成本有利于鼓励守约方积极履行减损义务。

适用《民法典》第 591 条第 2 款的实例如:A(出卖人)与 B(买受人)订立《物资采购合同》,约定由 A 向 B 的光伏电站项目供应设备。为了履行《物资采购合同》,A 向第三人 C 购买 16 台定制箱式变压器,该变压器是前述光伏电站项目的专用设备。其后 B 通知 A 不再履行合同,并明确告知 A 自行处理未移交货物以减少损失。A 为减少损失与 C 解除合同,并就此支出 132 万元的费用,属于为防止损失扩大支出的合理费用,该费用应由 B(买受人、违约方)承担。①

特别法规定在某些有名合同中,承担履行减损义务合理费用的主体是履行减损义务的相对方,虽然其不是违约方。例如在保险合同中,保险事故发生后,被保险人为防止或者减少保险标的的损失所支付的必要的、合理的费用,由保险人承担。(《保险法》第 57 条第 2 款)

4. 减轻损失规则的适用效果

减轻损失规则的适用效果是:守约方履行了减损义务的,其就违约损失享有的损害赔偿请求权不受影响;守约方未履行减损义务的,违约方有权主张在赔偿额中扣除②守约方未采取适当措施导致的扩大损失。(《民法典合同编通则解释》第 63 条第 3 款)

适用减轻损失规则的司法意见:

①高科技产品的买受人违约的,有判决认为,《TSTGT 设备供货协议》的买受人拒绝继续履行之根本违约发生后,出卖人(享有多项专利使用权)自身拥有的技术优势决定了其具有及时将案涉设备另行出售以减少损失的能力,故对出卖人主张的设备减值损失和仓储费用支出等实际损失,不予支持。③

②定作人通知承揽人己方停产的,有判决认为,某钢铁厂(定作人)通知承揽人己方正在停产前期准备。因该通知未说明恢复生产时间,考虑钢铁企业大型设备恢复生产的合理时间以半年为宜,如果钢铁厂在半年内未通知承揽人己方恢复

① 参见最高人民法院(2022)最高法民终 124 号民事判决书。
② 此处的"扣除",亦应解释为"排除"。
③ 参见最高人民法院(2015)民二终字第 296 号民事判决书。

生产,承揽人应当采取措施防止损失的扩大,没有采取适当措施致使损失扩大的,不得就扩大的损失要求赔偿。①

③发包人以承包人违约为由主张解除合同的,有判决认为,在发包人认为合作应终止的合理期间内,发包人应采取相应措施防止损失扩大,其未在合理期间采取适当措施而致使损失扩大的,不得就扩大的损失要求赔偿。法院酌定完成剩余工程量或者采取其他适当措施的合理期间为2年。②

④抵押人未能依约办理抵押权登记且债权人未采取相应措施的,有判决认为,某银行(债权人)在知晓案涉房屋无法办理抵押登记后,没有采取降低授信额度、要求提供补充担保等措施防止损失扩大,可以适当减轻抵押人的赔偿责任。③

⑤施工人在停工后未采取措施减少施工设备租金的,有判决认为,施工人在停工后与发包人磋商争取付款未果,并没有采取及时终结机械租赁关系等积极有效措施避免损失扩大,以减少租金损失。停工之后的租赁费系施工人未尽到防损义务所致,故施工人不得要求赔偿。④

⑥《影视作品授权合同》的授权方通知被授权方(视频播放平台)尽快下线涉嫌侵权作品,被授权方未及时下线的,有判决认为,被授权方在知晓案涉部分影视作品存在权利瑕疵,可能会遭受权利人索赔的情况下,理应在合理的缓冲期内及时协调处理相关作品的下线事宜,尽量减少损失,而不是放任侵权作品在自有及合作平台上继续播放。在15日缓冲期届满后,被授权方因未及时下线造成的损失不得要求赔偿。⑤

(三)过失相抵规则

过失相抵规则,又称与有过失规则,是指守约方对损失的发生也有过错的,可以减轻或免除违约方的赔偿责任。(《民法典》第592条第2款)该规则是公平原则和诚实信用原则在损害赔偿领域的体现,其功能在于因多种原因造成损失的情形下合理确定违约方的赔偿数额。

1. 过失相抵规则的适用要件

(1)损失的同一性。当事人双方的行为对同一损失均具有原因力,才能适用该规则。例如甲将汽车交给修车行修理,未准确说明故障的部位及表现,修车行修理时亦未审慎检查导致车辆故障未被修好且加重。

(2)守约方对损失的发生有过错。守约方的过错是指守约方对其行为造成或

---

① 参见最高人民法院(2016)最高法民终622号民事判决书。
② 参见最高人民法院(2018)最高法民再95号民事判决书。
③ 参见最高人民法院(2019)最高法民再155号民事判决书。
④ 参见最高人民法院(2021)最高法民终651号民事判决书。
⑤ 参见浙江省高级人民法院(2023)浙民终213号民事判决书。

扩大损失具有可归责性。守约方的行为可以是作为,也可以是不作为;可以是守约方本人的行为,也可以是其代理人或履行辅助人的行为。应注意的是,在违约责任适用无过错责任原则的框架下,过失相抵规则并非如其文义所表述的将双方的过失或过错相抵,而是将双方行为对损失所具有的原因力相抵。[①] 因此,守约方的过错未必表现为其主观上有故意或过失,而是指其行为具有可归责性。

2. 过失相抵规则的适用效果

(1)违约方有权主张在赔偿额中扣除守约方也有过错造成的相应损失。(《民法典合同编通则解释》第 63 条第 3 款)基于民事诉讼的处分原则,法院或仲裁机构不得主动依职权适用该规则。

(2)关于扣除的数额,分为两种情形处理:

第一,在一般场合下,违约方减少相应的损失赔偿额,减少的数额依据守约方的过错(原因力)确定。

第二,法律有特殊规定的,违约方免除赔偿责任。例如《民法典》第 832 条规定,承运人证明货物的毁损、灭失是因托运人、收货人的过错造成的,承运人不承担赔偿责任。

适用过失相抵规则的司法意见:

①股权转让人与受让人均应知转让协议可能因第三人行使优先权而无法履行,却仍然订立股权转让协议的,有判决认为,由于双方当事人在签约时,应当预见该合同可能因第三人行使优先权而终止,但没有预见,造成合同终止履行,对此双方具有过错。原告因准备合同履行及实际履行中产生的损失应由双方当事人各自承担 50%。[②]

②仓储公司放货不当且存货人亦有过错的,有判决认为,仓储公司放货不当,构成违约……在建立仓储合同关系的过程中,存货人未进行充分必要的提示、协商、约定以使提货流程清晰明确,为后续发生的货物被骗提事件埋下了隐患。酌定由存货人承担 20%的损失赔偿额,由仓储公司承担货物被骗提所致损失 80%的赔偿责任。[③]

③买受人明知出卖人对标的物无处分权的,有判决认为,买受人在明知出卖人不是出让车辆所有人的情况下,仍然与之签订车辆买卖协议,存在贪图便宜、低估风险的过错,应当对其损失的发生承担相应的责任。结合车辆的使用时间,参照保险公司的车辆折旧计算方式,并根据双方当事人均存在过错的事实,酌定由买受人

---

① 相关学理意见参见尹志强:《论与有过失的属性及适用范围》,载《政法论坛》2015 年第 5 期;周晓晨:《过失相抵制度的重构——动态系统论的研究路径》,载《清华法学》2016 年第 4 期。

② 参见最高人民法院(2003)民二终字第 143 号民事判决书,载《最高人民法院公报》2005 年第 2 期。

③ 参见最高人民法院(2021)最高法民申 6612 号民事裁定书。

承担部分责任。①

④储户和银行对存款被冒领都有过错的,还有判决认为,因储户未妥善保管银行卡和密码,银行对取款人提供的身份证件未尽充分审查义务,致存款被冒领的,综合储户与银行双方过错及原因力的大小,被冒领的 13 万元存款按储户与银行 6∶4 的比例承担责任。②

3. 双方违约

《民法典》第 592 条第 1 款规定的双方违约,不同于第 2 款之过失相抵规则。这两项规则的区别在于:其一,第 1 款适用于双方都有违约行为的场合;适用第 2 款的情形下,守约方虽然对损失的发生有过错或者提供了原因力,但不构成违约行为。其二,适用第 1 款的情形下,双方的违约行为分别给对方造成损失,例如卖方瑕疵给付给买方造成货物的价差损失,买方迟延付款给卖方造成利息损失。适用第 2 款的情形下,只有守约方遭受了损失。其三,适用第 1 款的后果是"应当各自承担相应的责任",即双方各自就自己的违约行为承担违约责任。适用第 2 款的后果是"减轻或免除违约方的赔偿责任"。③ 兹举两则适用双方违约规则的实例:

①由于被告未能以法律规定及《租赁合同》约定向原告提供酒店经营所必需的消防许可证,酒店被当地消防部门处以罚款和责令停止使用的处罚。原告虽存在逾期支付租金的违约行为,但该违约行为不是导致《租赁合同》不能履行的根本原因,故认定被告应当承担《租赁合同》不能履行的主要责任。④

②甲公司与乙公司就合作开发房地产订立预约合同,甲公司未能依约履行取得土地使用权的义务,且迟延履行后 6 个月才通知乙公司。乙公司收到通知后未在合理期间内将履约意愿及时回复甲公司,且乙公司此前亦未履行磋商义务、积极促成交易完成的义务,违反诚实信用原则。双方均存在违约行为。⑤

(四)损益相抵规则

损益相抵规则,又称损益同销规则,是指守约方基于导致损失的同一原因而获得利益时,应将所得利益从损害赔偿额中予以扣除。《民法典合同编通则解释》第 63 条第 3 款和《买卖合同解释》第 23 条对该规则作出规定。该规则是禁止得利精

---

① 参见甘肃省高级人民法院(2022)甘民申 1283 号民事裁定书。

② 参见福建省厦门市中级人民法院(2007)厦民终字第 2319 号民事判决书。

③ 参见最高人民法院民法典贯彻实施工作领导小组主编:《中华人民共和国民法典合同编理解与适用[二]》,人民法院出版社 2020 年版,第 841 页。

④ 参见"深圳维也纳酒店有限公司与丽江七星房地产开发有限公司等租赁合同纠纷上诉案",载最高人民法院民事审判第一庭编:《民事审判指导与参考》2011 年第 4 辑(总第 48 辑),人民法院出版社 2012 年版,第 127 页以下。

⑤ 参见最高人民法院(2018)最高法民终 813 号民事判决书。

神的体现,其功能是防止守约方因违约行为既有损失又得到利益的情形下,单纯只计算损失而违反完全赔偿原则。例如乙以100万元向甲购买一批建筑用钢材,但甲向乙交付的钢材因质量严重不合格不能用于合同约定的建设施工,乙遂将该批钢材以残次品的市场价格出售得到30万元,乙向甲要求赔偿的数额应扣除这30万元。

1. 损益相抵规则的适用要件

(1)守约方受有利益。守约方得到的利益包括积极利益和消极利益。前者是指守约方现有财产的增加,后者是指本应减少的财产未减少。守约方得到的利益仅限于财产利益而不包括精神利益。例如甲公司向乙商场出售一批不合格空调,乙售出一部分后发现空调存在质量问题,遂采取措施追回已售空调并向顾客积极善后,经媒体报道后工商部门授予乙"诚实守信单位"称号。乙要求甲赔偿时不得扣除该荣誉称号利益。

(2)所受利益与违约损失之间具有因果关系。守约方得到的利益与违约损失应当基于同一原因即违约行为而发生。违约行为与所受利益之因果关系应采何种判断标准,殊有疑问。一般认为,原则上应采相当因果关系说标准。例如出卖人违约后,作为买卖合同标的物的房屋发生增值,不能以买受人(守约方)因房屋增值为由适用损益相抵,因为房屋增值并非由于出卖人违约导致,即二者之间不存在因果关系上的相当性。①

有学理意见认为,在某些场合下应结合法规目的对因果关系作从宽认定,以避免不合理地缩小损益相抵规则的适用范围。② 例如在赛马时,骑手为求获胜而违反惯例鞭打马匹致马死亡,马主因马死亡受有损失,但亦因此获得奖金,鞭打马匹与获得奖金之间虽不具有相当因果关系,但该项奖金之利益应从赔偿额中扣除。

2. 应予扣除的利益

(1)标的物的残余价值。例如卖方交付的标的物质量有瑕疵,在被买方受领的情形下,买方请求卖方损害赔偿时应扣除标的物的实际残余价值。又例如在保管、运输等合同中,保管人或承运人违约导致保管物或运送货物毁损且将标的物返还给寄存人或托运人的,寄存人或托运人请求保管人或承运人损害赔偿时应扣除标的物的残余价值。

(2)财产保险金。因财产保险以损失填补为目的,为避免重复填补,守约方(被保险人)不得取得保险金后又请求违约方赔偿全部违约损失。守约方另行订立保险合同且为被保险人,其在保险事故发生后已从保险人处得到保险金的,请求违约方损害赔偿时应扣除保险金。保险人给付保险金后,取得对违约方的保险代

---

① 参见最高人民法院(2020)最高法民申5040号民事裁定书。
② 参见曾世雄:《损害赔偿法原理》,中国政法大学出版社2001年版,第243—244页。

位权。(《保险法》第60条)至于人身保险,因其不以损失填补为目的,守约方(被保险人)有权请求保险人和违约方双重给付,而不存在损益相抵和保险代位权的问题。(《保险法》第46条)

(3)因违约而节省的费用。该费用是指守约方本应支付,但因违约方的违约行为导致未实际支出的费用。例如因卖方迟延交货导致买方停工1周,在计算违约损失时应扣除该期间节省的水电费用。

(4)税金。对于交易税和营业税,因违约方的违约行为导致守约方未缴纳的,在计算违约损失时应予扣除。对于所得税应否扣除,学理上存在争议,实务上多采不扣除说。[①]

3. 不应扣除的利益

(1)守约方因赠与、继承所得利益。守约方因违约方的违约行为而从第三人处得到赠与、继承的利益,在计算损害赔偿额时不应扣除。例如前述无知少女受赠邮票之事例。理由在于:其一,造成利益者具有不得扣减的意思。赠与人或被继承人基于同情心、帮助当事人渡过困难等动机而实施赠与或遗嘱行为,其目的在于使因违约受损的当事人因受赠或继承而免受困厄。如果将此类利益从赔偿额中扣除,显然有悖于赠与人或被继承人的意思。其二,此类利益与违约行为之间不具有相当因果关系,难谓此类利益和违约损失是由同一原因所造成。

(2)守约方的法定利益。例如守约方享有的法定退休金、抚恤金等。法律规定当事人享有此类利益的目的是使当事人得到一定标准的保障,而并非是使违约方因此减少赔偿数额,故此类利益不应从赔偿额中扣除。

(3)守约方因标的物增值而获益。例如国土局在履行土地出让合同过程中迟延履行,导致拟转让的土地长期闲置,但该期间内当地房价大涨,该土地上开发的房地产可获得更高收益。国土局(违约方)赔偿土地受让人(守约方)迟延履行的利息损失时,不得扣减房价上涨所获收益,因为二者之间不存在因果关系。[②]

(4)依客观标准计算损失的场合。在此场合下,损失的计算单纯依据客观标准,而不考虑守约方的个人因素及其所处环境的影响,故不应适用损益相抵规则。例如甲欠乙100万元迟延数月未还,乙因资金周转困难而不得已出售所持股票,出售2天后该项股票大跌,乙因此得利。在此情形下,甲迟延还款所应支付利息应按客观标准计算,不得扣除乙因抛售股票所得利益。

4. 损益相抵规则的适用效果

(1)违约方有权主张在赔偿额中扣除守约方因违约获得的额外利益或者减少

---

① 参见曾隆兴:《详解损害赔偿法》,中国政法大学出版社2004年版,第447—448页。

② 参见最高人民法院(2018)最高法民申3720号民事裁定书。类似案例参见最高人民法院(2018)最高法民终94号民事判决书。

的必要支出。(《民法典合同编通则解释》第 63 条第 3 款)法院或仲裁机构不得主动依职权适用该规则。

(2)关于扣除利益的具体方式,分为两种情形处理:

第一,如果守约方所受利益是金钱的,直接从赔偿额中予以扣除。

第二,如果守约方所受利益是实物(如标的物残余价值)的,守约方有两种选择:一是将该实物以合理价格出售,再将所得金钱从赔偿额中扣除;二是将该实物交付给违约方,并要求违约方赔偿全部违约损失。该选择权由守约方享有,违约方不得直接向守约方赔偿全部违约损失与实物价值的差额。理由在于,第一种选择存在不能顺利卖出实物的风险,而该风险系由违约方引起,故该风险不应由守约方负担。

适用损益相抵规则的司法意见:

①《拆迁安置协议》约定:原告以 105 平方米的房屋有偿置换 168 平方米的房屋;对于安置房超出被拆迁房屋面积部分,需以每平方米 2462 元的价格购买。其后被告交付的安置房实际面积为 154 平方米,原告请求被告赔偿的数额,应当扣除原告就 14 平方米而节省的购房款。[①]

②承租人与出租人订立《场地租赁合同》用于经营 KTV,但因出租人未能提供营业执照、未能协助办理完毕消防施工许可手续,导致承租人一直未开业。承租人因未实际经营而减少投入的成本在其主张的违约损失中应予扣减。[②]

③在房屋未取得建筑工程竣工验收备案证明文件的情况下,开发商向买受人交付房屋,且未明确告知买受人房屋尚未竣工验收的事实。由于买受人已经实际入住房屋,从开发商的瑕疵履行中获有利益,因此开发商承担违约责任时应当扣除该部分利益。[③]

六、确定损害赔偿数额的其他标准

(一)按照替代交易标准计算

所谓替代交易,是指一方当事人违约时,对方当事人通过另一交易取代原合同的交易。替代交易包括替代购买和替代销售。守约方因违约方重大违约解除合同并为了获得与原合同相同标的而与他人缔约的情况下,若该合同价格与原合同价

---

① 参见河南省高级人民法院(2019)豫民再 360 号民事判决书。
② 参见北京市第三中级人民法院(2020)京 03 民终 2314 号民事判决书。
③ 参见山东省威海市中级人民法院(2023)鲁 10 民终 564 号民事判决书。

格相比不利于守约方,其可以请求违约方赔偿原合同与替代交易的差价损失。① 例如卖方未依约交付货物,合同解除后买方从第三人处购买该货物以作替代,并向卖方索赔协议价格和替代交易价格之间的差价损失。②

在总结实务经验、借鉴域外立法的基础上,《民法典合同编通则解释》对该规则作出规定。③

1. 一般场合下的适用

《民法典合同编通则解释》第 60 条第 2 款、第 3 款规定了替代交易标准在一般场合下的适用规则。

(1)守约方依法行使合同解除权并实施了替代交易的,有权主张按照替代交易价格与合同价格的差额确定合同履行后可以获得的利益。该规则适用要件如下:

①在实施替代交易之前合同已被解除。如果一方违约(如迟延履行)但合同尚未解除,则守约方尚有可能从违约方获得给付,故此时实施替代履行是不合理的。合同解除后,守约方确定地不可能从违约方获得给付,此时实施替代交易符合诚实信用原则及减轻损失规则的要求。

②守约方与第三人达成替代交易,且相较于被解除合同的价格,替代交易价格对守约方不利。本条第 2 款仅适用于守约方采取更高买价或更低卖价与第三人缔约的情形,如果守约方与第三人缔约时采取更低买价或更高卖价,则因守约方未遭受损害而不存在赔偿问题。基于合同相对性原则,守约方与第三人达成替代交易后,第三人是否实际履行合同以及是否违约一般不影响本条第 2 款的适用。如果守约方已就"货物转售利润损失"主张赔偿,则不能同时主张赔偿"替代交易损失",以避免重复赔偿。④

守约方与第三人就替代交易进行磋商但最终未能缔约的,该缔约费用损失不能适用本条第 2 款得到赔偿,但有可能依据减轻损失规则得到赔偿。

③守约方在合理时间内以合理方式实施替代交易。PICC 第 7.4.5 条对"合理时间"及"合理方式"作出明确要求,以避免守约方进行投机性等待或在动荡的市场环境下实施替代交易,并且排除守约方基于恶意或者以不合理的内容实施替代交易之情形。⑤ 虽然《民法典合同编通则解释》第 60 条第 2 款对此未作规定,但应

---

① 参见张金海:《论作为违约损害赔偿计算方法的替代交易规则》,载《法学》2017 年第 9 期。

② 参见浙江省绍兴市中级人民法院(2008)绍中民二终字第 301 号民事判决书。

③ 参见最高人民法院民事审判第二庭、研究室编著:《最高人民法院民法典合同编通则司法解释理解与适用》,人民法院出版社 2023 年版,第 669—671 页。

④ 参见天津市高级人民法院(2020)津民终 433 号民事判决书。

⑤ 参见[德]埃卡特·J. 布罗德:《国际统一私法协会国际商事合同通则——逐条评述》,王欣等译,法律出版社 2021 年版,第 256 页。

采相同解释。

（2）替代交易价格明显偏离替代交易发生时当地的市场价格,违约方有权主张按照市场价格与合同价格的差额确定合同履行后可以获得的利益。

该规则的作用在于,防范守约方草率地实施不合理的替代交易。对于"价格明显偏离"的举证责任由违约方承担。某些情形下,即使存在价格明显偏离,但守约方能够证明替代交易是必要的、合理的,即不进行替代交易造成的损失大于替代交易价格与替代交易发生时当地的市场价格的差额,也应当采用替代交易价格计算赔偿数额。

（3）守约方依法行使合同解除权但是未实施替代交易,有权主张按照违约行为发生后合理期间内合同履行地的市场价格与合同价格的差额确定合同履行后可以获得的利益。

本条第 3 款规定了市场价格标准,该标准可视作"拟制的"替代交易标准。替代交易标准和市场价格标准是为守约方提供的两种救济选择,二者不能并用。某些场合下,替代交易可能具有一定的局限性,不能对守约方提供有效的救济。例如,卖方因标的物市场价格上涨而违约,由于标的物价格上涨过快且销售紧俏,买方无力实施替代交易,该情形下市场价格标准就可以有效发挥作用。

兹举一则实例:某石材公司与某采石公司签订《大理石方料买卖合同》,约定的大理石方料收方价格根据体积大小,主要有两类售价:每立方米 350 元和每立方米 300 元。自 2011 年 7 月至 9 月,某采石公司向某石材公司供应了部分石料,但此后某采石公司未向某石材公司供货,某石材公司遂起诉主张某采石公司承担未按照合同供货的违约损失。法院认为,某采石公司提供的评估报告显示的石材荒料单价每立方米 715.64 元,是某石材公司在某采石公司违约后如采取替代交易的方法再购得每立方米同等质量的石料所需要支出的费用。以该价格扣除合同约定的供货价每立方米 350 元,即某石材公司受到的单位损失。①

2. 持续性定期合同场合下的适用

《民法典合同编通则解释》第 61 条规定了替代交易标准在持续性定期合同场合下的适用规则。

（1）在持续性定期合同中,一方不履行支付价款、租金等金钱债务,对方依法行使合同解除权被法院支持的,可以根据当事人的主张,参考合同主体、交易类型、市场价格变化、剩余履行期限等因素确定非违约方寻找替代交易的合理期限,并按照该期限对应的价款、租金等扣除非违约方应当支付的相应履约成本确定合同履行后可以获得的利益。

---

① 参见"某石材公司与某采石公司买卖合同纠纷案",2023 年"最高人民法院发布《关于适用〈中华人民共和国民法典〉合同编通则若干问题的解释》相关典型案例"之九。

本条适用于持续性定期合同,如租赁、雇佣、仓储等合同。此类合同以持续履行的债务为内容,且约定有履行期限(如租赁期限、雇佣期限、保管期限)。在履行期限届满之前,一方不履行支付价款、租金等金钱债务导致守约方解除合同的,剩余履行期限相应的价款、租金等并不构成可得利益损失。守约方需结合交易的各项因素,确定一个寻找替代交易的"合理期限",以该"合理期限"作为认定可得利益损失的标准。例如承租人通过多种途径向出租人表达解除合同的意思表示,并向其发送房屋密码锁密码,但出租人一直拒绝接收房屋,造成房屋长期空置。法院判决终止合同,并酌情支持出租人主张的房屋租金至承租人向其发送电子密码后一个月。①

该规则是减轻损失规则具体体现。履行期限届满之前合同被解除的,守约方应当寻找合理的替代交易以减轻损失。在守约方寻找替代交易的"合理期限"内的租赁物空置等损失,属于因防止损失扩大而支出的合理费用,应由违约方负担。《民法典合同编通则解释》施行前,即有适用减轻损失规则处理此类案型的实例。②

(2)守约方无权主张按照合同解除后剩余履行期限相应的价款、租金等扣除履约成本确定合同履行后可以获得的利益,但是剩余履行期限少于寻找替代交易的合理期限的除外。

剩余履行期限相应的价款、租金不构成可得利益损失的根本原因在于,守约方并未针对剩余履行期限作出对应的给付。如果直接将此类价款、租金赔偿给守约方,将使守约方不支出任何成本而获得利益。

在剩余履行期限少于寻找替代交易的合理期限的情形下,守约方存在两种选择:一是以剩余履行期限相应的价款、租金等扣除履约成本,主张赔偿可得利益损失。守约方的该主张并未使其得到额外利益,故应当支持。这样简便易行,守约方可省去寻找替代交易的麻烦。二是仍然适用《民法典合同编通则解释》第61条第1款,即确定守约方寻找替代交易的合理期限,并按照该期限对应的价款、租金等扣除非违约方应当支付的相应履约成本,主张赔偿可得利益损失。本条第2款并不排除守约方主张第1款的适用,而只是给守约方提供了另一种选择。守约方主张适用本条第1款的,虽然负有更重的举证义务且增加了寻找替代交易的麻烦,但符合减轻损失规则的精神,故应当支持。

---

① 参见"柴某与某管理公司房屋租赁合同纠纷案",2023年"最高人民法院发布《关于适用〈中华人民共和国民法典〉合同编通则若干问题的解释》相关典型案例"之十。

② 参见湖北省武汉市中级人民法院(2023)鄂01民终3331号民事判决书。

（二）按照违约方获益计算

在侵权法领域中,获益赔偿(或称获益返还)规则已被普遍适用。[①] 在合同法领域中,亦有将获益赔偿规则适用于违约赔偿计算的立法例。[②] 所谓违约获益赔偿,是指违约方因违约行为获得的某些利益虽不属于典型意义的"守约方的损害",但也应将其赔偿(或称返还)给守约方。例如甲(出卖人)与乙(买受人)所订房屋买卖合同约定价款为120万元,该房屋市场价为100万元,甲违反对乙的特别承诺,将该房屋卖给出价150万元的丙并实际移转所有权。乙有权请求甲赔偿50万元。违约获益的特殊性在于,其并非守约方因对方违约所致损害(不具备相当因果关系),而是违约方从第三人处获得的利益。违约方应将违约获益赔偿给守约方的理由在于:违约方的这种投机性违约行为不仅破坏了对方的期待和信赖,也摧毁了契约精神与合同的道德基础,故不允许违约方因自己的违约行为而得利。[③]

实务中,基于某些特殊因素的考量(如涉疫物资买卖),曾有法院支持违约获益赔偿的个别实例。[④]《民法典合同编通则解释》第62条对该规则作出一般规定。

1. 适用要件

（1）守约方的可得利益损失难以确定。在侵权法领域中,被侵权人对于一般损害赔偿与获益赔偿享有选择权。(《民法典》第1182条)违约获益赔偿与此不同,其适用居于后位顺序,即只能适用于可得利益损失难以确定的场合。[⑤] 如果能够依据《民法典》第584条和《民法典合同编通则解释》第60条、第61条等确定守约方的可得利益损失,即使违约方存在违约获益,也不能据此计算赔偿数额。《民法典合同编通则解释》施行前,曾有判决将违约获益以可得利益的名义予以赔偿。[⑥] 司法解释施行后不应再采此认定。

（2）违约方故意违约。基于比较法经验及通说观点,违约获益赔偿规则的适用应以违约方故意违约为要件。本条对该要件虽未明确表述,但亦应采此解释。该要件表明,违约方主观上具有明显的道德非难性及应受谴责性,故要求其返还获益具有正当性。违约获益的最常见情形是故意违反合同中的忠诚义务,含有忠诚

[①] 参见《民法典》第1182条、《著作权法》第54条、《专利法》第71条、《商标法》第63条、《反不正当竞争法》第17条。

[②] 域外法对该规则的适用,参见[美]杰弗里·费里尔、[美]迈克尔·纳文:《美国合同法精解》,陈彦明译,北京大学出版社2009年版,第592页以下。

[③] 参见陈凌云:《论"违约方获益"之归属》,载《法律科学》2018年第4期。

[④] 参见上海市第二中级人民法院(2022)沪02民终6287号民事判决书,载《人民司法·案例》2023年第5期。

[⑤] 具体理由参见最高人民法院民事审判第二庭、研究室编著:《最高人民法院民法典合同编通则司法解释理解与适用》,人民法院出版社2023年版,第700页。

[⑥] 参见最高人民法院(2017)最高法民终387号民事判决书。

义务的合同包括委托合同、信托合同、代理合同、医疗服务合同、订有保密条款或竞业禁止条款的劳动合同、特定情形下的买卖合同等。[①]

（3）违约行为与违约获益之间存在因果关系。违约方因违约行为直接获得的利益，当然应予返还，对此不存疑义。但是对于间接获益（即因果关系较远的获益）应否返还，域外法上存在较大分歧，我国学理及实务上对此亦未形成共识。较为合理的解释是，基于禁止违约方得利之立法目的，违约获益（包括直接获益和间接获益）原则上均应返还。但也应综合考虑违约方主观恶意程度、获益的行为方式、双方的信任程度等因素，避免因果关系链条拉得过长。

（4）不存在如下情形：能够适用违约金或继续履行；守约方有过错。违约获益赔偿作为填补损害规则的例外补充，在能够适用违约金或继续履行规则救济守约方的场合下，不应重复适用。违约获益赔偿源于英美法中的衡平法，其要求原告必须以干净之手诉求救济，因此若守约方对违约结果也有过错，则不得适用该规则。

2. 获益赔偿数额的确定

违约获益赔偿的功能不是典型意义上的填补损害，而是禁止违约方得利。因此，违约获益赔偿的计算标准不同于前述完全赔偿原则的计算标准。依据本条规定，人民法院确定获益赔偿数额时应考虑的因素包括违约方因违约获得的利益、违约方的过错程度、其他违约情节等，且应当遵循公平原则和诚信原则。据此，"违约方因违约获得的利益"是确定赔偿数额的基础和出发点，但并非应将获益全部赔偿给守约方，而须综合考虑各种因素以确定赔偿数额。在"违约方因违约获得的利益"金额较大且远超守约方履行利益的情形下，违约方通常对获益具有较大贡献，此时将全部获益赔偿给守约方将导致其不当获利，故而不妥当。

（三）按照银行贷款利率标准计算

《买卖合同解释》第 18 条第 4 款规定："买卖合同没有约定逾期付款违约金或者该违约金的计算方法，出卖人以买受人违约为由主张赔偿逾期付款损失，违约行为发生在 2019 年 8 月 19 日之前的，人民法院可以中国人民银行同期同类人民币贷款基准利率为基础，参照逾期罚息利率标准计算；违约行为发生在 2019 年 8 月 20 日之后的，人民法院可以违约行为发生时中国人民银行授权全国银行间同业拆借中心公布的一年期贷款市场报价利率（LPR）标准为基础，加计 30—50% 计算逾期付款损失。"该计算标准的适用要件如下：

1. 合同没有约定逾期付款违约金或者该违约金的计算方法

虽然《买卖合同解释》第 18 条第 4 款系针对买卖合同所作规定，但其他有偿合

---

① 参见吴国喆、长文昕娉：《违约获益交出责任的正当性与独立性》，载《法学研究》2021 年第 4 期。

同(如债权转让合同①、建设工程施工合同②等)亦可参照适用。(《民法典》第646条)

2. 一方当事人(如买受人、受让人、发包人等)逾期支付价款或报酬

该款仅适用于特定形态的违约行为,即逾期支付价款或报酬(就金钱给付义务的迟延履行)。其他形态的违约行为(如瑕疵给付、部分给付等)不适用该计算标准。

3. 守约方主张赔偿逾期付款损失

《买卖合同解释》第18条第4款仅解决逾期付款所致利息损失的计算问题,故不能适用于其他形态的损失。

【疑难案例:艺人违反演艺代理合同承担损害赔偿责任案③】

【案件事实】

被告张某系原告上腾公司主办的2004年《我型我秀》选秀活动的冠军。2004年9月1日,原、被告双方签订《推广艺人演艺代理协议书》,约定原告作为被告的全球独家代理人,负责所有娱乐演艺事业安排。被告必须接受由原告合理安排之一切项目、工作,被告须向原告独家提供一切演艺工作服务。该协议有效期为2004年9月1日至2011年8月31日。

协议还约定,未经原告同意,严禁被告私自参加活动(包括商业性或非商业性的),否则原告有权单方没收被告因该活动而获得的全部收入(该收入仍记入被告年收入总额内),并有权向被告索赔原告全部损失。在本协议有效期内,严禁被告以任何方式与其他任何公司、机构或个人签订与本协议内容相似或有关的经纪合同及任何形式的合作合同,否则原告有权责令被告限期解决冲突,并可向被告索赔。

2007年4月14日,被告报名参加《快乐男声》活动。同年4月19日,原告收到被告《解除协议律师函》,称自2006年12月至今,原告既未安排被告参加任何演艺活动,而且对被告就此提出的问题置若罔闻,且原告未获得营业性演出的许可证书,原告的行为严重阻碍了被告的艺术发展,原告的行为已使协议目的无法实现,原告的行为已构成根本违约。

2007年4月20日,原告委托律师致函被告,称双方之间的代理协议书依然有效,立即终止擅自参加《快乐男声》活动的行为,要求被告收函后五日内回到原告

---

① 参见最高人民法院(2017)最高法民终332号民事判决书。

② 参见最高人民法院(2017)最高法民终258号民事判决书。

③ 该案详细解读参见"上海上腾娱乐有限公司诉张杰演艺合同纠纷案",载最高人民法院中国应用法学研究所编:《人民法院案例选(分类重排本)·民事卷5》,人民法院出版社2017年版,第3107页以下。

公司。2007 年 5 月 3 日,被告与第三人某传媒有限公司签订了演艺经纪合同。原告于 2007 年 11 月 5 日取得营业性演出许可证。

原告起诉至法院,请求判令被告继续履行与原告签订的《推广艺人演艺代理协议书》,并承担相应的违约责任。

【本案争点】

艺人违反演艺代理合同从他处获得的收益,是否构成守约方的损失?

【裁判要旨】

一审法院认为:从双方履约的情形来看,原告为被告安排了各种活动和演出达 40 余场,为被告灌制出版了两张唱片,原告按照协议的约定履行了自己的义务。被告辩称原告构成根本违约,但未能提供证据证实。而被告未经原告同意,擅自报名参加《快乐男声》活动,且在与原告的协议尚未解除的情况下,与第三人签订了演艺经纪合同,该行为显然违反了双方的约定,缺乏应有的诚实信用,也违背了一般的职业道德,被告构成违约。因此,被告应承担相应的违约责任,原告可以据此请求被告赔偿损失。

被告赔偿的损失额相当于因其违约所造成的损失,包括合同履行后可以获得的合理利益。根据双方的协议,被告私自参加商业性或非商业性的活动,原告有权单方没收被告因该活动而获得的全部收入,并有权向被告索赔原告全部损失。因此,原告可以向被告主张赔偿其违约所造成原告的经济损失,包括合同履行后可以获得的合理利益。本案被告离开原告后,参加多次全国巡回演出,被告在此期间所获得的收益以及被告为他人谋取的利益,均应视为原告的损失,依照协议,原告有权获得此项利益。基于客观原因,原告虽无法提供被告确切的获利数额,但本院综合被告参加全国巡回演出的次数等各种因素,酌情确定被告赔偿原告的数额为 50 万元。判决:被告赔偿原告 50 万元。

二审法院判决:驳回上诉,维持原判。

七、债权人拒绝受领的赔偿责任

(一)债权人拒绝受领的赔偿责任的概念和性质

债权人拒绝受领的赔偿责任,是指债务人按照约定履行债务,债权人无正当理由拒绝受领所承担的违约损害赔偿责任。例如承揽人依约完成定作物后,因定作人未依约按期提货,承揽人仓储保管定作物一年有余,承揽人有权请求定作人赔偿该期间所生仓储费用。① 《民法典》第589条规定的该责任属新增规定。

现行法针对债权人违约设置了提存、解除等救济规则，《民法典》第589条规定的责任既可与这些救济规则并用，也可以单独适用。该条规定的责任形式并未超出前述责任形式的种类，其仅仅是针对债权人的违约损害赔偿责任加入了特殊规范内容。而且，设置该条并不意味着债权人违约只能依据该条承担责任，而不能承担其他形式的违约责任（如违约金、定金等）。

(二)债权人拒绝受领的赔偿责任的适用要件

1. 债务人以言行向债权人提出了履行债务的请求，或者按照约定实际履行了债务

从《民法典》第589条文义来看，似乎指向前者，但后者情形下依理亦可适用该规则。例如债务人因债权人先前拒绝受领而办理提存、债权人先前拒绝受领而经过一段时间后予以受领等情形下，债务人亦有可能增加费用而有适用该规则的必要。该要件的例外情形是，当事人就往取之债约定了履行期限，债权人到期未上门取货，即使债务人未提出履行债务的请求，亦可适用该规则。

2. 该债务属于需要债权人受领或者提供协助的债务

债务人履行此类债务，须债权人的受领行为或其他协助行为才能达成给付效果。例如出卖人履行交货义务须有买受人收货行为的配合、买受人履行付款义务须出卖人提供转账账户等。如果无需债权人配合即可达成给付效果，则无适用该规则的余地，例如不作为义务。

3. 债权人拒绝受领

该条中的拒绝受领应作广义理解，即不受领，包括迟延受领、以明示或默示方式表明拒绝受领等情形。②

4. 债权人无正当理由

对于拒绝受领有无正当理由的认定，参见第七章第一节。

(三)债权人拒绝受领的赔偿责任的内容

1. 债务人可以请求债权人赔偿增加的费用

此处"增加的费用"主要包括因债权人拒绝受领而增加的保管费③、运输费用等。由于《民法典》第573条已规定提存费用由债权人负担，故第589条所指费用应解释为提存费用以外的其他增加费用。

---

① 参见山东省高级人民法院(2021)鲁民终1737号民事判决书。
② 参见黄薇主编：《中华人民共和国民法典合同编释义》，法律出版社2020年版，第298页。
③ 参见安徽省芜湖市中级人民法院(2021)皖02民终3276号民事判决书。

2. 在债权人受领迟延期间,债务人无须支付利息

该后果仅发生于债务人履行金钱债务的场合,其本质是在该场合下限制损益相抵规则的适用。该利息原则上限于实体法律关系中的利息,不包括程序法上的惩罚性迟延利息。例如出租人拒绝受领承租人交纳的租金,其后该纠纷经法院生效判决确定:承租人向出租人支付租金 5 万元,应在判决生效之日起 15 日内履行义务。承租人未按判决要求履行义务,出租人申请强制执行。承租人无须支付的利息是执行程序之外的债权人受领迟延期间所生利息,而对于判决确定的履行届满之后所生迟延利息,承租人仍应支付。①

第五节 违约责任的形式之三:违约金

一、违约金的概念和特征

违约金,是指合同约定或法律规定的,当事人一方违约时应支付给对方的一定数量的金钱。作为实务中一种运用频率极高的责任形式,违约金的优势在于:一是构成一种有效的压力工具,促使债务人积极履行债务或者尽早结束迟延履行的状态;二是使填补损害的计算方法简易化,降低守约方对损害的举证难度。这些优势也相应地带来一些困扰:由于当事人认知能力的局限性,事先约定的违约金数额与后来发生的违约损失数额可能存在较大差距,法律对此应否介入及如何介入。违约金具有以下特征:

1. 违约金是违约责任的形式之一

在《合同法》颁布以前,对于违约金是担保方式还是违约责任形式,学界存在较大争议。②《民法典》合同编明确将违约金规定为违约责任的形式之一。当然,违约金也具有广义上的担保功能,表现为:违约金可以给当事人造成心理压力,使其为避免支付违约金会有更多的动力去履行合同义务。但此种广义上的担保功能并非违约金独有,违约责任的其他责任形式及合同保全规则也都具有该功能。

2. 违约金的客体通常是金钱

有域外法规定,当事人约定以金钱以外的其他给付作为违约金客体的,为准违约金,准用违约金的规定。③ 我国现行法对此虽无规定,但基于合同自由原则,应作相同解释。

---

① 参见辽宁省大连市中级人民法院(2022)辽 02 执复 76 号执行裁定书。
② 参见《法学研究》编辑部编著:《新中国民法学研究综述》,中国社会科学出版社 1990 年版,第 479 页。
③ 参见《德国民法典》第 342 条。

3. 支付违约金的时间是在违约行为发生之后

违约金与定金、押金的支付时间不同:前者是在违约行为发生之后支付;后者在合同成立时即应支付,此时尚未发生违约行为。实务中,当事人常约定各种类型的履约保证金,以实现预付、备用、担保等目的。履约保证金通常是在合同成立时支付,合同终止后予以返还或抵充有关费用,其性质也非违约金。① 违约金作为违约责任的形式,只能在发生违约行为后支付。针对何种形态的违约行为当事人须支付违约金,依据法律规定或当事人约定予以确定。

4. 违约金的数额受到法律限制

就约定违约金而言,虽然违约金的数额由当事人约定,但如果该数额与守约方的损失悬殊或具备其他法定条件,则适用"违约金数额的调整规则"(《民法典》第585条第2款)。这表明当事人的意思虽可决定违约金数额,但仍须受到法律限制。

5. 违约金条款具有从属性和相对独立性

违约金条款的从属性体现为:无论该条款约定于主合同、补充协议或以单独的从合同约定,其相对于主合同义务均具有从属性。主合同不成立、无效或被撤销的,违约金条款相应地丧失效力。违约金条款的相对独立性体现为:合同因违约解除的,违约金条款并不因此失效,守约方仍可据此要求违约方承担违约责任。(《民法典》第566条第2款)

二、违约金的种类

(一)惩罚性违约金与赔偿性违约金

惩罚性违约金,又称固有意义上的违约金,是指违约方除须支付违约金外,其因违约所应承担的损害赔偿、继续履行等责任不受影响。惩罚性违约金的功能是对违约方进行惩罚和制裁,而非对守约方的损害进行填补。

赔偿性违约金,是指违约金只是当事人双方预先估计的损害赔偿总额,守约方不能就违约金与继续履行等责任双重请求。赔偿性违约金的功能是对守约方的损害进行填补,违约金的数额是当事人事先对违约行为造成损害的预估。

如果法律未明确规定且合同未明确约定违约金的性质,如何判断其为惩罚性违约金还是赔偿性违约金?

(1)依据违约金的效果是否影响继续履行等责任,来判断违约金的性质。如

---

① 参见最高人民法院(2023)最高法民终20号民事判决书。

果支付违约金的效果不影响继续履行等责任,为惩罚性违约金,反之则为赔偿性违约金。例如《电信条例》第 34 条第 1 款规定:"电信用户逾期不交纳电信费用的,电信业务经营者有权要求补交电信费用,并可以按照所欠费用每日加收 3‰的违约金。"该款规定的违约金为惩罚性违约金。又例如合同约定:"违约方支付 100 万元违约金后,相对方不得再要求违约方交付货物及赔偿损失。"该款约定的违约金为赔偿性违约金。

(2)如果无法依据上述方法确定违约金的性质,应推定为赔偿性违约金。由于违约责任的主要功能是补偿功能,在违约金性质存在疑义时,原则上应解释为赔偿性违约金。只有在对违约金性质或效果有明确法律规定或合同约定的场合下,才能认定为惩罚性违约金。《民法典》第 585 条、第 588 条等涉及违约金的规定,虽未明确表述,但基本上是以赔偿性违约金为立足点设置的规则内容。《民商事合同纠纷指导意见》第 6 条规定"坚持以补偿性为主、以惩罚性为辅的违约金性质",也体现了该精神。[①]

《民法典》第 585 条第 3 款规定:"当事人就迟延履行约定违约金的,违约方支付违约金后,还应当履行债务。"该款规定的违约金是否为惩罚性违约金?学界对此存在争议。[②] 本书认为,虽然该款规定的迟延违约金与继续履行责任可以并用,但该款规定的"还应当履行债务"系针对迟延的合同义务而言,而对于迟延之后所产生的损失(利息、利润等)是否还应赔偿则并不明确。因此迟延违约金的性质应分为两种情形:一是如果迟延违约金是对迟延损失的预先约定,应为赔偿性违约金;二是如果支付迟延违约金不影响违约方就迟延损失主张权利,则为惩罚性违约金。如果对迟延违约金与迟延损失的关系法律规定不明或合同约定不明,应推定为赔偿性违约金。

(二)约定违约金与法定违约金

约定违约金,是指由当事人约定的违约金。约定违约金是合同自由原则在违约责任领域中的体现,实践中的绝大多数违约金为约定违约金。

法定违约金,是指法律针对某些有名合同中的违约行为规定的违约金。法定违约金体现了法律对违约行为的直接干预和调整,其通常不考虑当事人的意思而强制适用,现行法仅有零星规定。现行法框架下的法定违约金主要包括以下几种情形:

---

① 相关学理意见参见韩世远:《违约金的理论问题——以合同法第 114 条为中心的解释论》,载《法学研究》2003 年第 4 期;罗昆:《违约金的性质反思与类型重构——一种功能主义的视角》,载《法商研究》2015 年第 5 期;姚明斌:《违约金双重功能论》,载《清华法学》2016 年第 5 期。

② 肯定说参见王利明:《合同法研究(第二卷)》,中国人民大学出版社 2015 年版,第 705 页;否定说参见韩世远:《合同法总论》,法律出版社 2018 年版,第 825 页。

(1)法律直接规定违约金的数额。例如原《铁路货物运输合同实施细则》第18条第1款规定,承运人由于法定原因未按货物运输合同履行,按车向托运人偿付违约金50元。

(2)法律规定违约金的计算比例。例如《电信条例》第34条第1款规定的电信用户逾期不交纳电信费用的,按照所欠费用每日加收3‰的违约金。

(3)法律规定违约金的比例幅度,具体计算比例由当事人在此幅度内约定。例如《电力供应与使用条例》第39条规定:"逾期未交付电费的,供电企业可以从逾期之日起,每日按照电费总额的1‰至3‰加收违约金,具体比例由供用电双方在供用电合同中约定。"如果当事人未依此类规定就违约金作出约定,则不能适用此类法定违约金。①

【实务争议:按日累计迟延违约金诉讼时效的起算】

按日累计迟延违约金时效起算点如何认定,学理及实务上争议较大。

第一种观点(单个不定期请求权说)认为,此类违约金仍为一个请求权,应统一计算诉讼时效,诉讼时效起算点是"义务人拒绝支付违约金之日"。② 有最高人民法院公报案例采此观点。③

第二种观点(多个定期请求权说)认为,持续的迟延履行构成多次违约。④ 每日所生违约金为独立请求权,应分别计算诉讼时效,义务人提出时效抗辩的,违约金保护范围为起诉之日前两年(当时)。⑤ 有最高人民法院裁定书采此观点。⑥

第三种观点(迟延终了说)认为,诉讼时效起算点是"履行迟延终了之日",迟延终了包括:债务履行、拒绝履行、给付不能等情形。⑦

本书认为,上述观点均不合理,此类违约金诉讼时效起算点应为"迟延履行的首日"。理由如下:其一,迟延违约金责任成立于迟延履行的首日,此时行使违约金请求权已不存在法律障碍,故应起算诉讼时效。其二,此类违约金按日累计,仅是对迟延损害的计算方法,而非意味着每日存在独立的违约行为及产生独立的违约金请求权。在义务人就迟延履行请求损害赔偿的场合下(未约定违约金),迟延履行的持续同样造成每日新增损害,权利人仍以迟延损害整体请求赔偿,损害数额结合迟延时间、范围、影响等因素认定。违约金按日累计不过是事先约定了损害计算

---

① 参见最高人民法院(2006)民二终字第141号民事判决书。

② 参见韩世远:《商品房买卖中的迟延损害、违约金与时效》,载《法律适用》2010年第11期。

③ 参见最高人民法院(2005)民一终字第85号民事判决书,载《最高人民法院公报》2008年第2期。

④ 参见姚明斌:《违约金论》,中国法制出版社2018年版,第261页。

⑤ 参见陈嘉贤:《按日累计的违约金请求权诉讼时效何时起算》,载《人民司法·案例》2011年第22期。

⑥ 参见最高人民法院(2015)民申字第3030号民事裁定书。

⑦ 参见郗伟明:《论迟延履行违约金诉讼时效的起算》,载《环球法律评论》2010年第3期。

方法,而与迟延损害赔偿性质、功能并无差异,故诉讼时效起算标准亦应相同。同理,迟延违约金为惩罚性的,按日累计构成惩罚数额的计算方法,而非惩罚多次。其三,以"迟延履行的首日"为诉讼时效起算点的可能弊端是弱化权利人保护,但由于现行法框架下较易中断时效,权利人通过中断时效获得保护更为有力。实践中此类违约金多用于商品房买卖的迟延办证场合,业主(权利人)多年后才起诉多因开发商(义务人)此前以不当、虚假承诺拖延所致,沟通过程中的行为多可认定为"诉讼外请求""义务承认"之中断事由。如此可使权利人获得违约金全部数额,相较于权利人主张权利时仅保护 3 年数额,更符合"防止怠于行使权利"之制度目的。

三、违约金与损害赔偿的关系

(一)违约金与损害赔偿的相同点

(1)二者均为金钱赔偿,区别于(广义的)恢复原状责任形式。违约金与损害赔偿均表现为由违约方向守约方支付一定数额的金钱,而以此对守约方的损失进行价值上的填补。

(2)就赔偿性违约金而言,其本为当事人对违约损失的预估,其功能和数额的计算与损害赔偿没有本质差异。

(二)违约金与损害赔偿的区别

(1)适用要件不同。违约金责任一般不以损害为要件,守约方无须证明自己的损害,但如果当事人能够证明违约金低于或过分高于违约损失的,可请求法院或仲裁机构调整违约金数额。损害赔偿责任以损害的存在为要件,守约方须证明因违约方的违约行为给其造成了损害以及损害的大小。

(2)数额的确定不同。违约金数额主要由当事人在订立合同时事先约定,法律并不要求违约金数额与日后实际发生的违约损失完全一致,但须受违约金数额调整规则的限制。损害赔偿的数额不能事先约定,只能在发生违约行为后针对造成的损失加以计算方能确定。

(3)法律对惩罚功能的态度不同。法律允许当事人约定惩罚性违约金,除"极具惩罚性"违约金可适用违约金数额调整规则外,惩罚性违约金条款对当事人具有约束力。而且,惩罚性违约金的适用范围不存在法律限制,其可适用于各种类型合同。现行法对惩罚性赔偿持谨慎态度,仅在消费者保护、食品安全等特殊领域,法律规定可适用惩罚性赔偿制度。

(三)违约金与损害赔偿能否并用

学界对此存在争议①,司法实务亦意见不一②。本书认为,应区分违约金的性质及所针对的违约行为作分别考察。

1. 惩罚性违约金与损害赔偿可以并用

因惩罚性违约金的功能并非填补守约方的违约损失,其可与损害赔偿并用应不存疑义。③ 即使惩罚性违约金与损害赔偿系针对同一损害(如违约方占用资金造成守约方的利息损失),亦可并用。④

2. 赔偿性违约金与损害赔偿能否并用分为以下两种情形

(1)赔偿性违约金与损害赔偿系针对同一损害的,二者不能并用。⑤ 在此情形下,违约金与损害赔偿的功能均为填补同一损害,如果二者并用将导致重复赔偿。例如房屋租赁合同就承租人的违约行为约定了违约金,其后承租人迟延退房,出租人不能同时主张违约金和赔偿迟延期间房屋占有使用费。⑥ 如果违约金数额低于守约方的违约损失,守约方可请求法院或仲裁机构增加违约金数额以填补该差额,而无权另行主张损害赔偿。

(2)赔偿性违约金与损害赔偿针对的损害不是同一损害,二者可以并用。如果赔偿性违约金与损害赔偿分别针对不同违约行为造成的不同损害,二者并用不会导致重复赔偿的结果,而且二者必须并用才能达到完全填补违约损失的效果。例如《建设工程施工合同》约定了延误工期的违约金和擅自撤场的违约金,其后承包人擅自撤场且迟延工期104天,擅自撤场还导致合同义务事实上不能履行,发包人(守约方)有权主张延误工期、擅自撤场的违约金,并同时要求承包人就不能履行进行损害赔偿。⑦ 在此情形下,因违约金系专门针对延误工期、擅自撤场之违约行为作出的约定,当违约方还有别的违约行为时,不能通过适用违约金数额调整规则来填补另一类型损害,因此守约方有权另行主张损害赔偿以填补该损害。

---

① 肯定说参见王利明:《合同法研究(第二卷)》,中国人民大学出版社2015年版,第708—709页;否定说参见余延满:《合同法原论》,武汉大学出版社1999年版,第551页。

② 肯定说参见最高人民法院(2009)民提字第45号民事判决书;否定说参见最高人民法院(2018)最高法民再95号民事判决书。

③ 参见最高人民法院(2014)民申字第1195号民事裁定书。

④ 参见最高人民法院(2015)民二终字第310号民事判决书。

⑤ 其他观点参见王洪亮:《违约金请求权与损害赔偿请求权的关系》,载《法学》2013年第5期。

⑥ 参见最高人民法院(2018)最高法民终94号民事判决书。

⑦ 参见最高人民法院(2015)民提字第142号民事判决书。

四、违约金的适用要件

1. 合同约定有违约金条款或者具备适用法定违约金的情形

《民法典》第 585 条第 1 款规定,当事人对违约金有两种约定方式:一是直接约定"一定数额的违约金",例如约定卖方就瑕疵给付的违约金为 20 万元。二是约定"因违约产生的损失赔偿额的计算方法",例如约定"迟延付款 1 至 30 天的,每天违约金按迟延金额的 0.1%计算,迟延付款 30 天以上的,每天违约金按迟延金额的 0.2%计算"。

对于方式二的性质,学理上存在"违约金说"[①]和"约定损害赔偿说"[②]之争。本书采"违约金说",理由为:其一,违约金与损害赔偿的根本区别在于,前者为事前预估,后者为事后计算。方式二仍属事前预估的一种表现形式。其二,《民法典》第 585 条所含 3 款均为违约金规范,上述两种约定方式并列规定于第 1 款。将方式二解释为违约金之外的规则,似与立法技术不符。其三,《买卖合同解释》第 18 条第 4 款"买卖合同没有约定逾期付款违约金或者该违约金的计算方法"之表述,显然采取违约金说。实务中亦多采违约金说。[③]

失权约款是否属于违约金条款?所谓失权约款,是指约定当事人一旦违约就丧失某项权利或利益(如不返还预付款、丧失优先续租权、对方请求权提前到期)。失权约款不产生新的给付义务,而是在一方违约时导致既有权利消灭,借助"失权之不利益"督促当事人履行义务。相较于违约金而言,失权约款的担保功能似乎更强,因为违约金仅使守约方在对方违约时取得请求权(未实际取得违约金),而失权约款则导致违约方的权利自动丧失。由于二者系从正反两种路径施加心理压力,故其本质并无不同。因此,失权约款虽非典型违约金条款,但可参照适用违约金相关规则(如违约金数额调整规则)。[④]

2. 有违约行为存在

违约方实施何种违约行为时守约方可主张违约金责任?应依据法律规定或当事人约定予以确定。如果违约金条款未就违约行为的形态作出约定,且依据合同解释规则也无法确定违约金系针对何种形态的违约行为,原则上违约方实施任何形态的违约行为均应承担违约金责任。

违约行为的严重程度对违约金责任的适用可能会有影响。某些案型中,违约

---

① 参见罗昆:《违约金的性质反思与类型重构——一种功能主义的视角》,载《法商研究》2015 年第 5 期。

② 参见崔建远:《合同法》,北京大学出版社 2021 年版,第 409—412 页。

③ 参见最高人民法院(2015)民提字第 209 号民事判决书;最高人民法院(2017)最高法民终 50 号民事判决书。

④ 参见姚明斌:《〈合同法〉第 114 条(约定违约金)评注》,载《法学家》2017 年第 5 期。

行为"显著轻微"且不能完全归责于违约方,有可能排除违约金责任。例如合同约定了付款时间,但未确定收款账号,到期之前双方就付款账号事宜反复沟通,导致付款人迟延 5 天付款。法院以"迟延付款的原因不能完全归责于付款人""迟延程度显著轻微、不影响守约方合同目的的实现"为由,判决付款人不需承担违约金责任。[①]

3. 是否以损害的存在为要件?

(1)就惩罚性违约金而言,因其功能并非填补守约方损害,故不以损害的存在为要件。

(2)赔偿性违约金是否以损害的存在为要件,易生争议。[②] 仅从逻辑上而言,因赔偿性违约金的功能是填补守约方损害,似应得出以损害为要件的结论。但是,赔偿性违约金是对损害的事先预估,该违约金的目的本为避免日后证明损害的繁琐,如果当事人主张违约金时还须对损害举证,则这种预估将失去意义。因此合同约定赔偿性违约金的,一方违约时推定损害发生,守约方主张违约金时无须对损害举证(当事人未主张适用违约金数额调整规则)。

与违约金条款有关的司法意见:

①合同既就违约金作一般性约定,又针对特定形态违约行为约定违约金的,有判决认为,双方除了约定违约应按转让费总价格 50%向对方交纳违约金外,还约定如逾期付款按每逾 1 日按已付款数的 3%向对方支付违约金。该约定实为对违约金的重复约定,只能认定其中一种约定有效。由于 50%违约金实际上包括每日 3%违约金,因此认定按转让费总价格 50%的约定为有效条款。[③]

②合同约定迟延履行违约金按支付款项的一定比例按月递增的,有判决认为,合同约定一方如不按期支付土地转让费,每迟延 1 个月应向对方支付该季度转让款的 10%作为罚金并按月递增,最长不得超过 3 个月。一审判决将 3 个月罚金的比例分别认定为 10%、20%、40%的比例成倍增长缺乏依据。根据合同约定,3 个月罚金的比例应为 10%、20%、30%。[④]

③合同约定逾期利息的计算方法违反央行规定的,有判决认为,贷款合同中逾期利息约定违反了中国人民银行关于逾期还贷单独计付罚息,不能将期内利息和逾期罚息同时并用的规定,应按中国人民银行不同时期逾期还贷标准分段计付。[⑤]

④合同约定在一定数量幅度内交付标的物,而违约方不完全履行的,有判决认

---

① 参见最高人民法院(2020)最高法知民终 546 号民事判决书。
② 相关学理意见参见姚明斌:《违约金的类型构造》,载《法学研究》2015 年第 4 期。
③ 参见"湖南省总工会诉长沙市卫生防疫站房地产转让合同纠纷案",载《最高人民法院公报》1993 年第 4 期。
④ 参见最高人民法院(2000)民终字第 67 号民事判决书。
⑤ 参见最高人民法院(2002)民二终字第 44 号民事判决书。

为,当事人买卖钢坯总量的约定为 6 万—10 万吨。卖方在履行期限前生产的钢坯总量只有 11000 吨,应以年产 6 万吨钢坯的总贷款的 5% 计算违约金……买方要求按照 10 万吨钢坯的总贷款的 5% 计算违约金的损失请求不予支持。[①]

⑤合同约定可得利润损失的计算方法的,有判决认为,合同约定:甲方不得擅自解除或者终止合同,否则除应赔偿直接经济损失外,还应根据合同约定的收费年限每年按合同约定的能源费用年包干总费用的 20% 计算乙方可得利润损失。上述约定系双方对可能承担的违约后果的预先安排,甲方应按上述约定向乙方支付违约金。[②]

【疑难案例:网络主播跳槽承担违约金责任案[③]】

【案件事实】

2016 年 9 月 26 日,江某涛与案外人华多公司签订《主播三方合作协议》。2017 年 1 月 1 日,虎牙公司与江某涛、华多公司签订《合同主体变更协议》,主体变更为江某涛以及虎牙公司。2017 年 1 月 19 日,虎牙公司、江某涛与案外人关谷公司签订《虎牙主播服务合作协议(预付)》约定:江某涛承诺在合作期间内,不得在与虎牙公司存在或可能存在竞争关系的现有及未来的网络直播平台及移动端应用程序(包括但不限于斗鱼直播等平台)以任何形式进行或参与直播,包括任职、兼职、挂职或免费直播;不得承接竞争平台的商业活动。若江某涛未经虎牙公司同意擅自终止本协议或违反排他条款的约定,在虎牙直播以外的其他网络平台进行直播及解说,则构成重大违约,虎牙公司有权收回江某涛在虎牙直播平台已经获得的所有收益,并要求江某涛赔偿 2400 万元人民币或江某涛在虎牙直播平台已经获取的所有收益的 5 倍(以较高者为准)作为违约金,并赔偿由此给虎牙公司造成的全部损失。

江某涛网名"嗨氏",原在战旗平台单机观众量仅超过 10 万。2013 年 12 月 20 日游戏人生个人主页粉丝量也仅为 10 万。自江某涛利用虎牙直播平台资源后,逐渐成为国内在游戏直播领域顶级的网络主播,被称为"王者荣耀第一人",其新浪微博关注度达到 500 万人。原是虎牙直播最知名主播之一,在虎牙直播成名,此为游戏玩家中公知的事实。

自江某涛在虎牙直播平台直播以来,虎牙公司及其母公司华多公司为提升江

[①] 参见最高人民法院(2009)民二终字第 6 号民事判决书。

[②] 参见最高人民法院(2021)最高法民再 341 号民事判决书。

[③] 该案详细解读参见"广州虎牙信息科技有限公司诉江某涛网络服务合同纠纷案",载最高人民法院中国应用法学研究所编:《人民法院案例选》2020 年第 5 辑(总第 147 辑),人民法院出版社 2020 年版,第 96 页以下。与该案类似的实例(裁判结果不同)参见"上海熊猫互娱文化有限公司诉李岑、昆山播爱游信息技术有限公司合同纠纷案",最高人民法院指导案例 189 号。

某涛直播人气,花费大量成本,将虎牙直播平台最优质的推广资源优先提供给江某涛,为其安排承接各种外部商演活动。2017年2月1日,虎牙公司、江某涛签订《直播服务补充协议》,确认虎牙公司在《虎牙主播服务合作协议(预付)》生效前,基于《主播三方合作协议》对江某涛推广成本总计为2960万元。2017年6月8日,虎牙公司、江某涛签订了《高能少年团》合作之补充协议书,双方确认,为提高江某涛知名度,虎牙公司花费巨资推荐江某涛参加浙江卫视举办的大型综艺节目,推广共计投入不低于人民币600万元。

自江某涛在虎牙直播平台直播以来,经证实的收益为5815250.24元。按江某涛提供的数据计算,江某涛合作收益共计11186666.24元,依合同约定的违约金较高者应为江某涛在虎牙直播平台获取的收益的5倍即55933331.2元。

自2017年8月27日,江某涛未经虎牙公司同意,开始在与虎牙公司具有直接竞争关系的斗鱼直播平台进行直播,首播开播前人气值就已经超过190万。上述行为造成虎牙公司经营的虎牙直播平台大量活跃用户流失。

原告虎牙公司向法院提起诉讼,请求确认主播"嗨氏"江某涛单方面离开虎牙并在其他平台进行直播,构成单方面违约。江某涛在诉讼过程中提出,其在虎牙平台直播过程中遭受到弹幕以及其他知名主播的攻击,影响到其正常直播。江某涛在此情况下迫不得已离开虎牙平台,是为了保护自身合法权益而不得不采取的自救行为,不应当认定为违约。

【裁判要旨】

一审法院判决:(1)江某涛向虎牙公司支付违约金4900万元;(2)驳回虎牙公司其他诉讼请求。

二审法院认为:首先,从合同的履行情况来看,虎牙公司在合同签订之后,依约为江某涛提供了直播平台、用户资源、网络直播及解说所需要的必要的技术支持、软硬件支持等,履行了合同约定的义务。江某涛也已经在虎牙平台上进行直播,其合同目的已经实现。从以上合同履行情况和结果来看,虎牙公司并不存在违约。尽管江某涛在虎牙平台直播时确遭受虎牙公司平台的其他主播有组织的弹幕刷屏谩骂。但是,面对和处理网络言论应为网络主播的职业内容。因此,网络言论的攻击一般情况下不应成为主播行使合同解除权继而离开原平台更换到其他平台继续直播的合理理由。其次,江某涛与其他主播之间就直播等事项发生的争议属于个人之间的纠纷。最后,江某涛提交的被弹幕刷屏的证据与江某涛无法直播的后果之间根据现有证据不足以认定。微博粉丝量降低与虎牙公司有无适当干预以及弹幕刷屏之间亦缺乏直接的关联性。纵观本案,江某涛提交的证据并不能形成有效证据链,证明虎牙公司存在根本违约的行为。江某涛在合作期间内,违约离开虎牙公司平台,在斗鱼直播平台直播,显属重大违约,虎牙公司有权依约向其追究违约责任。

有关该违约金金额的合理性问题。江某涛在本案诉讼发生之前并未对该合同条款效力提出质疑,可见其认可该违约条款的效力。江某涛在 2016 年 10 月 9 日至 2017 年 8 月在虎牙公司平台直播,在这不足一年的时间里,江某涛的收益为 11186666.24 元,可以佐证江某涛"王者荣耀第一玩家"的经济价值以及虎牙公司独家签约江某涛的可期待利益。江某涛是王者荣耀游戏的顶级玩家及知名主播,虎牙公司独家签约江某涛为其投入了人力、物力、财力,安排其参加综艺节目,为其提供推广宣传,集聚人气。同时,虎牙公司也能从中获得点击率的提升、知名度的提高并获得高额收益。江某涛违约在与虎牙公司有竞争关系的斗鱼平台直播显然会导致虎牙公司的各项收益受到影响。而江某涛签约时明知订立了违约金计算方式,且知晓斗鱼直播罗列在合同约定的排他条款的首位仍要违约去斗鱼平台直播,其违约的故意可见一斑。综合以上分析,根据合同约定、江某涛"王者荣耀第一人"的地位和价值、虎牙公司的投入、虎牙公司因江某涛违约所遭受的损失、继续履行合同虎牙公司的可期待利益等角度应支持虎牙公司有关 4900 万元违约金的主张。判决:驳回上诉,维持原判。

五、违约金数额调整规则

就约定违约金而言,违约金数额依据当事人的意思予以确定,法律一般不作干预,此为合同自由原则的当然要求。但是,法律对违约金数额并非完全持放任态度,《民法典》第 585 条第 2 款规定了违约金数额调整规则。该规则的立法目的在于,防止违约金条款成为一方压榨另一方和获取暴利的工具,避免违约金数额与违约损失额差异悬殊,以实现公平原则的要求。①

(一)规则的内容

1. 约定的违约金低于造成的损失的,当事人可以请求人民法院或者仲裁机构予以增加

就赔偿性违约金而言,如果约定的违约金数额低于违约造成的损失,因该数额不足以填补守约方的损失,故当事人有权请求增加违约金数额。对于增加违约金数额的具体方法,《实施民法典纪要》第 11 条第 1 款和第 2 款规定:

(1)增加后的违约金数额以不超过履行利益损失为限。《民法典》第 585 条第 2 款中的"损失",就赔偿性违约金而言应解释为履行利益损失,即增加后的违约金

---

① 参见黄薇主编:《中华人民共和国民法典合同编释义》,法律出版社 2020 年版,第 290 页。

数额原则上应当等于守约方的实际损失+可得利益损失。

(2)增加违约金以后，当事人又请求对方赔偿损失的，人民法院不予支持。因增加后的违约金数额已经能够完全填补守约方损害，因此守约方不能在增加违约金以后又请求对方赔偿损失。

2. 约定的违约金过分高于造成的损失的，当事人可以请求人民法院或者仲裁机构予以适当减少

就赔偿性违约金而言，如果约定的违约金数额过分高于违约造成的损失，高出损失的违约金并非用于填补守约方损害，故当事人有权请求减少违约金数额。对于减少违约金数额的具体方法，《民法典合同编通则解释》第 65 条和《实施民法典纪要》第 11 条第 3 款规定：

(1)当事人主张约定的违约金过高请求予以适当减少的，人民法院应当以履行利益损失(《民法典》第 584 条)为基础，兼顾合同主体、交易类型、合同的履行情况、当事人的过错程度、履约背景等因素，遵循公平原则和诚信原则进行衡量，并作出裁判。

①该规定的适用条件是约定的违约金"过分高于"违约损失，即约定的违约金数额与违约损失悬殊。此适用条件与增加违约金数额规则的适用条件有所不同，后者并未要求"过分低于"，只要约定的违约金低于违约损失即可请求增加违约金数额。因为约定违约金是对违约损失的预估，法律并不要求此预估与实际发生的违约损失绝对一致，如果约定违约金只是略高于违约损失而未达到"过分高于"的程度，则不能请求减少违约金数额。

②当事人只能请求将违约金数额予以"适当减少"，而非减少至与违约损失完全一致。减少后的违约金数额超出违约损失的部分，具有惩罚性质。人民法院就适当减少违约金数额作出裁判时，应以履行利益损失为基础。

③人民法院就适当减少违约金数额作出裁判时，还应当兼顾合同主体、交易类型、合同的履行情况、当事人的过错程度、履约背景等因素，遵循公平原则和诚信原则进行衡量。该规定赋予法官较大的自由裁量权，法官可基于多种因素的考量就适当减少违约金数额作出裁判。例如《委托销售房屋合同》约定委托人甲方无故单方解除合同的，应支付乙方违约金 4000 万元。其后委托人违约，但诉争房屋并没有实际销售，委托人也未另行委托他人销售获取了利益。法院以受托人实际损失的举证证据为基础，兼顾委托人违约客观事实原因导致合同不能履行等综合因素，对有关各方违约责任的判断，综合平衡后将违约金数额调整为 800 万元。[①]

《民商事合同纠纷指导意见》第 7 条规定，法院在作出裁判时，应当根据案件的

---

① 参见最高人民法院(2015)民申字第 1410 号民事裁定书。

具体情形,以违约造成的损失为基准,综合衡量合同履行程度、当事人的过错、预期利益、当事人缔约地位强弱、是否适用格式合同或条款等多项因素,根据公平原则和诚实信用原则予以综合权衡,避免简单地采用固定比例等"一刀切"的做法,防止机械司法而可能造成的实质不公平。人民法院适当减少违约金数额时,亦可参照适用损害赔偿责任中的减轻损失规则①、损益相抵规则②等。

在当事人对违约损失难以举证的情形下,法院亦可依据上述规定对违约金数额作出认定。有判决认为,因双方当事人均未能提供违约损失的具体数额,所以无法根据实际损失与违约金的差额作出违约金是否过高的判断……从合同履行的情况来看,债务人向债权人实际支付了股权转让款1000万元,而其向债权人主张的违约金达1500万元,原审法院据此认为违约金过高,并按照公平原则将违约金调整为协议约定数额的一半,原审判决并无不当,依法应予维持。③

(2)"过分高于"的一般标准:约定的违约金超过履行利益损失的30%的,一般可以认定为"过分高于造成的损失"。

在一般场合下,30%可作为判断是否"过分高于"的标准。例如《债务重组协议》约定,甲公司(违约方)未按约定时间支付重组债务本金及重组收益的,除就应付未付部分承担按每日万分之五计算的逾期还款违约金外,自逾期之日起的重组收益率提高至年利率的25%。乙公司(守约方)主张甲公司迟延履行后同时给付年利率的25%的重组收益和日万分之五的逾期付款违约金,二者合并计算已达年利率的43%。法院支持了甲公司酌减违约金的请求。④

如果合同的性质、履行情况、交易习惯等因素存在特殊情形,也可以高于或低于30%的数额作为判断标准。例如《医疗产品总代理合同》约定代理商串货时的违约金责任为"最终用户购入相关设备、耗材价格的120%",法院以"如此巨额、严苛的违约责任约定是基于商业代理之特性而考量"为由认可该约定的效力。⑤

(二)规则的适用范围

1. 违约金数额调整规则能否适用于惩罚性违约金

违约金数额调整规则适用于赔偿性违约金,不存疑义。该规则能否适用于惩罚性违约金?学理及实务上甚有疑问。《民商事合同纠纷指导意见》第5条对此似持肯定意见,其规定"极具惩罚性的违约金"适用违约金数额调整规则。依该条规定,在惩罚性违约金数额过高即达到"极具惩罚性"的场合下,可适用违约金数额

---

① 参见最高人民法院(2015)民一终字第340号民事判决书。
② 参见北京市第三中级人民法院(2020)京03民终5160号民事判决书。
③ 参见最高人民法院(2010)民二终字第54-1号民事判决书。
④ 参见最高人民法院(2016)最高法民终779号民事判决书。
⑤ 参见最高人民法院(2018)最高法民再82号民事判决书。

调整规则。但对于何谓"极具惩罚性"？其是否也适用赔偿性违约金的"过分高于"标准？该条未予明确,而仅抽象地规定"合理调整、公平解决"。

本书认为,在承认惩罚性违约金适用违约金数额调整规则的前提下,适用该规则应注意以下几方面：

(1)"极具惩罚性"的标准不应适用30%之标准。理由如下：其一,法律之所以规定赔偿性违约金适用30%之标准,是因为赔偿性违约金是当事人对违约损失的预估,而预估与实际发生的违约损失很难完全一致,故法律规定一个偏差的幅度,只要偏差未超过该幅度(即30%),法律就仍然认可该预估的效力。惩罚性违约金并非对违约损失的预估,因此不应受30%之标准的限制。其二,赔偿性违约金适用30%之标准时,须以确定违约损失为前提,而惩罚性违约金的适用并不以实际发生违约损失为条件,因此有些场合下也就无从确定30%以何者作为基数。

(2)法院就违约金数额调整作出裁决时,除应当采取公平原则、诚实信用原则等一般性标准外,还应当着重考虑两个因素：当事人的过错、当事人缔约地位的强弱。因惩罚性违约金的功能是惩罚和制裁违约方,故一般而言,违约方主观过错越严重,其就应支付越多的违约金；而主观过错轻微或没有过错的违约方,则应支付较少数额的违约金。当事人缔约地位的强弱也是应着重考虑的因素：如果一方是经营者、另一方是消费者,因经营者居于强势的缔约地位,故经营者违约应支付更多的违约金；如果双方的缔约地位并无强弱之分,因违约金数额是当事人意思自治的结果,故应更加侧重尊重当事人的真实意思。

(3)有裁判意见认为,惩罚性违约金不得超过合同的履行利益或合同本身的金额,可资参考。例如有判决认为,双方当事人约定每日5‰的惩罚性违约金,折合年利率为182.5%,相当于同期银行贷款利率的30倍,该约定明显过高……酌情将违约金调整为总额不超过应偿还的本金。[1] 还有判决认为,合同约定"逾期5天以上,需方有权终止合同,并要求供方退还已收货款并承担已收货款5倍以上的违约金",违约金超过合同未履行部分则违约金的惩罚性过重,所以将"不超过合同未履行部分"作为违约金调整的上限。[2]

2. 违约金数额调整规则仅适用于约定违约金

依据《民法典》第585条第2款规定,违约金数额调整规则仅适用于约定违约金,不适用于法定违约金。有判决认为,国务院《国有土地收支通知》规定,土地受让人逾期支付土地出让金,应按每日1‰(年36.5%)支付违约金。该规定系针对国有土地交易市场做出的政策性规定,不属于双方能够任意协商达成的条款,原则

---

[1] 参见最高人民法院(2009)民申字第722号民事裁定书。

[2] 参见浙江省湖州市吴兴区人民法院(2006)湖吴民二初字第170号民事判决书,载《人民司法·案例》2007年第6期。

上不宜以私法判决的方式否定其效力,亦不宜依职权作相应调整。[1]

3. 违约金数额调整规则可适用于合同解除的场合

依《买卖合同解释》第20条规定,买卖合同因违约而解除后,守约方有权主张继续适用违约金条款;但约定违约金过分高于造成的损失的,可以参照《民法典》第585条第2款处理。虽然该条仅提及司法酌减而未提及司法酌增,但在约定违约金低于造成的损失的情形下,依理守约方应有权请求司法酌增。

【争议问题:合同约定较高数额违约金,且明确约定排除适用违约金数额调整规则,该约定是否有效?】

对于该约定是否有效,学理上存在争议,实务上意见亦不一致。[2]

第一种观点肯定说的理由:其一,该约定本质上属于私权的处分,法律原则上不应当加以干涉。其二,违约金调整请求权属于民事实体权利,当事人的弃权处分行为并不必然违反公平原则。其三,基于合同自由原则,为凸显违约金的惩罚性功能、塑造诚信环境,应认可该约定的自治权。[3]

第二种观点否定说的理由:其一,违约金调整请求权名为请求权,实为一种"形成诉权",即须借助裁判机关行使的形成权。其二,《买卖合同解释》第21条将违约金酌减权纳入法官释明义务之中,体现了强烈的公共利益属性。其三,债权人违约金请求权产生之前,债务人实质上并不享有成熟的形成权,故债务人不得处分。[4]

第三种观点折中说认为,司法酌减规则的目的是防止私法自治被滥用而损害合同正义,限制特约排除酌减的边界亦应止步于此。因此,该约定原则上应认定为无效,但在商事交易充分磋商等场合下应为有效,该约定本身并非违反强制规范的违法法律行为。[5]

《民法典合同编通则解释》第64条第3款规定:"当事人仅以合同约定不得对违约金进行调整为由主张不予调整违约金的,人民法院不予支持。"该规定系采折中说。该约定原则上无效,但当事人主张适用违约金数额调整规则导致显失公平或有违诚实信用原则的,不得适用该规则。理由如下:其一,违约金数额调整规则的立法目的在于,在违约造成的损害与违约金数额悬殊的场合下对当事人提供特

---

[1] 参见最高人民法院(2017)最高法民终561号民事判决书。

[2] 肯定说参见江西省高级人民法院(2018)赣民终579号民事判决书;否定说参见重庆市第五中级人民法院(2015)渝五中法民终字第08283号民事判决书。

[3] 参见石冠彬:《民法典合同编违约金调减制度的立法完善——以裁判立场的考察为基础》,载《法学论坛》2019年第6期。

[4] 参见叶名怡:《论事前弃权的效力》,载《中外法学》2018年第2期;王洪亮:《违约金酌减规则论》,载《法学家》2015年第3期。

[5] 参见姚明斌:《〈民法典〉违约金规范的体系性发展》,载《比较法研究》2021年第1期。

别保护,以实现实质公平及矫正正义。如果对该约定不予以限制,优势地位一方就能轻易规避该规则,而使该立法目的落空。其二,比较法上多将违约金数额调整规则设置为强制性规定①,《民法典》第585条第2款也无"当事人另有约定除外"之但书,故将该约定解释为当然有效并无充足理由。其三,某些场合下,如果允许当事人违背该约定并适用违约金数额调整规则,可能导致显失公平或有违诚实信用原则,故此时认定该约定有效并不违反前述立法目的。《民法典合同编通则解释》第64条第3款中"仅以"之表述,表明该约定并非绝对无效,而仍有适用显失公平、诚实信用原则等制度予以评价的余地。

一般而言,以下情形可构成该约定有效的典型情形:

①双方均为商事主体,将该约定作为商事交易安排的一部分。有域外法明确规定商人不适用违约金数额调整规则②,我国虽无此规定,但可通过认可该约定效力达到类似效果。

②该约定是双方就交易安排或纠纷解决所达成协议内容的一部分,且一方已依据协议履行了义务。该情形下,约定较高数额违约金是双方达成协议的前提之一,如果一方已依据协议履行了义务,而对方不履行协议义务且主张违约金酌减,显然有违诚实信用原则。最高人民法院指导案例166号中,一方依据和解协议解除保全措施后,对方不履行和解协议并主张违约金酌减,法院不予支持。该案中并无排除适用违约金数额调整规则之约定,法院以"协议内容一体性"为由拒绝适用该规则。依举轻以明重规则,存在该约定的场合下更应排除该规则。

③在竞争性缔约场合下,竞争者之一允诺放弃主张违约金数额调整规则而得以缔约,其后却以违约金数额过高为由请求酌减,显然有违诚实信用原则。对相对人而言,如果该场合下认定该约定无效,意味着此前选择的预期利益落空,可能导致显失公平的结果。

(三)规则的适用方式

1. 有权主张适用该规则的主体是当事人,法院或仲裁机构不得主动依职权适用③

有权主张适用违约金数额调整规则的主体是当事人,包括违约方和守约方。实务中,请求增加违约金的当事人多为守约方,请求减少违约金的当事人多为违约方。当事人主张适用违约金数额调整规则的方式包括:提起本诉、提起反诉、提出抗辩。(《民法典合同编通则解释》第64条第1款)具体而言:守约方提起给付之

---

① 参见《法国民法典》第1231-5条第4款;《荷兰民法典》第6:94条第3款。

② 参见《德国商法典》第348条。

③ 参见最高人民法院(2007)民一终字第62号民事判决书,载《最高人民法院公报》2008年第3期。

诉,并主张违约金酌增;在守约方提起的给付之诉中,违约方提出抗辩[1]或提起反诉[2]。

当事人是否提出适用违约金数额调整规则的主张,应依据意思表示解释规则予以认定,而并不苛求一定采取"违约金过高""违约金酌减"等表述。例如有判决认为,"违约方未主张违约金过高,仅主张其未违约,应当视为其认为违约金过高",亦可解释为主张违约金酌减。[3]

恶意违约方请求减少违约金的,一般不予支持。(《民法典合同编通则解释》第65条第3款)此处的"恶意违约",是指该违约行为严重违背诚实信用原则或者对守约方明显不公平等情形。将恶意违约方排除于上述主体之外,符合违约金数额调整规则的平衡各方利益之立法本意。最高人民法院指导案例认为,违约方作为商事主体自愿给对方出具和解协议并承诺高额违约金,但在账户解除冻结后违约方并未依约履行后续给付义务,具有主观恶意,有悖诚实信用。一审法院判令违约方依约支付80万元违约金,并无不当。[4]

2. 法院可以就该规则的适用予以释明和改判

《民法典合同编通则解释》第66条在继承完善《买卖合同解释》第21条和《民商事合同纠纷指导意见》第8条的基础上,对该问题作出规定。该规定的目的在于:在贯彻意思自治原则和民事诉讼处分原则的基础上,促进纠纷的一次性解决、减轻当事人讼累,以实现公平和效率的有机统一。[5]

(1)当事人一方请求对方支付违约金,对方以合同不成立、无效、被撤销、确定不发生效力、不构成违约或者守约方不存在损失等为由抗辩,未主张调整过高的违约金的,人民法院应当就若不支持该抗辩,当事人是否请求调整违约金进行释明。第一审人民法院认为抗辩成立且未予释明,第二审人民法院认为应当判决支付违约金的,可以直接释明,并根据当事人的请求,在当事人就是否应当调整违约金充分举证、质证、辩论后,依法判决适当减少违约金。

依此规定,二审法院释明后不能直接改判,调整违约金应以"当事人请求"为前提,以充分贯彻民事诉讼的处分原则。《民法典》施行前,曾有一审法院未释明,

---

① 参见最高人民法院(2015)民提字第126号民事判决书,载《最高人民法院公报》2016年第5期。

② 参见广东省广州市中级人民法院(2010)穗中法民二终字第2287号民事判决书。

③ 参见"天津万利成实业发展有限公司与内蒙古铁骑纺织有限责任公司建设工程施工合同纠纷再审案",载最高人民法院民事审判第一庭编:《民事审判指导与参考》2010年第1集(总第41集),法律出版社2010年版,第254页以下。

④ 参见"北京隆昌伟业贸易有限公司诉北京城建重工有限公司合同纠纷案",最高人民法院指导案例166号。

⑤ 参见最高人民法院民事审判第二庭、研究室编著:《最高人民法院民法典合同编通则司法解释理解与适用》,人民法院出版社2023年版,第733—734页。

二审法院以"违约金过高"为由直接对违约金进行调整。① 《民法典合同编通则解释》施行后不应再采此做法。

（2）被告因客观原因在第一审程序中未到庭参加诉讼，但是在第二审程序中到庭参加诉讼并请求减少违约金的，第二审人民法院可以在当事人就是否应当调整违约金充分举证、质证、辩论后，依法判决适当减少违约金。

3. 举证责任

《民法典合同编通则解释》第 64 条第 2 款规定，违约方主张违约金过高请求酌减的，应当承担举证责任。② 守约方主张违约金合理的，也应当提供相应的证据。酌减违约金的请求一般由违约方提出，故首先应由违约方就"违约金过分高于造成的损失"予以举证，守约方可相应地举出反证。如果违约方并未举证，则守约方无需就"不构成违约金过高"予以举证。③

现行法对约定的违约金低于违约损失的举证责任未作规定。依据"谁主张，谁举证"的举证规则，当事人（一般为守约方）主张约定的违约金低于违约损失的，应承担举证责任；当事人（一般为违约方）主张违约金约定合理的，可相应地举出反证。

支持违约金数额调整的司法意见：

①网络主播违反排他性合作条款的，最高人民法院指导案例认为，平台运营中通常需要在带宽、主播上投入较多的前期成本，而主播违反合同在第三方平台进行直播的行为给直播平台造成损失的具体金额实际难以量化，如对直播平台苛求过重的举证责任，则有违公平原则。考虑主播李某在游戏直播行业中享有很高的人气和知名度的实际情况，结合其他因素，酌情将违约金调整为 260 万元（约定违约金为 5000 万元）。④

②当事人主张法院适用 30% 标准为机械办案的，有判决认为，被告虽存在迟延付款的情形，但考虑到其仅迟延付款 1 个多月的实际情况，一审判决认定约定支付双倍违约金过高，按照迟延付款数额的 30% 计算违约金，实际上已经对案件的具体情况、原告的实际损失及被告的过错程度进行了综合分析，在适用法律方面并无错误之处。⑤

③违约损失的计算存在业内交易习惯的，有判决认为，原审法院将违约金的计算方式变更为：比照业内交易习惯采用的以长江市场现货均价为基础每吨下浮 20

---

① 参见四川省成都市中级人民法院(2018)川 01 民再 5 号民事判决书。

② 参见最高人民法院(2019)最高法民申 1196 号民事裁定书。

③ 参见最高人民法院(2022)最高法知民终 1220 号民事判决书。

④ 参见"上海熊猫互娱文化有限公司诉李岑、昆山播爱游信息技术有限公司合同纠纷案"，最高人民法院指导案例 189 号。

⑤ 参见最高人民法院(2011)民再申字第 84 号民事裁定书，载《最高人民法院公报》2011 年第 9 期。

元……经原审法院调整后,违约方实际承担违约金数额比合同约定数额少了 1.57 亿元。该计算方式具有充分的客观依据,反映了守约方在本案中的实际损失情况。①

④约定以价款本身作为迟延违约金计算标准的,有判决认为,合同约定迟延交货情况下违约金数额"按该批货物价款计算",但在买方确已收到货物的情形下,其损失主要表现在迟延履行可能影响该公司经营方面的安排及支付相应批次药品价款的期限利益,而非该批货物本身。如果依合同约定计算违约金数额,将会出现买方既收到货物又能够获得与该货物等值的违约赔偿(962.82 万元),利益明显失衡,故酌情调整违约金数额。②

⑤约定迟延违约金超过价款作为本金年利率24%的,有判决认为,约定迟延违约金(滞纳金)为余额的日 1‰,该标准超过一般民间借贷利率法律支持标准,酌情调整为按欠款本金为基数,以 24%的年利率计算。③《民法典》施行后不应再采此认定,理由为:其一,此类裁判意见系以 2016 年《民间借贷规定》第 26 条为参考依据,但 2020 年修正后的《民间借贷规定》已删除该条。其二,作为对价的价款或者报酬给付之债,并非借款合同项下的还款义务,不能简单以受法律保护的民间借贷利率上限作为判断违约金是否过高的标准。(《九民纪要》第 50 条)

⑥迟延违约金可否依据以及依据何种中国人民银行规定的同期利率为标准予以调整,实务中对此尚无统一意见。有判决以中国人民银行同期逾期贷款罚息利率为调整标准④;还有判决以中国人民银行同期流动资金贷款利率为调整标准⑤;但亦有判决否定上述做法⑥。

不支持违约金数额调整的司法意见:

①一方不履行和解协议并请求减少违约金的,最高人民法院指导案例认为,双方就债务清偿达成和解协议,约定解除财产保全措施及违约责任。一方依约申请人民法院解除了保全措施后,另一方不履行和解协议,并在诉讼中请求减少违约金的,具有主观恶意,有悖诚实信用。⑦

②约定迟延利息过分高于央行同期逾期付款利率标准的,有判决认为,一审法院基于当事人的请求,针对双方约定的违约金标准过分高于逾期付款利息损失的

---

① 参见最高人民法院(2011)民二终字第 77 号民事判决书。
② 参见最高人民法院(2017)最高法民终 701 号民事判决书。
③ 参见最高人民法院(2017)最高法民终 491 号民事判决书。
④ 参见最高人民法院(2017)最高法民申 4444 号民事裁定书。
⑤ 参见最高人民法院(2018)最高法民申 16 号民事裁定书。
⑥ 参见最高人民法院(2016)最高法民终 469 号民事判决书。
⑦ 参见"北京隆昌伟业贸易有限公司诉北京城建重工有限公司合同纠纷案",最高人民法院指导案例 166 号。

实际情况,判令违约方按照中国人民银行同期逾期付款利率标准,向对方支付 123 万元违约金,是根据当事人的请求依法对约定违约金过分高于造成的损失进行调整的行为,并无不妥。①

③恶意违约方不能证明约定违约金过分高于造成损失的,有判决认为,被告存在恶意拖延乃至拒绝履行的嫌疑,加之没有证据能够证明日万分之四的违约金属于过高情形,因此合同约定日万分之四的违约金不能被认为过高。②

④一方违反以房抵债协议,并主张约定违约金过高的,有判决认为,当事人约定按照每日万分之五计算违约金……债务人拖欠债务多年,因其用以偿债的房屋不能按期交付,在近年来房屋市场价格迅速上扬的情况下,造成债权人不能如期取得经营效益。另与银行关于贷款利息、逾期罚息的计算比例、方法相比较,双方约定的违约金比例不属于过分高于损失。③

⑤对于合同已不能履行的情况下当事人达成的清理、补偿协议,有判决认为,该清理、补偿协议的效力具有独立性,与违约金性质不同,不能适用违约金数额调整规则。该协议形成新的债权债务关系,当事人双方均应依约履行。④

⑥一方多次违约且过错明显的,有判决认为,被告欠款 3 亿元但仅支付了 7000 万元,且双方在签订《还款协议》的基础上,又先后签订《延期还款补充协议》《补充协议》,原告给予了被告相对充足的履行时间和履行方式上的变通,但被告仍未有正当理由迟延付款,过错明显。根据本案实际情况,基于诚实信用原则,对违约金不予调减,并无不当。⑤

【疑难案例:当事人无法证明实际损失的违约金调整案⑥】

【案件事实】

华春环保公司与许某富签订《承包经营合同》约定:华春环保公司将布面石膏板项目承包给许某富经营,承包期限为 5 年,从 2009 年 9 月 19 日至 2014 年 9 月 19 日。在承包期内,因许某富的原因提前解除本合同或停止生产经营的,许某富应支付给华春环保公司违约金 2000 万元;因华春环保公司自身原因提前解除合同或终止给许某富承包经营的,由华春环保公司支付给许某富违约金 2000 万元。三

---

① 参见最高人民法院(2003)民一终字第 40 号民事判决书,载《最高人民法院公报》2005 年第 1 期。
② 参见最高人民法院(2007)民二终字第 139 号民事判决书,载《最高人民法院公报》2008 年第 7 期。
③ 参见最高人民法院(2008)民二终字第 21 号民事判决书。
④ 参见最高人民法院(2011)民二终字第 97 号民事判决书。
⑤ 参见最高人民法院(2017)最高法民终 499 号民事判决书。
⑥ 该案详细解读参见"江西华春环保装饰材料有限公司诉许金富等企业承包合同纠纷案",载最高人民法院中国应用法学研究所编:《人民法院案例选》2013 年第 4 辑(总第 86 辑),人民法院出版社 2014 年版,第 188 页以下。

义公司、张某华为许某富提供连带责任担保。

华春环保公司和许某富于 2009 年 9 月 19 日对石膏板设备办理了移交手续。合同签订后,许某富开始承包经营生产,向华春环保公司缴纳了第 1 年和第 2 年承包金共计 700 万元,但是 2011 年 7 月 1 日许某富没有依约向华春环保公司缴纳第 3 年承包金 500 万元。华春环保公司于 2011 年 7 月 2 日向许某富发出《催告暨解除合同的函》,要求许某富在收到函件后 10 日内缴纳第 3 年的承包金,逾期将解除合同;如无意继续承包经营,要求许某富尽快与华春环保公司办理交接手续,以免损失进一步扩大。华春环保公司与许某富就承包的车间至今未办理相应的移交手续。此后,承包车间一直闲置至今。

华春环保公司向法院提起诉讼,请求判令解除其与许某富签订的《承包经营合同》,并请求判令许某富向其支付违约金 2000 万元。华春环保公司在一审中申请就许某富违约造成的实际损失进行鉴定。一审法院委托某司法鉴定中心进行了鉴定,鉴定结论认定华春环保公司的损失共计 20031021.16 元。

【本案争点】

守约方与违约方均不能证明违约损失的情形下,如何适用违约金调整规则?

【裁判要旨】

一审法院判决:(1)解除《承包经营合同》;(2)许某富支付华春环保公司违约金 1000 万元;(3)三义公司、张某华对许某富在本案中的责任承担连带清偿责任;(4)驳回华春环保公司的其他诉讼请求。

二审法院认为:根据《承包经营合同》的约定,许某富应于 2011 年 7 月 1 日前向华春环保公司支付第 3 年承包金 500 万元。支付承包金为合同主要债务,华春环保公司通过收取承包金得以实现合同目的。许某富仅支付了前 2 年的承包金,没有按照合同约定支付第 3 年的承包金 500 万元,其行为明显违反了合同约定。许某富未按合同约定的日期履行主要债务且经催告后在合理期限内仍未履行主要债务,导致华春环保公司的合同目的不能实现,其行为已构成根本违约,华春环保公司有权依法解除合同,许某富应承担违约责任。

关于违约金的数额,合同约定自承包之日起 5 年内因许某富的原因提前解除本合同或停止生产经营的,许某富应给华春环保公司违约金 2000 万元。许某富辩称合同约定的违约金过高应予以调整,并认为原审判决许某富、张某华、三义公司支付违约金 1000 万元过高。许某富、张某华、三义公司虽然抗辩违约金约定过高,但没有提供证据证明其抗辩主张。华春环保公司就其违约金约定合理的主张申请原审法院委托鉴定,原审法院委托某司法鉴定中心对实际损失进行了鉴定,鉴定结论认定华春环保公司的损失共计 20031021.16 元。经本院认定,对某司法鉴定中心关于华春环保公司实际损失的鉴定结论不予采信。

综上,双方提供的证据均不能证明因许某富违约造成华春环保公司实际损失的数额,因违约造成的实际损失无法查清,故无法以实际损失为标准衡量双方约定的违约金是否过高。二审法院认为应结合合同履行情况、当事人的过错程度以及预期利益等综合因素根据公平原则和诚实信用原则予以衡量。合同约定的承包期为 5 年,许某富履行了 2 年后未按合同约定交纳第 3 年的承包金并停止生产经营从而导致合同解除,违反了诚实信用原则,许某富在合同解除方面存在过错。华春环保公司在许某富违约后应及时采取诸如寻找新的承包人等合理措施防止损失扩大。华春环保公司虽然在 2013 年 1 月 23 日将部分场地出租给第三人,但采取该措施的时间在许某富违约 1 年多之后,并不及时,且从减少损失的力度及效果上看,该措施并不能最大限度地减少损失。二审法院认为,华春环保公司提供的证据不能证明其在许某富违约后采取了合理措施防止损失扩大,故华春环保公司也存在过错。从双方订立合同的目的来看,双方的目的均在于通过合同履行取得收益,在合同解除后,华春环保公司不能取得的预期利益为未履行部分的承包金共计 1700 万元,许某富因合同解除也不能再通过承包经营本案合同标的取得任何收益。综上,双方约定的违约金 2000 万元过高,原审判决将违约金调整为 1000 万元并无不当。判决:(1)维持一审判决第一项、第二项、第三项、第四项;(2)三义公司承担保证责任后,在承担保证责任的范围内有权向许某富追偿。

第六节　违约责任的形式之四:定金

一、定金的概念和特征

定金,是指为担保债权实现或基于其他目的,一方当事人在合同履行前向对方当事人给付一定数额的金钱。定金具有以下特征:

1. 定金既是一种债的担保方式,也是一种违约责任形式

原《担保法》"第六章定金"将定金规定为债权的担保方式之一。《民法典》第586 条第 1 款规定,当事人可以约定一方向对方给付定金作为债权的担保。因该条位于第八章"违约责任",故现行法系将定金定位为:既是一种担保方式,也是一种违约责任形式。

2. 定金合同是从合同、不要式合同、实践合同

当事人就定金事宜达成的协议为定金合同。相对于受担保合同而言,定金合同是从合同,二者在成立、效力、消灭等方面应遵循从随主规则。定金合同可以是单独订立的合同,包括当事人之间的具有担保性质的信函、传真等,也可以是主合

同中的定金条款。定金合同是实践合同,自实际交付定金时成立。(《民法典》第586条第1款)

3. 定金的数额由当事人约定,但受到法律限制

(1)定金的数额由当事人在定金合同中约定,但不得超过主合同标的额的20%,超过部分不产生定金的效力。(《民法典》第586条第2款第1句)例如原告向被告预付定金1500万元,合同总价款为4999.5万元,故原告支付的1500万元中不超过合同价款20%的部分,即999.9万元作为定金,其余款项500.1万元应作为预付货款。①

现行法规定定金数额超过主合同标的额20%的部分不产生定金的效力,但如果当事人约定其具有其他效力的,则该约定并非当然无效。例如合同约定买方支付定金是卖方交货的前提条件,即使定金数额超过主合同标的额20%,买方也应依据约定数额支付定金后才能要求卖方交货。买方不能依据《民法典》第586条第2款拒绝按照约定数额支付定金。当然,在买方按照约定数额支付定金后,如果有当事人违约,则按照主合同标的额20%适用定金罚则。②

(2)实际交付的定金数额多于或者少于约定数额的,视为变更约定的定金数额。(《民法典》第586条第2款第2句)此处的"实际交付"应解释为:一方交付数额不符合约定的定金,另一方明知数额不符却仍然接受。该情形下,当事人双方系以行为变更了定金数额,故应以变更后的数额发生定金的效力。如果一方交付数额不符合约定的定金,另一方拒绝接受的,表明双方未就数额变更达成合意。该情形下,由于"实际交付定金"未完成,故定金合同未成立。

4. 定金具有预先给付的效力

债务人依约履行债务的,定金应当抵作价款或者收回。(《民法典》第587条第1句)换言之,在未发生违约行为的情形下,当事人实际交付的定金可具有与预付款类似的预先给付的效力。

5. 当事人向对方预先交付一定数额金钱的,不能一概认定为定金

实务中,当事人往往基于担保或其他目的,以定金、订金、保证金等名义向对方预先交付一定数额金钱。当事人之间必须具有将该笔金钱作为定金的明确意思,才能认定为定金。依据《民法典合同编通则解释》第67条第1款,对于定金的识别分为以下两类情形讨论:

(1)合同采用"定金"字样表述所交付的金钱。又可分为三种情形:

①合同对该金钱的效力作出约定,且约定内容符合定金的特征。该情形下,认

---

① 参见最高人民法院(2006)民二终字第226号民事判决书。

② 参见福建省厦门市中级人民法院(2010)厦民终字第2496号民事判决书,载《人民司法·案例》2011年第16期。

定为定金不存疑义。例如合同约定"乙方违约,则其定金赔偿给甲方",该约定表明双方欲使该金钱适用定金罚则,故应认定为定金。[1]

②合同对该金钱的效力作出约定,且约定内容不符合定金的特征。该情形表明当事人并无设立定金的真实意思,而只是误用了"定金"概念,故应依据其真实意思确定该金钱的性质。例如购车合同中的表述是"定金18000元(此款项为办理相关手续费用,不含车价)",该金钱实为预付的手续费。[2]

③合同对该金钱的效力未作约定。由于定金是专门法律术语,故当事人采用该概念且无相反约定的,原则上应认定当事人具有设立定金的意思。例如居间合同中的委托人向居间人交付了20万元"定金"且未约定该笔金钱的效力,虽然居间人将该笔金钱理解为居间费用,但法院认定为定金。[3] 例外情形是,如果当事人能以行业惯例、交易习惯、当事人意思等为依据,证明双方共同错误地使用了"定金"一词,则应认定该金钱不构成定金。[4]

(2)合同未采用"定金"字样,而以"留置金、担保金、保证金、订约金、押金或者订金"的名义交付金钱。又可分为两种情形：

①合同对该金钱的效力作出约定,且约定内容符合定金的特征(尤其是约定该金钱适用定金罚则)。该情形下,虽然合同未直接采用"定金"字样,但约定内容表明当事人具有设立定金的意思,故该金钱应认定为定金。例如租赁合同约定"乙方根本违约,甲方有权单方面终止合同并无偿没收全部押金;如果甲方无故终止合同的,甲方应向乙方退还双赔押金",该"押金"实为定金。[5]

②合同对该金钱的效力作出约定,且约定内容不符合定金的特征,或者对该金钱的效力未作约定。该情形表明当事人并无设立定金的意思,故不应认定为定金,而应依据交付该金钱的目的、作用并结合其他合同条款确定该金钱的性质。例如：

A.《土地使用权挂牌出让公告》中载明2000万元为"保证金",双方并未约定为定金,原告引用政府令将保证金作为定金处理的规定,不符合当事人约定和法律规定。[6]

B. 购车合同中列明"订金担保条款",但未约定"订金"适用定金罚则等规定,因此当事人未就诉争的5000元"订金"具有定金性质形成合意。[7]

C. 租赁合同约定"履约保证金在本合同规定的三年内乙方可以随时要求甲方

---

[1] 参见新疆维吾尔自治区高级人民法院(2023)新民申485号民事裁定书。
[2] 参见北京市第二中级人民法院(2022)京02民终11160号民事判决书。
[3] 参见北京市高级人民法院(2022)京民申7083号民事裁定书。
[4] 参见张金海：《定金制度论》,中国法制出版社2020年版,第95页。
[5] 参见广东省佛山市中级人民法院(2021)粤06民终13887号民事判决书。
[6] 参见最高人民法院(2003)民一终字第82号民事判决书,载《最高人民法院公报》2005年第5期。
[7] 参见北京市第三中级人民法院(2023)京03民终4318号民事判决书。

退回,履约保证金一旦退还即视为乙方放弃商铺三年租赁权,甲方收回商铺;乙方退回履约保证金时,需持《商铺租赁合同》和履约保证金收据,并归还商铺"该履约保证金不构成定金。①

二、定金的类型

(一)违约定金

违约定金,是指以适用定金罚则作为承担违约责任的形式。因《民法典》第586—588条位于"违约责任"一章,因此这三条规定的定金应解释为违约定金。如无特别说明,现行法关于定金所设规则均是立足于违约定金而言。如果当事人对定金的类型未作约定或者约定不明,应推定为违约定金。(《民法典合同编通则解释》第67条第1款第2句)

1. 定金罚则

定金作为一种违约责任形式,主要体现为定金罚则的适用。《民法典》第587条第2句规定了定金罚则:给付定金的一方不履行债务或者履行债务不符合约定,致使不能实现合同目的的,无权请求返还定金;收受定金的一方不履行债务或者履行债务不符合约定,致使不能实现合同目的的,应当双倍返还定金。例如买方向卖方交付50万元定金后,如果买方表示将不支付余款,其丧失要求卖方返还定金的权利;如果卖方未依约交付货物,其应向买方返还100万元。

2. 赔偿性定金和惩罚性定金

与违约金类似,当事人亦可约定赔偿性定金或惩罚性定金。赔偿性定金,是指定金罚则的适用目的是填补守约方的损害,守约方不能就适用定金罚则与继续履行等责任双重请求。《民法典》第588条第2款规定:"定金不足以弥补一方违约造成的损失的,对方可以请求赔偿超过定金数额的损失。"该款"不足以弥补……损失"之表述,表明该款系针对赔偿性定金的规定。例如建设用地使用权出让合同纠纷中,出让人未依约移转建设用地使用权构成违约,出让人双倍返还定金的数额仍不足以填补受让人(守约方)的全部损失,受让人可以请求赔偿超出部分的损失。②

惩罚性定金,是指违约方除适用定金罚则外,其因违约所应承担的继续履行、损害赔偿等责任不受影响。例如合同约定违约方应双倍返还定金外,还应赔偿"搬迁费、误工费等损失"。③ 与惩罚性违约金的功能类似,惩罚性定金的目的和作用

① 参见云南省普洱市中级人民法院(2023)云08民终481号民事判决书。
② 参见最高人民法院(2017)最高法民终584号民事判决书。
③ 参见广东省佛山市中级人民法院(2021)粤06民终13887号民事判决书。

不是填补守约方的损害,而是对违约方进行"额外的"惩罚。

对于定金的性质是赔偿性还是惩罚性,如果当事人未作约定或约定不明,应如何认定? 基于违约金性质认定的类似理由,即违约责任的主要功能是补偿功能,此类定金应认定为赔偿性定金。实务中也多采此意见。[①] 事实上,即使是赔偿性定金,也具有某种意义上的"惩罚功能"。如果说赔偿性违约金的数额是"当事人事先对违约行为造成损害的预估"尚符合一般人认知的话,该"预估"属性用于定金就似嫌牵强了。当事人约定较高数额的定金,未必是预估将来会有较大的损害,而通常基于两种考虑:一是通过预先支付较高数额的金钱,使己方相较于其他竞争者获得更大的缔约机会;二是让对方感受到某种保障和诚意,定金罚则的存在确实会一定程度上降低(已支付或接受较高数额金钱的)当事人违约的可能性——这正是定金发挥担保作用的原因。而且,即使当事人是就赔偿性定金主张适用定金罚则,也无需举证损害的存在,这使定金的"惩罚功能"更为明显。为避免语义上的混乱,本书所称"惩罚性定金"专指当事人特别约定在损害赔偿等填补措施之外适用的定金,而非指具有一般"惩罚功能"的定金。

(二)其他类型的定金

基于合同自由原则,当事人可以基于其他目的订立定金合同。[②]

1. 订约定金

订约定金,又称立约定金,是指为担保订立合同之义务而交付的定金。订约定金的担保对象是双方当事人订立合同的义务,如果一方拒绝订立合同或者在磋商订立合同时违背诚信原则导致未能订立合同,则对方有权主张适用定金罚则。(《民法典合同编通则解释》第 67 条第 2 款)

适用订约定金的常见情形是,买卖商品房的预约合同中约定定金条款,用以担保订立商品房买卖合同(本合同)之义务。如果预约合同当事人违约导致未能订立本合同的,可按照法律规定适用定金罚则,但因地震等法定事由导致本合同未能订立的除外。[《商品房买卖合同解释》第 4 条、《汶川地震适用法律意见(二)》第 2 条]例如有判决认为,原告交付了 20 万元定金,预约合同关系成立,后因被告擅自变更置业预算表中确认的装修标准和接房标准,致原告不愿意与被告继续签订购房合同。被告的行为违反了预约合同,应承担双倍返还定金的违约责任。[③]

---

① 参见四川省成都市中级人民法院(2022)川 01 民终 3326 号民事判决书;北京市第三中级人民法院(2023)京 03 民终 863 号民事判决书。

② 关于违约定金之外的其他类型定金的认定及效力,参见张金海:《定金制度论》,中国法制出版社2020 年版,第 173 页以下。

③ 参见重庆市第一中级人民法院(2014)渝一中法民终字第 00179 号民事判决书,载《人民司法·案例》2015 年第 2 期。

2. 成约定金

成约定金,是指以交付定金作为合同的成立或者生效要件。(《民法典合同编通则解释》第 67 条第 3 款)例如买卖合同约定,买受人于某期日前按照 10% 货款金额支付定金时合同生效。

成约定金的意义是作为合同的特殊成立要件或特殊生效要件,而与担保无关。基于其性质及设立目的,成约定金不能适用定金罚则。当事人未依约交付成约定金的,可能产生缔约过失责任或当事人约定的其他后果。如果当事人未依约交付成约定金,但是合同主要义务已经履行完毕并为对方所接受的,应当认定合同在对方接受履行时已经成立或者生效。该情形下,欠缺的特殊成立要件或特殊生效要件被实际履行所补正。

3. 解约定金

解约定金,是指以丧失定金或双倍返还定金作为解除合同的代价。(《民法典合同编通则解释》第 67 条第 4 款)例如买卖合同约定,买受人支付 10 万元定金后,买受人放弃定金返还请求权的,有权解除合同;出卖人向买受人返还 20 万元的,有权解除合同。

解约定金的本质是当事人将"丧失定金或双倍返还定金"约定为合同解除事由,其适用约定解除的相关规则。解约定金与违约救济及担保无关,其也不是在典型意义上适用定金罚则。如果当事人不以解约定金为由解除合同(如存在法定解除事由),合同解除后定金应予返还。

【疑难案例:定金类型认定纠纷案①】

【案件事实】

2005 年 9 月 4 日,原告欲向被告购买 A 房屋,双方协商一致房价为 41 万元。当日,原告支付被告定金 5 万元,被告出具一份收据,载明:"兹收到原告的购房款定金 5 万元。A 房屋以 41 万元转让给原告,待定立字据后,即日把余额房款 36 万元付清。我当把房屋产权证二本付出。"

事后,被告曾两次向原告之妻要求原告购买其房屋,原告之妻表示不再购买该房屋。2005 年 10 月 26 日,原告将单方草拟的房屋买卖合同一份邮递给被告。2005 年 10 月 28 日,被告采用函件形式告知原告,其不接受原告单方草拟的房屋买卖合同所列的条款。被告在此函件中载明:"关于房屋买卖合同书应在双方当事人当面协商签订方生法律效力。你单方草拟的房屋合同书所列的条款我不能接受。至于你要求 10 月 29 日双方签订该房屋买卖合同书我同意,按 2005 年 9 月 4 日我

① 该案详细解读参见"颜某灵诉蔡某娜房屋买卖合同纠纷案",载最高人民法院中国应用法学研究所编:《人民法院案例选(分类重排本)·民事卷 4》,人民法院出版社 2017 年版,第 2072 页以下。

们双方的约定,我收到你定金 5 万元,关于你购买 A 房屋收据已详细说明清楚该房屋交割过程,限你 10 月 31 日为止,逾期不来视你单方违约,没收定金 5 万元。"

原告于 2005 年 10 月 31 日提起诉讼,请求判令被告返还购房款 5 万元。

【本案争点】

如何区分立约定金与预付款?

【裁判要旨】

一审法院认为:房地产转让合同是一种要式合同,必须书面订立且具备完备的形式才能成立。本案被告于 2005 年 9 月 4 日单方出具的收据不具房屋买卖合同的要素和形式,而且该收据也确认待立字据后才进行房屋及价款的交付。因此该收据不能认定为房屋买卖合同,只是被告收取原告定金的凭证及双方买卖房屋的意向。被告 2005 年 10 月 28 日发送给原告的函件载明不同意接受原告于 2005 年 10 月 26 日单方草拟的房屋买卖合同所列的条款,且认为房屋买卖合同书应是双方当事人当面协商签订方发生法律效力,说明房屋买卖合同尚处于磋商阶段,且最终因分歧较大没有达成房屋买卖合同。

定金是担保合同的一种,只能是依附主合同而存在的从合同。本案作为主合同的房屋买卖合同尚未成立,也就不存在定金问题,所以原告交付被告的 5 万元只能认定为原告欲购房屋的预付款。被告在房屋买卖合同尚未成立之时,以原告单方违约为由扣留原告购房预付款,没有事实和法律依据,应予返还。判决:被告返还原告购房款 5 万元。

二审法院认为:定金的种类除了违约定金外,还包括立约定金、解约定金等其他类型,其中为担保主合同订立而交付的定金为立约定金。本案双方当事人在 2005 年 9 月 4 日达成房屋买卖意向,但尚未签订正式的房屋买卖合同,被告先行收取原告的定金 5 万元属于立约定金性质。虽然 2005 年 10 月 26 日原告又将一份《房屋买卖合同书》邮递给被告,表明其仍愿意购买该房屋,但该《房屋买卖合同书》系原告单方草拟,其中的部分条款内容明显违反了 2005 年 9 月 4 日交付定金时双方的约定,这说明原告并没有真正想按照双方原先约定内容与被告签订正式房屋买卖合同的意愿。被告为此在 2005 年 10 月 28 日复函表示不能接受原告单方草拟的合同条款,合情合理,且在复函中被告仍表示同意按照双方原先约定与原告签订房屋买卖合同,并限期原告在 2005 年 10 月 31 日前来签订合同,否则没收定金,但原告仍没有与被告签订合同,而是直接向原审法院起诉要求被告返还购房款 5 万元。

以上事实经过可以说明,造成双方最终未能签订正式房屋买卖合同的原因在于原告。原告作为给付定金一方拒绝签订主合同的,无权要求收受定金一方的被告返还定金,故其原审诉讼请求应依法不予支持。判决:撤销一审判决,驳回原审原告的诉讼请求。

三、定金责任的适用要件

1. 定金合同有效成立,且为违约定金

如果因当事人未实际交付定金或其他原因导致定金合同未成立,不能适用定金罚则。只有违约定金适用定金罚则才是承担违约责任的形式,其他类型的定金虽然也存在当事人丧失定金或双倍返还定金的问题,但系基于其他目的而与违约责任无关。

在定金合同无效的情况下,有过错的当事人如何承担责任?该情形应适用缔约过失责任规则,而不适用定金罚则。有判决认为,单位职工私刻单位公章以单位名义进行担保,单位有过错的,应对担保合同无效承担相应的民事赔偿责任。因双倍返还定金规则的适用主体只能限于收取定金的当事人,故担保人赔偿范围应限于定金本金,而不应包括定金加倍部分。①

2. 有违约行为存在

(1)关于违约行为形态的要求。违约方实施何种形态违约行为时守约方可主张定金责任,应依据定金合同的约定予以确定。当事人既可以约定定金责任仅适用于某一种形态的违约行为(例如约定定金责任专门适用于瑕疵给付),也可以约定定金责任适用于任何形态的违约行为。如果定金合同未就违约行为形态作出约定,且依据合同解释规则也无法确定定金系针对何种形态违约行为,原则上违约方实施任何形态违约行为均应承担定金责任。

(2)违约行为的轻重程度对适用定金罚则有无影响?例如买方向卖方交付了50万元定金,卖方交付的货物中仅部分标的物存在瑕疵,买方是否有权要求卖方全额双倍返还100万元定金。依据《民法典》第587条规定,给付定金一方和收受定金一方适用定金罚则均以"致使不能实现合同目的"为条件,故违约行为的轻重程度对定金罚则的适用具有重要影响。《民法典合同编通则解释》第68条第2款对此作出细化规定,分为两种情形处理:

①一方违约行为致使合同目的不能实现的,可以全额适用定金罚则。该情形下,违约方构成根本违约,故守约方有权要求按照全额标准适用定金罚则。如果守约方以对方根本违约为由解除合同,仍可依据《民法典》第566条第2款主张全额适用定金罚则。例如:

A. 软件开发合同中,委托人未依约提供开发行为所需设备,导致开发人无法

---

① 参见最高人民法院(2003)民二提字第3号民事判决书。

完成开发行为而解除合同,委托人无权要求开发人返还定金(全额适用)。[①]

B. 房屋租赁合同中,出租人违约导致承租人无法继续使用房屋,承租人解除合同后有权要求出租人双倍返还定金(全额适用)。[②]

②一方违约行为未致使合同目的不能实现的,可以按照违约部分所占比例适用定金罚则。虽然《民法典合同编通则解释》第 68 条第 2 款仅针对"部分履行"作出规定,但该规定依理亦可类推适用于瑕疵给付、迟延履行等不完全履行之违约行为。该情形下,违约行为未达到根本违约的程度,守约方只能按照违约所占应履行合同义务的比例,部分适用定金罚则。例如买方向卖方交付了 3.9 万元定金,卖方交付了 33% 的货物,买方有权主张 39000 元×67% = 26130 元的双倍返还,即由卖方返还 52260 元。[③]

如果违约行为未构成根本违约,且守约方请求继续履行的,不能同时主张按比例适用定金罚则,否则会导致重复填补。例如房屋买卖合同中,出卖人违约但未导致房屋不能过户,买受人(守约方)起诉请求继续履行合同,并请求双倍返还定金。法院认为二者不能同时主张,支持了继续履行的请求,而驳回了双倍返还定金的请求。[④]

以上分析均是针对赔偿性定金而言,如果当事人约定的是惩罚性定金,则违约方应依约定适用定金罚则,而与违约行为的程度并无必然关联。

(3)双方违约时定金罚则的适用。《民法典合同编通则解释》第 68 条第 1 款对此作出规定。

①双方均具有致使不能实现合同目的的违约行为的,不适用定金罚则。该情形下,双方均构成根本违约,故任何一方不能主张对方单方面适用定金罚则。换一角度而言,即使承认一方有权主张对方适用定金罚则,由于本方也构成根本违约,对方同样也有权主张本方适用定金罚则,这就导致适用定金罚则失去意义。因此,该情形应依据《民法典》第 592 条第 1 款由双方"各自承担相应的责任"。

②一方仅有轻微违约,对方具有致使不能实现合同目的的违约行为的,轻微违约方有权主张适用定金罚则。该情形下,可针对根本违约方单方面适用定金罚则使轻微违约方得到救济。对于轻微违约方的违约行为,应视其程度、效果等因素,认定该方不承担责任或适用过失相抵等规则。

---

① 参见最高人民法院(2021)最高法知民终 2328 号民事判决书。
② 参见北京市第二中级人民法院(2022)京 02 民终 9607 号民事判决书。
③ 参见新疆维吾尔自治区高级人民法院伊犁哈萨克自治州分院(2023)新 40 民终 502 号民事判决书。
类似案例参见广东省佛山市中级人民法院(2022)粤 06 民终 7776 号民事判决书。
④ 参见河南省信阳市中级人民法院(2021)豫 15 民终 6237 号民事判决书。

3. 是否以损害的存在为要件?

由于惩罚性定金的功能不是填补损害,故其适用无须该要件不存疑义。对于赔偿性定金而言,亦应解释为不以损害的存在为要件。有学者认为,违约定金与违约金都具有最低损失赔偿约定的功能,若不允许当事人以定金责任替代损害赔偿,定金责任的作用会被限缩。因此,在适用定金责任时,债务人不能抗辩其根本违约行为未造成损害,债权人也无需证明其遭受了实际损失。在合同目的系为获得非财产利益(如租赁场地举办学术讨论)时,该解释的合理性更为明显。① 该意见可资赞同。

实务中,守约方主张适用定金罚则时,法院通常不要求其就违约造成损害予以举证。仅在守约方同时主张损害赔偿时(即适用《民法典》第 588 条第 2 款),要求其对"不足以弥补的部分损失"予以举证。②

【疑难案例:房屋买卖合同订立后因一方过错无法达成补充协议的定金责任案③】

【案件事实】

2017 年 4 月 19 日,翁某洁 (乙方、买受人)与毕某子(甲方、出卖人)签订《房屋买卖合同》约定:涉案房屋总价为 65 万元,乙方于网签合同后 10 个工作日支付给甲方首期价款(含 2 万元定金)24 万元,于网签合同后 3 个工作日内向贷款银行申请贷款支付第二期价款 20 万元,交易过户前支付甲方价款 21 万元;双方于乙方贷款审批通过后向房地产交易中心申请办理产权过户登记手续;2 万元定金用于担保合同履行;合同解除时,违约方需按总价款的 20%向守约方支付违约金。合同第 4.4 条约定:如贷款不足,乙方应于本合同约定的过户期限前,将该不足部分补足甲方。第 13 条约定:甲乙双方一致同意严格按照本合同履行,网签合同仅为办理交易过户手续之需。

2017 年 4 月 21 日,翁某洁向毕某子支付定金 2 万元。2017 年 5 月 6 日,毕某子、翁某洁商谈网签宜宜。翁某洁提出,《房屋买卖合同》约定贷款审批通过后再办理过户,现在网签合同明确了 7 月 31 日这个具体日期,但是涉案房屋是商住房,办理购房贷款有难度,贷款通过时间不能确定,网签合同上的过户期限条款应采取与《房屋买卖合同》一致的表述。中介人员表示,网签合同中必须标明具体的最终过户日期,不能以文字表述代替。翁某洁还表示:"这 20 万我肯定是要贷款的,如

---

① 参见谢鸿飞:《定金责任的惩罚性及其合理控制》,载《法学》2023 年第 3 期。

② 参见北京市第三中级人民法院(2022)京 03 民终 4748 号民事判决书。

③ 该案详细解读参见"翁某洁诉毕某子房屋买卖合同纠纷案",载最高人民法院中国应用法学研究所编:《人民法院案例选》2020 年第 2 辑(总第 144 辑),人民法院出版社 2020 年版,第 96 页以下。

果贷不下来的话,我肯定是买不了这个房子的。"

2017 年 5 月 11 日,翁某洁电话询问毕某子,过户时间确定为 2017 年 7 月 31 日前,实际过户时间以贷款审批通过为准,毕某子是否同意。毕某子表示同意以 2017 年 7 月 31 日作为过户期限,并反问,如果贷款审批不通过怎么办。翁某洁回复称不清楚。

翁某洁提起诉讼,认为涉案房屋买卖合同的过户期限不明确,双方未能达成补充协议,请求法院判令解除合同,并由毕某子归还定金 2 万元。毕某子认为,虽然合同中关于过户时间的约定不明确,但原告在补充协议过程中存在恶意磋商行为,导致补充协议无法达成,又主动提出解除合同,应当承担违约责任。被告提出反诉,请求判令原告支付违约金 13 万元。

【本案争点】

一方违反诚信磋商义务导致无法达成补充协议的,如何适用定金罚则?

【裁判要旨】

一审法院认为:根据在案证据,双方对于签订网签合同的时间、贷款审批不通过情形下的过户时间、交房时间均未达成合意,故网签合同未能签署的原因不能归责于原、被告任何一方。现双方均同意合同解除,被告应返还原告定金 2 万元。判决:(1)翁某洁与毕某子于 2017 年 4 月 19 日签订的《房屋买卖合同》于 2017 年 10 月 12 日解除;(2)毕某子返还翁某洁定金 2 万元;(3)驳回毕某子的反诉请求。

二审法院认为:

第一,从双方的协商过程及诉讼中的陈述看,翁某洁对于与网签时间相关的首付款支付时间、贷款申请时间并无特别要求,其与毕某子在网签事宜协商中的唯一争议就是过户期限条款的表述问题。因此,双方未办理网签手续的真正原因在于未能就过户期限条款达成补充协议。

第二,《房屋买卖合同》4.4 条明确约定,如贷款不足,乙方应于过户期限前,将不足部分补足甲方。贷款是翁某洁履行第二期付款义务的优先方式,但贷款不成的风险应由其自行承担,其无权以贷款不成为由拒绝履行付款义务,双方对过户期限的补充磋商均应当建立在这一基础原则之上。翁某洁提出的条件实际上是将贷款完成作为继续履行付款义务的前提,其违反诚信磋商义务,应对未达成补充协议承担全部过错责任。

第三,在合同漏洞无法通过补充协议填补的情况下,合同双方也并不因此享有任意解除权。翁某洁在本案中主动诉请解约的行为,应认定为以明确的意思表示拒绝履行合同义务,已经构成根本违约,应当按约承担定金罚则责任,无权主张返还 2 万元定金。判决:(1)维持一审判决第一、三项;(2)撤销一审判决第二项;(3)驳回翁某洁要求毕某子归还定金 2 万元的诉讼请求。

四、定金与违约金的关系

(一)违约定金与违约金不能并用的情形

违约定金与违约金在性质、功能等方面类似,故某些场合下应避免并用二者造成重复填补。《民法典》第588条第1款规定:"当事人既约定违约金,又约定定金的,一方违约时,对方可以选择适用违约金或者定金条款。"对于该款涵义,应从以下两方面理解:

1. 该款中的定金系指违约定金

该款系针对不同形式违约责任之间的关系所作规定,故其他类型的定金不适用该款。该款中的"可以选择适用",意指有权择一适用,而不能主张并用,且不因同时约定两种条款而致无效。如果守约方同时主张违约金条款和定金条款,法院应当予以释明。①

守约方的"选择",可采明示或默示方式为之,依据意思表示解释规则认定。例如违约方向守约方退回定金,守约方接受的,可解释为守约方选择违约金条款(放弃请求违约方双倍返还定金)。② 守约方选择违约金条款的,定金条款随之失效,已接受的定金应抵作价款或予以返还。③

一种特殊情形是,当事人针对定金条款的履行约定违约金的,该违约金条款是否有效?例如《股份转让协议》约定,受让人应当在合同签订之日起5个工作日向转让人支付价款的10%作为定金;受让人未支付定金的,需要支付全部合同价款的10%违约金作为补偿。其后受让人未按约支付定金,转让人起诉主张违约金。④ 本案显然不适用《民法典》第588条第1款,因为该情形下的定金条款和违约金条款不是针对同一层面的违约行为。虽然当事人未交付定金导致定金合同不成立,但由于交付定金被约定为主合同义务,因此该违约金系针对主合同违约责任,可认定有效。

2. 该款中的定金和违约金系针对同一违约行为所作约定

如果违约定金与违约金系针对同一违约行为所作约定,意味着二者均以填补同一违约损失为目的或均以惩罚同一违约行为为目的。该情形下,因二者功能具有一致性,故原则上不能并用。例如《项目转让协议书》约定受让人向转让人支付

---

① 参见广东省高级人民法院(2019)粤民终1077号民事判决书。
② 参见湖北省高级人民法院(2019)鄂民申3331号民事裁定书。
③ 参见湖北省高级人民法院(2017)鄂民申3491号民事裁定书。
④ 参见江苏省高级人民法院(2016)苏民再418号民事判决书。本案中,二审法院支持了转让人的违约金请求,再审法院因其他事由认定合同无效而未支持违约金请求。

2.7亿元定金(表述为"履约定金",但未约定针对何种违约行为),还针对双方的迟延履行约定了违约金。其后转让人违约,受让人诉请适用定金条款,主张转让人双倍返还定金的,不能同时主张适用迟延违约金条款。① 该情形下,由于定金条款并未限定适用于何种违约行为,故任何形态的违约行为(包括迟延履行)所生损害均由定金责任予以填补,因此不能同时适用违约金条款以避免重复填补。

如果守约方选择适用违约金或者定金条款之一仍无法填补全部违约损失,可适用违约金数额调整规则或依据第588条第2款就不足部分损失请求赔偿,而非同时适用违约金和定金条款。

(二)违约定金与违约金可以并用的情形

1. 赔偿性定金与惩罚性违约金可以并用,反之亦然

赔偿性定金的功能是填补守约方的违约损失,惩罚性违约金的功能是对违约方进行惩罚和制裁,而非填补违约损失,因此二者可以并用。同理,惩罚性定金与赔偿性违约金也可以并用。

2. 赔偿性定金与赔偿性违约金针对不同违约行为的,二者可以并用

如果赔偿性定金与赔偿性违约金系针对不同违约行为所作约定,意味着二者系以填补不同违约损失为目的,故二者并用不会导致重复填补。例如房屋买卖合同中,违约金条款与定金条款分别针对"可售房产"部分和"回购房产"部分的违约责任作出约定,原告起诉也是针对"可售房产"部分及"回购房产"部分分别主张违约金及双倍返还定金。违约金条款与定金条款可以并用。②

3. 惩罚性定金与惩罚性违约金针对不同违约行为的,二者可以并用

如果惩罚性定金与惩罚性违约金系针对不同违约行为所作约定,二者并用不会导致对同一违约行为重复惩罚。例如当事人约定惩罚性定金适用于迟延履行,惩罚性违约金适用于瑕疵给付,二者可以并用。

(三)其他类型的定金与违约金可以并用

1. 解约定金与违约金可以并用

当事人依据解约定金条款解除合同的,违约金作为承担违约责任的方式仍可适用。(《民法典》第566条第2款)赔偿性违约金和惩罚性违约金均是如此。

《买卖合同解释》第20条规定,买卖合同因违约而解除后,守约方有权主张适用违约金条款;但违约金过分高于造成的损失的,人民法院可以参照违约金数额调

---

① 参见最高人民法院(2018)最高法民终431号民事判决书。类似案例参见最高人民法院(2020)最高法知民终712号民事判决书。

② 参见最高人民法院(2018)最高法民终576号民事判决书。

整规则处理。如果守约方解除合同,其行使解除权可以依据《民法典》第563条第1款第2—4项,而无须借助解约定金条款。当然,守约方也可依据解约定金条款解除合同,但这会导致不必要的解约成本。如果违约方依据解约定金条款解除合同,在判断违约金是否过高时,不应将违约方丧失的或双倍返还的解约定金计算在内,因为该定金是当事人行使解除权的代价而与违约损失无关。[①]

2. 订约定金、成约定金与违约金可以并用

订约定金、成约定金的功能与违约无关,因此无论是赔偿性违约金还是惩罚性违约金均可与其并用。

第七节　违约责任的免责事由

违约责任的免责事由,是指法律规定或合同约定违约方可减轻或免除其违约责任的事由。违约责任的免责事由分为法定免责事由和约定免责事由。

一、法定一般免责事由——不可抗力

(一)不可抗力的概念和要素

在法律没有特殊规定的前提下,不可抗力作为免责事由适用于所有类型的合同。不可抗力,是指不能预见、不能避免且不能克服的客观情况。[②] (《民法典》第180条)例如山洪暴发导致出卖人的轿车被毁,其不能交付轿车的违约责任被免除;地震导致建设工程合同的施工人不能依约完成施工行为,其违约金责任被免除。

不可抗力构成免责事由的理由在于:其一,虽然违约责任是无过错责任,一般情形下违约方不能以其没有过错为由主张免责,但不可抗力是一种极端事变,该情形下违约方实施违约行为并无选择的余地,故由其负担该违约"风险"并不合理。其二,不可抗力普遍地造成损害且具有极强的原因力,其为造成违约行为及损害的决定性原因力,故违约行为与损害之间的因果关系被"完全覆盖"或"部分干扰"。[③] 不可抗力须具备以下要素:

---

① 相关学理意见参见姚明斌:《论定金与违约金的适用关系——以〈合同法〉第116条的实务疑点为中心》,载《法学》2015年第10期。

② 对于不可抗力的性质,学理上有主观说、客观说、折中说之争。参见王利明:《合同法研究(第二卷)》,中国人民大学出版社2015年版,第534—535页。现行法系采折中说。

③ 其他观点参见解亘:《我国合同拘束力理论的重构》,载《法学研究》2011年第2期;叶林:《论不可抗力制度》,载《北方法学》2007年第5期。

1. 不能预见

不能预见是指当事人在订约时不能合理预见到该客观情况的发生。对于合理预见的判断，应以客观标准为主、兼采主观标准。在一般场合下，应以一个理性人在现有技术条件下为标准判断其能否合理预见；在某些特殊场合下，违约方具有或应当具有较高预见能力的，应以该较高标准判断其能否合理预见。例如现有技术还不能准确预报地震，地震是典型的不可抗力不存疑义。如果依据现有技术条件能够对某些客观情况作出某种程度的预见（例如台风），但对该客观情况发生的时间、强度、可能造成的损害等尚不能准确预见，则仍应认定该客观情况具备"不能预见"的要素。有判决认为，9711 号台风来临后，虽然国家海洋局预报中心已对强海潮作了预报，但预报称 16:50 时的潮高将达到 5.30 米，而实际到 15:54 时，潮高已达 5.59 米，超出预报水位 29 厘米。正是由于风暴潮、天文大潮和海浪三种自然力量的结合，使潮灾加重，海水涌上码头，以致原告的货物被浸湿。这种灾情，连专业的国家海洋局预报中心都没有预见，被告更无法预见。[1]

实务中，认定不具备该要素的情形包括：

①房地产市场变化和国家政策调整是全行业性困难，属于可预见的、经营中经常遇到的情况。[2]

②国家出台化解钢铁行业过剩产能政策，钢铁公司保护性停炉只是其为适应市场环境而实施减亏战略的正常经营策略调整，属于一般商业风险。[3]

③工业公司作为市国资委授权的单位，对审批及交易程序应该清楚，资产及土地转让审批等虽有不确定性，但具有可预见性。[4]

2. 不能避免

不能避免是指该客观情况的发生具有必然性，无法以人力避免其发生。当事人不能阻止该客观情况发生的原因包括自然原因和社会原因：前者例如地震、海啸等严重的自然灾害，后者例如社会骚乱等。不具备该要素的实例：因工作人员违规操作导致的一般火灾事故[5]等。

3. 不能克服

不能克服是指当事人尽到最大努力仍不能防止该客观情况造成损害，无法不受该客观情况影响而正常履行合同义务。例如即使偶然预测了某次地震，当事人亦无法完全不受其影响而履行合同义务。应注意的是，随着科学技术条件的进步，

---

① 参见"中机通用进出口公司诉天津港第二港埠有限公司港口作业合同纠纷案"，载《最高人民法院公报》2000 年第 5 期。

② 参见最高人民法院(2016)最高法民终 519 号民事判决书。

③ 参见最高人民法院(2017)最高法民终 654 号民事判决书。

④ 参见最高人民法院(2017)最高法民终 776 号民事判决书。

⑤ 参见最高人民法院(2016)最高法民再 169 号民事判决书。

针对某些客观情况,当事人可以采取措施减轻其造成的损害即部分克服该客观情况的影响。在此情形下,仍应认定该客观情况具备"不能克服"的要素。

4. 客观情况

客观情况是指独立存在于人的行为之外,既非当事人的行为所派生,也不受当事人意志影响的客观事实。该客观情况不能是因债务人自身原因造成违约的情形,例如债务人因患急病而无法履行合同义务。该客观情况也不包括债务人之外的一人或数人的行为,如果一人或数人的行为导致当事人违约(如货物被盗导致无法交货①、村民阻止施工②,应适用《民法典》第 593 条关于"因第三人原因造成违约"的规定。如果是大规模人群统一实施某一类行为(如罢工、骚乱),则该事实已不属于一人或数人行为的范畴,而具备"客观情况"的要素。

应注意的是,《民法典》第 180 条第 2 款是对不可抗力的理论抽象,故一般而言不可抗力应同时具备上述四个要素。但在司法实务中,通常结合客观情况的类型、影响程度、立法政策和经验法则等因素对是否构成不可抗力作出认定。

不可抗力与情势变更构成何种关系?不可抗力与情势变更均为当事人订约时不可预见的某种客观情况,二者均构成债务人履行合同义务的障碍。《民法典》颁布以前,司法解释曾严格区分不可抗力与情势变更,将不可抗力排除在情势变更规则的适用范围之外(原《合同法解释(二)》第 26 条)。《民法典》第 533 条改变了该做法,且依据《新冠疫情指导意见(一)》相关规定,疫情及其防控措施既可构成不可抗力之免责事由,也可适用情势变更规则。因此,如果某客观情形同时具备不可抗力和情势变更的要件,可分别适用两种规则。③ 二者区别如下:(1)对履行行为的影响程度不同。不可抗力导致债务人不能履行合同义务;情势变更导致债务人履行成本显著增加,达到显失公平的程度,而并非不能履行合同义务。(2)理论依据不同。不可抗力作为免责事由的理论依据是该客观情况构成债务人违约的决定性原因力;情势变更的理论依据是因合同的基础丧失或动摇而对当事人给予救济。(3)类型不同。不可抗力的类型既包括自然灾害,也包括国家行为和社会异常事件;情势变更的类型主要是社会经济形势发生重大变化。(4)法律效力不同。不可抗力的效力是违约方全部或部分免责;情势变更的效力是当事人有权请求法院变更或解除合同。(5)适用领域不同。不可抗力既是违约免责事由,也是侵权免责事由;情势变更仅适用于合同法领域。

---

① 参见最高人民法院(2001)民二监字第 95 号驳回再审申请通知书。

② 参见最高人民法院(2018)最高法民再 442 号民事判决书。

③ 相关学理意见参见姚辉等:《论情事变更与不可抗力的交融及界分——以新型肺炎疫情防控与疫后重建为契机》,载《中国政法大学学报》2020 年第 3 期;王轶:《新冠肺炎疫情、不可抗力与情势变更》,载《法学》2020 年第 3 期。

(二) 不可抗力的类型

1. 自然灾害

例如台风、海啸、地震、火山爆发、泥石流、龙卷风等自然灾害,均为典型的不可抗力。但应注意,并非所有的自然灾害均构成不可抗力,必须具备上述"三个不能"要素的自然灾害才能认定为不可抗力,因为这些程度严重的自然灾害才构成债务人违约的决定性原因力。不具备"三个不能"要素的自然灾害,虽然可能会导致债务人一定程度的履行困难或增加其履行成本,但此类自然灾害尚不构成债务人违约的决定性原因力,故不能作为免责事由。例如因连降大雨导致债务人交货困难。

2. 国家行为

国家行使立法、行政、司法等公权力导致债务人违约的,如果该国家行为具备上述"三个不能"要素,也构成不可抗力。① 例如政府发布对某国的禁运命令,导致涉及与该国公司订立的货运合同不能履行。《海商法》第51条第1款第5项规定"政府或者主管部门的行为、检疫限制或者司法扣押"为承运人的免责事由。

实务中,国家行为被认定为不可抗力的情形包括:①因执行国务院及国家经贸委的文件而停止履行合同②;②政府政策性拆迁导致合同不能履行③;③政府审批行为导致合同约定建筑面积减少④等。

如果政府机关以民事主体身份订立合同,由于其为合同当事人,故不能以自身政策、计划调整主张免责。例如某国土资源局与甲公司签订《国有建设用地使用权出让合同》并进入履行阶段,其后因当地政府调整用地规划,案涉土地被政府单方收回并另行高价出让,甲公司的投资建设被拆除。某国土资源局的行为构成违约,其用地规划调整不构成免责事由。⑤

3. 社会异常事件

例如战争、武装冲突、恐怖袭击、骚乱、罢工等。社会异常事件既不是自然灾害,也不是国家行为,而是基于各种不同原因发生非正常事件。因这类事件导致正常的社会生活遭受严重影响,如仍苛责债务人依约履行合同义务,显然不近情理。因此,如果这类事件具备上述"三个不能"要素,也构成不可抗力。

意外事件是否构成免责事由? 意外事件,是指非因当事人的故意或过失而偶

---

① 相反意见参见刘凯湘等:《论不可抗力》,载《法学研究》2000年第6期。

② 参见最高人民法院(2009)民二终字第129号民事判决书。

③ 参见"杭州天创沃元实业有限公司与杭州灯塔养殖总场合作协议纠纷上诉案",载最高人民法院民事审判第二庭编:《民商审判指导与参考》2003年第2卷(总第4卷),人民法院出版社2004年版,第147页以下。

④ 参见陕西省高级人民法院(2007)陕民一终字第119号民事判决书。

⑤ 参见最高人民法院(2017)最高法民终340号民事判决书。

然发生的事件。例如停水停电、交通事故等。意外事件仅为通常事变(并非极端事变),其也会造成债务人一定程度的履行困难甚至不能履行。现行法未将意外事件规定为一般适用的免责事由,因为意外事件虽然具有一定程度的不能预见性,但并非不能避免和不能克服,故尚未构成违约及损害的决定性原因力。但在某些特殊领域,可依据法律特别规定或当事人特别约定将意外事件认定为免责事由。

"非典""新冠"等公共卫生事件是否构成不可抗力?司法解释对此持肯定意见,但能否免责及免责范围应依据该事件对履行行为的影响程度(因果关系)予以认定。例如:

①在销售区域内发生"非典"疫情,对销售行为的影响符合不可抗力的构成条件……"非典"疫情对于众多行业的经营活动均存在负面影响,原审关于代理方免于承担违约责任的认定应属妥当。①

②当时我国虽然出现"非典"病例,但疫情范围很小,不构成对普通公众的日常生活形成危害,即旅游者不能以当时"非典"疫情的出现作为免责解除合同的依据。②

③新冠疫情这一突发公共卫生事件属于不可抗力,包括王辉在内的所有商铺所有权人等四方主体对疫情造成的损失应当在尊重事实、共渡难关、互让互谅的基础上合理分担。③

(三)不可抗力的效力

1. 因不可抗力不能履行合同的,根据不可抗力的影响,部分或者全部免除责任(《民法典》第590条第1款第1句前段)

该款之"不能履行合同"应作广义解释,即债务人不能依规定或约定履行合同义务(包括不能履行、迟延履行、不完全履行等),而非仅指不能履行而言。不可抗力在多大程度上发生免责效力主要取决于因果关系,即不可抗力并非当然导致违约方全部免责,而应根据其对违约的影响,发生部分或全部免责的效力。具体分为以下几种情形:

(1)不可抗力构成违约及损害的决定性原因力,且违约方无法采取措施减少损害的,违约方全部免责。

(2)不可抗力构成违约及损害的决定性原因力,但违约方能够采取措施减少损害的,违约方部分免责。违约方就本可采取措施减少的损害,不能免责。例如:

①台风过境造成的影响是能够减小到最低程度,被告有条件在台风登陆前停

① 参见最高人民法院(2004)民二终字第163号民事判决书。
② 参见"孟元诉中佳旅行社旅游合同纠纷案",载《最高人民法院公报》2005年第2期。
③ 参见内蒙古自治区呼和浩特市中级人民法院(2020)内01民终4165号民事判决书。

止生产、疏散人员或者安排工人到相对安全的地点工作,但是在台风登陆当日被告还组织工人到工棚工作,最终导致工棚倒塌一死六伤。被告关于事故发生系因不可抗力的抗辩理由,不予支持。①

②雷击属于不可抗力但其具有一定可防范性,库房出租方有义务安装避雷针而没有安装,使库房从根本上丧失了避免雷击的可能性。在遭雷击后引发火灾,造成库存货物全部被烧毁的,不能以不可抗力为由免责。②

(3)不可抗力构成违约及损害的部分原因力,违约方依据原因力的范围部分免责。在此情形下,不可抗力与违约方自身原因共同造成损害,违约方就自身原因部分造成的损害不能免责。例如:

①建筑物遇强降雪倒塌,致使承租人的机器设备受损,后证明建筑物质量不达标,出租人不能免责。③

②强地闪属于不可抗力,但并非火灾发生的唯一原因,供应站未按照有关部门要求改造安装防雷设施、没有适当履行安全保管义务亦是火灾发生的原因之一,故该不可抗力仅能部分免除供应站的违约责任。④

(4)不可抗力不构成违约及损害的原因力,违约方不能免责。例如,买卖合同于疫情期间内订立,合同条款的设置已将疫情因素考虑在内,疫情因素并未根本影响合同的履行,故供货方迟延交货的违约金责任不能免除。⑤

2. 主张免责的当事人负有及时通知义务、提供证明义务(《民法典》第 590 条第 1 款第 2 句)

(1)通知义务。当事人一方因不可抗力不能履行合同的,应当及时通知对方,以减轻可能给相对方造成的损害。所谓及时通知,是指应基于客观情形以最快的速度通知,实践中亦可在合同中约定具体的通知期限。履行通知义务的目的是使相对方尽早知道发生不可抗力而导致本方违约的事实,以使相对方能够采取措施尽可能地减少自身损害。

最高人民法院指导案例认为,当不可抗力造成航班延误,致使航空公司不能将换乘其他航班的旅客按时运抵目的地时,航空公司有义务及时向换乘的旅客明确告知到达目的地后是否提供转签服务,以及在不能提供转签服务时旅客如何办理

① 参见"罗倩诉奥士达公司人身损害赔偿纠纷案",载《最高人民法院公报》2007 年第 7 期。
② 参见最高人民法院(2008)民抗字第 14 号民事判决书。
③ 参见上海市第二中级人民法院(2009)沪二中民二(民)终字第 1773 号民事调解书,载《人民司法·案例》2010 年第 16 期。
④ 参见最高人民法院(2016)最高法民终 347 号民事判决书。
⑤ 参见上海市第二中级人民法院(2022)沪 02 民终 3577 号民事判决书。

旅行手续。航空公司未履行该项义务,给换乘旅客造成损失的,应当承担赔偿责任。①

该款对通知方式未作要求,应结合个案情形对通知的有效性作具体判定。一般情形下,通知应向特定的相对方作出,但如果相对方人数众多,亦可采取公告等通知方式。例如铁路公司在列车停运后通过多家新闻媒体发布新闻通稿,并通过电子显示屏和广播公告,虽然达不到短信逐个通知的效果,也被视为合理的通知方式。②

(2)提供证明义务。主张免责的当事人应当在合理期限内提供发生不可抗力的证明。该证明应由有权出具相关证明的机构作出,例如气象部门、公安机关、公证机关等。③ 所谓合理期限,应结合不可抗力的影响、取得证明的时间、双方当事人所在地的远近等因素确定。对于影响巨大、社会公众均已知或应知的不可抗力(如新冠疫情、福岛核泄漏等),当事人免负提供证明义务,但仍应及时通知对方该不可抗力对履行行为的影响程度及违约损害的大致范围。

3. 不可抗力免责的例外情形:法律另有规定的除外(《民法典》第590条第1款第1句之"但书")

(1)当事人迟延履行后发生不可抗力。(《民法典》第590条第2款)如果当事人已构成迟延履行,其后发生的不可抗力与迟延履行之间当然不存在因果关系,故不能以不可抗力免责。例如汶川地震发生时,已经超过涉案柴油机交付的日期,故债务人不能免责。④ 如果迟延履行后发生不可抗力导致违约损害扩大,就该扩大的损害违约方也不能免责。理由在于:其一,就该损害而言,违约方迟延履行构成主要原因力。其二,《民法典》第605条规定:"因买受人的原因致使标的物未按照约定的期限交付的,买受人应当自违反约定时起承担标的物毁损、灭失的风险。"由违约方对该损害承担责任与该条精神一致。

迟延履行之外的其他形态违约行为能否类推适用《民法典》第590条第2款?基于上述相同理由,应采肯定解释。有判决认为,在不可抗力发生之前,已经存在一方当事人的违约情形,则该方当事人仍应向对方承担违约责任。⑤

(2)金钱债务。大陆法系传统观点认为,金钱债务不存在给付不能。⑥《民法

① 参见"阿卜杜勒·瓦希德诉中国东方航空股份有限公司航空旅客运输合同纠纷案",最高人民法院指导案例51号。
② 参见河南省高级人民法院(2019)豫民申5287号民事裁定书。
③ 参见最高人民法院(2008)民一抗字第20号民事判决书。
④ 参见浙江省高级人民法院(2010)浙海终字第113号民事判决书。
⑤ 参见"杭州天创沃元实业有限公司与杭州灯塔养殖总场合作协议纠纷上诉案",载最高人民法院民事审判第二庭编:《民商审判指导与参考》2003年第2卷(总第4卷),人民法院出版社2004年版,第147页以下。
⑥ 参见史尚宽:《债法总论》,中国政法大学出版社2000年版,第379页。

典》第 579 条、第 580 条也体现了该精神。依此逻辑,就金钱债务的违约行为原则上不能适用不可抗力免责规则。理由在于:其一,金钱通常存于银行或其他金融机构,不可抗力几无可能对其造成损害。其二,金钱债务的标的具有高度可替代性,在债务人无足够金钱偿债的情形下,可通过执行程序、破产程序实现清偿。例如国投公路与银行订立借款合同后,虽然疫情防控措施(公路限行)对国投公路的经营有一定影响,但其逾期还款的违约责任不能免除。①

在我国现行法框架下,就金钱债务的违约行为并非绝对不能适用不可抗力免责规则。由于迟延履行、不完全履行亦可适用不可抗力免责规则,故金钱债务的此类违约行为有可能适用不可抗力免责规则。例如买卖合同约定付款方式为支付现金,买受人送款途中遭遇山洪暴发引起的交通中断,货款送到时已构成迟延,买受人可就迟延违约金主张免责。此外,如果某些金钱债务与其他义务相关联,而不可抗力影响其他义务的履行,亦有可能适用不可抗力规则。例如债务人所负义务是定期将定量的销售款支付给债权人,但因为"非典"疫情暴发影响销售导致债务人收取销售款不顺利,法院认为债务人可依据不可抗力免责。②

在疫情期间,商铺因防控措施而无法正常经营,承租人以此主张减免租金的,如何处理?该情形下,承租人不能就租金债务主张适用不可抗力免责规则,因为疫情及其防控措施并未导致不能履行租金债务。承租人可需求两种救济路径:一是依据情势变更规则请求变更租金数额或解除合同[《新冠疫情指导意见(一)》第 3条第 2 项,《新冠疫情指导意见(二)》第 5 条、第 6 条]。二是如果出租人负有维持租赁物特定商业用途之义务的,商铺无法正常经营构成出租人违约,承租人可主张减价(《民法典》第 708 条)。

(3)单行法规定。例如《民用航空法》第 124 条规定,因发生在民用航空器上或者在旅客上、下民用航空器过程中的事件,造成旅客人身伤亡的,承运人的免责事由是"旅客的人身伤亡完全是由于旅客本人的健康状况造成"。因不可抗力(如雷击、强台风等)造成旅客人身伤亡的,承运人不能免责。《民用航空法》第 125 条规定,因发生在民用航空器上或者在旅客上、下民用航空器过程中的事件,造成旅客随身携带物品毁灭、遗失或者损坏的,承运人能够作为免责事由的不可抗力仅包括"战争或者武装冲突""政府有关部门实施的与货物入境、出境或者过境有关的行为"等两项。因其他不可抗力造成行李毁损的,承运人不能免责。《邮政法》第48 条第 1 项规定,邮政企业对"因不可抗力造成的保价的给据邮件的损失"应承担赔偿责任。上述规定意味着,特定领域中的债务人承担比无过错责任更为严苛的责任。

---

① 参见北京市高级人民法院(2022)京民终 498 号民事判决书。
② 参见最高人民法院(2004)民二终字第 163 号民事判决书。

4. 不可抗力是否适用于所有违约责任形式

通说认为,不可抗力免责规则仅适用于损害赔偿以及与其性质类似的违约金、违约定金(《民法典合同编通则解释》第 68 条第 3 款)等责任形式。[①] 其他责任形式(如继续履行、减价等)不因不可抗力当然免责,而应依据相关规定或约定予以处理。例如强台风导致出卖人未能按期交货,其迟延违约金责任虽可免除,但不可抗力造成的影响消除后,买受人仍有权请求出卖人继续交货。又例如地震导致出租房屋部分毁损的,承租人可以请求减少租金(《民法典》第 729 条)。

【拓展:不可抗力条款】

不可抗力条款,是指当事人在合同中就不可抗力有关事宜约定的合同条款。较为常见的约定方式为:"本合同所称不可抗力,包括以下事项:……"该条款约定的不可抗力的范围与法律规定未必完全一致,应如何认定此类条款的效力?基于合同自由原则,应当允许当事人在合同中约定不可抗力条款。通说认为,不可抗力条款的作用表现在:其一,补充法律对不可抗力的免责事由规定的不足;其二,减轻并合理分配风险;其三,正确认定责任。[②]

对于不可抗力条款的内容,应依据法律规定和不可抗力规则的立法本意认定其效力。首先,不可抗力条款可以将不可抗力的法定范围进一步具体化。在不同类型的合同中,各种类型的不可抗力具有不同的适用意义,当事人可依据合同性质划定不可抗力的具体范围。例如涉外货运合同中,可将政府禁运、(几级以上)风暴潮等列举为不可抗力的具体事项。其次,当事人将不可抗力法定范围之外的事项列入不可抗力条款的,应由法院根据具体情况判断该条款是否有效。例如当事人将某些意外事件(如停水、停电)约定为不可抗力,可认定有效。但当事人将第三人过错约定为不可抗力,因违反违约责任相对性的规定(《民法典》第 593 条),应认定无效。如果当事人约定的事项有效,则当事人约定的事项和不可抗力的法定事项(即使在不可抗力条款中未列举)均可作为违约责任的免责事由。再次,当事人将不可抗力法定范围内的事项排除在外的,应为无效。有判决认为,台风和暴雨属于施工中的不可抗力事件……当事人将不可抗力排除在免责事由之外的约定无效。[③] 还有判决认为,合同对不可抗力仅列举水灾、地震、战争,但不可抗力并不限于合同约定情形,本案中政府征收土地行为应认定为不可抗力。[④] 在上述情形下,当事人仍可依据不可抗力的法定事项主张免责。质言之,对于不可抗力条款的

---

① 参见韩世远:《合同法总论》,法律出版社 2018 年版,第 487 页;朱广新:《合同法总则研究(下册)》,中国人民大学出版社 2018 年版,第 770 页。

② 参见王利明:《合同法研究(第二卷)》,中国人民大学出版社 2015 年版,第 539—540 页。

③ 参见最高人民法院(2008)民一抗字第 20 号民事判决书。

④ 参见最高人民法院(2018)最高法民终 107 号民事判决书。

效力,应在尊重当事人真实意思的基础上结合有关规则从严认定。

二、法定特殊免责事由

《民法典》合同编和单行法规定的法定特殊免责事由包括但不限于以下情形。

(一)客运合同的免责事由

《民法典》第823条第1款规定,"旅客自身健康原因"和"旅客的故意、重大过失"是承运人对旅客伤亡承担损害赔偿责任的免责事由。《民用航空法》第124条规定,"旅客的人身伤亡完全是由于旅客本人的健康状况造成"是承运人对旅客人身伤亡承担损害赔偿责任的免责事由。

(二)货运(包括行李)合同的免责事由

《民法典》第832条规定,"货物本身的自然性质或者合理损耗"和"收货人的过错"是承运人对货物毁损、灭失承担损害赔偿责任的免责事由。《民用航空法》第125条第2款规定,"行李本身的自然属性、质量或者缺陷"是承运人对旅客行李毁灭、遗失或者损坏承担责任的免责事由。《民用航空法》第125条第4款规定,承运人对货物毁灭、遗失或者损坏承担责任的免责事由包括:①货物本身的自然属性、质量或者缺陷;②承运人或其受雇人、代理人以外的人包装货物的,货物包装不良;③战争或者武装冲突;④政府有关部门实施的与货物入境、出境或者过境有关的行为。

(三)保管合同的免责事由

《民法典》第893条规定,"寄存人未将保管物需要采取特殊保管措施的情况告知保管人"是保管人对保管物受损承担损害赔偿责任的免责事由。第897条规定,在无偿保管合同中,"保管人没有故意、重大过失"是保管人对保管物毁损、灭失承担损害赔偿责任的免责事由。

(四)保险合同的免责事由①

《保险法》第16条第4款、第5款规定,"投保人未履行如实告知义务"是保险人承担赔偿或者给付保险金责任的免责事由。第27条第2款、第3款规定,"投保人、被保险人故意制造保险事故"和"投保人、被保险人或者受益人编造虚假的事

---

① 严格来说,保险人给付保险金是合同义务而非违约责任,但理论和实务上习惯以"赔偿或者给付保险金的责任"表述。

故原因或者夸大损失程度"是保险人承担赔偿或者给付保险金责任的免责事由。第43条第1款规定,"投保人故意造成被保险人死亡、伤残或者疾病"是保险人承担给付保险金责任的免责事由。第45条规定,"因被保险人故意犯罪或者抗拒依法采取的刑事强制措施导致其伤残或者死亡"是保险人承担给付保险金责任的免责事由。

三、约定免责事由——免责条款

(一)免责条款的概念和特征

免责条款,是指当事人在合同中事先约定的,旨在限制或免除其将来的违约责任的条款。基于合同自由原则,当事人可以在不违反法律强制性规定的前提下,通过合同条款约定违约责任的免责事由。免责条款具有以下特征:

1. 免责条款是一种合同条款,其构成合同的组成部分

免责条款无论是以正式合同条款、补充协议或其他形式订立,双方当事人须就其内容已达成合意。如果免责条款是以格式条款形式订立,应符合格式条款订入合同的条件。(《民法典》第496条)如果就违约方能否依据该免责条款减轻或免除违约责任存在争议,违约方首先应证明该条款已构成合同的组成部分。

2. 免责条款由当事人事先约定

所谓事先约定,是指免责条款是就将来可能发生的免责事由作出的约定,就免责条款作出约定时该免责事由必须尚未发生。如果某客观情况已经发生并导致当事人违约,双方当事人通过达成和解协议的方式减轻或免除违约方责任,该和解协议并非免责条款。

特别法对于免责条款的约定方式有特殊规定的,依其规定。《拍卖法》第61条第1款规定,拍卖人就拍卖标的瑕疵未履行告知义务的,不能免责。第2款规定,拍卖人在拍卖前声明不能保证拍卖标的真伪或品质的,不承担瑕疵担保责任。竞买人知道或应当知道标的瑕疵的,拍卖人不承担瑕疵担保责任。[1]

3. 免责条款旨在限制或免除当事人的违约责任

该特征将免责条款与合同中的其他条款区别开来。大多数合同条款是就双方当事人在合同关系中权利义务作出的约定,而免责条款是就违约责任的减免事由作出的约定。例如保险合同约定"每次事故赔偿限额为700万元"。[2]

不构成免责条款的实例如:

---

[1] 参见湖北省高级人民法院(2014)鄂民监三再终字第00018号民事判决书。
[2] 参见最高人民法院(2020)最高法民申2316号民事裁定书。

①债权转让协议约定"本协议经甲、乙、丙三方盖章后生效",虽然该约定对当事人义务和责任的效力有影响,但属于该协议所附生效条件,不构成免责条款。①

②租赁合同约定"在租赁期限内,因不可抗拒的原因或因城市规划建设,致使双方解除合同,由此造成的经济损失双方互不承担责任,各自解决自己的财产部分",该约定并非对当事人责任的免除,而是对租赁期限内可能出现的特定原因造成双方经济损失各自予以分担的原则约定。②

(二)免责条款的分类

1. 完全免责的条款和限制责任的条款

完全免责的条款,是指该条款约定的事由发生时,导致违约方的责任完全被免除。例如条款约定如果因政府命令导致卖方不能按期交货,卖方不必支付任何违约金。

限制责任的条款,是指仅使违约方的责任被部分免除的条款。例如条款约定卖方的赔偿数额最高不超过货款的总额;借款人迟延还款的利息按日计算,但最长不超过 12 个月等。一般而言,因完全免责的条款导致违约方责任完全被免除,对守约方影响甚巨,故对此类条款应从严审查,以保护守约方的利益。限制责任的条款通常是当事人对赔偿项目、赔偿限额的约定,其内容只要不违反法律强制性规定,应尽量尊重当事人的意思。

2. 消费性免责条款和商业性免责条款

消费性免责条款,是指消费者与经营者订立的消费性合同中的免责条款。例如旅游经营者与游客订立的旅游合同中的免责条款。此类免责条款绝大部分是由经营者单方拟定的格式条款,其适用《民法典》关于格式条款的规定。另外,因此类免责条款存在于消费性合同之中,故其还应适用《消费者权益保护法》关于合同条款和免责条款的规定。(如《消费者权益保护法》第 16 条、第 23 条、第 26 条等)由于此类免责条款存在于缔约能力严重不对等的经营者和消费之间,且消费者缺乏对此类条款表达意见的有效手段,因此在此类免责条款的效力存在争议时,应立足于对消费者提供特别保护的精神采严格标准认定。例如期货经纪合同约定"互联网数据传输可能因通信繁忙等原因导致网上交易出现延迟、中断,期货公司无过错时不承担责任",法院认为"期货公司作为交易系统的控制人、运行人,在技术能力上明显处于绝对优势地位,从公平角度考虑,系统故障此种小概率事件的风险应当较多地分配于期货公司,而非交由一般投资者负担",因此,期货公司不能依据该

---

① 参见江苏省高级人民法院(2016)苏民终 1011 号民事判决书。
② 参见最高人民法院(2017)最高法民申 5142 号民事裁定书。

条款免责。[①]

商业性免责条款,是指商事主体之间订立的商事合同中的免责条款。例如海商法领域中,定期租船合同的免责条款。此类免责条款很多是在长期商事活动中逐渐形成,并在特定商事领域(如海商、证券、建设工程等)内被普遍认可的条款。因此类免责条款存在于商事主体之间,双方当事人的经济地位、专业知识、交涉能力等大体相当,故不存在对哪一方提供特别保护的问题。在此类免责条款的效力存在争议时,应依据法律规定、交易习惯、当事人意思等因素作出合理认定。

(三)免责条款的无效事由

基于合同自由原则,免责条款的内容主要由当事人约定。但因为免责条款对合同关系及守约方的权益有重大影响,法律基于公序良俗、某些权利的特别保护等立法政策对免责条款的内容设有若干限制。免责条款的无效事由具体如下:

1. 具有《民法典》总则编规定的法律行为无效的事由

此类无效的法定事由,适用于所有的合同条款。如果免责条款具有此类事由之一,可导致该条款无效,合同其他内容仍可有效。(《民法典》第 156 条)

2. 造成对方人身损害的(《民法典》第 506 条第 1 项)

该项规定的"人身损害",应解释为包括造成一般人身损害、残疾和死亡等情形。例如:①《拳击培训协议》约定,除非培训机构存在故意或者重大过失,否则学员在培训中受伤的后果自行承担。[②] ②《旅游合同》约定,"交通事故"作为旅行社"不承担、免除或减轻违约责任及侵权责任的情形"。[③] ③老年公寓与老人子女签订的《代养协议书》约定,"老人在公寓期间,由本人造成的意外伤亡事故和在外发生的意外伤亡事故责任自负"。[④]

此类免责条款无效的理由在于,生命健康权是自然人最基本、最重要的民事权利,法律给予特殊保护。如果允许免除一方当事人对另一方人身损害的责任,则无异于纵容当事人利用合同对另一方当事人的生命进行摧残,这与保护公民人身权利的宪法原则相违背。而且在实践中,此类免责条款一般都与另一方当事人的真实意思相违背,因此法律对此类免责条款加以禁止。[⑤] 对于此类无效事由,以下两点值得注意:

(1)该无效事由不考虑违约方是否有过错。免责条款约定免除人身损害赔偿

---

① 参见上海市高级人民法院(2013)沪高民五(商)终字第 1 号民事判决书。

② 参见"齐某与某文化公司、郝某健康权纠纷案",2023 年最高人民法院发布八起涉体育纠纷民事典型案例之二。

③ 参见云南省高级人民法院(2015)云高民再终字第 19 号民事判决书。

④ 参见四川省高级人民法院(2015)川民申字第 1525 号民事裁定书。

⑤ 参见黄薇主编:《中华人民共和国民法典合同编释义》,法律出版社 2020 年版,第 103 页。

责任的,无论是否以违约方故意、重大过失或一般过失为条件,该免责条款均为无效。此与《民法典》第 506 条第 2 项规定的无效事由存在差异。现行法的基本态度是,在合同履行过程给对方造成人身损害的,除非具备法定免责事由(如《民法典》第 823 条第 1 款),违约方必须承担责任,不存在当事人就该事由约定的余地。

(2)该无效事由适用于一般场合的正当性不存疑义,但在某些特殊领域中适用该无效事由是否合理值得探讨。例如医院与患者订立的以截肢为内容的手术合同。如果适用该无效事由,即使患者同意实施手术,医院也不能免除造成对方人身损害的赔偿责任,显非妥当。又例如登山协会组织攀登珠峰活动,其与登山者订立合同约定对登山者在活动过程中的人身伤亡不承担责任。如果适用该无效事由,该条款亦为无效,但实际上在登山领域内此类条款被普遍运用。因此,就立法技术而言,《民法典》第 506 条应增设“但书”即“法律另有规定的除外”,给医疗、高危体育运动(如拳击、登山、攀岩)、探险等具有特殊危险性的领域留有法律另设规定的空间。

实务中的一种常见案型是,受害人受到人身伤害后,与赔偿义务人订立“赔偿协议”约定赔偿一定数额金钱后不再追究赔偿义务人的责任。该约定可否适用《民法典》第 506 条第 1 项认定无效?实务中对此存在分歧意见。[①] 本书赞同否定说。此类“赔偿协议”系在人身损害事故发生之后订立,而并非约定将来发生人身损害事故当事人可以免责,故不属于免责条款。当事人(通常为受害人)主张此类协议无效或可撤销的,应适用违背公序良俗或显失公平等规则为妥。

3. 因故意或者重大过失造成对方财产损失的(《民法典》第 506 条第 2 项)

有名合同对此亦有相应规定。《民法典》第 618 条规定:“当事人约定减轻或者免除出卖人对标的物瑕疵承担的责任,因出卖人故意或者重大过失不告知买受人标的物瑕疵的,出卖人无权主张减轻或者免除责任。”例如买卖合同约定,卖方交付货物后对买方的任何损失概不负责。

“故意或重大过失责任不得免除”规则源于罗马法,被大陆法系国家普遍继受,我国现行法亦采纳该规则。该规则的理由在于,因行为人的故意或重大过失造成对方财产损失的,行为人的主观过错严重,其行为背离了法律的基本价值而应受法律的谴责,故对此类责任不得免除。虽然现行法对违约责任归责原则采取无过错责任原则,但仍应对过错严重的违约行为持否定态度,该规则与无过错责任原则并不矛盾。该无效事由要求违约方必须具有故意或者重大过失,而对于因违约方的一般过失、轻微过失或无过失造成对方财产损失的,允许当事人依据免责条款免责。

---

① 肯定说参见广东省高级人民法院(2017)粤民申 956 号民事裁定书;否定说参见湖北省高级人民法院(2019)鄂民申 2889 号民事裁定书。

实务中,免责条款中直接约定"因故意或者重大过失造成对方财产损失"的某种情形或者直接采取"故意或者重大过失"之表述的均较少见,因为这样表述既明显违反法律规定,也容易引起对方的警觉。合同条款约定"一方概不负责"或者"任何情况下不对任何方承担任何赔偿责任"①等类似表述,可认定为《民法典》第506条第2项规定之情形,因为"概不负责""任何情况"在文义上包含了"故意或者重大过失"的情形。

更为常见的一种情形是,在责任人有故意或者重大过失时排除某免责条款的适用。对于该情形,法院多引用《民法典》第506条第2项为裁判依据。例如:

①系争货物因发生火灾全部烧毁,根据公安局和公安消防大队出具的事故证明均无法认定火灾原因,因此承运人除非能举证证明其已经尽到谨慎的保护、注意、审查等义务仍不能避免货物的灭失,否则即应当推定其存在重大过失,对货物委托单上的限赔条款予以排除适用。②

②运输合同约定了保价条款(赔偿限额2000元),承运人未按运输合同中的特别约定,在没有得到放货指令的情况下将运输的货物交给他人,由此造成托运人的货物损失。法院认为,运输合同中关于限额赔偿条款的约定无效。③

③本案交通事故系因驾驶员重大过失导致的事故,当代驾公司因故意或重大过失导致车辆发生事故时,《代驾服务协议》约定的"代驾公司只负责保险责任之外的赔付责任"对当事人不发生法律效力。④

4. 以格式条款形式订立免责条款,提供格式条款一方不合理地免除或减轻其责任、加重对方责任、限制对方主要权利、排除对方主要权利的(《民法典》第497条)

该情形参见第五章第三节。某些场合下,虽非格式条款,但系当事人利用双方不平等地位订立的免责条款,亦可参照适用上述规定。有判决认为,双方虽签订"被村民强占的土地由乙方自行处理收回,甲方不参与回收工作"条款,但结合实际情况,乙方作为个人力量微薄,让其自行收回被第三人占用耕种的土地显然超过其能力范围,导致至今尚有部分土地一直无法使用,造成其重大损失。这显然违背甲方(出租人)的义务,上述免除出租人义务的条款无效。⑤

---

① 参见浙江省高级人民法院(2016)浙民申3009号民事裁定书。

② 参见上海市高级人民法院(2010)沪高民四(商)终字第6号民事判决书。

③ 参见重庆市高级人民法院(2014)渝高法民申字第00721号民事判决书。相关案例参见江苏省高级人民法院(2019)苏民申718号民事裁定书。

④ 参见上海市第一中级人民法院(2016)沪01民终5966号民事判决书。

⑤ 参见广西壮族自治区柳州市中级人民法院(2019)桂02民终681号民事判决书。

第八节　国际货物买卖合同和技术进出口合同的时效期间

一、《民法典》第594条的性质和适用范围

(一)《民法典》第594条的性质

1.《民法典》第594条规定的"4年"属于特殊时效期间

《民法典》第594条是国际货物买卖合同和技术进出口合同的诉讼时效期间和仲裁时效期间的规范。该条的前身是原《合同法》第129条,其在继承后者部分内容的基础上也作出一定程度地修改。该条将时效期间设置为4年的立法理由在于:其一,国际货物买卖合同和技术进出口合同争议一般比较复杂、标的金额较大、主张权利更为困难。① 其二,借鉴《联合国国际货物买卖时效期限公约》的结果。②

《民法典》第594条规定的"4年"诉讼时效期间属于特殊诉讼时效期间,即《民法典》第188条第1款第2句"法律另有规定的,依照其规定"之情形。第594条规定的"4年"仲裁时效期间具有排除适用诉讼时效期间的效力,即属于《民法典》第198条"法律对仲裁时效有规定的,依照其规定"之情形。

2.《民法典》第594条不涉及时效计算等其他规则

《民法典》第594条是仅针对国际货物买卖合同和技术进出口合同时效期间的规定,而不涉及时效计算等其他规则。这与原《合同法》第129条存在差异。《民法典》总则编第九章"诉讼时效"中除普通诉讼时效期间(第188条第1款)外,其他规则(第188条第2款—第197条)仍适用于国际货物买卖合同和技术进出口合同。

《涉外民事关系法律适用法》第7条规定:"诉讼时效,适用相关涉外民事关系应当适用的法律。"《民法典》第594条属于该条所指情形。

(二)《民法典》第594条的适用范围

1. 国际货物买卖合同和技术进出口合同的诉讼或仲裁程序适用《民法典》第594条

关于国际货物买卖合同和技术进出口合同的内涵和外延,详见本节第二部分。

① 参见黄薇主编:《中华人民共和国民法典合同编释义》,法律出版社2020年版,第310页。
② 参见最高人民法院民法典贯彻实施工作领导小组主编:《中华人民共和国民法典合同编理解与适用[二]》,人民法院出版社2020年版,第848页。

存在疑问的是,国际货物买卖合同和技术进出口合同之外的其他类型涉外合同可否类推适用《民法典》第594条? 原《合同法》第129条第2句曾规定:"因其他合同争议提起诉讼或者申请仲裁的期限,依照有关法律的规定。"依据官方文献解释,虽然《民法典》第594条删除了《合同法》第129条第2句内容,但仍应采此解释,即其他类型涉外合同适用3年普通时效期间,但法律另有规定的除外。①

《涉外民事关系法律适用法解释(一)》第17条规定:"涉及香港特别行政区、澳门特别行政区的民事关系的法律适用问题,参照适用本规定。"对于涉港货物买卖合同,大多数法院依据上述规定适用《民法典》第594条。②

《最高人民法院关于审理涉台民商事案件法律适用问题的规定》第1条第1款规定:"人民法院审理涉台民商事案件,应当适用法律和司法解释的有关规定。"依此规定,涉台货物买卖合同亦可适用《民法典》第594条。③

2. 国际货物买卖合同和技术进出口合同的执行程序不适用《民法典》第594条

因国际货物买卖合同和技术进出口合同争议作出生效裁判文书需要执行的,执行时效的适用分为以下几种情形:

(1)被执行人或者其财产在中华人民共和国领域内,当事人请求执行的,适用《民事诉讼法》第250条关于执行时效的规定。

(2)人民法院作出的生效裁判文书,如果被执行人或者其财产不在中华人民共和国领域内,当事人请求执行的,可以由当事人直接向有管辖权的外国法院申请承认和执行,也可以由人民法院依照中华人民共和国缔结或者参加的国际条约的规定,或者按照互惠原则,请求外国法院承认和执行。(《民事诉讼法》第297条第1款)该情形下,适用外国法关于执行时效(消灭时效)的规定。

(3)中国涉外仲裁机构作出的生效仲裁裁决,当事人请求执行的,如果被执行人或者其财产不在中华人民共和国领域内,应当由当事人直接向有管辖权的外国法院申请承认和执行。(《民事诉讼法》第297条第2款)该情形下,适用外国法关于执行时效(消灭时效)的规定。

3. 其他涉外民事关系不适用《民法典》第594条

其他涉外民事关系(如物权、侵权、婚姻)引起的争议不适用《民法典》第594

---

① 参见黄薇主编:《中华人民共和国民法典合同编释义》,法律出版社2020年版,第310页。相反观点认为,标的物是动产的其他涉外有偿合同引起的争议应参照适用第594条;涉外服务合同、劳动合同引起的争议不应参照适用第594条。参见朱广新、谢鸿飞主编:《民法典评注·合同编·通则2》,中国法制出版社2020年版,第502页(郝丽燕执笔)。

② 参见重庆市高级人民法院(2016)渝民终56号民事判决书;浙江省高级人民法院(2015)浙商外终字第50号民事判决书;天津市高级人民法院(2014)津高民四终字第32号民事判决书。

③ 参见陕西省高级人民法院(2016)陕民终205号民事判决书。

条,而应作如下处理:

(1)法律对涉外民事关系法律适用另有特别规定的,依照其规定(《涉外民事关系法律适用法》第2条第1款第2句)。例如船舶碰撞的损害赔偿案件的诉讼时效,适用《海商法》第261条、第273条等。

(2)法律对涉外民事关系法律适用没有规定的,适用与该涉外民事关系有最密切联系的法律(《涉外民事关系法律适用法》第2条第2款)。该情形下,依据最密切联系原则确定适用的法律。

(3)当事人依照法律规定可以明示选择涉外民事关系适用的法律(《涉外民事关系法律适用法》第3条)。该情形下,依据当事人选择的法律,适用其中的诉讼时效规定。

4. 当事人能否约定排除适用《民法典》第594条

《涉外民事关系法律适用法》第41条规定,当事人可以协议选择合同适用的法律。国际货物买卖合同或者技术进出口合同当事人据此约定适用外国法的,诉讼时效或仲裁时效问题适用外国法规定,即排除适用《民法典》第594条。实务中,当事人约定适用 CISG 的,法院通常以该公约未规定时效规则为由,认为应当适用《民法典》第594条。①

二、《民法典》第594条的适用要件

(一)国际货物买卖合同和技术进出口合同

1. 国际货物买卖合同

《联合国国际货物买卖时效期限公约》与 CISG 构成"姊妹条约",即二者适用范围一致,且前者系对后者时效规则的补充。② 由于《民法典》第594条在相当程度上是借鉴《联合国国际货物买卖时效期限公约》第8条的结果,故对于国际货物买卖合同的认定标准可参照适用 CISG 的相关规定。CISG 第1条规定,本公约适用于营业地在不同国家的当事人之间所订立的货物销售合同。依此规定,适用该公约的合同应包含两方面的条件,即积极条件和消极条件。

(1)积极条件,即应当具备的条件。

①货物。作为标的物的货物仅指动产,且须受 CISG 第2条、第3条的限制。

---

① 参见浙江省高级人民法院(2017)浙民终128号民事判决书;天津市高级人民法院(2015)津高民四终字第2号民事判决书。

② 参见[日]潮见佳男等主编:《〈联合国国际货物销售合同公约〉精解》,[日]小林正弘、韩世远译,人民法院出版社2021年版,第22页。

CISG 第 2 条规定,本公约不适用于以下销售:(a)为供私人、家人或家庭使用而购买的货物,除非卖方在订立合同前的任何时候或订立合同时不知道而且没有理由知道这些货物的这种用途;(b)经由拍卖而进行的销售;(c)因强制执行令或其他法院措施而进行的销售;(d)有关公债、股票、投资证券、流通票据或货币的销售;(e)有关船舶、船只、气垫船或飞机的销售;(f)有关电力的销售。CISG 第 3 条规定,(1)应将有关供应尚待制造或生产货物的合同视为销售合同,除非订货方自己提供了这种制造或生产所需的重要部分的材料。(2)本公约不适用于供货方的大部分义务为提供劳务或其他服务的合同。

②国际性。双方当事人缔约时的营业地必须处于不同的国家。

③与公约缔约国的关联性。当事人的营业地所在国必须是公约缔约国,且某一缔约国的法律应当适用于合同。

④显示性。"当事人营业地在不同国家"之事实必须在谈判过程中或缔约时显示出来,且被双方所认知。如果该事实没有被显示或认知,则应该忽略该事实。[1]

(2)消极条件,即审查合同是否适用公约时无须考虑的因素。

①国籍因素。因为国籍在国际贸易中并不重要,重要的是货物必须从一国售往另一国。

②当事人或合同的民事或商事性质。这主要是基于民商合一和民商分立等不同立法模式的考虑。[2]

上述条件未对合同形式作出要求,故国际货物买卖合同是不要式合同。实务中,当事人采口头形式[3]、其他形式[4]订立的国际货物买卖合同,亦被法院认可。

2. 技术进出口合同

技术进出口合同的认定标准适用《技术进出口管理条例》第 2 条。依据该条规定,技术进出口是指从中华人民共和国境外向中华人民共和国境内,或者从中华人民共和国境内向中华人民共和国境外,通过贸易、投资或者经济技术合作的方式转移技术的行为。前款规定的行为包括专利权转让、专利申请权转让、专利实施许可、技术秘密转让、技术服务和其他方式的技术转移。

(二)争议

《民法典》第 594 条中的"争议",应解释为因国际货物买卖合同和技术进出口合同请求权的行使产生的争议,且该请求权依法或依性质应当适用诉讼时效或仲

---

① 参见高旭军:《〈联合国国际货物销售合同公约〉适用评释》,中国人民大学出版社 2017 年版,第 4—8 页。
② 参见高旭军:《〈联合国国际货物销售合同公约〉适用评释》,中国人民大学出版社 2017 年版,第 8—9 页。
③ 参见河北省高级人民法院(2016)冀民终 494 号民事判决书。
④ 参见浙江省高级人民法院(2013)浙商外终字第 167 号民事判决书。

裁时效,例如违约金请求权、损害赔偿请求权等。实务中,具体情形包括:①买方重复支付货款,请求返还①;②卖方拒绝依约供货,买方请求赔偿利润损失②;③为履行买卖合同而交付的提单纠纷③;④解除合同后请求返还财产、赔偿损失④;⑤卖方请求买方支付逾期违约金⑤等。

诉讼请求并非直接主张国际货物买卖合同请求权,但当事人基于国际货物买卖合同纠纷另行订立协议的,该协议可否适用《民法典》第594条? 有判决持肯定意见:涉案《还款协议》系基于当事人未履行国际货物买卖合同的合同义务,各方当事人为解决国际货物买卖合同各方权利义务而形成,基于国际货物买卖这一法律关系所产生,故适用第594条(当时为《合同法》第129条)。⑥

当事人以"合同联立"方式订立涉外合同,其中包含有国际货物买卖合同,该"合同联立"是否整体适用《民法典》第594条? 有判决持肯定意见:本案涉及两个法律关系:一为国际货物买卖合同关系;二为承揽合同关系。双方当事人在《供应合同》中对此两个法律关系所涉价款加以区分,但在货物交付、货款支付上未明确区分两个环节,且买卖标的物与承揽定作物已形成一个整体,不可分离,故本案案由仍确定为国际货物买卖合同纠纷,适用第594条(当时为《合同法》第129条)。⑦

(三)提起诉讼或者申请仲裁

《民法典》第594条中的"提起诉讼或者申请仲裁",不应局限于文义解释为仅与诉讼程序或仲裁程序有关,而应解释为系针对诉讼时效和仲裁时效作出的特别规定。第594条的规范性质是特殊时效期间的规定,该特殊时效期间在诉讼程序或仲裁程序之外亦具法律意义。例如:当事人于诉讼程序或仲裁程序外亦可依据本条主张时效抗辩权;权利人实施的诉讼外请求或义务承认亦可导致时效中断,并依据本条重新计算时效期间⑧。国际货物买卖合同纠纷中,当事人提起反诉的,亦适用第594条。⑨

---

① 参见河南省高级人民法院(2017)豫民终1119号民事判决书。
② 参见江苏省镇江市中级人民法院(2016)苏11民初50号民事判决书。
③ 参见天津市第一中级人民法院(2016)津01民初39号民事判决书。
④ 参见浙江省慈溪市人民法院(2015)甬慈商外初字第37号民事判决书。
⑤ 参见浙江省宁波市北仑区人民法院(2014)甬仑商外再字第1号民事判决书。
⑥ 参见吉林省高级人民法院(2016)吉民终293号民事判决书。类似案例参见浙江省温州市中级人民法院(2019)浙03民终3409号民事判决书。
⑦ 参见湖北省武汉市中级人民法院(2017)鄂01民初2171号民事判决书。
⑧ 参见上海市青浦区人民法院(2018)沪0118民初20354号民事判决书。
⑨ 参见浙江省高级人民法院(2010)浙商外终字第87号民事判决书。

三、《民法典》第 594 条的适用效力

　　《民法典》第 594 条是时效期间的特别规定,关于时效届满效力、时效起算、时效中止、时效中断等,在法律无其他特殊规定的情况下,适用诉讼时效的一般规定。① 具体而言,第 594 条之"4 年"期间届满效力亦适用抗辩权发生主义(《民法典》第 192 条)和职权禁用规则(《民法典》第 193 条);时效起算、时效中止、时效中断适用诉讼时效的一般规定(《民法典》第 188 条第 2 款、第 194 条、第 195 条);法律有特殊规定的,适用特殊规定(如《民法典》第 189 条)。

---

　　① 　参见黄薇主编:《中华人民共和国民法典合同编释义》,法律出版社 2020 年版,第 310—311 页。

图书在版编目(CIP)数据

合同通则:原理与案例/杨巍著. —北京:中国民主法制出版社,2024.6

ISBN 978 - 7 - 5162 - 3680 - 2

Ⅰ.①合…　Ⅱ.①杨…　Ⅲ.①合同法–法的理论–中国②合同法–案例–中国

Ⅳ.①D923.6

中国国家版本馆 CIP 数据核字(2024)第 101409 号

图书出品人:刘海涛

图 书 策 划:麦　读

责 任 编 辑:陈　曦　庞贺鑫

文 字 编 辑:靳振国　张　亮

书名/合同通则:原理与案例

作者/杨巍　著

出版·发行/中国民主法制出版社

地址/北京市丰台区右安门外玉林里 7 号(100069)

电话/(010)63055259(总编室)　63058068　63057714(营销中心)

传真/(010)63055259

http://www.npcpub.com

E-mail:mzfz@ npcpub.com

经销/新华书店

开本/16 开　730 毫米×1030 毫米

印张/48.5　**字数**/923 千字

版本/2024 年 6 月第 1 版　2025 年 1 月第 2 次印刷

印刷/北京天宇万达印刷有限公司

书号/ISBN 978-7-5162-3680-2

定价/119.00 元